商用车——国民经济
运输产业之重器！

何光远 2024年7月4日

原机械工业部　部长　何光远

夯实商用车科业理论基础，
做强我国物流装备产业。

中国物流与采购联合会　常务副会长兼秘书长　崔忠付

夯实商用车基础，推进商用车行业发展，助力实现商用车强国梦！

中国汽车流通协会　会长　沈进军

商用车是国家公路运输、城市保障的中坚力量。以理论为指导，推进我国商用车的全球影响力！

中国物流与采购联合会　副会长　蔡进

栉风沐雨六十余载，中国已经成为全球商用车第一大制造国。面对世界商用车舞台，中国商用车要从边缘走向中心，机遇无限，挑战并存。《商用车基础与营销实务》从品类与市场、需求与服务、营销与管理精细入微，给予了行业强大的知识理论体系支撑，利于各系同仁们在学习和培训中弥补短板、强化优势、精准产销、开拓市场。在此，祝愿中国商用车行业一路高歌前行，在全球商用车舞台绽放光彩！

中国一汽股份公司　总经理助理/一汽解放汽车有限公司　董事长、党委书记　胡汉杰

中国商用车无论从规模、技术、制造能力、供应链产业成熟度，还是需求基础和营销能力等方面都具备全球竞争力，是我国从汽车大国向汽车强国迈进的重要组成部分。但我国一直缺少一套商用车全价值链的系统性专业教材，《商用车基础与营销实务》有力地填补了这一领域的空白，对各院校的教学和从业者更全面地了解商用车行业具有重要指导意义。

北汽福田汽车股份有限公司　总经理　巩月琼

《商用车基础与营销实务》以客户为中心，系统性地规划了产品全生命周期管理流程，对客户经营全过程的价值链管理进行了解析，是行业系统性的示范教材之一。希望产业链合作伙伴能借鉴阅读，共同推动商用车行业迈向高端。

陕汽控股集团　党委书记、董事长　袁宏明

祝贺《商用车基础与营销实务》顺利出版，这本学习和培训工具书是帮助行业从业者提升专业性的又一力作。2011年斯堪尼亚在中国建立了首家商用车专业技师培训合作学校，希望借此帮助改善中国商用车专业技师紧缺的现状，我们相信行业各界携手，一定会持续培养出更专业、更优秀的中国商用车预备军。

斯堪尼亚销售（中国）有限公司　总经理　Gerard

中国现已成为全球最大的商用车市场,随着电子商务的发展和"新零售"概念的普及,中国商用车市场正经历着前所未有的机遇和挑战。《商用车基础与营销实务》为当今商用车领域的人才培养提供了系统化、专业化、实用化的理论指导,助力中国从商用车大国向商用车强国迈进!

沃尔沃卡车中国区总裁　董晨睿

《商用车基础与营销实务》作为商用车营销的一本具有十分重要价值的书籍,对现阶段我国商用车领域的全价值链营销有很好的指导作用,希望通过本书,能为提升中国商用车行业的品牌营销力贡献力量。

北奔重型汽车集团有限公司　董事长　范志平

　　中国作为全球商用车大国，在商用车营销、运营的方法论方面领先全球，非常值得总结。在当今错综复杂的营销环境中，更需要系统知识的武装与前人之鉴，本书就是一把让中国商用车营销持续领先的钥匙！

福田汽车集团　高级副总裁　李健

　　商用车种类繁多、用途广泛，销售人员需要对汽车技术和车辆配置具备丰富的知识，对客户行业特点和使用场景有深入的理解。商用车使用强度大，对车辆的可靠性、耐久性和售后服务的及时性有更高的要求。此外，商用车价值高，经销商和客户对金融支持有更强烈的需求。虽然中国是商用车第一大国，但是过去一直缺乏综合性的学习材料。《商用车基础与营销实务》的出版，填补了这一空白，为整车企业、经销商、服务商、金融机构和交通类院校提供了一部很好的系统性培训教材。

东风汽车股份有限公司　常务副总经理　李祥平

《商用车基础与营销实务》是我国商用车行业几代人的智慧结晶,是一部系统讲授商用车技术与营销知识的经典之作,更是我国商用车行业后备人才培养和指导一线从业者推进行业快速发展、赶超国际强手的理想工具书。

徐工集团　副总经理/徐工汽车　党委书记、总经理　罗东海

《商用车基础与营销实务》是一本非常实用的关于商用车辆的书籍,从商用车辆介绍到排放标准,市场趋势分析到营销策略导览,非常全面地介绍了中国商用车的现状和未来发展情况,希望通过对本书的阅读能够加强对商用车行业的认知,推动中国商用车制造的发展和壮大。

曼恩商用车辆贸易(中国)有限公司　总裁　Thilo Halter

　　商用车是承载交通运输、基础设施建设的重要装备,商用车领域人才培养任重道远,《商用车基础与营销实务》涵盖了商用车领域的管理标准、技术先进性、人才专业化培养等多方面的知识,希望众多企业、机构、院校能积极学习,从而推动中国商用车领域更快、更强发展。

许智明

正新厦门集团　总经理　许智明

　　作为商用车行业多元动力解决方案供应商,康明斯长期关注这一行业的发展。商用车行业有着独有的特点,尤其是动力方面,以柴油和天然气发动机为主,同时全行业也在积极创新,向新能源动力转型。而康明斯一直参与其中,坚信商用车行业能够持续进步,并愿意以产品解决方案和技术创新继续助力商用车行业的产业升级和技术进步。在创新和进步的过程中,对专业化的人才需求也将更加迫切,行业基础知识和营销技巧变也得越来越重要。《商用车基础与营销实务》应运而生,涵盖大量的基础知识及营销案例,成为商用车行业重要的学习和培训工具,能够让更多人快速、准确地掌握商用车行业从业的相关知识体系,推动商用车行业,乃至整个汽车制造业的不断进步。而营销的本质是比拼产品给客户传递的价值。康明斯也一直秉承这个理念开拓创新,为客户创造价值。

康明斯中国　汽车业务总经理　马骥

商用车基础与营销实务

中国汽车流通协会　组编

赵旭日　主编

机械工业出版社

本书分为五篇：第一篇主要介绍了商用车产品基础、国六排放标准与关键技术、商用车的使用功能与性能、商用车的结构与配置、商用车行驶功能与关键总成、商用车经销商的产品组合、商用车推荐方法、新能源与智能商用车简介、商用车客户需求与产品推广；第二篇主要介绍了混凝土搅拌运输车、混凝土泵车、各类环卫车、救护车和医疗废物转运车、冷藏和保温车、汽车起重机和随车起重运输车、洒水车和护栏清洗车、流动售货车和舞台车等专用车产品知识；第三篇主要介绍了商用车行业的服务营销、客户营销、大客户营销，以及经销商转型的方向等；第四篇主要讲解了商用车经销商的企业文化管理、企业管理、组织管理、企业综合管理、品牌管理、财务管理、市场管理；第五篇主要讲述了商用车行业的产品采购、车辆营销及衍生业务的管理流程、节点与操作要点。

适合阅读本书的读者主要包括商用车行业的市场营销以及衍生业务的从业人员、企业管理人员，商用车服务企业的市场营销及企业管理人员，运输企业及相关衍生业务的管理人员，有志于在商用车行业就业的大专院校学生等。

图书在版编目（CIP）数据

商用车基础与营销实务/中国汽车流通协会组编；赵旭日主编. —北京：机械工业出版社，2020.7
ISBN 978-7-111-65935-8

Ⅰ.①商⋯ Ⅱ.①中⋯②赵⋯ Ⅲ.①商用车辆-销售服务 Ⅳ.①F766

中国版本图书馆CIP数据核字（2020）第106736号

机械工业出版社（北京市百万庄大街22号 邮政编码100037）
策划编辑：赵海青
责任编辑：赵海青 王 婕 丁 锋 谢 元 徐 霆 刘 煊
责任校对：张 薇 责任印制：郜 敏
北京圣夫亚美印刷有限公司印刷
2020年9月第1版第1次印刷
210mm×285mm·62.5印张·6插页·2037千字
标准书号：ISBN 978-7-111-65935-8
定价：690.00元

电话服务　　　　　　　网络服务
客服电话：010-88361066　机 工 官 网：www.cmpbook.com
　　　　　010-88379833　机 工 官 博：weibo.com/cmp1952
　　　　　010-68326294　金 书 网：www.golden-book.com
封底无防伪标均为盗版　　机工教育服务网：www.cmpedu.com

编委会

主　任	沈进军
副主任	肖政三
顾　问	何光远　崔忠付　蔡　进　胡汉杰　巩月琼　袁宏明　罗东海　范志平
	董晨睿　Thilo Halter Gerard　李祥平　许智明
委　员	王瑞健　王志才　顾德华　李　健　王　瑞　张先华　于琼根　袁楚云
	马　骥
主　编	赵旭日
副主编	钟渭平　刘春迎
参　编	王术海　崔士朋　梁兆文　王玉刚　陈国营　徐向明　郭振华　程新伟
	孙桂强　董金惠　汤计强　孙建华　张显升　张振华　王晓鹏

自 序

以理论指导实践，学懂、打通、做实商用车行业

日常工作中，我反复思考一个问题：相比发达国家，为什么中国的商用车行业缘何会被如此地边缘化？

商用车行业是一个涉及国民经济发展、城乡一体化建设、一带一路、城市保障能力的基础行业，拥有涵盖公路运输、公交、旅游、客运、消防、工程、基建、医疗、抢险、农业、军事、城市保障等各个行业的超宽社会需求基础。全国范围内72%以上的货物及83%以上的旅客运输，90%以上城市功能保障均依赖于商用车，营业额规模超过4万亿元人民币，就业人口超过4000万……如此重要的行业，但国家政策文件里却难觅踪迹，地方政府管理手段更难于理解，行业从业者抱怨连连。缘何？

从目前我国商用车行业所取得的成绩来看，应该值得骄傲。虽然我国商用车年销量仅占整个汽车行业总销量的17%左右，但我国中重型载货车年销量已占据全球50%以上的市场份额，其中自主品牌商用车在国内的市场份额高达99%以上，具有非常明显的自主品牌优势；客车已批量化地进入了发达国家市场，是我国汽车链条中最具国际竞争力的板块之一。但从全球化角度来看，我国商用车出口总量还仅仅维持在总销量10%左右的比例，并且占据的主要市场基本是第三世界国家，在国际市场上的影响力仍很微弱。缘何？

马克思主义的理论与实践辩证关系认为：实践是理论的基础，是检验理论真理性的标准；而其理论的价值主要在于对实践具有巨大的指导作用，要使理论对实践产生指导作用，使实践达到预期效果，就必然要求确保理论的科学性。毫无疑问，对于中国商用车行业而言，快速发展进程中，整个行业已经历了非常充分的实践，但拿什么理论来指导实践呢？现有的答案应该是比较尴尬的，因为我国商用车行业目前仍基本处于理论体系缺失的状态。

商用车行业理论体系的构建，其根本就是如何正确、科学地发展商用车的问题。在这个问题上，我们必须要把全球商用车行业的普遍发展规律与中国商用车行业的具体实践充分结合起来。具体应该体现下列几个环节：

一是要从注重制造环节转向注重产业链条建设。由于传统工业架构体系中，各级政府通常只关注到了商用车制造环节所产生的税收、就业，而忽略了包括流通、使用、配件、服务等产业链条整个环节、不同业态的政策和支持。这正是导致各级地方政府抢夺汽车制造企业落户而造成全国汽车产能严重过剩的尴尬局面原因之一。通过理论指导，可以建立起一套涵盖商用车行业研发、制造、流通、应用、服务、配件、金融、税收等产业链条综合体系架构。

二是要推进商用车流通企业规范化建设。目前，国内绝大部分商用车企业规模较小，经营场所散落在各个城市、国道、骨干公路的边缘地带，企业规模及发展前景受到严重制约，无法实现可持续性发展，这与欧美发达国家的数十亿美元的营业额差距较大。通过理论指导全国商用车流通企业实现软件、硬件的转型与升级，改变企业的整体形象，提升业态的整体赢利能力。

三是要持续提升商用车的改装能力。从应用层面而言，全国商用车的核心竞争力就是专用化改装的竞争力。目前，欧洲市场上可实现专用化改装的产品在400多个，覆盖了国民经济的各个领域，而我国目前能改装出的专用化产品仅有200多种，差距明显，其中不少重要关键专用功能与发达国家水平差距较大。通过理论与实务的指引，可以提升商用车行业的改装能力，增强潜在市场的开拓能力。

四是要引导各级政府做出科学规划，提升商用车行业与城市发展的融合度。由于大部分城市没有为商用车行业规划出土地，商用车行业企业只能租用临时用地，导致大部分商用车行业企业的维修和服务场所的环境较差；由于没有合规的停车场，全国各地的商用车乱停乱放的现象严重；由于商用车的外观形象没有规范化的管理要求，脏、乱是普遍现象，与发达国家商用车的干净、整洁形象相距甚远；由于传统"重制造、轻服务"的理念影响，导致商用车行业的综合服务能力较弱；还有包括诚信体系建设缺失等问题。通过理论指引，将提升商用车行业的社会综合贡献度，提升商用车行业的美誉度。

五是树立商用车行业从业人员的职业荣誉感。目前，我国商用车行业直接就业人数应该超过4000万，但由于严重缺乏职业荣誉感，导致人才流失较为严重。通过理论与操作实务的培训，提升商用车行业从业人才的荣誉感，吸引更多优秀的人才进入商用车行业。

当前，我国商用车行业最重要的就是要认真学习贯彻落实习近平新时代中国特色社会主义经济思想，直面商用车行业现实发展需要，从政策保障、发展目的、发展理念，到发展战略、策略方法、工作方法，形成一套完整的"闭环"理论体系，使其具有贯通性、自洽性和系统性，通过理论创新，将国际先进发展经验和我国商用车行业的实际情况相结合，提升地方政府对推动商用车产业发展的积极性，创建国际竞争新优势，快速推进我国商用车行业的高质量发展。

《商用车基础与营销实务》是涉及整个商用车产业链条的研究成果，更是推进我国商用车行业发展的一把钥匙。

钟渭平

中国汽车流通协会商用车专业委员会秘书长

前言

我国国民经济的高速发展带动了物流业的发展，使物流业成为国民经济的支柱产业之一。物流业的发展对运输工具提出了更多的要求：快速、经济、安全、可靠、环保。因此，高附加值的物品多采用航空运输，量大且集中的物品则多采用铁路运输。而对于量少、非集中、快速、便捷、门到门、应急的物流需求，以及没有航空、铁路、管道运输条件的地区就会采用公路运输。

本书编著背景：

随着我国综合国力的增强，公路运输条件和基础设施日益完善，公路运输需求也越来越大。2019年，我国货运量合计达到470.6亿t。各种货运量中公路运输占比最大，达到了72.99%；其次为水路运输，占比为15.87%；铁路运输占比为9.18%，位居第三。公路运输离不开商用车，商用车营销服务业是物流业的基础。要建立现代化的公路物流运输业，商用车营销服务业必须率先实现现代化。这对商用车及其营销服务业提出了更高的要求：车辆如何满足物流运输业的要求？商用车经销商如何在公路物流运输业的快速发展中做大做强？如何为客户推荐、提供最合适的车辆？如何做好车辆后市场（衍生业务）的服务？如何提高物流效率、降低物流成本？如何提高安全性，减少事故，确保货物安全？等等。这些问题成为商用车营销服务业最为关注的问题。

这些问题总是令我们备感压力，深感有责任为我国商用车行业的发展贡献自己的微薄之力，于是在中国汽车流通协会的支持和指导下，在原来出版的《商用车营销红宝书》的基础上，更新法规、技术、产品等内容，并结合近十年来商用车新技术应用及营销市场的变化，撰写了《商用车基础与营销实务》。

本书编著宗旨：

希望通过本书的出版，一是帮助从业人员进行知识更新，提高商用车从业人员的知识水平与能力，从而提高整个商用车营销服务业的服务水平；二是拓展专用车知识，希望能为商用车经销商拓展业务提供知识支持；三是希望能帮助商用车经销商提高管理能力，为建立品牌营销打下基础；四是希望帮助商用车经销商建立业务管理的组织、制度、流程、模板、工具，迅速提高业务管理水平；五是希望帮助商用车经销商建立主动营销模式，改变被动销售的局面，提高竞争能力和行业话语权。

同时希望商用车营销服务业的经销商及从业人员，通过对本书的学习，能够提高自己的服务意识、服务能力和管理水平，能从了解客户的期望出发建章立制，改善服务条件和硬件设施，使自己的服务能够满足客户的期望，从而提高客户满意度，提高客户黏性。

本书主要内容：

本书内容分为五篇，第一篇为商用车基础知识，第二篇为专用车产品知识，第三篇为服务营销与客户营销，第四篇为经销商的企业管理，第五篇为经销商车辆营销与衍生业务管理。

第一篇主要介绍了商用车产品基础、国六排放标准与关键技术、商用车的使用功能与性能、商用车的结构与配置、商用车经销商产品组合、商用车推荐方法、新能源与智能商用车简介。本篇是商用车从业人员必知必会的基础知识，以提高商用车从业人员的专业知识水平。

第二篇主要介绍了混凝土搅拌运输车、混凝土泵车，各类环卫车，救护车和医疗废物转运车，冷藏、保温车，汽车起重机和随车起重运输车，洒水车和护栏清洗车，流动售货车和舞台车等专用车。尝试解决商用车营销服务人员普遍存在的对专用车产品知识缺乏了解的问题，以提高商用车从业人员的专用车产品知识、营销与服务能力。

第三篇旨在让商用车市场营销人员掌握服务营销、客户营销、大客户营销的基本知识；掌握如何进行市场细分、客户细分，以及如何按照货物的要求进行运输方案设计和车辆的推荐；理顺了客户开发的流程与方法。希望商用车经销商及从业人员通过掌握客户营销（尤其是PPP大客户市场营销）的流程、技巧、方法，掌握提高客户满意度的方法，明确自己的目标和不足，助力商用车经销商提升能力，转型升级，做大做强。

第四篇主要讲解商用车经销商的企业文化管理、企业管理、组织管理、企业综合管理、品牌管理、财务管理、市场管理，让商用车经销商的企业管理人员掌握相关的管理知识，提高企业管理水平和管理能力，实现企业管理的差异化、现代化，实现从服务营销向品牌营销的升级。希望商用车经销商站在战略的高度进行文化管理、企业管理、组织管理、岗位管理，用稳定领先的战术进行人力资源管理，用先进的制度和理念进行业务管理。

第五篇主要讲述了覆盖所有商用车经销商的业务管理，包括产品采购、车辆营销及衍生业务。希望通过本篇的介绍，帮助商用车经销商和从业人员掌握：①相关业务的组织与岗位管理；②业务流程设计、主要节点把控与操作要点；③业务组织、岗位建设的方法；④产品明细表、价格表、客户明细表管理的方法与技巧；⑤客户开发的流程与方法，最终实现商用车经销商的转型和实现品牌营销的目标。

适合阅读本书的读者：

1）商用车行业从业人员：商用车企业的市场营销、服务人员及商用车经销商的营销、服务人员。

2）大专院校学生：有志于在商用车行业就业的大专院校学生。

3）商用车服务行业的人员：商用车服务相关行业、企业的市场营销及企业管理人员。

4）运输企业的管理人员：包括车辆保险、金融服务、车辆保养、维修、运输业务管理等在内的相关业务人员。

5）二手商用车业务的相关从业人员。

本书是主编及参编人员多年实践经验的总结，内容偏重实践操作，涉及的知识面较广。由于车辆使用地区、行驶道路、客户、货物不同，对车辆的要求也千差万别，本书对有关产品的推荐及物流设计的方法，以及书中相关的统计数据、表格及产品配置仅为举例说明，供参考。

将本书的相关知识落地：

如何才能将本书第三、四、五篇的相关知识落地，助力广大经销商稳步、快速地提高管理与作业能力呢？主编和北京佐卡科技有限公司合作，由北京佐卡科技有限公司编写了一套适用于广大商用车经销商的管理制度。

查阅本书相关管理制度和课后测试题答案，可登录北京佐卡科技有限公司网站（www.zuokakache.com）进行浏览、学习、下载，亦可通过扫码进入。

北京佐卡科技有限公司

在编写本书过程中，得到了中国物流与采购联合会、中国汽车流通协会、福田汽车集团、一汽解放、陕汽集团、徐工汽车等单位的大力支持，在此一并表示感谢。限于编者水平有限，错漏之处在所难免，诚恳地希望广大读者批评和指正，以便修订时更正，共同推动行业发展。

赵旭日

中国汽车流通协会商用车专业委员会会长

目 录

自序
前言

第一篇　商用车基础知识

第一章　商用车产品基础 ………………… 2
第一节　商用车概述 ………………………… 2
第二节　商用车型谱与型式 ………………… 11
第三节　汽车和挂车型号的编制规则 ……… 12
第四节　汽车生产企业及产品公告制度 …… 16
第五节　车辆识别代号（VIN） …………… 19
第六节　机动车标牌及合格证 ……………… 23
第七节　相关汽车标准与法规 ……………… 30

第二章　国六排放标准与关键技术 ……… 54
第一节　汽车尾气的主要成分及危害 ……… 54
第二节　全球主要汽车排放标准 …………… 55
第三节　国六汽车排放标准介绍 …………… 58
第四节　实现标准的基本原理与
　　　　技术路线 …………………………… 61
第五节　国六排放商用车成本分析 ………… 70
第六节　满足国六排放商用车的使用
　　　　注意事项 …………………………… 72

第三章　商用车的使用功能与性能 ……… 75
第一节　商用车的使用功能 ………………… 75
第二节　商用车使用功能被关注度分析 …… 79
第三节　商用车主要性能与客户需求分析 … 81
第四节　商用车配置对性能的影响 ………… 85

第四章　商用车结构与配置 ……………… 88
第一节　商用车的基本配置 ………………… 88
第二节　车身系统 …………………………… 90
第三节　车架系统 …………………………… 98
第四节　动力系统 …………………………… 106
第五节　离合操纵系统 ……………………… 126
第六节　变速操纵系统 ……………………… 129
第七节　传动系统 …………………………… 135
第八节　前桥系统 …………………………… 139
第九节　后桥系统 …………………………… 143
第十节　悬架系统 …………………………… 148
第十一节　转向系统 ………………………… 155
第十二节　制动系统 ………………………… 162
第十三节　电气系统 ………………………… 180
第十四节　货箱系统 ………………………… 194
第十五节　车轮系统 ………………………… 202
第十六节　随车书面材料 …………………… 213

第五章　商用车行驶功能与关键总成 …… 217
第一节　商用车的行驶能力 ………………… 217
第二节　最高车速计算 ……………………… 223
第三节　常用发动机型号与技术参数 ……… 225
第四节　常用变速器与取力器技术
　　　　参数 ………………………………… 232
第五节　驱动桥规格与技术参数 …………… 244

第六章　商用车经销商的产品组合 ……… 247
第一节　产品组合概念 ……………………… 247
第二节　商用车经销商的产品组合 ………… 250
第三节　商用车分产品线的产品
　　　　组合 ………………………………… 254
第四节　商用车产品组合案例 ……………… 262

第七章	商用车推荐方法	279
第一节	货箱的推荐方法	280
第二节	底盘/牵引车配置的推荐方法	295
第三节	利用单一要素推荐车辆的方法	303
第四节	多要素综合考虑推荐车辆的方法	308

第八章	新能源与智能商用车简介	320
第一节	新能源汽车	321
第二节	智能汽车	338
第三节	相关政策法规体系介绍	354

第九章	商用车客户需求与产品推广	358
第一节	基础知识	358
第二节	商用车客户的买点	360
第三节	根据客户买点设计卖点	363
第四节	经销商传播管理	367

第二篇　专用车产品知识

第十章	专用车市场分析	376
第一节	专用车定义与分类	376
第二节	部分专用车市场分析	377

第十一章	混凝土搅拌运输车	380
第一节	基本概念与结构	380
第二节	工作原理与性能指标	387
第三节	搅拌车的可靠性保证	394
第四节	维护与常见故障排除	403
第五节	产品组合与发展趋势分析	420

第十二章	混凝土泵车	423
第一节	基本结构与功能要求	423
第二节	混凝土泵车的工作原理	442
第三节	性能指标与可靠性保障	448
第四节	泵车使用、保养与维修注意事项	458
第五节	部分泵车产品资源	471

第十三章	冷藏与保温运输车	473
第一节	基本概念与型式结构	473
第二节	车厢生产工艺与设备保障	478
第三节	日常检查与常见故障排除	479
第四节	发展趋势与典型产品资源	481

第十四章	救护车与医疗废物转运车	484
第一节	救护车	484
第二节	医疗废物转运车	505

第十五章	爆破器材运输车	513
第一节	基本概念与结构组成	513
第二节	主要功能与技术参数	516
第三节	执行标准与质量可靠性保证	519
第四节	日常使用与维修保养	525
第五节	发展趋势与典型产品介绍	527

第十六章	汽车起重机	531
第一节	基本概念与主要性能	531
第二节	基本构造与关键总成部件	536
第三节	操作规程与维修保养	544
第四节	发展趋势与典型产品资源	552

第十七章	随车起重运输车	555
第一节	基本概念与结构原理	555
第二节	基本结构与主要性能指标	557
第三节	使用、保养与常见故障排除	560
第四节	发展趋势与典型产品资源	561

第十八章	部分环卫车与清洗车	564
第一节	车厢可卸式垃圾车	564
第二节	压缩式垃圾车	568
第三节	自装卸式垃圾车	578
第四节	餐厨垃圾车	583
第五节	吸污车	589
第六节	洒水车	594
第七节	护栏清洗车	601

第十九章	售货车和舞台车	608
第一节	售货车	608
第二节	舞台车	613

第三篇 服务营销与客户营销

第二十章 服务营销 ············ 620
- 第一节 服务营销的思想与方法 ············ 620
- 第二节 影响客户满意度的五大差距 ············ 626
- 第三节 缩小差距，提高客户满意度 ············ 629

第二十一章 客户营销 ············ 643
- 第一节 客户营销流程与意向客户确定 ············ 643
- 第二节 收集意向客户信息的方法 ············ 647
- 第三节 客户开发前的准备工作 ············ 652
- 第四节 拜访计划的编制与实施 ············ 658
- 第五节 物流运输方案设计 ············ 668
- 第六节 将意向客户变成客户 ············ 673

第二十二章 PPP 市场营销 ············ 678
- 第一节 PPP 市场的重要性 ············ 678
- 第二节 PPP 市场营销 ············ 681

第二十三章 商用车经销商的转型 ············ 693
- 第一节 经销商转型的必要性分析 ············ 693
- 第二节 强化组织能力 ············ 696
- 第三节 提高产品资源能力 ············ 702
- 第四节 狠抓服务能力 ············ 704
- 第五节 死盯集客能力 ············ 706
- 第六节 未来经销商的经营模型 ············ 710

第四篇 经销商的企业管理

第二十四章 商用车经销商的企业管理 ············ 714
- 第一节 企业文化管理 ············ 714
- 第二节 企业管理 ············ 721
- 第三节 管理者的能力与职责定位 ············ 727
- 第四节 组织建设与组织设置 ············ 729

第二十五章 商用车经销商的组织管理 ············ 734
- 第一节 组织管理与岗位管理 ············ 734
- 第二节 岗位招聘管理 ············ 736
- 第三节 薪酬管理 ············ 739
- 第四节 岗位评价、培训与员工淘汰管理 ············ 743

第二十六章 商用车经销商的综合管理 ············ 746
- 第一节 综合管理的内容与部门岗位设置 ············ 746
- 第二节 建立管理制度 ············ 748

第二十七章 商用车经销商的品牌管理 ············ 750
- 第一节 基本理念与品牌策略 ············ 750
- 第二节 目标与使命 ············ 754
- 第三节 品牌管理的系统化 ············ 755
- 第四节 做好品牌经营，提高企业竞争力 ············ 758
- 第五节 品牌管理的工具及模板 ············ 763

第二十八章 商用车经销商的财务管理 ············ 769
- 第一节 财务管理概述 ············ 769
- 第二节 成本与费用管理 ············ 771
- 第三节 价格管理 ············ 774
- 第四节 规划与预算管理 ············ 778
- 第五节 资金管理 ············ 785
- 第六节 利润管理 ············ 789
- 第七节 税务管理 ············ 794
- 第八节 建立财务管理制度 ············ 802

第二十九章 商用车经销商的市场管理 ············ 804
- 第一节 目标市场的确定 ············ 804
- 第二节 市场管理的内容与业务范围 ············ 808
- 第三节 产品明细表管理 ············ 811
- 第四节 根据产品确定意向（目标）市场 ············ 816
- 第五节 建立市场管理的方法与制度 ············ 820

第五篇　经销商商用车营销与衍生业务管理

第三十章　商用车采购业务管理 …………826
- 第一节　采购业务管理的范围与要点 …… 826
- 第二节　部门职责与采购员岗位素质 …… 829
- 第三节　采购业务管理流程与管理制度 …… 830

第三十一章　商用车营销业务管理 ……… 837
- 第一节　销售与服务营销的区别 ……… 837
- 第二节　建立营销组织与管理制度 ……… 839
- 第三节　业务管理流程与节点管控 ……… 840

第三十二章　商用车销售服务业务管理 … 849
- 第一节　销售服务项目分类与服务原则 ……… 849
- 第二节　建立商用车销售服务组织与管理制度 ……… 852
- 第三节　业务管理流程与节点管控 ……… 856

第三十三章　商用车保险业务管理 ……… 859
- 第一节　车险原则与主要险种及保费介绍 ……… 859
- 第二节　建立业务管理组织与管理制度 … 873
- 第三节　业务管理流程与节点管控 ……… 874

第三十四章　商用车金融服务业务管理 … 877
- 第一节　金融服务业务概述 ……… 877
- 第二节　建立金融服务组织与管理制度 … 886
- 第三节　业务管理流程与节点管控 ……… 887

第三十五章　商用车保养业务管理 ……… 902
- 第一节　基本概念与基本内容 ……… 902
- 第二节　建立保养业务组织与管理制度 … 905
- 第三节　保养业务管理流程与节点管控 … 911

第三十六章　商用车维修业务管理 ……… 915
- 第一节　维修业务分类与管理流程 ……… 915
- 第二节　建立维修业务组织与管理制度 ……… 917
- 第三节　业务管理流程与节点管控 ……… 919
- 第四节　"三包"期内维修业务注意事项 ……… 922

第三十七章　商用车配件营销业务管理 … 925
- 第一节　配件营销业务概述 ……… 925
- 第二节　做好配件仓储管理 ……… 927
- 第三节　建立配件营销组织与管理制度 … 929
- 第四节　配件业务管理流程与节点管控 … 931

第三十八章　物流运输业务管理 ………… 934
- 第一节　物流运输业务相关概念与分类 … 934
- 第二节　经销商经营物流运输业务规划 … 950
- 第三节　建立运输业务组织与管理制度 ……… 952
- 第四节　物流运输业务管理流程与节点管控 ……… 958
- 第五节　商用车托管服务管理探索 ……… 963

第三十九章　二手商用车业务管理 ……… 967
- 第一节　二手商用车市场分析 ……… 967
- 第二节　建立二手商用车业务组织与管理制度 ……… 970
- 第三节　二手商用车业务重要节点解读 ……… 972
- 第四节　二手商用车业务管理流程与节点管控 ……… 982

第一篇
商用车基础知识

北京佐卡科技有限公司
经销商的企业管理制度和课
后测试题答案均可在线阅读

第一章 商用车产品基础[一]

学习要点

1. 掌握载货汽车（商用车）的分类、产品型谱和产品型式，为建立产品组合打下基础。
2. 掌握证明车辆身份的合格证、VIN 码、CCC 证书、环保证书等，及相关标准法规，为车辆销售与服务等打下基础。
3. 掌握商用车相关标准与法规，为营销业务管理等提供依据。

第一节 商用车概述

一、商用车的发展史

商用车在我国经济发展过程中承担着极为重要的作用。据不完全统计，全国范围内超过 75% 的货物、超过 80% 的人、超过 90% 的城市保障均依赖于商用车，其重要性不言而喻。

1. 我国商用车的发展史

1）新中国的汽车发展史就是从商用车开始的。新中国第一辆汽车于 1956 年 7 月 13 日驶下总装配生产线，这辆"解放牌"载货汽车结束了中国不能制造汽车的历史，圆了中国人自己生产国产汽车之梦。

我国加入世界贸易组织（WTO）之后，商用车行业以较快的速度追赶着全球商用车行业的历史潮流。我国商用车行业的变化主要体现在排放标准从国零升级到国六；从传统燃料车型到全系列车型（特别是新能源汽车产品）；从最基本的运输机械到智能驾驶；从单一产品、"缺重少轻"到全系列产品生产……总而言之，我国商用车经过 60 多年的发展，与世界先进水平的差距越来越小，已经可基本满足我国国民经济发展的需求，且出口量越来越大。

2）资本结构。经过数十年的发展，商用车已经驶入快车道，特别是国家宣布将低速汽车（农用车）转为汽车生产管理之后，商用车行业的生产企业数量快速增长。

目前，随着资本结构及资本市场的成熟，我国商用车企业也正面临与国外汽车产业成熟国家相似的

[一] 本章由赵旭日、刘春迎编写。

业内兼并与重组，目前形成了包括山东重工、中国一汽、东风汽车、郑州宇通、厦门金龙等多家具有代表性的行业巨头。

3）销量。自2000年以来，我国商用车行业产销量不断实现突破，无论是产品性能的升级换代，还是产品的生产能力，或是市场的强劲需求，在全球范围内均表现优秀。尽管在2014—2015年也受到2008年金融危机的影响，造成近80万辆的市场下降，但是很快就恢复了过来。2017年之后，商用车的年销量均突破了400万辆。目前，重型载货汽车（简称重卡）的销量已经占据全球重卡市场50%以上的市场份额。客车也已经销售到了发达国家，是国内汽车行业最为重要的一个亮点。2011—2020年全国商用车销量如图1-1所示。

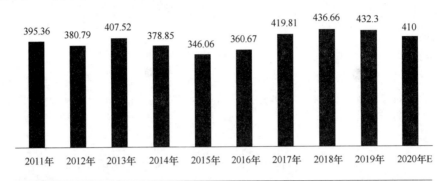

图1-1 2011—2020年全国商用车销量（单位：万辆）

2. 国外商用车的发展

目前，从全球范围来看，商用车的主要生产国和消费国集中在亚洲的中国、日本、印度，欧洲的德国、瑞典、意大利、法国和英国、荷兰，美洲的美国和巴西，全球主要商用车生产企业见表1-1。而从核心技术掌握程度来看，则主要掌握在德国、瑞典和美国三个国家手中。目前，商用车排放标准处于最前沿的是欧VI和美国EPA2017，无论是排放控制技术，还是整车的电子电器化、车联网化程度均已十分之高。

表1-1 全球主要商用车生产企业

品 牌	所属国家	所属集团
现代/Hyundai	韩国	现代汽车
五十铃/ISUZU	日本	五十铃
起亚/Kia	韩国	现代汽车
梅赛德斯-奔驰/Mercedes-Benz	德国	戴姆勒汽车
三菱/Mitsubishi	日本	戴姆勒汽车
日产/Nissan	日本	日产
西星/Western Star	美国	戴姆勒汽车
肯沃驰/Kenworth	美国	佩卡
彼得彼尔特/Perterbilt	美国	佩卡
沃尔沃/Volvo	瑞典	沃尔沃集团
马克/Mark	美国	沃尔沃集团
UD	日本	五十铃集团
曼/MAN	德国	大众汽车
福莱纳/Freightliner	美国	戴姆勒汽车
纳威司达/Navistar	美国	纳威司达
依维柯/Iveco	意大利	凯斯纽荷兰
斯堪尼亚/Scania	瑞典	大众汽车
日野/Hino	日本	丰田汽车

二、商用车的概念与分类

（一）车辆

1. 车辆的概念

车辆是"车"与车的单位"辆"的总称。所谓车，是指陆地上用轮子转动的交通工具；所谓辆，来源于古代对车的计量方法。那时的车一般是两个车轮，故车一乘即称一两，后来才写作辆。

2. 车辆的分类

车辆分为机动车和非机动车。

（二）机动车

1. 机动车的概念

我国汽车行业中强制性标准 GB 7258—2017《机动车运行安全技术条件》对机动车有比较系统科学的定义。其第 3.1 条对机动车定义如下：机动车（power-driven vehicle）由动力装置驱动或牵引，上道路行驶的供人员乘用或用于运送物品以及进行工程专项作业的轮式车辆。

2. 机动车分类

GB 7258—2017 将机动车分为汽车、挂车、汽车列车、危险货物运输车辆、摩托车、拖拉机运输机组、轮式专用机械车、特型机动车八大类 43 个小类，见表 1-2。

表 1-2　GB 7258—2017 八大类 43 个小类

大类	各级细分小类			
汽车	载客汽车	乘用车	—	—
		旅居车	—	—
		客车	未设置乘客站立区的客车	公路客车
				旅游客车
				未设置乘客站立区的公共汽车
				专用客车
			设置乘客站立区的客车	—
		校车	幼儿校车	—
			小学生校车	—
			中学生校车	—
			专用校车	—
	载货汽车	半挂牵引车	—	—
		低速汽车	—	—
	专项作业车	—	—	—
	气体燃料汽车	—	—	—
	两用燃料汽车	—	—	—
	双燃料汽车	—	—	—
	纯电动汽车	—	—	—
	插电式混合动力汽车	—	—	—
	燃料电池汽车	—	—	—
	教练车	—	—	—
	残疾人专用汽车	—	—	—

(续)

大类	各级细分小类			
挂车	牵引杆挂车	—	—	—
	中置轴挂车	—	—	—
	半挂车	—	—	—
	旅居挂车	—	—	—
汽车列车	乘用车列车	—	—	—
	货车列车	牵引杆挂车列车	—	—
		中置轴挂车列车	—	—
	铰接列车	—	—	—
危险货物运输车辆	—	—	—	—
摩托车	普通摩托车	两轮普通摩托车	—	—
		边三轮摩托车	—	—
		正三轮摩托车	—	—
	轻便摩托车	两轮轻便摩托车	—	—
		正三轮轻便摩托车	—	—
拖拉机运输机组	—	—	—	—
轮式专用机械车	—	—	—	—
特型机动车	—	—	—	—

(三) 汽车

1. 汽车的定义

汽车是指由动力驱动,具有四个或四个以上车轮的非轨道承载的车辆,主要用于载运人员和/或货物(物品);牵引载运货物(物品)或特殊用途;专项作业。

2. 汽车的发展史

汽车经过100多年来的不断改进、创新,凝聚了人类的智慧和匠心,并得益于石油、钢铁、铝、化工、塑料、机械设备、电力、道路网、电子技术与金融等多种行业的支撑,成为今日这样具有多种形式、不同规格,广泛用于社会经济生活多个领域的交通运输工具。

1897年,德国人鲁道夫·狄塞尔(1858—1913)成功地试制出了第一台柴油机(diesel engine),柴油机从设想变为现实经历了20年的时间。柴油机是动力工程方面的又一项伟大的发明,它的出现不仅为柴油找到了用武之地,而且它比汽油省油、动力大、污染小,是汽车又一颗良好的"心脏"。鲁道夫·狄塞尔的发明改变了整个世界,人们为了纪念他,就把柴油机称为狄塞尔柴油机。从此以后,汽车才有了现在的样子。

3. 汽车分类

汽车分为乘用车和商用车。

国家标准GB/T 3730.1—2001《汽车和挂车类型的术语和定义》将汽车按用途分为乘用车、商用车两类,见表1-3。该分类方法与国际标准接轨,适用于一般概念,作为统计、牌照、保险、政府政策和管理的依据。

GB/T 3730.1是一项影响面非常广的基础标准,此项标准是我国政府为推进我国汽车管理逐步国际化的一个切入点,同时带来人们的思维和社会观念的变革。该标准可以说是一项彻底改变传统观念的标准,如乘用车的概念,改变了传统的将轿车作为奢侈品的思想,回归汽车仅是一种代步工具的认知。

商用车作为机动车和汽车的一部分,相关的国家标准和有关的管理机关都对之进行了明确的界定,并按照用途对商用车进行了分类。

表1-3 汽车的分类（GB/T 3730.1—2001）

汽车类别	汽车类型	汽车类别		汽车类型
乘用车（不超过9座）	普通乘用车	商用车	客车	小型客车
	活顶乘用车			城市客车
	高级乘用车			长途客车
	小型乘用车			旅游客车
	敞篷车			铰接客车
	仓背乘用车			无轨电车
	旅行车			越野客车
	多用途乘用车			专用客车
	越野乘用车		货车	普通货车
	短头乘用车			多用途货车
	专用乘用车（如旅居车、防弹车、救护车、殡仪车等）			全挂牵引车
				越野货车
				专用作业车
				专用货车
				半挂牵引车

（四）商用车

1. 定义

商用车（Commercial Vehicle），是指在设计和技术特征上用于运送人员和货物的汽车。

2. 商用车分类

（1）客车

1）9座以上的客车。

2）客车非完整车辆。

（2）载货汽车　公安部车辆管理部门在车辆登记时，车辆行驶证上的车辆类别及规格术语见表1-4，详见公安部标准《机动车类型术语和定义》（GA 802—2014）。

1）按车辆规格分类：载货汽车按照准驾车型标准分为微型、轻型、中型、重型载货汽车四类。通常，把这个分类也称为商用货车类别分类。

2）按车辆结构分类：根据GA 802—2014的机动车结构术语分类表，将货车类别再按车型进行细分（按结构分类），可分为普通货车、厢式货车、仓栅式货车等车型。该标准中商用车相关部分术语摘要，见表1-5。

表1-4 商用车车辆类别及规格术语

分 类	规格术语	说　明
载客汽车	大型	车长≥6m或乘坐人数≥20人
	中型	车长<6m，9人<乘坐人数<20人
	小型	车长<6m，乘坐人数≤9人
	微型	车长≤3.5m，发动机气缸总排量≤1L
载货汽车	重型	总质量≥12000kg
	中型	车长≥6000mm，4500kg≤总质量<12000kg
	轻型	车长<6000mm，总质量<4500kg
	微型	车长≤3500mm，载质量≤750kg
三轮汽车（原三轮农用运输车）		以柴油机为动力，最高设计车速≤50km/h，最大设计总质量≥2000kg，长≤4.6m，宽≤1.6m，高≤2m，具有三个车轮的货车
低速货车（原四轮农用运输车）		以柴油机为动力，最高设计车速≤70km/h，最大设计总质量≤4500kg，长≤6m，宽≤2m，高≤2.5m，具有四个车轮的货车

注：乘坐人数可变的，以上限确定。乘坐人数含驾驶员。

本书未做特殊说明时，所指商用货车类别均指表1-4中所列载货汽车产品：微型（微卡）、轻型（轻卡）、中型（中卡）、重型（重卡）；所指商用货车车型均指表1-5所列车型。以后不再说明。

表1-5　商用货车车型结构分类表

分　类		说　明
载货汽车①	普通货车	载货部位的结构为栏板的载货汽车（包括具有随车起重装置的栏板载货汽车），但不包括具有自动倾卸装置的载货汽车
	厢式货车	载货部位的结构为厢体且与驾驶室各自独立的载货汽车；厢体的顶部应封闭、不可开启
	仓栅式货车	载货部位的结构为仓笼式或栅栏式且与驾驶室各自独立的载货汽车；载货部位的顶部应安装有与侧面栅栏固定的、不能拆卸和调整的顶棚杆
	封闭货车	载货部位的结构为封闭厢体且与驾驶室联成一体，车身结构为一厢式或两厢式的载货汽车
	罐式货车	载货部位的结构为封闭罐体的载货汽车
	平板货车	载货部位的地板为平板结构且无栏板的载货汽车
	集装箱车	载货部位为框架结构，专门运输集装箱的载货汽车
	车辆运输车	载货部位经过特殊设计和制造，专门用于运输商品车的载货汽车
	特殊结构货车	载货部位为特殊结构、专门运输特定物品的载货汽车，但不包括车辆运输车。如：混凝土搅拌运输车
	自卸货车②	载货部位的结构为栏板且具有自动倾卸装置的载货汽车
	半挂牵引车	不具有载货结构，专门用于牵引半挂车的载货汽车
	全挂牵引车	不具有载货结构，专门用于牵引全挂车的载货汽车
专项作业车	无载货功能的专项作业车（非载货专项作业车）	不具有载货结构，或者虽具有载货结构但核定载质量小于1000kg的专项作业车
	有载货功能的专项作业车（载货专项作业车）	核定载质量大于等于1000kg的专项作业车
中置轴挂车	中置轴旅居挂车	装备有必要的生活设施，用于旅游和野外工作人员宿营的中置轴挂车
	中置轴车辆运输车	设计和制造上专门用于运输商品车的并装双轴框架式中置轴挂车
	中置轴普通挂车	中置轴旅居挂车和中置轴车辆运输车以外的其他中置轴挂车
半挂车	普通半挂车	载货部位为栏板结构的半挂车
	厢式半挂车	载货部位为封闭厢体结构的半挂车；厢体的顶部应封闭、不可开启
	仓栅式半挂车	载货部位的结构为仓笼式或栅栏式的半挂车；载货部位的顶部应安装有与侧面栅栏固定的、不能拆卸和调整的顶棚杆
	罐式半挂车	载货部位为封闭罐体结构的半挂车
	平板半挂车	载货部位的地板为平板结构且无栏板的半挂车
	集装箱半挂车	载货部位为框架结构且无地板，专门运输集装箱的半挂车
	自卸半挂车②	载货部位的结构为栏板且具有自动倾卸装置的半挂车
	低平板半挂车	采用低货台（货台承载面离地高度不大于1150mm）、轮胎规格最大为8.25 – 20（8.25R20）、与牵引车的连接为鹅颈式，且车长大于等于13m时车轴为轴线结构（一线二轴或二线四轴等）的半挂车
	车辆运输半挂车	载货部位经过特殊设计和制造，专门用于运输商品车的半挂车
	特殊结构半挂车	载货部位为特殊结构，专门运输特定物品的半挂车，但不包括车辆运输半挂车
	旅居半挂车	装备有必要的生活设施，用于旅游和野外工作人员宿营的半挂车
	专项作业半挂车	装置有专用设备或器具，用于专项作业的半挂车

① 邮政车、冷藏车、保温车等以载运货物为主要目的的专用汽车，以及非客车整车改装的运钞车，根据其载货部位的结构特征确定为相对应的载货汽车。

② 货车、全挂车和半挂车的载货部位为非栏板结构时，若载货部位具有自动倾卸装置，结构术语确定为"载货部位的结构特征＋自卸"，如"平板自卸"。

（3）其他在机动车分类中用于货物运输的车辆

1）挂车。

2）汽车列车。

3）危险货物运输车辆。

4）拖拉机运输机组。

5）轮式专用（运输）机械车辆：包括矿山轮式专用（运输）机械车辆、工厂内部专用（运输）车辆、港口内部专用（运输）车辆。

6）特型机动车。

（五）汽车的其他分类方法

以下介绍的分类方法在日常的生活中经常遇到，其中，保险行业对商用车的分类在商用车的日常经营中使用最多，应当掌握。

1. 按机动车驾驶证准驾车型分类

《机动车驾驶证申领和使用规定》是由中华人民共和国公安部出台的关于指导机动车驾驶证申领和使用的权威行政法令，也是目前我国驾驶人申领驾驶证的核心规章之一。

《机动车驾驶证申领和使用规定》第九条对机动车驾驶人的准予驾驶车型进行了分类，共分为16类，依次为：大型客车、牵引车、城市公交车、中型客车、大型货车、小型汽车、小型自动档汽车、低速载货汽车、三轮汽车、残疾人专用小型自动档载客汽车、普通三轮摩托车、普通二轮摩托车、轻便二轮摩托车、轮式自行机械车、无轨电车和有轨电车。机动车驾驶证准驾车型和代号见表1-6，详见公安部相关管理文件。

表1-6　机动车驾驶证准驾车型和代号

序号	准驾车型	代号	准驾的车辆	准予驾驶的其他准驾车型
1	大型客车	A1	大型载客汽车	A3、B1、B2、C1、C2、C3、C4、M
2	牵引车	A2	重型、中型全挂、半挂汽车列车	B1、B2、C1、C2、C3、C4、M
3	城市公交车	A3	核载10人以上的城市公共汽车	C1、C2、C3、C4
4	中型客车	B1	中型载客汽车（含核载10人以上、19人以下的城市公共汽车）	C1、C2、C3、C4、M
5	大型货车	B2	重型、中型载货汽车；大、重、中型专项作业车	C1、C2、C3、C4、M
6	小型汽车	C1	小型、微型载客汽车以及轻型、微型载货汽车	C2、C3、C4
7	小型自动档汽车	C2	小型、微型自动档载客汽车以及轻型、微型自动档载货汽车	
8	低速载货汽车	C3	低速载货汽车（原四轮农用运输车）	C4
9	三轮汽车	C4	三轮汽车（原三轮农用运输车）	
10	残疾人专用小型自动档载客汽车	C5	残疾人专用小型、微型自动档载客汽车	
11	普通三轮摩托车	D	发动机排量大于50mL或者最大设计车速大于50km/h的三轮摩托车	E、F
12	普通二轮摩托车	E	发动机排量大于50mL或者最大设计车速大于50km/h的二轮摩托车	F
13	轻便二轮摩托车	F	发动机排量等于50mL或者最大设计车速小于等于50km/h的摩托车	
14	轮式自动机械车	M	轮式自行机械车	
15	无轨电车	N	无轨电车（叉车）	
16	有轨电车	P	有轨电车	

2. 保险行业对机动车的分类

"机动车交通事故责任强制保险"简称"交强险",是由保险公司对被保险机动车发生道路交通事故造成受害人(不包括本车人员和被保险人)的人身伤亡、财产损失,在责任限额内予以赔偿的强制性责任保险。交强险费率表中把机动车按种类、使用性质分为家庭自用汽车、非营业客车、营业客车、非营业货车、营业货车、特种车、摩托车和拖拉机8种类型,并在此基础上进一步分为42种小类,具体见表1-7。8种类型的含义如下:

表1-7 机动车交通事故责任强制保险基础费率表(2008版)

车辆大类	序号	车辆明细分类	保费/元
一、家庭自用汽车	1	家庭自用汽车6座以下	950
	2	家庭自用汽车6座及以上	1100
二、非营业客车	3	企业非营业汽车6座以下	1000
	4	企业非营业汽车6~10座	1130
	5	企业非营业汽车10~20座	1220
	6	企业非营业汽车20座以上	1270
	7	机关非营业汽车6座以下	950
	8	机关非营业汽车6~10座	1070
	9	机关非营业汽车10~20座	1140
	10	机关非营业汽车20座以上	1320
三、营业客车	11	营业出租租赁6座以下	1800
	12	营业出租租赁6~10座	2360
	13	营业出租租赁10~20座	2400
	14	营业出租租赁20~36座	2560
	15	营业出租租赁36座以上	3530
	16	营业城市公交6~10座	2250
	17	营业城市公交10~20座	2520
	18	营业城市公交20~36座	3020
	19	营业城市公交36座以上	3140
	20	营业公路客运6~10座	2350
	21	营业公路客运10~20座	2620
	22	营业公路客运20~36座	3420
	23	营业公路客运36座以上	4690
四、非营业货车	24	非营业货车2t以下	1200
	25	非营业货车2~5t	1470
	26	非营业货车5~10t	1650
	27	非营业货车10t以上	2220
五、营业货车	28	营业货车2t以下	1850
	29	营业货车2~5t	3070
	30	营业货车5~10t	3450
	31	营业货车10t以上	4480
六、特种车	32	特种车一	3710
	33	特种车二	2430
	34	特种车三	1080
	35	特种车四	3980

(续)

车辆大类	序号	车辆明细分类	保费/元
七、摩托车	36	摩托车50mL及以下	80
	37	摩托车50~250mL（含）	120
	38	摩托车250mL以上及侧三轮	400
八、拖拉机	39	兼用型拖拉机14.7kW及以下	按保监产险[2007]53号实行地区差别费率
	40	兼用型拖拉机14.7kW以上	
	41	运输型拖拉机14.7kW及以下	
	42	运输型拖拉机14.7kW以上	

注：座位和吨位的分类都按照"含起点不含终点"的原则来解释。

1）家庭自用汽车：指家庭或个人所有，且用途为非营业性的客车。

2）非营业客车：指党政机关、企事业单位、社会团体、使领馆等机构从事公务或在生产经营活动中不以直接或间接方式收取运费或租金的客车，包括党政机关、企事业单位、社会团体、使领馆等机构为从事公务或在生产经营活动中承租且租赁期限为1年或1年以上的客车。非营业客车分为党政机关、事业团体客车和企业客车。用于驾驶教练、邮政公司用于邮递业务、快递公司用于快递业务的客车、警车、普通囚车、医院的普通救护车、殡葬车按照其行驶证上载明的核定载客数，适用对应的企业非营业客车的费率。

3）营业客车：指用于旅客运输或租赁，并以直接或间接方式收取运费或租金的客车。营业客车分为城市公交客车，公路客运客车，出租、租赁客车。旅游客运车按照其行驶证上载明的核定载客数，适用对应的公路客运车费率。

4）非营业货车：指党政机关、企事业单位、社会团体自用或仅用于个人及家庭生活，不以直接或间接方式收取运费或租金的货车（包括客货两用车）。货车是指载货机动车、厢式货车、半挂牵引车、自卸车、电瓶运输车、装有起重机械但以载重为主的起重运输车。用于驾驶教练、邮政公司用于邮递业务、快递公司用于快递业务的货车按照其行驶证上载明的核定载质量，适用对应的非营业货车的费率。

5）营业货车：指用于货物运输或租赁，并以直接或间接方式收取运费或租金的货车（包括客货两用车）。

6）特种车：指用于各类装载油料、气体、液体等专用罐车；或用于清障、清扫、清洁、起重、装卸（不含自卸车）、升降、搅拌、挖掘、推土、压路等的各种专用机动车，或适用于装有冷冻或加温设备的厢式机动车；或车内装有固定专用仪器设备，从事专业工作的监测、消防、运钞、医疗、电视转播、雷达、X光检查等机动车；或专门用于牵引集装箱箱体（货柜）的集装箱拖头。特种车按其用途共分成4类，不同类型机动车采用不同收费标准：特种车一包括油罐车、汽罐车、液罐车；特种车二包括专用净水车、特种车一以外的罐式货车，以及用于清障、清扫、清洁、起重、装卸（不含自卸车）、升降、搅拌、挖掘、推土、冷藏、保温等的各种专用机动车；特种车三包括装有固定专用仪器设备从事专业工作的监测、消防、运钞、医疗、电视转播等的各种专用机动车；特种车四包括集装箱拖头。

7）摩托车：指以燃料或电瓶为动力的各种两轮、三轮摩托车。摩托车分成三类：50mL及以下，50~250mL（含）、250mL以上及侧三轮。正三轮摩托车按照排气量分类执行相应的费率（表1-7）。

8）拖拉机：按其使用性质分为兼用型拖拉机和运输型拖拉机。兼用型拖拉机是指以田间作业为主，通过铰接连接牵引挂车可进行运输作业的拖拉机。兼用型拖拉机分为14.7kW及以下和14.7kW以上两种。运输型拖拉机是指货箱与底盘一体，不通过牵引挂车可运输作业的拖拉机。运输型拖拉机分为14.7kW及以下和14.7kW以上两种。低速载货汽车参照运输型拖拉机14.7kW以上的费率执行。

其中，挂车是指就其设计和技术特征需机动车牵引才能正常使用的一种无动力的道路机动车。挂车根据实际的使用性质并按照对应吨位货车的30%计算。装置有油罐、汽罐、液罐的挂车按特种车一的

30%计算。

注意： 以上各车型的座位按行驶证上载明的核定载客数计算；吨位按行驶证上载明的核定载质量计算。

（六）本书涉及的商用车相关知识的说明

1. 基础知识

本书介绍的商用车相关基础知识，除有说明的以外，一律以普通货车为基础。

2. 知识范围

本书所涉及的商用车知识范围以商用货车为主；但其他知识，包括客户营销、服务营销、ppp 市场、经销商的业务管理知识，对经营客车的厂家和经销商亦有借鉴意义。

3. 其他商用车的知识

拖拉机运输机组、轮式专用（运输）机械车辆、特型机动车的相关知识可以参考本书的对应知识介绍。

4. 本书部分概念说明

本书中的车辆、机动车、汽车等概念，看似不涉及商用车，但是它们都包括商用车。因此，本书对这些知识的介绍也就是对商用车相同知识的介绍，特此说明。

第二节 商用车型谱与型式

一、商用车的型谱

商用车企业按照细分市场特征及企业自身技术特点制定的产品型谱是指导本企业发展的重要依据，通过合理的规划与管理来保证产品型谱的实现及发展是企业的核心任务。根据产品型谱，将产品以功能为基础、以性能为依据、以符合市场需求为标准进行归纳与分类，可以指导商用车的市场营销。同时可将型谱的概念进行延伸，使其成为产品开发、工艺设计、采购管理、生产管理、产品服务的基础工具之一。

商用车产品型谱是对商用车基本结构形式的描述，一般按驱动形式及总质量组合来形成商用车产品系列。商用车基本产品型谱参见表 1-8。

表 1-8　商用车基本产品型谱

分类	轮数×驱动轮数						适用车辆类别
	1 个驱动桥	2 个驱动桥	3 个驱动桥	4 个驱动桥	5 个驱动桥	6 个驱动桥	
二轴车	4×2	4×4					微卡、轻卡、中卡、重卡、半挂牵引车
三轴车	6×2	6×4	6×6				重卡、半挂牵引车
四轴车	8×2	8×4	8×6	8×8			重卡、半挂牵引车
五轴车	10×2	10×4	10×6	10×8	10×10		重卡（牵引列车）
六轴车	12×2	12×4	12×6	12×8	12×10	12×12	重卡（牵引列车）

二、商用车的产品型式

产品型式是产品型谱的具体表现。一个产品型谱下可以有多种表现形式，如 4×2 型谱下有两种型式，一种是常见的后桥驱动，前桥转向；另一种是前桥为转向驱动桥，后桥为随动桥。其他各型谱下的商用车的具体型式见表 1-9。

产品型式不只是体现驱动形式，还包含了车桥及车轮的布置方式。

表1-9 商用车产品型式

商用车型谱	驱动形式				
4×2	⊙●	●⊙			
4×4	●●				
6×2	⊙●	⊙●⊙↑	↑⊙●	⊙ ●⊙→	⊙ ⊙●→
6×4	⊙●●	● ●⊙↑	⊙ ⊙↑●	● ⊙●●	● ⊙●●
8×2	⊙⊙ ⊙↑●	⊙⊙ ●⊙↑	⊙⊙ ⊙●→	⊙⊙ ⊙●→	⊙⊙ ⊙●→ 后转向↑
	⊙● ⊙⊙挂				
8×4	⊙⊙●●	⊙ ●●↑	⊙⊙↑●●	⊙ ⊙→●●	⊙ ●⊙→
10×2	⊙⊙● ⊙⊙挂		●● ⊙⊙挂		
	⊙↑⊙● ⊙⊙挂		⊙●⊙↑ ⊙⊙挂		
10×4	⊙⊙●● ⊙⊙挂				
12×2	⊙⊙● ⊙⊙⊙挂				
12×4	⊙⊙●● ⊙⊙⊙挂				

注:"⊙"代表转向桥或从动桥;"●"代表驱动桥;"⊙↑"代表浮动桥;"⊙→"代表随动桥。

表1-9的阅读使用方法示例如下:

①4×2 ⊙ ●:表示的车辆为常见的4×2二轴车,其前桥为转向桥,后桥为驱动桥。该种车辆适用于微卡、轻卡、中卡、重卡、半挂牵引车(包括自卸车、专用车、栏板货车等)。

②6×4 ⊙ ●●:表示的车辆为常见的6×4三轴车,其前桥为转向桥,中后桥为双联驱动桥。该种车辆适用于重卡、半挂牵引车(包括自卸车、专用车、栏板货车等)。

③8×4 ⊙⊙ ●●:表示的车辆为8×4四轴车,其前一桥为转向桥,前二桥为转向桥,后双桥为双联驱动桥。该种车辆适用于中等负荷以上的重卡(包括自卸车、专用车、栏板货车等)。

④12×4 ⊙ ●● ⊙⊙挂:表示的车辆为3+3的6轴牵引列车,其中主车为上述常见的三轴牵引车,其前桥为转向桥,中后桥为双联驱动;后为三轴半挂车,其三轴皆为随动桥。该种牵引列车适用于重载工况。

第三节 汽车和挂车型号的编制规则

一、型号编制规则

1988年,国家曾制定GB 9417—1988《汽车型号编制规则》。2001年后,有关国家标准停止使用,且未制定对汽车型号编制方法的新规定。

中机车辆技术服务中心为规范《车辆生产企业及产品公告》内汽车和挂车的型号编制,制定了《汽车和挂车型号编制规则》。该规则适用于实施《车辆生产企业及商用车公告》管理的汽车和挂车。

汽车和挂车的型号是为了识别汽车而给一种汽车指定的一组汉语拼音字母和阿拉伯数字组成的编号,由企业名称代号、车辆类别代号、主参数代号、产品序号组成,对于专用汽车及专用挂车还应增加专用汽车分类代号,必要时可以附加企业自定义代号,如图1-2所示。为

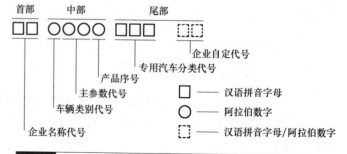

图1-2 汽车和挂车型号的构成

了避免与数字混淆，不应采用汉语拼音中的"I"和"O"。

对于专用汽车及专用半挂车还应增加专用汽车分类代号。

1. 企业名称代号

识别汽车生产企业的代号，用代表企业名称的两个或三个汉语拼音字母表示。企业名称代号由中国汽车技术研究中心标准化研究所按照企业的名称及商用车情况分配，不同企业分配不同的代号，如SGM代表上海通用汽车公司，CA代表一汽汽车，EQ代表东风汽车，BJ代表福田汽车，BH代表北京现代等。

2. 车辆类别代号

车辆类别代号用一位阿拉伯数字表示，各类汽车（包括底盘）和挂车的车辆类别代号按照表1-10进行编制。

表1-10 汽车（包括底盘）和挂车类别代号

车辆类别代号	车辆种类	车辆类别代号	车辆种类	车辆类别代号	车辆种类
1	普通货车	4	牵引汽车	7	轿车
2	越野汽车	5	专用汽车		
3	普通自卸汽车	6	客车	9	挂车

3. 主参数代号

主参数代号是表示汽车主要特征的代号，用两位阿拉伯数字表示，对于各类汽车，其意义见表1-11。

表1-11 主参数代号的意义

车辆类别	主参数代号的意义
1：普通货车	汽车的总质量（吨）②
2：越野汽车	
3：普通自卸汽车	
4：牵引汽车	
5：专用汽车①	
6：客车	数字×0.1表示车总长度（米）
7：轿车	数字×0.1表示发动机排量（升）
9：挂车	汽车的总质量（吨）

① 专用汽车指专用货车或特种作业汽车。
② 汽车总质量大于100t时允许用3位数字。主参数不足规定位数时，在参数前以"0"占位。

4. 产品序号

产品序号由企业自定，用以区别类别代号和主要参数代号相同的车辆，用阿拉伯数字表示，数字由0、1、2、3、4、5……依次使用。

5. 专用汽车分类代号

该部分代号是用于识别专用汽车的结构类别和用途的代号。

6. 企业自定义代号

企业按需要自行规定的补充代号，可用汉语拼音字母和阿拉伯数字表示，位数由企业自定。此外，对于新能源汽车，企业自定义代号规定如下：

① HE：混合动力电动汽车/底盘。
② SHEV：串联式混合动力电动汽车/底盘。
③ PHEV：并联式混合动力电动汽车/底盘。
④ CHEV：混联式混合动力电动汽车/底盘。

⑤ BEV/EV：纯电动汽车/底盘。

⑥ PCEV：燃料电池电动汽车/底盘。

⑦ DMEV：二甲醚汽车/底盘。

7. 禁止使用的字母

按照相关规则，为了避免与数字混淆，不应采用汉语拼音字母中的"I"和"O"。

二、国内汽车型号示例

1. 普通货车

如 BJ1032V5JV5-01，表示福田汽车生产的总质量3t左右的普通载货汽车，配置TM2系列平头单排车身，发动机为达到国六排放标准的四缸汽油机，是采用液压制动的二轴4×2车辆。福田轻卡通用汽车型号编制规则参见图1-3。

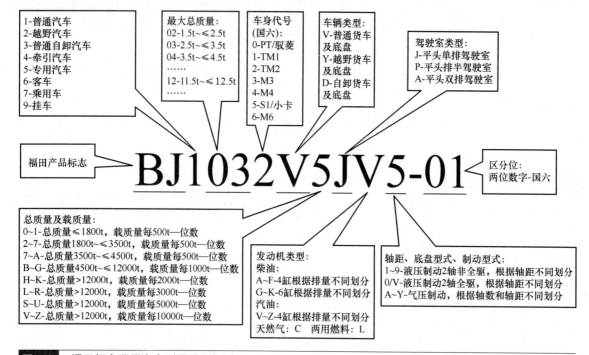

图1-3 福田轻卡通用汽车型号编制规则

2. 越野汽车

如 BJ2024CFB，表示北京牌越野车，总质量约为2t，末位4及尾部字母为厂家自编号。

3. 普通自卸汽车

如 BJ3248，表示欧曼牌自卸汽车，总质量约为24t，末位8为厂家自编的变形号。国六车型号编制方法。

4. 牵引车

如 BJ4259Y6DHL，表示北京福田戴姆勒汽车有限公司生产的总质量25t的牵引车，配置9系列车身、玉柴10L以上发动机，是达到国六排放标准的三轴6×4车辆。欧曼国六车型的公告型号编制规则详见参见图1-4。

5. 专用汽车

如 BJ5259GJBY6DHL，表示北京福田戴姆勒汽车有限公司生产的总质量25t的混凝土搅拌车，配置9系列车身、玉柴10L以上发动机，是达到国六排放标准的三轴6×4车辆。欧曼国六专用车的公告型号编制规则，参见图1-5。

6. 客车

如 ZK6128HQ，表示宇通牌客车，总长度约为12m，高档公路客车产品。

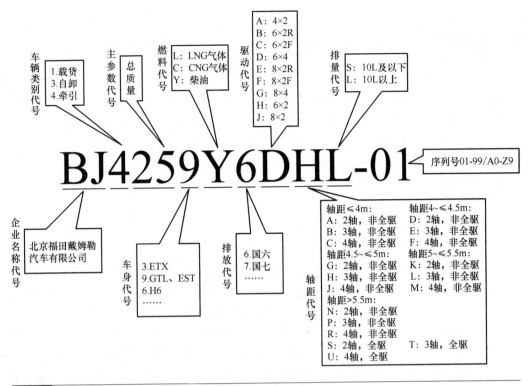

图1-4 欧曼重卡通用汽车型号编制规则（国六及以上车型）

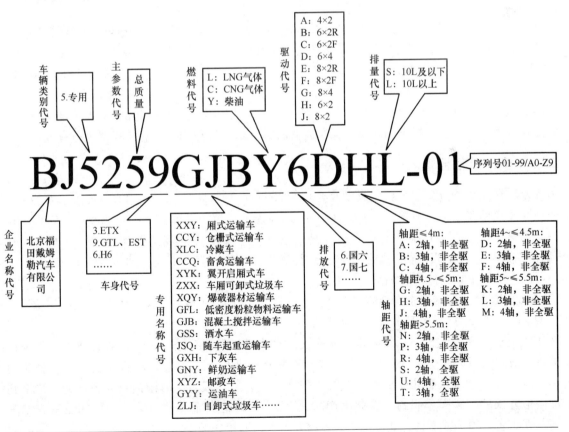

图1-5 欧曼国六及以上专用车公告型号编制规则

7. 轿车

如CA7234AT2，表示一汽红旗牌轿车，发动机排量约为2.3L，末位4及尾部字母为厂家自编号。

8. 半挂车

如ZJV9405CCYSZ，表示中集牌11.5m长，载货34t，3轴，仓栅式运输半挂车。

第四节 汽车生产企业及产品公告制度

按照国家的相关规定,在国内生产、销售的整车、底盘、挂车,必须申报车辆公告,经过工业和信息化部(简称工信部)公告后方可生产销售。车辆公告技术参数及车辆外观照片可通过"车辆公告查询"系统,输入车型号等信息免费获取。

公告是汽车生产、销售、上牌照的依据。

一、车辆公告概述

2001年5月22日,国家经济贸易委员会发布"国经贸产业〔2001〕471号"文件《关于车辆生产企业及产品目录管理改革有关问题的通知》,其中规定:从2001年1月1日起,国家经贸委以发布《车辆生产企业及产品公告》(简称《公告》)的方式对《目录》中企业的新车实施管理,不再发布《目录》。《公告》是国家准许车辆生产企业组织生产和销售的依据,是消费者向国家法定车辆管理机关申请注册登记的依据。

① 《公告》的内容包括新车批准、汽车扩展、勘误更改和撤销。

② 《公告》由文本和光盘两部分组成。文本中列入企业名称、商标、汽车型号(汽车的产品型号,由GB 9417—1988中规定的企业名称代号、车辆类别代号、主参数代号和汽车序号组成)和汽车名称;光盘中列入汽车型号(其中汽车由主型号和企业自定义代号组成)、整车彩色照片(必要时附局部照片)、主要参数表(分为汽车、摩托车和农用运输车)等内容。光盘的内容调整时,不再另行通知,以发布的《公告》为准。

③ 《公告》由国家经贸委印送各地经贸委(经委)、国务院有关部门及各地公安交通管理部门。

④ 各地公安交通管理部门在办理车辆注册登记手续中,对产品的进口部件状态或执行标准、技术法规的有关问题,可向国家经贸委提出查询,由国家经贸委产业政策司函复,并抄送公安部交管局和有关部门。

⑤ 已列入《公告》的产品生产企业要严格按照《公告》中批准的车型组织生产和销售。严禁盗用、套用、转让《公告》中的产品及合格证,违者将从《公告》中撤销其生产企业或产品。未列入《公告》的企业擅自生产的汽车、摩托车和农用运输车属非法拼(组)装行为,按有关规定进行查处。

二、车辆一致性监管

国家发展和改革委员会(简称国家发改委)于2006年7月28日发布《国家发展改革委关于完善车辆生产企业及商用车公告管理有关事项的通知》,通知规定:为加强车辆生产企业及产品管理工作,进一步完善车辆生产企业及产品申报管理,提高《公告》审查工作的规范性和科学性,国家发改委对《公告》管理流程进行适当调整,加强生产一致性管理。具体而言,主要是通过VIN码及生产、销售、使用环节的一致审查。具体要求如下:

① 审查VIN码。通知要求自2006年10月15日起,开始审查商用车的VIN码,其中三轮汽车和低速货车的VIN码自2007年1月1日起开始审查。

② 加强生产一致性监管。通知要求,国家发改委将通过对新车进行公示、对企业现场和销售市场产品抽查等方式进行产品生产一致性监督检查。对发现企业生产、销售的产品与《公告》公布的产品配置(参数)不一致或产品其他配置(参数)发生变化,未在规定的时限内更新备案的,达不到强制性标准限值要求的,弄虚作假的,将撤销产品《公告》,并追究企业及有关检验机构及审查专家的责任。情节严重者,暂停或撤销企业产品生产资格及有关检验机构的资格。

三、车辆公告管理

1. 公告规定

根据国务院机构改革方案及《国务院办公厅关于印发工业和信息化部主要职责内设机构和人员编制规定的通知》(国办发〔2008〕72号)规定,车辆生产企业及产品准入职责划入工业和信息化部管理。

自第 173 批公告起，车辆公告发布部门由原来的国家发改委改为工信部。

2. 公告参数表

根据工信部的要求，车辆公告应包含以下参数，相关数据应当能实时查询。

图 1-6、图 1-7 是欧曼牌 BJ4259SNFKB-AA 型半挂牵引车的公告。

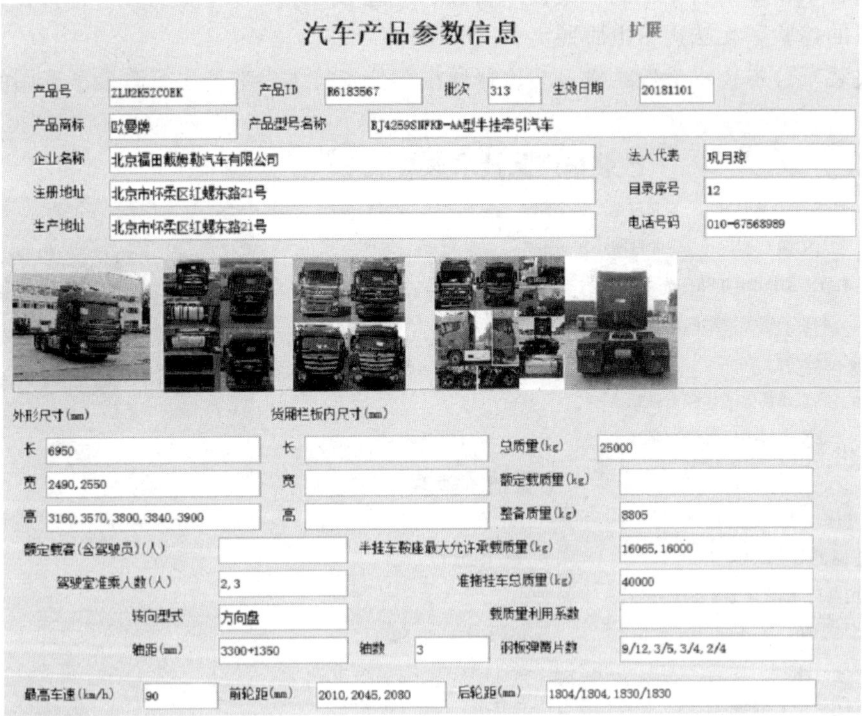
汽车产品参数信息　扩展
产品号 ZLH2K52COBK　产品ID R6183567　批次 313　生效日期 20181101
产品商标 欧曼牌　产品型号名称 BJ4259SNFKB-AA型半挂牵引汽车
企业名称 北京福田戴姆勒汽车有限公司　法人代表 巩月琼
注册地址 北京市怀柔区红螺东路21号　目录序号 12
生产地址 北京市怀柔区红螺东路21号　电话号码 010-67568989
外形尺寸(mm)　货厢栏板内尺寸(mm)
长 6950　长　总质量(kg) 25000
宽 2490,2550　宽　额定载质量(kg)
高 3160,3570,3800,3840,3900　高　整备质量(kg) 8805
额定载客(含驾驶员)(人)　半挂车鞍座最大允许承载质量(kg) 16065,16000
驾驶室准乘人数(人) 2,3　准拖挂车总质量(kg) 40000
转向型式 方向盘　载质量利用系数
轴距(mm) 3300+1350　轴数 3　钢板弹簧片数 9/12,3/5,3/4,2/4
最高车速(km/h) 90　前轮距(mm) 2010,2045,2080　后轮距(mm) 1804/1804,1830/1830

图 1-6　商用车公告示例（一）

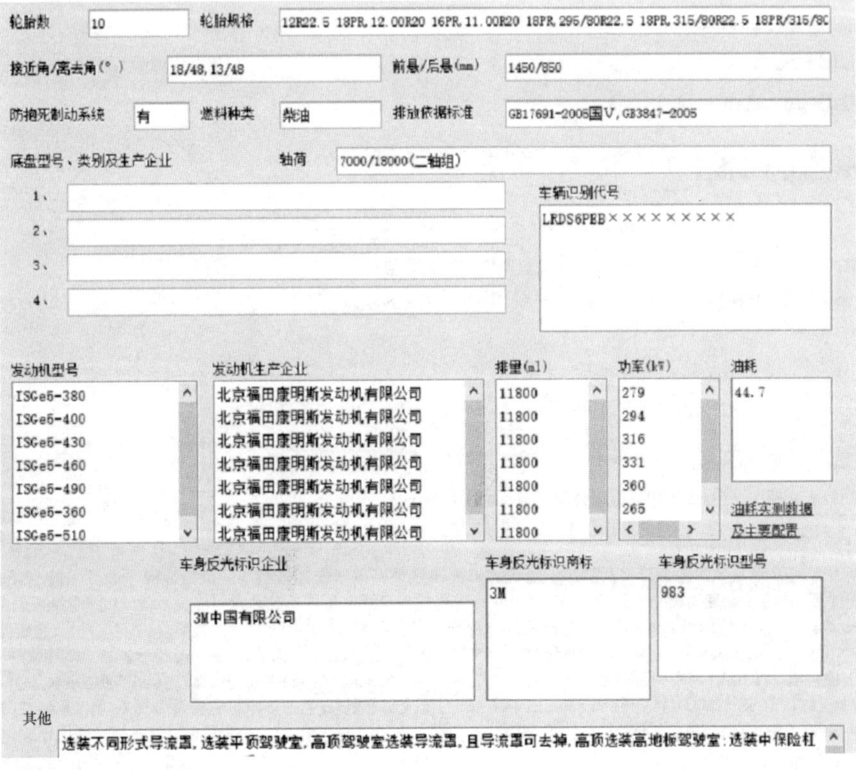
轮胎数 10　轮胎规格 12R22.5 18PR,12.00R20 16PR,11.00R20 18PR,295/80R22.5 18PR,315/80R22.5 18PR/315/80
接近角/离去角(°) 18/48,13/48　前悬/后悬(mm) 1450/850
防抱死制动系统 有　燃料种类 柴油　排放依据标准 GB17691-2005国V,GB3847-2005
底盘型号、类别及生产企业　轴荷 7000/18000(二轴组)
1、
2、
3、
4、
车辆识别代号 LRDS6PEB××××××××
发动机型号　发动机生产企业　排量(ml)　功率(kW)　油耗
ISGe5-380　北京福田康明斯发动机有限公司　11800　279　44.7
ISGe5-400　北京福田康明斯发动机有限公司　11800　294
ISGe5-430　北京福田康明斯发动机有限公司　11800　316
ISGe5-460　北京福田康明斯发动机有限公司　11800　331
ISGe5-490　北京福田康明斯发动机有限公司　11800　360
ISGe5-360　北京福田康明斯发动机有限公司　11800　265
ISGe5-510　北京福田康明斯发动机有限公司　11800
油耗实测数据及主要配置
车身反光标识企业 3M中国有限公司　车身反光标识商标 3M　车身反光标识型号 983
其他
选装不同形式导流罩，选装平顶驾驶室，高顶驾驶室选装导流罩，且导流罩可去掉，高顶选装高地板驾驶室；选装中保险杠

图 1-7　商用车公告示例（二）

在公告库中，图 1-6 中的车辆照片可以单击放大。单击"下一页"按钮后可以看到底盘型号、发动机型号、发动机生产商、发动机排量、功率等信息。单击"外观变化照片"按钮后，可以看到选装前围装饰件、选装导流罩、选装侧裙板等的外观变化后的照片。单击"车辆识别代号"按钮后可以看到该车型的车辆识别代号前 8 位。

在销售的过程中，所销售车辆的相关技术参数和外观等必须与该车型的公告相符，否则用户购车后不能通过车管所的检验，无法正常上牌照。

图 1-8 为改装车公告技术参数示例。相比普通汽车公告技术参数，多了改装车选用的底盘型号。

改装车产品技术参数

产品号：ZLW2R5XM0AH　　发布日期：20180905
产品ID：R7189369　　　　生效日期：20180905　　批次　311
产品型号名称：BJ3313DMPKC-AB型自卸汽车
企业名称：北京福田戴姆勒汽车有限公司
产品商标：欧曼牌　　　　　　　　　　法人代表：巩月琼
生产地址：北京市怀柔区红螺东路21号
注册地址：北京市怀柔区红螺东路21号　　目录序号：12

主要技术参数

外形尺寸(长×宽×高)(mm)：　长：10280,10480
　　宽：2495,2550　　　　　　　　　　高：3580,3700
货厢栏板内尺寸(长×宽×高)(mm)：长：7400,7600
　　宽：2300,2350　　　　　　　　　　高：1100,1300,1500
总质量(kg)：31000
整备质量(kg)：14980,15500
额定载质量(kg)：15890,15370
准拖挂车总质量(kg)：　　　　　　　　　转向型式：
半挂车鞍座最大允许承载质量(kg)：
载质量利用系数：1.06,1.00　　　　　　防抱死系统：有
额定载客(含驾驶员)(人)：　　　　　　最高车速(km/h)：90
前悬/后悬(mm)：1532/1648,1532/1848　驾驶室准乘人数(人)：2

接近角/离去角(°)：18/24

	底盘ID	底盘型号	底盘类别	底盘名称
1、	2777921	BJ3313DMPKC-AB	二类	自卸汽车底盘
2、				
3、				
4、				

车辆识别代号：

油耗：44.7
车身反光标识说明：　企业:3M中国有限公司;商标:3M;型号:983;
其他：
自卸方式为后卸,选装前围装饰件及前部灯具,选装护轮罩,选装高顶驾驶室,选装不同货箱结构,选装环保盖,平顶驾驶室外形尺寸高3580mm,高顶驾驶室外形尺寸高3700mm,货箱栏板内尺寸宽与外形尺寸宽对应关系(mm):2300/2495,2350/2550,整车长/货箱长/后悬:10280/7400/1648,10480/7600/1848,侧防护装置材料:Q235,后防护装置材料:Q235,后防护装置断面尺寸:120×80mm,后防护离地高度:500mm,侧防护装置连接方式:螺栓连接,后防护装置连接方式:螺栓连接,发动机型号/净功率(kw)/油耗值(L/100km)对应关系：ISGe5-430/315/44.7,ISGe5-400/293/44.7,ISGe5-380/278/44.7,ISGe5-360/264/44.7,ISGe5-340/249/44.7,ISGe5-320/234/44.7,ISGe5-300/219/44.7。ABS系统控制器型号/生产企业对应关系:3550X-1010/东科克诺尔商用车制动系统(十堰)有限公司,CM4XL-4S/4M/广州瑞立科密汽车电子股份有限公司,安装具有卫星定位功能的行驶记录仪。

图 1-8　改装车公告技术参数示例

车管所的车辆公告数据库与工信部的公告发布几乎同步更新。具体公告车型的技术参数也可在其他专业网站上查询,数据与工信部发布的公告相同,但有的网站更新较慢。

第五节 车辆识别代号(VIN)

一、VIN的来源与管理

1. 来源

国家标准 GB 16735—2019《道路车辆 车辆识别代号(VIN)》参考了 ISO3779:2009《道路车辆 车辆识别代号(VIN)内容与构成》国际标准,同时结合我国的实际情况对技术要求和管理要求进行了补充和修改。

标准规定了车辆识别代号的内容和构成、车辆识别代号的标示要求和标示变更要求。

标准适用于汽车及其非完整车辆、挂车、摩托车和轻便摩托车。

其他需要标示 VIN 的车辆可参照执行。

2. 管理

GB 16735—2019 由工信部提出并归口管理。

二、VIN的构成

1. 各组成部分介绍

(1)字码与分隔符

1)字码:在车辆识别代号中仅应使用下列阿拉伯数字和大写的罗马字母。

1 2 3 4 5 6 7 8 9 0

A B C D E F G H J K L M N P R S T U V W X Y Z(字母 I、O 及 Q 不能使用)

2)分隔符的选用由车辆制造厂自行决定,例如:☆、★。分隔符不得使用车辆识别代号的任何字码及可能与之混淆的字码,不得使用重新标示或变更标识符及可能与之混淆的符号。

(2)世界制造厂识别代号(WMI) 世界制造厂识别代号是车辆识别代号的第一部分,由车辆制造厂所在国家或地区的授权机构预先分配,WMI 应符合 GB 16737—2019《道路车辆 世界制造厂识别代号(WMI)》的规定。

(3)车辆说明部分(VDS)

1)车辆说明部分是车辆识别代号的第二部分,由六位字码组成(即 VIN 的第四位至第九位)。如果车辆制造厂不使用其中的一位或几位字码,应在该位置填入车辆制造厂选定的字母或数字占位。

VDS 第一位至第五位(即 VIN 的第四位至第八位)应对车辆一般特征进行描述,组成代码及排列次序由车辆制造厂决定。

① 车辆一般特征包括但不限于:

a. 车辆类型(例如:乘用车、货车、客车、挂车、摩托车、轻便摩托车、非完整车辆等)。

b. 车辆结构特征(例如:车身类型、驾驶室类型、货箱类型、驱动类型、轴数及布置方式等)。

c. 车辆装置特征(例如:约束系统类型、动力系统特征、变速器类型、悬架类型等)。

d. 车辆技术特性参数(例如:车辆质量参数、车辆尺寸参数、座位数等)。

② 对于以下不同类型的车辆,在 VDS 中描述的车辆特征至少应包括表 1-12 中规定的内容。

表 1-12 车辆特征描述

车辆类型	车辆特征
乘用车	车身类型、动力系统特征①
客车	车辆长度、动力系统特征①

(续)

车辆类型	车辆特征
货车（含牵引车、专用作业车）	车身类型、车辆最大设计总质量、动力系统特征①
挂车	车身类型、车辆最大设计总质量
摩托车和轻便摩托车	车辆类型、动力系统特征①
非完整车辆	车身类型②、车辆最大设计总质量、动力系统特征①

① 其中对于仅发动机驱动的车辆至少包括对燃料类型、发动机排量和/或发动机最大净功率的描述；对于其他驱动类型的车辆，至少应包括驱动电机峰值功率（若车辆具有多个驱动电机，应为多个驱动电机峰值功率之和；对于其他驱动类型的摩托车应描述驱动电机额定功率）、发动机排量和/或发动机最大净功率（若有）的描述。

② 车身类型分为承载式车身、驾驶室-底盘、无驾驶室-底盘等。

2）VDS 的最后一位（即 VIN 的第九位字码）为检验位，检验位应按照 GB 16735 附录 A 规定的方法计算。

（4）车辆指示部分（VIS）

1）车辆指示部分是车辆识别代号的第三部分，由八位字码组成（即 VIN 的第十位至第十七位）。

2）VIS 的第一位字码（即 VIN 的第十位）应代表年份。年份代码按表 1-13 规定使用（30 年循环一次）。车辆制造厂若在此位使用车型年份，应向授权机构备案每个车型年份的起止日期，并及时更新；同时在每一辆车的机动车出厂合格证或产品一致性证书上注明使用了车型年份。

表 1-13　年份代码表

年份	代码	年份	代码	年份	代码	年份	代码
1991	M	2001	1	2011	B	2021	M
1992	N	2002	2	2012	C	2022	N
1993	P	2003	3	2013	D	2023	P
1994	R	2004	4	2014	E	2024	R
1995	S	2005	5	2015	F	2025	S
1996	T	2006	6	2016	G	2026	T
1997	V	2007	7	2017	H	2027	V
1998	W	2008	8	2018	J	2028	W
1999	X	2009	9	2019	K	2029	X
2000	Y	2010	A	2020	L	2030	Y

3）VIS 的第二位字码（即 VIN 的第十一位）应代表装配厂。

4）如果车辆制造厂生产年产量大于或等于 1000 辆的完整车辆和/或非完整车辆，VIS 的第三位至第八位字码（即 VIN 的第十二位至第十七位）用来表示生产顺序号。

5）如果车辆制造厂生产年产量小于 1000 辆的完整车辆和/或非完整车辆，则 VIS 的第三、第四、第五位字码（即 VIN 的第十二位至第十四位）应与第一部分的三位字码一同表示一个车辆制造厂，VIS 的第六、第七、第八位字码（即 VIN 的第十五位至第十七位）用来表示生产顺序号。

2. 车辆识别代号的基本构成

车辆识别代号由世界制造厂识别代号（WMI）、车辆说明部分（VDS）、车辆指示部分（VIS）三部分组成，共 17 位字码。

1）对年产量大于或等于 1000 辆的完整车辆和/或非完整车辆制造，车辆识别代号的第一部分为世界制造厂识别代号（WMI）；第二部分为车辆说明部分（VDS）；第三部分为车辆指示部分（VIS）（图 1-9）。

2）对年产量小于 1000 辆的完整车辆和/或非完整车辆制造厂，车辆识别代号的第一部分为世界制造识别代号（WMI）；第二部分为车辆说明部分（VDS）；第三部分的第三、第四、第五位与第一部分的三位字码一起构成世界制造厂识别代号（WMI），其余五位为车辆指示部分（VIS）（图 1-10 所示）。

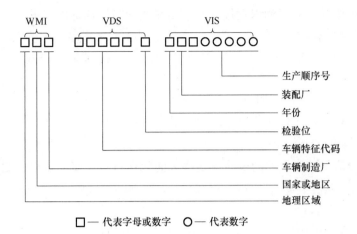

图 1-9 年产量大于或等于 1000 辆的完整车辆和/或非完整车辆制造厂车辆识别代号结构示意图

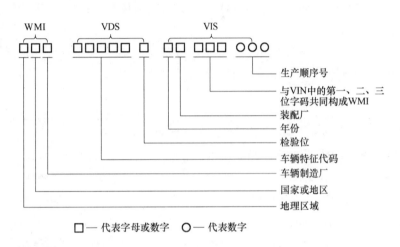

图 1-10 年产量小于 1000 辆的完整车辆和/或非完整车辆制造厂车辆识别代号结构示意图

3. 已标示的车辆识别代号的重新标示或变更

应符合 GB 16735—2019《道路车辆 车辆识别代号（VIN）》的规定。

三、车辆识别代号在车辆上的位置

GB 16735—2019《道路车辆 车辆识别代号（VIN）》对于车辆识别代号的标示位置规定如下：

1）每辆车辆都应具有唯一的车辆识别代号，并永久保持地标示在车辆上，同一车辆上标示的所有的车辆识别代号的字码构成与排列顺序应相同。除 GB 16735—2019 第 9 章规定的情况外，不得对已标示的车辆识别代号进行变更。

2）车辆应在产品标牌上标示车辆识别代号（L1、L3 类车辆可除外），产品标牌的形式、标示位置、标示要求应符合 GB/T 18411 的规定。

3）车辆应至少有一个车辆识别代号直接打刻在车架（无车架的车辆为车身主要承载且不能拆卸的部件）能防止锈蚀、磨损的部位上。其中：

① M1 类车辆的车辆识别代号应打刻在发动机舱内能防止替换的车辆结构件上，或打刻在车门立柱上，如受结构限制没有打刻空间时也可打刻在右侧除行李舱外的车辆其他结构件上。

② 最大设计总质量大于或等于 12000kg 的货车及所有牵引杆挂车，车辆识别代号应打刻在右前轮纵向中心线前端纵梁外侧，如受结构限制也可打刻在右前轮纵向中心线附近纵梁外侧。

③ 半挂车和中置轴挂车的车辆识别代号应打刻在右前支腿前端纵梁外侧（无纵梁车辆除外）。

④ 其他汽车和无纵梁挂车的车辆识别代号应打刻在车辆右侧前部的车辆结构件上，如受结构限制也可打刻在右侧其他车辆结构件上。

打刻车辆识别代号的部件不应采用打磨、挖补、垫片、凿改、重新涂漆（设计和制造上为保护打刻的车辆识别代号而采取涂漆工艺的情形除外）等方式处理，从上（前）方观察时，打刻区域周边足够大面积的表面不应有任何覆盖物，如有覆盖物，该覆盖物的表面应明确标示"车辆识别代号"或"VIN"字样，且覆盖物在不使用任何公用工具的情况下能直接取下（或揭开）及复原，以方便地观察到足够大的包括打刻区域的表面。

注意： 打刻区域周边足够大面积的表面（足够大的包括打刻区域的表面）是指打刻车辆识别代号的部件的全部表面，但所暴露表面能满足查看打刻车辆识别代号的部件有死挖补、重新焊接、粘贴等痕迹的需要时，也应视为满足要求。

对摩托车，打刻的车辆识别代号在不举升车辆的情形下可观察、拓印的，视为满足要求。

打刻的车辆识别代号从上（前）方应易于观察、拓印，对于汽车和挂车还应能拍照。

4）具有电子控制单元的汽车，其至少有一个电子控制单元应不可篡改地存储车辆识别代号。

5）M1、N1类车辆应在靠近风窗立柱的位置标示车辆识别代号，该车辆识别代号在白天不需移动任何部件从车外即能清晰识读。

6）除按照2）、3）、4）、5）规定标示车辆识别代号之外，M1类车辆还应在行李舱的易见部位标示车辆识别代号；且若车辆制造厂选取车辆识别代号作为车辆及部件识别标记的标识信息，还应按照GB 30509的规定，标示车辆识别代号。

7）除按照2）、3）、4）规定标示车辆识别代号之外，最大设计总质量大于或等于12000kg的栏板式、仓栅式、自卸式、罐式货车及最大设计总质量大于或等于10000kg的栏板式、仓栅式、自卸式、罐式挂车还应在其货箱或常压罐体（或设计和制造上固定在货箱或常压罐体上且用于与车架连接的结构件）上打刻至少两个车辆识别代号。打刻的车辆识别代号应位于货箱（常压罐体）左、右两侧或前端面且易于拍照；且若打刻在货箱（常压罐体）左、右两侧时，打刻的车辆识别代号距货箱（常压罐体）前端面的距离应小于或等于1000mm，若打刻在左、右两侧连接结构件时应尽量靠近货箱（常压罐体）前端面。

8）车辆制造厂应至少在一种随车文件中标示车辆识别代号。

四、车辆识别代号的标示方式和要求

GB 16735—2019《道路车辆 车辆识别代号（VIN）》对于车辆识别代号的标示方式和要求规定如下：

1）车辆识别代号采用人工可读码，或人工可读码与机器可读码组合，或电子数据的形式进行标示。

2）车辆识别代号直接打刻在车辆上；或通过标签粘贴在车辆上；或通过不可篡改的方式将符合相应标准规定的电子数据存储在电子控制单元存储器内的方式进行标示。除M1类车辆（不含多阶段制造完成的M1类车辆）之外的其他车辆，还可通过标牌永久保持地固定在车辆上。

车辆识别代号采用直接打刻的方式进行标示时应满足下述要求：

① 按照车辆识别代号的标示位置3）、7）规定标示车辆识别代号时，对于汽车及挂车，直接打刻的字码字高应大于或等于7.0mm、字码深度应大于或等于0.3mm（乘用车及总质量小于或等于3500kg的封闭式货车深度应大于或等于0.2mm），对于摩托车，直接打刻的字码字高应大于或等于5.0mm、字码深度应大于或等于0.2mm；打刻的车辆识别代号总长度应小于或等于200mm。

② 除按照车辆识别代号的标示位置3）、7）规定标示车辆识别代号外，直接打刻的字码字高应大于或等于4.0mm。

③ 打刻的车辆识别代号的字码的字体和大小应相同（打刻在不同部位的车辆识别代号除外），且字码间距应紧密、均匀；若打刻的车辆识别代号两端使用分隔符，则分隔符字码的间距亦应紧密、均匀。

车辆识别代号采用标签粘贴的方式进行标示时，应满足下述要求：

① 标签应满足GB/T 25978规定的一般性能、防篡改性能及防伪性能要求。

② 当车辆识别代号仅采用人工可读码标示时，人工可读码字码高度应大于或等于 4.0mm；当车辆识别代号采用人工可读码和机器可读码组合的形式标示时，应满足 GB/T 18410 的要求。

3) 车辆识别代号直接打刻在车辆上、标示在标签或标牌上时，应尽量标示在一行，此时可不使用分隔符；若由于技术原因必须标示在两行时，应保持 GB 16735—2019 中定义 VIN 三个部分的独立完整性，两行之间不应有空行，每行的开始与终止处应选用同一个分隔符。

4) 车辆识别代号在文件上标示时应标示在一行，不应有空格，不应使用分隔符。

五、车辆识别代号的应用

1) 车辆管理部门通过对 VIN 的统一管理，能够实现车辆管理的规范化，保证车辆登记状况的准确性，使车辆年检和报废管理体系更加完善。

2) 各大保险公司通过车辆的 VIN 查验车辆身份和生产年份，结合车辆管理部门提供的车辆登记和使用记录，就可以分析车辆的盗抢、交通事故情况等，估计车辆承保的风险程度，从而能够针对不同的车辆制定相应的保险制度。这对于当前保险公司推行的浮动车险费率制度至关重要。

3) 整车制造厂通过 VIN，结合车辆制造档案，就可以明确各批次车辆及零部件的去向和车辆的生产、销售及使用状况。对于进行调整生产、改进售后服务和实行汽车召回具有重大的指导意义。

4) 维修企业通过车辆 VIN，查询相关的 VIN 规则说明，可以准确确定车辆的车型年款以及相应的配置状况，从而选择合适的仪器设备和相关的车型维修资料，正确地进行故障诊断和车辆维修。

5) 配件订购也离不开车辆 VIN，因为不同批次的同一车型选用的配件也不尽相同，通过 VIN 就能明确车辆配置及其生产年限、批次，从而找到正确的零件。

总之，VIN 在车辆生产、销售、管理各相关环节的正确使用，充分体现了车辆管理制度的严谨性、科学性，实现了车辆管理手段的国际化、现代化。

第六节 机动车标牌及合格证

一、机动车标牌

机动车标牌是标明车辆基本特征的标牌，主要包括厂牌、型号、发动机功率、总质量、载质量或载客人数、出厂编号、出厂日期及厂名等。每一辆车在出厂时，都有一个标牌。其作用是证明车辆的身份、上牌照用。

GB 7258—2017《机动车运行安全技术条件》对机动车标牌有详尽规定：机动车应至少装置一个能永久保持的产品标牌，该标牌的固定、位置及型式应符合相关标准规定；产品标牌如采用标签标示，则标签应符合相关标准规定的标签一般性能、防篡改性能及防伪性能要求。改装车应同时具有改装后的整车产品标牌及改装前的整车（或底盘）产品标牌。机动车均应在产品标牌上标明品牌、整车型号、制造年月、生产厂名及制造国，各类机动车标牌应补充标明的项目见表 1-14。产品标牌上标明的内容应规范、清晰耐久且易于识别，项目名称均应有中文名称。

机动车标牌上标示的信息与该车型的车辆公告信息相一致。图 1-11 欧曼牌 BJ4259SNFKB-AA 汽车标牌中的技术参数来源，详见其公告，标牌中的参数项可参见图 1-6、图 1-7 商用车公告示例。各类机动车标牌应补充标明的项目见表 1-14。

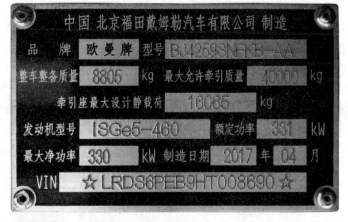

图 1-11 欧曼牌 BJ4259SNFKB-AA 汽车标牌

表 1-14 各类机动车标牌应补充标明的项目

机动车类型		应补充标明的项目
汽车①	载客汽车②	车辆识别代号、发动机（内燃机）型号、发动机最大净功率/转速、最大允许总质量（以下简称为"总质量"）、乘坐人数（乘员数）
	载货汽车③	车辆识别代号、发动机型号、发动机最大净功率/转速、总质量（半挂牵引车除外）、整车整备质量（以下简称为"整备质量"）、最大允许牵引质量（无牵引功能的货车除外）
	专项作业车③	车辆识别代号、发动机型号、发动机最大净功率/转速、总质量、专用功能关键技术参数
挂车		车辆识别代号、总质量、整备质量
摩托车④		车辆识别代号、发动机型号⑤、发动机实际排量或最大净功率⑤、整备质量
轮式专用机械车		商用车识别代码（或车辆识别代号）、发动机型号、发动机标定功率、整备质量、最大设计车速
组成拖拉机运输机组的拖拉机		出厂编号、发动机标定功率、使用质量
特型机动车		车辆识别代号（或车架号）、发动机型号、发动机最大净功率、总质量、整备质量、外廓尺寸

① 纯电动汽车、插电式混合动力汽车、燃料电池汽车还应标明驱动电机型号和峰值功率，动力电池系统额定电压和额定容量（安时数），储氢容器形式、容积、工作压力（燃料电池汽车）；纯电动汽车不标发动机相关信息；最大设计车速小于 70km/h 的汽车（低速汽车、设有乘客站立区的客车除外）还应标明最大设计车速。
② 乘用车、旅居车可不标发动机最大净功率转速，但应标明发动机排量，乘用车具备牵引功能时还应标明牵引座最大设计静载荷。
③ 总质量小于 12000kg 的货车和专项作业车可不标发动机最大净功率转速，半挂牵引车应标明牵引座最大设计静载荷。
④ 正三轮摩托车还应标明载质量或乘坐人数，两轮普通摩托车及两轮轻便摩托车可不标车辆识别代号。
⑤ 电动摩托车应标明电机型号、额定功率、额定电压。

二、机动车合格证

1. 合格证及其管理的重要性

1）合格证的重要性。机动车在安全、环保、节能性能等方面是否合格，涉及社会公众利益。合格证就是机动车生产企业证明车辆合格的唯一标志，其重要性不言而喻。由此，国家发改委、公安部决定规范合格证的式样和内容，建立合格证信息管理系统。

机动车合格证是机动车的一个重要凭证，也是机动车上户时必备的证件。只有具有合格证的机动车，才能证明其符合国家有关质量及标准的要求。

在办理机动车行驶证的时候，必须出示机动车合格证，没有合格证的机动车是不能办理行驶证及上牌手续的。机动车合格证在办理完行驶证后就装在机动车的档案里面了，由车管所统一保存。

2）合格证管理的重要性。合格证管理是实现机动车生产一致性管理，打击盗抢、走私和非法拼装机动车等违法行为的重要工作。通过对机动车生产企业合格证的制作、使用和信息传递进行管理，并在机动车注册登记环节进行随车合格证信息与合格证上传信息数据库的核对工作，有效推进了我国机动车管理良好秩序的建立。

车辆合格证、车辆 VIN 码、发动机合格证、车辆一致性证书、环保证书都是车辆的必备证书，可以从中判别车辆是否为积压车、拼装车。

2. 合格证的应用范围

列入国家发改委《公告》的汽车（包括三轮汽车及低速载货汽车——原农用运输汽车）及汽车底盘（含二类和三类底盘）、改装车、半挂车、摩托车产品在国内销售时，均应由机动车生产企业随车配发符合规定的合格证。

未列入《公告》但需要办理注册登记手续后上路行驶的无轨电车、其他挂车、轮式专用机械车等类型的机动车辆（不包括进口机动车），也应由生产企业随车配发符合规定的合格证。

3. 管理标准

1）合格证的内容必须符合国家标准 GB/T 21085—2007《机动车出厂合格证》。
2）管理文件：《国家发展改革委、公安部关于进一步加强机动车整车出厂合格证管理的通知》发改产业 [2008] 761 号。

4. 合格证内容

合格证在背面使用统一的打印软件打印《机动车注册登记技术参数表》（以下简称《技术参数

表》），包括自动打印可供机动车注册登记时用机器识读的二维条码（矩阵码），加盖企业公章或产品合格章，整车合格证的正、反面样本如图 1-12 所示。

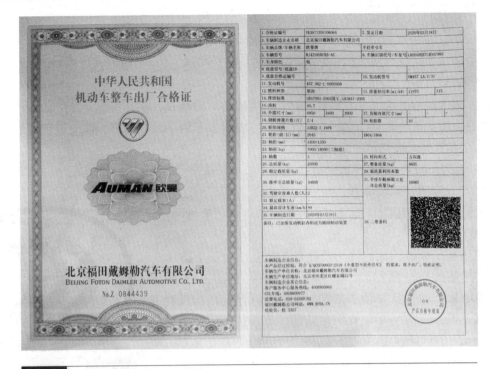

图 1-12　整车合格证正、反面样本

《技术参数表》的项目内容应规范填写，并与《公告》公布的该车型产品参数相一致。

改装车（含厢式车、仓栅车等）上户同时需要底盘和整车两种合格证时（比如上海市），整车合格证必须简化参数填写，即不重复填写底盘参数，见底盘合格证正、反面样本（图1-13）即可。

采购人员必须注意：此项工作要求采购订单与公告参数的对应准确性很高，这对合格证的管理、使

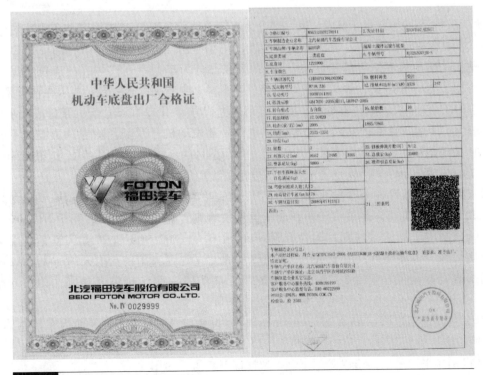

图 1-13　底盘合格证正、反面样本

用也提出了更高要求。

三、车辆一致性证书

1. 执行标准

《强制性产品认证实施规则 汽车》（CNCA-C11-01：2014）（以下简称《规则》）。

2. 证书的管理及作用

1）车辆一致性证书由认证中心负责管理。见《规则》附件6：第7）条。

2）证书的作用：每一辆获证车辆须在随车文件中附带车辆一致性证书，以向消费者或有关部门明示认证产品信息和环保及燃料消耗指标。

如果产品的实际指标与一致性证书所列参数不一致，说明产品有问题。

3. 认证标志及车辆一致性证书

认证标志的管理、使用应符合《强制性产品认证标志管理办法》的规定。

（1）标志式样 获得认证的汽车及挂车产品应使用安全类（S）认证标志，式样如图1-14所示。

（2）标志加贴 获得认证证书的汽车，应在汽车前风窗玻璃的右上角（按汽车前进方向）加贴规定的认证标志，挂车应在车辆的明显部位加贴规定的认证标志。应使用规格为60mm的认证标志。对于多阶段获证车辆，应保持各阶段认证标志。

图1-14 安全类（S）认证标志

（3）产品一致性证书 生产者或生产企业应按规则要求将车辆一致性证书参数和式样提交给认证机构。车辆一致性证书的样式、相关要求及参数见《强制性产品认证实施规则 汽车》附件6。

（4）附件6：车辆一致性证书

1）企业在出厂的每一辆车辆上须附带1张经企业盖章和/或车辆一致性主管人员签字的车辆一致性证书。

2）车辆一致性证书由两部分组成。第一部分为车辆总体信息部分（用于完整车辆见附件6附录1；用于非完整车辆见附件6附录2），其中车辆一致性证书编号由四部分组成，第一部分为CCC生产企业编号（由认证机构给出的7位字母和数字组合）；第二部分为车型系列代号［由4位字母或数字组成（I\O\Q除外），由企业定义，并与《规则》附件2附录1中有关内容一致，要求在该车型系列停产5年以内代号不得重复使用］；第三部分为一致性证书序列代号［由12位或以上的字母或数字组成，由企业定义，要求为：车辆一致性证书内容（车辆识别代号和发动机号及颜色除外）不同的不能使用相同编号，且按照《规则》附件1规定不能划分为同一车辆型号的不能使用相同编号］；第四部分为一致性证书版本号（与车辆强制性产品认证证书的修订号相一致）。编号建议使用电子代码。

第二部分为车辆一致性证书参数部分，用于M1类完整车辆或多阶段制成车辆见《规则》附件6附录3，用于M2和M3类完整车辆或多阶段制成车辆见《规则》附件6附录4，用于N1、N2和N3类完整车辆或多阶段制成车辆见《规则》附件6附录5，用于01、02、03和04类完整车辆或多阶段制成车辆见《规则》附件6附录6，用于M1类不完整车辆见《规则》附件6附录7，用于M2和M3类不完整车辆见《规则》附件6附录8，用于N1、N2和N3类不完整车辆见《规则》附件6附录9，用于01、02、03和04类不完整车辆见《规则》附件6附录10。

3）车辆一致性证书规格：A3（297×420mm），或折叠成A4的纸张，一面为车辆总体信息部分，另一面为车辆一致性参数部分。具体样式如图1-15所示。

4）认证机构应采取防伪措施以避免车辆一致性证书被仿冒使用。

5）一致性证书中带"*"号的项目可暂缓，具体要求时间另行通知。

6）初次认证时，企业应将全部车辆一致性证书式样报认证机构，经批准后使用。每次认证变更，

图 1-15　强制性产品认证车辆一致性证书

企业须提交本次认证变更涉及的车辆一致性证书范围和新证书开始使用时间的正式说明，并将调整后的车辆一致性证书式样报认证机构，经批准后使用。

7）为加强对车辆一致性证书的管理，认证中心应建立一致性证书打印系统管理软件。对企业在一致性证书数据生成、输入、打印、查询、二维码功能进行严格管理。

8）车辆一致性证书的项目及内容随标准发生变化时，将以国家认监委和认证机构的相关公告、通知及技术决议的形式颁布修改。

四、机动车环保信息随车清单

1. 执行标准

1）2016 年 12 月 23 日：《轻型汽车污染物排放限值及测量方法（中国第六阶段）》（GB 18352.6—2016 代替 GB 18352.5—2013）。

2）2018 年 6 月 22 日：《重型柴油车污染物排放限值及测量方法（中国第六阶段）》（GB 17691—2018 代替 GB 17691—2005）。

3）《关于开展机动车和非道路移动机械环保信息公开工作的公告》（国环规大气〔2016〕3 号）。

2. 环保信息公开的内容

机动车环保信息随车清单应包括企业对该车辆满足排放标准和阶段的声明、车辆基本信息、环保检验信息以及环保关键配置信息等内容。

不同车型其环保信息公开的内容也不同。具体见《关于开展机动车和非道路移动机械环保信息公开工作的公告》附件 3。清单分为两部分：①机动车环保信息随车清单；②环保关键配置表。

重型柴油车的内容见图 1-16 某重型柴油车环保信息随车清单。

3. 信息清单编号编制规则

每一个环保信息随车清单都有一个编号。编号规则见图 1-17。

重型柴油车环保信息随车清单

信息公开编号：CN ZC G5 Z2 GE38000001 000010

（防伪码）

北京福田戴姆勒汽车有限公司声明：本清单为本企业依据《中华人民共和国大气污染防治法》和生态环境部相关规定公开的机动车环保信息，本企业对本清单所有内容的真实性、准确性、及时性和完整性负责。本公司承诺：我公司VIN码（见本页条形码）的重型柴油车符合《车用压燃式、气体燃料点燃式发动机与汽车排气污染物排放限值及测量方法（中国Ⅲ、Ⅳ、Ⅴ阶段）》（GB 17691-2005）第Ⅴ阶段、《车用压燃式发动机和压燃式发动机汽车排气烟度排放限值及测量方法》（GB 3847-2005）和《汽车加速行驶车外噪声限值及测量方法》（GB 1495-2002）第Ⅱ阶段的要求，同时符合相关标准规定的环境保护耐久性要求。

第一部分 车辆信息

1	车辆型号：	BJ4259SNFKB-AA
2	商标：	欧曼牌（AUMAN）
3	汽车分类：	N3
4	排放阶段：	国五
5	车型的识别方法和位置：	铭牌/右侧车门前立柱
6	车辆制造商名称：	北京福田戴姆勒汽车有限公司
7	生产厂地址：	北京市怀柔区红螺东路21号

LRDS6PEB1JT306415
（VIN码）

第二部分 发动机信息

8	发动机型号：	ISGe5-510	9	发动机编号：	76251218
10	制造商名称：	北京福田康明斯发动机有限公司	11	系族名称：	G50A28H1180001
12	生产厂地址：	北京市昌平区沙河镇沙阳路15-1号	13	厂牌：	Cummins

第三部分 检验信息

14 型式检验信息：

依据的标准	检测机构	检测结论
GB 17691-2005	济南汽车检测中心有限公司	符合
GB 3847-2005	济南汽车检测中心有限公司	符合
HJ 437-2008	济南汽车检测中心有限公司	符合
HJ 438-2008	济南汽车检测中心有限公司	符合
GB 1495-2002	国家汽车质量监督检验中心（襄阳）	符合

15 出厂检验项目及结论： 自由加速烟度试验，合格
16 车型环保生产一致性保证计划及执行情况，详见本公司官方网站和生态环境部信息公开平台（网址附后）。

第四部分 污染控制技术信息

17	最大净功率/转速（kW/r/min）：	374/1900
18	最大净扭矩（Nm/r/min）：	2300/1100-1400
19	燃料供给系统型式：	高压共轨
20	喷油泵型号/生产厂：	XPI/Cummins Inc.
21	喷油器型号/生产厂：	XPI/Cummins Inc.
22	增压器型号/生产厂：	HE500/无锡康明斯润轮增压技术有限公司
23	中冷器型式：	空空中冷
24	OBD型号/生产厂：	15/Cummins Inc.
25	EGR型号/生产厂：	无
26	ECU型号/版本号/生产厂：	CM2880/CM2880/Cummins Inc.
27	排气后处理系统型号/生产厂：	SCR:SCRV020/康明斯排放处理系统（中国）有限公司
	封装/载体/涂层生产厂：	SCR:封装:康明斯排放处理系统（中国）有限公司/载体:日本碍子株式会社/涂层:巴斯夫催化剂（上海）有限公司
28	排气后处理系统型式：	deNOx系统（选择性催化还原（SCR）系统）
29	空气滤清器型号/生产厂：	WSKL-01/河北亿利橙集团有限公司
30	进气消声器型号/生产厂：	无
31	排气消声器型号/生产厂：	SCRV020/康明斯排放处理系统（中国）有限公司

本车辆环保关键零部件（发动机、喷油泵、喷油器、增压器、EGR、ECU、排气后处理系统、空气滤清器、进气消声器、排气消声器）明显标注了永久性标识，标识内容包括该零部件的型号和生产企业名称（全称、缩写或徽标），详见本公司官方网站和生态环境部信息公开平台（网址附后）。

第五部分 制造商/进口企业信息

32	法人代表：	余东华
33	地 址：	北京市怀柔区红螺东路21号
34	联系电话：	13146987626

本清单内容及相关信息可查询本公司官方网站（正在建设中）和生态环境部机动车和非道路移动机械环保信息公开平台（http://www.vecc.org.cn）。

图 1-16 欧曼品牌重型柴油车环保信息随车清单

```
CN □□ G* Z* □□□□ □□□□□□ □□□□□□
```

中国

第5~6位：排放阶段
第7~8位：噪声排放阶段，发动机以"00"代替
第9~12位：企业代码，由系统自动给出
第13~18位：用阿拉伯数字表述车机型序列号
第19~24位：用阿拉伯数字表述车机型配置

第3~4位：车类，
ZC：重型柴油车；ZQ：重型汽油车；ZR：重型燃气车；
CJ：重型柴油机；RJ：重型燃气机；QJ：重型汽油机；
ZU：城市车辆；CU：城市车辆用柴油机

图 1-17 信息清单编号编制规则

4. 机动车环保信息随车清单

1) 重型柴油车的环保信息随车清单举例如下：

重型柴油车环保信息随车清单（符合国Ⅴ排放标准）

信息公开编号：

XX公司声明，我公司车架号XXXXXXXXXXXXXXXXX的重型柴油车，排放能达到《车用压燃式、气体燃料点燃式发动机与汽车排气污染物排放限值及测量方法（中国Ⅲ、Ⅳ、Ⅴ阶段）》（GB 17691—2005）中国Ⅴ阶段和《车用压燃式发动机和压燃式发动机汽车排气烟度排放限值及测量方法》（GB 3847—2005）的要求，同时满足乘用车内空气质量标准要求（M1类车），并承诺能够达到耐久性要求。环保信息随车清单具体图样见图1-16，环保关键配置表见表1-15。

表1-15　环保关键配置表

最大净功率/转速(kW)/(r/min)	最大净转矩/转速(N·m)/(r/min)	燃料供给系统型式	喷油泵型号/生产厂	喷油器型号/生产厂	增压器型号/生产厂	中冷器型式	OBD型号/生产厂	ECU型号/生产厂	EGR型号/生产厂	排气后处理系统型号/生产厂	排气后处理系统型式说明①

① 排气后处理系统型式说明选择填写柴油氧化型催化器（DOC）、选择性还原催化器（SCR）、DOC + SCR、全流式颗粒捕集器（DPF）、DOC + DPF、DOC + SCR + DPF、DOC + 部分流式颗粒捕集器（POC）。

本车于以下环保关键零部件的明显可见位置标注了永久性标识，标识内容包括该部零部件的型号和生产企业名称（全称、缩写或徽标）。

发动机		排气后处理系统	
喷油泵		喷油器	
EGR		ECU	
消声器		增压器	

2) 轻型车的环保信息随车清单举例如下：

轻型汽油车环保信息随车清单（示例）

信息公开编号：

XX公司声明，我公司VIN为XXXXXXXXXXXXXXXXX的轻型汽油车，排放能达到《轻型汽车污染物排放限值及测量方法（中国第五阶段）》（GB 18352.5—2013）、《点燃式发动机汽车排气污染物排放限值及测量方法（双怠速法及简易工况法）》（GB 18285—2005）和《汽车加速行驶车外噪声限值及测量方法》（GB 1495—2002）第Ⅱ阶段的要求，同时满足乘用车内空气质量标准要求，并承诺能够达到16万千米的耐久性要求。

第一部分　车辆基本信息

1. 型式名称：XX轻型货车
2. 商标：
3. 汽车类型：M1
4. 车型的识别方法和位置：
5. 车辆制造商名称：XX汽车有限公司
6. 生产厂地址：

第二部分　检验信息及污染控制技术信息

1. 配置扩展号：
2. 检验报告编号：
3. 检验机构名称：
4. 出厂检验结果：

5. 环保关键配置（见附页）：

6. 备注：

附页

（企业盖章处，适用于随车文件）
XXXX 年 XX 月 XX 日（打印日期）

发动机型号/生产厂	催化转化器型号/生产厂	燃油蒸发控制装置型号/生产厂	氧传感器型号/生产厂	曲轴箱排放控制装置型号/生产厂	EGR型号/生产厂	OBD型号/生产厂	IUPR/NO$_x$监测功能	ECU型号/生产厂	变速器型式/档位数	消声器型号/生产厂	增压器型号/生产厂	中冷器型式

本车于以下环保关键零部件的明显可见位置标注了永久性标识，标识内容包括该零部件的型号和生产企业名称（全称、缩写或徽标）。

发动机		催化转化器	
燃油蒸发控制装置		氧传感器	
EGR		ECU	
消声器		增压器	

注意： 催化转化器永久性标识应标明催化转化器型号及其生产厂、封装生产厂、载体生产厂和涂层生产厂。

第七节 相关汽车标准与法规

一、机动车辆及挂车分类标准

（一）标准号及标准名称

GB/T 15089—2001《机动车辆及挂车分类》。

（二）与商用车相关的主要车辆类型

1. 大型汽车

大型汽车指总质量大于 4500kg，或车长大于等于 6m，或乘坐人数大于等于 20 人的各种汽车。

2. 小型汽车

小型汽车指总质量在 4500kg 以下（含 4500kg），车长在 6m 以下，或乘坐人员不足 20 人的汽车。

3. 专用汽车

专用汽车指有专门设备且有专项用途的汽车，包括扫地汽车、仪器车、邮政汽车、汽车吊车等。

4. 特种车

特种车指有特殊专门用途的紧急用车辆，包括消防汽车、救护汽车、工程抢险车、警备车、交通事故勘查车等。

5. 全挂车

全挂车指本身无动力，独立承载，依靠其他车辆牵引行驶的车辆。

6. 半挂车

半挂车指本身无动力，与主车共同承载依靠主车牵引行驶的车辆。

(三) 机动车分类

1. 客车

客车为 M 类机动车，是至少有四个车轮并且用于载客的机动车辆。

1) M1 类：包括驾驶员座位在内，座位数不超过九座的载客车辆。
2) M2 类：包括驾驶员座位在内座位数超过九个，且最大设计总质量不超过 5000kg 的载客车辆。
3) M3 类：包括驾驶员座位在内座位数超过九个，且最大设计总质量超过 5000kg 的载客车辆。

2. 载货车

载货车为 N 类机动车，是至少有四个车轮且用于载货的机动车辆。

1) N1 类：最大设计总质量不超过 3500kg 的载货车辆。
2) N2 类：最大设计总质量超过 3500kg，但不超过 12000kg 的载货车辆。
3) N3 类：最大设计总质量超过 12000kg 的载货车辆。

其中，半挂牵引车是为挂接半挂车而设计的牵引车。车辆分类所依据的质量是指处于可行驶状态的牵引车的质量，加上半挂车传递到牵引车上的最大垂直静载荷，和牵引车自身最大设计装载质量（如果有的话）的和。

3. 挂车（包括半挂车）

挂车为 O 类车，自身没有动力装置，需与牵引车一起组成牵引列车才能运行使用。

1) O1 类：最大设计总质量不超过 750kg 的挂车。
2) O2 类：最大设计总质量超过 750kg，但不超过 3500kg 的挂车。
3) O3 类：最大设计总质量超过 3500kg，但不超过 10000kg 的挂车。
4) O4 类：最大设计总质量超过 10000kg 的挂车。

二、GB 1589 车辆外廓尺寸、轴荷及总质量限值标准

(一) GB 1589 简介

GB 1589—2016《汽车、挂车及汽车列车外廓尺寸、轴荷及质量限值》，规定了汽车、挂车及汽车列车的外廓尺寸、轴荷和质量的限值要求，是汽车行业重要的基础标准，也是判定货物运输车辆超载、超限的依据。以下简称 GB 1589。

(二) GB 1589 的具体规定

GB 1589 对尺寸和质量限值的具体规定如下：

1. 车辆外廓尺寸限值

汽车、挂车及汽车列车的外廓尺寸应符合 GB 1589 的规定，具体见表 1-16 和表 1-17。

表 1-16 栏板式、仓栅式、平板式、自卸式货车及其半挂车外廓尺寸的最大限值 （单位：mm）

车辆类型			长度	宽度	高度
仓栅式货车 栏板式货车 平板式货车 自卸式货车	二轴	最大设计总质量≤3500kg	6000	2550	4000
		最大设计总质量>3500kg，且≤8000kg	7000		
		最大设计总质量>8000kg，且≤12000kg	8000		
		最大设计总质量>12000kg	9000		
	三轴	最大设计总质量≤20000kg	11000		
		最大设计总质量>20000kg	12000		
	双转向轴的四轴汽车		12000		
仓栅式半挂车 栏板式半挂车 平板式半挂车 自卸式半挂车	一轴		8600		
	二轴		10000		
	三轴		13000		

表1-17 其他汽车、挂车及汽车列车外廓尺寸的最大限值　　　　　　　　　　（单位：mm）

车辆类型			长度	宽度	高度
汽车	三轮汽车①		4600	1600	2000
	低速货车		6000	2000	2500
	货车及半挂牵引车		12000②	2550③	4000
	乘用车及客车	乘用车及二轴客车	12000	2550	4000④
		三轴客车	13700		
		单铰接客车	18000		
挂车	半挂车		13750⑤	2550③	4000
	中置轴、牵引杆挂车		12000⑥		
汽车列车	乘用车列车		14500	2550③	4000
	铰接列车		17100⑦		
	货车列车		20000⑧		

① 当采用方向盘转向，由传动轴传递动力，具有驾驶室且驾驶员座椅后设计有物品放置空间时，长度、宽度、高度的限值分别为5200mm、1800mm、2200mm。
② 专用作业车辆长度限值要求不适用，但应符合相关标准要求。
③ 冷藏车宽度最大限值为2600mm。
④ 定线行驶的双层城市客车高度最大限值为4200mm。
⑤ 运送45英尺集装箱的半挂车长度最大限值为13950mm。
⑥ 车厢长度限值为8000mm（中置轴车辆运输挂车除外）。
⑦ 长头铰接列车长度限值为18100mm。
⑧ 中置轴车辆运输列车长度最大限值为22000mm。

2. 最大允许轴荷限值

汽车及挂车的单轴、二轴组及三轴组的最大允许轴荷不应超过该轴或轴组各轮胎负荷之和，且不应超过表1-18规定的限值。

表1-18 汽车及挂车单轴、二轴组及三轴组的最大允许轴荷限值　　　　　　（单位：kg）

类型			最大允许轴荷限值
单轴	每侧单轮胎		7000①
	每侧双轮胎	非驱动轴	10000②
		驱动轴	11500
二轴组	轴距<1000mm		11500③
	轴距≥1000mm，且<1300mm		16000
	轴距≥1300mm，且<1800mm		18000④
	轴距≥1800mm（仅挂车）		18000
三轴组	相邻两轴之间距离≤1300mm		21000
	相邻两轴之间距离>1300mm，且≤1400mm		24000

① 安装名义断面宽度不小于425mm轮胎的车轴，最大允许轴荷限值为10000kg；驱动轴安装名义断面宽度不小于445mm轮胎，则最大允许轴荷限值为11500kg。
② 装备空气悬架时最大允许轴荷限值为11500kg。
③ 二轴挂车最大允许轴荷限值为11000kg。
④ 汽车驱动轴为每轴每侧双轮胎且装备空气悬架时，最大允许轴荷限值为19000kg。

对于其他类型的车轴，其最大允许轴荷不应超过该轴轮胎数乘以3000kg。

3. 车辆最大允许总质量限值

汽车、挂车及汽车列车的最大允许总质量不应超过各车轴最大允许轴荷之和，且不应超过表1-19规定的限值。

表1-19　汽车、挂车及汽车列车最大允许总质量限值　　　　　　　　　　　　　　　　（单位：kg）

车辆类型			最大允许总质量限值
汽车	三轮汽车		2000①
	乘用车		4500
	二轴客车、货车及半挂牵引车		18000②
	三轴客车、货车及半挂牵引车		25000③
	单铰接客车		28000
	双转向轴四轴货车		31000③
挂车	半挂车	一轴	18000
		二轴	35000
		三轴	40000
	牵引杆挂车	二轴，每轴每侧为单轮胎	12000④
		二轴，一轴每侧为单轮胎、另一轴每侧为双轮胎	16000
		二轴，每轴每侧为双轮胎	18000
	中置轴挂车	一轴	10000
		二轴	18000
		三轴	24000
汽车列车	三轴		27000
	四轴		36000⑤
	五轴		43000
	六轴		49000

① 当采用方向盘转向、由传动轴传递动力、具有驾驶室且驾驶员座椅后设计有物品放置空间时，最大允许总质量限值为3000kg。
② 低速货车最大允许总质量限值为4500kg。
③ 当驱动轴为每轴每侧双轮胎且装备空气悬架时，最大允许总质量限值增加1000kg。
④ 安装名义断面宽度不小于425mm轮胎，最大允许总质量限值为18000kg。
⑤ 驱动轴为每轴每侧双轮胎并装备空气悬架，且半挂车的两轴之间的距离大于等于1800mm的铰接列车，最大允许总质量限值为37000kg。

4. 其他限值条件

挂车及二轴货车的货箱栏板（含盖）高度不应超过600mm，二轴自卸车、三轴及三轴以上货车的货箱栏板（含盖）高度不应超过800mm，三轴及三轴以上自卸车的货箱栏板（含盖）高度不应超过1500mm。

其他内容详见GB 1589—2016。

在车辆公告技术参数中，公告的车辆"外形尺寸""货箱栏板内尺寸""总质量"和"额定载质量"等数值，都是车辆生产企业严格按GB 1589限值标准开发制造的车型的技术参数。在车险理赔实务中，事故车辆如果出现与公告技术参数不符的情况，或将被拒绝理赔。

三、GB 7258道路车辆运行安全标准

（一）GB 7258—2017简介

GB 7258—2017《机动车运行安全技术条件》，以下简称GB 7258。

（二）GB 7258—2017相关内容摘要

1. 比功率

机动车最大允许总质量依据发动机功率、最大设计轴荷、轮胎的承载能力及正式批准的技术文件进行核算后，从中取最小值核定。

其中，发动机功率与机动车最大允许总质量相关的参数是比功率。GB 7258规定，低速汽车及拖拉机运输机组的比功率应大于等于4.0kW/t，除无轨电车、纯电动汽车外的其他机动车的比功率应大于等于5.0kW/t。

比功率=发动机最大净功率,(或0.9倍的发动机额定功率,或0.9倍的发动机标定功率)与机动车最大允许总质量之比。

即,汽车及列车的比功率值,不允许小于5.0kW/t。

其计算公式如下:

1)对于牵引车:

$$准拖挂车总质量(kg) \leqslant \frac{发动机额定功率(kW) \times 0.9}{5.0(kW/t)} \times 1000 - 牵引车整备质量(kg) - 195kg$$

或

$$准拖挂车总质量(kg) \leqslant \frac{发动机净功率(kW)}{5.0(kW/t)} \times 1000 - 牵引车整备质量(kg) - 195kg$$

2)对于其他货车:

$$准拖挂车总质量(kg) = \frac{发动机额定功率(kW) \times 0.9}{5.0(kW/t)} \times 1000 - 主车总质量(kg)$$

按 GB 1589 规定的最大总质量限值及 GB 7258 规定的比功率限值,计算不同规格车辆对应的发动机最小功率范围(ps),见表1-20。《公告》车型必须选择大于表1-20中对应功率值的发动机。选择的发动机功率越大,则该车比功率越大,动力储备就越大,动力性能就更好,但动力储备过大,就可能造成浪费,车辆成本高,经济性差。

表 1-20 不同规格车辆对应的发动机最小功率范围(仅供参考)

车 辆 类 型		最大允许总质量最大限值/kg	发动机最小额定功率参考值/PS
客车、货车及半挂牵引车	4×2	18000	137
	6×4	25000	190
	8×4(双转向轴四轴货车)	31000	235
汽车列车	4×2牵引车和1轴挂车组成的汽车列车	27000	205
	4×2牵引车和2轴挂车组成的汽车列车	36000	273
	具有5轴的汽车列车	43000	325
	具有6轴的汽车列车	49000	371

重要提醒:表1-20中的"发动机最小额定功率参考值"应适当加大,因为交通运输部2018年发布实施的 JT/T 1178.1—2018《营运货车安全技术条件 第1部分:载货汽车》中,对不同车辆的比功率另有规定,详见本节营运货车安全技术条件。

2. 装配 ABS 或 EBS

所有汽车(三轮汽车、五轴及五轴以上专项作业车除外)及总质量大于3500kg的挂车应装备符合规定的防抱死制动装置。总质量大于等于12000kg的危险货物运输货车还应装备电控制动系统(EBS)。注意:挂车的总质量对半挂车而言,是指半挂车在满载并且和牵引车相连的情况下,通过半挂车的所有车轴垂直作用于地面的静载荷,不包括转移到牵引车牵引座的静载荷。

防抱死制动装置中的任何电器故障不应使行车制动器的制动促动时间和制动释放时间延长。在需要电源操纵防抱死制动装置的挂车上,电源应由专用电源线路供给。

3. 行驶记录仪

所有客车、危险货物运输货车、半挂牵引车和总质量大于等于12000kg的其他货车应装备具备记录、存储、显示、打印或输出车辆行驶速度、时间、里程等车辆行驶状态信息的行驶记录仪。行驶记录仪应接入车辆速度、制动等信号,规范设置车辆参数并配置驾驶人身份识别卡,显示部分应易于观察,数据接口应便于移动存储介质的插拔，技术要求应符合 GB/T 19056—2012 的规定。校车、公路客车、旅游客车、危险货物运输货车应装备具有行驶记录功能的卫星定位装置，且行驶记录功能的技术要求符合 GB 7258 及《汽车行驶记录仪》GB/T 19056 相关规定，或车长小于 6m 的其他客车装备符合标准规定的事件数据记录系统（EDR），应视为满足要求。专用校车和卧铺客车、设有乘客站立区的客车，还应装备车内外视频监控录像系统；车内外视频监控录像系统摄像头的配备数量及拍摄方向应符合相关标准和管理规定，无遮挡。

注意： 乘用车应配备能记录碰撞等特定事件发生时的车辆行驶速度、制动状态等数据信息的事件数据记录系统；若配备了符合标准规定的车载视频行驶记录装置，应视为满足要求。

4. 安装右转弯音响提示装置

总质量大于等于 12000kg 的货车，应装备符合标准要求的车辆右转弯音响提示装置，并在设计和制造上保证驾驶人不能关闭车辆右转弯音响提示装置。

5. 行车制动性能要求

（1）制动距离和制动稳定性要求　机动车在规定的初速度下的制动距离和制动稳定性要求应符合表 1-21 的规定。对空载检验的制动距离有质疑时，可用表 1-21 规定的满载检验制动距离要求进行。

制动距离：指机动车在规定的初速度下急踩制动踏板时，从脚接触制动踏板（或手触动制动手柄）时起至机动车停住时止机动车驶过的距离。

制动稳定性要求：指制动过程中机动车的任何部位（不计入车宽的部位除外）不超出规定宽度的试验通道的边缘线。

表 1-21　制动距离和制动稳定性要求

机动车类型	制动初速度/(km/h)	空载检验制动距离要求/m	满载检验制动距离要求/m	试验通道宽度/m
三轮汽车	20	≤5.0		2.5
乘用车	50	≤19.0	≤20.0	2.5
总质量小于等于 3500kg 的低速货车	30	≤8.0	≤9.0	2.5
其他总质量小于等于 3500kg 的汽车	50	≤21.0	≤22.0	2.5
铰接客车、铰接式无轨电车、汽车列车（乘用车列车除外）	30	≤9.5	≤10.5	3.0①
其他汽车、乘用车列车	30	≤9.0	≤10.0	3.0①
两轮普通摩托车	30	≤7.0		—
边三轮摩托车	30	≤8.0		2.5
正三轮摩托车	30	≤7.5		2.3
轻便摩托车	20	≤4.0		—
轮式拖拉机运输机组	20	≤6.0	≤6.5	3.0
手扶变型运输机	20	≤6.5		2.3

① 对车宽大于 2.55m 的汽车和汽车列车，其试验通道宽度为"车宽 +0.5"。

（2）制动减速度和制动稳定性要求　汽车、汽车列车在规定的初速度下急踩制动踏板时充分发出的平均减速度及制动稳定性要求应符合表 1-22 的规定，且制动协调时间对液压制动的汽车应小于等于 0.35s，对气压制动的汽车应小于等于 0.60s，对汽车列车、铰接客车和铰接式无轨电车应小于等于 0.80s。对空载检验的充分发出的平均减速度有质疑时，可用表 1-22 规定的满载检验充分发出的平均减速度进行。

表1-22 制动减速度和制动稳定性要求

机动车类型	制动初速度/(km/h)	空载检验充分发出的平均减速度/(m/s²)	满载检验充分发出的平均减速度/(m/s²)	试验通道宽度/m
三轮汽车	20	≥3.8		2.5
乘用车	50	≥6.2	≥5.9	2.5
总质量小于等于3500kg的低速货车	30	≥5.6	≥5.2	2.5
其他总质量小于等于3500kg的汽车	50	≥5.8	≥5.4	2.5
铰接客车、铰接式无轨电车、汽车列车（乘用车列车除外）	30	≥5.0	≥4.5	3.0①
其他汽车、乘用车列车	30	≥5.4	≥5.0	3.0①

① 对车宽大于2.55m的汽车和汽车列车，其试验通道宽度为"车宽+0.5"。

（3）制动踏板力或制动气压要求　制动性能检验时的制动踏板力或制动气压应符合以下要求：

1）满载检验时。气压制动系：气压表的指示气压≤额定工作气压；液压制动系：乘用车踏板力≤500N，其他机动车踏板力≤700N。

2）空载检验时。气压制动系：气压表的指示气压≤750kPa；液压制动系：乘用车踏板力≤400N，其他机动车踏板力≤450N。摩托车（正三轮摩托车除外）检验时，踏板力≤350N，手握力≤250N。正三轮摩托车检验时，踏板力≤500N。三轮汽车和拖拉机运输机组检验时，踏板力≤600N。

（4）合格判定要求　汽车、汽车列车在符合上述规定的制动踏板力或制动气压下的路试行车制动性能如符合表1-21或表1-22的要求，即为合格。

GB 7258还对行驶系统、传动系统、车身、安全防护装置、机动车环保、照明、信号装置及其他电器设备等进行了规定，在此不一一列举，详见该标准。

四、营运货车安全技术条件

（一）JT/T 1178介绍

JT/T 1178《营运货车安全技术条件》分为两部分，第1部分（JT/T 1178.1—2018）是载货汽车，第2部分（JT/T 1178.2—2019）是牵引车辆与挂车。该标准是中华人民共和国交通运输行业标准，第1部分于2018年2月26日发布，2018年5月1日实施；第2部分于2019年3月15日发布，2019年7月1日实施。

（二）JT/T 1178相关内容摘要

1. JT/T 1178第1部分中的规定

1）载货汽车（电动车辆除外）的比功率应大于或等于6.0kW/t。

2）总质量大于或等于12000kg的载货汽车，应安装道路运输车辆卫星定位系统车载终端。

3）总质量大于或等于12000kg且最高车速大于90km/h的载货汽车，应安装电子稳定性控制系统（ESC）。（本条自2021年5月1日起新生产车型实施）。

4）总质量大于或等于12000kg且最高车速大于90km/h的非双转向轴载货汽车，所有转向轮应安装爆胎应急安全装置，并在驾驶室易见位置标示（本条自2019年5月1日起新生产车型实施）。

5）载货汽车的气压制动系统应安装具备保持压缩空气干燥、油水分离功能的装置。

6）载货汽车所有的行车制动器应具备制动间隙自动调整功能。

7）载货汽车制动系统的储气筒和制动气室应安装气压制动装置压力测试连接器。

8）载货汽车应安装防抱死制动装置，并配备防抱死制动装置失效时用于报警的信号装置。

9）载货汽车按照GB 12676规定的方法进行试验，气压制动系统响应时间应小于或等于0.6s。

10）载货汽车满载，在附着系数小于或等于0.5，车道中心线半径150m、宽3.7m的平坦圆弧车道上50km/h的初始车速进行全力制动的过程中，车辆应保持在车道内。

11）总质量大于或等于12000kg的载货汽车采用气压制动时，制动系统储气筒的额定工作气压应大于或等于1000kPa（本条自2019年5月1日起新生产车型实施）。

12）总质量大于或等于12000kg且最高车速大于90km/h的载货汽车，所有转向车轮应安装盘式制动器。盘式制动器的衬片需要更换时，应采用声学或光学报警装置向驾驶员报警，报警装置应符合GB 12676的规定。

13）总质量大于或等于12000kg且最高车速大于90km/h的载货汽车，应安装自动紧急制动系统（AEBS）（本条自2021年5月1日起新生产车型实施）。

14）总质量大于18000kg的载货汽车宜安装缓速器。

15）N1类和N2载货汽车应安装侧面防护和后下部防护装置；总质量大于7500kg的载货汽车应安装前下部防护装置。

16）安装起重尾板的载货汽车，起重尾板背部应设置有警示标识，警示标识上的反光标识应始终朝向车辆后侧。

17）总质量大于或等于12000kg且最高车速大于90km/h的载货汽车，使用单胎的车轮应安装轮胎气压监测系统（本条自2020年5月1日起新生产车型实施）。

18）总质量大于18000kg且最高车速大于90km/h的载货汽车，应具备车道偏离报警功能和车辆前向碰撞预警功能（本条自2020年5月1日起新生产车型实施）。

19）燃气汽车应安装气体泄漏报警装置，所有管路接头处均不应出现漏气现象。

2. JT/T 1178第2部分中的规定

1）牵引车辆与挂车在汽车列车状态下（纯电动汽车除外）的比功率应符合表1-23的要求。

表1-23　比功率限值

最大允许总质量 G/kg	$G \leqslant 18000$	$18000 < G \leqslant 43000$	$43000 < G \leqslant 49000$
比功率/(kW/t)	$\geqslant 6.9$	$\geqslant (4.3 + 46000/G)$	$\geqslant 5.4$

2）牵引车辆应安装电子稳定性控制系统（ESC）（本条自2021年5月1日起新生产车型实施）。

3）最高车速大于或等于90km/h的非双转向轴牵引车辆，所有转向轮应安装爆胎应急安全装置，并在驾驶室易见位置标示（本条自2020年5月1日起新生产车型实施）。

4）牵引车辆应安装具有行驶定位功能的道路运输车辆卫星定位系统车载终端。

5）用于冷藏运输的牵引货车与挂车均应安装温度监控装置。

6）挂车应使用额定轴荷小于或等于10t的车轴。

7）牵引车辆和挂车机械连接装置的安装位置及尺寸参数，以及与其适配的车辆相关连接尺寸，应在产品标牌（或车辆易见部位上设置的其他能永久保持的标识）上清晰标示。

① 半挂牵引车的互换性铭牌样式如下所示。

```
车辆型号：_____；  匹配的牵引销规格：50号；
前回转半径：_____mm，与之匹配的半挂车前回转半径≤_____mm；
后回转半径：_____mm，与之匹配的半挂车间隙半径≥_____mm；
牵引座承载面离地高度：_____mm；  制动响应时间 A：_____s，B：_____s；
牵引座中心至半挂牵引车辆最前端的距离：_____mm；
与之匹配的半挂车牵引销中心轴线到半挂车最后端水平距离≤_____mm。
```

② 半挂车的互换性铭牌样式如下所示。

```
车辆型号：_____；  匹配的牵引座规格：50号；
前回转半径：_____mm，与之匹配的半挂牵引车前回转半径≥_____mm；
半挂车间隙半径：_____mm，与之匹配的半挂牵引车后回转半径≤_____mm；
牵引销座板离地高度：_____mm；  制动响应时间 C：_____s；
挂车满载最高设计车速：_____km/h；  牵引销中心轴线到半挂车最后端水平距离：_____mm。
```

③ 牵引货车的互换性铭牌样式如下所示。

```
车辆型号：_____；    牵引杆连接器型号：_____；
牵引杆挂环中心距牵引货车最后端水平距离：_____mm；
与之匹配的中置轴挂车前回转半径≥_____mm；
牵引杆连接器中心离地高度：_____mm；  制动响应时间A：_____s，B：_____s。
```

④ 中置轴挂车的互换性铭牌样式如下所示。

```
车辆型号：_____；    牵引杆挂环中心孔直径：_____mm；
中置轴挂车前回转半径：_____mm；
与之匹配牵引车辆的牵引杆挂环中心距牵引货车最后端水平距离：_____~_____mm；
牵引杆挂环中心离地高度：_____mm；  制动响应时间C：_____s。
```

⑤ 牵引杆挂车的互换性铭牌样式如下所示。

```
车辆型号：_____；    牵引杆挂环中心孔直径：_____mm；
牵引杆挂车前回转半径：_____mm；
与之匹配牵引车辆的牵引杆挂环中心距牵引货车最后端水平距离：_____~_____mm；
牵引杆挂环中心离地高度：_____mm；  制动响应时间C：_____s。
```

8）牵引车辆与挂车的气压制动系统应安装具备保持压缩空气干燥、油水分离功能的装置。

9）牵引车辆与挂车所有的行车制动器应具备制动间隙自动调整功能。

10）牵引车辆与挂车的制动系统储气筒和制动气室应安装气压制动装置压力测试连接器。

11）牵引车辆应安装符合GB/T 13594规定的1类防抱死制动系统，挂车应安装符合GB/T 13594规定的A类防抱死制动系统。牵引车辆应安装防抱死制动系统失效时（含挂车防抱死制动系统失效）用于报警的信号装置。

12）最高车速大于或等于90km/h的牵引车辆与挂车均应安装电子制动系统（EBS）（本条自2020年5月1日起新生产车型实施）。

13）最高车速大于或等于90km/h的牵引车辆应安装自动紧急制动系统（AEBS）（本条自2021年5月1日起新生产车型实施）。

14）牵引车辆采用气压制动时，制动系统储气筒的额定工作气压应大于或等于1000kPa。制动系统储气筒额定工作气压数值应在产品标牌（或车辆易见部位上设置的其他能永久保持的标识）上清晰标示（本条自2020年5月1日起新生产车型实施）。

15）牵引车辆与挂车在汽车列车满载状态下，在附着系数小于或等于0.5，车道中心线半径150m、宽3.7m的平坦圆弧车道上，以50km/h的初始车速进行全力制动的过程中，车辆应保持在车道内。

16）最高车速大于或等于90km/h的牵引车辆转向轴的所有转向车轮应安装盘式制动器（本条自2020年5月1日起新生产车型实施）。

17）牵引车辆应安装缓速器或其他辅助制动装置（本条自2020年5月1日起新生产车型实施）。

18）牵引货车与挂车应安装侧面防护和后下部防护装置。牵引车辆应安装前下部防护装置。

19）起重尾板应安装防止尾板承载平台自动下落或自动打开的机械锁紧装置。

20）牵引车辆驾驶室应具有乘员保护功能（本条自2020年5月1日起新生产车型实施）。

21）最高车速大于或等于90km/h的牵引车辆，使用单胎的车轮应安装轮胎气压监测系统（TPMS）或具有轮胎气压监测功能的装置（本条自2020年5月1日起新生产车型实施）。

22）装备电涡流缓速器的牵引车辆，安装部位的上方应安装具有阻燃性的隔热装置，并应设置温度报警系统或自动灭火装置。

23）汽油牵引车辆油箱应采用阻隔防爆技术。

24）气体燃料牵引车辆应安装汽车导静电橡胶拖地带。

25) 牵引车辆应具备车道偏离报警功能和车辆前向碰撞预警功能（本条自 2020 年 5 月 1 日起新生产车型实施）。

26) 牵引车辆应安装车辆右转弯提示音装置。

27) 牵引车辆和挂车制动器的衬片需要更换时，应采用声学或光学报警装置向驾驶员报警。

28) 安装悬臂式或垂直升降式起重尾板的牵引货车与挂车，起重尾板背部应设置有警示旗，且警示旗应能摆动，警示旗上的反光标识应始终朝向车辆后侧。

29) 牵引车辆与挂车的外部照明和光信号装置的数量、位置、光色、最小几何可见度应符合 GB 4785 的规定，照明和光信号装置的一般要求应符合 GB 7258—2017 中 8.3 的规定。

30) 牵引车辆与挂车应安装车身反光标识和车辆尾部标志板（半挂牵引车除外），车身反光标识和车辆尾部标志板应符合 GB 7258—2017 中 8.4 的规定。

五、纯电动货车技术条件

（一）GB/T 34585 介绍

GB/T 34585—2017《纯电动货车技术条件》于 2017 年 10 月 14 日发布，2018 年 7 月 1 日实施。

（二）GB/T 34585 相关内容摘要

1) 纯电动货车（以下简称车辆）是指使用动力蓄电池作为唯一能量来源的货车。

2) 车辆的整备质量包括动力蓄电池、润滑油、冷却液、随车工具、备胎（若有）、灭火器、三角警告牌等所有装置的纯电动货车质量。

3) N1 类车辆在起动、车速低于 20km/h 时，应具备能给车外人员发出适当的提示性声响。

4) 车辆按照规定的试验方法，测量车辆最大爬坡度，应不低于 20%。

5) N1 类车辆按规定工况（包含市郊工况）进行试验，续驶里程应不低于 80km/h；其他类型车辆采用规定的等速法试验，续驶里程应不低于 120km/h。

6) 车辆按照规定试验方法测量 30min 最高车速，其值应不低于 70km/h。

7) 车辆的动力蓄电池不应采用铅酸蓄电池。其循环寿命、安全、电性能应符合国家相关规定的要求。

8) 可靠性行驶试验总里程为 15000km，其中强化坏路 5000km，平坦公路 500km，高速路 5000km。可靠性行驶试验前的道路特性试验里程，以及各试验间的行驶里程等可计入可靠性试验里程。整个试验过程中，整车控制器及总线系统、动力蓄电池及管理系统、电机及电机控制器、车载充电系统（如果有）等系统和设备不应出现危及人身安全、引起主要总成报废、对周围环境造成严重危害的故障（致命故障）；也不应出现影响行车安全、引起主要零部件和总成严重损坏或用易损备件和随车工具不能在短时间内排除的故障（严重故障）。整个行驶试验期间，不应更换动力系统的关键部件，如电机及其控制器、动力蓄电池及管理系统、车载充电系统（如果有）等。可靠性试验结束后，进行 30min 最高车速、续驶里程复试值，应不低于初始值的 90%。

六、载质量利用系数限值标准

（一）载质量利用系数限值的产生

为贯彻国务院关于整顿和规范市场经济秩序的决定，进一步加大治理载货类汽车（包括载货汽车、自卸车、牵引车、罐式车、全挂车、半挂车和四轮农用运输车及有关底盘）严重超载违章行为的工作力度，国家经贸委和公安部 2001 年 8 月下发了国经贸产业 [2001] 808 号文件《关于在生产及使用环节治理整顿载货类汽车产品的通知》，其中规定了载货类汽车产品有关限值要求，目前还在继续执行的规定有载质量利用系数限值和罐式汽车的总容量限值。

（二）载质量利用系数限值

栏板式载货类汽车、自卸车和栏板式农用运输车的载质量利用系数必须符合下列限值，见表 1-24。

表1-24 栏板式载货类汽车、自卸车和栏板式农用运输车的载质量利用系数限值

类别	N1			N2		N3
总质量 M/kg	$M \leq 3500$			$3500 < M \leq 12000$		$M > 12000$
整备质量 m/kg	$m \leq 1100$	$m > 1100$		$m \leq 3500$	$m > 3500$	
载质量利用系数	—	≥ 0.65（不含长头轻型客货两用车）		≥ 0.75	≥ 0.85	≥ 1
		自卸车（纵向）≥ 0.55		自卸车（纵向）≥ 0.65	自卸车（纵向）≥ 0.75	

（三）载质量利用系数的计算公式

$$载质量利用系数 = \frac{最大允许装载质量(含额定乘员质量)(\text{kg})}{整备质量(\text{kg})}$$

（四）罐式汽车的总容量限值

应按下列公式计算，式中取汽油的密度为700kg/m³。
计算公式为

$$总容量(\text{m}^3) \leq \frac{设计载质量(\text{kg})}{700(\text{kg/m}^3)} \times 1.05$$

七、车辆噪声标准

（一）噪声最新标准的实施

2004年12月7日，国家环境保护总局发布公告（环发[2004]170号），要求执行GB 1495第二阶段噪声限值要求。

（二）标准限值

自2004年1月1日起新申报《公告》车型必须符合GB 1495—2002《汽车加速行驶车外噪声限值及测量方法》（见表1-25），自2005年1月1日起，所有新制造、进口汽车应符合GB 1495第二阶段噪声限值生产一致性要求。

表1-25 GB 1495—2002 噪声限值标准

货车种类		噪声限值/dB（A）	
		第一阶段 2005.1.1前	第二阶段 2005.1.1后
最大总质量≤2t		78	76
2t＜最大总质量≤3.5t		79	77
3.5t＜最大总质量≤12t 最大总质量＞12t	发动机额定功率＜75kW	83	81
	75kW≤发动机额定功率＜150kW	86	83
	发动机额定功率≥150kW	88	84

注：表中车辆装用直喷式柴油机时，限值增加1dB（A）。

八、半挂车系列型谱及参数限值

（一）GB/T 6420 简介

GB/T 6420—2017《货运挂车系列型谱》，规定了货运挂车的术语和定义、系列型谱，适用于在道路上使用的货运挂车。该标准配合GB 1589—2016和GB 7258—2017实施。

（二）GB/T 6420 相关内容摘要

货运挂车系列型谱按车辆结构由栏板式挂车系列、仓栅式挂车系列、厢式挂车系列、低平板式挂车系列、车辆运输挂车系列、液体运输挂车系列、粉粒物料运输挂车系列、集装箱运输挂车系列、冷藏和保湿运输挂车系列组成。

整备质量包含两个类别，A 类是常规挂车整备质量，B 类是轻量化挂车整备质量。挂车基本形式可参见标准原文。

1. 栏板式挂车系列型谱

栏板式挂车系列型谱参见表 1-26。

表 1-26　栏板式挂车系列型谱

序号	车辆类别	车轴数量	最大允许总质量/kg	整车整备质量/kg A 类	整车整备质量/kg B 类	最大长度/mm	最大宽度/mm	最大高度/mm
1	牵引杆挂车	1+1	3000	≤1000	—	4500	2200	4000
2	牵引杆挂车	1+1	12000（前后两轴均单胎）	≤3500	—	6000	2550	4000
3	牵引杆挂车	1+1	18000	≤5000	—	8000	2550	4000
4	牵引杆挂车	1+1	18000	≤5500	—	10000	2550	4000
5	牵引杆挂车	1+1	18000	≤6000	—	12000	2550	4000
6	半挂车	1	18000	≤3500	≤2900	8600	2550	4000
7	半挂车	2	35000	≤5500	≤4400	10000	2550	4000
8	半挂车	3	40000	≤7000	≤5600	11000	2550	4000
9	半挂车	3	40000	≤7400	≤5800	12000	2550	4000
10	半挂车	3	40000	≤8000	≤6000	13000	2550	4000

2. 仓栅式挂车系列型谱

仓栅式挂车系列型谱参见表 1-27。

表 1-27　仓栅式挂车系列型谱

序号	车辆类别	车轴数量	最大允许总质量/kg	整车整备质量/kg A 类	整车整备质量/kg B 类	最大长度/mm	最大宽度/mm	最大高度/mm
1	半挂车	1	18000	≤3900	≤3300	8600	2550	4000
2	半挂车	2	35000	≤6000	≤4800	10000	2550	4000
3	半挂车	3	40000	≤7200	≤6000	11000	2550	4000
4	半挂车	3	40000	≤7800	≤6300	12000	2550	4000
5	半挂车	3	40000	≤8300	≤6500	13000	2550	4000

3. 厢式挂车系列型谱

厢式挂车系列型谱参见表 1-28。

表 1-28　厢式挂车系列型谱

序号	车辆类别	车轴数量	最大允许总质量/kg	整车整备质量/kg（翼开式可加 18%）A 类	整车整备质量/kg（翼开式可加 18%）B 类	最大长度/mm	最大宽度/mm	车厢内部宽度/mm	最大高度/mm
1	牵引杆挂车	1+1	3000	≤1500	≤1300	5000	2200	—	4000
2	牵引杆挂车	1+1	12000（前后两轴均单胎）	≤4500	≤4200	6000	2550	—	4000
3	牵引杆挂车	1+1	18000	≤5700	≤5200	8000	2550	≥2450	4000
4	牵引杆挂车	1+1	18000	≤6000	≤5500	10000	2550	≥2450	4000
5	牵引杆挂车	1+1	18000	≤6300	≤5800	12000	2550	≥2450	4000

(续)

序号	车辆类别	车轴数量	最大允许总质量/kg	整车整备质量/kg（翼开式可加18%）		最大长度/mm	最大宽度/mm	车厢内部宽度/mm	最大高度/mm
				A 类	B 类				
6	中置轴挂车	1	10000	≤4500	≤4200	8000	2550	≥2450	4000
7		2	18000	≤5300	≤4800	8000			
8		2	18000	≤5600	≤5100	10000			
9		2	18000	≤5900	≤5400	12000			
10		3	21000	≤6300	≤5800	10000			
11		3	24000	≤6700	≤6200	12000			
12	半挂车	1	18000	≤6000	≤5200	≤13200			
13		2	35000	≤7000	≤6200	≤12500			
14		2	35000	≤7500	≤6400	≤13750			
15		3	40000	≤8000	≤7200	≤12500			
16		3	40000	≤8500	≤7400	≤13750			

4. 低平板式挂车系列型谱

本车型系列为运输不可拆解物体的挂车，参见表1-29。

表1-29 低平板式挂车系列型谱

序号	车辆类别	车轴数量	最大允许总质量/kg	整车整备质量/kg		最大长度/mm	最大宽度/mm	最大高度/mm
				A 类	B 类			
1	半挂车	2	35000	≤10500	—	13750	3000	≤1150
2		两线2轴	40000	≤12000	—			
3		3	40000	≤12000	—			
4		三线6轴	40000	≤14000	—			

5. 车辆运输挂车系列型谱

包括框架式结构和封闭式结构。车辆运输中置轴挂车与牵引车匹配后最大长度不超过22000mm；车辆运输半挂车与牵引车匹配后最大长度不超过17100mm或18100mm。其他参数参见表1-30。

表1-30 车辆运输挂车系列型谱

序号	车辆类别	车轴数量	轮胎数量	最大允许总质量/kg	整车整备质量/kg		最大长度/mm	最大宽度/mm	最大高度/mm
					A 类	B 类			
1	中置轴	2	4	18000	≤8000	—	12000	2550	4000
2		2	8	18000	≤8800	—			
3		3	6	24000	≤10000	—			
4		3	12	24000	≤11200	—			
5	半挂车	1	2	16000	≤8500	—	13200		
6		1	4	18000	≤9000	—			
7		2	4	20000	≤9500	—			
8		2	6	24000	≤10500	—	13750		
9		2	8	28000	≤11500	—			
10		3	6	35000	≤12000	—			
11		3	10	35000	≤12500	—			
12		3	12	35000	≤13000	—			

6. 液体运输挂车系列型谱

介质密度不在 0.73kg/L ± 10% 范围内的液体运输车辆的有效容积按实际密度核算，其他参数参见表 1-31。

表 1-31　液体运输挂车系列型谱

序号	车辆类别	车轴数量	最大允许总质量/kg	A类 整车整备质量/kg	A类 最大罐体有效容积/m³	B类 整车整备质量/kg	B类 最大罐体有效容积/m³	最大长度/mm	最大宽度/mm	最大高度/mm
1	半挂车	1	18000	≤5200	15	≤3700	20	8000	2550	3600
2				≤5800	20	≤3900	24	9000		
3		2	30000	≤7800	28	≤5500	31	9000		3800
4				≤8500	32	≤5800	35	10000		
5			35000	≤8800	35	≤6000	39	11000		3900
6				≤9800	39	≤6200	43	12000		
7		3	40000	≤11000	40	≤7500	43	12000		4000
8				≤11800	45	≤7900	48	13750		

7. 粉粒物料运输半挂车系列型谱

介质密度不在 0.83kg/L ± 10% 范围内的粉粒物料运输车辆的有效容积按实际密度核算，其他参数参见表 1-32。

表 1-32　粉粒物料运输半挂车系列型谱

序号	车辆类别	车轴数量	最大允许总质量/kg	A类 整车整备质量/kg	A类 最大罐体有效容积/m³	B类 整车整备质量/kg	B类 最大罐体有效容积/m³	最大长度/mm	最大宽度/mm	最大高度/mm
1	半挂车	1	18000	≤5500	15	≤4000	16	8600	2550	4000
2		2	30000	≤7000	28	≤5050	30	10000		
3		2	35000	≤8000	32	≤5300	34	13750		
4		3	40000	9500	37	≤5500	39	13750		
5		3				≤6900				

8. 集装箱运输半挂车系列型谱

集装箱运输半挂车系列型谱参见表 1-33。

表 1-33　集装箱运输半挂车系列型谱

序号	车辆类别	集装箱规格	车轴数量	最大允许总质量/kg	整车整备质量/kg A类	整车整备质量/kg B类	最大长度/mm	最大宽度/mm	承载面高度/mm
1	大鹅颈式半挂车	20′	2	35000	—	≤4520	11000	2550	≤1300，但对于运输30′高集装箱的半挂车，应小于1100mm
2		30′	2	35000	—	≤4520	13000		
3		20′	3	40000	≤6500	≤5500	11000		
4		30′	3	40000	≤7000	≤5500	13000		
5	平直梁式半挂车	20′	2	35000	≤4500	≤3800	7500		≤1300，但对于运输40′高集装箱的半挂车，应小于1100mm
6		20′	2	40000	≤5600	≤4800	8600		
7		40′	2	35000	—	≤4520	12500		
8		40′	3	40000	≤6500	≤5500	12500		
9	小鹅颈式半挂车	40′	2	35000	≤4500	≤4000	12700		≤1300，但对于运输40′、45′高集装箱的半挂车，应小于1100mm
10		40′	3	40000	≤6000	≤4800	12700		
11		45′	3	40000	≤6800	≤5500	13950		

9. 冷藏和保温运输挂车系列型谱

冷藏和保温运输挂车系列型谱参见表1-34。

表1-34 冷藏和保温运输挂车系列型谱

序号	车辆类别	车轴数量	最大允许总质量/kg	冷藏车整车整备质量/kg A类	冷藏车整车整备质量/kg B类	保温车整车整备质量/kg A类	保温车整车整备质量/kg B类	最大长度/mm	最大宽度/mm	最大高度/mm
1	中置轴	1	10000	≤6000	≤5200	≤5600	≤4800	12000	2600	4000
2	中置轴	2	18000	≤6800	≤6000	≤6400	≤5600	12000	2600	4000
3	中置轴	3	21000	≤7500	≤6700	≤7000	≤6600	12000	2600	4000
4	半挂车	1	18000	≤7700	≤6700	≤7000	≤6000	13200	2600	4000
5	半挂车	2	35000	≤9400	≤8400	≤8600	≤7600	13750	2600	4000
6	半挂车	3	40000	≤10600	≤9600	≤9800	≤8800	13750	2600	4000

九、公安部机动车查验工作规程

(一) 机动车查验工作规程的发布实施

标准全名：GA 801—2019《机动车查验工作规程》。

该标准规定了机动车查验项目、查验要求和检验监督要求，适用于办理机动车业务时对机动车进行查验，也适用于公安机关交通管理部门对机动车安全技术检验进行监督。

(二) 标准摘要

1. 注册登记规定

1) 对申请注册登记的机动车，应制作或核对机动车标准照片，确定车辆类型、车身颜色及核定载人数，并查验以下项目：

① 基本信息：车辆识别代号、发动机（驱动电机）号码［包括发动机（驱动电机）型号和出厂编号］（挂车除外）、车辆品牌和型号。

② 主要特征：车辆号牌板（架）、车辆外观形状、轮胎完好情况。

2) 根据车辆产品、使用性质和出厂日期的不同，还应查验其他项目。

2. 查验要求

查验员应按照规定的项目查验机动车，按照相关法律法规和GB 7258、GB 1589等机动车国家安全技术标准确认所查验项目是否符合规定（查验合格的主要要求参见表1-35），使用机动车查验智能终端记录机动车查验结果、采集查验照片和视频，录入机动车查验监管系统，制作查验记录表。与车辆结构或安全装置相关的查验项目，应按照机动车出厂时所执行版本的机动车国家安全技术标准确认是否符合规定，但法律法规和强制性国家标准另有规定的除外。

表1-35 机动车查验合格主要要求

序号	项目	合格要求
1	车辆识别代号（整车型号和出厂编号）	汽车、摩托车、半挂车、2012年9月1日起出厂的中置轴挂车和2014年9月1日起出厂的牵引杆挂车应具有唯一的车辆识别代号，且应至少有一个车辆识别代号打刻在车架（无车架的机动车为车身主要承载且不能拆卸的部件）能防止锈蚀、磨损的部位上，2013年3月1日起出厂的乘用车和总质量小于或等于3500kg的货车（低速汽车除外）还应在靠近风窗玻璃立柱的位置设置能永久保持的、从车外能清晰识读的车辆识别代号标识；轮式专用机械车应在右侧前部的车辆结构件上打刻产品识别代码（或车辆识别代号），如受结构限制也可打刻在右侧其他车辆结构件上；其他机动车应打刻整车型号和出厂编号，型号在前，出厂编号在后，出厂编号两端应打刻起止标记。2019年1月1日起出厂的，总质量大于或等于12000kg的货车、货车底盘改装的专项作业车及所有牵引杆挂车，车辆识别代号应打刻在右前轮纵向中心线前端纵梁外侧，如受结构限制也可打刻在右前轮纵向中心线附近纵梁外侧；半挂车和中置轴挂车（无纵梁的除外）的车辆识别代号应打刻在右前支腿前端纵梁外侧

（续）

序号	项　目	合格要求
1	车辆识别代号（整车型号和出厂编号）	打刻车辆识别代号（或产品识别代码、整车型号和出厂编号）的部件不应有明显的采用打磨、挖补、垫片、凿改、重新涂漆（为保护打刻的车辆识别代号而采取涂漆工艺的情形除外）等方式处理的痕迹；打刻的车辆识别代号应易见且易于拓印，其内容应与相关凭证（机动车整车出厂合格证明、《货物进口证明书》或《机动车行驶证》）记载及整车产品标牌标明的车辆识别代号内容一致，并且不应有明显的更改、变动、凿改、挖补、打磨痕迹或垫片、擅自另外打刻等痕迹；对2018年1月1日起出厂的汽车和挂车，还应能拍照；对摩托车，打刻的车辆识别代号在不举升车辆的情形下可观察、拓印的，应视为满足要求。2014年9月1日起出厂的汽车、摩托车、半挂车和中置轴挂车，打刻的车辆识别代号从上（前）方观察时打刻区域周边足够大面积的表面不应有任何覆盖物；如有覆盖物，覆盖物的表面应明确标示"车辆识别代号"或"VIN"字样，且覆盖物在不使用任何专用工具的情况下能直接取下（或揭开）及复原 2018年1月1日起出厂的总质量大于或等于12000kg的栏板式、仓栅式、自卸式、罐式货车及总质量大于或等于10000kg的栏板式、仓栅式、自卸式、罐式挂车，还应在其货箱或常压罐体（或固定在货箱或常压罐体上且用于与车架连接的结构件）上打刻至少两个车辆识别代号；打刻的车辆识别代号应位于货箱（常压罐体）左、右两侧或前端面且易于拍照；且若打刻在货箱（常压罐体）左、右两侧时距货箱（常压罐体）前端面的距离应小于或等于1000mm，若打刻在左、右两侧连接结构件时应尽量靠近货箱（常压罐体）前端面 车辆识别代号的年份位、检验位等内容和构成应符合GB 16735的规定；其中，字母仅能采用大写的罗马字母，但I、O及Q不能使用；数字仅能采用阿拉伯数字0至9；车辆识别代号的第10位为年份位，可为制造车辆的历法年份或车辆制造厂决定的车型年份，但数字0和字母I、O、Q、U、Z不能使用。同一辆车上不允许既打刻车辆识别代号，又打刻整车型号和出厂编号。同一辆车上标识的所有车辆识别代号（包括电子控制单元记载的车辆识别代号）内容应相同。车辆识别代号（或产品识别代码、整车型号和出厂编号）一经打刻不应更改、变动，但按GB 16735的规定重新标示或变更的除外。2004年10月1日前出厂的改装汽车，可能有两个不同内容的车辆识别代号，此时应有一个车辆识别代号的内容与相关凭证相同 注册登记查验时，发现打刻的车辆识别代号及其附近可视区域存在局部打磨、涂漆等加工处理痕迹时，若上述痕迹不足以影响管理部门对车辆识别代号的识别和认定，不应简单认定为不符合GB 7258的要求 在用车因腐蚀、交通事故等原因造成打刻的车辆识别代号无法确认需重新打刻的，应按照原号码打刻新的车辆识别代号，且在打刻时不应把原始号码打磨掉；在用车更换车身或车架的，更换的车身或车架上应按规定打刻原车辆识别代号的号码。重新打刻的车辆识别代号的打刻位置，宜尽可能符合GB 7258—2017中4.1.3的规定
2	发动机（驱动电机）型号和出厂编号	发动机型号和出厂编号应打刻（或铸出）在气缸体上且应能永久保持；打刻的发动机出厂编号不应有明显的凿改、挖补、打磨痕迹或擅自另外打刻等异常情形。若打刻（或铸出）的发动机型号和出厂编号不易见，则应在发动机易见部位增加能永久保持的发动机型号和出厂编号的标识。2013年3月1日起出厂的纯电动汽车、插电式混合动力汽车、燃料电池汽车和电动摩托车，应在驱动电机壳体上打刻电机型号和编号；除轮边电机、轮毂电机外的其他驱动电机，如打刻的电机型号和编号被覆盖，应留出观察口或在覆盖件上增加永久保持的电机型号和编号标识，留出的观察口原则上应便于从上（前）方观察，但若确实受结构所限制，观察口也可位于下方 注册登记查验时，相关凭证上记载的"发动机型号和出厂编号"应与发动机标识上标明的发动机型号和出厂编号（或发动机缸体上打刻或铸出的、易见的发动机型号和出厂编号）及整车产品标牌上标明的发动机型号一致 在用车查验时，已采集发动机标识（或可见的发动机号码）电子照片的，实车的发动机标识（或可见的发动机号码）与电子照片一致的，视为合格 在用车更换发动机的，更换的发动机型号应与登记的发动机型号一致，但对国产车也可以为《公告》对应车型许可选装的其他发动机型号；其他情况下，实车的发动机标识缺失的，确认无私自更换发动机情形的，记录相关信息后视为合格 **注**：2004年10月1日前出厂的机动车打刻的发动机型号和出厂编号不易见时，其发动机的易见部位不一定有发动机标识

(续)

序号	项 目	合 格 要 求
3	车辆品牌/型号	注册登记查验时,机动车整车出厂合格证明(对国产机动车)、进口车辆中英文对照表(对进口机动车)等凭证和技术资料上记载的"车辆品牌"和"车辆型号"与整车产品标牌上标明的车辆品牌、型号应相符 对进口车辆中英文对照表未列入车辆品牌/型号的进口机动车,可参照进口机动车辆随车检验单证及其他经主管部门认可的技术资料(如:车辆产品一致性证书),确认车辆品牌/型号的符合性
4	车身颜色	注册登记查验时,按照实车核定车身颜色,核定的车身颜色与机动车整车出厂合格证明、海关《货物进口证明书》等凭证、技术资料记载的内容不一致的,或者车身颜色随观察位置不同及光线明暗会发生变化的,经确认未变更车身颜色的,记录相关情况后办理;变更车身颜色时,按照实车填写车身颜色。其他情况下,车身颜色应与《机动车行驶证》记载的车身颜色相符
5	核定载人数	注册登记查验时,按照GB 7258—2017的4.4.2~4.4.6及11.6核定载客人数/驾驶室乘坐人数。对实行《公告》管理的国产机动车,载货汽车和专项作业车核定的驾驶室乘坐人数、载客汽车核定的乘坐人数与机动车整车出厂合格证明标明的数值应一致且符合《公告》管理的相关规定;对进口机动车,核定的乘坐人数应与进口机动车辆随车检验单证及其他经主管部门认可的技术资料(如:车辆产品一致性证书)一致。其他情况下,座位/铺位数应与《机动车行驶证》记载的内容一致
6	号牌板(架)/车辆号牌	注册登记、转移登记及转入查验时,检查机动车号牌板(架):前号牌板(架)(摩托车除外)应设于前面中部或右侧(按机动车前进方向),后号牌板(架)应设于后面中部或左侧,号牌板(架)应能安装符合GA 36要求的机动车号牌且号牌安装后不应被遮挡、覆盖,不允许采用号牌板能被翻转的结构。2013年3月1日起出厂的机动车每面号牌板(架)上应设有2个号牌安装孔,2016年3月1日起出厂的机动车每面号牌板(架)[三轮汽车前号牌板(架)、摩托车后号牌板(架)除外]上应设有4个号牌安装孔;号牌安装孔应保证能用M6规格的螺栓将号牌直接牢固可靠地安装在车辆上 其他情况查验时,检查车辆号牌:号牌应安装在号牌板(架)处,号牌应正置、横向水平、纵向基本垂直且使用符合GA 804的专用固封装置固封,号牌应无变形、遮盖和破损、涂改,号牌号码和种类应与《机动车行驶证》的记录一致,其汉字、字母和数字应清晰可辨、颜色应无明显色差。不允许使用可拆卸号牌架和可翻转号牌架 在用车查验时,总质量大于或等于4500kg的货车(半挂牵引车除外)和货车底盘改装的专项作业车(消防车除外)、总质量大于3500kg的挂车,以及车长大于或等于6m的客车(警车、校车除外)均应在车厢后部喷涂或粘贴/放置放大的号牌号码,总质量大于或等于12000kg的自卸车还应在车厢左右两侧喷涂放大的号牌号码。受结构限制车厢后部无法粘贴/放置放大的号牌号码时,车厢左右两侧喷涂有放大的号牌号码的,视为满足要求。放大的号牌号码字样应清晰,颜色应与车身底色有明显反差 对平板式、骨架式结构的货车、专项作业车、牵引车等无载货部位或载货部位受结构限制确实无法满足放大号喷涂要求的,不查验放大的号牌号码;但这类车辆上道路行驶时,应按规定放置放大的号牌号码板
7	车辆外观形状	外部照明灯具的透光面均应齐全,对称设置、功能相同的外部照明灯具的透光面颜色不应有明显差异。机动车配备的后视镜和下视镜应完好。前风窗玻璃及风窗以外玻璃用于驾驶人视区部位的可见光透射比应大于或等于70%;校车,2012年9月1日起出厂的公路客车、旅游客车,2018年1月1日起出厂的设有乘客站立区的客车以及发动机中置且宽高比小于或等于0.9的乘用车,所有车窗玻璃可见光透射比均应大于50%;2012年9月1日前出厂的公路客车和旅游客车,侧窗玻璃的可见光透射比若小于50%,不应视为不符合标准规定。所有车窗玻璃应完好且未粘贴镜面反光遮阳膜;校车、公路客车、旅游客车、设有乘客站立区的客车以及发动机中置且宽高比小于或等于0.9的乘用车,车窗玻璃不应张贴有不透明和带任何镜面反光材料之色纸或隔热纸(客车车窗玻璃上张贴的符合规定的客车用安全标志和信息符号除外) 车辆上装备的商标、厂标等整车标志应与车辆品牌/型号相适应 仓栅式货车/挂车的顶部应安装有与侧面栅栏固定的、不能拆卸和调整的顶篷杆,且2018年1月1日起出厂的仓栅式货车/挂车顶篷杆间的纵向距离应小于或等于500mm;车辆运输挂车(包括中置轴挂车、半挂车)的后部不应设置有可能用于载运车辆的可伸缩的结构

(续)

序号	项 目	合格要求
7	车辆外观形状	注册登记查验时，对实行《公告》管理的国产机动车，实车外观形状应与《公告》的机动车照片一致，但装有《公告》允许选装部件的以及乘用车在不改变车辆长度、宽度和车身主体结构且保证安全的情况下加装车顶行李架、出入口踏步件、换装散热器面罩和/或保险杠、更换轮毂等情形的除外；客车、旅居车、专项作业车乘坐区的两侧应设置车窗；2012年9月1日起出厂的厢式货车和封闭式货车，驾驶室（区）两旁应设置车窗，货箱部位不应设置车窗［但驾驶室（区）内用于观察货物状态的观察窗除外］；专用客车、专项作业车的乘坐区与作业区重合的部分，可只在一侧设置车窗，防弹运钞车押运员乘坐区的两侧可不设置车窗。其他情况下，实车外观形状应与《机动车行驶证》上机动车标准照片记载的车辆外观形状一致（目视不应有明显区别），但装有允许自行加装部件的以及乘用车对车身外部进行了加装/改装但未改变车辆长度、宽度和车身主体结构的除外；机动车标准相片如悬挂有机动车号牌，其号牌号码和类型应与《机动车行驶证》记载的内容一致 乘用车出厂后对车身外部进行上述加装/改装但未改变车辆长度、宽度和车身主体结构、加装车顶行李架后车辆高度增加值小于或等于300mm且未发现因加装/改装导致不符合GB 7258情形的，告知机动车所有人或申请人（或被委托的经办人）应定期对车辆按规定进行检查及维护保养、保证加装/改装后车辆的使用安全，车辆外观形状发生变化的还应申请换发行驶证，记录相关情况后视为合格 乘用车加装车顶行李架后，车辆高度增加值应小于或等于300mm。测量车辆长度、宽度时，按照GB 1589—2016规定不应计入测量范围的装置、部件应除外 注1：查验员可以通过采集机动车标准照片信息核对机动车标准照片 注2：国产车《公告》存在多个尺寸参数时，照片可以只反映其中一种尺寸参数
8	轮胎完好情况	轮胎胎冠花纹深度应符合GB 7258—2017中9.1.6的要求，轮胎胎面及胎壁应无影响使用的破裂、缺损、异常磨损和割伤，轮胎胎面不应由于局部磨损而暴露出轮胎帘布层。轮胎螺母应完整齐全。公路客车、旅游客车和校车的所有车轮及其他机动车的转向轮不应装用翻新的轮胎 注册登记查验时，轮胎数应与机动车整车出厂合格证明等相关凭证记载的数据一致；其他情况下，轮胎数应与《机动车行驶证》上机动车标准照片记载的轮胎数一致
9	三角警告牌/反光背心	汽车（无驾驶室的三轮汽车除外）应配备1个机动车用三角警告牌，属于2018年1月1日以后的还应配备1件反光背心；三角警告牌及反光背心式样及尺寸应符合相关规定 非注册登记查验时，乘用车未按规定配备机动车用三角警告牌和/或反光背心的，告知机动车所有人或申请人（或被委托的经办人）道路交通安全法律法规和技术标准相关规定和使用要求，记录相关情况后视为合格
10	座椅数量及汽车安全带	汽车装备的乘员座椅数量应与机动车整车出厂合格证明等凭证、技术资料记载的信息一致。汽车装备的汽车安全带应齐全且所有安全带均应能正常使用；汽车安全带的固定点应合理，不应导致安全带卷带跨越其他乘客的上下车通道（乘客的上下车通道不包括停车时需临时移动、折叠座椅以便其他乘客上下车的情形）。卧铺客车每一个铺位均应安装两点式汽车安全带 注册登记查验时，2018年1月1日前出厂的乘用车、公路客车、旅游客车、未设置乘客站立区的公共汽车、旅居车的所有座椅，其他汽车（低速汽车除外）的驾驶人座椅和前排乘员座椅均应装置汽车安全带；所有驾驶人座椅、前排乘员座椅（货车前排乘员的中间位置及设有乘客站立区的公共汽车除外）、客车位于踏步区的车组人员座椅以及乘用车除第二排及第二排以后的中间位置座椅外的所有座椅，装置的汽车安全带均应为三点式（或四点式）安全带；2018年1月1日起出厂的乘用车、旅居车、未设置乘客站立区的客车、货车（三轮汽车除外）、专项作业车的所有座椅，以及设有乘客站立区的客车的驾驶人座椅和前排乘员座椅均应装备汽车安全带；除三轮汽车外，所有驾驶人座椅、乘用车的所有乘员座椅（设计和制造上具有行动不便乘客乘坐设施的乘用车设置的后向座椅除外）、总质量小于或等于3500kg的其他汽车的所有外侧座椅、其他汽车（设有乘客站立区的客车除外）的前排外侧乘员座椅，装备的汽车安全带均应为三点式（或全背带式）汽车安全带 按照GB 7258—2017的4.4.2.4不核定乘坐人数的座椅，以及其他仅在机动车停止状态下供人员乘坐的座椅不属于乘员座椅，但这些座椅不应装备汽车安全带，且汽车产品使用说明书对这些座椅的设计和制造用途、使用安全事项等应予以说明

(续)

序号	项　　目	合格要求
11	车辆外廓尺寸	汽车及汽车列车、挂车的实际外廓尺寸不应超出 GB 1589 规定的限值，摩托车的实际外廓尺寸不应超出 GB 7258—2017 中表 2 规定的限值 注册登记查验时，车辆的长、宽、高应与机动车整车出厂合格证明等相关凭证上记载的数值相符，属于工信部联产业〔2014〕453 号文件规定的小微型面包车的车长应小于或等于 4500mm、车宽应小于或等于 1680mm；其他情况下，应与《机动车行驶证》上记载的数值相符。外廓尺寸参数公差允许范围，注册登记查验时对汽车（三轮汽车除外）、挂车为 ±1% 或 ±50mm，对其他机动车为 ±3% 或 ±50mm。其他情况查验时，对汽车（低速汽车除外）、挂车为 ±2% 或 ±100mm，对其他机动车为 ±3% 或 ±100mm；2014 年 12 月 1 日之前注册登记的挂车，外廓尺寸参数公差为 ±3% 或 ±100mm 的，不应视为不符合要求 测量外廓尺寸参数时，应考虑允许自行加装的部件及变更使用性质拆除标志灯具对测量结果的影响。判定车辆外廓尺寸参数是否在公差允许范围内时，应考虑测量误差 发现安全技术检验合格证明（或测试报告）记载的测试结果与实车外廓尺寸等参数明显不一致的，不予采信测试结果，按规定予以处罚并通报相关行业主管部门 注：GB 1589—2016 规定了测量车辆长、宽、高时不计入测量范围的部件
12	整备质量	对所有货车、货车底盘改装的专项作业车和总质量大于 750kg 的挂车，以及带驾驶室的正三轮摩托车，比对机动车安全技术检验合格证明或其他具备资质的机构出具的测试报告上记载的测试结果，实车整备质量与《公告》、机动车整车出厂合格证明等凭证、技术资料记载的整备质量的误差应符合管理规定（注册登记查验时按 GB 21861 规定执行）；误差符合管理规定且总质量也符合 GB 1589 的，按照相关凭证、技术资料核定载质量 判定整备质量误差是否符合管理规定时，应考虑测量误差。辖区内转移登记查验时，确认车辆无非法改装情形且最近一次安全技术检验的轴荷等相关数据正常的，视为合格 发现安全技术检验合格证明（或测试报告）记载的测试结果与实车整备质量明显不一致的，不予采信测试结果，按规定予以处罚并通报相关行业主管部门
13	轴数/轴距	注册登记查验时，轴数、轴距应与《公告》、机动车整车出厂合格证明等相关凭证上记载的数据相符；其他情况下，轴数应与《机动车行驶证》上机动车照片记载的轴数一致 轴距的公差允许范围按车辆外廓尺寸的规定执行
14	轮胎规格	同一轴上的轮胎规格和花纹应相同，轮胎规格应与《公告》、机动车整车出厂合格证明等相关凭证（或资料）记载的内容相符
15	车身反光标识和车辆尾部标志板	货车（多用途货车、基于多用途货车改装的教练车除外）和货车底盘改装的专项作业车、最大设计车速小于或等于 40km/h 的其他汽车、所有挂车（旅居挂车除外）应按照 GB 7258—2017 的 8.4.1、8.4.2 及其他相关规定设置后部车身反光标识和车辆尾部标志板、侧面车身反光标识 反光膜型车身反光标识为红白单元相间的条状反光膜材料，表面应完好、无破损；红白单元每一单元的长度应不小于 150mm 且不大于 450mm，宽度可为 50mm、75mm 或 100mm；白色单元上应加施有符合规定的"3C"标识 后部车身反光标识应能体现机动车后部宽度和高度，其离地高度应不小于 380mm。后部反光膜型车身反光标识与后反射器的面积之和，使用一级车身反光标识材料时应不小于 0.1m²，使用二级车身反光标识材料时应不小于 0.2m² 侧面反光膜型车身反光标识允许分隔粘贴，但应保持红白单元相间；总长度（不含间隔部分）应不小于车长的 50%，但侧面车身结构无连续表面的混凝土搅拌运输车和专项作业车的侧面车身反光标识长度应不小于车长的 30%；三轮汽车的侧面车身反光标识长度不应小于 1200mm，货箱长度不足车长 50% 的载货汽车的侧面车身反光标识长度应为货箱长度 厢式货车和厢式挂车后部、侧面的车身反光标识应能体现货箱轮廓。2012 年 9 月 1 日起出厂的总质量大于 3500kg 的厢式货车（不含封闭货车、侧帘式货车）、厢式挂车（不含侧帘式半挂车）和 2018 年 1 月 1 日起出厂的总质量大于 3500kg 的厢式专项作业车，装备的车身反光标识应为由红白相间的反射器单元组成的反射器型车身反光标识。反射器型车身反光标识的反射器单元应横向水平布置、固定可靠，红白单元相间且数量相当；相邻反射器的边缘距离对后部反射器型车身反光标识不应大于 100mm，对侧面反射器型车身反光标识不应大于 150mm 车辆尾部标志板的形状、尺寸和结构应符合 GB 25990 的规定，部件应不易拆卸，其固定在车辆后部的方式应稳定、持久，例如使用螺钉或者铆合 道路运输爆炸品和剧毒化学品车辆，以及常压罐式危险货物运输车辆，还应在车辆的后部和两侧粘贴能标示车辆轮廓的、宽度为 150mm±20mm 的橙色反光带

(续)

序号	项　目	合　格　要　求
16	侧面及后下部防护	所有总质量大于3500kg的货车（半挂牵引车除外）、货车底盘改装的专项作业车和挂车应按规定装备侧面及后下部防护装置；专用货车和专项作业车受客观原因限制时可不安装后下部防护装置。侧后防护装置应固定可靠，与车架或车体的可靠部位有效连接 　　后下部防护装置的宽度不可大于车辆后轴两侧车轮最外点之间的距离（不包括轮胎的变形量），并且后下部防护装置任一端的最外缘与这一侧车辆后轴车轮最外端的横向水平距离应不大于100mm；后下部防护装置整个宽度上的下边缘离地高度，对于后下部防护装置状态可调整的车辆应不大于450mm，对状态不可调整的车辆应不大于550mm；2020年1月1日起出厂的所有车辆，空载状态下在其全部宽度范围内的后下部防护的下边缘离地高度不应大于500mm。后下部防护装置的横向构件的截面高度（对格构式圆钢结构的后下部防护装置，截面高度为横向布置圆钢的直径之和）应不小于100mm（对于2020年1月1日起出厂总质量大于12000kg的货车及总质量大于10000kg的挂车，应不小于120mm），端部不应有尖锐边缘 　　侧面防护装置的下缘任何一点的离地高度应不大于550mm，前缘和后缘应处在最靠近它的轮胎周向切面之后（前）300mm的范围之内；但全挂车前缘位于500mm的范围之内即可，半挂车前缘与支腿中心横截面距离小于或等于250mm即可，长头货车前缘与驾驶室后壁板件的间隙小于或等于100mm即可 　　罐式危险货物运输车辆的罐体及罐体上的管路和管路附件不得超出侧面及后下部防护装置，罐体后封头及罐体后封头上的管路和管路附件与后下部防护装置内侧在车辆长度方向垂直投影的距离应大于或等于150mm。2020年1月1日起出厂的罐式液体危险货物运输车辆，后下部防护应位于车辆最后端
17	灭火器、摩托车乘员头盔	客车、危险货物运输车辆、2018年1月1日起出厂的旅居车应配备使用状态有效的灭火器，灭火器在车身应安装牢靠并便于使用，其压力表应在不移动灭火器的条件下能观察到压力状态；客车灭火器及其支架不应突入通道、乘客门引道和应急门引道，且不会影响应急门的通过性。客车仅有一个灭火器时，应设置在驾驶人座椅附近；当有多个灭火器时，应在客厢内按前、后，或前、中、后分布，其中一个应靠近驾驶人座椅 　　注册登记查验时，两轮普通摩托车应配备一个摩托车乘员头盔
18	行驶记录、车内外录像监控装置	公路客车、旅游客车、危险货物运输货车，2013年3月1日起注册登记的未设置乘客站立区的公共汽车、半挂牵引车和总质量大于或等于12000kg的货车，2018年1月1日起出厂的设有乘客站立区的客车，2019年1月1日起出厂的其他客车，应安装符合规定的行驶记录仪、具有行驶记录功能的卫星定位装置等行驶记录装置。行驶记录装置及其连接导线在车上应固定可靠。行驶记录装置应能正常显示；如使用行驶记录仪作为行驶记录装置，其显示部分应易于观察、数据接口应便于移动存储介质的插拔。2006年12月1日起出厂汽车安装的汽车行驶记录仪，其主机外表面的易见部位应模压或印有符合规定的"3C"标识 　　卧铺客车、2018年1月1日起出厂的设有乘客站立区的客车，还应安装车内外视频监控录像系统。车内外视频监控录像系统摄像头的配备数量及拍摄方向应符合相关标准和管理规定，无遮挡
19	应急出口/应急锤、乘客门	2012年9月1日起出厂的车长大于7m的客车（乘坐人数小于20的专用客车除外）应设置撤离舱口；2013年9月1日起出厂的设有乘客站立区的客车车身两侧的车窗，若洞口可内接一个面积大于或等于800mm×900mm的矩形时，应设置为推拉式或外推式应急窗；若洞口可内接一个面积大于或等于500mm×700mm的矩形时，应设置为击碎玻璃式的应急窗，并在附近配置应急锤或具有自动破窗功能；2014年9月1日起出厂的车长大于或等于6m的客车（乘坐人数小于20的专用客车除外），如车身右侧仅有一个乘客门且在车身左侧未设置驾驶人门，应在车身左侧或后部设置应急门 　　2019年1月1日起出厂的公路客车、旅游客车和未设置乘客站立区的公共汽车，车长大于9m时车身左右两侧应至少各配置2个外推式应急窗并在车身左侧设置1个应急门，车长大于7m且小于或等于9m时车身左右两侧应至少各配置1个外推式应急窗；外推式应急窗玻璃的上方中部或右角应标记有击破点标记，邻近处应配置应急锤。2019年1月1日起出厂的其他车长大于9m的未设置乘客站立区的客车，车身左右两侧至少各有2个击碎玻璃式的应急窗（车身两侧击碎玻璃式的应急窗总数小于或等于4个时为所有击碎玻璃式的应急窗）具有自动破窗功能的，应视为满足要求

(续)

序号	项　目	合格要求
19	应急出口/应急锤、乘客门	使用应急窗时，应采用易于迅速从车内、外开启的装置；或采用自动破窗装置；或在车窗玻璃上方中部或右角标记有直径不小于50mm的圆心击破点标志，并在每个应急窗的邻近处提供一个应急锤以方便地击碎车窗玻璃，且应急锤取下时应能通过声响信号实现报警。应急门应有锁止机构且锁止可靠，当车辆停止时不用工具即能从车内外方便地打开，并设有车门开启声响报警装置。安全顶窗应易于从车内、外开启或移开或用应急锤击碎 每个应急出口（包括应急门、应急窗和撤离舱口）应在其附近设有"安全出口"或"应急出口"字样，字体高度应大于或等于40mm 2012年9月1日起出厂的车长大于9m的公路客车、旅游客车，以及2018年1月1日起出厂的车长大于9m的其他未设置乘客站立区的客车（专用校车及乘坐人数小于20的其他专用客车除外）应设置两个乘客门 乘客门和应急出口的应急控制器应在其附近标有清晰的符号或字样并注明其操作方法，字体高度应不小于10mm 客车除驾驶员门和应急门外，不应在车身左侧开设车门，但在沿道路中央车道设置的公共汽车专用道上运营使用的公共汽车除外。客车采用动力开启的乘客门，其车门应急控制器应能临近车门的乘客容易看见并清楚识别，并应有醒目的标志和使用方法。公共汽车和2013年3月1日起出厂的车长大于或等于6m的其他客车，还应在驾驶员座位附近驾驶员易于操作部位设置乘客门应急开关
20	外部标识/文字、喷涂	所有货车（多用途货车、货车类教练车除外）和专项作业车（消防车除外）均应在驾驶室（区）两侧喷涂总质量（半挂牵引车为最大允许牵引质量）；其中，栏板货车和自卸车还应在驾驶室两侧喷涂栏板高度，罐式汽车和罐式挂车（罐式危险货物运输车辆除外）还应在罐体两侧喷涂罐体容积及允许装运货物的种类。栏板挂车应在车厢两侧喷涂栏板高度。2018年1月1日起出厂的冷藏车，还应在外部两侧易见部位上喷涂或粘贴明显的"冷藏车"字样。喷涂的中文及阿拉伯数字应清晰，高度应大于或等于80mm 所有客车（警车、专用校车和设有乘客站立区的客车除外）及2018年1月1日起出厂的发动机中置且宽高比小于或等于0.9的乘用车应在乘客门附近车身外部易见位置，用高度大于或等于100mm的中文及阿拉伯数字标明该车提供给乘员（包括驾驶人）的座位数 危险货物运输车辆应装置符合GB 13392规定的标志（包括标志灯和标志牌）及规定的矩形安全标示牌。2018年1月1日起出厂的罐式危险货物运输车辆，其罐体或与罐体焊接的支座的右侧应有金属的罐体铭牌，罐体铭牌应标注唯一性编码、罐体设计代码、罐体容积等信息；2018年1月1日前出厂的罐式危险货物运输车辆，其罐体两侧上应喷涂罐体容积和允许装运货物的名称，且喷涂的罐体容积和允许装载货物的名称应与《公告》及机动车整车出厂合格证明一致 2018年1月1日起出厂的最大设计车速小于70km/h的汽车（低速汽车、设有乘客站立区的客车除外）应在车身后部喷涂/粘贴表示最大设计车速（单位：km/h）的阿拉伯数字；阿拉伯数字的高度应大于或等于200mm，外围应用尺寸相匹配的红色圆圈包围 燃气汽车（包括气体燃料汽车、两用燃料汽车和双燃料汽车）应按规定在车辆前端和后端醒目位置分别设置标注其使用的气体燃料类型的识别标志，标志图形为有边框的菱形，在方框中分别居中匀称地布置有大写印刷体英文字母"CNG"（压缩天然气汽车）、"LNG"（液化天然气汽车）、"ANG"（吸附天然气汽车）、"LPG"（液化石油气汽车） 教练车应在车身两侧及后部喷涂高度大于或等于100mm的"教练车"等字样 残疾人专用汽车应在车身前部和后部分别设置残疾人机动车专用标志
21	外观制式、标志灯具、电子警报器	警车外观制式应符合GA 524、GA 923和GA 525等公共安全行业标准的规定；消防车车身颜色应符合相关标准的规定；救护车车身颜色主体应为白色，左、右侧及车后正中应喷涂符合规定的图案；工程救险车车身颜色应为中黄色，车身两侧应喷"工程救险"字样；其他机动车不允许喷涂上述车辆专用的或与其类似的标志图案 警车、消防车、救护车和工程救险车应安装符合规定的标志灯具和车用电子警报器，标志灯具和警报器应固定可靠；其他车辆不允许安装上述车辆专用的标志灯具和警报器

(续)

序号	项　目	合格要求
22	安全技术检验合格证明	安全技术检验合格证明应由本市行政辖区内具备资质的机动车安全技术检验机构出具，其内容应包括人工检验项目（车辆外观检查、底盘动态检验和车辆底盘检查等）的检查结果、仪器设备检验项目（制动、远光发光强度等）的检验结果（无法进行仪器设备检验的除外）、路试数据和判定结果（如进行）及整车检验结论，且所有检验项目及整车检验结论均应为合格 在用车更换发动机进行安全技术检验时，安全技术检验合格证明上应记载有更换后的发动机型号和出厂编号 机动车安全技术检验机构与车辆管理所已联网且车辆管理所通过机动车安全技术检验监管系统自动比对上述项目和数据的，查验员可不核对安全技术检验合格证明
23	校车	校车应按照 GB 24407—2012 及其他相关规定配备校车标志灯、停车指示标志，配备具有行驶记录功能的卫星定位装置、应急锤、干粉灭火器、急救箱等安全设备，设置照管人员座椅（座位） 专用校车应喷涂粘贴符合 GB 24315 规定的专用校车车身外观标识，每一个座椅（包括驾驶人座椅、照管人员座椅和学生座椅）均应安装汽车安全带，照管人员座椅的数量和位置应符合 GB 24407—2012 的 5.10.5.1.2.1 规定，每一个照管人员座椅均应有明显标识。2013 年 5 月 1 日起出厂的所有专用校车，还应安装车内外录像监控系统和辅助倒车装置 非专用校车如喷涂粘贴有专用校车车身外观标识，车身外观标识应符合 GB 24315 关于专用校车车身外观标识的规定，每一个学生座椅应安装汽车安全带
24	安全装置	限速功能或限速装置：2012 年 9 月 1 日起出厂的公路客车、旅游客车、危险货物运输货车和车长大于 9m 的未设置乘客站立区的公共汽车，2018 年 1 月 1 日起出厂的车长大于 9m 的其他客车，2019 年 1 月 1 日起出厂的车长大于或等于 6m 的旅居车，应具有限速功能，否则应配备限速装置。限速功能或限速装置调定的最大车速对公路客车、旅游客车和车长大于 9m 的其他客车、车长大于或等于 6m 的旅居车不应大于 100km/h，对危险货物运输货车不应大于 80km/h。2013 年 5 月 1 日起出厂的专用校车应安装限速装置，且限速装置调定的最大车速不应大于 80km/h 辅助制动装置：2013 年 5 月 1 日起出厂的车长大于 8m 的专用校车，2012 年 9 月 1 日起出厂的车长大于 9m 的其他客车、总质量大于或等于 12000kg 的货车、总质量大于 3500kg 的危险货物运输货车，以及 2014 年 9 月 1 日起出厂的总质量大于或等于 12000kg 的专项作业车，应装备缓速器或其他辅助制动装置 盘式制动器：2013 年 5 月 1 日起出厂的专用校车，2012 年 9 月 1 日起出厂的车长大于 9m 的其他客车（未设置乘客站立区的公共汽车除外）和所有危险货物运输货车，以及 2013 年 9 月 1 日起出厂的车长大于 9m 的未设置乘客站立区的公共汽车，其前轮应装备盘式制动器。2019 年 1 月 1 日起出厂的危险货物运输半挂车及 2020 年 1 月 1 日起出厂的三轴栏板式和仓栅式半挂车，其所有车轮均应装备盘式制动器 防抱死制动装置：半挂牵引车，总质量大于 10000kg 的挂车，专用校车，车长大于 9m 的公路客车和旅游客车，2012 年 9 月 1 日起出厂的所有危险货物运输货车和 2013 年 9 月 1 日起出厂的车长大于 9m 的未设置乘客站立区的公共汽车，2014 年 9 月 1 日起出厂的总质量大于或等于 12000kg 的货车和专项作业车（五轴及五轴以上专项作业车除外），2015 年 7 月 1 日起出厂的发动机中置乘用车，2018 年 1 月 1 日起出厂的其他客车、乘用车、总质量大于 3500kg 且小于 12000kg 的货车和专项作业车、总质量大于 3500kg 且小于或等于 10000kg 的挂车，以及 2019 年 1 月 1 日起出厂的总质量小于或等于 3500kg 的货车和专项作业车，均应安装符合规定的防抱死制动装置，且防抱死制动装置的自检功能应正常 发动机舱自动灭火装置（不适用于纯电动客车、燃料电池客车）：2013 年 5 月 1 日起出厂的专用校车，2013 年 3 月 1 日起出厂的发动机后置的客车，2018 年 1 月 1 日起出厂的其他客车（对发动机前置且位于前风窗玻璃之后的 B 级客车为 2019 年 1 月 1 日起出厂），应装备发动机舱自动灭火装置 注：B 级客车是指可载乘员数（不包括驾驶人）不多于 22 人且不允许乘员站立的客车
25	残疾人专用汽车的操纵辅助装置	应根据驾驶人的残疾类型，在采用自动变速器的乘用车上，加装相应类型的、符合相关规定的驾驶操纵辅助装置 汽车加装操纵辅助装置应到正规车辆生产、销售、维修企业进行，并由加装企业出具加装合格证明。驾驶操纵辅助装置加装后，不应改变原车结构的完整性和安全性及影响原车操纵件的电器功能、机械性能，且不应使驾驶人驾驶时受到视野内产品部件的反光眩目 加装的驾驶操纵辅助装置安装应牢固可靠，位置应适宜操纵，且不应与车辆的其他操纵指示系统冲突或妨碍车辆其他操纵指示系统的操作。加装的驾驶操纵辅助装置的各部件应完好有效，表面不应有影响使用的凹凸、划伤、返锈等，在接触人体的表面部位不得有毛刺、刃口、棱角或其他有害的缺陷 驾驶操纵辅助装置的产品型号和产品编号应与加装合格证明或《机动车行驶证》上记载的产品型号和产品编号相符

(续)

序号	项 目	合 格 要 求
26	新能源汽车	对国产汽车，其《公告》应标明是否属于新能源汽车及种类。对进口汽车，其车型应在海关总署进口新能源汽车目录范围内；对2016年12月1日起进口的新能源汽车，其《进口机动车辆随车检验单》的"检验情况"栏应标明是否属于新能源汽车 　　插电式混合动力汽车、纯电动汽车（换电式除外）应具有外接充电接口
27	进口机动车	外部照明和信号装置：转向灯的光色应为琥珀色，后雾灯的光色应为红色。汽车、挂车后雾灯的安装位置应符合 GB 4785—2007 的要求，只有当远光灯、近光灯或前雾灯打开时后雾灯才能打开，且后雾灯可独立于任何其他灯而关闭。所有电器导线（不包括正常查验时无法观察到的情形）均应捆扎成束、布置整齐、固定卡紧、接头牢固并在接头处装设绝缘套，在导线穿越孔洞时应装设阻燃耐磨绝缘套管 　　车速表指示：车速表可为指针式或者数字式显示，其中一项速度单位有"km/h"表示的，视为满足要求 　　排气管指向：汽车发动机的排气管口不得指向车身右侧（如受结构限制排气管口只能偏向右侧时，排气管口中心线与机动车纵向中心线的夹角应小于或等于15°）；且对2020年1月1日起新出厂的汽车，若排气管口朝下则其气流方向与水平面的夹角应小于或等于45° 　　中文警示性文字：机动车标注的（正常查验时能观察到的）警告性文字均应有中文。如有英文"warning"等明确属于警告提示内容的均应有相关中文说明，但如无相应文字，或已经用图形表示警告内容，视为满足要求

3. 变更登记和变更备案及其他特殊情况处理和检验监督要求等

本文略，详见该标准原文。

本章小结与启示

　　对于商用车从业者来说，学习掌握商用车基础知识，包括相关法规和标准的学习，可以大大提高自身专业性，增强岗位信心，有利于以专业性赢得客户的信任，提高与客户交流、谈判的成功率。

本章学习测试及问题思考

（一）判断题

（　　）1. 重型载货汽车的总质量≥12000kg。
（　　）2. 轻型载货汽车的载质量<4500kg。
（　　）3. 微型载货汽车的载质量≤750kg。
（　　）4. 大型客车是指车长≥6m 或乘坐人数≥20人。
（　　）5. 6×4 的货车，是三轴车，4 个驱动轮。
（　　）6. BJ3250DLPJB 表示欧曼牌自卸汽车，总质量为25t。
（　　）7. BJ6900U6LGB 表示欧曼牌客车，总长度为9.0m，末位0表示该车型为基本型。
（　　）8. 车辆识别代号（VIN）是由数字和字母组成的17位代码。
（　　）9. 车辆识别代号（VIN）第10位代表该车辆的生产年份，30年不会重码。
（　　）10. 汽车及列车的比功率值，不允许小于5.0kW/t。
（　　）11. 冷藏车宽度最大限值为2600mm。
（　　）12. 二轴货车的总长度允许最大值为10m。
（　　）13. 普通货车的高度不允许超过4m。

（二）问答题

1. 公安管理部门车辆管理中的载货汽车是指哪些车辆类型？
2. 解释 12×4　⊙　●●　⊙⊙⊙挂，是怎样的车辆产品组合设计？适用于怎样的工况？
3. 简述车辆公告的作用是什么？公告中有哪些主要内容？
4. 车辆识别代号（VIN）中表示年份的是哪一位？都由那些数字和字母组成？
5. 结合自己的岗位需要，学习相关法规和标准。

第二章 国六排放标准与关键技术

学习要点

1. 了解商用车国六排放的指标要求,及与国五排放标准的区别。
2. 掌握国六排放的实施时间,以调整库存和产品组合。
3. 了解国六产品加价的原因,为产品介绍打下基础。

第一节 汽车尾气的主要成分及危害

一、实施国六排放标准的背景

随着中国经济的高速发展,家庭和物流业对汽车的需求日益增大,随之而来的是汽车尾气排放造成大气污染,温室效应日益严重。因此,减少有害气体的排放、保护环境、提高人民的健康水平就成为社会更为关注的问题,政府为了满足这种诉求,就会出台更严格的排放法规。

目前,世界汽车排放标准并立,分为欧洲、美国、日本标准体系。欧洲标准测试要求相对而言比较宽泛,是发展中国家大都沿用的汽车尾气排放体系,中国的排放是参照欧洲标准,只是检测方法上不同。

二、主要成分及对人体的危害

1. 主要成分

1)汽车排放的二氧化碳(CO_2)、硫化物SO_x(SO 和 SO_2)、氮氧化物NO_x(NO 和 NO_2)、氟氯烃等使温室效应、臭氧层破坏和酸雨等大气环境问题变得更为严重。

2)汽车排出的 CO、NO_x、SO_x、未燃碳的氢化合物 HC、颗粒物 PM 和臭味气体等污染空气,对人类和动、植物危害甚大。

2. 汽车排放污染物对人体的伤害

(1)伤肺 氮氧化物在内燃机气缸内生成,排放量取决于燃烧温度、时间等因素。它不仅会引起呼吸道感染,导致肺功能下降,还会引起慢性支气管炎、肺结核、哮喘、神经衰弱等疾病。儿童短时间

[一] 本章由赵旭日、刘春迎编写。

接触后，可造成咳嗽、喉痛等。

（2）致癌　汽车尾气中含有200多种碳氢化合物，目前已被科学证明的有9种致癌物，一般低浓度时看不出直接影响，当浓度超标时，会使人发生中毒症状。

（3）伤心　机动车所排放的颗粒物中，90%以上是致癌物，颗粒越小，危害越大。除了会导致肺气肿等慢性肺病外，德国环境与健康中心的研究还发现，细小颗粒物会影响心脏搏动，诱发心肌梗塞。颗粒物小于 $11\mu m$ 时对人体器官的危害见图2-1。

（4）伤脑　尾气的一氧化碳是一种看不见又闻不着的毒气。在一个封闭或通风情况不好的空间内，不断吸入它，会导致人体组织缺氧，轻者使人头疼、昏眩、反应迟钝，重者使人神经机能下降。

（5）致中毒　汽油中含有高浓度硫化物，在焚烧过程中，还会产生氮氧化物和二氧化硫等物质。而硫化物大都具有一定毒性，达到一定浓度后，会致人中毒甚至死亡。

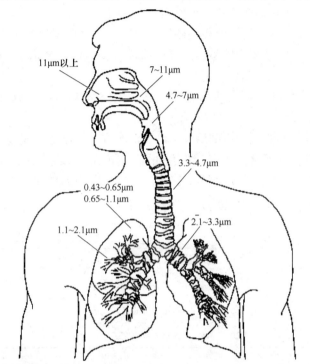

图2-1　颗粒物小于 $11\mu m$ 时对人体器官的危害

第二节　全球主要汽车排放标准

目前，世界上三个主流的排放标准限值（美国、日本、欧洲）现渐趋统一，中国（除香港特别行政区和台湾地区外）采用的排放标准与欧洲排放标准基本上趋同，只是实施时间上滞后了不少。为了改善大气环境质量，我国在实施排放法规方面逐渐向国际主导的排放标准限值靠拢。

从全球范围来看，各地区所采用的车辆排放标准体系主要有以下三种。

1）欧洲标准体系。其要求相对而言比较宽泛，是发展中国家大都沿用的汽车尾气排放标准。中国的汽车排放标准参照欧洲标准，但检测方法不同。

2）美国标准体系。

3）日本标准体系。

一、美国的汽车排放标准

控制汽车排放污染物的法规最早是由美国加利福尼亚州洛杉矶地区提出的。洛杉矶的特点，一是面积大、汽车多，二是该地区地形是一个四面环山的盆地，污染的大气不容易散去，曾经是美国大气污染最严重的区域之一。

自美国加利福尼亚州空气资源委员会从20世纪50年代开始，为限制汽车废气对环境的污染制订并公布了有关的法规以来，已历时60余载，其制订的标准除在美国贯彻执行外，通常还被全世界的法规制订者采用。以下是美国汽车排放法规的历史进程：

1）1959年加利福尼亚州（以下简称加州）通过法律规定车辆排放控制和大气质量标准。
2）1965年增补后的清洁空气法纳入了汽车排放标准。
3）1966年加州首次制订了有关碳氢化合物和一氧化碳的尾气标准。
4）1967年联邦法律允许加州执行自订的排放标准。
5）1970年美国环保署成立，清洁空气法增补有关一氧化碳、碳氢化合物和氮氧化物的标准。
6）1971年美国环保署为主要污染物制定国家环境大气质量标准。
7）1977年清洁空气法增补更严格的氮氧化物标准，该标准1988年起执行。
8）1980年汽车制造商开始使用三元催化器，它能同时控制碳氢化合物、一氧化碳和氮氧化物。
9）1990年加州提出低排放和零排放车辆的要求，联邦清洁空气法进一步修改，要求1994年达到一级标准，2004年达到二级标准。
10）1998年汽车制造商同意在1999年先在美国东北部自愿制造低排放车辆，在2001年扩大到49个州。
11）1999年美国环保署提出二级法规。

纵观美国1955～1999年40余载汽车排放控制法规制定的历程。可见汽车排放控制的法规制定确实是个不断推进的过程。它不能一劳永逸，即使像美国这样汽车产业发达的国家也仍在不断地完善和改进。

美国环保局（Environmental Protection Agency，EPA）发布的轻型汽车排放法规到现在为止只有3个阶段，即Tier1、Tier2和Tier3，见表2-1。

表2-1　美国轻型汽车排放法规的三个阶段

排放标准	发布时间	实施时间
Tier1	1991年6月5日	1994年至1997年分阶段逐步实施
Tier2	1999年12月21日	2004年至2009年分阶段逐步实施
Tier3	2014年3月3日	2017年至2025年分阶段实施

二、中外不同阶段排放标准实施时间表比较

中国的汽车排放标准主要参考欧洲排放标准（简称欧标），但是两者并不相同。欧标是欧共体成员国通行的标准，欧标具体的排放标准及实施时间见表2-2。

表2-2　欧洲排放标准及实施时间表

标准等级	开始实施日期	CO/(g/kW·h)	HC/(g/kW·h)	NO_x/(g/kW·h)	PM/(g/kW·h)	烟雾/(1/m)
欧Ⅰ	1992年，<85kW	4.5	1.1	8.0	0.612	无标准
	1992年，>85kW	4.5	1.1	8.0	0.36	无标准
欧Ⅱ	1996年10月	4.0	1.1	7.0	0.25	无标准
	1998年10月	4.0	1.1	7.0	0.15	无标准
欧Ⅲ	1999年10月（EEV）	1.0	0.25	2.0	0.02	0.15
	2000年10月	2.1	0.66	5.0	0.1	0.8
欧Ⅳ	2005年10月	1.5	0.46	3.5	0.02	0.5
欧Ⅴ	2008年10月	1.5	0.46	2.0	0.02	0.5
欧Ⅵ	2013年1月	1.5	0.13	0.5	0.01	—

与国外先进国家相比,我国汽车排放法规起步较晚,从20世纪80年代初期开始采取了先易后难分阶段实施的具体方案,至今已经历了四个重要阶段。

(1) 第一阶段:排放标准的从无到有 1983年,我国颁布了第一批机动车尾气污染控制排放标准,这一批标准的制定和实施,标志着我国汽车尾气法规从无到有,并逐步走向法制治理汽车尾气污染的道路。在这批标准中,包括了《汽油车怠速污染排放标准》《柴油车自由加速烟度排放标准》《汽车柴油机全负荷烟度排放标准》三个限值标准和《汽油车怠速污染物测量方法》《柴油车自由加速烟度测量方法》《汽车柴油机全负荷烟度测量方法》三个测量方法标准。

(2) 第二阶段:排放标准逐步形成体系 1983年,我国颁布第一批机动车尾气污染控制排放标准的基础上,我国在1989年至1993年又相继颁布了《轻型汽车排气污染物排放标准》《车用汽油机排气污染物排放标准》二个限值标准和《轻型汽车排气污染物测量方法》《车用汽油机排气污染物测量方法》二个工况法测量方法标准,至此,我国已形成了一套较为完态的汽车尾气排放标准体系;值得一提的是,我国1993年颁布的《轻型汽车排气污染物测量方法》采用了ECE R15—04的测量方法,而测量限值《轻型汽车排气污染物排放标准》则采用了ECE R15—03限值标准,该限值标准只相当于欧洲20世纪70年代来的水平(欧洲在1979年实施ECE R15—03标准)。

(3) 第三阶段:地方标准引领排放标准升级 以北京市DB 11/105—1998《轻型汽车排气污染物排放标准》的出台和实施,拉开了我国新一轮尾气排放法规制订和实施的序曲,从1999年起北京实施DB 11/105—1998地方法规,2000年起全国实施GB 14761—1999《汽车排放污染物限值及测试方法》(等效于91/441/1EEC标准),同时《压燃式发动机和装用压燃式发动机的车辆排气污染物限值及测试方法》也出台;与此同时,北京、上海、福建等省市还参照ISO 3929中双怠速排放测量方法分别制定了《汽油车双怠速污染物排放标准》地方法规,这一条例标准的制定和出台,使我国汽车尾气排放标准达到国外20世纪90年代初的水平。在我国新车常用的欧Ⅰ和欧Ⅱ标准等术语,是指当年EEC颁发的排放指令。例如适用于重型柴油车(质量大于3.5t)的指令"EEC88/77"分为两个阶段实施,阶段A(即欧Ⅰ)适用于1993年10月以后注册的车辆;阶段B(即欧Ⅱ)适用于1995年10月以后注册的车辆。

(4) 第四阶段:排放标准的国际化 总体而言,我国汽车排放标准的国际化发展相对比较晚,比欧洲晚了9年才开始进入国一排放标准实施阶段,在2001年才在全国范围内开始执行国一标准。即便我国接下来以三年一周期的速度推出新级别法规,我国仍处于落后状态。在日益严重的环境、空气污染下,我国在2018年1月刚实施国五标准的情况下,又立马把国六摆上了议程,以北京等为代表的城市在2019年率先开始实施国六标准,而在2021年将全面实施国六排放标准。中国汽车污染物排放标准实施时间表,见图2-2。

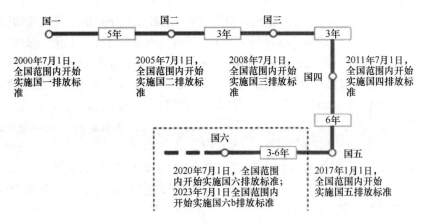

a) 中国汽车污染物排放标准(国一~国六)实施时间表

图2-2 中国汽车污染物排放标准实施时间表

b) 全国范围国六实施时间表

图 2-2　中国汽车污染物排放标准实施时间表（续）

第三节　国六汽车排放标准介绍

一、国六标准概述

1. 国六排放标准发布实施背景

国六机动车排放标准的全称是国家第六阶段机动车污染物排放标准，是指为贯彻《中华人民共和国环境保护法》《中华人民共和国大气污染防治法》，防治压燃式及气体燃料点燃式发动机汽车排气对环境的污染，保护生态环境，保障人体健康而制定的标准。目前包括的标准有《轻型汽车污染物排放限值及测量方法（中国第六阶段）》和《重型柴油车污染物排放限值及测量方法（中国第六阶段）》2 部分。前者主要针对总质量小于等于 3.5t 车型，后者则针对总质量 3.5t 以上车型。

国六排放限值要求同样分为两部分：国六 a 和国六 b。前者相当于目前正在实施的欧Ⅵ C，被视为国五到国六 b 的过渡；后者相当于 2020 年实施的欧Ⅵ D，接近"欧Ⅶ"水平。之所以采用两个标准，主要是考虑到中国商用车市场的实际，增加过渡期，不搞"一刀切"，让不同地区根据自身情况分步升级。

2016 年 12 月 23 日，环境保护部、国家质检总局发布《轻型汽车污染物排放限值及测量方法（中国第六阶段）》（GB 18352.6—2016 代替 GB 18352.5—2013）。该标准自发布之日起生效，即自发布之日起，可依据该标准进行新车型式检验。自 2020 年 7 月 1 日起，所有销售和注册登记的轻型汽车应符合该标准要求。

自 2020 年 7 月 1 日起，该标准替代《轻型汽车污染物排放限值及测量方法（中国第五阶段）》（GB 18352.5—2013）。但在 2025 年 7 月 1 日前，第五阶段轻型汽车的"在用符合性检查"仍执行 GB 18352.5—2013 的相关要求。

《重型柴油车污染物排放限值及测量方法（中国第六阶段）》（GB 17691—2018），该标准自 2019 年 7 月 1 日起实施。

① 自 2019 年 7 月 1 日起，所有生产、进口、销售和注册登记的燃气汽车应符合该标准要求。

② 自 2020 年 7 月 1 日起，所有生产、进口、销售和注册登记的城市重型柴油车应符合该标准要求。

③ 自 2021 年 7 月 1 日起，所有生产、进口、销售和注册登记的重型柴油车应符合该标准要求。

2. 国六排放标准限值

（1）轻型车排放限值 GB 18352.6—2016《轻型汽车污染物排放限值及测量方法（中国第六阶段）》中有关 I 型试验排放限值的规定见表 2-3 和表 2-4。

表 2-3　I 型试验排放限值（6a）

车型		测试质量 (TM)/(kg)	CO/(mg/km)	THC/(mg/km)	NMHC/(mg/km)	NO_x/(mg/km)	N_2O/(mg/km)	PM/(mg/km)	PN[①]/(个/km)
第一类车	—	全部	700	100	68	60	20	4.5	6.0×10^{11}
第二类车	I	TM≤1305	700	100	68	60	20	4.5	6.0×10^{11}
	II	1305<TM≤1760	880	130	90	75	25	4.5	6.0×10^{11}
	III	1760<TM	1000	160	108	82	30	4.5	6.0×10^{11}

① 2020 年 7 月 1 日前，汽油车适用 6.0×10^{12} 个/km 的过渡限值。

表 2-4　I 型试验排放限值（6b）

车型		测试质量 (TM)/(kg)	CO/(mg/km)	THC/(mg/km)	NMHC/(mg/km)	NO_x/(mg/km)	N_2O/(mg/km)	PM/(mg/km)	PN[①]/(个/km)
第一类车	—	全部	500	50	35	35	20	3.0	6.0×10^{11}
第二类车	I	TM≤1305	500	50	35	35	20	3.0	6.0×10^{11}
	II	1305<TM≤1760	630	65	45	45	25	3.0	6.0×10^{11}
	III	1760<TM	740	80	55	50	30	3.0	6.0×10^{11}

① 2020 年 7 月 1 日前，汽油车适用 6.0×10^{12} 个/km 的过渡限值。

（2）重型柴油车污染物排放限值参见表 2-5。

表 2-5　重型柴油车污染物排放限值

试验	CO/(z/kW·h)	NMHC/(z/kW·h)	CH_4/(z/kW·h)	NO_x/(z/kW·h)	PM/(z/kW·h)	THC/(z/kW·h)	HN_3/(ppm)	PN/(#/kW·h)
WHSC 工况（CI）	1.5	—	—	0.4	0.01	0.13	10	8.0×10^{11}
WHTC 工况（CI）	4	—	—	0.46	0.01	0.16	10	6.0×10^{11}
WHTC 工况（PI）	4	0.16	0.5	0.46	0.01	—	10	6.0×10^{11}

注：WHSC 工况为稳态试验循环；WHTC 工况为瞬态测试循环。

二、不同排放标准之间的差异

1. 国六与国五排放标准的变化

1）国五阶段汽油车和柴油车排放标准不同；国六阶段相同。

2）国六 a 阶段相比国五阶段，排放限值提高不大，国六 b 阶段比欧洲标准还高。

3）国五阶段没有颗粒数量（PN）限值，国六增加 PN 限值要求，同时加严了排放控制装置耐久性、车载诊断系统（OBD）的相关要求。

4）国六加严了信息公开、生产一致性等监管。

（1）轻型车国六与国五排放标准的变化　国六是国五的升级版，它分为 a、b 两个阶段，其中 a 阶段是过渡阶段，b 阶段是真正落实尾气排放标准阶段。

相比于国五标准，国六 a 排放标准是在国五的基础上小幅度提高，而国六 b 的排放标准则提高了 50% 以上，因为比欧洲第Ⅵ阶段排放标准限值水平还要严格，因此被称为史上最严格的排放标准。

国五标准同欧V标准基本一致。国六b比欧Ⅵ标准还要严格,见表2-6。

表2-6 轻型汽油车国六与欧洲排放限值比较

汽油车排放	欧洲		中国	
	欧V	欧Ⅵ	国六a	国六b
CO/(mg/km)	1000	1000	700	500
NMHC[①]/(mg/km)	68	68	68	35
NO_x/(mg/km)	60	60	60	35
PM/(mg/km)	5	4.5	4.5	3
PN/(个/km)	—	—	$6×10^{11}$	$6×10^{11}$

① NMHC—非甲烷烃。

轻型汽油车排放标准的其他相关知识,可网上查阅相关文献进行了解。

(2)重型柴油车污染物排放限值 国六标准主要是降低的NO_x、PM排放,国六标准的尾气污染物排放限值与我国目前执行的国五阶段标准尾气污染物标准相比,变化如下:CO排放限值不变、NMHC限值下降71%、CH_4限值下降55%、NO_x排放下降77%、增加颗粒物PM、PN及NH_3排放要求。

非甲烷总烃(NMHC),通常是指除甲烷的所有可挥发的碳氢化合物,又称非甲烷总烃。大气中的NMHC超过一定浓度,除直接对人体健康有害外,在一定条件下经日光照射还能产生光化学烟雾,对环境和人类造成危害。

甲烷(CH_4)是最简单的有机物,是天然气、沼气、坑气等气体的主要成分,俗称瓦斯。

1)国五与国六标准对比,见表2-7。

表2-7 国六与国五标准的污染物限值对比

污染物	THC/(g/km)		CO/(g/km)		NO_x/(g/km)		NMHC/(g/km)		N_2O/(g/km)		PM/(mg/km)		PN/(个/km)	
	汽油	柴油	汽油	柴油	汽油	柴油	汽油	柴油	汽油	柴油	汽油	柴油	汽油	柴油
国五	100	—	1000	500	60	180	68	—	无	无	4.5	4.5	无	$6.0×10^{11}$
国六a	100		700		60		68		20		4.5		$6.0×10^{11}$	
国六b	50		500		35		35		20		3		$6.0×10^{11}$	

2)国六与国五标准的变化,见图2-3。

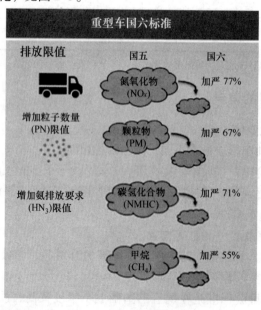

图2-3 国五与国六标准比较

2. 国六 a 与国六 b 的不同点

(1) 轻型车国六 a 与国六 b 的差异，见表 2-6。

(2) 重型柴油车国六 a 与国六 b 的不同点，见表 2-8。

表 2-8　重型柴油车国六 a 与国六 b 的不同点对比

试验项目	技术要求	国六 a 阶段	国六 b 阶段
发动机非循环试验 WNTE[①]	高海拔排放要求	1700m	2400m
发动机及整车 PEMS[②]	PN 要求（1.2×10^{12}）	无	有
	测试载荷范围	50%～100%	10%～100%
	高海拔排放要求	1700m	2400m
整车远程监控车载终端	远程监控车载终端	无	有

① WNTE：发动机台架非标准循环试验。

② PEMS：发动机整车车载法试验。

3. 详细的标准、指标和试验方法

见《重型柴油车污染物排放限值及测量方法（中国第六阶段）》（GB 17691—2018）和《轻型汽车污染物排放限值及测量方法（中国第六阶段）》（GB 18352.6—2016），网上有原文，可自行查阅，这里不再赘述。

知识拓展　　　　　　　　**专业术语解释**

(1) EGR　废气再循环系统。

(2) DOC　DOC 是 Diesel（柴油机）、Oxidation（氧化）、Catalyst（催化器）的英文缩写。

(3) DPF　柴油颗粒过滤器，是安装在柴油车排气系统中，通过过滤来降低排气中颗粒物的装置。

(4) SCR　选择性催化还原系统。

(5) OBD　中文翻译为"车载诊断系统"。

(6) 当量比燃烧　天然气发动机的理论空燃比是 17.2/1，意思是 17.2kg 空气可以将 1kg 天然气完全燃烧掉，理论空燃比也叫当量比，当量比燃烧就是确定一个相对固定的空燃比进行燃烧；同时，因为没有过量的空气，所以也不会产生大量的氮氧化物排放。

(7) 三元催化器　三元催化器是安装在汽车排气系统中最重要的机外净化装置，它可将汽车尾气排出的 CO、HC 和 NO_x 等有害气体通过氧化和还原作用转变为无害的 CO_2、H_2O 和 N_2。由于这种催化器可同时将废气中的三种主要有害物质转化为无害物质，故称三元。

第四节　实现标准的基本原理与技术路线

一、基本原理与技术措施

1. 基本原理

发动机的排放是指发动机在压缩做功过程中产生的有害物质，主要有 CH（碳氢化合物）、NO_x（氮氧化物）、PM（微粒、碳烟）、CO（一氧化碳）为主。这些有害物质的产生主要是燃烧不充分导致的，所以随着排放法规的逐渐严格实施，发动机的喷油压力逐渐提高，达到更好的雾化效果，降低有害气体的产生。但 NO_x 随着温度的升高含量逐渐增加，从 800℃ 逐渐上升，到 900℃ 起骤然升高，与其他排放物是截然相反的，必须要控制发动机的燃烧温度，达到控制 NO_x 产生的效果。

2. 技术措施

1) 措施是通过电控对供油系统更好地管理，在不同工况下提供最合理喷油量、雾化和喷射压力，同时控制进气量和缸内温度达到使缸内燃料燃烧更充分为目的，降低排放污染物。中重型柴油机排放控

制技术措施见图2-4。

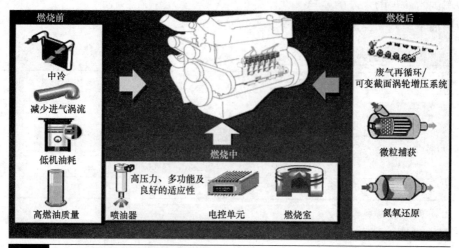

图 2-4 中重型柴油机排放控制技术措施

2）为了满足国六阶段排放与 OBD 要求，系统零部件更多，控制系统更复杂；新增 DOC、DPF、ASC 等催化器，且 SCR 采用了技术更先进的铜基。

二、技术路线

1. 柴油车的技术路线

柴油车的技术路线分为有 EGR 和无 EGR 两种路线。有 EGR 的技术路线，以 EGR + SCR + DOC + DPF 为代表的技术路线最为普遍，因为这个技术路线是国四、国五技术的传承，所以在进入国六时代使用 EGR 是一种较为稳妥的方案。国内采用这个技术路线的主机厂比较多。

1）有 EGR 的技术路线（图 2-5）的优势是后处理系统更加稳定；日常使用中，尿素的使用量明显降低；工作噪声低，使用中有良好的客户体验。

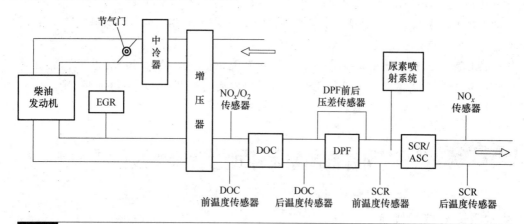

图 2-5 柴油发动机满足国六排放采用 EGR 的技术路线示意图

2）无 EGR 的技术路线主要以 DOC + DPF + Hi-SCR 技术为主，国内主机厂采用这个技术路线也比较多，比如潍柴。相比有 EGR 的技术路线，无 EGR 的技术路线由于减少了有关与 EGR 有关的零部件，比如 EGR 冷却器。由于没有 EGR 冷却器后，发动机的负荷减少了，动力性自然有了提升。无 EGR 的技术路线的优势是动力性、燃油经济性有了提升；而且，无 EGR 的技术路线将所有的污染物都交由后处理系统处理，以达到排放限值，因此对发动机缸内燃烧技术以及后处理系统的性能要求较高。

总结起来，无论是有 EGR 的技术路线还是无 EGR 的技术路线都有各自的技术优势，EGR 路线稳定，技术成熟；非 EGR 路线动力性、经济性突出。

2. 汽油车的技术路线

为达到国六排放标准要求,汽油车的技术路线为:紧耦合式三元催化器+底盘式颗粒捕集器。

3. 燃气车的技术路线

为达到国六排放标准要求,燃气车的技术路线为EGR+当量燃烧+三元催化器。

三、国六标准车辆的主要配置

1. 新技术下柴油发动机部分配置的变化

与国五发动机及其后处理系统相比,国六发动机和后处理系统在结构和功能上有了较大的差别,增加了进气节流阀、文丘里管、闭式曲轴箱通风系统、DOC、DPF 等,见图2-6。有的增压器也发生了变化,变为可变截面增压器。部分配置的示意图,见图2-6。

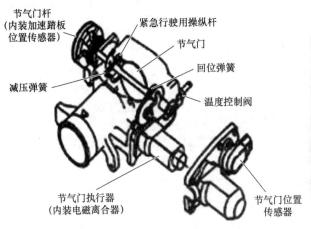

a) 电子节气门组成与外形图

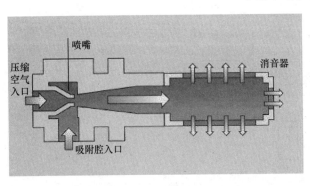

b) 文丘里管

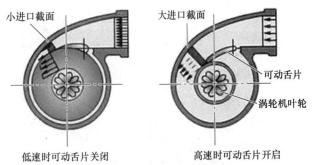

c) 可变截面增压器示意图

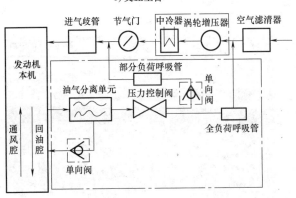

d) 曲轴箱强制通风系统的构成示意图

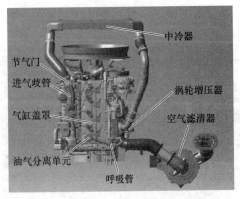

e) 曲轴箱强制通风系统

图2-6 国六新增及发生变化的装置示意图

2. EGR（废气再循环系统）

废气再循环系统（Exhaust Gas Recirculation，EGR），它是内燃机在燃烧后将排出气体的一部分分离出并导入进气侧使其再度燃烧的技术（手法或方法）。EGR 阀是汽车发动机的一个重要的控制部件，EGR 阀零件虽小但是作用很大。

（1）EGR 系统的工作原理　EGR 系统的主要元件是数控式 EGR 阀。数控式 EGR 阀安装在排气歧管上，其作用是独立地对再循环到发动机的废气量进行准确的控制，而不管歧管真空度的大小。EGR 阀通过 3 个孔径递增的计量孔控制从排气歧管流回进气歧管的废气量，以产生 7 种不同流量的组合。每个计量孔都由 1 个电磁阀和针阀组成，当电磁阀通电时，电枢便被磁铁吸向上方，使计量孔开启。旋转式针阀的特性保证了当 EGR 阀关闭时，具有良好密封性。

EGR 阀安装在进气管上。废气再循环（EGR 阀）是把废气引入进气管，降低进气中氧含量，从而降低燃烧温度，减少氮氧化物的排放。但是，废气再循环会影响发动机的功率，所以只在中等工况下才能进行，确保发动机既能降低污染，又能保证使用。其工作原理见图 2-7 和图 2-8。

（2）EGR 系统主要零部件及总成外观见图 2-9、图 2-10。

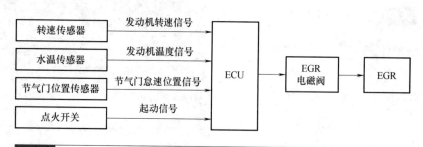

图 2-7　EGR 工作原理示意图（一）

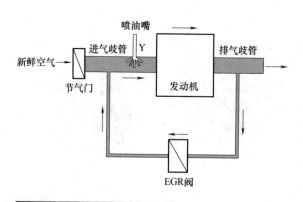

图 2-8　EGR 工作原理示意图（二）

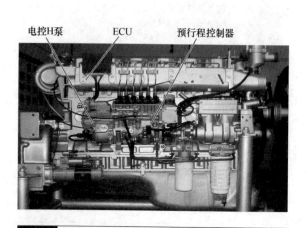

图 2-9　EGR 系统外观示意图（一）

图 2-10　EGR 系统外观示意图（二）

(3) EGR 常见故障

1) 过多的炭烟被过滤在 DPF 表面上导致排气背压过高，见图 2-11a。

2) 由于 DOC 为整体设备，从外观无法看出任何问题，只能对其进行打散。

3) 某些特定的发动机工况下，会导致 DOC 内部的催化器元件高温熔化，见图 2-11b。

a) 炭烟堆积　　　　b) 元件熔化

图 2-11　EGR 常见故障图示

3. SCR 选择性催化还原系统

选择性催化还原法（Selective Catalytic Reduction，SCR）的原理是在催化剂作用下，还原剂 NH_3 在 290～400℃ 下有选择地将 NO 和 NO_2 还原成 N_2，而几乎不发生 NH_3 与 O_2 的氧化反应，从而提高了 N_2 的选择性，减少了 NH_3 的消耗。

选择性催化还原示意图见图 2-12。

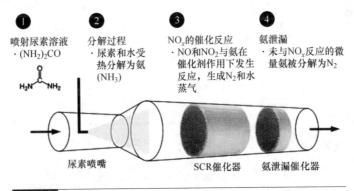

图 2-12　选择性催化还原示意图

(1) SCR 系统工作原理　SCR 系统将发动机排气中的氮氧化物（NO_x）转化为氮气和水，这个反应需要向排气中喷入柴油机排气处理液（车用尿素液）。

排气处理液由精确的加料装置喷射到催化器上游的排气中。喷射的尿素溶液数量由发动机 ECU 进行控制。

氨与 NO_x 在一个催化器里发生反应，产生无害的氮气（N_2）和水（H_2O）。SCR 系统工作原理示意图见图 2-13。

(2) SCR 系统组成部件

1) SCR 组成部件位置示意图见图 2-14。

2) SCR 系统主要由喷射控制器（DCU）、计量喷射泵、尿素喷嘴、尿素罐、催化消声器、氮氧传感器等模块组成。其各部分结构见图 2-15：

(3) SCR 与尾气处理液　尾气处理液（俗称"车用尿素液"，见图 2-16），是装备 SCR 系统的柴油燃油车辆必用的产品。

1) 车用尿素液物理和化学特性：

a) 32.5% 的尿素水溶液。

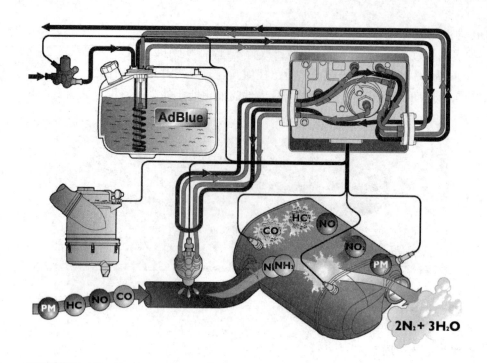

图2-13 SCR系统工作原理示意图

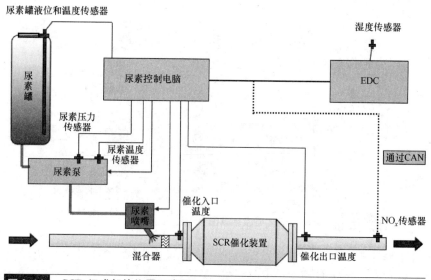

图2-14 SCR组成部件位置示意图

b) 无毒、无污染、无爆炸性、不易燃。
c) 清澈的液体。
d) 可能有轻微的氨气味。
e) 泄漏出来的DEF很容易因为水分蒸发而变成白色的DEF结晶。
f) 在-11℃时开始结冰。
2) 车用尿素液使用中的注意事项：
a) 接触尿素溶液是无害的，但与以下物质长期接触时，会起化学反应造成腐蚀。
b) 与碳钢、铸铁、镀锌钢板、铜、铜合金、锌、铅、含铅、银、锌或铜的固体、铝和铝合金、镁和镁合金、镀铬的塑料或金属等物品接触，必须立即擦干净。
c) 在储存、运输、分配尿素溶液时，使用的任何容器、漏斗等，使用前必须用干净的蒸馏水洗干净，除去污物。

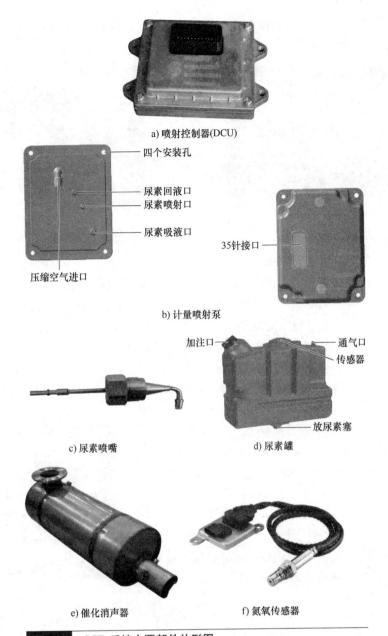

a) 喷射控制器(DCU)

b) 计量喷射泵

c) 尿素喷嘴   d) 尿素罐

e) 催化消声器   f) 氮氧传感器

图 2-15　SCR 系统主要部件外形图

(4) SCR 系统常见故障

1) 低负荷或不适当的安装产生氰尿酸聚合，让服务解决起来很困难，被堵塞的排气管见图 2-17。

图 2-16　车用尿素液（AdBlue）

图 2-17　被堵塞的排气管

2) 糟糕的封装或剧烈的振动会损坏催化器载体，且难以被发现，参见图 2-18。

3) 接头质量不好或长期接触腐蚀性物体，将严重影响后处理系统的正常工作。被腐蚀的 SCR 系统部件见图 2-19。

图 2-18　被损坏的催化器载体

图 2-19　被腐蚀的 SCR 系统部件

（5）车用尿素液的应用　柴油发动机尾气处理液（车用尿素液），在中国和欧洲称为 AdBlue，在美洲称为 DEF，在巴西称为 ARLA32。AdBlue 是由成分为 32.5% 的高纯尿素和 67.5% 的去离子水组成的高纯度透明液体，有淡淡的氨水气味。如果溅出，水分会蒸发并形成结晶。AdBlue 用于配有 SCR 系统的车辆，是 SCR 技术中必须要用到的消耗品，与 SCR 催化剂一起将柴油发动机排放的有害氮氧化物转换成无害的水蒸气和氮。SCR 系统的主要组成部分包括催化剂、AdBlue 注入装置、AdBlue 容器和 AdBlue 剂量控制器。几乎所有的重型汽车制造商都为车辆配备 SCR 系统并配以 AdBlue 工作液，以达到氮氧化物排放标准（如欧Ⅳ、欧Ⅴ）在 AdBlue 和 SCR 技术的共同作用下，能优化发动机性能和减少燃料消耗可高达 6%，显著降低运行成本。AdBlue 的平均消耗量是一般柴油消耗量的 5%，约为高速公路驾驶每 100km 消耗 1.5L。AdBlue 只可使用于配置 SCR 系统的发动机，因为它既不是燃料，也不是燃料添加剂。AdBlue 执行符合 ISO22241、DIN70070 和 CEFIC 规章内的标准，以确保 SCR 系统有效运行。AdBlue 对环境没有危害，为最低风险的可运输液体。

直接利用智能尿素液加注机进行尿素液的加注，可像加油一样将尿素液加入到尿素罐中，相比传统的桶装尿素液成本更低，加注更加方便快捷，参见图 2-20。

图 2-20　新型车用尿素加注站

4. DOC 柴油氧化催化器

（1）作用　目标是氧化 CO、HC、及 PM 中的一部分有机可溶物（Soluble Organic Fraction，SOF），其在处理 CO 和 HC 方面具有较高的活性，对尾气中的 CO、HC、SOF 的转化效率达到 90% 以上，使经过处理的 CO 和 HC 能完全满足国四标准的要求；同时该氧化性催化剂还能将尾气的 NO 氧化成 NO_2，从而有利于在 POC 催化器中发生 $2C+2NO_2 \rightarrow N_2+2CO_2$ 的反应，提高 PM 捕集效率，但 DOC 同时也会把尾气中的部分 SO_2 氧化成硫酸盐，因此，对于含硫量较高的柴油，使用 DOC 会使颗粒物排放中的硫酸盐比例增大，因而降低了氧化 SOF 的效果，有时甚至使 PM 排放增加。

（2）外形简图和工作原理图　见图 2-21、图 2-22。

图 2-21　DOC 柴油氧化催化器外形简图

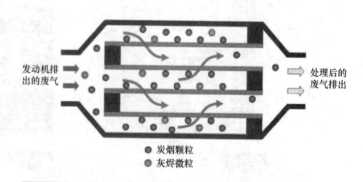

图 2-22　工作原理图

5. 颗粒物捕集器（DPF）

（1）DPF 的外形图及内部结构示意图，见图 2-23、图 2-24。

图 2-23　DPF 外形图

（2）DPF 基本原理　DPF 由多孔壁流式陶瓷材料制成，并涂覆有贵金属涂层，分为封装、卡箍、载体、衬垫四个部分。DPF 的主要功能是捕集柴油车尾气中的炭烟颗粒以及其他颗粒物，以达到净化尾气的作用。DPF 捕集的这些炭烟颗粒以主动或被动再生的方式，会在载体内部被燃烧掉，转变成少量灰分物质。这些灰分是一种不可燃烧的物质，主要构成是润滑油添加剂的化学成分，如钙、硫、锌及磷的化合物。随着 DPF 的使用，这些物质会不断堆积并堵塞 DPF，造成发动机

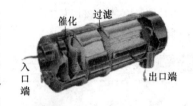

图 2-24　DPF 内部结构示意图

限扭、动力下降、油耗上升，甚至直接损坏 DPF 总成。因此，需要定期通过专业的清洁流程进行处理。

DPF 再生分为被动再生和主动再生。

1）被动再生：将 NO 在 DOC 中氧化为 NO_2，NO_2 比 O_2 活跃，在 250～450℃时可氧化炭颗粒，参见图 2-25。

2）主动再生：实际运行工况时，排气温度达不到被动再生条件（排气温度 250～450℃），需通过喷油在 DOC 中发生氧化反应，将排气温度提高到 550℃以上，使碳燃烧氧化反应生成二氧化碳。见图 2-26。

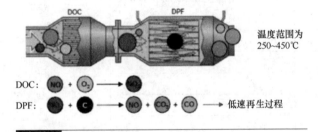

图 2-25　DPF 被动再生工作原理

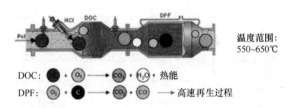

图 2-26　DPF 主动再生工作原理

被动再生一直都在进行，只是由于排气温度不同，被动再生的速度有所不同而已。

主动再生又分为行车再生和原地再生，其中行车再生为在发动机运行到中负荷后时自动执行；例如跑高速、省道，发动机都会自动执行行车再生；而在城市工况、堵车等低速低负荷工况运行一段时间后，需要驾驶员停车后按动车上的再生按钮来执行再生，通常当再生指示灯点亮后就可以执行原地再生。

6. 三元催化器

三元催化器（图 2-27）的作用主要是增强气体活性和催化喷涂载体方面。

（1）增强气体活性　三元催化器的工作原理是当高温的汽车尾气通过净化装置时，三元催化器中的净化剂将增强 CO、HC 和 NO_x 三种气体的活性，促使其进行一定的氧化-还原化学反应，其中，CO 在高温下氧化成为无色、无毒的 CO_2；HC 在高温下氧化成 H_2O 和 CO_2；NO_x 还原成 N_2 和 O_2。三种有害气体变成无害气体，使汽车尾气得以净化。

图 2-27　三元催化器外形图

（2）催化喷涂载体　三元催化器类似消声器。它的外面用双层不锈薄钢板制成筒形。在双层薄板夹层中装有绝热材料——石棉纤维毡。内部在网状隔板中间装有净化剂。净化剂由载体和催化剂组成。

载体一般由三氧化二铝制成，其形状有球形、多棱体形和网状隔板等。净化剂实际上是起催化作用的，也称为催化剂。催化剂用的是金属铂、铑、钯，将其中一种喷涂在载体上，就构成了净化剂。

第五节　国六排放商用车成本分析

一、国六排放标准应用与成本变化

升级国六排放标准之后，发动机本体和后处理系统将增加 2.5 万元左右的成本（不包括供应商的合理利润），参见表 2-9。

表 2-9　发动机国五升级到国六增加成本

差异			排放标准		成本变化
			国五	国六	
发动机本体	燃油系统		轨压 1600～1800bar[①]，6 孔或 7 孔喷嘴	轨压 1800bar 以上，7 孔喷嘴	发动机成本增加 3000～5000 元不等
	进排气系统		—	增加进气节气门和排气节气门，增压器可靠性提升，凸轮轴、气门弹簧、气门等强度加强	
	曲柄连杆机构及燃烧室		—	爆压提升，曲轴、连杆、活塞等强度加强，气门座圈等材料升级	
	其他		—	风扇、空压机等基于性能提升和法规需求进行优化	
后处理	催化器	技术方案	SCR	DOC + DPF + SCR + ASC	国六后处理整体成本较国五状态增加约 20000 元左右
		载体规格 DOC	—	堇青石	
		载体规格 DPF	—	堇青石	
		载体规格 SCR	堇青石	堇青石	
		载体规格 ASC	—	堇青石	
		涂覆材料 DOC	—	铂、钯（>30g/ft^3）	
		涂覆材料 DPF	—	铂、钯（>3g/ft^3）	
		涂覆材料 SCR	钒基	铜基（较钒基高 80% 以上）	
		涂覆材料 ASC	—	铜基，铂	
	尿素喷射系统和传感器	尿素泵系统 泵	UA2（气辅助）	UL-x（非气辅助）	
		尿素泵系统 喷嘴	UA2（气辅助）	UL-x（非气辅助）	
		尿素泵系统 尿素线	不超过 2 根，无加热功能	3 根，带电加热功能	
		传感器 温度传感器	1 个	4 个，CAN 通信	
		传感器 氮氧传感器	1 个，CAN 通信	1 个，CAN 通信	
		传感器 压差传感器	—	1 个	
		传感器 尿素液位、温度、质量传感器	1 个，无质量传感器	1 个总成，CAN 通信	
		传感器 大气环境温度传感器	1 个	1 个	

（续）

差 异			排放标准		成本变化
			国 五	国 六	
后处理	EGP	封装设计	混合器	无专用的尿素混合结构	有专用的、设计先进的尿素混合器	国六后处理整体成本较国五状态增加约20000元左右
			壳体结构	单层壳体设计，无专门的保温设计	双层壳体设计，全面的保温设计（含保温材料）	
			其他模块	无DOC、DPF	可拆卸的DOC和DPF模块	
		重量及尺寸	重量	重量约50kg	重量预计约100kg	
			尺寸	593mm×600mm×450mm	730mm×680mm×665mm（最大本体参考尺寸）	

① 1bar = 10^5 Pa。

二、测试项目的增加

1. 国六阶段 WHTC 循环

1）与车辆实际运行更接近。

2）增加低速低负荷占比。

3）考核催化器低温性能。

4）考核起动排放，冷态和热态加权（14% + 86%）。

2. 新增测试项目

新增测试项目包括车载排放试验（PEMS）、曲轴箱通风、耐久性和OBD等试验项目，参见图2-28。

图 2-28 国六新增测试项目

3. 提高排放耐久性、增加排放质保期

（1）排放耐久性　国六对耐久性和监管要求均进行了加强，参见图2-29。

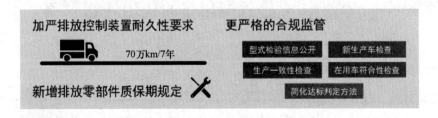

图 2-29 国六标准加强耐久性要求和监管

（2）排放质保期相关规定

1）解决在用车排放超标："排放相关零部件如果在质保期内由于零部件本身质量问题而出现故障或损坏，导致排放控制系统失效，或车辆排放超过本标准限值要求，生产企业应当承担相关维修费用。"

国六标准提高了排放质保期，见图2-30。

2）解决油品品质问题："生产企业应明确告知使用者，在质保期内应保留使用符合标准规定的油品和反应剂的材料证明"。

3）解决用户养护不当问题："若能证明排放相关零部件所出现的故障或损坏是由用户使用或维护

不当所造成，则生产企业可不承担相关质保责任。"

国五

分类	耐久性要求	
	行驶里程	使用时间
排放耐久性 N₃(GVM≤16t)	100000km	5年
排放耐久性 N₃(GVM>16t)	250000km	6年

国六

分类	有效寿命期	
	行驶里程	使用时间
排放耐久性 N₃(GVM≤18t)	300000km	6年
排放耐久性 N₃(GVM>18t)	700000km	7年
增加排放质保期 N₂，N₃	160000km	5年

图 2-30　国六标准提高了排放质保期

三、国六车辆维修保养成本的变化

1. 维修方面的差异

1）根据国六法规和 OBD 要求，发动机整机故障码将有大幅增加，预计是国五的 2~3 倍。需要在诊断工具和培训方面进行重点关注。

2）硬件方面，发动机增加进气节气门（IAT）或者排气节流阀（ETV），后处理增加新的硬件，需要关注维修方面的培训。

3）后处理再生过程对客户的影响，需要宣贯。

4）DPF 设备在一定里程（标载牵引车型约 30 万 km，需要路试验证）需要清灰，需要有设备和操作培训。

5）发动机保养里程仍然是 10 万 km，机油型号升级为 CK +，滤清器改为可更换滤芯式。

2. 保养方面差异

（1）换油周期

1）推荐使用 CK、CK + 机油，执行 10 万 km 换油周期。

2）CJ 也可用于短换油周期工况。

3）根据车型和使用工况确定最后换油周期定义。

4）油品升级，单次保养成本增加 700 元左右。

（2）清灰　保养项目增加 DPF 清灰，每 30 万 km 需要清灰一次，需专用 DPF 清灰设备，清灰费用待核算。

第六节　满足国六排放商用车的使用注意事项

一、国六车辆使用注意事项

1. 选择性催化还原（SCR）系统

需要对 SCR 系统的尿素泵、喷嘴和尿素罐进行定期保养、定期更换或者清理滤芯，使用合格的车用尿素液，建议选用通过 VDA 和 CGT 认证的车用尿素品牌（图 2-31）。

2. 电子控制单元（ECU）

电子控制单元要远离热源，并且防尘、防水、防干扰、防碰撞。

3. 高压油路

高压油路中的燃油压力非常高，维修和保养时要特别注意安全，一定要停机卸压后进行检查。

4. 线束及插接器

电控系统的线束各种插接器必须插接牢固。零部件拆卸前必须关掉电源（点火开关置于 LOCK 位置）。车辆焊接时，断开电控系统电源（蓄电池线与整车脱离）。

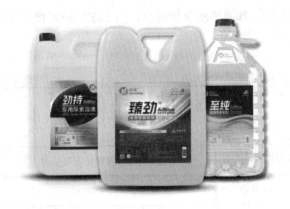

图 2-31　车用尿素液示意图

5. 柴油细滤器

柴油细滤器的保养非常重要，必须使用国六专用柴油细滤器。每 1 万 km 及滤清器堵塞时必须更换，绝对不能进行清洗处理。柴油细滤器对油品比较敏感，用户应选择正规的、质量稳定的加油站进行补给，否则会出现动力不足的现象。

6. 起动困难

起动困难根源一般是低压系统中存在空气，排气后问题自然解决。

7. 控制电路的短路或断路

控制电路短路或断路原因是线束问题或是单体泵的电磁阀部件出现断路或短路。

8. 数据写入

当更换单体泵、共轨喷油器、ECU 时，需要到服务站由专人将相关参数写入 ECU。

二、关于国六排放系统的常见问题

1. 国六排放系统对车用尿素液有什么要求？

国六排放系统增加了车用尿素质量传感器，对车用尿素的质量要求更高，使用不达标的车用尿素会导致限速限扭，还容易造成 SCR 系统管路的结晶堵塞，使用的尿素液越纯净越能够降低结晶堵塞的风险，车用尿素液不含有缩三脲和缩二脲等造成结晶堵塞的根源物质。

2. 国六车辆的油耗是否会比国五高？

国六排放车辆对燃油的喷射更精准，燃烧更充分，但考虑到排放原因，油耗将不高于国五。

3. 国六排放车辆和国五产品相比主要的技术难度有哪些？

1) DPF 技术路线标定工作非常复杂、再生策略、排气温度热管理。

2) 安装布置困难，牺牲载货空间和重量。

3) SCR 结晶、DPF 堵塞风险。

4. 国六排放车辆和国五产品相比，哪些成本会增加？

产品原始成本、用户使用成本和维护成本均会增加。

5. 国六排放车辆冷起动能力如何？

国六排放车辆冷起动性能极佳，低温环境下快速起动，柴油货车冬季不再需要"烤火"起动。

6. 在高温、高寒、高原地区国六排放车辆性能如何？

环境适应能力强，高温与高海拔环境不开锅，动力下降小，同时可以保护发动机。

7. 国六排放车辆在起动和停车时有哪些注意事项？

起动后不要立即起动发动机，待车辆自检完毕后再起动；停车后不要立即关闭电源开关，如果立即断电，会导致尿素管路中残留的尿素溶液结晶堵塞尿素泵、管路或尿素喷嘴，应在停车至少 30s 后关闭电源。

8. 如何避免车用尿素液结冰融化后产生沉淀的现象？

通过对结冰融化后带有沉淀物的尿素液进行检测，检测结果显示白色沉淀物主要成分是缩三脲，缩三脲在低温条件下的溶解度很低，低温结冰导致析出，由于缩三脲密度较大，析出后集聚沉淀到尿素液底部，参见图2-32。

中科光析化工技术研究所　　　　成分检测专业单位

测 试 结 果

结果编号 （81178-2）

委托单位	山东新蓝环保科技有限公司		
样品名称/编号	2号/81178-2		
报检数/重量	300ml	测试日期	2017.11.20
检验目的	分析沉淀物的成分及含量		
测试结果如下			

序号	化合物名称	化合物含量(约)	CAS号
1	尿素	57%~64%	57-13-6
2	缩三脲	21%~25%	—
3	丁二酸	3%~5%	110-15-6
4	甲哌啶	1%~3%	24307-26-4
5	单体酸	1%~3%	—

图2-32 白色沉淀物检测结果

使用不含有缩三脲的车用尿素液可以避免此类现象的发生，目前成熟掌握对尿素液中缩三脲成分去除技术的代表性企业是山东新蓝环保科技，经过实测其所生产的尿素液产品，确认不含有缩三脲等有害物质成分。

本章小结与启示

随着汽车排放标准的不断升级，相应的汽车技术知识也必须及时更新。本章重点讲与国六排放标准相关的知识，帮助从业人员了解技术原理和相关维护保养知识等。进行系统学习有助于提高专业能力与继续学习的能力，提高专业自信，提升业务管理能力以及与用户沟通的效率和谈判成功率。

本章学习测试及问题思考

（一）判断题

（　）1. 柴油发动机排放的有害气体主要有CH（碳氢化合物）、NO_x（氮氧化物）、PM（微粒、碳烟）、CO（一氧化碳）。

（　）2. 排放污染物NO_x随着燃油燃烧温度的升高而逐渐增加，从800℃逐渐上升，到900℃起骤然升高，与其他排放物是截然相反的，因此必须要控制发动机的燃烧温度，以达到控制NO_x产生的效果。

（二）问答题

1. 汽车排放的哪些气体对大气和人体、动植物危害大？
2. 国六（中国第六阶段）排放标准的实施时间是在何时？
3. 简述国六与国五排放标准的变化。
4. 简述国六与国五车辆维修保养的成本差异。

第三章
商用车的使用功能与性能

学习要点
1. 掌握车辆产品的性能与功能指标。
2. 了解车辆产品配置对性能、功能的影响。
3. 了解运输型、作业型专用车对功能的要求。
4. 为设计差异化产品，提高产品竞争力打下基础。

第一节　商用车的使用功能

一、基本概念

1. 不同功能的定义

GB/T 8223.1—2009《价值工程 第1部分：基本术语》对不同功能的定义为：

1) 功能：对象能满足某种需求的效用或属性。
2) 基本功能：与对象的主要目的直接有关的功能（注：基本功能是对象存在的主要理由）。
3) 使用功能：对象具有的与技术经济用途直接有关的功能。
4) 辅助功能：为更好实现基本功能服务的功能。
5) 品味功能：与使用者的精神感觉、主观意识有关的功能（注：包括贵重功能、美学功能、外观功能、欣赏功能等）。
6) 必要功能：为满足使用者的需求而必须具备的功能。
7) 不必要功能：对象具有的与满足使用者需求无关的功能。
8) 不足功能：对象尚未足量满足使用者需求的必要功能。
9) 功能分析：为完整描述各功能及其相互关系而对各功能进行定性和定量的系统分析过程（功能分析包括功能的定义、整理和计量）。

2. 功能与作用的区别

功能和作用是两个既相互联系又相互区别的概念。产品功能是产品内部固有的效能，它是由产品内

⊖ 本章由赵旭日、刘春迎编写。

部构造所决定的，是产品的固有能力。功能一般是指褒义词。

而作用则不同，它是产品的功能作用于其他事物时所产生的外部效应。同样的功能对外界的作用，既可能是正面作用，又可能是负面作用。如车辆的行驶功能：当作用于需要运输的货物时，它是正面的；但是，当它作用于其他车辆时，就会导致交通事故。

3. 商用车的相关功能定义

大家对乘用车比较熟悉，为了介绍方便，就以乘用车为例进行说明。我们把乘用车所具备的功能作为基本功能。

商用车除了应具备乘用车所有的功能外，还必须具备货物运输的功能；以及作为专用车为完成特定任务所必须具有的专有功能。据此，商用车的主要功能分类如下：

1) 基本功能：车辆行驶所必须具备的功能。
2) 使用功能：也可以叫运输功能，为完成物流运输所必须具备的功能。
3) 必要专用功能：作为专用车时，为完成特定任务所必须具备的功能。

4. 功能的重要性

功能是构成竞争力的首要要素。用户购买某个产品，首先是购买它的功能，也就是实现其所需要的某种行为的能力。

二、功能细分

1. 基本功能

商用车的基本功能与乘用车基本一样。也就是说，乘用车的所有功能，商用车都应具备，见表3-1。

表3-1 商用车的基本功能

序号	功能名称	主要功能指标	计量单位	指标值	说明	备注
1	行驶功能	最高行驶速度	km/h			
2	转向功能	最小转弯半径	m			
3	倒车功能	最大倒车速度	km/h			
4	制动功能	最大制动距离	m		在标准行驶速度下	也可以用制动减速度
5	雨天、雾天行驶功能	刮水器速度	次/min			防雾灯
6	风窗玻璃清洁功能	清洗液喷射压力	Pa			
7	夜间照明功能	路面平均亮度	lx			
8	后视功能	左、右后视距离	m			
9	驾驶室内温度调节功能	最低温度	℃			
10	驾驶功能	驾乘空间	m^3			
11	乘员功能	成员人数	人			
12	储物功能	储物间尺寸	m^3			
13	驾驶室内照明功能	亮度	lx			
14	驾驶员休息功能	卧铺空间	长×宽×高			
15	驾驶疲劳报警功能	报警音量	dB			
16	自动巡航功能	巡航起步速度	km/h			
17	跑偏报警功能	报警音量	dB			
18	导航功能	导航精度	m			
19	车门锁闭功能	遥控距离	m			
20	娱乐功能	功能数量	个			
21	手机充电功能	充电电流	A			

(续)

序号	功能名称	主要功能指标	计量单位	指标值	说明	备注
22	生活功能	生活设施件数	件			
23	故障提示功能	故障提示数量	个			
24	警告行人功能	喇叭音量	dB			
25	保护功能	防护栏	个		行人保护	前后左右有效防护
26	降低排放功能	排放标准	执行标准			
27	杂物存放功能	储物箱个数/容积	m^3			
28	其他					

然而，商用车的功能指标要比乘用车高很多。如后视功能，商用车的这个功能就要强大很多，要求看得更远；制动功能也一样，这是因为商用车的总质量要远远大于乘用车。

2. 使用功能（运输功能）

商用车除了具有乘用车的所有功能外，还要具有运输货物（或运送乘客）的功能，其运输功能见表 3-2。

表 3-2　商用车的运输功能

序号	功能名称	功能实现的方式
1	装货功能	机械装货/吊车装货/自装货
2	货物固定功能	货箱固定/集装箱固定/托盘固定/单件货物固定
3	运输功能	载质量×货箱容积
4	卸货功能	机械卸货/吊车卸货/自卸货
5	货物安全功能	机械锁/电子围栏
6	货物防护功能	防风/防雨/防积压/防碰撞/防颠簸
7	运输管理功能	装货管理/运输管理/卸货管理/数量管理/质量管理/监控管理

3. 必要专用功能

商用车除了基本功能、使用功能（运输功能）外，还应具有专用功能，以完成一些特殊任务。

（1）车型分类

专用车用途广泛，其专用功能也不同，具体体现在其公告车辆名称上，见表 3-3。

表 3-3　常见专用车公告名称

序号	车辆名称	序号	车辆名称	序号	车辆名称	序号	车辆名称
1	纯电动洗扫车	13	清障车	25	救护车	37	渣料运输车
2	纯电动车厢可卸式垃圾车	14	清洗车	26	越野自卸汽车	38	压缩式对接垃圾车
3	纯电动压缩式垃圾车	15	多功能抑尘车	27	售货车	39	清洗吸污车
4	压缩式垃圾车	16	教练车	28	运钞车	40	护栏清洗车
5	扫路车	17	自卸式垃圾车	29	防弹运钞车	41	绿化喷洒车
6	泡沫消防车	18	清扫车	30	车载式混凝土泵车	42	检测车
7	水罐消防车	19	自装卸式垃圾车	31	洗扫车	43	加油车
8	救险车	20	混凝土泵车	32	大流量排水抢险车	44	桶装垃圾运输车
9	车厢可卸式垃圾车	21	摆臂式垃圾车	33	冷藏车	45	高空作业车
10	除雪车	22	餐车	34	邮政车	46	商务车
11	洒水车	23	多用途越野货车	35	供液车	47	餐厨垃圾运输车
12	牵引教练车	24	工程车	36	低密度粉粒物料运输车	48	混凝土搅拌运输车

(续)

序号	车辆名称	序号	车辆名称	序号	车辆名称	序号	车辆名称
49	越野厢式运输车	82	钻机车	115	装备车	148	器材消防车
50	压裂车	83	养蜂车	116	勘察车	149	巡逻车
51	压裂砂罐车	84	瓶装饮料运输车	117	低温液体运输车	150	云梯消防车
52	下灰车	85	测井车	118	监测车	151	采油车
53	吊装式垃圾车	86	雏禽运输车	119	伤残运送车	152	压缩空气泡沫消防车
54	沥青道路微波养护车	87	厢式垃圾车	120	展示车	153	普通液体运输车
55	吸污车	88	搬家作业车	121	文化宣传车	154	挖掘式管道疏通车
56	散装饲料运输车	89	医疗车	122	食用油运输车	155	纤维同步封层车
57	举高喷射消防车	90	通信车	123	鲜奶运输车	156	交通锥收集工程车
58	车厢可卸式汽车	91	抓斗式垃圾车	124	图书馆车	157	挖掘抽吸车
59	吸尘车	92	桥梁检测车	125	试井车	158	道路污染清除车
60	宣传车	93	干粉泡沫联用消防车	126	密闭式桶装垃圾车	159	保温车
61	防撞缓冲车	94	污水处理车	127	垃圾桶清洗车	160	电视车
62	修井机	95	吸粪车	128	鲜活水产品运输车	161	水雾消防车
63	水带敷设消防车	96	混配车	129	工具车	162	警犬运输车
64	绿化综合养护车	97	抢险救援消防车	130	干粉消防车	163	福祉车
65	热油（水）清蜡车	98	清洗洒水车	131	检修车	164	排烟消防车
66	医疗废物转运车	99	下水道疏通清洗车	132	轮胎运输车	165	纯电动自装卸式垃圾车
67	垃圾转运车	100	仪表车	133	吸引压送车	166	纯电动清洗车
68	畜禽运输车	101	供气消防车	134	供水车	167	纯电动密闭式桶装垃圾车
69	殡仪车	102	体检医疗车	135	泵浦消防车	167	纯电动密闭式桶装垃圾车
70	干混砂浆运输车	103	背罐车	136	沼气池吸污车	168	纯电动教练车
71	流动服务车	104	粉料撒布车	137	防暴水罐车	169	纯电动多功能抑尘车
72	护栏抢修车	105	吸污净化车	138	眼镜配送车	170	纯电动路面养护车
73	供液消防车	106	清淤车	139	环境监测车	171	纯电动自卸式垃圾车
74	洗井车	107	干粉水联用消防车	140	乘用车	172	纯电动自卸车
75	沥青洒布车	108	洗消消防车	141	全地面起重机	173	纯电动桶装垃圾运输车
76	固井车	109	路面养护车	142	厕所车	173	纯电动桶装垃圾运输车
77	沥青碎石同步封层车	110	通信指挥消防车	143	稀浆封层车	174	纯电动洒水车
78	电源车	111	锅炉车	144	沥青路面热再生修补车	175	纯电动冷藏车
79	洗井清蜡车	112	混砂车	145	仪器车	176	纯电动扫路车
80	舞台车	113	运材车	146	食品检测车	177	纯电动邮政车
81	同步碎石封层车	114	治安检查车	147	布障车		

（2）部分专用车的必要专用功能介绍

专用车除了具备一般商用车的功能外，还要具有专用功能，以完成其特定的作业。

下面介绍几种典型专用车的必要专用功能。

1）混凝土搅拌车

混凝土搅拌车应具有表3-4所列的必要专用功能。

2）鲜活水产品运输车

鲜活水产品运输车的必要专用功能见表3-5。

3）道路洗扫车

道路洗扫车的必要专用功能见表3-6。

表 3-4　混凝土搅拌车的必要专用功能

序号	功能名称	主要功能指标	序号	功能名称	主要功能指标
1	装货功能	装货速度	10	扒料功能	扒料口尺寸
2	搅拌功能	搅拌速度	11	防雨功能	防雨盖尺寸
3	搅动功能	搅动速度	12	防偷油功能	报警音量
4	运输功能	运输方量	13	防偷料功能	报警音量
5	卸货功能	卸货速度	14	防止漏料功能	接料斗容积
6	清洗功能	水箱容积	15	余温保温功能	罐体温度
7	车辆管理功能	北斗管理系统精度	16	离析检测功能	离析检测精度
8	车辆监控系统	车辆监控系统精度	17	离析自动恢复功能	离析自动恢复精度
9	塌落度检测功能	塌落度检测精度	18	塌落度自动恢复功能	塌落度自动恢复精度

表 3-5　鲜活水产品运输车的必要专用功能

序号	功能名称	序号	功能名称
1	水质检测功能	5	自动加水功能
2	水温检测功能	6	自动排水功能
3	防浪功能	7	水箱清洁功能
4	充氧功能	8	水温加热功能

表 3-6　道路洗扫车的必要专用功能

序号	功能名称	序号	功能名称
1	清扫功能	5	装水功能
2	冲洗功能	6	储存垃圾功能
3	抽吸功能	7	自卸垃圾功能
4	防止扬尘（喷水）功能	8	水温加热功能

道路洗扫车的主要配置包括：汽车底盘或新能源汽车底盘、副发动机或副电机、车厢、液压阀组、扫刷驱动电机、液压系统滤清器、电控系统、旋涡水泵、清扫装置、抽吸风机、中置扫刷、后置吸盘、不锈钢垃圾箱及水箱、导流槽及大面积滤网、倒车以及扫盘影像、警示装置。

第二节　商用车使用功能被关注度分析

一、不同功能被关注度分析

商用车作为公共商品，需要满足不同角色的需求，才能实现交易，才能正常注册、登记、办理行驶证、营运证等车辆手续。

公安交通管理部门（简称交警）、货物、货主、车主、驾驶员、保险公司、运输管理部门从不同的角度对车辆进行管理、使用。因此，他们对车辆功能的关注度是有很大区别的，见表 3-7。

表 3-7　不同角色对车辆功能的关注

| 序号 | 功能名称 | 不同角色对功能的关注 ||||||
		交警	货物	货主	车主	驾驶员	保险公司	运输管理部门
1	行驶功能	√			√	√	√	
2	转向功能	√			√	√	√	
3	倒车功能	√			√	√	√	

（续）

序号	功能名称	不同角色对功能的关注						
		交警	货物	货主	车主	驾驶员	保险公司	运输管理部门
4	制动功能	√			√	√	√	
5	雨天、雾天行驶功能	√			√	√	√	
6	风窗玻璃清洁功能				√	√	√	
7	夜间照明功能	√			√	√	√	
8	后视功能	√			√	√		
9	驾驶室内温度调节功能				√	√		
10	驾驶功能				√	√		
11	乘员功能				√	√	√	
12	储物功能				√	√		
13	驾驶室内照明功能				√	√		
14	驾驶员休息功能				√	√	√	
15	驾驶疲劳报警功能				√	√	√	
16	自动巡航功能				√	√		
17	跑偏报警功能				√	√	√	
18	导航功能				√	√	√	
19	车门锁闭功能				√	√	√	
20	娱乐功能				√	√		
21	手机充电功能				√	√		
22	生活功能				√	√		
23	故障提示功能				√	√		
24	警告行人功能	√			√	√		
25	保护功能	√			√	√	√	
26	装货功能		√	√	√	√		
27	货物固定功能		√	√	√	√	√	
28	运输功能（整车尺寸、货箱尺寸）	√	√	√	√	√		
29	卸货功能		√	√	√	√		
30	货物安全功能			√	√	√	√	√
31	货物防护功能			√	√	√	√	√
32	运输管理功能			√	√			√
33	专用功能			√	√			√
34	排放功能	√			√	√	√	√
34	其他							

二、影响商用车使用功能的主要配置

汽车由上万个零部件组成，尽管车辆用途不同，但都是由底盘和上装（货箱）组成的。

1. 底盘对使用功能的影响

1）底盘的整备质量、动力、速度、尺寸对车辆的运输功能影响较大。

2）底盘的高度对车辆的装货功能、卸货功能影响较大。

3）底盘的操纵稳定性、减振性能对货物的防护功能影响较大。

2. 上装（货箱）对所有使用功能都有很大影响

1）上装（货箱）的整备质量、形状、尺寸、开启方式、开门的数量、货物的固定方式等影响着商用车所有的功能。

2) 半挂车管理系统也影响着车辆的运输功能。

3) 厢式车的后尾板影响着车辆的装货功能、卸货功能。

4) 不同的货箱（箱式货箱、仓栅货箱、栏板货箱等）对防护功能的影响较大。

3. 商用车的使用功能与性能

商用车的使用功能与性能不可分割。作为商用车，只有功能没有性能，客户是没有购买兴趣的。商用车的设计，必须在满足使用功能、满足功能指标的前提下，使其性能达到最佳，才是最好的商用车。影响商用车不同功能的底盘主要配置，参见本章第四节商用车配置对性能的影响。

第三节 商用车主要性能与客户需求分析

一、商用车性能概述

1. 性能的定义

对于商用车而言，通常所说的产品性能就是指产品的质量；主要是指产品能实现其功能的程度和在使用期内功能的保持性。性能还可以被定义为"实现功能的程度和持久性的度量"，使它在设计中便于参数化和赋值。

2. 功能与性能的区别

1) 本和质的区别，功能是指产品的用途，用途越广表示功能越多。

2) 性能就是产品的质量，性能越高表示质量越好。

3. 商用车的性能

1) 基本性能：在一定使用条件下，汽车以最高效率行驶的能力，称为汽车基本性能。它是决定汽车利用效率和方便性的结构特性表征，主要包括动力性、燃油经济性、制动性、操控稳定性、平顺性以及通过性等。

2) 使用性能：在一定使用条件下，汽车以最高效率运输货物（乘客）的能力，称为汽车使用性能。它是决定汽车运输效率的结构特性表征，主要包括整备质量、载质量、货箱容积等；

3) 必要专用性能：在一定使用条件下，汽车以最高效率进行专业作业的能力，称为汽车必要专用性能。与专用功能相对应，不同车辆的专用性能不同。

二、主要性能指标

商用车基本功能下，性能指标概括起来主要有16项，如图3-1所示。

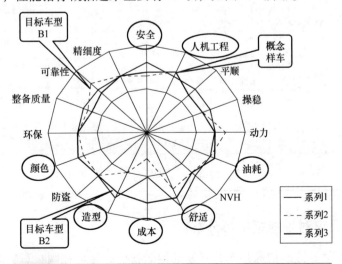

图3-1 性能指标示意图

NVH 是噪声、振动与声振粗糙度（Noise、Vibration、Harshness）的英文缩写。这是衡量汽车制造质量的一个综合性问题，它给汽车用户的感受是最直接和最表面的。车辆的 NVH 问题是国际汽车业各大整车制造企业和零部件企业关注的问题之一。有统计资料显示，整车约有 1/3 的故障问题是和车辆的 NVH 问题有关系，而各大公司有近 20% 的研发费用消耗在解决车辆的 NVH 问题上。

这 16 项主要性能指标之间相互关联，但又不能全部兼顾。让各项性能指标都达到理想状态，从而形成一个完整的圆是汽车设计者永远追求的目标，但难度很大。因此，平衡各项指标的关系是性能开发的前提。

三、客户对性能指标的要求

1. 不同客户对性能指标的要求

其他条件一致，不同客户对性能指标的关注程度并不一样。高端、中端、低端的客户群体，关注的性能指标是有区别的，见表 3-8。

表 3-8　不同客户对性能指标的关注程度

客户	关注程度			备注
	高关注	中关注	低关注	
高端	安全、人机工程、平顺、操稳、动力、油耗、NVH、舒适、成本、造型、防盗、颜色、环保、整备质量、可靠性、精细度			
中端	平顺、操稳、动力、油耗、舒适、成本、整备质量、可靠性	安全、人机工程、精细度	防盗、颜色、环保、NVH、造型	
低端	平顺、操稳、动力、油耗、成本、整备质量	安全、人机工程、可靠性	防盗、颜色、环保、NVH、造型、精细度、舒适	
备注				

2. 相同客户群体购买不同的商用车，对性能指标的要求也不同

反过来，相同的客户群体，由于运输的货物不同，车辆不同，对车辆性能的关注程度也不一样，例如高端客户群体，购买的车辆不同，用途不同，对性能指标的关注程度也就不同，见表 3-9。

表 3-9　高端客户群体对不同性能指标的关注程度

关注程度	车辆			备注
	半挂牵引列车	自卸车	冷藏式厢式车	
高关注	安全、人机工程、平顺、操稳、动力、油耗、NVH、舒适、造型、防盗、颜色、环保、整备质量、可靠性、精细度	动力、油耗、成本、造型、颜色、环保、整备质量、可靠性、精细度	安全、人机工程、平顺、操稳、动力、油耗、NVH、舒适、造型、防盗、颜色、环保、可靠性、精细度	
中关注	成本	安全、人机工程、NVH	成本、整备质量	
低关注		平顺、操稳、舒适、造型、防盗、颜色		

四、根据客户的要求对性能指标再分解

图 3-1 所述的 16 项主要性能指标是作为开发的性能指标。客户在购买车辆时，对性能的要求同这些指标值之间还是有区别的，应再次进行分解，见表 3-10。

表 3-10　一级性能指标对应的二级性能指标

序号	用于开发的性能指标（一级性能指标）	对应客户需求的性能指标（二级性能指标）	转换成客户的语言	备注
1	安全	驾驶室的强度 出事故后对人的保护 安全气囊	是否为全钢的驾驶室 是否为全浮驾驶室，可向后退 200mm 是否带有安全气囊	
2	人机工程	驾驶室的空间 驾驶的空间 座椅的可调节距离 驾驶仪表的可视度 各种开关的方便性 后视镜的可视度	驾驶室的空间 驾驶的空间 座椅的可调节距离是多少？是否为 6 个方向可调 观察仪表的方便性 各种开关的使用方便性 360°后视镜、倒车影像	
3	平顺	低、中、高速的控制能力 踏板感觉（力、行程、加速度） 制动距离，稳定性	加速快、制动灵敏、转向灵活、制动距离短	
4	操稳	转向反应：转向力，线性度，灵敏度 转向回正能力 各种路面的控制能力 抓地能力：防侧倾，防侧滑	驾驶稳定性	
5	动力	动力 排量 转矩 起步转矩 起步速度 爬坡度 最高速度	功率大小 排量大小 转矩大小 最大转矩转速、最低油耗转速 起步速度 最大爬坡度 最高速度	
6	油耗	百公里油耗 发动机油耗：g/kW·h 经济油耗速度 续驶里程（一箱油能行驶的里程） 怠速油耗 城市工况油耗 高速工况油耗	百公里油耗 经济油耗速度 续驶里程	
7	NVH	发动机 NVH 车身 NVH 底盘 NVH	驾驶室振动 座椅振动 方向盘抖动 驾驶室内噪声 乘坐舒适性	
8	舒适	座椅的舒适度、卧铺的舒适度 空调、VCD 等	气囊座椅、液压座椅、弹簧座椅 卧铺的宽度、空调、VCD、独立空调等	
9	成本	购买成本 车辆购置税 燃油成本 保养成本 维修成本 高速公路使用成本	购买价格 车辆购置税及其他设备安装费用 燃油耗 保养间隔里程、一次保养的费用 月维修费用、月停车维修时间 高速公路过路费	

(续)

序号	用于开发的性能指标 （一级性能指标）	对应客户需求的性能指标 （二级性能指标）	转换成客户的语言	备注
10	造型	驾驶室的造型	驾驶室的造型	
11	防盗	门锁 防盗油箱 防盗货箱 防盗尿素箱 报警装置	驾驶室防盗 油箱防盗 货箱防盗 尿素箱防盗 电子围栏	
12	颜色	颜色	红色、蓝色、白色等	
13	环保	冷起动 怠速排放 加速排放 匀速排放 油品质量要求 整车材料的回收率 达到的排放标准：国四/国五/国六	有公告 符合排放标准要求 排放检测合格 后处理系统三包时间 尿素液质量要求 维修方便性 维修费用	
14	整备质量	整备质量 上装的整备质量 挂车整备质量 总质量	底盘整备质量 上装的整备质量 挂车整备质量 公告整备质量、实际整备质量	
15	可靠性	故障率	故障率	
16	精细度	装配间隙、防锈	装配间隙、防锈	

1. 掌握不同客户对性能的要求

销售人员应了解不同客户对不同车辆的性能要求。不同的产品，如半挂牵引车、栏板货车、自卸车等，客户对性能的要求是不同的；相同的车辆，如半挂牵引车，由于运输货物的不同、运距的不同、载质量的不同，对性能的要求也不同。

2. 掌握所销售商用车的性能

作为经销商的品牌经理、行业经理、产品经理、商务经理、客户经理（包括整车生产企业及市场营销部门的业务员、市场部经理、大区经理），要充分了解自己所销售的车辆的性能，才能对客户进行有效的推荐、解释、培训。

3. 掌握客户选择商用车的关注顺序

1）确定购车条件：确定作业目的，包括主要运输货物、车辆总质量、整备质量、载质量、主要行驶道路、回程运输货物、一次（来回）行驶总里程、装货方式、固定方式、卸货方式、一次（来回）行驶时间要求等。

2）选择车型：牵引列车（半挂牵引车+半挂车）、载货车（栏板货车、厢式车等）、自卸车等。

3）确定车辆的功能：装货功能、固定功能、运输功能、卸货功能、安全功能、防护功能、管理功能等。

4）确定车辆的性能：动力（动力、起步速度、最大爬坡度、最高速度）、油耗、环保、公告整备质量、实际整备质量、舒适性、颜色等。

5）确定车辆的驱动形式与配置（4×2、6×2、6×4、8×2、8×4、10×4、12×4等）、发动机（品牌、排量）、变速器（一档传动比、末档传动比、档位数）、后桥（传动比）、轮胎、方向机、上装（或挂车）、空调、驾驶室（高顶、平顶）等。

6）确定车辆价格。

7）确定交货期（考虑库存、生产周期、运输周期、改装周期）。

8）确定车辆交货地点。

9) 验收→交付→办理车辆手续→使用→强保→服务。

4. 性能的重要性

性能非常重要，它决定了客户购买车辆后能不能满足其核心需求：挣钱。如果这辆车的性能不好，油耗高、速度低、载质量少，客户要怎么挣钱？

所以我们经常说：车辆"好用与否看功能，挣钱与否看性能"，就是这个意思。

第四节 商用车配置对性能的影响

实际上，性能指标对于商用车来说是虚的，是客户在使用的过程中才能体验或感觉到的东西。在购买车辆时，一时很难体验到。而车辆配置则是实的，是看得见、摸得着的实物。在车辆产品中，车辆的性能是通过不同配置的有机组合来实现的，见表3-11。

表3-11 各种配置对性能的影响

序号	用于开发的性能指标（一级性能指标）	对应客户需求的性能指标（二级性能指标）	不同配置对性能的影响													
			车身总成	车架总成	发动机总成	离合操纵	变速操纵	传动系统	前桥总成	后桥总成	悬架系统	转向系统	制动系统	电气系统	上装部分	车轮总成	书面材料
1	安全	驾驶室的强度 出事故后对人、货的保护 安全气囊	★	★	★	★	★	★	★	★	★	★	★	★	★	★	★
2	人机工程	驾驶室的空间 驾驶的空间 座椅的调节距离 驾驶仪表的可视度 各种开关的方便性 后视镜的可视度	★	○	▼	▼	▼	▼	▼	○	★	★	★	○	○	○	○
3	平顺	低、中、高速的控制能力 踏板感觉（力、行程、加速度） 制动距离，稳定性	○	▼	★	★	★	★	★	★	◆	★	▼	○	○	○	○
4	操稳	转向反应：转向力，线性度，灵敏度 转向回正能力 各种路面的控制能力 抓地能力：侧倾，侧滑 车体的控制	◆	▼	★	★	★	★	★	★	★	★	★	○	○	▼	○
5	动力	动力 排量 转矩 起步转矩 起步速度 爬坡度 最高速度	◆	○	★	★	★	★	○	★	○	○	○	○	○	▼	▼

(续)

序号	用于开发的性能指标（一级性能指标）	对应客户需求的性能指标（二级性能指标）	不同配置对性能的影响													
			车身总成	车架总成	发动机总成	离合操纵	变速操纵	传动系统	前桥总成	后桥总成	悬架系统	转向系统	制动系统	电气系统	上装部分	车轮总成	书面材料
6	油耗	百公里油耗 发动机油耗（g/kW·h） 经济油耗速度 续驶里程（一箱油能行驶的里程） 急速油耗 城市工况油耗 高速工况油耗	▼	○	★	▼	★	▼	★	○	○	○	▼	▼	★	○
7	NVH	发动机 NVH 车身 NVH 底盘 NVH	★	▼	▼	★	★	○	★	○	▼	○	○	○	○
8	舒适	座椅的舒适度、卧铺的舒适度 空调、VCD 等	★	○	★	○	○	○	○	★	▼	▼	○	○	○	○
9	成本	购买成本 车辆购置税 燃油成本 保养成本 维修成本 高速公路使用成本	★	◆	★	▼	▼	▼	★	★	★	★	★	★	★	○
10	造型	驾驶室的造型、货箱造型	★	○	○	○	○	○	○	○	○	○	○	○	★	○
11	防盗	门锁 防盗油箱 防盗货物 防盗尿素箱 报警装置	★	○	○	○	○	○	○	○	○	○	★	★	★	○
12	颜色	颜色	★	○	○	○	○	○	○	○	○	○	○	○	★	○
13	环保	冷启动 急速排放 加速排放 匀速排放 油品质量要求 整车材料的回收率 达到的排放标准：国四/国五/国六	○	○	★	○	○	○	○	○	○	○	○	○	○	○
14	整备质量	整备质量 总质量 上装的整备质量、挂车整备质量	▼	◆	◆	○	★	◆	★	★	○	○	○	○	◆	○	○
15	可靠性	故障率	◆	★	★	★	★	★	★	★	★	★	★	★	★	○
16	精细度	装配间隙、防锈	★	◆	◆	○	○	▼	○	★	▼	○	★	★	○	○

注："★"表示此配置同性能高关联；"◆"表示此配置同性能中关联；"▼"表示此配置同性能低关联；"○"代表此配置同性能无关联。

车辆配置在车辆性能上发挥着关键性的作用。同一配置对不同性能指标的影响也不同。

本章小结与启示

对于商用车从业者来说，用户关心关注的车辆性能与功能，就是我们必须关注的重点。弄清楚什么是用户最关注的，就能提前做好功课，提高工作效率和质量，从而提高业绩。本章重点介绍了不同用户对商用车关注的功能，了解相关的知识有助于从业人员更好地策划营销方案。进行系统的学习有助于提高专业能力与自信，提升业务管理能力，从而提高业绩。

本章学习测试及问题思考

1. 车辆产品开发，一般要重视哪些性能指标？
2. 对于用户来说，动力性指标包括哪些具体性能？
3. 用户关心的车辆成本包括哪些项目？
4. 举例写出至少10个专用车公告名称。

第四章 商用车结构与配置[一]

> **学习要点**
> 1. 掌握商用车的基本配置，各系统的构造、功能。
> 2. 了解商用车各系统的工作原理。
> 3. 掌握商用车各系统的发展趋势。

第一节 商用车的基本配置

商用车的配置与乘用车基本一致，其不同点是商用车是货箱，乘用车是行李舱；商用车的货箱大，功能多，而乘用车的行李舱小，功能少。

一、整车结构

轻型车与重型车的整车结构和外形稍有区别，其中微卡、轻卡、中卡整车结构与外形图参见图4-1；重卡整车结构与外形图参见图4-2。图4-1和图4-2中的传动系统，含传动轴和分动器。

二、基本配置

不论什么样的商用车产品，它的基本配置是一样的，都由表4-1所示的15部分组成，表中各项序号与图4-1和图4-2中的序号一一对应。

表4-1　商用（货）车的基本配置表

序号	1	2	3	4	5	6	7	8	9	10	11	12	13	14	15
系统名称	车身系统	车架系统	动力系统	离合操纵系统	变速操纵系统	传动系统	前桥系统	后桥系统	悬架系统	转向系统	制动系统	电气系统	货箱系统	车轮系统	随车书面材料
数量（套）	1	1	1	1	1	1	1	1	1	1	1	1	1	1	1
备注			包括尾气后处理系统				有双前桥的	有双后桥的，浮动桥、随动桥也在内	后桥带平衡悬架也在这个系统中				含牵引车鞍座		包括产品说明书、清单等

[一] 本章由赵旭日、刘春迎编写。

第四章 商用车结构与配置

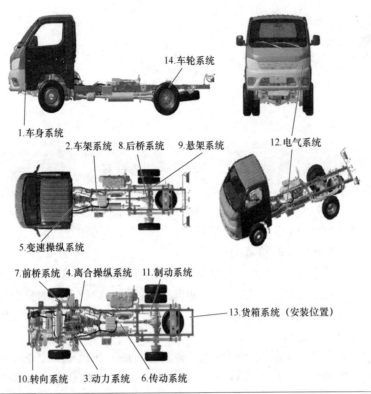

图 4-1 微卡、轻卡、中卡整车结构与外形图（以时代品牌产品为例）

图 4-2 重卡整车结构与外形图（以欧曼品牌产品为例）

89

第二节 车身系统

一、概述

1. 定义

1）商用（货）车车身是指车辆用来载人的部分，也叫驾驶室。

2）客车车身是指车辆用来载人和载货的部分，也指车辆整体。车身既是驾驶员的工作场所，又是容纳乘客和货物的场所。车身包括车窗、车门、驾驶室、乘客舱、发动机舱和行李舱等。

车身造型结构是车辆的形体语言，其设计好坏将直接影响到车辆的性能。

2. 现代及未来商用车车身设计的特点

1）车身结构为全钢（铝）整体设计，安全性能满足安全法规的要求。

2）车身所采用的防腐处理工序，足以确保其防腐耐久性可持续到车辆的整个使用寿命周期。

3）外形设计充分考虑空气动力学原理，每一个表面部件都单独经过空气动力学模拟和风洞试验，以获得最完美的空气动力学外形。

4）车身的内部布置充分考虑人体工程学要求，使驾驶员的工作效率和安全性得到很大程度的提高。

5）"灵活空间概念"设计思想，在有限的内部空间，提供个性化的功能配置，满足用户多样化需求。

6）内部装备：配置空气悬架座椅、宽大的卧铺、半自动/全自动空调（加独立空调/暖风）、电控门锁/车窗、环绕式仪表板、碰撞吸能转向柱、高级音响娱乐系统、生活系统等。

7）车身悬置系统完全采用空气弹簧，有效地隔绝了振动和噪声，提高了整车的舒适性和平顺性。

3. 作用

1）给驾驶员提供一个舒适的环境。

2）降低空气阻力。

3）保证驾驶员的安全。

4）提供电气等其他装置的安装位置。

4. 通过车身系统实现的功能

1）防护功能——保护驾驶员、乘员的安全。

2）防盗功能——门锁系统。

3）乘员休息功能。

4）储物功能。

5）室内温度调节功能。

6）电器仪表安装功能。

7）音响功能。

8）座椅安装功能。

9）后视功能。

10）生活功能。

11）手机充电功能。

12）雨天、雾天行驶功能。

5. 发展趋势

1）采用轻质材料（铝合金材料、塑料、碳纤维材料等），在强度不断提高的前提下，减小质量。

2）安全性要求越来越高，要求抗碰撞、抗翻滚等。

3）内部空间要求越来越大，驾驶的舒适性要求越来越高。

4）有卧铺时，卧铺宽度越来越宽，重卡要求达到800mm以上。

5）减振性能要求越来越高，采用气囊减振成为标配。
6）安装气囊减振座椅。
7）采用平地板，提高活动的方便性。
8）数字显示仪表。
9）360°可视系统代替后视系统。
10）装配独立空调、暖风系统。
11）立体声音响系统。
12）长度加长，增加卧铺宽度。

6. 车身外观图

微卡、轻卡和重卡的车身外观有所区别，具体参见图4-3。

a) 微卡、轻卡的车身外观（时代）　　　b) 重卡车身外观（欧曼）

图4-3　车身外观

二、车身结构形式

1. 非承载式

非承载式车身的汽车有刚性车架，又称底盘大梁。车身本体悬置于车架上，用弹性元件连接，见图4-4非承载式客车的底盘及车身。

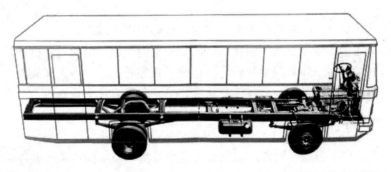

图4-4　非承载式客车的底盘及车身

（1）优点

1）车架的振动通过弹性元件传到车身上，大部分振动被减弱或消除。

2）发生碰撞时车架能吸收大部分冲击力，在坏路行驶时对车身起到保护作用，因此车身变形小，平稳性和安全性好。

3）车身内噪声低。

（2）缺点　非承载式车身比较笨重，质量大，汽车质心高，高速行驶稳定性较差。

（3）适用范围　商用货车基本都是非承载式车身。

2. 承载式

承载式车身的汽车没有刚性车架，只是加强了车头、侧围、车尾、底板等部位，车身和底架共同组成了车身本体的刚性空间结构。这种车身除了其固有的承载功能外，还要直接承受各种负荷。这种形式的车身具有较大的抗弯曲和抗扭转刚度，质量小，高度低，汽车质心低，装配简单，高速行驶稳定性较好，但由于道路负载会通过悬架装置直接传给车身本体，因此噪声和振动较大。

客车、乘用车，特别是高端客车多采用承载式车身。

图 4-5 所示是奔驰 O404 大客车的承载式车身结构，其底架是薄钢板冲压或用型钢焊制的纵横格栅，以取代笨重的车架。格栅是高度较高（约 500mm）的桁架结构，因而车身两侧地板上只能布置座席，而座席下方高大的空间可用作行李舱，故适用于大型长途客车。整体承载式车身结构的特点是所有的车身壳体构件都参与承载，互相牵连和协调，充分发挥材料的潜力，使车身质量最小而强度和刚度最大。

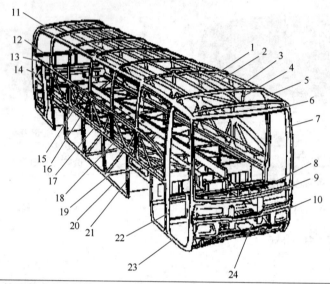

图 4-5 奔驰 O404 大客车的承载式车身结构

1—侧窗立柱　2—顶盖纵梁　3—顶盖横梁　4—顶盖斜撑　5—上边梁　6—前风窗框上横梁　7—前风窗立柱　8—仪表板横梁　9—前风窗框下横梁　10—前围搁梁　11—后风窗框上横梁　12—后风窗框下横梁　13—后围加强横梁　14—后围立柱　15—腰梁　16—角板　17—侧围搁梁　18—斜撑　19—底架横格栅　20—侧围裙边梁　21—裙立柱　22—门立柱　23—门槛　24—底架纵格栅

3. 半承载式

介于非承载式车身和承载式车身之间的车身结构，被称为半承载式车身。它的车身本体与底架用焊接或螺栓刚性连接，加强了部分车身底架而起到一部分车架的作用，例如发动机和悬架都安装在加固的车身底架上，车身与底架成为一体共同承受载荷。这种形式实质上是一种无车架的承载式车身结构。

因此，通常人们只将汽车车身结构划分为非承载式车身和承载式车身。

三、车身的组成

一般说来，车身包括白车身及其附件。白车身在这里是指车身结构件和覆盖件的焊接总成（包括车门）。车身附件包括内外饰件，如散热器面罩、保险杠、仪表板、顶篷、侧壁、窗帘和地毯等；还包括各种车身附属设备，如座椅、卧铺、门锁、遮阳板、后视镜和安全带等。轻卡、微卡的车身与中卡、重卡的车身不同，以祥菱 M 微卡和欧曼中重卡车身为例说明如下。

1. 祥菱 M 微卡车身

祥菱 M 微卡车身采用普通货车常用的非承载式平头驾驶室。按车身宽度分为 1650mm 宽车身、1550mm 窄车身两大系列。

2. 欧曼中重卡车身

欧曼中重卡车身采用普通货车常用的非承载式平头驾驶室。按车身宽度分为 H2490 宽车身、H2200 窄车身两大系列。

四、白车身

白车身是一切车身部件的安装基础,一般是指纵、横梁和支柱等主要承力元件以及与它们相连接的板件共同组成的刚性空间结构。通常,还包括在其上敷设的隔声、隔热、防振、防腐、密封等材料及涂层。具体可参见图4-6白车身外观图。

a)时代微卡、轻卡白车身

b)欧曼重卡白车身

图 4-6　白车身外观图

1. 平头商用（货）车车身结构

可分为地板、顶盖板、前围板、后围板、侧围板、车门等部分,图4-7所示为轻卡的车身及各部件的构成。

2. 客车车身结构

客车由于其长度和用途不同,其车身结构也有很大差异。6m以下的客车由于车长较短,车身结构形式基本上与轿车相似,一般采用承载式车身,车身构件多为薄板冲压件焊接而成,较少采用骨架结构。而7m以上的大中型客车的车身结构多由骨架和蒙皮构成,由骨架形成车体并承载。

车身骨架一般可分为六大片,分别为前围骨架、后围骨架、左侧骨架、右侧骨架、顶骨架和底骨架。每片骨架总成的连接部分称为分形面。图4-8所示为一城市客车车身骨架。

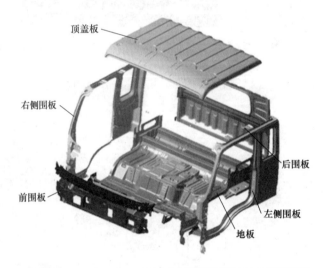

图 4-7　轻卡的车身及各部件的构成

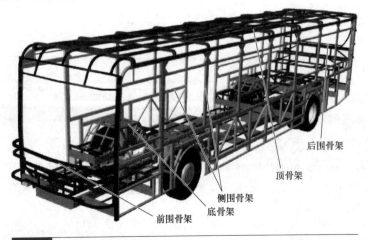

图 4-8　城市客车车身骨架

五、车身内饰

车身内饰是在车辆内部起装饰和防护作用的零部件的总称，主要包括仪表板、顶篷、侧围壁等表面覆饰物，以及窗帘和地毯等。图4-9为商用车常见的内饰效果图。

a) 时代祥菱微卡内饰效果图

b) 时代轻卡M6内饰效果图

c) 欧曼内饰效果图

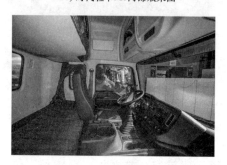

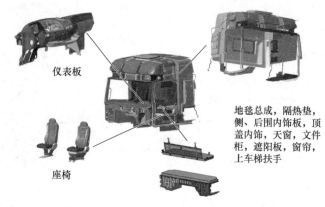
d) 欧曼内饰各模块示意图

图4-9 内饰效果图

发展方向：向轿车内饰件的方向发展，精细化程度越来越高。

1. 内饰设计的思想

1) 中重型商用车的车身内饰设计要充分体现居住性、舒适性和美观性。在高顶豪华车身中，按轿车理念设计全车内饰，可为用户提供舒适、高雅的驾乘环境，提供了桃木纹豪华内饰、电控玻璃升降器、电动门锁、十碟VCD、车载电话、车载冰箱等多种选用装置，满足不同用户的个性化需求，体现了移动之家的功能。

2) 轻微卡在车身内饰设计时，要充分为驾驶员着想，努力体现居住性、舒适性和美观性。按轿车理念设计全车内饰，通过和谐、精细化的内饰搭配为用户提供舒适、高雅的驾乘环境，并提供了电控玻璃升降器、电动门锁、倒车影像、仿真皮座椅等多种选用装置，满足不同用户的个性化需求，提供更好的驾乘体验。

2. 车身内饰主要模块

根据需求不同（主要为成本因素），车身内饰差异很大。材质、面料的选用，提升舒适性配置的选用均影响内饰感觉。

例如：欧曼品牌的产品本着"以人为本"的理念，采用人性化设计：软质仪表台、气悬浮减振座椅、集成在座椅上的三点式安全带、宽大厚实的卧铺、方便的储物空间、柔软包裹的仪表板及地毯、方便的水杯架及烟灰缸等，体现了美观、豪华、大气等高端品牌应有的气质，参见图4-9d 欧曼内饰各模块示意图。

六、车身外饰

1. 组成

车身外饰是外部起装饰和防护作用的零部件的总称，主要包括外遮阳罩、前围附件、侧围及其附件、散热器面罩、前保险杠、后视镜、左右角板、导流罩、脚踏板、前轮挡泥板等。具体可参见图4-10 欧曼的外饰件组成示意图和图4-11 时代微卡车身外饰示意图。

图 4-10　欧曼的外饰件组成示意图

图 4-11　时代微卡车身外饰示意图

2. 车身外饰主要模块

车身外饰主要模块示意图见图4-12。

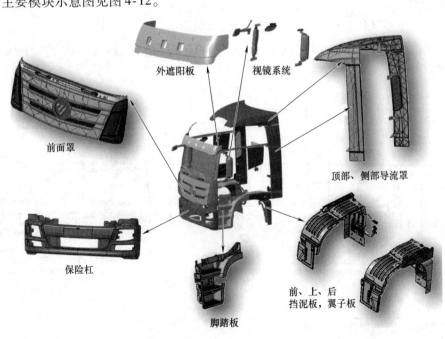

图 4-12　车身外饰各模块示意图

七、车身附件

车身附件包括门锁、门铰链、玻璃升降器、各种密封件、风窗刮水器、风窗洗涤器、遮阳板、后视镜、拉手、点烟器、烟灰盒等。在现代汽车上常常装有无线电收放音机和杆式天线，有的汽车车身上还装有无线电话机、电视机或加热食品的微波炉和小型电冰箱等附属设备。

1. 座椅

发展方向：机械座椅→液压座椅→气囊座椅+多方向可调节。

经过几代人的努力，座椅的功能和质量已经实现了质的飞跃。

1）座椅面料分织物面料及仿真皮面料，分别可满足低档座椅与高档座椅两种需求。
2）坐垫与靠背符合人机工程，提高乘坐舒适性。
3）驾驶员座椅采用"M"滑道前后可调，芯盘式调角器实现靠背角度近似无级调节。
4）座椅折叠后向后翻起，实现机舱零部件的维修保养。

座椅效果图见图4-13。

a) 欧曼重卡座椅

b) 时代祥菱微卡座椅

c) 时代领航的座椅

图4-13 座椅效果图

欧曼的座椅采用了空气悬架技术，可自动调节座椅的阻尼强度，且位置、角度可多重调节，使座椅的几何位置能满足人体工程学的要求，达到乘坐舒适、操作方便、视野良好等目的。

而时代品牌车辆的座椅采用了"M"滑道，实现座椅前后可调，芯盘式调角器使靠背具有角度调节功能。座椅的几何位置能满足人体工程学的要求，达到乘坐舒适、操作方便、视野良好等目的。

2. 车门及其附件

发展方向：已经逐步从传统机械控制向电动控制方向发展。

其关键零部件为车窗密封条、车门外装饰板、车门内护板、车窗玻璃、手动玻璃升降器、电动玻璃升降器等。具体附件参见图4-14。

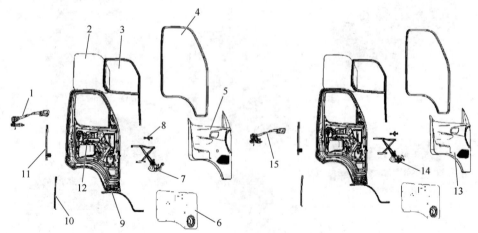

图4-14 时代祥菱的车门及其附件

1—机械门锁 2—车窗玻璃 3—车窗密封条 4—车门框密封条 5—手动升降车门内护板 6—车门防雨帘 7—手动玻璃升降器 8—车门限位器 9—车门下挡水条 10—玻璃下导轨泥槽 11—玻璃下导轨 12—车门内护面安装支架 13—手动升降车门内护板 14—电动玻璃升降器 15—中控门锁

3. 暖风、空调系统

暖风、空调系统的未来主要发展趋势是自动控制+独立暖风、独立空调。其关键零部件为空调出风口、空调开关、空调管路等。

4. 门锁系统

门锁系统未来主要发展趋势是远程电子遥控化和手机 APP 智能化。特别是随着新能源汽车的发展，为门锁系统的智能化及手机 APP 化提供了更多发展空间。其关键零部件为门把手、门锁、门锁拉杆、门内把手等。

车身其他附件，本书暂不做介绍。

八、驾驶室全浮悬置

驾驶室悬置从结构上主要分为半浮和全浮两种。从性能上划分，又分为螺旋弹簧和空气弹簧两种。全浮式结构是指前、后悬置都采用弹性元件和减振器结构，通过螺旋弹簧或气囊等弹性元件将驾驶室四点悬浮连接在车架上。

驾驶室全浮悬置未来主要发展趋势是四点气囊减振全浮式车身悬置系统，参见图 4-15。

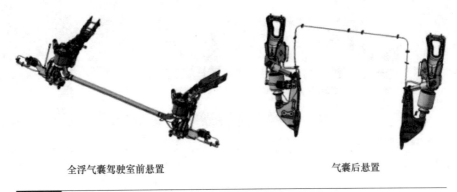

全浮气囊驾驶室前悬置　　　　气囊后悬置

图 4-15 全浮悬置结构中的前后气囊减振器示意图

目前，欧洲及国内主流高档重卡车型大都采用全浮式气囊悬置结构。随着高速公路及国道等路网的快速发展，客户对驾乘舒适性要求的不断提高，全浮式结构已经成为主流趋势。全浮式驾驶室的螺旋弹簧或空气弹簧悬置可以缓冲车架传给驾驶室的二次振动冲击，使从车架传给驾驶室的高频和低频振动都得到最佳的衰减，大大提高车身的减振性能，使货车车身的乘坐舒适性、平顺性达到乘用车水平。

九、车身翻转举升系统

车身翻转举升系统主要的作用是将驾驶室举升起来，便于驾驶室下部各部件的检查、保养、维修。车身翻转举升系统未来的主要发展趋势是电动液压举升系统，甚至实现智能化举升控制。

1. 液压翻转系统

福田戴姆勒的 ETX-2490 驾驶室采用此种结构。EST-2490 和 GTL-2490 驾驶室采用电动手动一体的液压翻转结构。

保险钢索（图 4-16）的作用主要是确保驾驶室不能随意反转，保证驾驶室的安全。部分车型已经可以不装配此装置。

图 4-17 为安全锁止机构。

2. 扭杆弹簧驾驶室翻转系统

欧曼早期生产车型采用 2200mm 窄车身，驾驶室采用传统的扭杆弹簧翻转系统。两个前悬置点与翻转扭杆共用下支座固定在车架上；摇臂前端连接在两个扭杆上，摇臂末端支撑在驾驶室地板纵梁上，见图 4-18。在翻转过程中，驾驶员可操作扶手，通过扭杆弹簧提供的辅助力，实现驾驶室的前翻。

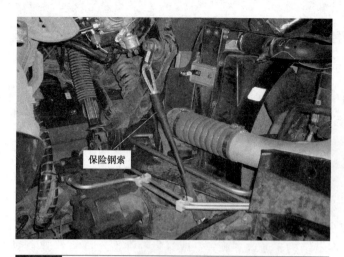

图 4-16　保险钢索位置示意图

图 4-17　安全锁止机构

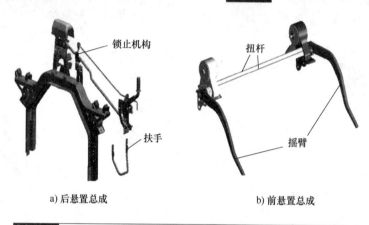

a) 后悬置总成　　　　b) 前悬置总成

图 4-18　扭杆弹簧驾驶室翻转系统结构图示

第三节　车架系统

一、概述

1. 定义

车架是指跨接在汽车前后车桥上的框架式结构。

车架系统是整个汽车的基体，汽车的发动机、传动系统、悬架、转向系统、驾驶室、货箱和有关操纵机构都是通过车架来固定其位置的，并承受来自车内外的各种载荷。

2. 类别

目前，汽车车架的结构形式可分为三种：边梁式、平台式和脊梁式。其中，平台式车架适用于小型乘用车或商用车；脊梁式车架适用于独立悬架的商用车或乘用车；边梁式车架应用最为广泛。

3. 作用

起支撑和连接的作用。

4. 通过车架系统实现的主要功能

① 连接功能：其他系统的连接主要通过车架系统实现。

② 承载功能：承载货物的功能。

③ 防护功能：发生碰撞时吸收冲击力，保护驾驶室及其乘员的功能。

5. 发展趋势

商用车的车架未来将主要朝着高强度材料、轻量化、智能化等方向发展。

6. 结构

车架主要由纵梁、横梁、发动机支架、离合器支架及其他附件组合而成。车架按照工艺的不同又分为焊接车架、铆接车架、铆/焊接车架。本书以时代微卡、中卡和欧曼重卡为例，介绍铆接车架的结构。具体参见图4-19 铆接车架结构示意图。

a) 时代微卡车架：前宽后窄的铆接车架

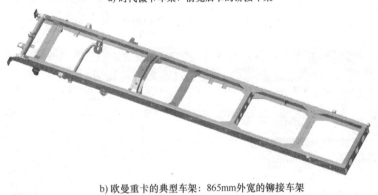

b) 欧曼重卡的典型车架：865mm外宽的铆接车架

图 4-19　铆接车架结构示意图

7. 在车辆中的位置

车架是车辆的脊梁。车辆的其他总成都是以车架为基础进行安装的。车架以下的部分（含车架）统称为底盘部分；车架以上的部分，称为车身和上装部分；动力总成也是安装在车架上的，见图4-20。

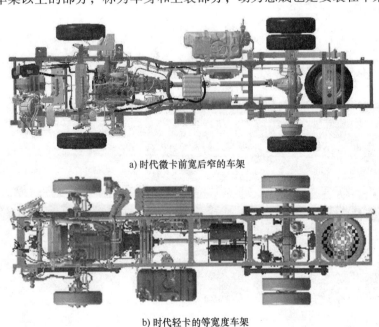

a) 时代微卡前宽后窄的车架

b) 时代轻卡的等宽度车架

图 4-20　车架在底盘部分的结构示意图

c) 福田戴姆勒重卡的前宽后窄车架

图 4-20　车架在底盘部分的结构示意图（续）

二、分类

1. 按宽度区分

从车架宽度的角度来看，商用车的车架可以分为前宽后窄车架（图 4-21）和等宽车架。

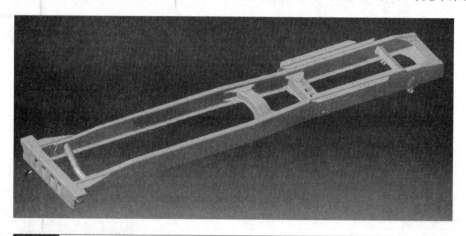

图 4-21　前宽后窄车架

2. 按适用车型区分

从不同车型的角度来看，可以分为牵引车车架（主要考虑鞍座的安装等，见图 4-22）、自卸车车架（主要考虑上装的固定等，见图 4-23）、栏板车车架（主要考虑货箱的长度等，见图 4-24～图 4-27）、客车车架、半挂车车架等。

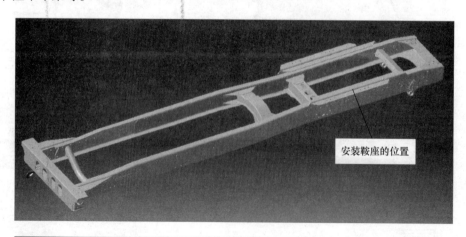

图 4-22　牵引车车架

第四章 商用车结构与配置

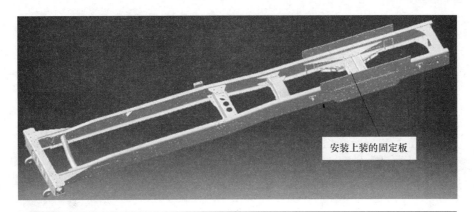

安装上装的固定板

图 4-23 自卸车车架

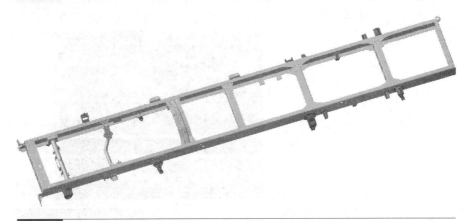

图 4-24 轻卡栏板货车车架

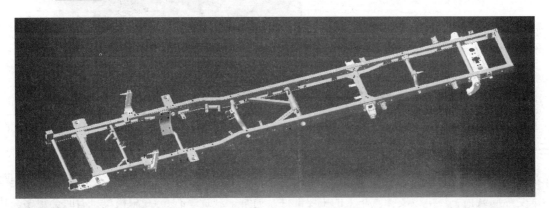

图 4-25 后双胎车架示意图

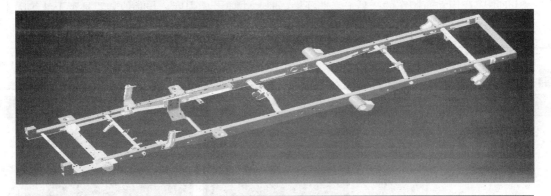

图 4-26 后单胎车架示意图

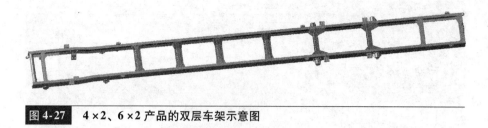

图 4-27　4×2、6×2 产品的双层车架示意图

3. 按车架层数区分

按车架层数来区分，商用车车架又可以分为单层车架、双层车架、局部多层车架等类别，见表4-2。

表 4-2　双层和局部多层车架的结构形式

类别	结构形式
主衬梁结构	
在平衡轴处有内 L 形板（同时用于连接横梁）	

三、车架横梁结构

车架横梁的形式有很多种，根据它在车架的位置不同，其形式也不同。横梁不仅用来保证车架的扭转刚度和承受纵向载荷，还可以支撑汽车上的主要部件。通常，载货车有5~6根横梁，有时会更多。边梁式车架的结构特点是便于安装驾驶室、车厢及一些特种装备和布置其他总成，有利于改装变型车和发展多品种汽车，因此被广泛用在商用车的产品上。选择横梁时，主要考虑强度、与其他装置是否干涉等因素。

1. 重卡的横梁结构

车型不同，位置不同，横梁的结构形式也不同，见表4-3。

表 4-3　重卡不同位置常见车架横梁结构形式

类别	结构形式	
前横梁/后横梁（槽型）		

（续）

类　　别	结构形式
弯管梁 （前板簧前支架处）	
盆型横梁（前板簧后支架处）	
主横梁 （Ω型，直/拱）	
主横梁 （双Ω扣盒型）	
主横梁 （槽型为主，兼有双Ω扣盒型	
平衡轴处横梁（背靠背的 双槽型横梁，翻边/不翻边）	

2. 微卡、轻卡、中卡的横梁结构

微卡、轻卡、中卡的横梁结构也根据大梁结构的不同而不尽相同，见表4-4。

表4-4 微卡、轻卡、中卡用横梁的典型结构形式

类　别	结构形式
前横梁（圆管梁）	
一横梁/后横梁/四横梁（槽梁）	
圆管梁（二横梁、圆保梁、三横梁、传动轴吊挂横梁、减振器横梁、五横梁）	
车架加强斜撑（槽梁）	

3. 客车的横梁结构

由于非承载式车身客车车架结构源于货车，大部分传统客车的横梁结构与相同级别的货车有相似之处，这里不再逐一介绍了。

四、车架的尺寸

相同的车辆类别（比如微卡、轻卡、中卡、重卡）、相同的车型（如栏板货车、自卸车、牵引车、专用车），在不同的品牌下，车架结构的区别也很大。

车架的形状各有不同，但是其功能是基本一致的。

不同平台产品，其车架设计所选用的材料、厚度、设计尺寸等是不同的。

微卡、轻卡车架的高度从100mm到200mm不等；轻卡车架高度在200～250mm之间居多；重卡车架高度跨度较大，在200～320mm之间居多。

不同车架主要参数，参见表4-5～表4-8。由于产品的不断改进，表中参数仅供参考。

表4-5　时代祥菱微卡常用车架主要参数　　　　　　　　　　　　　　　　　（单位：mm）

参 数 项	方案1	方案2	方案3
纵梁高度	130	130	130
纵梁宽度	50	50	50
材料厚度	1.5～5	1.5～5	1.5～5
车架层数	单	单	单
常用材料	B510L	B510L/B610L	B610L
使用车型	栏板货车	栏板货车	栏板货车
备注	祥菱M1	祥菱M2 汽油	祥菱M2 柴油

表4-6　时代轻卡车架主要参数　　　　　　　　　　　　　　　　　（单位：mm）

参 数 项	方案1	方案2
车架的高度	170	192
材料厚度	4.5	6.0
车架层数	单	单
常用材料	750L	610L
使用车型	新领航轻载车型	新领航标载车型

表4-7　时代中卡车架主要参数　　　　　　　　　　　　　　　　　（单位：mm）

参 数 项	方案1	方案2	方案3	方案4	方案5	方案6
车架的高度	215	215	234	250	250	250
材料厚度	6	6+4	7	7	7+4	8+4
车架层数	单	双	单	单	双	双
常用材料	B610L/B510L/Q235A	B610L/B510L/Q235A	S750/B610L/B510L/Q235A	S750/B610L/B510L/Q235A	S750/B610L/B510L/Q235A	B610L/B510L/Q235A
使用车型	栏板/仓栅/厢货	栏板/仓栅/厢货	栏板/仓栅/厢货	栏板/仓栅/厢货	栏板/仓栅/厢货	栏板/仓栅/厢货

表4-8　欧曼重卡常用车架主要参数　　　　　　　　　　　　　　　　　（单位：mm）

参 数 项	方案1	方案2	方案3	方案4	方案5
车架的高度	206	232	243	280	320
材料厚度	5～7	5～8	5～8	7～8	5～8
车架层数	单	单/双	单/双	双	双
常用材料	L510	L510	L510/L610	L610	L610
使用车型	栏板/仓栅/厢货	栏板/仓栅/厢货	牵引车	轻量化自卸车	自卸车

① 按照 GB/T 3273—2015《汽车大梁用热轧钢板和钢带》规定的钢材编号。标准规定的钢材编号有 370L、420L、440L、510L、550L、600L、650L、700L、750L、800L。数字表示最小抗拉强度。

② 510L 大梁钢板：常用材料，现主要用于重卡以下的车辆。

③ 600L 及以上大梁钢板：重卡常用材料。

第四节　动力系统

一、概述

1. 定义

动力系统指为汽车行驶和作业提供动力的系统。

2. 组成

动力系统由发动机总成、进气系统、燃油系统、冷却系统、排气系统（包括废气后处理装置）等组成。

3. 作用

汽车动力系统顾名思义就是为车辆提供动力，有了动力车辆才能行驶，才可实现运输功能和作业功能，才能体现出车辆的实际价值。

4. 功能

通过动力系统实现的功能包括：①行走功能；②作业功能。

5. 发展趋势

（1）技术不断升级

1）由二气门到四气门。

2）由机械泵到高压共轨。

3）热效率不断提高：汽油机的热效率已经提高到 47%；柴油机的热效率有望提高到 50%~60%。

4）自重越来越轻。

5）排放标准不断提高。

（2）新燃料动力系统不断涌现　新能源动力系统包括（氢及甲醇）燃料电池动力系统、纯电动力系统、增程式新能源动力系统、混合动力系统等。

（3）清洁能源动力系统　清洁能源动力系统包括 CNG\LNG 燃料动力系统、甲醇燃料动力系统等。本书只介绍传统燃料动力系统，并以柴油机为主。

6. 安装位置

商用车动力系统各部分在底盘中的安装位置见图 4-28。

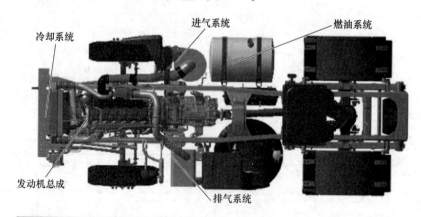

图 4-28　动力系统各部分在底盘中的安装位置

二、发动机总成

发动机总成是动力系统的核心,是商用车的心脏,是车辆行驶动力的唯一来源。它安装在车辆的前部,在底盘中的位置见图4-28。

发动机的总体构成包括机体组、曲柄连杆机构、配气机构、供给系统、冷却系统、润滑系统、起动系统等。

1. 发动机的分类

发动机经过数百年的发展,已历经数次迭代,产品结构、技术、种类都呈现出多元化,发动机按照不同维度的分类方法可分为如下几类。

(1) 按照燃料类别分类　可以分为汽油机和柴油机。汽油机与柴油机各有特点;汽油机转速高,质量小,噪声小,起动容易,制造成本低;柴油机压缩比大,热效率高,排放性能和经济性能较汽油机好得多。

(2) 按活塞运动方式分类　活塞式内燃机可分为往复活塞式和旋转活塞式两种。前者活塞在气缸内做往复直线运动,后者活塞在气缸内做旋转运动。

(3) 按照气缸数目分类　可以分为单缸发动机和多缸发动机。仅有一个气缸的发动机称为单缸发动机;有两个以上气缸的发动机称为多缸发动机。现代车用发动机多采用三缸、四缸、六缸、八缸发动机。

(4) 按照气缸排列方式分类　可以分为单列式、双列式和三列式。单列式发动机的各个气缸排成一列,一般是垂直布置的,但为了降低高度,有时也把气缸布置成倾斜的甚至水平的。双列式发动机把气缸排成两列,若两列之间的夹角小于180°(一般为90°)称为V形发动机;若两列之间的夹角等于180°称为对置式发动机。三列式把气缸排成三列,称为W形发动机。

(5) 按照行程方式分类　内燃机按照完成一个工作循环所需的行程数可分为四冲程内燃机和二冲程内燃机。汽车发动机一般采用四冲程内燃机。四冲程内燃机是指完成一个工作循环,活塞在气缸内上下往复运动四个行程,曲轴要转两圈(720°);二冲程内燃机则是活塞在气缸内上下往复运动两个行程。

(6) 按照增压方式分类　可以分为增压式(强制进气)和非增压式(自然吸气)。利用增压器提高进气压力,增大进气密度,为增压内燃机,这种方式有利于提高内燃机功率。在接近大气状态下进行进气,为非增压内燃机或自然吸气式内燃机。

(7) 按照冷却方式分类　内燃机按照冷却方式不同可以分为水冷发动机和风冷发动机。水冷发动机是利用在气缸体和气缸盖冷却水套中进行循环的冷却液作为冷却介质进行冷却的;而风冷发动机是利用流动于气缸体与气缸盖外表面散热片之间的空气作为冷却介质进行冷却的。水冷发动机冷却均匀,工作可靠,冷却效果好,被广泛地应用于现代车用发动机。

图4-29是商用车常用的几种发动机外形图。

2. 发动机的构成

(1) 机体组　机体组作为发动机的主体,它的作用是连接各部分并进行冷却,由气缸盖、气缸体和油底壳等组成,见图4-30。

(2) 曲柄连杆机构　曲柄连杆机构的作用是将活塞的直线往复运动变为曲轴的旋转运动并输出动力。它包括活塞、连杆、带有飞轮的曲轴,见图4-31和图4-32。

(3) 进、排气(配气)机构　进、排气(配气)机构的主要作用是使经过增压的空气/燃料混合气及时充入气缸并及时从气缸排出废气。

组成:包括进气系统(进气歧管、节气门等)、配气系统(进气门、排气门、凸轮轴、挺柱、凸轮轴正时链轮、正时链等)、排气系统(排气歧管、密封垫)等。

重卡和微卡、轻卡常用发动机配气机构结构简图,参见图4-33。通常情况下,进、排气门开启、关闭通过凸轮轴推动挺柱控制,曲轴通过正时链、凸轮轴正时链轮驱动凸轮轴,见图4-34。

非增压、中冷进气机构结构简图见图4-35。增压、中冷进气机构结构简图见图4-36。增压、中冷进气机构工作原理见图4-37。

a) 康明斯发动机　b) 潍柴WP4.6N发动机　c) 上柴6CL系列发动机

d) 云内D25发动机　e) 奔驰OM457发动机　f) 玉柴发动机

g) 东安发动机　h) 福田汽车G03发动机

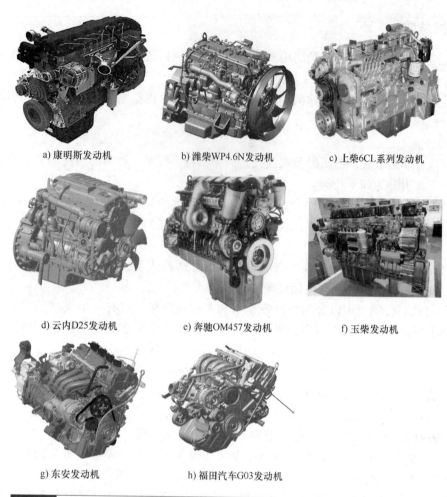

图 4-29　商用车常用的几款发动机外形图

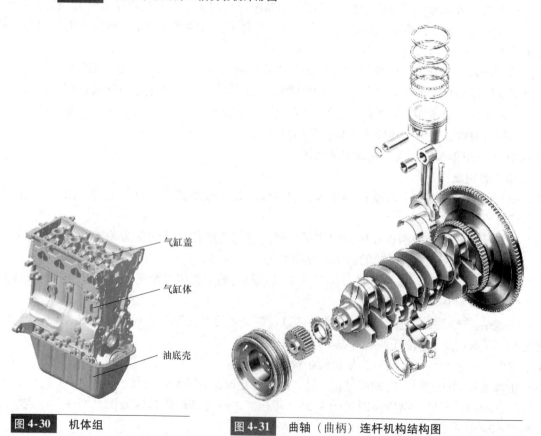

图 4-30　机体组

图 4-31　曲轴（曲柄）连杆机构结构图

图 4-32　曲柄、连杆外形示意图

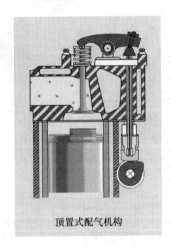
顶置式配气机构

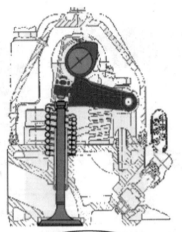

图中的进气门和排气门不在同一条直线上，凸轮驱动气门要通过摇臂

a) 重卡常用发动机配气机构结构简图

b) 微卡、轻卡常用发动机配气机构结构简图

图 4-33　配气机构结构简图

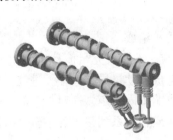

图 4-34　凸轮轴与气门结构简图

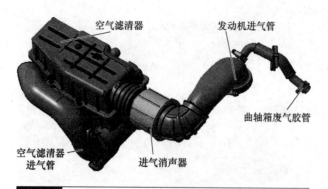

图 4-35 非增压、中冷进气机构结构简图

图 4-36 增压、中冷进气机构结构简图

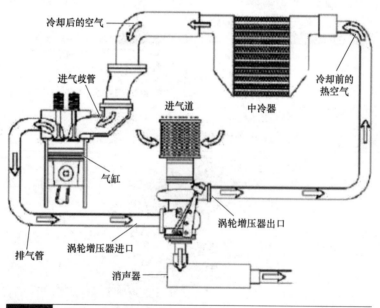

图 4-37 增压、中冷进气机构工作原理图

三、进气系统

(1) 组成　进气系统由空气滤清器、空气流量计、进气压力传感器、节气门体、附加空气阀、怠速控制阀、谐振腔、动力腔、进气歧管等组成。

(2) 主要作用　为发动机输送清洁、干燥、充足而稳定的空气以满足发动机的需求，避免空气中杂质及大颗粒粉尘进入发动机燃烧室造成发动机异常磨损。进气系统的另一个重要功能是降低噪声，进气噪声不仅影响整车通过噪声，而且影响车内噪声，这对乘车舒适性有着很大的影响。进气系统设计的好坏直接影响到发动机的功率及噪声品质，关系到整车的乘坐舒适性。合理设计消声元件可降低子系统噪声，进而提升整车 NVH 性能。

(3) 工作原理　发动机工作时，驾驶员通过加速踏板操纵节气门的开度，以此来改变进气量，控制发动机的运转。进入发动机的空气经空气滤清器滤去尘埃等杂质后，流经空气流量计，沿节气门通道进入动力腔，再经进气歧管分配到各个气缸中；发动机冷车怠速运转时，部分空气经附加空气阀或怠速控制阀绕过节气门进入气缸。

1. 空气滤清器

（1）作用　过滤空气中的杂质。随着现代汽车发动机性能的强化，大量试验研究结果表明，发动机的磨损和寿命在很大程度上取决于空气滤清器的技术性能和机构完整性。

（2）分类

1）一般空气滤清器，见图4-38。优点是结构简单，成本低。缺点是粗滤滤清效率低，使用寿命短。适用于良好路况，如高速公路或城市街道。

2）带叶片环的复合式空气滤清器。优点是性价比高，结构紧凑，粗滤效率达70%。适合一般路况，如低等级公路或乡镇公路。

3）带旋流管的双级沙漠空气滤清器。优点是粗滤效率高达90%以上，能适应各种恶劣环境，如沙漠地区或者建筑工地。缺点是结构复杂，成本高。

（3）典型结构　干式单级空气滤清器主要由滤芯、上壳体、下壳体组成，图4-39为时代祥菱微卡常用的干式单级空气滤清器，主要原理为气流通过多孔介质滤芯，超过一定尺寸的灰尘留在介质内，类似筛网原理。

图4-38　重卡空气滤清器

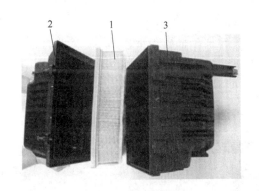

图4-39　时代祥菱微卡常用的干式单级空气滤清器

1—滤芯　2—上壳体　3—下壳体

2. 高位进气管

高位进气管主要作用是引导空气从高空进入空气滤清器以减少空气中的粉尘。高位进气管为商用车进气系统的第一道管口，要求具有防水及除水的功能，避免大量的水进入下游管道严重影响进气阻力及过滤效率。因进气系统为负压工作，在雨雪天气时，空气与水容易同时进入空气滤清器中，影响使用，甚至对发动机造成损害。由于工作环境、安装可能性、安装高度等原因，高位进气管主要在重卡上得到普遍应用，见图4-40。而包括微卡、轻卡、轻客、中客等车辆基本没有需求。

3. 轻卡、微卡的空气滤清器进气管、发动机进气管

轻卡、微卡的空气滤清器进气管、发动机进气管见图4-41。其主要作用是从外界吸入空气并向发动机输送洁净的空气，主要由空气滤清器进气管（塑料管）、发动机进气管（塑料管或者橡胶管）、过渡软管（橡胶管）组成。

图4-40　高位进气管安装、外形示意图

4. 曲轴箱废气胶管

曲轴箱废气胶管主要作用是将从曲轴箱抽出的气体导入发动机的进气系统重新燃烧。进气系统废气胶管主要是利用发动机曲轴箱内气体和进气通道之间的压差来使曲轴箱内气体吸入到进气歧管中作为进气被燃烧掉。

该胶管材料一般选用三元乙丙橡胶，制作工艺为挤出管，见图4-42。

图4-41 轻卡、微卡常用的空气滤清器进气管、发动机进气管

图4-42 曲轴箱废气胶管

5. 进气消声器

进气消声器主要作用是降低整车中低频噪声，提高驾驶舒适性。

进气消声器整体为塑料件，利用不同形状的管道和腔室进行适当的组合产生声抗，使声波产生反射或干涉，从而降低由消声器向外辐射的声能；内部设有小孔，当气流经过小孔时，小孔孔颈中的气体在声压作用下像活塞一样往复运动，使声波与孔颈壁面相互摩擦，一部分声能转化为热能，当进气声波频率与封闭空室自振频率相同时，将发生共振，此时消耗声能最多，噪声衰减最大。示意图参见图4-43进气消声器。

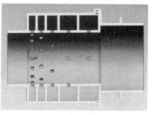

图4-43 进气消声器

四、空气增压器及其冷却系统

1. 工作原理简图

图4-44为空气增压器压缩机工作示意图，图4-45为空气增压器及其冷却系统示意图。

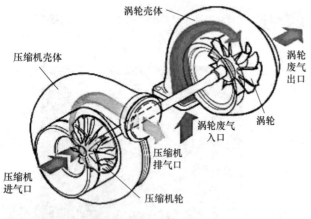

图4-44 空气增压器压缩机工作示意图

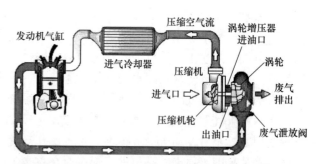

图4-45 空气增压器及其冷却系统示意图

2. 空气增压器及其冷却系统工作原理

1）发动机排出的废气，推动涡轮排气端的涡轮叶轮，并使之旋转，由此便能带动与之相连的另一侧的压气机叶轮也同时转动。

2）压气机叶轮把空气从进风口强制吸进，并经叶片的旋转压缩后，再进入管径越来越大的扩压通道流出。

3）压缩空气进入中冷器，以此降低被压缩空气的温度，提高密度，防止发动机产生爆燃。

4）被压缩（并被冷却后）的空气经进气管进入气缸，参与燃烧做功。

5）燃烧后的废气从排气管排出，进入涡轮，再重复以上1）的动作。

3. 空气增压器的冷却

润滑油通过空气增压器轴管进行冷却。

4. 增压空气的冷却

增压空气通过中冷器冷却。有效的中冷技术可使增压后的空气温度下降到50℃以下，有助于减少废气的排放和提高燃油经济性。

5. 中冷器

（1）中冷器的外形　中冷器的外形图见图4-46。通常情况下，中冷器一般只有在安装了增压器的发动机上才能看到。因为中冷器实际上是涡轮增压的配套件。

（2）中冷器的作用　中冷器在汽车上是用于降低发动机进气温度的。特别是在增压发动机上，空气经增压机的高速增压后，温度将明显提高、密度降低。这是发动机经增压来提高燃油燃烧效率，以达到提高功率、降低油耗、降低排污的最大障碍。

图4-46　中冷器的外形图

1）提高发动机功率。发动机排出的废气温度非常高，通过增压器的热传导会提高进气温度。而且，空气在被压缩的过程中密度会升高，同时也导致增压器排出的空气温度升高，从而影响发动机的有效充气效率。如果想要进一步提高充气效率，就要降低进气温度。有数据表明，在相同的空燃比条件下，增压空气的温度每下降10℃，发动机功率就能提高3%~5%。

2）降低污染。如果未经冷却的增压空气进入燃烧室，除了会影响发动机的充气效率外，还很容易导致发动机燃烧温度过高，造成爆燃等故障，而且会增加发动机废气中的NO_x的含量，造成空气污染。

3）减少发动机燃料消耗。

4）提高对海拔的适应性。在高海拔地区，采用中冷可使用更高压比的压气机，这可使发动机得到更大功率，提高汽车的适应性。

5）改善增压器匹配和适应性。

（3）常用中冷器配件　常用中冷器配件外形见图4-47。

五、排气系统

1. 概述

排气系统指收集并且排放废气的系统。

商用车匹配最多的柴油发动机因为喷油在压缩行程进行，所以不需像汽油机在中低转速时要抑制负压，因此柴油机比较注重排气的顺畅性，负压的存在只有利没有弊。

一般来说，柴油机的排气管路除了无法去掉的消声器和后处理装置之外，都比较平直，几乎没有多余的回压装置，目的就是减小对气体的阻碍。

排气系统的主要作用是排出废气，降低噪声，净化废气。

2. 构成

排气系统包括后处理装置、消声器、排气管路等。以时代汽车为例，装配汽油发动机的商用车排气系统结构简图参见图4-48。

（1）后处理装置　包括紧耦合式三元催化器和底盘式颗粒捕集器。

1）作用：降低排气污染物PM、PN、CO、HC、NO_x等的含量，使整车达到国六排放标准。

不开窗散热带：风阻小，成本低，适用于排放水平要求不高的车辆

开窗散热带：风阻较大，成本较高，适用于排放水平要求高的车辆

不开窗紊流片：进气阻力和成本适中，适用于排放水平要求一般的发动机用中冷器，如国二发动机

开窗紊流片：结构复杂，成本较高，进气阻力大，适用于排放水平要求高的发动机用中冷器，如国三发动机

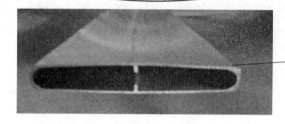

口琴管：结构简单，进气阻力小，适用于U形结构或排放水平要求不高的中冷器，如欧一发动机

图 4-47　中冷器部分零部件外形图

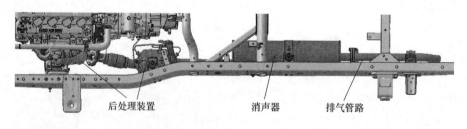

图 4-48　排气系统结构简图

2）作用机理参见图 4-49。

（2）消声器　消声器是指具有吸声衬里或特殊形式的气流管道，可有效降低气流噪声的装置。阻抗复合式消声器作用机理如图 4-50 所示。

常见的四种消声器见图 4-51。

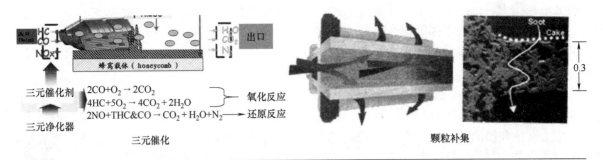

图 4-49　后处理作用机理简图

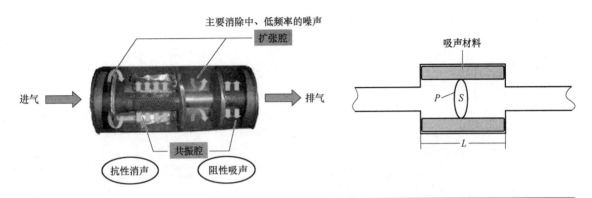

图 4-50　消声器作用机理简图

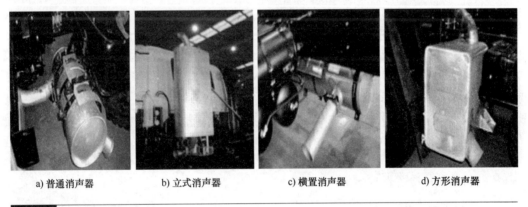

图 4-51　常见的四种消声器

六、燃油系统

1. 柴油机的燃油系统

（1）构成　燃油系统主要由油箱、燃油滤清器、低压油管、手油泵、高压油泵、共轨系统、高压油管、喷油器、回油管等组成，燃油系统简图见图4-52。它的主要作用是按照发动机的工作需要，及时向气缸供给燃油，保证发动机的正常运行。

传统柴油机燃油系统存在着供油不精确的问题，解决的办法是采用电子控制燃油喷射技术，系统由传感器、电子控制单元（ECU）和执行器等组成。

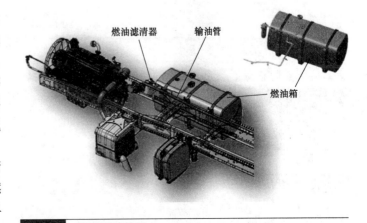

图 4-52　燃油系统简图

引入电控技术后,控制对象和目标大为扩展,从常规稳态性能调控,扩展到各种过渡过程优化控制、故障诊断与处理、操作过程自动化等,最终发展成为整机的电子管理系统。但与汽油机相比,因柴油机的喷射系统形式多样,电控系统的硬件也有多种形式,同时,柴油机需要对油量、定时、喷油压力等多参数进行综合控制,其软硬件的技术难度大于汽油机。

"共轨"是通过公共供油管同时供给各个喷油器,喷油量经过 ECU 的精确计算同时向各个喷油器提供同样质量、同样压力的燃油,使发动机运转更加平顺,从而优化柴油机综合性能。其最大的特点就是将燃油压力产生和燃油喷射分离开来,通过对共轨管内的油压实现精确控制,使高压油管压力大小与发动机的转速无关。共轨系统工作原理简图见图 4-53。

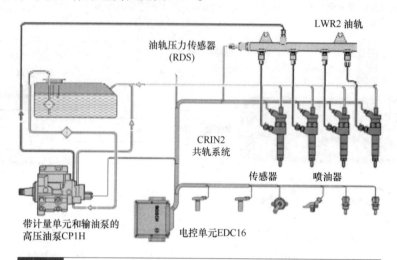

图 4-53　共轨系统工作原理简图

(2) 柴油滤清器　目前,国内大部分国六动力车型柴油滤清器滤芯的保养里程为 10 万 km,带水位传感器、压力传感器、回油加热等功能,具有较高的过滤效率、水分离效率,能够有效防止柴油中有害杂质进入发动机,避免因有害颗粒杂质、水等进入发动机高压供油部件造成喷油器磨损、堵塞、锈蚀。时代品牌国六产品用最高端的柴油滤清器见图 4-54。

(3) 共轨系统　共轨电控喷射系统特性如图 4-55 所示。预喷射在主喷射之前,将少部分燃油喷入气缸,在缸内发生预混合或者部分燃烧以缩短主喷射的着火延迟期。这样缸内压力升高率和峰值压力都会下降,发动机工作比较缓和,同时缸内温度的降低使得 NO_x 排放减少。预喷射还可以降低失火的可能性,改善高压共轨系统的冷起动性能。

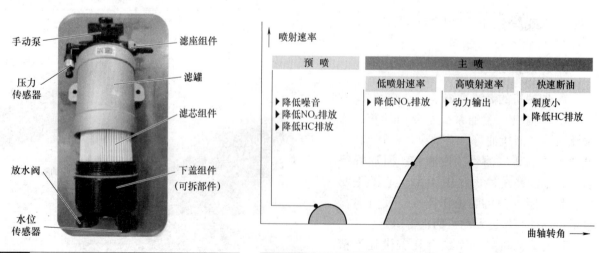

图 4-54　时代品牌国六产品用最高端的柴油滤清器　　图 4-55　共轨电控喷射系统特性

主喷射初期降低喷射速率,也可以减少着火延迟期内喷入气缸内的油量。提高主喷射中期的喷射速率，可以缩短喷射时间，从而缩短缓燃期，使燃烧在发动机更有效的曲轴转角范围内完成，提高输出功率，减少燃油消耗，降低炭烟排放。主喷射末期快速断油可以减少不完全燃烧的燃油，降低烟度和碳氢排放。

达到国六标准的发动机均采用电控技术，电控是指喷油系统由 ECU 控制（俗称"电脑"）。在电控系统、发动机、整车标定完成情况下，ECU 根据电子加速踏板和曲轴位置传感器的输入信号计算出基本的喷油量、喷油角，然后根据冷却液温度、进气压力、柴油温度等参数及车辆运行工况（如车速、载重、路况等）对基本喷油量和喷油角进行修正，得出最终正确的喷油量和喷油角，从而保证柴油机的燃油经济性和动力性、排放达到最佳的平衡。

1）工作原理。电控高压共轨系统工作原理，如图 4-53 所示。

2）主要零部件及传感器。

① ECU 是电控共轨系统的核心，外形如图 4-56 所示。ECU 通过各种传感器和开关，采集发动机当前的工作状态信息进行分析计算，并按此状态下事先标定好的最佳工作参数表，控制发动机的喷油量、喷油时刻及喷油压力，从而调整发动机的工作状态。

安装位置：共轨系统 ECU 在发动机机体左侧，单体泵系统 ECU 在驾驶室副座椅下方。

② 曲轴位置传感器。曲轴位置传感器用于检测曲轴角度和发动机转速信号，与凸轮轴位置传感器共同组成正时信号。

安装位置：在飞轮壳上，如图 4-57 所示。

图 4-56　ECU 示意图

图 4-57　曲轴位置传感器外形示意图

③ 凸轮轴位置传感器。凸轮轴位置传感器用于检测凸轮的实际位置，使 ECU 能判断出发动机第一缸位置，从而决定喷油的时刻。它与曲轴位置传感器共同组成正时信号

安装位置：在燃油泵总成上，如图 4-58 所示。

④ 进气温度压力传感器。进气温度压力传感器用于检测涡轮增压器之后的进气管内的空气压力和温度，用于油量修正。

安装位置：在气缸附近的进气管上，如图 4-59 所示。

图 4-58　凸轮轴位置传感器外形示意图

图 4-59　进气温度压力传感器外形示意图

⑤ 冷却液温度传感器。冷却液温度传感器用于检测发动机冷却液的温度，用于油量修正和预热控制。

安装位置：在节温器上，如图 4-60 所示。

⑥ 轨压传感器。轨压传感器用于检测发动机燃油油轨中的燃油压力。

安装位置：在高压蓄压器（油轨）上，如图 4-61 所示。

图 4-60　冷却液温度传感器外形示意图

图 4-61　轨压传感器外形示意图

（4）电控单体泵系统　电控单体泵燃油喷射系统由单体泵总成、ECU、ECU 控制线束、传感器系统、高压油管及喷油器等组成。电控单体泵工作原理如图 4-62 所示。

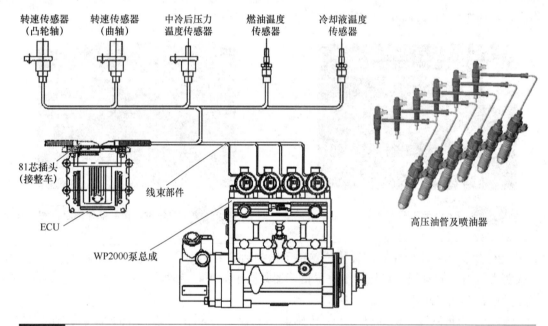

图 4-62　电控单体泵工作原理示意图

电控单体泵喷油系统是一种以 ECU 为核心、以高速电磁阀为执行机构，根据柴油机工况精确控制燃油喷射正时和规律，以提高柴油机整体性能指标的高压供油控制装置。

2. 汽油机燃油供给系统

汽油机燃油供给系统的主要作用：①储存和输送汽车行驶时所用燃料；②控制加油过程和日常车辆使用过程中的蒸发污染物排放；③燃油系统车载诊断系统（OBD）检测。

（1）构成　以时代微卡为例，汽油机的燃油供给系统包括燃油箱总成、电动燃油泵总成、炭罐总成、加油管总成、输油管路、通气管路、燃油滤清器等，汽油机燃油系统结构简图见图 4-63。储存在燃油箱内的燃油通过电动燃油泵吸出，经燃油滤清器过滤后，通过输油管路连接发动机，为发动机提供所需燃油。

（2）蒸发污染物排放控制系统和燃油系统 OBD 检测原理　蒸发污染物控制系统及 OBD 检测原理简图见图 4-64。

硬件要求：油箱压力传感器、炭罐冲洗阀、炭罐通风阀。

诊断原理：在怠速工况下，打开炭罐冲洗阀与进气歧管连接，使蒸发系统产生负压，通过观测蒸发系统密闭环境下的负压恢复能力来判断其实际泄漏大小。

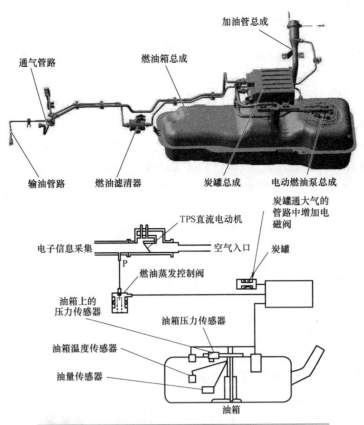

图 4-63　汽油机燃油系统结构简图

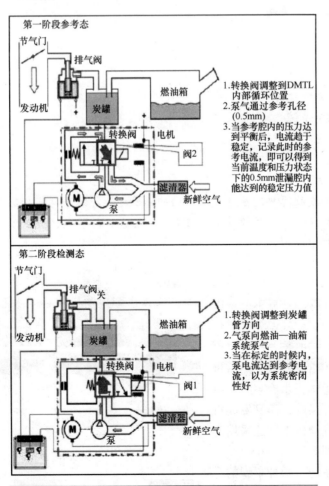

图 4-64　蒸发污染物控制系统及 OBD 检测原理图

> **拓展阅读**　　　　　　　　　　**OBD 简介**

OBD 中文翻译为"车载诊断系统"，OBD 可以针对汽车工况、发动机运行状况为远程故障诊断、UBI 车险提供数据参考。任何维修人员都可使用同一设备，对所有根据标准生产的汽车在同一位置通过同样的诊断接口进行故障诊断。

OBD 将根据发动机的运行状况随时监控汽车是否尾气超标，一旦超标，会马上发出警告。当系统出现故障时，故障（MIL）灯或检查发动机（Check Engine）警告灯亮，同时动力总成控制模块（PCM）将故障信息存入存储器，通过一定的程序可以将故障码从 PCM 中读出。根据故障码的提示，维修人员能迅速准确地确定故障的性质和部位。

OBD 实时监测发动机、催化转化器、颗粒捕集器、氧传感器、排放控制系统、燃油系统、EGR 等系统和部件，然后通过与排放有关的部件连接到 ECU，当出现排放故障时，ECU 记录故障信息和相关代码，并通过故障灯发出警告，告知驾驶员。ECU 通过标准数据接口，保证对故障信息的访问和处理。

SAE J2010 规定了一个 5 位标准故障代码，第 1 位是字母，后面 4 位是数字。

首位字母表示设置故障码的系统。当前分配的字母有 4 个："P"代表动力系统，"B"代表车身，"C"代表底盘，"U"代表未定义的系统。

第 2 位字符是 0、1、2 或 3，意义如下：

0——SAE（美国汽车工程师协会）定义的通用故障码。

1——汽车厂家定义的扩展故障码。

2 或 3——随系统字符（P、B、C 或 U）的不同而不同。动力系统故障码（P）的 2 或 3 由 SAE 留作将来使用；车身或底盘故障码的 2 为厂家保留，车身或底盘故障码的 3 由 SAE 保留。

第 3 位字符表示出故障的系统：

1——燃油或空气计量故障。

2——燃油或空气计量故障。

3——点火故障或发动机缺火。

4——辅助排放控制系统故障。

5——汽车或怠速控制系统故障。

6——计算机或输出电路故障。

7——变速器控制系统。

8——变速器控制系统。

最后两位字符表示触发故障码的条件。不同的传感器、执行器和电路分配了不同区段的数字，区段中较小的数字表示通用故障，即通用故障码；较大的数字表示扩展码，提供了更具体的信息，如电压低或高，响应慢，或信号超出范围。

七、冷却系统

发动机冷却系统按照冷却介质不同可以分为风冷和水冷。把发动机中高温零件的热量直接散入大气而进行冷却的装置称为风冷系统。而把这些热量先传给冷却水，然后再散入大气进行冷却的装置称为水冷系统。由于水冷系统冷却均匀，效果好，而且发动机运转噪声小，目前汽车发动机上广泛采用的是水冷系统，其工作原理参见图 4-65。

本书主要介绍水冷系统，两种车型的冷却系统效果图见图 4-66 和图 4-67。

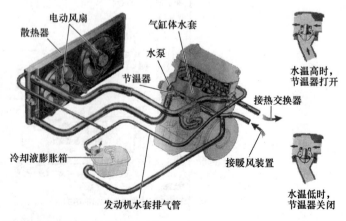

图 4-65　冷却系统原理图

发动机冷却系统的主要作用是把受热机件的热量散到大气中去，以保证发动机正常工作。水冷系统主要包括水泵、散热器、风扇、节温器、水管和水套等。

图 4-66　时代祥菱微卡的冷却系统效果图

图 4-67　欧曼重卡的冷却系统效果图

八、润滑系统

1. 工作原理

发动机工作时，摩擦表面（如曲轴轴颈与轴承、凸轮轴轴颈与轴承、活塞环与气缸壁、正时齿轮副等）之间以很高的速度进行相对运动，金属表面之间的摩擦不仅增大发动机内部的功率消耗，使零部件工作表面迅速磨损，摩擦所产生的热量还可能使某些工作零件表面熔化，导致发动机无法正常运转。因此为保证发动机的正常工作，必须对发动机内相对运动部件表面进行润滑，也就是在摩擦表面覆盖一层润滑剂（机油或油脂），使金属表面之间间隔一层薄的油膜，以减小摩擦阻力、降低功率损耗、减轻磨损，延长发动机使用寿命。

2. 润滑系统主要的作用

润滑系统的作用是将润滑油供给做相对运动的零件，以减少它们之间的摩擦阻力，减轻机件的磨损，并部分地冷却摩擦零件，清洗摩擦表面。

3. 组成

润滑系统包括机油泵、机油滤清器、润滑油道、机油集滤器等，见图 4-68。

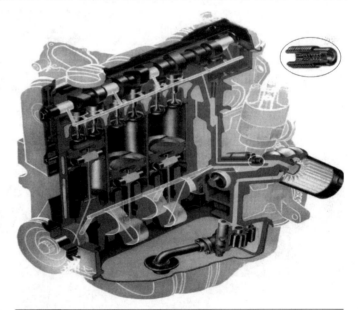

图 4-68　润滑系统结构及工作原理简图

九、起动系统

1. 工作原理

要使发动机由静止状态过渡到工作状态，必须先用外力转动发动机的曲轴，使活塞做往复运动，气缸内的可燃混合气燃烧膨胀做功，推动活塞向下运动使曲轴旋转，发动机才能自行运转，工作循环才能自动进行。因此，曲轴在外力作用下开始转动到发动机开始自动地怠速运转的全过程，称为发动机的起动。完成起动过程所需的装置，称为发动机的起动系统。其工作原理及结构见图 4-69。

2. 起动系统的主要作用

起动系统的作用是使静止的发动机起动并转入自行运转。

3. 起动系统的组成

起动系统主要包括蓄电池、导线、点火开关、起动机、继电器或电磁开关、起动机啮合传动机构等。

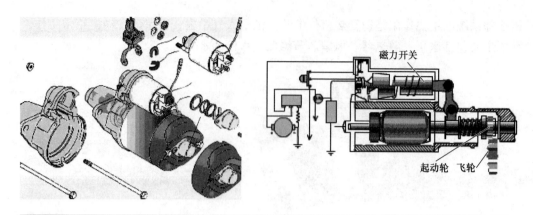

图 4-69　起动系统结构及原理图

十、发动机的五大件

常说的发动机五大件，是指发动机机体、气缸盖、凸轮轴、曲轴、连杆，见图4-70。具体而言，气缸体是承装所有机件的总成；曲轴接受动力传递转矩；连杆把活塞的往复直线运动变成曲轴的旋转运动；凸轮轴是配气系统的主要元件；气缸盖负责密封。

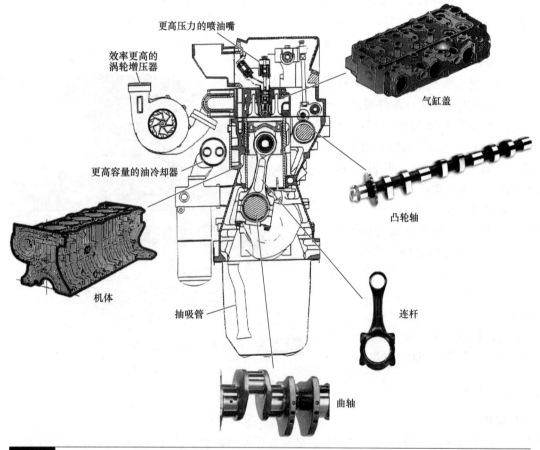

图 4-70　发动机的五大件简图

十一、发动机的"四配套"

活塞、气缸套、活塞环、活塞销是发动机的核心零件，这四个零件配合得好坏，直接影响发动机性能的充分发挥，也影响发动机的使用寿命和可靠性，人们将这四种产品称为"四配套"，见图4-71。"四配套"是经过选配而成的理想组合件，省去选购各零件的麻烦，又能消除因选配各零件可能存在的不合理因素，可大大降低发动机的失效率，增强发动机的动力性，从而延长使用寿命。

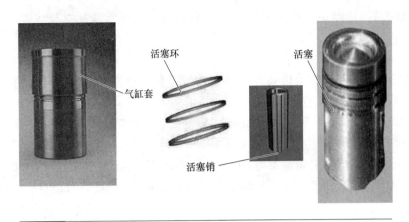

图 4-71　发动机四配套外形图

十二、气缸布置方式

气缸排列方式，顾名思义，是指多气缸内燃机各个气缸排布的方式，直白地说，就是一台发动机上气缸所排出的队列方式。目前，主流发动机气缸排列方式：L 型直列、V 型排列、W 型排列、水平对置发动机、R 型转子发动机，见图 4-72。

图 4-72　不同气缸布置形式的几种发动机外形图

1. L 型直列发动机

具体来说，常见的 L 型直列发动机大致有 L3、L4、L5、L6 型四款（数字代表气缸数量）。这种布局的优势在于尺寸紧凑，稳定性高，低速转矩特性好，并且燃料消耗也较少，当然也意味着制造成本更低。同时，采用直列式气缸布局的发动机体积也比较紧凑，可以适应更灵活的布局，也方便于布置增压器类的装置。其主要缺点在于发动机本身的功率较低，并不适合配备六缸以上的车型。

2. V 型发动机

简单地说，V 型发动机就是将所有气缸分成两组，把相邻气缸以一定夹角布置一起（左右两列气缸

中心线的夹角 γ<180°），使两组气缸形成一个夹角的平面，从侧面看气缸呈 V 字形（通常的夹角为60°），故称 V 型发动机。

3. W 型发动机

W 型发动机是德国大众专属发动机技术。将 V 型发动机的每侧气缸再进行小角度的错开，就成了 W 型发动机。或者说，W 型发动机的气缸排列形式是由两个小 V 字形组成一个大 V 字形，两组 V 字形发动机共用一根曲轴。严格说来，W 型发动机应属 V 型发动机的变种。

4. H 型（水平对置）

气缸呈 V 字形布局，形成的夹角通常为 60°（左右两列气缸中心线的夹角 γ<180°），而水平对置发动机的气缸夹角为 180°。水平对置发动机的制造成本和工艺难度相当高，目前世界上只有保时捷和斯巴鲁两个厂商在使用。

5. 转子发动机

转子发动机又称为米勒循环发动机，由德国人菲加士·汪克尔发明，之后这项技术被马自达公司收购。与往复式发动机相比，转子发动机取消了无用的直线运动，因而同样功率的转子发动机尺寸较小，质量较小，而且振动和噪声较低，具有较大优势。其主要的工作原理是在三角转子转动时，以三角转子中心为中心的内齿圈与以输出轴中心为中心的齿轮啮合，齿轮固定在缸体上不转动，内齿圈与齿轮的齿数之比为 3:2。上述运动关系使得三角转子顶点的运动轨迹（即气缸壁的形状）似"8"字形。三角转子把气缸分成三个独立空间，三个空间各自先后完成进气、压缩、做功和排气，三角转子自转一周，发动机点火做功三次。而转子发动机的转子每旋转一圈就做功一次。

目前，市场上商用车使用最多的柴油发动机，八缸以上多用 V 型发动机，六缸以下多用直列发动机。

十三、发动机性能及评价指标

1. 发动机的工作原理

发动机的工作原理实际上是内能转化为机械能的工作过程，其基本思路过程是：进气—压缩—喷油—燃烧—膨胀做功—排气，参见图 4-73。内能转化为机械能时，需要克服摩擦做功，将一部分机械能又转化为内能，所以，内能转化为机械能时不能达到 100%。

计算公式：排量 = 气缸数 × 气缸截面积 × 活塞行程

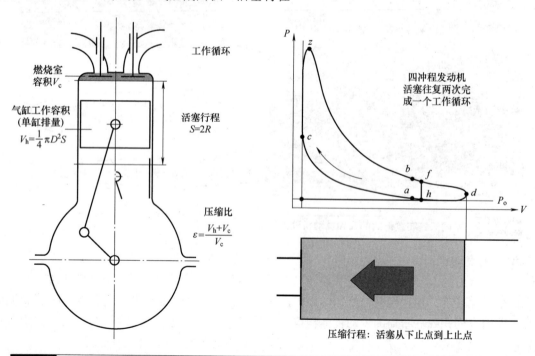

图 4-73 发动机的工作原理图

2. 发动机性能评价指标

发动机性能评价指标主要有动力性能指标（功率、转速、转矩）、经济性能指标（燃料与机油消耗率）、运转性能指标（冷起动性能、噪声和排气品质）和耐久可靠性指标（大修或更换零件之间的最长运行时间与无故障长期工作能力）等。

用户最关心的是发动机的转矩、功率和燃油消耗率，这在发动机的外特性曲线上可以较清楚地表达出来。外特性曲线是发动机在节气门全开时，转矩、功率和比油耗与发动机转速的关系曲线，见图 4-74 和图 4-75。

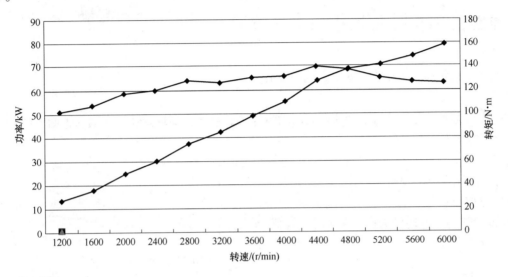

图 4-74　东安 DAM15K 汽油机外特性曲线

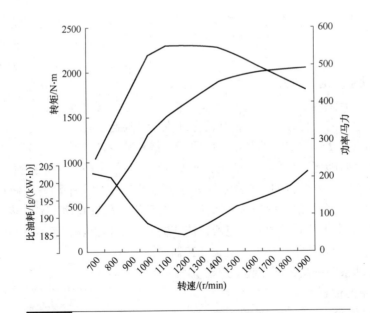

图 4-75　福康 X12NS6B490 发动机外特性曲线

从图 4-75 中可见，该发动机发出的最大转矩、额定功率、最低燃油消耗是在不同转速范围实现的。

（1）最大转矩　2300N·m，此时发动机转速为 1100r/min。对于一款商用车来说，在其他条件不变的情况下，发动机的最大转矩决定了这款车的最大爬坡能力。也就是令该车辆满载（公告总质量），在发动机转速为 1100r/min 时挂变速器一档行驶时计算所得的爬坡度，就是该车最大爬坡度。

（2）额定功率　该发动机额定功率为 490 马力（1 马力 =735.499W），此时发动机转速为 1900r/min。

在其他条件不变的情况下，发动机的额定功率大小决定了该车满载时的最高车速。

(3) 最低燃油消耗　最低比油耗约为 185g/(kW·h)，此时发动机转速为 1250r/min，由此可以计算出该车的经济车速。

第五节　离合操纵系统

一、概述

1. 组成

离合操纵系统由离合器和离合器操纵机构组成。

2. 作用

离合操纵系统可实现发动机与变速器间的动力连接和断开，实现变速器在输入轴断开驱动力时的档位转换。

3. 功能

通过离合操纵系统实现行驶功能。

4. 发展方向

1）液压、气动、电动助力操纵 + 膜片离合器。

2）采用双离合器。

二、离合器

1. 概述

离合器安装在发动机与变速器之间，是汽车传动系中直接与发动机相联系的总成件。通常，离合器与发动机曲轴的飞轮组安装在一起，是发动机与汽车传动系之间切断和传递动力的部件。汽车从起步到正常行驶的整个过程中，驾驶员可根据需要操纵离合器，使发动机和传动系暂时分离或逐渐接合，以切断或传递发动机向传动系输出的动力。

2. 作用

1）使发动机与变速器之间能逐渐接合，从而保证汽车平稳起步。

2）暂时切断发动机与变速器之间的联系，以便于换档和减少换档时的冲击。

3）当汽车紧急制动时能起分离作用，防止变速器等传动系过载，从而起到一定的保护作用。

4）降低扭振冲击。汽车发动机的工作原理决定了其输出转矩的不平稳。在做功行程，燃烧室气体爆炸产生极大冲击转矩，而在其他行程却是靠惯性反拖发动机。虽然发动机本身转动系具有的惯性可降低扭振，但剩余的冲击力仍然对后续的变速器、传动轴产生不利影响。而离合器中的减振弹簧（切向分布）可显著降低发动机带来的扭振冲击，延长变速器寿命。

5）使发动机与传动系统分离，便于起动发动机。

3. 离合器在底盘中的位置

离合器位于发动机和变速器之间，见图 4-76。

4. 离合器的分类

按照国家标准 GB/T 10042—2017《离合器术语》，汽车离合器有摩擦式离合器、液力变矩器（液力偶合器）、电磁离合器、自动离合器（见本节拓展阅读）等几种。

(1) 摩擦式离合器的定义　摩擦式离合器是主、从动部分的接合元件采用摩擦副的离合器。

① 摩擦式离合器又分为湿式和干式两种。

② 商用车常用的离合器多为干式摩擦式离合器，这里主要介绍这种离合器。

(2) 按从动盘数目分　分为单片式、双片式和多片式。

(3) 按压紧弹簧的布置特点分　分为周布弹簧离合器、中央弹簧离合器、膜片弹簧离合器。其中，

第四章 商用车结构与配置

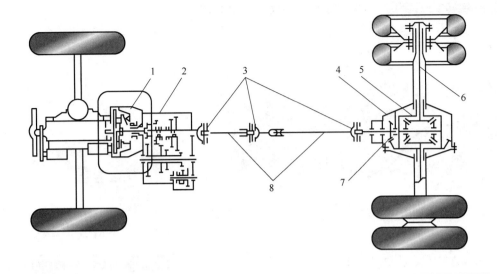

图 4-76 离合器在底盘中的位置图

1—离合器 2—变速器 3—万向节 4—驱动桥 5—差速器 6—半轴 7—主减速器 8—传动轴

膜片弹簧离合器按离合器分离时膜片弹簧的运动方向分为拉式和推式两种。其结构参见图4-77。

商用车最常用的离合器通常为单片、干式、膜片弹簧离合器。

5. 微卡、轻卡所采用的离合器结构形式

目前,从大部分的产品来看,微卡、轻卡、中卡产品均采用膜片弹簧离合器,主要有以下优点:

1) 弹簧压紧力比较稳定,受摩擦片磨损量影响小。
2) 分离力小。
3) 不需专门的分离杠杆,结构简单,质量小。
4) 膜片弹簧与压盘的压紧力分布均匀,使摩擦副表面接触良好,磨损较均匀。
5) 弹簧压紧力不受离心力的影响。

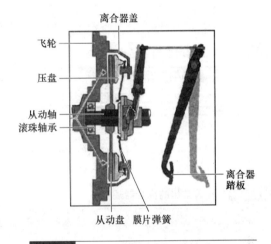

图 4-77 膜片弹簧离合器结构示意图

6. 中卡、重卡所采用的离合器结构形式

目前,国内重卡所用离合器主要有三种:单片周置螺旋弹簧离合器、单片膜片弹簧离合器、双片膜片弹簧离合器。其中膜片弹簧离合器的装配量最多。

三、离合器的操纵机构

离合器的操纵机构主要作用是方便地操纵离合器以实现其压盘和从动盘的结合与分离。离合器操作三要领:一快、二慢、三联动。抬起离合器踏板时,则要遵循"一快、二慢、三联动"的操作原则。起步时,踩离合器踏板时动作要利落,一脚到底,使离合器彻底分离。

1. 分类

1) 离合器操纵机构根据结构特点分为机械式、液压式、气压式三种。
2) 按照分离离合器时的能量来源,分为人力式操纵、(液压或气压)助力式操纵和动力操纵三种。

2. 重卡用操纵机构

欧曼重卡离合器操纵机构采用液压气助力式操纵机构,这种操纵机构由离合器踏板、液压主缸、储液罐、气助力工作缸及油管组成,参见图 4-78。

3. 微卡、轻卡、中卡用操纵机构

目前,微卡、轻卡、中卡离合器操纵机构采用机械液压式操纵机构较多,机械液压式操纵机构由离合器踏板、离合总泵、离合分泵及离合油管组成，见图4-79。

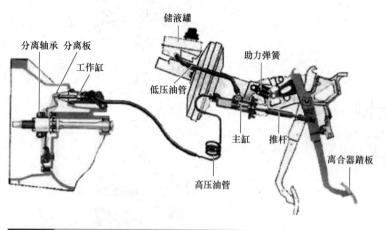

图 4-78 重卡离合器操纵机构工作原理图

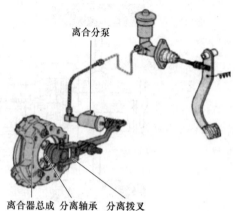

图 4-79 微卡、轻卡、中卡离合器操纵机构

知识拓展　　　　　　　　　　常用的离合器型号

以时代微卡、轻卡、欧曼重卡为例，常用离合器规格参见表4-9～表4-11。

表4-9　微卡常用的离合器规格

离合器摩擦片直径/mm	结构形式	分离形式	主要匹配车型
φ215	单片、干式、膜片弹簧离合器	推式	祥菱 M 东安1.5 动力平台
φ255	单片、干式、膜片弹簧离合器	推式	祥菱 M2-4A2 动力
φ215	单片、干式、膜片/螺旋弹簧离合器	推式	祥菱 M 右舵480 动力

表4-10　轻卡常用的离合器规格

离合器摩擦片直径/mm	结构形式	分离形式	主要匹配车型
φ215	单片、干式、膜片弹簧离合器	推式	小卡 Q2、驭菱 VQ2
φ255	单片、干式、膜片弹簧离合器	推式	小卡 2、小卡 3
φ275	单片、干式、膜片弹簧离合器	推式	M3
φ300	单片、干式、膜片弹簧离合器	推式	新领航
φ325	单片、干式、膜片弹簧离合器	推式	新领航

表4-11　中卡、重卡常用的离合器规格

离合器摩擦片直径/mm	结构形式	分离形式	主要匹配车型
φ350	单片、干式、膜片弹簧离合器	推式	YC4S170-50 等动力车型
φ380	单片、干式、膜片弹簧离合器	推式	ISF3.8s5168 等动力车型
φ395	单片、干式、膜片弹簧离合器	推式	WP4.6NQ220E50 等动力车型
φ430	单片、干式、膜片弹簧离合器	推式	YC6A270-50 等动力车型

拓展阅读　　　　　　　　　　自动离合器

随着电子技术在汽车上应用，一种自动离合器系统也进入了汽车领域。这种由控制单元（ECU）控制的离合器已经应用在一些轿车上，使手动变速器换档的一个重要步骤—离合器的断开与接合能够自动地适时完成，简化了驾驶员的操纵动作。

传统离合器分有拉线和液压式两种，自动离合器也分为两种：机械电机式自动离合器和液压式自动离合器。机械电机式自动离合器的 ECU 汇集油门踏板、发动机转速传感器、车速传感器等信号，经处理后发送指令驱动伺服马达，通过拉杆等机械形式驱使离合器动作；液压式自动离合器则是由 ECU 发送信号驱动电动液压系统，通过液压操纵离合器动作。

液压式自动离合器在目前通用的膜片离合器的基础上增加了电子控制单元（ECU）和液压执行系统，将踏板操纵离合器油缸活塞改为由开关装置控制电动油泵去操纵离合器油缸活塞。变速器控制单元（ECU）与发动机控制单元（ECU）是集成在一起的，根据油门踏板、变速器档位、变速器输入/输出轴转速、发动机转速、节气门开度等传感器反馈信息，计算出离合器最佳的接合时间与速度。

自动离合器的执行机构由电动油泵、电磁阀和离合器油缸组成，当 ECU 发出指令驱动电动油泵，电动油泵产生的高压油液通过电磁阀输送到离合器油缸。通过 ECU 控制电磁阀的电流量来控制油液流量和油液的通道变换，实现离合器油缸活塞的移动，从而完成汽车起动、换档时的离合器动作。

具有自动离合器装置的汽车与自动变速器（AT）和无级变速器（CVT）汽车相比，它在运行经济性方面有优势，因为它的变速器还是手动变速器，因此耗油比较低，制造成本也低于 AT 和 CVT。当然，汽车操纵的便利性也会逊色于 AT 和 CVT，毕竟它是装配手动变速器，仍然要手动换档。

第六节 变速操纵系统

一、概述

1. 定义

变速操纵系统是通过操纵器及软轴或硬杆连接到变速器的选换档摇臂上，利用杠杆原理来传递驾驶员的变速换档动作，操纵变速器进行档位变换，从而实现发动机动力按不同档位进行传递。

根据变速器的不同，可分为手动变速操纵系统、自动变速操纵系统。目前，国内商用车还是以手动变速操纵系统为主，但是自动变速操作系统需求增长速度较快。

2. 作用与功能

（1）作用　转变驱动轮的转矩和转速，以适应汽车起步、加速、爬坡以及克服各种道路障碍等不同行驶条件，使驱动轮具备最佳的驱动转矩和转速，满足车辆变速需要。

（2）通过变速操纵系统实现的功能

1）行驶功能：通过变速操纵系统实现车辆的行驶功能。

2）运输功能：通过变速操纵系统来增加车辆的驱动转矩，实现运输（载）质量的最大化。

3. 发展趋势

1）材料轻量化发展：壳体材料由铸铁合金向铝合金材料的转变。

2）机械变速器由不带同步器向带同步器转变，换档更轻便。

3）由机械式变速器向机械式自动变速器转变，操作更简便。

4）大动力矿山车辆预计会由机械变速器向液压变速器发展。

二、变速器

变速器是用来改变来自发动机的转速和转矩的机构，它能固定或分档改变输出轴和输入轴传动比。变速器由变速传动机构和操纵机构组成，有些汽车还有动力输出机构。传动机构大多用普通齿轮传动，也有的用行星齿轮传动。普通齿轮传动变速机构一般用滑移齿轮和同步器等。

1. 两个重要档位介绍

（1）直接档

定义：动力不经过变速器减速直接输出，即传动比为1。

优点：没有机械损失，传动效率高，提高经济性。

缺点：在驱动桥主减传动比无法满足要求的情况下，无法保证整车的最高车速要求。

（2）超速档

定义：通过超速档齿轮副的传动比转换，实现增速传动，即传动比小于1。

优点：满足整车最高车速的要求，同时由于1档传动比降低，可以提高变速器的额定转矩输入，实现变速器超转矩。

缺点：传动效率低，整车经济性差。

2. 不同类型变速器简介

（1）机械式变速器（Manual Transmission，MT）　机械变速亦称机械式变速器。采用齿轮组，每档齿轮组的齿数是固定的，所以各档的变传动比是个定值（也就是所谓的"级"）。比如，一档变传动比是3.85，二档是2.55，再到五档的0.75，这些数字再乘上主减传动比就是总的传动比，总共只有5个值（即有5级），所以说它是有级变速器。

目前，我国商用车主要装配的还是机械式变速器，外形简图见图4-80。

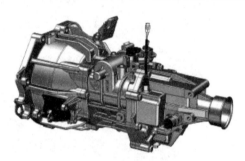
a）微卡机械式变速器外形简图

b）轻卡机械式变速器外形简图

c）中卡机械式变速器外形简图

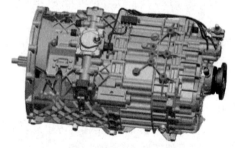
d）重卡机械式变速器外形简图

图4-80　机械式变速器外形简图

机械式变速器按照设计的不同，又分为单中间轴变速器和双中间轴变速器。

1）单中间轴变速器。单中间轴变速器的主要特点是：一轴的常啮合齿轮和二轴的各档齿轮分别与中间轴的相应齿轮相啮合，且一二轴同心，见图4-81。除直接档以外其他档位需要经过两对齿轮传递转矩。

优点：直接档传动效率高，磨损及噪声小。由于中间轴的传递作用，一档传动比大，即提高了整车的动力性。

缺点：由于档位中间轴的传递作用，除了直接档以外，其他档位的传动效率较低。需要较高的齿轮加工精度、齿轮材料性能和装配工艺。

2）双中间轴变速器。双中间轴变速器采用两根结构完全相同的中间轴将主轴夹在中间，见图4-82。动力从输入轴输入后，分流到两根中间轴上，然后汇集到主轴输出。

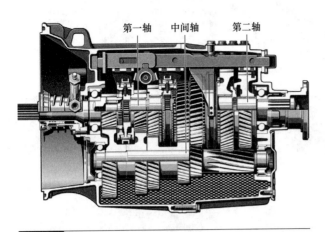

图 4-81　单中间轴变速器结构简图

图 4-82　双中间轴变速器结构

理论上，每根中间轴只传递 1/2 的转矩。主轴上的齿轮处于径向浮动状态。

优点：

① 由于齿轮处于浮动状态，取消主轴滚针轴承，主轴结构简单。

② 两个中间轴对主轴所加的径向力相互抵消，改善了主轴和轴承的受力状况。

③ 由于主轴和齿轮都处于浮动状态，对装配工艺性要求不高。

缺点：

由于档位中间轴的传递作用，降低了传动效率。

3）副箱。副箱又称副变速器，是附装在主变速器上的可选变速器，见图 4-83。它的功用是减少主变速器的档数，扩大传动比的范围。

① 作用：

a. 提高传动比范围：商用车为了实现较高的一档传动比（爬坡能力要求）和超速档传动（高车速要求），需要变速器具有较宽的传动比范围。通过采用副箱设计可以将原有传动比范围提高一倍。

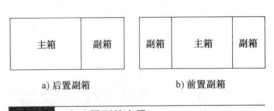

图 4-83　变速器副箱布置

b. 保证零件的通用性：通过增加副箱，可以在主箱零件不变的情况下，实现多档位传动，即增加产品品种，有保证了零部件的通用性。

c. 减小结构尺寸：采用副箱结构可以使变速器结构紧凑，同时可以减小轴向尺寸。

② 分类：副箱分为两类，即前置副箱、后置副箱。

在后置副箱的基础上，增加前置副箱实现更多的档位。

4）机械式变速器的主要零部件。包括齿轮、轴类、同步器、拨叉、换档副箱、壳体等，见图 4-84。

（2）机械式自动变速器（Automatic Manual Transmission，AMT）　在机械式变速器的基础上，安装离合器、变速器自动控制装置，从而实现自动换档，见图 4-85。

目前，国内包括欧曼 EST、解放 J7、东风天龙旗舰、陕汽 X6000、重汽汕德卡等新车型都在标配机械式自动变速器，微卡、轻卡、中卡也都有机械式自动变速器的需求。

相比传统的机械式变速器，机械式自动变速器拥有以下优点：

1）换档更平顺。

2）省力。

3）降低油耗。

4）延长变速器寿命。

5）大幅降低变速操纵系统故障率。

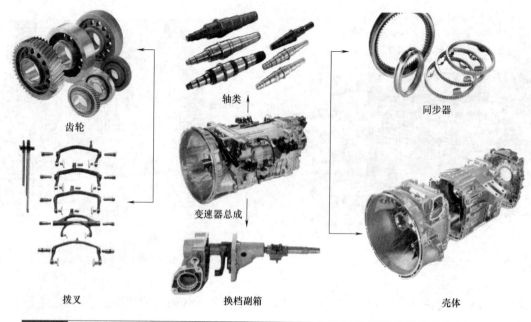

图 4-84　机械式变速器的主要零部件

6）提高离合器的寿命。

7）降低离合器的故障。

（3）自动变速器（Automatic Transmission，AT）　自动变速器外形示意图见图4-86。通常来说，自动变速器是一种可以在车辆行驶过程中自动改变齿轮传动比的汽车变速器，从而使驾驶员不必手动换档，也用于大型设备铁路机车。

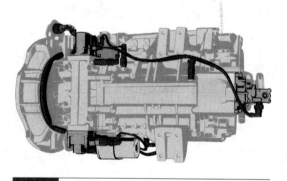

图 4-85　机械式自动变速器

图 4-86　自动变速器外形示意图

自动变速器是由液力变矩器、行星齿轮和液压操纵系统组成，通过液力传递和齿轮组合的方式来达到变速变矩。其中，液力变矩器是自动变速器最重要的部件，它由泵轮、涡轮和导轮等构件组成，兼有传递转矩和离合的作用。

一般来说，自动变速器的档位分为P、R、N、D等。

1）P（Parking）：用作停车之用，注意要配合驻车制动器（手刹）使用。它是利用机械装置去锁紧汽车的转动部分，使汽车不能移动。当汽车需要在一固定位置上停留一段较长时间，或在停稳之后离开驾驶室前，应该拉好驻车制动杆及将拨杆推到"P"的位置上。注意：车辆一定要在完全停止时才可使用P位，要不然自动变速器机械部分会受到损坏。另外，自动变速器上装有空档起动开关，使得汽车只能在"P"或"N"位才能起动发动机，以避免在其他档位上误起动时使汽车突然前窜。因此，起动发动机前一定要确认变速杆是否在"P"或"N"位。

2）R（Reverse）：倒档，车辆倒车时用。通常，要按下拨杆上的保险按钮，才可将拨杆移至"R"位。注意：当车辆尚未完全停定时，绝对不可以强行转至"R"位，否则变速器会受到严重损坏。

3）N（Neutral）：空档。将拨杆置于"N"位上，发动机与变速器之间的动力已经切断分离。如短暂停留可将拨杆置于空档并拉出驻车制动杆，右脚可移离制动踏板稍作休息。

4）D（Drive）：前进档，用在一般道路行驶。由于各国车型有不同的设计，所以"D"位一般包括从1位至高档或者2位至高档，并会因车速及负荷的变化而自动换档。将拨杆放置在"D"位上，驾驶员控制车速快慢只要控制好加速踏板就可以了。

通过液力变矩器实现全自动换档。目前，在商用车领域，自动变速器在部分轻型客车、专用车上得到了较多应用。

三、变速操纵机构

根据操纵方式的不同，商用车采用的变速操纵系统主要分为连杆式、软轴（拉索）式。

变速操纵机构是变速操纵系统中关键的部件，安装在驾驶区域，它一般由支座、换档臂和选档摇臂等主要零件组成。常见的支座有铝铸件、钢铸件或钣金件。它对整个机构起基础支撑作用，同时也是操纵机构与驾驶室地板的连接件。驾驶员操纵的是变速杆上的操纵手柄，主要实现换选档动作，纵向操纵变速杆手柄为换档动作，横向操纵变速杆手柄为选档动作。

换档操纵时，选档摇臂不动，换档臂做前后摆动以控制换档软轴进行换档。在选档操纵时，换档臂左右摆动，并通过其他联动机构（如十字轴承）带动选档臂做摆动，从而控制选档软轴选档。操纵机构就是根据杠杆原理设计的，换档常为一级杠杆，选档是二级杠杆。图4-87为跃进轻卡采用的操纵机构。

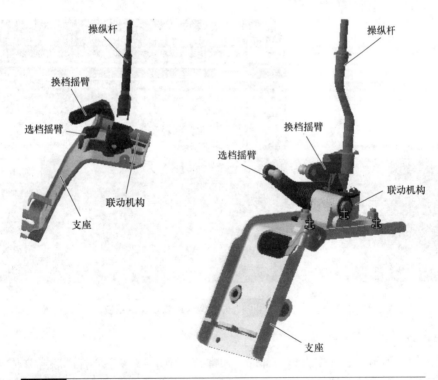

图4-87 跃进轻卡操纵机构

1. 软轴操纵机构简介

（1）软轴 软轴是系统中操纵力和操纵行程的传递介质，系统一般由两根软轴组成，一根用来选档，另一根用来换档，两根软轴的一端连接操纵机构，另一端连接转换机构或直接连在变速器的变速操纵轴上。

推拉软轴是由芯线总成和外管总成及其他附件组成（图4-88），它的芯线是由多股钢丝构成，是传力构件。有的芯线外面还缠有一层钢带，以提高芯线的承载能力。芯线外面是工程塑料管，为芯线的运动起导向作用，外层是由多股钢丝缠绕而成的外管和起保护作用的外皮。

索芯有不同的绕制形式，可在一根粗的中心钢丝上绕制不同捻数的细钢丝，也可在一捻或几捻细钢丝的外层绕制一根或几根扁钢丝，根据不同的使用强度要求，对索芯的结构和外形有不同的要求。索芯是软轴中的关键部件,是承力部件,索芯结构的合理性和强度的选择都很关键。

衬管热包在索芯的外面,常用材料是 HDPE,主要作用是使索芯能绕制后更为牢固,成为一个整体,同时也使索芯在推拉运动的过程中减少摩擦。

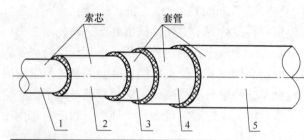

图 4-88 推拉软轴结构示意图

1—索芯金属材料 2—索芯表面减摩层 3—衬管 4—套管金属层 5—套管外覆层

(2)选换档支架 选换档支架是固定软轴与变速器选换档摇臂的连接,软轴一端与变速器的选换档摇臂相连,通过支架将拉丝导向管伸缩的部分在护管接头处与支架固定,通常有金属锁片和螺栓固定两种方式。

(3)驾驶室内塑料件 驾驶室内与换档相关的塑料组件分为三个部分:变速杆盖、变速杆套、手柄球头,见图 4-89。

(4)工作原理 采用换档、选档两根软轴分别控制换档、选档功能。

(5)优点 布置方便,成本低。

(6)缺点 强度不足,空行程大,杠杆比小,用于大转矩变速器时对软轴性能要求高。

(7)应用平台 微卡、轻卡、中卡、重卡平台都在应用,以时代微卡为例,软轴操纵系统参见图 4-90 所示。

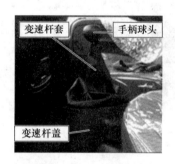

图 4-89 塑料组件示意图

图 4-90 时代微卡用软轴操纵系统

2. 连杆式操纵机构

连杆式操纵机构多采用空心杆作为传力部件,通常,需要 4~5 段空心杆串联起来传递行程和转矩,各段之间需要用支座、中间轴等转换机构来实现连接。按照变速器选档轴和换档轴是否分开,又分为单杆操纵和双杆操纵。

(1)双杆操纵系统

概述:刚性换档、变速杆控制,需要多根杆件联动,见图 4-91。

优点:杠杆比大,安装、调整方便。

缺点:占用较大空间,整车布置困难,可靠性差,成本较高。

应用平台:中重、重型平台。

(2)单杆操纵系统

概述:通过一套杆件组合,控制变速器上的一个摇臂实现换档、选档操作,见图 4-92。

优点:便于整车布置,结构简单,调整方便,可靠性高,免维护。

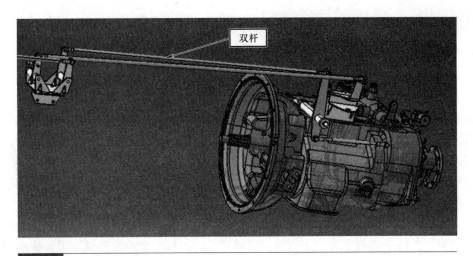

图 4-91 双杆操纵系统

缺点：部件结构复杂，零部件加工精度要求高。

应用平台：中重、重型平台。

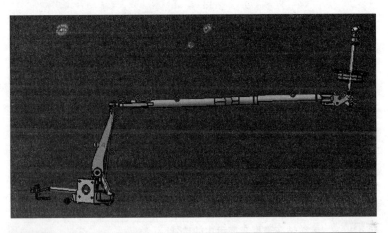

图 4-92 单杆操纵系统

第七节　传动系统

一、概述

1. 定义

汽车传动系统的组成和布置形式是随发动机的类型、安装位置，以及汽车用途的不同而变化的。例如，越野车多采用四轮驱动，则在它的传动系统中就增加了分动器等总成。而对于前置前驱的车辆，它的传动系统中就没有传动轴等装置。

2. 发展趋势

1）轻量化。

2）电驱动的新能源车，有将驱动电机直接安装到驱动轮上，取消传动轴的趋势。

3. 通过传动系统实现的功能

通过传动系统可实现行驶功能，即动力系统输出的动力通过传动系统传递到驱动桥，驱动车辆行驶。

二、传动轴

1. 概述

传动轴由万向节和轴管组成,由于制造过程可能会出现误差,因此,离合器到后桥之间的距离可能会发生变化(变化的原因主要包括载重变化引起后桥板簧长度变化、后桥在行驶中跳动变化、制造过程可能会出现误差等)。所以,必须将传动轴做成两段,由中间滑动花键连接,可以伸缩以适应上述变化。

为了尽可能减少传动轴的质量,同时又保持其刚度与强度,一般将传动轴做成空心的,通常用无缝钢管制造。

当传动轴过长须分成几段时,应有中间支承作为传动轴的中支点。使两支点间传动轴长度减小,从而提高传动轴的固有频率,使传动轴避开共振转速。

传动轴是一个高转速、少支承的旋转体,因此它的动平衡是至关重要的。一般,传动轴在出厂前都要进行动平衡试验,并在平衡机上进行了调整。对前置发动机后轮驱动的车辆来说,传动轴是把变速器的转动传到主减速器的轴,它可以是好几节的,节与节之间可以由万向节连接。

2. 位置

传动轴在底盘中的位置　中重型车以欧曼品牌为例,参见图4-93;轻型车以时代品牌为例,参见图4-94。

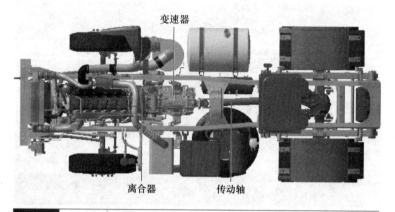

图4-93　传动轴在重型车底盘中的位置

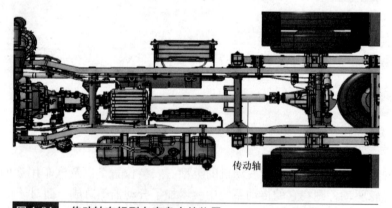

图4-94　传动轴在轻型车底盘中的位置

3. 作用

传动轴是汽车传动系统中传递动力的重要部件,它的作用是与变速器、驱动桥一起将发动机的动力传递给车轮,使汽车产生驱动力。车辆的发动机通过变速器输出的转速和转矩通过传动轴再传递到驱动桥进行动力分配。

传动轴可实现将行驶过程中动力系统输出的动力通过传动系统传递到驱动桥,驱动车辆行驶;整个过程是由曲轴—飞轮—离合器—变速器—万向节—传动轴—万向节—差速器—减速器—车轮等逐步传递的过程。

4. 传动轴的外形构造

传动轴是由轴管、伸缩套和万向节三个关键构件互相配合而工作的。传动轴可以是几节的，节与节中间可以由万向节连接，万向节是传动轴上的核心部件。

传统构造的传动轴伸缩套是将花键套与凸台叉焊接成一体，将花键轴焊在传动轴管上。新式的传动轴将花键套与传动轴管焊接成一体，将花键轴与凸台叉做成一体。

（1）传动轴的构造 见图4-95。

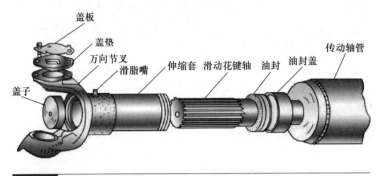

图 4-95 传动轴的构造

（2）常见传动轴的外形构造示意

图4-96为微卡、轻卡的传动轴示意图，图4-97为中卡、重卡传动轴示意图。

图 4-96 微卡、轻卡的传动轴示意图

图 4-97 中卡、重卡传动轴示意图

5. 工作原理

传递自变速器输出的转速和转矩,如图4-98所示。

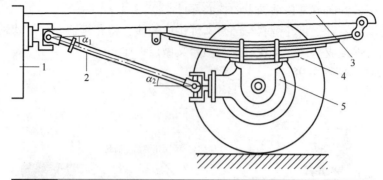

图 4-98 动力传递简图

1—变速器 2—传动轴 3—车架 4—后悬架 5—驱动桥

知识拓展　　常用传动轴的规格

1. 微卡、轻卡常用传动轴的规格

以时代汽车为例,见表4-12。

表 4-12 微卡、轻卡常用的传动轴规格　　　　　　　　　　（单位：mm）

传动轴分类	轴管规格	十字轴规格	应用车型平台
前传动轴	$\phi 50 \times 2.5$	$\phi 25$	驭菱
	$\phi 63.5 \times 2.5$	$\phi 29$	祥菱、驭菱
	$\phi 51 \times 1.8$	$\phi 25$	祥菱、驭菱
	$\phi 63.5 \times 1.8$	$\phi 29$	祥菱、驭菱
	$\phi 70 \times 1.8$	$\phi 29$	祥菱、驭菱
	$\phi 57 \times 2$	$\phi 25$	驭菱
中后传动轴	$\phi 76 \times 2.5$	$\phi 33$	新领航轻载平台
后传动轴	$\phi 89 \times 4$	$\phi 41$	M4 中卡

2. 中卡、重卡常用传动轴的规格

以欧曼为例,见表4-13。

表 4-13 中卡、重卡常用的传动轴规格　　　　　　　　　　（单位：mm）

传动轴分类	轴管规格	十字轴规格	应用车型平台
前传动轴	$\phi 89 \times 2.5$	$\phi 39$	中卡
	$\phi 89 \times 5$	$\phi 47$	重卡
	$\phi 92 \times 6$	$\phi 52$	重卡
	$\phi 110 \times 6$	$\phi 57$	重卡
	$\phi 114 \times 7$	$\phi 62$	重卡
	$\phi 120 \times 10$	$\phi 68$	重卡
	$\phi 140 \times 8$	$\phi 68$	重卡
桥间传动轴（后双桥间用）	$\phi 104 \times 8$	$\phi 57$	重卡
	$\phi 92 \times 6$	$\phi 52$	重卡

三、分动器

1. 定义

分动器是将发动机的动力进行分配的装置,见图4-99～图4-101,它可以将动力输出到后轴,或者同时输出到前/后轴。带有分动器的汽车，动力都是先由传动轴传递到分动器，再由分动器来分别传递到前轴和后轴，并且可以在后驱和四驱之间切换，多使用在硬派越野车上。分动器实际上是四驱车上的一个配件。随着四驱技术的发展，分动器也一直进行着改变，并逐渐形成了风格迥异的分动器，匹配在不同的四驱车上，它们的基本原理和功能也都是各不相同的。

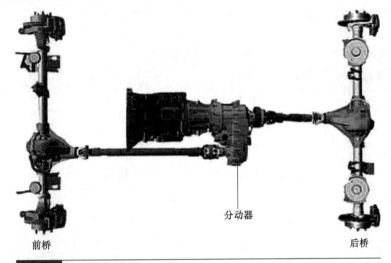

图4-99　分动器在底盘中的位置

图4-100　分动器外形

图4-101　分动器结构

2. 作用

发动机发出的动力通过分动器进行动力分配，分别向前驱动桥、后驱动桥输出动力。

3. 适用车型

用于具有前驱动桥的车型上，如4×4、8×6、8×8等车型。

第八节　前桥系统

一、概述

1. 定义

前桥是传递车架与前轮之间各向作用力及其所产生的弯矩和转矩的装置。前轮采用非独立悬架的车辆的前轴、减振器、副车架、转向节、横拉杆、制动器总和称为前桥，不包括轮胎。

大多数车辆的前桥为从动桥，又称为转向桥，一般均布在车辆的前端，故称为前桥。它利用转向节与转向系统相连，能够使转向器输出的转向力传递到车轮以实现车辆的转向。它不但支持车辆前部的簧载质量，承受垂直载荷，还承受各种纵向力、侧向力以及相关力矩。

转向驱动桥和一般驱动桥一样，有主减速器和差速器。在转向时，转向车轮需要绕主销偏转过一个角度，半轴被分为内、外两段（内半轴和外半轴），用万向节连接起来。同时主销也做成上、下两段。转向节轴颈部分做成中空的，以便外半轴穿过其中。

2. 作用

前桥系统在车辆中起的主要作用是承载、转向、制动、驱动车辆。

3. 通过前桥系统实现的功能

1）运输功能：承载车辆自重和货物的质量，实现运输功能。

2）转向功能：通过前桥实现转向。

3）制动功能：通过前桥、前轮实现制动。

4）行驶功能：动力系统通过传动轴和分动器驱动前桥，实现行驶功能。

4. 发展趋势

1）由铸造桥向锻造桥发展。

2）向轻量化发展。

3）向盘式制动发展。

二、前桥总成

1. 组成

前桥结构示意图见图4-102。

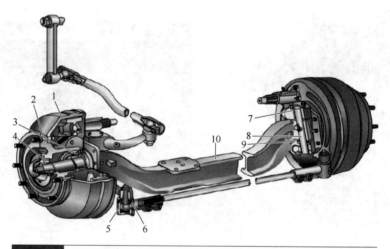

图 4-102　前桥结构示意图

1—制动鼓　2—轮毂　3、4—轮毂轴承　5—转向节臂　6—油封　7—衬套
8—主销　9—滚子推力轴承　10—前轴

2. 位置

前桥在底盘中的位置参见图4-103。

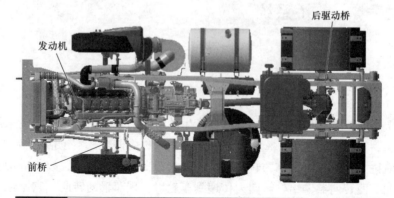

图 4-103　前桥在底盘中的位置

3. 分类

由于有单前桥的车辆，也有双前桥的车辆。因此，前桥有两类：

1) 单前桥车辆的前桥，称为前桥。
2) 双前桥车辆的前桥，最前面的桥称为前一桥，第二桥称为前二桥。

4. 常用前桥外观与构造

常用前桥的外形和构造简图如图4-104、图4-105所示。

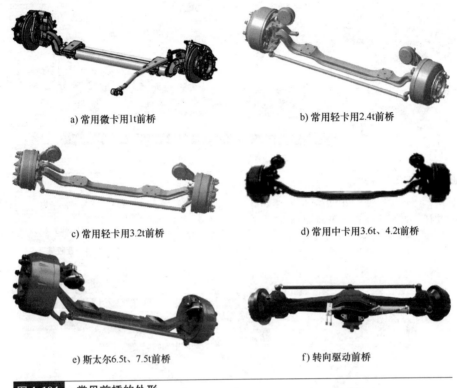

图 4-104　常见前桥的外形

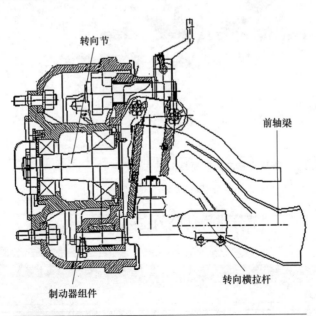

图 4-105　前桥的构造简图

5. 前桥转向工作原理

前桥转向工作原理，参见图4-106。

带动力转向的前桥转向工作原理，参见图4-107。

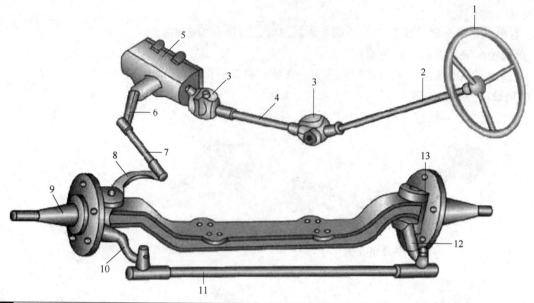

图 4-106 普通前桥转向工作原理

1—方向盘 2—转向轴 3—转向节 4—转向传动轴 5—转向器 6—转向摇臂 7—转向主拉杆 8—转向节臂 9—左转向节 10—左梯形臂 11—转向横拉杆 12—右梯形臂 13—右转向节

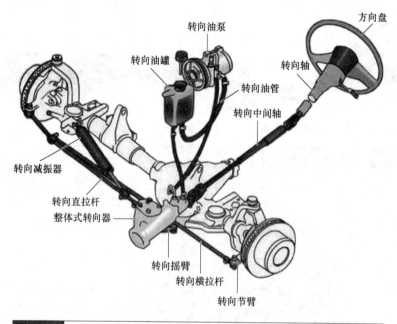

图 4-107 带动力转向的前桥转向工作原理

知识拓展   部分常用前桥的主要技术参数

部分前桥的技术参数见表 4-14。

表 4-14 部分前桥的技术参数

型号	形式	标准承载/t	断面尺寸/mm	制动器规格尺寸/mm	供应商	适用车型
1t 前桥	焊接圆管梁	1	70×8	φ235×13（盘式） φ256×25（盘式） φ265×35（盘式）	义和车桥	微卡：总质量 3.5t 以下的车

(续)

型号	形式	标准承载/t	断面尺寸/mm	制动器规格尺寸/mm	供应商	适用车型
2.4t 前桥	锻压工字梁	2.4	76×70×62	φ310×100	义和车桥	轻卡：总质量 7.5t 的车
3.2t 前桥	锻压工字梁	3.2	87×70×65	φ400×130	义和车桥	中卡：总质量 9t 的车
4.2t 前桥	整体锻造	4.2	78×78×95	φ400×130	北京众力、北京三环、诸城义和	中型车：总质量 16t 以下的车
4.5t 前桥	整体锻造	4.5	90×75×104	φ400×130		
5t 前桥	整体锻造	5	90×75×104	φ400×130/150 φ395×45		中型车、中重型车
			90×86×115	φ400×150		
5.5t 前桥	整体锻造	5.5	90×75×104	φ400×130/150		
6.5t 前桥	整体锻造	6.5	90×80×115	φ400×160/ φ395×45（盘式）		
			85×85×115	φ430×45（盘式）	北京众力、安凯车桥、北京三环、诸城义和	重型车
7.5t 前桥	整体锻造	7.5	90×90×120	φ420×160		
	整体锻造	7.5	97×97×107	φ410×160		
9t 前桥	整体锻造	9	94×94×120	φ420×180		

第九节 后桥系统

一、概述

1. 定义

区别于前桥，后桥就是装在车辆后面的车桥。

2. 作用

后桥的作用主要是承载、驱动车辆、差速、减速、制动、转向等。

3. 通过后桥系统实现的车辆功能

1）运输功能：承载车辆自重和货物的质量，实现运输功能。
2）制动功能：通过后桥、后轮实现制动。
3）行驶功能：动力系统通过传动系统驱动后桥，实现行驶功能。
4）转向功能：普通后桥通过差速装置辅助转向，部分车辆的后桥具有转向功能。

4. 发展趋势

1）单级减速桥向小传动比、轻量化、盘式制动、免维护方向发展。
2）双级减速桥向轻量化、盘式制动、免维护、奔驰桥技术方向发展。

5. 后桥在底盘中的位置

后桥在底盘中的位置参见图 4-108。

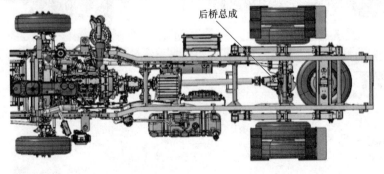

图 4-108 后桥在底盘中的位置

二、分类

（1）按照后桥的悬架不同分类　分为整体式和断开式后桥。

1）整体式后桥配非独立悬架，如板簧悬架，多用于商用车。

2）断开式后桥配独立悬架，如麦弗逊式悬架，多用于乘用车。

（2）按照减速形式不同分类　分为中央单级减速桥和（中央＋轮边）双级减速桥。

（3）按照后桥数量不同分类　分为单后桥和双后桥等。

（4）在有两根以上后桥的车辆上，后桥按照功能不同分类　分为浮桥、随动桥、中（后）桥、后桥。

1）浮桥：具有承载能力，能上下浮动的桥，结构与前桥基本一样。

2）随动桥：具有承载能力，不能上下浮动，没有驱动能力的桥。

3）中（后）桥：有驱动能力、动力输出的桥，也称为贯通桥。

4）后桥：只接受动力输入、有驱动能力的桥。

各种桥的简图示意见图4-109。

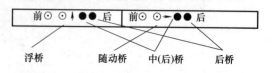

图4-109　各种桥的示意简图

三、商用车常用的后桥

1. 单后桥

普通单级减速后桥示意图见图4-110。

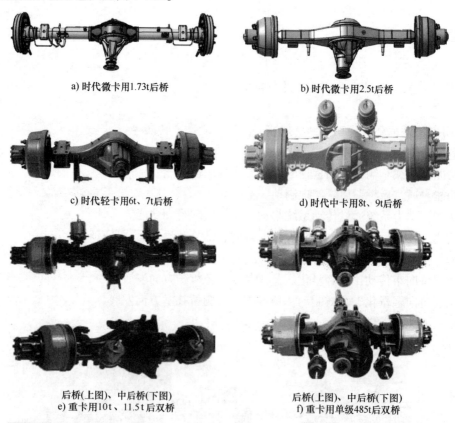

a) 时代微卡用1.73t后桥　　b) 时代微卡用2.5t后桥

c) 时代轻卡用6t、7t后桥　　d) 时代中卡用8t、9t后桥

后桥(上图)、中后桥(下图)　　后桥(上图)、中后桥(下图)
e) 重卡用10t、11.5t后双桥　　f) 重卡用单级485t后双桥

图4-110　普通单级减速后桥

2. 双后桥

双级减速后桥示意图见图4-111。

3. 浮桥

浮桥的外形图参见图4-112。

4. 随动桥

随动桥有两种，一种是被动转向的，另一种是主动转向的（与一般的后桥一样）。随动桥被动转向原理见图4-113。

图4-111　斯太尔双级减速后桥（上图为后桥，下图为中后桥）　　图4-112　浮桥外形图

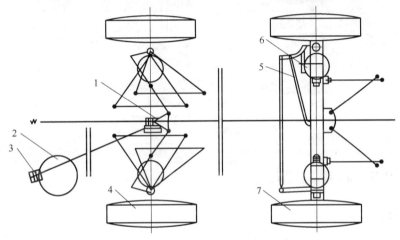

图4-113　随动桥被动转向原理图

1—动力转向器　2—方向盘　3—角转向器　4—前桥　5—转向减振器　6—锁止气缸　7—随动桥

四、工作原理

发动机传出动力到变速器，通过变速后由传动系统传递到后桥主减速齿轮上。差速器是一个整体，里面是上下有小齿盘、中间有十字柱上面带两个小行星轮的齿轮（起到转弯调速作用），差速器是立着放的，两边有两个小圆孔，上面有滑键，半柱插在里面，直线行驶的时候十字柱不动，转弯的时候十字柱动起来调整两边车轮的转速，以提高汽车在转弯时候的机动性。

其主要作用如下：

1）传递转矩和转速：将发动机发出并由离合器、变速器和传动轴等传来的动力通过减速器，使其转速下降，转矩增大，并将这一转矩通过半轴传给驱动轮。

2）承受载荷。

3）通过钢板弹簧把路面的反力和反力矩传给车架。

4）制动：车辆在行驶时，后轮制动器起主要的制动作用，并且在驻车时，后轮制动器产生驻车制动。

5）辅助转向：车辆转弯时，通过差速器调节左右车轮的速度，提高转向性能。

五、驱动桥功能与构造

1. 驱动桥功能

驱动桥主要由主减速器、差速器、半轴、桥壳及制动器组件等组成，它的主要功能如下：

1）对传动轴传递过来的转矩经过降速增扭后传到车轮上，改变转矩的方向。

2）实现内外侧车轮转向时，达到不同转速。

2. 单级减速与双级减速驱动桥的构造

1）单级减速驱动桥的构造示意图见图4-114。

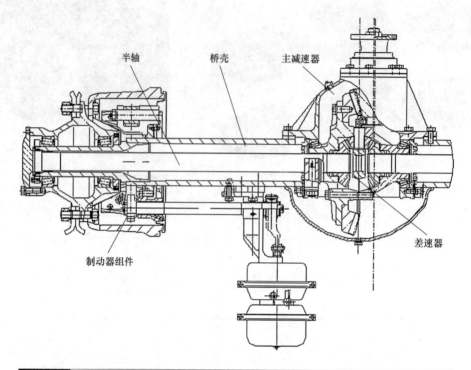

图 4-114　单级减速驱动桥构造示意图

2）双级减速桥轮边减速的基本构造示意图见图4-115。

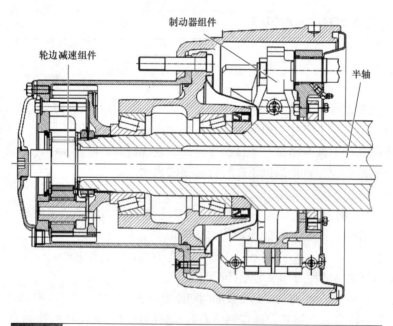

图 4-115　双级减速桥轮边减速的基本构造示意图

3. 驱动桥桥壳

驱动桥桥壳按制造工艺分为冲焊桥壳、铸造（铸铁、铸钢）桥壳。

不同桥壳（整体冲焊桥壳与整体铸造桥壳）优缺点对比见表4-15。

表 4-15 不同桥壳优缺点对比

对比项	效率	环保	变型能力	加工缺陷	设计优化	质量	成本	维修	其他性能	发展趋势
冲焊桥壳	加工点多，但易大批量生产，效率较高	环保性能较好	易变型	可很好地避免加工缺陷	难以达到等强度设计要求	较大	较高（但人工成本较低）	维修不便，维修成本较高	降噪性能较差	逐步由冲焊结构替代铸造结构
铸造桥壳	加工点较少，但不宜大批量生产，效率较低	对环境污染较严重	难以变型	易产生加工缺陷（砂眼、夹渣等）	可等强度设计	较小（同样强度）	较低（但人工成本较高）	维修方便，维修成本较低	吸声性能较好，降噪性能较好	

六、单级桥和双级桥优缺点对比

中央单级减速桥和带轮边减速的双级减速桥的优缺点比较见表 4-16。

表 4-16 单级桥和双级桥优缺点对比

对比项	转矩容量	最小传动比	离地间隙	噪声	生产效率	质量	成本	维修
中央单级减速桥	较小，超载能力弱	<3	较小，适用于公路	噪声≤89dB	零部件数量少，效率较高	较小	较低	维修方便，维修成本较低
带轮边减速的双级减速桥	较大，超载能力强	>4	较大，适用于非公路	噪声≤92dB	零部件数量多，加工精度高，效率较低	较大（大5%左右）	较高	维修不便，维修成本较高

常用驱动桥的主要技术参数详见本书第五章第五节常用驱动桥规格与技术参数。

知识拓展　　　　　　奔　驰　桥

奔驰桥为德国奔驰公司技术，由北方工业公司最先引进，是目前市场较为认可的双级减速桥。其外形及剖面图见图 4-116。

a) 奔驰桥外形图

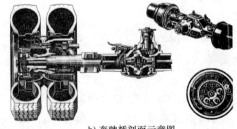
b) 奔驰桥剖面示意图

图 4-116　奔驰桥的外形图、剖面图

奔驰桥与斯太尔桥轮毂内外轴承负荷对比见表 4-17。

表 4-17 奔驰桥与斯太尔桥轮毂内外轴承负荷对比

不同项	内 轴 承			外 轴 承		
	型号	内轴承尺寸/mm 内径×外径×总宽度	额定负荷/kN 动/静	型号	外轴承尺寸/mm 内径×外径×总宽度	额定负荷/kN 动/静
奔驰桥	33022	φ110×φ170×47	257/417	30220	φ100×φ180×37	233/302
斯太尔桥	30222	φ110×φ200×41	284/369	32222	φ110×φ200×56	366/512

第十节 悬架系统

一、概述

1. 定义

悬架系统是汽车车架与车桥或车轮之间所有传力连接装置的总称。

2. 功能

1）传递作用在车轮和车架之间的力和力矩，并且缓冲由不平路面传给车架或车身的冲击力，并衰减由此引起的振动，以保证汽车平顺行驶。

2）支持车身，改善乘坐的感觉。不同的悬架会使驾驶者有不同的驾驶感受。外表看似简单的悬架系统综合多种作用力，决定着汽车的稳定性、舒适性和安全性，是各类汽车十分关键的部件之一。

3. 作用

1）当汽车通过凹凸不平的路面时提供缓冲作用。

2）保证车轮在固定的角度内活动，使转向稳定。

3）承载：将车身的部分自重和货物的重量，通过车架传递到悬架上→传递到车桥上（仅非独立悬架）→传递到地面上。

4）维持车轮与路面的良好接触，确保车轮与路面之间产生的驱动力、制动力能确实地传到车身上。

5）汽车悬架既要满足舒适性的要求，又要兼顾操纵稳定性的要求，而它们往往又是互相矛盾的。弹簧越软，乘坐越舒服。而弹簧太软，就会出现制动点头、操纵不稳等现象，因此设计只好走中庸之路，两方面都要兼顾。

4. 通过悬架系统实现的车辆功能

（1）运输功能　承载车辆自身的重量和需要运输的货物重量，实现运输功能。

（2）减振功能　行驶过程中减少路面不平对车辆的冲击。

（3）传递力和力矩的功能　传递作用在车轮和车身之间的一切力和力矩，比如支撑力、制动力和驱动力等。

5. 发展趋势

1）向少片簧方向发展。

2）向轻量化方向发展。

3）向橡胶悬架方向发展。

4）向空气悬架方向发展。

6. 组成

悬架系统包括弹性元件（板簧、弹簧），减振器（液力减振器）和传力装置（上下摆臂等叉形刚架、转向节、横向稳定杆等元件）等三部分，这三部分分别起缓冲、减振和传递力的作用。

7. 在底盘中的位置

悬架在底盘中的位置见图 4-117。

二、悬架分类与简介

1. 根据连接的车桥及位置分类

车辆用悬架根据连接的桥及位置不同，分为前悬架和后悬架。

（1）前悬架　前悬架是与前桥连接的悬架，主要由钢板弹簧、减振器、横向稳定杆、缓冲块等零部件组成。又分为单前桥用前悬架和双前桥用前悬架两种。

1）单前桥用前悬架，多应用于 4×2、6×4 车型，见图 4-118。

2）双前桥用前悬架，应用于 6×2、8×4、8×2 等车型，见图 4-119。

第四章　商用车结构与配置

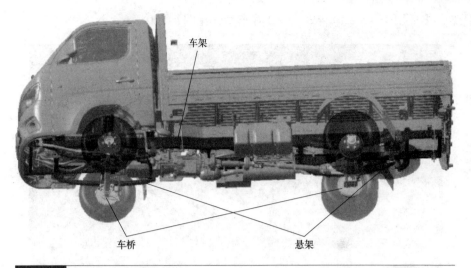

图 4-117　悬架在底盘中的位置

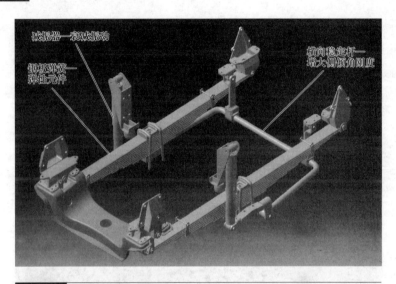

图 4-118　单前桥用前悬架

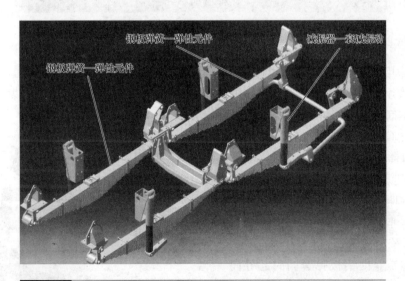

图 4-119　双前桥用前悬架

（2）后悬架

1）单后驱动桥用的后悬架，主要由钢板弹簧、减振器、横向稳定杆、缓冲块等部件组成。单后驱

149

动桥用的后悬架，多应用于4×2、8×2、6×2等车型，见图4-120。

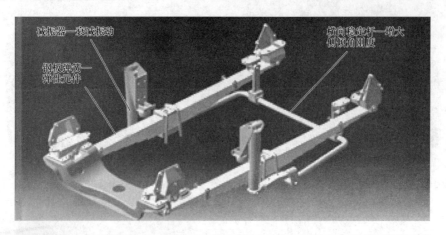

图4-120　单后驱动桥用的后悬架

2）双后驱动桥用悬架，由钢板弹簧、平衡轴总成、推力杆、缓冲块等组成。双后驱动桥用悬架，多应用于6×4、8×4等车型，见图4-121。

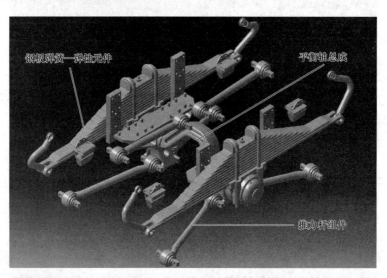

图4-121　双后驱动桥用悬架

① 推力杆的作用：推力杆连接车架与车桥，传递之间的纵向力。
② 平衡轴的作用：平衡轴可以使后桥、中后桥能够均匀承载，承载大，工作可靠。

2. 根据结构不同分类

悬架根据结构不同分类，可以分为非独立悬架和独立悬架两种形式。

1）非独立悬架。非独立悬架系统的左右车轮装在一根整体的刚性轴或非断开式驱动桥桥壳上，故命名为"非独立"悬架，见图4-122。

非独立悬架系统主要由钢板弹簧、减振器、缓冲块等零部件组成，因钢板弹簧同时起导向作用，因此无导向机构；为防止车身在转向等情况下发生过大的横向倾斜，有些车型在悬架系统中加装横向稳定杆，目的是提高侧倾刚度，改善汽车的操纵稳定性和行驶平顺性。

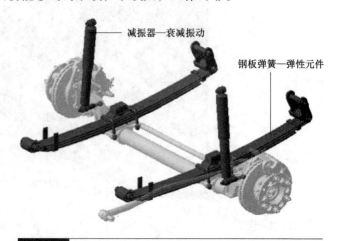

图4-122　非独立悬架

非独立悬架的优点：

① 结构简单，制造、维护方便，经济性好。

② 工作可靠，使用寿命长。

③ 车轮跳动时，轮距、前束不变，轮胎磨损小。

④ 转向时，车身侧倾后车轮的外倾角不变，传递侧向力的能力不降低。

⑤ 侧倾中心位置较高，有利于减小转向时车身的侧倾角。

非独立悬架，多应用于非承载车身。

2）独立悬架。使用独立悬架，是中高端车的标志。目前，国内大部分微卡、轻卡已越来越多地配装独立悬架，见图4-123。

独立悬架是相对于非独立悬架而言的，其特点是左、右两车轮之间各自"独立"地与车架或车身相联，构成断开式车桥，当单边车轮驶过凸起时，不会影响到另一侧车轮。

独立悬架由于其导向机构错综复杂，结构形式很多，但主流结构主要有双横臂式、纵臂式、麦弗逊式、多连杆式等。

与非独立悬架相比，独立悬架有诸多优点：

① 悬架质量小，悬架所受到并传给车身的冲击载荷小，有利于提高汽车的行驶平顺性及轮胎接地性能。

② 左右车轮的跳动没有直接的相互影响，可减少车身的倾斜和振动。

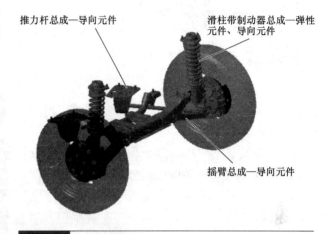

图4-123　独立悬架

③ 占用横向空间小，便于发动机布置，可以降低发动机的安装位置，从而降低汽车质心位置，有利于提高汽车行驶稳定性。

④ 易于实现驱动轮转向。

独立悬架，多应用于承载车身。

3. 按工作原理不同分类

悬架按工作原理不同分类，还可以分为钢板弹簧悬架、橡胶悬架、空气悬架和液压悬架等。

（1）钢板弹簧悬架　微卡、轻卡、中卡、重卡按照总质量不同、行驶的道路不同、运输的货物不同，主要采用钢板弹簧悬架。按板簧结构形式不同，可分为以下四类：

① 普通多片钢板弹簧见图4-124，多用于重载车型，如重卡自卸车。

主要优点：结构简单、制作工艺简单，应用广泛。

主要缺点：质量大、片数多、片间摩擦力大，平顺性降低，噪声大。

② 少片变截面钢板板簧见图4-125，多用于厢式车、牵引车等。

主要优点：可减少质量约30%～50%，重量降低，片数减少，片间摩擦力较小，平顺性提高，噪声小，板簧寿命大大提高，可实现整车轻量化、节约材料。

主要缺点：结构较复杂，制作工艺复杂。

图4-124　普通多片钢板弹簧

图4-125　少片变截面钢板板簧

③ 渐变刚度钢板弹簧见图4-126，多用于中卡、国道行驶。

主要优点：刚度随承载的增加逐渐增大，变化平稳，偏频变化较小，改善汽车的行驶平顺性。

主要缺点：结构较复杂，制作工艺较复杂。

④ 两级刚度复式钢板弹簧见图4-127，多用于行驶路面不好的车辆。

主要优点：结构简单、制作工艺简单，应用广泛。

主要缺点：副簧起作用的瞬间，悬架刚度瞬间增大，对汽车的行驶平顺性不利。

图4-126　渐变刚度钢板弹簧

图4-127　两级刚度复式钢板弹簧

目前，国内主流整车企业已越来越多地采用新的悬架技术，在不降低车辆承载的同时，提高车辆的驾乘舒适性。

（2）橡胶悬架　橡胶悬架作为一种轻量化设计方案已经被越来越多地运用到重卡上，其弹性元件为橡胶，工作原理与发动机悬置相似，整个悬架具有强大的承载能力，无噪声、免维护，运营成本更低。不过由于橡胶悬架系统中的横梁、鞍座均为铸件，且结构复杂，尺寸较大，生产较为困难。

橡胶悬架在底盘中的位置见图4-128。

图4-129为橡胶悬架示意图（瀚瑞森HUV）。

图4-130为橡胶悬架局部细节。

图4-128　橡胶悬架在底盘中的位置

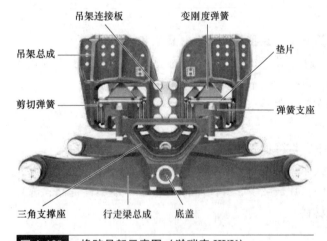

图4-129　橡胶悬架示意图（瀚瑞森HUV）

图4-130　橡胶悬架局部细节

目前常见的瀚瑞森橡胶悬架有HUV270和HUV271两个系列，具体技术参数参见表4-18。

表4-18　瀚瑞森橡胶悬架推荐表（仅供参考）

规格	270系列	271系列
双后桥载荷	35t最大静态载荷	35t最大静态载荷
应用车型	自卸、牵引、载货、搅拌	自卸、牵引、载货、搅拌

(续)

规格	270 系列	271 系列
悬架重量	460kg	480kg
桥配置	6×4、8×4	6×4、8×4
桥跳动	200mm	200mm
离地高度	200mm	200mm
对角线通过性	445mm	445mm
行驶高度	252mm	190mm
轴间距	1350mm	1350mm

（3）空气悬架 空气悬架是高端车型的标配，见图4-131。按照法规，配置空气悬架的车辆允许总质量增加1t，这是GB 1589《车辆外廓尺寸、轴荷及总质量限值》标准中规定的。

图4-131 空气悬架安装外形

空气悬架由空气气囊、高度阀、双向筒式液压减振器、横向稳定杆、缓冲块等零部件构成。

空气悬架的结构，参见图4-132。

① 空气悬架简介。空气悬架自19世纪中期诞生以来，经历一个世纪的发展，历经气动弹簧→气囊复合式悬架→半主动空气悬架→中央充放气悬架（即电控空气悬架系统）等多种型式，到20世纪50年代才被应用到载货车、大客车、小轿车上。目前，国外高级大客车几乎全部使用空气悬架，重型载货车使用空气悬架的比例已达80%以上，空气悬架在轻型汽车上的应用量也在迅速上升。部分轿车也逐渐安装了空气悬架，在一些特种车辆上，比如对防振要求较高的仪表车、救护车、特种军用车及集装箱运输车等，使用空气悬架几乎成为唯一选择。空气悬架系统在我国尚只应用在一些豪华客车和少部分重型货车和挂车上。

② 工作原理。通常来讲，装备空气式可调悬架的车型，前轮和后轮的附近都会设有离地距离传感器，按离地距离传感器的输出信号，行车电脑会判断出车身高度变化，再控制空气压缩机和排气阀门使弹簧自动压缩或伸长，从而降低或升高底盘离地间隙，以增加高速车身稳定性或复杂路况的通过性。

而在日常调节中，空气悬架会有如下三种状态：

a. 保持状态。当车辆被举升器举起，离开地面时，空气悬架系统将关闭相关的电磁阀，同时行车电脑记忆车身高度，使车辆落地后保持原来高度。

b. 正常状态。即发动机运转状态。行车过程中，若车身高度变化超过一定范围，空气悬架系统将每隔一段时间调整车身高度。

c. 唤醒状态。当空气悬架系统被遥控钥匙、车门开关或行李舱盖开关唤醒后，系统将通过车身水平传感器检查车身高度。如果车身高度低于正常高度一定程度，储气罐将提供压力使车身升至正常高度。同时，空气悬架可以调节减振器软硬度，包括软态、正常及硬态三种状态（也有标注成舒适、普

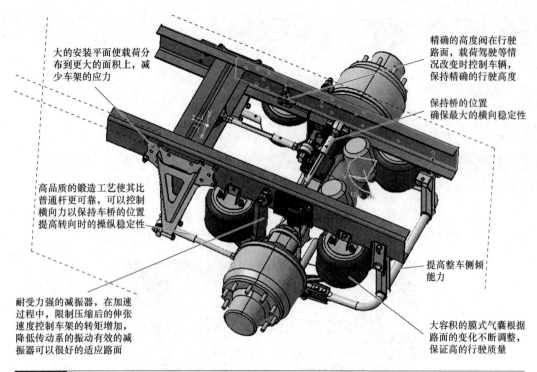

图 4-132 空气悬架结构示意图

通、运动三个模式的),驾驶者可以通过车内的控制钮进行调控。

当然,相比传统悬架,由于空气式可调悬架结构较为复杂,其出现故障的概率和频率也会高于螺旋弹簧悬架系统,而用空气作为调整底盘高度的动力来源,相关部件的密封性也是一个问题,另外,如果频繁地调整底盘高度,还有可能造成气泵系统局部过热,会大大缩短气泵的使用寿命。当然,随着技术水平的不断提高,很多问题都得到了良好的解决,同时,应用的车型也越来越广泛。

③ 优点。悬架采用了空气悬架系统,自重轻,提高了整车承载;提供卓越的平顺性和操纵稳定性,可更有效地保护货物;横向稳定杆则保证了高稳定性和抗倾性;高强度、高质量的零部件延长了使用寿命,提高了整车的性能,减少了维修成本,减少对路面的冲击力,延长路面寿命等。

④ 缺点是成本高,但在目前国内高端车型上,应用越来越多。

(4) 液压悬架 液压悬架的结构简图和外形图,见图4-133。内置式电子液压集成模块是该系统的枢纽部分,可根据车速、减振器伸缩频率和伸缩程度的数据信息,在汽车重心附近安装有纵向、横向加

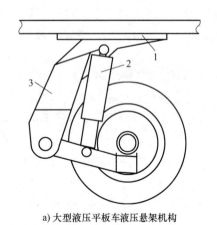

a) 大型液压平板车液压悬架机构　　　b) 液压悬架实物外形

图 4-133　液压悬架结构简图与外形图

1—回转支承　2—悬架液压缸　3—连杆支架

速度和横摆陀螺仪传感器,用来采集车身振动、车轮跳动、车身高度和倾斜状态等信号,这些信号被输入到ECU,ECU根据输入信号和预先设定的程序发出控制指令,控制伺服电机并操纵前后四个执行油缸工作。通过增减液压油的方式实现车身高度的升或降,也就是根据车速和路况自动调整离地间隙,从而提高汽车的平顺性和操纵稳定性。

① 优点:实用升降自如,后期维护成本低。

② 缺点:反应有点慢,遇到坑坑洼洼来不及反应,这点在新一代主动液压悬架上有所改进。

第十一节 转向系统

一、概述

1. 定义

汽车转向系统(steering system)是指用来改变或保持汽车行驶或倒退方向的一系列装置的总称,其在整车中的位置见图4-134。其主要功能就是按照驾驶员的意愿控制汽车的行驶方向。

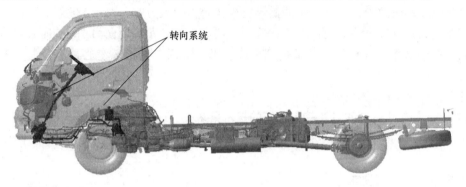

图 4-134　转向系统在整车中的位置

汽车在行驶过程中,需按驾驶员的意志改变其行驶方向,即所谓汽车转向。就轮式汽车而言,实现汽车转向的方法是,驾驶员通过一套专设的机构,使汽车转向桥(一般是前桥)上的车轮(转向轮)相对于汽车纵轴线偏转一定角度。在汽车直线行驶时,往往转向轮也会受到路面侧向干扰力的作用自动偏转而改变行驶方向。此时,驾驶员也可以利用这套机构使转向轮向相反方向偏转,从而使汽车恢复原来的行驶方向。这一套用来改变或恢复汽车行驶方向的专设机构,即称为汽车转向系统(俗称汽车转向系)。

2. 作用

按照驾驶员的意愿调整车辆的行驶方向(前行、倒退、转向),即保证汽车能按驾驶员的意志而进行转向行驶。在正常情况下,汽车转向所需能量,只有一小部分由驾驶员提供,而大部分是由发动机通过动力转向装置提供的。但在动力转向装置失效时,一般还应当能由驾驶员独立承担汽车转向任务。因此,动力转向系是在机械转向系的基础上加设一套动力转向装置而形成的。

对最大总质量在20t以上的重型汽车而言,一旦动力转向装置失效,驾驶员通过机械传动系加于转向节的力远不足以使转向轮偏转而实现转向,故这种汽车的动力转向装置应当特别可靠。

3. 发展趋势

1)由机械转向向液压助力方向发展。

2)由机械转向向电动转向助力方向发展。

3)向可靠性更高的方向发展。

4)从发展趋势上看,国外整体式转向器发展较快,而整体式转向器中转阀结构是发展的方向。

5)全动力转向系统。

4. 转向系统在整车中的位置

转向系统在整车中的位置,参见图4-134。

二、技术要求

1. 现行标准

GB 17675—1999《汽车转向系 基本要求》。

对转向系统的技术要求如下：

1) 方向盘必须左置。

2) 不得单独以后轮作为转向车轮。

3) 不得装用全动力转向机构。

4) 转向时，转向车轮的偏转必须是渐进的。

5) 转向系统必须有足够的刚度且坚固耐用，以确保行驶安全。

6) 转向系统必须保证驾驶员在正常操作驾驶位置上能方便、准确地操作，转向系统在任何操作位置上，不应与其他部件有干涉现象。

7) 汽车转向车轮应有自动回正能力，以使机动车具有稳定的直线行驶能力。

8) 全挂车和半挂车在80km/h及以下速度行驶时，应自动保持直线行驶。

9) 以10km/h的速度、24m转弯直径前行转弯时，不带转向助力时转向力应小于等于245N，带助力转向但助力转向系统失效时，靠人力仍能操纵汽车转向，操纵力应不大于588N。

10) 当汽车前行向左或向右转弯时，方向盘的左向右地回转角和转向力不得有显著差异。

11) 转向系统中液压、气压或电器部件部分或全部失效后，转向系统必须有控制汽车行驶方向地能力。

其他详见现行标准GB 17675—1999。

2. 新标准（征求意见稿）对汽车转向系统的技术要求

由于正在征求意见的转向系统新标准，预计将于2022年发布实施，故本节介绍一下该征求意见稿，仅供参考：

（1）技术要求——一般要求

1) 转向系统应确保汽车和挂车在其最大设计车速范围内操纵的轻便性和安全性，在转向系统完好的前提下，整车应具有自动回正能力。

2) 在最大设计车速内，车辆必须能够沿着道路直线行驶。

3) 转向操纵的方向应与车辆的行驶方向一致，且转向角应与转向操纵装置的偏转连续对应。

4) 转向系统的设计、制造和装配应确保汽车能够承受正常使用状态下的载荷。转向传动装置的任何部件在转至最大转向角范围内不应发生相互干涉。

5) 转向系统不得因电磁干扰而影响功能，并应满足电磁兼容相关标准要求。

6) 转向车轮不应仅是后车轮。

7) 转向系统的可调节部件应能锁死。

8) 转向系统可以和其他系统共用同一能源供应，但如果与转向系统共享相同能源的系统发生故障，转向系统仍应满足系统出现故障时的相关转向功能。

9) 电子转向控制系统的功能安全要求应按照GB/T 34590—2017《道路车辆 功能安全》得出，并应满足该标准附录B的要求（附录B本节略）。

（2）技术要求——挂车特别要求

1) 直线行驶时，挂车不应有较明显的方向偏差或转向系统内异常振动。

2) 对于装有挂车随动转向装置的挂车，在所有载荷下，非转向或自转向的车轴与随动转向车轴之间的载荷比至少应大于1。

3) 当牵引车和挂车机动车辆组向前直行，挂车应与牵引车成一直线，并应满足GB/T 26778要求。如无法自动保持，则挂车应装备相应的调节装置。

（3）技术要求——失效规定

1) 转向系统正常工作时不得出现显著的变形。除机械传动机构外的传动失效，当出现故障时，如果转向操纵力不超出规定值，那么允许平均转向传动比出现变化。

2) 对于挂车，在转向系统出现故障时，车辆组仍应向前直行，转向时满足失效情况下转向圆要求。

3) 对于助力转向，发动机熄火或除纯机械传动机构外的一个零件出现故障时，转向角不能发生突变。

4) 车辆在出现主转向系统故障时，在故障未排除前，车辆不能以大于 10km/h 的车速行驶。

5) 操纵传动的动力源或能量传输内部出现故障，应满足转向操纵力等要求。

(4) 技术要求——报警信号

1) 对于非机械故障，车辆必须明确警示驾驶者。

2) 挂车也应有报警装置。

其他规定，略。

三、转向器分类

1. 按结构形式划分

转向器的主要类型有 4 种：蜗杆肖式（WP 型）、蜗杆滚轮式（WR 型）、循环球式（BS 型）、齿条齿轮式（RP 型）。

2. 按助力形式划分

转向器按助力型式分为机械式、动力助力式（液压助力、电动助力）。

据了解，在世界范围内，汽车循环球式转向器占 45% 左右，齿条齿轮式转向器占 40% 左右，蜗杆滚轮式转向器占 10% 左右，其他型式的转向器占 5%。循环球式转向器一直在稳步发展。在西欧小客车中，齿条齿轮式转向器有很大的发展。日本汽车转向器的特点是循环球式转向器占的比重越来越大，日本装备不同类型发动机的各类型汽车采用不同类型转向器，在公共汽车中使用的循环球式转向器的比例已由 20 世纪 60 年代的 62.5%，发展到现今的 100% 了（蜗杆滚轮式转向器在公共汽车上已经被淘汰）。大、小型货车大都采用循环球式转向器，但齿条齿轮式转向器也有所发展。微型货车用循环球式转向器占 65%，齿条齿轮式转向器占 35%。

3. 循环球式转向器简介

循环球式转向器主要由螺杆、螺母、转向器壳体以及许多小钢球等部件组成，见图 4-135。所谓的循环球指的就是这些小钢球，它们被放置于螺母与螺杆之间的密闭管路内，起到将螺母螺杆之间的滑动摩擦转变为阻力较小的滚动摩擦的作用，当与方向盘转向管柱固定到一起的螺杆转动起来后，螺杆推动螺母上下运动，螺母再通过齿轮来驱动转向摇臂往复摇动从而实现转向。在这个过程当中，那些小钢球就在密闭的管路内循环往复地滚动，因此这种转向器就被称为循环球式转向器。

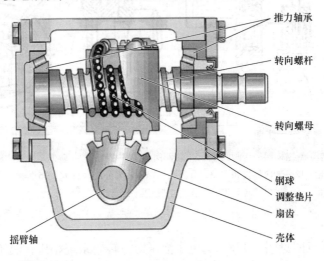

图 4-135 循环球式转向器结构示意图

相比齿轮齿条式转向器，循环球式转向器由于更多依靠滚动摩擦，因此具有较高的传动效率，操纵起来比较轻便舒适，机械部件的磨损较小，使用寿命相对较长。

四、转向助力装置

转向助力是协助驾驶员进行汽车方向调整，为驾驶员减轻打方向盘的用力强度。当然，转向助力在汽车行驶的安全性、经济性方面也有一定的作用。

汽车上配置的助力转向系统大致可以分为三类，机械液压助力转向系统、电子液压助力转向系统以及电动助力转向系统。

1. 机械液压助力转向系统

机械液压助力转向系统（图4-136）使用最广泛，就成本、空间和重量而言，使用压力油增加伺服压力的方法是成熟和有优势的。

国内商用车转向器主要选用整体循环球式液压助力转向器。

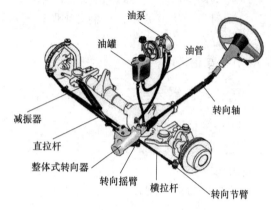

图4-136 机械液压助力转向系统示意图

2. 电子液压助力转向系统

由于机械液压助力需要大量消耗发动机动力，所以人们在机械液压助力的基础上进行改进，开发出了更节省能耗的电子液压助力转向系统，见图4-137。这套系统的转向油泵不再由发动机直接驱动，而是由电动机来驱动，并且在之前的基础上加装了电控系统，使得转向辅助力的大小不仅与转向角度有关，还与车速相关。机械结构上增加了液压反应装置和液流分配阀，新增的电控系统包括车速传感器、电磁阀、动力转向ECU等。

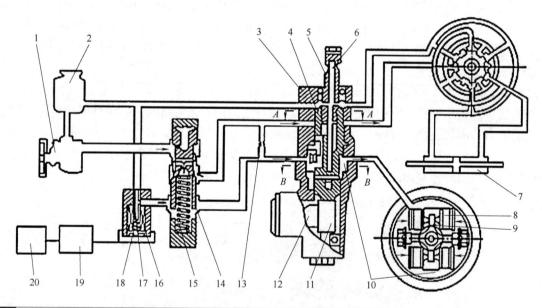

图4-137 电子液压助力转向系统示意图

1—转向油泵 2—储油罐 3—转向器壳体 4—转阀阀体 5—转阀阀芯 6—扭杆 7—转向动力缸 8—液压反力活塞 9—控制杆 10—液压反力腔 11—转向器齿轮 12—转向器齿条 13—节流孔 14—液流分配阀柱塞 15—液流分配阀弹簧 16—电磁阀线圈 17—电磁阀滑阀 18—电磁阀弹簧 19—动力转向ECU 20—车速传感器

3. 电动助力转向系统

电动助力转向系统示意图见图4-138。与电子液压助力转向系统相比，液压回路旁通和借助电动机的直接助力在重量和发动机室空间方面有突出的优点，因为它省去了所有的液压部件。

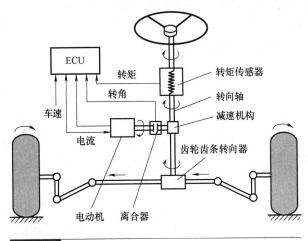

图 4-138　电动助力系统示意图

五、常见故障

1. 方向跑偏

汽车在平顺路面正常直行时，方向盘会出现图 4-139 中所示的三种情况，其中的 b 和 c 为方向跑偏现象。

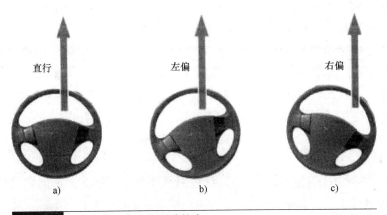

图 4-139　直行时方向盘的三种状态

表现：在行驶中，感到汽车自动偏向一边，必须把方向盘用劲把住，才能保持正直的行驶方向。

原因：左右轮胎气压不等；个别制动蹄片刮磨制动毂，或一边车轮轮壳轴承过紧；个别钢板弹簧折断，两边钢板弹力不均；前轴或车架弯曲；前轮定位失准或两边轴距不等；转向节主销与衬套间隙左右不一，或横拉杆两边球头松紧调整不一；货车货物装载不均。

2. 方向摆头

表现：汽车在行驶中，感到两前轮左右摇摆，方向盘难以掌握。

原因：横直拉杆球头调整过松（弹簧折断或调整间隙过大）；方向盘自由行程过大；转向器滚轮与蜗杆啮合间隙过大；蜗杆上下轴承间隙过大；转向节主销与衬套的间隙过大；前轮轮壳轴承装配过松，或前轮轮辋失圆摆差过大；前轮定位失准。

3. 转向沉重

表现：行驶的汽车转弯时，转动方向盘，感到沉重吃力。

原因：蜗杆的上下轴调整得过紧或轴承损坏；蜗轮和蜗杆啮合过紧，转向器的转向摇臂轴与衬套无间隙；转向轴弯曲或管柱凹瘪，互相刮碰；方向盘碰、磨管柱；转向节上的推力轴承缺油或损坏；转向节主销与衬套装配过紧或缺润滑油；转向节拉杆（直拉杆）螺塞旋得太紧，或拉杆接头缺油；横拉杆球头调整过紧，或拉头缺油；轮胎气压不足；前轴或车架弯曲，前轮定位失准。

4. 转向不足和转向过度

表现：在汽车转弯时，转动量不够或过大，见图4-140所示。

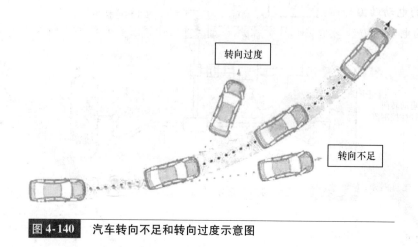

图4-140 汽车转向不足和转向过度示意图

原因：转向摇臂装在摇臂轴上的位置不当；转向角限位螺栓调整过长或过短；前轴前后窜动；循环球或转向器扇形齿与蜗杆盒装配位置不妥等。

5. 前轮调整

前轮最大偏转角（转向角）的大小，影响到汽车转弯时的转弯半径（也叫通过半径），偏转角越大，转弯半径越小，汽车的通过性越好，机动性越强。

前轮最大偏转角是通过前桥上的限位螺钉进行调整的。其方法是将前桥顶起，转动方向盘，使前轮偏转至与相碰物（翼子板、横拉杆、车架等）相距8～10mm，转动限位螺钉，将车轮限止到此位置，此时的轮胎着地轨迹中心线与轮胎在直线行驶时的着地轨迹中心线之间的夹角为最大偏转角。各种车型的最大偏转角和最小转向半径不尽相同，调整前要参照汽车的使用说明书。

六、养护

1）转向液压油是系统工作的关键，定期检查转向液压油是否缺少，同时，清洗液压油杯及滤芯，防止液压油过脏或变质。

2）检查转向泵传动带的松紧度，松紧度应以手指按下1cm左右为宜。同时仔细观察是否有断口，如有应及时更换。

3）定期检查液压系统的管接头是否有漏油现象，液压油管应防止与其他部件的接触而导致的摩擦破裂，同时，液压胶管若有老化现象应及时更换。

4）更换动力转向油时，油液品质应符合原厂要求，不同牌号的油液不能混用。

5）转向时不可将方向盘长时间"打死"，特别是在原地转向时，要留有一定的余量，防止液压转向系统压力过大。

6）定期对系统进行清洗。由于动力转向液经常处于持续的极压和高温的工作环境下，所以一段时间后会出现污染劣化，并失去润滑性能，导致漆膜等沉积物生成，使汽车出现转向困难、方向盘发抖等故障。通过清洗可除去系统中的有害杂质和其他沉积物，消除动力转向系统内的噪声，并防止系统渗漏的发生和液压油泵的损坏。在更换动力转向系统液压油前，也应进行动力转向系统的清洗。

7）定期检查储液罐内动力转向液液面高度。热态时（约66℃，用手摸感觉烫手），其液面高度必须在HOT（热）和COLD（冷）标记之间。如果是冷态（约为21℃），则液面高度必须在ADD（加）和CLOD（冷）标记之间。如果液面高度不符合要求，必须加注动力转向液（液力传动油）。

知识拓展 典型转向系统

1. 微卡装配的电动助力转向系统

微卡上常用的电动助力转向系统由转向控制装置、转向传动装置和转向车轮组成，见图4-141。

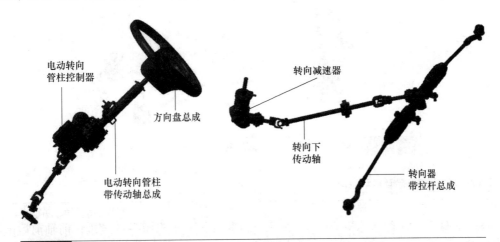

图4-141　微卡上常见的电动助力转向系统示意图

1）转向控制装置包括方向盘、电动转向管柱带传动轴总成、转向减速器，转向下传动轴、转向器带拉杆总成等。

2）转向传动装置包括转向横拉杆、转向梯形机构等。

2. 轻卡常见的液压助力转向系统

其结构由转向控制装置、转向传动装置、转向车轮和转向供能装置组成，见图4-142。

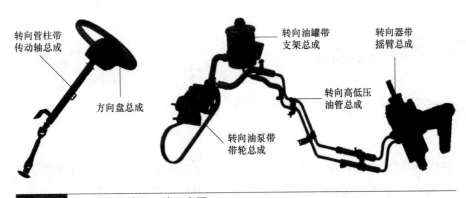

图4-142　液压助力转向系统示意图

1）转向控制装置包括方向盘、转向管柱带传动轴总成、转向器等。
2）转向传动装置包括转向垂臂、转向直拉杆、转向节臂、转向梯形机构等。
3）转向供能装置包括转向油泵、转向油罐、转向助力缸总成及转向管路。

3. 轻卡、中卡常见转向系统

轻卡、中卡所采用的液压助力转向系统由转向控制装置、转向传动装置和转向供能装置组成，见图4-143。

1）转向控制装置包括方向盘、转向管柱带传动轴总成、转向器等。
2）转向传动装置包括转向垂臂、转向直拉杆、转向节臂、转向梯形机构等。
3）转向供能装置包括转向油泵、转向油罐及转向管路。

4. 微卡匹配转向器及转向管柱

微卡汽车常用转向器及电动转向管柱见表4-19。

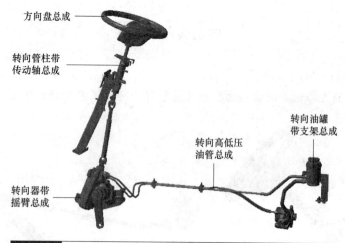

图 4-143 常见的轻卡、中卡转向系统示意图

表 4-19 微卡汽车常用转向器及电动转向管柱

序号	转向器型号	转向器型式	转向管柱型式	转向管柱电机型号	适应前桥载荷/t	转向器传动比	最大工作压力/MPa	控制流量/(L/min)	转向机最大输出转矩/(N·m)	转向管柱最大输出转矩/N·m	供应商
1	JX-1.0	机械齿轮齿条	电动	C-EPS45	1.0	18.5	\	\	\	35	转向机：恒隆 管柱：豫北
2	TX-1.3	机械循环球	电动	C-EPS65	1.3	19	\	\	\	45	转向机：三环 管柱：豫北
3	DZ-1.5	液压循环球	机械	\	1.5	16.4	10	6	1107	\	转向机：豫北、恒隆 管柱：恒义

第十二节 制动系统

一、概述

1. 定义

制动系统能使车辆减速或者停车，并保证驾驶员离去之后车辆可以可靠地驻车的装置，包括前轮制动器、后轮制动器、控制装置、传动装置、供能装置以及其他辅助制动装置。

2. 作用

1）保证汽车行驶中能按驾驶人要求减速停车。

2）保证车辆可靠停放。

3）保障汽车和驾驶人的安全。

3. 车辆通过制动系统实现的功能

1）行驶功能：好的制动系统可以提高行驶速度，提高运输效率。

2）安全功能。

3）驻车功能。

4. 评价指标

1）制动效能：即制动距离和制动减速度。

2）制动效能的恒定性：即抗热衰退性能。

3）制动时汽车的方向稳定性：即制动时不发生侧滑、跑偏及失去转向的能力。

5. 简介

对汽车起制动作用的只能是作用在汽车上且方向与汽车行驶方向相反的外力，而这些外力的大小都是随机的、不可控制的，因此汽车上必须装设一系列专门装置以实现上述功能。

汽车制动系统是指为了在技术上保证汽车的安全行驶，提高汽车的平均速度等，而在汽车上安装的专门的制动机构。一般来说，汽车制动系统包括行车制动装置和停车制动装置两套独立的装置。其中，行车制动装置是由驾驶员用脚来操纵的，故又称脚制动装置。停车制动装置是由驾驶员用手操纵的，故又称手制动装置。

行车制动装置的功用是使正在行驶中的汽车减速或在最短的距离内停车。而停车制动装置的功用是使已经停在各种路面上的汽车保持不动。但是，有时在紧急情况下，两种制动装置可同时使用而增加汽车制动的效果。有些特殊用途的汽车和经常在山区行驶的汽车，长期而又频繁地制动将导致行车制动装置过热，因此在这些汽车上往往增设各种不同形式的辅助制动装置，以便在下坡时稳定车速。

按照制动能源情况，制动系统还可分为人力制动系统、动力制动系统、伺服制动系统等3种。人力制动系统以驾驶员的体力作为制动能源；动力制动系统以发动机动力所转化的气压或液压作为制动能源；而伺服制动系统则是兼用人力和发动机动力作为制动能源。此外，按照制动能量的传递方式，制动系统又可分为机械式、液压式、气压式和电磁式等。

在汽车制动系统中，制动器是汽车制动系统中用以产生阻止车辆运动或运动趋势的力的部件。汽车所使用的制动器都是摩擦制动器，也就是阻止汽车运动的制动力矩来源于固定元件和旋转工作表面之间的摩擦。

6. 发展趋势

1）向多功能制动方向发展：车辆制动、车身稳定控制系统（VSC）、防抱死制动系统（ABS）、电子稳定控制系统（ESC）、自动紧急制动系统（AEBS）。

2）由车轮制动向多种制动方式组合制动方向发展：液力缓速器（电涡流缓速器）制动、发动机辅助制动等。

3）由机械制动向助力制动方向发展。

4）由鼓式制动向鼓式 + 盘式制动（前盘后鼓）方向发展。

5）微卡、轻卡向盘式制动方向发展。

6）轻量化是发展的方向。

7）向线控制动方向发展：制动踏板和制动器之间动力传递分离开来，取而代之的是电线连接，电线传递能量，数据线传递信号。

8）液压制动和气压制动已经是非常成熟的技术。

7. 二种新型制动系统简介

1）线控制动系统：从制动系统的供能装置、控制装置、传动装置、制动器4个组成部分的发展历程来看，都不同程度地实现了电子化。人作为控制能源，起动制动系统，发出制动企图；制动能源来自储存在蓄电池或其他供能装置；采用全新的电子制动器和集中控制的电子控制单元进行制动系统的整体控制，每个制动器有各自的控制单元。机械连接逐渐减少，制动踏板和制动器之间动力传递分离开来，取而代之的是电线连接，电线传递能量，数据线传递信号，所以这种制动又叫作线控制动。这是自从ABS在汽车上得到广泛应用以来制动系统又一次飞跃式发展。

2）电液复合制动系统是从传统制动向电子制动的一种有效的过渡方案，采用液压制动和电制动两种制动系统。这种制动系统既应用了传统的液压制动系统以保证足够的制动效能和安全性，又利用再生制动电机回收制动能量和提供制动力矩，提高汽车的燃料经济性，同时降低排放，减少污染。但是由于两套制动系统同时存在，结构复杂、成本偏高。结构的复杂性也增加了系统失效和出现故障的可能性，维护和保养难度也增加。

8. 制动系统在底盘中的位置

1）中重型商用车通常采用压缩空气制动，俗称气刹制动系统。其制动系统如图4-144所示。

2）微卡和部分轻卡一般采用液力制动，俗称液压制动。其制动系统如图4-145所示。

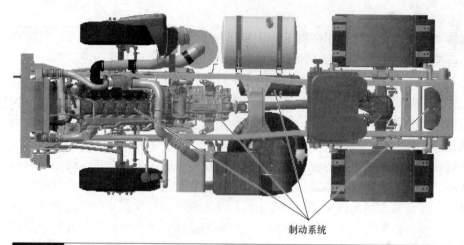

图 4-144　气刹制动系统在底盘中的位置示意图

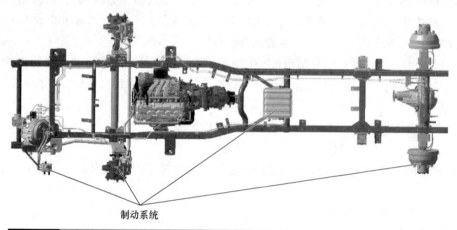

图 4-145　液压制动系统在底盘中的位置示意图

二、制动系统执行的国家标准

1. 标准名称

GB 12676—2014《商用车辆和挂车制动系统技术要求及试验方法》。

2. 对制动系统的总体要求

1）制动系统的设计、制造和安装应保证车辆在正常使用中，无论受到什么样的振动，都能满足本标准的要求，装备气压制动系统车辆的制动响应时间应满足 GB 12676 附录 B 的规定，制动系统的供能和储能装置应满足 GB 12676 附录 C 的规定，弹簧制动系统应满足 GB 12676 附录 D 的规定。

2）制动系统的设计、制造和安装应使其具有抗腐蚀和抗老化能力。

3）制动衬片不应含有石棉。

4）制动系统（包指电控线路）的效能，不应受磁场或电场的不利影响。

5）在不降低制动性能的前提下，失效检测信号可暂时（小于 10ms）中断控制传输的指令信号。

3. 制动系统分类、各制动系统的功能应符合标准的规定。

三、制动系统分类

制动系统可分为如下四种：

（1）采用气制动系统的车辆　制动系统按照其作用细分为四个部分：

1）行车制动系统——多采用双回路气制动系统。

2）驻车制动系统——驻车制动多采用弹簧储能断气制动（微卡、轻卡有采用传动轴制动方式）。

3）应急制动系统——应急制动多采用弹簧储能断气制动。

4）辅助制动系统——辅助制动多采用发动机排气制动、缓速器制动。

（2）采用液压制动系统的车辆　制动系统按照其作用分为四个部分：

1）行车制动系统——采用双回路液压制动系统。

2）驻车制动系统——采用中央制动或轮边制动。

3）应急制动系统——一般与行车制动或驻车制动共用。

4）辅助制动系统——辅助制动采用发动机排气制动。

（3）制动防抱死（ABS）装置

（4）辅助制动装置

四、液压制动系统

1. 行车制动系统

（1）作用　给汽车以必要的减速度，将车速降低到所要求的数值，直至停车；在下短坡时，它能使汽车保持适当的稳定速度。

（2）组成　主要有制动踏板、制动主缸、制动轮缸、车桥制动器、制动管路、真空罐等组成。

（3）工作原理　双回路行车液压制动系统，是目前微卡汽车较先进的典型制动系统，参见图4-146～图4-148。

"双回路"行车制动系统是将前桥与（中）后桥分成既相互关联又相对独立的两个回路，当其中任一回路出现故障时不影响另一回路的正常工作，以确保制动的可靠性。

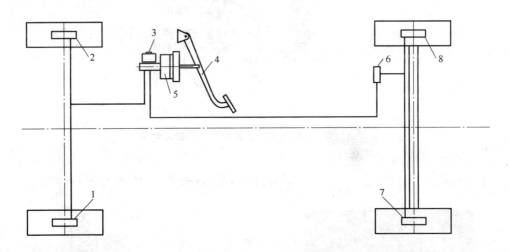

图4-146　液压制动系统布置示意图

1—左前制动器总成　2—右前制动器总成　3—储油杯总成　4—制动踏板总成　5—真空助力器带总泵总成　6—压力调节阀总成　7—左后制动器总成　8—右后制动器总成

双回路行车液压制动系统在各类汽车上有多种布置方案，如图4-147所示。

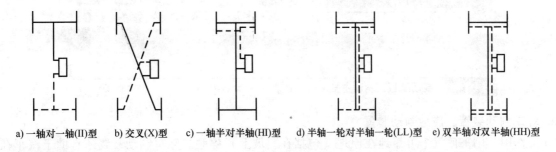

a）一轴对一轴(II)型　　b）交叉(X)型　　c）一轴半对半轴(HI)型　　d）半轴一轮对半轴一轮(LL)型　　e）双半轴对双半轴(HH)型

图4-147　各类汽车上的双回路液压制动系统布置方案

1）一轴对一轴（II）型：前轴（桥）制动器与后轴（桥）制动器各有一套管路。该布置方案最为简单，可与单轮缸鼓式制动器配合使用，在发动机前置后轮驱动的汽车上得到广泛应用，其缺点是当一套管路失效时，前后桥制动力分配关系被破坏。

2）交叉（X）型：一轴的一侧车轮制动器与另一轴对角车轮制动器同属一套管路。该布置方案中任一管路失效时，剩余的总制动力都能保持管路正常时总制动力的一半，而且前后桥制动力分配关系不发生改变，有利于提高制动稳定性，该布置方案多用于发动机前置前轮驱动的轿车上。

3）一轴半对半轴（HI）型：每侧前轮制动器的半数轮缸和全部后轮制动器轮缸同属一套管路，其余的前轮轮缸则属于另一套管路。

4）半轴一轮对半轴一轮（LL）型：两侧前轮制动器的半数轮缸和一个后轮制动器分别属于相互独立的两套管路。

5）双半轴对双半轴（HH）型：前、后轮制动器的半数轮缸分别属于相互独立的两套管路。在以上布置方案中，HI 型、LL 型、HH 型较为复杂，在汽车上应用较少；II 型、X 型由于优点较多而被广泛应用。

典型液压制动系统工作原理示意图见图 4-148。

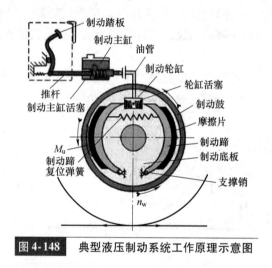

图 4-148 典型液压制动系统工作原理示意图

（4）行车制动踏板、制动主缸　行车制动踏板和制动主缸的外形和作用见图 4-149。

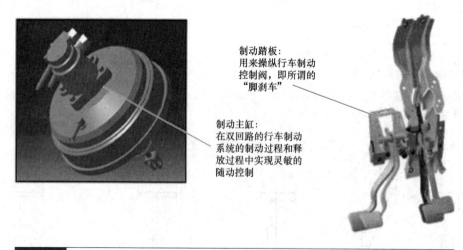

图 4-149 制动踏板、制动主缸

2. 驻车制动装置、应急制动装置

（1）作用　用来使汽车可靠地在原地（包括在斜坡上）停驻。驻车制动装置还有助于汽车在坡道上起步。

（2）微卡车型的应急制动系统　一般与行车制动或驻车制动共用一套。驻车制动操纵系统一般采用中央制动（制动器安装在传动轴前端或后端）或轮边制动（图4-150），利用机械力源（如强力压缩弹簧）进行制动。

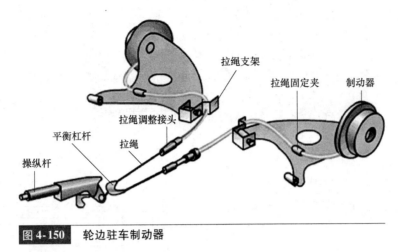

图 4-150　轮边驻车制动器

五、气刹制动系统（以断气刹为例）

1. 行车制动系统的作用

给汽车以必要的减速度，将车速降低到所要求的数值，直至停车；在下短坡时，它能使汽车保持适当的稳定速度。

2. 行车制动系统的组成

主要由制动踏板、制动主缸、制动轮缸、制动气室、车桥制动器、空气干燥器、四回路保护阀、单（双）向继动阀、储气筒、制动管路、气泵等组成。

3. 整车气路原理及示意图

双回路行车制动系统是将前桥与（中）后桥分成既相关联又相独立的两个回路，当其中任一回路出现故障时不影响另一回路的正常工作，以确保制动的可靠性。

双回路气制动系统是目前较先进的典型制动系统，以时代汽车采用的制动系统为例，典型气压制动系统示意图见图4-151。

4. 行车制动系统主要阀件的外形图及作用

（1）制动系统装置中制动踏板、制动主缸、制动气阀、储气筒、空压机等的外形图及作用。

1）制动踏板、制动主缸、制动气阀。

① 制动踏板用来操纵行车制动控制阀，即所谓的"脚制动"。

② 气压式制动主缸主要由上腔活塞、下腔活塞、推杆、滚轮、平衡弹簧、回位弹簧（上下腔）、上腔阀门、下腔阀门、进气口、出气口、排气口和通气孔组成。

工作原理（断气制动反之）：当驾驶员踩下脚踏板时，通过拉伸拉杆使拉臂一端下压平衡弹簧，使平衡臂下移，首先将排气阀门关闭，打开进气阀门，此时，储气筒的压缩空气经进气阀充入制动气室，推动气室膜片使制动凸轮转动从而实现车轮制动，从而达到制动效果。

③ 制动气阀如图4-152所示，在双回路行车制动系统的制动过程和释放过程中实现灵敏的随动控制。

2）集成式干燥器带四回路总成外形图及作用如图4-153所示。

3）继动阀的外形图及作用如图4-154所示。

4）前制动气室的外形图如图4-155所示。前制动分室的作用：输入不同的气压产生不同的推力通过制动凸轮与蹄片、鼓对前桥产生不同强度的制动。

5）后弹簧制动气室的外形图如图4-156所示。弹簧制动气室的作用：组合式弹簧制动气室用于为车轮提供制动力，它由两部分组成，膜片制动部分用于行车制动，弹簧制动部分用于辅助制动和停车制动，而弹簧制动部分与膜片制动部分是完全独立工作的。

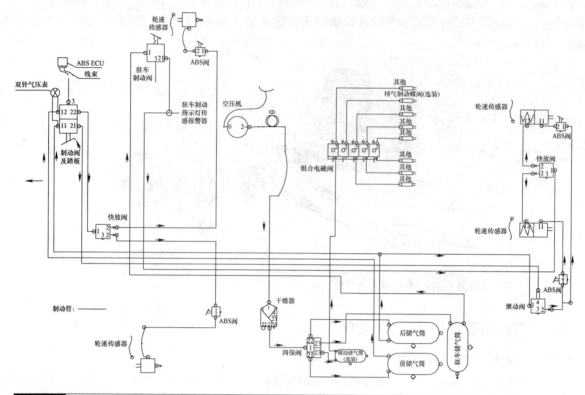

图 4-151 典型气压制动系统示意图

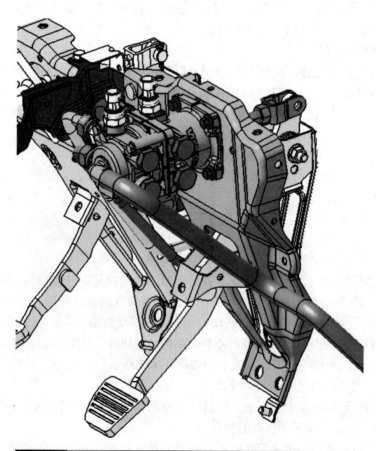

图 4-152 制动踏板、制动主缸、制动气阀示意图

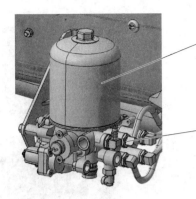

空气干燥器：
利用分子筛除去来自空压机的压缩空气中的水分，油污和杂质，自动控制制动系统的气压

四回路保护阀：
将全车气路分成四个既相互联系又相互独立的回路，当任何一个回路发生故障时，不影响其他回路正常工作与充气

图 4-153　集成式干燥器带四回路总成外形图及作用

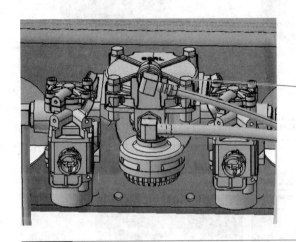

继动阀：
用来缩短操纵气路中的制动反应时间和解除制动时间，起加速及快放的作用

图 4-154　继动阀的外形图及作用

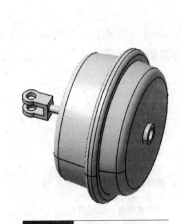
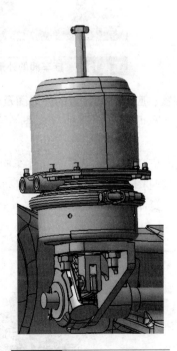

图 4-155　前制动气室　　　图 4-156　后弹簧制动气室

6）储气筒的外形如图 4-157 所示。储气筒的作用：用于储存压缩空气。

7）空压机的外形如图 4-158 所示。空压机的作用：提供制动系统所需要的能量及改善传能介质状态。

图4-157 储气筒外形

图4-158 空压机的外形

（2）挂车阀的外形如图4-159所示。挂车阀的作用：用以控制挂车或半挂车的制动，装于牵引车上。适用于挂车的是双管路制动系统，牵引车主制动是双回路系统，停车或紧急制动是断气式制动。

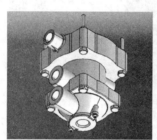 
图4-159 挂车阀的外形

5. 驻车制动装置、应急制动装置的外形图及作用

作用：用来使汽车可靠地在原地（包括在斜坡上）停驻。驻车制动装置还有助于汽车在坡道上起步。

气压制动系统的应急制动操纵系统和驻车制动操纵系统共用一套装置，利用机械力源（如强力压缩弹簧）进行制动，参见图4-160。在某些采用动力制动或伺服制动的汽车上，一旦发生蓄压装置压力过低等故障时，可用应急制动实现汽车制动。

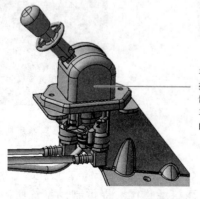

手制动阀：操纵驻车制动和紧急制动，检验汽车、列车停坡能力，即所谓的"手刹"

图4-160 手制动阀的外形图及作用

六、防抱死制动装置

根据国家标准 GB 7258—2017 的规定：所有汽车（三轮汽车、五轴及五轴以上专项作业车除外）及总质量大于 3500kg 的挂车应装备符合规定的防抱死制动（ABS）装置。总质量大于等于 12000kg 的危险货物运输货车还应装备电控制动系统（EBS）。

ABS 是行车制动装置的一部分，是在传统制动系统的基础上，采用先进的电子控制技术，在汽车制动过程中，使其自动调节车轮制动力，防止车轮抱死以取得最佳的制动效能的一种机电一体化设备。

作用：轮速传感器将各车轮的信号传给 ABS 控制器，经 ABS 控制器运算出各轮滑移率，控制器随机根据实际工况给执行机构发出动作指令，将车轮滑移率控制在最佳范围，即制动到不抱死状态，使车轮既不跑偏又不甩尾。

1. 液压防抱死制动装置

外形图及分解图如图 4-161 所示。

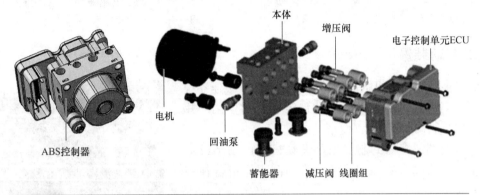

图 4-161　ABS 装置的外形图及分解图

2. 气压防抱死制动装置

气压防抱死制动系统的外形图及作用见图 4-162。

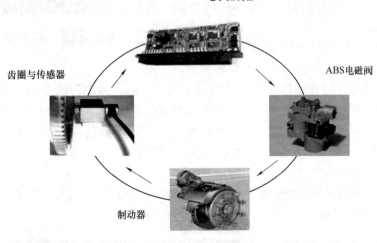

图 4-162　气压防抱死制动系统外形图及作用

1）ABS 电磁阀：用于按收到的控制器指令调节产生制动压力的部件。
2）齿圈与传感器：通过传感器采集到的汽车轮速信号来计算、判断车轮的滑移状态。
3）电子控制系统 ECU：用于处理传感器供给的信息，并发出指令给调节器的部件（ABS 电磁阀）。

3. 气压防抱死制动装置的工作原理

气压防抱死制动装置的工作原理见图 4-163。

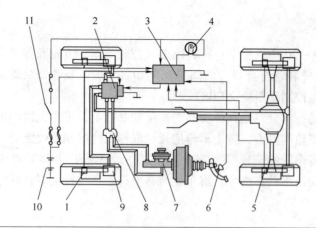

图 4-163 气压制动防抱死（ABS）装置的工作原理示意图

1—前轮速度传感器　2—制动压力调节装置　3—ABS电控单元　4—ABS警告灯　5—后轮速度传感器　6—停车灯开关　7—制动主缸　8—比例分配阀　9—制动轮缸　10—蓄电池　11—点火开关

七、辅助制动装置

作用：重卡多采用发动机缸内制动或缸内制动+缓速器等辅助制动装置，实现汽车下长坡时保持稳定车速的作用，并减轻或者解除行车制动装置的负荷。

以欧曼汽车为例，其辅助制动采用发动机缸内制动或缸内制动+缓速器，欧曼车的控制开关还是与刮水器组合在一起的，见图4-164。

欧曼配置的潍柴发动机，其皆可博压缩释放式发动机制动原理，见图4-165。

WEVB泄气式制动基本原理：驾驶员扳动制动开关后，排气蝶阀关闭，建立排气背压，同时通过EVB机构保证在整个四行程中排气门都保持打开状态，整个压缩行程中，压缩空气通过微小开启的排气门泄出。发动机在压缩行程中推动气门做泵气运动，排气行程时在背压限制下做泵气运动，膨胀行程时释放压缩空气以免其回压活塞，使车辆减速。

图 4-164 辅助制动开关

（辅助制动开关与刮水器组合共用手柄）

压缩释放柴油机四冲程运作顺序：驾驶员扳动制动开关后，制动开始工作，柴油机停止向缸内喷油，在压缩冲程中当活塞接近上止点时排气门打开（依靠凸轮轴CR凸轮实现），排出高压气体，因此，在接下来的膨胀冲程没有能量回压活塞，发动机做负功，实现发动机制动，WP9柴油机除了实现上述功能外，还拥有BGR凸轮，制动时可以在进气冲程中打开排气门，使排气歧管内的气体也回流缸内，增加缸内充量，在压缩冲程中做更多的负功，制动功率更高。

WP9H柴油机凸轮轴的排气凸轮除主凸轮外，还有压缩释放凸轮（CR）及增加充量凸轮（BGR）。WP9柴油机在非制动状态和制动状态下的气门升程示意图见图4-165c。

八、辅助用气回路系统阀件

如图4-166所示，凡是与制动无关的用气系统均接至此回路系统中。

九、制动系统失效的处理

当发生制动失效时，驾驶员首先要保持沉着冷静，切莫惊慌失措。正确的措施是：根据路况和车速，在控制好方向的同时迅速减档。高速档抢入直接档再迅速抢入中速档，这时发动机会有很大的牵引阻力使车速迅速降低，此时可以用手制动再迅速抢进低速档和最低档，然后用手制动控制车辆停住。如

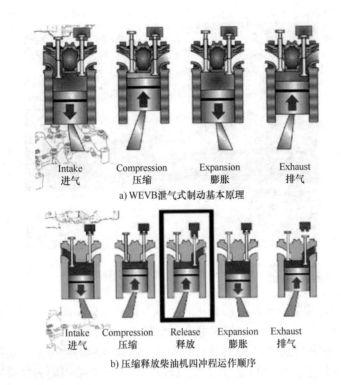

a) WEVB泄气式制动基本原理

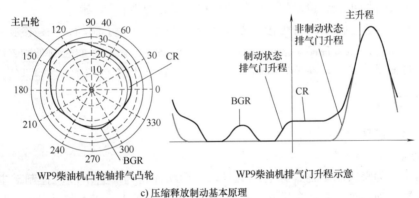

b) 压缩释放柴油机四冲程运作顺序

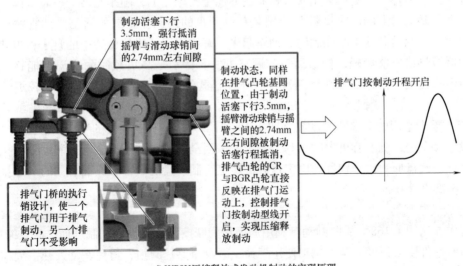

c) 压缩释放制动基本原理

d) WP9H压缩释放式发动机制动的实现原理

图4-165　潍柴的皆可博压缩释放式发动机制动原理

手制动效果不好也可利用山坡迫使车辆停下或低速控制车辆至平坦路段逐渐停下。

上坡制动失效时应适时减入中、低速档，以保持足够的动力驶上坡顶停车。如需半坡停车，应保持

图 4-166　辅助用气回路系统阀件外形图

前进低档位，拉紧手制动，随车人员及时用石块、垫木等物品卡住车轮，如有后滑现象，车尾应朝山坡或安全一面，并打开前照灯和紧急信号灯以引起前后车辆的注意和避让。

那种不减速就直接往山坡上靠的措施是极其危险的。高速剧烈的刮撞会直接损坏车辆并容易被山坡反弹造成碰撞和翻车，而且很多路段并没有山坡，所以利用发动机牵引阻力来控制车速才是明智和正确的，而现代车辆的变速同步装置也给快速强行抢档提供了方便性和可靠性。

此外，车辆在下长坡、陡坡时，无论有无异常情况都应轻踩一下制动，一是检验一下制动性能，二是一旦发现制动失常可以赢得控制事故的时间，减少惊慌情绪，做到冷静控制车辆，因此这也被称为预见性制动。预见性制动可使车辆在突发故障时化险为夷，转危为安。

十、制动器简介

制动器分为盘式制动器和鼓式制动器。

1. 盘式制动器

盘式制动器又称为碟式制动器，顾名思义是取其形状而得名。它由液压控制，主要零部件有制动盘、轮缸、制动钳、油管等。制动盘用合金钢制造并固定在车轮上，随车轮转动。轮缸固定在制动器的底板上固定不动。制动钳上的两个摩擦片分别装在制动盘的两侧。轮缸的活塞受油管输送来的液压作用，推动摩擦片压向制动盘发生摩擦制动，动作起来就好像用钳子钳住旋转中的盘子，迫使它停下来一样。这种制动器散热快，重量轻，构造简单，调整方便。特别是高负载时耐高温性能好，制动效果稳定，而且不怕泥水侵袭，在冬季和恶劣路况下行车，盘式制动比鼓式制动更容易在较短的时间内令车停下。

（1）中卡、重卡常用的全盘式制动器　图 4-167 所示为全盘式制动器的结构示意图。

在重型载货汽车上，要求有更大的制动力，为此采用全盘式制动器。全盘式制动器摩擦副的固定元件和旋转元件都是圆盘形的，分别称为固定盘和旋转盘。制动盘的全部工作面可同时与摩擦片接触，其结构原理与摩擦离合器相似。

（2）周向盘式制动器　周向盘式制动器是制动器的一种，包括周向制动盘、周向夹紧制动蹄、制动执行机构组成，见图 4-168。周向制动盘利用周面作为摩擦面，大大增加制动面，有效缩短制动距离，平均分配了制动部件受力强度，延长制动使用寿命，减少摩擦片磨损，避免制动发热。周向盘式制动器比钳盘式和全盘式制动面积大五倍以上，符合国内道路情况。

周向盘式制动器适用于重、中、轻、客等所有商用车领域，是结合了钳盘式和全盘式及鼓式制动优点于一身的尖端高科技产品。

周向盘式制动器性能特点如下：

① 大摩擦面积实现大制动力，使用寿命大大延长。

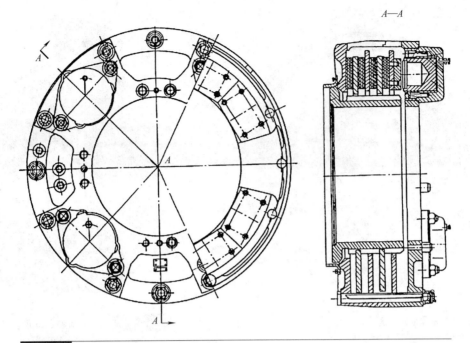

图 4-167　全盘式制动器的结构示意图

② 结构简单，使用维修成本低。
③ 制动面积大，制动时发热小，制动效果好。
④ 可有效杜绝轮胎起火，避免爆胎。
⑤ 制动器尺寸大，制动效率高，周向盘式制动外 385mm + 内 295mm = 680mm 的制动直径。
⑥ 摩擦片磨损极限范围广，使用寿命长，传统鼓式制动器最大磨损厚度为 12mm，周向盘式制动器外 12mm + 内 10mm。
⑦ 具备钳盘式制动方式，制动面积是其五倍，钳盘式制动面积为：$39052mm^2$，周盘式制动面积为：$211520mm^2$。

2. 鼓式制动器

鼓式制动器结构示意图与外形见图 4-169 和图 4-170。

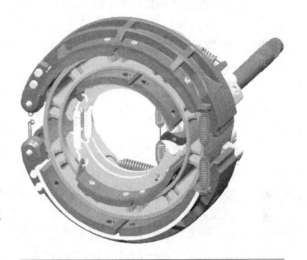

图 4-168　周向盘式制动器外形图

（1）优点　鼓式制动器造价便宜，而且符合传统设计。对于重型车来说，由于车速一般不是很高，制动蹄的耐用程度也比盘式制动器高，因此许多重型车至今仍使用四轮鼓式制动器的设计。

（2）缺点　鼓式制动器的制动效能和散热性都要差许多，鼓式制动器的制动力稳定性差，在不同路面上制动力变化很大，不易于掌控。而由于散热性能差，在制动过程中会聚集大量的热量。制动块和轮毂在高温影响下较易发生极为复杂的变形，产生制动衰退和振抖现象，引起制动效率下降。另外，鼓式制动器在使用一段时间后，要定期调校制动蹄的空隙，甚至要把整个制动鼓拆出清理累积在内的制动粉。

（3）维修保养

1）维修。鼓式制动器最常见的维修是更换制动蹄。一些鼓式制动器的背面提供了一个检查孔，可以通过这个孔查看制动蹄上还剩下多少材料。当摩擦材料已磨损到铆钉厚度只剩下 0.8mm 时，应更换制动蹄。如果摩擦材料是与后底板粘合在一起的（不是用铆钉），则当剩余的摩擦材料厚度仅为 1.6mm 厚时，应更换制动蹄。

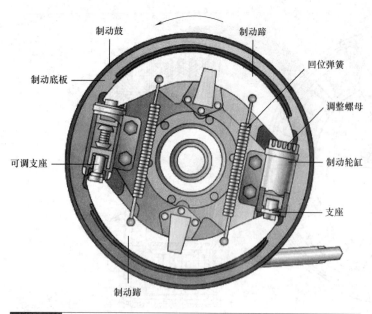

图 4-169　鼓式制动器结构示意图

图 4-170　鼓式制动器外形图

与盘式制动器中的情况相同，制动鼓中有时会磨出很深的划痕。如果磨损完的制动蹄使用时间太长，将摩擦材料固定在后部的铆钉会把鼓磨出凹槽。出现严重划痕的鼓有时可以通过重新打磨来修复。盘式制动器具有最小允许厚度，而鼓式制动器具有最大允许直径。由于接触面位于鼓内，因此当从鼓式制动器中去除材料时，直径会变大。

2）保养。当衬块磨损时，制动蹄和鼓之间将产生更多的空间。汽车在倒车过程中停止时，会推动制动蹄，使它与鼓靠紧。当间隙变得足够大时，调节杆会摇动足够的幅度，使调节器齿轮前进一个齿。调节器上带有像螺栓一样的螺纹，因此它可以在转动时松开一点，并延伸以填充间隙。每当制动蹄磨损一点时，调节器就会再前进一点，因此它总是使制动蹄与鼓保持靠近。一些汽车的调节器在使用紧急制动器时会起动。如果紧急制动器有很长一段时间没有使用了，则调节器可能无法再进行调整。因此，如果装有这类调节器的一辆，一周应至少使用一次紧急制动器。

（4）发展趋势　轿车制动器已基本实现前盘后鼓的配置，甚至部分档次稍高的轿车已实现前后均为盘式制动。随着我国汽车工业的发展，国家标准对汽车制动性能的要求日益严格，在一些商用车上也开始出现前盘后鼓，甚至前盘后盘的配置。

十一、制动蹄片

1. 定义

制动蹄片是指受制动凸轮或推杆的作用力而被推向外展开压向制动鼓，以起制动作用的配件，俗称刹车蹄片，见图 4-171。

2. 注意事项

采用前盘后鼓式制动器结构，一般情况下前制动蹄片磨损得相对较快，后制动蹄片使用的时间相对较长，在日常的检查维护中应重点注意以下几个方面：

1）在正常行驶条件下，每行驶 5000km 对制动蹄片检查一次，不仅要检查剩余的厚度，还要检查蹄片磨损的状态，两边磨损的程度是否一样，回位是否自如等，发现不正常情况必须立即处理。

2）制动蹄片一般由铁衬板和摩擦材料两部分组成，一定不要等摩擦材料部分都磨没了才更换蹄片。例如捷达车的前制动蹄片，新片的厚度为 14mm，而更换的极限厚度是 7mm，其中包括 3mm 多的铁衬板厚度和近 4mm 的摩擦材料厚度。一些车辆带有制动蹄片报警功能，一旦达到了磨损极限，仪表会报警提示更换蹄片。达到了使用极限的蹄片必须更换，即使尚能使用一段时间，也会降低制动的效果，影响行车的安全。

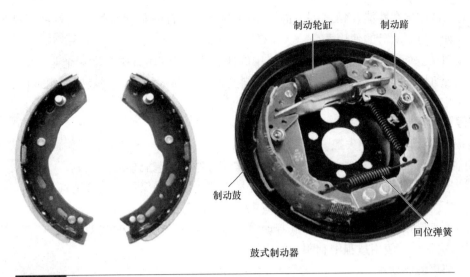

图 4-171　制动蹄片

3）更换时要换原厂备件提供的制动片，只有这样，才能使制动片和制动盘之间的制动效果最好，磨损最小。

4）更换蹄片时必须使用专用工具将制动轮缸顶回。不能用其他撬棍硬压回，这样易导致制动钳导向螺钉弯曲，使制动片卡死。

5）更换蹄片后，一定要踩几脚制动踏板，以消除蹄片与制动盘的间隙，以免造成第一脚没制动力，易出现事故。

6）制动蹄片更换后，需磨合 200km 方能达到最佳的制动效果，刚换的蹄片须谨慎行驶。

3. 制动片材质与性能

制动片也叫刹车片，在汽车的制动系统中，制动片是最关键的安全零件，制动效果好坏，制动片起决定性作用。

（1）半金属制动片　半金属混合物型制动片主要是采用粗糙的钢丝绒作为加固纤维和重要的混合物。从外观上可以很方便地将石棉型和无石棉有机物型制动片区分开来，另外，它们还具有一定的磁性。

钢丝绒具有较高的强度和导热性，这使得半金属混合物型制动片与传统的石棉型制动片有着不同的制动特性。例如：半金属制动片内部金属含量较高而强度大，高金属含量同时也改变了制动片的摩擦特性，通常是指半金属制动片需要更高的制动压力来完成同样的制动效果。特别是在低温环境中高金属含量同样也就意味着制动片会引起较大的制动盘或制动鼓的表面磨损，同时会产生更大的噪声。

半金属制动片的主要优点在于它的温控能力及较高的制动温度，与石棉型的传热性能差与制动盘、制动鼓的冷却能力差相比，它们在制动时帮助制动盘和制动鼓将热量从其表面上散发出去，热量被传递到制动钳及其组件上。当然如果这些热量处理不当也会产生问题，制动液受热后温度会上升，如果温度达到一定水平，将导致制动萎缩和制动液沸腾。这种热量同时对制动钳、活塞密封圈及回位弹簧也有一定的影响，会加快这些组件老化，这也是在制动系统维修时要重新装配制动钳及更换金属件的原因。

（2）无石棉有机摩擦材料制动片　无石棉有机物摩擦材料（NAO）制动片主要使用玻璃纤维、芳香族聚酯纤维或其他纤维（碳、陶瓷等）来作为加固材料，其性能主要取决于纤维的类型及其他添加混合物。

无石棉有机摩擦材料主要是作为石棉的替代品而研制的，用于制动鼓或制动蹄，但是近期人们也正在开始尝试将无石棉有机摩擦材料用作前盘式制动片的替代品。就性能而言，NAO 制动片更接近石棉制动片，而不是半金属制动片，它不像半金属制动片那样具有良好的导热性和良好的高温可控性。

NAO 制动片的材料已经历了几次变革，现在的 NAO 材料在诸多方面已经有效地超过了石棉制动片的性能，这主要是在抗摩性能及噪声等方面。NAO 制动片比石棉制动片的使用寿命明显延长，同时还有利于延长制动鼓与制动盘的使用寿命。

（3）陶瓷制动片　陶瓷制动片是摩擦材料中的新品种，最初由日本制动片企业于20世纪90年代研制成功。陶瓷制动片是由陶瓷纤维、不含铁的填料物质、胶黏剂和少量的金属所组成的，具有耐高温、无噪音、无落灰、不腐蚀轮毂、使用寿命长、环保等优点。

4. 使用假冒劣质制动片的危害

1）易造成抱死车轮、方向失控。
2）致使制动距离延长，需要紧急制动时，无法及时停车，造成事故。
3）假冒劣质制动片使用寿命短，制动片虽是易损件，但应确保一定的使用寿命。
4）假冒劣质制动片对制动盘的磨损大，减少制动盘的寿命。
5）假冒劣质制动片导热能力强，降低制动钳寿命，同时产生一定的制动隐忧。
6）假冒劣质制动片使用过程中有制动噪声。

5. 如何辨别真假制动片

做工精良的假冒制动片从外观上很难看出与正品备件的区别，但包装中附带的螺钉、卡子和磨损感应器（炭线）往往不如正品做工精细，这是区别真假的重要方法。假冒制动片还有一些其他特征，例如制动性能差，有时制动时会发出尖利的摩擦声，有的发热严重，并且还含有可能对人体有害的石棉。

6. 制动片外形

制动片外形见图4-172。

图4-172　制动片外形图

a) 盘式制动器制动片　b) 鼓式制动器制动片　c) 重型卡车用制动片　d) 陶瓷制动片

十二、缓速器

1. 液力缓速器

液力缓速器是利用液体阻尼产生缓速作用的装置。

（1）工作原理　液力缓速器工作原理，参见图4-173。

液力缓速器的定子也是缓速器壳体，与变速器后端或车架连接，转子通过空心轴与传动轴相连，转子和定子上均铸出叶片。工作时，借助于操纵控制阀向油池施加压力，使工作液充入转子和定子之间的工作腔内。转子旋转时通过工作液对定子施加一个转矩，而定子的反转矩即成为转子的制动转矩，其值取决于工作腔内的液量和压力（视控制阀的制动强度档位而定），以及转子的转速。汽车动能消耗于工作液的摩擦和对定子的冲击而转换为热能，使工作液温度升高。工作液被引入热交换器中循环流动，将热传给冷却液，再通过发动机冷却系统散出。采用液力传动的汽车，可省去油池、油泵、热交换器（尺寸需加大）和利用液力传动的工作液，因而液力缓速器多用于液力传动汽车中。

液力缓速器可装于变速器的前方或后方。前者如国产27～125t液力传动矿用自卸汽车所用的阿里逊液力变速器，缓速器位于变矩器和变速器之间，它由变速器输入轴驱动，可利用变速器的升速作用提高转子转速，以减小其尺寸，并可按所挂档位不同改变制动强度，但换档较为困难，后者如安凯HF120GD机械传动客车所用的Voith缓速器，由变速器输出轴（传动轴）驱动，其制动效果与变速器档位无关，但尺寸较大。

(2) 液力缓速器的优缺点

优点：缓速效能比发动机缓速装置高，能以较高速度下坡行驶；尺寸和质量小，可与变速器连成一体；工作时不产生磨损；工作液产生的热易于传出和消散，且在下长坡时可保持发动机的正常工作温度；低速时，制动转矩趋于零，在湿滑路面制动时，车轮不会产生滑移。

缺点：接合和分离滞后时间长，不工作时有功率损失，用于机械传动汽车特别是用于挂车时结构复杂。

(3) 液力缓速器外形 见图4-174。

图4-173 液力缓速器工作原理

1—节温器 2—散热器 3—风扇 4—热交换器
5—缓速器油温传感器 6—冷却液温度传感器

a) 法士特FHB320液力缓速器   b) 特尔佳THP系列液力缓速器

图4-174 液力缓速器外形

2. 电涡流缓速器

电涡流缓速器一般用于重型汽车和汽车列车。

(1) 工作原理 该装置安装在汽车驱动桥与变速器之间，通过电磁感应原理实现无接触制动。电涡流缓速器是一种辅助制动系统，是制动系统的一个必要补充，但不能取代主制动系统。

电涡流缓速器一般由定子、转子及固定支架组成。

缓速器工作时，定子线圈内通电产生磁场，而转子随传动轴一起旋转。转子切割定子产生的磁力线，从而在转子盘内部产生涡旋状的感应电流。这样，定子就会向转子施加一个阻碍转子旋转的电磁力，从而产生制动力矩。同时，涡流在具有一定电阻的转子盘内部流通，由于电阻的热效应会把电能转化为热能，这样，车辆行驶的动能就通过电磁感应和电阻发热最终转化为热能散发。

(2) 优越性 安装电涡流缓速器可以提高车辆的安全性、经济性、环保性、稳定性和舒适性，其在安全性、经济性和环保性方面的优越性表现如下：

1) 安全性。

① 电涡流缓速器能够承担汽车运行中绝大部分制动负荷，使车轮制动器温升大为降低，以确保车轮制动器处于良好的工作状态，进而缓解或避免车辆跑偏、制动失灵和爆胎等安全隐患。

② 电涡流缓速器能够在一个相当宽的转速范围内提供强劲的制动力矩，而且低速性能良好。车速在10km/h的时候，缓速器就能提供缓速制动；车速达到20km/h，缓速器就能达到最大的制动力矩。

③ 电涡流缓速器是一个相对独立的反应灵敏的辅助制动系统，它的转子与传动轴紧固在一起，任何时候都能按驾驶员的意愿提供制动力矩，因而它的性能优于发动机排气制动。

电涡流缓速器采用电流直接驱动，无中间环节，其操纵响应时间非常短，仅40ms，比液力缓速器响应时间快20倍。

2) 经济性。

① 由于电涡流缓速器的定子和转子之间没有接触，不存在磨损，因而故障率极低，平时除了做好

例行检查、保持清洁以外，其他的工作很少，所以维修费用极低。

② 由于电涡流缓速器能够承担车辆大部分制动力矩，因而能够延长车轮制动器的使用寿命，降低车辆制动系统的维修费用，提高经济效益。据统计，安装电涡流缓速器的车辆，其车轮制动器的寿命至少可以延长4~7倍，轮胎寿命延长20%。

3）环保性。制动片在摩擦过程中会产生很多粉尘，粉尘中含有因高温作用而发生变异的有害物质，甚至含有致癌物质；此外，制动器频繁维修会产生较多维修废弃物以及汽车制动时发出的尖锐噪声，这也都会对环境产生较大污染。电涡流缓速器能够承担车轮制动器大部分的负荷，因而也就能大大减少车轮制动器给环境带来的影响。

（3）组成　电涡流缓速器是电涡流缓速装置的主要总成，由定子和转子组成，数个铁芯和线圈组成的定子组，装在汽车两纵梁之间。转子由两个带冷却叶片的铸铁转子盘和转子轴组成，与汽车传动轴相接，并随其转动。

（4）工作原理　在汽车正常行驶时，尽管转子随传动轴高速旋转，但由于此时线圈不通电，铁芯没有磁场，故不产生制动力矩，若线圈通励磁电流，数个铁芯便产生数个磁场，通过铁芯的部分磁通量增加，离开铁芯的部分磁通量减少，从而使转子盘中产生电涡流，载流的转子盘在磁场中受到力的作用，其作用方向与转子盘的旋转方向相反，阻碍转子盘的转动，从而使电涡流缓速器产生制动力矩。

电涡流缓速器所产生的制动力矩，可由励磁电流控制装置来调节（图4-175）。通过线圈的激磁电流越大，磁场越强，制动力矩就越大。

（5）电涡流缓速器外形　见图4-176。

图4-175　特尔佳缓速器智能控制系统

图4-176　特尔佳电涡流缓速器

第十三节　电气系统

一、概述

电气系统指由低压供电组合部件构成的系统，也称为"低压配电系统"或"低压配电线路"，电气系统常与自动化技术相联系。

1. 作用

电气系统为车辆的正常行驶提供电力、照明以及为驾驶员提供运行的数据和帮助。

2. 车辆通过电器系统实现的功能

1）照明功能。

2）转向指示功能。

3）雨天、雾天警示提醒功能。

4）故障报警功能。

5）生活功能。

6）空气调节功能（制冷、暖风）。
7）安全功能（玻璃升降）。
8）行驶功能（自动驾驶系统）。
9）驾驶报警功能（疲劳驾驶、跑偏、车辆靠近）。
10）后视功能（后视系统）。
11）倒车功能（倒车雷达系统）。
12）制动功能（辅助制动，包括发动机辅助制动、缓速器辅助制动、ABS \ ARS 辅助制动等）。
13）车辆安全、货物安全功能：电子围栏、车辆管理系统。
14）车辆管理功能：行车记录仪、北斗管理系统等。

3. 发展趋势

1）电气控制系统由分系统分别控制向利用发动机集中控制（ECU）+ 总线，再向整车集中控制（VECU）+ 总线方向发展。
2）仪表向数字化方向发展。
3）电气系统向集中化、数字化、节能化、可靠性方向发展。
4）整车向无人驾驶、自动驾驶、智能驾驶方向发展，从而带动电气系统的相应变化和发展。

4. 组成

(1) 中重卡电气系统多采用 24V 电压，总线制，负极搭铁。
(2) 微卡、轻卡电气系统多采用 12V 电压，单线制，负极搭铁。
(3) 整车电气系统主要由以下几部分总成：见表4-20。

表4-20　电气系统的组成

序号	名　　称	备　　注
1	电源系统	包括发电机和蓄电池
2	起动系统	包括起动机和蓄电池
3	灯光系统	包括驾驶室内外的所有灯具
4	车身系统	包括车身线束、熔丝、电器开关以及继电器
5	仪表系统	包括各种仪表以及指示灯
6	信号系统	包括喇叭、蜂鸣器、闪光器及各种行车信号标识灯
7	点火系统	点火开关、蓄电池、高压线圈、火花塞等组成
8	辅助电气系统	包括电动刮水器、空调器、低温起动预热装置、收录机、点烟器、玻璃升降器等
9	生活系统	包括热水器、电冰箱、微波炉等

注：1. 从车辆类别看，微卡、轻卡、中卡由于运距较短，一般不需要配置生活系统。
　　2. 从车型看，自卸车由于运距相对较短，一般也不需要配置生活系统。
　　3. 中重卡与微卡、轻卡、乘用车相比较，工作环境（振动、灰尘等）更加恶劣，运行路况条件是最苛刻的，因此对电气系统设计有更高的要求。

5. 电气系统在整车中的位置

电气系统分布在汽车发动机、底盘、车身上，包括各种供电、用电零部件。

二、电源系统

电源系统由发电机和蓄电池组成，以下以时代车辆产品为例进行介绍。

(1) 蓄电池　主要作用是起动发动机，另外在发动机未起动前提供整车电源，在发电机不能满足用电需求时辅助供电。

(2) 发电机　提供车辆正常工作的大部分电源。

（3）发电机和蓄电池的外形示意图见图4-177、图4-178。

图 4-177　TM 车型发电机和蓄电池的外形示意图

a）M6 车型两块，100A·h 蓄电池

b）M4 车型两块，100A·h 蓄电池

图 4-178　M6 车型和 M4 车型蓄电池的外形图

三、起动系统

1. 柴油机起动系统

主要由起动机和蓄电池等组成。起动机外形示意图见图4-179。

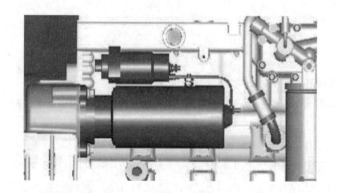

图 4-179　起动机外形示意图

起动机上有一个与发动机曲轴上的飞轮齿圈啮合的小齿轮,当钥匙打到"START"档时,通过起动继电器提供电磁开关控制电流,控制拨叉将小齿轮推到与飞轮齿圈啮合,此时蓄电池通过电源线给电枢提供电流,小齿轮高速旋转带动飞轮曲轴转动从而起动发动机,起动成功后,其起动控制系统自动断电,防止将起动机烧坏。

2. 汽油机（LNG/CNG/甲醇）点火系统

参见图4-180。起动系统同柴油机基本一致,主要由起动机和蓄电池等组成,不再介绍。

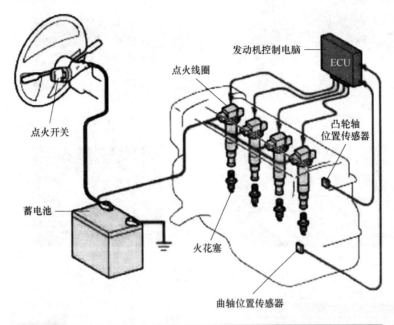

图4-180 汽油机点火系统组成

点火系统的基本功用是在发动机各种工况和使用条件下,在气缸内适时、准确、可靠地产生电火花,以点燃可燃混合气,使发动机做功。

时代品牌的微卡、轻卡用汽油机采用无分电器微机控制点火系统。它是由低压电源、点火开关、电子控制单元、点火控制器、点火线圈、火花塞、高压线和各种传感器等组成,这是目前最先进的点火系统之一。

有的无分电器点火系统还将点火线圈直接安装在火花塞上方,取消了高压线,即通常所说的单缸独立点火系统。

四、灯光、照明和信号系统

灯光、照明和信号系统由保险杠部分灯具、驾驶室部分灯具、货箱/半挂牵引车驾驶室后侧灯具三部分组成。

1. 保险杠部分灯具

保险杠部分灯具,主要包括远近光灯、前位置灯、转向灯、前雾灯、昼行灯,见图4-181。

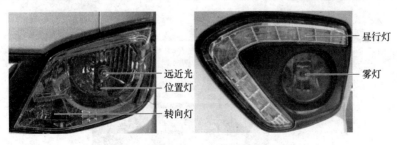

a)(时代)TM车型前照灯、前雾灯、昼行灯

图4-181 保险杠上部分灯具

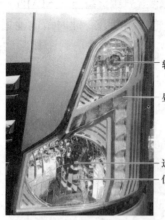

b) (时代)M6车型前照灯、前雾灯、昼行灯外形示意图

c) 时代(M4)车型前照灯、前雾灯、昼行灯外形示意图

d) 欧曼部分产品的前照灯、前雾灯、昼行灯

图4-181 保险杠上部分灯具（续）

2. 驾驶室部分灯具

驾驶室部分灯具主要由室外灯、室内灯两部分组成。以下以欧曼和时代品牌为例说明：

（1）重卡驾驶室部分灯具 见图4-182。

图4-182 欧曼驾驶室部分灯具

1)室外灯,由示廓灯、车速灯、侧转向/标志组合灯、踏步灯等组成。
2)室内灯,由顶灯等组成。
(2)微卡、轻卡、中卡驾驶室部分灯具 见图4-183。
1)室外灯:由侧转向灯、前示廓灯组成。
2)室内灯:由前顶灯、后顶灯、高位制动灯等组成。

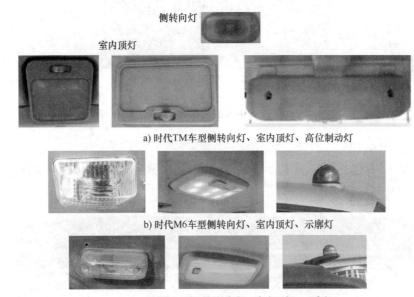

图4-183 微卡、轻卡、中卡驾驶室部分灯具

3. 货箱/驾驶室后部灯具

(1)微卡、轻卡、中卡的后部灯具 主要包括后组合、牌照灯以及后示廓灯。

1)后组合灯包含制动灯、位置灯、转向灯、后雾灯、倒车灯、牌照灯以及后回复反射器,见图4-184。

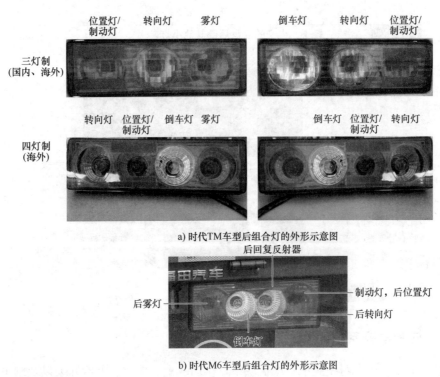

图4-184 微卡、轻卡、中卡的后组合灯

c) 时代M4车型后组合灯的外形示意图

图 4-184 微卡、轻卡、中卡的后组合灯（续）

2）其他小灯，见图 4-185。

（2）重卡后部灯具 包括后示廓灯、后回复反射器、独立后雾灯、后照明灯与侧标志灯，见图 4-186。其中，后照明灯为牵引车专用灯。

a) 时代 M6 车型牌照灯、后示廓灯

b) 时代 M4 车型后示廓灯、侧标志灯

图 4-185 微卡、轻卡、中卡的底盘后部其他小灯

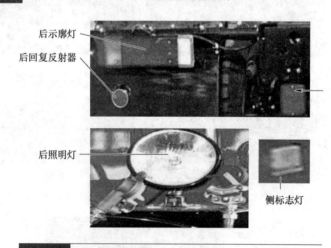

图 4-186 重卡后部灯具

五、车身、底盘电器系统

车身、底盘电器系统由车身主线束、底盘线束、车门线束、熔丝、电器开关以及继电器等组成，见图 4-187。

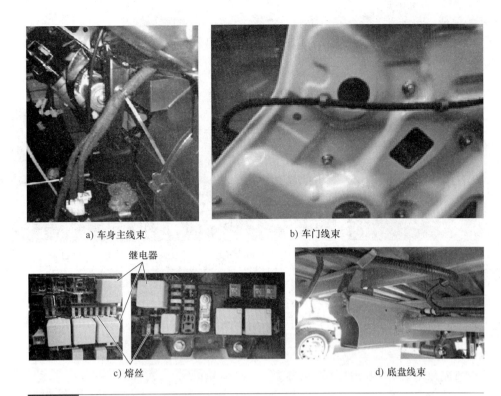

a) 车身主线束　　b) 车门线束　　c) 熔丝　　d) 底盘线束

图 4-187　时代品牌部分车型的车身线束、底盘线束、车门线束熔丝以及继电器

六、电器开关

（一）微卡、轻卡的电器开关

1. 各种电器的开关

不同车型的开关不尽相同，具体应按产品说明书操作。本书以时代品牌为例，仅供参考，参见图 4-188。

其中，祥菱 M 车型的开关包括如下种类（图片仅供参考，详见产品说明书）：①CNG 开关；②前雾灯开关；③后雾灯开关；④大灯调光开关；⑤昼行灯开关；⑥排气制动开关；⑦再生开关；⑧再生禁止开关；⑨电源开关。

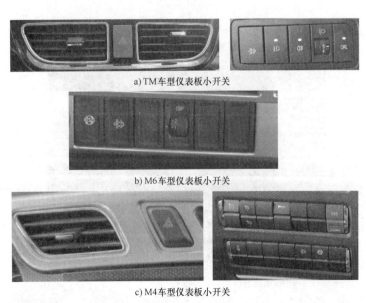

a) TM车型仪表板小开关

b) M6车型仪表板小开关

c) M4车型仪表板小开关

图 4-188　时代微卡电器开关外形

2. 组合开关总成

1）组合开关总成见图4-189，包括小灯、大灯、远近光灯、变光灯、左右转向灯、前后雾灯、刮水器开关、洗涤器开关。

a) 点火开关　　　　　b) 组合开关　　　　　c) 开关护罩

图4-189　时代部分产品组合开关总成

2）点火锁总成：档位OFF、ACC、ON、START。

（二）中重卡的电器开关

1. 各种电器的翘板开关

各种电器的翘板开关见图4-190。

a) ETX车型的　　　　　b) GTL车型的

图4-190　欧曼ETX、GTL重卡翘板开关外形

2. 组合开关总成

组合开关总成的外形示意图见图4-191。

图4-191　欧曼ETX组合开关总成的外形示意图

1—组合开关总成（功能包括位置灯、远近光灯、变光灯、前雾灯、左右转向灯、危险警告灯、排气制动灯、刮水器、洗涤器）　2—点火锁总成（档位OFF、ACC、ON、HEAT、START）

七、微卡、轻卡、中卡的仪表系统

微卡、轻卡、中卡的仪表系统包括各种仪表以及指示灯、其他设备及新技术应用。以时代品牌产品为例介绍如下：

1. 组合仪表

微卡、轻卡、中卡的组合仪表参见图 4-192。

a) TM车型组合仪表

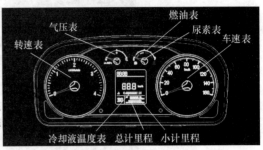
b) 时代M6车型和M4车型组合仪表外形示意图

图 4-192 微卡、轻卡、中卡的组合仪表

2. 仪表指示灯

微卡、轻卡、中卡的仪表系统仪表指示灯见图 4-193 和图 4-194。

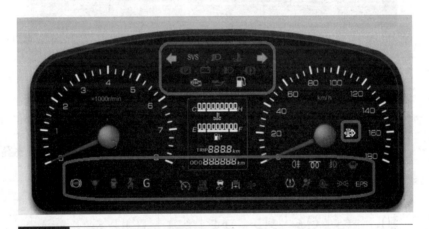

图 4-193 时代 TM 车型仪表指示灯符号

3. 其他电器设备

其他电器设备包括刮水器、洗涤器、音响（收放机、MP5、多媒体）、行驶记录仪系统、电气附件（点烟器、电源插座）等，以时代祥菱 TM、M6、M4 车型为例，见图 4-195。

4. 其他电子技术

其他电子技术包括：

1) ABS 技术应用。
2) 倒车影像技术应用。
3) 车载通信系统应用。
4) CAN 技术应用。
5) 车载娱乐系统应用。
6) 电动助力转向系统应用。

a) 时代M6(新领航)车型仪表指示灯符号

b) 时代M4车型组合仪表指示灯符号

符号	←	(机油)	→	PTO	(油滴)	STOP	(水温)	(发动机)	(发动机)	(油泵)	AdBlue	(高温)
颜色	绿色	黄色	绿色	黄色	红色	红色	红色	黄色	黄色	黄色	黄色	黄色
指示内容	左转向指示灯	后处理指示灯玉柴使用	右转向指示灯	PTO指示灯	机油压力低指示灯	发动机停机灯	冷却液温度高指示灯	SVS指示灯非排放故障灯	OBD指示灯排放故障灯	燃油报警灯	尿素报警灯	高排温指示灯
符号	(再生)	(驾驶员)	(电池)	(水位)	(油水)	(滤)	(排气)	(胎压)	(预热)	(气囊)	(防盗)	(安全带)
颜色	黄色	黄色	红色	红色	红色	红色	黄色	黄色	黄色	红色	红色	红色
指示内容	再生指示灯	驾驶员警告系统灯	充电指示灯	冷却液位低指示灯	燃油有水指示灯	空滤堵塞指示灯	排气制动工作指示灯	胎压系统故障指示灯	预热指示灯	安全气囊故障指示灯	发动机防盗指示灯	安全带未系指示灯
符号	(巡航)	(雾灯)	(远光)	(雾灯)	(近光)	(小灯)	(气压)	(P)	(ABS)	(ASR)	(车门)	(!)
颜色	绿色	绿色	蓝色	黄色	绿色	绿色	红色	红色	黄色	黄色	红色	红色
指示内容	定速巡航指示灯	前雾灯指示	远光指示灯	后雾灯指示	近光指示灯	小灯指示(位置灯)	制动气压低报警器	驻车制动工作指示灯	ABS工作指示灯	ASR工作指示灯	车门未关工作指示灯	制动系统故障工作指示灯
符号	(碰撞)	AEBS	(EBS)	(碰撞)	(货箱)	(ESC)	(ESC OFF)	(坡)	(油泵)	(悬浮)	(驾驶室)	(S/T)
颜色	红色	黄色	黄色	红色	红色	黄色	黄色	黄色	红色	红色	红色	红色
指示内容	制动或离合液位低报警灯	AEBS报警灯	EBS报警灯	碰撞报警指示灯	货箱举升工作指示灯	ESC指示灯	ESC OFF指示灯	坡起工作指示灯	空滤堵塞指示灯	悬浮桥工作指示灯	驾驶室未锁止指示灯	制动断丝报警灯
符号	(取力)	(O)	(扳手)	(轴)	(轴)	(齿轮)	(N齿轮)	(车道)	(真空)			
颜色	红色	黄色	/	黄色	黄色	绿色	绿色	黄色	红色			
指示内容	取力工作指示灯	制动盘磨损报警灯	保养指示灯液晶屏显示	轮速指示灯	轴锁指示	低档指示	空档取力指示灯	车道偏离指示灯	真空助力低指示灯			

c) 各种仪表指示符号、颜色指示内容

图4-194 仪表指示灯

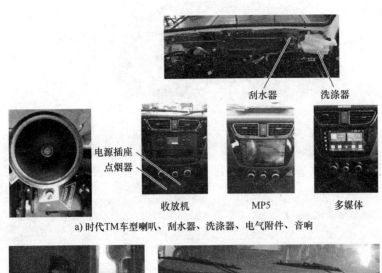

a) 时代TM车型喇叭、刮水器、洗涤器、电气附件、音响

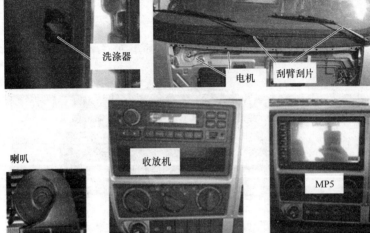

b) 时代M6车型刮水器、喇叭、洗涤器、电气附件、音响

c) 时代M4车型刮水器、喇叭、洗涤器、电气附件、音响、(行驶记录仪)等

图4-195　其他电气设备

八、重卡的仪表系统

1. 仪表、指示灯

欧曼重卡部分仪表总成的外形示意图见图4-196。

2. 仪表指示灯

仪表指示灯见图4-197和图4-198。

图 4-196 欧曼重卡部分仪表总成的外形示意图

1—电压表 2—冷却液温度表 3—燃油表 4—前后桥气压表 5—发动机转速表 6—车速里程表 7—机油压力表

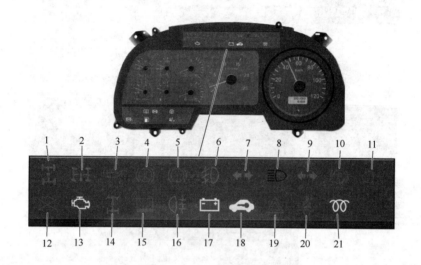

图 4-197 仪表指示灯（一）（符号表示顺序：从左到右，从上到下）

1—轴间差速锁工作指示灯 2—取力器工作指示灯 3—机油压力报警指示灯 4—后桥气压报警指示灯 5—前桥气压报警指示灯 6—前雾灯工作指示灯 7—主车转向工作指示灯 8—远光灯工作指示灯 9—挂车转向工作指示灯 10—手制动工作指示灯 11—制动灯断丝报警指示灯 12—发动机关闭指示灯 13—发动机故障报警指示灯 14—轮间差速锁工作指示灯 15—冷却液液位过低报警指示灯 16—后雾灯工作指示灯 17—电压过低报警指示灯 18—中控锁工作指示灯 19—危险报警指示灯 20—安全带报警指示灯 21—预热工作指示灯

3. 辅助系统

重卡辅助系统主要包括：喇叭、蜂鸣器、闪光器及各种行车信号标识灯等，见图 4-199。

随着科技的发展，汽车上的辅助电器设备越来越多，越来越智能化。主要有风窗刮水装置、汽车空调系统、安全与舒适系统等。

4. 风窗刮水及清洗装置

电动刮水器的作用是刮除风窗玻璃上的雨水、雪或灰尘，确保驾驶员有良好的视线。目前在汽车上广泛采用的电动刮水器，普遍具有高速、低速及间歇三个工作档位，而且除了变速之外，还有自动回位的功能，见图 4-200。

5. 安全与舒适系统

现在的汽车对安全与舒适系统越来越重视，车内乘员乘坐的舒适性和安全性越来越好。安全装置主要

第四章 商用车结构与配置

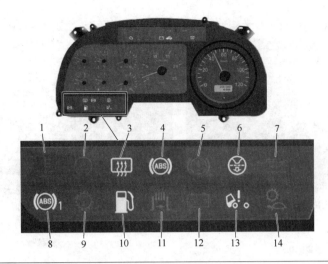

图 4-198 仪表指示灯（二）（符号表示顺序：从左到右，从上到下）

1—冷却液温度报警指示灯 2—ASR 故障报警指示灯 3—后视镜加热工作指示灯 4—主车 ABS 故障报警指示灯 5—制动故障报警指示灯 6—空滤器堵塞报警指示灯 7—机油位报警指示灯 8—挂车 ABS 故障报警指示灯 9—变速器冷却液温度报警指示灯 10—燃油量过低报警指示灯 11—排气制动工作指示灯 12—充电指示灯 13—驾驶室锁止报警指示灯 14—低档工作指示灯

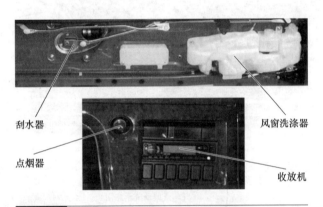

图 4-199 刮水器、洗涤器、点烟器、收放机

有安全带、安全气囊、ABS、ESP 等，舒适装置主要有音响、导航、天窗、电动车窗等，如图 4-201 所示。

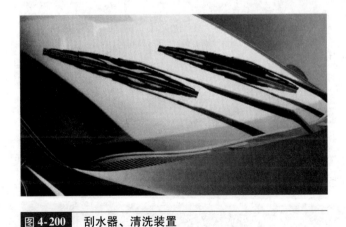

图 4-200 刮水器、清洗装置

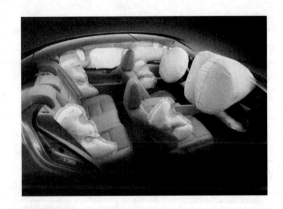

图 4-201 安全带、安全气囊

6. 汽车空调系统/独立汽车空调系统/独立暖风系统

汽车空调是指对汽车室内的空气质量进行调节的装置，用以调节车内的温度、湿度、气流速度、空气洁净度等，从而为乘员创造清新舒适的车内环境。现在的汽车越来越多地采用了自动或半自动空调系统。

独立汽车空调系统的所有部件可以独立运行，与汽车动力部分不发生冲突。独立式空调由专门的动力源驱动整个空调系统运行。一般用于长途货运的货车、大客车等，如图4-202所示。

a) 太阳能独立驻车空调

b) 欧曼加装的驻车空调

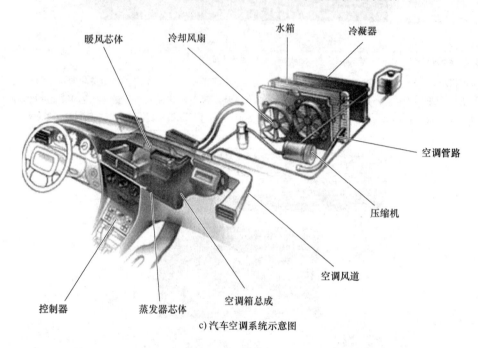
c) 汽车空调系统示意图

图 4-202　独立空调与汽车空调器示意图

九、新技术的应用

1) 自动驾驶技术：L2、L3、L4 级技术的应用。
2) 独立空调、暖风技术的应用。
3) 车辆北斗管理系统的应用。
4) 车载车辆管理系统的应用。
5) 故障报警、诊断技术的应用。
6) 能量回收技术的应用。
7) 驾驶报警技术（疲劳报警、超速报警、跑偏报警、车辆靠近报警等）应用。

第十四节　货箱系统

一、概述

1. 定义

货箱是指载货车辆装载货物的各类箱体的统称。在实际工作中，也可以把普通商用车货箱统称为车辆上装。

载货车常见的货箱形式分为栏板式、仓栅式、厢式三种。厢式车又叫厢式货车，特殊种类的厢式车还可以运输化学危险物品。此外，还包括运输液体、半液体的罐式类货箱，以及运输爆炸品的特殊货箱。这是商用车各系统中最重要的系统之一。货物的运输功能都要在货箱系统中实现。

2. 车辆通过货箱系统实现的功能

（1）装货功能

（2）固定功能

（3）卸货功能

（4）货物防护功能（防风、防雨、防漏、防撞、防腐烂、防爆等）

（5）货物管理功能（装货记录、卸货记录）

（6）货物安全功能（电子围栏、防盗）

（7）挂车管理功能（挂车管理系统 G7）

3. 作用

货箱用于装载、固定货物。

4. 发展趋势

从全球商用车的发展趋势来看，我国载货车货箱总体呈现向轻量化、专业化、箱式化、装卸机械化方向发展。其中：

1）自卸车：采用高强度钢，向轻量化发展。

2）箱式车：向翼展式箱式车、篷布式厢式车方向发展，便于装卸机械化。

3）栏板货车：向箱式车、仓栅车方向发展。

4）仓栅车：向专业化方向发展。

5）专用车：向专业化、多用途（如公路养护机械向多功能发展）、大型化发展。

5. 位置

商用车货箱通常安装在驾驶室后、底盘车架上方，见图 4-203。

二、分类

1. 普通栏板货车的货箱

普通栏板货车的货箱见图 4-204。

图 4-203　厢式车货箱系统

图 4-204　普通栏板货车货箱示意图

（1）商用车栏板货箱材料　有钢材、铝材两种材料供选装使用。

（2）货箱底板　有瓦楞式、花纹式和平底板三种形状可供选装使用。

（3）货箱其他选择　栏板有外置加强筋、内置加强筋两种结构选择；开门方式主要有三开门、五开门结构可供选择；高度有多种高度（不能超过 600mm）可供选择等。

（4）栏板货箱的结构简图　见图 4-205。

2. 仓栅式货车的货箱

（1）通用类仓栅式货车货箱　见图 4-206，下部有栏板，栏板高度应符合 GB 7258 的规定；挂车及

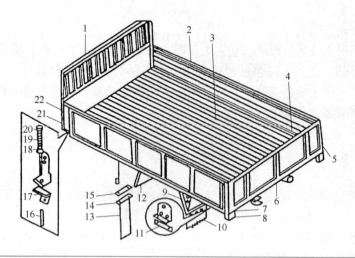

图 4-205　栏板货箱结构简图

1—前板总成　2—边板总成　3—底板总成　4—后板总成　5—左、右后栓杆　6—平头销　7—反光器总成　8—缓冲块总成　9—橡胶挡泥板　10—下角铁　11—撑条　12—后轮挡泥板　13—U形螺栓　14—垫板　15—压板　16—螺杆　17—托架　18—弹簧座　19—弹簧　20—支撑板　21—螺栓　22—左边板总成

二轴货车的货箱栏板（含盖）高度不应超过600mm，二轴自卸车、三轴及三轴以上货车的货箱栏板（含盖）高度不应超过800mm。

a) 时代祥菱M仓栅货箱　　　　b) 时代M4中卡仓栅货箱

图 4-206　仓栅车货箱外观

（2）仓栅式禽畜运输车货箱　见图4-207。

图 4-207　欧曼仓栅禽畜运输车

3. 厢式货车的货箱

厢式货车的货箱分很多种类，按大类分为金属材料货箱和非金属材料货箱两种，见图4-208。

（1）金属材料货箱　按金属材料分为黑色金属材料货箱、有色金属材料货箱（含不锈钢）。

① 黑色金属材料货箱。

a) 时代祥菱M4瓦楞板式金属材料货箱

b) 欧曼平板式金属材料货箱

c) 时代新领航不锈钢材料厢式货箱

d) 时代新领航铝合金货箱

图 4-208　金属材料货箱

  a. 黑色金属材料货箱从外形结构上分为瓦楞板式货箱、平板式货箱。
  b. 为装卸货方便，货箱又分为后开门、后开门加侧开门结构。
  c. 侧开门又分为单侧开门和双侧开门；每侧又有单开门和双开门两种形式。
  ② 有色金属材料货箱。
  a. 按照用途不同，可分为普通货箱、特种用途货箱。
  b. 按材料不同，可分为铝材、不锈钢材料。铝材的主要优点是重量轻和防腐蚀，主要用在食品运输、冷藏运输、有腐蚀的物品的运输等。
  （2）非金属材料货箱　非金属材料货箱所用材料主要是使用聚氨酯泡沫和厚0.35mm的彩涂板挤压粘贴成型。使用PP蜂窝板、复合板、插接板等材料制作，它的优点主要是重量轻，外观平整。插接板材料、蜂窝材料的车厢，见图4-209。
  用上述非金属材料制造插接板平板式和翼展式箱式车，其中翼展式箱式车上装部分由货箱部分和举升部分组成，见图4-210。

4. 篷布式货箱

篷布式货箱主要适用于轻抛散货的运输，见图4-211。货箱材料为黑色金属。

5. 自卸式货箱

自卸式货箱从卸货方式上主要分为后卸式、侧卸式、中分式等。由于中分式较少，不做介绍。
自卸式货箱由货箱部分和液压举升部分组成。
（1）后卸式货箱　分为前顶式后卸、中顶式后卸。

a) 蜂窝板货箱　　　　b) 非金属材料货箱

c) 插接板货箱

图 4-209　非金属材料货箱

图 4-210　不同形式的翼展式厢式车

图 4-211　篷布式货箱

为卸货方便，有时在车厢边板上增加边开门结构。

1) 前顶式后卸货箱　油缸布置在货箱的前端，采用单缸多级油缸，见图 4-212。

图 4-212　前顶式货箱

2) 中顶式货箱见图 4-213。按照顶起架的不同，又分为 T 式和 F 式两种。其中，T 式的油缸是固定的，F 式的油缸是浮动的。中顶式货箱由于整备质量、结构方式等原因，已在逐步被前顶结构淘汰。

a) 自卸车 T 式　　　　　　b) 自卸车 F 式

图 4-213　中顶式货箱的外形示意图

（2）侧翻式货箱　油缸纵向布置在中部，根据货箱的长短装配 4~6 个油缸，两侧开门，可以左右侧翻，见图 4-214。主要用于煤炭的中长途运输。

图 4-214　侧翻式货箱的外形示意图

6. 罐类上装

1) 水泥搅拌车见图 4-215。
2) 油罐车见图 4-216。
3) 散装物料罐车见图 4-217。

图 4-215　水泥搅拌车　　　图 4-216　油罐车　　　图 4-217　散装物料罐车

7. 其他类型的车辆上装

由于专用车类型很多，还有其他多种用途的上装，如水泥泵车、消防车、随车吊、清障车等，不一一列举，见图4-218～图4-220。

图4-218　时代洒水车货箱

图4-219　时代随车吊

图4-220　时代垃圾运输车货箱

拓展阅读　　　　　　　　　　　一些皮卡货箱配置介绍

下面这些货箱结构，对了解微卡、轻卡货箱，特别是双排驾驶室货车的货箱具有借鉴意义。

（1）集成式中央立轴拖勾（图4-221）　这是因为国外房车大行其道，很多拖拽式房车加载在皮卡货箱的上面。这种集成式中央立轴拖勾既可以确保房车的稳定性，又不会影响皮卡货箱的空间。

（2）双开式尾门（图4-222）　双开式尾门有两种开启方法：一种是平开，另一种是侧开。平开的时候，后货箱可以放置更长的物品；侧开的时候，离货箱更近，更便于搬运货物。唯一的缺点是这个尾门不能90°开启。

图4-221　拖勾

图4-222　双开式尾门

（3）货箱底储存区（图4-223）　货箱上是储存货物的区域，货箱下面还有一个隐藏的储物空间。这个隐藏的空间没有风吹日晒，甚至可以放一些冰块，冰镇饮料。

（4）后保险杠台阶（图4-224）　这是通用在皮卡上采用的一种方便进入货箱的方法。在后保险杠和后角增加一个台阶。尤其是后角的台阶，更便于登上货箱的人攀扶把手。当然，还有一个更隐蔽的优点，这是空气动力学家专门为了软化车辆尖角，减少油耗专门设计的。

图 4-223　货箱底储存区

图 4-224　后保险杠台阶

(5) 尾门台阶（图 4-225）　当皮卡更高更大以后，后保险杠式台阶变得捉襟见肘。福特率先推出了便于攀爬的尾门台阶。这种台阶集成在尾门内，当尾门打开的时候，折叠在尾门内的台阶可以放下。

(6) 喷涂货箱宝（图 4-226）　喷涂货箱宝之前，插入式货箱宝最为流行，而且经济实惠。但是插入式货箱宝和货箱不够严丝合缝，而且缝隙里会进水，产生不洁的斑点。所以喷涂货箱宝就成为了标配，防划痕，而且显得更干净。

图 4-225　尾门台阶

图 4-226　喷涂货箱宝

(7) 货箱设备（图 4-227）　零件市场为货物的固定提供了一个好的配件选择。这种有高度适应性的滑轨有非常强的兼容性，可以用于各种尺寸的货箱。

(8) 货箱灯光（图 4-228）　货箱灯光已经出现很多年了，但大多数都在后窗顶部。另外一种配置方式将灯安装在货箱侧板上，更方便并受欢迎。因为在货箱栏杆下采用 LED 灯，灯更加不容易损坏，光线更集中在工作区而且不晃眼。

图 4-227　货箱设备

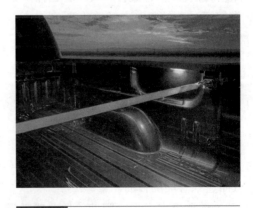

图 4-228　货箱灯光

（9）外部带锁货舱（图4-229） 最典型的外部带锁货舱是道奇的 RamBox，在货箱两侧增加封闭的带锁的空间。好处显而易见，增加了相对比较安全的储物空间，而且能够遮风挡雨。坏处是减少了明面上的储物空间和后排座的空间。实质上，集成在货舱上的这部分封闭空间是十分实用的，可以把一些怕丢的工具、绳索、锁链等放在里面。

（10）升降后窗玻璃（图4-230） 电动车窗可以完全打开，可以直接从货箱爬到后驾驶座。比起防晒，这种通风的体验可能是所有皮卡中最好的了。

图4-229 外部带锁货舱

图4-230 升降后窗玻璃

第十五节 车轮系统

一、概述

1. 定义

车轮系统是汽车的行走部件，汽车工作时，车轮将汽车发出的作用力传给路面，同时将地面给予的反作用力传回汽车，汽车依据车轮传递的力和力矩实现约定的承载和完成规范的运动。

2. 作用

1）承载重力、产生摩擦力以驱动车辆运动。

2）传递制动力，产生反作用力以制动车辆。

3. 功能

1）支撑车辆、承载车辆的重力，使汽车能够承载。

2）传递驱动力、转向力、制动力。

3）减少行驶阻力，提供运输效率。

4）缓和行驶冲击，改善行驶条件，保护车辆和路面。

4. 车辆通过车轮系统实现的功能

1）行驶功能。

2）运输功能。

5. 发展趋势

1）轮胎向子午胎、无内胎子午胎发展。

2）车轮向轻量化发展（铝合金车轮）。

3）绿色轮胎方向发展：由于应用新材质和设计，而导致轮胎滚动阻力小，因而耗油低、废气排放减少的子午线轮胎。在汽车行驶中，能量会被各种阻力所消耗。使用绿色轮胎就可以减少这方面的能量消耗，从而达到省油的目的。

4）智能轮胎方向发展。智能轮胎是指轮胎内装有芯片，或将芯片与胎体相连接。它能自动监控，并调节轮胎的行驶温度、气压和轮胎使用情况，大大提高轮胎的安全系数。

智能轮胎是未来的发展趋势。多年来，佳通在研发上还取得了不少独具特色的成果，如低 NVH 技术、低滚阻技术、静音设计技术等。

6. 组成

车轮系统包括如下组成：

(1) 轮胎　包括内胎、外胎、垫带。

(2) 车轮　包括轮辋、轮辐。

(3) 车轮螺母。

(4) 车轮配重。

(5) 车轮装饰件。

(6) 气门嘴、气门嘴延伸管及气门嘴垫片。

(7) 轮胎气压监测系统（TPMS）。

二、轮胎

轮胎是指供车辆、农业机械、工程机械行驶和飞机起落等用的接地滚动的圆环形弹性制品。现代汽车几乎都采用充气轮胎，通常安装在金属轮辋上，能支承车身，缓冲外界冲击，实现与路面的接触来产生驱动力和制动力并保证车辆的行驶性能。

1. 轮胎结构

轮胎由三部分组成：胎体、帘布、外胎面。

(1) 普通斜交轮胎结构　见图 4-231。

(2) 子午线轮胎结构　见图 4-232。

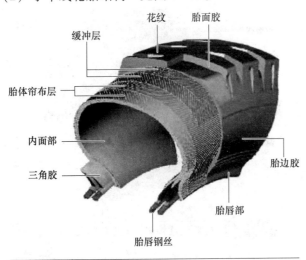

图 4-231　普通斜交轮胎结构示意图

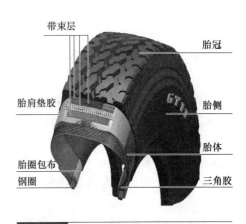

图 4-232　子午线轮胎结构示意图

(3) 全钢轮胎与半钢轮胎结构　见图 4-233。

2. 轮胎分类

(1) 根据胎体结构分类　汽车轮胎按胎体结构不同，可分为充气轮胎、半实心轮胎和实心轮胎。其中，充气轮胎按组成、结构不同，又分为有内胎轮胎和无内胎轮胎两种。充气轮胎按胎体中帘线排列的方向不同，还可分为普通斜交胎、带束斜交胎和子午线胎。普通斜交胎和子午线胎在汽车上得到广泛运用，下面做主要介绍。

1) 普通斜交胎：帘布层和缓冲层各相邻层帘线交叉且与胎中心线呈小于 90°角排列的充气轮胎，见图 4-231。

2) 子午线胎：帘布层帘线排列方向与轮胎的子午断面一致，呈辐射状，还有若干层帘线与子午断面呈较大角度（交角为 70°~75°）、高强度不易拉伸的周向环形的带束层，见图 4-232。

(2) 根据适用条件分类　汽车轮胎按适用条件不同，可分为四季胎、夏季胎、冬季胎、雪泥地胎、

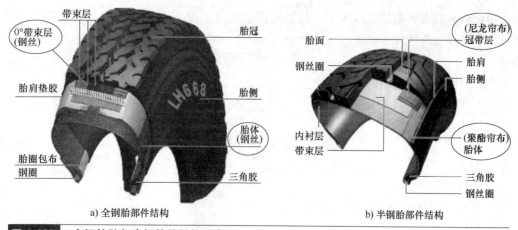

图 4-233 全钢轮胎与半钢轮胎结构示意图

雪地胎，分别用于不同的路面和季节。在购买轮胎时一定要注意。

3. 组成与作用

（1）组成　轮胎通常由外胎、内胎、垫带三部分组成。也有不需要内胎的，其胎体内层有气密性好的橡胶层，且需配专用的轮辋。

（2）作用　轮胎的主要作用是承载、减震、抓地力。

轮胎在行驶时承受着各种变形、负荷、力以及高低温作用，因此必须具有较高的承载性能、缓冲性能。同时，还要求具备高耐磨性和耐屈挠性，以及低的滚动阻力与生热性。轮胎是保证汽车行驶和安全的主要装置，汽车的性能很大程度上取决于轮胎的状况如何。

4. 结构与性能之间的关系

对应图 4-232，轮胎的结构与性能之间的关系见图 4-234。

1）胎体的质量关系着承载性能。

2）带束层与胎肩垫胶的质量关系着耐冲击性能。

3）胎侧的质量关系着减振性能。

4）胎冠的质量关系着抓着（地）性能和耐磨程度。

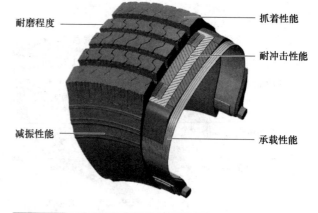

图 4-234 轮胎的结构与性能之间的关系

5. 规格与技术参数

轮胎规格是轮胎几何参数与物理性能的标志数据。

轮胎规格在实际使用中，常用一组数字表示，见"（6）轮胎规格与技术参数表示方法"。

（1）轮胎层级　轮胎层级是指轮胎橡胶层内帘布的公称层数，与实际帘布层数不完全一致，是轮胎强度的重要指标。层级用中文标志如 8 层级；用英文标志如"8PR"即 14 层级。

（2）结构区分代号　用于区分相同轮胎型号的不同结构或不同使用工况；对于微型载重汽车轮胎只表示有或无内胎，有内胎用 9 标识，无内胎不标注。

T—表示无内胎全钢结构轮胎　　　　H—表示无内胎半钢结构的轮胎

9T—表示有内胎全钢结构的轮胎　　　9H—表示有内胎半钢结构的轮胎

（3）花纹代号　用两位大写英文字母表示，第一位表示不同安装轮位对应的花纹，第二位代表不同路面工况对应的花纹或有特殊要求的花纹，轮胎花纹代号参见表 4-21、表 4-22。

（4）轮胎尺寸　D—外直径　d—内直径（即轮辋直径）　B—断面宽度　H—断面高度。轮胎断面宽度和高度比（扁平比）是描述轮胎尺寸的两个重要指标。

（5）气门嘴　对于有内胎轮胎，用气门嘴代号表示轮胎适配的气门嘴，气门嘴代号用一位大写英文字母表示，见表 4-23；无内胎轮胎无气门嘴代号。

表 4-21　载货汽车轮胎花纹代号

第 一 位		第 二 位	
名　称	代　号	名　称	代　号
全轮位花纹	Z	长途高速花纹	L
导向轮位花纹	F	一般公路混合路面花纹	M
驱动轮位花纹	D	矿山/非公路花纹	H
		城市郊区路面花纹	U
		湿滑雪地路面花纹	S
		节油（轻量化花纹）	E

表 4-22　乘用车轮胎花纹代号

第 一 位		第 二 位	
名　称	代　号	名　称	代　号
雪地花纹	S	较好路面花纹	G
夏季花纹	X	较差路面花纹	B
四季花纹	A		

表 4-23　气门嘴代号

气门嘴及气门嘴垫片	气门嘴代号								
	A	B	C	D	E	F	G	H	J
气门嘴型号	CF01	CJ01	DG05C	DG06C	DG07C	DG08C	DG09C	DG10C	DG04C
气门嘴垫片型号	—	—	DP-08	DP-08	DP-09	DP-09	DP-09	DP-10	DP-08
气门嘴垫片长度	—	—	70	70	100	100	100	110	70

（6）轮胎规格与技术参数表示方法

1）GB/T 2977 规定了轮胎规格的表示方法。

① 微型、轻型载货汽车轮胎。

示例1：

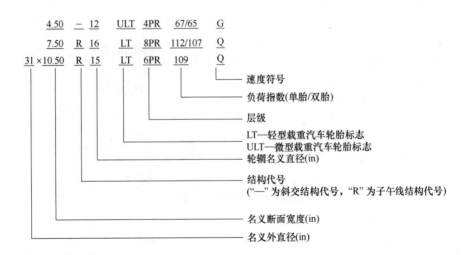

示例2：

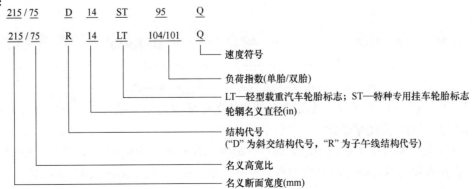

② 重型载货汽车轮胎。

示例1：

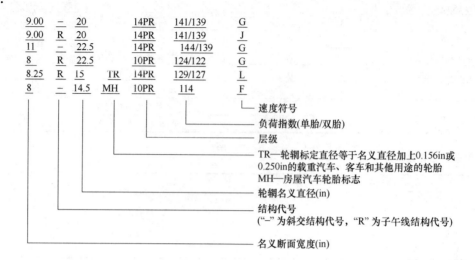

示例2：

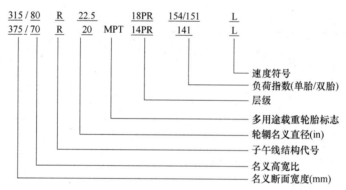

2）时代品牌轮胎规格表示方法。

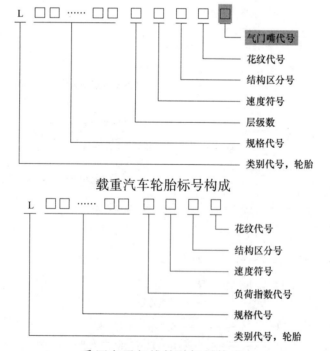

6. 不同车辆类别用轮胎规格参数

（1）商用车常用轮胎技术参数见 GB/T 2977—2016《载重汽车轮胎规格、尺寸、气压与负荷》，不同轮胎规格在商用车中与具体产品的对应关系，见第六章表6-27《以轮胎规格为依据进行产品组合》。

(2) 斜交胎和子午线胎优劣势对比 见表4-24。

表4-24 斜交胎和子午线胎优劣势对比

	斜 交 胎	子午线轮胎
优点	轮胎噪声小，外胎面柔软，价格也较子午线轮胎便宜	1. 接地面积大，附着性能好，胎面滑移小，对地面单位压力也小，因而滚动阻力小，使用寿命长 2. 胎冠较厚且有坚硬的带束层，不易刺穿；行驶时变形小，可降低油耗3%~8% 3. 因为帘布层数少，胎侧薄，所以散热性能好 4. 径向弹性大，缓冲性能好，负荷能力较大
缺点	转向行驶时，接地面积小，胎冠滑移大，抗侧向力能力较差，滚动阻力较大，油耗偏高，高速行驶时稳定性和承载能力也不如子午线轮胎	1. 因胎侧较薄，胎冠较厚，在其与胎侧的过渡区易产生裂口 2. 由于胎侧柔软，受侧向力时变形较大，导致汽车横向稳定性差 3. 制造技术要求高，成本也高

(3) 轮胎速度级别代号与速度的对应关系 见表4-25。

表4-25 速度符号与最高行驶速度对照表

速度符号	最高行驶速度/(km/h)	速度符号	最高行驶速度/(km/h)
B	50	M	130
C	60	N	140
D	65	P	150
E	70	Q	160
F	80	R	170
G	90	S	180
J	100	T	190
K	110	U	200
L	120	H	210

三、车轮

1. 概述

车轮是介于轮胎和车桥之间承受负荷的旋转件。通常由轮辋和轮辐这两个主要部分组成。轮辋和轮辐可以是整体的、永久连接的或可拆卸的。轮辋和轮辐永久结合的车轮称为辐板式车轮。

1) 中型载货汽车一般安装的是铸铁幅板式轮辋，特点造价低廉，但散热性不好。
2) 重型载货汽车一般采用钢制幅板式轮辋，相对铸铁轮辋散热性较好，造价相应的要高出不少。
3) 随着客户对轻量化车辆的追求，不论是轻卡、中卡、还是重卡，铝合金轮辋应用越来越广泛。

2. 轮辋分类

轮辋的常见形式主要有两种：平底轮辋和深槽轮辋；此外，还有对开式轮辋、半深槽轮辋、深槽宽轮辋、平底宽轮辋以及全斜底轮辋等。

(1) 平底轮辋 这种轮辋的结构形式很多，是我国货车常用的一种形式。挡圈是整体的，而用一个开口弹性锁圈来防止挡圈脱出。在安装轮胎时，先将轮胎套在轮辋上，而后套上挡圈，并将它向内推，直至越过轮辋上的环形槽，再将开口的弹性锁圈嵌入环形槽中。中重卡车轮一般采用这种形式的轮辋。

(2) 深槽轮辋 这种轮辋是整体的，其断面中部为一深凹槽，主要用于轿车及轻型越野汽车。它有带肩的凸缘，用以安放外胎的胎圈，其肩部通常略向中间倾斜，其倾斜角一般是5°±1°。倾斜部分的最大直径即称为轮胎胎圈与轮辋的着合直径。断面的中部制成深凹槽，以便于外胎的拆装。深槽轮辋的结构简单，刚度大，质量较小，对于小尺寸弹性较大的轮胎最适宜，但是尺寸较大又较硬的轮胎，则很难装进这样的整体轮辋内。

(3) 对开式轮辋 这种轮辋由内外两部分组成，其内外轮辋的宽度可以相等，也可以不等，两者用螺栓联成一体。拆装轮胎时，拆卸螺母即可。挡圈是可拆的。有的无挡圈，而由与内轮辋制成一体的轮缘代替挡圈的作用，内轮辋与辐板焊接在一起。

3. 轮辋结构与尺寸标注

（1）轮辋结构　轮辋的结构形式根据其零件组成分为一件式轮辋、二件式轮辋、三件式轮辋、四件式轮辋和五件式轮辋。

1）一件式轮辋具有深槽的整体式结构。

2）二件式轮辋可以拆卸为轮辋体和弹性挡圈二个主要零件。

3）三件式轮辋可以拆卸为轮辋体、挡圈和锁圈三个主要零件。

4）四件式轮辋可以拆为轮辋体、挡圈、锁圈和座圈四个主要零件；也可以拆为轮辋体、锁圈和两个挡圈。

5）五件式轮辋可以拆卸为轮辋体、挡圈、锁圈、座圈和密封环五个主要零件。

（2）尺寸标注　轮辋的轮廓形状和尺寸标注示意图见图 4-235 和表 4-26 ~ 表 4-27。

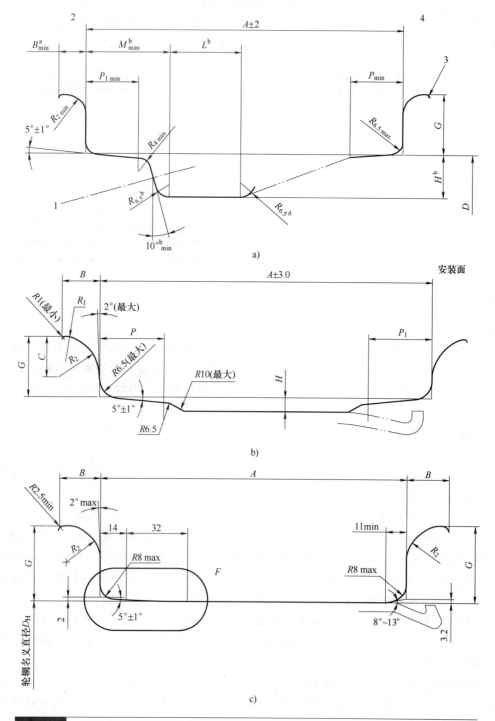

图 4-235　轮辋的轮廓形状和尺寸标注示意图

4. 轮辋的规格代号

轮辋规格用轮辋名义宽度代号、轮缘高度代号、轮辋结构形式代号、轮辋名义直径代号和轮辋轮廓类型代号来共同表示。轮辋名义宽度和名义直径代号的数值是以 in（英寸）表示（当新设计轮胎以 mm 表示直径时，轮辋直径用 mm 表示）。

我国轮辋规格代号，基本上与国际接轨，其名义宽度和名义直径用英寸表示。直径数字前面的符号表示轮辋结构形式代号，符号"X"表示该轮辋为一件式轮辋，符号"-"表示该轮辋为两件或两件以上的多件式轮辋。在轮辋名义宽度代号之后的拉丁字母表示轮缘的轮廓（E、F、J、JJ、KB、L、V 等）。有些类型的轮辋（如平底宽轮辋），其名义宽度代号也代表了轮缘轮廓，不再用字母表示。最后面的代号表示了轮辋轮廓类型代号，见图 4-236。

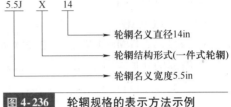

图 4-236 轮辋规格的表示方法示例

5. 轮辋的尺寸参数

轮辋的尺寸参数指轮辋的偏心距，即轮辋的中心线与轮盘安装面之间的距离。对小型轿车来说，轮盘安装面多在轮辋中心线的外侧。偏心距的正负和大小直接影响前悬架承载能力和工作状况（影响了前轮定位参数与轮胎定位之间的关系）。

四、轮胎气压监测系统

1. 定义

轮胎压力监测系统（Tire Pressure Monitoring System，TPMS），是一种对轮胎气压、温度进行实时自动监测，并对轮胎状况异常进行报警的汽车安全电子系统，见图 4-237。加装胎压、胎温系统的直接作用是在汽车行驶过程中对轮胎气压和温度进行实时自动监测，并对轮胎气压过高、漏气、低气压和轮胎高温进行报警，提醒驾驶员采取相关措施以确保行车安全。该系统确保轮胎的压力和温度维持在标准范围内，进而减少爆胎、毁胎的概率，大大降低车辆事故率，同时减少油耗和车辆部件的损坏。

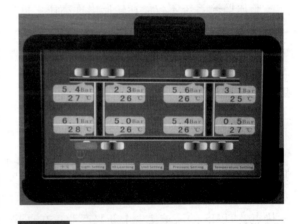

图 4-237 轮胎压力监测系统

2011 年 1 月 14 日发布的 GB/T 26149—2017《基于胎压监测模块的汽车轮胎气压监测系统》为推荐性国家标准。2017 年 3 月 7 日，交通运输部发布了交通运输行业标准《营运客车安全技术条件》（JT/T 1094—2016），并于 2017 年 4 月 1 日起正式实施。其中，第 4.5.2 条：营运客车应安装胎压监测系统或胎压报警装置，并通过仪表台向驾驶员显示相关信息。2018 年 1 月 1 日开始正式实施 GB 26149—2017《乘用车轮胎气压监测系统的性能要求和试验方法》。

2. 类别

胎压监测系统可分为两种：一种是间接式胎压监测系统，是通过轮胎的转速差来判断轮胎是否异常；另一种是直接式胎压监测系统，通过在轮胎里面加装四个胎压监测传感器，在汽车静止或者行驶过程中对轮胎气压和温度进行实时自动监测，并对轮胎高压、低压、高温进行及时报警，避免因轮胎故障引发的交通事故，以确保行车安全。

（1）间接式胎压监测系统　间接式轮胎压力监测系统又称为 WSBTPMS，WSBTPMS 需要通过汽车胎压监测的 ABS 的轮速传感器来比较轮胎之间的转速差别，以达到监测胎压的目的。ABS 通过轮速传感器来确定车轮是否抱死，从而决定是否起动防抱死系统。当轮胎压力降低时，车辆的重量会使轮胎直径变小，车速就会产生变化。车速变化就会触发轮胎报警系统（WSB），从而提醒车主注意轮胎胎压不足。因此，间接式 TPMS 属于被动型 TPMS，其工作原理见图 4-238。

（2）直接式胎压监测系统　直接式轮胎压力监测系统又称为 PSBTPMS，PSBTPMS 是利用安装在轮胎上的压力传感器来测量轮胎的气压和温度，利用无线发射器将压力信息从轮胎内部发送到中央接收器模块上的系统，然后对轮胎气压数据进行显示。当轮胎出现高压、低压、高温时，系统就会报警提示车主。车主可以根据车型、用车习惯、地理位置自行设定胎压报警值范围和温度报警值。因此，直接式 TPMS 属于主动型 TPMS。

（3）系统对比

1）直接式 TPMS 可以提供更高级的功能，随时测定每个轮胎内部的实际瞬压，很容易确定故障轮胎。

2）间接式 TPMS 造价相对较低，已经装备了 4 轮 ABS（每个轮胎装备 1 个轮速传感器）的汽车只需对软件进行升级。但是，间接式 TPMS 没有直接式 TPMS 准确率高，它无法确定故障轮胎，而且系统校准极其复杂，在某些情况下，该系统会无法正常工作，例如同一车轴的 2 个轮胎气压都低时。

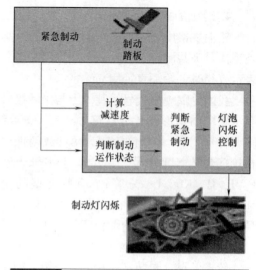

图 4-238　间接式胎压监测系统工作原理

还有一种复合式 TPMS，它兼有上述两个系统的优点，它在两个互相成对角的轮胎内装备直接传感器，并装备一个 4 轮间接式 TPMS。与全部使用直接式 TPMS 相比，这种复合式 TPMS 可以降低成本，克服间接式 TPMS 在多个轮胎同时出现气压过低时无法监测的缺点，但是，它仍然不能像直接式 TPMS 那样提供所有 4 个轮胎内实际压力的实时数据。

3. 作用

胎压监测系统不仅能在轮胎出现高压、低压、高温时报警提醒车主注意行车安全，而且也能帮助车主节油省钱。

据胎压监测系统相关统计数据显示：汽车缺气行驶将多消耗 3.3% 的燃油。很多车主可能都不知道轮胎有缓慢自然漏气的现象，轮胎气压不足都浑然不知。通过胎压监测系统时刻了解轮胎状况，可预防爆胎，节油环保。

中高级车上都采用了胎压监测系统。

4. 趋势

在今后的五年里全球预计会有 7.01 亿只轮胎需要安装胎压监测传感器。美国法律要求从 2007 年 8 月起在美国销售的所有乘用车和轻型货车必须安装胎压监测系统，欧洲也颁布了相应的法规。中国是汽车消费大国，相信在不久的将来政府也会制定类似法规。胎压监测系统已经成为中国汽车电子产业的研发热点，TPMS 的需求使一个新兴产业正在兴起。

现在的胎压监测系统还存在不少需要完善改进的地方。对于间接式 TPMS 来说，同轴或 2 个以上轮胎缺气的情况无法显示；车速 100km/h 以上时监测失效。而对于直接式 TPMS，无线信号传输的稳定性和可靠性、传感器的使用寿命、报警提示的准确性（有无误报、错报）以及传感器的耐压性等都是亟待提高的。

5. 参考标准

在北美胎压监测系统规定中，明确要求胎压监测系统必须在轮胎出现异常 2min 内反应，报警提示车主，并且规定中还特别说明：胎压监测系统显示器在未接收到轮胎中胎压监测传感器装置信号，或者接收不稳定时必须报警提示车主。

美国规定：在轮胎胎压低于标准值的 75% 时，胎压监测系统必须报警提示车主，而轮胎厂商数据显示，轮胎气压低于标准值的 30% 时，胎压监测系统需报警提示车主。由此可见，当轮胎气压低于车型铭牌所标示的气压标准值的 25%～30%，行车都是安全的。

| 知识拓展 | 商用车常用轮辋规格尺寸 |

（1）5°深槽轮辋轮廓尺寸

1）轮廓尺寸，见表 4-26。

表 4-26　5°深槽轮辋轮廓尺寸　　　　　　　　　　　　　　　　　　　　　　　　　　　　（单位：mm）

名义直径代号	名义宽度代号和轮缘代号	B	G±1.0	P	P_1	H	L	M
13	4.5B 及以上	10	14.5	13	15	15	16	28
14	4.5J	11	17.5	19.5	19.5	17.3	19	45
15	5.5J	11	17.5	19.5	19.5	17.3	19	45
16	5.5K	11.5	19.5	20	20	20.5	25.5	45

2）直径系列、标定直径，见表 4-27。

表 4-27　5°深槽轮辋的直径系列、标定直径　　　　　　　　　　　　　　　　　　　　　（单位：mm）

轮辋名义直径代号	标定直径 D±0.4	周　长	
		平　峰	圆　峰
13	329.4	463.5	1037.0
14	354.8	514.4	1116.8
15	380.2	1194.4	1196.6
16	405.6	/	/

（2）5°半深槽轮辋轮廓尺寸

1）轮廓尺寸，见表 4-28。

表 4-28　5°半深槽轮辋轮廓尺寸

名义直径代号	轮辋轮廓	B	G±1.0	P	P_1	H	R_1	R_2
16	5.50F	13	22.5	32	24	5.5	9.5	15.5

2）直径系列、标定直径，见表 4-29。

表 4-29　5°半深槽轮辋的直径系列、标定直径　　　　　　　　　　　　　　　　　　　（单位：mm）

轮辋名义直径代号	标定直径 D±0.4
16	405.6

（3）5°斜底轮辋轮廓尺寸

1）轮廓尺寸，见表 4-30。

表 4-30　5°斜底轮辋轮廓尺寸

名义直径代号	轮辋轮廓	A	B	G	R_2
20	7.50V	190.5	27	44.5	27

2）直径系列、标定直径，见表 4-31。

表 4-31　5°斜底轮辋轮廓的直径系列、标定直径　　　　　　　　　　　　　　　　　（单位：mm）

轮辋名义直径代号	标定直径 D±0.4
20	512

（4）I 型平底轮辋

1）I 型平底轮辋的轮廓形状和尺寸标注示意图，见图 4-239。

2）轮廓尺寸，见表 4-32。

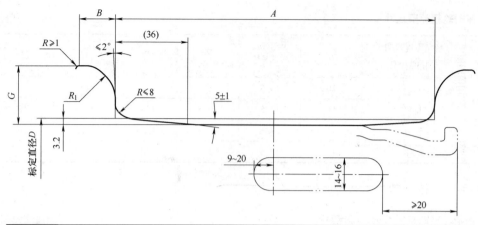

图 4-239　I 型平底轮辋的轮廓形状和尺寸标注示意图

表 4-32　I 型平底轮辋的轮廓尺寸　　　　　　　　　　　　　　　　　　　　　　　　（单位：mm）

轮辋轮廓规格	A	偏差	$G \pm 1.2$	$B \geqslant$	$R_2 \pm 2.5$
6	152	±3.0	33	18	16.5
6.5	165		35.5	19.5	18
7	178	3 −5	38	21	19
7.5	190		40.5	22	20
8	203	3 −7	43	23.5	21.5
8.5	216	3.5 −7	46	24.5	23
9	228		48	26	24
10	254		51	27	25.5

3）直径系列、标定直径，见表 4-33。

表 4-33　I 型平底轮辋的直径系列、标定直径　　　　　　　　　　　　　　　　　　　（单位：mm）

轮辋名义直径代号	相应轮辋轮廓规格	标定直径	
		D	偏差
18	6.0、6.5、9.0	463.5	±0.4
20	6.0、6.5、7.0、7.5、8.0、8.5、9.0、10.0	514.4	

（5）Ⅱ型平底轮辋

1）轮廓形状和尺寸标注示意图，见图 4-240。

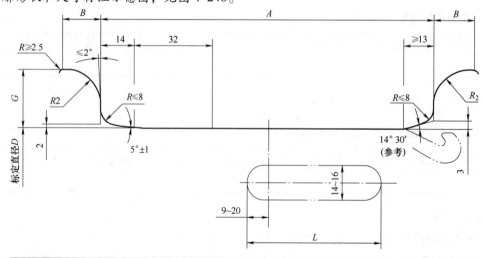

图 4-240　Ⅱ型平底轮辋的轮廓形状和尺寸标注示意图

2）轮廓形状和尺寸，见表4-34。

表4-34 Ⅱ型平底轮辋的轮廓尺寸 （单位：mm）

轮辋轮廓规格	A	偏差	G±1.0	B≥	R2	L
6.50T	165	±3.0	38	22	22	70
7.00T	178	±3.0	38	22	22	75
7.50V	190	±3.0	44.5	27	27	80
8.00V	203	±3.0	44.5	27	27	80
8.50V	216	±3.5	44.5	27	27	93
9.00V	228	±3.5	44.5	27	27	105

3）直径系列、标定直径，见表4-35。

表4-35 Ⅱ型平底轮辋的直径系列、标定直径 （单位：mm）

轮辋名义直径代号	相应轮辋轮廓规格	标定直径 D	偏差
20	6.50T、7.00T、7.50V、8.00V、8.50V、9.00V	508	±0.4

第十六节 随车书面材料

一、概述

1. 作用

随车书面材料帮助客户提前了解车辆的功能、性能、使用注意事项、使用要求。

2. 功能

随车书面材料使车辆的所有功能、性能得到正确、最大的发挥。

3. 随车书面材料种类

车辆出厂随车有一份《车辆产品档案袋》，说明随车的书面材料类型和数量，其中包括（但不限于）以下内容：

(1) 中重型商用车的随车书面资料

1）装箱清单一份。
2）车辆使用说明书一份。
3）车辆保修手册一份。
4）发动机随机资料一份。
5）变速器使用说明书一份。
6）汽车收放机或CD机使用说明书一份。
7）车辆交接质量验收表一份。
8）车辆合格证一份。
9）合格产品入库通知单一份。
10）其他必要的材料。

(2) 微卡、轻卡随车书面资料

1）装箱清单一份。
2）车辆使用说明书一份。
3）车辆保修手册一份。

4）车辆合格证一份。

5）车辆一致性证书一份。

6）汽车收放机或多媒体机使用说明书一份。

7）发动机合格证一份。

二、书面资料介绍

1. 装箱清单

装箱清单说明产品所包含的品种、随车技术文件、备、附件以及通用随车工具的名称和数量，见表4-36。

表4-36 产品装箱清单

类别 Sort	序号 Serial number	名称 Title	规格编（代）号 Specification NO.	单位 Unit	数量 Amount	备注 Remark
汽车 Truck	1	整车及底盘 Cbu and chassis		辆 Set	1	
技术文件 Technical documents	1	使用说明书 Operation manual		份 Set	1	
	2	产品合格证 Certificate of quality of the products	ZM	份 Set	1	
	3	装箱清单 Packing list		份 Set	1	
	4	技术参数表 Technical parameter		份 Set	1	
	5	发动机使用说明书 Engine operation manual		份 Set	1	配套厂带 Supplied by manufacturer
	6	收放机使用说明书 Radio and cassette player operation manual		份 Set	1	配套厂带 Supplied by manufacturer
备附件 Accessories	1	车门钥匙 Key of vehicle door		套 Set	1	
	2	发动机备附件 Engine accessories		套 Set	1	详见发动机使用说明书 Details in engine operation manual
通用随车工具 General tools	1	随车工具 Tools with truck		套 Set	1	

2. 车辆使用说明书

车辆使用说明书主要内容介绍车辆各部件操纵、驾驶、检查与维修等方面的使用说明和注意事项，见图4-241。

3. 车辆保修手册

车辆保修手册见图4-242。主要内容介绍汽车强制保养及定期保养规定、保修规定、汽车保修卡、强保定保项目及要求、服务网点等内容。

4. 车辆合格证

车辆合格证按国家发展改革委、公安部发布的规范机动车整车出厂合格证明管理的式样和内容，由生产厂家统一打印，车辆合格证的式样和内容，详见第一章第六节"机动车标牌及合格证"第三部分

a) 时代微卡车辆使用说明书　　　　b) 欧曼快速使用指南

图 4-241　车辆使用说明书

a) 时代微卡车辆保修手册　　　　b) 欧曼车辆保修手册

图 4-242　车辆保修手册

的相关内容。

5. 车辆一致性证书

车辆一致性证书的版本和有效性以企业向认证机构备案和认证机构的审批结果为准，其版本和有效性可独立于 CCC 证书进行管理。生产一致性证书内容及证书式样等参见第一章第六节"强制性产品认证实施规则　汽车"的相关内容。

《强制性产品认证车辆一致性证书》，是新购买车辆合法注册登记的重要依据之一。

6. 其他资料

参见图 4-243。

（1）发动机随机资料　见图 4-243a。主要内容介绍发动机使用特别提示、柴油机随机文件清单、柴油机装箱清单、柴油机随机备件清单等。

（2）变速器使用说明书　主要内容介绍变速器结构、使用注意事项、常用备件明细表、销售服务网络等。欧曼产品所配法士特变速器使用说明书封面见图 4-243b。

（3）车辆交接质量验收表　主要内容介绍车辆交接时双方应检验的内容，验收合格签字认可。

a) 发动机随机资料　　　b) 变速器使用说明书　　　c) 随车环保清单

图 4-243　发动机随机资料、变速器使用说明书、随车环保清单样本

7. 随车环保清单

随车环保清单见图4-243c。按国家环保部门相关规定，车辆进行注册登记时除了需出具车辆合格证、生产一致性证书外，还需出示随车环保清单。

其他的随车材料不再一一介绍。

本章小结与启示

商用车的用户或车辆驾驶员，往往非常熟悉商用车的结构与性能，因此对于商用车从业者来说，了解商用车的结构与配置是开展相关业务的基础。本章系统介绍了商用车各系统的结构与主要配置及其工作原理等，内容较多，需要掌握的知识量较大，进行系统学习有助于提高专业能力与自信，提高业务管理能力，以及与用户沟通的效率和谈判成功率。

本章学习测试及问题思考

（一）判断题

（ ）1. 常见商用车的前桥不驱动，只是转向桥，这种车不需要装配分动器。

（ ）2. 空滤器高位进气的目的是从高空吸入空气，以减少空气中的粉尘。

（ ）3. 进气消声器的作用是减低整车中的低频噪声，提高驾驶舒适性。

（ ）4. 空滤器的作用极其重要，发动机的磨损和寿命，在极大程度上取决于空滤器的技术性能和机构完整性。

（ ）5. 车架对商用车的安全性能影响不大，轻卡和重卡选用的材料是一样的。

（ ）6. 驱动桥主要由主减速器、差速器、半轴、桥壳及制动器组件等组成。

（ ）7. 微卡和部分轻卡采用液压制动的车辆，俗称液压制动。

（ ）8. 中重型商用车通常采用压缩空气制动，俗称气刹制动或断气刹。

（ ）9. 挂车阀是用以控制挂车或半挂车的制动，装于牵引车上。适用于挂车的是双管路制动系统，牵引车主制动采用双回路系统，停车或紧急制动采用断气式制动。

（ ）10. 变速器软轴操纵系统，在商用车上只应用于轻卡和微卡平台的车辆。

（ ）11. 汽车电器系统都采用负极搭铁，中重卡采用24V电压，总线制，而微卡、轻卡则多采用12V电压，单线制。

（二）问答题

1. 商用车的整车结构包括哪些基本配置？
2. 简述车身系统的未来发展方向。
3. 动力系统对商用车的哪些性能影响较大？
4. 中冷器的作用及工作原理是什么？
5. 简述OBD的功能与实现过程。
6. 阐述发动机冷却系统的作用与基本组成？
7. 阐述发动机润滑系统的作用与基本组成？
8. 简述发动机"四配套"的组成及其实际意义。
9. 发动机的评价指标有哪些？
10. 离合器的作用有哪些？
11. 驱动桥影响整车的哪些性能指标？其发展方向是什么？
12. 简述车辆对转向系统的要求有哪些？
13. 气制动（行车制动）系统的组成有哪些？
14. 汽车上必须装配制动防抱死（ABS）吗？其作用和工作原理是什么？
15. 简述使用假冒劣质制动片的危害。
16. 商用车货箱的发展趋势有哪些？

第五章
商用车行驶功能与关键总成

学习要点

1. 了解驱动力计算知识,能简单计算最大转矩下的驱动力。
2. 掌握发动机最低油耗转速下的最大速度、最大爬坡能力计算方法。
3. 掌握发动机转矩、功率、转速、变速器速比、后桥速比等参数对行驶功能的影响。

第一节 商用车的行驶能力

商用车基本功能中最关键的功能之一就是行驶功能。

商用车的行驶能力取决于车辆的动力性能,包括功率、转矩、最大驱动力、最高速度、爬坡能力、加速能力、最低油耗速度、最大转矩速度等。根据商用车发动机(或电动机)的外特性曲线,可绘出商用车动力特性图。据此可计算出商用车在某一行驶条件下所保持的速度、所采用的变速器档位、能产生的加速度,并能计算出任一档位、最大转矩时车辆的爬坡能力(坡度)。在车辆使用过程中,应充分考虑行驶路段的道路情况,充分发挥车辆的动力性能,让车辆匀速行驶,以提高运输效率、降低运输成本。

本章将介绍行驶能力中动力性能的关键指标及其计算方法,以便市场营销人员向客户推荐最合适的车辆。

行驶功能关键指标的实现主要取决于商用车的关键总成,包括发动机、变速器、后桥、车轮等。

如果一辆车的使用功能满足了货物的需求,基本功能特别是动力性好、油耗低,其客户的运输成本就低,也就满足了客户的核心诉求。

一、驱动力

1. 概念

车辆驱动力(Driving Force)又称车辆牵引力,是指驱使汽车行驶的动力。车辆的发动机(或电动机)产生的转矩,经动力传递系统传至驱动轮上,使驱动轮产生一个对道路路面的轮缘圆周力。当驱动

○ 本章由赵旭日、刘春迎编写。

轮与道路路面间有足够的附着力,即驱动轮在路面上未发生滑转时,则产生与此轮缘圆周力大小相等、方向相反的路面对驱动轮的反作用力,驱使汽车在道路上行驶。

汽车驱动力的表达式为

$$F_t = \sum F$$

式中 F_t——汽车驱动力,它是发动机的转矩经由动力传递系统传至驱动轮上得到的;

$\sum F$——行驶阻力之和,包括滚动阻力、空气阻力、加速阻力和坡度阻力。

因此,汽车驱动力的计算公式为

$$F_t = F_\text{滚} + F_\text{空} + F_\text{加} + F_\text{坡}$$

式中 $F_\text{滚}$——滚动阻力;

$F_\text{空}$——空气阻力;

$F_\text{加}$——加速阻力;

$F_\text{坡}$——坡度阻力。

2. 驱动力计算

在汽车行驶中,发动机发出的有效转矩 T_{tq},经变速器、传动轴、主减速器等后,由半轴传给驱动车轮。如果变速器传动比为 i_g、后桥主减传动比为 i_o、动力传递系统的机械效率为 η_t,则传到驱动轮上的转矩 T_t 即驱动力矩为

$$T_t = T_{tq} i_g i_o \eta_t$$

此时作用于驱动轮上的力矩 T_t,产生对地面的圆周力 T_0,则地面对驱动轮的反作用力 F_t 即为汽车驱动力。

如果驱动车轮的滚动半径为 r,就有 $F_t = T_t/r$。因而,汽车驱动力为

$$F_t = T_{tq} i_g i_o \eta_t / r$$

3. 动力传递系统的机械效率 η_t

动力传递系统包括离合器、变速器、传动轴、主减速器等。

货车、客车,取 $\eta_t = 0.85$(或者在 0.82~0.85 之间的任一数值)。

4. 驱动车轮的滚动半径 r

$$r = S/2\pi$$

式中 S——轮胎的滚动周长。

注:轮胎的规格等技术参数是有国家标准规定的,详见 GB/T 2977—2016《载重汽车轮胎规格、尺寸、气压与负荷》。

案例1 最大驱动力的计算

已知:

1)某商用车的发动机转矩是 $T_{tq} = 2200\text{N}\cdot\text{m}$(1200r/min)(ISGe5-430 发动机)。

2)装配的变速器型号、传动比 i_g 见表5-1。

表5-1 法士特 12JS160TA 变速器各档位传动比

档位	1	2	3	4	5	6	7	8	9	10	11	12
传动比	12.10	9.41	7.31	5.71	4.46	3.48	2.71	2.11	1.64	1.28	1.00	0.78

3)后桥的型号、传动比:485 后桥、传动比 $i_o = 3.083$。

4)驱动轮的滚动半径:$r = 0.512\text{m}$。

5)发动机的额定转速:额定功率时发动机转速为 1900r/min。

6)此车动力传递系统的机械效率:$\eta_t = 0.85$。

求:此车的最大驱动力?

解:

驱动力计算公式为:$F_t = T_{tq} i_g i_o \eta_t / r$

则：此车的最大驱动力为

$$F_t = 2200 \times 12.1 \times 3.083 \times 0.85/0.512 = 136248\text{N}$$

答：此车的最大驱动力是 136248N。

二、功率

1. 概念

发动机单位时间内所做的功叫作发动机的功率。与指示功、有效功相对应的功率分别为指示功率、有效功率（输出功率），两者的差值叫作机械损失功率。通常而言，发动机功率是指发动机做功的快慢。

2. 功率计算

发动机在不同转速下的功率计算公式为

$$P_e = T_{tq} N_e / 9549$$

式中　P_e——发动机的功率（kW）；

　　　T_{tq}——发动机的转矩（N·m）；

　　　N_e——发动机的转速（r/min）。

案例 2：最大转矩下的功率计算

已知：

1）康明斯发动机 ISGe5-430 的最大转矩是 2200N·m。

2）最大转矩时的转速为 1200r/min。

求：最大转矩时的功率？

解：

$$P_e = T_{tq} N_e / 9549$$
$$= 2200 \times 1200 / 9549 \approx 267\text{kW}$$

答：最大转矩下的功率是 267kW（达到其额定功率 316kW 的 84.5%）。

3. 计算发动机最大转矩时功率的意义

车辆在发动机最大转矩时的功率，是推荐（选择）车辆的依据。如果车辆的总质量是 49t，每吨需要的最大驱动功率是 6kW，则推荐（选择）最大转矩时的功率为：49×6=294kW。

显然，上面例题所得 267kW 不能满足"设计总质量 49t，吨功率是 6kW"这样的最大使用要求。要满足 294kW 这一最大转矩下的发动机额定功率应该是：294/84.5% = 348kW。即：SGe5-490ps（359kW）。

也就是说，要满足总质量 49t、吨功率 6kW 商用车的理想动力，推荐选用 490 马力的发动机。

注：

1）最大驱动功率是在最极端的工况（不好的路面、上坡、迎风、超速）下需要的功率。

2）采用 6kW/t 比功率的依据：JT/T 1178.1—2018《营运货车安全技术条件　第 1 部分：载货汽车》和 JT/T 1178.2—2019《营运货车安全技术条件　第 2 部分：牵引车辆与挂车》。

三、行驶阻力

汽车行驶阻力包括滚动阻力、加速阻力、坡度阻力、空气阻力。其中，滚动阻力和空气阻力是在任何行驶条件下均存在的，而坡度阻力和加速阻力仅在一定行驶条件下存在，例如在水平道路上等速行驶时就没有坡度阻力和加速阻力。

1. 滚动阻力

影响滚动阻力的主要因素有变形阻力和摩擦力。

试验表明，当汽车超过 45m/s（162km/h）时，轮胎的变形阻力会急剧增加。这不仅要求汽车有更大的动力，同时对轮胎本身也是极大的考验。汽车车速小于 40m/s（144km/h）时，变形阻力占轮胎滚动阻力的 90%~95%，摩擦阻力占 2%~10%，而轮胎空气阻力所占的比率极小（可以忽略不计）。

1）变形阻力：汽车在行驶时，轮胎并不是一直保持静止时的圆形，而是会产生变形，并且由于轮胎本身的橡胶和内部的空气都具有弹性，因此在车轮滚动时，轮胎会反复经历压缩和伸展的过程，这会产生阻尼功，形成轮胎变形阻力。车轮受压变形如图 5-1 所示。

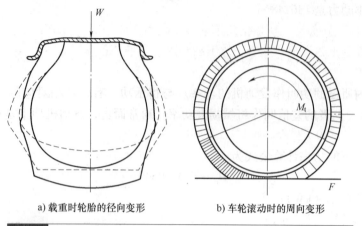

a) 载重时轮胎的径向变形　　b) 车轮滚动时的周向变形

图 5-1　车轮受压变形

2）摩擦力：轮胎在路面行驶时，胎面与地面之间存在着纵向和横向的相对局部滑动，车轮轴承内部也会有相对运动，因此会有摩擦阻力产生。

车轮受压变形，轮胎胎面与路面产生摩擦，对车轮滚动产生阻碍作用，一般用阻力矩来度量，其力的大小与轮胎的规格、表面形状、压在轮胎上的重量以及路面有关。如图 5-2 所示，车轮在滚动时地面法向反力前移产生阻力矩 a。

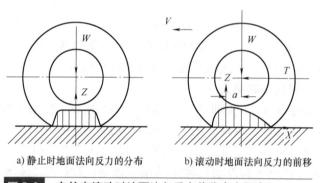

a) 静止时地面法向反力的分布　　b) 滚动时地面法向反力的前移

图 5-2　车轮在滚动时地面法向反力前移产生阻力矩

提示：轮胎气压与车轮的变形阻力有直接关系，轮胎气压不足，会增加车轮的滚动阻力；轮胎气压过高，也会带来其他问题。因此在车辆日常使用中，要保持轮胎气压在厂家规定的范围内。

3）滚动阻力的计算公式为

$$F_{滚} = fW$$

式中　W——车轮所承受的径向载荷；
　　　f——滚动阻力系数（表 5-2）。

表 5-2　各种路面的滚动阻力系数

路面类型		滚动阻力系数	路面类型	滚动阻力系数
良好的沥青或混凝土路面		0.010~0.018	泥泞路面	0.100~0.250
一般沥青或混凝土路面		0.018~0.020	干砂	0.100~0.300
碎石路面		0.020~0.025	湿砂	0.060~0.150
良好的卵石路面		0.025~0.030	结冰路面	0.015~0.030
压紧土路	干燥的	0.025~0.035	压紧的雪道	0.030~0.050
	雨后的	0.050~0.150	坑洼路面	0.035~0.050

案例3：分别计算一般沥青或混凝土路面下、压紧土路下的车辆滚动阻力

已知：

1）车轮承受的径向载荷为49t。

2）一般沥青或混凝土路面下、压紧土路下的滚动阻力系数分别为0.02、0.15。

求：一般沥青或混凝土路面下、压紧土路下的路面下的最大车辆阻力。

解：计算公式为 $F_{滚} = fW$

$$1\text{kgf} = 9.80665\text{N} \approx 10\text{N}$$

1）一般沥青或混凝土路面下：$F_{滚} = 49 \times 1000 \times 0.02 = 980\text{kgf} \approx 9800\text{N}$。

2）压紧土路下：$F_{滚} = 49 \times 1000 \times 0.15 = 7350\text{kgf} \approx 73500\text{N}$。

答：总质量49t的车在沥青或混凝土路面时滚动阻力为9800N；在压紧土路时滚动阻力为73500N。可以看出这是一个巨大的差距。

2. 坡度阻力

坡度阻力，是汽车重力沿坡道的分力。坡度越大，坡道阻力越大。其计算公式为

$$F_{坡} = G\sin\alpha$$

由于 $\sin\alpha \approx \text{tg}\alpha \approx i$，有

$$F_{坡} = Gi$$

式中 G——汽车总重（kg）；

i——道路坡度，上坡为正，下坡为负。

坡度计算公式为

$$i = H/L \times 100\%$$

式中 H——高度；

L——长度。

由于坡度阻力与滚动阻力均属于与道路阻力有关的阻力，而且均与汽车质量成正比，故有时把这两种阻力合在一起称为道路阻力，用 F_ψ 表示，即

$$F_\psi = F_{滚} + F_{坡} = Gf + Gi = G(f+i)$$

令 $f + i = \psi$，把 ψ 称为道路阻力系数，则道路阻力 $F_\psi = G\psi$。

案例4：计算车辆的坡度阻力

已知：某商用车总质量为 m = 49t，道路坡度为 $i = 10\%$。

求：此车的坡度阻力？

解：已知计算公式为：$F_{坡} = Gi$

则坡度阻力 $F_{坡} = 49 \times 1000 \times 10\% = 49000\text{N}$

答：该商用车在10%坡度时的坡度阻力为49000N。

由此可知，该商用车如果行驶在压紧土路上，当坡度为10%时，其道路阻力为：

$$F_\psi = F_{滚} + F_{坡} = 73500 + 49000 = 122500\text{N}$$

3. 空气阻力

空气阻力是指汽车在直线行驶时，空气作用力在汽车行驶方向上的分力。

1）组成：空气阻力由表面摩擦阻力和压力阻力组成，其各自所占空气阻力的比例如图5-3所示。

上述阻力形成的大致原因如下：

压力阻力：车辆外形。

摩擦阻力：空气有黏度。

诱导阻力：空气升力在水平方向投影。

内循环阻力：流经散热器、发动机、车厢的阻力。

干扰阻力：表面突起物、车门把手、后视镜、底盘。

2）空气阻力计算公式：对于商用车来说，空气阻力的影响非常

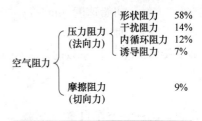

图5-3 空气阻力的组成

大，最主要的原因是其迎风面积较大。这是因为空气对物体的阻力与流速和迎风面积因素有关。

空气阻力计算公式为

$$F_{空} = C_D A U_a^2 / 21.15$$

式中 U_a——空气流速，汽车相对空气的速度，无风时即为汽车的行驶速度（km/h）；

A——迎风面积。与车辆外形有关，是汽车在行驶方向的投影（m²）；

C_D——空气阻力系数。

3）空气阻力系数：一般来说，不同车辆类型，其迎风面积和空气阻力系数差别很大，因此对空气阻力的影响也不同，不同类型车辆的迎风面积和空气阻力系数见表5-3。

表5-3 不同类型车辆的迎风面积和空气阻力系数

类　型	迎风面积 A/m²	空气阻力系数 C_D
典型轿车	1.4~2.6	0.4~0.6
货车	3~7	0.8~1.0
大客车	4~7	0.6~0.7

迎风面积推荐举例：微型货车推荐3m²；轻型货车推荐4m²；中型货车推荐5m²；二轴重型货车推荐6m²；多轴重型货车推荐7m²。

4）影响空气阻力的因素：由上述计算公式可见，车辆空气阻力的大小与车辆的迎风面积成正比，与汽车相对速度的平方成正比。而风阻系数则与车辆表面的凸出物和粗糙度以及车身流线型有关（这正是某些商用车加装导流罩、扰流板等的原因）。

案例5：计算车辆的空气阻力

已知：风速为0km/h，车速 $U_a = 70$km/h，空气质量系数 $C_D = 1$，迎风面积 $A = 6$m²。

求：该商用车此时的空气阻力？

解：

$$F_{空} = C_D A U_a^2 / 21.15 = 1 \times 6 \times 70^2 / 21.15 = 1390 \text{N}$$

答：该商用车此时的空气阻力为1390N。

4. 加速阻力

汽车行驶时，有一个保持等速运动的惯性力，如果要使汽车加速，就必须克服这一惯性力，也就是加速阻力。加速阻力的大小，等于加速度与汽车质量的乘积。加速度越大，加速阻力也越大。

汽车的质量分为平移质量和旋转质量两部分。加速时，不仅平移质量会产生惯性阻力，旋转质量也会产生惯性阻力矩。因此，为了减少加速阻力，应当尽量减少汽车的总质量及其旋转部件的质量。

汽车加速阻力的计算公式为

$$F_{加} = \delta m \frac{dv}{dt} = F_{驱} - F_{滚} - F_{空}$$

式中 δ——汽车旋转质量转换系数；

m——汽车整车总质量（kg）；

$\dfrac{dv}{dt}$——汽车加速度（m/s²），$\dfrac{dv}{dt} = a = (v_2 - v_1)/t$；

v_2——最终速度（m/s）；

v_1——初始速度（m/s）；

t——时间（s）。

旋转质量换算系数的计算公式为

$$\delta = 1 + \delta_1$$
$$\delta_1 = 0.07 C_0 / C_a$$

式中 C_0——空车自重；

C_a——整车总质量（自重+载重+乘员质量）。

案例6：计算加速阻力

已知：某商用车总质量49t（49000kg）、整备质量14t（14000kg）、初始速度70km/h（19.4m/s）、最终速度90km/h（25m/s）、加速时间为10s。

即：$m = C_a = 49000 \text{kg}$、$v_2 = 25 \text{m/s}$、$v_1 = 19.4 \text{m/s}$、$t = 10 \text{s}$、$C_0 = 14000 \text{kg}$。

求：此车的加速阻力 $F_{加}$。

解：汽车旋转质量转换系数 $\delta = 1 + \delta_1 = 1 + 0.07 C_0/C_a = 1 + 0.07 \times 14000/49000 = 1.02$

该车的加速阻力 $F_{加} = \delta m \dfrac{dv}{dt} = 1.02 \times 49000 \times (25 - 19.4)/10$
$= 27989 \text{N}$

答：该商用车此时的加速阻力是27989N。

四、汽车的爬坡能力计算

由于汽车驱动力 $F_t = F_{滚} + F_{空} + F_{加} + F_{坡}$；坡度阻力 $F_{坡} = Gi$；爬坡时设定加速阻力 $F_{加} = 0$，则爬坡力的计算公式为

$$F_{坡} = F_t - F_{滚} - F_{空} = (T_{tq} i_g i_0 \eta_t / r) - fW - C_D A U_a^2 / 21.15$$

爬坡能力计算公式为

$$\sin\delta = F_{坡}/G$$

式中 G——车辆的总质量（kg）。

案例7：计算爬坡能力

已知：某商用车总质量49t、转矩为 $T_{tq} = 2200 \text{N·m}(1200 \text{r/min})$（ISGe5-430发动机），在一般沥青或混凝土路面行驶，时速70km/h，使用12JS160TA变速器的传动比 i_g 为2.1，即8档，其他条件见案例1~6。

求：该车辆的爬坡能力。

解：

1）变速器传动比为2.1时，车辆驱动力为：

$F_t = T_{tq} i_g i_0 \eta_t / r = 2200 \times 2.1 \times 3.083 \times 0.85/0.512 = 23646 \text{N}$。

2）一般沥青或混凝土路面的滚动阻力 $F_{滚} = 49 \times 1000 \times 10 \times 0.02 = 9800 \text{N}$。

3）车辆70km/h时的空气阻力 $F_{空} = 1 \times 6 \times 70^2/21.15 = 1390 \text{N}$。

4）假设该车挂8档时车速为70km/h，那么此时车辆的爬坡力为：

$F_{坡} = F_t - F_{滚} - F_{空} = 23646 - 9800 - 1390 = 12456 \text{N}$。

5）该车爬坡能力为：

$\sin\delta = F_{坡}/G = 12456/49000 = 0.25 = 14°$（查三角函数表），即百分数表示坡度为25%。

答：该车满载，在8档时速70km/h时，爬坡能力为25%，即14°的坡度。

重要结论：

1）其他配置相同时，发动机的转矩越大，爬坡能力越大。

2）其他配置相同时，变速器的传动比越大，爬坡能力越大。

3）其他配置相同时，驱动桥的传动比越大，爬坡能力越大。

4）其他配置相同时，车辆传动系统的机械传动效率越大，爬坡能力越大。

5）如果重载，路况差，爬坡难度大，行驶阻力就大，车辆就必须配置大传动比的动力传递系统，以增加驱动轮上的力矩。但是这种配置的车辆，其最高车速就降低了。

第二节 最高车速计算

车辆在平顺的高速公路上行驶，或者轻载、空载时，最高车速就成为用户非常关注的指标之一。影响车辆最高车速的因素有很多，但是在同等情况下，其影响因素由下面公式可得。

一、车速计算公式

车速的计算公式为

$$U_a = 0.377 \frac{nr}{i_g i_o}$$

式中　U_a——车速（km/h）；
　　　n——发动机转速（r/min）；
　　　r——轮胎半径（m）；
　　　i_g——变速器所挂档位传动比；
　　　i_o——驱动桥传动比。

或者：

车速 = 0.37 × 驱动轮转速 × 驱动轮滚动半径

其中，驱动轮转速 = 发动机输出转速/（变速器所挂档位传动比 × 驱动桥总传动比）

由上述公式可见，车速与发动机的转速、变速器所挂档位、驱动桥的总传动比、轮胎滚动半径直接相关。

二、驱动桥传动比

车辆所选装的驱动桥总传动比是根据车辆市场定位设计选定的，充分考虑了车辆的最大爬坡能力和最高车速需求。每辆车的驱动桥总传动比都是固定的，车桥厂一般都会将该驱动桥的传动比喷在桥壳上，比较容易看到（如果是二级双级减速桥，则其驱动桥总传动比 = 主减速器传动比 × 轮边减速器传动比，车桥上标示的传动比就是总传动比）。

也就是说：某车辆在变速器最高档位、轮胎气压正常时，后桥总传动比越小，最高车速越快。

比如，法士特12JS160TA变速器，其各档位传动比见表5-4。其11档传动比为1.00，故该档位也称为直接档，此时变速器输出转速与发动机的输出转速相同。其最高档位（12档）传动比为0.78 < 1，故该档位为超速档，此时变速器的输出转速就会大于发动机转速。

表5-4　法士特12JS160TA变速器各档位传动比

档位	1	2	3	4	5	6	7	8	9	10	11	12
传动比	12.10	9.41	7.31	5.71	4.46	3.48	2.71	2.11	1.64	1.28	1.00	0.78

三、驱动轮滚动半径

轮胎的规格等技术参数是有国家标准规定的，详见GB/T 2977—2016《载重汽车轮胎规格、尺寸、气压与负荷》。

四、最高车速、最大转矩车速、最低油耗车速的计算

1. 发动机不同速度时的车速计算

1）后桥传动比是固定的，一般为：5.286/4.625/4.111/3.7/3.083/2.78，而且厂家一般都会喷在桥壳上，客户自己可以找到。后桥传动比越小，车速越快（有些进口车可以达到2.8）。

比如设计后桥传动比为4.111，则计算时的 i_o = 4.111。

2）变速器传动比是有多少个档位就有多少种传动比，12JS160TA的传动比见表5-4。一般正常行驶时，都能挂到最高档（12档），那么计算时 i_g = 0.78。

3）r 是指轮胎的滚动半径，具体参数有国标规定，下面提供几个重型货车上常用轮胎的滚动半径，见表5-5。

表 5-5　几种常见轮胎的滚动半径

轮胎规格	轮胎滚动半径/m	轮胎规格	轮胎滚动半径/m
11.00R20	0.512	12.00R20	0.531
11.00-20	0.522	12.00-20	0.541

由表 5-5 可知，如果您的车装配的是 11.00R20 轮胎，那么其滚动半径 $r=0.512\mathrm{m}$。

4）n 代表发动机转速，带入车速计算公式可得到该商用车在发动机不同转速下的车速为：

$n=1400\mathrm{r/min}$ 时，车速为 84.3km/h；

$n=1500\mathrm{r/min}$ 时，车速为 90.3km/h；

$n=1700\mathrm{r/min}$ 时，车速为 102.3km/h。

这个车速仅从转动比率考虑，没有考虑负载、风阻、路面坡度等外因，仅供参考。

2. 发动机最大转矩时的车速计算

已知最大转矩时发动机转速为 1200r/min。

最大转矩车速 = 0.37699 × 发动机输出转速/（变速器所挂档位传动比 × 驱动桥总传动比）× 驱动轮滚动半径 = 0.377 × 1200/(0.78 × 4.11) × 0.512 = 72.25km/h。

1）采用后桥传动比为 3.083 时的最大转矩车速计算：

最大转矩车速 = 0.377 × 1200/(0.78 × 3.083) × 0.512 = 96.32km/h

2）设计最大转矩时的车速为：90km/h，计算（选择）后桥传动比：

后桥传动比 = 0.377 × 1200 × 0.512/(90 × 0.78) = 3.3

3. 最低油耗车速计算

已知最低油耗时发动机转速为 1300r/min，后桥传动比为 4.11，上述条件不变，则：

最低油耗车速 = 0.377 × 1300/(0.78 × 4.11) × 0.512 = 78.27km/h

4. 总结

由车速计算公式可知：

1）变速器传动比 i_g 与车速成反比。也就是说，当发动机储备动力足够大时，在发动机最低油耗转速 1300r/min 下，同样是挂最高档，装配带超速档的变速器的车比不带超速档的车要快。

2）驱动桥传动比 i_o 与车速成反比。也就是说，当发动机储备动力足够大时，在发动机最低油耗转速 1300r/min 下，装配同样的变速器挂最高档，但是装配小传动比驱动桥的车比装配大传动比驱动桥的车要快。

3）如果车辆经常标载或轻载，路况好，建议装配带超速档的变速器或小传动比驱动桥。

第三节　常用发动机型号与技术参数

各汽车发动机厂的发动机型号编制规则大同小异，基本都包含品牌信息、发动机排量、发动机功率（马力）、排放标准等。本节以福田康明斯、潍柴、玉柴、东风康明斯、锡柴、东安动力、五菱柳机、小康动力、全柴动力、云内动力为主，介绍商用车常用发动机的型号和主要技术参数，以供参考。

一、福康 X 系列国六发动机

福康 X 系列国六发动机的铭牌，如图 5-4 所示。

图 5-4　福康 X 系列国六发动机的铭牌

发动机型号解释如下:

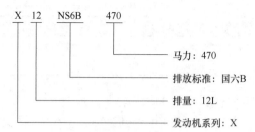

福康 X 系列国六发动机型号及其主要技术参数见表 5-6。

表 5-6 福康 X 系列国六发动机型号及其主要技术参数

序号	柴油机型号	缸数	马力/ps	排量/L	额定功率/转速/[kW/(r/min)]	净功率/kW	最大转矩/转速/[N·m/(r/min)]	缸径×行程/mm×mm
1	X11NS6B290	6	290	10.5	214/1900	213	1450/(900~1400)	132×128
2	X11NS6B320	6	320	10.5	235/1900	234	1600/(900~1400)	132×128
3	X11NS6N360	6	360	10.5	265/1900	264	1800/(900~1400)	132×128
4	X11NS6B400	6	400	10.5	294/1900	293	2000/(900~1400)	132×128
5	X12NS6B360	6	360	11.8	265/1900	264	1900/(900~1400)	132×144
6	X12NS6B380	6	380	11.8	279/1900	278	2000/(900~1300)	132×144
7	X12NS6B410	6	410	11.8	302/1900	301	2100/(900~1300)	132×144
8	X12NS6B440	6	440	11.8	324/1900	323	2200/(1000~1400)	132×144
9	X12NS6B470	6	470	11.8	346/1900	345	2300/(1000~1400)	132×144
10	X12NS6B490	6	490	11.8	360/1900	359	2300/(1000~1400)	132×144
11	X13NS6B480	6	480	12.9	353/1800	351	2400/(1000~1300)	132×157
12	X13NS6B510	6	510	12.9	375/1800	374	2500/(1000~1400)	132×157
13	X13NS6B540	6	540	12.9	397/1800	396	2600/(1000~1400)	132×157
14	X13NS6B560	6	560	12.9	412/1800	411	2600/(1000~1400)	132×157
15	X13NS6B580	6	580	12.9	426/1800	425	2600/(1000~1400)	132×157

二、福康 F 系列国六发动机

福康 F 系列国六发动机的铭牌,如图 5-5 所示。

图 5-5 福康 F 系列国六发动机的铭牌

上图发动机型号的解释如下:

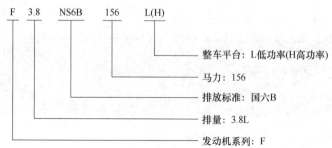

福康 F 系列国六发动机型号及其主要技术参数见表 5-7。

表 5-7　福康 F 系列国六发动机型号及其主要技术参数

序号	柴油机型号	缸数	马力/ps	排量/L	额定功率/转速/[kW/(r/min)]	净功率/kW	最大转矩/转速/[N·m/(r/min)]	缸径×行程/mm×mm
1	F2.8NS6B177H	4	177	2.78	130/3500	129	400/(1500~3100)	94×100
2	F2.8NS6B177L	4	177	2.78	130/3500	129	360/(1400~3400)	94×100
3	F2.8NS6B156	4	156	2.78	115/2900	114	450/(1500~2400)	94×100
4	F2.8NS6B150	4	150	2.78	110/2900	109	400/(1400~2600)	94×100
5	F2.8NS6B131	4	131	2.78	96/2900	95	320/(1100~2800)	94×100
6	F3.8NS6B143	4	143	3.8	105/2600	104	500/(1100~1900)	102×115
7	F3.8NS6B156	4	156	3.8	115/2600	114	550/(1100~1900)	102×115
8	F3.8NS6B170	4	170	3.8	125/2600	124	600/(1200~1900)	102×115
9	F3.8NS6B190	4	190	3.8	140/2600	139	700/(1300~1700)	102×115
10	F4.5NS6B190	4	190	4.5	140/2300	139	700/(1100~1800)	107×124
11	F4.5NS6B210	4	210	4.5	155/2300	154	760/(1200~1800)	107×124
12	F4.5NS6B220	4	220	4.5	162/2300	161	820/(1300~1500)	107×124

三、潍柴发动机

潍柴发动机型号的解释如下：

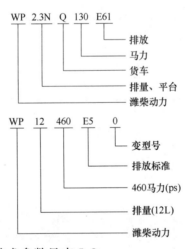

常用潍柴发动机型号及其主要技术参数见表 5-8。

表 5-8　常用潍柴发动机型号及其主要技术参数

序号	柴油机型号	缸数	马力/ps	排量/L	额定功率/转速/[kW/(r/min)]	最大转矩/转速/[N·m/(r/min)]	缸径×行程/mm×mm
1	WP2.3NQ130E61	4	130	2.289	96/3200	380/(1400~2400)	89×92
2	WP3NQ160E61	4	160	2.97	118/3000	480/(1400~2300)	94×107
3	WP4.1NQ190E61	4	190	4.088	140/2600	680/(1300~1900)	105×118
4	WP4.6NQ220E61	4	220	4.58	162/2300	800/(1200~1800)	108×125
5	WP7.240E51	6	240	7.5	176/2300	1050/(1200~1700)	108×136
6	WP7.270E51	6	270	7.5	198/2300	1160/(1200~1700)	108×136
7	WP7.300E51	6	300	7.5	220/2300	1250/(1200~1700)	108×136
8	WP7.340E51	6	340	7.5	250/2300	1250/(1200~1700)	108×136

(续)

序号	柴油机型号	缸数	马力/ps	排量/L	额定功率/转速/[kW/(r/min)]	最大转矩/转速/[N·m/(r/min)]	缸径×行程/mm×mm
9	WP8.340E51	6	340	7.8	250/2300	1400/(1200~1700)	110×136
10	WP9H.310E50	6	310	8.8	228/1900	1500/(1000~1400)	116×139
11	WP9H.336E50	6	336	8.8	247/1900	1600/(1000~1400)	116×139
12	WP9H.350E50	6	350	8.8	257/1900	1700/(1000~1400)	116×139
13	WP10.310E53	6	310	9.7	228/1900	1500/(1200~1500)	126×130
14	WP10.336E53	6	336	9.7	247/1900	1550/(1200~1500)	126×130
15	WP10.350E53	6	350	9.7	257/1900	1600/(1200~1500)	126×130
16	WP10H.350E50	6	350	9.5	257/1900	1700/(1000~1400)	116×150
17	WP10H.375E50	6	375	9.5	276/1900	1800/(1000~1400)	116×150
18	WP10H.400E50	6	400	9.5	294/1900	1900/(1000~1400)	116×150
19	WP10.5H.400E50	6	400	10.5	294/1900	1900/(1000~1400)	122×150
20	WP10.5H.430E50	6	430	10.5	316/1900	2000/(1000~1400)	122×150
21	WP10.5H.460E50	6	460	10.5	338/1900	2100/(1000~1400)	122×150
22	WP12.375E50	6	375	11.6	276/1901	1800/(1000~1400)	126×155
23	WP12.400E50	6	400	11.6	294/1900	1920/(1000~1400)	126×155
24	WP12.430E50	6	430	11.6	316/1900	2060/(1000~1400)	126×155
25	WP12.460E50	6	460	11.6	338/1900	2110/(1000~1400)	126×155
26	WP13.500E501	6	500	12.5	368/1900	2400/(1000~1400)	127×165
27	WP13.530E501	6	530	12.5	390/1900	2500/(1000~1400)	127×165
28	WP13.550E501	6	550	12.5	404/1900	2550/(1000~1400)	127×165

四、玉柴发动机

玉柴发动机型号解释如下：

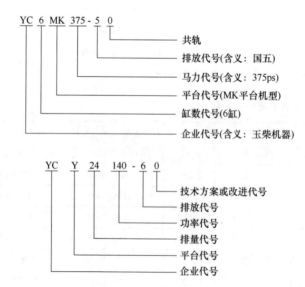

常用玉柴发动机型号及其主要技术参数见表5-9。

表 5-9　常用玉柴发动机型号及其主要技术参数

序号	汽油机型号	缸数	功率/ps	排量/L	额定功率/转速/[kW/(r/min)]	最大转矩/转速/[N·m/(r/min)]	缸径×行程/mm×mm
1	YC4S150-50	4	150	3.7	110/2600	500/(1300~1800)	102×115
2	YC4E185-50	4	185	4.7	136/2500	700/(1300~1500)	112×120
3	YC4G220-50	4	220	5.2	162/2200	780/(1100~1600)	112×132
4	YC6A270-50	6	270	7.5	199/2300	1100/(1300~1600)	110×132
5	YC6L330-50	6	330	8.4	243/2200	1280/(1200~1700)	113×140
6	YC6MK375-50	6	375	10.3	276/1900	1700/(1100~1500)	123×145
7	YC6MK420-50	6	420	10.3	309/1900	2000/(1100~1500)	123×145
8	YC6K1248-50	6	480	12.2	353/1900	2250/(1000~1500)	129×155
9	YC6K1358-50	6	580	12.9	426/1900	2550/(1100~1500)	129×165
10	YCY24120-60	4	120	2.3	88/2950	320/(1400~2400)	85×104
11	YCY24140-60	4	140	2.36	103/2950	400/(1400-2000)	85×104
12	YCY30165-60	4	165	2.9	121/2800	500/(1400~2800)	94×107
13	YCS04200-68	4	200	4.2	147/2300	720/(1200~1900)	105×120
14	YCS06270-60	6	270	6.234	199/2300	1050/(1200~1700)	105×120
15	YCS06270-62	6	270	6.2	199/2100	1000/(1200~1700)	105×120
16	YCK09380-60	6	380	9.4	280/1900	1800/(1100~1450)	123×132
17	YCK1430-60	6	430	10.9	368/1900	2100/(1000~1400)	123×154
18	YCK1500-60	6	500	10.9	316/1900	2200/(1000~1400)	123×154

五、东风康明斯发动机

东风康明斯发动机型号解释如下：

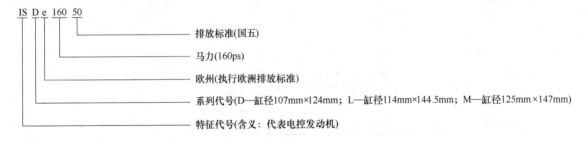

常用东风康明斯发动机型号及其主要技术参数见表 5-10。

表 5-10　常用东风康明斯发动机型号及其主要技术参数

序号	柴油机型号	缸数	马力/ps	排量/L	额定功率/转速/[kW/(r/min)]	净功率/kW	最大转矩/转速/[N·m/(r/min)]	缸径×行程/mm×mm
1	ISDe185 50	6	185	6.7	136/2500	130	700/1200~1700	107×124
2	ISDe210 50	6	210	6.7	155/2500	150	800/1200~1700	107×124
3	ISDe230 50	6	230	6.7	169/2500	163	900/1200~1700	107×124
4	ISDe245 50	6	245	6.7	180/2500	174	950/1200~1700	107×124
5	ISDe270 50	6	270	6.7	198/2500	192	970/1200~1700	107×124

(续)

序号	柴油机型号	缸数	马力/ps	排量/L	额定功率/转速/[kW/(r/min)]	净功率/kW	最大转矩/转速/[N·m/(r/min)]	缸径×行程/mm×mm
6	ISB170 50	6	170	5.9	125/2500	119	560/1200~1700	102×120
7	ISB180 50	6	180	5.9	132/2500	126	700/1200~1700	102×120
8	ISB190 50	6	190	5.9	140/2500	134	720/1200~1700	102×120
9	ISB210 50	6	210	5.9	154/2500	148	750/1200~1700	102×120
10	ISB220 50	6	220	5.9	162/2500	156	800/1200~1700	102×120

六、锡柴发动机

锡柴发动机型号解释如下：

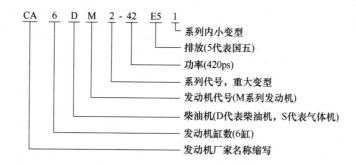

常用锡柴发动机型号及其主要技术参数参见表5-11。

表5-11　常用锡柴发动机型号及其主要技术参数

序号	柴油机型号	缸数	马力/ps	排量/L	额定功率/转速/[kW/(r/min)]	最大转矩/转速/[N·m/(r/min)]	缸径×行程/mm×mm
1	CA6DM2-39E51	6	390	11	287/1900	1900/(1000~1400)	123×155
2	CA6DM2-42E51	6	420	11	309/1900	2100/(1000~1400)	123×155
3	CA6DM2-46E51	6	460	11	338/1900	2200/(1000~1400)	123×155
4	CA6DM3-50E5	6	500	12.5	367/1800	2300/(1000~1400)	126.5×166
5	CA6DM3-55E5	6	550	12.5	404/1800	2300/(1000~1400)	126.5×166
6	CA6DM3-55E51	6	550	12.5	404/1800	2600/(1000~1400)	126.5×166

七、东安动力发动机

东安动力发动机型号解释如下：

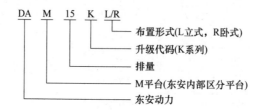

常用东安动力的发动机型号及其主要技术参数见表5-12。

第五章 商用车行驶功能与关键总成

表 5-12 常用东安动力的发动机型号及其主要技术参数

序号	汽油机型号	缸数	马力/ps	排量/L	额定功率/转速/[kW/(r/min)]	最大转矩/转速/[N·m/(r/min)]	缸径×行程/mm×mm
1	DAM15KL	4	115	1.498	85/6000	150/4400	74×87.1
2	DAM15KR	4	115	1.498	85/6000	150/4800	74×87.1
3	DAM16KL	4	122	1.597	90/6000	158/4400	76.4×87.1
4	DAM16KR	4	122	1.597	90/6000	158/4800	76.4×87.1

八、五菱发动机

五菱发动机型号解释如下：

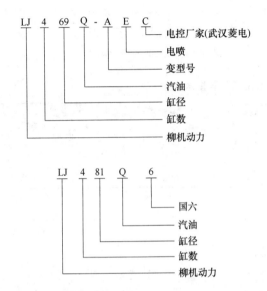

常用五菱柳机发动机型号及其主要技术参数见表 5-13。

表 5-13 常用五菱柳机发动机型号及其主要技术参数

序号	汽油机型号	缸数	马力/ps	排量/L	额定功率/转速/[kW/(r/min)]	最大转矩/转速/[N·m/(r/min)]	缸径×行程/mm×mm
1	LJ469Q-AEC	4	91	1.249	67/6000	118/(3800~4200)	69.8×81.6
2	LJ481Q6	4	133	1.967	98/5600	200/(3600~4400)	81.5×94

九、小康动力发动机

小康动力发动机型号解释如下：

常用小康动力发动机型号及其主要技术参数见表 5-14。

表 5-14　常用小康动力发动机型号及其主要技术参数

汽油机型号	缸数	马力/ps	排量/L	额定功率/转速/[kW/(r/min)]	最大转矩/转速/[N·m/(r/min)]	缸径×行程/mm×mm
DK12C	4	91	1.24	67/6000	119/3800	69.71×81.2

十、全柴动力发动机

全柴动力发动机型号解释如下：

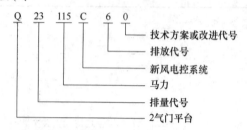

常用全柴动力发动机型号及其主要技术参数见表 5-15。

表 5-15　常用全柴动力发动机型号及其主要技术参数

序号	柴油机型号	缸数	马力/ps	排量/L	额定功率/转速/[kW/(r/min)]	最大转矩/转速/[N·m/(r/min)]	缸径×行程/mm×mm
1	Q23-115C60	4	115	2.31	85/3000	320/(1400~2400)	87×97
2	Q28-130C60	4	130	2.83	96/3000	400/(1400~2400)	94×102

十一、云内动力发动机

云内动力发动机型号解释如下：

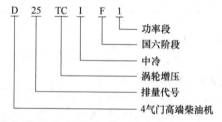

常用云内动力发动机型号及其主要技术参数见表 5-16。

表 5-16　常用云内动力发动机型号及其主要技术参数

序号	柴油机型号	缸数	马力/ps	排量/L	额定功率/转速/[kW/(r/min)]	最大转矩/转速/[N·m/(r/min)]	缸径×行程/mm×mm
1	D25TCIF1	4	150	2.499	110/3000	400/1400-2400	92×94
2	D30TCIF1	4	170	2.977	125/2800	500/1200-2200	95×105
3	D40TCIF1	4	184	4.052	135/2300	660/1200-1800	102×124

第四节　常用变速器与取力器技术参数

对于商用车来说，变速器是关键部件之一，其最低档和最高档传动比直接决定该车辆的最大爬坡能力和最高车速。

另外，自卸车车厢的举升系统取力，大都采用变速器取力，故本节将简单介绍一下匹配法士特变速器的取力器技术参数。

目前，国内各变速器厂家的变速器产品型号编制方法大同小异，下面就商用车常用主要变速器型号的编制方法进行说明，并提供各厂家主要变速器型号和技术参数，以陕齿、大齿、ZF（采埃孚）、东安、蓝黛、蒙沃、福田采埃孚、万里扬品牌为例。

一、法士特变速器

1. 变速器型号解释

普通变速器：

S变速器：

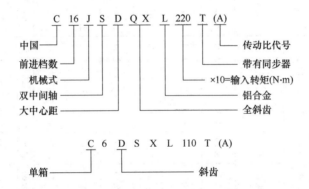

AMT变速器：

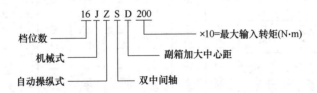

轻中型变速器：

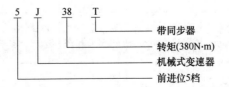

2. 常用型号及技术参数

陕齿变速器型号及其主要技术参数，见表5-17～表5-19。

陕齿轻中型商用车变速器型号及其主要技术参数见表5-20。

表5-17 陕齿双中间轴同步器变速器型号及其主要技术参数

型号	输入转矩 /N·m	输入功率 /kW	额定转速 /(r/min)	总长 /mm	各档传动比 1	2	3	4	5	6	7	8	9	10	11	12	13	14	15	16	倒1	倒2	重量(铁/铝)/kg	注油量/L
9JSS220T	2200	380	2600	950	14.05	8.38	6.22	4.57	3.40	2.46	1.83	1.34	1.00	—	—	—	—	—	—	—	14.05	—	354	15
10JSD120T/140T/160T/180T/200T	1200~2000	355	2600	881.3~933.4	14.96	11.16	8.28	6.09	4.46	3.35	2.50	1.86	1.36	1.00	—	—	—	—	—	—	15.07	3.38	300~345	12.0/15.0
10JSDX140T/180T/200T	1400~2000	220~355	2600	881.3~933.4	14.94	11.15	8.28	6.09	4.46	3.35	2.50	1.86	1.36	1.00	—	—	—	—	—	—	15.07	—	300~345	12.0/15.0
10JSD120TB/140TB/160TB/180TB/200TB	1200~2000	355	2600	881.3~933.4	12.74	9.43	6.67	4.83	3.53	2.64	1.95	1.38	1.00	0.73	—	—	—	—	—	—	13.73	2.84	300~345	12.0/15.0
12JSD160T	1600	285	2600	968.5	15.53	12.08	9.39	7.33	5.73	4.46	3.48	2.71	2.10	1.64	1.28	1.00	—	—	—	—	14.86	3.33	365/275	15
12JSD160TA	1600	285	2600	968.5	12.10	9.41	7.31	5.71	4.46	3.48	2.71	2.11	1.64	1.28	1.00	0.78	—	—	—	—	11.56	2.59	365/275	15
12JSD180T/200T-B	1800~2200	331~355	2600	983.4	15.53	12.08	9.39	7.33	5.73	4.46	3.48	2.71	2.10	1.64	1.28	1.00	—	—	—	—	14.86	3.33	375/285	16
12JS180TA/200TA-B	1800~2000	331~355	2600	983.4	12.10	9.41	7.31	5.71	4.46	3.48	2.71	2.11	1.64	1.28	1.00	0.78	—	—	—	—	11.56	2.59	375/285	16
12JSDX220T-B/240T	2400	380~400	2600	983.4	13.15	10.35	8.22	6.52	5.13	4.10	3.21	2.53	2.01	1.59	1.25	1.00	—	—	—	—	12.58	3.07	397/288	15/16
12JSDX220TA-B/240TA	2200~2400	380~400	2600	983.4	12.10	9.52	7.31	5.71	4.46	3.48	2.71	2.13	1.64	1.28	1.00	0.78	—	—	—	—	11.57	2.59	397/288	15/16
12JS260T	2600	417	2600	1022	13.60	10.76	8.51	6.59	5.30	4.17	3.26	2.58	2.04	1.60	1.26	1.00	—	—	—	—	13.01	3.12	440	15
16JSD180T/200T	1800~2000	331~355	2600	968.5~983.4	17.04	14.03	11.66	9.50	8.06	6.64	5.53	4.55	3.74	3.08	2.56	2.11	1.77	1.46	1.21	1.00	16.30	13.42	355~365	17
16JSD180TA/200TA/220TA	1500~2200	331~355	2600	968.5~983.4	14.03	11.64	9.60	7.97	6.62	5.49	4.55	3.78	3.08	2.56	2.11	1.75	1.45	1.21	1.00	0.83	13.42	11.13	355~365	17
16JSDX200T	2000	355	2600	983.4	17.04	14.03	11.66	9.50	8.06	6.64	5.53	4.55	3.74	3.08	2.56	2.11	1.77	1.46	1.21	1.00	16.30	13.42	365	17
16JSDX200TA	2000	355	2600	983.4	14.03	11.64	9.60	7.97	6.62	5.49	4.55	3.78	3.08	2.56	2.11	1.75	1.45	1.21	1.00	0.83	13.42	11.13	365	17
16JSDX240T	2200~2400	380~400	2600	983.4	16.69	13.75	11.41	9.40	7.88	6.49	5.42	4.46	3.74	3.08	2.56	2.11	1.77	1.46	1.21	1.00	15.97	13.15	365	17
16JSDX240TA	2200~2400	380~400	2600	983.4	13.75	11.40	9.40	7.80	6.49	5.38	4.46	3.70	3.08	2.56	2.11	1.75	1.46	1.21	1.00	0.83	13.15	10.91	365	17

表5-18　陕齿S变速器型号及其主要技术参数

型号	输入转矩/N·m	输入功率/kW	额定转速/(r/min)	总长/mm	各档传动比													倒1	倒2	重量(铁/铝)/kg	注油量/L
					1	2	3	4	5	6	7	8	9	10	11	12	13	14	15	16				
C6DSXL110T	1100	210	2600	721.5	6.87	4.20	2.49	1.56	1.00	0.76	—	—	—	—	—	—	—	—	—	—	6.27	—	177	10
C6DSXL110TB	1100	210	2600	721.5	5.90	3.61	2.14	1.35	1.00	0.76	—	—	—	—	—	—	—	—	—	—	5.39	—	177	10
C9JSDXL110T	1100	210	2600	821.3	12.79	8.78	6.39	4.71	3.50	2.51	1.83	1.34	1.00	—	—	—	—	—	—	—	12.52	—	197	11
C12JSDQXL180T/200T/220T	1800~2200	331~380	2600	960.1	15.70	12.25	9.42	7.43	5.79	4.52	3.47	2.71	2.08	1.64	1.28	1.00	—	—	—	—	14.44	3.19	299	15
C12JSDQXL180TA/200TA/220TA/240TA	1800~2400	331~400	2600	960.1	12.26	9.56	7.36	5.80	4.52	3.53	2.71	2.12	1.63	1.28	1.00	0.78	—	—	—	—	11.28	2.49	299	15
C12JSDQXL240T/260T	2400~2600	400~417	2600	960.1	14.09	10.99	8.45	6.67	5.20	4.15	3.40	2.65	2.04	1.61	1.25	1.00	—	—	—	—	12.96	3.12	299	15
C16JSDQXL180T/200T/220T	1800~2200	265~380	2600	960.1	17.09	14.13	11.82	9.77	8.09	6.69	5.47	4.52	3.78	3.13	2.61	2.16	1.79	1.48	1.21	1.00	15.73(H) 13.00(L)	3.48(H) 2.88(L)	291	15
C16JSDQXL180TA/200TA/220TA/250TA	1800~2500	331~410	2600	960.1	14.13	11.07	9.77	8.09	6.69	5.54	4.52	3.74	3.13	2.59	2.16	1.79	1.48	1.22	1.00	0.83	13.00(H) 10.77(L)	2.88(H) 2.38(L)	291	15
C16JSDQXL240T/260T	2400~2600	400~417	2600	960.1	14.56	12.11	10.07	8.37	7.09	5.90	4.99	4.15	3.51	2.92	2.43	2.02	1.71	1.42	1.20	1.00	13.40(H) 11.14(L)	3.23(H) 2.68(L)	291	15

表5-19 陕齿AMT变速器型号及其主要技术参数

型号	输入转矩/N·m	输入功率/kW	额定转速/(r/min)	总长/mm	各档传动比														重量(铁/铝)/kg	注油量/L	备注
					1	2	3	4	5	6	7	8	9	10	11	12	13	14	15	16	倒1	倒2			
6DZS180	1800	331	2600	784	7.04	4.10	2.48	1.56	1.00	0.74	—	—	—	—	—	—	—	—	—	—	6.26	—	266	14.5	客车AMT
10JZSD200	2000	355	2600	929.7	7.45	5.79	4.52	3.53	2.75	2.11	1.64	1.28	1.00	0.78	—	—	—	—	—	—	7.54	—	280	14.5	普通AMT
10JZSD120/140/160	1200~1600	220~285	2600	821.3~873.4	14.87	11.01	8.07	6.02	4.46	3.33	2.47	1.81	1.35	1.00	—	—	—	—	—	—	14.25	—	275/285	13/15	
10JZSD120A/140A/160A/180A	1200~1800	220~331	2600	821.3~873.4	11.06	8.18	6.00	4.48	3.33	2.47	1.83	1.34	1.00	0.74	—	—	—	—	—	—	10.59	—	275/285	13/15	
12JZSD160/180/200	1600~2000	285~331	2600	971.48~984.48	15.53	12.07	9.39	7.33	5.73	4.46	3.48	2.71	2.10	1.64	1.28	1.00	—	—	—	—	14.85	—	290/300	15.5/17.5	
12JZSD160A/180A/200A/220A	1600~2200	285~380	2600	971.48~984.48	12.10	9.41	7.31	5.71	4.46	3.48	2.71	2.11	1.64	1.28	1.00	0.78	—	—	—	—	11.57	—	290/300	15.5/17.5	
12JZSDX240	2400	400	2600	984.48	15.53	12.07	9.39	7.33	5.73	4.46	3.48	2.71	2.10	1.64	1.28	1.00	—	—	—	—	14.85	—	300	17.5	
12JZSDX240A	2400	400	2600	984.48	12.10	9.41	7.31	5.71	4.46	3.48	2.71	2.11	1.64	1.28	1.00	0.78	—	—	—	—	11.57	—	300	17.5	
16JZSD200	2000	355	2600	984.48	17.02	14.02	11.65	9.60	8.04	6.62	5.52	4.55	3.74	3.08	2.56	2.11	1.77	1.45	1.21	1.00	16.28	13.41	300	17.5	
16JZSD200A	2000	355	2600	984.48	14.02	11.63	9.60	7.96	6.62	5.49	4.55	3.77	3.08	2.56	2.11	1.75	1.45	1.21	1.00	0.83	13.41	11.12	300	17.5	
16JZSDX240	2400	400	2600	984.48	17.02	14.02	11.65	9.60	8.04	6.62	5.52	4.55	3.74	3.08	2.56	2.11	1.77	1.45	1.21	1.00	16.28	13.41	300	17.5	
16JZSDX240A	2400	400	2600	984.48	14.02	11.63	9.60	7.96	6.62	5.49	4.55	3.77	3.08	2.56	2.11	1.75	1.45	1.21	1.00	0.83	13.41	11.12	300	17.5	
C16JZSDQXL220	2200	380	2600	960.1	17.09	14.13	11.82	9.77	8.09	6.69	5.47	4.52	3.78	3.13	2.61	2.16	1.79	1.48	1.21	1.00	15.73	13.00	291	15.5	
C16JZSDQXL220A/240A	2200~2400	380~400	2600	960.1	14.13	11.70	9.77	8.09	6.69	5.54	4.52	3.74	3.13	2.59	2.16	1.79	1.48	1.22	1.00	0.83	13.00	10.77	291	15.5	
C16JZSDQXL260	2600	417	2600	960.1	14.56	12.11	10.07	8.37	7.09	5.90	4.99	4.15	3.51	2.92	2.43	2.02	1.71	1.42	1.20	1.00	13.40	11.14	291	15.5	

表5-20 陕齿轻中型商用车变速器型号及其主要技术参数

型号	档位数	转矩 /N·m	额定转速 /(r/min)	各档传动比											重量 /kg	注油量 /L	结构特点
				1	2	3	4	5	6	7	8	9	10	11	12	R			
5J38T	5	380	3600	5.5	3.08	1.74	1	0.8	—	—	—	—	—	—	—	4.89	95	2.5	全铝，前进位同步器
6DS60T	6	600	3600	6.67	4.1	2.42	1.52	1	0.78	—	—	—	—	—	—	6.13	144/100	6	双中间轴，前进位全同步器
8JS85F	8	850	2600	11.75	8.26	5.77	4.09	2.87	2.02	1.41	1	—	—	—	—	11.93/2.92	180	6.5	双中间轴，主副箱结构
8JS85E	8	850	2600	10.36	6.3	4.32	3.43	2.40	1.46	1	0.79	—	—	—	—	10.52/2.44	180	6	双中间轴
9JS119A	9	1190	2600	11.02	6.55	4.64	3.36	2.46	1.95	1.38	1	0.73	—	—	—	11.52	270	13	双中间轴结构
8JS110A	8	1100	2600	11	7.23	4.85	3.56	2.27	1.49	1	0.73	—	—	—	—	11/2.27	215	7	双中间轴，主副箱结构
8JS75TE	8	750	2600	10.36	6.3	4.32	3.43	2.41	1.46	1	0.79	—	—	—	—	10.53/2.44	190	6	双中间轴，主副箱结构，前进位全同步器
10JS90A-B	10	900	2600	12.09	8.4	5.97	4.32	3.36	2.80	1.94	1.38	1	0.78	—	—	10.92/2.53	195	6	双中间轴，主副箱结构
12JSD180TA	12	1800	2600	15.53	12.08	9.39	7.33	5.73	4.46	3.48	2.71	2.1	1.64	1.28	1	14.86/3.33	375/285	15	头档传动比大，大中心距，双中间轴，主副箱结构
8JS85C	8	850	2600	7.34	5.49	3.76	2.82	1.95	1.46	1	0.75	—	—	—	—	7.34/1.95	180	6	双中间轴，主副箱结构

二、绍齿变速器

绍齿变速器型号解释如下：

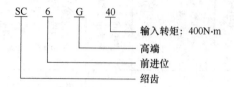

常用大齿变速器型号及其主要技术参数，见表5-21。

表5-21　绍齿变速器型号及其主要技术参数

型号	输入转矩/N·m	额定转速/(r/min)	各档传动比										倒1	倒2	重量(铁/铝)/kg	注油量/L	结构特点
			1	2	3	4	5	6	7	8	9	10					
SC6G35	350	3000	7.06	3.96	2.32	1.42	1	0.74	—	—	—	—	6.71	—	57 铝壳体	4	前进位全同步器
SC6G40	400	3000	6.38	3.46	2.08	1.38	1	0.77	—	—	—	—	5.80	—	57 铝壳体	4	前进位全同步器
SC7G45	450	3000	9.09	5.29	3.16	2.04	1.39	1	0.78	—	—	—	8.17	—	90 铝壳体	5	除1档/倒档外其余全同步器
SC7G55	550	3000	8.00	5.20	3.14	2.00	1.37	1	0.78	—	—	—	7.19	—	90 铝壳体	5	除1档/倒档外其余全同步器
SC8G50	500	3000	10.38	6.90	4.60	3.47	2.25	1.5	1	0.755	—	—	11.31	2.46	105 铝壳体	5.7	前进位全同步器
SC8G75	750	3000	10.40	6.98	4.70	3.47	2.21	1.49	1	0.74	—	—	12.10	2.58	160 铁壳体	5	前进位全同步器
SC10G75	750	3000	12.07	8.76	6.41	4.70	3.47	2.57	1.87	1.37	1	0.74	12.10	2.58	170 铁壳体	5	前进位全同步器
SC10G85	850	3000	11.90	8.62	6.17	4.70	3.64	2.53	1.83	1.31	1	0.78	10.64	2.27	180 铁壳体	5.5	前进位全同步器

三、大齿变速器

大齿变速器型号解释如下：

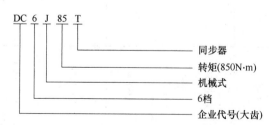

常用大齿变速器型号及其主要技术参数，见表5-22。

表5-22　常用大齿变速器型号及其主要技术参数

型号	档位数	转矩/N·m	额定转速/(r/min)	各档传动比							重量/kg	注油量/L	结构特点
				1	2	3	4	5	6	7	倒1	倒2			
DC6J85TZ	6	850	3000	8.02	4.51	2.63	1.66	1.00	0.85	—	8.03	—	229	8.0	机械三轴
DC6J70T	6	700	3000	6.54	3.78	2.17	1.44	1.00	0.81	—	6.53	—	187	9.0	机械三轴
DC7J100TA	7	980	3000	8.40	5.52	3.62	2.36	1.54	1.00	0.79	8.63	—	282	12.5	机械三轴
DC7J120TA	7	1176	3000	9.20	6.08	3.98	2.51	1.59	1.00	0.83	9.06	—	327	15.0	机械三轴

四、ZF（采埃孚）变速器

ZF变速器型号及解释如下：

1）MT

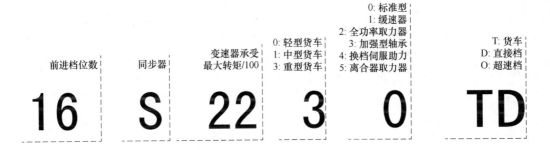

2）AMT

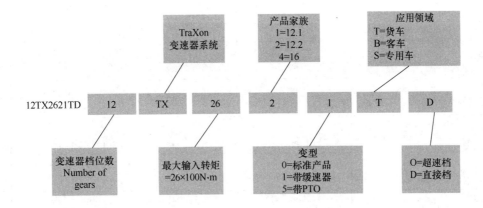

常用ZF变速器型号及其主要技术参数，见表5-23。

五、东安变速器

东安变速器型号解释如下：

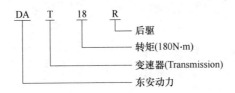

常用东安变速器型号及其主要技术参数，见表5-24。

表 5-23 常用 ZF（采埃孚）变速器型号及其主要技术参数

类型	型号	输入转矩 /N·m	总长 /mm	各档传动比															重量（铁/铝）/kg	注油量 /L
				1	2	3	4	5	6	7	8	9	10	11	12	13	14	15	16	倒1	倒2		
MT	16S1630TD /1930TD /2230TD /2330TD	1600~2350	930/1015	16.41	13.8	11.28	9.49	7.76	6.53	5.43	4.57	3.59	3.02	2.47	2.08	1.7	1.43	1.19	1	15.36	12.92	284	12.5
MT	16S1830TO /2230TO /2530TO /2730TO	1850~2700	930/1015	13.8	11.54	9.49	7.93	6.53	5.46	4.57	3.82	3.02	2.53	2.08	1.74	1.43	1.2	1	0.84	12.92	10.8	284	12.5
AMT	12TX1410TD /1610TD /1810TD /2010TD /2210TD	1400~2200	878	16.688	12.924	9.926	7.688	5.895	4.565	3.655	2.831	2.174	1.684	1.291	1	—	—	—	—	15.537	12.033	253	12.5
AMT	12TX2420TD /2620TD /2820TD	2400~2800	910	16.688	12.924	9.926	7.688	5.895	4.565	3.655	2.831	2.174	1.684	1.291	1	—	—	—	—	15.537	12.033	265	13.5

表5-24 常用东安变速器型号及其主要技术参数

型号	档位数	转矩/N·m	额定转速/(r/min)	各档传动比						重量/kg	注油量/L	结构特点
				1	2	3	4	5	R			
DAT18R	5	160	6000	4.81	2.577	1.513	1	0.871	4.457	32±1	1.5	全铝壳体、前进位全同步器

六、蓝黛变速器

蓝黛变速器型号解释如下：

常用蓝黛变速器型号及其主要技术参数，见表5-25。

表5-25 常用蓝黛变速器型号及其主要技术参数

型号	档位数	转矩/N·m	额定转速/(r/min)	各档传动比						重量/kg	注油量/L	结构特点
				1	2	3	4	5	R			
LD513MR	5	130	6000	4.794	2.679	1.564	1	0.791	4.405	26	1.3	后三轴式（短输出轴），1~5档全同步，倒档直齿滑移结构

七、蒙沃变速器

蒙沃变速器型号解释如下：

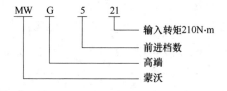

常用蒙沃变速器型号及其主要技术参数，见表5-26。

表5-26 常用蒙沃变速器型号及其主要技术参数

型号	档位数	转矩/N·m	额定转速/(r/min)	各档传动比						重量/kg	注油量/L	结构特点
				1	2	3	4	5	R			
MWG521	5	210	6000	4.794	2.679	1.564	1	0.791	4.405	52±1	2.2	倒三锥结构（长输入轴、短输出轴），1~5档、R位全同步
5T20	5	200	3600	5.657	3.032	1.636	1	0.84	5.01	43	1.6	全铝壳体、前进位全同步

(续)

型号	档位数	转矩/N·m	额定转速/(r/min)	各档传动比						重量/kg	注油量/L	结构特点
				1	2	3	4	5	R			
5T26	5	260	3600	5.526	2.992	1.684	1	0.857	5.052	60±2	1.7	铁壳体或铝壳体、前进位全同步
5G28	5	280	6000	5.182	2.833	1.628	1	0.783	4.794	80（不带副箱）/100（带副箱）	主箱：2 副箱：1	铁壳体、前进位全同步（高档传动比）
5G28	5	280	6000	8.483	4.632	2.662	1.63	1.28	7.838	80（不带副箱）/100（带副箱）	主箱：2 副箱：1	铁壳体、前进位全同步（低位传动比）
MR70	5	150	6000	4.605	2.693	1.645	1	0.839	3.947	39	1.1	全铝壳体、前进位全同步

八、福田采埃孚变速器

福田采埃孚变速器型号解释如下：

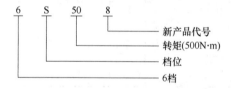

常用福田采埃孚变速器型号及其主要技术参数，见表5-27。

表5-27 常用福田采埃孚变速器型号及其主要技术参数

型号	档位数	转矩/N·m	额定转速/(r/min)	各档传动比							重量/kg	注油量/L	结构特点
				1	2	3	4	5	6	R			
6S508	6	500	3000	6.198	3.287	2.025	1.37	1	0.78	5.681	99	4.8	全铝壳，前进位全同步器设计
5S408	5	400	3000	5.762	2.922	1.638	1	0.782	—	5.149	70	2.8	全铝壳体，所有档位均带同步器

九、万里扬变速器

万里扬变速器型号解释

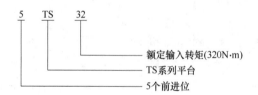

常用万里扬变速器型号及其主要技术参数，见表5-28。

表 5-28 常用万里扬变速器型号及其主要技术参数

型号	档位数	转矩 /N·m	额定转速 /(r/min)	各档传动比 1	2	3	4	5	6	7	8	9	R	重量/kg	注油量/L	结构特点
5TS32	5	320	5000	5.594	2.848	1.691	1	0.794	—	—	—	—	5.347	62	3.1	主箱铸铁，其他壳体铝，前进位全同步器
5G32	5	320	5000	5.594	2.848	1.691	1	0.794	—	—	—	—	5.347	55	2.7	全铝壳体，前进位全同步器
5G40	5	400	5000	5.502	2.79	1.58	1	0.793	—	—	—	—	4.915	72	2.8	全铝壳体，全同步器
6TS55	6	550	5000	6.32	3.927	2.283	1.396	1	0.789	—	—	—	5.858	130	5.2	主箱铸铁，其他壳体铝，前进位全同步器
6G40	6	400	5000	6.143	3.361	2.105	1.341	1	0.79	—	—	—	5.571	90	4	全铝壳体，前进位全同步器
6G55	6	550	5000	6.198	3.287	2.025	1.371	1	0.78	—	—	—	5.681	105	5.0	全铝壳体，前进位全同步器
530ZHF	10	300	5000	6.802	3.878	2.267	1.424	1	—	—	—	—	6.154	140	5	全铸铁主副箱结构，2~5档带同步器（高档传动比）
530ZHF	10	300	5000	10.251	5.844	3.416	2.146	1.507	—	—	—	—	9.274	140	5	全铸铁主副箱结构，2~5档带同步器（低档传动比）
545ZHF	10	450	5000	7.312	4.311	2.447	1.535	1	—	—	—	—	6.972	178	5.7	全铸铁主副箱结构，2~5档带同步器，倒档滑动齿套（高档传动比）
545ZHF	10	450	5000	12.796	7.544	4.282	2.686	1.75	1	0.83	—	—	12.2	178	5.7	全铸铁主副箱结构，2~5档带同步器，倒档滑动齿套（低档传动比）
7TS40	7	400	5000	9.17	5.99	3.53	2.21	1.41	1.00	0.83	—	—	8.19	135	5	主箱铸铁，其他壳体铝，2~7档同步器
7TS60	7	600	5000	9.165	5.484	3.368	2.159	1.434	1	—	—	—	7.8	150	6.0	主箱铸铁，其他壳体铝，2~7档同步器
6G70	6	700	5000	6.012	3.292	2.004	1.367	1	0.789	—	—	—	5.395	120	6.0	全铝壳体，前进位全同步器
9TS90	9	900	5000	12.9	8.24	5.69	4.07	3.23	2.02	1.4	1	0.79	11.77	220	10	前单后星行星轮结构

十、常用变速器取力器技术参数

法士特变速器部分取力器技术参数,见表 5-29。

表 5-29　法士特变速器部分取力器技术参数

变速器型号	取力器	总传动比	最大输出转矩/N·m	额定功率/ps	旋向(比发动机)	取力器取力形式	取力器操纵形式	气管规格/mm
7DS100	QH50B	0.54	500	130	相同	行/驻车取力	单向气操纵	—
	QH50C	1.54	500	130	相同	行/驻车取力	单向气操纵	—
7DS118	QH50B	0.54	500	130	相同	行/驻车取力	单向气操纵	—
	QH50C	1.54	500	130	相同	行/驻车取力	单向气操纵	—
8JS85E	QD40A	0.92	400	110	相反	行/驻车取力	单向气操纵	—
8JS118(8JS100B)及9档以上变速器	QH50	0.818	500	130	相同	行/驻车取力	单向气操纵	φ5
	QH50A	0.818	500	130	相同	行/驻车取力	单向气操纵	φ5
	QH70	0.8	700	182	相同	行/驻车取力	双向气操纵	φ5
	QH70A	1	700	182	相反	行/驻车取力	双向气操纵	φ5
	QH70C	0.8	700	182	相同	行/驻车取力	双向气操纵	φ5

第五节　驱动桥规格与技术参数

减速增矩,这是发动机发出的转矩,传动到车轮时会增加若干倍的理论依据。在商用车需要巨大转矩驱动车轮载重向前,甚至能加速或爬坡时,发动机发出的转矩主要就是通过变速器各档传动比和驱动桥总传动比来实现减速增扭(矩)的,因此驱动桥的选择对于商用车来说,是非常重要的。驱动桥的选择,重点是选择其合适的传动比。

本节简单介绍部分中重型商用车和轻中型商用车常用驱动桥技术参数,以供参考。

一、中重型商用车常用驱动桥技术参数

中重型商用车常用驱动桥技术参数,见表 5-30。

表 5-30　中重型商用车常用驱动桥技术参数(仅供参考)

型号	形式	标准承载/t	断面	转矩容量/N·m	从动齿直径/mm	制动器规格/mm×mm	主要传动比参数
HF17030 单桥	冲焊单级	6	110mm×110mm×8mm	14000	336	φ310×130	4.875/5.286
			110mm×120mm×8mm			φ360×130	4.875/5.286
		7	122mm×122mm×8mm			φ360×130	5.571
140 单桥	铸造单级		102mm×134mm	16600	380	φ400×180	5.286/6.33/6.833
145 单桥		8	112mm×134mm	18000	380	φ400×180	5.286/6.33/6.833
1094 单桥		9	124mm×150mm	24000	410	φ400×180	5.875/6.33
153 单桥	冲焊单级	10	158mm×158mm×14mm	30000	435	φ410×180	6.166/5.571/4.875/4.44
153 双桥		10×2	158mm×168mm×16mm	30000×2		φ410×180	
457 单桥		11.5	150mm×160mm×16mm	40000	457	φ400×200	6.33/5.833/5.286/4.875/4.444
457 双桥		11.5×2	150mm×160mm×16mm	40000×2		φ400×200 φ410×220	

(续)

型号	形式	标准承载/t	断面	转矩容量/N·m	从动齿直径/mm	制动器规格/mm×mm	主要传动比参数
468 单桥	冲焊单级	13	146mm×160mm×16mm	45000	468	φ410×220	5.571/5.286/4.875/4.444/4.11
485 单桥	冲焊单级	13	160mm×160mm×16mm	55000	485	φ410×220	5.286/4.625/4.11
485 双桥		13×2		55000×2			1/3.7/3.083/2.78
Steyr 单桥	冲焊双级	13	130mm×130mm×16mm 130mm×150mm×16mm	80000	300	φ420×185 φ420×200	6.72/5.73/4.8/4.38
Steyr 双桥		13×2	130mm×150mm×16mm	80000×2			
Steyr 单桥	冲焊双级加强型	13	130mm×130mm×20mm 130mm×150mm×20mm	80000	300	φ420×185 φ420×200	6.72/5.73/4.8/4.38
Steyr 双桥		13×2	130mm×150mm×20mm	80000×2			
Steyr 单桥	铸钢双级	13	150mm×170mm×20mm 150mm×170mm×20mm	80000	300	φ420×185 φ420×200	6.72/5.73/4.8/4.38
Steyr 双桥		13×2	150mm×170mm×20mm	80000×2			
奔驰 单桥	铸铁双级	13	—	80000	—	—	6.73/5.92/5.26/4.64
奔驰 双桥		13×2	—	80000×2	—	—	

二、轻中型商用车常用驱动桥技术参数

轻中型商用车常用驱动桥规格与技术参数，见表5-31。

表 5-31 轻中型商用车常用驱动桥的规格与技术参数（仅供参考）

型号	形式	标准承载/t	断面/mm×mm	转矩容量/N·m	从动齿直径/mm	制动器规格/mm×mm	主要传动比参数
BJ121	冲焊	2.5	冲焊 φ93×6	5000	224	φ250×64	4.333/4.875/5.375/5.833/5.857
BJ130	冲焊	3.5	冲焊 φ105×6	7000	257	φ280×64 φ310×75	3.909/4.333/4.875/5.125/5.833/6.833
NPR		5	冲焊 106×106	9000	295	φ310×100	3.727/4.111/4.333/4.875/5.375/6.142/6.167
EQ1061	冲焊 铸造	5.5	冲焊 110×110 铸铁 124×102	11000 9600	308	φ320×130 φ320×95	4.875/5.375/6.167
EQ1080		6.5	铸铁 130×102	14000	325	φ320×130	3.7/4.111/4.333/4.875/5.833/6.142
EQ140	铸造	7.2	铸铁 130×102	16500	380	φ320×130 φ320×160 φ400×155	4.333/4.875/5.286/5.833/6.33
EQ145		8.0	铸铁 140×112	18000	385	φ320×130 φ320×160 φ400×155	3.889/4.11/4.333/4.875/5.286/5.833
1098		9	铸铁 155×125	24000	410	φ400×180	4.3/4.875/5.286/5.833/5.857/6.33
153	铸造 冲焊	10	铸铁 165×165 冲焊 158×158	30000	435	φ410×180 φ410×220	4.11/4.444/4.875/5.143/5.571/6.167/6.33/6.5

(续)

型号	形式	标准承载/t	断面/mm×mm	转矩容量/N·m	从动齿直径/mm	制动器规格/mm×mm	主要传动比参数
457	冲焊	11.5	冲焊150×160	40000	457	ϕ400×200	4.444/4.875/5.286/5.833/6.33/6.833
斯太尔		13	冲焊140×170	44000	295	ϕ420×185	4.8/5.73
Benz16ZS	铸造	16	铸ϕ170×18.5	50000	300	ϕ410×220	4.76/5.26/5.92
102 单桥	冲焊单级	1.73	ϕ80×6mm	3700	180.19	ϕ260×42	4.875
121 单桥		2.5	85×75×6	4100	220	ϕ250×64 ϕ250×50	4.875/5.375

本章小结与启示

　　对于商用车用户来说，车辆的载重行驶能力尤为重要，这直接决定其经济效益。那么影响车辆载重行驶能力的最主要因素是什么？动力性！用户关心的性能，就是我们从业人员必须掌握的知识点。本章从影响商用车动力性的重要指标，如最大转矩、爬坡能力、最高车速，以及不同变速器档位传动比、不同驱动桥传动比等方面进行分析，编辑整理了商用车关键总成发动机、变速器、驱动桥的主要技术参数，帮助学习者理解并掌握这些关键总成的选择对车辆载重行驶能力的重要影响。了解掌握相关知识，可以帮助从业人员提高专业能力，增加自信，更好地为用户推荐产品，提升顾问式营销的水平，从而提高业绩。

本章学习测试及问题思考

（一）判断题

　　（　）1. 如果重载，路况差，爬坡难度大，车辆的行驶阻力就大，就必须配置大传动比的传动系统，以增加驱动轮上的力矩。但是这种配置的车辆，其最高车速就降低了。

　　（　）2. 车辆在平顺高速公路上行驶，或者轻载、空载时，最高车速就成为用户非常关注的指标。

　　（　）3. 同等情况下，发动机的转矩越大，车辆的爬坡能力越大。

　　（　）4. 同等情况下，变速器的最低档传动比越大，车辆的爬坡能力越大。

　　（　）5. 同等情况下，驱动桥的传动比越大，车辆的爬坡能力越大。

　　（　）6. 同等情况下，传动效率越高，爬坡能力越大。

　　（　）7. 车速与发动机的转速、变速器所挂档位、驱动桥的总传动比、轮胎滚动半径直接相关。

　　（　）8. 同等情况下，车辆配置的驱动桥传动比越小，最高车速越低。

　　（　）9. 通常说的直接档，是指变速器传动比为1.0的档位。

　　（　）10. 通常说的超速档，是指变速器传动比<1.0的档位。挂超速档位时，变速器输出的转速超过发动机当时的转速。

　　（　）11. 如果车辆经常标载或轻载，路况好，建议装配带超速档的变速器、小传动比驱动桥。

　　（　）12. 同等情况下，配置大动力的发动机，其油耗一定比小动力的发动机高。

（二）问答题

1. 列举5个以上商用车常见发动机品牌。
2. 列举5个以上商用车常见变速器品牌。
3. 列举2种以上商用车常见驱动桥的规格及其传动比。

第六章
商用车经销商的产品组合[一]

学习要点

1. 掌握产品组合的基础理论和方法，为进行产品组合打下基础。
2. 掌握产品组合的管理方法，为进行产品组合管理打下基础。
3. 掌握以不同参数为依据建立产品组合的方法，为建立细分市场的客户营销、最大限度地满足不同客户需求打下基础。

第一节 产品组合概念

一、相关概念

1. 产品

产品是指可提供给一个市场以供关注、获取、使用或消费，从而满足一定需要的事物。产品一般可以分为5个层次，即核心产品、基本产品、期望产品、附加产品、潜在产品。

本章所讲的产品组合是指基本产品的产品组合。

2. 产品线

产品线是指功能相似、被销售给同样的客户群、通过同类卖场销售或处于同一价格区间的一组密切相关的产品。

商用车经销商的产品线有如下几种：

1) 车辆营销产品线：栏板货车产品线、厢式货车产品线、仓栅货车产品线、自卸车产品线等。
2) 销售服务产品线：精品产品线、服务产品线等。
3) 车辆保险产品线：交强险产品线、机动车损失保险产品线、三者险产品线等。
4) 金融服务产品线：银行贷款产品线、厂家融资租赁产品线等。
5) 车辆保养产品线：微型货车保养产品线、轻型货车保养产品线等。
6) 车辆维修产品线："三包"内维修产品线、"三包"外维修产品线、事故车维修产品线等。

[一] 本章由赵旭日、刘春迎编写。

7)配件营销产品线：保养配件、"三包"内配件、事故车配件产品线等。

8)运输公司产品线：加油产品线、小额贷款产品线等。

9)二手车产品线：栏板货车二手车、厢式货车二手车、自卸车二手车等。

3. 产品组合

(1) 经销商产品组合　经销商产品组合指以满足不同客户需求为目标，根据客户需求建立业务，各业务所有产品线的集合。

(2) 车辆产品组合　车辆产品组合是指以满足不同客户运输需求为目标，以车辆的某一个功能或性能参数（指标）为依据，按照车辆类别、车型（产品线）、驱动形式（产品）、动力（品种）、货箱（花色）等进行分类的一组车辆产品的集合。

商用车经销商的车辆产品组合就是上述车辆销售产品线的组合。

(3) 配件及精品的产品组合　配件及精品的产品组合是指按照目标客户车辆需求建立的产品组合。

本章将主要围绕如何建立车辆产品组合进行讲解。其他产品组合详见第五篇各业务的产品明细表。

4. 产品组合四要素

产品组合四要素是指产品组合的宽度、长度、深度和关联性，这4个要素构成了不同的产品组合。

(1) 宽度　产品组合的宽度指企业经营的产品线总数。产品线也称产品大类或产品系列。产品组合的宽度说明了企业的经营范围大小。增加产品组合的宽度，可以充分发挥企业的特长，使企业的资源得到充分利用，提高经营效益，降低经营风险。

(2) 长度　产品组合的长度指一个企业的产品总数。通常，一个产品线中包括多个产品，企业各产品线的产品总数就是企业产品组合的长度。商用车经销商应该按照业务的不同进行产品组合。

(3) 深度　产品组合的深度是指产品线中每一产品有多少个品种。例如，自卸车产品线下的产品有6个（4×2、4×4、6×2、6×4、8×4、12×4），其中，4×2微型自卸车产品下有2种动力（90马力、110马力）、3种货箱长度（2.4m、2.6m、2.8m），4×2微型自卸车产品的深度是6，如果自卸车产品线下所有产品的深度都是6，那么这条产品线的深度是36。产品组合的长度和深度可以反映企业满足不同细分市场的程度。增加产品数或增加产品的规格、型号、式样、花色，可以迎合不同细分市场消费者的不同需要和爱好，以吸引更多客户。

(4) 关联性　关联性指一个企业的各产品线在最终用途、生产条件、分销渠道等方面的相关联程度。较高的产品关联性能带来企业的规模效益，有利于提高市场占有率。产品关联性的内涵包括：

1)可满足同样的需求。

2)互为补充或可一起使用。

3)目标市场是相同的。

4)可通过一个销售组织销售。

5)定价是有规律的。

二、经销商的产品组合策略

1. 车辆产品的完善组合策略

车辆产品的完善组合策略就是经销商按照客户需求，以开拓产品组合的广度和加强产品组合的深度的方法，将现有的产品组合不断进行完善。开拓产品组合广度是指增加产品线，扩展产品经营范围；加强产品组合深度是指在原有的产品线内增加新的产品。具体方式有：

(1) 增加产品线

1)增加与原产品线相类似的产品线。如，在渣土运输车产品线基础上，增加混凝土运输车产品线等。

2)增加与原产品线毫不相关的产品线。如，危险品运输车、绿通运输车、牲畜运输车产品线等。

(2) 加强产品组合深度　在原有的产品线内，完善产品。如，原来的渣土运输车产品线只有6×4、8×4产品，没有4×2、6×2产品。增加这两个产品，可将产品线完善起来。

(3) 完善产品组合的优点

1)满足不同货物、不同客户的需求，提高产品的市场占有率。

2) 充分发挥市场营销人员的能力。挖掘客户资源，扩大经营规模，提高销量。
3) 减小市场需求变动性的影响，分散市场风险，降低损失。

2. 车辆产品的差异化策略

车辆产品的差异化策略是指将原产品线内的产品进行功能、性能、配置、服务的差异化设计，实现产品的品牌化、专业化、高档化。

(1) 差异化的方法
1) 功能差异化：在装货、卸货、固定、运输、安全、防护、管理上实现功能差异化。
2) 性能差异化：性能指标名称见本册第三章。
3) 配置差异化：通过精品、厂家的加换装配置帮助实现差异化。
4) 服务差异化：经销商建立自己的服务品牌和服务能力，在厂家服务标准的基础上，扩大服务范围和服务项目，实现服务差异化（如运输公司服务就是一个很好的途径）。

(2) 差异化的优势
1) 差异化产品的经营容易为企业带来丰厚的利润。
2) 可以提高企业产品声望，提高企业产品的市场地位。
3) 有利于带动企业品牌提升，产生客户口碑，提升销量。

采用这一策略的企业一定要注意物有所值，要讲好差异化的理由和为客户带来的利益。

3. 配件产品的组合策略

配件产品，按照通用化策略建立产品组合策略。

(1) 组合的方法
1) 社会通用化配件产品组合：这种配件在不同品牌之间是通用的。这样的配件有标准件（包括紧固件、轮胎、轮辋等）、不同品牌之间都可以装配的总成（包括发动机总成、离合器总成、变速器总成、后桥总成等）。
2) 相同品牌、相同车辆类别下通用配件产品组合：这种配件在同品牌、同车辆类别下，所有产品线、所有产品的配件都通用。这样的产品有商标标识、包括驾驶室总成及其配件、电器系统及其配件等。
3) 相同品牌、相同车辆类别、相同产品线下通用配件产品组合：动力系统的进气总成、增压总成、冷却总成、排气总成，悬架系统等。
4) 相同品牌、相同车辆类别、相同产品线、相同产品下专用配件产品组合。

(2) 组合的优势
1) 有利于增加维修项目：有了社会化配件，不论什么品牌的车辆都可以维修。
2) 有利于扩大销量。
3) 有利于扩大企业知名度。

三、产品组合评价方法

按照波士顿矩阵图对产品组合进行评价的方法如下。

1. 分析的步骤

(1) 建立公式
1) 核算企业同产品线所有产品的销售增长率。
① 已经销售多年的产品：销售增长率用销量同比 = 上年销量/当年销量×100%。
② 当年的新产品：销售增长率用销量环比 = 上月（季度）销量/当月（季度）销量×100%。
2) 计算市场占有率。
① 本企业同产品线某种产品绝对市场占有率 = 该产品本企业销售量/该产品市场销售总量×100%。
② 本企业同产品线某种产品相对市场占有率 = 该产品本企业市场占有率/该产品市场占有份额最大者（或特定的竞争对手）的市场占有率。

(2) 绘制四象限图　以10%的销售增长率和20%的相对市场占有率为高低标准分界线，将坐标图划分为4个象限，如图6-1所示。

（3）分产品线　把企业全部产品按其销售增长率和市场占有率的大小，在坐标图上标出其相应位置（圆心）。定位后，按每个产品当年销售额的多少绘成面积不等的圆圈，顺序标上不同的数字代号以示区别。定位的结果即将产品划分为4种类型。

2. 分析的方法

（1）问题产品　它是处于高增长率、低市场占有率象限内的产品群。前者说明市场机会大，前景好；而后者则说明在市场营销上存在问题。其财务特点是利润率较低。例如新产品，生命周期处于引进期，因种种原因未能开拓市场局面，需要增加推广投入以扩大销量。

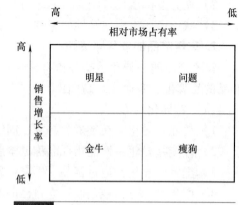

图6-1　波士顿矩阵图

（2）明星产品　它是指处于高增长率、高市场占有率象限内的产品群，这类产品可能成为企业的金牛产品，支撑着企业的销量和利润。

应采用的发展战略是：加大传播力度，寻找市场机会。以长远利益为目标，提高市场占有率，不断强化差异化设计，加强竞争地位。

（3）金牛产品　金牛产品又称厚利产品。它是指处于低增长率、高市场占有率象限内的产品群，说明产品已进入成熟期。其财务特点是销售量大，产品利润率高。

应采用的发展战略是：不断强化差异化设计，加强竞争地位，延长成熟期。

（4）瘦狗产品　瘦狗产品也称衰退类产品。它是处在低增长率、低市场占有率象限内的产品群。其财务特点是销量少，维持成本高，利润率低。

对这类产品应采用撤退战略：首先应减少库存，直至消灭库存。对连续3个月没有销量的产品应立即淘汰，将其从产品价格表中剔除。

四、产品组合管理原则

企业的产品组合管理应遵循有利于促进销售和有利于增加企业利润这一原则。

首先，在产品线内增加产品。这样可以使企业经营专业化，适合更多的特殊需要，突出其特色。如：将自卸车产品线进行完善，做到从微型货车到牵引自卸车应有尽有。

其次，拓宽产品线。从拓宽关联性产品线入手，不断增加产品线，拓展新的运输业务。拓宽产品线有利于增强企业的市场地位，提高竞争实力。优点是有利于发挥客户潜能，开辟新市场，同时尽量避免较大风险。

再次，遵循随时增加产品、按年度增加产品线、按季度淘汰产品原则。

最后，遵循定期管理原则。按照季度进行管理。每季度进行一次产品组合评价和调整。

企业需要定期分析产品组合中各个产品和产品线的销售成长率、利润率和市场占有率，判断各产品和产品线销售增长的潜力或发展趋势，以确定企业资金的投入方向，做出开发推广新产品或剔除衰退产品的决策，以及时调整其产品组合，避免损失。同时及时抓住市场机会，增加企业收入。

企业在进行产品组合管理时，应注意以下三个问题：

1）增加产品时，是否有产品需要修改或剔除。
2）增加产品线时，是否有产品线需要填充和剔除。
3）哪些产品线需要增加、加强、简化或淘汰，以此来确定最佳的产品组合。

第二节　商用车经销商的产品组合

商用车经销商的产品组合，应符合相关的标准、法规。只有这样，才能确保车辆正常地通过公安、交通管理部门的审查，取得相关的车辆手续。

一、以总质量参数为依据

以车辆使用功能中的总质量指标参数为依据，进行产品组合。

1. 栏板货车、厢式车、仓栅车及其他运输型车辆

栏板货车、厢式车、仓栅车及其他运输型车辆产品组合见表 6-1。

表 6-1 栏板货车、厢式车、仓栅车及其他运输型车辆产品组合（模板）

序号	车辆类别	总质量 M	载质量	整备质量 m	载质量利用系数	驱动形式
1	微型货车	$M<1800$kg	≤ 750kg	$m\leq 1100$kg	—	$4\times 2/4\times 4$
2	轻型货车1（小型货车）	$M\leq 3500$kg	≥ 1400kg	$m\leq 2100$kg	≥ 0.65	$4\times 2/4\times 4$
3	轻型货车2	$M<4500$kg	≥ 1928kg	$m\leq 2572$kg	≥ 0.75	$4\times 2/4\times 4$
4	中型货车1	$M<6125$kg	≥ 2625kg	$m\leq 3500$kg	≥ 0.75	$4\times 2/4\times 4$
5	中型货车2	6125kg$\leq M<12000$kg	>2625kg	$m>3500$kg	≥ 0.85	$4\times 2/4\times 4$
6	重型货车1	12000kg$\leq M<18000$kg	≥ 9000kg	$m\leq 9000$kg	≥ 1	$4\times 2/4\times 4$
7	重型货车2	18000kg$\leq M<25000$kg	≥ 12500kg	$m\leq 12500$kg		$6\times 2/6\times 4$
8	重型货车3	18000kg$\leq M<27000$kg	≥ 13500kg	$m\leq 13500$kg	—	4×2牵引车+1轴挂车
9	重型货车4	27000kg$\leq M<31000$kg	≥ 15500kg	$m\leq 15500$kg		8×4
10	重型货车5	31000kg$\leq M<36000$kg	≥ 24000kg	半挂牵引车 $m\leq 7000$kg，半挂车 $m\leq 5000$kg	—	4×2牵引车+2轴挂车
11	重型货车6	36000kg$\leq M<43000$kg	≥ 29000kg	半挂牵引车 $m\leq 7000$kg，半挂车 $m\leq 70000$kg		4×2牵引车+3轴挂车
12	重型货车7	43000kg$\leq M<46000$kg	≥ 31000kg	半挂牵引车 $m\leq 8000$kg，半挂车 $m\leq 70000$kg	—	6×2牵引车+3轴挂车
13	重型货车8	46000kg$\leq M<49000$kg	≥ 33500kg	半挂牵引车 $m\leq 8500$kg，半挂车 $m\leq 7000$kg	—	6×4牵引车+3轴挂车

注：1. 轻型货车1可以叫小型货车，用于区别轻型车。
2. 挂车的准拖挂质量、相关配置变化及相应总质量变化见 GB 1589—2016《汽车、挂车及汽车列车外廓尺寸、轴荷及质量限值》。
3. 半挂车整备质量限值见 GB/T 6420—2017《货运挂车系列型谱》。本表按照厢式半挂车 B 类标准的整备质量计算载质量，栏板半挂车、仓栅半挂车的整备质量小于本表所列整备质量。
4. 半挂牵引车的整备质量仅供参考。
5. 载质量参数仅供参考，因为不同品牌的车辆整备质量不同。
6. 4×2、6×4、6×2 牵引车包括牵引货车。挂车包括中置轴挂车。
7. 总质量、载质量按照最大数计算。

2. 运输型自卸车、城市渣土运输车

运输型自卸车、城市渣土运输车产品组合见表 6-2。

表 6-2 运输型自卸车、城市渣土运输车产品组合（模板）

序号	车辆类别	总质量 M	载质量	整备质量 m	载质量利用系数	驱动形式
1	微型自卸车	$M<1850$kg	≤ 750kg	$m\leq 1100$kg	—	$4\times 2/4\times 4$
2	轻型自卸车1（小型自卸车）	$M\leq 3500$kg	≥ 1250kg	$m\leq 2250$kg	≥ 0.55	$4\times 2/4\times 4$
3	轻型自卸车2	$M<4500$kg	≥ 1770kg	$m\leq 2720$kg	≥ 0.65	$4\times 2/4\times 4$
4	中型自卸车1	$M<5775$kg	≥ 2275kg	$m\leq 3500$kg	≥ 0.65	$4\times 2/4\times 4$
5	中型自卸车2	5775kg$\leq M<12000$kg	>2275kg	$m>3500$kg	≥ 0.75	$4\times 2/4\times 4$

(续)

序号	车辆类别	总质量 M	载质量	整备质量 m	载质量利用系数	驱动形式
6	重型自卸车1	12000kg≤M<18000kg	≥9000kg	m≤9000kg	≥1	4×2/4×4
7	重型自卸车2	18000kg≤M<25000kg	≥12500kg	m≤12500kg		6×2/6×4
8	重型自卸车3	25000kg≤M<31000kg>	≥15500kg	m≤15500kg		8×4
9	重型牵引自卸车4	31000kg≤M<49000kg	≥34500kg	半挂牵引车 m≤8500kg, 半挂车 m≤6000kg	—	6×4牵引车 +3轴挂车

注：1. 半挂车的准拖挂质量、相关配置变化及相应总质量变化见GB 1589—2016《汽车、挂车及汽车列车外廓尺寸、轴荷及质量限值》。
2. 半挂车整备质量限值见GB/T 6420—2017《货运挂车系列型谱》。本表参照仓栅式半挂车B类标准的整备质量计算载质量。
3. 半挂牵引车的整备质量仅供参考。
4. 载质量参数仅供参考，因为不同品牌的车辆整备质量不同。
5. 总质量、载质量按照最大数计算。

3. 三款产品说明

1）微型货车、自卸车：总质量 M<1850kg 是根据载质量利用系数规定的；整备质量 m≤1100kg，没有载质量利用系数；同时还符合第一章表1-4 商用车车辆类别与规格术语对微型载货汽车规定载质量≤750kg而确定的一款产品。

2）根据GA 802—2019《道路交通管理 机动车类型》中对机动车规格术语的定义：轻型货车是指总质量 M<4500kg，车长≤6000mm 的车。

3）为区分微型货车和轻型货车，增加了一个车辆类别即小型货车：1800kg<总质量 M<4500kg，3500mm<车长≤6000mm。

二、以车辆总长度参数为依据

以车辆使用功能中的车辆总长度指标参数为依据进行产品组合，见表6-3。

表6-3 商用车以车辆长度为依据的产品组合

序号	车辆类型		长度/mm	宽度/mm	高度/mm
1	仓栅式货车 栏板式货车 平板式货车 自卸式货车	二轴	最大设计总质量≤1800kg	3500①	2550	4000
2			最大设计总质量≤3500kg	6000		
3			最大设计总质量≤4500kg	6000		
4			4500kg<最大设计总质量≤8000kg	7000		
5			8000kg<最大设计总质量≤12000kg	8000		
6			最大设计总质量>12000kg	9000		
7		三轴	最大设计总质量≤20000kg	11000		
8			最大设计总质量>20000kg	12000		
9		双转向轴的四轴汽车		12000		
10	仓栅式半挂车 栏板式半挂车 平板式半挂车 自卸式半挂车	一轴		8600		
11		二轴		10000		
12		三轴		13000		
13	挂车	半挂车		13750	2550②	4000
14		45英尺集装箱半挂车		13950		
15		中置轴、牵引杆挂车		12000③		
16	汽车列车	乘用车列车		14500	2550②	4000
17		铰接列车		17100		
18		长头铰接列车		18100		
19		中置轴车辆运输列车		22000		
20		货车列车		20000		

① 按照公安机关对机动车的分类：微型货车是指车辆长度≤3500mm，总质量≤1800kg的车。
② 冷藏车宽度最大限值为2600mm。
③ 车厢长度限值为8000mm（中置轴车辆运输挂车除外）。

三、以轴数参数为依据

商用车在高速公路通行费按轴收费下，以轴数为依据进行产品组合，见表6-4。

表6-4 商用车以轴数为依据的产品组合

序号	轴数	驱动形式									总质量 M	备注
		4×2	4×4	6×2	6×4	8×2	8×4	10×2	12×2	12×4		
1	2	√	√								M<18000kg	
2	3			√	√						M<27000kg	
3	4					√	√				M<36000kg	
4	5							√			M<43000kg	
5	6								√	√	M<49000kg	

注：12×2采用后浮桥（双胎）结构，重载时总质量可达49t。空载时浮桥升起，减少收费。

四、以动力参数为依据

商用车按照动力（马力：发动机的功率）为依据，推荐组合参见表6-5。

表6-5 商用车以动力为依据的产品组合（模板）

序号	车辆类别	总质量 M	载质量	整备质量 m	车辆总长度/mm	动力/kW	马力/ps	标准比功率/(kW/t)	最大转矩功率约计(kW)	最大转矩时的比功率(kW/t)	驱动形式
1	微型货车	M<1800kg	≤750kg	m≤1100kg	3500	66	90	≥6	56	31	
2						74	100	≥6	63	35	
3						81	110	≥6	69	38	
4	轻型货车1	M≤3500kg	≥1400(1250) kg	m≤2100kg	6000	81	110	≥6	69	20	
5						96	130	≥6	81	23	
6						110	150	≥6	94	27	
7	轻型货车2	M<4500kg	≥1928(1770) kg	m≤2572kg	6000	110	150	≥6	94	21	
8						125	170	≥6	106	24	
9						140	190	≥6	119	26	4×2/4×4
10	中型货车1	M<6125(5775) kg	≥2625(2275) kg	m≤3500kg	7000	140	190	≥6	119	19	
11						154	210	≥6	131	21	
12						169	230	≥6	144	23	
13	中型货车2	M<12000kg	>2625(2275) kg	m>3500kg	8000	169	230	≥6	144	12	
14						184	250	≥6	156	13	
15						199	270	≥6	169	14	
16	重型货车1	M<18000kg	≥9000kg	m≤9000kg	9000	199	270	≥6	169	9	
17						213	290	≥6	181	10	
18						228	310	≥6	194	11	
19	重型货车2	M≤20000kg	≥10000kg	m≤10000kg	11000	213	290	≥6	181	9	
20						228	310	≥6	194	10	
21						243	330	≥6	206	10	6×2/6×4
22	重型货车3	M<25000kg	≥12500kg	m≤12500kg	12000	257	350	≥6	219	9	
23						294	400	≥6	250	10	
24						324	440	≥6	275	11	

(续)

序号	车辆类别	总质量 M	载质量	整备质量 m	车辆总长度/mm	动力/kW	马力/ps	标准比功率/(kW/t)	最大转矩功率约计(kW)	最大转矩时的比功率(kW/t)	驱动形式
25	重型货车4	M<27000kg	≥13500kg	m≤13500kg	17100	257	350	≥6	219	8	4×2牵引车+1轴挂车
26						294	400	≥6	250	9	
27						324	440	≥6	275	10	
28	重型货车5	M<31000kg	≥15500kg	m≤15500kg	12000	294	400	≥6	250	8	8×4
29						324	440	≥6	275	9	
30						360	490	≥6	306	10	
31	重型货车6	M<36000kg	≥24000kg	半挂牵引车 m≤7000kg, 半挂车 m≤5000kg	17100（长头18100、中置轴20000）	324	440	≥6	275	8	4×2牵引车+2轴挂车
32						360	490	≥6	306	9	
33						375	510	≥6	319	9	
34	重型货车7	M<43000kg	≥29000kg	半挂牵引车 m≤7000kg, 半挂车 m≤70000kg	17100（长头18100、中置轴20000）	324	440	≥6	275	6	4×2牵引车+3轴挂车
35						360	490	≥6	306	7	
36						375	510	≥6	319	7	
37	重型货车8	M<46000kg	≥31000kg	半挂牵引车 m≤8000kg, 半挂车 m≤70000kg	17100（长头18100、中置轴20000）	360	490	≥6	306	7	6×2牵引车+3轴挂车
38						375	510	≥6	319	7	
39						404	550	≥6	344	7	
40	重型货车9	M<49000kg	≥33500kg	半挂牵引车 m≤8500kg, 半挂车 m≤7000kg	17100（长头18100、中置轴20000）	375	510	≥6	319	7	6×2、6×4牵引车+3轴挂车
41						404	550	≥6	344	7	
42						441	600	≥6	375	8	

注：1. 标准比功率按照 JT/T 1178《营运货车安全技术条件》的规定。
2. 最大转矩时的功率约等于标定净功率的85%，不同车辆有所区别。
3. 车辆总长度按照 GB 1589—2016《汽车、挂车及汽车列车外廓尺寸、轴荷及质量限值》的规定。
4. 动力设计按照低、中、高三档设计。
5. 6×2后浮桥双轮胎牵引车+3轴半挂车，理论上可以达到总质量49t。

五、半挂车产品组合

见第一章第七节中的 GB/T 6420—2017《货运挂车系列型谱》。

第三节 商用车分产品线的产品组合

一、相关概念

1. 车辆类别

按照第一章表1-4 商用车车辆类别及规格术语，将商用车按车辆类别进行分类，可以分为微型货车、轻型货车、中型货车、重型货车4类。

2. 产品线

按照第一章表1-5商用车车型结构分类表，建立车辆类别下的产品线组合，见表6-6。

表6-6 商用车产品线组合

序号	车辆类别	产品线名称
1	微型货车	普通货车
2		厢式货车
3		封闭货车
4		罐式货车
5		平板货车
6		自卸货车
7		专项作业车
8	轻型货车	普通货车
9		厢式（牵引）货车
10		封闭货车
11		罐式货车
12		平板货车
13		自卸货车
14		专项作业车
15	中型货车	普通货车
16		厢式（牵引）货车
17		封闭货车
18		罐式货车
19		平板货车
20		自卸货车
21		专项作业车
22	重型货车	普通货车
23		厢式（牵引）货车
24		封闭货车
25		罐式货车
26		平板车
27		集装箱车
28		自卸货车
29		半挂牵引车
30		专项作业车

注：微型货车、轻型货车产品线包含低速汽车。

3. 产品
按照驱动形式建立产品，见表6-5。

4. 品种
按照动力建立品种，见表6-5。

5. 花色
按照货箱尺寸建立花色。

6. 其他
将配置变化、颜色变化列入其他项。

二、微型、小型货车分产品线的产品组合

微型、小型货车的产品组合见表6-7。

表6-7　微型、小型货车分产品线的产品组合

序号	产品线	产品	品种（动力）/kW	花色（货箱尺寸）/mm 长	宽	高	其他 配置变化	颜色变化
1	栏板货车	4×2	66	2600	1500	360		
2			74	3000	1600	360		
3			81	3400	1700	360		
4	厢式货车	4×2	66	2600	1500	1500		
5			74	3000	1600	1600		
6			81	3400	1700	1700		
7	仓栅货车	4×2	66	2600	1500	1500		
8			74	3000	1600	1600		
9			81	3400	1700	1700		
10	罐式货车	4×2	66	2600	1500	1500		
11			74	3000	1600	1600		
12			81	3400	1700	1700		
13	平板货车	4×2	66	2600	1500	—		
14			74	3000	1600	—		
15			81	3400	1700	—		
16	自卸货车	4×2	66	2400	1500	400		
17			74	2800	1600	400		
18			81	3000	1700	400		
19		4×4	74	2400	1500	400		
20			81	2800	1600	400		
21			96	3000	1700	400		
22	专项作业车	4×2	74	2400	1500	—		
23			81	2800	1600	—		
24			96	3000	1700	—		
25		4×4	81	2400	1500	—		
26			96	2800	1600	—		
27			110	3000	1700	—		

注：1. 货箱尺寸仅供参考。
2. 货箱长度以排半驾驶室、车辆总长度不变为依据。单排、双排驾驶室货箱尺寸相应增减。
3. 4×4产品主要用于山区、农业的商品运输与专项作业。

三、轻型货车分产品线的产品组合

轻型货车的产品组合见表6-8。

表6-8　轻型货车分产品线的产品组合

序号	产品线	产品	品种 动力/kW	马力/ps	花色（货箱尺寸）/mm 长	宽	高	其他 配置变化	颜色变化
1	栏板货车	4×2	81	110	3400	1700	360		
2			96	130	3600	1900	400		
3			110	150	3800	2100	400		
4			110	150	4200	2300	500		
5			125	170	4500	2450	500		
6			140	190	4500	2550	500		

（续）

序号	产品线	产品	品 种		花色（货箱尺寸）/mm			其 他	
			动力/kW	马力/ps	长	宽	高	配置变化	颜色变化
7	厢式（牵引）货车	4×2	81	110	3400	1700	1700		
8			96	130	3600	1900	1900		
9			110	150	3800	2100	1900		
10			110	150	4200	2300	2100		
11			125	170	4200	2450	2300		
12			140	190	4200	2550	2300		
13	仓栅货车	4×2	81	110	3400	1700	1700		
14			96	130	3600	1900	1900		
15			110	150	3800	2100	1900		
16			110	150	4200	2300	2100		
17			125	170	4200	2450	2300		
18			140	190	4200	2550	2300		
19	罐式货车	4×2	81	110	3400	1700	1700		
20			96	130	3600	1900	1900		
21			110	150	3800	2100	2100		
22			110	150	4200	2300	2300		
23			125	170	4200	2450	2450		
24			140	190	4200	2550	2550		
25	平板货车	4×2	81	110	3400	1700	—		
26			96	130	3600	1900	—		
27			110	150	3800	2100	—		
28			110	150	4200	2300	—		
29			125	170	4200	2450	—		
30			140	190	4200	2550	—		
31	自卸货车	4×2	110	150	3800	1900	600		
32			125	170	4200	2100	800		
33			140	190	4200	2100	800		
34		4×4	110	150	3800	1900	600		
35			125	170	4200	2100	800		
36			140	190	4200	2100	800		
37	专项作业车	4×2	110	150	3800	1900	—		
38			125	170	4200	2100	—		
39			140	190	4200	2100	—		
40		4×4	110	150	3800	1900	—		
41			125	170	4200	2100	—		
42			140	190	4200	2100	—		

注：1. 货箱尺寸仅供参考。
2. 货箱长度以排半驾驶室、车辆总长度不变为依据。单排、双排驾驶室货箱尺寸相应增减。
3. 4×4产品主要用于山区、农业的商品运输与专项作业。
4. 厢式货车等货箱的长度、宽度、高度最好以间隔100mm为最佳，利用合理的公差范围，可以覆盖全部尺寸。
5. 车辆的长度、宽度、高度应符合国家标准的规定。
6. 专项作业车的动力与货箱不是一一对应的，任一驱动形式、任一货箱都可以对应所有动力。

四、中型货车分产品线的产品组合

中型货车的产品组合见表6-9。

表 6-9　中型货车分产品线的产品组合

序号	产品线	产品	品种		花色（货箱尺寸）/mm			其他	
			动力/kW	马力/ps	长	宽	高	配置变化	颜色变化
1	栏板货车	4×2	140	190	5500	2550	600		
2			154	210					
3			169	230					
4			169	230	6500	2550	600		
5			184	250					
6			199	270					
7	厢式（牵引）货车	4×2	140	190	5500	2550	2400		
8			154	210			2500		
9			169	230			2600		
10			169	230	6500	2550	2700		
11			184	250			2800		
12			199	270			2900		
13	仓栅货车	4×2	140	190	5500	2550	2400		
14			154	210			2500		
15			169	230			2600		
16			169	230	6500	2550	2700		
17			184	250			2800		
18			199	270			2900		
19	罐式货车	4×2	140	190	5500	2550	2550		
20			154	210					
21			169	230					
22			169	230	6500	2550	2550		
23			184	250					
24			199	270					
25	平板货车	4×2	140	190	5500	2550	—		
26			154	210			—		
27			169	230			—		
28			169	230	6500	2550	—		
29			184	250			—		
30			199	270			—		
31	自卸货车	4×2 / 4×4	140	190	4200	2550	800		
32			154	210					
33			169	230					
34			169	230	5000	2550	800		
35			184	250					
36			199	270					
37	专项作业车	4×2 / 4×4	140	190	4200	2550	—		
38			154	210			—		
39			169	230			—		
40			169	230	5000	2550	—		
41			184	250			—		
42			199	270			—		

注：1. 货箱尺寸仅供参考，以车辆总长为标准。
2. 货箱长度以排半驾驶室、车辆总长度不变为依据。单排、双排驾驶室货箱尺寸相应增减。
3. 4×4产品主要用于山区、农业的商品运输与专项作业。
4. 厢式货车等货箱的长度、宽度、高度最好以间隔100mm为最佳，利用合理的公差范围，可以覆盖全部尺寸。
5. 车辆的长度、宽度、高度应符合国家标准的规定。
6. 专项作业车的动力与货箱不是一一对应的，任一驱动形式、任一货箱都可以对应所有动力。

五、重型货车分产品线的产品组合

1. 普通重型货车

普通重型货车（不包括半挂牵引车）的产品组合见表6-10。

表6-10 普通重型货车分产品线的产品组合

序号	产品线	产品	品 种		花色（货箱尺寸）/mm			其 他	
			动力/kW	马力/ps	长	宽	高	配置变化	颜色变化
1	栏板货车	4×2	199	270	7500	2550	600		
2			213	290					
3			228	310					
4		6×2	213	290	8600	2550	800		
5			228	310					
6			243	330	9600				
7		6×4	228	310	9600	2550	800		
8			250	340					
9			279	380					
10		8×4	250	340	9600	2550	800		
11			279	380					
12			309	420					
13	厢式（牵引）货车/仓栅货车	4×2	199	270	7500	2550	2500		
14			213	290			2600		
15			228	310			2750		
16		6×2	213	290	8600	2550	2500		
17			228	310			2600		
18			243	330	9600		2750		
19		6×4	228	310	9600	2550	2500		
20			250	340			2600		
21			279	380			2750		
22		8×4	250	340	9600	2550	2500		
23			279	380			2600		
24			309	420			2750		
25	罐式货车	4×2	199	270	7500	2550	2550		
26			213	290					
27			228	310					
28		6×2	213	290	8600	2550	2550		
29			228	310					
30			243	330	9600				
31		6×4	228	310	9600	2550	2550		
32			250	340					
33			279	380					
34		8×4	250	340	9600	2550	2550		
35			279	380					
36			309	420					

（续）

序号	产品线	产品	品　　种		花色（货箱尺寸）/mm			其　　他	
			动力/kW	马力/ps	长	宽	高	配置变化	颜色变化
37	平板货车	4×2	199	270	7500	2550	—		
38		6×2	213	290	8600		—		
39		6×4	228	310	9600		—		
40		8×4	250	340	9600		—		
41	自卸货车	4×2	199	270	5000	2550	800		
42			213	290					
43			228	310					
44		6×2	213	290	5500	2550	1500		
45			228	310	6500				
46			243	330	7500				
47		6×4	257	350	5600/5800	2550	1500		
48			294	400					
49			324	440					
50		8×4	257	350	5800	2550	1500		
51			294	400	6200				
52			324	440	6800				
53			360	490	7600				
54			375	510	8200				
55			404	550	8600				
56					9500				
57	专项作业车	4×2	228	310	5000	2550	—		
58		6×4	324	440	5600		—		
59		8×4	257	350	9600		—		
60			294	400	6800		—		
61			324	440	7600		—		
62			360	490	8200		—		
63			375	510	8600		—		
64			404	550	9500		—		

注：1. 货箱尺寸仅供参考。
2. 货箱长度以排半驾驶室、车辆总长度不变为依据。单排、双排驾驶室（用于消防）货箱尺寸相应增减。
3. 专项作业车的动力与货箱不是一一对应的，任一驱动形式、任一货箱都可以对应所有动力。
4. 厢式货车等货箱的长度、宽度、高度最好以间隔100mm为最佳，利用合理的公差范围，可以覆盖全部尺寸。
5. 车辆的长度、宽度、高度应符合国家标准的规定。

2. 重型半挂牵引车

重型半挂牵引车产品组合见表6-11。

表6-11　重型半挂牵引车产品组合

序号	产品线	产品	品　　种		其　　他	
			动力/kW	马力/ps	后桥速比	轮胎型号
1	半挂牵引车	4×2	324	440		
2			360	490		
3			375	510		

(续)

序号	产品线	产品	品　　种		其　　他	
			动力/kW	马力/ps	后桥速比	轮胎型号
4	半挂牵引车	6×2	360	490		
5			375	510		
6			404	550		
7		6×4	375	510		
8			404	550		
9			441	600		

注：1. 本表是按照高、中、低三档进行的产品组合，仅供参考。
　　2. 还可以根据情况按照高、中高、中、中低、低五档进行产品组合。

六、不同车型、不同行业的产品组合推荐

1. 危险品运输车辆产品组合

凡是具有燃烧、爆炸、腐蚀、毒害以及放射性的物质，在运输和装卸过程中，如果处理不当，就可能引起伤亡或财产损失，这类物品统称为危险货物。《国际海上危险货物运输规则》将危险货物分为9大类，即：

1) 爆炸品。
2) 气体：压缩气体和液化气体。
3) 易燃液体。
4) 易燃固体、自燃物品和遇湿易燃物品。
5) 氧化剂和有机过氧化物。
6) 毒害品和感染性物品。
7) 放射性物品。
8) 腐蚀品。
9) 杂类。

结合危险品运输行业操作准则 JT/T 617—2018《危险货物道路运输规则》和国标 GB/T 17350—2009《专用汽车和专用挂车术语、代号和编制方法》，对危险品运输车辆进行产品组合，见表6-12。

表6-12　危险品运输车辆产品组合

序号	危险货物分类	车辆名称	对应的车辆类别和车型分类							
			微型货车		轻型货车		中型货车		重型货车	
			厢式车	罐式车	厢式车	罐式车	厢式车	罐式车	厢式车	罐式车
1	爆炸品	爆破器材运输车	√		√		√		√	
2		爆炸品厢式运输车	√		√		√		√	
3		爆炸品罐式运输车		√		√		√		√
4		烟花爆竹运输车	√		√		√		√	
5	压缩气体和液化气体	易燃气体厢式运输车	√		√		√		√	
6		毒性气体厢式运输车	√		√		√		√	
7		易燃气体罐式运输车		√		√		√		√
8		毒性气体罐式运输车		√		√		√		√
9	易燃液体	易燃液体厢式运输车	√		√		√		√	
10		易燃液体罐式运输车		√		√		√		√
11	易燃固体、自燃物品和遇湿易燃物品	易燃固体厢式运输车	√		√		√		√	
12		易燃固体罐式运输车		√		√		√		√

(续)

序号	危险货物分类	车辆名称	对应的车辆类别和车型分类							
			微型货车		轻型货车		中型货车		重型货车	
			厢式车	罐式车	厢式车	罐式车	厢式车	罐式车	厢式车	罐式车
13	氧化剂和有机过氧化物	氧化性物品厢式运输车	√		√		√		√	
14		氧化性物品罐式运输车		√		√		√		√
15	毒害品和感染性物品	毒害品和感染性物品厢式运输车	√		√		√		√	
16		毒害品和感染性物品罐式运输车		√		√		√		√
17	放射性物品	放射性物品厢式运输车			√		√		√	
18		放射性物品罐式运输车			√		√		√	
19	腐蚀品	腐蚀性物品厢式运输车			√		√		√	
20		腐蚀性物品罐式运输车			√		√		√	
21	杂类	医疗废物转运车	√		√		√		√	
22		杂项危险物品厢式运输车	√		√		√		√	
23		杂项危险物品厢式运输车	√		√		√		√	

注：1. 危险品车辆一定要符合相关的国家、行业标准。
2. 有些产品有公告，但是由于在国家标准GB/T 17350—2009《专用汽车和专用挂车术语、代号和编制方法》中没有相应的名称定义，就没有列入。如：运输瓶装易燃气体（如氧气等），从公告看有栏板运输车，但在产品组合中就没有列入。

2. 城市专用车产品组合

城市专用车用途广泛，其专用功能也不同，具体体现在其公告车辆名称上，参见第三章相关内容。

第四节 商用车产品组合案例

各商用车品牌的产品组合不尽相同，本书以福田汽车和福田戴姆勒品牌的商用车为例介绍其产品组合，以帮助经销商建立自己的产品组合。

福田时代业务，产品涵盖了微型货车到重型货车的所有产品类别，在货箱尺寸上几乎做到了客户需求的全覆盖，值得参考。下述案例1~9介绍了其部分产品。表中部分参数未列全，请以具体车型的公告技术参数为准。

案例1 福田微型/小型厢式车产品组合

以货箱尺寸为依据，福田时代的微型/小型厢式、仓栅车产品组合见表6-13。

表6-13 福田时代微型/小型厢式、仓栅车产品组合

序号	品牌	发动机型号（马力）	功率（转矩）/kW（N·m）	公告型号	公告整备质量/kg	货箱尺寸/mm		
						长	宽	高
1	祥菱S1/S2	4W12M1（86）/DAM15DR（116）	63（112）/85（150）	BJ5023XXY-A1/BJ6455MD32A-V1	1025/1220	1858	1318	1226
2						2102	1275	1359
3						2402	1275	1359
4	祥菱M	4W12M1（86）	63（112）	BJ1030V3AV4-AB	1430	2300	1560	1570
5						2550	1560	1570
6						2820	1560	1570
7						3100	1610	1700
8						3050	1610	1700
9		DAM15L（112）	82（142）	BJ1030V5JV2-AX	1360	3300	1710	1700
10						3700	1710	1700
11		4A2-88C53（88）	65（240）	BJ1030V6JB5-DA	1775	3300	1710	1700

（续）

序号	品牌	发动机型号（马力）	功率（转矩）/kW（N·m）	公告型号	公告整备质量/kg	货箱尺寸/mm		
						长	宽	高
12	祥菱V1	4W12M1（86）	63（112）	BJ1036V5JV5-D1	1206	2100	1560	1570
13						2300	1560	1570
14		DAM15R（112）	82（142）	BJ1036V5JV5-D1	1206	2530	1650	1570
15						2800	1560	1570
16						3050	1610	1700
17						3200	1650	1570
18	驭菱	4W12M1（86）	63（112）	BJ1030V5JL3-D5	1300	2050	1410	1570
19						2500	1505	1570
20						2680	1410	1570
21						3050	1510	1700
22		A15G（114）	84（143）	BJ1032V4JV3-B4	1519	3050	1610	1700
23						3300	1610	1700
24		4A2-88C53（88）	65（240）	BJ1032V5JA3-AA	1565	3050	1610	1750
25						3300	1610	1750

注：1. 表中品牌、发动机型号、功率、公告号、整备质量、货箱尺寸等数据和参数仅供参考，一切以产品公告为准。
2. 表中有些车型其整备质量大于1100kg，已经不能是微型货车，只能是轻型车（总质量小于3500kg）。在这里作者增加一个车辆类别——小型货车：总质量大于1800kg且小于3500kg，用于区别轻型货车。

案例2 福田微型/小型栏板货车产品组合

以货箱尺寸为依据，福田时代的微型/小型栏板货车产品组合见表6-14。

表6-14 福田时代微型/小型栏板货车产品组合

序号	品牌	发动机型号（马力）	功率（转矩）/kW（N·m）	公告型号	公告整备质量/kg	货箱尺寸/mm		
						长	宽	高
1	祥菱M	4W12M1（86）	63（112）	BJ1030V3AV4-AB	1430	2300	1560	360
2						2550	1610	360
3		DAM15L（112）	82（142）	BJ1030V5JV2-AX	1360	2700	1710	360
4						2820	1560	360
5						3050	1610	360
6						3100	1710	360
7						3300	1710	360
8						3700	1710	360
9	祥菱V1	4W12M1（86）	63（112）	BJ1036V5JV5-D1	1206	2700	1510	320
10						2300	1560	360
11						2530	1650	360
12						2800	1560	360
13						3050	1560	360
14	祥菱	DAM15R（112）	82（142）	BJ1036V5JV5-D1	1206	3200	1650	360
15		4A2-88C53（88）	65（240）	BJ1030V6JB5-DA	1775	3300	1710	360
16	驭菱	4W12M1（86）	63（112）	BJ1030V5JL3-D5	1300	2050	1410	320
17				BJ1030V5JL3-D5	1300	2500	1510	360
18		A15G（114）	84（143）			2710	1610	360
19				BJ1032V4JV3-B4	1519	3050	1510	360
20						3300	1610	360

(续)

序号	品牌	发动机型号（马力）	功率（转矩）/kW（N·m）	公告型号	公告整备质量/kg	货箱尺寸/mm		
						长	宽	高
21	驭菱	4A2-88C53（88）	65（240）	BJ1032V5JA3-AA	1565	3050	1610	360
22						3300	1610	360

注：1. 表中品牌、发动机型号、功率、公告号、整备质量、货箱尺寸等数据和参数仅供参考，一切以产品公告为准。
2. 表中有些车型其整备质量大于1100kg，已经不能是微型货车，只能是轻型车（总质量小于3500kg）。在这里作者增加一个车辆类别——小型货车：总质量大于1800kg且小于3500kg，用于区别轻型货车（总质量大于3500kg且小于4500kg）。

案例3　福田轻型厢式/仓栅车产品组合

以货箱尺寸为依据，福田时代的轻型厢式、仓栅车产品组合见表6-15。

表6-15　福田时代轻型厢式、仓栅车产品组合

序号	品牌	货箱尺寸/mm		
		长	宽	高
1	小卡之星	2460	1610	1750
2		2650	1810	1900
3		2710	1610	1700
4		2930	1610	1700
5		3050	1610	1700
6		3300	1610	1700
7		3670	1610	1700
8		2710	1810	1900
9		3020	1810	1900
10		3250	1810	1900
11		3670	1810	1900
12	时代领航（K系列）	3020	1650	1750
13		3080	1650	1750
14		3340	1650	1750
15		2975	1810	1900
16		3020	1810	1900
17		3390	1810	1900
18		3670	1810	1900
19	时代领航（H系列）	2710	1810	1900
20		3250	1810	1900
21		3670	1810	1900
22		3120	1900	1900
23		3800	1900	1900
24		4180	1900	1900
25		3120	2020	2000
26		3800	2020	2000
27		4180	2020	2000
28		3800	2100	2000
29		4180	2100	2100
30		4150	2150	2100

（续）

序号	品牌	货箱尺寸/mm		
		长	宽	高
31	时代领航 （H系列）	3800	2300	2100
32		4180	2300	2100
33		3800	2450	2150
34		4180	2450	2150
35	时代领航 （新领航）	3820	2100	2100
36		4200	2100	2100
37		3820	2300	2300
38		4200	2300	2300
39	时代领航 （新领航M3系列）	2650	1810	1900
40		3150	1810	1900
41		3250	1810	1900
42		3670	1810	1900
43		3770	1810	1900
44		3820	1810	1900
45		4200	1810	1900
46		3220	1900	1900
47		3800	1900	1900
48		4230	1900	1900
49		3800	2050	2100
50		4230	2050	2100
51		3800	2100	2100
52		4230	2100	2100
53		3800	2300	2300
54		4230	2300	2300

注：表中品牌、货箱尺寸等数据和参数仅供参考，一切以产品公告为准。

案例4 福田轻型栏板货车产品组合

以货箱尺寸为依据，福田时代的轻型栏板货车产品组合见表6-16。

表6-16 福田时代轻型栏板货车产品组合

序号	子品牌	货箱尺寸/mm		
		长	宽	高
1	小卡之星	2460	1610	360
2		2650	1810	360
3		2710	1610	360
4		2930	1610	360
5		3050	1610	360
6		3300	1610	360
7		3670	1610	360
8		2710	1810	360
9		3020	1810	360
10		3250	1810	360
11		3670	1810	360

(续)

序号	子品牌	货箱尺寸/mm		
		长	宽	高
12	时代领航 （K系列）	3020	1650	360
13		3080	1650	360
14		3340	1650	360
15		2975	1810	360
16		3020	1810	360
17		3390	1810	360
18		3670	1810	360
19	时代领航 （H系列）	2710	1810	360
20		3250	1810	360
21		3670	1810	360
22		3120	1900	360
23		3800	1900	360
24		4180	1900	360
25		3120	2020	400
26		3800	2020	400
27		4180	2020	400
28		3800	2100	460
29		4180	2100	460
30		3800	2300	500
31		4180	2300	500
32		3800	2450	500
33		4180	2450	500
34	时代领航 （新领航）	3820	2100	500
35		4200	2100	500
36		3820	2300	500
37		4200	2300	500
38	时代领航 （新领航M3系列）	2650	1810	360
39		3150	1810	360
40		3250	1810	360
41		3670	1810	360
42		3770	1810	360
43		3820	1810	360
44		4200	1810	360
45		3220	1900	360
46		3800	1900	360
47		4230	1900	360
48		3800	2050	400
49		4230	2050	400
50		3800	2100	500
51		4230	2100	500
52		3800	2300	500
53		4230	2300	500

注：表中品牌、货箱尺寸等数据和参数仅供参考，一切以产品公告为准。

案例 5 福田轻型自卸车产品组合

以货箱尺寸为依据,福田时代的轻型自卸车产品组合见表 6-17。

表 6-17　福田时代轻型自卸车产品组合

序号	品牌	货箱尺寸/mm		
		长	宽	高
1	瑞沃	2810	1600	450
2		3000	1800	600
3		3500	1800	600
4		3800	1800	600
5		3000	1860	600
6		3300	1860	600
7		3500	1860	600
8		3500	2000	800
9		3700	2000	800
10		3800	2000	800
11		3800	2100	600
12		4000	2100	800
13		4750	2100	600
14		3700	2200	800
15		4000	2200	800
16		4350	2200	800
17		4150	2350	550
18		4150	2350	800
19		2710	1610	360
20		2930	1600	360
21		3300	1600	360
22		2710	1810	400
23		3250	1810	400
24		3670	1810	400
25		2710	1900	400
26		3250	1900	400
27		3670	1900	400
28		3800	1900	400
29		4200	1900	400
30		4150	2020	500
31		3800	2020	500
32		3800	2100	550

注:表中品牌、货箱尺寸等数据和参数仅供参考,一切以产品公告为准。

案例 6 瑞沃中/重型厢式/仓栅车产品组合

以货箱尺寸为依据,福田时代的瑞沃中、重型箱式、仓栅车产品组合见表 6-18。

表6-18 瑞沃中、重型箱式、仓栅车产品组合

序号	驱动形式	货箱尺寸/mm		
		长	宽	高
1	4×2	5250	2300	2400
2		5800	2300	2400
3		6200	2300	2400
4		6700	2300	2400
5		5800	2450	2500
6		6200	2450	2500
7		6800	2450	2500
8		7800	2450	2500
9		9650	2450	2600
10	6×2	8500	2450	2600
11		9650	2450	2600

注：表中品牌、货箱尺寸等数据和参数仅供参考，一切以产品公告为准。

案例7 瑞沃中/重型栏板货车产品组合

以货箱尺寸为依据，福田时代的瑞沃中、重型栏板货车产品组合见表6-19。

表6-19 福田瑞沃中、重型栏板货车产品组合

序号	驱动形式	货箱尺寸/mm		
		长	宽	高
1	4×2	5250	2300	550
2		5800	2300	550
3		6200	2300	550
4		6700	2300	550
5		5800	2450	600
6		6200	2450	600
7		6800	2450	600
8		7800	2450	600
9	6×2	8500	2450	800
10		9650	2450	800

注：表中品牌、货箱尺寸等数据和参数仅供参考，一切以产品公告为准。

案例8 瑞沃中/重型自卸车产品组合

以货箱尺寸为依据，福田时代的瑞沃品牌中、重型自卸车产品组合见表6-20。

表6-20 瑞沃中、重型自卸车产品组合

序号	货箱尺寸/mm		
	长	宽	高
1	3800	2070	800
2	4000	2200	800
3	4150	2350	800
4	4350	2200	800
5	5000	2300	800

注：表中品牌、货箱尺寸等数据和参数仅供参考，一切以产品公告为准。

案例 9　瑞沃重型自卸车产品组合

以货箱尺寸为依据，福田时代的瑞沃品牌部分重型自卸车产品组合见表 6-21。

表 6-21　瑞沃重型自卸车产品组合

序号	驱动形式	货箱尺寸/mm		
		长	宽	高
1	6×2	4500	2200	800
2		4800	2200	1200
3		5200	2200	1200
4		5600	2200	1500
5		6500	2200	800
6		6800	2200	800
7		7200	2300	800
8		7400	2300	800
9	6×4	5800	2300	1500
10		二类底盘		
11	8×4	6000	2300	1500
12		6600	2300	1500

注：表中品牌、货箱尺寸等数据和参数仅供参考，一切以产品公告为准。

案例 10　欧曼重型车产品组合

以欧曼品牌为例介绍不同车型、不同驱动形式、不同动力的重型车产品组合。

产品组合必须满足不同货物、不同总质量、不同道路、不同速度、不同客户、不同驾驶员、不同货主的要求。

前面的案例都是以货箱尺寸为依据，下面以动力为依据来介绍产品组合。

欧曼品牌的产品组合，细分为不同子品牌，进行了不同档次、不同用途的产品分割，体现了自己的组合特色。

1. 欧曼牵引车（列车）有效产品组合

以动力为依据，欧曼牵引车产品组合见表 6-22。

表 6-22　欧曼牵引车产品组合

序号	子品牌	驱动形式	动力/ps	前桥型号	中后桥型号/传动比
1	EST-A	4×2	440	6.5t	485/3.083
2			490	6.5t	485/3.083
3			510	6.5t	485/2.846
4		6×2	440	6.5t	485/3.083
5			490	6.5t	485/2.846
6			510	6.5t	485/3.083
7			550	6.5t	485/2.846
8		6×4	440	6.5t	469/3.083
9			490	6.5t	469/3.083
10			510	6.5t	469/2.714
11			550	6.5t	469/2.714
12			600	6.5t	469/2.714
13	EST	4×2	400	5t	485/3.7
14			440	5t	485/3.083

(续)

序号	子品牌	驱动形式	动力/ps	前桥型号	中后桥型号/传动比
15	EST	6×4	400	5t	440/3.7
16			440	5t	440/3.7
17				9t	13T/5.26
18			490	5t	440/3.083/3.364/3.7
19				7.5t	13T/4.76 469/4.111
20			510	5t	469/2.846/3.7 459/3.364/3.7
21				9t	13T/4.76
22			550	5t	469/2.846/3.7 459/3.364/3.7
23				9t	13T/4.76
24	GTL	4×2	280	5t	469/3.083
25			340	5t	485/3.7
26			440	5t	485/3.7
27			490	5t	485/3.7
28		6×2	490	4.5t	485/3.7
29		6×2R	490	5t	485/3.7
30			510	5t	485/3.7
31		6×4	375	5t	440/3.7
32			420	5t	440/3.7
33			430	5t	440/3.7
34				6.5t	440/3.7/4.111
35				9t	13T/4.76
36			460	5t	440/3.7
37				6.5t	440/3.7/4.111
38				9t	13T/4.76
39			490	7.5t	469/4.111
40				9t	13T/4.76
41			500	5t	459/3.7
42				9t	13T/4.76
43			510	5t	459/3.7
44				9t	13T/4.76
45			550	9t	13T/4.76
46	新ETX	4×2	280	5t	13T/3.7
47			320	5t	13T/3.7
48			360	5t	13T/3.7
49			270	5t	459/4.625
50			336	5t	469/3.7
51		6×2	360	4.5t	13T/3.7
52		6×4	294	5t	440/3.7
53			350	5t	440/4.111
54			360	5t	10T/3.7 440/3.7
55			375	5t	10T/3.7
56			380	5t	10T/3.7 440/3.7

(续)

序号	子品牌	驱动形式	动力/ps	前桥型号	中后桥型号/传动比
57	新ETX	6×4	400	5t	10T/3.7 440/3.7
58				6.5t	440/3.7
59			420	5t	440/4.111
60			430	5t	10T/3.7 440/3.7
61				9t	13T/4.76

注：表中品牌、驱动形式、动力、后桥参数等数据和参数仅供参考，一切以产品公告为准。

2. 欧曼栏板货车、仓栅车、厢式车有效产品组合

以动力为依据，欧曼栏板货车、仓栅车、厢式车有效产品组合见表6-23。

表6-23　欧曼栏板货车、仓栅车、厢式车产品组合

序号	子品牌	驱动形式	动力/ps	前桥型号	中后桥型号/传动比
1	EST	4×2	245	5t	440/4.111
2			270	5t	440/4.111
3			280	5t	440/3.7
4		6×2	280	5t	440/4.111/3.7
5			245	5t	459/4.111 440/4.111
6			270	5t	459/4.111 440/4.111
7			280	5t	459/4.111 440/4.111
8		8×4	320	5t	459/4.111
9			360	5t	459/4.111 440/4.111
10				6.5t	469/4.625
11			375	5t	440/3.7
12			400	5t	459/3.7/4.111 440/3.7/4.111
13				6.5t	469/4.625
14				9t	16T/5.26
15			430	5t	459/3.7/4.111 440/3.7/4.111
16				6.5t	469/4.625
17				9t	16T/5.26
18			460	5t	459/3.7 440/3.7
19				9t	16T/5.26
20	GTL	4×2	245	5t	440/4.111
21			270	5t	440/4.111
22			280	5t	440/3.7
23			400	5t	459/3.7
24			430	5t	459/3.7
25		6×2	245	5t	459/4.444 440/4.111
26			270	5t	459/4.444 440/4.111
27			280	5t	459/4.444 440/4.111
28			300	5t	459/4.444 440/4.111
29			460		459/3.7
30		8×2F	320	5t	440/4.111
31			360	5t	440/4.111

(续)

序号	子品牌	驱动形式	动力/ps	前桥型号	中后桥型号/传动比
32	GTL	8×2R	320	5t	440/4.111
33			360	5t	440/3.7
34			400	5t	440/3.7
35		8×4	360	5t	459/3.7/4.111 440/3.7
36			375	5t	440/3.7
37			400	5t	459/4.111 440/3.7
38				6.5t	469/4.625
39			430	5t	10T/3.7
40				6.5t	469/4.625
41				9t	16T/5.26
42			460	5t	459/3.7
43				9t	16T/5.26
44	新ETX	4×2	220	5t	10T/4.875 440/4.625
45			245	5t	440/4.111
46			270	5t	440/4.111
47		6×2	220	5t	440/4.111
48			245	5t	459/4.444 440/4.111
49			270	5t	459/4.444 440/4.111
50			280	5t	440/4.111
51		8×2F	280	5t	440/4.111
52			320	5t	440/3.7/4.111
53		8×4	320	5t	440/4.111
54			360	5t	440/3.7/4.111
55			400	5t	440/3.7/4.111

注：表中品牌、驱动形式、动力、后桥参数等数据和参数仅供参考，一切以产品公告为准。

3. 欧曼自卸车有效产品组合

以动力为依据，欧曼自卸车有效产品组合见表6-24。

表6-24 欧曼自卸车有效产品组合

序号	子品牌	驱动形式	动力/ps	前桥型号	中后桥型号/传动比
1	GTL	6×4	320	7.5t	13T/4.8
2			336	7.5t	16T/5.26
3				9t	16T/5.26
4			340	7.5t	13T/4.8 16T/5.26
5			350	7.5t	16T/5.26
6				9t	16T/5.26
7			360	9t	16T/5.26
8			375	7.5t	16T/5.26
9				9t	16T/5.26
10			380	7.5t	16T/5.26
11				9t	16T/5.26

第六章 商用车经销商的产品组合

（续）

序号	子品牌	驱动形式	动力/ps	前桥型号	中后桥型号/传动比
12	GTL	6×4	400	7.5t	16T/5.26
13				9t	16T/5.26
14			430	7.5t	16T/5.26
15				9t	16T/5.26
16			460	9t/09t	16T/5.26
17		8×4	320	5t	459/5.286
18			340	7.5t	16T/5.26
19			360	5t	459/5.286
20				7.5t	16T/5.92
21				9t/09t	16T/5.92
22			380	7.5t	16T/5.92
23			400	7.5t	16T/5.92
24				7.5t	16T/5.26/5.92
25				9t	16T/5.26/5.92
26			430	7.5t	16T/5.92
27				9t	16T/5.92
28			460	7.5t	16T/5.92
29				9t	16T/5.92
30	新ETX	6×4	280	7.5t	16T/5.26
31			310	7.5t	13T/4.8
32			320	7.5t	13T/4.8
33			336	7.5t	16T/5.26
34			340	7.5t	13T/4.8 16T/5.26
35			350	7.5t	13T/4.8 16T/5.26
36			360	7.5t	16T/5.26
37			375	7.5t	16T/5.26
38				9t	16T/5.26
39			380	9t	16T/5.26
40			400	9t	16T/5.26
41			430	9t	16T/5.26
42		8×4	220	5t	440/5.143
43			300	5t	435/4.875 440/5.143
44			310	5t	459/4.625
45			336	5t	459/4.625 13T/4.8
46			350	5t	459/4.625 13T/4.625/4.8 16T/5.26
47				9t	16T/5.26
48			360	9t	16T/5.92
49			375	9t	16T/5.26/5.92
50			400	9t	16T/5.26/5.92
51			430	9t	16T/5.26/5.92

注：表中品牌、驱动形式、动力、后桥参数等数据和参数仅供参考，一切以产品公告为准。

4. 欧曼专用车有效产品组合

以动力为依据，欧曼专用车有效产品组合见表6-25。

表6-25　欧曼专用车有效产品组合

序号	车辆名称	子品牌	驱动形式	动力/ps	前桥型号	中后桥型号/传动比
1	混凝土搅拌运输车	GTL	6×4	320	6.5t	13T/4.38
2				340	7.5t	13T/4.8
3					9t	13T/4.76
4				360	7.5t	13T/4.8
5					9t	13T/4.76
6			8×4	320	6.5t	13T/4.38
7				380	9t	13T/4.76　16T/4.76
8		ETX	6×4	270	5t	10T/5.571
9				320	6.5t	13T/4.38
10				375	9t	16T/5.26
11			8×4	270	5t	10T/5.143
12				320	6.5t	13T/4.38
13				375	9t	16T/4.76
14				380	9t	16T/4.76
15		新ETX	6×4	320	6.5t	13T/4.38
16				336	7.5t	13T/4.8
17				340	6.5t	13T/4.38
18					7.5t	13T/4.8
19				360	9t	16T/4.76
20				375	9t	16T/4.76
21				336	9t	16T/5.26
22				340	7.5t	13T/4.8
23			8×4	320	5t	440/4.444
24				336	6.5t/65t	13T/4.38
25				340	6.5t	13T/4.38
26				375	9t	16T/5.26
27				380	9t	16T/4.76
28	车辆运输车	EST	4×2	320	7t	440/3.7/4.111
29		ETX	4×2	270	6.5t	10T/4.875　440/4.625
30				300	6.5t	10T/4.875　440/4.625
31			6×2	270	5t	435/4.875
32				300	5t	440/4.625
33		新ETX	4×2	320	6.5t	10T/4.111　440/4.111
34			6×2	320	5t	10T/4.111　440/4.111
35				360	5t	10T/4.111　440/4.111
36	粉粒物料运输车	ETX	8×4	360	7.5t	16T/4.8
37				400	7.5t	16T/4.76
38		GTL	8×4	360	7.5t	13T/4.8
39				400	7.5t	13T/4.76

(续)

序号	车辆名称	子品牌	驱动形式	动力/ps	前桥型号	中后桥型号/传动比
40	环卫车	ETX	4×2	210	6.5t	10T/5.571
41			6×4	245	5t	10T/5.143/5.571
42		GTL	6×4	245	6.5t	10T/5.143
43				270	7.5t	440/5.571
44	混凝土泵车	GTL	6×4	400	7.5t	13T/4.76
45			8×4	430	7.5t	13T/4.76
46	运油车	GTL	8×4	320	5t	10T/4.444
47				320	5t	440/4.111
48		ETX	6×2	210	5t	10T/5.143
49			8×2R	270	5t	457/5.286
50		新ETX	8×4	320	5t	440/4.111
51				320	5t	440/4.111
52	随车起重运输车	ETX	6×2	220	5t	10T/4.875
53			6×4	245	7.5t	10T/4.875
54			8×4	300	5t	457/4.875

注：表中品牌、驱动形式、动力、后桥参数等数据和参数仅供参考，一切以产品公告为准。

案例11 客车产品组合

在进行市场开发的过程中，可能会发现客车市场存在很大发展空间。但是很多经销商不熟悉客车产品，这里列出福田欧辉客车的部分产品组合（表6-26）以供参考。

表6-26 符合国六排放标准的部分福田欧辉客车产品组合

序号	燃料类型	车辆名称	公告号	排放标准	公告载客人数	产品特点	三包时间/或千米数
1	混联气电	城市客车	BJ6123CHEVCA-9	国六b	92/21~33 89/21~41 84/21~41 77/21~41	混联插电式混合动力，全承载车身，钢制前后围，整体式前照灯	整车一年12万km；三电系统6年20万km质保，可延保到8年60万km
2	混联气电	城市客车	BJ6123CHEVCA-11	国六b	97/21~33 90/21~33 83/21~41	混联插电式混合动力，全承载车身，钢制前后围，整体式前照灯	整车一年12万km；三电系统6年20万km质保，可延保到8年60万km
3	混联气电	城市客车	BJ6105CHEVCA-15	国六b	82/18~30 76/31~36 74/18~36 67/18~36	混联插电式混合动力，全承载车身，钢制前后围，整体式前照灯	整车一年12万km；三电系统6年20万km质保，可延保到8年60万km
4	混联气电	城市客车	BJ6105CHEVCA-17	国六b	82/18~30 76/31~40 74/19~40 67/19~40	混联插电式混合动力，全承载车身，钢制前后围，整体式前照灯	整车一年12万km；三电系统6年20万km质保，可延保到8年60万km
5	串联气电	城市定制公交客车	BJ6160SHEVCA-3	国六b	126/28~33	串联插电式混合动力，全承载车身	整车一年12万km；三电系统6年20万km质保，可延保到8年60万km

（续）

序号	燃料类型	车辆名称	公告号	排放标准	公告载客人数	产品特点	三包时间/或千米数
6	串联气电	城市定制公交客车	BJ6128SHEVCA-5	国六b	106/19~68 101/19~68	串联插电式混合动力，全承载车身	整车一年12万km；三电系统6年20万km质保，可延保到8年60万km
7	串联气电	城市定制公交客车	BJ6123SHEVCA-7	国六b	81/21~42 72/21~42 67/21~42	串联插电式混合动力，全承载车身	整车一年12万km；三电系统6年20万km质保，可延保到8年60万km
8	串联油电	城市定制公交客车	BJ6147SHEVCA	国六b	95/26~58	串联插电式混合动力，全承载车身	整车一年12万km；三电系统6年20万km质保，可延保到8年60万km
9	串联油电	城市定制公交客车	BJ6127SHEVCA-2	国六b	80/24~50	串联插电式混合动力，全承载车身	整车一年12万km；三电系统6年20万km质保，可延保到8年60万km
10	串联油电	城市定制公交客车	BJ6123SHEVCA-2	国六b	81/23~44 86/23~44	串联插电式混合动力，全承载车身	整车一年12万km；三电系统6年20万km质保，可延保到8年60万km
11	串联油电	城市定制公交客车	BJ6107SHEVCA	国六b	65/24~43	串联插电式混合动力，全承载车身	整车一年12万km；三电系统6年20万km质保，可延保到8年60万km
12	串联气电	城市定制公交客车	BJ6855SHEVCA-1	国六b	50/15~24	串联插电式混合动力，全承载车身	整车一年12万km；三电系统6年20万km质保，可延保到8年60万km
13	串联油电	城市定制公交客车	BJ6855SHEVCA-2	国六b	52/15~24	串联插电式混合动力，全承载车身	整车一年12万km；三电系统6年20万km质保，可延保到8年60万km
14	NG	长途客车	BJ6122U8BTB	国六b	24~56	全承载车身，整车阴极电泳	整车两年或20万km
15	NG	长途客车	BJ6116U7BTB	国六b	24~50	全承载车身，整车阴极电泳	整车两年或20万km
16	NG	长途客车	BJ6906U6ACB-1	国六b	24~40	全承载车身，整车阴极电泳	整车两年或20万km
17	柴油	长途客车	BJ6122U8BJB-2	国六b	24~56	全承载车身，整车阴极电泳	整车两年或20万km
18	柴油	长途客车	BJ6122U8BJB-2	国六b	24~56	全承载车身，整车阴极电泳	整车两年或20万km
19	柴油	长途客车	BJ6126U8BJB	国六b	24~56	全承载车身，整车阴极电泳	整车两年或20万km
20	柴油	长途客车	BJ6126U8BJB	国六b	24~56	全承载车身，整车阴极电泳	整车两年或20万km
21	柴油	长途客车	BJ6116U7BJB	国六b	24~50	全承载车身，整车阴极电泳	整车两年或20万km

(续)

序号	燃料类型	车辆名称	公告号	排放标准	公告载客人数	产品特点	三包时间/或千米数
22	柴油	长途客车	BJ6906U6AHB-1	国六b	24~40	全承载车身，整车阴极电泳	整车两年或20万km
23	柴油	长途客车	BJ6906U5AHB-1	国六b	10~23	全承载车身，整车阴极电泳	整车两年或20万km
24	柴油	长途客车	BJ6816U6AFB-2	国六b	24~34	全承载车身，整车阴极电泳	整车两年或20万km
25	柴油	幼儿园校车	BJ6766S7LBB-1	国六b	24~42	长头专用校车，高安全性，高可靠性	3年不限里程
26	柴油	幼儿园校车	BJ6541S2LBB	国六b	24~19	长头专用校车，高安全性，高可靠性	3年不限里程
27	柴油	小学生校车	BJ6991S8LFB	国六b	24~56	长头专用校车，高安全性，高可靠性	3年不限里程
28	柴油	小学生校车	BJ6996S8LFB	国六b	24~56	长头专用校车，高安全性，高可靠性	3年不限里程
29	柴油	小学生校车	BJ6931S8LDB	国六b	24~52	长头专用校车，高安全性，高可靠性	3年不限里程
30	柴油	小学生校车	BJ6781S7LDB	国六b	24~41	长头专用校车，高安全性，高可靠性	3年不限里程
31	柴油	小学生校车	BJ6766S7LBB	国六b	24~41	长头专用校车，高安全性，高可靠性	3年不限里程
32	柴油	中小学生校车	BJ6111S8LFB-1	国六b	24~56	长头专用校车，高安全性，高可靠性	3年不限里程
33	柴油	中小学生校车	BJ6991S8LFB-1	国六b	24~51	长头专用校车，高安全性，高可靠性	3年不限里程
34	柴油	中小学生校车	BJ6996S8LFB-1	国六b	24~51	长头专用校车，高安全性，高可靠性	3年不限里程
35	柴油	中小学生校车	BJ6931S7LDB-1	国六b	24~47	长头专用校车，高安全性，高可靠性	3年不限里程

案例12　以轮胎规格为依据进行产品组合

以轮胎规格为依据进行产品组合（表6-27）是一个全新的商用车产品组合角度。对于初入商用车领域的新人来说，发动机、车桥都在车体内部，不够直观，其对车辆性能的影响需要比较专业的知识才能深入了解。而轮胎与商用车的匹配更直观，容易入手，对快速了解或掌握商用车不同总质量级别很有帮助。

表6-27　以轮胎规格为依据进行产品组合（参考）

序号	车辆类别	总质量M	推荐轮胎			驱动形式
			方案1	方案2	方案3	
1	微型货车	$M<1800$kg	6.50R15LT	6.50R14LT	6.00R15LT	$4\times2/4\times4$
2	轻型货车1（小型货车）	$M\leqslant 3500$kg	7.00R16LT	6.50R16LT	6.00R15LT	$4\times2/4\times4$
3	轻型货车2	$M<4500$kg	8.25R16LT	7.50R16LT	7.00R16LT	$4\times2/4\times4$

(续)

序号	车辆类别	总质量 M	推荐轮胎			驱动形式
			方案1	方案2	方案3	
4	中型货车1	$M < 6125$ kg	7.25R20	9.00R16LT	8.25R16LT	$4 \times 2/4 \times 4$
5	中型货车2	6125 kg $\leq M < 12000$ kg	9.00R20 (14)	9.00R20 (12)	8.25R20	$4 \times 2/4 \times 4$
6	重型货车1	12000 kg $\leq M < 18000$ kg	10.00R20 (18)	10.00R20 (16)	10.00R20 (14)	$4 \times 2/4 \times 4$
7	重型货车2	18000 kg $\leq M < 25000$ kg	11.00R20 (18)	11.00R20 (16)	10.00R20 (18)	$6 \times 2/6 \times 4$
8	重型货车3	18000 kg $\leq M < 27000$ kg	12.00R20 (20)	11.00R20 (18)	10.00R20 (18)	4×2 牵引车 +1轴挂车
9	重型货车4	27000 kg $\leq M < 31000$ kg	12.00R20 (20)	11.00R20 (18)	10.00R20 (18)	8×4
10	重型货车5	31000 kg $\leq M < 36000$ kg	10.00R20 (18)	11.00R20 (18)	12.00R20 (18)	4×2 牵引车 +2轴挂车
11	重型货车6	36000 kg $\leq M < 43000$ kg	11.00R20 (18)	12.00R20 (18)	—	4×2 牵引车 +3轴挂车
12	重型货车7	43000 kg $\leq M < 46000$ kg	11.00R20 (18)	12.00R20 (18)	—	6×2 牵引车 +3轴挂车
13	重型货车8	46000 kg $\leq M < 49000$ kg	11.00R20 (18)	12.00R20 (18)	—	6×4 牵引车 +3轴挂车

注：1. 微型货车以单胎为主，进行推荐。
2. 轻型货车小轮胎以双胎推荐，大轮胎可以以单胎/双胎推荐。
3. 轮胎的形式、花纹等推荐的相关知识见第四章中的车轮系统。

本章小结与启示

对于非商用车业内人士来说，同一商用车品牌的产品，其外观大同小异，但实际上，其使用功能和市场定位却经常大相径庭，这也是经销商和业务人员最头疼的事情。要想尽快熟悉商用车产品，掌握不同产品间的区别，从产品组合下手是最快的。本章的产品组合与主机厂的产品组合稍有区别，目的就是力求简单明了，便于学习掌握不同产品平台的商用车产品，适用于不同层次从业人员学习应用，有助于提高专业能力与自信，提高业务管理能力，提升与用户沟通的效率和谈判成功率。

本章学习测试及问题思考

（一）判断题

（　）1. 完善车辆产品组合的具体方式是增加产品线和加强产品组合深度。

（　）2. 产品组合评价方法，一般按照波士顿矩阵图进行评价，将产品分为问题产品、明星产品、金牛产品、瘦狗产品。

（　）3. 企业对产品组合应执行定期管理的原则。

（　）4. 产品线越长越挣钱。

（二）问答题

1. 完善产品组合具有哪些优点？
2. 产品组合差异化，是指哪些方面？
3. 什么是瘦狗产品？对这类产品应采取什么样的战略？
4. 对于企业的明星产品，应采用怎样的战略对策？

第七章 商用车推荐方法[一]

> **学习要点**
> 1. 了解正确推荐车辆的影响要素。
> 2. 掌握单一要素、多要素推荐车辆的方法。
> 3. 掌握货箱推荐的方法。

1. 根据车货匹配推荐车辆

商用车的主要用途就是运输货物。因此，货物不同，货物的装卸方式、固定方式、管理方式就会不同，客户对车辆的需求也就不同，因此必须按照货物来推荐车辆。

2. 根据使用场景推荐车辆

相同的货物，由于载质量不同、使用的场景不同或政府对车辆的管理要求不同，客户选择车辆也就不同。比如在城市内运输日用品，有些城市白天不允许总质量大于1.8t（或载质量大于0.75t）的车辆行驶，如果需要白天在这些城市运输，就要选择总质量小于1.8t的微型货车。

3. 根据政策、标准、法规推荐车辆

1）利用政策：2018年12月25日，交通运输部办公厅发布《关于取消总质量4.5t及以下普通货运车辆道路运输证和驾驶员从业资格证的通知》，规定"自2019年1月1日起，各地交通运输管理部门不再为总质量4.5t及以下普通货运车辆配发道路运输证；对于总质量4.5t及以下普通货运车辆从事普通货物运输活动的，各地交通运输管理部门不得对该类车辆、驾驶员以'无证经营'和'未取得相应从业资格证件，驾驶道路客货运输车辆'为由实施行政处罚。"

2）不同地区，都有不同的管理规定，推荐车辆一定要符合当地的管理要求。如：限行规定、车辆参数的规定等。

3）一定要符合国家的产品标准。如：GB 1589—2016《汽车、挂车及汽车列车外廓尺寸、轴荷及质量限值》、GB 7258—2017《机动车运行安全技术条件》等标准。

4）一定要关注相关的知识。如车辆保险的知识，不同的车辆性质（营运/非营运）保费相差很大。不同的吨位，保费相差也很大。2008版货车部分交强险基础费率见表7-1。

[一] 本章由赵旭日、刘春迎编写。

表 7-1　货车部分交强险基础费率表（2008 版）

序号	车辆明细分类	保费/元
1	非营业货车 2t 以下	1200
2	非营业货车 2~5t	1470
3	非营业货车 5~10t	1650
4	非营业货车 10t 以上	2220
5	营业货车 2t 以下	1850
6	营业货车 2~5t	3070
7	营业货车 5~10t	3450
8	营业货车 10t 以上	4480

注：吨位的分类都按照"含起点不含终点"的原则来解释，即 2~5t，是含 2t，不含 5t。

第一节　货箱的推荐方法

货箱是商用车各系统中最重要的系统，该系统实现的功能也最多。

一、自卸车货箱的推荐

自卸车包括通用自卸车（公告以"3"字开头）和专用自卸车（公告以"5"字开头）。在选择货箱时，使用同样的推荐（选择）方法。

1. 自卸车货箱的结构

自卸车货箱结构效果图如图 7-1 所示。

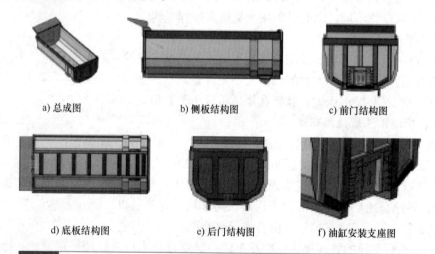

a) 总成图　　b) 侧板结构图　　c) 前门结构图

d) 底板结构图　　e) 后门结构图　　f) 油缸安装支座图

图 7-1　自卸车货箱结构效果图

侧翻车型相对简单，这里不做介绍。当货箱长度超过 9m 时，推荐侧翻结构。半挂牵引自卸车主要推荐以侧翻为主。

由于前顶后翻自卸车成为主力车型（包括微型货车、轻型货车、中型货车），本节主要介绍推荐前顶后翻车型的方法。

2. 货箱系统的构成

货箱系统主要由货箱、液压系统、货箱顶盖、加热装置等构成。

3. 推荐液压系统

1）根据货箱和货物的总质量，推荐液压系统的举升能力；

2) 根据货物的静止安息角，推荐货箱的举升角度。部分货物运输用自卸车，推荐货箱液压系统见表 7-2。

表 7-2　货箱液压系统推荐表

货物名称	货物的状态	货物的性质	密度/(t/m³)	运动安息角/(°)	静止安息角/(°)	举升角度/(°)	推荐液压系统与车型 举升质量/(货箱质量+货物质量)(%)	
							6×4 自卸车	4×2、8×4、半挂自卸车
水泥稳定土基层 水泥土	松方、干密度	流动性	1.75	35	45	≥46	≥75	≥90
水泥砂、沙砾、碎石、石屑、石渣、碎石土、沙砾土	松方、干密度	流动性	2.05～2.2	35	45	≥46	≥75	≥90
石灰稳定土基层 石灰土	松方、干密度	流动性	1.68	35	45	≥46	≥75	≥90
石灰沙砾土、碎石土、土沙砾、土碎石、稳定土基层	松方、干密度	流动性	2.05～2.15	35	45	≥46	≥75	≥90
石灰、粉煤灰稳定土基层 石灰粉煤灰	松方、干密度	流动性	1.17	35	45	≥46	≥75	≥90
石灰粉煤灰沙砾、碎石	松方、干密度	流动性	1.92～1.95	35	45	≥46	≥75	≥90
石灰粉煤灰煤矸石、矿渣、砂、土	松方、干密度	流动性	1.45～1.7	35	45	≥46	≥75	≥90
石灰煤渣土、稳定土基层 石灰煤渣	松方、干密度	流动性	1.28～1.48	35	45	≥46	≥75	≥90
石灰、煤渣稳定土基层，石灰煤渣碎石、沙砾、碎石土、矿渣	松方、干密度	流动性	1.6～1.8	35	45	≥46	≥75	≥90
水泥石灰稳定沙砾、碎(砾)石	松方、干密度	流动性	2.1	35	45	≥46	≥75	≥90
粒料改善砂、黏土、土砂、砂土	松方、干密度	流动性	1.9～1.94	35	45	≥46	≥75	≥90
土	松方、干密度	流动性	1.7	35	45	≥46	≥75	≥90
级配砾石	松方、干密度	流动性	1.98～2.2	35	45	≥46	≥75	≥90
沥青混凝土	松方、干密度	流动性	2.37	35	45	48～52	≥75	≥90
黏土、土、砂土、砂、沙砾、天然沙砾、风化石	松方、干密度	流动性	1.25～1.3	35	45	48～52	≥75	≥90
碎石、石屑、碎石土、石渣、砾石、沙砾、沙砾土	松方、干密度	流动性	1.45～1.65	35	45	48～52	≥75	≥90

4. 推荐货箱容积（内部尺寸、平顶容积）

GB 1589—2016《汽车、挂车及汽车列车外廓尺寸、轴荷及质量限值》对货箱高度的限定：挂车及二轴货车的货箱栏板（含盖）高度不应超过 600mm；二轴自卸车、二轴及二轴以上货车的货箱栏板（含盖）高度不应超过 800mm；三轴及三轴以上自卸车的货箱栏板（含盖）高度不应超过 1500mm。下面以福田时代品牌产品为例，进行货箱容积的推荐（数据仅供参考）。

（1）确定货箱高度

1）重型自卸车货箱高度：1500mm。

2）半挂牵引自卸列车货箱高度：600mm。

3）微型自卸车货箱高度：400mm。

4）轻型自卸车货箱高度：600mm。

5）中型及二轴重型自卸车货箱高度：800mm。

（2）确定货箱宽度

1）微型自卸车货箱宽度：1600mm、1700mm。

2）轻型自卸车货箱宽度：1800mm、2000mm、2200mm、2400mm。

3）中型自卸车货箱宽度：2000mm、2200mm、2400mm、2550mm。

4）重型自卸车货箱宽度：2550mm。

（3）计算货箱容积 根据载质量以及货物的密度，就可以确定货箱的容积。计算公式为

$$货箱容积 = 实际载质量/货物密度（不是公告载质量）$$

自卸车一定要使用实际载质量计算货箱容积。

在进行具体的运输过程中，由于货物的形状、湿度、压实度不同，货物的密度也会不同。同一种货物，在不同的区域、不同的装卸方式下，其密度可能也不一样（下面所列的密度仅供参考，实际计算过程中，要根据客户具体运输的货物进行实际测量）。

1）多种材料混合结构，按压实混合料干密度见表7-3。

表7-3 多种材料混合结构，按压实混合料干密度

序号	货物名称	密度/(kg/m³)	序号	货物名称	密度/(kg/m³)
1	石灰、煤渣稳定土基层、石灰煤渣碎石	1800	25	嵌锁级配型基、面层填隙碎石	1980
2	石灰煤渣沙砾	1800	26	泥结碎（砾）石	2150
3	石灰煤渣矿渣	1600	27	磨耗层砂土	1900
4	石灰煤渣碎石土	1800	28	级配沙砾	2200
5	水泥石灰稳定沙砾	2100	29	煤渣	1600
6	碎（砾）石	2100	30	粗粒式沥青碎石	2280
7	土	1700	31	中粒式	2270
8	土砂	1940	32	细粒式	2260
9	粒料改善砂、黏土	1900	33	粗粒式沥青混凝土	2370
10	砾石	2100	34	中粒式	2360
11	嵌锁级配型基、面层级配碎石	2200	35	细粒式	2350
12	级配砾石	2200	36	砂粒式	2350
13	水泥稳定土基层水泥土	1750	37	石灰稳定土基层、石灰碎石土	2100
14	水泥砂	2050	38	石灰土沙砾	2150
15	水泥沙砾	2200	39	石灰土碎石	2100
16	水泥碎石	2100	40	石灰、粉煤灰稳定土基层、石灰粉煤灰	1170
17	水泥石屑	2080	41	石灰粉煤灰土	1450
18	水泥石渣	2100	42	石灰粉煤灰砂	1650
19	水泥碎石土	2150	43	石灰粉煤灰沙砾	1950
20	水泥沙砾土	2200	44	石灰粉煤灰碎石	1920
21	石灰稳定土基层、石灰土	1680	45	石灰粉煤灰矿渣	1650
22	石灰沙砾	2100	46	石灰粉煤灰煤矸石	1700
23	石灰碎石	2050	47	石灰煤渣稳定土基层、石灰煤渣	1280
24	石灰沙砾土	2150	48	石灰煤渣土	1480

2）各种路面材料松方干密度见表7-4。

表7-4　各种路面材料松方干密度

序号	货物名称	密度/(kg/m³)	序号	货物名称	密度/(kg/m³)
1	粉煤灰	750	8	石屑	1450
2	煤渣	800	9	碎石土	1500
3	土	1150	10	石渣	1500
4	矿渣	1400	11	砂砾	1600
5	煤矸石	1400	12	沙砾土	1650
6	砂	1430	13	黏土	1250
7	碎石	1450	14	石粉	1400

3）单一材料结构，按压实系数计算密度见表7-5。

表7-5　单一材料结构，按压实系数计算密度

序号	货物名称	密度/(kg/m³)	序号	货物名称	密度/(kg/m³)
1	砂	1250	5	沙砾	1250
2	砂土	1250	6	煤渣	1650
3	风化石	1300	7	天然沙砾	1300
4	矿渣	1300			

4）其他不同材料的密度见表7-6～表7-10。

表7-6　各种木材的密度

序号	货物名称	密度/(kg/m³)	序号	货物名称	密度/(kg/m³)
1	华山松	455	13	柏木	600
2	红松	440	14	水曲柳	686
3	马尾松	533	15	大叶榆（榆木）	584
4	云南松	588	16	白桦	607
5	红皮云杉	417	17	楠木	610
6	兴安落叶松	625	18	柞栎（柞木）	766
7	长白落叶松	594	19	软木	100～400
8	四川红杉	452	20	香樟	580
9	臭冷杉	384	21	泡桐	283
10	铁杉	500	22	胶合板	560
11	杉木	376	23	刨花板	400
12	竹材	900			

表7-7　不同种类锌、镁的密度

序号	货物名称	密度/(kg/m³)	序号	货物名称	密度/(kg/m³)
1	工业纯镁	1740	4	铸锌	6860
2	变形镁	1760	5	铸造锌铝合金	6900
3	铸镁	1800	6	锌板、锌阳极板	7150

表7-8　不同种类铁矿石的密度

序号	货物名称	密度/(kg/m³)	序号	货物名称	密度/(kg/m³)
1	磁铁矿	5150	4	菱铁矿	3800
2	赤铁矿	5260	5	铁的硅酸盐矿	3800
3	褐铁矿	3600～4000	6	硫化铁矿	4950～5100

表 7-9　不同种类煤的密度

序号	货物名称	密度/(kg/m³)	序号	货物名称	密度/(kg/m³)
1	煤	1200～1900	4	干块泥煤	330～400
2	细煤粒	750～1000	5	新制煤粉	450～500
3	干无烟煤	800～950	6	沉积煤粉	800～900

表 7-10　其他货物的密度

序号	货物名称	密度/(kg/m³)	序号	货物名称	密度/(kg/m³)
1	石墨	1900～2100	9	陶瓷	2300～2450
2	熟石灰	1200	10	泡沫塑料	200
3	生石灰	1100	11	水泥	1200
4	大理石	2600～2700	12	汽油	750
5	花岗石、铸石	2600～3000	13	柴油	860
6	石灰石	2600～2800	14	酒精	790
7	金刚石	3500～3600	15	水银（汞）	1360
8	皮革	400～1200			

5. 计算货箱的长度

根据货箱容积、货箱宽度、货箱高度，计算货箱长度。计算公式为

货箱长度 = 货箱容积/(宽度 × 高度)

6. 推荐货箱形式、货箱材料、附加装置

（1）推荐 U 型货箱　根据货物的形状、机械装货下对货箱的冲击，推荐（选择）货箱的形式。由于 U 型货箱的抗冲击性、抗变形力、卸货（干净）能力好，故推荐 U 型货箱。

（2）推荐高强钢　货箱材料推荐高强钢的主要原因有以下几点。

1）高强钢是指屈服强度 $QP \geq 1200$ MPa 的汽车用钢板。

2）不推荐使用普通钢制作货箱。

3）普通钢制作货箱整备质量大，易变形、油耗高、不耐腐蚀、不耐磨、上牌困难。

（3）推荐内部防冲击结构　如果运输材料成块状，且在装、卸、运过程中对货箱造成冲击，应在内部增加防冲击角钢或其他防冲击结构。

（4）推荐内衬板结构　如果运输的货物黏度较大，造成卸货困难，应将货箱前挡板进行倾斜设计；不进行倾斜设计时，应在货箱内部增加防粘连的内衬板。

运输各种（有色金属）矿粉的货箱，推荐采用内衬板结构，防止粘连。

1）生产（销售）企业简介：三菱化学高新材料（上海）有限公司是一家制作内衬板的企业，该品牌内衬板与传统货箱对比及安装实例如图 7-2 和图 7-3 所示。

2）用这种材料制作的货箱特点有：①安全且高效；②超光滑的表面；③最优化的滑动性能；④不再需要人工铲挖粘积的物料；⑤更多的有效载荷；⑥更低的保养费用。

（5）推荐加热装置　在冬季运输湿度较大的材料（特别是带水的），会出现结冰现象，从而影响卸货。建议增加货箱加热装置（底板加热或底板 + 边板加热）或防粘连内衬板，以防止粘连。

（6）推荐集水装置　运输带水的材料（泥、泥浆、湿砂等）时，会有水从后门渗出。为防止渗水洒落地面，影响市容，货箱应增加集水装置或采用密封后门结构。

（7）推荐铝合金外板 + 内衬板结构　欧洲国家的自卸车多采用铝合金外板 + 内衬板结构，如图 7-4 所示。采用铝合金板的货箱厚度是底板 6mm，边板 3mm；铝合金横梁的尺寸是 100mm × 60mm，厚度是 3mm；塑性板的厚度是 10～12mm。这种设计结构非常轻，为降低自卸车的整备质量提供了借鉴。

a)

b)

c)

图 7-2　QuickSilver® 自卸车内衬板与传统货箱对比

a)

b)

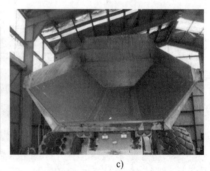
c)

图 7-3　QuickSilver® 自卸车内衬安装实例

a)

b)

c)

d)

图 7-4　铝合金板做外板，塑性材料做内衬板的自卸车货箱

7. 推荐货箱厚度

采用屈服强度为 1200MPa 的高强度钢板制作货箱，其强度是屈服强度为 510MPa 钢板的 2 倍以上。因此：

1）原先用 10mm 厚度的钢板做底板，采用 1200MPa 的高强度钢板，4mm 厚度就可以了。

2）原先用 8mm 厚度的钢板做边板，采用 1200MPa 的高强度钢板，3mm 厚度就可以了。

3）推荐边梁、立柱的厚度不低于 2mm，采用高强钢。

4）推荐图 7-2 所示的结构形式：解决了整备质量问题、抗冲击问题、卸货不干净问题、冬季施工运输不用货箱加热的问题等。

当然，采用 U 型货箱结构也提高了货箱的整体强度和抗冲击能力。底板不一定要采用铝合金材料，可以用高强钢板，但是不易加工。

8. 推荐货箱的其他配置

货箱的其他配置包括立柱、横梁、纵梁、前挡板（前门）、后门、上盖等。

以运输没有冲击（或冲击较小）的货物的货箱为标准：

1）当运输密度较大的货物（如铁粉等）时，由于制动、路面颠簸等形成的冲击力较大。因此，货箱的立柱、横梁、纵梁、前挡板（前门）、后门需要加强。

2）当运输密度较大、体积较大的货物（如石块、建筑混凝土垃圾块、开采的铁矿石等）时，装货、运输、卸货对货箱的冲击都较大。因此，货箱的立柱、横梁、纵梁、前挡板（前门）、后门需要加强。

3）当运输有可能飘洒的货物（如建筑垃圾、生活垃圾、渣土、砂石等）时，货箱应增加上盖装置。

4）当运输有可能怕风、怕雨的货物（如建筑垃圾、生活垃圾、渣土、砂石等）时，货箱应增加上盖装置。

二、仓栅式货箱的推荐

1. 推荐货箱容积和尺寸

（1）货物无包装的仓栅式货箱容积和尺寸　没有包装的散货运输，要根据实际载质量的要求和货物的密度来确定货箱的容积及尺寸。方法参考自卸车的方法。

1）微型仓栅式货箱高度：1500～1700mm（栏板高度 600mm）。

2）轻型仓栅式货箱高度：1800～2400mm（栏板高度 600mm）。

3）中型仓栅式货箱高度：2500～3000mm（栏板高度 600mm）。

4）重型仓栅式货箱高度：2600～3000mm（栏板高度 800mm）。

5）半挂车货箱高度：2600～3000mm（栏板高度 600mm）。

一个车辆公告下的货箱尺寸，允许有多个货箱高度、宽度、长度，以适应不同货物的需求；货箱的高度取决于底盘的高度，整车高度不超过 4m 时，底盘的高度越低，货箱的高度越高；微型、轻型货车的整车高度一般达不到 4m，主要是考虑整车协调性、风阻、重心高度以及行驶稳定性。

（2）货物有包装的仓栅式货箱容积和尺寸　有包装的货物，按照载质量、包装箱尺寸、货物密度来设计货箱的容积。

1）初步计算：载质量/货物密度（含包装箱）=货箱容积（不能超载）。

2）确定货箱宽度：

① 微型仓栅式货箱宽度：1600mm、1700mm。

② 轻型仓栅式货箱宽度：1800mm、2000mm、2200mm、2400mm、2550mm。

③ 中型仓栅式货箱宽度：2200mm、2400mm、2550mm。

④ 重型仓栅式（半挂车）货箱宽度：2550mm。

3）根据货物包装箱的宽度进行调整：货箱设计宽度/货物包装箱宽度=整数。不是整数时，调整货箱宽度至整数。

按照货物包装箱宽度的整数倍数确定货箱的宽度,且要保证在公告宽度的范围内。

注意: 要留有合理的间隙,否则有可能包装箱装不进去。

4)确定货箱高度:与货物无包装的仓栅式货箱高度相同。

① 货箱设计高度/货物包装箱高度 = 整数。不是整数时,调整货箱高度至整数。

② 按照货物包装箱高度的整数倍数确定货箱的高度,且要保证在公告高度的范围内。

5)确定货箱长度:

① 根据货箱的容积、高度、宽度初步确定货箱的长度:货箱长度 = 容积/(高度×宽度)。

② 根据货物包装箱的长度进行调整:货箱的计算长度/包装箱长度 = 整数,即为合适。否则调整为整数(在公告长度的范围内)即,包装箱长度×(计算后调整的)整数 = 货箱长度

6)确定货箱的尺寸:长度、宽度、高度、容积。货箱的尺寸首先利用公告尺寸进行选择、调整;其次利用货箱的厚度进行调整;如果都不合适,就要新上公告。

2. 推荐仓栅式货箱结构形式

仓栅式货箱有多种结构,应根据客户运输要求进行推荐。

(1)推荐结构 根据装卸方式不同,有顶部开启式、后开门式、边(多)开门式结构。

1)吊车装卸:推荐后开门、顶部开启式。

2)机械装卸:推荐多开门式。

3)人工装卸:既可以推荐后开门,也可以推荐多开门。

(2)推荐产品 不同类别、产品下,以时代品牌、欧曼品牌仓栅车为例进行推荐。

1)时代品牌仓栅车,有单排、排半、双排车身,如图7-5所示。

图7-5 时代品牌的轻型、中型仓栅车

2)欧曼品牌重型仓栅车有4×2、6×2、8×4等多种形式,车身也有多种结构可选,如图7-6所示。

3. 推荐边开门的宽度

(1)大于机械装卸的最小宽度 机械装卸时,开门的宽度一定要大于料斗或叉车的最小装卸货宽度。例如,运煤装载机卸货:5t装载机的料斗最小宽度为3m,其开门宽度一定要大于3m。

(2)大于货物的最小宽度 当运输固定货物,货物包装尺寸较大时,开门宽度一定要大于货物的包装箱宽度。

图 7-6 欧曼重型仓栅车

4. 推荐货物固定方式与固定结构

（1）客户确定货物的固定方式

1）货箱直接固定货物：货物有包装或形状规则、尺寸一定，用货箱的前门、边板、后门和顶盖就能有效地固定货物。

2）货物装在集装箱中，货箱固定集装箱。

3）货物装载托盘上，货箱固定托盘。

4）货物不规则，需要单独固定。

（2）确定货物固定结构

1）货箱固定货物时的结构：货箱直接固定货物时，货箱必须承担货物的前后、左右冲击。要求货箱立柱、边梁相对加强。

2）货箱固定集装箱时的结构：用货箱固定集装箱时，一种方法是与货箱固定货物时相同；还有一种是将集装箱固定在货箱的底板上，集装箱的结构同铁路或船运集装箱。

3）固定托盘的结构：把托盘固定在货箱的底板上。

4）多货物运输、不规则货物运输的固定：

① 将货物固定在货箱底板上。

② 用固定网进行固定：固定网固定货物，货箱拉紧固定网。

③ 用横杆、竖杆对货物进行固定。

推荐的货物固定方式与固定结构如图 7-7～图 7-14 所示。

5. 推荐货箱能够实现的其他功能

1）货箱门具有防盗功能。

2）整车具有电子围栏功能。

3）货箱用篷布的固定方式：人工固定、机械固定、液压固定、电动固定等。

6. 推荐专用仓栅车

（1）牲畜、家禽运输车　由于运输的货物在路上需要吃、喝、拉，所以车辆应该具备：

第七章 商用车推荐方法

  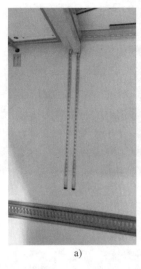 

a)　　　　　　　　b)　　　　　　　　　　　　a)　　　　　　　　b)

图 7-7　托盘的固定　　　　　　　　　　　图 7-8　分区域的固定方式

a) 固定孔　　　b) 固定横杆　　　c) 竖杆

图 7-9　同时运输多种货物时的固定　　　　图 7-10　集装箱的固定

a)　　　　　　　　b)　　　　　　　　c)

图 7-11　不规则货物的固定

 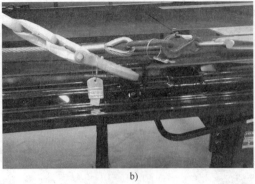 

图 7-12　各种固定钩结构

图 7-13　大型结构件的液压固定装置　　　　　图 7-14　货物装入固定架

1) 分层运输功能。
2) 有动物喝水、吃食的功能。
3) 动物粪便收集、冲洗的功能等。
4) 必要时还要有让动物走上车的功能（走梯）。
5) 防止动物跑出来的功能。
6) 防止拥挤的功能。
7) 其他有利于让动物安静、免受惊吓、接受运输的功能。

（2）焦炭运输车　客户需求一辆载质量超过 30t，最好 35t 的仓栅式焦炭运输车。怎么向客户推荐？

1) 推荐车辆类别：载质量超过 30t 的车，只有重型货车，因此推荐车辆类别为重型货车。
2) 载质量超过 30t 的重型货车只有 6 轴的半挂牵引车（允许总质量 49t，载质量超过 30t），因此推荐六轴牵引列车。
3) 焦炭的密度为 $0.4 \sim 0.5 t/m^3$。
4) 6×4 牵引车 +3 轴半挂车的整备质量为 14t。
5) 求得载质量：49-14 = 35t。
6) 求得货箱容积：$35/0.4 = 87.5 m^3$；
7) 求货箱尺寸：已知宽度 2.45m、长度 12.8m，则高度 = 87.5/(2.45×12.8) = 2.8m。车辆底板高度 1.2m + 货箱高度 2.8m = 4m，车辆没有超高，符合公告。
8) 选择货箱边门的宽度、数量：车辆采用料斗自动装车，装载机卸车，装载机型号为 5t，料斗宽度为 3m。则 12.8/3 = 4.26 个门，修正为 4 个门。门的宽度分配为 12.8/4 = 3.2m，满足需求。

最后确定为7开门（边门6个对开+后门1个），边门宽度3.2m。

9）最后确定的车辆基本参数是：

① 运输货物：焦炭（普通货物）。

② 车辆性质：普通货物运输车。

③ 车辆类别：重型货车。

④ 车型：仓栅式牵引列车。

⑤ 产品：6×4牵引车+3轴半挂仓栅车。

⑥ 货物密度：0.4~0.5t/m³。

⑦ 载质量：35t。

⑧ 载方量：87.5m³。

⑨ 货箱尺寸：长12.8m（外长13m）、宽2.45m（外宽2.55m）、高2.8m（车高4m）。

⑩ 普通仓栅半挂车：整备质量6t。

⑪ 欧曼6×4牵引车：整备质量8t（含导流罩、400L油箱、二人、鞍座、备胎、随车工具一套）。

注： 在满足使用要求的前提下，不做材料推荐。如果追求整备质量时，推荐铝合金材料。

三、厢式车货箱的推荐

1. 厢式车的分类

（1）按照功能分类　厢式车按照功能可以分为运输用厢式车、作业用厢式车两类。

1）运输用厢式车：

① 整体式厢式车，是指货箱同驾驶室连成一体的厢式车，也叫客箱式，如图7-15所示。

② 分体式厢式车，也叫货箱式厢式车，是指货箱封闭独立，同驾驶室分开的厢式车，如图7-16所示。

图7-15　整体式厢式车

图7-16　分体式厢式车

本书主要讲货箱式厢式车，向客户推荐客箱式厢式车时可以参考。

2）作业用厢式车　主要有电视转播车、广告车（图7-17）、厕所车、淋浴车、休息车、救护车、流动商贩车（图7-18）等。

图7-17　时代品牌广告车

图7-18　时代品牌的流动商贩车

(2) 按照结构分类　厢式车按照结构可以分为普通货物运输厢式车、专用厢式车两类。

1) 普通货物运输厢式车分为客车车厢厢式车（城市物流）和公路运输厢式车（中长途物流运输）。

2) 专用厢式车分为：

① （单温、多温）冷藏车、保鲜车。

② 翼展式厢式车。

③ 顶盖开启式厢式车。

④ 多箱式（容积可变，多用于冷藏车）厢式车。

⑤ 多层式厢式车。

⑥ 篷布式厢式车（侧面、顶部都是篷布）。

⑦ 自卸式厢式车（图7-19），包括液压自卸、机械自卸（图7-20）、输送带式自卸车（梁山已有生产）和卷帘式自卸车（国外已有，用于粮食等轻抛货物运输等）。

图 7-19　自卸式厢式车

图 7-20　厢式车的机械卸料装置

(3) 按照是否带装卸尾板分类　货箱式厢式车按照是否带装卸尾板又分为两类，即有装卸功能的厢式车（图7-21）和没有装卸功能的厢式车。

卸货方式为人工卸货时，推荐带有装卸功能的厢式车。

图 7-21　带尾板的厢式车

本书主要介绍普通货物运输厢式车中的公路运输厢式车的推荐（选择）方法。

2. 推荐货箱容积和尺寸

同仓栅车一样。

3. 推荐（选择）货箱结构（开门）形式

(1) 根据需要运输的货物对货箱的要求推荐（选择）货箱结构

1) 运输过程中需要货箱密封时，推荐（选择）少开门结构。

2) 运输过程中不需要货箱密封时，可以推荐（选择）多开门结构。

3) 运输过程中不需要货箱密封时，可以推荐（选择）篷布式结构（整备质量轻）。

（2）根据装卸方式推荐（选择）货箱结构

1）吊车装卸：推荐（选择）顶部开启+后开门结构。

2）机械装卸：推荐（选择）后开门（微型货车）、三开门（轻型货车）、多开门（重型货车、中型货车）。

3）人工装卸：推荐（选择）后开门+后尾板结构。

4）机械装卸：推荐（选择）翼展箱结构最方便装卸。

4. 推荐产品

不同类别、产品下，时代、欧曼厢式车推荐如图 7-22 和图 7-23 所示。

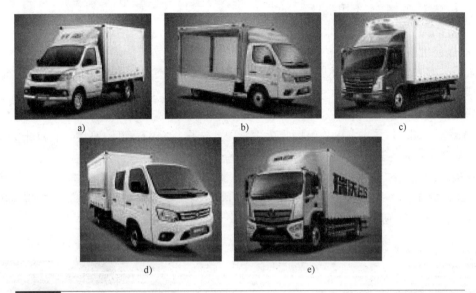

图 7-22　福田时代的厢式车

图 7-23　欧曼厢式车

5. 推荐（选择）箱板结构

（1）单层结构　厢式车只要求有防雨、防风、防盗的基本功能时，推荐单层结构，如图 7-24 所示。

（2）双层结构　当货物需要货箱固定及保温时，推荐双层箱板厢式车，如保鲜车、鸡蛋运输车等。

（3）带保温层的双层结构　当需要货箱保温时，推荐带保温层的双层箱板厢式车，如冷藏车等。带保温层的箱体结构推荐如下（仅供参考）：

1）整体式结构（不推荐）：整体式冷藏、保温车货箱按其填充隔热材料方式的不同可分为整体骨架式和整体隔热层式两种。

2）整体骨架式结构（不推荐）：整体骨架式结构货箱适于聚苯乙烯泡沫板块填充或聚氨酯泡沫喷涂工艺。

图 7-24　时代品牌单层箱板的厢式车

3）"三明治"结构（推荐）："三明治"结构即内外蒙皮为玻璃钢板，中间夹层为泡沫板隔热材料，在玻璃钢板与泡沫板之间加入黏合剂，通过真空加压，使内外玻璃钢板与泡沫板充分粘结，固化而形成一体。

4）全封闭聚氨酯板块结构（推荐）：全封闭聚氨酯板块结构类似于"三明治"板块结构，内外蒙皮为玻璃钢板，中间夹层为聚氨酯发泡隔热材料，在玻璃钢板与聚氨酯板块间填充有高强度聚氨酯黏结剂，通过真空加压，使内外蒙皮与隔热材料固化成为一体，同时四侧用高强度胶将玻璃钢板与聚氨酯泡沫材料粘合在一起，形成一种封闭性板块。

6. 推荐（选择）箱板材料

（1）外面板

1）铝合金箱板：美观、整备质量轻，基本不用维护。

2）不锈钢板：美观、基本不用维护。

3）镀锌瓦楞钢板：价格相对较低。

4）瓦楞钢板：价格低。

（2）内面板　客户可以根据需要自行选择铝合金箱板、木（五合）板（重量轻，易于维修）、镀锌板以及不锈钢板等。

7. 推荐货物的固定方式

厢式车运输货物的固定方式多以货箱固定为主，因此选择货箱的宽度、高度、长度十分重要。

当用其他固定方式时，其推荐（选择）的方式同仓栅车。

8. 推荐轻量化的自卸车结构

目前，轻型自卸车整备质量轻量化较难，这是业内共识，吴富强先生提供了一套解决方案（有专利）以供参考，如图7-25所示。

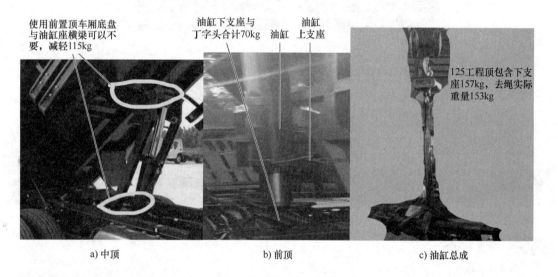

a) 中顶　　　　　b) 前顶　　　　　c) 油缸总成

图7-25　中顶油缸换前顶油缸

这套方案不仅能够减重，还可以节约成本，提高经销商的利润。2850～3000mm轴距自卸车减重方案与成本合计见表7-11。

表7-11　2850～3000mm轴距自卸车减重方案与成本合计

序号	减重项目	减重分量	改进前后对比	实际减重/kg	节省成本/元	金额/元	备注
1	大梁200腹高	4mm	原来是7mm，使用4mm减重68kg	68	68×9	612	如果不是前置顶，在举升过程中容易大梁受损。使用前置顶能有效解决大梁厚度减薄的问题实现轻量化

(续)

序号	减重项目	减重分量	改进前后对比	实际减重/kg	节省成本/元	金额/元	备注
2	125 工程顶	153kg	125 工程顶加放大器采购价格3200元左右。前置顶油缸加上下支座价格1700元左右，前置顶油缸加上下支座合计重量70kg	83	3200-1700	1500	价格优惠，成本降低
3	中间横梁与车厢底部放大器链接横梁	115kg	在使用前置顶的前提下，一根横梁就够了，车厢大梁可以减轻20kg	135	135×9	1215	减轻重量，降低成本
4	后尾部横梁加翻转座	80kg	后尾横梁与翻转座一体化结构，使用一根就能解决	80	80×9	720	
5	以上减重车型适用于2800~3000mm自卸轴距			合计366		合计4047元	

注：1. 90 双顶 40kg×2 =90kg，加上两根横梁加固、四个支架，油缸头顶在车厢底部横梁，车厢大梁减轻，合计重量约170kg左右，使用前置顶重量70kg减重100kg。

2. 与工程顶对比，前置顶可以达到重量减轻，承载力不减，成本降低，使2800~3000mm轴距上牌标准成为可能。

3. 不管是双顶还是工程顶，与前置顶相比较下，前置顶优势更加明显，真正能实现降本增效。

注： 本方案未经大批量生产。试装车试验两年，没有问题，作者认为值得推荐。本方案专利发明人为吴富强。如有需要，请与专利人或本书作者联系技术转让或合作。

第二节 底盘/牵引车配置的推荐方法

一、自卸车底盘配置的推荐

本节主要讲解不同场景下，底盘配置的推荐。

1. 车辆公告的推荐

1）在城市中行驶，推荐专用车：运输城市建设用材料、建筑垃圾、生活垃圾等货物。

2）行驶的主要道路是公路，推荐自卸车：进行公路、铁路、桥梁、水利、农村等建设，运输建筑材料等。

3）主要在矿山、厂区内行驶，推荐专用运输机械：进行矿山剥离、开采、矿石、矿粉的运输，厂区内进行炉渣、原料、半成品的运输等。不用汽车牌照、不用年审、节省车辆购置税、保险费用低。

2. 前、后桥及悬架的推荐

（1）"重载上坡"时推荐车辆

1）这种车辆一般是短途运输，在自卸车的使用过程中出现较多。

2）车辆使用特点：重载上坡时，车辆重心后移，致使前桥受力小，后桥受力大；后板簧和后桥易损坏；严重时会导致转向失灵。

3）这种车辆在设计时，一定要使设计重心前移，缩短车辆的后悬。

4）目前在设计这种车辆时，更多的是加强车辆的后桥和后悬。

（2）"重载下坡"时推荐车辆

1）这种车辆一般是短途运输，在自卸车的使用过程中出现较多。

2）车辆使用特点：重载下坡时，车辆重心前移，致使前桥受力大，后桥受力小；前板簧和前桥易损坏；严重时会导致转向沉重。

3）这种车辆在设计时，一定要使设计重心后移，加长车辆的后悬。

4）目前在设计这种车辆时，更多的是强化前桥、前悬和转向系统。

（3）自卸车载重时前、后桥及悬架的推荐方法　自卸车载重时，在不同的道路坡度下，前、后桥及悬架推荐方法见表7-12。

表7-12　前、后桥及悬架推荐

序号	载重时道路坡道	选择配置		备注
		需要强化的配置	强化配置的内容	
1	载重上坡	后桥及悬架	强化悬架（加厚板簧、平衡轴）、使用加强的后桥（比整车配置的后桥加大一个型号，如正常配置的后桥是10t级，载重上坡时应配置11.5t级）	在购买时加以说明
2	载重下坡	前桥及悬架、转向系统	强化悬架（加厚板簧）、加强的转向系统，使用加强的前桥（比整车配置的前桥加大一个型号，如正常配置的前桥是5t级，载重下坡时配置6.5t级或7.5t级；相应的转向系统配置也加强了）	在购买时加以说明

注：1. 载重上坡：表示装载货物运输时以上坡为主。
　　2. 载重下坡：表示装载货物运输时以下坡为主。
　　3. 也可以采用上坡时缩短后悬，下坡时加长后悬的方法。
　　4. 载重上坡时，车辆的中心会后移；下坡时车辆的重心会前移。
　　5. 其他车辆类别（微型货车、轻型货车、中型货车）推荐：加大一个型号的配置，如载质量5t的车载重上坡时，建议用载质量6t的后桥和悬架；以此类推。

如果采用重心后移或前移的方法，移动量的多少，要根据坡度的大小由技术人员计算，不可自行其是。

（4）正常道路行驶下推荐前、后桥　自卸车运输的货物季节性较强，不同的季节可能需要运输不同的货物。不同的货物密度相差较大，当都装满货箱时，密度大的货物就有可能会造成车辆超载，一定要注意提醒客户：不要超载。不同前桥和后桥的最大承载见表7-13和表7-14。车辆的总质量不要超过前桥和后桥的最大承载。否则车辆的故障就会增加、安全性降低。应特别注意！

表7-13　不同前桥的最大允许承载（仅供参考）

序号	型号	形式	标准承载/t	断面/mm×mm	制动器规格/mm×mm	最大承载/t	主要供应商
1	3t前桥	整体锻造	3	75×80	φ310×130	5	义和车桥
				70×87	φ360×130		
2	3.2t前桥	整体锻造	3.2	75×85	φ400×130	5	谷城车桥
3	3.6t前桥	整体锻造	3.6	78×95	φ400×130		
4	4.2t前桥	整体锻造	4.2	78×95	φ400×130		
5	5t前桥	整体锻造	5	90×104	φ400×130	8	
				90×103	φ400×130		
6	6.5t前桥	整体锻造	6.5	95×110	φ400×150		
7	7.5t前桥	整体锻造	7.5	90×120	φ400×160	11	安凯车桥

表7-14　不同后桥的最大允许承载（仅供参考）

型号	型式	标准承载/t	断面	转矩容量/N·m	从动齿直径/mm	制动器规格/mm×mm	主要传动比参数	最大允许承载/t
HF17030单桥	冲焊单级	6	110mm×110mm×8mm	14000	336	φ310×130	4.875/5.286	10
			110mm×120mm×8mm			φ360×130	4.875/5.286	
140单桥	冲焊单级	7	122mm×122mm×8mm	16600	380	φ360×130	5.571	12
	铸造单级		102mm×134mm			φ400×180	5.286/6.33/6.833	

(续)

型号	型式	标准承载/t	断面	转矩容量/N·m	从动齿直径/mm	制动器规格/mm×mm	主要传动比参数	最大允许承载/t
145 单桥	铸造单级	8	112mm×134mm	18000	380	φ400×180	5.286/6.33/6.833	14
1094 单桥	铸造单级	9	124mm×150mm	24000	410	φ400×180	5.875/6.33	16
153 单桥	冲焊单级	10	158mm×158mm×14mm	30000	435	φ410×180	6.166/5.571 /4.875/4.44	18
153 双桥		10×2	158mm×168mm×16mm	30000×2		φ410×180		36
457 单桥	冲焊单级	11.5	150mm×160mm×16mm	40000	457	φ400×200	6.33/5.833/5.286 /4.875/4.444	20
457 双桥		11.5×2	150mm×160mm×16mm	40000×2		φ400×200 φ410×220		40
468 单桥	冲焊单级	13	146mm×160mm×16mm	45000	468	φ410×220	5.571/5.286 /4.875/4.444/4.11	20
485 单桥	冲焊单级	13	160mm×160mm×16mm	55000	485	φ410×220	5.286/4.625 /4.111/3.7	22
485 双桥		13×2		55000×2				44
Steyr 单桥	冲焊双级	13	130mm×130mm×16mm 130mm×150mm×16mm	80000	300	φ420×185 φ420×200	6.72/5.73 /4.8/4.38	20
Steyr 双桥		13×2	130mm×150mm×16mm	80000×2				40
Steyr 单桥	冲焊双级加强型	13	130mm×130mm×20mm 130mm×150mm×20mm	80000	300	φ420×185 φ420×200	6.72/5.73 /4.8/4.38	22
Steyr 双桥		13×2	130mm×150mm×20mm	80000×2				44
Steyr 单桥	铸钢双级	13	150mm×170mm×20mm 150mm×170mm×20mm	80000	300	φ420×185 φ420×200	6.72/5.73 /4.8/4.38	25
Steyr 双桥		13×2	150mm×170mm×20mm	80000×2				50
奔驰单桥	铸铁双级	13	—	80000	—	—	6.73/5.92 /5.26/4.64	25
奔驰双桥	铸铁双级	13×2	—	80000×2	—	—		50

3. 动力和后桥传动比的推荐

比功率是衡量汽车动力性能的一个综合指标，具体是指汽车发动机最大功率与汽车总质量之比。一般来讲，对同类型汽车而言，比功率越大，汽车的动力性越好。

GB 7258—2017《机动车运行安全技术条件》规定：低速汽车和拖拉机运输机组的比功率不低于4kW/t，其他车辆（除电动汽车）比功率不低于5kW/t。这里指的是最大净功率（0.9倍的发动机额定功率或0.9倍的发动机标定功率）。

JT/T 1178《营运货车安全技术条件》规定：载货汽车（电动汽车除外）的比功率应大于或等于6kW/t。

为了方便起见，不论额定功率或标定功率都使用6kW/t。

（1）推荐车辆动力　按照比功率6kW/t推荐车辆动力：实际车辆总质量×6×1.36 = 车辆最小马力。例如车辆实际总质量是49t，则车辆最小马力是400马力。

（2）推荐发动机动力与后桥传动比　综合考虑不同载重、地形、道路下，推荐发动机动力与后桥传动比见表7-15。

4. 空调、暖风、空滤器的推荐

在不同的气候条件、不同的空气质量下，对车辆空调、暖风、空滤器的要求是不同的，具体推荐方案见表7-16。

5. 驾驶室的推荐

不同运输距离、装卸等待时间下，驾驶室的推荐见表7-17。

表 7-15 发动机动力、后桥传动比的推荐表

序号	配置	标准工况	非道路专用运输机械，载重变化增加		地形变化增加			道路增加		备注
			超载增加	重载增加	丘陵增加	山区增加	高原增加	高速公路增加	乡道/无道路增加	
1	发动机动力	车辆在平原、国道/省道/县道、70km 速度行驶，建议按照每 1000kg 总质量/6kW（8 马力）为标准	1000kg 总质量/1kW（1.36 马力）	1000kg 总质量/2kW（2.7 马力）	1000kg 总质量/1kW（1.36 马力）	1000kg 总质量/2kW（2.7 马力）	1000kg 总质量/1kW（1.36 马力）	1000kg 总质量/1kW（1.36 马力）	—	后桥传动比不变时
2	后桥传动比	在动力不变的情况下（标准传动比设定为 4）	1	2	1	2	0	0	1	动力不变时

注：1. 在推荐车辆配置时，动力和后桥传动比成反比。也就是说，总质量不变时，动力越大，后桥传动比就可以越小，速度就越快。

2. 非道路专用运输机械，在总质量一定时，动力不变，重载、超载时，就只能降低速度，或者说加大后桥传动比。

3. 以标准工况的配置为标准，后桥传动比不变，速度不变，动力的增加是叠加的。即设定条件为极限：超载 + 山区 + 高原 + 高速公路，动力就要增加 6kW（2 + 2 + 1 + 1）。每 1000kg 总质量需要 12kW 的动力。

4. 反之，非道路专用运输机械，如果不是超载、山区、高原，动力也达到了每 1000kg 需要 12kW，就可以减小后桥传动比，提高速度。

5. 在动力不变的情况下，传动比的增加也是叠加的，即设定条件为极限：超载 + 山区 + 无道路，传动比就要增加：2 + 2 + 1 = 5，即传动比到 9，后桥传动比没有到 9 的，就要增加动力。

6. 超载：非道路专用运输机械，实际载质量大于标定总质量，小于车 + 货物总质量的 30%。

7. 重载：非道路专用运输机械，车 + 货物的总质量大于标定总质量 30% 以上，即是重载。

8. 高原：海拔大于 2000m 以上为高原。如果在青藏高原运输，建议增加 2kW/1000kg。

9. 轻型货车、微型货车的动力与后桥传动比也是成反比的，在选择车辆时用同样的推荐方法，只是比功率不一样而已。车辆越小，比功率越大；微型货车、轻型货车的比功率也有一定的规律。

10. 公路运输型、城市专用型自卸车不允许超载。

11. 非道路专用运输机械：是指矿山剥离、开采使用的（或工厂内使用的）专用运输机械。不能用于公路或城市运输。

表 7-16 空调、暖风、空滤器的推荐表

序号	区域气候选择	配置推荐							是否沙尘环境	空滤器配置推荐
		金属漆	普通漆	空调	暖风	独立空调	独立暖风	耐蚀性货箱材料		
1	热带	√		√		√		√	清洁空气	纸质空滤器
2									浮尘	沙漠空滤器
3									扬沙	纸质 + 沙漠空滤器
4									沙尘暴	沙漠空滤器 + 油滤器
5	温带	√	√（可选不推荐）	√	√	√	√		清洁空气	纸质空滤器
6									浮尘	沙漠空滤器
7									扬沙	纸质 + 沙漠空滤器
8									沙尘暴	沙漠空滤器 + 油滤器
9	寒带	√	√（可选不推荐）	（不推荐）	√	（不推荐）	√		清洁空气	纸质空滤器
10									浮尘	沙漠空滤器
11									扬沙	纸质 + 沙漠空滤器
12									沙尘暴	沙漠空滤器 + 油滤器

表 7-17 驾驶室推荐表

序号	选择要素			驾驶室选择		备注
				单排	排半	
1	运输距离	长途	100km 以上		√	
2			50~100km		√	
3		中途	50km 以下		√	
4			20km 以上		√	
5		短途	10~20km	√（推荐）		
6			10km 以下	√（推荐）		
7		点运输	5km 以下	√（推荐）		
8	装卸货等待时间	长			√	
9		短		√		
10	产品	4×2		高顶带天窗	高顶带天窗	
11		6×4、8×4			平顶	
12		12×4 半挂牵引车			高顶带天窗	

注：当驾驶员不需要休息，也不需要二人轮流驾驶时，选择单排驾驶室可以降低价格，缩短轴距（或者加长货箱）。

6. 针对驾驶员关心的功能、性能进行配置推荐

（1）关心安全 推荐行驶部分、制动系统的配置。

1）行驶部分的配置高：发动机、离合器、变速器、前后桥等质量好、故障率低。

2）制动部分配置高：

① 缸、泵、阀、管采用高端品牌，质量好，三包时间长。

② 制动器采用前盘后鼓。

③ 有跟车系统，车辆靠近自动报警功能。

④ 有危险自动制动系统。

⑤ 有防抱死、防侧滑、雪地行驶等功能。

⑥ 带发动机排气制动。

⑦ 重型货车重载下坡、行驶的道路以高速公路为主时，带液力缓速器辅助制动。

⑧ 微型货车、轻型货车制动器推荐前盘后盘。

⑨ 中型货车重载时，制动器参考重型货车；运输轻抛货物时参考轻型货车。

3）线束/灯光系统配置高，保证夜间行驶、雨天、雾天行驶安全。

① CAN 总线模式。

② LED 灯具。

③ 随动前照灯。

（2）关心人机工程好、噪声低、驾驶平顺性、操纵稳定性好 推荐驾驶室配置、转向系统配置、排气系统配置推荐见表 7-18。

表 7-18 驾驶室配置、转向系统配置、排气系统配置推荐

驾驶室	转向系统	排气系统
平地板驾驶室 摄像式+全景可视后视系统 倒车雷达 性能指标电子显示系统 危险驾驶（瞌睡、注意力不集中、跑偏、车辆危险靠近）自动报警系统 800mm 以上的卧铺 密封性好 全浮驾驶室 无道路运输车辆、专用运输机械推荐半浮驾驶室	高端品牌的方向机，三包时间长 行驶稳定性好，有自动跑偏报警系统及纠偏系统 有巡航功能 有 L2、L3 自动驾驶功能	急速状态下，车外噪声低于 85dB

（3）关心驾驶舒适性　推荐座椅装置、音响系统、变速操纵系统。

1）气囊座椅。

2）立体声音响系统。

3）自动变速器。

（4）关心行车安全、防盗　推荐"锁"。

1）驾驶室遥控锁。

2）防盗油箱。

3）防盗尿素箱。

4）防盗工具箱。

5）带电子围栏系统，保障车辆和货物安全。

（5）关心维修、保养简单　推荐保养系统。

1）车辆设有日常自动保养装置。

2）车辆配备保养工具。

3）车辆配备检查工具。

4）车辆配备简单故障维修工具。

5）厂家有"TCO托管服务"，客户交钱加盟后，维修、保养（不包括日常保养）全部免费。

6）厂家有配件系统。

7）厂家有维修服务体系，在任何地点确保1h到位。

（6）关心配件购买方便性　推荐配件服务体系。

1）配件社会通用率（和其他品牌同类产品通用）达到80%以上。

2）有服务站针对客户车辆的配件保证。

3）社会配件店能够保证配件供应。

4）经销商能够保证配件供应。

5）任一地点到达服务站、配件店、经销商的距离不超过50km。

6）配件不到位有承诺补偿。

（7）针对维修及时性　推荐服务体系。

1）有服务、配件APP。

2）有远程故障诊断系统。

3）有应急救援系统。

4）延时维修赔偿承诺。

5）有投诉渠道。

7. 根据顾客（货主）关心的问题　进行相关配置推荐

根据顾客（货主）对运输的各类要求，进行相关配置的推荐，见表7-19。

表7-19　根据顾客（货主）对运输各类要求的相关配置的推荐

序号	货主对运输的要求		货主要求对应的配置	配置推荐/选择
	要求分类	具体要求		
1	装货要求	按方装货	法规、货箱、底盘	实际整备质量≤公告整备质量；同车型载质量、货箱最大；主要用于轻抛（密度小1t/m³）货物运输
2		按重量装货	法规、货箱、底盘	实际整备质量≤公告整备质量；同车型动力、后悬、后桥、实际载质量、货箱最大；按照载质量/密度=货箱体积。做到载质量最大。主要用于重货（密度大于1.5t/m³）货物运输

(续)

序号	货主对运输的要求		货主要求对应的配置	配置推荐/选择
	要求分类	具体要求		
3	装货要求	按方、按重量装货	法规、货箱、底盘	实际整备质量≤公告整备质量；按照载质量/密度＝货箱体积。做到载质量×方量＝(相对)最大。主要用于一般货(密度为0.8~1.2t/m³)货物运输
4		按车装货	货箱、底盘	货箱最大，方量最大；底盘动力、变速器、后桥最大(不要求整备质量低)，载质量最大。主要用于固定场地和短途运输
5	装货方法要求	机械装	货箱抗冲击	货箱抗冲击：U型货箱
6		人工装	底盘低，装货方便	底盘重心低、底盘低，采用无副梁结构
7	固定要求	无	无	无
8	运输要求	不能抛、飘、洒	货箱	有盖，或者用篷布密封
9		不能漏	货箱	货箱门必须进行密封设计，不能漏料
10		不能淋雨	货箱	货箱四边和顶盖要密封，不能淋雨、漏雨
11		不能日晒	货箱	有盖，或者用篷布密封
12	卸货要求	指定地点、位置卸货	液压系统	在软地基卸货，应有卸货后支撑装置(后支撑油缸)
13		速度要快	液压系统	液压系统举升角要满足要求，举升速度快、举升平稳
14		卸货干净	货箱	货箱不粘连，一次举升卸得干净。推荐货箱内衬板
15		卸货安全	液压(操纵保护)系统	有卸货禁止行走装置，卸货后支撑装置，确保卸货过程不行驶、不侧翻、不后翘
16	安全要求	装货安全	装货警告系统	装货警告灯
17		运输安全	液压系统	有防止误操作系统和防止行驶举升系统
18		货物有保险	有货物保险	保险额大于货物价值
19		防盗	锁系统	电子围栏
20	货物保护要求	无	无	无
21	运输量要求	每趟完成规定的运输量	底盘	动力系统、离合操纵系统、变速操纵系统、传动系统、前桥系统、后桥系统质量好、可靠性要高
22		每天完成规定的运输量		与行驶有关的系统，配件购买方便
23		每月完成规定的运输量		服务站能够提供上门保养、维修
24		每年完成规定的运输量		
25	运输时间要求	按照计划时间装	底盘	同运输量要求
26		按照计划时间运		
27		按照计划时间卸		
28	运输质量要求	按照计划，不能少方量	底盘、货箱、液压系统	同运输量要求、运输要求、卸货要求、安全要求
29		按照计划，不能少质量(重量)		
30		按照计划，不能少趟数/天		
31		按照计划，不能少天数/月		

(续)

序号	货主对运输的要求		货主要求对应的配置	配置推荐/选择
	要求分类	具体要求		
32	管理要求	装、运、卸计划、时间记录	车队管理系统	有行驶记录仪、北斗管理系统、车队管理系统、计量传感器、计数器等记录仪器
33		装、运、卸计划、数量记录		
34		装、运、卸计划、次数记录		
35		装、运、卸计划、天数记录		

8. 针对客户（车主）关心的问题进行配置推荐

在满足客户（车主）要求下，自卸车相关配置推荐见表7-20。

表7-20　满足客户（车主）要求的自卸车相关配置推荐表

序号	（装得）多		（装、固、运、卸）快、运输效率高		质量好、故障少、出勤率高		费用省、成本低		残值高、卖得快	
	要求对应的配置	配置推荐	要求对应的配置	配置推荐	要求对应的配置	配置推荐	要求对应的配置	配置推荐	要求对应的配置	配置推荐
1	底盘	整备质量最轻	底盘	发动机转矩大；提速快、爬坡快、制动好	底盘	参见表7-24相关内容	保养费用低	保养间隔里程长（推荐5万km/次）；保养价格低；服务站能免费上门保养；有同车辆不同品牌配件、工时价格对比表	社会保有量（大）	同类产品全国销量前五名
2	货箱	货箱体积最大	货箱	不粘连	货箱	焊接牢固，焊缝大、不开裂；货箱不变形	维修费用低	三包时间、里程长；配件价格低；服务站能免费上门维修；维修工时费低；有同车辆不同品牌配件、工时价格对比表	车辆外观	油漆明亮（金属漆）；外露部位没有生锈；货箱没有变形、开裂、凹陷；整车没有缺件、坏件
3			液压系统	速度快、平稳、安全。其他同表7-24相关内容	液压系统	缸、泵、阀、管，质量好	油耗低	发动机油耗：<190g/kW·h；车辆实际油耗：<0.7L/100km·t	车辆底盘	配置高（发动机、变速器、桥）；性能良好；功能齐全，没有跑冒滴漏现象；轮胎不吃胎、不偏磨；发动机怠速不冒烟
4					配件购买	针对关心配件购买方便性，推荐配件服务体系	轮胎成本低	不偏磨；不吃胎；不跑偏；安装制动防抱死装置；排气制动、缓速器		
5					维修	针对维修及时性，推荐服务体系	购买价格低	同配置、功能、性能、价格低；有不同品牌价格对比表；有老客户优惠；有批量优惠；有团购优惠		

注：1. 装得多：货箱体积大、允许载质量大。
　　2. 跑得快：提速性能好，制动性能好。
　　3. 好：质量好，出勤率高。
　　4. 省：油耗低；维修、保养、保险成本低。
　　5. 高：残值高。

9. 保证车辆符合标准、法律、法规的要求

确保车辆能够正常上牌，或者保证给车主上牌。

二、其他车型底盘配置的推荐

其他车型底盘配置可参考自卸车底盘的推荐方法，除此之外，在长途运输时，驾驶员还关心生活设施是否具备，比如车辆是否配置有热水器、电冰箱、微波炉等。因此推荐：

（1）长途运输 一次运输经过的区域较多时（有少雨地区、多雨地区、下雪较多的地区等），驾驶员对轮胎比较关心。这时就要进行轮胎的推荐：

1）针对要求整备质量低的，推荐无内胎轮胎、单胎/铝合金轮辋。

2）针对在寒带区域行驶较多的车辆，推荐雪地胎。

3）针对在热带（雨水较多）区域行驶较多的车辆，推荐夏季胎或四季胎。

4）推荐低压胎。

（2）高速（大于70km/小时）行驶的车辆 对于高速行驶的车辆，推荐在车辆驾驶室顶部增加导流罩，以减小空气阻力和降低燃油消耗。

（3）以高速公路为主要行驶道路的车辆 推荐液力缓速器，液力缓速器能提高行驶速度，降低油耗、降低轮胎磨损。

（4）城市物流配送车辆 推荐新能源（插电式）车辆，在市区行驶不受限制，运营成本低。

（5）固定线路运输车辆 首推LNG/CNG，运营成本低。

第三节 利用单一要素推荐车辆的方法

一、根据客户需求的关键指标推荐车辆

正常情况下，可以根据客户的关键需求指标推荐车辆，其他功能、性能指标在关键需求满足的情况下，进行相应的匹配。

1. 根据载质量（总质量）推荐车辆

按照载质量、总质量推荐车辆，其产品组合见本书第六章相关内容。

（1）如果客户需要在有限行条件的城市内进行运输

1）如果限行条件是白天不允许载质量超过750kg的商用车行驶，而客户需要在白天运输，就要推荐微型货车。

2）如果限行条件是不允许总质量超过4500kg的商用车行驶，而客户又需要在城市内运输，就要推荐轻型货车（总长度小于6m的车辆可以不用办理营运证、上蓝牌，允许在城市中行驶）。

（2）如果客户需要载质量1500kg（总质量3500kg）以下的商用车 推荐小型货车，介于微型货车和轻型货车之间。

（3）如果客户需要载质量2000kg（总质量4500kg）以下的商用车 推荐轻型货车。

（4）如果客户需要载质量6000kg（总质量12000kg）以下的商用车 推荐中型货车。

（5）如果客户需要载质量9000kg（总质量18000kg）以下的商用车 推荐二轴重型货车。

（6）如果客户需要载质量大于9000kg（总质量大于18000kg）的商用车 推荐三轴以上的重型货车。

（7）举例 客户要购买一辆载质量2000kg以下的厢式车。如何推荐？

1）参考栏板货车、厢式车、仓栅车及其他运输型车辆产品组合，推荐轻型货车2：载质量1928kg，总质量4500kg，整备质量2572kg。

2）推荐动力、货箱：

① 参考轻型货车分产品线的产品组合，推荐动力。

② 以货箱尺寸为依据，依据时代轻型厢式、仓栅车产品组合，推荐货箱。

3) 依据货物的包装尺寸确定货箱的具体尺寸。

4) 推荐货箱的材料、形式。

5) 推荐货物的固定方式、安全、防护方式。

6) 推荐轮胎，参考第六章第四节案例12 以轮胎规格为依据进行产品组合。

7) 车辆参数推荐如下：

① 载质量：1928kg。

② 动力：140kW，190ps。

③ 货箱尺寸：4200mm×2550mm×2300mm；内部尺寸：4100mm×2450mm×2200mm。

④ 货箱材料：外板选用铝合金；内板选用木板（五合板）。

⑤ 货物固定方式：货箱固定。

⑥ 轮胎：8.25R16LT。

2. 依据货箱尺寸和整车尺寸推荐车辆

（1）货箱尺寸 根据货物的长、宽、高尺寸的整数倍数，推荐相应货箱（长、宽、高）的尺寸。

（2）车辆尺寸 根据货箱尺寸选择车辆尺寸。

1) 货箱长度在2400mm以下的可以选择微型货车。

2) 货箱长度在4200mm以下的可以选择小型货车、轻型货车。

3) 货箱长度在6500mm以下的可以选择中型货车。

4) 货箱长度在6500mm以上的只能选择重型货车。

（3）推荐车辆 根据货箱长度建立产品组合，推荐车辆，详见第六章中的相关案例。

二、根据需要运输的货物推荐车辆

（1）根据货物性质推荐车辆类型

1) 当货物为普通货物时，多推荐（选择）普通货车。

2) 当货物为危险货物时，一定选择危险品运输车。

注： 危险品分为九类，不同的危险品用不同的危险品运输车（见表6-12）。

（2）根据货物形态推荐车型

1) 将货物形态进行分类：可分为固体、液体、气体、液化气体、活体等。

2) 不同的货物形态下，运输用车辆推荐：

① 固体：一般用栏板货车、自卸车、专用车（厢式车、仓栅车）。下面主要介绍固体货物运输车的推荐方法。

② 液体：一般用罐式车，再按照需要运输的载质量选择车辆类别，根据货物的性质选择罐体材料，其他参数的选择参见本节"根据载质量（总质量）推荐车辆"。

③ 气体：一般用罐式车、气瓶运输车（其他参数选择同上）。

④ 液化气体：一般用罐式车、液化气瓶运输车（其他参数选择同上）。

⑤ 活体：一般用厢式活体运输车（其他参数选择同上）。

（3）根据货物包装方式推荐车型细分

1) 货物有包装时，多推荐仓栅车、厢式车等。

2) 货物无包装时，多推荐栏板货车、仓栅车、自卸车。

3) 运输货物种类多，没有规律时，多推荐栏板货车。

（4）根据货物装卸要求推荐车型细分

1) 对装、卸方式都有要求时，多推荐栏板货车、仓栅车、厢式车、专用车等。

2) 对装、卸方式均无要求时，多推荐自卸车等。

3) 对装货方式有要求，对卸货方式无要求时，多推荐自卸车等。

4）对装货方式无要求，对卸货方式有要求时，多推荐栏板货车、仓栅车、厢式车、专用车等。

（5）根据货物装卸方式推荐车型和货箱

1）人工装卸时，多推荐带后尾板的厢式车、随车吊式运输车，或者低货台的厢式车、仓栅车、栏板货车等。

2）机械装卸时：

① 吊车装卸时，厢式车、仓栅车多推荐顶开式。

② 吊车装、机械（叉车、等）卸时，多推荐顶开式+多开门厢式车、仓栅车。

③ 机械装卸时，多推荐多开门式厢式车、仓栅车、低栏板货车。

（6）根据货物固定要求推荐货箱

1）当货物有固定要求时，多推荐仓栅车、厢式车。

2）当货物无固定要求时，多推荐自卸车（包括各种专用自卸车）。

（7）根据货物防护要求推荐货箱

1）当货物有防护要求时，多推荐（选择）仓栅车、厢式车、专用车。

2）当货物无防护要求时，多推荐（选择）栏板货车、自卸车。

举例：根据货物对运输的要求推荐车型

1. 推荐自卸车

当需要运输的货物无包装，且货物状态为松方、干密度，具有流动性时，可选择自卸车，见表7-21。

表7-21 适合自卸车运输的货物

货物分类	货物名称	货物的状态	货物的性质	密度/(t/m³)	运动安息角（°）	静止安息角（°）
公路、铁路建设车辆	水泥稳定土基层 水泥土	松方、干密度	流动性	1.75	35	45
	水泥砂、沙砾、碎石、石屑、石渣、碎石土、沙砾土	松方、干密度	流动性	2.05～2.2	35	45
	石灰稳定土基层、石灰土	松方、干密度	流动性	1.68	35	45
	石灰沙砾土、碎石土、土沙砾、土碎石、稳定土基层	松方、干密度	流动性	2.05～2.15	35	45
	石灰、粉煤灰稳定土基层、石灰粉、煤灰	松方、干密度	流动性	1.17	35	45
	石灰粉煤灰沙砾、碎石	松方、干密度	流动性	1.92～1.95	35	45
	石灰粉煤灰煤矸石、矿渣、砂、土	松方、干密度	流动性	1.45～1.7	35	45
	石灰煤渣土、稳定土基层、石灰煤渣	松方、干密度	流动性	1.28～1.48	35	45
	石灰、煤渣稳定土基层、石灰煤渣碎石、沙砾、碎石土、矿渣	松方、干密度	流动性	1.6～1.8	35	45
	水泥石灰稳定沙砾、碎（砾）石	松方、干密度	流动性	2.1	35	45
	粒料改善砂、黏土、土砂、砂土	松方、干密度	流动性	1.9～1.94	35	45
	土	松方、干密度	流动性	1.7	35	45
	级配砾石	松方、干密度	流动性	1.98～2.2	35	45
	沥青混凝土	松方、干密度	流动性	2.37	35	45
	黏土、土、砂土、砂、沙砾、天然沙砾、风化石	松方、干密度	流动性	1.25～1.3	35	45
	碎石、石屑、碎石土、石渣、砾石、沙砾、沙砾土	松方、干密度	流动性	1.45～1.65	35	45

(续)

货物分类	货物名称	货物的状态	货物的性质	密度/(t/m³)	运动安息角(°)	静止安息角(°)
煤炭运输车辆	无烟煤（干、小）、烟煤、无烟煤粉、烟煤粉、褐煤	松方、干密度	流动性	0.7~1.0	27~30	27~45
	泥煤（湿）、粉状石墨、泥煤、焦炭、木炭	松方、干密度	流动性	0.55~0.65	40	45~50
	无烟煤	松方、干密度	流动性	1.4~1.7		
矿山建设车辆	石头、碎石	松方、干密度	流动性	1.6-2.0	35	45
	土砂、砂土、黏土	松方、干密度	流动性	1.6-1.9	35	45
	石头、碎石、砂土、黏土	松方、干密度	流动性	1.6-2.0	35	45
矿山开采车辆	磁铁矿	松方、干密度	流动性	2.5~3.5	30~35	40~45
	赤铁矿、褐铁矿	松方、干密度	流动性	2.0~2.8	30~35	40~45
	硫铁矿（块）	松方、干密度	流动性	—	—	45
	锰矿	松方、干密度	流动性	1.7~1.9	—	35~45
	镁砂（块）、粉状镁砂	松方、干密度	流动性	2.1~2.5	—	40~42
	铜矿	松方、干密度	流动性	1.7~2.1	—	35~45
	铜精矿	松方、干密度	流动性	1.3~1.8	—	40
	铅精矿	松方、干密度	流动性	1.9~2.4	—	40
	锌精矿	松方、干密度	流动性	1.3~1.7	—	40
	铅锌精矿、铅锌团矿、铅锌水碎渣（湿）	松方、干密度	流动性	1.3~2.4	—	40
矿产品运输车辆	铁矿粉、铜矿粉、铝矿粉、锡矿粉等	松方、干密度	流动性	1.3~2.4	—	40
矿产品运输车辆（同砂石料运输车辆）	铁烧结块	松方、干密度	流动性	1.7~2.0	—	45~50
	碎烧结块	松方、干密度	流动性	1.4~1.6	35	—
	铅烧结块	松方、干密度	流动性	1.8~2.2	—	—
	铅锌烧结块	松方、干密度	流动性	1.6~2.0	—	—
	锌烟尘	松方、干密度	流动性	0.7~1.5	—	—
	黄铁矿烧渣	松方、干密度	流动性	1.7~1.8	—	—
	黄铁矿球团矿	松方、干密度	流动性	1.2~1.4	—	—
	平炉渣（粗）	松方、干密度	流动性	1.6~1.85	—	45~50
	高炉渣	松方、干密度	流动性	0.6~1.0	35	50
	干煤灰、煤灰	松方、干密度	流动性	0.64~0.72	—	35~45
矿产品运输车辆	铸、锻铝	松方、干密度	—	2.55~2.75	—	—
	铸、轧黄铜	松方、干密度	—	8.4~8.7	—	—
城市建设车辆	造型砂	松方、干密度	流动性	0.8~1.3	30	45
	粉状石墨	松方、干密度	流动性	0.45	—	40~45
	黏土（小块）、黏土（湿）	松方、干密度	流动性	0.7~1.7	40	50
	电石	松方、干密度	流动性	1.2	—	—
	石墨	松方、干密度	流动性	1.9~2.3	—	—
	石蜡	松方、干密度	流动性	0.87~0.91	—	—
城市建设车辆/填好工程车辆	粗砂（干）、细砂（干）	松方、干密度	流动性	1.4~1.9	—	—
	细砂（湿）	松方、干密度	流动性	1.8~2.1	—	32
	石灰石（大块）	松方、干密度	流动性	1.6~2.0	30~35	40~45

（续）

货物分类	货物名称	货物的状态	货物的性质	密度/(t/m³)	运动安息角（°）	静止安息角（°）
城市建设车辆/填好工程车辆	石灰石（中块、小块）、生石灰（块）、生石灰（粉）	松方、干密度	流动性	1.1~1.5	30~35	40~45
	碎石、白云石（块）、碎白云石、砾石	松方、干密度	流动性	1.2~2.0	35	45
	水泥	松方、干密度	流动性	0.9~1.7	35	40~45
	熟石灰（粉）	松方、干密度	流动性	0.5	—	—
	花岗岩、正长岩、片麻岩、石灰岩、大理石、砂岩、青石	松方、干密度	—	2.3~3.0	—	—
	机制砖、普通砖、软烧砖	松方、干密度	—	1.5~2.3	—	—
	石油沥青	松方、干密度	流动性	1.1~1.5	—	—
城市保障车辆	城市生活垃圾	松方、干密度	—	0.488	35	45-50
城市建设车辆	地基土/碎石土/建筑混凝土垃圾	松方、干密度	—	1.9	—	—
	建筑弃土	松方、干密度	—	1.6	35	45
地铁/城市建设车辆	泥	—	—	1.5	—	—
	泥浆	—	—	1.5	—	—
电厂用车辆	煤浆	—	—	1	—	—
粮食运输车辆	粮食	—	—	1	—	—
饲料运输车辆	饲料运输车	—	—	1	—	—
	青储饲料运输车	—	—	1	—	—

2. 推荐栏板货车

当客户（车主）运输的货物不确定、密度大，且货物差别较大、货物对防护的要求不高、运输距离较短时，推荐栏板货车（或随车起重运输车）。

1）短途的原材料运输，推荐栏板货车（或随车起重运输车）。适合栏板货车运输的货物及其密度见表7-22。

表7-22 适合栏板货车运输的货物及其密度

序号	货物名称	密度/(kg/m³)	序号	货物名称	密度/(kg/m³)
1	普通碳素钢	7850	13	铬钼铝钢	7650
2	优质碳素钢	7850	14	铬锰硅钢	7850
3	碳素工具钢	7850	15	铬锰硅镍钢	7850
4	易切钢	7850	16	硅锰钢	7850
5	弹簧钢丝	7850	17	硅铬钢	7850
6	低碳优质钢丝	7850	18	高强度合金钢	7820
7	锰钢	7810	19	高速工具钢	8300~8700
8	铬钢	7740~8000	20	轴承钢	7810
9	铬钒钢	7850	21	不锈钢	7700~8000
10	铬镍钢	7850	22	钢材	7850
11	铬镍钼钢	7850	23	铸钢	7800
12	铬镍钨钢	7800	24	灰铸铁	6600~7400

(续)

序号	货物名称	密度/(kg/m³)	序号	货物名称	密度/(kg/m³)
25	白口铸铁	7400~7700	34	铝青铜	7460~7600
26	可锻铸铁	7200~7400	35	锌铜合金	7200
27	工业纯铁	7870	36	硬铝	2640~2840
28	纯铜（紫铜）	8900	37	锻铝	2700~4480
29	锡青铜	8750~8900	38	防锈铝	2670~4530
30	铍青铜	8300	39	特殊铝	2750
31	硅青铜	8470~8600	40	超硬铝	2850
32	镉青铜	8900	41	纯铝	2700
33	铬青铜	8900			

2）同一辆车，需要运输多种货物，推荐栏板货车。如：用一辆车运输木材、钢材、汽车零部件、废钢等，由于材料的长度、密度、装货方式、卸货方式区别很大，很难用仓栅车、厢式车运输，故推荐栏板货车。

3）同上，运输的货物很杂，又没有固定的装卸机械时，推荐随车起重运输车。

3. 推荐运输型专用车

当运输的货物相对固定、有包装、装卸方式固定、货物有防护的要求时，推荐专用车。适合不同运输型专用车的货物见表7-23。

表7-23 适合不同运输型专用车的货物

序号	推荐专用车型	适合运输的货物
1	专用自卸车	各种垃圾、城市渣土
2	混凝土搅拌车	各种湿式混凝土、干式混凝土、湿式砂浆等
3	砂浆运输车	各种干式砂浆
4	活产品运输车	各种活海产品、各种活淡水产品
5	蔬菜运输车	各种根菜（包括红薯类、甜菜类）、茎菜、叶菜、果菜（包括水果）产品
6	仓栅式运输车	对装货、运输、防护有一定要求的牲畜、家禽、焦炭、木材、煤的中长途运输
7	厢式车	对装卸、运输、固定、防护要求比较高的保鲜品、冷藏品、冷冻品、各种食品、医药品、精密仪器、仪表等

第四节 多要素综合考虑推荐车辆的方法

一、影响车辆推荐的要素分类

影响车辆使用、购买、驾驶的要素很多，同样，影响车辆推荐的要素也很多，本节仅介绍一部分主要的要素，这些要素对车辆推荐的影响是有规律性的，见表7-24。

1）有些要素对车辆的底盘配置有影响：如载质量、驾驶员关注的内容等。

2）有些要素对车辆的上装（或货箱、挂车）有影响：如货物对运输的要求、货物密度、货物装卸方式、货物固定方式及结构等。

3）有些要素对车辆的选装件（北斗管理系统、车辆管理系统、ARS、报警装置、导流罩等）有影响：如货主的要求、车主的要求、政府的要求、驾驶员的要求、保险公司的要求等。

4）有些要素对车辆执行的标准、公告有影响，如不同的应用场景等。

表 7-24 部分要素对车辆的影响

序号	要素	对车辆的要求	影响车辆的部分	对配置的影响	备注
1	货物性质	货物性质不同，车辆不同	整车、公告	制动系统、排气系统、管理系统、车轮系统等	危险品运输车应单独管理
2	载质量（总质量）	总质量越大，动力要求越大；总质量一定，载质量越大，整备质量要求越轻	底盘部分	对发动机（功率、转矩）、变速器（低速档、超速档）、前桥、后桥（传动比）、悬架、车轮、车架等产生影响	下列性能指标对各个车辆推荐（选择）要素影响不大：油耗、安全、人机工程、平顺、操稳、NVH、舒适、成本、造型、防盗、颜色、环保、可靠性、精细度、配件的通用性、社会化
3	运输距离	运输距离越远，就越要求多拉快跑——动力就要求越大		对发动机（功率、转矩）、变速器（低速档、超速档）、后桥（传动比）等产生影响	
4	道路环境	道路不同、要求的速度不同，动力和传动比要求不同		对发动机（功率、转矩）、变速器（低速档、超速档）、后桥（传动比）等产生影响 重型货车主要行驶在高速公路、山区道路时，应配置液力缓速器	
5	区域、环境	区域不同对车辆的配置要求不同		高原、山区要求动力加大 热带要求空调要好 寒带要求暖风要好 恶劣环境下要求空滤器要好 不同的区域，轮胎配置不同	
6	政府（收费）政策	整备质量要轻；二轴的轻型货车、中型货车、重型货车收费标准一致		中长途运输的轻型货车会被二轴中、重型货车取代 6×2 的牵引车有可能再发展起来 空车会不走收费公路，影响后桥传动比的配置	
7	货物密度	载质量一定，密度越小，货箱的容积就要求越大；反之越小	上装部分	货箱容积影响车型的选择 低密度（小于 0.3t/m³）货物的运输，在满载下就会追求最大方量，选择中置轴车	
8	装卸方式	抗冲击		对货箱的结构产生影响 对货箱的边板的打开方式/货箱离地面高度等产生影响 对车辆（货箱）是否具备自卸功能产生影响	
9	货物状态	安全		对上装的形式产生影响	
10	货物包装	无		对装卸方式、进而对货箱的形式产生影响	
11	客户（驾驶员、货主）	多、快、好、省、高	所有部分	对车辆的动力系统、离合系统、变速系统、传动系统、前/后桥及悬架系统、驾驶室系统、电器系统、制动系统、车轮系统、货箱系统、转向及辅助驾驶系统、车辆售后系统服务体系、配件供应体系都提出了高要求	

(续)

序号	要素	对车辆的要求	影响车辆的部分	对配置的影响	备注
12	使用地点	可靠性、载质量	底盘、上装、公告	城市车辆,按照专用车的要求配置 矿山及场内用车,按照专用运输机械的要求配置(低速、重载、大转矩) 专用作业车辆,按照能实现的最多功能配置	下列性能指标对各个车辆推荐(选择)要素影响不大:油耗、安全、人机工程、平顺、操稳、NVH、舒适、成本、造型、防盗、颜色、环保、可靠性、精细度、配件的通用性、社会化
13	公告	整备质量	执行的标准	整车轻量化	
14	运营成本	油耗、保险费、保养费、维修费	风阻及滚动阻力;车辆载质量;保修里程;保养间隔里程及保养费用	整车公告、驾驶室造型、导流罩配置、轮胎的配置、三包政策及配件价格、配件供应体系等	

二、多要素综合影响下推荐车辆

在推荐(选择)车辆时,需要将用户需求的多要素进行综合分析,确定车辆底盘、配置及公告,并进行推荐。

1. 多要素综合影响下的微型/小型货车推荐

以时代祥菱/驭菱系列车型为例,多要素综合影响下的微型/小型货车推荐见表7-25。

表7-25 多要素综合影响下的微型/小型货车推荐

序号	影响车辆选择要素						产品:4×2						
	地理环境	道路环境	运输距离	车速(平均)	实际载质量/t	货物密度/(t/m³)	主参数推荐				货箱尺寸推荐/mm		
							动力/ps	后桥传动比	制动	货箱体积/m³	长	宽	高
1	平原	县/乡、农村道路	短途	低速	<1	≤0.2	90	5~5.5	鼓式制动	4	2400	1200	1500
2					1~1.5	≤0.2	110	5~5.5	鼓式制动	6	3000	1500	1500
3					1.5~2	≤0.2	130	5~5.5	鼓式制动	9	3600	1600	1600
4		国道/省道		中速	<1	≤0.2	90	4.5~4.9	鼓式制动	4	2400	1200	1500
5					1~1.5	≤0.2	110	4.5~4.9	鼓式制动	6	3000	1500	1500
6					1.5~2	≤0.2	130	4.5~4.9	鼓式制动	9	3600	1600	1600
7		高速公路		高速	<1	≤0.2	90	4~4.4	鼓式制动	4	2400	1200	1500
8					1~1.5	≤0.2	110	4~4.4	鼓式制动	6	3000	1500	1500
9					1.5~2	≤0.2	130	4~4.4	鼓式制动	9	3600	1600	1600
10	丘陵	县/乡、农村道路	短途	低速	<1	≤0.2	110	5~5.5	前盘后鼓	4	2400	1200	1500
11					1~1.5	≤0.2	130	5~5.5	前盘后鼓	6	3000	1500	1500
12					1.5~2	≤0.2	130	5~5.5	前盘后鼓	9	3600	1600	1600
13		国道/省道		中速	<1	≤0.2	110	4.5~4.9	前盘后鼓	4	2400	1200	1500
14					1~1.5	≤0.2	130	4.5~4.9	前盘后鼓	6	3000	1500	1500
15					1.5~2	≤0.2	130	4.5~4.9	前盘后鼓	9	3600	1600	1600
16		高速公路		高速	<1	≤0.2	110	4~4.4	前盘后鼓	4	2400	1200	1500
17					1~1.5	≤0.2	130	4~4.4	前盘后鼓	6	3000	1500	1500
18					1.5~2	≤0.2	130	4~4.4	前盘后鼓	9	3600	1600	1600

(续)

序号	影响车辆选择要素						产品：4×2						
	地理环境	道路环境	运输距离	车速（平均）	实际载质量/t	货物密度/(t/m³)	主参数推荐				货箱尺寸推荐/mm		
							动力/ps	后桥传动比	制动	货箱体积/m³	长	宽	高
19	山区	县/乡、农村道路	短途	低速	<1	≤0.2	130	5~5.5	盘式	4	2400	1200	1500
20					1~1.5	≤0.2	130	5~5.5	盘式	6	3000	1500	1500
21					1.5~2	≤0.2	130	5~5.5	盘式	9	3600	1600	1600
22		国道/省道		中速	<1	≤0.2	130	4.5~4.9	盘式	4	2400	1200	1500
23					1~1.5	≤0.2	130	4.5~4.9	盘式	6	3000	1500	1500
24					1.5~2	≤0.2	130	4.5~4.9	盘式	9	3600	1600	1600
25		高速公路		高速	<1	≤0.2	130	4~4.4	盘式	4	2400	1200	1500
26					1~1.5	≤0.2	130	4~4.4	盘式	6	3000	1500	1500
27					1.5~2	≤0.2	130	4~4.4	盘式	9	3600	1600	1600

注：1. 详细的推荐见第五篇：车辆营销部中的车辆推荐流程及表格。
2. 本表为简易推荐表：简单地看有没有客户适合的车辆。如果有，再进行详细的推荐。
3. 鼓式制动的效果比盘式制动要好，但是散热差，在山区频繁的制动就会有问题（发热抱死），因此推荐盘式制动。
4. 影响推荐的因素很多，在这里剔除了一些因素：如普通货物、固体；不考虑装卸方式、驾驶员、车主的需求等。
5. 低速：平均速度70km/h以下；中速：平均速度70~90km/h；高速：平均速度90km/h左右。

2. 多要素综合影响下的轻型货车推荐

以时代系列车型为例，多要素综合影响下的轻型货车推荐见表7-26。

表7-26 多要素综合影响下的轻型货车推荐

序号	影响车辆选择要素						产品：4×2						
	地理环境	道路环境	运输距离	车速（平均）	实际载质量/t	货物密度/(t/m³)	主参数推荐				货箱尺寸推荐/mm		
							动力/ps	后桥传动比	制动	货箱体积/m³	长	宽	高
1	平原	县/乡、农村道路	短途	低速	3以下	≤0.2	110	5~5.5	鼓式制动	15.4	3500	2000	2200
2					4以下	≤0.2	130	5~5.5	鼓式制动	16.7	3800	2000	2000
3					5以下	≤0.2	150	5~5.5	鼓式制动	21.5	4100	2200	2400
4		国道/省道		中速	3以下	≤0.2	110	5~5.5	鼓式制动	15.4	3500	2000	2200
5					4以下	≤0.2	130	5~5.5	鼓式制动	16.7	3800	2000	2000
6					5以下	≤0.2	150	5~5.5	鼓式制动	21.5	4100	2200	2400
7		高速公路	中长途	高速	3以下	≤0.2	110	5~5.5	鼓式制动	15.4	3500	2000	2200
8					4以下	≤0.2	130	5~5.5	鼓式制动	16.7	3800	2000	2000
9					5以下	≤0.2	150	5~5.5	鼓式制动	21.5	4100	2200	2400
10	丘陵	县/乡、农村道路	短途	低速	3以下	≤0.2	110	5~5.5	鼓式制动	15.4	3500	2000	2200
11					4以下	≤0.2	130	5~5.5	鼓式制动	16.7	3800	2000	2000
12					5以下	≤0.2	150	5~5.5	鼓式制动	21.5	4100	2200	2400
13		国道/省道		中速	3以下	≤0.2	110	5~5.5	鼓式制动	15.4	3500	2000	2200
14					4以下	≤0.2	130	5~5.5	鼓式制动	16.7	3800	2000	2000
15					5以下	≤0.2	150	5~5.5	鼓式制动	21.5	4100	2200	2400
16		高速公路	中长途	高速	3以下	≤0.2	110	5~5.5	鼓式制动	15.4	3500	2000	2200
17					4以下	≤0.2	130	5~5.5	鼓式制动	16.7	3800	2000	2000
18					5以下	≤0.2	150	5~5.5	鼓式制动	21.5	4100	2200	2400

(续)

序号	影响车辆选择要素						产品：4×2						
	地理环境	道路环境	运输距离	车速（平均）	实际载质量/t	货物密度/(t/m³)	主参数推荐				货箱尺寸推荐/mm		
							动力/ps	后桥传动比	制动	货箱体积/m³	长	宽	高
19	山区	县/乡、农村道路	短途	低速	3以下	≤0.2	110	5~5.5	鼓式制动	15.4	3500	2000	2200
20					4以下	≤0.2	130	5~5.5	鼓式制动	16.7	3800	2000	2000
21					5以下	≤0.2	150	5~5.5	鼓式制动	21.5	4100	2200	2400
22		国道/省道		中速	3以下	≤0.2	110	5~5.5	鼓式制动	15.4	3500	2000	2200
23					4以下	≤0.2	130	5~5.5	鼓式制动	16.7	3800	2000	2000
24					5以下	≤0.2	150	5~5.5	鼓式制动	21.5	4100	2200	2400
25		高速公路	中长途	高速	3以下	≤0.2	110	5~5.5	鼓式制动	15.4	3500	2000	2200
26					4以下	≤0.2	130	5~5.5	鼓式制动	16.7	3800	2000	2000
27					5以下	≤0.2	150	5~5.5	鼓式制动	21.5	4100	2200	2400

注：1. 详细的推荐见第五篇车辆营销部中的车辆推荐流程及表格；
  2. 本表为简易推荐表：简单地看有没有客户适合的车辆。如果有，再进行详细的推荐。
  3. 影响推荐的因素很多，在这里剔除了一些因素：如普通货物、固体；不考虑装卸方式、驾驶员、车主的需求等。
  4. 低速：平均速度70km/h以下；中速：平均速度70~90km/h；高速：平均速度90km/h左右。
  5. 后桥传动比仅是举例。在动力不变或动力提高的同时，后桥传动比随着道路、速度的不同而变化。
  6. 货箱的尺寸和容积以内径尺寸和实际容积为准（客户需求的）。

3. 多要素综合影响下的中型货车推荐

以时代系列车型为例，多要素综合影响下的中型货车推荐见表7-27。

表7-27　多要素综合影响下的中型货车推荐（快递快运业仅供参考）

序号	影响车辆选择要素						产品：4×2						
	地理环境	道路环境	运输距离	车速（平均）	实际载质量/t	货物密度/(t/m³)	主参数推荐				货箱尺寸推荐/mm		
							动力/ps	后桥传动比	制动	货箱体积/m³	长	宽	高
1	平原	县/乡、农村道路	短途	低速	6以下	≤0.2	150	5~5.5	鼓式制动	26.49	4800	2300	2400
2					7以下	≤0.2	170	5~5.5	鼓式制动	30.36	5500	2300	2400
3					8以下	≤0.2	190	5~5.5	鼓式制动	35.88	6500	2300	2400
4		国道/省道		中速	6以下	≤0.2	150	5~5.5	鼓式制动	26.49	4800	2300	2400
5					7以下	≤0.2	170	5~5.5	鼓式制动	30.30	5500	2300	2400
6					8以下	≤0.2	190	5~5.5	鼓式制动	35.88	6500	2300	2400
7		高速公路	中长途	高速	6以下	≤0.2	150	5~5.5	鼓式制动	26.49	4800	2300	2400
8					7以下	≤0.2	170	5~5.5	鼓式制动	30.36	5500	2300	2400
9					8以下	≤0.2	190	5~5.5	鼓式制动	35.88	6500	2300	2400
10	丘陵	县/乡、农村道路	短途	低速	6以下	≤0.2	150	5~5.5	鼓式制动	26.49	4800	2300	2400
11					7以下	≤0.2	170	5~5.5	鼓式制动	30.36	5500	2300	2400
12					8以下	≤0.2	190	5~5.5	鼓式制动	35.88	6500	2300	2400
13		国道/省道		中速	6以下	≤0.2	150	5~5.5	鼓式制动	26.49	4800	2300	2400
14					7以下	≤0.2	170	5~5.5	鼓式制动	30.36	5500	2300	2400
15					8以下	≤0.2	190	5~5.5	鼓式制动	35.88	6500	2300	2400
16		高速公路	中长途	高速	6以下	≤0.2	150	5~5.5	鼓式制动	26.49	4800	2300	2400
17					7以下	≤0.2	170	5~5.5	鼓式制动	30.36	5500	2300	2400
18					8以下	≤0.2	190	5~5.5	鼓式制动	35.88	6500	2300	2400

(续)

序号	影响车辆选择要素						产品：4×2					
	地理环境	道路环境	运输距离	车速（平均）	实际载质量/t	货物密度/(t/m³)	主参数推荐				货箱尺寸推荐/mm		
							动力/ps	后桥传动比	制动	货箱体积/m³	长	宽	高
19	山区	县/乡、农村道路	短途	低速	6以下	≤0.2	150	5~5.5	鼓式制动	26.49	4800	2300	2400
20					7以下	≤0.2	170	5~5.5	鼓式制动	30.36	5500	2300	2400
21					8以下	≤0.2	190	5~5.5	鼓式制动	35.88	6500	2300	2400
22		国道/省道		中速	6以下	≤0.2	150	5~5.5	鼓式制动	26.49	4800	2300	2400
23					7以下	≤0.2	170	5~5.5	鼓式制动	30.36	5500	2300	2400
24					8以下	≤0.2	190	5~5.5	鼓式制动	35.88	6500	2300	2400
25		高速公路	中长途	高速	6以下	≤0.2	150	5~5.5	鼓式制动	26.49	4800	2300	2400
26					7以下	≤0.2	170	5~5.5	鼓式制动	30.36	5500	2300	2400
27					8以下	≤0.2	190	5~5.5	鼓式制动	35.88	6500	2300	2400

注：1. 详细的推荐见第五篇车辆营销部中的车辆推荐流程及表格。
2. 本表为简易推荐表：简单地看有没有客户适合的车辆。如果有，再进行详细的推荐。
3. 影响推荐的因素很多，在这里剔除了一些因素：如普通货物、固体；不考虑装卸方式、驾驶员、车主的需求等。
4. 低速：平均速度70km/h以下；中速：平均速度70~90km/h；高速：平均速度90km/h左右。
5. 后桥传动比仅是举例。在动力不变或动力提高的同时，后桥传动比随着道路、速度的不同而变化。
6. 货箱的尺寸和容积以内径尺寸和实际容积为准（客户需求的）。

4. 多要素综合影响下的重型货车推荐

以欧曼系列车型为例，多要素综合影响下的重型货车推荐见表7-28~表7-30。

表7-28 多要素综合影响下的重型货车（4×2产品）推荐（仅供参考）

序号	影响车辆选择要素						产品：4×2				货箱尺寸推荐/mm		
	地理环境	道路环境	运输距离	车速（平均）	实际载质量/t	货物密度/(t/m³)	主参数推荐						
							动力/ps	后桥传动比	制动	货箱体积/m³	长	宽	高
1	平原	国道/省道	中长途	中速	9	≤0.2	230	4.5~4.9	鼓式制动	43.2	7500	2400	2400
2		高速公路		高速	9	≤0.2	250	4~4.4	鼓式制动	43.2	7500	2400	2400
3	丘陵	国道/省道	中长途	中速	9	≤0.2	250	4.5~4.9	鼓式制动	43.2	7500	2400	2400
4		高速公路		高速	9	≤0.2	280	4~4.4	鼓式制动	43.2	7500	2400	2400
5	山区	国道/省道	中长途	中速	9	≤0.2	280	4.5~4.9	鼓式制动	43.2	7500	2400	2400
6		高速公路		高速	9	≤0.2	280	4~4.4	鼓式制动	43.2	7500	2400	2400

注：1. 详细的推荐见第五篇车辆营销部中的车辆推荐流程及表格。
2. 本表为简易推荐表：简单地看有没有客户适合的车辆。如果有，再进行详细的推荐。
3. 影响推荐的因素很多，在这里剔除了一些因素：如普通货物、固体；不考虑装卸方式、驾驶员、车主的需求等。
4. 低速：平均速度70km/h以下；中速：平均速度70~90km/h；高速：平均速度90km/h左右。
5. 后桥传动比仅是举例。在动力不变或动力提高的同时，后桥传动比随着道路、速度的不同而变化。
6. 货箱的尺寸和容积以内径尺寸和实际容积为准（客户需求的）。

表 7-29 多要素综合影响下的重型货车（6×2产品）推荐（仅供参考）

序号	影响车辆选择要素						产品：6×2					
	地理环境	道路环境	运输距离	车速（平均）	实际载质量/t	货物密度/(t/m³)	主参数推荐				货箱尺寸推荐/mm		
							动力/ps	后桥传动比	制动	货箱体积/m³	长	宽	高
1	平原	国道/省道	中长途	中速	10	≤0.2	280	4~4.4	鼓式制动	52.416	8400	2400	2600
2					12	≤0.2	310	4~4.4	鼓式制动	58.656	9400	2400	2600
3		高速公路		高速	10	≤0.2	310	3.5~4.0	鼓式制动	52.416	8400	2400	2600
4					12	≤0.2	340	3.5~4.0	鼓式制动	58.656	9400	2400	2600
5	丘陵	国道/省道	中长途	中速	10	≤0.2	310	4~4.4	鼓式制动	52.416	8400	2400	2600
6					12	≤0.2	340	4~4.4	鼓式制动	58.656	9400	2400	2600
7		高速公路		高速	10	≤0.2	310	3.5~4.0	鼓式制动	52.416	8400	2400	2600
8					12	≤0.2	340	3.5~4.0	鼓式制动	58.656	9400	2400	2600
9	山区	国道/省道	中长途	中速	10	≤0.2	340	4~4.4	鼓式制动	52.416	8400	2400	2600
10					12	≤0.2	380	4~4.4	鼓式制动	58.656	9400	2400	2600
11		高速公路		高速	10	≤0.2	340	3.5~4.0	鼓式制动	52.416	8400	2400	2600
12					12	≤0.2	380	3.5~4.0	鼓式制动	58.656	9400	2400	2600

注：1. 详细的推荐见第五篇车辆营销部中的车辆推荐流程及表格。
2. 本表为简易推荐表：简单地看有没有客户适合的车辆。如果有，再进行详细的推荐。
3. 影响推荐的因素很多，在这里剔除的一些因素：如普通货物、固体；不考虑装卸方式、驾驶员、车主的需求等。
4. 低速：平均速度70km/h以下；中速：平均速度70~90km/h；高速：平均速度90km/h左右。
5. 后桥传动比只是举例。在动力不变或动力提高的同时，后桥传动比随着道路、速度的不同而变化。
6. 货箱的尺寸和容积以内径尺寸和实际容积为准（客户需求的）。

表 7-30 多要素综合影响下的重型货车（8×4产品）推荐（仅供参考）

序号	影响车辆选择要素						产品：8×4					
	地理环境	道路环境	运输距离	车速（平均）	实际载质量/t	货物密度/(t/m³)	主参数推荐				货箱尺寸推荐/mm		
							动力/ps	后桥传动比	制动	货箱体积/m³	长	宽	高
1	平原	国道/省道	中长途	中速	15以下	≤0.3	380	3.5~4.0	鼓式制动	59	9400	2400	2600
2		高速公路		高速	20以下	≤0.4	410	3.0~3.5	鼓式制动	59	9400	2400	2600
3	丘陵	国道/省道	中长途	中速	10以下	≤0.3	430	3.5~4.0	鼓式制动	59	9400	2400	2600
4		高速公路		高速	10以下	≤0.4	460	3.0~3.5	鼓式制动	59	9400	2400	2600
5	山区	国道/省道	中长途	中速	10以下	≤0.3	460	3.5~4.0	鼓式制动	59	9400	2400	2600
6		高速公路		高速	10以下	≤0.4	510	3.0~3.5	鼓式制动	59	9400	2400	2600

注：1. 详细的推荐见第五篇车辆营销部中的车辆推荐流程及表格。
2. 本表为简易推荐表：简单地看有没有客户适合的车辆。如果有，再进行详细的推荐。
3. 影响推荐的因素很多，在这里剔除了一些因素：如普通货物、固体；不考虑装卸方式、驾驶员、车主的需求等。
4. 低速：平均速度70km/h以下；中速：平均速度70~90km/h；高速：平均速度90km/h左右。
5. 后桥传动比只是举例。在动力不变或动力提高的同时，后桥传动比随着道路、速度的不同而变化。
6. 货箱的尺寸和容积以内径尺寸和实际容积为准（客户需求的）。

5. 多要素综合影响下的自卸车辆推荐

以时代/时代瑞沃轻中型、欧曼系列重型车辆为例，推荐自卸车，见表7-31～表7-35。

表7-31 微型自卸车推荐表（仅供参考）

序号	影响车辆选择要素							产品：4×2，4×4				
	地理环境	道路环境	运输距离	车速（平均）	实际载质量/t	货物密度/(t/m³)	主参数推荐				货箱尺寸推荐/mm		
							动力/ps	后桥传动比	制动	货箱体积/m³	长	宽	高
1	平原	县/乡、农村道路	短途	低速	<1	≤0.5	90	5～5.5	前盘后鼓	1.728	2400	1200	400
2					1～1.5	0.6～0.8	110	5～5.5	前盘后鼓	2.34	2600	1500	600
3					1.5～2	0.8～1	130	5～5.5	前盘后鼓	2.34	2600	1500	600
4		国道/省道		中速	<1	≤0.5	5～5.5	前盘后鼓	1.728	2400	1200	600	
5					1～1.5	0.6～0.8	110	5～5.5	前盘后鼓	2.34	2600	1500	600
6					1.5～2	0.8～1	130	5～5.5	前盘后鼓	2.34	2600	1500	600
7	丘陵	县/乡、农村道路	短途	低速	<1	≤0.5	110	5～5.5	前盘后鼓	1.728	2400	1200	600
8					1～1.5	0.6～0.8	130	5～5.5	前盘后鼓	2.34	2600	1500	600
9					1.5～2	0.8～1	130	5～5.5	前盘后鼓	2.34	2600	1500	600
10		国道/省道		中速	<1	≤0.5	110	5～5.5	前盘后鼓	1.728	2400	1200	600
11					1～1.5	0.6～0.8	130	5～5.5	前盘后鼓	2.34	2600	1500	600
12					1.5～2	0.8～1	130	5～5.5	前盘后鼓	2.34	2600	1500	600
13	山区	县/乡、农村道路	短途	低速	<1	≤0.5	130	5～5.5	前盘后鼓	1.728	2400	1200	600
14					1～1.5	0.6～0.8	130	5～5.5	前盘后鼓	2.34	2600	1500	600
15					1.5～2	0.8～1	130	5～5.5	前盘后鼓	2.34	2600	1500	600
16		国道/省道		中速	<1	≤0.5	130	5～5.5	前盘后鼓	1.728	2400	1200	600
17					1～1.5	0.6～0.8	130	5～5.5	前盘后鼓	2.34	2600	1500	600
18					1.5～2	0.8～1	130	5～5.5	前盘后鼓	2.34	2600	1500	600

注：1. 详细的推荐见第五篇车辆营销部中的自卸车推荐流程及表格。
2. 本表为简易推荐表：简单地看有没有客户适合的车辆。如果有，再进行详细的推荐。
3. 鼓式制动的效果比盘式制动要好，但是散热差，在山区频繁的制动就会有问题（发热抱死），因此推荐前盘后鼓/盘式制动。
4. 影响推荐的因素很多，在这里剔除了一些因素：如普通货物、固体；货物没有包装。
5. 微型自卸车，主要用于农村的普通货物运输，代替三轮车和汽油三轮车。
6. 低速：平均车速在30km/h以下；中速：平均车速在50km/h以下。
7. 山区推荐4×2产品；下农田推荐4×4产品。

表7-32 轻型自卸车推荐表（仅供参考）

序号	影响车辆选择要素							产品：4×2，4×4				
	地理环境	道路环境	运输距离	车速（平均）	实际载质量/t	货物密度/(t/m³)	主参数推荐				货箱尺寸推荐/mm		
							动力/ps	后桥传动比	制动	货箱体积/m³	长	宽	高
1	平原	县/乡、农村道路/国道/省道	短途	低速	2以下	≤1	130	5～5.5	前盘后鼓	5.6	3500	2000	800
2					2以下	1～1.5	150	5～5.5	前盘后鼓	6.1	3800	2000	800
3					2以下	1.5～2	170	5～5.5	前盘后鼓	6.7	4200	2000	800
4		城市道路		中速	2以下	≤1	130	5～5.5	前盘后鼓	5.6	3500	2000	800
5					2以下	1～1.5	150	5～5.5	前盘后鼓	6.1	3800	2000	800
6					2以下	1.5～2	170	5～5.5	前盘后鼓	6.7	4200	2000	800

(续)

序号	影响车辆选择要素						产品：4×2, 4×4						
	地理环境	道路环境	运输距离	车速（平均）	实际载质量/t	货物密度/(t/m³)	主参数推荐				货箱尺寸推荐/mm		
							动力/ps	后桥传动比	制动	货箱体积/m³	长	宽	高
7	丘陵	县/乡、农村道路/国道/省道	短途	低速	2以下	≤1	130	5~5.5	前盘后鼓	5.6	3500	2000	800
8					2以下	1~1.5	150	5~5.5	前盘后鼓	6.1	3800	2000	800
9					2以下	1.5~2	170	5~5.5	前盘后鼓	6.7	4200	2000	800
10		城市道路		中速	2以下	≤1	130	5~5.5	前盘后鼓	5.6	3500	2000	800
11					2以下	1~1.5	150	5~5.5	前盘后鼓	6.1	3800	2000	800
12					2以下	1.5~2	170	5~5.5	前盘后鼓	6.7	4200	2000	800
13	山区	县/乡、农村道路/国道/省道	短途	低速	2以下	≤1	130	5~5.5	前盘后鼓	5.6	3500	2000	800
14					2以下	1~1.5	150	5~5.5	前盘后鼓	6.1	3800	2000	800
15					2以下	1.5~2	170	5~5.5	前盘后鼓	6.7	4200	2000	800
16		城市道路		中速	2以下	≤1	130	5~5.5	前盘后鼓	5.6	3500	2000	800
17					2以下	1~1.5	150	5~5.5	前盘后鼓	6.1	3800	2000	800
18					2以下	1.5~2	170	5~5.5	前盘后鼓	6.7	4200	2000	800

注：1. 详细的推荐见第五篇车辆营销部中的自卸车推荐流程及表格。
2. 本表为简易推荐表：简单地看有没有客户适合的车辆。如果有，再进行详细的推荐。
3. 鼓式制动的效果比盘式制动要好，但是散热差，在山区频繁的制动就会有问题（发热抱死），因此推荐前盘后鼓/盘式制动。
4. 影响推荐的因素很多，在这里剔除了一些因素；如普通货物、固体；货物没有包装。
5. 轻型自卸车，主要用于农村的普通货物运输、建筑材料运输，城市建筑垃圾、建设材料等运输。
6. 低速：平均车速在30km/h以下；中速：平均车速在50km/h以下。
7. 山区推荐4×2产品；下农田推荐4×4产品。
8. 整备质量：2.8t以下；轴距：3200mm、3400mm；驾驶室：单排/半排；轮胎：825R16。
9. 推荐吴富强结构：前顶/货箱材料高强钢1200MPa，U/方型货箱，货箱厚度2mm×1.5mm。
10. 推荐内衬板结构（见本书自卸车货箱的推荐）。
11. 公告载质量小于2t。本表仅以公告载质量推荐，仅供参考。

表7-33 中型自卸车推荐（仅供参考）

序号	影响车辆选择要素						产品：4×2						
	地理环境	道路环境	运输距离	车速（平均）	实际载质量/t	货物密度/(t/m³)	主参数推荐				货箱尺寸推荐/mm		
							动力/ps	后桥传动比	制动	货箱体积/m³	长	宽	高
1	平原	县/乡、农村道路/国道/省道	短途	低速	5	≥2	190	5~5.5	前盘后鼓	8	4800	2200	800
2					5	1.5~2	190	5~5.5	前盘后鼓	9	5200	2200	800
3					5	1.0~1.5	190	5~5.5	前盘后鼓	11	6200	2200	800
4		城市道路		中速	5	≥2	220	5~5.5	前盘后鼓	8	4800	2200	800
5					5	1.5~2	220	5~5.5	前盘后鼓	9	5200	2200	800
6					5	1.0~1.5	220	5~5.5	前盘后鼓	11	6200	2200	800
7	丘陵	县/乡、农村道路/国道/省道	短途	低速	5	≥2	220	5~5.5	前盘后鼓	8	4800	2200	800
8					5	1.5~2	220	5~5.5	前盘后鼓	9	5200	2200	800
9					5	1.0~1.5	220	5~5.5	前盘后鼓	11	6200	2200	800
10		城市道路		中速	5	≥2	240	5~5.5	前盘后鼓	8	4800	2200	800
11					5	1.5~2	240	5~5.5	前盘后鼓	9	5200	2200	800
12					5	1.0~1.5	240	5~5.5	前盘后鼓	11	6200	2200	800

（续）

序号	影响车辆选择要素						产品：4×2					
	地理环境	道路环境	运输距离	车速（平均）	实际载质量/t	货物密度/(t/m³)	主参数推荐				货箱尺寸推荐/mm		
							动力/ps	后桥传动比	制动	货箱体积/m³	长	宽	高
13	山区	县/乡、农村道路/国道/省道	短途	低速	5	≥2	240	5~5.5	前盘后鼓	8	4800	2200	800
14					5	1.5~2	240	5~5.5	前盘后鼓	9	5200	2200	800
15					5	1.0~1.5	240	5~5.5	前盘后鼓	11	6200	2200	800
16		城市道路		中速	5	≥2	260	5~5.5	前盘后鼓	8	4800	2200	800
17					5	1.5~2	260	5~5.5	前盘后鼓	9	5200	2200	800
18					5	1.0~1.5	260	5~5.5	前盘后鼓	11	6200	2200	800

注：1. 详细的推荐见第五篇车辆营销部中的自卸车推荐流程及表格。
2. 本表为简易推荐表：简单地看有没有客户适合的车辆。如果有，再进行详细的推荐。
3. 鼓式制动的效果比盘式制动要好，但是散热差，在山区频繁的制动就会有问题（发热抱死），因此推荐前盘后鼓/盘式制动。
4. 影响推荐的因素很多，在这里剔除了一些因素：如普通货物、固体；货物没有包装。
5. 中型自卸车，主要用于农村/城郊的农副产品运输，城镇建筑材料、垃圾运输、煤炭运输等。
6. 低速：平均车速在30km/h以下；中速：平均车速在50km/h以下。
7. 载质量利用系数≥0.75，车辆长度小于7m、8m。
8. 推荐吴富强结构：前顶/高强钢1200MPa，U/方型货箱，货箱厚度3mm×2mm。
9. 推荐内衬板结构（见本书自卸车货箱的推荐）。
10. 公告载质量小于5t，公告总质量小于12t；本表仅以公告载质量推荐，仅供参考。

表7-34　重型自卸车（6×2轻量化产品）推荐（仅供参考）

序号	影响车辆选择要素						产品：6×2						
	地理环境	道路环境	运输距离	行驶速度（平均）	实际载质量/t	货物密度/(t/m³)	主参数推荐				货箱尺寸推荐/mm		
							动力/ps	后桥传动比	制动	货箱体积/m³	长	宽	高
1	平原	县/乡、农村道路	短途	低速	12	1~1.2	240	4.5~5	前盘后鼓	23.76	7200	2200	1500
2					12	0.5~1	240	4.5~5	前盘后鼓	28.05	8500	2200	1500
4		国道/省道		中速	12	1~1.2	260	4.5~5	前盘后鼓	23.76	7200	2200	1500
5					12	0.5~1	260	4.5~5	前盘后鼓	28.05	8500	2200	1500
7	丘陵	县/乡、农村道路	短途	低速	12	1~1.2	260	4.5~5	前盘后鼓	23.76	7200	2200	1500
8					12	0.5~1	260	4.5~5	前盘后鼓	28.05	8500	2200	1500
9		国道/省道		中速	12	1~1.2	280	4.5~5	前盘后鼓	23.76	7200	2200	1500
10					12	0.5~1	280	4.5~5	前盘后鼓	28.05	8500	2200	1500
11	山区	县/乡、农村道路	短途	低速	12	1~1.2	280	4.5~5	前盘后鼓	23.76	7200	2200	1500
12					12	0.5~1	280	4.5~5	前盘后鼓	28.05	8500	2200	1500
13		国道/省道		中速	12	1~1.2	310	4.5~5	前盘后鼓	23.76	7200	2200	1500
14					12	0.5~1	310	4.5~5	前盘后鼓	28.05	8500	2200	1500

注：1. 详细的推荐见第五篇车辆营销部中的自卸车推荐流程及表格。
2. 本表为简易推荐表：简单地看有没有客户适合的车辆。如果有，再进行详细的推荐。
3. 鼓式制动的效果比盘式制动要好，但是散热差，在山区频繁的制动就会有问题（发热抱死），因此推荐前盘后鼓/盘式制动。
4. 影响推荐的因素很多，在这里剔除了一些因素：如普通货物、固体；货物没有包装。
5. 6×2自卸车，主要用于煤炭运输，实际载质量12t，货箱长度7.2m；用于竹木材料运输，实际载质量12t，货箱长度8.5m。
6. 低速：平均车速在30km/h以下；中速：平均车速在50km/h以下。
7. 载质量利用系数≥1，车辆长度小于12m。
8. 推荐吴富强结构：前顶/高强钢1200MPa，U/方型货箱，货箱厚度3mm×2mm。
9. 推荐内衬板结构（见本书自卸车货箱的推荐）。
10. 实际整备质量小于10t；公告整备质量小于12t；公告载质量12t。本表仅以公告载质量推荐，仅供参考。

表 7-35 重型自卸车（8×4 轻量化产品）推荐（仅供参考）

序号	影响车辆选择要素						产品：8×4						
	地理环境	道路环境	运输距离	行驶速度（平均）	实际载质量/t	货物密度/(t/m³)	主参数推荐			货箱尺寸推荐/mm		
							动力/ps	后桥传动比	制动	货箱体积/m³	长	宽	高
1	平原	县/乡、农村道路	短途	低速	20	1~1.2	280	4.5~5	前盘后鼓	23.76	7200	2200	1500
2					20	0.5~1	280	4.5~5	前盘后鼓	28.05	8500	2200	1500
3		国道/省道		中速	20	1~1.2	280	4.5~5	前盘后鼓	23.76	7200	2200	1500
4					20	0.5~1	280	4.5~5	前盘后鼓	28.05	8500	2200	1500
5	丘陵	县/乡、农村道路	短途	低速	20	1~1.2	310	4.5~5	前盘后鼓	23.76	7200	2200	1500
6					20	0.5~1	310	4.5~5	前盘后鼓	28.05	8500	2200	1500
7		国道/省道		中速	20	1~1.2	310	4.5~5	前盘后鼓	23.76	7200	2200	1500
8					20	0.5~1	310	4.5~5	前盘后鼓	28.05	8500	2200	1500
9	山区	县/乡、农村道路	短途	低速	20	1~1.2	340	4.5~5	前盘后鼓	23.76	7200	2200	1500
10					20	0.5~1	340	4.5~5	前盘后鼓	28.05	8500	2200	1500
11		国道/省道		中速	20	1~1.2	340	4.5~5	前盘后鼓	23.76	7200	2200	1500
12					20	0.5~1	340	4.5~5	前盘后鼓	28.05	8500	2200	1500

注：1. 详细的推荐见第五篇车辆营销部中的自卸车推荐流程及表格。
2. 本表为简易推荐表：简单地看有没有客户适合的车辆。如果有，再进行详细的推荐。
3. 鼓式制动的效果比盘式制动要好，但是散热差，在山区频繁的制动就会有问题（发热抱死），因此推荐前盘后鼓/盘式制动。
4. 影响推荐的因素很多，在这里剔除了一些因素：如普通货物、固体；货物没有包装。
5. 8×4 轻量化自卸车，主要用于煤炭运输，实际载质量 18t，货箱长度 7.2m，用于运输焦炭，推荐 8.5m 货箱（或者 9.5m 货箱侧翻）。
6. 低速：平均车速在 30km/h 以下；中速：平均车速在 50km/h 以下。
7. 载质量利用系数≥1，车辆长度小于 12m。
8. 推荐吴富强结构：前顶/高强钢 1200MPa，U/方型货箱，货箱厚度 3mm×2mm。
9. 推荐内衬板结构（见本书自卸车货箱的推荐）。
10. 治理超载严格的区域，推荐此车型。

6. 多要素综合影响下的牵引车推荐

以欧曼系列车型为例，多要素综合影响下的牵引车推荐见表 7-36。

表 7-36 半挂牵引车推荐表（仅供参考）

序号	影响车辆选择要素				产品：4×2			产品：6×2			产品：6×4		
	地理环境	道路环境	运输距离	车速（平均）	主参数推荐							
					动力/ps	后桥传动比	制动	动力/ps	后桥传动比	制动	动力/ps	后桥传动比	制动
1	平原	国道/省道	短途	中速	430	3~3.5	前盘后鼓	460	3~3.5	前盘后鼓	460	3~3.5	前盘后鼓
2		高速	中长途	高速	460	2.5~3	前盘后鼓	510	2.5~3	前盘后鼓	510	2.5~3	前盘后鼓
3	丘陵	国道/省道	短途	中速	460	3~3.5	前盘后鼓	510	3~3.5	前盘后鼓	510	3~3.5	前盘后鼓
4		高速	中长途	高速	510	2.5~3	前盘后鼓	550	2.5~3	前盘后鼓	550	2.5~3	前盘后鼓

(续)

序号	影响车辆选择要素				产品：4×2			产品：6×2			产品：6×4		
	地理环境	道路环境	运输距离	车速（平均）	主参数推荐								
					动力/ps	后桥传动比	制动	动力/ps	后桥传动比	制动	动力/ps	后桥传动比	制动
5	山区	国道/省道	短途	中速	510	3~3.5	前盘后鼓	550	3~3.5	前盘后鼓	550	3~3.5	前盘后鼓
6		高速	中长途	高速	550	2.5~3	前盘后鼓	600	2.5~3	前盘后鼓	600	2.5~3	前盘后鼓

注：1. 短途：500km 以内；中途：500~1500km；长途：1500km 以上。
2. 中速：车辆平均速度 60~80km/h；高速：车辆平均速度 80~90km/h。
3. 标载、轻载下，大排量、低转速、自动档、小传动比、小轮胎成为牵引车的标配。
4. 不同燃料的车型推荐是一样的，主要考虑车主的运营成本。

本章小结与启示

每一款商用车都有不同的市场定位，这在外观上经常是看不出区别的。即使是同一品牌同一外观的商用车，其车型种类也很多，而且其差异往往非常大。这对于商用车用户来说就非常麻烦，稍有疏忽，买到的就可能是完全不适用的车辆。因此，商用车销售人员在为用户推荐车辆时责任重大，务必专业。那么怎样才能为用户提供正确的顾问指导呢？本章专门将相关知识做了详细总结，从货物种类，到车辆类型，甚至车厢的选择，都做了专业介绍，便于从业人员学习掌握相关知识，灵活运用到商用车销售实践中，为用户提供专业指导，提高营销策划能力，创造更加优秀的销售业绩。

本章学习测试及问题思考

（一）判断题

（　）1. 自卸车适合运输无包装，且货物状态松方、干密度，具有流动性的货物。

（　）2. 当客户（车主）运输的货物不确定、密度大，且货物差别较大、货物对防护的要求不高、运输距离较短时，推荐栏板货车。

（　）3. 当运输的货物相对固定、有包装、装卸方式固定、货物有防护的要求时，推荐（选择）专用车。

（二）问答题

1. 练习为客户推荐车辆：客户需求一辆载质量超过30t，最好35t 的仓栅式焦炭运输车。
2. 多因素影响下，如何推荐微型货车、轻型货车、中型货车、重型货车？

第八章
新能源与智能商用车简介

学习要点

1. 了解智能汽车将给物流运输行业带来的影响，找到应对之策。
2. 了解新能源商用车的发展情况、产品成熟程度、客户需求以及新能源汽车的发展趋势，制订策略，主动迎接挑战。
3. 建立销售组织，引领客户需求。
4. 了解商用车的发展趋势，及时跟踪主机厂新产品开发的进度，抢占产品资源，建立差异化优势。

1. 新能源汽车

新能源汽车的发展已经过了起步阶段，进入了发展阶段，技术已经基本成熟。现在的主要问题是：新能源汽车的综合运营成本同传统能源汽车的综合运营成本相比没有优势。也就是说，虽然国家对新能源汽车有一定的补贴，但其综合运营成本依然较高。

不过，近几年来新能源汽车的成本在不断下降。只要政策调整好，相信成本的拐点将很快到来，新能源汽车的优势也会很快体现出来。

2. 智能汽车

作者认为智能汽车部分技术已经成熟，作为专用车（包括港口转运车、矿山开采车、专用道路运输车），已经可以进入起步阶段。

智能汽车可以大幅度降低人力资源成本，提高运营效率。

目前，已经有 L4 级的重型货车和专用车在试运行了，新技术日新月异，本章的介绍仅供参考。

2019 年 11 月 10 日，商用车新网在《5G + L4 级智能重卡上海示范运营，上汽智能重卡为智能港口赋能》中报道：

2019 年 11 月 9 日，上汽集团、上港集团和中国移动联合宣布，三方正式启动全球首次"5G + L4 级智能驾驶重卡"上海洋山深水港示范运营。商用汽车新闻传媒记者也在现场体验了无人驾驶，更是对上汽智能重卡先进的技术惊叹不已！

迄今为止，在洋山深水港 72km 闭环示范运营区内智驾测试里程达到 4.8 万 km，HIL 仿真测试里程 350 万 km，仿真测试场景数达到 5.5 万个。上汽智能重卡更是将国内重卡领域首次全面系统导入功能安

⊖ 本章由赵旭日、钟渭平编写。

全体系，包括 886 项危害场景识别、219 条安全需求分析、1037 项安全测试，另外关键系统能满足 ISO 26262 和最严苛的 ASIL D，能在前后各约 250m、左右各约 80m 的范围内精确感知交通参与者，对行人、车辆、其他障碍物等进行精确识别，规划路径，提供比人类驾驶员更安全可靠的车辆操控。

智能汽车的发展日新月异，敬请广大读者关注其最新发展。根据智能汽车的技术成熟程度，预测其投放市场的时间，抓住市场机遇，及时调整产品结构。

3. 二者的关系

新能源汽车和智能汽车的发展相辅相成，新能源汽车是智能汽车最好的载体。如果新能源汽车智能化，必将大大提高新能源汽车的发展速度。

第一节　新能源汽车

一、新能源汽车的种类及其工作原理

中华人民共和国工业和信息化部公告 工产业〔2009〕第 44 号《新能源汽车生产企业及产品准入管理规则》对新能源汽车的定义是：新能源汽车是指采用非常规的车用燃料作为动力来源（或使用常规的车用燃料、采用新型车载动力装置），综合车辆的动力控制和驱动方面的先进技术，形成的技术原理先进、具有新技术、新结构的汽车。

新能源汽车包括：纯电动汽车（BEV）、增程式电动汽车（EREV）、混合动力汽车（HEV）、燃料电池电动汽车（FCEV）、氢发动机汽车以及燃气汽车、醇醚汽车等。

1. 纯电动汽车

（1）定义　纯电动汽车是一种采用单一蓄电池作为储能动力源的汽车，通过电池向电机提供电能，驱动电机运转，从而推动汽车行驶。

（2）结构形式　纯电动汽车主要有两种结构形式。

1）电机中央驱动形式：借用了内燃机汽车的驱动方案，将内燃机换成电机及其相关器件，用一台电机驱动左右两侧的车轮。这是目前的主流车型结构。

2）电动轮驱动形式：将电机安装在车轮上直接驱动车轮，去掉了机械传动装置，其体积与质量较电机中央驱动形式大大减小，效率显著提高。该形式的代价是增加了控制系统的复杂程度与成本（目前市场上较为少见，故不做介绍）。

（3）组成及工作原理

1）组成：典型的纯电动汽车主要由能源系统、驱动电机系统、整车控制器和辅助系统等组成，其他部分同传统汽车基本一样。

2）工作原理：纯电动汽车的组成及工作原理示意图如图 8-1 所示，由动力电池输出电能，通过电机控制器驱动电机运转产生动力，再通过减速机构，将动力传递给驱动车轮，使电动汽车行驶。

（4）优劣势分析

1）优点：

① 无污染。

② 噪声小。

③ 单一的电能源。

④ 结构简单，维修方便。

⑤ 保养、维修成本低。

⑥ 技术已经成熟。

2）缺点：

① 运营成本高。

② 续驶里程短。

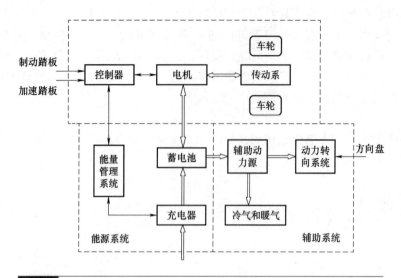

图8-1 纯电动汽车的组成及工作原理示意图

③ 电池安全存在隐患。
④ 冬季里程衰减。
⑤ 充电时间长。
⑥ 电池污染还有待解决。

2. 增程式电动汽车

(1) 定义 增程式电动汽车是既能外接电源充电，也可以利用车载发电系统充电，由电机驱动的车辆。

增程式电动汽车在纯电动模式下可以达到其所有的动力性能，而当车载可充电储能系统无法满足续驶里程要求时，可以打开车载辅助供电装置为动力系统提供电能，以延长续驶里程，且该车载辅助供电装置与驱动系统没有传动轴（带）等传动连接。

也可以说，增程式电动汽车就是在纯电动汽车的基础上，增加了一套车载充电系统。

(2) 组成及工作原理

1) 组成：主要包括发电系统、能源系统、驱动电机系统、整车控制器和辅助系统等。

2) 工作原理：在电池电量充足时，动力电池驱动电机，提供整车驱动功率需求，此时发动机不参与工作。当电池电量消耗到一定程度时，发动机起动，发动机为电池提供能量对动力电池进行充电。当电池电量充足时，发动机又停止工作，由电池驱动电机，提供整车驱动，如图8-2所示。

(3) 优劣势分析

1) 优点：

① 具有纯电动汽车的所有优点。
② 使用放心，不用担心没有电；续驶里程长。
③ 因为有电池，可以十分方便地回收下坡时的动能。
④ 在繁华市区，可关停内燃机，由电池单独驱动，实现"零"排放。
⑤ 可以利用夜间用电低谷时段充电，成本低。
⑥ 电池充放电可以浅充浅放，有利于电池寿命。
⑦ 节能：相较于传统能源车辆，其发动机一直处于最佳工作状态，效率高，排放小。
⑧ 减排：相较于传统能源车辆，综合节油率高，现有技术就可节油50%以上。

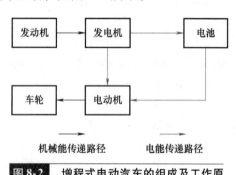

图8-2 增程式电动汽车的组成及工作原理示意图

2) 缺点：

① 有排放污染物。

② 有些地方不被认可为新能源汽车。

③ 造成功率浪费。由于发动机和发电机并不直接驱动车轮，造成了这部分功率的浪费，而发动机和发电机带来的重量并不减少。譬如：一辆增程式插电混合动力汽车发动机功率50kW，发电机功率50kW，电动机功率100kW，整车携带了总功率200kW发动机和电动机，但是能驱动车轮的功率只有100kW。

④ 在高速路况下，油耗反而偏高。这是因为高速路况下，如果发动机直接驱动车轮，可以一直工作在最佳工作模式，而增程式插电混合动力多了一个转换过程，转换本身要消耗能量，就造成了油耗偏高。

(4) 主要部件 同纯电动汽车。

(5) 工作模式 有两种工作模式。

1) 纯电工作模式：这种模式下，发电系统不发电，由电池供电行驶，"零"排放。

2) 充电工作模式：发动机带动发电机给电池充电，由电池供电行驶，有排放。

(6) 与纯电动汽车比较

1) 相同点：

① 动力由纯电能驱动，可以满足要求的动力性能。

② 能在纯电模式下行驶，实现"零排放"。

2) 不同点：

① 纯电动：电池的用量很大才能满足续驶里程；电池深度充放电，对电池使用寿命会有影响；必须建立大功率充电站或换电站。

② 增程式：电池用量小，续驶里程长；电池可以浅度充放电，使用寿命延长；不需建立充电站即可运行，需要时建立小功率充电桩即可。

3. 混合动力汽车

混合动力是指采用传统燃料，同时配以电动机/发动机来改善低速动力输出和燃油消耗的车型。

(1) 分类

1) 按照混合度不同，分为微混合动力系统、轻混合动力系统、中混合动力系统及完全混合动力系统。其中，完全混合动力系统是发展方向。

2) 完全混合动力系统，按照能否外接充电又可以分为插电式混合动力汽车（PHEV）和非插电式混合动车汽车（MHEV）。

(2) 插电式混合动力汽车（PHEV）

1) 定义：插电式混合动力汽车是新型的混合动力驱动汽车。区别于传统汽（柴）油动力与电驱动结合的混合动力，插电式混合动力汽车的驱动原理、驱动单元与电动汽车相同，唯一不同的是车上装备有一台发动机。

2) 工作原理：插电式混合动力汽车的电池相对较大，可以外部充电，可以用纯电模式行驶，电池电量耗尽后再以混合动力模式（以内燃机为主）行驶，并适时向电池充电，如图8-3所示。

3) 优劣势分析：同增程式基本一致。

4) 增程式混合动力汽车与插电式混合动力汽车的比较：相同点是二者都具有外接充电方式，能利用夜间的低价低谷电充电。不同点是增程式由电机直驱，无离合器、变速器，结构简单；能在纯电模式下行驶；发动机一直处于最佳工作状态，排放小、效率高。而插电式采用机械动力混合结构，结构较复杂；发动机工作状态与汽车行驶速度有关；可以是并联、混联结构。

5) 纯电动、插电式、增程式电动汽车的优劣势比较，见表8-1。

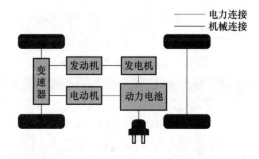

图8-3 插电式混合动力汽车结构及工作原理示意图

表 8-1　纯电动、插电式、增程式电动汽车优劣势比较

不同类别电动车	优　势	劣　势
纯电动汽车	使用成本低 保养成本低 噪声低	电池成本高 续驶里程短 充电时间长
插电式混合动力汽车	没有里程忧虑	电池成本较高 充电时间较长 价格较贵 结构复杂、整备质量高
增程式混合动力汽车	没有里程忧虑	价格贵

（3）非插电式混合动车汽车（MHEV）

1）定义：没有充电装置的插电式电动汽车。

2）结构及工作原理示意图如图 8-4 所示。

3）PHEV 和 MHEV 的区别：

① PHEV 可以外部充电；MHEV 只能自己充电。

② PHEV 电池容量相对较大，可以纯电模式行驶；而 MHEV 电池容量很小，仅在起停或加减速的时候供应/回收能量。

③ PHEV 既需要充电又需要加油，且十分依赖充电桩；而 MHEV 仅需要加油，相对而言方便些。

④ PHEV 可以上新能源绿牌，而 MHEV 不可以上新能源绿牌。

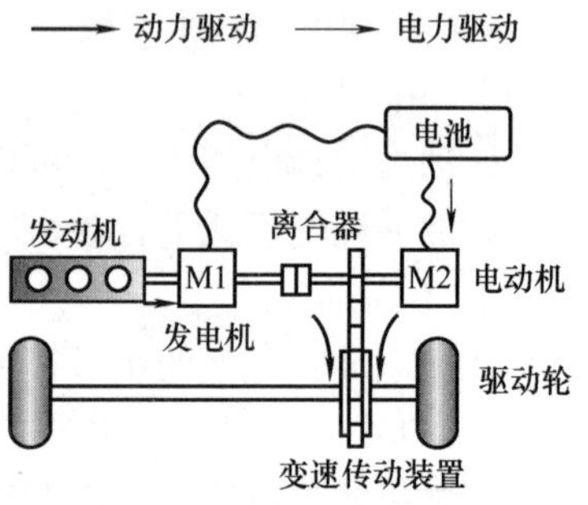

图 8-4　非插电式混合动车汽车的结构及工作原理示意图

4. 氢燃料电池电动汽车

（1）定义　氢燃料电池电动汽车是利用氢气等燃料和空气中的氧在催化剂的作用下，在燃料电池中经电化学反应产生电能，并以此作为主要动力源的汽车。

氢燃料电池电动汽车实质上是纯电动汽车的一种，主要区别在于动力电池的工作原理不同。一般来说，燃料电池是通过电化学反应将化学能转化为电能，电化学反应所需的还原剂一般采用氢气，氧化剂则采用氧气。因此最早开发的燃料电池电动汽车多是直接采用氢燃料，氢气的储存可采用液化氢、压缩氢气或金属氢化物储氢等形式。

（2）工作原理　氢燃料电池是将燃料中的化学能直接转化为电能，其中氢气作为提供电子的原料，在催化剂的作用下，氢气的电子被分离出来，在正极的吸引下，经过外部电路形成电流，最终在不被燃烧的情况下，氢气被氧化生成零污染的纯净水。氢燃料电池的工作原理示意图如图 8-5 所示。

（3）优劣势分析

1）优点：

① 彻底实现"零"排放。

② 一次加氢续驶里程长，同传统燃料汽车的续驶里程差不多，特别适合重型车。

③ 加氢时间短，只要 3~5min。

2）缺点：

① 车辆价格高。

② 氢的价格高。

③ 加氢站成本高，投入大。

④ 催化剂稀缺。

⑤ 氢的安全性要求高。

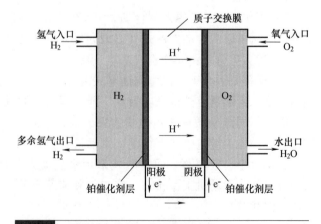

图 8-5　氢燃料电池的工作原理示意图

5. 甲醇燃料电池电动汽车

（1）定义　相比氢燃料电池汽车，甲醇燃料电池电动汽车就是利用甲醇等作为燃料的燃料电池汽车。

（2）工作原理　顾名思义，甲醇燃料电池电动汽车的主要燃料就是甲醇（具有毒性，为工业酒精中的杂质之一，饮入少量即可致盲）。在汽车上，仍旧保留油缸，但注入的不是汽油，而是甲醇。在发动机舱内，则安装了由蒸发部、调整部及减少一氧化碳等三个部分组成的甲醇调整器，当燃料泵将甲醇（CH_3OH）和水（H_2O）的混合液体从油缸送至调整器时，在蒸发部加热会变为蒸汽，再在调整部经催化剂的作用，形成氢（H_2）和二氧化碳（CO_2）气体，此时，微量的有害一氧化碳（CO）气体会经过减少一氧化碳部被消减，最后，只剩下氢气及二氧化碳会被送到燃料电池的氢极，经过化学反应转化为电能，就这样，甲醇就可不断通过调整器而变成电能，从而驱动汽车行驶。工作原理如图8-6所示。

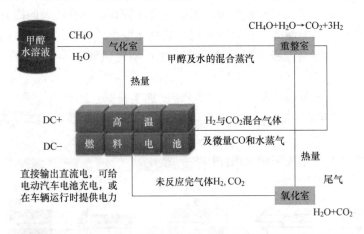

图8-6　甲醇燃料电池的工作原理示意图

（3）优劣势分析　相比氢燃料电池，甲醇燃料电池的优缺点如下。

1）优点：
① 车辆成本低。
② 燃料成本低，与纯电动汽车的成本差不多。
③ 原料丰富，我国是甲醇生产大国。

2）缺点：
① 技术成熟度低。
② 有污染，没有实现"零"排放。

6. 氢发动机汽车

氢发动机汽车是以氢发动机为动力源的汽车。一般发动机使用的燃料是柴油或汽油，氢发动机使用的燃料是气体氢。氢发动机汽车是一种真正实现零排放的交通工具，排放出的是纯净水，具有无污染、零排放、储量丰富等优势。

7. 超级电容汽车

（1）定义　超级电容汽车是指采用超级电容电池为动力源的车辆。超级电容城市客车的外观与普通无轨电车相似，只是头上不见了两根"辫子"。电车底部装了一种超级电容，车辆进站后的上下客间隙，车顶充电设备随即自动升起，搭到充电站的电缆上，通过200A的电流强度完成充电。

超级电容电池是一种介于传统电容器与电池之间、具有特殊性能的电源元件，其基本原理和其他种类的双电层电容器一样，都是利用活性炭多孔电极和电解质组成的双电层结构获得超大的容量。期间不发生化学反应，因此被归为物理电池的范畴。

（2）优劣势分析

1）优点：充电时间短、功率密度大、容量大、使用寿命长。
2）缺点：能量密度低。

二、新能源汽车的主要配置

1. 动力电池

动力电池是电动汽车的储能主体，通过给动力电池充电以驱动整车。动力电池一般是由多个单体电池串接起来的，单体电池电压 3.6V 左右，例如有 80 串单体电池，那么总电压就是 288V。动力电池一般由 BMS 控制，主要是通过控制单体电池的温度、电压一致性来保证整车电压的稳定性。动力电池安装位置一般是底盘下面，这就对动力电池的防护等级要求比较严格，一般都是 IP67 或者 IP68。动力电池大部分都在 300kg 左右，占整车整备质量的 10% 左右，因此要特别注意动力电池质量能耗比。

随着电池生产技术及电池材料配方的进步，再加上规模效应等因素，动力电池成本明显降低。2018年，动力电池的成本下降至 1300 元/(kW·h)，相比 2015 年下降了 50% 多。

在新能源货车的动力电池中，三元锂电池因为能量密度较高、具有较大的提升空间且价格适中，其市场份额快速增加；磷酸铁锂电池凭借良好的低温性能和充电循环次数，依然占据主流。随着技术法规趋严、轻量化趋势以及三元锂电池技术的逐步完善，中短期内磷酸铁锂电池被三元锂电池取代是必然趋势。

随着高镍配方技术的成熟发展，动力电池能量密度逐年提升。2018 年新能源物流车的三元动力电池单体能量密度已经达到 230W·h/kg，比 2015 年上升了 44%。新能源物流车的动力电池包密度也达到了 115~145W·h/kg。

动力电池各阶段的主要技术线路示意图如图 8-7 所示。

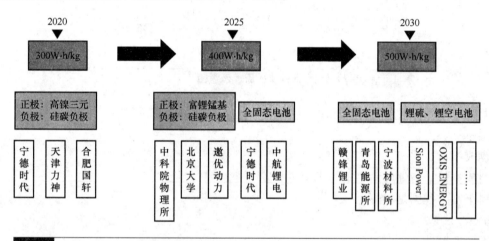

图 8-7 动力电池各阶段技术路线示意图

2. 电机

新能源汽车电机主要分为直流电机、交流异步电机、永磁同步电机和开关磁阻电机。

不同于普通的工业用电机，电动汽车专用驱动电机有更高的要求，要满足重量轻、体积小、动态性能高、调速范围大、运行效率高、驱动性能好、兼顾发电机的功能且发电效率高，防水、防尘等要求。新能源汽车用电机的功能和要求如下：

1）宽调速范围，要求驱动电机在低速时输出大转矩，高速巡航时则需要具有恒功率输出特性。

2）高密度轻量化，新能源汽车安装空间和整车重量限制。

3）高效率，保证新能源汽车的续驶里程。

4）能量回馈，新能源汽车的特点和优势之一在于其能够在车辆减速或制动时将车辆的部分动能回收，从而提高车辆的续驶里程和能源利用率。

5）高可靠性与安全性，其机械强度、抗振性、冷却技术、电气系统和控制系统都必须符合车辆安全性能的标准和规定。

6）低成本。

目前主要应用驱动电机的特点见表 8-2。

表8-2 目前主要应用驱动电机特点

类型	优点	缺点
直流电机	成本低、易控制、调速性能良好	结构复杂、转速低、体积大、维护频繁
交流异步电机	结构简单、坚固耐用、成本低、转矩脉动低、噪声低、极限转速高、运行可靠	功率密度低、效率低、调速性差
永磁同步电机	转矩密度高、效率高、功率密度高、调速范围宽、体积小	制造工艺复杂、成本高、高温下磁性衰退
开关磁阻电机	结构紧凑牢固、适合高速运行、成本低、调速范围宽、运行可靠	转矩脉动大、噪声大、功率密度低、效率低

各种驱动电机基本性能比较见表8-3。

表8-3 各类驱动电机基本性能比较

电机类型	直流电机	交流异步电机	永磁同步电机	开关磁阻电机
功率密度	低	中	高	较高
峰值效率（%）	85~89	90~95	95~97	80~90
转速范围/(r/min)	4000~6000	12000~15000	4000~15000	>15000
可靠性	中	较高	高	较高
结构的坚固性	低	高	较高	高
尺寸及质量	大、重	中、中	小、轻	小、轻
电机成本	低	中	高	中
控制器成本	低	高	高	中

3. 电机控制器

电机控制器（图8-8）是通过主动工作来控制电机按照设定的方向、速度、角度、响应时间进行工作的集成电路。

在电动车辆中，电机控制器的功能是根据档位、节气门、制动等指令，将动力电池所存储的电能转化为驱动电机所需的电能，来控制电动车辆的起动运行、进退速度、爬坡能力等行驶状态，或者帮助电动车辆制动，并将部分制动能量存储到动力电池中。它是电动车辆的关键零部件之一，如图8-9所示。

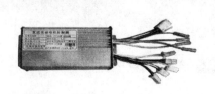

图8-8 电机控制器外形示意图

图8-9 电机控制器装车示意图

电机控制器具有CAN通信功能、过电流保护、过载保护、欠电压保护、过电压保护、缺相保护、能量回馈、限功率、高压互锁、故障上报等功能。电机控制器技术目前比较成熟，它具有集成度高、功率密度高、寿命长、输出稳定等特点。

电机控制器的稳定性决定了整车操稳性、动力性、可靠性、安全性，在控制器的选型设计时一定要考虑安装空间合理性、输出功率充足性、电流曲线合理性、制动能量回馈平滑性。

从新能源汽车电控领域市场来看，市场大头依然被新能源汽车领域厂商把控，比亚迪和北汽新能源的电控市场份额分别是25%和9.2%，联合汽车电控装机占比7%，其余专业零部件厂商或第三方电控厂商的市场份额均较低。

从电机控制器技术水平对比来看，我国电机控制器技术快速发展，已逐步达到外资企业水平。

从技术路线来看，由于汽车的轻量化、经济性、动力性、可靠性、安全性要求越来越高，因此国内电机控制器的发展有高集成化、高功率密度、高可靠性、高安全性的趋势。

4. DC/DC变换器

DC/DC变换器是将某一直流电源电压转换成任意直流电压的变换器。作为电动汽车动力系统中很重要的一部分，它的主要功能是为动力转向系统、空调以及其他辅助设备提供所需的电力；另外，还可以在复合电源系统中与超级电容串联，起到调节电源输出、稳定母线电压的作用。

DC/DC变换器在新能源汽车电气系统中的位置示意图如图8-10所示。

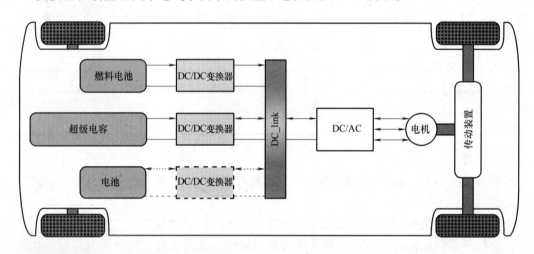

图 8-10　DC/DC变换器在新能源汽车电气系统中的位置示意图

给车载电气供电的DC/DC变换器在选型时，并不是直接将全部电气功率加在一起来计算需求，而是把用电设备分为长期用电、连续用电、短时间间歇用电和附加用电设备等类型，并赋予不同的权值。

目前，厂家生产的电动汽车DC/DC变换器（图8-11）功率有1kW、1.2kW、1.5kW、2kW、2.5kW、3kW、5kW等规格。生产DC/DC变换器的国外企业有TDK、博世、大陆、德尔福、联合电子、艾默生等，国内企业有欣锐科技、力工新能源、洛阳嘉盛、南京中港电力、富特科技、合肥华耀电子、康灿新能源、英威腾、通合电子、核达中远通、深圳威迈斯、金霆正通等。

图 8-11　新能源DC/DC变换器产品

5. 车载充电机

车载充电机是指固定安装在电动汽车上的充电机（图8-12），具有为电动汽车动力电池自动充电的能力，充电机依据电池管理系统（BMS）提供的数据，能动态调节充电电流或电压参数，执行相应的动作，完成充电过程。

车载充电机由电源和充电机控制主板两大部分组成。其中，电源部分的主要作用是将220V交流电转化为直流电；充电机控制主板主要是对电源部分进行控制、监测、计算、修正、保护以及与外界网络通信等功能，是车载充电机的"中枢大脑"。

目前，国内车载充电机功率主要有3.3kW、6.6kW，其他还有2kW、10kW、20kW、40kW等。生产车载充电机的国外企业主要有科世达、博世、艾默生、法雷奥、英飞凌等企业，国内企业有欣锐科技、力工新能源、洛阳嘉盛、南京中港电力、富特科技、英威腾、通合电子、得润电子、深圳威迈斯、金霆正通等。

6. 高压配电盒

高压配电盒是新能源汽车高压系统解决方案中的高压电源分配单元，如图8-13所示。纯电动汽车高压配电盒里面有铜排、断路器、接触器、变频器、变压器、高压继电器、熔断器、浪涌保护器、互感器、电流表、电压表、转换开关等。在电动汽车上，与高压配电盒相连接的高压部件包括动力电池、电机控制器、变频器、逆变电源、电动空调、电动除霜器、充电座等。

图8-12 车载充电机外形示意图

图8-13 高压配电盒示意图

7. 充电桩

充电桩的功能类似于加油站里面的加油机，可以固定在地面或墙壁，安装于公共建筑（公共楼宇、商场、公共停车场等）和居民小区停车场或充电站内，可以根据不同的电压等级为各种型号的电动汽车充电，如图8-14所示。充电桩的输入端与交流电网直接连接，输出端装有充电插头用于为电动汽车充电。充电桩一般提供常规充电和快速充电两种充电方式，人们可以使用特定的充电卡在充电桩提供的人机交互操作界面上刷卡使用，进行充电方式、充电时间的选择以及费用数据打印等操作，充电桩显示屏能显示充电量、费用、充电时间等数据。

截至2019年底，我国充电桩数量超过120万个，同比增加50.8%。新能源汽车累计销量达420万辆，车桩比达到了3.4:1。

图8-14 充电桩

8. 氢燃料电池电堆

电堆是发生电化学反应的场所，也是燃料电池动力系统的核心部分，由多个单体电池以串联方式层叠组合构成。将双极板与膜电极交替叠合，各单体之间嵌入密封件，经前、后端板压紧后用螺杆紧固拴牢，即构成燃料电池电堆。

电堆工作时，氢气和氧气分别由进口引入，经电堆气体主通道分配至各单电池的双极板，经双极板导流均匀分配至电极，通过电极支撑体与催化剂接触进行电化学反应，如图8-15所示。

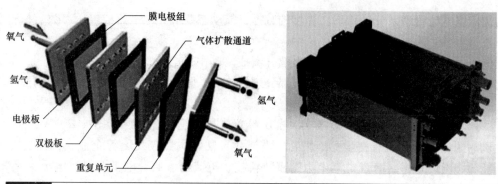

图 8-15 燃料电池电堆的工作原理

三、新能源汽车发展现状

（一）国家继续实施补贴政策

国家针对新能源汽车出台了一系列的补贴政策，目前正在执行的补贴政策见下文：

《关于完善新能源汽车推广应用财政补贴政策的通知》

财政部　工业和信息化部　科技部　发展改革委
关于完善新能源汽车推广应用财政补贴政策的通知
财建〔2020〕86号

各省、自治区、直辖市、计划单列市财政厅（局）、工业和信息化主管部门、科技厅（局、科委）、发展改革委：

为支持新能源汽车产业高质量发展，做好新能源汽车推广应用工作，促进新能源汽车消费，现将新能源汽车推广应用财政补贴政策有关事项通知如下：

一、延长补贴期限，平缓补贴退坡力度和节奏

综合技术进步、规模效应等因素，将新能源汽车推广应用财政补贴政策实施期限延长至2022年底。平缓补贴退坡力度和节奏，原则上2020—2022年补贴标准分别在上一年基础上退坡10%、20%、30%（2020年补贴标准见附件）。为加快公共交通等领域汽车电动化，城市公交、道路客运、出租（含网约车）、环卫、城市物流配送、邮政快递、民航机场以及党政机关公务领域符合要求的车辆，2020年补贴标准不退坡，2021—2022年补贴标准分别在上一年基础上退坡10%、20%。原则上每年补贴规模上限约200万辆。

二、适当优化技术指标，促进产业做优做强

2020年，保持动力电池系统能量密度等技术指标不作调整，适度提高新能源汽车整车能耗、纯电动乘用车纯电续驶里程门槛（具体技术要求见附件）。2021—2022年，原则上保持技术指标总体稳定。支持"车电分离"等新型商业模式发展，鼓励企业进一步提升整车安全性、可靠性，研发生产具有先进底层操作系统、电子电气系统架构和智能化网联化特征的新能源汽车产品。

三、完善资金清算制度，提高补贴精度

从2020年起，新能源乘用车、商用车企业单次申报清算车辆数量应分别达到10000辆、1000辆；补贴政策结束后，对未达到清算车辆数量要求的企业，将安排最终清算。新能源乘用车补贴前售价须在30万元以下（含30万元），为鼓励"换电"新型商业模式发展，加快新能源汽车推广，"换电模式"车辆不受此规定。

四、调整补贴方式，开展燃料电池汽车示范应用

将当前对燃料电池汽车的购置补贴，调整为选择有基础、有积极性、有特色的城市或区域，重点围绕关键零部件的技术攻关和产业化应用开展示范，中央财政将采取"以奖代补"方式对示范城市给予奖励（有关通知另行发布）。争取通过4年左右时间，建立氢能和燃料电池汽车产业链，关键核心技术取得突破，形成布局合理、协同发展的良好局面。

五、强化资金监管，确保资金安全

地方新能源汽车推广牵头部门应会同其他相关部门强化管理，要把补贴核查结果同步公示，接受社

会监督,对未按要求审核公示的上报资料不予受理。切实发挥信息化监管作用,对于数据弄虚作假的,经查实一律取消补贴。对监管不严、造成骗补等问题的地方和企业按规定严肃处理。

六、完善配套政策措施,营造良好发展环境

根据资源优势、产业基础等条件合理制定新能源汽车产业发展规划,强化规划的严肃性,确保规划落实。加大新能源汽车政府采购力度,机要通信等公务用车除特殊地理环境等因素外原则上采购新能源汽车,优先采购提供新能源汽车的租赁服务。推动落实新能源汽车免限购、免限行、路权等支持政策,加大柴油货车治理力度,提高新能源汽车使用优势。

本通知从2020年4月23日起实施,2020年4月23日至2020年7月22日为过渡期。过渡期期间,符合2019年技术指标要求但不符合2020年技术指标要求的销售上牌车辆,按照《关于进一步完善新能源汽车推广应用财政补贴政策的通知》(财建〔2019〕138号)对应标准的0.5倍补贴,符合2020年技术指标要求的销售上牌车辆按2020年标准补贴。补贴车辆限价规定过渡期后开始执行。2019年6月26日至2020年4月22日推广的燃料电池汽车按照财建〔2019〕138号规定的过渡期补贴标准执行。

其他相关规定继续按《关于2016—2020年新能源汽车推广应用财政支持政策的通知》(财建〔2015〕134号)、《关于新能源汽车推广应用审批责任有关事项的通知》(财建〔2016〕877号)、《关于调整新能源汽车推广应用财政补贴政策的通知》(财建〔2016〕958号)、《关于调整完善新能源汽车推广应用财政补贴政策的通知》(财建〔2018〕18号)、《关于进一步完善新能源汽车推广应用财政补贴政策的通知》(财建〔2019〕138号)、《关于支持新能源公交车推广应用的通知》(财建〔2019〕213号)等有关文件执行。

(二) 新能源商用车发展现状

1. 纯电动汽车

纯电动汽车技术已经较为成熟,北汽新能源、福田汽车、吉利汽车、东风汽车等车企都已经有续驶里程超过200km的微型、轻型纯电动专用车上市销售。新能源物流车生产企业也发展较快,2017年全年,共有88家新能源轻型货车和新能源轻客类物流车生产企业。

不同用途的新能源车日均行驶里程统计:
1) 城市配送客户新能源物流车日均行驶里程150~300km。
2) 快递客户新能源物流车中转日均行驶里程100~200km。
3) 末端配送客户新能源物流车日均行驶里程80~100km。

不同车辆的日均行驶里程统计:
1) 新能源微型物流车日均行驶里程70km。
2) 新能源轻型客车日均行驶里程120km。
3) 新能源轻型货车日均行驶里程150km。

图8-16所示为福田欧马可智蓝新能源车;图8-17所示为福田时代为快递快运业精心打造的代替电动三轮的"递哥产品";图8-18所示为续驶里程超过420km的唐山客车首款全铝车身纯电动厢式物流车;图8-19所示为北奔的纯电动重型货车。

图8-16 福田欧马可智蓝新能源车

图8-17 时代的"递哥产品"

图 8-18　唐山客车首款全铝车身纯电动厢式物流车

图 8-19　北奔的纯电动重型货车

2. 燃料电池汽车

燃料电池汽车进入发展的新阶段，5 年后应该有较大发展。

东风柳汽首辆氢燃料车如图 8-20 所示。第一辆配备 80kW 氢燃料动力系统的 18t 江铃氢燃料重型货车样车如图 8-21 所示。中通的燃料电池厢式运输车，已经上了车辆公告，可以上市销售了，如图 8-22 所示。

图 8-20　东风柳汽首辆氢燃料车

图 8-21　江铃氢燃料重型货车样车

图 8-22　中通燃料电池厢式运输车

3. 发展现状

各大企业纷纷看好商用车的这个细分市场，均加大了在相应领域的投入，比如北汽福田、开沃集团等。2019年6月，计划2020年投产，年产4万辆新能源车的"福田智蓝新能源商用车生产项目"开工。2019年6月19日，开沃汽车集团年产3万辆纯电动重型货车项目在南京溧水开工。

（三）新能源汽车主要生产企业

《新能源汽车生产企业及产品准入管理规则》（中华人民共和国工业和信息化部公告 工产业〔2009〕第44号）规定：对新能源生产企业实施企业准入和产品准入管理。截至2019年，生产企业已达上百家，这里面既有传统的生产企业，也有造车新势力。主要企业名单见表8-4。

表8-4　2019年度中国主要新能源商用车生产企业名单

序号	企业名称	序号	企业名称
1	安徽爱瑞特新能源专用汽车股份有限公司	38	山东唐骏欧铃汽车制造有限公司
2	安徽安凯汽车股份有限公司	39	山东沂星电动汽车有限公司
3	安徽江淮汽车集团股份有限公司	40	山西新能源汽车工业有限公司
4	北汽福田汽车股份有限公司	41	上海龙澄专用车辆有限公司
5	比亚迪汽车工业有限公司	42	上海申龙客车有限公司
6	成都大运汽车集团有限公司	43	上汽大通汽车有限公司
7	成都广通汽车有限公司	44	上汽通用五菱汽车股份有限公司
8	程力汽车集团股份有限公司	45	石家庄煤矿机械有限责任公司
9	东风特种汽车有限公司	46	四川江淮汽车有限公司
10	福建龙马环卫装备股份有限公司	47	四川南骏汽车集团有限公司
11	广西汽车集团有限公司	48	四川现代汽车有限公司
12	广州广汽比亚迪新能源客车有限公司	49	唐山上汽客车有限公司
13	国唐汽车有限公司	50	万向集团公司
14	杭州西湖比亚迪新能源汽车有限公司	51	徐州徐工环境技术有限公司
15	航天晨光股份有限公司	52	扬州三源机械有限公司
16	河北红星汽车制造有限公司	53	扬州亚星客车股份有限公司
17	河南德力新能源汽车有限公司	54	远大汽车制造股份有限公司
18	河南森源重工有限公司	55	云南五龙汽车有限公司
19	湖南中车时代电动汽车股份有限公司	56	长沙中联重科环境产业有限公司
20	吉利四川商用车有限公司	57	浙江飞碟汽车制造有限公司
21	江苏友谊汽车有限公司	58	浙江中车电车有限公司
22	江西昌河汽车有限责任公司	59	郑州比克新能源汽车有限公司
23	江西江铃集团晶马汽车有限公司	60	郑州宏达汽车工业有限公司
24	江西凯马百路佳客车有限公司	61	郑州日产汽车有限公司
25	江西宜春客车厂有限公司	62	郑州宇通客车股份有限公司
26	金龙联合汽车工业（苏州）有限公司	63	郑州宇通重工有限公司
27	聊城中通新能源汽车装备有限公司	64	中车时代电动汽车股份有限公司
28	柳州五菱汽车工业有限公司	65	中国第一汽车集团有限公司
29	洛阳广通汽车有限公司	66	中国一拖集团有限公司
30	南京金龙客车制造有限公司	67	中国重型汽车集团有限公司
31	南京市公共交通车辆厂	68	中山市顺达客车有限公司
32	奇瑞商用车（安徽）有限公司	69	中通客车控股股份有限公司
33	奇瑞万达贵州客车股份有限公司	70	中兴智能汽车有限公司
34	三一汽车制造有限公司	71	中植一客成都汽车有限公司
35	厦门金龙联合汽车工业有限公司	72	重庆长安汽车股份有限公司
36	厦门金龙旅行车有限公司	73	珠海广通汽车有限公司
37	山东东方曼新能源汽车有限公司		

注：根据工信部公告名单整理。

（四）新能源汽车销售情况

全国新能源汽车近年的销量（含乘用车、商用车）如图8-23所示。

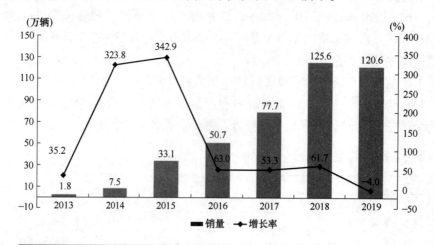

图 8-23　新能源车销量及增长率（2013—2019 年）

四、新能源物流车发展趋势与建议

1. 短途运输

短途运输（200km以内）主要服务于城市物流配送，以纯电动汽车和增程式电动汽车为主。目前，该市场具有以下特征：

1）政府对污染治理及管理的力度加大。
2）随着生活水平的提高，人们的环保意识提高。
3）电动汽车的技术日趋成熟。
4）整车成本下降。
5）运行成本低（电价低、保养成本低、维修成本低）。
6）电池的质量提高，三包里程延长，质量有保证。
7）随着政府补贴取消，价格回归正常，消费信贷有了定价基础，可以推出。
8）优惠政策延续：购置税取消、不限号等优惠政策还会以不同的方式延续。

2. 中途运输

运距在200～500km的中途物流运输用车辆、部分城市之间以轻型、中型、重型（总质量18t以下）货车为主的物流车辆，以插电式增程式电动汽车、插电式混合动力汽车为主。该市场具有以下特征：

1）充电设施不断完善。
2）快充技术日臻成熟。
3）运行成本低。
4）没有后顾之忧。

3. 长途运输

长途运输用的中型、重型物流车辆近期还会以清洁能源（CNG、LNG）为主发展，未来会以氢及甲醇燃料电池新能源车为主发展。该市场具有以下特征：

1）氢燃料电池物流车，有望在一些产氢大省（如山东）首先突破。其优点是整备质量低、充氢时间短、技术逐步成熟。目前存在的问题是加氢站少、整车价格高、加氢价格高。
2）固定场地作业车辆以纯电动汽车为主。如：港口作业车辆、场内作业车辆、矿山剥离或开采车辆。
3）固定道路、固定用途作业专用车，以纯电动汽车为主。如：垃圾运输车、餐厨垃圾车、除尘车、清扫/洒水车、园林绿化车、道路养护车等。

4. 对商用车经销商的建议

（1）市场分析　新能源汽车是未来发展的方向，加快产业布局是明智之举。微面、MPV 是新能源车型的第一主力市场，以城市配送、小、微企业自用为主，应加快抢占市场。轻型货车很有前途，政府采购或政府购买服务是第一市场，以专用车为主；未来也会向短途、中途物流运输车辆发展。中重型货车尚需要耐心。

（2）目前主销车型

1）货箱体积 $6m^3$ 左右的微型货车。

2）货箱体积 $12m^3$ 左右的轻型货车。

3）城市专用车。

4）垃圾运输车。

5）餐厨垃圾车。

6）除尘车。

7）清扫/洒水车。

8）园林绿化车。

9）道路养护车等。

（3）未来主销车型展望　未来主销车型参见第七章中的厢式车推荐，重点按照货箱体积推荐车型。

1）货箱体积 $6m^3$ 左右的微型货车（包括整体式、分体式）：纯电动汽车。

2）货箱体积 $12m^3$ 左右的轻型货车：纯电动汽车、增程式电动汽车。

3）货箱体积 $20m^3$ 左右的轻型货车：增程式电动汽车、混合动力汽车。

4）货箱体积 $30m^3$ 左右的中型货车：增程式电动汽车、混合动力汽车。

5）城市专用车：纯电动汽车。

（4）重型货车市场主销车型

1）长途：清洁能源（偏远地区）。

2）长途：燃料电池为主（主干线）。

3）轻载、中途：混合动力汽车。

4）轻载、短途：增程式电动汽车。

5）场地、固定道路：纯电动汽车。

拓展阅读　　　　　　　　**一汽解放新能源汽车营销案例**

1. 新能源市场环境特点

1）当前环境污染严重，汽车尾气对大气污染产生很大影响，近几年国家从 12 个角度不断出台"蓝天保卫战"等政策法规来推动新能源汽车的发展，新能源汽车是未来发展的趋势。

2）新能源商用车市场是政策导向型市场，市场需求依赖国家政策法规。

3）卡车需求结构目前仍以轻卡、微面、客车为主，中重卡属于市场导入期，刚刚起步；

4）公交、城市配送、环卫等为代表的城市用车和固定区域、固定路线等短途用车场景是市场需求的主力军。

2. 用户特点

1）新能源中重卡汽车尚处于市场导入期，用户对新能源产品不了解、缺乏认识；

2）当前技术条件下新能源产品车辆价格较高，且更新迭代快，二手车残值缺乏保障；

3）新能源用户对产品质量、性能以及经济性没信心，不敢第一个吃螃蟹。

3. 制定营销策略

1）产品：围绕具体应用场景，按需分步完成主推 x 款车型，打造 X 款示范运营车型，实现 x 款车型按需推进，重点开发 x 个产品；

2）价格：目前各厂家新能源均为探索阶段，暂未形成稳定的竞争格局，故短期内采取成本+竞争定价，参照竞品价格调整价差关系；同时留出一定费用空间为品牌宣传、后市场服务及渠道培养奠定基础。

3）渠道：围绕主要区域，按一定原则选取新能源经销商，此外，探索自由经纪人、相关方及直销模式等多渠道通路；同时以政策、产品、服务三大主线为核心，提升渠道销售和服务能力。

4）促销：因新能源产品价格较高，购买者对产品性能及后市场服务等期望值较高，主打非价格促销，通过后市场服务来提振用户信心，塑造解放新能源品牌形象。

5）服务：基于解放"感动服务品牌"和"保持行业领先的质量担保期"的原则，聚焦目标区域市场，搭建服务团队。打造新能源维修服务专家团队，推行"远程故障诊断＋移动上门服务"模式，建立完备服务保障体系。

6）备品：结合专用服务网络布局，建立专用备品网络，针对核心服务站、备品中心制定专用备件储备策略，建立备品动力电池包装、发运、仓储、日常维护标准。

4. 行动方案（以电厂资源运输为例）

（1）方案流程：场景调研——可行性分析——拜访及邀约——车辆试用——商务谈判——签订合同——车辆交付（仪式）——上牌及上传监控平台——跟踪服务

（2）场景调研——根据用户使用场景开展调研，初步判断是否适合新能源产品。

1）场景名称：A集团电厂煤灰运输。

2）基本情况：XX电厂隶属A集团旗下电力集团，该电厂每天煤灰运输6000吨，8X4型柴油自卸车，每趟运输煤灰约20~25吨。煤灰主要由重卡运输到堆场，车辆规模15台。运输工况：每天两班，12小时/班（含交接班2小时），水泥铺装路面和非铺装路面各占50%，坡度6°~15°，单程往返10km，22趟（220km)/天，柴油车平均百公里油耗80L。

3）延展规模：该集团旗下有20个电厂，该车型共计20X15＝300台车。

4）用户特点：电厂自产电力资源，电力对内为自身产品，对外可控制在0.5元/度以内，电价低廉。该集团为国企，具有社会责任意识，要积极响应国家号召。

5）用户痛点：对新能源产品质量、性能以及经济性不了解，没有信心。

6）综上所述：短途、固定路线、电价低廉，适合使用新能源产品（纯电动）；但用户对新能源产品接受程度有限。

5. 可行性分析

(1) 制定可行性分析报告，打消用户顾虑，提振用户信心。

(2) 政策环境分析——让用户了解新能源为未来趋势，新能源产品符合国家战略及地区需要。

1）一方面，国家频频不断地出台"蓝天保卫战"等12类政策法规推动新能源的发展，由国家政策引导，是未来发展趋势。

2）另一方面，该集团所在地区为国家重点污染地区，迫于环保压力，柴油车尾气污染是政府治理重点，柴油车逐渐会被淘汰。

(3) 运输场景分析——明确新能源车辆适合用户车辆使用场景。

根据前期调研情况，明确场景特点短途、固定路线、电价低廉，适合使用新能源产品——纯电动自卸车。

(4) 一汽解放新能源产品介绍——让用户了解解放新能源产品情况，传播产品特点，提振用户对产品的信心，见图8-24。

图8-24 一汽解放新能源汽车产品

1) 为积极响应国家号召，为能源和环境作出巨大贡献，一汽解放通过 J6P/JH6/J6L/J6F 封闭物流产品，实现新能源轻/中/重/微/客市场全覆盖，依靠自主核心技术、可靠总成、70 年技术积淀，是实现解放电动车产品高安全、高可靠、高效节能的重要保证。

解放新能源产品总成处于国内领先水平：整车控制系统为一汽自主研发，国内最高水平；电池系统采用宁德时代产品，行业领先水平；驱动系统采用绿控/中车/德纳电机 + AMT 变速器，国内领先水平。

同时，一汽解放 J6P 8×4 纯电动自卸车是为电厂使用场景打造的专属化产品，生产制造技术和产品质量控制全国领先，完全满足使用场景需求，其零排放、低噪音、大电量、长续航、大功率等特点，使其成为响应国家号召、蓝天保卫战的最佳选择，见图 8-25。

2) 一汽解放产品试验验证、生产情况及质量保证——让用户了解解放新能源产品性能，打消用户对产品质量方面的顾虑，见图 8-26。

图 8-25　一汽解放自卸车

图 8-26　一汽解放新能源汽车质量控制

3) 一汽解放新能源产品通过功能试验、可靠性试验、坏路试验、高环试验、安全试验、ABS 试验、坡道试验、淋雨试验、充放电试验、热管理试验、动力性试验等等大量严苛的试验验证，在遍布全国的试验点进行试验，通过智能高效的验证手段和大数据分析，保证产品高端品质。

4) 生产车间整齐划一，装备精良，工艺先进，高效安全、节能环保、大量采用机器人进行模块系统化操作，保障车辆装备质量。

5) 通过专用件来件专检确认、严格进行 AUDIT 评审及整车入库专检，使产品满足不同用户的使用需求，保证产品高端品质、安全无误。

6) 一汽解放服务保障——让用户了解解放的服务实力，打消用户对售后的顾虑，再次提振用户信心。

7) 一汽解放服务覆盖全国 1000 余家解放专营服务网点，提供 24 小时全天候专业、规范高品质服务，车辆常规故障当日修复，疑难故障 72 小时修复等，另有大客户、专用车、新能源七大专属服务，以及 5 个 24H 服务承诺，解放在实践中不断践行"感动服务"品牌，一直引领行业服务标准，见图 8-27。

8) 一汽解放金融政策保障——让用户了解解放的金融政策，为用户解决融资问题。

为满足客户不同需求，目前解放已与国内实力较强的金融公司一汽财务、一汽租赁、平安租赁金融公司等达成战略合作，定制专属的大客户金融解决方案，为用户提供强有力的配套资金支持，解决用户融资问题。

图 8-27　一汽解放的感动服务

(5) 经济效益分析——从经济收益角度让用户了解新能源车的经济效益，提高新能源车辆对用户的吸引力。

由于电价低廉，根据用户运营情况测算油电差距，电动车产品的经济效益都远高于柴油车产品，其次是在发动机保养成本、车主对排放升级强制淘汰担忧以及车辆残值等多个方面问题考量，电动车可节省40.6万元/年。

(6) 社会效益分析——从用户国企身份的社会担当角度，提高新能源车辆对用户的吸引力。

纯电动汽车其零排放、低噪声的特点既减少污染物的直接排放又大幅度地降低城市噪声的污染；能源方面，传统燃料从开采到汽车利用的平均能量利用率比采用纯电动技术要高出30%以上。当今工业飞速发展，各企业工厂对能源的需求量也越来越大，采用纯电动技术不仅可节约能源，还可以优化我国能源消耗结构，增加电力在交通能源领域中的应用，减少对石油资源的依赖。

(7) 环保效益分析——从缓解大气污染角度，为国家做贡献角度，提高新能源车辆对用户的吸引力。

新能源代替传统燃料，打造"经济效益"与"环保效益"双赢。电动汽车根据BP中国碳排放计算器提供的资料：节约1L柴油＝减排2.63kg"二氧化碳"。每用一台纯电动自卸车代替柴油自卸车，每年可减排二氧化碳187.5T、氮氧化合物3.2T、碳氢化合物1T、一氧化碳12.4T、颗粒物0.3T，环保效益显著！

6. 实施及推进步骤

1) 拜访和邀约——建立关系，拉近距离，面对面交流可行性。

前期资料准备完后，前往A集团电厂拜访公司领导，深度交流新能源产品的可行性，并邀请用户到一汽解放进行交流，让用户进一步了解一汽解放，了解解放新能源。

2) 车辆试用——让用户体验车辆，验证可行性报告内容，彻底打消用户顾虑。

给用户提供一台新能源车辆，进行试用，试用时间1个月，试用期间全程跟踪，及时排查问题，总结运营数据，验证产品性能和经济性。

3) 商务谈判——用户认可产品后进行商务沟通。

通过前期充分的市场调研及试用验证情况，营销总部和该集团对新能源产品价格、采购数量、交付期、支付方式、服务及金融政策等方面进行商务洽谈。

4) 签订合同——趁热打铁，及时签订合同。

依据洽谈内容完成合同签订工作。

5) 车辆交付——为用户举办交车仪式，进一步拉近与用户的关系，同时扩大宣传。

车辆交付时，为用户举办交车仪式，彰显解放对用户的重视，进一步拉近与用户关系，扩大品牌宣传。

6) 协助上牌并上传监控平台——新能源车辆信息上传监控平台为国家要求，是有别于传统车的流程。

协同经销商帮助用户进行新能源车辆上牌，并按照国家相关要求上传新能源信息至国家监控平台。

7) 跟踪服务，适时回访——成交后仍要继续维护用户关系，为后期继续购买奠定基础。

新能源车辆投入使用后，除基础服务外，为用户提供基础服务、大客户专属服务已经新能源专属服务等增值跟踪服务，实现5个24H服务承诺。

7. 取得效果

成功取得用户对一汽解放的信任，提振用户对解放新能源产品的信心，并成功销售100台纯电动自卸车。

第二节 智能汽车

一、智能汽车概述

(一) 智能汽车的发展优势

所谓"智能汽车"，就是在普通车辆的基础上增加了先进的传感器（雷达、摄像）、控制器、执行器等装置，通过车载传感系统和信息终端实现与人、车、路等的智能信息交换，使车辆具备智能的环境感知能力,能够自动分析车辆行驶的安全及危险状态,并使车辆按照人的意愿到达目的地,最终实现替代人来操作的目的。

相对于传统汽车,智能驾驶汽车的优势主要表现在以下几个方面:

1)智能汽车将大幅减少交通安全事故。汽车交通事故在很大程度上取决于人为因素,无人驾驶汽车由行车电脑精确控制,可以有效减少酒驾、疲劳驾驶、超速等人为不遵守交通规则导致的交通事故。

2)智能汽车将提高车辆利用率。智能的商用车不需要休息,可以24h从事运输作业,从而降低汽车保有量,减轻汽车对环境的污染。

3)智能汽车将改变当前汽车交通基础设施状况,影响汽车运输相关产业的发展。由于我国地大物博、人口众多,需要的车多,对道路利用率要求也较高。因此,预计我国智能汽车的发展路线应是以"智能汽车+智能道路"的路线为主。

这就需要大力发展交通基础设施。例如,无人驾驶汽车是依靠传感器感知路面障碍,或者通过4G/DSRC与道路设施通信,因此需要在交叉路口、路侧、弯道等布置引导电缆、磁气标志列、雷达反射性标识、传感器、通信设施等。智能物流信息系统示意图如图8-28所示。

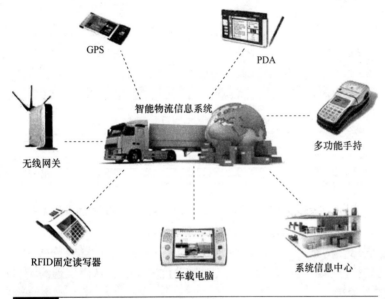

图8-28 智能物流信息系统示意图

4)智能汽车将大幅提高物流效率,减少道路占用,提高道路利用率。智能驾驶模式下,车辆采用队列行驶的方式:即有人驾驶领头车辆,后面跟随无人驾驶车辆编队。这一方式必将提高汽车运输效率,减少道路占用,提高道路利用率,减少堵车现象。

(二)智能汽车定义与工作原理

1. 智能汽车

智能汽车指的是利用传感识别技术、自动驾驶技术、人工智能技术、高级驾驶辅助系统(ADAS)等技术,通过车载传感系统和信息终端实现与人、车、路等的智能信息交换,使车辆具备智能的环境感知能力,能够自动分析车辆行驶的安全及危险状态,并使车辆按照人的意愿到达目的地的自动行驶汽车。

2018年1月5日,发改委公布了《智能汽车创新发展战略》征求意见稿,它把智能汽车定义为:是指通过搭载先进传感器、控制器、执行器等装置,运用信息通信、互联网、大数据、云计算、人工智能等新技术,具有部分或完全自动驾驶功能,由单纯交通运输工具逐步向智能移动空间转变的新一代汽车。智能汽车通常也被称为智能网联汽车、自动驾驶汽车、无人驾驶汽车等。

2. 自动驾驶汽车

自动驾驶汽车又称无人驾驶汽车、电脑驾驶汽车或轮式移动机器人,是一种通过电脑系统实现无人驾驶的智能汽车。在20世纪已有数十年的历史,21世纪初呈现出接近实用化的趋势。

自动驾驶汽车是依靠人工智能、视觉计算、雷达、监控装置和全球定位系统协同合作，让电脑可以在没有人类的主动操作下，自动安全地操作机动车辆。

3. 智能汽车基本结构

从具体和现实的方面来看，智能汽车较为成熟的和可预期的功能和系统主要包括智能驾驶系统、生活服务系统、安全防护系统、位置服务系统以及用车辅助系统等，见表 8-5。

表 8-5 智能汽车功能结构

系 统 名 称	系 统 细 分
智能驾驶系统	智能传感系统
	辅助驾驶系统
	智能计算系统
	智能公交系统
生活服务系统	影音娱乐
	信息查询
	服务订阅
安全防护系统	车辆防盗
	车辆追踪
位置服务系统	位置提示
	多车互动
用车辅助系统	保养提醒
	异常预警
	远程指导

这其中，各个系统实际上又包括一些细分的系统和功能，比如智能驾驶系统就是一个大的概念，也是一个最复杂的系统，它包括了智能传感系统、智能计算系统、辅助驾驶系统、智能公交系统等；生活服务系统包括了影音娱乐，信息查询以及各类服务订阅等功能；而位置服务系统，除了要能提供准确的车辆定位功能外，还要让汽车能与另外的汽车实现自动位置互通，从而实现约定目标的行驶目的。

4. 智能汽车的工作原理

智能汽车与一般所说的自动驾驶有所不同，它是利用多种传感器和智能公路技术实现的汽车自动驾驶。

1) 导航信息资料库：存有全国高速公路、普通公路、城市道路以及各种服务设施（餐饮、旅馆、加油站、景点、停车场）的信息资料。

2) GPS 定位系统：利用这个系统可以精确定位车辆所在的位置，与道路资料库中的数据相比较，确定车辆的行驶方向。

3) 道路状况信息系统：由交通管理中心提供实时的前方道路状况信息，如堵车、事故等，必要时及时改变行驶路线。

4) 车辆防碰系统：包括探测雷达、信息处理系统、驾驶控制系统等。控制与其他车辆的距离，在探测到障碍物时及时减速或制动，并把信息传给指挥中心和其他车辆。

5) 紧急报警系统：如果出了事故，自动报告指挥中心进行救援。

6) 无线通信系统：用于汽车与指挥中心的联络。

7) 自动驾驶系统：用于控制汽车的点火、改变速度和转向等。

（三）自动驾驶分级

SAE 的 J3016 文件提出的五级自动驾驶分级方案是当前被普遍采用和接受的标准。该方案描述了在公路行驶的各种驾驶自动化水平车辆，包括高级驾驶自动化及相关术语和功能定义。为推动自动化规范和技术要求提供了有用的框架。

1. 自动驾驶分级

自动驾驶的分级和定义见表8-6。

表8-6 自动驾驶的分级及定义

SAE 对自动驾驶的分级及定义			
级别	名称	定义	备注
L0	无自动驾驶 (Level-0)	由人类驾驶者全时操作汽车,在行驶过程中可以得到警告和保护系统的辅助。目前没有辅助驾驶的车辆被认为是 Level-0 车辆,可能包含一些主动安全装置	
L1	驾驶支援 (Level-1)	通过驾驶环境信息对方向盘和加减速中的一项操作提供驾驶支援,其他的驾驶操作由人类驾驶者完成	目前辅助驾驶技术如车道保持、定速巡航、ACC 自适应巡航和 ESP 等,在中高级轿车中已经是标配了,但是辅助驾驶技术总体舒适性还存在差异
L2	部分自动化 (Level-2)	通过驾驶环境信息对方向盘和加减速中的多项操作提供驾驶支援,其他的驾驶操作由人类驾驶者完成	Level-2 的系统仅能处理少数高频通用驾驶场景,超出能力自动驾驶系统将控制权交给人类驾驶员,人类驾驶员需要实时监控并做好接管车辆的准备。Level-2 和 Level-1 最明显的区别是系统能否同时在车辆横向和纵向上进行控制
L3	有条件自动化 (Level-3)	通过驾驶环境信息对方向盘和加减速中的多项操作提供驾驶支援,其他的驾驶操作由人类驾驶者完成	有条件自动驾驶是指在某些特定场景下(高速公路/道路拥塞等)进行自动驾驶,人类驾驶员还是需要监控驾驶活动。Level-3 现在是 2018—2020 年的研发重点
L4	高度自动化 (Level-4)	由无人驾驶系统完成全时驾驶操作,根据系统请求,人类驾驶者不一定需要对所有的系统请求做出应答,限定道路和环境条件	Level-3 还未成熟,相关车型极少;Level-4 预计在 2020—2023 年将成为研发重点。Level-4 自动驾驶算法的准确性和精确性需要达到、甚至超过人类的认知水平,这就需要极具鲁棒性的算法和稳定的计算平台。目前自动驾驶使用的高精度传感器(激光雷达等)和自动驾驶控制芯片价格极其昂贵,离普及还有一定的距离
L5	完全自动化 (Level-5)	可无人驾驶车辆、允许车内所有乘员从事其他活动且无需进行监控的系统	这种自动化水平允许乘客从事计算机工作、休息和睡眠以及其他娱乐等活动。Level-4 及 Level-5 逐渐普及之后,汽车行业将发生重大变革,人们的出行模式也将产生巨大变化

2. 不同分级的应用举例

1) L3 级自动驾驶:可以实现在封闭区域(港口、矿山)、专用(封闭)道路下的自动驾驶;1 个人(安全管理员)可以管理 1~2 辆车。

2) L4 级自动驾驶:可以实现在封闭区域(港口、矿山)、专用(封闭)道路下的自动驾驶;不需要安全管理员。

3) L5 级自动驾驶:可以实现在所有道路自动驾驶,不需要驾驶员。

二、智能汽车发展现状

(一)国内外智能汽车的发展历程

1. 国外发展历程

20 世纪 70 年代,美国及欧洲一些发达国家开始进行无人驾驶汽车的研究,大致可以分为两个领域:一是军事用途;二是高速公路环境和城市环境下的民用。在军事用途方面,早在 20 世纪 80 年代初期,美国国防部就大规模资助自主陆地车辆(Autonomous Land Vehicle,ALV)的研究。

进入21世纪，为促进无人驾驶车辆的研发，从2004年起，美国国防部高级研究项目局（DARPA）开始举办机器车挑战大赛（Grand Challenge）。该大赛对促进智能车辆技术交流与创新起到了很大的激励作用。

在2005年的第二届比赛中，主办方只在赛前两小时提供一张光盘，上面提供了比赛路线上2935个"路点"的方位与海拔等详细资料。整个赛道有急转弯、隧道、路口还有山路，比赛要求参赛车辆能够自主完成全部路程。最终，斯坦福大学的"斯坦利"获得了第1名。具有6个奔腾M处理器的电脑完成了"斯坦利"所有程序的处理。车辆移动时，由4个激光传感器、1个雷达系统、一组立体摄像头和1个单眼视觉系统感知周围的环境。

2006年，德国举办了欧洲陆地机器人竞赛（European Land Robot Trial，ELROB），德国的参赛车"途锐"取得了冠军。该车通过影像处理寻找道路，周围景物被处理成3D影像。该车由光学定向与测距系统对收集的信息进行导航决策，分析哪里是行人哪里是树木。"途锐"自主行驶了90%的赛程，不过在通过关键十字路口时还是靠手动驾驶。

2. 国内发展历程

我国从20世纪80年代就开始进行无人驾驶汽车的相关研究。1992年，国防科技大学成功研制出中国第一辆真正意义上的无人驾驶汽车；2016年4月，长安汽车成功完成2000km超级无人驾驶测试；2016年6月，首个国家智能网联汽车试点示范区成立，这意味着中国的智能联网和无人驾驶汽车从国家战略高度进入实际操作阶段；2016年7月，阿里巴巴与上汽集团发布了全球首款可量产互联网汽车；2017年12月，北京出台了国内首个自动驾驶标准，自动驾驶汽车上路将有法可依。

（二）产业发展政策

智能网联汽车是中国抢占汽车产业未来战略的制高点，是国家汽车产业转型升级、由大变强的重要突破口。智能网联汽车是一项具有战略意义的系统工程，需要多方参与、协同推进，联盟应积极发挥作用：

1）把握动方向，发挥行业发展支撑作用。
2）搭建平台，提供行业公共服务。
3）创新机制，推动产业协同创新。
4）推动融合，建设新型产业生态体系。

近日，工信部正在加紧研究促进产业发展的指导意见，已推动在制造强国领导小组下建立部际协调机制，下一步将重点在加强顶层设计、制定标准法规、突破关键技术、升级基础设施、加强国际交流、提升信息安全等几方面开展工作。

我国相关主管部门已经在数个领域进行了战略布局。前期工信部陆续印发了中长期发展规划、智能网联汽车技术路线图、车联网和5G发展行动方案等一系列指导性文件，初步确定5G频率规划及测试频段，支持关键技术的研发和应用测试，研究编制标准体系建设指南，起草上路验证管理规范，搭建上海、重庆、北京等示范测试区。

2020年2月下旬，国家发改委等11部委印发了《智能汽车创新发展战略》（以下简称《战略》）。这是继2018年1月5日公布《智能汽车创新发展战略》（征求意见稿），经过两年充分讨论之后正式落地。这是对中国智能汽车发展进行了更高层次的顶层设计。《战略》提出了智能汽车2025年和2050年愿景，是发展智能汽车的纲领性文件，明确了国家各个主管机关分工与合作机制。此次《战略》的目标更加务实。但是，实现智能汽车发展的"2025目标"和"2050愿景"，不能仅靠这一个纲领性文件，相关部门还需要出台一系列的支撑政策。

（三）产品与技术发展水平

目前，我国商用车行业的智能化产品已经取得了丰硕的成果。在不同的领域、场景下实现了技术与产品突破。

1. 投入（商业）示范运用的客车（排名不分先后）

（1）金龙客车阿波龙 "阿波龙"（Apolong）是由百度公司和金龙客车合作生产的全国首辆商用级无人驾驶微循环电动车，如图8-29所示。"阿波龙"车身长4.3m，宽2m，共8个座位，核载14人

（含6个站位），采用纯电动动力，充一次电可以行驶100km。"阿波龙"在设计上颠覆了传统汽车的概念，全新构建电动化、电子化及智能化的新形态，是全国首辆无方向盘、无节气门、无制动踏板的原型车。它前后安装有激光雷达、超声波雷达等传感器，因此不会像人一样"开小差"，能持续监测路面情况、周围物体，具有车流判断、路牌识别、避障等能力。

2018年3月30日，"阿波龙"拿到了福建省平潭综合实验区公安交通管理部门授予的首批测试牌照，也率先在平潭无人驾驶汽车测试基地现场进行了上路测试。

2018年7月4日，李彦宏宣布："百度和金龙客车合作的全球首款L4级量产自动驾驶巴士阿波龙正式量产下线。"同年10月12日，百度在全国的首个无人驾驶商业示范运营项目正式进入运行阶段。

（2）宇通客车　2019年3月，博鳌亚洲论坛期间，宇通客车研发的L4级别智能网联巴士（图8-30）首次亮相并开放试乘。在车辆的感知能力上，基于深度学习的多源信息融合技术，不仅保证车辆能360°感知周围环境，并且针对一个视角实现了多个传感器监测，仿佛给车辆安上了多只眼睛，即使在没有GPS信号覆盖的区域，仍能实现厘米级的精确定位、精准停靠和安全运行。

在车辆指挥层面，强化学习的决策与协同控制技术就像给车辆装上了"大脑+小脑"。通常，"小脑"每时每刻监测着"大脑"的行为，如果"大脑"遇到某个程序突然死机或信号中断，"小脑"可立即接管指挥车辆，以确保运营安全。

图8-29　"阿波龙"无人驾驶汽车

图8-30　宇通客车研发的L4级别智能网联巴士

在车辆对指令的执行层面，基于高可靠性冗余线控执行机构技术，即使某一条电路出现问题，也不影响车辆的正常运行。同时，车辆具有强大的AI自我学习能力，可实现不断升级。

2. 完成列队行驶的重卡

（1）欧曼超级重卡　2019年5月7日，欧曼超级重卡（牵引车）在天津完成了国内首次自动驾驶列队跟驰标准公开验证试验，以稳定的车辆状态和优异的跟车距离，展现了欧曼超级重卡在自动驾驶方面的领先地位。除了驾驶列队跟驰，欧曼超级重卡的自动驾驶还拥有丰富的激光雷达和摄像头组，确保整车360°无死角；智能车道保持系统保证车辆不偏离安全行驶车道；实时车辆状态显示，能轻松实现车辆加速和减速；车路协同系统可以实现车辆与实际道路路况实时数据同步。

（2）东风商用车　2019年5月7日，在天津市西青区，东风商用车应邀参加了由汽标委智能网联汽车分标委组织的无人驾驶货车列队跟驰功能公开验证试验，如图8-31所示。东风天龙KL表现十分优秀，顺利完成测试。

图8-31　东风重卡在进行列队行驶

（3）中国重汽　中国重汽的重卡也参加了此次活动。

据了解，本次测试内容包括列队加速、列队减速及列队换道，由三辆车通过智能网联技术组成车队，头车为人工驾驶模式，后方车辆需在自动驾驶模式下根据前车动作实现加速、换道和制动操作，同时全程保持合理车距。

这是我国首次大规模商用车列队跟驰试验活动，具有划时代的意义，它标志着我国智能网联汽车标准体系建设已步入高级别自动驾驶领域。这为满足运输公司需求的道路运输货车提供了技术与产品支撑。

3. 满足封闭平整区域作业的重卡

（1）一汽解放智能车和智能车辆安全管理平台

1）智能港内集装箱运输车辆平台

① ICV 系列见图 8-32。

图 8-32　解放 ICV 系列港口车

尺寸：14500mm×2800/3000mm×1740mm

驱动型式：8×4、4×4

装载集装箱类型：20'/40'/45'/2×20'

额定载重量：61000kg/80000kg

最高车速：空载 40km/h，满载 15km/h

转弯直径：16m

燃料：纯电动、快充/快换，混合动力（LNG）续驶里程 300km（按需设定）

产品特点：具有双向行驶功能，更适合自动化码头；整车（列车）长度短，机动性好；车辆控制精准，作业效率高。

② 牵引车+半挂车系列见图 8-33。

尺寸：主车 6915mm×2500mm×4000mm、列车 17100mm×2500mm×4000mm

驱动型式：6×4

装载集装箱类型：20'/40'/45'/2×20'

额定载重量：61000kg

最高车速：空载 40km/h，满载 15km/h

转弯直径：15m

燃料：柴油，续驶里程 800km 或纯电动续驶里程 300km（按需设定）

产品特点：适用于传统码头智能化运行；可配置安全员，确保前期运营安全性。

2）智能车辆安全管理平台见表 8-7。

第八章 新能源与智能商用车简介

图 8-33 解放 J7 牵引车 + 半挂车系列

表 8-7 智能车辆安全管理平台可能出现的异常及处理方案

序号	功能	原因	功能影响	处理方案
A	通讯异常	强电磁干扰或刻意信号欺骗	任务接收、状态监控设备交互	"心跳"识别，异常时停止工作
B	定位异常	卫星信号干扰或刻意信号欺骗	行驶路线 停车位置	冗余定位（卫星+标识）异常时停止工作
C	环境异常	浓雾、雨雪、台风等	基于图像的识别	冗余感知（图像，雷达）异常时停止工作（人也无法工作）
D	行驶异常	感知系统故障、控制系统故障机械系统故障	完全失控	后台关断——触停——遥控驶离维修——拖车拖走
E	任务异常	调度系统故障、操作故障	任务执行	不执行任务，后台报警
F	交互异常	信号系统故障	车与设备的协作	保持当前状态，后台报警
G	车辆拥堵	调度不合理、路线规划不合理	车辆行驶	排队等待 路线划设时驶排队等待区不影响主干路线其他车通行（比如单行线）
H	部件故障	部件报告发现故障或电量不足	正常行驶、持续行驶	后台报警，不接收新运输任务

① 运营方案。包括港内车辆维护保养、故障应急、环境保障方案。

A. 车辆维护：

a. 增加车辆检修频次（周），保障车辆状态。

b. 细化检查内容。

c. 服务预案（24 小时服务）。

B. 车辆安全：

a. 初期设监控车伴随行驶，监控车辆运行，遇到紧急情况能够对车辆进行控制。

b. 车辆失效转为人控制。

c. 用少量传统集卡作为候补，必要时替代 ICV 应急。

C. 环境适应：

a. 雨雪、大雾天气作业规则。

b. 全温度作业工况适应预案。

c. 夜间灯光作业条件适应预案。

D. 场地安全：

a. 安全警示标志设立齐备。

b. 安全制度建立（针对操作人员、管理人员）。

c. 安全培训（内卡司机、外卡司机）。

② 智能方案

A. 港口运行场景——场景总体情况。港内集卡作业流程和路径（出停车场→栏区装/卸箱→码头面卸/装箱→加燃料→入停车场停车），识别出11种典型工况并进行场景定义和功能设定，参见表8-8。

表8-8　港口运行场景11种典型工况

序号	工况	位置	场景（动作分解）
A	起动	停车场、充电区	接受指令（后台）→自检→起动
B	初驶	停车场、充电区	接受任务+路径（后台）→加速→匀速
C	转弯	栏间路-纵路、横路-纵路、纵路-码头面	→识别信号→减速→判断（停?）→转
D	行进	栏区路、纵路、横路、码头面	→加速→匀速→减速（车辆）（图8-34a）
E	穿路	栏区-纵路、纵路-横路	→识别信号→减速→判断（停）→穿越（图8-34b）
F	栏区待装/卸	栏区路	→判断→停车/低速跟车→减速→识别标号（调整）→停
G	装/卸箱	栏区路	→停→装载（识别箱放稳?）（图8-34c）
H	超车	栏区、纵路、横路、码头面	→加速→转弯→超车
I	码头卸/装箱	码头面	→判断→停车/低速跟车→减速→识别位置（调整）→停
J	充电（加油）	充电区	电量实时监测→转弯→减速→停（熄火→充电→完毕反馈）
K	停车	停车场	接受指令（后台）→转弯→减速→停车（熄火、判别电量）（图8-34d）

B. 车辆智能化传感器布置方案见图8-34。

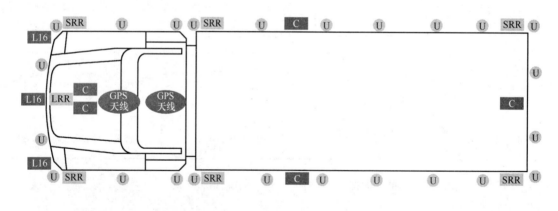

图8-34　智能化传感器布置方案

C. 港口运行场景——码头面运输作业流程

车辆承担从岸桥到龙门的集装箱转运，见图8-35。

D. 车辆路径规划、障碍物识别方案见图8-36。

a. 远程接收后台调度指令，规划最优导航路径。

b. 智能识别躲避行人、车辆障碍物。

c. 依据地图和车辆行驶轨迹预测决策路口车辆避让。

E. 桥吊、轨道吊下停车定位方案见图8-37。

第八章 新能源与智能商用车简介

图 8-35　车辆承担从岸桥到龙门的集装箱转运

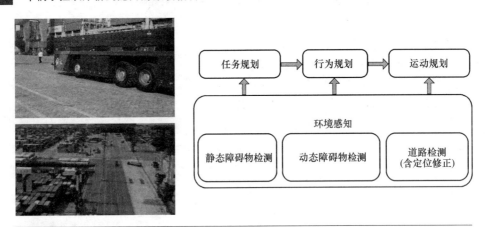

图 8-36　车辆路径规划、障碍物识别方案示意图

精准停车时车辆预先进入指定车道 2，GNSS + IMU + DL 辅助定位车辆对应桥吊（轨道吊），进入目标吊 2 后，车辆提前减速开启停车模式，同时激光雷达扫描上方吊的特征精准测量车辆距离目标点的纵向误差并实时传给 ADU，ADU 控制器动态修正车辆油门刹车，同时根据车道线修正车辆姿态，车辆可进行前后距和方向调整实现停车精度 5cm。

图 8-37　桥吊、轨道吊下停车定位方案示意图

347

图 8-37　桥吊、轨道吊下停车定位方案示意图（续）

F. 环境适应性。

a. 适用范围，见表 8-9。

表 8-9　支持范围

序　号	项　目	支持范围
a)	车速	0～40km/h
b)	光照	良好
c)	时段	24h
d)	道路类型	结构化道路
e)	行驶区域	内部道路
f)	地形	平路、缓坡
g)	路面情况	直路、直角弯
h)	交通情况	车辆、行人
i)	基础设施	车道线定期清洗特殊标杆/标记

b. 适用环境：

● 大雪天气：路面积雪，需及时清理，保持车道线和路面标记清晰不被遮挡。车载毫米波雷达可应对此类天气，能够穿透积雪识别障碍物保证车辆的安全行驶，见图 8-38。

图 8-38　大雪天气

图 8-39　大雨天气

● 大雨天气：路面积水影响摄像头和激光雷达识别，需及时清理道路，保持车道线和路面标记清晰不被遮挡。毫米波雷达可应对此类天气，能够穿透雨水识别障碍物保证车辆的安全行驶，见图 8-39。

● 大雾天气：见图 8-40。不影响作业时，摄像头和激光雷达识别时可保证车辆正常行驶。影响作业时，毫米波雷达应对此类天气，能够穿透大雾识别障碍物保证车辆的安全行驶。

图8-40　大雾天气

图8-41　夜晚作业

- 夜晚作业：见图8-41。摄像头在光照良好的条件下可以识别车道线和障碍物；毫米波雷达和激光雷达对光照和阴影均不敏感，可以应对光照变化，保证车辆的安全行驶。

G. 防拖拽方案见图8-42。

a. 吊具面对集装箱的一侧安装光电距离传感器，实时检测吊具和集装箱的最小距离是否达到安全距离。

b. 吊具的抓手处安装载荷传感器作为冗余校验，动态检测吊具是否与集装箱有力的作用，一旦有力则不允许车辆离开。

后台调度中心实时校验吊具和车辆状态，通过指令校验的方式进一步确保吊具被拖拽。

图8-42　防拖拽方案示意图

H. 港口环境改造见图8-43。车道线保持清晰，符合国标，车道内无其他标线；路面平坦无积水积雪；除路口外均需要喷涂清晰车道线；路口处需要喷涂特殊标记；桥吊/轨道吊加装GPS，实时通过后台反馈目标作业吊的位置信息。灯塔或高处按需布置LPS/UWB基站，楼顶布置GPS基站。约束港内车辆运行规则。吊具加装防拖拽传感器并传信号给后台。

I. 调度监控后台方案的系统拓扑图见图8-44。

（2）东风商用车　基于D310平台，集成自主AMT，开发完成的港口场景智能驾驶示范样车。2018年6月于武汉阳逻港路开展港口场景运营测试，能够实现主动换道、智能避障、精准停车、直角倒车等功能。2019年4月通过襄阳市智能网联汽车道路测试，获得第一张公开道路智能驾驶测试牌照。

（3）上海振华重工　已经开发出来港口用"自动驾驶集装箱转运车辆"，进入商业示范。

4. 满足封闭工地作业的货车

东风商用车于2019年6月在试验场越野路开展了工地道路模拟运营，模拟运营50h，运营里程133km。可以实现循迹行驶、非规则道路通行（起伏道路、上下坡）、停车避障（车辆、行人）、装卸料点定点停车、在封闭园区特定路线（长沙橘子洲景区）和场景下的智能驾驶等功能。

这为矿山作业提供了产品和技术支撑，可用于矿山的剥离、开采；城市垃圾专用车、景区专用车等。

图 8-43　港口环境改造示意图

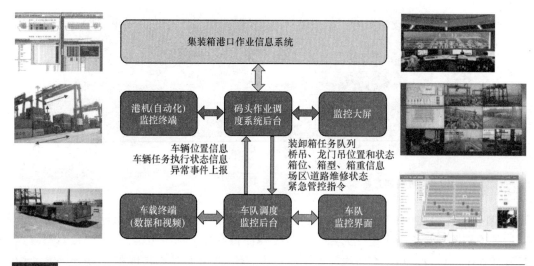

图 8-44　系统拓扑图

5. 城市专用车

城市专用车主要有解放 J6F 的无人驾驶智能清扫车。可以看出，一汽解放在智能货车方面已经实现智能卡车的平台化、系列化布局。这为城市专用车提供了产品和技术支撑。

6. 基于智能汽车的智慧物流

（1）东风汽车　2019 年 9 月 17 日，在东风汽车股份焕新品牌战略发布会上正式发布了 Sharing Box（图 8-45），这是为响应国家"双创"号召、践行东风轻型车"智慧物流最佳合作伙伴"品牌愿景，拥抱汽车"五化"趋势和 5G 时代的来临，诠释东风轻型车

图 8-45　东风汽车 Sharing Box

对未来智慧物流的期盼和想象。Sharing Box 智慧物流平台将采用智能化前沿技术,结合场景应用,提供智慧物流合作解决方案。在不久的将来,Sharing Box 智慧物流平台的开放共享和可变换性将运用在更多的物流营运场景中,根据客户的需要衍生、变换更多的物流形态,实现智能化的支线物流和对点物流,打造城市智慧物流和生活的生态圈。

作为"智行隆中"项目中智慧物流的主要担当者,东风汽车股份将面向多元化的产业发展需求,依托智能网联和自动驾驶技术,通过智慧车辆开发以及车联网平台建设、运营,推进"智行隆中"项目,进而实现物流精细化管理,提升利用效率,最终实现全价值链定制化、高效化、无人化的运营布局,打造城市智能化物流生态圈,同时实现自身向"产品+服务"转型。东风汽车股份将基于现有平台及 T-BOX,通过车联网平台,实现数据传递及分析功能,在满足客户需求的同时提升整车价值并持续推进智慧车辆的开发。

(2)江铃汽车 2019 年上海国际车展期间,江铃汽车全面展示了旗下的智能驾驶汽车。此次活动的试乘车是以江铃特顺为原型,对相关系统进行全新设计的江铃自动驾驶双栖小巴,如图 8-46 所示。

早在无人驾驶技术还属于黑科技时,江铃汽车已经前瞻布局,与百度携手合作开发无人驾驶技术。如今,江铃汽车的车联网商用车逐渐进入第一阵营,率先把混合云平台、大数据、OTA 刷写、远程诊断、车载智能终端 T-BOX2.0 应用到量产项目中,且实现了特定区域内的自动驾驶。

先期投放市场进行试运营的江铃特顺 EV 无人驾驶,是基于江铃特顺 EV 和百度阿波罗自动驾驶平台提供的技术框架,结合江铃福特严格的管理体系和丰富的量产经验,对特顺车的底盘线控、电器架构、车载传感器、决策算法等进行重新设计以匹配智能驾驶,可实现封闭园区内固定路线的低速 L4 自动驾驶、自动起停、自主巡航、自动跟车、绕行障碍、避让行人等功能。

2018 年 11 月,在江铃威龙 HV5(图 8-47)的上市发布会上,江铃威龙 HV5 智能驾驶车型正式亮相。在驾驶员按下车内仪表台上的"自动驾驶"按钮之后,江铃威龙 HV5 切换为自动驾驶模式,车辆正式起动,按照地图的路线和车道信息进行自动驾驶,并根据实际情况随机应变。

图 8-46 江铃特顺 EV 智能驾驶汽车

图 8-47 江铃威龙 HV5 概念车

智能驾驶演示中,江铃威龙 HV5 完美演示了自动避障的功能,实现了环境感知模块对障碍物的识别并成功完成绕行。在自动跟车演示场景中,江铃威龙 HV5 能够即时识别前方车辆的距离和车速,这一功能不仅能缓解驾驶员的疲劳程度,还能实现编队行驶,降低频繁加减速过程中的燃油消耗,实现物流货运成本的降低。

江铃威龙 HV5 的自动驾驶功能已经到了 L4 级,可以说做到了真正意义上的自动驾驶,可以完全脱离驾驶员的干预与操控,让自动驾驶技术程序解决所有的路况难题。此外,基于百度阿波罗平台的无人驾驶汽车"江铃特顺",实现了适用于园区接驳、物流分拣等场景的 L4 级别自动驾驶,开启了商用车领域无人驾驶技术的新纪元。这为物流快递行业提供了产品和技术支持。

7. 用于农业及矿山开采的智能新能源车辆

中国科学院计算技术研究所和国家农机装备创新中心已经研发出了纯电动新能源的自动驾驶的拖拉机,为农业运输和矿山开采提供了产品和技术支撑。

（四）产业链发展

自动驾驶汽车的产业链从产业上下游分析，主要可以分为感知、计算平台、算法集成、车辆控制、汽车通信、无人驾驶汽车运营六个方面。

车联网、智能交通系统（ITS）为智能汽车提供了智能化的基础设施、道路及网络环境，随着汽车智能化层次的提高，反过来也要求车联网、智能交通系统同步发展。

智能驾驶及车联网是一个大市场，但主要被国际 Tier1 巨头垄断。2016 年，全球排名前十的 Tier1 公司合计占比规模在 32% 左右。博世、大陆、电装为汽车电子的第一梯队，其中博世在全球汽车电子领域的市场份额为 20%，与大陆市场份额基本持平。在中国市场，博世、大陆、电装排名前三，博世以 11.6% 的份额居于首位。

智能汽车的产业链（图 8-48）可以描述如下：

1) 车联网的产业链：包括上游的元器件和芯片生产企业、中游的汽车厂商、设备厂商和软件平台开发商，以及下游的系统集成商、通信服务商、平台运营商和内容提供商等。

2) 先进传感器厂商：开发和供应先进的机器视觉技术，包括激光测距系统、红外摄像以及雷达（厘米波、毫米波、超声波）等。

3) 汽车电子供应商：能够提供智能驾驶技术研发和集成供应的汽车电子供应商，如博世、德尔福、电装等。

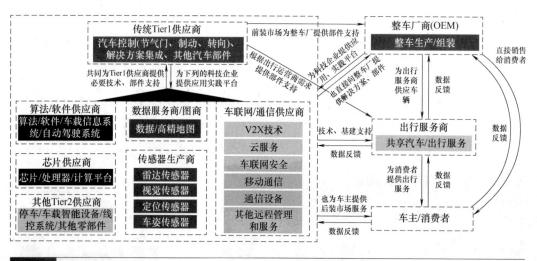

图 8-48 智能汽车的相关产业链

三、智能物流车发展趋势与建议

1. 商用车对智能汽车的需求要比乘用车强烈

商用车在应用场景、专业化、需求等方面有着乘用车无可比拟的优势：

1) 专用场景应用：在港口、矿山、工厂内作业，可以率先应用。

2) 专用道路应用：根据装货地固定、卸货地固定，进行运输道路固定，可以率先在专用道路应用。

3) 作业时间应用：城市专用车在夜间进行作业，固定作业地点、固定作业道路，可以率先应用。

4) 物流运输：驾驶员的费用占整个运输成本的 20% 左右，采用无人驾驶，就可以减少或节省这笔费用。人员休息占用的时间成本在 20% 左右（每天 4h 以上），采用智能汽车，就可以节省这个时间，提高物流效率。这对运输公司有巨大的吸引力。

综合以上分析，智能汽车（或无人驾驶汽车）在商用车领域率先应用是非常可能的。

2. 智能汽车的到来将改变客户的用车习惯

1) 专用车时代加速到来。智能汽车的到来，在没有了驾驶员产生的费用后，将彻底改变人们的用车习惯和物流运输方式。运输的专业化、智能化必将带来车辆的专业化。通用车辆将越来越少。

2）买车越来越少，租车越来越多。牵引车客户将进行分离，如：运输公司租赁（或购买）牵引车，货主租赁（或购买）半挂车。

3. 汽车将成为智能移动终端

随着自动驾驶技术的成熟及大规模商业化应用，未来的商用车将不单是提供运输服务的交通工具，而将成为具有基础运输功能的智能化移动终端。

未来自动驾驶汽车的设计与生产将打破传统模式，向定制化的智能制造转变。与传统商用车相比，外观、功能、配置都将彻底改变。

4. 产业生态位将发生变化

产业生态体系的重构也将带来产业生态位发生变化。

1）整车企业：整车企业将不再成为产业的绝对主导者，汽车品牌将会弱化，使用者将更加注重出行服务商的服务能力及品牌。

未来整车企业或将出现两极分化：一是凭借自身技术能力固守在汽车制造核心领域；一是向服务转型，为市场提供基于出行服务的优质价值。

2）经销商：经销商将转变为整体物流解决方案供应商，为物流需求方提供整体物流解决方案，而不是只卖（或租）车，其产业生态位逐渐提升。经销商掌握客户的一手需求数据，从需求侧主导汽车设计，定制化地打造真正适合市场应用的自动驾驶汽车，从而获得更大的客户市场。

5. 深刻影响交通运输业

（1）影响交通运输业的发展

1）将颠覆目前基于人、车、路、环境的传统道路出行方式和运输组织模式。

2）将引领道路基础设施的智能化改造和运行维护管理方式的重大变革。

（2）有助于实现交通安全、高效、绿色的愿景

1）减少甚至消除人为失误带来的交通运输安全风险。

2）提高交通运输效率，成倍提升道路通行能力。

3）降低车辆排放。

4）改变汽车生产消费模式。

5）有可能改变人们传统的车辆购买模式。

6）租赁有可能成为物流企业的主要购车模式。

7）融资租赁成为辅助模式。

8）托管成为物流运输行业主要的车辆管理模式。

6. 智能汽车在商用车领域的实现方式及时间预测

（1）实现方式

1）车队编队运行。

2）封闭区域运行。

3）封闭道路运行。

4）固定道路、固定时间运行（专用车）。

（2）时间预测

1）至 2022 年，智能商用车将在以下领域实现应用：

① L4 级自动驾驶，实现封闭区域自动驾驶。

② 港口集装箱转运车。

③ 矿山剥离、开采车。

④ 景区内客运车。

⑤ 夜间作业专用车等。

2）至 2023 年，将实现：

① L4 级自动驾驶，实现封闭道路自动驾驶、货车队列。

② L3 级自动驾驶，实现公开道路货车队列商业化。

3) 2025年以后，将迎来智能汽车的快速发展期。

7. 对经销商的建议

1) 智能驾驶技术的到来会迎来换车高峰。

2) 自动驾驶车辆会代替有人驾驶车辆：节省人工费用。

3) 智能驾驶技术的到来会迎来租车高峰：不再买车。

4) 经销商之间的竞争由资源竞争向能力竞争转移：谁能为物流运输行业提供最合适的运输方案？谁的车辆运输效率最高？谁的车辆运输成本最低？哪一家经销商的服务内容最全、服务项目最多、服务效率最高、服务成本最低？

第三节 相关政策法规体系介绍

一、新能源货车相关标准法规

新能源货车所涉及的标准可以分为两类：一类是我国汽车工业的约束性文件，作为货车和电动汽车必须遵循的基础标准，包括机动车号牌标准、电动汽车的系列标准。另一类是与新能源货车紧密相关的标准，主要有四项，包括两项国家标准以及交通运输部和中国物流与采购联合会各自计划出台的有关行业标准。

1. GB/T 34585—2017《纯电动货车 技术条件》

全国汽车标准化技术委员会下的电动车辆分技术委员会在2017年10月14日发布了《纯电动货车 技术条件》。这项于2018年7月1日开始实施的标准，是第一个针对新能源货车行业的标准。该标准对纯电动货车提出了重要的技术要求，主要包括：

1) 不包括铅酸电池。

2) 要有低速提示音。

3) 爬坡度不低于20%。

4) 在续驶里程方面，N1类车辆按照工况法测试，不得低于80km；其他类型车辆则采用40km/h等速法测试，不低于120km。

5) 30min最高车速不能低于70km/h。

6) 车辆需要完成15000km的可靠性行驶试验。可靠性测试结束之后，30min最高车速、续驶里程复试，复测值不能低于初始值的90%。

该标准突出了纯电动货车满足基础运营所需的核心技术要求、可靠性验证和可靠性验证后的复测要求，对产品的品质提出了要求，为整个行业竖立了门槛。

2. GB/T 34598—2017《插电式混合动力电动商用车 技术条件》

《插电式混合动力电动商用车 技术条件》也是在2017年10月14日发布的。该标准主要规定了插电式混合动力电动商用车能量消耗、续驶里程、可靠性以及电池要求。

根据该标准，插电式商用车在混合动力模式下燃料消耗限制如下：

1) M2、M3、N2、N3类车型按照GB/T 19754—2015《重型混合动力电动汽车能量消耗量试验方法》测试燃料消耗量，其混合动力模式下燃料消耗量（不含电能转化的燃料消耗量）应小于GB 30510—2018《重型商用车燃料消耗量限值》中对应限值的65%，其中，城市客车使用GB/T 19754—2015规定的中国典型城市公交循环工况测量。

2) N1类车型按照GB/T 19753—2013《轻型混合动力电动汽车能量消耗量试验方法》进行插电式混合动力商用车燃料消耗量测试，其混合动力模式下燃料消耗量（不含电能转化的燃料消耗量）应小于GB 20997—2015《轻型商用车燃料消耗量限值》中对应限值的65%。

3) 在纯电续驶里程方面，标准要求按照相应测试工况，纯电行驶里程不小于50km；测试方法上，确定M2、MB、N2、N3类试验采用匀速行驶方式，车速为40km/h。N1类采用工况法测试。

3. 《电动营运货运车辆选型技术要求征求意见稿》

交通运输部酝酿出台的标准由交通运输部科技司下达制订计划，由交通运输部公路科学研究院牵头，交通运输部科学研究院参与。

《电动营运货运车辆选型技术要求（征求意见稿）》标准制定基于电动营运货运车辆的实际需求以及电动货运车辆生产企业的技术水平，从车辆外观与配置、载质量利用系数、环境适应性、动力性、续驶里程、经济性、可靠性、充电性能等方面综合考虑，对电动营运货运车辆的选型技术提出了相应要求。该标准主要内容包括：

1）以淘汰30%左右车型为原则设定载质量利用系数。例如主流的电动物流车车型，载质量利用系数要超过0.5，比《城市物流配送汽车选型技术要求》所要求的0.376高得多。新能源车辆载质量利用系数要求见表8-10。

表8-10 新能源车辆载质量利用系数要求

车辆类型	最大允许总质量 G/kg	载质量利用系数
纯电动厢式货车	G≤4500	≥0.5
	4500＜G≤11000	≥0.7
	G＞11000	≥1.0
纯电动封闭式货车	—	≥0.5
纯电动冷藏车	—	≥0.4
其他纯电动货车	—	≥0.7

注：载质量利用系数为载质量（额定载质量加驾驶室准乘人员质量之和）与车辆整备质量的比值

2）进一步提高续驶里程要求。《纯电动货车技术条件》对N1类车型工况法测试续驶里程要求是80km，其他车型按等速法不少于120km。而该标准将所有车型续驶里程提升至200km，但测试方法不变。

3）进一步提升速度。要求30min最高车速提高到不低于80km/h。另外，总质量低于4500kg的车辆，从0加速到50km/h的时间应不超过10s；从50km/h加速到80km/h的时间应不超过15s。总质量不低于4500kg的车辆，从0加速到50km/h的时间应不超过15s；从50km/h加速到80km/h的时间应不超过20s。

4）提出单位载质量能量消耗量要求不应高于0.45W·h/(km·kg)。

5）提出车辆装载动力电池系统能量密度不低于95W·h/kg。

6）该标准还提出了车辆环境适应性（包括涉水性能试验和潮湿性能试验）、可靠性和充电性能的要求。

该标准针对当前新能源货车的应用状况，强调车辆的先进性，提高技术标准，甚至设定计划淘汰比例，由此也对车企提出了很高的要求。

4. 《城市物流配送电动汽车应用选型规范》

2018年8月，由中国物流与采购联合会提出并联合电子商务物流与快递分会起草的《城市物流配送电动汽车应用选型规范》（征求意见稿）发布。与其他标准不同的整车技术要求主要包括：

1）最高车速不小于80km/h。

2）最小离地间隙A～C类不低于160mm，D～J类不低于140mm。

3）A～G类里程不低于150km，H、1、J类不小于120km（规范没有提及工况）。

该规范还对箱体、箱体地板、箱体门、货物分区等提出了系列要求，主要应对物流企业工作人员工作的便利和安全需求。此外，规范还对外观与配置，车载情能装置要求、标识、安全要求提出多项要求。另外，该规范还提出选型时需对动力电池循环寿命提出适当的要求，并提供了换算方法：

循环寿命 = 总里程÷（配电量÷整车电耗×衰减系数）。

式中，配电量为电池系统额度配电量；衰减系数为生命周期内配电量的衰减比例，一般取0.8；整车电耗为企业宣称的每千米单位能耗；总里程为用户期望车辆全生命周期总里程。

例如，50kW·h、电耗0.25kW·h/km、报废期35万km需求的物流车：

电池系统循环寿命 = 350000 ÷ (50 ÷ 0.25 × 0.8) = 2187。

考虑不同工况的整车电耗和更为经济的配电量，循环寿命至少考虑2500次。

4）储能装置所在整车安装位置应提供能有效防止直接机械碰撞和路面碎石伤害的防护措施，该防护措施可以为防护栏、保险杠、隔板、护罩等。

车载储能装置每个电池包应设有独立的人工维护断路装置（MSD），在维护保养时可以拆卸，以保证维保人员安全。MSD内部应配置防止高压短路的熔断器。

5）车辆应在驾驶室或车厢后门内侧放置至少一个1kg以上的干粉灭火器，灭火器应完好有效、安放牢固且取用方便；车窗玻璃不应粘贴妨碍驾驶员视野的附加物和镜面反光遮阳膜。

6）规范对车辆选型提出了一系列倡导性建议，比如，电动物流车辆装备的车载终端，应支持车辆管理、驾驶员管理、业务管理等管理功能，以保障和提高车辆管理者的管理水平和运营效率。

7）宜选车载储能装置高压动力线束及连接器带屏蔽功能的电动物流车辆。

二、智能汽车相关政策与法规建设

1. 智能汽车相关国家政策

智能汽车相关国家政策的制定发布情况如下（部分文件）：

1）发改委：2018年1月发布《智能汽车创新发展战略》（征求意见稿）。

2）工信部/发改委/科技部：2018年10月发布《汽车产业中长期发展规划智能网联汽车推进工程实施方案》。

3）工信部：2018年12月发布《车联网（智能汽车）产业发展行动计划》。

这三个政策文件都是要大力发展智能汽车，力争2025年有比较大的突破。

2. 智能汽车标准体系建设情况

智能汽车相关标准制定发布情况如下：

1）JT/T 1094—2016《营运客车安全技术条件》，2017年4月1日实施，要求车长大于9m的客车必须安装符合标准的车道偏离预警系统（LDWS）和自动紧急制动系统（AEBS）。

2）JT/T 1178.1—2018《营运货车安全技术条件 第1部分：载货汽车》，2018年5月1日实施，要求总质量大于18t，且最高车速大于90km/h的载货汽车，应具备车道偏离预警（LDW）功能和车辆向前碰撞预警（FCW）功能。该条款自2020年6月1日起实施。

3）GB/T 31024.1—2014《合作式智能运输系统 专用短程通信 第1部分：总体技术要求》。

4）GB/T 31024.2—2014《合作式智能运输系统 专用短程通信 第2部分：媒体访问控制层和物理层规范》。

5）GB/T 20608—2006《智能运输系统 自适应巡航控制系统性能要求与检测方法》。

6）GB/T 26773—2011《智能运输系统 车道偏离报警系统 性能要求与检测方法》。

7）GB/T 33577—2017《智能运输系统 车辆前向碰撞预警系统 性能要求和测试规程》。

8）JT/T 883—2014《营运车辆行驶危险预警系统 技术要求和试验方法》。

9）JT/T 1242—2019《营运车辆自动紧急制动系统性能要求和测试规程》。

目前，基本标准体系已经建立起来并在逐步完善中。

本章小结与启示

本章主要介绍了新能源和智能商用车技术、产品及其发展趋势，希望读者了解商用车的发展趋势，了解智能汽车将给物流运输行业带来的影响，找到应对之策。通过了解新能源商用车的发展情况、产品成熟程度、客户需求以及新能源车的发展趋势，制订策略，主动迎接挑战。建立销售组织，引领客户需求，并能及时跟踪主机厂新产品开发的进度，抢占产品资源，建立差异化优势。

本章学习测试及问题思考

1. 新能源汽车是指哪些车辆？
2. 简述短途运输（200km 以内）、城市物流配送的新能源车辆发展趋势与建议。
3. 简述中途运输（200~500km）、轻卡、中卡、重卡的新能源车辆发展趋势与建议。
4. 简述长途运输、中卡、重卡的新能源车辆发展趋势与建议。

第九章
商用车客户需求与产品推广[一]

> **学习要点**
> 1. 了解购买产生的流程,为创造需求打下基础。
> 2. 掌握买点与卖点的相关知识,掌握客户的核心需求(核心买点),为建立传播打下基础。
> 3. 掌握客户的服务需求,为建立经销商自己的服务卖点打下基础。

第一节 基础知识

一、客户购买产生的流程与相关概念

(一)购买产生的流程

产生欲望──→产生需求──→产生业务──→产生产品──→建立买点
　　　　　　　　　　　　　　　　　　　　　　　　　　　　↓
产生购买←──符合预期←──对应买点←──查看卖点←──寻找产品

注:业务就是想要干的工作。

(二)相关概念

1. 欲望

欲望是由人的本性产生的想达到某种目的的要求,欲望无善恶之分,关键在于如何控制。

欲望是天生的,是人的本性。每一个人都想生活得一天比一天好。这是无可挑剔的。

2. 需求

(1)马斯洛需求层次理论　亚伯拉罕·哈罗德·马斯洛于1943年提出,将人的需求从低到高依次分为生理需求、安全需求、社交需求、尊重需求和自我实现需求五种需求。

(2)根据五个需求层次,可以划分出五个消费者市场

1)生理需求→满足最低需求层次的市场,消费者只要求产品具有一般功能即可。

2)安全需求→满足对安全有要求的市场,消费者关注产品对身体的影响。

3)社交需求→满足对交际有要求的市场,消费者关注产品是否有助提高自己的交际形象。

[一] 本章由赵旭日、刘春迎编写。

4）尊重需求→满足对产品有与众不同要求的市场，消费者关注产品的象征意义。

5）自我实现→满足对产品有自己判断标准的市场，消费者拥有自己固定的品牌。需求层次越高，消费者就越不容易被满足。

（3）需求 指人们在某一特定的时期内在各种可能的价格下愿意并且能够购买某个具体商品的数量。

3. 商用车客户需求

（1）商用车客户分类

1）以解决基本需求为主的客户：初次购买商用车，特别是微型货车、轻型货车、二手车的客户，一部分是在第三层次以下的客户。

2）在第四层次以上的客户：以满足尊重需求和实现自我价值为主的客户。

（2）商用车客户需求 为满足自己的需求（挣钱，购买其他商品以满足自己的需求），根据物流运输的需要和自己的能力愿意购买商用车的行为和数量。

4. 买点

（1）买点 客户在购买产品前的想法，例如买一辆什么档次的车、什么价位、什么包装、什么品质、什么功能、什么性能、什么配置、什么服务、不用以后如何处置（新能源车）、有没有置换等。客户在购买之前都会有自己的想法和标准。

只有当自己的产品，从功能、性能、配置、价格、质量、服务、付款方式、交货期限等诸多方面达到客户预期时，才会形成一次交易。

（2）商用车客户买点 客户认为其想购买的产品，符合或超出（客户）在购买之前自己的想法和标准，值得购买的优点或特点的总称。

5. 卖点

卖点与买点相对应，是商家或厂家认为自己商品具有的优点或特点。这些卖点不一定是客户所认可的，但商家或厂家认为是值得推广、宣传或传播的点。

卖点的定义：

1）对竞争者来说，卖点是竞品能够满足目标客户的需求点。

2）对厂家来说，卖点是参考竞品，如何使自己的产品占领市场的一个必须的思考点。

3）对于产品自身来说，卖点是产品自身存在于市场的理由。

4）对经销商来说，卖点是必须满足客户买点的所有"点"。

经销商的产品卖点，是指其所卖产品具备了差异化的、独特的或与众不同的特色、特点。这些特色、特点一是与生俱来的（厂家带来的）；二是通过自己的能力建设创造出来的；三是通过营销策划人的想象力、创造力来"无中生有"的。

所谓卖点，其实就是一个消费理由，最佳的卖点即为最强有力的消费理由。为产品寻找（发掘、提炼）卖点，这已是现代营销学（广告学、公关学）的常识，随时挂在厂长、经理、广告人、策划人的嘴上了。显然，问题已不在于要不要为产品寻找卖点的问题，而在于怎样找到卖点的问题了。

不论卖点从何而来，只要能使之落实于营销的战略战术中，转化为消费者能够接受、认同的利益和效用，就能达到产品畅销、建立品牌的目的。

6. 商用车市场常见卖点创意总结

1）挣钱机器。

2）技术优势：展现核心技术能力及实力，如专利技术、研发技术、研发能力等。

3）商品优势：配置、质量优势等；

4）识别优势：与竞品相比所体现的优势，商品优势所对应的客户需求内容等。

5）服务优势：服务体系、服务手段等。

7. 商用车卖点在传播过程中的表达方法

可以用"一三五传播模式"来概括：

1）一句核心利益诉求："解放重卡，挣钱机器"。

2）三个商品优势支撑:"技术、质量、油耗"。

3）五项相关利益所得:相关利益者高兴（自己想一想商用车的相关利益者都有谁）。

二、买点与卖点的区别

1）买点是客户对所购买产品的期望；而卖点是产品销售者对自己产品的包装。

2）买点是理性的；卖点是既有理性的，又有感性的（可以"无中生有"）。

3）买点是购买产品以前产生的；卖点是有了产品以后再找的。

4）买点是客户购买的基础，不能满足就不能成交；卖点是不管能不能成交都要说，说了不一定成交，不是一定不能成交。

5）买点是企业产品开发的基础，整合营销传播的核心，企业所有的市场行为都围绕着买点而展开，企业所做的一切都是买点的深化和体现。简而言之，是先有买点，再有产品，再有市场。而卖点只是产品销售活动中的一种传播方式。

6）买点是动态的，会随着客户需求的变化而变化；而一个产品的卖点是固定的。

7）买点是有层次的，不同层次的客户的买点是不同的；而一个产品的卖点不可能同时满足不同层次的客户的需求。这就必须有不同产品去满足。

8）买点是可以引导的、变化的；卖点是不可以引导的、变化的；这就为厂家和经销商深入调查、研究客户的买点和期望，结合自己的技术能力提前进行技术储备和产品研发，建立以引导客户买点（需求）为目标的"产品营销模式"提供了可能。苹果手机就是一个很好的成功案例。

9）买点是挖掘出来的，是企业的资产，是保密的，用于产品研发的基础；卖点是"创造"出来的，是公开的，是用于产品传播的基础。

10）买点是很多"点"，描述应尽量明确、详细；而卖点一定要突出核心，抓住重点，利于传播。

第二节 商用车客户的买点

虽然客户买点的挖掘非常重要，但是在实际企业营销管理的过程中还是没有重视客户的买点挖掘，以致于自己的产品没有差异化、没有竞争力。这里重点讲述客户买点的挖掘。希望引起广大经销商以及厂家营销管理者的充分重视，将自己的产品打造成为"独一无二"的产品。

一、客户买点与购买前提

1. 商用车客户的买点

商用车是运输货物的车辆，是挣钱的工具，是生产资料，是中间产品，不是消费品。也就是说，经销商的客户还有客户，即车辆的客户是货物；客户的客户是货主。

在本书第四篇第二十九章中有较为详细的讲述。

因此，客户在购买商用车时必须要考虑他的客户对车辆的想法和标准，而不是只考虑自己的。这些"想法和标准"共同构成了客户的买点：①满足货物的要求；②满足货主的要求；③满足驾驶员要求；④满足政府管理要求；⑤满足保险公司的要求；⑥满足贷款机构的要求；⑦满足运输公司的要求；⑧满足自己的要求。

2. 买点必须消除（解决）客户的以下疑虑（问题）

1）这个车能够符合自己的预期：（装得）多、（跑得）快、（质量）好、（费用）省、（残值）高，给自己带来预期的收益吗？

2）产品的功能、性能、配置、公告等符合货物、货主、驾驶员的要求吗？

3）厂家和经销商能够满足我的购买要求（时间、价格）吗？

4）厂家和经销商能够满足我的服务要求吗？

5）厂家和经销商的服务承诺和政策能够签订合同吗？能指定服务人员吗？

6）车载软件能够免费升级吗？有延保延保服务？

3. 客户购买的前提

只要满足了需求（买点），消除了疑虑，解决了问题，让客户放心，客户才能大胆购买。

二、客户买点的挖掘

客户买点的挖掘从客户购买需要考虑的因素进行挖掘，也就是从以下8个方面进行挖掘。

1. 车辆满足货物要求的买点

1）货箱的尺寸（货箱与货物的外形尺寸相匹配）。

2）抗颠簸、防碰撞。

3）货物的保护：防风、防雨、防晒、防盗、防静电、防波浪等。

4）货物的维护：如活产品（家禽、猪羊等牲畜与活水产品等）运输途中的养护等。

5）货物的特殊要求：如通风、保温等特殊要求。

6）货物的其他质量要求。

2. 车辆满足货主要求的买点

（1）装货方式　包括吊车装货、叉车装货、输送带装货、人工装货等。

（2）货物的固定

1）固定方式：在国外的车展上，参展商都会十分卖力地介绍车辆的货物固定功能。

2）固定可靠性：

①关系着货物的运输安全（损坏）。

②关系着车辆的安全（行驶的稳定性、安全性）。

③关系着驾驶员的劳动强度。

④关系着是否能赢得货主的信任、运费的结算和运输的价格。

（3）卸货方式

1）卸货地点：站台卸货、仓库卸货、硬地面卸货、软地面卸货等。

2）卸货方式：吊车装货、叉车装货、人工装货、车辆本身卸货等。

3）卸货的质量要求：货物安全不损坏，卸得干净等。

（4）装货速度、卸货速度、装货时间、卸货时间、运输时间要求　满足生产线要求，在规定的时间完成等。

（5）一次装货量要求　载质量、方量要求等。

（6）满足货物安全的要求　不能丢失、不能被盗、不能变形。

（7）满足货物管理要求　包括数量、质量、时间、地点、装货、卸货、运费支付及其他货主要求的功能的管理能力。

（8）运输的质量要求　不能有磕碰划伤、数量损失等。

（9）货物监控要求　如危险品运输、绿通运输等。

（10）成本要求　仓储费用、运费低等。

3. 车辆满足驾驶员要求的买点

驾驶员的要求基本有安全、舒适、方便、简单、可靠等。

（1）安全

1）制动系统好：发动机制动、制动器好、带液力缓速器、手制动好。

2）安全带好。

3）主动安全系统：靠近制动、跑偏纠正等。

（2）舒适

1）产品设计符合人机工程学要求。

2）驾驶舒适性、噪声低、驾驶平顺性、操纵稳定性好。

（3）方便：生活方便；配件购买方便等。

（4）可靠：特别是与行驶相关的各系统质量可靠。

（5）简单：

1）货物固定简单。

2）驾驶简单。

3）维修、保养简单。

4. 车辆满足保险公司要求的买点

保险公司的核心诉求是防盗、无事故，没有赔付。

1）防盗：装有车辆防盗、报警、锁车系统（电子围栏及车辆管理系统）。

2）装有车辆行驶监控系统：行驶监控及事故查验系统、360°环视系统、行驶记录仪等。

3）主动安全、主动预警装置等。

5. 车辆满足贷款机构要求的买点（同保险公司）

6. 车辆满足政府管理部门要求的买点

符合标准、法律、法规、配置（北斗管理系统、行驶记录仪等）完整等：

1）满足标准要求。

2）满足法律要求。

3）满足公告要求。

4）满足地方法律、法规的要求。

7. 车辆满足运输公司要求的买点

见第三十八章　物流运输业务管理中相关的管理规定。

8. 车辆满足客户自己要求的买点

客户更希望自己所购车辆能满足以下要求：

1）"多"，即拉得多，载质量大、体积大。

2）"快"，即速度快、安全。

3）"好"，即质量好、故障少、出勤率高。

4）"省"，即成本低，油耗、保险、保养、维修、轮胎等成本低，运价竞争力高。

5）"高"，即残值高。

三、记住客户也有卖点

商用车经销商的客户，有买点也有卖点。

1）商用车经销商的客户，不是最终的消费者。买车的目的是通过为货主提供物流运输服务，从而达到挣钱的目的。因此，在进行商用车客户的买点挖掘时，一定不能少于以上8个方面买点挖掘。

2）大客户以及购买或拥有2辆以上的客户，都是第四需求层次以上的客户，他们更在意产品的形象，更乐意倾听其他人的意见和评价，所以其购买的决策者可能是多个人。因此，对于这些客户除了以上8个方面的买点需要挖掘以外，还要考虑影响客户关键人购买行为的其他因素，这些因素既是客户的"卖点（炫耀点）"，也是经销商需要挖掘的客户的"买点"。

3）在多个人的购买决定中，尤其是在组织购买过程中，客户关键人是谁（有哪些）？他（们）的买点是什么？客户关键人特别在意哪些"其他相关人的意见、看法和感受"。这个"其他相关人的意见、看法和感受"，我们有时候也称为客户的"卖点"。影响客户购买的其他人（包括但不限于）有：①竞品经销商；②竞争者；③客户的出资者；④客户的家庭成员；⑤车辆的维修、保养者；⑥车辆的管理者等。

因此，一个特定的购买行为，除了要考虑关键人的买点外，还要考虑这个关键人的卖点是什么。很多销售行为失败的原因，就在于销售方对客户的卖点缺乏认识。

第三节　根据客户买点设计卖点

一、经销商卖点设计

（一）卖点设计的原则

1. 卖点的基本特征

买点和卖点是决定客户（或大客户购买关键人）购买倾向的两类要素。对于任何客户来说，买点和卖点可以相同，也可以不同。卖点的寻找和把握也有一定的规律和方法。

卖点是基于现有产品而进行的一种功能表述的挖掘，即有利益说利益，没有利益找说法，说法不够生造概念。其目的是在已有产品功能的基础上，通过对产品功能利益或描述方法的挖掘以吸引意向客户。卖点的基本特征是先有产品再去找卖点。

2. 卖点设计的原则

按照卖点定义设计的原则：

1）产品卖点的设计原则：对照竞品卖点，设计自己产品卖点的原则。

2）厂家（品牌）卖点的设计原则：对照竞争对手（品牌）卖点（或传播点）设计卖点的原则。就是除了产品的卖点以外，还要有品牌区别和其他的"独到之处"。

3）经销商（品牌）卖点的设计原则：满足客户（或购买关键人）买点（和"卖点"）的所有"点"。

（二）经销商产品卖点设计

1. 车辆产品卖点的设计

车辆产品指标参照竞品，一定要比竞品好。

（1）核心产品卖点：客户购买产品能够带来的利益和好处：挣钱多。

如北奔××经销商设计的"北奔运煤车"核心卖点是："一趟多挣200元"。引申出来的是一月运输7趟，多挣1400元，一年多挣16800元，4年多挣67200元。

（2）实物产品卖点：

1）产品的功能、性能、配置、公告等产品要素。如北奔××经销商设计的"北奔运煤车"的实物产品卖点是："你有我都有，还轻400斤"。

2）车辆安装软件产品：包括车辆管理软件、运输管理软件、车队管理软件、安全管理软件等。如北奔××经销商设计的"北奔运煤车"的软件产品卖点是"所有软件免费使用、升级"。

3）消耗材料：燃料、保养用品、配件等。如北奔××经销商设计的"北奔运煤车"消耗材料卖点是："燃油、燃气任选，同燃料车消耗可以比赛"。

4）厂家的服务能力：服务体系、"三包"能力、配件供应能力、服务政策等服务要素。如北奔××经销商设计的"北奔运煤车"厂家的服务能力卖点是"按照承诺合同，延时1小时赔款200元"。

5）经销商应具备的能力：

① 车辆销售能力：物流运输设计能力、车辆选择能力等，如北奔××经销商设计的"北奔运煤车"销售卖点是："免费选车，不好用退货"。

② 销售服务能力：代缴车辆购置税，办理车辆行驶证、营运证，安装专用设备（北斗管理系统、行驶记录仪、运输管理系统、车队管理系统）等。如北奔××经销商设计的"北奔运煤车"销售服务卖点是："当天交款，当天办理，免收服务费"。

③ 车辆保险服务能力：事故处理能力、事故车维修能力、保险理赔能力、代步车提供能力等。如北奔××经销商设计的"北奔运煤车"车辆保险服务卖点是："可以自己购买"。

④ 客户贷款能力：车辆购买贷款能力、小额贷款能力、还款帮助能力等。如北奔××经销商设计的"北奔运煤车"客户贷款卖点是："加盟运输公司，8万提车"。

⑤ 车辆保养能力：车辆检查能力、维护能力、保养配件更换能力、预警能力等。

⑥ 车辆维修能力：快修能力、外出维修能力、24 小时维修能力、保修期内维修能力、保修期外维修能力等。如北奔××经销商设计的"北奔运煤车"车辆保养、维修卖点是："随时上门服务"。

⑦ 车辆运输服务能力：找货能力、运输合同签订能力、运费收取能力、车辆管理能力等。

⑧ 二手车置换、买卖能力：评估能力、置换能力、销售能力等。二手车置换卖点是："免费评估、置换"。

（3）期望产品卖点　厂家和经销商的承诺（服务时间承诺）、服务合同约定、客户经理配备、服务人员确定等。如北奔××经销商设计的"北奔运煤车"期望产品卖点是："专人服务，不满意不付款"。

（4）附加产品卖点　销售政策、置换政策、保险销售政策（无事故奖励政策、代步车政策）、各种活动（夏季送清凉、冬季送温暖）等。如北奔××经销商设计的"北奔运煤车"销售政策是：一次购买5辆以上，每辆优惠2000元。

（5）潜在产品　免费软件升级、延保服务等。如北奔××经销商设计的"北奔运煤车"潜在产品卖点是：①免费软件升级；②关键总成（发动机等）延保8000元/年。

2. 衍生业务产品卖点设计

经销商的衍生业务，包括从商用车销售服务业务到二手车业务（将在第五篇中详细介绍）。

衍生业务产品的卖点设计与车辆产品的卖点设计方法基本一样。

二、经销商整车产品卖点细化设计

1. 动力系统卖点

动力系统卖点包括：①排量越来越大；②转矩越来越大；③转速越来越低；④功率越来越大，最高动力已经达到600马力，已经和国际接轨；⑤排放标准越来越高，已到国六阶段；⑥采用硅油离合器风扇、电磁风扇，通过降低功率损耗，从而降低油耗。

2. 变速操纵系统卖点

变速操纵系统的发展由机械式到机械带同步器式，再到自动变速操纵系统。

1）重量要求越来越轻。

2）一档传动比、倒档传动比要求达到15~16左右（起步速度低，起步平稳）；同时要求最高档传动比达到0.8左右（起步速度在5km/h以下，同时最高速度可达110km/h以上）。

3）要求传动比差控制在1.2~1.4之间，使车辆在提速时的发动机工作转速始终控制在最低油耗区（最高转速为1900r/min 的发动机的最低油耗区在1100~1300r/min；最高转速为2200r/min 的发动机的最低油耗区在1200~1400r/min）来降低油耗，这就使得变速器的档位越来越多。现在，市场上的16档变速器是非常合理的变速器，用得好要比12档变速器省油。

变速器换档与发动机转速在提速时的配合示意图参见图9-1。

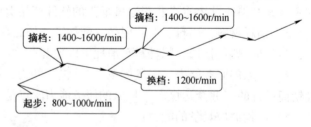

图9-1　变速器换档与发动机转速在提速时的配合示意图

发动机换档时的转速计算实例：

已知：发动机的二档传动比是9，三档传动比是7.7，四档传动比是6.4，发动机的最低油耗转速区间是1200~1400r/min，后桥传动比为5，轮胎直径为1000mm。

求：发动机二档摘档时的转速、三档挂档时的转速。

解：挂档后的工作转速应为发动机最低油耗区的起始转速。二档摘档时的转速计算公式为：

$$1200 \div 7.7(\text{三档}) \div 5 \times 1 \times 3.14 \times 60 = X \div 9(\text{二档}) \div 5 \times 1 \times 3.14 \times 60$$

$$X_2(\text{二档摘档时发动机转速}) = 1200 \times 9 \div 7.7 \approx 1402(\text{r/min})$$

计算三档摘档时的转速：

$$X_3(\text{三档摘档时发动机转速}) = 1200 \times 7.7 \div 6.4 \approx 1443(\text{r/min})$$

X_2 与 X_3 的数值基本一致，变速器选择正确。

4）车辆的提速是依靠转矩，而不是依靠发动机的转速提高。
5）变速器的两边均可以设置取力器接口，便于改装。
6）由机械式变速器向自动变速器（机械式、液压式）升级。

3. 驾驶室系统的卖点

1）方便性。
2）安全性。
3）舒适性：内部空间更大、卧铺更宽。
4）简单化：仪表数字化。
5）风阻更小。
6）车身、座椅采用气囊减振，更加平稳等。
7）完全满足驾驶员的要求。

4. 电控、电器系统卖点

卖点包括 CAN 总线技术普遍应用，智能故障诊断技术普遍应用，配备车辆管理系统、北斗管理系统、电子围栏、全景后视镜、Wi-Fi 技术、车载电话、立体声音响等，独立暖风和独立空调系统成为标配。

5. 制动系统卖点

卖点包括盘式制动、前盘后鼓式制动、液力缓速器、由气动助力制动向电控制动转移。

6. 悬架系统卖点

卖点包括少片簧、橡胶悬架、气囊悬架、采用气囊悬架允许载质量更大（当驱动轴为每轴每侧双轮胎且装备空气悬架时，最大允许总质量限值增加 1000kg）。

7. 车轮系统卖点

（1）铝合金轮辋
（2）单轮胎
（3）小轮胎，低重心
（4）轮胎升级：减重、提高性能
1）性能升级：承载量更大，允许行驶速度更高。
2）由普通斜交胎→子午线胎→无内胎轮胎升级，特别是前轮胎。
3）轮胎的层级由 16 层级→18 层级→20 层级升级。
4）随着轮胎的升级，油耗也降低。
（5）轮边驱动成为未来新能源车辆的标配

8. 自卸车的自卸系统卖点

卖点包括液压系统采用前顶、皮带输送式自卸系统、卷帘式自卸系统、机械步进式自卸系统、拉臂式自卸系统等。

9. 后桥系统卖点

（1）免维护技术。
（2）传动比越来越小。
1）自卸车、专用车的传动比降到 4~4.5；
2）仓栅车、厢式车的传动比降到 3~4；
3）牵引车的传动比降到 2.5~3.5。
（3）重卡自卸车奔驰桥成为标配

10. 前桥系统卖点

盘式制动成为首选。

11. 长途车辆生活系统卖点

热水器、电冰箱、微波炉成为标配。

12. 货箱系统卖点

1）车-货的匹配性不断提高。

2）功能不断增加，以满足货物、货主（顾客）、驾驶员、客户（车主）、车辆监管部门的要求。

13. 整车整备质量卖点
整备质量轻，表现在：
1）新材料、新工艺的不断应用，整备质量越来越轻。
2）铝合金货箱（包括自卸车）、铝合金的半挂车、铝合金的罐车等。
3）底盘配置中铝合金部件越来越多：铝合金油箱及支架、铝合金轮辋等。

14. 质量卖点
1）"三包"里程、时间越来越长。
2）采用"托管式"的维修、保养方式，该方式陕汽、重汽都在试行推广。
3）保养间隔里程越来越长，已经有了保养间隔里程 10 万 km 的产品。

15. 驾驶系统卖点
卖点：自动化程度不断提高：从定速巡航→辅助自动驾驶→L3 级的无人驾驶→L4 级的无人驾驶→L5 级智能驾驶发展。

16. 定制化的服务体系建设
应全力打造定制化服务体系的建设，以满足不同客户的需求。
1）根据客户物流运输路线、运输距离，对客户进行 1+2 模式（或 1+3 模式）的指定服务站服务：
① 中短途：客户+（起点服务站+终点服务站），即 1+2 模式。
② 长途：客户+（起点服务站+中间服务站+终点服务站），即 1+3 模式。
2）对事故车维修提供代步车支持成为趋势。

三、经销商能力应与卖点匹配

卖点是根据客户的买点进行设计的。这些卖点只由厂家去建设是办不到的。这也是商用车生产厂一定要采用分销方式的原因之一。

因此，这就要求经销商必须要根据买点设计卖点；根据卖点去充分发挥厂家的能力；根据卖点去建设自己的能力。

经销商如果不去建设自己的能力，只是利用厂家的能力，这就会导致厂家能力一样的情况下，有的经销商市场占有率低，有的经销商市场占有率高。

如果经销商自己的能力和卖点不匹配，不但不能成为卖点，反而会成为缺点。经销商需要在以下方面建设自己的能力。

1. 车辆营销能力
车辆营销能力是指为客户推荐最合适商用车的能力。经销商应具备为客户推荐公路运输型车辆、自卸车、专用车的能力，确保车、货、路匹配。

2. 销售服务能力
销售服务能力体现在相关业务的开展上。具体包括交购置税、办理行驶证、办理营运证、办理车辆抵押、安装附加设备、驾驶员培训、年审服务及其他客户需求等，不能让客户花钱找"黄牛"给车辆上牌。

3. 车辆保险服务
车辆保险服务包括从出单到事故处理服务，如：车辆保险、代理事故处理、代理索赔、车辆修理、代步车提供、客户困难帮助等。

4. 金融服务能力
金融服务能力包括为客户提供车辆购买贷款、车辆运营贷款服务的能力。

5. 车辆保养服务能力
车辆保养服务能力做到以养代修，包括车辆检查、车辆维护、车辆加注和更换、车辆预警。

6. 车辆维修服务能力
车辆维修服务能力指可以进行车辆托管服务，详见本书第五篇第三十八章 物流运输业务管理第五节相关内容。所有的系统、零部件都能维修，有产品明细表、有产品价格表。

7. 配件营销能力

1）保养配件。

2）维修配件，包括保修配件、社会维修配件、事故车配件。

8. 物流运输服务能力

运输公司就是客户的管家、保姆，物流运输服务能力包括车辆管理、驾驶员管理、找货管理、运费结算、运营管理、核算管理、加油管理、过路管理、小额贷款等。

9. 二手车置换服务能力（略）

10. 能力建设的方法

能力建设的方法包括建立制度、流程、模板、工具及组织设置。以上详细内容，见本书第五篇，本章不展开。

能力建立起来了，自己传播的"卖点"才是真正的卖点，才能与客户的买点相对应，才能满足客户的需求，也才能成为营销力，公司才能不断地发展壮大。

第四节 经销商传播管理

一、建立传播管理与表达思路

1. 建立传播管理的必要性

进行有效的卖点传播管理，是品牌建设的基础，也是经销商营销能力建设的一部分。

1）根据客户的买点设计卖点进行传播，这是市场营销工作的基础。"酒香还怕巷子深"，特别是新产品、新技术，不进行传播，客户不知道。

2）客户的买点是变化的，是可以转变的。只有主动有效地针对客户买点进行卖点传播，才能有效地转变客户的买点，让客户接受自己传播的卖点。

3）在此基础上，逐步建立起客户口碑，形成经销商自己独特的"卖点"。

4）客户接受了这些"卖点"，就改变了客户原有的买点，形成了客户新的买点。

5）经销商将这些"客户买点"进行提炼、固定，再次进行有效的传播管理，就产生了经销商的"知名度、美誉度和推荐度"。

6）制订销售推荐政策，进行客户的推荐管理，就形成独具魅力的品牌卖点，初步完成经销商的品牌建设。

2. 卖点在传播过程中的表达思路

1）一句核心利益诉求：如："解放重卡，挣钱机器"。

2）三个商品优势支撑：如："技术领先、质量可靠、油耗敢比"。

3）五项相关利益所得：如："货物保证、货主满意、驾驶员之家、事故最低、对手羡慕"。

卖点应符合精炼、顺口、易记、切合买点、实事求是的精神，不要过于夸张。

二、传播管理

1. 传播前管理

设计出来的卖点还不能用于市场宣传与传播，卖点要用于传播，还要与竞争标杆再进行一次详细的对比，通过对比确认比竞争对手领先后方可用于传播，否则，不是卖点去宣传卖点，结果会适得其反。

1）相同的产品（或商品），地区不同，竞争标杆不一样，卖点也不一样。

2）不同的产品（或商品），即使在同一地区，竞争标杆不一样，卖点也不一样。

3）不同的时期，竞争标杆不一样，卖点也不一样。

4）车辆功能卖点对比：××产品与竞争品牌产品进行对比，确定市场卖点，参见表9-1。

5）经销商卖点对比：××产品与竞争品牌进行服务能力对比，确定市场卖点，参见表9-2。

6）车辆性能、配置、服务政策卖点对比，参见表9-3。

表9-1 与竞争品牌进行功能对比后确定市场卖点（模板）

序号	功能名称	主要功能指标	指标值	公司产品	竞品	差异	卖点	备注
基本功能对比								
1	行走功能	最高行驶速度/(km/h)						
2	转向功能	最小转弯半径/m						
3	倒车功能	最大倒车速度/(km/h)						
4	制动功能	最大制动距离/m						
5	雨天、雾天行驶功能	刮水速度/(次/min)						
6	风窗玻璃清洁功能	清洗液喷射压力/Pa						
7	夜间照明功能	路面平均光照度/lux						
8	后视功能	左、右后视距离/m						
9	驾驶室内温度调节功能	最低温度/℃						
10	驾驶功能	驾乘空间/m^3						
11	乘员功能	成员人数/人						
12	储物功能	储物间尺寸/m^3						
13	驾驶室内照明功能	光照度/lux						
14	驾驶员休息功能	卧铺空间/长×宽×高						
15	驾驶疲劳报警功能	报警音量/dB						
16	自动巡航功能	巡航起步速度/(km/h)						
17	跑偏报警功能	报警音量/dB						
18	导航功能	导航精度/m						
19	车门锁闭功能	遥控距离/m						
20	娱乐功能	功能数量/个						
21	手机充电功能	充电电流/A						
22	生活功能	生活设施件数/件						
23	故障提示功能	故障提示数量/个						
24	警告行人功能	喇叭音量/dB						
25	保护功能	防护栏/个					行人保护	
26	排放功能	排放标准/执行标准						
27	杂物存放功能	储物箱个数/容积/m^3						
28	其他							
运输功能对比								
1	装货功能							
2	货物固定功能							
3	运输功能							
4	卸货功能							
5	货物安全功能							
6	货物防护功能							
7	运输管理功能							
专用功能对比								
1								
2								
3								

注：不同的车辆功能不同，在进行对比时，根据具体车辆建立对比项目。

表 9-2 同竞争品牌进行服务能力对比后确定经销商的卖点（模板）

序号	本 公 司			竞 争 对 手			差异	卖点	备注
	业务名称	服务能力	项目能力	业务名称	产品能力	项目能力			
1	车辆销售	运输方案设计							
2		车辆推荐							
3		销售模式							
4		销售政策							
5	销售服务	交购置税							
6		办理行驶证							
7		办理营运证							
8		办理车辆抵押							
9		安装附加设备							
10		驾驶员培训							
11		办理交车仪式							
12		年审服务							
13	车辆保险	车辆保险							
14		代理事故处理							
15		代理索赔							
16		车辆修理							
17		代步车提供							
18		客户困难帮助							
19	客户贷款	车辆购买贷款							
20		车辆运营贷款							
21		客户帮助							
22	车辆保养	检查							
23		维护							
24		更换及加注							
25		预警							
26	车辆维修	动力系统							
27		离合操纵系统							
28		变速操纵系统							
29		传动系统							
30		后桥系统							
31		前桥系统							
32		转向系统							
33		制动系统							
34		电器系统							
35		驾驶室系统							
36		车架系统							
37		货箱系统							
38		液压系统							
39		悬架系统							

（续）

序号	本 公 司			竞 争 对 手			差异	卖点	备注
	业务名称	服务能力	项目能力	业务名称	产品能力	项目能力			
40	配件管理销售能力	保养配件							
41		保修期配件							
42		社会维修配件							
43		事故车配件							
44	物流运输	车辆管理							
45		驾驶员管理							
46		找货管理							
47		结算管理							
48		运营管理							
49		安全管理							
50		核算管理							
51	二手车	收购							
52		整备							
53		展示							
54		销售							

表9-3 同竞争品牌进行车辆性能、配置、服务政策对比后的卖点（模板）

序 号	产品性能、配置、服务项目	标准（配置）	可否选装（配置）	说 明
1	性能部分			
1.1	动力			
1.2	速度			
1.3	整备质量			
1.4	油耗			
1.5	噪声			
1.6	振动			
1.7	其他			
2	配置部分			
2.1	车身部分			
2.1.1	执行安全标准			
2.1.2	安全配置：安全气囊、保险带			
2.1.3	减振器			
2.1.4	驾驶室内部空间			
2.1.5	座椅			
2.1.6	仪表、后视镜			
2.1.7	车身电器、前大灯的亮度			
2.1.8	选装			
2.1.9	车身保险杠、高顶部分用材料			
2.2	底盘部分			
2.2.1	发动机等（动力系统）			

(续)

序　　号	产品性能、配置、服务项目	标准（配置）	可否选装（配置）	说　　明
2.2.2	变速操纵系统			
2.2.3	前后桥及制动系统			
2.2.4	悬架及推力杆等			
2.2.5	离合操纵			
2.2.5.1	离合器			
2.2.5.2	离合操纵			
2.2.6	车轮部分			
2.2.6.1	轮辋			
2.2.6.2	轮胎			
2.2.6.3	轮胎螺栓			
2.2.7	车架部分			
2.2.8	上装部分			
2.2.8.1	材料			
2.2.8.2	容积			
3	其他配置			
3.1	方向机			
3.2	电瓶			
3.3	油箱			
3.4	液压系统			
3.5	排气系统			
3.6	进气系统			
3.7	取力器			
3.8	传动轴			
4	服务部分			
4.1	服务政策			
4.2	保修里程			
4.3	配件价格			

2. 传播方法管理

1）集中传播管理，见本书《品牌管理》的相关内容。

2）分业务的传播管理，见本书第五篇各业务管理制度。

3. 传播过程中需要注意的事项

（1）只宣传自己的卖点，不管客户是否接受，其效果只会事倍功半　经销商宣传、传播的目的是吸引、引导客户购买自己的商品。如果传播的口号、内容，客户不认可，其传播目的就达不到，再加强传播，效果也不大，甚至有可能适得其反。

（2）传播的内容不能引起客户关注，就是浪费资源　客户的知识是有限的。如果厂家的设计卖点，不与客户的买点相对应就进行传播，有可能引不起客户的注意，就不能转化为客户的买点，这就是浪费资源。

（3）告知的宣传与传播是十分必要的　告知的宣传与传播对弱势品牌、人们不熟悉的品牌或商品尤为重要。现在已经不是"酒香不怕巷子深"的时代了。

1）一个市场占有率低、品牌知名度不高的品牌，如果不进行告知的宣传，客户怎么知道？

2）原来存在缺陷的零部件或技术改进了，哪怕只是追上了竞争产品，自己不说，客户怎么知道？而且，竞争对手还可能正抓着这一缺陷在客户面前进行反面宣传。

（4）三者的有机结合是宣传与传播的要点　即完全符合客户买点的传播＋厂家（商家）特有的卖点的传播＋必要的告知＝经销商宣传与传播的内容。

（5）建立有效告知　有效告知主要有产品告知和经销商（服务商）告知两类。

1）产品告知。产品告知主要是与竞品相比没有卖点的内容。见表9-1～表9-3。

2）经销商（服务商）告知。经销商（服务商）都要积极地宣传自己，告诉客户自己的能力、水平、经营范围等，以求得客户对你的企业及企业的能力、水平、经营范围等有比较全面的了解，具体参见表9-4。

表9-4　××经销商告知表

序号	告知的项目	具体内容	说　明
1	企业性质		
2	法人代表		
3	地址		
4	电话		
5	经营范围		
6	注册资本		
7	固定资产		
8	职工人数		
9	去年的经营业绩		
10	主要为顾客提供的服务		
11	整车销售		
12	销售服务：购车贷款、购买保险、上牌、代办营运证、挂靠		
13	车辆的使用、维修、保养等方面的咨询服务		
14	车辆的保养		
15	车辆小修、中修、大修服务		
16	免费为顾客提供洗车、充气、检查车辆的服务		
17	配件销售		
18	配件预约送货上门服务		
19	外出维修服务（"三包"内要报批）		
20	企业承诺		
21	经营方针		
22	经营理念		
23	企业的荣誉		
24	企业在社会上的地位		
25	其他		

三、经销商传播（宣传）示例

（1）传播用语："××卡车，挣钱机器"。

（2）三个优势支撑

1）技术支撑：功能。

2）质量支撑：三包里程。

3）成本支撑：油耗。

（3）五个利益相关方

1）货物：损失包赔。

2）货主：运费最低。

3）驾驶员：自动驾驶，生活设施。

4）保险公司：主动安全无事故。

5）客户、驾驶员家属：竞争对手羡慕。

（4）建立传播支撑表　见表9-5。

表9-5　××经销商传播支撑表（模板）

产品功能支撑表						
序号	功能名称	主要功能指标	指标值	卖点	卖点的价值	备注
1	行走功能	最高行驶速度/(km/h)				
2	转向功能	最小转弯半径/m				
3	倒车功能	最大倒车速度/(km/h)				
4	制动功能	最大制动距离/m				
5	雨天、雾天行驶功能	雨刮速度/(次/min)				
6	风挡玻璃清洁功能	清洗液喷射压力/Pa				
7	夜间照明功能	路面平均光照度/lux				
8	后视功能	左、右后视距离/m				
9	驾驶室内温度调节功能	最低温度/℃				
10	驾驶功能	驾乘空间/m³				
11	乘员功能	成员人数/人				
12	储物功能	储物间尺寸/m³				
13	驾驶室内照明功能	光照度/lux				
14	驾驶员休息功能	卧铺空间（长×宽×高）/(mm×mm×mm)				
15	驾驶疲劳报警功能	报警音量/dB				
16	自动巡航功能	巡航起步速度/(km/h)				
17	跑偏报警功能	报警音量/dB				
18	导航功能	导航精度/m				
19	车门锁闭功能	遥控距离/m				
20	娱乐功能	功能数量/个				
21	手机充电功能	充电电流/A				
22	生活功能	生活设施件数/件				
23	故障提示功能	故障提示数量/个				
24	警告行人功能	喇叭音量/dB				
25	保护功能	防护栏/个			行人保护	
26	排放功能	排放标准/执行标准				
27	其他					
运输功能对比						
1	装货功能					
2	货物固定功能					
3	运输功能					
4	卸货功能					
5	货物安全功能					
6	货物防护功能					
7	运输管理功能					

(续)

产品功能支撑表							
序号	功能名称	主要功能指标	指标值	卖点	卖点的价值	备注
专用功能对比						
1						
2						
3						

5. 建立传播的平点、弱点表

按表 9-1～表 9-3 与竞争品牌、竞争对手（产品）进行对比后，将优势的卖点去掉，就得到平点、弱点表（略），以此作为客户告知内容参考。

没有一个品牌、产品、经销商只有优势，没有劣势。告知客户自己的不足，是真诚的表现！

本章小结与启示

通过本章的阅读，应该掌握客户需求产生的原因、客户购买流程；掌握如何挖掘客户的买点；掌握如何进行客户买点管理的方法；初步掌握传播的方法。

酒香还怕巷子深。只有好的产品，没有好的传播是不行的。传播不能和客户的买点相对应或者不能引导客户的买点转移也是不行的。希望通过本章的讲解，能使读者较为系统地掌握经销商卖点设计与建设、产品传播的方法、传播注意事项等，将产品市场营销活动不断推向高潮。

本章学习测试及问题思考

1. 客户希望的多、快、好、省、高，分别是指什么？
2. "一三五传播模式"的内容是什么？
3. 按照表 9-1，进行一个产品的卖点设计。
4. 按照表 9-2，进行一个产品的经销商服务卖点设计。
5. 找一个产品，同竞争品牌进行车辆性能、配置、服务政策对比，确定该产品的性能、配置、服务政策卖点。

第二篇
专用车产品知识

北京佐卡科技有限公司
经销商的企业管理制度和课
后测试题答案均可在线阅读

第十章 专用车市场分析[一]

学习要点
1. 了解专用车的定义与分类。
2. 了解各类专用车的市场情况及发展趋势。

未来的商用车一定是按照顾客（货主）的要求进行定制的专用运输车辆（简称专用车）。特别是到了智能化时代，实现了无人驾驶，运输成本只有车辆本身产生的成本和车辆运营产生的成本。

在我国经济发展进入新常态以后，人们的消费追求由数量型转向质量型，人们对产品质量的要求越来越高，通用车辆运输就越来越不适应了。通用车辆运输有以下不足之处：

1）货箱不能和大多数货物相匹配。装货时，货箱和货物之间都会留有空隙，很难将货物固定住，在运输过程中会造成货物的碰撞、挤压进而导致货物包装变形甚至货物损坏。

2）在这种情况下，就只能采用绳索固定方式，但它很难将货物固定牢靠，又会出现上述情况。

3）通用车辆不能保证最佳的装货、卸货方式，其运输效率就会下降。

4）大部分通用车辆都不能满足货物的运输环境要求（如温度、通风、防护、防盗等）。

5）大量的货物不允许使用通用车辆进行运输（如危险品等）。

6）通用车辆没有作业功能，效率低（如大件、重件运输，没有起重机，运输垃圾无装卸功能等）。

顾客（货主）、客户（车主）对专用车的需求越来越大。近几年，冷藏（保温）运输车、危险品运输车、快递运输车、垃圾运输车、混凝土搅拌运输车、混凝土泵车、随车起重运输车等专用车的销量连续增长，品种也越来越丰富。2018年，国内市场销售的专用车产品（不包括运输型专用车）就有180多种。

很多经销商以及车辆销售人员，不太熟悉专用车产品的目标运输货物及其要求、使用场景、产品满足货物要求的运输功能、性能、配置、工作原理等基本知识。因此，本篇专门就部分专用车产品进行介绍，供商用车市场营销管理人员、经销商的营销服务人员学习参考。

本书在介绍专用车产品时，以某一品牌的产品为例，不带有倾向性，仅供参考。

第一节 专用车定义与分类

1. 专用车定义

根据GB/T 17350—2009《专用汽车和专用挂车术语、代号和编制方法》，专用汽车的定义为装置有

[一] 本章由王术海、赵旭日编写。

专用设备，具备专用功能，用于承担专门运输任务或专项作业以及其他专项用途的汽车。日本把专用汽车（亦称特种汽车）定义为装备有特殊装置的汽车。

2. 分类

（1）运输为主的专用汽车　将通用汽车进行改装后，用于运输和完成各种不同作业的汽车，可分为以下 6 种：

1）厢式汽车。

2）罐式汽车。

3）专用自卸汽车。

4）仓栅式运输汽车。

5）起重举升运输汽车。

6）特种结构专用运输汽车。

（2）作业为主的专用车　从事专门作业的汽车。在专用汽车底盘上加装相应的作业装备后，具有专门作业能力的汽车。

建议经销商据此建立专用车产品实销统计表，见表 10-1，这就为广大经销商建立自己的产品组合并提高竞争力，提供了方便。

表 10-1　专用车产品实销统计表（车辆基本信息部分，仅供参考）

序号	车辆类别				品牌	子品牌	车型	动力	车辆名称	公告号	整备质量
	微卡	轻卡	中卡	重卡							
1		轻卡			福田	时代	4×2	130ps	压缩式垃圾车	BJ5032ZDJE6-H1	1700kg
2				重卡	欧曼	GTL	8×4	320ps	混凝土搅拌运输车	BJ5319GJB-AA	17000kg
3				重卡	欧曼	GTL	8×4	360ps	混凝土搅拌运输车	BJ5319GJB-AA	17000kg

本章所述专用车术语，除另有特别说明以外，都来自 GB/T 17350—2009《专用汽车和专用挂车术语、代号和编制方法》，不再说明。

第二节　部分专用车市场分析

一、专用车市场现状

以驱动形式为 4×2 的专用车目标市场为例，2019 年总销量为 251502 台，同比增长 13.7%，其中，市政环卫行业 101485 台，占比为 40.4%，危险品运输行业 91401 台，占比为 36.3%，工程抢险行业 58616 台，占比为 23.3%。4×2 专用车销量见表 10-2。

1. 市政环卫行业

总销量 101485 台，其中细分类型排名前三位的分别为洒水车 27908 台，占比为 27.5%；压缩垃圾车 15864 台，占比为 15.6%；扫路车 11483 台，占比为 11.3%。

2. 危险（化工）品及其他运输行业

总销量为 91401 台，细分类型排名前三位的分别为冷藏车 39728 台，占比为 43.5%；售货车 14264 台，占比为 15.6%；翼开启厢式车 11615 台，占比为 12.7%。

3. 工程抢险行业

总销量为 58616 台，其中细分类型排名前三位的分别为清障车 13455 台，占比为 23%；低平板运输车 13024 台，占比为 22.2%；汽车起重机 8639 台，占比为 14.7%。

表 10-2　4×2专用车销量

行业	分类	产品细分	2018年 销量/台	占比	2019年 销量/台	占比	销量同比	占比同比
市政环卫	清运车	压缩式垃圾车	14471	16.4%	15864	15.6%	9.6%	-0.7%
		车厢可卸式垃圾车	10137	11.5%	9500	9.4%	-6.3%	-2.1%
		挂桶垃圾车	6461	7.3%	9382	9.2%	45.2%	1.9%
		餐厨垃圾车	1852	2.1%	3554	3.5%	91.9%	1.4%
		密闭垃圾车	1783	2.0%	1930	1.9%	8.2%	-0.1%
		摆臂垃圾车	523	0.6%	522	0.5%	-0.2%	-0.1%
	清洗车	洒水车	23638	26.7%	27908	27.5%	18.1%	0.8%
		清洗车	7627	8.6%	7121	7.0%	-6.6%	-1.6%
		抑尘车	2548	2.9%	4857	4.8%	90.6%	1.9%
		护栏清洗车	441	0.5%	412	0.4%	-6.6%	-0.1%
	清扫车	扫路车	11853	13.4%	11483	11.3%	-3.1%	-2.1%
		护栏抢修车	131	0.1%	130	0.1%	-0.8%	0%
		洗扫车	0	0%	18	0%	—	0%
	清污车	吸污车	5134	5.8%	6561	6.5%	27.8%	0.7%
		吸粪车	1876	2.1%	2243	2.2%	19.6%	0.1%
	市政环卫 汇总		88475	40.2%	101485	40.4%	14.7%	0.2%
危化运输	冷藏车	冷藏车	31852	40.6%	39728	43.5%	24.7%	2.9%
	翼展类	售货车	10542	13.4%	14264	15.6%	35.3%	2.2%
		翼开启厢式车	10624	13.5%	11615	12.7%	9.3%	-0.8%
		舞台车	1699	2.2%	1974	2.2%	16.2%	0%
	危化类	油罐车	4752	6.1%	4853	5.3%	2.1%	-0.7%
		易燃气体厢式运输车	2436	3.1%	2869	3.1%	17.8%	0%
		气瓶运输车	2422	3.1%	2836	3.1%	17.1%	0%
		爆破器材运输车	2321	3.0%	2197	2.4%	-5.3%	-0.6%
		其他厢式类危化品运输车	1890	2.4%	2551	2.8%	35.0%	0.4%
		其他罐式类危化品运输车	682	0.9%	596	0.7%	-12.6%	-0.2%
	其他类	车辆运输车	5954	7.6%	886	1.0%	-85.1%	-6.6%
		旅居车	160	0.2%	3374	3.7%	2008.8%	3.5%
		养蜂车	448	0.6%	1142	1.2%	154.9%	0.7%
		检修车	68	0.1%	540	0.6%	694.1%	0.5%
		雏禽运输车	0	0.0%	131	0.1%	—	0.1%
	宣传车	宣传车	2689	3.4%	1845	2.0%	-31.4%	-1.4%
	危化运输 汇总		78539	35.6%	91401	36.3%	16.4%	0.7%
工程抢险	清障类	清障车	12218	22.9%	13455	23.0%	10.1%	0%
		低平板运输车	11453	21.5%	13024	22.2%	13.7%	0.7%
	起重举升类	随车吊	8544	16.0%	8202	14.0%	-4.0%	-2.0%
		汽车起重机	7749	14.5%	8639	14.7%	11.5%	0.2%
		高空作业车	3491	6.5%	4568	7.8%	30.9%	1.2%
		搬家作业车	0	0%	43	0.1%	—	0.1%
	商混类	混凝土泵车	4530	8.5%	5507	9.4%	21.6%	0.9%
		小方量搅拌车	3061	5.7%	2521	4.3%	-17.6%	-1.4%
	消防车	消防车	1744	3.3%	1921	3.3%	10.1%	0%
		救险车	523	1.0%	736	1.3%	40.7%	0.3%
	工程抢险 汇总		53313	24.2%	58616	23.3%	9.9%	-0.9%
	总计		220327		251502		14.1%	

二、专用车市场发展趋势

1. 未来销量走势

从专用车目标市场销量走势图（见图 10-1）来看，驱动形式为 4×2 的专用车产品市场保持持续增长的趋势，2018 年销量为 220327 辆，2019 年销量为 251502 辆，同比增长 14.1%，未来两年将持续增长，预计 2021 年达到 350000 辆。

图 10-1　4×2 专用车销量走势图

2. 未来发展机遇

（1）美丽乡村建设　预计每年为专用车市场带来超过 1 万辆的潜在消费。

（2）城乡环卫一体化　预计年增量 5000 辆。

（3）垃圾分类全民行动　预计年增 1.5 万辆。

（4）农村旱厕改造　2018 年目标市场容量为 3000 辆，2019 年为 4500 辆；2022 预计为 1 万辆。

（5）危化品运输车辆法规趋严　2019 为 2 万辆，2022 年预计为 3.5 万辆。

（6）消防等应急业务纳入地方政府管理　预计 2022 年总市场容量为 5 万辆。

本章小结与启示

关注各类专用车的市场情况及发展趋势，有利于商用车经销商动态调整自己的产品组合，为产品营销打下基础，也为向客户推荐产品打下基础。

本章学习测试及问题思考

1. 未来专用车的发展机遇主要由哪些？
2. 运输型专用车，主要分几类？
3. 举例说明本地市场主销哪些专用车产品？

第十一章 混凝土搅拌运输车

> **学习要点**
> 1. 了解混凝土搅拌车的功能、性能、结构、主要配置、常见故障及处理方法。
> 2. 了解混凝土搅拌车的分类与产品组合、产品公告。
> 3. 能够根据客户需求、实际应用场景,结合产品知识,进行产品推荐。
> 4. 了解混凝土搅拌车的发展趋势,能够跟踪厂家产品开发的进度,及时调整营销产品组合。
> 5. 能够指导服务站进行混凝土搅拌车的日常保养、常见故障排除。

第一节 基本概念与结构

一、基本概念

1. 混凝土定义

混凝土是由胶凝材料(水泥)、骨料和水等按一定比例配制,经搅拌振捣成型,在一定条件下养护而成的人造石材;密度一般为 2400kg/m³。

(1) 骨料 砂、石在混凝土中起骨架作用,所以叫骨料。

1) 粗骨料:即碎石或卵石。按粒径一般分为 5~10mm,5~16mm,5~25mm,5~31.5mm,5~40mm。石子的密度一般为 2.5~2.7g/cm³,处于干燥状态时,堆积密度一般为 1400~1500kg/m³。

2) 细骨料:即砂,可分为河砂、海砂和山砂。按直径不同可分为三种:粗砂平均直径不小于 0.5mm,中砂平均直径不小于 0.35mm,细砂平均直径不小于 0.25mm。砂的密度一般为 2.6~2.7g/cm³。干燥状态下,堆积密度一般约为 1500kg/m³。

(2) 水泥 粉状水硬性无机胶凝材料,加水搅拌后成浆体,能在空气中或水中硬化,并能把砂、石等材料牢固地胶结在一起。密度一般为 1300kg/m³。

(3) 凝结时间 水泥加水搅拌到开始凝结所需的时间称初凝时间,从加水搅拌到凝结完成所需的时间称终凝时间。硅酸盐水泥初凝时间不早于 45min,终凝时间不迟于 12h。

(4) 混凝土掺和料 加在水泥和骨料的添加料,起到润滑和改善"和易性"的作用。一般使用粉煤灰、矿渣等主要材料。

⊖ 本章由郭振华、赵旭日编写。

（5）和易性 混凝土拌和物易于施工操作（拌和、运输、浇灌、捣实）并能获得质量均匀、密实的混凝土的性能，见图 11-1。

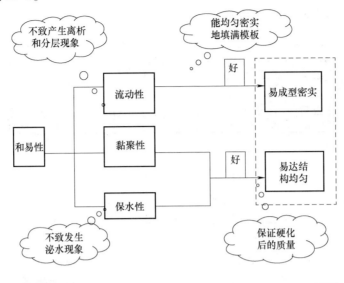

图 11-1 混凝土的和易性

1）流动性：混凝土拌和物在自重或外力作用下，流动并均匀填满模板的性能，产生快速凝固现象。
2）黏聚性：混凝土拌和物施工过程中，其组成材料之间有一定的黏聚力，不产生分层离析的现象。
3）保水性：混凝土拌和物施工过程中，其组成材料之间有一定的保水能力，不致产生严重的泌水现象。
（6）外加剂 用于改善混凝土的性能，便于施工的混凝土添加剂，包括减水剂、抗冻剂、防腐剂等。

2. 坍落度定义

将混凝土装入如图 11-2 所示的标准容器中，将容器提起后，混凝土高度的落差即坍落度。

坍落度作为流动性指标，越大表示流动性越好。坍落度小，流动性差，搅拌车卸料越困难。坍落度的测定见图 11-3。

图 11-2 混凝土坍落度试验仪器

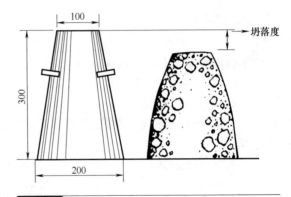

图 11-3 混凝土拌和物坍落度的测定

3. 混凝土配合比定义

以单位体积内各项主要材料的质量（重量）表示的数值，或以各项主要材料相互间的质量比来表示的数值，例如，水泥：砂：石 = 1：2.4：4。

混凝土配合比参数：
1）水灰比，指水和水泥的比例关系。
2）砂率，指砂与石子的比例关系。
3）单位，用水量、水泥浆与骨料的比例关系。

4. 离析现象

当混凝土静置时间较长时，混凝土内部的石子、砂、水泥、水及添加剂、拌和料等，因密度不同而出现的密度小的物料（如水）向上移动积聚，粗骨料与细骨料分离，造成粗骨料堆积，形象地说就是"骨肉分离"，严重影响混凝土的浇筑质量，降低强度。

检查施工现场时，混凝土匀质性（参见表11-1）应达到标准QC/T 667—2000、QC/T 668—2000 的要求。

表 11-1　混凝土部分标准技术参数（混凝土匀质性）

项　目	最大允许差值
混凝土中砂浆密度相对误差	0.8%
单位体积混凝土中粗骨料质量相对误差	5%
每罐混凝土的坍落度差值	20mm

5. 混凝土分类

按含水量，混凝土分为湿料式、干料式和半干料式三种。

1）国内大多采用湿料式混凝土，由搅拌站生产的预拌混凝土——按配比混合的骨料（砂、石子）、水泥和水，在运输过程中，不断对湿料进行搅拌，防止混凝土在运输过程中初凝和离析。运输距离较远时，需采用干料和半干料式搅拌运输车来运送。

2）干料式混凝土，可按配比将干状骨料和水泥直接装入该车的搅拌筒内，在运输过程中对筒内的干料进行搅拌。现在中心城市内运输距离越来越远，干料运输方式会越来越多。

3）半干料式混凝土中的骨料和水泥也是按配比配制的，并含有一定的水，但水的含量达不到浇注要求。

6. 混凝土搅拌运输车

混凝土搅拌运输车（图 11-4），是指装备有搅拌筒和动力装置等设备，用于运输混凝土的罐式专用运输车辆。它兼有载运和搅拌混凝土的双重功能，用以在运送混凝土的同时对其进行搅拌和扰动。因此，混凝土搅拌运输车能在长时间的运输过程中保证混凝土的质量，满足了各工地对混凝土的要求。

图 11-4　混凝土搅拌运输车的外观

二、基本结构

（一）整车结构

1. 分类

按搅拌车的搅拌驱动形式及其动力源分类，搅拌车有两种形式：

1）汽车发动机→液压传动。

2）专用内燃机→机械传动。

随着液压技术的发展和液压元件质量的提高，搅拌车越来越多地采用汽车发动机→液压传动的驱动形式。

2. 基本构成

搅拌车组成示意图见图 11-5。

图 11-5　搅拌车的组成示意图

(二) 底盘系统的组成

搅拌车底盘系统组成示意图见图 11-6，本章不作详细介绍。

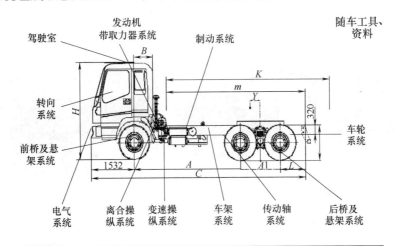

图 11-6　搅拌车底盘系统组成示意图

(三) 上装小传动轴及液压、减速系统的组成

1）上装小传动轴的组成示意图，见图 11-7。

上装小传动轴连接发动机的取力器和液压系统的液压泵，起到动力传递的作用，要求它传递的转矩为 650N·m，传递的功率为 150kW 以上。

潍柴发动机取力器的型号、最大输出转矩、最大输出功率、传动比如下：

WP10.336 发动机的取力器型号 GRD10-3170002，输出转矩：650N·m，输出功率 150kW，传动比 1∶1。

不同的发动机型号，其取力器是一样的。

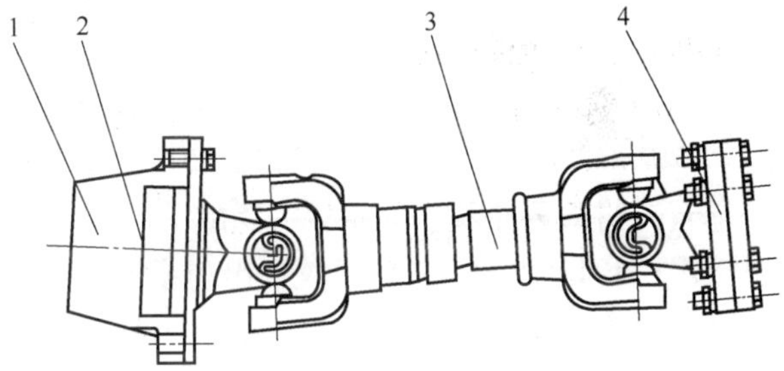

2）液压、减速系统主要有 2 种。

① 分体式液压、减速系统的组成示意图，见图 11-8。

分体式是指减速机、柱塞液压马达、散热器是分开装配的，现在普遍采用。

优点：价格便宜；维修方便。

缺点：占用空间大。

图 11-7　上装小传动轴的组成示意图

1—取力器　2—取力器输出法兰　3—上装小传动轴
4—液压泵法兰

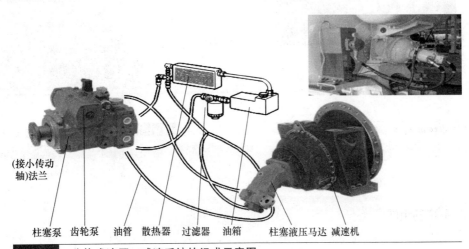

图 11-8　分体式液压、减速系统的组成示意图

② 整体式液压、减速系统的组成示意图，见图11-9。

整体式是指减速机、液压马达、散热器是一体的，现在较少采用。

优点：结构紧凑，节省空间。

缺点：价格高，维修困难。

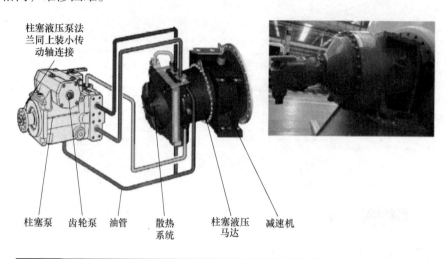

图 11-9　整体式液压、减速系统的组成示意图

（四）搅拌罐体的组成

如图11-10所示，搅拌罐体有一个检修用人孔，用于罐体内聚集混凝土的清理及对罐体叶片进行检修。当液压系统发生故障时，无其他救援方案，可通过打开人孔进行应急卸料。

（五）进料系统和出料系统的组成

如图11-11所示，进料系统和出料系统包括进料斗、出料斗、滑料槽和升降回转机构。它的作用是完成混凝土的装卸。

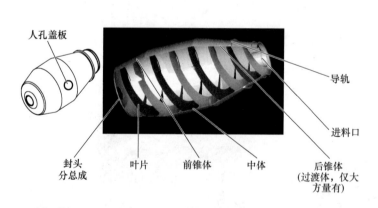

图 11-10　搅拌罐体的组成示意图

图 11-11　进料系统和出料系统的组成示意图

1—搅拌车进料斗　2—搅拌车出料斗
3—搅拌车滑料槽（小滑料槽放置在
右侧后挡泥板上）　4—滑料槽旋转机构

（六）清洗系统的组成

如图11-12、图11-13所示，混凝土如果没卸干净，时间长了就会凝固。为了保持罐体容积，就要不断及时清洗。因此，搅拌车必须带有清洗装置。供水系统目前有电动水泵式和气压式两种。福田牌采用的是气压式。

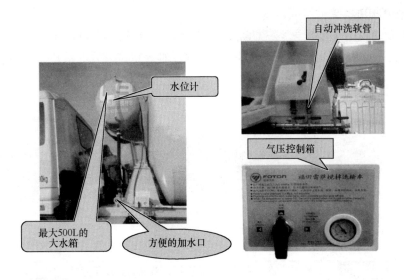

图 11-12 搅拌车清洗系统的外观示意图

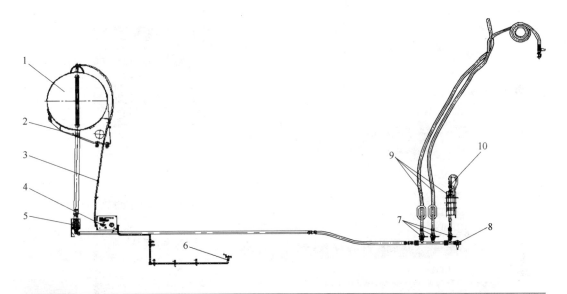

图 11-13 清洗系统组成示意图

1—气压水箱 2—水箱支架 3—气管 4—气控箱 5—加水口 6—取气接头 7—清洗球阀 8—排水球阀 9—清洗水管 10—清洗喷头

（七）副车架系统的结构

副车架系统结构示意图见图 11-14。

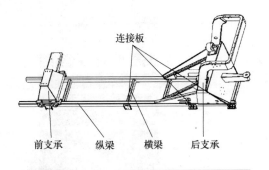

图 11-14 副车架系统结构示意图

（八）操纵系统的组成

装配（共轨）发动机的车辆操纵系统的组成示意图见图 11-15 和图 11-16。

操纵系统的装置主要由液压泵变量杆、驾驶室操纵软轴、定位装置、液压泵控制推拉杆和操纵手柄等组成。

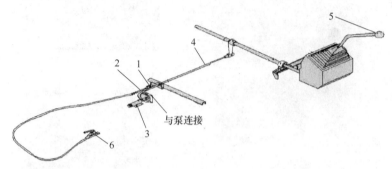

图 11-15　装配（共轨）发动机的车辆操纵系统的组成示意图
1—液压泵变量杆　2—驾驶室操纵软轴　3—定位装置　4—液压泵控制推拉杆
5—操纵手柄　6—室内操纵手柄

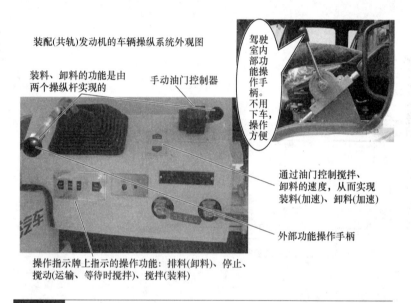

图 11-16　装配（共轨）发动机的车辆操纵系统外观示意图

（九）托轮系统的组成

托轮系统的组成示意图见图 11-17，托轮总成为轴侧浮动式，带双圆螺母一侧决定轴承游隙的大小

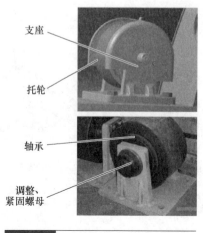

图 11-17　托轮系统的组成示意图

（十）上装电气系统的组成

电气系统一般为单线制，负极搭铁，线路电压为24V。

电气系统由照明装置、液压油温控开关、继电器、风扇电动机等组成。当油温超过60℃时，温控开关闭合，冷却风扇运转；待油温低于55℃时，温控开关断开，冷却风扇停止运转。工作灯开关控制工作灯关和亮。图11-18为上装电气系统的组成与电路示意图。

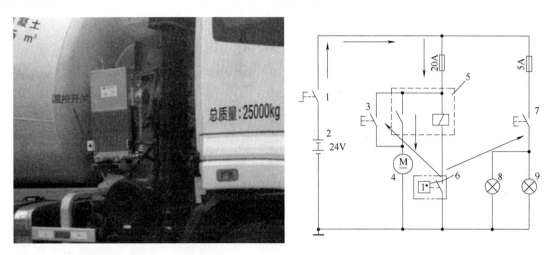

图 11-18 上装电气系统的组成与电路示意图

1—电源总开关 2—蓄电池 3—风扇开关 4—风扇电动机 5—风扇继电器 6—温控开关 7—工作灯开关 8—开关指示灯 9—工作灯

第二节 工作原理与性能指标

一、工作原理

工作原理，就是最基本的工作流程和理论。明确车辆关键总成工作原理的好处如下：

1）便于记住车辆的基本配置。
2）当某一功能消失时，便于判断故障的原因。
3）当某一功能不足时，便于提出改进的方向和目标。

（一）动力传递与控制系统工作原理

搅拌车动力传递与控制系统工作原理示意图，见图11-19。

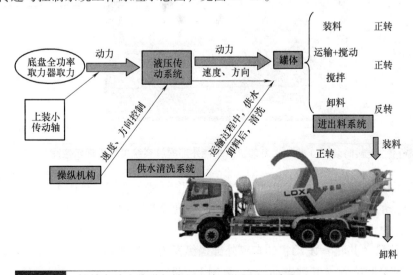

图 11-19 搅拌车动力传递与控制系统工作原理示意图

（二）液压传动系统工作原理

液压传动系统工作原理简图见图11-20。

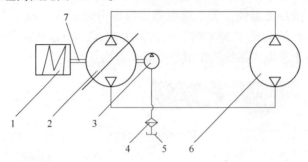

图 11-20 液压传动系统工作原理简图

1—取力器 2—变量柱塞泵 3—齿轮泵 4—过滤器 5—油箱
6—柱塞液压马达 7—小传动轴

（三）装料功能（过程）的工作原理

装料功能的工作原理示意图见图11-21。

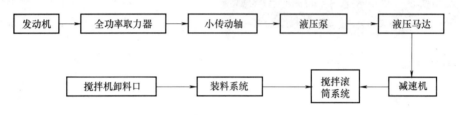

图 11-21 装料功能的工作原理示意图

1）若装料时罐体的转动方向为正向转动，则车辆在运输过程中的转动为正向转动。

2）车辆在装料时，发动机带动罐体转动，转速为 6～12r/min；混凝土或拌和料从搅拌机的卸料口卸出，通过装料系统从筒口导管进入搅拌筒，并在螺旋叶片引导下流向搅拌筒的中下部。

装料时装配（共轨）发动机的车辆外部操纵系统工作原理示意图，见图11-22。

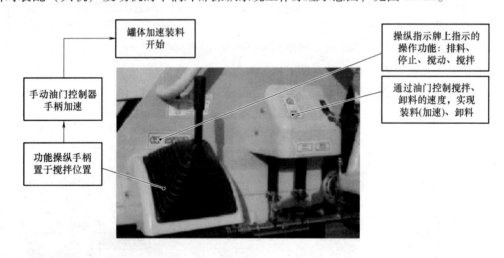

图 11-22 装料时装配（共轨）发动机的车辆外部操纵系统工作原理示意图

装料时装配（共轨）发动机的车辆内部操纵系统工作原理示意图，见图11-23。

（四）搅拌（搅动）功能（过程）的工作原理（共轨发动机）

搅拌功能的工作原理示意图见图11-24。

1. 搅拌作业时装配（共轨）发动机的车辆外部操纵系统工作原理

搅拌时外部操纵手柄位置（共轨发动机），见图11-25。

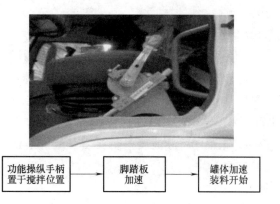

功能操纵手柄置于搅拌位置 → 脚踏板加速 → 罐体加速装料开始

图 11-23 装料时装配（共轨）发动机的车辆内部操纵系统工作原理示意图

注：内、外部操纵装置只用一个即可。

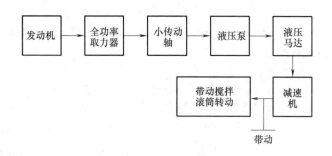

发动机 → 全功率取力器 → 小传动轴 → 液压泵 → 液压马达 → 减速机 → 带动 → 带动搅拌滚筒转动

图 11-24 搅拌（搅动）功能（过程）的工作原理示意图（共轨发动机）

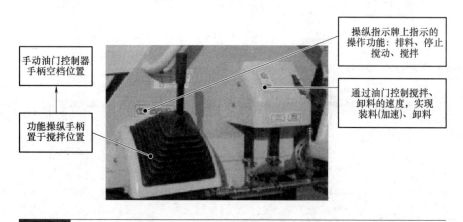

图 11-25 搅拌时的外部操纵手柄位置（共轨发动机）

2. 搅拌时装配（共轨/EGR）发动机的车辆内部操纵系统工作原理

搅拌时内部操纵手柄的位置（共轨发动机），见图 11-26。部分机型的外部操纵手柄与内部操纵手柄共用。

3. 注意事项

对进入搅拌罐体的预拌混凝土的搅拌运输：

1) 只需在运输途中以 1~3r/min 的低速"正向"转动，此时混凝土只受轻微的扰动，以保持混凝土的匀质，同时防止离析，称为搅动（俗称搅拌）。

2) 坍落度小，搅动速度要略低。

图 11-26 搅拌时内部操纵手柄的位置

注：内、外部操纵装置只用一个即可。

4. 拌合料的搅拌运输

1）湿料搅拌运输是指搅拌运输车在配料站按混凝土配比同时装入水泥、砂石骨料和水等拌合料，然后在运送途中使搅拌罐体以 8～12r/min 的搅拌速度转动，对混凝土拌合料进行搅拌作业。

2）干料注水搅拌运输是指在配料站按混凝土配比分别向搅拌罐体内加入水泥、砂石等干料，再向车内水箱加入搅拌用水。搅拌速度：8～12r/min。在搅拌运输车驶向工地途中的适当时候向搅拌罐体内喷水进行搅拌，也可根据工地的浇灌要求运干料到现场后再注水搅拌。

注意： 在搅拌运输的过程中，车辆的行驶速度一定要慢（最好不要超过 30km/h）。因为罐体的转动速度快，车辆速度快时，容易翻车。

5. 混凝土和拌合料的区别

1）混凝土是水泥、砂石骨料、添加剂等和水已经在搅拌站搅拌好的料。

2）拌合料是水泥、砂石骨料、添加剂等已经在搅拌站搅拌好，但没有同水拌和的料。

（五）运输功能（过程）的工作原理

在运输过程中，操纵手柄一直处在搅动位置，工作原理示意图见图 11-27。

注意： 车辆在满载混凝土时，罐体一直按 1～3r/min 的速度搅动，整车行驶速度不能超过 50km/h，如果车辆行驶过快，转弯时容易翻车。

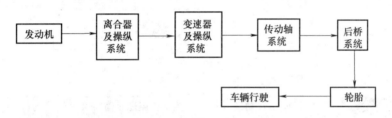

图 11-27　运输过程的工作原理示意图

（六）卸料功能（过程）的工作原理

卸料过程的工作原理示意图，见图 11-28。

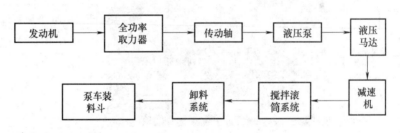

图 11-28　卸料过程的工作原理示意图

若装料时罐体的转动方向为正向转动，在卸料过程中罐体的转动则为反向转动。车辆在卸料时，发动机带动罐体转动，速度为 3～14r/min；混凝土在叶片螺旋运动的顶推作用下向筒口方向移动，经过搅拌车的卸料斗卸出，装入泵车的装料斗或其他容器。

1）卸料作业时装配共轨发动机的车辆外部操纵系统工作原理见图 11-25，将功能操作手柄置于排料位置，手动油门控制手柄处于加速位置，罐体处于卸料（排料）状态。

2）卸料时装配共轨发动机的车辆内部操纵系统工作原理见图 11-26，将功能操作手柄置于排料位置，脚踩加速踏板加速，罐体开始加速卸料（排料）。

（七）清洗功能（过程）的工作原理

清洗过程的工作原理示意图见图 11-29。清洗时，储气罐的气压在 0.2～0.4MPa 之间，不可过高。

1）压力水箱清洗系统工作原理示意图，见图 11-30。

① 底盘气体（源）作为供水系统的气源，同时向制动系统供气。

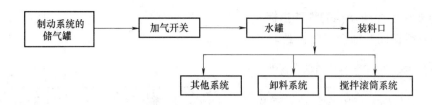

图 11-29　清洗过程的工作原理示意图

② 气控箱，用来调节底盘储气筒供应压力，标定供水压力为 0.4MPa，内部有换向控制阀和安全阀，请按指示操作，工作过程中严禁开箱。

③ 压力水箱，用来储存冲洗用水。

④ 注水管路开关，通过此开关可向压力水箱中供水。

⑤ 叶片冲洗管路开关，通过此开关可进行叶片冲洗。

⑥ 进料斗冲洗管路开关，通过此开关可进行进料斗冲洗。

⑦ 车身冲洗，长约 12m，一头接水枪，冲洗车的各个部位，不用时将软管盘起，固定在车后端。

2) 清洗系统的加水过程示意图，见图 11-31。

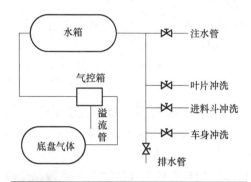

图 11-30　压力水箱清洗系统工作原理示意图

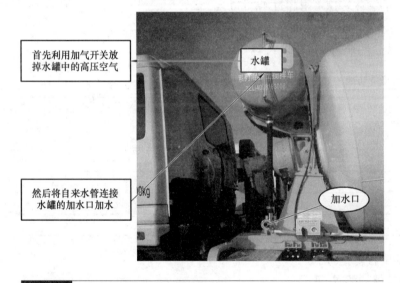

图 11-31　清洗系统的加水过程示意图

二、性能指标

性能是指器材、物体等所具有的性质、属性、特点。明确性能的好处如下：

1) 便于对功能进行说明。

2) 当某一功能不足时，便于分析与判断，以提出改进方向和目标。

（一）装料功能的性能指标（参数）

1. 客户对装料功能的要求

1) 装得多，实际装的混凝土体积略大于搅动容积。

2) 装得快。

3) 装料口尺寸适合搅拌站，即装料口高度小于 3850mm，进料斗上口尺寸不小于 650mm。

注意： 搅拌罐几何容积，即将搅拌罐口封闭后罐体内的容积，单位是 m^3。搅动容积，亦称有效容积，是指罐体在运输装载混凝土时，在规定坡度（一般是 8%）上坡时不发生溢料的最大容积即我们常说的方量，单位是 m^3。

2. 对应客户要求的装料功能的性能指标设计

客户要求的装料功能的性能指标见表 11-2。

表 11-2　客户要求的装料功能的性能指标（仅供参考）

客户的要求	罐体几何容积/m³	8%坡度时的罐体有效容积/m³	14%坡度时的罐体有效容积/m³	装料速度/(m³/min)	装料时的发动机最大转速/(r/min)	装料时的罐体转速/(r/min)	装料口高度/mm	备注
装得多			7					
装得快				2~3	1500	6~12		
装料口高度							≤3850	适合搅拌站

注：1. 平原与丘陵地区（适用于我国大部分地区）按 8% 坡度时的搅拌罐体有效容积设计。
　　2. 山区按 14% 坡度时的搅拌罐体有效容积设计。

（二）搅动/搅拌功能的性能指标

1. 客户对搅拌功能的要求

1）搅拌均匀，不离析、不凝固。
2）搅拌罐体匀速转动，不打颤和振动。
3）运输、搅拌过程不漏料。
4）运输过程中的罐体转速不得超过 4r/min。

2. 对应客户要求的搅拌功能的性能指标设计

客户要求的搅拌功能的性能指标见表 11-3。

表 11-3　客户要求的搅拌功能的性能指标（仅供参考）

客户的要求	运输过程中的罐体转速/(r/min)	运输、搅拌过程中发动机转速/(r/min)	混凝土中砂浆密度相对误差（%）	单位体积混凝土中粗骨料质量相对误差（%）	每罐混凝土的坍落度差值/mm	不漏料	发动机稳定怠速转速/(r/min)
匀速转动	1~3	600~1650					
不凝固、不离析			≤0.8	≤5	≤20		
不漏料						不漏料	
等待加料油耗低							600~650

（三）运输功能的性能指标

1. 客户对运输功能的要求

（1）经济性
1）综合油耗低，常用工况下车速发动机处于经济油耗区。
2）怠速转速低，怠速稳定性好，等待卸料时油耗低。

（2）动力性
1）速度适应性好，速度可以达到 5~80km/h。满载（搅动）车速≤50km/h；满载（搅拌）车速≤30km/h，但需要整车最高车速到 80km/h，以适度功率储备提高加速性能，降低发动机负荷率。
2）发动机功率数≥总质量（t）×5kW＋运输方量（m³）×8kW。

（3）通过性好
1）高度≤4000mm，能过涵洞、桥梁。
2）转弯半径小，装、卸料时对场地的要求低。
3）应能在不平整的未铺路面，有少量坑洼或岩石路面上行驶，离地间隙高。

（4）操稳性、操纵性
1）适应罐体高重心、半流体质量转移大的特点，重心低。
2）满载前轴荷≥20%总质量，行驶时不会发飘。

3）转向轻便。

(5) 噪声小

1）车外最大加速噪声不超过 84dB。

2）驾驶员耳旁噪声小于 87dB。

(6) 人机工程

1）驾驶室符合货车人机工程设计要求，驾乘人员乘坐舒适。

2）上装操纵符合人机工程要求，操作方便。

3）需要冷暖空调。

4）各部件保养、维修方便性好。

(7) 整车美观、协调

2. 对应客户要求的运输功能的性能指标设计

客户要求的运输功能的性能指标见表 11-4。

表 11-4　客户要求的运输功能的性能指标

客户的要求	综合油耗/(L/100km)	稳定急速转速/(r/min)	最低稳定车速/(km/h)	空载、满载最高车速/(km/h)	功率/kW	转弯半径/m	最小离地间隙/mm	整车高度/mm	车外加速噪声/dB(A)	驾驶员耳旁噪声/dB(A)	操纵性主观评价（1~10分）	人机工程主观评价（1~10分）	外观主观评价（1~10分）
油耗低													
稳定的急速转速低													
速度适应性好													
功率合适													
转弯半径小													
离地间隙合适													
整车高度低													
操稳性、操纵性评价得分高													
车外、车内噪声低													
人机工程评价得分高，驾乘舒适													
整车美观，协调													

3. 应对客户要求的发动机性能参数设计

客户要求的发动机性能参数见表 11-5。

表 11-5　客户要求的发动机性能参数

| 客户的要求 | 性能指标 | | | | | | |
	燃油消耗率/(g/kW·h)	排量/L	发动机稳定急速转速/(r/min)	额定功率/[kW/(r/min)]	最大转矩/(N·m)	排放标准	额定转速/(r/min)
油耗低							
稳定的急速转速低							
功率大							
转矩大							
排放低							
速度适应性好							
噪声低							

注：发动机形式为直列六缸/柴油。

(四)卸料功能的性能指标

1. 客户对卸料功能的要求

客户对卸料功能的要求见表11-6。残余率是衡量卸料功能最关键的指标。

表11-6 客户对卸料功能的要求（仅供参考）

客户的要求	残余率 (%)	卸料速度 /(m³/min)	卸料时的发动机最 大转速/(r/min)	卸料时的罐体 转速/(r/min)	卸料口高度 /mm	出料槽转动 范围/(°)	人孔孔径
卸得干净	≤0.8		1650				
卸得快		2~4		3~14			
卸料口高度合适					198~1252		
出料槽转动范围						0~180	
人孔设计合理							合适

注：1. 卸得干净，残余率≤0.8%（卸料后残留在搅拌罐体内的混凝土与装载搅动容积混凝土的质量之比，用百分比表示）；坍落度（80~220mm）。
  2. 卸得快。
  3. 卸料口高度适合泵车进料口（1350~1550mm）。
  4. 出料槽转动180°转动。
  5. 因系统故障，搅拌罐体停止转动，有利用外界动力卸料功能。
  6. 搅拌罐体应设置能快速打开的人孔，孔径合适。

2. 出料残余率执行标准

汽车行业标准QC/T 667—2000《混凝土搅拌运输车技术条件和试验方法》中规定的出料残余率（见表11-7）过于宽松，欧曼实测值在0.4%~0.65%（坍落度80~220mm）。

表11-7 QC/T 667—2000规定的出料残余率（仅供参考）

混凝土的坍落度/mm	50	60	70	80	90	备注
出料残余率（%）	5	4	3	2		粗骨料为碎石

注：实测坍落度为表中的中间值时，出料残余率用插入法计算。

(五)清洗功能的性能指标

客户对清洗功能的要求，见表11-8。

表11-8 客户对清洗功能的要求（仅供参考）

客户的要求	水箱容积 /L	气压 /MPa	水管和喷头布置合理性 评价（1~10分）	在清洗系统的 最低处有开关
水箱容积大，一次加水使用周期长	500			
清洗干净		0.2~0.4		
水管和喷头布置合理易于操作			10	
冬天能彻底放净水				有

第三节 搅拌车的可靠性保证

可靠性是指产品（总成或零部件）在规定的使用条件下，在规定的时间里，完成规定功能的能力，关键是要具有稳定的长期工作的能力。保证可靠性的主要措施有：

1）整车设计可靠，包括功能设计齐全、性能设计合理、各部分设计协调。
2）零部件可靠。
3）先进的制造工艺。

4）制造员工素质高。

5）完善的售后服务保障体系。

本节以装配欧曼底盘的福田雷萨品牌搅拌车（产品名称：雷萨 8×4、8 方搅拌车）为例，对其可靠性进行介绍。仅供参考，所有的配置以产品说明书为准。

一、一体化的整车设计与制造

1. 设计人员的素质

1）底盘设计：有专用车底盘研发组织，分产品线进行产品研发（搅拌车产品线、散装水泥运输车产品线等）经验，专业性强。

2）上装设计：有专门的研发团队，具有搅拌车设计 10 年以上经验的高级学术带头人 3 人；具有搅拌车设计 5 年以上经验的中级技术人员 10 多人。

设计人员的素质可以满足各类搅拌车产品研发的需要。

2. 技术质量标杆

利勃海尔（欧洲路线）。

3. 质量目标

底盘质量优于竞争品牌；上装质量在任何使用条件下确保一年内无停车故障。

4. 技术掌握

1）完全掌握搅拌车底盘的设计、匹配技术。

2）完全掌握液压系统的设计、匹配技术。

3）完全掌握罐体、叶片系统的设计、匹配技术。

4）完全掌握装料及卸料系统的设计、匹配技术。

5）完全掌握副车架及上装和底盘的连接技术。

5. 设计的手段

1）有完备的设计软件。具有正向设计能力和三维设计能力。

2）有试验设备六台套。对关键的泵、液压马达、液压缸、各种阀类、管类零部件可以进行可靠性、耐久性试验。

6. 核心技术掌握

搅拌车在功能、性能尤其是可靠性方面有了较大的提高，彻底消除了离析、漏料等突出的质量问题。产品功能齐全；性能可靠、先进；结构合理，各种作业动作灵活、可靠。

二、零部件选择的可靠性

（一）底盘动力系统及关键部件的可靠性

底盘动力系统及关键部件见表 11-9，全部采用世界及中国知名品牌，确保质量和可靠性。

表 11-9 底盘动力系统及关键部件（仅供参考，以说明书为主）

部件名称	型号	配套厂家	世界排名	备注
发动机	WP10	潍柴	产销量第一	大型柴油机
离合器	φ430	法里奥	产销量第一	重型货车市场
变速器	9JS135T-B	法士特	产销量第一	重型货车市场
前后桥及悬架	奔驰 13t	安凯车桥	中国产量第二	重型货车市场
转向器	ZF8098	采埃孚	产销量第一	重型货车市场

1. 可靠的动力系统——发动机

推荐采用大排量，低转速、低怠速转速、怠速转矩大的发动机。

① 可靠：潍柴动力。B10 寿命 100 万 km 以上。

② 经济性好：油耗低，比其他品牌油耗低 10% 左右。

③ 维修成本低：80% 以上的零部件通用。

④ 专业：怠速转矩大，怠速低。由于混凝土是通过泵或其他装置直接打到施工面，不能卸车等待，只能装车等待。同时混凝土在车上不能停止搅动（否则就会凝固）。因此发动机不能停车，只能怠速。为了省油，就要求发动机的怠速转速要低，在罐体不产生振动的前提下越低越好（550~600r/min）。

2. 可靠的传动系统——离合器、变速器

推荐采用 ATM 变速器。

① 进口（法里奥）离合器：φ430 大容量、膜片弹簧式结构，技术先进；在使用范围内，摩擦片磨损小，压紧力大，使用寿命长。

② 法士特 9 档变速器：双中间轴结构，可靠；9 档，传动比范围大，油耗低，最小稳定车速低；采用细齿啮合，传动更顺畅，效率更高；生产工艺成熟，更稳定，法士特在重型车变速器市场占有率高，配件方便。

由于车辆的运输距离短、速度低，因此变速器的传动比范围很小，档位少；同时，此类车在城市中及城市周边运输，行人多、车辆多、路口多。变速、停车、起步多，要求变速器要带同步器。工地车辆需要整车最低稳定"行驶速度"要低。

3. 优良的前后桥及悬架系统

推荐采用气囊悬架。

① 加大的前后桥示意图，见图 11-32，图 11-32a 为中后桥，图 11-32b 为前桥。

a)　　　　　　　　　b)

图 11-32　加大的前后桥示意图

欧曼底盘中后桥，采用奔驰 13t 铸钢桥。

图 11-32b 所示的前桥加大，轮距加宽，采用 7.5t 级前桥，承载能力加强。

② 强化的悬架示意图，见图 11-33。

由于混凝土搅拌运输车在运输途中搅拌，货物是旋转运动的，所以当悬架软、路面不平时，车辆就会左右晃动，上装与底盘的连接就会加速损坏。因此，要求车辆的悬架横向稳定性好；同时，由于货物是流动的，制动时货物就会涌向前面，前悬架受力就大。因此，前板簧要全面加强。

中后桥缓冲块支架外移，进一步提高了抗侧翻的能力

中后桥滑板座采用封闭滑板座，带横向稳定杆侧向稳定性提高

图 11-33　强化的悬架示意图

4. 高强度宽车架

推荐采用一体化车架，去掉副车架，使车辆更加轻量化。

① 车架特制，纵梁最宽（865）——提高稳定性。

② 加强型大梁320（8+7），对称连接，重心低，安全稳定，有效防止开、断裂。

③ 加强横梁密布。

5. 组合制动技术，保证制动可靠

制动系统见图11-34。

① 采用WEVB排气门制动技术，制动效能提高55%以上。

② 制动器结构先进，摩擦片采用变截面设计，大大增强了耐磨性，同时使制动更加平稳。

③ 采用加宽制动蹄片（直径410mm×宽220mm），提高制动性能。

④ 轮毂制动鼓带散热筋，散热性好，强度高。

⑤ 装配ABS（防抱死制动系统）+ASR（加速防滑系统）制动更有效。

6. 多功率省油开关

多功率省油开关示意图见图11-35，分为3档——空载、中载、重载。以潍柴WP10.336为例，每100km可节油2~4L，一年行驶3万km，油价6元/L计，一年可节省3600~7200元。

① 重载时，将开关选到重载，最大限度地发挥发动机的功率和转矩。

② 空载时，将开关选到空载，降低功率，节省油耗。

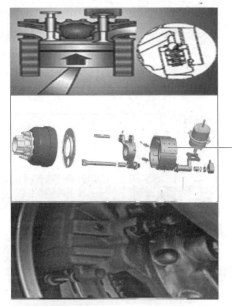

图11-34 制动系统（部分示意图）

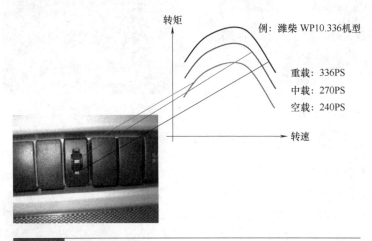

图11-35 多功率省油开关示意图

（二）液压、减速系统的可靠性

1. 液压、减速系统的配置，采用世界一流的产品，见表11-10。

2. （德国）博世力士乐公司——行走机械液压产品、搅拌车轴向柱塞泵、马达产品，世界最著名的制造商。其产品简介见图11-36。

3. 德国ZF混凝土搅拌车用减速机，6方以上的搅拌车，其市场占有率高，见图11-37。

4. （美国）萨奥公司是全套生产搅拌车用泵、马达、减速机的著名厂家，系统性价比高，见图11-38。

表 11-10 液压系统配置表（仅供参考，以说明书为准）

方量	液压系统配置					
	液压泵	品牌	液压马达	品牌	减速机	品牌
8/9 方	A4VTG90	力士乐	AA2FM80	力士乐	P4300	ZF
	PV23	萨奥	MF89	萨奥	TMG61.2	萨奥
10 方	A4VTG90	力士乐	AA2FM80	力士乐	P5300	ZF
	PV23	萨奥	MF89	萨奥	TMG61.2	萨奥
12 方	A4VTG90	力士乐	AA2FM90	力士乐	TMG71.2	萨奥
	PV23	萨奥	MF89	萨奥	TMG71.2	萨奥
	PV23	萨奥	MF89	萨奥	PMB7.2sp	PMP

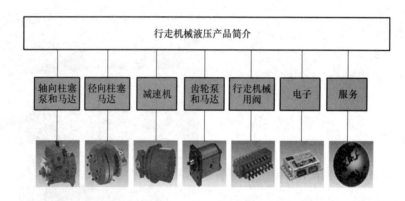

图 11-36 德国博世力士乐公司产品

图 11-37 德国 ZF 混凝土搅拌车用减速机

常用的萨奥分体式配置：

1) 10 方搅拌车配置组成：PV23（萨奥089）+ TMM089（萨奥）+ TMG61.2（萨奥）。

2) 12 方搅拌车配置组成：PV23（萨奥089）+ TMM089（萨奥）+ TMG71.2（萨奥）。

3) 减速机 71.2 与 61.2 的区别为最大输出转矩分别为 71000 和 61000N·m。

4) 高压油管接头：液压泵及马达接头均为小接头，接头上 O 形圈型号 NMO32.5×3.55G。

5) 对开法兰：5008JB3000132。

图 11-38 美国萨奥公司产品

（三）罐体及叶片材质与技术

1. 罐体和叶片的材料、设计、制造技术先进

罐体及叶片材料采用特种高强度耐磨钢（B520JJ 和 qste420tm），耐磨性好，使用寿命长，保修两年，见图 11-39。

有的厂家罐体材料，可能使用 Q235，要注意！

2. 搅拌叶片（材料为 qste420tm）**堆焊可靠、耐磨**

采用耐磨筋堆焊技术，可靠、耐磨，见图 11-40。

堆焊耐磨筋增加边缘耐磨条，成倍地提高其使用寿命。

3. 叶片设计制造技术先进

先进的叶片设计制造技术（见图 11-41）用在有特殊要求的车辆上，保证混凝土的质量。混凝土搅拌与搅动中，除随阿基米德螺旋线（或对数螺旋线）顺流外，同时产生不规则紊流，保证混凝土的匀质性。

扰流板和叶片开孔技术是目前国内最先进的技术之一。

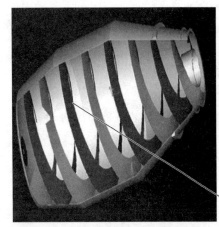

B520JJ:
供应商：宝钢/太钢等
材料屈服强度：520MPa
（普通钢235~350MPa）
表面硬度：
167HBS
（相对普通钢）
12方材料
成本增加：4000元/个

阿基米德螺旋线+对数螺旋线

图 11-39　特种高强度耐磨钢 B520JJ

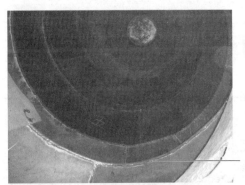 

堆焊耐磨筋增加边缘耐磨条，成倍地提高其使用寿命

图 11-40　搅拌叶片采用耐磨筋堆焊技术

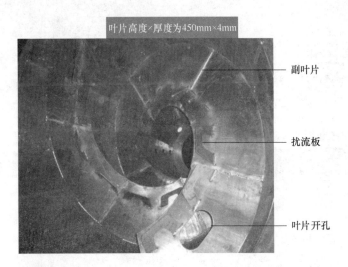

叶片高度×厚度为450mm×4mm

副叶片

扰流板

叶片开孔

图 11-41　先进的叶片设计制造技术

(四)副车架、底盘与上装连接可靠

采用一体化车架,更加轻量化。

1. 副车架采用优质钢材保证强度

副车架的结构见图 11-42。

2. 上装与底盘连接点多、强度高,安全、可靠

上装与底盘连接点见图 11-43。搅拌车运输的混凝土是半流体,车辆运输过程中质量转移较大,可靠连接是安全的保障。

(五)先进的制造工艺

1. 底盘由欧曼生产

欧曼工厂负责底盘生产,工艺先进,见图 11-44。

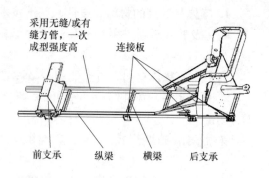

图 11-42 副车架的结构

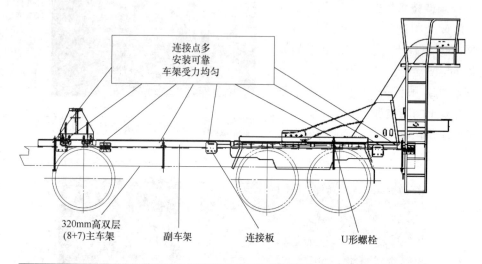

图 11-43 上装与底盘连接点

a) 车间外景

b) 总装线

图 11-44 欧曼工厂

2. 雷萨工厂负责上装生产和整车装配

雷萨工厂是亚洲最大的工厂之一,年产量可达 8000 辆。

(1)工厂与生产线

雷萨工厂及其搅拌罐体生产线见图 11-45、图 11-46。

(2)先进的上装工艺装备

1)自动下料机械外形图见图 11-47。

a) 车间外景　　　　　　　　　b) 总装线

图 11-45　雷萨工厂

自动抛丸、油漆、烤漆线

图 11-46　搅拌罐体生产线

图 11-47　自动下料机械外形图

2）副车架自动焊接设备（图11-48），是日本松下产品，这是目前世界最先进的设备之一，能保证焊接质量。

3）罐体自动焊接设备，见图11-49。

使用自动埋弧焊接的优势是电流大，能确保焊缝熔透；焊缝成形美观；焊接过程环保，无弧光辐射，无焊接噪声。

4）叶片自动焊接设备示意图，见图11-50。

(3) 执行严格的质量标准和完善的质量检验手段

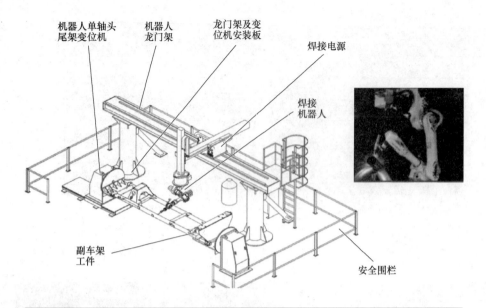

图 11-48　副车架自动焊接设备示意图

图 11-49　罐体自动焊接设备

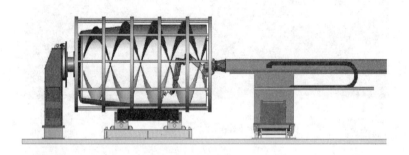

图 11-50　叶片自动焊接设备示意图

（六）完善的售后服务体系和网络

雷萨重机营销公司为了强化搅拌车和泵车的销售和售后服务，建立并强化了销售与服务一体化的销售队伍——市场部，其具体组成与职责见表 11-11。截至 2019 年 12 月，雷萨重机已在全国建立 389 个服务站。

表 11-11　雷萨重机营销公司市场部的组织结构与职责（举例）

岗　位	经　理	销售、服务管理员	业务经理	维修、服务员	服务站（经销商）
职数	1个	1个	1个	1个或多个	1个或多个
职责	产品管理	销售管理	信息管理	服务管理	产品管理
	销售管理	服务管理	传播管理	配件管理	信息管理
	服务管理	配件管理	公关管理	传播管理	传播管理
	传播管理	传播管理	合同管理	公关管理	公关管理
	公关管理	客户管理	服务管理	客户关系维护管理	合同管理
	客户管理	客户关系维护管理	客户管理		金融服务管理
					保养管理
					维修管理
					配件管理
					客户管理
					客户关系维护管理

第四节　维护与常见故障排除

一、各系统检修说明

搅拌车包括液压传动系统、气压供水系统、操纵系统、搅拌罐、进出料系统、车架系统等，对搅拌车的维护和检修也是围绕上述系统展开的，所以了解了相关系统的维护检修方法就能有针对性地解决具体问题，清晰明了，简单易行。

（一）液压传动系统检修说明

液压传动系统是连接发动机和搅拌罐的动力传输装置，主要有分体式液压传动系统和整体式液压传动系统两种类型，雷萨搅拌车采用的是分体式液压传动系统。对其维护、检修主要包括加油检查、换油操作、防泄漏措施和其他故障处理等工作。

以分体式液压传动系统检修进行说明，见表11-12。整体式液压传动系统和分体式基本一样，不赘述。

表 11-12　液压传动系统液压油判断标准表（仅供参考）

外　观	状　态	措　施
呈透明状，色泽无变化	正常	继续使用
呈透明状，但混有黑点	有杂质	过滤后使用
呈乳白色	有水分	换油
呈黑褐色	已经氧化变质	换油

1. 液压传动系统检修注意事项

1）对液压传动系统检修和维护时，应注意人身安全，做好个人防护。
2）超压危险！
3）注意防范热油导致灼伤的危险！
4）换油时，务必注意油温并选用合适的容器来盛放油液，同时更换滤油器。
5）当旋开排放阀部件时，建议通过滴入的方式排干油液。每次换油后必须彻底检查整个系统是否存在泄漏问题。

2. 分体式减速机的维护

分体式减速机示意图见图 11-51。

1）通过旋开注油螺栓来检查油位，当油液位于螺栓下沿时，说明油液足够；如果油位低于标定水平，应通过注油口添加液压油直到满足要求。

2）通过排放阀可进行换油工作，旋开排放阀时应采取防止油液溅出的措施。

3）首次运行 200h 进行换油，以后每隔 1500～2000h（或行驶 30000km）更换一次，但至少每年更换一次；不同型号减速机液压油用量，见表 11-13。

4）拆卸减速机时，应使用清洁的堵头或保护盖挡上所有的管接头，以防止灰尘进入。

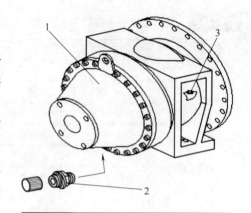

图 11-51　分体式减速机示意图

1—减速机　2—排放阀　3—注油螺栓

表 11-13　不同型号减速机液压油用量（仅供参考）

减速机型号	油量/L	减速机型号	油量/L
P3301（ZF）	7.5	PMB6.5SP（PMP）	13
P4300（ZF）	11.5	PMB7Y（PMP）	13
P5300（ZF）	11.5	PMB7.5SP（PMP）	14
P68（TOP）	11.5	PMB7.8SP（PMP）	16
P75S（TOP）	11.5	P82S（TOP）	11.5
FJ6000（法士特）	12	FJ7500（法士特）	13
70A（唐齿）	13	75A（唐齿）	14
80A（唐齿）	16		

3. 液压泵和液压马达的维护

为了防止漏油，检查液压泵和液压马达的运行情况，至少每月一次。液压泵和液压马达的维护措施如下：

1）拆下液压泵、液压马达时，应先拆油管，要求将液压泵和油管上各油路接口立即密封，防止灰尘进入液压泵及管道内，然后将液压泵从搅拌车上拆下。

2）安装液压泵、液压马达时，为保证连接可靠和稳定，应注意连接螺栓、密封圈、液压马达、油口、接管等部件。

3）全部油管安装完毕后，预留液压泵回油管和液压马达泄油管，自液压泵回油管加油，从液压马达泄油管观察油液不含有空气时，停止加油再旋紧管接头。

4）检查油箱油位，若不到油箱中间以上位置，加入清洁的液压油到满足要求。

5）起动发动机，怠速空转 10min（控制箱两手柄全在"停止"位置，搅拌罐不动），检查液压泵、液压马达噪声情况以及各油管是否有漏油现象。

6）缓慢操作操纵杆，沿一个方向使搅拌罐以较慢的进料方向旋转 20min（搅拌罐内无料，汽车在怠速工况下）。

7）将操纵杆放至"停止"位置，使搅拌罐停转，检查油箱油位，加油至中位。

4. 散热器的维护

散热器结构示意图见图 11-52。

(1) 散热器的日常维护

1）利用油位视窗观察油箱油位，低于要求（油液达到视窗中位）时应及时加入液压油。

2）由于工作环境原因，散热片上容易聚集大量灰尘，为了不影响散热效果，应做好日常检查并用压缩空气来清洗散热片。

3）做好散热器防泄漏检查。

4）确保风扇、电动机和温控开关正常工作。

清洗散热片时，为避免灰尘和残余油液进入眼睛，应佩戴防护眼镜。

（2）换油操作

1）按照液压油判断标准表来判定油箱油液是否更换，但至少保证每年更换一次液压油（或每30000km）。

2）换油时，应更换油液过滤器的滤芯。

3）换油时，应遵循检修说明中的注意事项。

4）当油液排干后，可通过散热器的注油口将清洁的液压油注入，通过视窗观察，注油到标定位置即可。

5）换油完毕，务必将液压管路可靠连接，并彻底检查系统是否存在泄漏问题。

6）系统预热运行后，应及时进行补油工作。

7）当拆开减速机时，为了防止减速机内部受污染，必须关闭所有穴口和连接口。

8）换油后务必拧紧所有螺纹联接、排放塞和软管，如发现漏油现象，应及时更换损坏的密封部件。

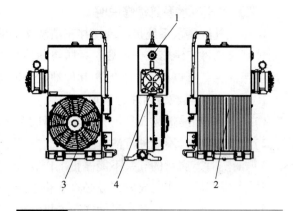

图 11-52 散热器结构示意图

1—油位视窗 2—散热片 3—散热器风扇 4—油液滤清器

5. 液压管路连接检修说明

（1）注意事项

1）松开管路连接前，务必卸除系统压力。

2）为了拧紧螺栓，请使用力矩扳手，不同螺栓拧紧力矩表见表11-14。

表 11-14 不同螺栓拧紧力矩表（仅供参考）

公制螺纹	外部管φ	额定值/N·m	最小值、最大值/N·m
M12×1.5	6	20	15~25
M14×1.5	8	38	30~45
M16×1.5	8 10	45	38~52
M18×1.5	10 12	51	43~85
M20×1.5	12	58	50~65
M22×1.5	14 15	74	60~88
M24×1.5	16	84	60~88
M26×1.5	18	105	85~125
M30×2	20 22	135	115~155
M36×2	25 28	166	140~192
M42×2	30	240	210~270
M45×2	35	290	255~325

（2）检修说明

1）为了防止泄漏、确保紧固，检修后应检查连接管路，如有必要，应重新拧紧或更换螺纹联接件。

2）维修时，应确保没有残余油液留在液压管路内。

3）更换液压管路时，应使用原厂配件。

（二）气压供水系统检修说明

搅拌车气压供水系统是实现搅拌车清洗功能的基础配置，主要包括气压水箱、气控箱、输水管路和控制球阀等部件，维修工作主要包括防渗漏检测、水箱承压测试、易损件更换和固定装置的检查等。沿海地区保证每2年更换一次水箱，其他地区保证每3年更换一次水箱。

1. 气压供水系统使用注意事项

1）不当使用易造成人身伤害！车辆行驶和水箱加水时，换向阀应置于"水箱减压"位置。

2）车辆行驶时不能进行清洗工作。

3）清洗时，底盘的气泵不能停止工作。

4）冬季车辆工作完成后，务必将水箱中残留的水放净，再用气将管路吹干。

5）气路有破损时，将底盘储气筒的供气控制球阀关闭，及时更换维修。

6）执行所有工作时，必须极其小心，严禁在压力水箱上进行焊接工作。

2. 气压供水系统检修说明

1）检查整个系统是否存在渗漏。

2）检查管路连接和气阀组件。

3）正确固定水箱支架和夹紧带。

4）关闭水箱控制球阀，截断水箱供水。

5）打开后部水路系统的放水球阀，将系统中残余水放净。

6）对整个组件逐一检查并替换受损件，及时疏通阻塞的管路。

7）检修完毕后重新拧紧管路连接部件。

8）打开水箱控制球阀，关闭放水球阀，通过注水管向水箱加水。

9）重新检测系统是否存在泄漏的地方。

3. 供气系统检修说明

（1）检查整个供气管路是否漏气

（2）检查气控安全阀是否损坏

（3）检查压力表是否工作正常

1）系统正常的工作压力设定为0.4MPa，超压会造成危险。

2）雷萨的压力水箱有260L、360L和500L三种类型，对其的压力测试应由专业的人员来进行。

3）及时检查安全阀（铅封）是否松动或受损，至少每4个月检修一次。

4）检修后需进行气路调试，一切运转正常方可工作。

（三）操纵系统检修说明

搅拌车操纵系统示意图见图11-53，是实现搅拌车进料（搅拌）、搅动、出料功能的基础配置，对其的检修包括调整操纵装置、适时添加润滑脂、易损件更换等工作。

1. 操纵系统使用注意事项

1）不当操作会造成人身伤害！

2）维修时确保转臂、支架等小零部件的连接和固定。

3）确保定位装置（推拉杆、定位板、弹簧定位销）的固定。

4）确保操纵软轴和油门拉线能自由滑动。

2. 操纵系统检修说明

1）如果操纵系统定位感不良，可通过调节定位装置来达到需求效果并在转臂处添加润滑脂。

2）如果软轴极其僵硬，可通过检查软轴布局并

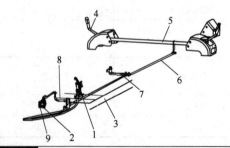

图11-53 高压共轨发动机搅拌车操纵系统示意图

1—室内操纵软轴 2—定位板 3—副车架 4—操纵手柄 5—操纵转轴 6—过渡拉杆 7—过渡转臂 8—转臂架 9—定位装置

在需要的地方改进。

3）应及时更换不能修复的易损件。

（四）搅拌罐检修说明

搅拌罐是搅拌车最重要的配置部件，是实现各个功能的基础。这里主要讲述搅拌罐拆卸、固定和安装以及内部叶片的检修等工作内容。

1. 搅拌罐使用注意事项

1）防范传动部件挤伤的危险！

2）防范重载砸伤的危险！

3）进行搅拌罐检修前，务必做好个人保护措施（具体要求见产品维修使用说明书）。

4）在进行内部检修和清理工作时，如果搅拌罐没有按照说明书中所规定的进行固定，搅拌罐罐体内部极其锋利的叶片可能导致人身伤亡的危险。

5）传动或转动部件（托轮、导轨）检修可能导致严重的人身伤亡，请注意！

6）由于搅拌罐重量大、体积大，不正确的吊装可能导致严重的人身伤亡。

2. 搅拌罐拆卸、固定和安装说明

搅拌罐的拆卸必须由专业人员来完成，拆卸工作之前请遵守注意事项和安全说明，并选用合适的吊装起重装置。

（1）在执行搅拌罐装配任务之前的注意检查

①搅拌罐罐体；②进料斗和出料斗周围区域；③托轮；④驱动系统；⑤后支撑台。

（2）必须执行的安全措施

1）车辆使用手刹，防止车辆前滑，必要时请使用楔形块。

2）车辆停稳后熄火，取下点火开关，并断开蓄电池连线，防止他人起动搅拌车。

3）为防止搅拌罐转动，应采用符合规格的吊索或安全绳，通常摩擦保护是不够的。

4）使用支撑柱或安全带吊起搅拌罐罐体（最大起吊角度≤5°）。

（3）完成检修工作进行搅拌罐安装前的注意事项

1）使用黏合性好的，含石墨、二硫化钼的且不溶于水的油脂润滑导轨。

2）使用耐压润滑脂润滑托轮。

3）调整拖轮轴承间隙和固定尺寸，保证两拖轮在后支撑台平台居中对称。

4）缓慢调整起吊装置，将搅拌罐轻放在托轮上，保证导轨中心和托轮中心达到规定要求（TX405/TX407/TX408 保证导轨中心滞后拖轮中心 10mm）。

5）安装完成后起动调试（缓慢转动搅拌罐），保证托轮滚动无卡滞，无异响，导轨跳动≤1mm，待搅拌罐运转稳定后才可进行工作，如发现问题立即处理。

（五）残余混凝土清理及螺旋叶片检修说明

为了不影响搅拌效果、增强使用安全性、延长搅拌罐使用寿命和减少道路事故发生，应定期检修搅拌罐，包括清理残余混凝土和保养螺旋叶片等工作。

1. 注意事项

1）检查并确认是否已使用合适的固定装置，并正确固定以防安全性不够（参见搅拌罐装卸说明）。

2）搅拌罐内部凝固的残余混凝土可以引起罐体转动（$1m^3$ 残余混凝土约 2.4t）。

3）在进入搅拌罐之前，确保搅拌罐罐体安全固定（应使用绳索或链条固定并用木楔制动），只有在搅拌罐不再转动的情况下，才可以进入罐体内部（搅拌罐中节留有检修人孔）。

2. 检修说明

1）搅拌车叶片的磨损一定程度上取决于使用时间和所用材料的种类，搅拌罐中节叶片磨损比较严重。

2）定期检查螺旋搅拌叶片磨损情况并进行防护修理工作。

3）因长期磨损，叶片的上部边缘会变得锋利，这样会形成径向裂缝并发展到罐体。

4）为了避免螺旋叶片断裂的可能，应及时打磨掉叶片"刀刃"，并焊好残留的裂缝。

5) 为了稳定螺旋叶片，防止径向断裂，应尽早地使用耐磨保护。保护措施包含以下部分：

① 防磨保护。伴随螺旋叶片的外弧线焊接防磨筋，可有效防止叶片的径向裂缝，减缓螺旋叶片的磨损速度。及时清洗罐体、清理残余混凝土，保持叶片干净清洁，降低水泥对其的腐蚀程度，这些措施也对搅拌叶片磨损有一定的预防作用。

② 预防性修理。随着磨损加剧，经螺旋叶片边缘修平后，可将新的防磨筋焊接于螺旋叶片外缘上（焊接时请保证防磨筋的连续性，必要时可熔焊填充防磨筋断开处）。通过此种方法修复的螺旋叶片，不会影响搅拌和进出料性能。

③ 提高使用寿命。为了达到最大的使用寿命，请遵守以下2点：

ⅰ 行驶时，选择较低的罐体转速。

ⅱ 检查搅拌叶片的耐磨性，当需要时请及时维护。

（六）进出料系统的检修说明

搅拌车进出料系统，见图11-11，是搅拌车装载和卸除混凝土的装置，位于整车车尾处，对其的检查包括磨损检查、润滑保养、固定可靠性检查等工作。

进出料系统检修说明：

1) 检查进料斗和出料斗的磨损。
2) 检查进料斗、出料槽和滑料槽的固定螺栓，必要时应重新拧紧。
3) 确保在合适的时候更换进料斗和出料斗。

（七）托轮检修说明

雷萨搅拌车采用双托轮（图11-54）支撑，对称安装于搅拌车后支撑台，托轮总成为轴侧浮动式，带双圆螺母一侧决定轴承游隙的大小。

对托轮的检修主要包括轴承间隙调整、润滑保养、托轮更换等工作。

1. 注意事项

1) 防范挤压造成的人身伤害！
2) 由于托轮自重较大，要将其置于合适的位置再进行维修。
3) 修复后，安装时注意按照紧固力矩要求拧紧螺栓。

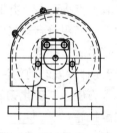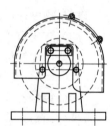

图11-54 托轮示意图

2. 问题及措施

1) 空载时，因搅拌罐自重较小，导轨与托轮外表面的摩擦力与托轮内部轴承的摩擦力相比，后者较大，空载时托轮会出现时转时不转现象，尤其是导轨上抹润滑脂时更经常发生，只要重载时转动即正常。

2) 当重载时出现转动异响，或出现时转时不转现象时：

① 润滑因素造成，可清理托轮上过量的润滑脂。

② 可能是托轮轴承间隙过小所致，这时将两个圆螺母松1/3~1/2周时，补加润滑脂试车，一般均可解决。

③ 如未能解决，拆下后检查内部轴承情况，如发现轴承损坏，可更换托轮总成。

④ 托轮总成外表面失圆，出现明显沟槽，该故障与前期托轮总成在重载时出现时转时不转有关，沟槽深度随使用时间会加深，一般沟槽深度超过2mm，可以更换托轮总成。

二、检修紧固力矩

搅拌车紧固力矩是对搅拌车连接螺栓拧紧力（力矩）的规定，搅拌车零部件安装、检修、保养时，参照表11-15~表11-17。

安全注意事项

1) 防范意外事故造成的危险！松动的部件对车辆或其他车辆都非常危险。

表 11-15 不同部位紧固螺栓的紧固力矩清单（仅供参考）

序号	操 作 内 容	动态力矩范围/N·m
1	托轮安装（10.9级螺栓）	M20/480~540（防松胶）
2	底盘与副梁连接U形螺栓	M20/330~380
3	副梁与底盘侧连接板（10.9级螺栓）	M16/247~290（防松胶）
4	减速机与前支架（10.9级螺栓）	M20*1.5/540~590（防松胶）
5	减速机与前支架（12.9级螺栓）	M20*1.5/540~590（防松胶）
6	减速机与前支架（10.9级螺栓）	M22*1.5 660~710（防松胶）
7	减速机与罐体（10.9级螺栓）	M16*1.5/285~311（防松胶）
8	减速机与罐体（12.9级螺栓）	M16*1.5/350~385（防松胶）
9	小于等于500L水箱支架与减速机（10.9级螺栓）	M20/220~540（防松胶）
10	大于等于500L水箱支架与减速机（10.9级螺栓）	M20/290~540（防松胶）
11	减速机与罐体（12.9级螺栓）	M18*1.5/430~480（防松胶）
12	减速机与罐体（12.9级螺栓）	M16/340~375（防松胶）
13	减速机与罐体（12.9级螺栓）	M18/420~470（防松胶）
14	副梁与底盘连接架（10.9级螺栓）	M20/380~450（防松胶）
15	副梁与底盘连接架（10.9级螺栓）	M16/200~260（防松胶）
16	底盘纵梁与底盘连接架（10.9级螺栓）	M16/200~310（防松胶）
17	底盘纵梁与底盘连接架（10.9级螺栓）	M14/160~200（防松胶）
18	底盘纵梁与底盘连接架（10.9级螺栓）	M12/120~161（防松胶）

表 11-16 螺栓8.8级的紧固力矩（仅供参考）

用Loctite 511胶安全紧固（标准螺旋锁固胶）									
螺纹规格	M6	M8	M10	M12	M14	M16	M20	M24	M36
紧固力矩/N·m	9.1	22	44	77	120	190	380	670	1100

表 11-17 8.8级细牙螺纹的紧固力矩（仅供参考）

用Loctite 511胶安全紧固（标准螺旋锁固胶）	
螺纹规格	M14×1.5	M16×1.5
紧固力矩/N·m	138	190

2）定期检查所有螺栓。确保所有紧固螺栓被拧紧，当有需要时应重新旋紧。

三、搅拌车国六产品的维护保养

1. DPF再生使用说明

行车过程中，请关注表11-18所示的指示灯、开关。当再生指示灯亮时，应尽快进行人工干预，否则将会影响车辆正常运行，严重时会停机。

2. 空滤的使用保养

空滤总成的保养、更换影响DPF清灰周期，如果空滤过滤效率低的话，会缩短清灰周期，堵塞DPF。因此在售后更换空滤总成或滤芯时，务必保证采用过滤效率达到设定要求的产品。

3. 柴油的加注

柴油的加注规格务必保证满足规定的国六柴油标准（燃油硫含量要求小于10mg/kg，详见GB 19147—2016），否则除影响燃油系统外，最重要的是不合格的燃油会导致氧化型催化转化器（Diesel Oxidation Catalyst，DOC）硫中毒、选择性催化转化器（Selective Catalytic Reduction，SCR）硫中毒，会导致再生效率低、SCR转换效率低，时间长了会导致限扭、限速，无法再生，最终只能更换整个后处理总成。

表 11-18 指示灯状态（仅供参考）

指示灯状态		指示代码	系统表现、操作要求、注意事项	
故障指示灯	OBD 灯			
高排温指示灯：常亮			正在进行再生或排气温度大于限值，请远离易燃易爆危险品区域，无需进行其他操作	原地再生流程：确保车辆停靠在远离易燃易爆物品区域（加油站、干草地等），熄火后按如下操作进行。 挂入空档拉上驻车制动器 → 起动发动机 → 按下再生开关触发原地再生 → 发动机自动进入原地再生，发动机转速上升 → 转速回落到急速再生完成
再生指示灯：常亮		FC: 2639 SPN: 3251 FMI: 15	DPF 轻度堵塞，此时需要提高车速或执行原地再生操作（SPN 及 FMI 不显示）	
再生指示灯：闪烁		FC: 2639 SPN: 3251 FMI: 15	DPF 中度堵塞，此时需要提高车速或执行原地再生操作（SPN 及 FMI 不显示）	
再生指示灯：闪烁 + 发动机故障灯：常亮		FC: 1921 SPN: 3251 FMI: 16	DPF 重度堵塞，发动机动力受限，此时需要在安全的前提下，立即停车，执行原地再生操作	
停机指示灯：常亮	OBD故障灯：常亮	FC: 1922 SPN: 3251 FMI: 0	DPF 完全堵塞，此时无法进行再生，请联系服务站等待救援	

注：DPF 为 Diesel Particulate Filter，柴油颗粒捕集器。

4. 机油的加注

国六系列柴油机使用 CK-4 级机油（见 GB 11122—2006）。

灰分：来自于机油各种添加剂以及柴油中的部分成分产生的物质（多为硫酸盐），以及过滤收集在 DPF 中的各种物质（主要为机油）。

5. DPF 灰分的处理

DPF 为捕集柴油机排气中颗粒物的装置，其捕集的炭烟可以通过被动再生或主动再生方式消耗掉，从而使得 DPF 整个生命周期内都能保持较高的捕集效率。

图 11-55 为 DPF 再生指示灯及说明。

1）DPF 灯黄色常亮，仪表显示正在驻车再生或者行车再生，表示车辆正在进行驻车再生或者行车再生，行车再生为车辆行驶过程自动触发，用户无需进行其他操作。

2）DPF 灯黄色闪亮，提示需要驻车再生，用户将车辆停到安全地方（可根据实际情况选择再生，仍可继续运行10h），按下再生开关，进入驻车再生阶段，此阶段大约持续40min。

3）DPF 再生开关，达到驻车再生条件，按下开关进入驻车再生，达不到驻车再生条件，按下开关无反应，DPF 再生禁止开关，按下此开关，再生暂时被禁止，再次按下禁止状态解除。

4）DPF 再生禁止指示灯，红色常亮：再生禁止开关按下，暂时不能再生。

5）仪表显示碳载量为当前碳载量百分比，当碳载量达到100%时，用户无需操作，车辆运行过程中达到要求，自动进入行车再生阶段。

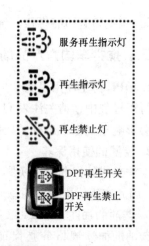

图 11-55 DPF 再生指示灯及说明

6. 尿素水溶液的加注

1）确保添加及使用的尿素合乎规格，禁止添加其他成分的溶液（如柴油、水、自制尿素溶液等），其质量及性能应满足 GB 29518—2013 标准中规定的内容。不合格尿素溶液存在堵塞尿素泵、尿素喷嘴的风险，且不合格尿素溶液中的金属杂质易导致 SCR 催化剂的永久性中毒，造成 SCR 催化转化器效率的下降；同样，应通过正规渠道或到指定单位添加尿素溶液。正常使用时严禁使用任何液体代替尿素溶液。

表 11-19 为尿素系统故障说明。

表 11-19 尿素系统故障说明（仅供参考）

监控项目	报警系统激活	初级限制系统激活	初级限制系统解除	严重限制系统激活
尿素液位故障	液位不足10%立即激活	液位不足5%立即激活（激活条件：车速<5km/h）	发动机回怠速	液位不足2%立即激活，限到20km/h以下；（激活条件：车辆重新起动）
尿素喷射中断类故障	立即激活	发动机运行10小时内限到最大转矩的75%内（激活条件：车速<5km/h）	发动机回怠速	发动机运行20小时内，限到20km/h以下；（激活条件：车辆重新起动）
尿素质量故障	立即激活	发动机运行10小时内限到最大转矩的75%内（激活条件：车速<5km/h）	发动机回怠速	发动机运行20小时内，限到20km/h以下；（激活条件：车辆重新起动）
尿素消耗率异常类故障	立即激活	发动机运行10小时内限到最大转矩的75%内（激活条件：车速<5km/h）	发动机回怠速	发动机运行20小时内，限到20km/h以下；（激活条件：车辆重新起动）
EGR阀卡滞类故障	立即激活	发动机运行36小时内限到最大转矩的75%内（激活条件：车速<5km/h）	发动机回怠速	发动机运行100小时内，限到20km/h以下；（激活条件：车辆重新起动）
作弊故障或A类故障	立即激活	发动机运行36小时内限到最大转矩的75%内（激活条件：车速<5km/h）	发动机回怠速	发动机运行100小时内，限到20km/h以下；（激活条件：车辆下电后重起）

2）尿素液位低于 10% 时，指示灯会常亮，进行提示；驾驶员需要尽快加注尿素，否则当液位低于 5% 时会立即限扭。

3）驾驶员报警系统（NCD 灯）激活条件：当发生下述故障时，立即激活 NCD 灯。

4）驾驶性能限制系统激活条件：当尿素液位低于 5% 且车速 <5km/h 时激活转矩限制（限扭至 75%）；当尿素液位低于 2% 且再次起动后，激活车速限制（限速 20km/h）。NCD 灯黄色常亮，并显示驾驶员报警系统激活，可查看仪表尿素液位是否正常，如果尿素液位高于 10% 以上，可继续运行 10h，10h 之后会导致限扭，20h 之后会导致限速。如果此时尿素液位显示 10%，需尽快加注尿素，当尿素液位达到 5% 时，车速小于 5km/h，会导致立即限扭。当 NCD 灯黄色常亮，并显示驾驶性能限制系统激活，必须及时联系服务站处理。

7. 尿素泵的维护

DeNOx 2.2 系统的尿素泵滤芯每使用 3 年或者 10 万 km 需要更换。如应用环境恶劣，对尿素水溶液污染较重，则需按实际情况更换。更换前，需要对尿素泵外表面进行清洁，并在安装过程中严防滤芯区域被外界污染，过滤器盖旋紧时使用 20N·m + 5N·m 的力矩。

8. 尿素箱的维护

图 11-56 为尿素箱及检测装置。尿素进入喷射系统前，应该具备初滤功能，要求尿素箱加注口加装可以防止杂质进入尿素箱的粗滤网；每年至少清理一次；尿素箱透气孔滤网需要防止 70μm 的杂质通过透气孔进入尿素箱内。

尿素溶液加注时，不能加注过满，箱体顶部要预留一定的膨胀容积，防止低温下尿素结冰体积增大导致箱体涨裂或液位温度传感器被挤坏。潍柴 35L 尿素箱（总容积约 40L）最大的加注量不允许超过

图 11-56 尿素箱及检测装置

36L，潍柴50L尿素箱（总容积约60L）最大的加注量不允许超过52L。使用过程中，尿素液位过低（低于10%）系统会报出尿素液位低故障。

9. 强制保养内容

1）搅拌车强制保养工作内容见表11-20。

2）换油项目，见表11-21。

表11-20　搅拌车强制保养工作内容（仅供参考）

项　目	强制保养工作内容	作业方法
强制保养前检查	1. 查《搅拌车产品保修手册》购车发票（或复印件）购车日期及行车里程	检查、验证
	2. 检查购车日期、行驶里程、实际工作时间是否在规定范围之内	检查、验证
整车	3. 各个部件连接螺栓是否松动	检查、紧固
	4. 各个润滑点是否有润滑剂	检查、加润滑剂
液压系统	5. 更换液压油箱内液压油	更换
	6. 更换滤油器或内芯	更换
	7. 检查各液压管路及接头密封情况	检查、紧固
	8. 减速机更换润滑油	更换
罐体总成	9. 检查人孔盖密封	检查
	10. 检查罐体滚动是否平稳	检查
副车架	11. 前支架是否错位	检查
系统	12. 前支架定位块是否开焊	检查、紧固
	13. 后支架与副车架焊接是否开焊	检查、紧固
	14. 托轮与后支架面板连接螺栓是否松动、窜位，定位块是否开焊	检查、紧固
	15. 托轮有无异响	检查、紧固
	16. 护栏支撑，挡泥板支撑与副梁焊接有无开焊	检查
水路系统	17. 水泵电机工作是否正常	检查、紧固
	18. 水箱与支架连接是否松动，胶皮是否脱落	检查、紧固
	19. 水箱与管路有无漏水	检查、紧固
	20. 定位水路卡子是否螺栓松动	检查、紧固
	21. 若采用气压水箱，查看是否发生漏气，各气动元件有无损坏	检查
电气系统	22. 水泵开关，工作灯开关、温控开关工作是否正常	检查
	23. 查看线路有无短路、断路现象发生	检查
操纵系统	24. 查看操纵手柄是否灵活，定位是否可靠	检查
	25. 查看罐体运转是否正常	检查
进出料系统	26. 查看各连接螺栓是否松动	检查
	27. 出料槽定位是否可靠	检查
	28. 伸缩管的定位及压紧是否卡死	检查

表11-21　换油品的部件及用量（仅供参考）

需换油部件	部件型号	油品用量/L	油料名称	备　注
分体式减速机（PMB）	P68	10	VG150［SAE85W/90］（GL-5）长城牌	环境温度为-40~0℃时使用VG100齿轮油
	7asp	15		
	7bsp	15		
液压油箱（新乡振华）	FLJ-3	13	液压油L-HV46（长城牌）	不放出液压泵内液压油
	FLJ-8	15		
ZF减速机	PLM-9	22	SAE15W/40CF（长城牌）	不放出液压泵内润滑油

四、搅拌车应急救援

（一）搅拌车不能自主卸料应急预案

1. 故障名称

发动机故障、液压系统故障导致车辆不能行驶/不能卸料。

2. 排除方法

利用另一辆相同液压配置或相近液压配置搅拌车，使用救援软管将故障车减速机与救援车的液压系统连接，进行应急卸料（清罐）。

3. 应急预案的目的

防止罐体内的混凝土凝固造成罐体报废。

（二）故障情况与准备

1）客户搅拌车在重载情况下，因发动机（包括取力器）、传动轴、液压泵发生故障造成罐体无法排料时，需在第一时间通知附近服务站或服务人员，经服务站或服务人员简单判断需外出应急排料。

2）客户在现场能协调到相同型号、相同液压配置或相近液压配置搅拌车，用于应急救援。

3）服务站有救援软管及接头，应掌握正确的救援方法，外出人员不少于2人。

4）提前准备昆仑牌长寿命液压油 L-HML46 及机油 15W/40CF（ZF整体式减速机）各一桶（或不少于10L）。

5）两个开口在60mm左右的大号活扳手，及其他常用扳手、加油漏斗一个、塑料袋若干、清洁布若干、橡皮筋若干、清洁油桶一只（≥26L）。

（三）操作规程

1）选择较宽敞场地，能并排停放两辆搅拌车，有利于排出混凝土短距离转运，如条件允许尽量收入泵车料斗，直接泵送，或装入第三辆搅拌车进行转运。

2）救援车及故障车发动机分别熄火，迅速将救援车及故障车液压马达上的两根高压油管及一根内泄油管从指定接头处拆开，拆开前需用清洁布将接头进行外观清洁；不用于救援的油管接头用塑料袋包裹，并用橡皮筋缠好；因内泄油管与油箱相通，油管接口需提升到高位，避免液压油大量溢出。

3）按图示要求（图11-57、图11-58），利用所带救援软管及接头将油路进行连接，起动救援车发动机，操作救援车操作手柄（小排量、怠速），注意观察故障车搅拌罐转向，先将故障车搅拌罐内混凝土进行搅拌，并排出油路中气体，对救援车油箱进行补油 5~8L，补油后再次高速搅拌后，再将料完全卸出，卸出后迅速注入少量水，对搅拌罐进行简单清洗。

注意： 故障车的减速机，液压马达有一定量的机油向内腔泄入，该量未进行有效测试，为了防止油封意外被冲坏，建议将内腔机油提前放出。

4）救援车发动机熄火，迅速恢复油管接头，注意收集救援软管内的液压油或机油，重新起动发动机，操作搅拌罐转动，油路排气后，检查液压油箱内油位，补油到规定位置。

（四）时间要求

1）为了尽量保证混凝土的性能，防止混凝土因凝固而造成的救援时机耽误，各个时间节点应严格控制，整体处理时间控制在2.5h左右。

2）客户应在第一时间报修，服务站只要接到用户报修搅拌罐不能转动，应立即安排外出，同时要求用户协调救援车事宜，并告知客户公司将给予一定额度（20工时）的救援车费用。

3）平时做好外出救援的准备工作，包括救援软管及接头的固定存放、大号活扳手、油品等准备，救援人员出发时间应控制在接到电话后20min之内。

4）根据路途状况，在确保安全的前提下，在60min内到达现场（或用户指定位置），路上随时了解用户现场准备情况，并对救援前工作做好必要的安排（救援车及故障车停放到位、油管接头清洁、故障车 ZF 减速机放油等）。

5）油管连接时间要控制在30min之内完成。

6）利用20min完成故障车搅拌罐内混凝土的卸出。

7）救援车油路的恢复在20min内完成。

（五）说明及注意事项

1. 搅拌车救援软管及接头连接图

1）装ZF减速机（整体式）搅拌车救援软管及接头连接图（原车高压油管、内泄油管、接头图号仅供参考，以实物为准）见图11-57。

2）其他分体式搅拌车参考图11-58连接。

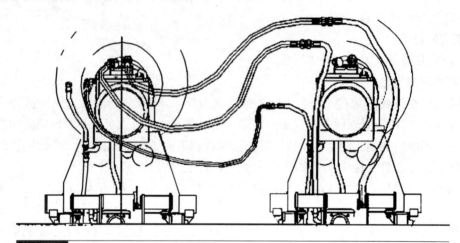

图11-57 整体式减速机应急救援连接示意图

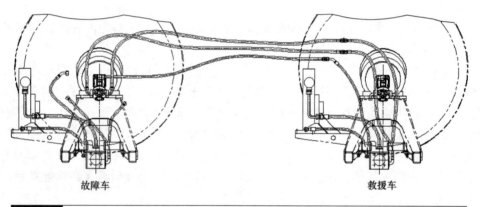

图11-58 分体式减速机应急救援连接示意图

2. 特别注意事项

1）因油品不同，建议装ZF减速机（整体式）的搅拌车发生搅拌罐不转故障时，仅用装ZF减速机（整体式）的搅拌车救援，补加柴机油应该是柴机油15W-40CF。

装其他品牌减速机（分体式）的搅拌车仅用（分体式）搅拌车救援，补加L-HML46（昆仑长寿命液压油）。

2）特殊情况：实在没有其他车辆时，还可以采用打开罐体上的维修孔进行卸料！

五、搅拌车停放保养

1）搅拌车如果长期不用，应存放于通风、防潮的车库内，不宜露天存放，同时还应将冷却液和燃油排放干净，切断电源，锁好车门窗。

2）如属短期的露天存放，应用帆布加以遮盖，特别是进料斗，否则在雨天雨水进入搅拌罐会造成大量积水，锈蚀罐体内壁及叶片；此外，还需在托轮及滚道表面均匀涂抹一层润滑脂，防止锈蚀。

3）如长期不用，应进行一次整车保养。由于搅拌罐、进出料斗、滑料槽、小滑料槽都是磨损件，并长期与砂石接触，停用后钢板表面会逐渐锈蚀，因此还需进行油漆类的表面加涂。

4)对于底盘的停放保养,请按底盘使用说明书的要求进行,对上装部分的保养可按表 11-22 上装部分保养步骤表所示进行。

表 11-22　上装部分保养步骤表(仅供参考)

方　法	标　准
发动机起动	空转
发动机转速	怠速
搅拌罐转速	2~3r/min
运转间隔	每月一次
运转时间	约 30min
向各润滑点加油(脂)	适量

六、搅拌车的可能故障及排除方法

(一)液压系统

功能:利用液压能,驱动搅拌罐转动,完成进料/卸料/混凝土搅拌。

组成:液压泵(常用品牌:萨奥/力士乐/伊顿),液压马达(常用品牌:萨奥/力士乐/伊顿),减速机(常用品牌:TOP/邦飞利/ZF),散热器。

搅拌车液压系统的可能故障及排除方法如下。

1. 罐体两边转动均慢或无动作

检查步骤见图 11-59。

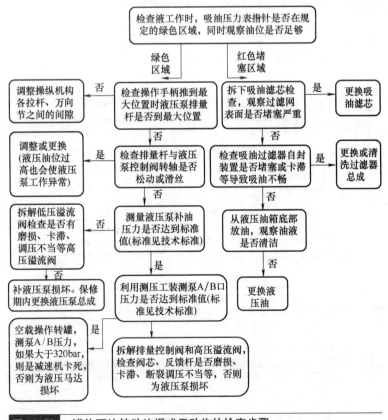

图 11-59　罐体两边转动均慢或无动作的检查步骤

2. 罐体单侧转动均慢或无动作

检查步骤见图 11-60。

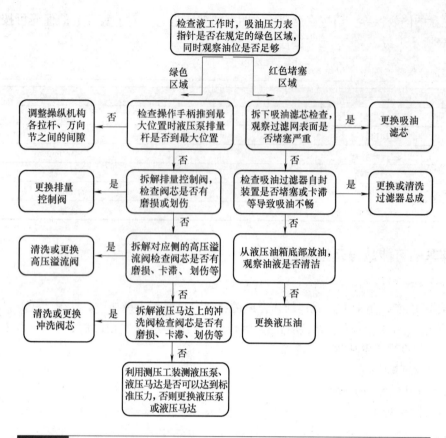

图 11-60　罐体单侧转动均慢或无动作的检查步骤

3. 罐体偶发转动困难

1) 罐体偶发转动困难故障检查步骤，见图 11-61。

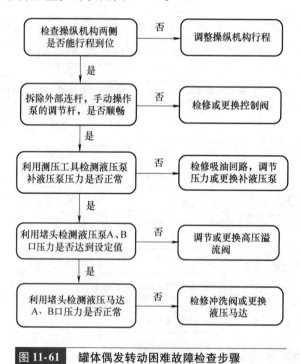

图 11-61　罐体偶发转动困难故障检查步骤

2) 搅拌车单侧偶发转动困难故障检修思路，见图 11-62。

4. 减速机异响

减速机异响检查步骤及处理方法，见图 11-63。

图 11-62　搅拌车单侧偶发转动困难故障检修思路

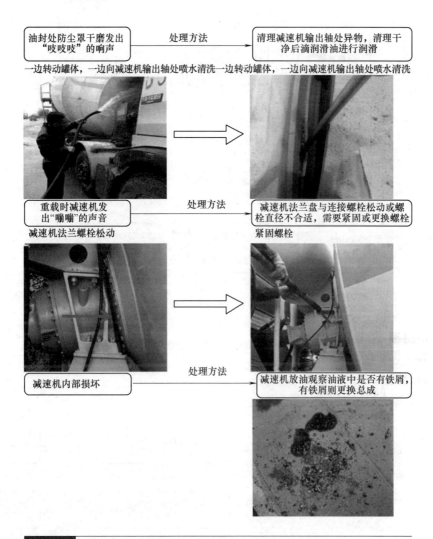

图 11-63　减速机异响的检查步骤及处理方法

5. 液压泵异响故障

液压泵异响故障检查步骤见图 11-64。

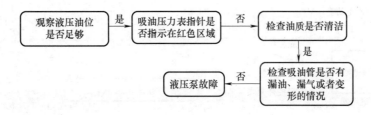

图 11-64　液压泵异响故障检查步骤

(二) 电气系统

功能：①上车照明；②散热器温度控制；③发动机油门控制。

组成：油线束、散热器开关盒、温度开关、散热风扇、远程油门开关。

1. 散热风扇不转，液压系统高温

散热风扇不转，液压系统高温检查步骤，见图 11-65。

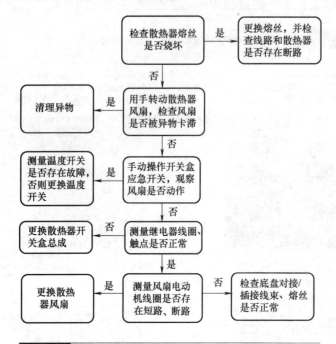

图 11-65 散热风扇不转，液压系统高温的检查步骤

2. 散热系统电路图

散热系统电路图见图 11-66。

（三）托轮异响故障

托轮异响故障步骤，见图 11-67。

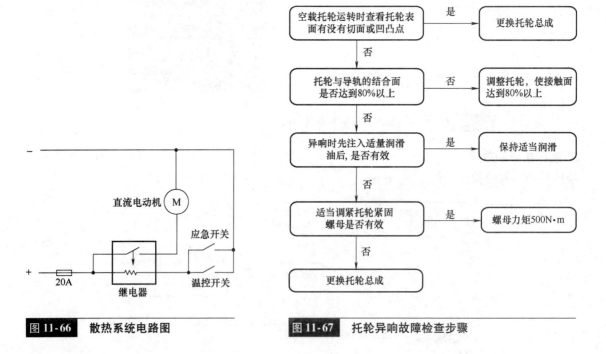

图 11-66 散热系统电路图

图 11-67 托轮异响故障检查步骤

（四）气控箱

1. 气控箱漏气故障

气控箱漏气故障检查步骤，见图 11-68。

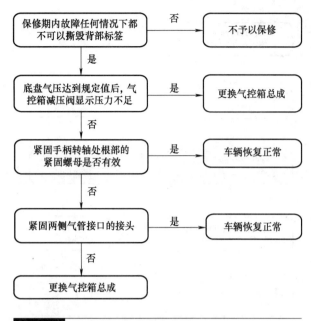

图 11-68 气控箱漏气的检查步骤

2. 球阀漏水

1) 搅拌车球阀漏水检查步骤，见图 11-69。

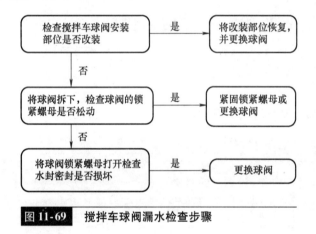

图 11-69 搅拌车球阀漏水检查步骤

2) 搅拌车球阀结构图，见图 11-70。

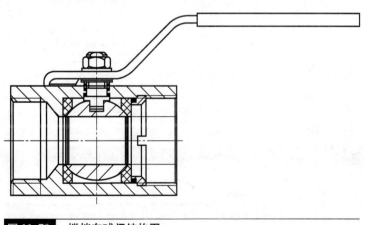

图 11-70 搅拌车球阀结构图

（五）搅拌系统溢料故障

溢料的检查步骤见图 11-71。

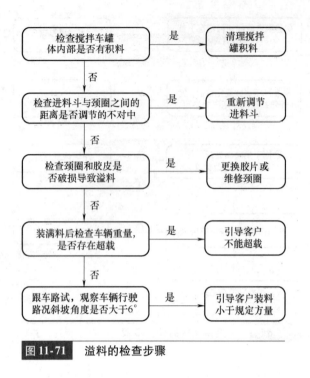

图 11-71 溢料的检查步骤

第五节 产品组合与发展趋势分析

一、搅拌车产品组合

以雷萨产品为例,其部分符合国六标准的产品组合,见表 11-23。

表 11-23 雷萨符合国六标准的产品组合(仅供参考)

序号	平台	档次	底盘	驱动	公告	公告尺寸 (长/mm×宽/mm×高/mm)	动力
1	L	高档	欧曼 GTL	8×4	BJ5319GJB-AA	10120×2530×3990	福田康明斯 320
2	L	高档	欧曼 GTL	6×4	BJ5259GJB-AB	9020×2495×3912	福田康明斯 320
3	L	高档	欧曼 GTL	6×4	BJ5259GJB-AA	9730×2495×3980	福田康明斯 360
4	S	中档	欧曼 ETX	8×4	BJ5313GJB-LZ / BJ5312GJB-AA	9605/10060×2530/2500×3900/3825/3989	潍柴 WP7.300
5	S	中档	欧曼 ETX	8×4	BJ5313GJB-LF	9950×2530×3990	福田康明斯 320
6	S	中档	欧曼 ETX	8×4	BJ5313GJB-LK	10200×2530×3995	福田康明斯 320/340 潍柴 WP9H.336
7	S	中档	欧曼 ETX	8×4	BJ5313GJB-AA	10200×2495×3995	福田康明斯 340/360 潍柴 WP9H.336
8	S	中档	欧曼 ETX	6×4	BJ5252GJB-AA	8410×2495×3660	东康 ISD270
9	S	中档	欧曼 ETX	6×4	BJ5253GJB-LA	9050×2530×3950	福田康明斯 320
10	S	中档	欧曼 ETX	6×4	BJ5253GJB-LB	9830×2530×4000	福田康明斯 340 潍柴 WP10.336

二、搅拌车发展趋势分析

搅拌车市场具有以下发展趋势,供参考。

1. 载质量的发展趋势

随着各地加大治理超载的力度,搅拌车向大方量发展的趋势被遏制住了。原有市场存量的大方量搅拌车,很难成为二手车,因为没有了市场;拥有大方量搅拌车的客户,可能只能将之用到报废。

2. 售后市场的发展趋势

搅拌车售后市场出现两极分化:

1)由于载质量下降、质量稳定,新车故障率、事故率大幅度下降。

2)在用的大方量搅拌车随着车龄的延长,故障率不断提高,维修量增大。

3)在用的大方量搅拌车,商业险保险公司不给上保险的情况会大范围出现。

3. 市场的变化趋势

搅拌车客户群体会明显分化,高端客户、中端客户、低端客户分类越来越清晰。

(1)高端客户 更看重车辆的功能、性能、服务、品牌。

(2)中端客户 看重车辆的性能、服务、价格、品牌。

(3)低端客户 看重车辆的价格。

4. 新技术的应用趋势

大量成熟新技术会加快在搅拌车上的应用步伐。一些客户需求的新技术会加快研发、上市。

(1)成熟的新技术(仅供参考)

1)防止雨水进入罐体技术。

2)智能车队管理系统。

3)自动驾驶技术(L3、L4级)。

4)安全行驶安全技术(防碰撞、防瞌睡、跑偏警告等)。

5)防偷料技术。

6)防偷油技术。

(2)客户需要的新技术会加快研发(仅供参考)

1)罐体加热技术。

2)离析自动检测技术。

3)坍落度自动检测技术。

4)坍落度、离析自动恢复技术。

(3)新产品会加快上市(仅供参考)

1)前卸料产品。

2)混凝土拌合料搅拌车产品。

3)砂浆拌合料搅拌车产品。

4)湿混砂浆运输车产品。

5)农村建设用的搅拌、泵送二用车产品。

本章小结与启示

通过本章学习,要求掌握混凝土搅拌运输车基本结构、基本功能及其工作原理。客户对搅拌车的要求,满足客户要求的性能指标。

了解常见故障及处理方法。

掌握产品组合(2、4、6、8、10、12m^3),为向客户推荐产品打下基础。

本章学习测试及问题思考

1. 坍落度的定义是什么?
2. 搅拌车的主要功能有哪些?
3. 装料时的罐体转速是多少?
4. 卸料时的罐体转速是多少?
5. 搅拌车分类有哪些?
6. 液压系统的分类有哪些?
7. 卸料功能的工作原理是什么?
8. 清洗系统的压力是多少?

第十二章 混凝土泵车

学习要点

1. 了解混凝土泵车的功能、性能、结构、主要配置、常见故障及处理方法。
2. 了解混凝土泵车的分类与产品组合、产品公告。
3. 能够根据客户需求、实际应用场景,结合产品知识,进行产品推荐。
4. 了解混凝土泵车的发展趋势,能够跟踪厂家产品开发的进度,及时调整营销产品组合。
5. 能够指导服务站进行混凝土泵车的日常保养、常见故障排除。

第一节 基本结构与功能要求

一、基本概念与功能要求

1. 定义与分类

(1) 混凝土泵车 指装备有混凝土泵等专用装置,通过管道或外接管道输送混凝土,用于实现混凝土浇灌的特种结构专用作业汽车。

(2) 混凝土泵车的特点 相对于拖泵,它兼有行走和泵送混凝土的双重功能。因此,它可以快速地移动和投入使用,能满足不同工地对混凝土泵送的要求。

(3) 分类 分为臂架泵车(图12-1)和无臂架泵车(图12-2)。无臂架泵车又分为:①有$95m^3/h$、$85m^3/h$两种泵送量;②有双发动机和单发动机两种结构。

本章主要介绍臂架泵车。无臂架泵车(车载泵)的相关知识,参见臂架泵车。

2. 混凝土泵车在施工中的作用

混凝土泵车在施工中的作用见图12-3。

3. 客户对混凝土泵车的功能要求

功能是指事物本身所具有的性能、作用。客户对混凝土泵车的功能要求如下:

(1) 行驶功能 整车自己行走的能力。
(2) 装料功能 接收混凝土装入料斗的能力。

⊖ 本章由郭振华、赵旭日编写。

图 12-1　臂架泵车

图 12-2　无臂架泵车

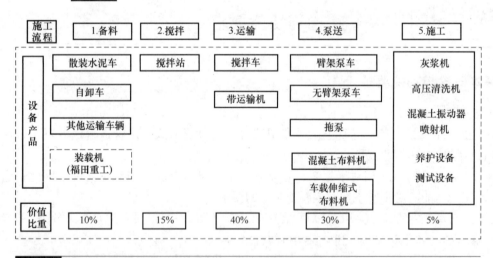

图 12-3　混凝土泵车在施工中的作用

（3）搅拌功能　防止混凝土发生离析、凝固，并将混凝土向下压实的能力。

（4）泵送功能　将料斗的混凝土通过臂架（输送管）打到指定地点的能力。

（5）清洗功能　能自己进行料斗等部位的清洗的能力。

由于混凝土有黏合力，料斗等与混凝土接触的部分不可避免地会有混凝土附着其上。为了避免过多的混凝土附着其上影响车辆的性能和外观，就必须不断地对料斗等部位附着的残留混凝土进行清洗，同时也可清洗整车的其他地方。

混凝土泵车还有润滑功能、冷却功能、筛网功能、操控功能等辅助功能，此处不赘述。

二、整车基本结构

如图 12-4 所示，臂架泵车（以下简称泵车）由十个部分组成（不包括随车工具和资料）：①底盘系统；②支撑与回转系统；③臂架系统；④电控与操作系统；⑤料斗（搅拌）系统；⑥副车架与工作走台系统；⑦分动器与液压系统；⑧清洗系统；⑨润滑（泵送、搅拌）系统；⑩泵送系统。

图 12-4　臂架泵车的组成

（一）底盘系统

底盘系统的组成见图 12-5。

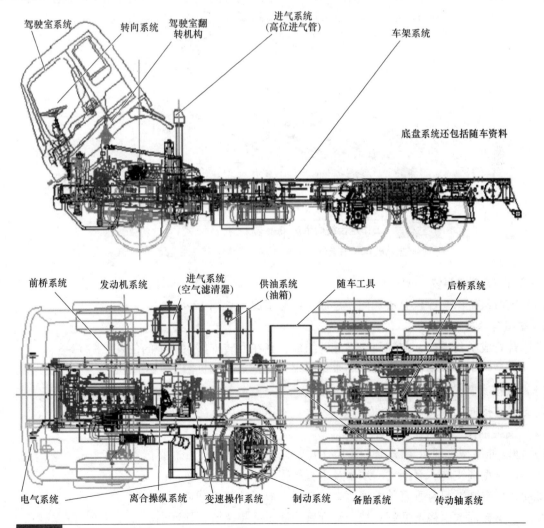

图 12-5　底盘系统的组成

（二）副车架及工作走台系统

1. 副车架结构

副车架结构示意图见图 12-6。副车架负责底盘和整个上装的连接及上装的支撑，是上装的基础。

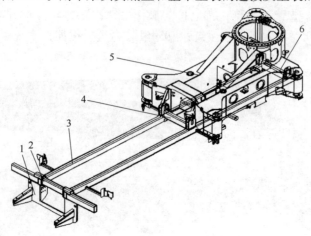

图 12-6　副车架结构示意图

1—U 形梁（连接进料斗）　2—后横梁　3—纵梁　4—中间横梁　5—支撑台　6—前横梁

2. 工作走台

工作走台结构示意图见图 12-7。

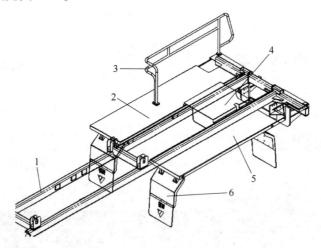

图 12-7　工作走台结构示意图

1—副车架总成　2—右走台　3—扶手　4—中踏板　5—左走台　6—挡泥板

（三）回转支撑系统

回转支撑系统由支撑台总成和回转总成两部分组成，见图 12-8。

1. 支撑台总成

支撑台总成由支撑台、前支腿、后支腿组成，其在回转支撑系统中的位置见图 12-8。

支撑台是一个密封结构，内部空间水箱盛水，又是水箱，见图 12-13b。

（1）支撑支腿的组成示意图见图 12-9。

前支腿包括伸缩液压缸、摆动液压缸、垂直液压缸；后支腿包括摆动液压缸、支撑液压缸。

（2）支腿的主要形式

1）摆动伸缩型支腿示意图，见图 12-10。

摆动伸缩型前支腿：有摆动、水平及垂直伸缩部分。

摆动式后支腿：只有垂直伸缩液压缸，支腿带液压锁及机械锁。

优点：支撑面大，稳定性好；液压缸外置，便于拆装调节，强度高。

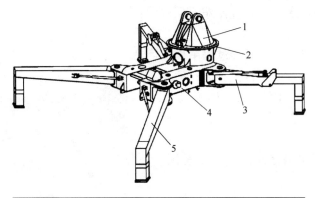

图 12-8　回转支撑系统示意图

1—转台　2—回转机构　3—前支腿　4—支撑台　5—后支腿

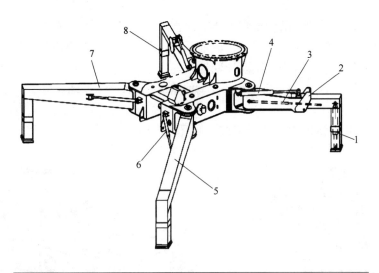

图 12-9　支撑支腿的组成示意图

1—支撑液压缸　2—右前支腿　3—前支腿伸缩液压缸　4—前支腿摆动液压缸
5—右后支腿　6—后支腿摆动液压缸　7—左后支腿　8—左前支腿

缺点：摆动过程中占用面积大，场地适应性差，有效布料范围小；为箱形伸缩结构，笨重。

2）XH 型支腿示意图，见图 12-11。

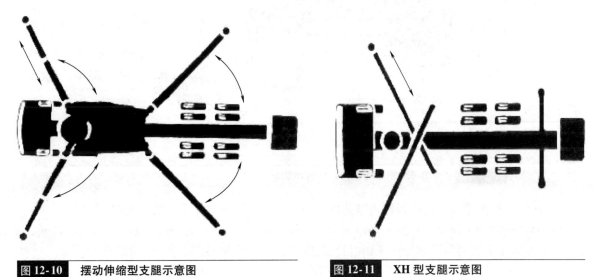

图 12-10　摆动伸缩型支腿示意图　　　图 12-11　XH 型支腿示意图

X 型伸缩前支腿：包括水平及垂直伸缩部分。

H 型平行伸缩后支腿：水平、垂直伸缩液压缸驱动，带液压锁及机械锁。

优点：前支腿只有直线运动，摆动过程中作业面积紧凑，场地适应性好，有效布料范围大；后支腿结构简单，液压缸数少，成本低；作业时间短。

缺点：后 H 型支腿支撑面积小，不合适长臂架；强度低。

3）前支腿 X 型 + 后支腿摆动型支腿示意图，见图 12-12。

X 型伸缩前支腿：包括水平及垂直伸缩部分。

摆动式后支腿：只由垂直伸缩液压缸驱动，带液压锁及机械锁。

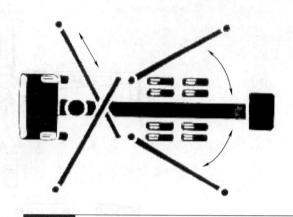

图 12-12　前支腿 X 型 + 后支腿摆动型支腿示意图

优点：前支腿只有直线运动，摆动过程中作业面积紧凑，场地适应性好，有效布料范围大，相当增加臂架长度；前支腿结构合理，液压缸数少，成本低；作业时间短；比 XH 型更适应适合于长臂架。

缺点：前支腿强度低；底盘需相应做设计变动。

(3) 泵车支腿技术发展方向　摆动伸缩型 + 摆动伸缩型──→X 型 + 摆动式型（长臂架）/H 型（短臂架）。

2. 转台总成

转台总成的组成：由回转机构、转台组成，见图 12-13。

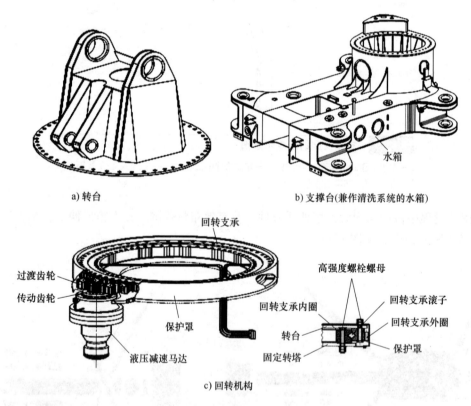

图 12-13　转台总成中回转机构、转台示意图

1）回转机构的组成：由小齿轮、减速机、液压马达、回转支撑等组成，见图 12-14。

2）回转机构的工作原理：臂架多路阀第二联控制液压马达，马达驱动减速机带动小齿轮，啮合回转支承外齿圈使上转台与臂架旋转（顺时针或逆时针）。带动回转限位及缓冲制动阀。

3）转台上与第一节臂铰接，下与回转机构的回转支撑外齿圈相连（图 12-15）。

(四) 臂架系统

臂架系统的组成示意图见图 12-15。

图 12-14　回转机构示意图

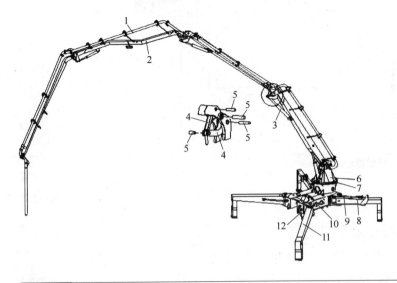

图 12-15　臂架系统的组成示意图

1—输送管　2—臂架　3—臂架液压缸　4—连杆　5—铰接轴　6—转台　7—回转机构
8—前支腿　9—前支腿展开液压缸　10—支撑台　11—后支腿　12—后支腿展开液压缸

1. 臂架效果图介绍

臂架设计、试验、外形效果图见图12-16。

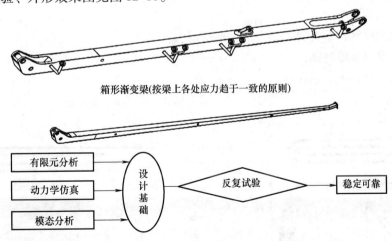

图 12-16　臂架设计、试验、外形效果图

2. 臂架部件介绍

臂架系统的部分部件见图12-17。

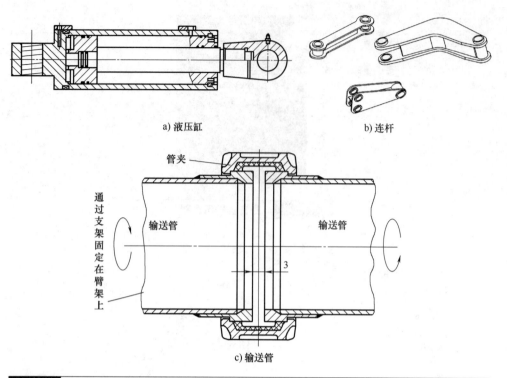

图 12-17　臂架系统的部分部件

45m 以上的泵车，第一节臂两个液压缸外，其他每一节臂架一个液压缸，由臂架多路阀控制臂架液压缸展开和收回。

3. 臂架结构组成及形式

由 3 节、4 节或 5 节矩形臂，首尾铰接，液压缸驱动节臂间四连杆机构。

结构要求：自重轻，刚性好，结构紧凑，作业范围大。

控制要求：平稳，轻缓，可靠。

臂架形式：R 型、Z 型两种基本型，另外应用最多的是 RZ 组合型。

（1）R 型臂架（缠绕型）及特点

1）R 型臂架缠绕方式示意图，见图 12-18。

2）R 型臂架特点

① 便于布置，结构紧凑。

② 一般大腔进油展臂，举升力大，有效作业空间大。

③ 逐节展开，要求场地空阔。

④ 一节一节地展开，展开速度慢。

（2）折叠型及特点

1）Z 型臂架折叠方式示意图，见图 12-19。

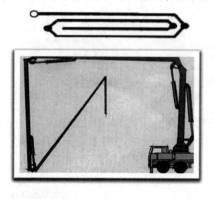

图 12-18　R 型臂架缠绕方式示意图

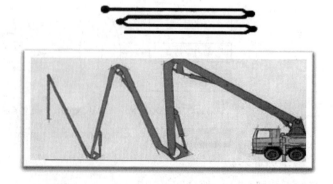

图 12-19　Z 型臂架折叠方式示意图

2）Z 型臂架特点：

① 展臂速度快（多节可一起展开）。

② 施工场地要求小，易通过狭窄空间，进行布料。

③ 一般小腔进油展臂，举升力小，有效作业空间稍小。

④ 非工况液压缸外露，易损坏。

（五）装料斗、搅拌系统

1. 装料斗与搅拌机构整体效果图

装料斗与搅拌机构整体效果图见图 12-20。

2. 装料斗

装料斗示意图见图 12-21，用于储存混凝土，保证泵送系统吸料时不会吸空和实现连续泵送。

3. 搅拌系统

1）搅拌系统装在装料斗上。

2）搅拌、冷却、清洗系统共用一个齿轮泵。

3）搅拌机构用于对料斗中的混凝土进行再次搅拌，防止混凝土泌水、离析和坍落度损失，保证可泵性。搅拌机构由搅拌电动机、搅拌叶片、搅拌轴承座、轴承和搅拌轴等组成。料斗及搅拌机构示意图见图 12-22。

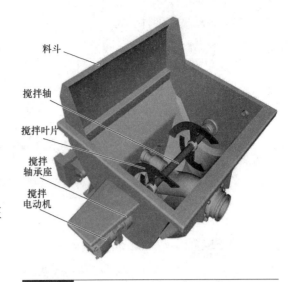

图 12-20　装料斗与搅拌机构整体效果图

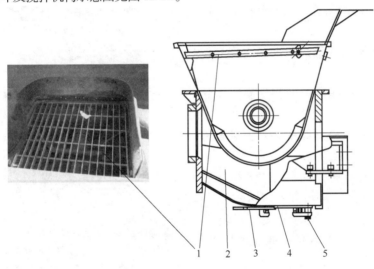

图 12-21　装料斗示意图

1—筛网　2—料斗　3—料门板　4—O 形圈　5—小轴

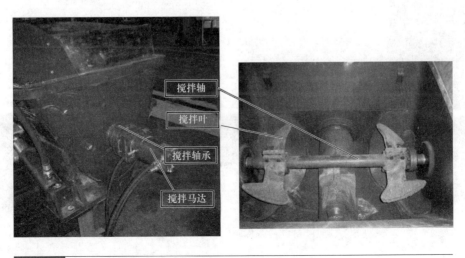

图 12-22　料斗及搅拌机构示意图

4）搅拌系统零部件结构示意图见图12-23。

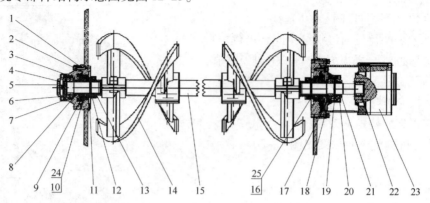

图 12-23　搅拌系统零部件结构示意图

1—轴承座　2、12—O形圈　3、24—密封垫　4—端盖　5—轴端压板　6—轴承　7—垫环　8—密封圈　9—骨架唇型密封　10—密封盖　11—防尘圈　13—轴套　14—搅拌叶片　15—搅拌轴　16—密封挡圈　17—轴承　18—马达座　19—挡圈　20—毡圈　21—密封端盖　22—花键套　23—液压马达　25—压环

（六）分动器及液压系统

1. 分动器总成与副车架的相对安装位置

分动器总成与副车架的相对安装位置示意图见图12-24。

2. 分动器及液压系统在底盘上的相对安装位置示意图

分动器及液压系统在底盘上的相对安装位置见图12-25。

3. 液压系统分动器及液压泵的相对安装位置示意图

液压系统分动器及液压泵的相对安装位置示意图见图12-26。

（1）分动器的组成　具有减振性能的分动器，当主泵为两台时，串联五台不同性能的液压泵；当主泵为一台时，串联四台液压泵。

（2）分动器的用途　行驶和泵送的状态切换机构。

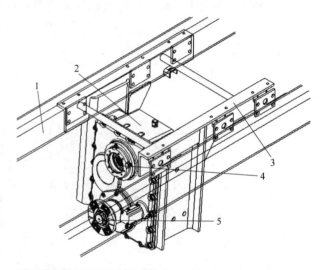

图 12-24　分动器总成与副车架的相对安装位置示意图

1—副车架总成　2—分动器（示意）　3—分动器支架　4—分动器法兰（接臂架泵）　5—分动器连接法兰（接前传动轴）

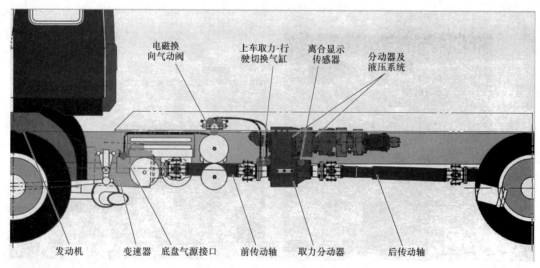

图 12-25　分动器及液压系统在底盘上的相对安装位置示意图

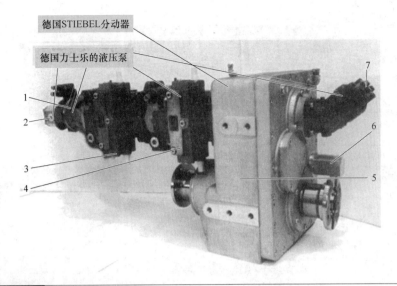

图 12-26　液压系统分动器及液压泵的相对安装位置示意图

1—S 阀换向油路用恒压泵　2—用于搅拌清洗冷却油路的齿轮泵　3、4—主液压泵用 A4VG125 柱塞泵　5—分动器　6—气动缸（用于操纵）　7—臂架用 A2F023 斜轴泵

（3）分动器的输出轴、输入轴　见图 12-27。

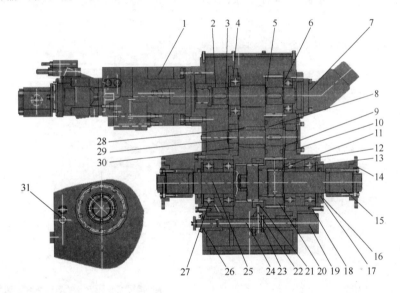

图 12-27　分动器的组成示意图

1—联结盘　2—输入轴　3—轴承盖　4—密封圈　5—输入轴轴承　6—气缸　7—空套齿轮　8—离合套　9—拨叉　10—过桥轴承　11—拨叉杆　12—输出轴　13—静密封圈　14—输出轴轴承　15—二轴小轴承　16—二轴　17—过渡套　18—液压泵　19—联结套（液压泵、三轴）　20—三轴　21—三轴大轴承　22—三轴齿轮　23—三轴小轴承　24—臂架泵　25—二轴齿轮　26—挡圈（二轴）　27—二轴大轴承　28—二轴挡圈　29—箱体　30—滚针轴承　31—油标

4. 液压系统控制机构（各种阀）

液压系统控制机构的各种阀见图 12-28。

5. 液压系统执行机构

液压缸和液压马达分散在各个系统中（略）。

（七）泵送系统

泵送系统的（主要部件）组成效果图，见图 12-29。

1. 泵送系统中 S 管阀机构

泵送系统中 S 管阀机构的效果图见图 12-30。

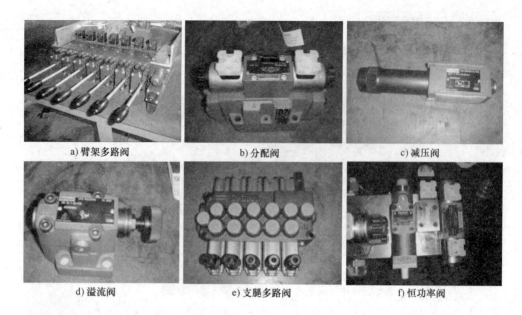

图 12-28 液压系统控制机构的各种阀

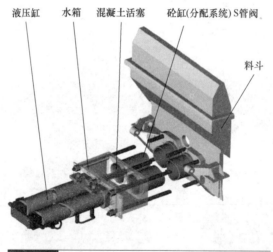

图 12-29 泵送系统的组成效果图

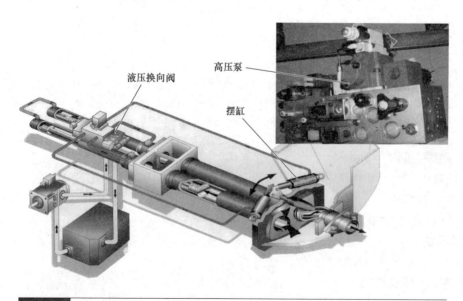

图 12-30 泵送系统中 S 管阀机构的效果图

S管阀机构液压缸和泵送液压缸一样，采取相应的措施，让其冲击产生的抖动降到最小。

泵送系统中S管阀机构的示意图，见图12-31。

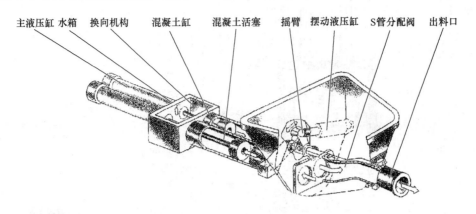

图 12-31 泵送系统中S管阀机构的示意图

2. 泵送系统中闸板阀机构

泵送系统中闸板阀机构示意图见图12-32。

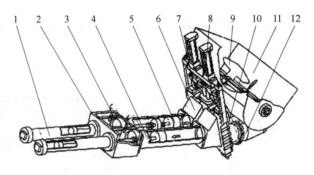

图 12-32 泵送系统中闸板阀机构示意图

1—主液压缸　2—水箱　3—换向装置　4—混凝土缸　5—混凝土活塞　6—下阀体　7—闸阀阀板
8—闸阀换向液压缸　9—搅拌装置　10—上阀体　11—料斗　12—Y形管

3. S管阀及闸板阀机构构成

管阀密封性较好，泵送压力一般可设计更高，利于高远距离泵送，而板阀则吸料性能好，针对较差的混凝土，可以选择板阀泵进行泵送。

1）S管阀机构构成，见图12-33。

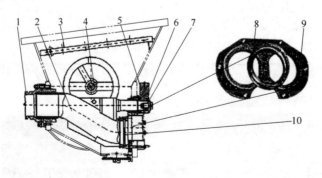

图 12-33 S管阀机构构成

1—出料口　2—S管　3—筛框　4—搅拌装置　5—摆臂　6—止转螺钉　7—异形螺栓
8—切割环　9—眼镜板　10—橡胶弹簧

2）闸板阀机构构成，见图 12-34。

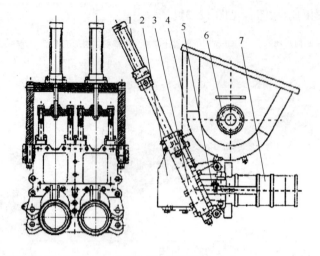

图 12-34　闸板阀机构构成

1—闸阀液压缸　2—料斗　3—搅拌装置　4—滑阀组件　5—上阀体　6—下阀体　7—Y 形管

4. 摆柄机构

如图 12-35 所示，摆柄机构中摆阀液压缸通过液压系统的控制，保持与主液压缸的顺序动作驱动摇臂，从而带动 S 管，使 S 管与主液压缸协调动作。

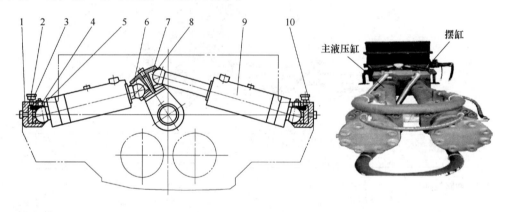

图 12-35　摆柄机构示意图

1—左液压缸座　2—承力板　3—油杯　4—下球面轴承　5—限位挡板　6—摇臂　7—上球面轴承
8—球头挡板　9—摆阀液压缸　10—右液压缸座

摆柄机构的重要零件——蓄能器的外形图，见图 12-36。

1）蓄能器的作用：蓄能器的主要作用是用来补充 S 管分配阀摆动时所需能量，使 S 管分配阀的摆动得以在瞬间完成。确保用一个小的恒压泵，满足摆柄机构的正常工作。

2）蓄能器的介质是氮气，当压力表指示值达不到规定值时，保养时应按规定充入氮气，如充其他气体，有爆炸危险。

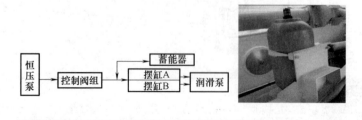

图 12-36　储能器的工作原理图和外形

5. 液压缸和砼缸机构的主要组成及高低压转换系统

液压缸和砼缸机构外形、位置分别见图12-37、图12-38。

（1）液压缸机构组成 缸筒、活塞杆、液压缸活塞、导向套、U形管等。

（2）砼缸机构的组成 缸筒、活塞等。

（3）高低压泵送转换（部分泵车有）原理

1）液压系统压力油进入液压缸无杆腔时，产生的推力大，为高压泵送。

2）压力油进入液压缸有杆腔时，产生的推力小，为低压泵送。

3）通过改变工作压力油的进油接口，即可实现高低压转换。

图 12-37 液压缸和砼缸机构外形图

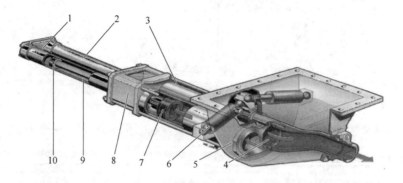

图 12-38 液压缸和砼缸机构位置示意图

1—U形管 2—液压缸缸筒 3—砼缸缸筒 4—换向阀 5—眼镜板 6—摆缸 7—砼缸活塞 8—水槽 9—活塞杆 10—液压缸活塞

6. 泵送水槽、活塞及接近开关等机构的外形图、位置图

泵送水槽、活塞及接近开关等机构外形图、位置图分别见图12-39。

（1）水槽的作用 润滑，冲洗冷却砼缸系统。

（2）接近开关的作用 非接触感应开关，停止的作用。

图 12-39 泵送水槽、活塞及接近开关等机构的外形图、位置图

7. 液压油冷却系统

液压油冷却系统示意图见图12-40。

如果没有单独的液压油箱和水箱，那么支撑台的一边是液压油箱，另一边是水箱。

当液压油温高于60℃，散热器开启阀开启，冷却电动机开始工作。

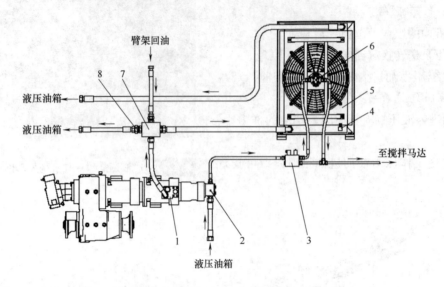

图 12-40 液压油冷却系统示意图

1—冲洗阀 2—齿轮泵 3—冷却器开启阀 4—温控器 5—冷却器本体 6—液压马达 7—集轴阀块 8—背压阀

8.（泵送、搅拌）润滑系统

（泵送、搅拌）润滑系统分为自动润滑系统和手动润滑系统。

（1）自动润滑系统 自动润滑系统工作原理见图12-41。

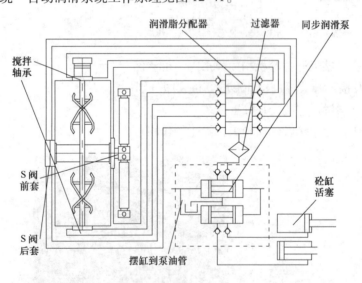

图 12-41 自动润滑系统工作原理

柱塞泵随动润滑（利用恒压泵的动力，通过摆缸驱动）。由来自摆动液压缸的液压油控制柱塞泵的双柱塞往复运动，泵送油脂一路经过分配器分配到各润滑点（摆缸、S阀大小端、搅拌轴）；另一路直接到混凝土活塞润滑点。

液动润滑双柱塞泵外形图，见图12-42。

（2）手动润滑 臂架、支腿、回转台、摆缸等都设有手动润滑点，应定期润滑。按润滑点指示牌进行润滑，该指示牌贴在副车架上，见图12-43。

图 12-42　液动润滑双柱塞泵外形图（利用恒压泵的动力，通过摆缸驱动）

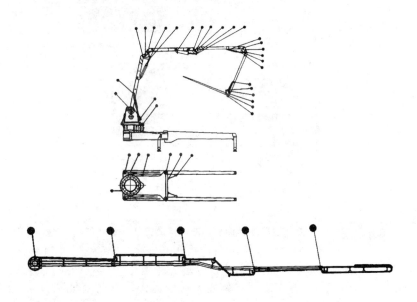

图 12-43　润滑点指示牌示意图

（九）清洗系统
1. 组成

清洗系统包括电动机、水泵、水枪、水箱（支撑台兼作水箱），示意图见图 12-44。

（1）柱塞水泵型号　BZ-320（雷萨泵车用，仅供参考，以产品说明书为准）。

（2）外啮合齿轮电动机型号　CMF-E525-AFPS 25mL/r（雷萨泵车用，仅供参考，以产品说明书为准）。

图 12-44　电动机、水泵、水枪示意图

（十）电控、操作系统

1. 电控系统的功能

电控系统要求满足泵车上装部分的各种控制要求（支腿展开与收回、臂架展开与收回、泵送系统的工作、清洗功能、润滑功能、照明等），其操作控制分为近控和遥控两大模式。

（1）遥控　配备远距离遥控器，可以遥控臂架和泵送作业。对臂架的细微动作、运动进行控制，可以让其快速接近工作点及轻柔就位。

1）采用24V直流供电，利用汽车底盘蓄电池取电。

2）可编程控制器控制，安全可靠。

3）配置紧急停止按钮，确保动作安全可靠。

（2）近控　配备近控操作面板和操作按钮，见图12-45。

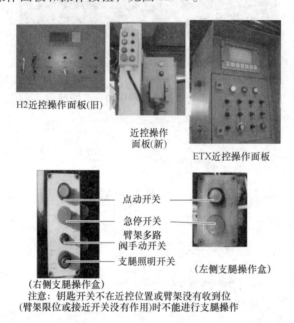

图12-45　雷萨泵车近控操作面板、左右支腿操作按钮外形示意图

2. 组成

电器控制箱、操作盒、接线箱、左右支腿操作盒、无线遥控器（带有线遥控）、各种控制阀等，见图12-46。

 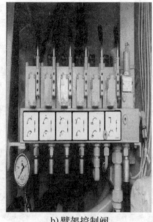 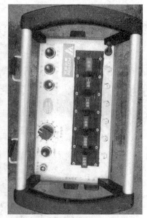

a）电器控制箱　　b）臂架控制阀　　c）无线遥控器

图12-46　部分电器部件示意图

3. 部分主要电器元件及功能

部分电器部件示意图及功能见图 12-47。

 接近开关：安装在水槽内(感应距离15mm)，感应驱动缸的一个行程的结束信号提供给 PLC/RCE 处理逻辑控制。

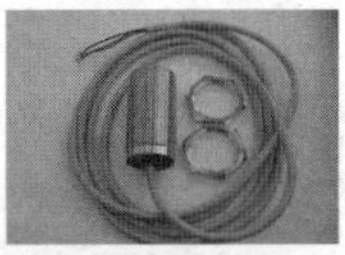

 温度传感器：安装在油冷器低部(Pt100)，油冷器的温度信号提供给热电阻模块。

 臂架限位：安装在臂架支撑架，限制臂架(第一臂)收位和支腿操作。

 转塔限位：安装在臂架转台，限制臂架转塔的转角(用在45m泵车)。

 电子放大器：把电压模拟量转换为电流模拟量控制比例减压阀。

 PLC/RCE：泵送控制系统核心，对输入输出信号进行逻辑控制。

 模拟量模块：处理模拟信号进行控制(通过PLC/RCE)或输出。

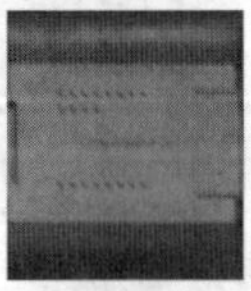

 热电阻模块：处理热电阻的信号，连接 PLC/RCE 逻辑控制。

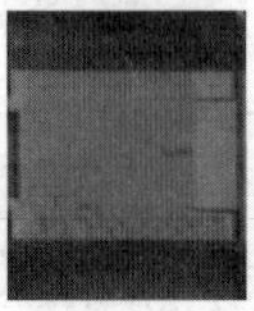

图 12-47 部分电器部件示意图及功能

4. 操作系统的组成及示意图

操作系统的组成及示意图具体见图 12-48。操作系统可分为底盘操作、支腿操作、臂架操作、泵送操作。

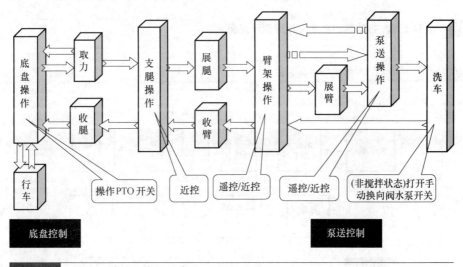

图 12-48 操作系统的组成及示意图

控制系统包括：底盘控制、泵送控制。

底盘操作的 PTO 开关，控制取力器，使其在行车"0"和取力"1"之间切换。

第二节　混凝土泵车的工作原理

工作原理是指工作的基本规律，多指事物运行的缘由或者规律，即最基本的工作流程和理论。明确工作原理的好处在于：

1）便于记住车辆的基本配置。

2）当某一功能消失时，便于判断故障的原因。

3）当某一功能不足时，便于提出改进的方向和目标。

本节介绍混凝土泵车的工作原理。

混凝土泵车各功能的基本工作原理，见图 12-49。

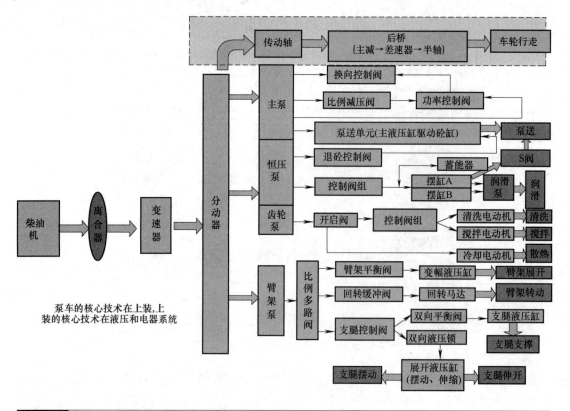

图 12-49　混凝土泵车各功能的基本工作原理示意图

一、行驶功能（过程）的工作原理

行驶功能的工作原理见图 12-50。

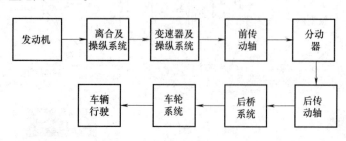

图 12-50　行驶功能的工作原理图

1）车辆行驶前，必须检查车辆支撑、臂架等系统已经全部处于行驶状态。

2）行车位置（欧曼 PTO 开关处于 2 位，奔驰底盘处于 0 位），分动器处于行驶状态。

二、装料功能（过程）的工作原理

装料功能的工作原理见图 12-51。

装料时一定要注意：

1）均匀装料，不要溢出料斗外。

2）泵送时，料斗内的混凝土存量不能低于搅拌轴位置，以避免空气进入泵管引起管道振动。

3）不能取消筛网进料，确保不要进 40mm 以上的骨料。

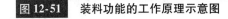

图 12-51 装料功能的工作原理示意图

三、搅拌功能（过程）的工作原理

搅拌过程手动换向阀的位置示意见图 12-52。

搅拌功能（过程）的工作原理：发动机→离合器→前传动轴→分动器→齿轮泵→搅拌电动机→搅拌。

图 12-52 搅拌过程手动换向阀的位置示意图

四、泵送功能（过程）的工作原理

泵送过程的工作原理图见图 12-53。

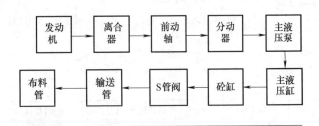

图 12-53 泵送过程的工作原理图

1）主液压缸、砼缸、S 管阀同步动作。

2）主液压缸活塞向前运动时，推动砼缸泵送混凝土开始，S 管阀在对应砼缸位置。

（1）泵送系统工作原理

泵送系统工作原理见图 12-54。来自液压系统的液压油，驱动两个主液压缸带动两个混凝土输送缸内的活塞产生交替往复运动。通过 S 管阀与主液压缸之间的顺序动作，使混凝土不断从料斗被吸入输送缸并通过 S 管阀和输送管道送到施工现场。

正泵，即回缩缸口与料斗相通吸料，推送缸与 S 管相通，将砼料由出料口泵出。

反泵,即回缩缸口与 S 管相通送料,推送缸与料斗相通,将砼料吸到推送缸。

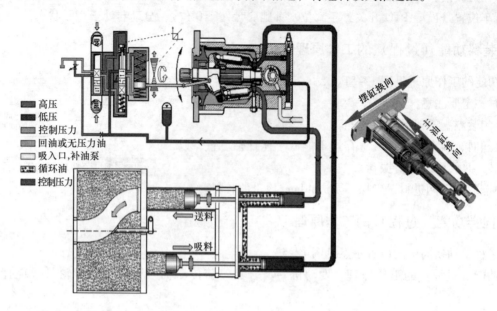

图 12-54　泵送系统工作原理图

（2）泵送工作原理

泵送工作原理示意图见图 12-55。

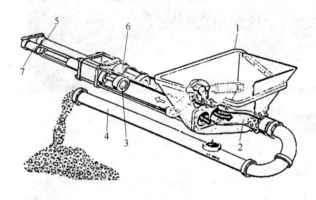

图 12-55　泵送工作原理示意图

1—料斗　2—S 管　3—砼缸活塞　4—输送管　5、7—液压缸　6—砼缸

（3）S 管阀系统工作原理

S 管阀工作原理见图 12-56。

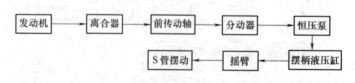

图 12-56　S 管阀工作原理图

S 管阀工作原理示意图见图 12-57。
S 管阀示意图见图 12-58。

五、清洗功能（过程）的工作原理

清洗功能（过程）的工作原理见图 12-59。

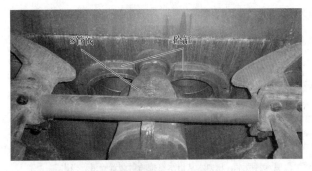

S管阀在摆缸作用下来回摆动，配合对应砼缸工作

图 12-57　S 管阀工作原理示意图

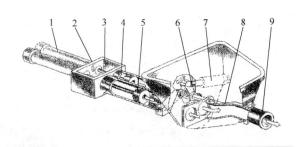

图 12-58　S 管阀示意图

1—主液压缸　2—水槽　3—接近开关　4—混凝土缸　5—混凝土活塞　6—摇臂　7—摆动液压缸　8—S 管分配阀　9—出料口

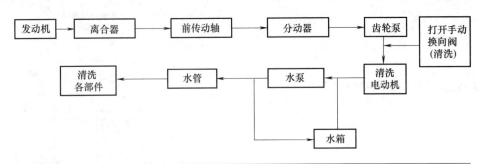

图 12-59　清洗功能的工作原理图

注意：搅拌系统工作时，水泵不能工作！

（1）清洗系统的加水过程

清洗系统的加水过程示意图见图 12-60。

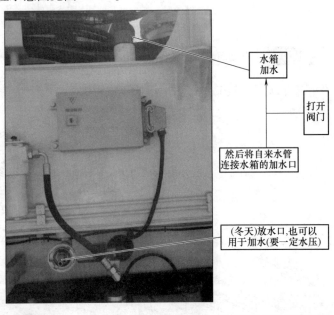

图 12-60　清洗系统的加水过程示意图

（2）水路系统的组成

水路系统的组成示意图见图 12-61。支撑台兼作水箱，见图 12-13。

六、自动润滑系统工作原理

1）自动润滑系统工作原理，见图 12-62。

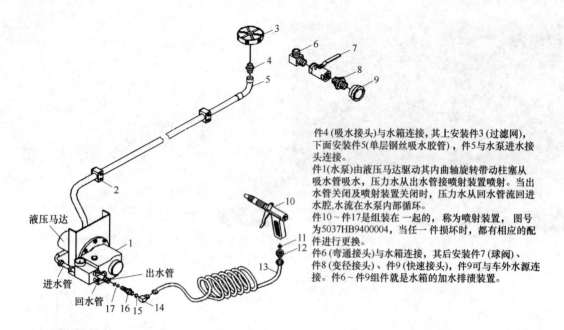

件4(吸水接头)与水箱连接,其上安装件3(过滤网),下面安装件5(单层钢丝吸水胶管),件5与水泵进水接头连接。

件1(水泵)由液压马达驱动其内曲轴旋转带动柱塞从吸水管吸水,压力水从出水管接喷射装置喷射。当出水管关闭及喷射装置关闭时,压力水从回水管流回进水腔,水流在水泵内部循环。

件10~件17是组装在一起的,称为喷射装置,图号为5037HB9400004,当任一件损坏时,都有相应的配件进行更换。

件6(弯通接头)与水箱连接,其后安装件7(球阀)、件8(变径接头)、件9(快速接头),件9可与车外水源连接。件6~件9组件就是水箱的加水排渍装置。

图 12-61 水路系统的组成示意图

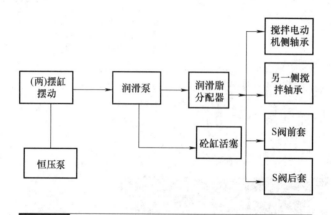

图 12-62 自动润滑系统工作原理图

2)自动润滑系统工作示意,见图12-63。

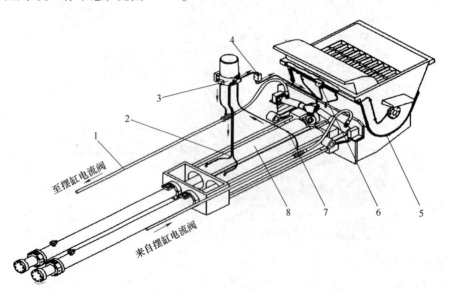

图 12-63 自动润滑系统工作示意图

1—摆缸油管 2—砼缸润滑管 3—润滑泵 4—过滤器 5—料斗润滑管 6—递进式分配器 7—润滑泵动力油管 8—砼缸

3) 自动润滑系统原理，见图 12-64。

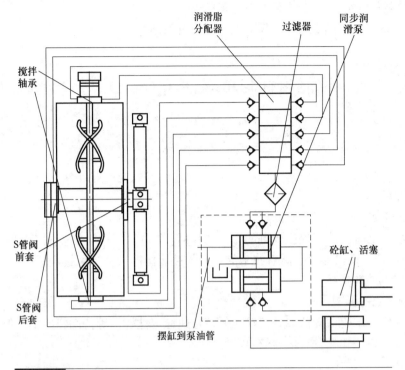

图 12-64　自动润滑系统原理图

七、冷却系统工作原理

冷却系统工作原理，见图 12-65。支撑台兼作液压油箱。

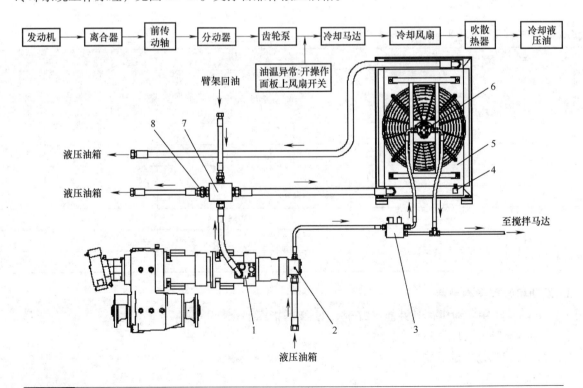

图 12-65　冷却系统工作原理图

1—冲洗阀　2—齿轮泵　3—冷却器开启阀　4—温控器　5—冷却器本体　6—液压马达　7—集油阀块　8—背压阀

注：支撑台做液压油箱。

1）正常自动通过温控器控制油冷器风扇，液压油达到60℃时，冷却系统开始工作，55℃时停止。液压油达到90℃时泵送停止，冷却到80℃恢复泵送。

2）油温异常：开电控柜操作面板上风扇开关，打开风扇。

第三节 性能指标与可靠性保障

一、性能指标

性能是指器材、物体等所具有的性质、属性、特点。明确性能的好处如下：

1）便于对功能的说明。

2）当某一功能不足时，便于判断。

3）当某一功能不足时，便于提出改进的方向和目标。

所有的性能指标推荐仅供参考。随着技术的进步，性能指标只会越来越好。

（一）行驶功能的性能指标

1. 客户对行驶功能的要求

1）使用经济性好：作业油耗低，怠速转速低，怠速稳定性好，等待卸料时油耗低。

2）转弯半径小，装、卸料时对场地的要求低。

3）离地间隙高，对道路的要求低。

4）整车高度低（高度≤4000mm），车辆通过性好，装车方便。

5）速度适应性好，速度可以达到5~80km/h。

6）噪声小，车外最大加速噪声不超过84dB（A）；驾驶员耳旁噪声小于87dB（A）。

2. 对应客户要求的行驶功能的性能指标推荐

泵车行驶功能的性能指标推荐表见表12-1。

表12-1 泵车行驶功能的性能指标推荐表（仅供参考）

客户的要求	百公里综合油耗 /(L/100km)	稳定怠速转速 /(r/min)	最小转弯半径 /m	最小离地间隙 /mm	整车高度 /m	设计最高车速 /(km/h)	最低稳定车速 /(km/h)	车外加速噪声 /dB（A）	驾驶员耳旁噪声 /dB（A）
油耗低	≤45								
怠速转速低		≤700							
转弯半径小			11/12.95						
离地间隙大				255/330					
整车高度低					≤3955				
速度适应性好						≥80	≤5		
噪声小								≤84	≤87

3. 发动机性能参数推荐

一款好的泵车用发动机，其性能应好于表12-2的指标。

（二）装料功能的性能指标（参数）

1. 客户对装料功能的要求

1）装得多。

2）装得快。

2. 对应客户要求的装料功能的性能指标推荐

见表12-3。

第十二章 混凝土泵车

表 12-2　泵车发动机性能指标推荐表（仅供参考）

客户的要求	性能						
	最低燃料消耗率/(g/kW·h)	排量/L	发动机稳定怠速转速/(r/min)	额定功率/额定转速/[kW/(r/min)]	最大转矩/N·m	排放标准	B10寿命/km
油耗低	≤192						
怠速转速低			≤700				
功率大				283kW/1900r/min			
转矩大		10.8			1835N·m, 1200r/min		
排放低						国Ⅲ	
速度适应性好							100万
噪声小							

注：发动机形式：直列六缸/柴油/385马力。

表 12-3　泵车装料功能的性能指标推荐表（仅供参考）

客户的要求	性能				
	料斗容积/m³	装料速/(r/min)	筛网允许通过的最大骨料粒径/mm	装料高度/mm	备注
装得多	0.7		40	1410	
装得快		2~3			

注：料斗容积一般在0.7m³左右，进料斗口离地高度推荐1350~1550mm。

（三）搅拌功能的性能指标

1. 客户对搅拌功能的要求

1) 搅拌均匀, 不离析、不凝固。
2) 搅拌叶片匀速转动。

2. 对应客户要求的搅拌功能的性能指标推荐

泵车搅拌功能的性能指标推荐表见表12-4。

表 12-4　泵车搅拌功能的性能指标推荐表（仅供参考）

客户的要求	性能								
	搅拌速度/(r/min)	搅拌叶片直径/mm	齿轮泵型号	齿轮泵输出额定压力/MPa	齿轮泵额定流量/(mL/r)	搅拌电动机型号	搅拌马达的流量/(mL/r)	搅拌电动机允许最大压力/MPa	备注
不离析、不凝固		480	GPF2G2-4×016	25	16	ETNJ6K-935	985	15	
匀速转动	32			25	16			15	

（四）泵送功能的性能指标

以37m及45m产品为例。

1. 客户对泵送功能的性能要求

客户对泵送功能的性能要求见表12-5。

表 12-5　客户对泵送功能的性能要求（仅供参考）

客户的要求		性能
1. 泵送量大	最大理论输送量/(m³/h)	120
泵送高度高	最大理论输送高度/m	36.6/44.8
深度深	最大理论输送深度/m	26/30.8
2. 旋转角度大	最大工作半径/m	33/40.8
移动少	臂架旋转角度/(°)	365°

(续)

客户的要求	性　能	
	臂架节数	4～5
3. 泵送稳定性好	理论泵送压力/MPa	低压8/高压11
不堵管	理论泵送次数/(次/min)	18～24
	系统油压/(MPa)	32
	液压系统形式	开式/闭式
	分配阀形式	S阀
	液压缸内径/mm×行程/mm	140×2000
	砼缸内径/mm×行程/mm	230×2000
	推荐坍落度/cm	10～23
4. 振动小	泵送系统噪声/dB(A)	≤82
5. 稳定性好	臂架工作时的最大摆幅/m	0.5
摆幅小，振幅小	臂架工作时的最大振幅/m	0.3
	S阀换向时间/s	0.2
	泵送油耗/L	0.6～0.7
	输送管内径/mm	125
	弯管内径/mm	125/150

1）摆幅为臂架摆动停止时布料管左右摆动的幅度，越小越好。
2）振幅为工作时布料管上下振动的幅度，越小越好。

2. 泵送功能中（支撑、臂架）液压系统性能指标

泵送功能中（支撑、臂架）液压系统性能指标推荐表见表12-6。

表12-6　泵送功能中（支撑、臂架）液压系统性能指标推荐表（仅供参考）

液压系统名称	部件名称	性　能	
分动器子系统	气动缸	内径/mm×行程/mm	进口PTO附件
		工作压力/MPa	8
	分动器，型号：E4496.20	传动比	1.5172
		额定转矩/(N·m)	32000
		最大转矩($T_2=T_3$)/(N·m)	40000
泵送主液压泵子系统	主液压泵，型号：A4VG125	最大输出压力/MPa	40
		额定流量/(mL/r)	125×2
	主控阀		PSL4H11/330-3/PSV4G1·F
S阀液压系统	恒压泵，型号：A10V028	最大输出压力/MPa	42
		额定流量/(mL/r)	28
	摆柄液压缸	内径/mm×行程/mm	90×200
		工作压力/MPa	32
臂架、支撑液压系统	臂架液压泵，型号：A2F032/A7V055	最大输出压力/MPa	40
	回转马达，型号：DANFOSS OMR	工作流量/(mL/r)	160、200
	减速机	传动比	1:94.8（1:38.6）
		输出转矩/N·m	10000（11000）
	臂架液压系统控制阀	工作压力/MPa	35
		额定流量/(mL/min)	80

(续)

液压系统名称	部件名称	性能	
臂架、支撑液压系统	一臂液压缸	内径/mm×行程/mm	230×1061（37）
			220×1325（45）
			220×1276（48）
		工作压力/MPa	35
	二臂液压缸	内径/mm×行程/mm	220×1311（37）
			280×1705（45）
			270×1517（48）
		工作压力/MPa	35
	三臂液压缸	最大输出压力/MPa	165×1065（37）
			220×1283（45）
			210×1296（48）
		额定流量/(mL/r)	35
	四臂液压缸	内径/mm×行程/mm	120×928（37）
			150×1175（45）
			150×1250（48）
		工作压力/MPa	35
	五臂液压缸	内径/mm×行程/mm	130×1020（45）
			125×1085（48）
		工作压力/MPa	35
	布料管	内径/mm	φ125
		长度/mm	300~400
	前支腿摆动液压缸	内径/mm×行程/mm	80×754（37、45）
			100×958（48）
		工作压力/MPa	20
	前支腿伸缩液压缸	内径/mm×行程/mm	60×1250（37）
			60×1750（45）
			80×2015（48）
		工作压力/MPa	20
	前支腿支撑液压缸	内径/mm×行程/mm	160×784（37、45）
			170×750（48）
		工作压力/MPa	20
	后支腿摆动液压缸	内径/mm×行程/mm	80×371（37、45）
			125×507（48）
		工作压力/MPa	20
	后支腿伸缩液压缸	内径/mm×行程/mm	无
		工作压力/MPa	无
	后支腿支撑液压缸	内径/mm×行程/mm	160×784（37、45）
			170×750（48）
		工作压力/MPa	20
	支撑腿液压系统控制阀	工作压力/MPa	20
		额定流量/(mL/min)	45

3. 泵送功能中（支撑、臂架）结构部分性能指标

泵送功能中（支撑、臂架）结构部分性能指标推荐表见表12-7。

表12-7 泵送功能中（支撑、臂架）结构部分性能指标推荐表（仅供参考）

液压系统名称	部件名称	性能	37m	45m
臂架、支撑液压系统	第一节臂	臂长/mm	8872	9170
		转角/(°)	100	91
	第二节臂	臂长/mm	7960	7960
		转角/(°)	180	180
	第三节臂	臂长/mm	1960	7960
		转角/(°)	180	180
	第四节臂	臂长/mm	7864	7850
		转角/(°)	265	180
	第五节臂	臂长/mm	—	7920
		转角/(°)	—	265
	支腿	前支腿横跨距/mm	7280	9676
		支腿纵跨距/mm	6600	9828
		后支腿横跨距/mm	6860	9436

4. 泵送功能中（支撑、臂架）液压油冷却系统性能指标

泵送功能中（支撑、臂架）液压油冷却系统性能指标推荐表见表12-8。

表12-8 （支撑、臂架）液压油冷却系统性能指标推荐表（仅供参考）

液压系统名称	部件名称	性能	
液压油冷却系统	油品：美孚 AW46	黏度/cSt	46
	昆仑 L-HV 46	最高工作温度/℃	85
	油箱	容积/L	1000（600）
		清洗及更换间隔时间/h/或工作量	500
	液压泵 1PF2G2/016 与搅拌、清洗用一个泵	工作压力/MPa	25
		流量/(mL/r)	16
	马达型号：长源 CMDA-E320	工作压力/MPa	25
		额定流量/(ML/min)	40
	风扇	叶片数/片	10
		直径/mm	550
	散热器	散热面积/m²	26.45
		流量/L	220
		流速/(m/s)	0.5

5. 泵送功能中（支撑、臂架）自动润滑系统性能指标

自动润滑系统性能指标推荐表见表12-9。

（五）清洗功能的性能指标

见表12-10。

二、混凝土泵车对可靠性的要求

可靠性，是指汽车产品（总成或零部件）在规定的使用条件下，在规定的时间里完成规定功能的能力，关键要具有稳定的长期工作的能力。

（一）客户对泵车可靠性的要求

在所有的专用车型中，泵车对可靠性的要求最高。这是因为：

1）在建筑工程施工过程中，如果浇筑出现停顿，会造成建筑质量下降，甚至不合格。

表 12-9　自动润滑系统性能指标推荐表（仅供参考）

液压系统名称	部件名称	性	能
润滑系统	油品：美孚000#　Mobilux EP 023	黏度	
		最高工作温度/℃	120
	油箱	容积/L	650
		可使用工作时间/h	
	液压泵，型号	工作压力/MPa	20
		流量/(mL/r)	0.3
	过滤器	目数	60
		使用寿命/h	
	分配器，型号 8JPQ-M0.2	工作压力/MPa	31.5
		排量/(mL/次)	0.2

表 12-10　清洗功能的性能指标推荐表（仅供参考）

客户的要求	部件名称	性	能
1. 水箱容量大，加水一次使用时间长 2. 使用方便	允许使用液体	水	自来水
	水箱	容积/L	500
	液压泵 1PF2G2/016	工作压力/MPa	25
	与搅拌、清洗用一个泵	流量/(mL/r)	16
	马达，型号 CMF-E525	工作压力/MPa	20
		排量/(mL/r)	25
	水泵，型号	工作压力/MPa	2月8日
	BZ-320	额定流量/(L/min)	20~40
	泵管清洗	湿洗	
		干洗	
		正洗/反洗	

2) 泵车在浇筑过程中如果因故障而停止，会造成混凝土滞留在输送管、砼缸和料斗中，时间长了会凝固，造成重大损失。

因此，客户对泵车的要求是：可靠性第一，性能第二，价格第三。有些泵车价格低，但是卖不出去的主要原因就是可靠性差、性能差。

（二）混凝土泵车的可靠性保障

本书以雷萨品牌泵车为例，介绍如何保障泵车的可靠性。

1. 整车设计可靠

1) 整车设计可靠，包括：

① 功能设计的完整性。

② 性能指标的合理性、先进性（如油耗指标≤0.7L/m³）。

③ 系统设计的协调性。

2) 达到整车设计可靠性要求，需要做好以下工作。

① 建立标杆：大象混凝土泵车。

② 建立可靠性目标，如出厂泵送 3 万 m³ 无故障；维修间隔小时数，不低于 500h（仅供参考，以产品说明书为准）。

③ 强大的设计团队。

④ 核心设计技术的掌握。

⑤ 完备的设计设备和软件。

2. 零部件选择可靠

1) 底盘零部件质量可靠，见表 12-11。

表 12-11 欧曼底盘采用的部分关键零部件品牌（仅供参考）

部件名称	型号	配套厂家	世界排名	备注
发动机	ISME385 30	康明斯	产销量第一	大型柴油机
离合器	φ430	德国 SACHS	产销量第一	重型货车市场
变速器	9JS200T	法士特	产销量第一	重型货车市场
分动器	E4496.20	斯宝（STIEBEL）	世界知名品牌，排名前列	
转向器	ZF8098	采埃孚	产销量第一	重型货车市场

2）液压系统泵和阀类零部件质量可靠，见表12-12。

表 12-12 液压系统部件采用的部分品牌（仅供参考）

部件名称	型号	配套厂家	世界排名	备注
主液压泵（泵送液压泵）	A4VG125（或 A4VG180）柱塞泵	德国力士乐	产销量第一	工程机械行业
S 阀换向恒压泵	A10V028	德国力士乐	产销量第一	工程机械行业
臂架、支腿液压泵	A2F032/A7V055LRDS 斜轴泵	德国力士乐	产销量第一	工程机械行业
（搅拌、清洗、冷却系统用）齿轮泵	1PF2G2/016	德国力士乐	产销量第一	工程机械行业
主控阀	PSL4H11/330-3	哈威	产销量第四	工程机械行业
润滑脂分配器	GMS-25	温州维东	国内知名品牌	
支撑腿液压系统控制阀	HCM/45/5-50368	hydrocontrol	产销量第三	工程机械行业

3）液压系统液压马达、减速机、液压缸和管类零部件质量可靠，见表12-13。

表 12-13 液压系统的液压马达、减速机、液压缸和管类零部件采用的部分品牌（仅供参考）

部件名称	型号	配套厂家	世界排名	备注
搅拌马达	J6K-985	伊顿公司	世界知名品牌，排名前列	
润滑泵	RHX-B	温州维东	中国知名品牌	
水泵用液压马达	CMF-E525-AFPS	长源液压	中国知名品牌	
风扇用液压马达	CMF-E520-AFPS	长源液压	中国知名品牌	
回转支撑减速机	PG1003MS94.8	意大利康玛	世界知名品牌，排名前列	
泵送液压缸	Φ140×Φ80×2000	长沙协力	中国前列	帕克液压缸密封件
S 阀液压缸		长沙协力	中国前列	
支撑腿液压缸		中船重工	中国知名品牌	
臂架液压缸		中船重工	中国知名品牌	
高、低压油管		苏州玛努利	世界知名品牌，排名前列	

4）结构件、回转齿圈等零部件质量可靠，见表12-14。

表 12-14 结构件、回转齿圈等零部件采用的部分材料及品牌（仅供参考）

部件名称	材料型号	材料性能	生产国家/地区	备注
臂架	WELDOX700E	屈服强度在 700~900MPa	瑞典	
	WELDOX900E			
支腿	WELDOX700E	屈服强度在 700~900MPa	瑞典	
	WELDOX900E			
副车架	Q345A	>345MPa	中国	
工作走台	Q235	>235MPa	中国	
回转支撑	42CrMn		意大利利萨/罗特艾德	
回转齿圈	42CrMn		意大利利萨/罗特艾德	
泵送砼缸	45		中国长沙协力	
散热器	铝		中国内蒙一机	
水泵	铜、铝		中国上海神龙	

5）电器、控制系统等零部件质量可靠，见表12-15。

表 12-15　电器、控制系统零部件采用的部分品牌（仅供参考）

部 件 名 称	型　　号	生 产 厂 家	世 界 排 名	备　　注
电气控制总成		易斯路（国内）	中国知名品牌	三一中联自制，国内销量第三
控制器	RC6-9	博世（德国）/易斯路（国内）	世界知名品牌，排名前列	
遥控器	FST 727	HBC（德国）	世界知名品牌，排名前列	国内销量第一
主要连接器		Weidmuller（德国）	世界知名品牌，排名前列	

3. 制造工艺可靠

（1）焊接工艺与设备先进，确保臂架等关键部件的焊接质量　采用最先进的设备，保证焊接的质量。部分焊接设备，见图12-66。

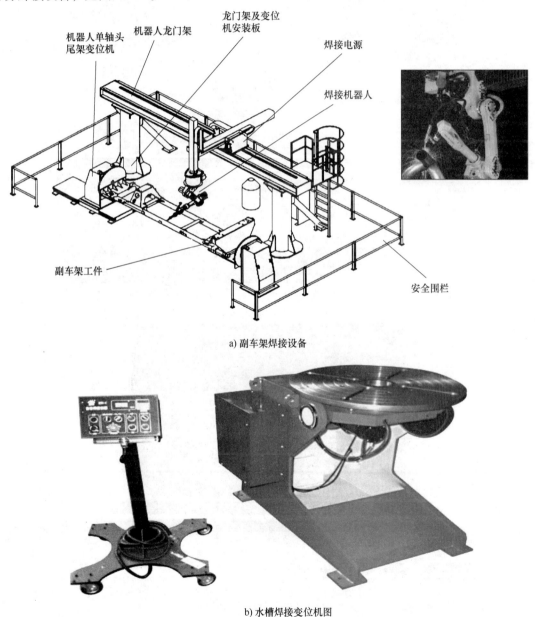

a) 副车架焊接设备

b) 水槽焊接变位机图

图 12-66　雷萨泵车制造，部分焊接设备外形图

图 12-66 雷萨泵车制造，部分焊接设备外形图（续）

消氢处理设备的作用：减少氢致裂纹；减少臂架断裂的倾向。

（2）清洗工艺与设备可靠　清洗工艺与设备应保证液压系统零部件的清洁度，从而确保液压油不被污染。减少液压系统缸、泵、阀类零件的磨损和确保液压系统的正常运行。部分清洗设备外形图见图12-67。

a) 钢管压缩空气清洗枪　　b) 胶管清洗机　　c) 液压缸清洗试验台——负载缸

d) 煤油清洗机　　e) 液压缸清洗试验台　　f) 液压缸清洗试验台——电控柜

图 12-67　雷萨泵车制造的部分清洗设备外形图

（3）过滤设备可靠　先进的过滤设备，应保证油品的清洁度达到 NS9 级以上。部分油品过滤设备，见图 12-68。

a) 三级过滤车　　b) 在线过滤器

图 12-68　雷萨泵车制造的部分油品过滤设备

（4）装配工艺可靠　保证装配的精度和位置度，雷萨泵车总装生产线见图 12-69。

图 12-69　雷萨泵车总装生产线

（5）调试和试验严谨可靠　出厂前，严格按照试验规范进行调试和试验，确保出厂产品的质量和性能最优化。试验车间一角，见图 12-70。

1）严格的试验，保证产品完全符合国家标准。

2）产品出厂验收，严格执行标准和合同进行。

a) 正在进行调试的泵车

b) 正在进行出厂检验的泵车

c) 正在进行出厂检验的泵车

图 12-70　泵车的调试与试验、验收

第四节　泵车使用、保养与维修注意事项

一、泵车出行注意事项

1. 出车前检查项目

出车前，必须对表 12-16 中所列项目进行检查。

表 12-16　泵车出车前的检查项目和检查内容

系统分类	检查项目	检查内容
底盘系统	轮胎检查	检查轮胎的充气压力和损伤情况
		检查轮胎螺母有无松弛现象
	油品检查	检查机油、防冻液、燃油、制动液和动力转向液是否正常
	储气筒	检查储气筒内是否有水排放出来，如有应及时更换空气干燥的干燥筒
泵送系统	水槽	检查水箱是否加满清水（或支撑台上水箱已加满清水）
液压系统	液压油箱、水箱	检查是否出现裂纹，是否出现变形
	液压计	检查液压油的油位及颜色（正常为透明淡黄色）
	液压油路	检查有无渗漏油现象
	液压元件	
臂架支腿系统	臂架	检查是否出现裂纹，是否出现变形
	转台	
	支腿	
	支腿锁	检查上装四个支腿锁是否可靠锁止
机械易损件	眼镜板	检查磨损情况
	切割环	
	S 管阀	
	搅拌叶片	
	输送管	
	砼活塞	

2. 行车注意事项

1）开车前，要使发动机怠速运转，直到冷却液温度表指针上升至适温范围内，才可开车（冬季尤为重要）。

2）如果冷却液温度表显示温度过高时，应使发动机保持怠速运转，直到冷却液降到正常温度为止。

3）机油压力低时，压力表指针无规律地摆动，不可使用发动机。

4）严禁在行车时将钥匙旋至"LOCK"，否则会因方向盘锁止丧失转向能力。

5）行车中，空档严禁使用排气制动器，以免发动机熄火，发生意外。

6）严禁车辆在下坡时发动机熄火、脱档滑行，有可能会造成气压不足，制动失效。

7）可调式方向盘调好位置后，应完全锁紧调节柄，严禁在行车时调整方向盘位置。

8）动力转向打到极限位置时，持续时间不允许超过5s。

9）行车时，严禁使用轮间差速器锁开关和轴间差速器锁开关。

10）混凝土泵车的重心较高，转弯时必须减速以防倾翻。

11）过桥洞、隧道时，要注意泵车高度。

12）泵车最高车速不超过80km/h。

二、泵车泵送操作规范

（一）泵送作业要点

泵车操作流程，必须严格执行其操作顺序，见图12-71。

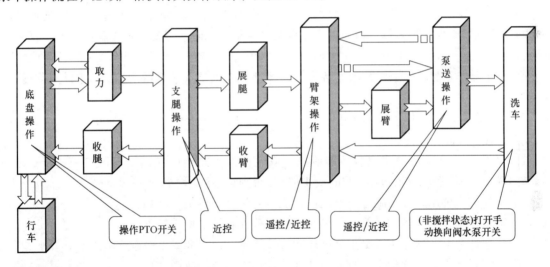

图12-71 泵车基本操作流程示意图

1. 泵送准备

1）首先让泵车空负荷运转10min左右，使各润滑点均明显出现润滑脂。

2）润管：中排量泵送砂浆$1\sim2m^3$，当砂浆快泵完时，即可倒入混凝土，直接转入正常泵送。

2. 正式泵送注意事项

1）开始泵送时，混凝土泵应处于慢速、匀速运行的状态，然后逐渐加速。同时应观察混凝土泵的压力和各系统的工作情况，待各系统工作正常后方可以正常速度泵送。

2）混凝土泵送工作尽可能连续进行，混凝土缸的活塞应保持以最大行程运行，以便发挥混凝土泵的最大效能，并可使混凝土缸在长度方向上的磨损均匀。

3）混凝土泵若出现压力过高且不稳定、油温升高、输送管明显振动及泵送困难等现象时，不得强行泵送，应立即查明原因予以排除。可先用木槌敲击输送管的弯管、锥形管等部位，并进行慢速泵送或反泵，以防止堵塞。

3. 出现堵塞时应采取的排除方法

1）重复进行反泵和正泵运行，逐步将混凝土吸出返回至料斗中，经搅拌后再重新泵送。

2）用木槌敲击等方法查明堵塞部位，待混凝土击松后重复进行反泵和正泵运行，以排除堵塞。

3）当上述两种方法均无效时，应在混凝土卸压后拆开堵塞部位，待排出堵塞物后重新泵送。

4. 延长易损件寿命

为了提高输送管等易损件的工作寿命，每输送 6000m³ 后，将所有输送管顺时针旋转 180°，将切割环旋转 180°。

5. 季节施工

夏季炎热气候施工，宜用湿罩布、草袋等遮盖输送管，以免造成管中混凝土"脱水"，输送困难。冬季严寒季节施工，宜用保温材料包裹输送管，防止管内混凝土受冻。

（二）泵车泵送安全操作规范

1）泵工需经培训，持证上岗。

2）泵车只适用于泵送混凝土作业。不得将布料杆作起重臂使用，不能用于运输货物，只允许携带一些输送管、管卡等备件。

3）泵车工作区域的安全要求如下：

① 泵车停放的场地，应尽可能开阔，足以完全展开各个支腿。必须配备一名助手，当泵工离开设备时或设备不在视线范围内时，管理好泵车，并协调搅拌车给料。

② 必须将泵车停放在坚实的地面上，以保证泵车的稳定性。泵车必须远离坑、堤坝、沟渠等。因为这些地方的地面受到支腿的压力可能引起塌落，影响泵车的稳定性。如果地面不够坚实，必须在支脚下交叉放置一些垫木。

③ 工作时，将泵车置于水平状态（最大许可倾斜度为 3°），较大的倾斜度会影响臂架回转、发动机、变速器、分动器工作的稳定性，以及液压泵的吸油性能；同时，当泵车停在斜坡上时，把楔木放在后桥车轮后面。

④ 必须按安全作业要求，采用警示设备将工作场地与交通流和公众隔离开。夜间打开支腿上的示廓灯及照明灯。

⑤ 泵工及泵车周围的工作人员在作业时必须戴好防护用品（安全帽、安全眼罩等）。

⑥ 闲杂人员不得进入工作区。

4）操作 PTO 开关之前，应将离合器踩到底，确定应换入的档位（因底盘不同有差异，如欧曼 8 档，五十铃 CYZ51Q—37m 五档、庆铃 22m 换 4 档），否则将会烧坏主液压泵。

5）四个支腿完全伸出。在支腿停置好之前，决不允许展开臂架（布料杆）。

6）在开始泵送前，检查各输送管、管卡和软管，确保各管卡均连接牢固。

7）进行泵送作业时，料斗中混凝土高度应超过搅拌轴，以免混凝土输送管吸入空气。

8）不准站在料斗上，不准把手、脚或身体其他部位靠近料斗或摆缸。

9）泵车与电力线路之间的距离至少为 5m。

10）泵送混凝土时，不能让末端输送胶管弯曲，也不能将输送胶管没入混凝土中，否则会引发堵塞而导致事故出现。

11）布料杆和软管的长度不能超过极限值。如果再往末端软管上接输送管，那么这些管子必须保证不额外增加布料杆的负荷。

12）堵塞后重新开始泵送时，末端软管必须能自由摆动。任何人不得在末端软管所能到达的区域内逗留。

13）应不断地检查并在必要时调整支腿。通过调整支腿以减小由于布料杆在不同位置时产生的转矩，确保支腿坚实地支在地面上，进而保证整车的稳定性。

14）泵车安全标记及安全装置如水槽盖板、料斗过滤护网等，应妥善保护，不得损坏，更不允许拆除或更换。

15）随时检查料斗的润滑情况，润滑泵储油筒如油位较低应及时补充。

16）不得直接用手扶末端软管，如必须用手扶，应通过牵引杆或两个人用绳索套控制。

17）在输送管内有压力的情况下不允许敲击或打开输送管，必要时，必须先打反泵卸压。

18）臂架（布料杆）只能在风速不超过 6 级的情况下工作。

19）泵车工作的环境温度为 0~40℃，当温度较低时，无负载泵送使液压油温升至 40~45℃，再开始泵送，否则会引起主泵早期损坏。

20）不允许在布料杆展开状态而无支撑的情况下更换输送管，必要时必须将展成水平状态的布料杆进行可靠支撑后，方可更换输送管。

21）注意支腿位地面沉降情况，必要时应收合臂架，重新调节停车位置。

22）臂架在垂直泵送时都会晃动，与泵送系统的换向频率有关，泵送作业时防止换向频率与臂架固有频率相同而产生共振引起臂架晃动振幅加大，应改变泵送排量。

23）对于泵送性能差的混凝土，应使料斗中的混凝土液面保持在搅拌轴附近。

24）停泵时间较长时（30min 内），先操作 S 管阀摆动，搅拌料斗底部混凝土，并将输送胶管调至料斗上方，循环泵送，夏季高温时，适当补充水分。

25）泵送中应经常向水槽中注水，以降低冷却液的温度，水槽内的水应清洁，如出现混浊现象，需更换活塞。

26）当发生故障不能自动泵送，在 1h 内不能快速排除故障，应及时与专业服务人员联系，迅速清除输送管、料斗、S 管阀、输送缸内的混凝土，否则将造成混凝土凝固。

27）如果碰到电气失控或险情时，应按动急停按钮及时停止泵送作业。

（三）清洗及收车注意事项

1）臂架（布料杆）完全收回后，才可操作支腿收合，收合时注意支腿摆动区域内（该区域为挤压危险区）是否有人或物。

2）严禁未完全收回臂架而行驶。

3）在泵车开始行驶前，支腿必须收回并固定在行驶位置上，并且要仔细检查固定装置。

4）清洁车辆时，不允许把水或蒸汽射流对准电气元件，否则有生命危险。

5）严禁使用高压空气清除输送管中的混凝土。

6）上装清洗水泵，在不使用时，及时将手动换向阀调至停止位或搅拌位。

7）冬季施工，气温低于 0℃ 以下时，收工时将水箱、水槽及水泵中水全部放掉。

8）走台板上的附带件应固定牢靠，以免在行驶过程中丢失。

三、泵车日常保养与维护

泵车底盘的日常保养与维护，同其他车辆底盘，故本节略。

（一）液压系统的日常保养与维护

1. 液压系统的日常保养

1）检查液压油油位，油质应是淡黄色、透明，无乳化或浑浊现象，否则应更换。

2）检查润滑系统工作情况，应看到递进式分油器指示杆来回动作，S 管摆臂端轴承位置、搅拌轴轴承位置有润滑油溢出。

3）检查冷却器是否正常工作，若有污物立即清洗，否则易引起油温过热。

4）检查真空表指示，应在绿色区域内（真空度不超过 0.04）。

5）检查液压系统是否有漏油、渗油现象。

6）检查真空表指示，滤芯过滤情况。

7）至少每工作 50h 后，在开机前，油箱底部排水阀必须排水一次。

对于装有滤芯堵塞发讯报警装置的臂架液压泵的压油过滤和泵送单元恒压泵压油过滤，应注意随时观察，并及时更换滤芯。对于未装滤芯堵塞发讯报警装置的臂架液压泵的压油过滤器和回油过滤装置，应定时（每半年）更换滤芯。

8）检查液压油。必要时换新液压油，新加入的液压油必须使用推荐牌号的液压油。一般泵车工作半年（工作 2000h）后应彻底更换一次油。

9）检查蓄能器气压是否足够，大蓄能器充气压力 8~8.5MPa。蓄能器充入的只能是氮气，充气压力必须按规定要求。

2. 液压系统的维护

(1) 滤芯的清洗和拆换

1) 滤芯只能使用本厂提供的专用滤芯，过滤精度按使用说明书要求更换。

2) 可清洗滤芯按规定程序进行清洗。

3) 纸质滤芯不得重复使用。

(2) 液压油使用及更换

推荐夏季（环境温度 −5~40℃）用美孚 AW46、埃索美孚 H68、CALTEX HD68 或昆仑 L-HV 46 高温性能好的优质抗磨液压油。

1) 应使用推荐牌号的液压油，不得使用其他牌号，禁止两种牌号混用。

2) 油温高于 45℃ 时，打开冷却风扇；低于 40℃ 时，冷却风扇可不开。

3) 油位应处于油位计 3/4 以上，否则应及时补加。

4) 液压油的颜色应为透明带淡黄色，若变色、浑浊或乳化，应立即更换。

5) 液压油的质量对液压泵影响极大，正常情况下，一般在泵车工作半年后（约合工作 2000h），应彻底换油一次，并清理油箱。

(3) 润滑脂的使用

1) 采用往复柱塞式润滑泵（分配油路取动力）时采用润滑脂：用非极压型 "0" 号半流体锂基润滑脂。

2) 工地亦可采用 3 号钙基润滑脂与 20 号机械油，按 3:1~4:1 调配成半流体状使用。

3) 应经常清洗网式滤油器，以免润滑脂不能进入递进式分油器。

4) 请注意油脂牌号。对往复柱塞式润滑泵夏季用 0 号或 1 号半流体锂基润滑脂，冬季用 00 号或 0 号半流体锂基润滑脂。

(二) 泵车上装的日常保养与维护

1. 上装强制保养项目及要求

泵车上装强制保养项目表见表 12-17。

表 12-17 泵车上装强制保养项目表

项目	强制保养工作内容	处理措施
强保前检查	1. 查《泵车产品保修手册》上购车日期、PLC 累计工作时间、行驶里程	检查
	2. 检查发票复印件购车日期，泵送工作时间是否在规定范围之内	检查
整车	3. 检查所有联接、紧固螺栓是否松动并拧紧	检查、紧固
	4. 检查臂架、支撑台、支腿等焊缝状况	检查
	5. 检查臂架、支撑台、支腿各铰点，并对上装部分所有润滑点加注润滑剂	加注润滑剂
分动器	6. 更换分动器中的润滑油（美孚 HD80W-90 齿轮油）	更换
	7. 检查电磁换向阀及压力表、气管	检查
液压系统（泵送）	8. 检查液压管路、阀、泵等有无渗油、漏油现象	检查调整
	9. 检查压力表是否正常	检查
	10. 检查液压泵的控制压力、高压溢流压力、搅拌压力	检查调整
	11. 检查蓄能器的压力，将其充氮气压力调至 (8.5±0.5) MPa	检查调整
	12. 更换吸油滤油器滤芯，清洗滤筒	清洗更换
液压系统（臂架、支撑台、支腿）	13. 检查臂架液压缸、安全阀、压力表	检查调整
	14. 检查管路、多路阀有无渗油、漏油、损坏	检查调整
	15. 检查支腿液压缸及平衡阀块	检查
	16. 检查液位计、液温计	检查
	17. 更换高压滤油器滤芯，清洗滤筒	清洗更换
	18. 检查液压油清洁度	检查

(续)

项 目	强制保养工作内容	处理措施
回转部件	19. 检查转台联接螺栓是否松动,并用力矩扳手按规定力矩值拧紧	检查紧固
	20. 检查回转减速机构的油标上的油位,齿轮油加足	加注
	21. 检查转塔回转速度	检查
泵送系统	22. 检查最大泵送速度时的冲程时间,检查最大输送量时的冲程时间	检查调整
	23. 检查S阀总成上切割环与眼镜板的间隙	检查调整
	24. 检查S阀总成磨损情况,S摆管允许的最小壁厚为4mm	检查
	25. 检查搅拌轴两端和S阀总成的密封	检查
润滑系统	26. 检查润滑泵及递进式分配器是否工作正常	检查
	27. 检查输送缸上的润滑点能否进行充分润滑	检查
	28. 检查S管阀和搅拌轴两端的润滑	检查
输送管	29. 通过敲击或壁厚测量器检查输送管磨损情况	检查
散热器	30. 检查液压马达、胶管接头是否泄漏	检查
	31. 检查温度传感器是否正常	检查
	32. 清除散热器表面的灰尘和污物	清理
水泵	33. 检查水泵压力表	检查
	34. 清洗水泵吸水过滤器	清洗
	35. 水泵需要润滑的加足润滑油	加注
电气	36. 检查电器开关、限位开关是否灵敏可靠	检查
	37. 电缆、电器接插件是否完好	检查
	38. 指示灯是否完好	检查
	39. 遥控是否正常	检查
	40. GPS工作是否正常,线束连接是否可靠	检查

2. 泵车上装定期保养项目及要求

泵车上装定期保养项目表见表12-18泵车上装定保项目表。

表12-18 泵车上装定期保养项目表

项 目	定期保养工作内容	处理措施
定期保养前检查	1. 查《泵车产品保修手册》上购车日期、PLC累计工作时间、强制保养记录	检查
整车	2. 检查所有联接、紧固螺栓是否松动并拧紧	检查紧固
	3. 检查臂架、支撑台、支腿等焊缝状况	检查
	4. 检查臂架、支撑台、支腿各铰点,并对各相对运动部位加注黄油润滑	润滑
分动器	5. 检查分动器中的润滑油状况	检查
	6. 检查电磁换向阀及压力表、气管	检查
液压系统	7. 检查液压管路、阀、泵有无渗油、漏油现象	检查调整
	8. 检查压力表是否正常	检查
	9. 检查液压泵的控制压力、高压、搅拌压力	检查调整
	10. 检查蓄能器的压力,将其充气压力调至(8.5±0.5)MPa	检查调整
	11. 检查吸油滤油器滤芯,清洗滤筒	检查、清洗
液压系统(臂架、支撑台、支腿)	12. 检查臂架液压缸、安全阀、压力表	检查调整
	13. 检查管路、多路阀有无渗油、漏油、损坏	检查调整
	14. 检查支腿液压缸及平衡阀块	检查
	15. 检查液位计、液温计	检查
	16. 检查高压滤油器滤芯,清洗滤筒	检查、清洗

(续)

项　目	定期保养工作内容	处理措施
回转部件	17. 检查转台联接螺栓是否松动，并用力矩扳手按规定力矩值拧紧	检查紧固
	18. 检查回转减速机构的油标上的油位，齿轮油加足	加注
	19. 检查转台回转速度	检查
泵送系统	20. 检查最大泵送速度时的冲程时间，检查最大输送量时的冲程时间	检查调整
	21. 检查S管阀总成切割环与眼镜板的间隙	检查调整
	22. 检查S管阀总成磨损情况，S管阀允许的最小壁厚为4mm	检查
	23. 检查搅拌轴两端和S管阀的密封	检查
润滑系统	24. 检查润滑泵及递进式分配器是否工作正常	检查
	25. 检查输送缸上的润滑点能否进行充分润滑	检查
	26. 检查S管阀和搅拌轴两端的润滑	检查
输送管	27. 通过敲击或壁厚测量器检查输送管磨损情况	检查
散热器	28. 检查液压马达、胶管接头是否泄漏	检查
	29. 检查温度传感器是否正常	检查
	30. 清除散热器表面的灰尘和污物	清理
水泵	31. 检查水泵压力表	检查
	32. 清洗水泵吸水过滤器	清洗
	33. 水泵需要润滑的加足润滑油	加注
电气	34. 检查电器开关、限位开关是否灵敏可靠	检查
	35. 电缆、电器接插件是否完好	检查
	36. 指示灯是否完好	检查
	37. 遥控是否正常	检查
	38. GPS工作是否正常，线束连接是否可靠	检查

四、泵车维修

（一）泵车维修基本注意事项

1）严禁在底盘及上装通电状态时进行电焊等作业，在车辆维修过程中，使用电焊切割等设备时，必须断开蓄电池负极线，取下电控柜上主线束插座；泵车上装电器装备，如遥控装置（接收器），电控柜及内部PLC、控制器、编码器等，在进行电焊工作前，必须将这些设备线插座拨开。

2）对上装液压系统进行修理前，要关闭发动机并卸掉液压元件和液压管路中的压力。释放掉液压蓄能器的压力，拔下发动机钥匙；不要修改液压蓄能器回路，蓄能器必须由专业人员来维修。

3）车辆发动机正常运行过程中不得关断电源总开关，车辆停驶超过1h时应关断电源总开关。

4）严禁随意变更底盘及上装电源线及搭铁线，严禁在通电状态下拆解电器元件。

5）ECU连接线束检修一定要由厂家特约维修站专业人员操作，严禁用户插拔ECU上的连接线，建议用布擦拭，严禁用水冲洗。

6）更换熔断丝时，应使用欧曼纯正品，临时措施也不得安装铜丝，它会导致更换大的损坏并可能造成火灾。

7）不能取掉安全阀上的铅封或随意改动液压管路系统。

（二）泵车可能出现的故障及排除方法

1. 底盘及行走系统可能出现的故障及排除方法

底盘及行走系统可能出现的故障及排除方法见表12-19。

2. 装料及搅拌功能可能出现的故障及排除方法

装料及搅拌功能可能出现的故障及排除方法见表12-20。

表 12-19　底盘及行走系统可能出现的故障及排除方法

序号	故障现象	故障名称	故障所属系统	产生的原因	排除的方法
1	分动器不能进行泵送/行走功能切换	分动器不能进行泵送/行走功能切换	底盘系统	储气罐压力低	起动发动机提高储气罐压力
				气压系统漏气	维修气压系统
			液压系统	气动换向阀存在故障	维修气动换向阀
				气缸故障	检查气缸活塞密封，如漏气，应维修
				电器存在故障	取下气动换向阀的电器插头，手动换向。若正常，则说明电器存在故障，应维修
2	分动器抖动大、噪声大	分动器抖动大、噪声大	液压系统	传动轴动平衡误差大，径向跳动大	更换传动轴后，检查故障是否排除
				齿轮损坏	检查齿轮
				轴承损坏	检查轴承
				连接盘花键损坏	检查连接盘
				减振垫损坏	检查减振垫
3	整车振动大	整车振动大	底盘系统	传动轴动平衡误差大，径向跳动大	更换传动轴后，检查故障是否排除
				变速器至分动器的传动轴吊架轴承损坏	检查变速器至分动器的传动轴吊架轴承
				万向节损坏	检查万向节

表 12-20　装料及搅拌功能可能出现的故障及排除方法

序号	故障现象	故障名称	故障所属系统	产生的原因	排除的方法
1	搅拌系统不工作	搅拌轴不转动	料斗及搅拌系统	齿轮泵不工作	分动器没有切换到泵送状态；将分动器切换到泵送状态
				搅拌马达压力低	提高齿轮泵输出压力
				搅拌轴轴承卡死	维修
				其他异物挡住搅拌系统的运动	清除异物
2	搅拌一直反转	搅拌一直反转	料斗及搅拌系统	压力继电器一直有信号	重新调整或更换压力继电器
				PLC扩展模块输出点损坏	更换PLC输出模块
				中间继电器（KA28）接触不良	检查继电器及其接线
3	搅拌叶片卡死后不能反转	搅拌叶片卡死后不能反转	料斗及搅拌系统	压力继电器压力设定值偏高	重新调整压力设定为130bar
				叠加溢流阀（搅拌）压力设定偏低	重新调整压力设定为150bar
				搅拌电磁阀线路故障	检修搅拌电磁阀线路
				叠加溢流阀（搅拌）阀芯卡死	检修或更换

3. 泵送功能可能出现的故障及排除方法

泵送功能可能出现的故障及排除方法见表12-21。

表 12-21　泵送功能可能出现的故障及排除方法

序号	故障现象	故障名称	故障所属系统	产生的原因	排除的方法
1	泵送系统乱换向	运输过程中混凝土离析	泵送系统	泄油阀内阻尼孔堵塞	检查泄油阀内阻尼孔
				摆缸小液动阀的阀芯卡滞	检查或更换摆缸小液动阀
2	泵送系统不换向（主系统压力正常）	泵送系统不换向	泵送系统	控制电磁铁不得电或卡滞	检查线路或更换电磁铁
				主四通阀或摆缸四通阀卡滞或损坏	更换主四通阀或摆缸四通阀

(续)

序号	故障现象	故障名称	故障所属系统	产生的原因	排除的方法
3	摆缸换向无力	摆缸换向无力	泵送系统	蓄能器氮气压力不够	检查、补充氮气
				主四通阀或摆缸四通阀内的堵头脱落	检查
				主液压泵内的梭阀卡滞，导致蓄能器压力与主系统窜通	检查或更换主液压泵内的梭阀
				蓄能器内的进油口单向阀卡滞，不能保压	检查或更换蓄能器内的进油口单向阀
				恒压泵或双联齿轮泵损坏	更换恒压泵或双联齿轮泵
4	堵管	混凝土堵管，造成无法正常泵送	泵送系统	混凝土质量不合要求	检查混凝土是否符合泵送要求
				眼镜板与切割环间隙过大，造成压力损失过大	检查眼镜板与切割环间隙，若间隙过大，则拧紧S管的锁紧螺母
				S管内部或输送管内部有结料现象	检查S管内部或输送管内部有结料现象
				泵车存在换向问题	泵送时，检查每次堵管时是否在泵车主液压缸换向位置，若不是则液压系统的换向无故障
				泵车主系统压力或恒功率不够	泵车主系统压力在憋压时，压力表指针迅速上升到21MPa后，再缓慢上升到32MPa。调整主系统压力使其迅速上升到32MPa。试打混凝土有所好转，但在混凝土坍落度比较低时，堵管仍比较频繁。将主液压泵恒功率阀拧紧半圈左右后，泵送恢复正常，说明主液压泵功率调节过小，进而影响主液压泵的压力上升
5	打泵时排量无法调节	打泵时排量无法调节	泵送系统	PLC损坏	更换PLC
				电子放大器损坏	更换电子放大器
				电磁铁故障	更换电磁铁
				始终都有压差传感器信号	更换压差传感器

4. 清洗润滑功能可能出现的故障及排除方法

清洗润滑功能可能出现的故障及排除方法见表12-22。

表12-22　清洗润滑功能可能出现的故障及排除方法

序号	故障现象	故障名称	故障所属系统	产生的原因	排除的方法
1	手动润滑脂泵摇不动，各润滑点不来脂	手动润滑故障	清洗润滑系统	手动锂基脂泵本身存在故障	拆下润滑脂泵的出脂口钢管，再摇润滑脂泵，发现润滑脂泵能正常出脂，并能轻松摇动，说明润滑脂泵不存在问题
				片式分油器阻塞或损坏	依次拆下大、小轴承座以及搅拌轴套各润滑点。如发现拆下某润滑点后，再摇润滑脂泵时，工作正常，那么：说明该润滑点被堵死
				大、小轴承座以及搅拌轴套润滑点某点或多点阻塞	
2	不润滑（润滑泵不工作）	润滑泵不工作	清洗润滑系统	泵送（或手动）未开起动	起动泵送或点动摆缸
				润滑泵供油油路故障	检修或更换胶管
				润滑泵储油筒底滤网堵塞，漏不下润滑脂	清洗储油筒内滤网
				润滑泵阀芯卡滞	清洗、检修或更换润滑泵
3	不能润滑	不能润滑	清洗润滑系统	润滑脂牌号不合理	重新更换润滑脂（一般夏天用0号，冬天用00号）
				过滤器堵塞	清洗或更换滤芯
				递进式分配器内部卡滞	清洗或更换递进式分配器

(续)

序号	故障现象	故障名称	故障所属系统	产生的原因	排除的方法
4	水泵不工作	水泵不工作	清洗润滑系统	水泵电动机或连接故障	检查溢流阀压力和水泵电动机以及连接件
				手动换向阀故障	检查手动换向阀
				叠加溢流阀（水泵）故障	调整压力至150bar
				水箱内无水	水箱加水
				水泵控制阀损坏	处理或更换
5	水泵不出水	水泵不出水或压力不够	清洗润滑系统	水箱空	加水
				水泵溢流阀压力低	调溢流阀压力
				水泵损坏	检查水泵，更换水封或水泵总成

5. 操纵系统可能出现的故障及排除方法

操纵系统可能出现的故障及排除方法见表12-23。

表12-23 操纵系统可能出现的故障及排除方法

序号	故障现象	故障名称	故障所属系统	产生的原因	排除的方法
1	按下正/反泵按钮，发动机不能升速	正/反泵按钮失效	操纵系统	PLC输入点未检测到信号	检查按钮开关及线路
				分动器未处于液压泵位置	分动器切换到液压泵位置
				未起动发动机或发动机测速出现故障	起动发动机或检查测速传感器及其相关线路
				档位挂错	正确档位
				紧急停止	检查紧停开关及线路
				进口奔驰，车辆控制模块上插接件接触不良	检查并处理线路或更换
				进口五十铃，电路板输出信号不正常	检查电压值是否为正常范围（急速时82对80号线为0.8V，升速时则慢慢上升至3V左右）
2	按下正/反泵按钮，无动作	正/反泵按钮失效	操纵系统	速度未升至设定速度	按上述方法处理
				PLC输出点无输出	检查PLC输出点是否烧坏
				中间继电器接触不良	检查继电器及其接线
				Fu3熔丝损坏	更换熔丝
				排量旋钮在零位	加大排量
				液压油温达到90℃	降低液压油温
				控制面板按钮未在"蓄能"位	将按钮按至"蓄能"位
				接近开关线路故障	检修接近开关及线路
3	遥控接收器电源没电	遥控接收器电源没电	操纵系统	支腿操作盒急停开关未复位	将急停开关复位
				微型断路器断开	重新合上微型断路器
				K15继电器故障	更换继电器
				遥控接收器故障	检修或更换
4	遥控通信不正常（发射机不工作）	发射机不工作	操纵系统	发射机电池没电（指示灯不亮或红色闪动）	更换电池
				通信信号被屏蔽或干扰（接收器第二灯常亮）	开关数次转换波段，或改用有线
				发射机故障	检修遥控系统

(续)

序号	故障现象	故障名称	故障所属系统	产生的原因	排除的方法
5	手控时臂架不能正常展收	臂架不能正常展收	臂架支腿系统系统	臂架多路阀主溢流阀阀芯或弹簧断	更换损坏件（或主溢流阀）
				臂架多路阀旁通阀未通电	检修旁通阀线路（或应急推杆）
				臂架泵故障	更换臂架泵
6	手控时臂架能正常展收，遥控时不工作	遥控臂架不能正常展收	臂架支腿系统系统	遥控时，臂架旁通阀未通电	检修旁通阀线路（或应急推杆）
				一臂展开电磁铁损坏或线路故障	检修线路及电磁铁
				遥控系统通信不正常	检修或更换遥控接收器及发射机

6. 液压系统可能出现的故障及排除方法

液压系统可能出现的故障及排除方法见表12-24。

表12-24　液压系统可能出现的故障及排除方法

序号	故障现象	故障名称	故障所属系统	产生的原因	排除的方法
1	主系统无压力或主系统压力不能达到31.5MPa	主系统无压力故障	液压系统	DT1没得电	检查电气线路及程序
				主溢流阀的插装阀阀芯卡死在上位	更换主溢流插装阀
				主溢流阀的溢流阀阀芯磨损	
				DT1电磁换向阀阀芯磨损	更换DT1电磁换向阀
				主液压泵的电比例阀插头松动或阀芯磨损	拧紧插头或更换恒压阀
2	小排量泵车（120m³/h）低压泵送时，砼活塞在没有前进到输送缸靠料斗的规定行程处就换向，而且换向次数越来越多	砼活塞换向频繁	液压系统	主液压缸无杆腔连通插装阀（即插装阀23）阀芯与阀套之间磨损，导致无杆连通腔的液压油泄回油箱，从而使无杆连通腔的液压油越来越少	更换主液压缸无杆腔连通插装阀（即插装阀）
				主液压缸活塞密封损坏，导致泵送时内泄到油箱的液压油比内泄到无杆连通腔的液压油多，从而使无杆连通腔的液压油越来越少	更换液压缸活塞密封件
3	小排量泵车（120m³/h）高压泵送时，砼活塞在没有前进到输送缸靠料斗的规定行程处就换向，而且换向次数越来越多	砼活塞换向频繁	液压系统	主液压缸活塞密封损坏，导致泵送时内泄到有杆连通腔的液压油比内泄到油箱的液压油多，从而使无杆连通腔的液压油越来越少	更换液压缸活塞密封件
				插装阀和阀芯与阀套之间磨损，导致主系统压力油从阀芯泄入有杆连通腔内	更换插装阀和阀芯
4	大排量泵车（140m³/h）低压泵送时，砼活塞在没有后退到输送缸靠洗涤室的规定行程处就换向，而且换向次数越来越多	砼活塞换向频繁	液压系统	插装阀和阀芯与阀套之间磨损，导致主系统压力油从阀芯锥面泄入到有杆连通腔内，从而使无杆连通腔的液压油越来越多	更换插装阀和阀芯
				插装阀和阀芯与阀套之间磨损，导致急速时蓄能器压力油泄入无杆连通腔内	更换插装阀和阀芯
				退出液压缸的活塞密封件损坏，导致蓄能器压力油泄入到无杆连通腔内	更换退出液压缸的活塞密封件
5	大排量泵车（140m³/h）高压泵送时，砼活塞在没有后退到输送缸靠洗涤室的规定行程处就换向，而且换向次数越来越多	砼活塞换向频繁	液压系统	主液压缸有杆腔连通插装阀（即插装阀23）阀芯与阀套之间磨损，导致有杆连通腔的液压油泄回到油箱，从而使无杆连通腔的液压油越来越少	更换插装阀
				高压换向插装阀盖板中阻尼孔堵塞，导致主液压缸换向不正常，有杆连通腔的液压油越来越少	检查或更换盖板中阻尼孔

（续）

序号	故障现象	故障名称	故障所属系统	产生的原因	排除的方法
6	液压油温异常升高	液压油温异常升高	液压系统	主溢流阀在泵送过程中存在溢流现象	更换主溢流阀
				液压油太少	补充液压油
				液压油黏度不对	更换适当黏度的液压油
				散热器损坏	更换散热器
				风扇损坏	维修或更换风扇
				液压泵异常磨损	更换液压泵
				混凝土堵管导致液压泵溢流阀频繁开启	检查溢流阀压力设定或负载
				风冷却器散热片被灰尘堵塞，导致冷却不畅	清理散热片上的灰尘
7	泵送及风冷系统工作正常，但液压油温异常升高	液压油温异常升高	液压系统	臂架多路阀主溢流阀的调定压力过低，导致臂架动作时存在溢流现象	调高臂架多路阀主溢流阀压力
				臂架多路阀三通流量阀磨损	检查、更换三通流量阀
8	工作缸动作缓慢	工作缸动作缓慢	液压系统	滤芯堵塞造成吸油不畅	更换滤芯
				控制压力调不上去	检修比例阀及油路
				补液压泵压力低	检修主泵（补液压泵及低压溢流阀）
9	一节臂两液压缸不同步	一节臂两液压缸不同步	液压系统	臂架平衡阀开启压力差别大	调整，使压力差别小
				两个液压缸自身摩擦阻力差别大	互换或更换液压缸
10	控制压力在下降时压降过大	压降过大	液压系统	主液压泵上小蓄能器压力低	重新充气或更换小蓄能器
				补液压泵压力低	调整主液压缸低压溢流阀或检修补液压泵
11	砼活塞有时拔出	砼活塞有时拔出	液压系统	工作缸上截止阀未打开	打开截止阀
				接近开关位置太靠近液压缸	调整接近开关位置
				退砼阀内泄	更换退砼阀（拧紧退砼阀油管上截止阀）

7. 臂架支腿系统可能出现的故障及排除方法

臂架支腿系统可能出现的故障及排除方法见表12-25。

表12-25　臂架支腿系统可能出现的故障及排除方法

序号	故障现象	故障名称	故障所属系统	产生的原因	排除的方法
1	臂架异响	臂架异响	臂架支腿系统	润滑不好	检查异响处的润滑系统
				转台与臂架液压缸座对称度误差太大	价差转台与臂架的接触面，若磨损严重则需要返修或更换
				对称度误差造成连杆与臂架及连杆与液压缸座端面摩擦	检查臂架、连杆、液压缸之间的接触面，若磨损严重则需要返修或更换
2	前支腿伸缩异常	前支腿伸缩异常	臂架支腿系统	固定臂上的滚孔被钻偏，造成活动臂向一侧歪斜	调节滚孔直径或返修
3	前支腿支撑到地面，活动臂明显上翘	活动臂上翘	臂架支腿系统	活动臂与固定臂间隙过大	活动臂与固定臂间加垫板或更换
4	支腿展开不到位	支腿展开不到位	臂架支腿系统	前支腿展开液压缸铰轴位置不对	返修或更换

(续)

序号	故障现象	故障名称	故障所属系统	产生的原因	排除的方法
5	切割环磨损快	切割环磨损快	臂架支腿系统	切割环本身质量问题	检查并排除墙面4项故障现象
				泵车泵送的混凝土中含有大量的超硬沙料	
				眼镜板磨损较严重	
				切割环装配质量不到位	
				切割环与眼镜板之间存在错位现象	在检查切割环与眼镜板之间密合度时,若发现S管不能摆接位,经仔细检查发现摆臂与S管花键齿之间不存在错位,但安装摆缸的下球面轴承座严重磨损,则需要更换,以排除故障
6	臂架只能左旋或右旋	臂架只能左旋或右旋	臂架支腿系统	回转限位电磁阀线圈烧坏或阀芯卡死	检查、更换回转限位电磁阀限位电磁阀线圈或整个电磁阀
				回转平衡阀阀芯卡死或损坏	更换回转平衡阀
7	臂架与支腿均无动作	臂架与支腿均无动作	臂架支腿系统	多路阀的旁通阀不得电	检查线路
				多路阀的三通流量阀卡死或者其阻尼接头脱落	更换三通流量阀
				装配臂架切换阀的泵车,则可能是臂架切割阀线圈烧坏或阀芯卡死	更换三通流量阀
				装配变量臂架泵的泵车,则可能是臂架泵的负载敏感阀、恒压阀或恒功率阀卡死	检查、更换变量臂架泵的控制阀
8	臂架动作、臂架回转及支腿动作中任一个不能动作,其余正常	臂架支腿故障	臂架支腿系统	多路阀相应的换向滑阀片出现电气故障,相应电比例阀不得电	检查线路
				多路阀相应的换向滑阀片内的二通流量阀卡死或者其阻尼接头脱落	检查、更换二通流量阀
9	臂架展开或收回动作缓慢	臂架展开或收回动作缓慢	臂架支腿系统	臂架多路阀主溢流阀的调定压力过低,导致臂架动作时存在溢流现象	调高臂架多路阀主溢流阀压力
				臂架多路阀三通流量阀磨损	检查更换三通流量阀
10	臂架回转时有抖动	臂架回转时有抖动	臂架支腿系统	回转平衡阀故障	检修或更换回转平衡阀
				臂架多路阀对应故障	检修臂架多路阀
				回转减速机(包括电动机)故障	检修回转减速机(包括电动机)

8. 电气系统可能出现的故障及排除方法

电气系统可能出现的故障及排除方法见表12-26。

表12-26 电气系统可能出现的故障及排除方法

序号	故障现象	故障名称	故障所属系统	产生的原因	排除的方法
1	文本显示速度不正常	文本显示速度不正常	电气系统	信号线不良	重新接线
				基极电阻偏低	根据图样检查阻值并加以处理
				晶体管工作不正常	更换晶体管
				底线接触不良	重新处理接线
2	文本显示器不显示有关信息	文本显示不正常	电气系统	与PLC连接电缆未接好	重新插头并拧紧螺钉
				文本显示器损坏	更换文本显示器
				电源线接触不好	重新接好显示器电源线

(续)

序号	故障现象	故障名称	故障所属系统	产生的原因	排除的方法
3	文本显示器显示紧急停止	文本显示不正常	电气系统	紧停按钮被按下	检查并松开紧停按钮
				中间继电器接触不良，常闭点未能真正断开	检查继电器及其接线
				遥控器出现故障	检查或更换遥控器
4	冷却风机不动作（38~55℃）	冷却风机不动作	电气系统	温控开关损坏	更换温控开关
				中间继电器接触不良	检查继电器及其接线
				遥控器出现故障	清洗或更换
5	泵送时里程表仍有指示	泵送时里程表仍有指示	电气系统	液压泵位置接近开关未装好	调整接近开关
				中间继电器（断开里程表）接触不良	检查或更换继电器
6	不能正常取力	取力不正常	电气系统	底盘气压不足	调整气压≥8bar
				未拉驻车制动器（或制动开关损坏）	拉驻车制动器或检修制动开关
				FESTO气控阀电路未接通	检测气控阀线圈电压和线圈电阻
				分动器气回路故障	检查气阀与分动器气缸气路
				分动器内部卡滞	拆解分动器气缸检修拨叉灵活性
7	取力后不能加速	取力后不能加速	电气系统	发动机ECU上无PTO申请信号	检修底盘巡航开关至发动机ECU线路
				离合器开关不能断开	检修离合器开关及线路
				制动开关断开	检查制动开关及相关线路
				巡航开关断开	按动巡航开关一次
8	自动油门泵送时不能减速	自动油门泵送时不能减速	电气系统	右支腿操作盒上应急开关不在中位	将开关按至中位

第五节 部分泵车产品资源

部分符合国六标准的泵车产品见表12-27。

表12-27 部分符合国六标准的泵车产品（仅供参考）

序号	米段	底盘	驱动形式	动力系统	公告型号
1	30	福田瑞沃	4×2	玉柴 YC6J200-52	BJ5185THB-FA
2	38	欧曼 GTL	6×4	福康 ISGe5-400	BJ5289THB-XD
3	40	欧曼 GTL	6×4	福康 ISGe5-400	BJ5289THB-XD
4	47	欧曼 GTL	6×4	福康 ISGe5-400	BJ5339THB-XD
5	50	欧曼 EST	6×4	福康 X12NS6B440，ZF16S	BJ5359THB-XF
6		五十铃	6×4	6WG1-TCG61，ZF8S	BJ5350THB-XF
7	52	欧曼 EST	6×4	福康 X12NS6B440，ZF16S	BJ5359THB-XF
8		五十铃	6×4	6WG1-TCG61，ZF8S	BJ5350THB-XF
9	56	欧曼 EST	8×4	福康 ISGe5-430	5449THB00-XD
10		欧曼 EST	8×4	福康 X12NS6B470，ZF16S	BJ5449THB-XF
11		五十铃	8×4	6WG1-TCG62，ZF8S	BJ5440THB-XF

(续)

序号	米段	底盘	驱动形式	动力系统	公告型号
12	58	欧曼 EST	8×4	福康 ISGe5-430	BJ5449THB-XD
13		欧曼 EST	8×4	福康 X12NS6B470，ZF16S	BJ5449THB-XF
14		五十铃	8×4	6WG1-TCG62，ZF8S	BJ5440THB-XF
15	61	欧曼 GTL	8×4	福康 ISGe5-430	BJ5449THB-XD

本章小结与启示

通过本章学习，要求掌握混凝土泵车的基本结构、基本功能及其工作原理。客户对泵车的要求，满足客户要求的性能指标。

了解常见故障及处理方法。

掌握产品组合（22、27、32、37、43、48、52、56、62m），为向客户推荐产品打下基础。

本章学习测试及问题思考

1. 功能、性能的定义是什么？
2. 泵车的主要功能有哪些？
3. 泵车的辅助功能主要有哪些？
4. 泵车的砼缸有几个？
5. 液压泵是否直接装在分动器上？
6. 液压油的温度达到多少℃，泵送就会停止工作？低于多少℃又会恢复工作？
7. 泵送功能的工作原理是什么？
8. 清洗功能的工作原理是什么？

第十三章 冷藏与保温运输车

学习要点

1. 了解冷藏与保温运输车的功能、性能、结构、主要配置、常见故障及处理方法。
2. 了解冷藏与保温运输车的分类与产品组合、产品公告。
3. 能够根据客户需求、实际应用场景，结合产品知识，进行产品推荐。
4. 了解冷藏与保温运输车的发展趋势，能够跟踪厂家产品开发的进度，及时调整营销产品组合。
5. 能够指导服务站进行冷藏与保温运输车的日常保养、常见故障排除。

第一节 基本概念与型式结构

一、基本概念

1. 冷藏、保温车的定义

（1）保温车 装备有隔热结构的车厢，用于保温运输的厢式专用运输汽车。

（2）冷藏车 装备有隔热结构的车厢和制冷装置，用于冷藏运输的厢式专用运输汽车。本节主要介绍普通货物冷藏车。

2. 冷藏、保温运输的分类

冷藏、保温运输是应用制冷技术和专用设备，使易腐烂、变质的货物等在整个运输过程中均处于其适宜的环境条件（温度、湿度和通风状况）下，从而避免货物在运输过程中变质受损。

1）冷藏、保温运输可分为路上运输、水上运输和空中运输。

2）路上冷藏运输主要是铁路运输和公路运输。

公路运输的重要工具是冷藏、保温车，用来运输易腐、易变质、对温度有特定要求的货物。

3）这些货物主要为食品、医疗用品及必须在一定的温度下才能够运输的其他货物。有些货物，如液化天然气（LPG）等，属于危险品或化学品，不在普通冷藏、保温车可以运输的货物范围内。

3. 冷藏（保温）车的分类

（1）按底盘承载能力分类 分为微型冷藏车、小型冷藏车、中型冷藏车、大型冷藏车。

⊖ 本章由张显升编写。

(2) 按车厢样式分类　分为面包式冷藏车、厢式冷藏车、半挂冷藏车。

(3) 根据温度和适用运输货物分类　新国标是根据冷藏车厢体内可以达到并且保持的温度进行分类的，以保证不同用途和要求的货物的运输和安全。这是我国冷藏车制造标准中首次按车厢内可以达到的温度对冷藏车进行分类，即冷藏车共分为 A 到 H 八个级别。

1) 对于运输易腐食品的冷藏车，当环境温度为 30℃ 时，按冷藏车车厢内平均温度保持的温度范围，分为六类，见表 13-1。

表 13-1　运输易腐食品的冷藏车分类（仅供参考）

冷藏车类别	A	B	C	D	E	F
车厢内平均温度	0 ~ 12℃	-10 ~ 12℃	-20 ~ 12℃	≤0℃	≤-10℃	≤-20℃

2) 对于运输生物制品的冷藏车，当环境温度为 30℃ 时，按冷藏车车厢内平均保持的温度，分为两类，见表 13-2。

表 13-2　运输生物制品的冷藏车分类（仅供参考）

冷藏车类别	G	H
车厢内平均温度	8 ~ 2℃	≤-20℃

4. 按经常运输的易腐食品进行分类

(1) 冷冻食品冷藏（运输）车　主要以运输冷冻肉类、水产类、速冻食品等货物。这些货物（食品）一般要求储存温度在 -18℃ 以下，储存时间为几个月到十几个月。这些货物（食品）在以小时计的运输过程中，只需要将厢体内的温度设定在 -18℃，并不需要严格控制温度波动的精度。这类车辆也属于 F 级冷藏运输车。

(2) 冷藏食品冷藏（运输）车　主要运输冷鲜肉、水产品、禽蛋等货物（食品）。这类货物（食品）的运输温度要求是在保证食品不冻结的前提下，温度越低越好，也就是接近 0℃ 或更低一些。这类车辆也属于 D、E、F 级冷藏运输车。一些罐头食品要求的运输温度在 -5℃ 左右，就要用 E 和 F 级冷藏运输车。

(3) 保鲜食品冷藏（运输）车　主要运输蔬菜、水果等货物（食品）。这类货物（食品）的运输是冷藏运输中比较复杂的。首先，各种蔬菜或水果的温度要求不一样；其次，许多蔬菜或水果对温度波动的要求比较高，不可以偏离设定温度很多；第三，由于蔬菜和水果在采摘以后还是要呼吸的，会产生呼吸热，因此要求冷藏车制冷机组提供更多的冷量。另外，这类食品对相对湿度也有要求，所以虽然从 A 到 F 各级冷藏车原则上都可以用于蔬菜、水果运输，但承运人的技术和经验是非常重要的。

5. 按生物制品运输要求分类

运输生物制品冷藏车的分类见表 13-2，主要用于医疗物品的运输，按储存温度基本分为两大类：

(1) 保鲜生物制品冷藏（运输）车　这类运输车要求温度为 2 ~ 8℃，主要运输血液、疫苗等，它们对温度波动的精度要求很高。

(2) 冷冻生物制品冷藏（运输）车　这类运输车要求温度为 -20℃，主要运输血浆等。

6. 主要功能、性能、技术参数

(1) 主要功能

1) 保温、冷藏功能。

2) 货物专门固定功能，符合营运货车安全技术条件中"系固点"的规定。

(2) 性能

1) 厢内最低温度。

2) 车厢保温性能。

3) 车厢气密性能（密封性能）。

4) 载质量。

5) 厢体的方量（见货厢尺寸，m^3）

(3) 整车技术参数

冷藏车技术参数见表13-3。

表13-3 冷藏车技术参数（模板）

××冷藏车 主要技术参数			
产品名称：		外型尺寸：	
底盘型号：		车厢尺寸：	
总质量：		接近/离去角：	
额定质量：		前悬/后悬：	
整备质量：		车速：	
发动机：			
排量：		功率：	
生产厂家：			
排放标准：			
轴数：		前轮距：	
轴距：		后轮距：	
轮胎数：		轮胎规格：	
燃料种类：		弹簧片数：	
轴荷：		驾驶室乘人数：	
整车备注：	选装厢体选装其他厂家功率相当的制冷机组		

7. 运输货物的包装要求

对冷冻货用不通风的包装箱，对生鲜货用侧壁通风的包装箱。包装箱必须是抗压的。

由于冷冻货物是不允许有风从表面吹过的，因为风吹过冷冻货物表面，会使货物中的水分损失，从而导致货物质量下降。今年我国规定"关于散装速冻食品一律不准销售"，必须有包装销售就是这个道理。而生鲜物品由于其自身特点，产品在储运过程中仍然处于呼吸状态，如果不能够很好的通风，货物就会变质损坏。因此必须保证这类货物有很好的通风和换气（在车厢内加装通风槽）。

8. 装货要求

1) 货物必须堆放在双面托板上；保鲜货托板上不能包塑料膜，膜会阻挡循环冷气流通至货物；不可阻塞货物下的地板。

2) 冷藏车地板一般采用带通风的铝导轨地板；但是也有一些冷藏车不带铝导轨，而是采用平的防滑地板。通常作为第三方运输企业或用于奶制品的企业运输车是采用平的防滑地板，目的是适合于多种产品的运输，或便于清洗地面。但是装货时必须注意：一定要用双面托板来装货，以保证地面冷空气的流通。严禁将货物直接堆放在平面的地板上。

3) 不要在蒸发器出口前堆放货物，否则会阻碍冷气流；货物上方的阻塞会导致冷气流短路。在货物顶部和车顶之间至少保持225mm的距离。

4) 装货时，不要将货物堆得太高，一定要保证装货高度不高于出风口的平面高度。如果出风口前面被货物挡住或离货物太近，不但会影响货物的储运温度，还会影响冷冻机组的正常工作。

由于出风口被货物堵塞，冷气（或热气）不能正常在车厢内循环，因而使货物局部温度升高。

另一方面，由于冷冻机组的除霜设计有些是采用空气感应除霜。当货物与出风口太近，机组蒸发器内的盘管会快速结霜（或冰），空气感应开关随即动作，机组会迅速进入除霜状态；当盘管温度回升至9℃（设计温度）左右，除霜立即结束。于是机组就会出现循环往复的上述操作，从而导致厢体内温度降不下来。给人的直观感觉就是机组总是频繁除霜，其实是由于货物装得太高（多）所致。

二、车厢型式与基本结构

（一）车厢型式与功能

1. 肉挂车厢

肉挂车厢的滑道可选装环形导轨（图13-1）和直导轨（图13-2），用于将猪肉等肉类悬挂运输。

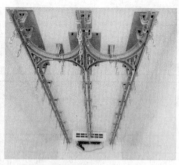

图 13-1　环形导轨

图 13-2　直导轨

2. 多功能双舱（多舱）冷藏车厢

车厢采用固定分舱或移动隔板分舱，冷机单机或多机，达到一台冷藏车实现多舱多温度。适用运输多种不同温度要求的货物，见图 13-3。

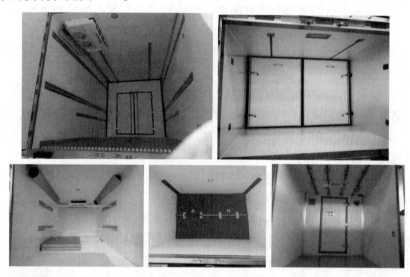

图 13-3　多功能双舱（多舱）冷藏车厢

（二）基本结构

1. 冷藏车的基本结构

一般由专用汽车底盘、隔热保温厢体（一般由聚氨酯材料、玻璃钢、彩钢板、不锈钢等组成）、制冷机组（图 13-4）、车厢内温度记录仪等部件组成，对于特殊要求的车辆，如肉钩车，可加装肉钩、铝合金导轨和通风槽等选装件。

2. 制冷机组组成

冷藏车制冷机组是一种用循环液体降温以达到所需温度而提高生产效益的制冷设备，这些液体能够

图 13-4　冷藏车外观及制冷机组外机的位置

流过热交换器以达到对空气或设备降温的目的。

制冷机组的组成，见图 13-5。

a) 压缩机

b) 制冷机组外机

c) 制冷机组内机

图 13-5　制冷机组的组成

3. 制冷机组制冷原理图

制冷机组的制冷原理图，见图 13-6。

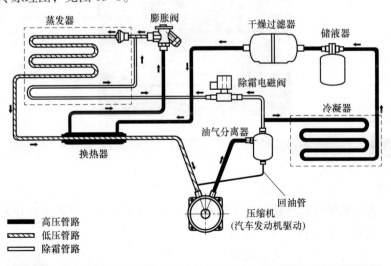

图 13-6　制冷机组的制冷原理图

第二节 车厢生产工艺与设备保障

一、车厢生产材料与工艺

1. 车厢及厢板结构与材料

冷藏车车厢及厢板结构见图13-7。冷藏车车厢材料见图13-8。

图13-7 冷藏车车厢及厢板结构

图13-8 冷藏车车厢材料

2. 生产工艺分类

冷藏车的生产工艺是厢体保温性能的决定因素之一。冷藏车的生产工艺主要分为：
（1）发泡工艺　包括开式发泡、闭式发泡。
（2）粘接工艺　包括干法粘接、湿法粘接。

3. 不同工艺的特点

（1）湿式粘接工艺　相比干式粘接工艺，湿法粘接无金属骨架和连接件，板材容易形成整体，强度大，厢体重量比干式粘接轻15%~25%，可有效降低运输成本，并且保温性能好，漏热率低，在欧洲应用比较普遍，是成熟、先进的工艺；目前，我国仅有中集公司引进德国考格尔的技术及设备，采用湿式粘接法生产冷藏运输车车厢。

（2）干式粘接工艺　20世纪80年代由国内厂家将日本FRUEHAUF公司铝合金板和法国LAMBERET公司"三明治"板结构的干式三明治粘接工艺引进国内，随后各厂纷纷采用。这种工艺以玻璃钢为主，以聚氨酯双组份胶或不饱和聚酯树脂作为粘合剂，将聚氨酯泡沫（或者XPS：挤塑聚苯乙烯保温板）与内外蒙皮连接，制作玻璃钢复合厢板。

（3）发泡工艺　发泡工艺乃是利用物理发泡或化学交联发泡使塑胶材料发泡（开孔或闭孔型）达到轻量、缓冲、吸声、吸振、保温、过滤、包装等功能的工艺。

有些厂家已经开始研究用发泡工艺生产厢体。

二、主要设备介绍

制作玻璃钢复合板的设备有正压（图13-9）和负压（图13-10）两种，负压平台投资少质量也能保证，所以被大多数厂家采用。但是效率比较低，产量大的厂家一般采用正压平台设备以提高效率和质量。

图13-9　正压平台设备

图13-10　负压平台设备

第三节　日常检查与常见故障排除

一、冷藏保温车的日常检查

冷藏保温车作为特种车辆，在行车前有一些必须注意的事项，以防在行驶途中产生一些不必要的麻烦，每次装载货物行驶之前建议进行以下检查：

（1）燃油　柴油或汽油供应必须足以保证发动机至少运行到下一个检查点。

（2）发动机润滑油　油位供应在（满）标记处，不要加油过量（每年更换一次）。

（3）冷却液　检查冷却液液面计，看冷却液量是否正确，指针应在白色范围内。如果冷却液液位在红色范围内，需往冷却液箱加冷却液。通常，冷却液为乙二醇与水的混合物（根据产品使用地的实际情况采用不同比例），并应提供保护到 -34℃ 时不冻结。注意：当冷却液很热时，不要打开冷却液箱的盖子。

（4）蓄电池　接线端子必须牢固，没有腐蚀。电解液应在满的标记处。

（5）传动带　传动带的张紧力可以用手按来简单判断是否合适，用拇指强力按压2个传动带轮中间的传动带，按压力约为10kgf左右。如果传动带的压下量在15mm左右，则认为传动带张力合适。如果压下量过大，则认为传动带的张力不足。如果传动带几乎不出现压下量，则认为传动带的张力过大。张力不足时，传动带很容易出现打滑。张力过大则很容易损伤各种机件。为此，应该把调整螺母或螺栓拧松，把传动带的张紧力调整到最佳状态。如果是新传动带，其压下量在 10~12mm 即可。

（6）电气检查　检查电气控制线路中所有电气接头，确保它们固定牢靠。电线和接线端子应无腐蚀、烧损开裂或水分。

（7）结构检查　目视检查机组有无泄漏、零件松动或断裂和其他损坏。

（8）垫片检查　检查机组的安装垫片应牢牢压紧，状态良好。

（9）盘管检查　检查冷凝器和蒸发器盘管应清洁无脏污。

（10）除霜排水装置检查　检查除霜排水软管和接头，确保畅通。

（11）装货检查　检查货箱装货时，货物不能遮挡蒸发器出风和回风口，保持货箱内冷气循环畅通，以确保厢内不会有热点。

坚持维护和保养，不仅可以保证设备完好，还可以降低营运成本。

二、制冷机组常见故障及排除方法

冷藏保温车被广泛运用于生鲜、外贸、化工、国防等行业。由于使用者缺乏冷藏车制冷机组保养、维修方面的资料和书籍，当该机组出现故障时，只得向千里之外的车辆生产厂商求援，既耽误了时间，又解决不了燃眉之急。下面介绍一些制冷机组常见的故障分析和处理办法。

其常见故障主要是汽油发动机的故障。原因及处理方法如下：

1. 起动困难或无法起动

（1）故障原因

非制冷机组故障原因主要有以下9种：

1）总电源开关未合上或总开关触点不良。

2）汽液压泵不供油。

3）邮箱内无汽油或供油管道被堵塞。

4）空气滤清器太脏，造成堵塞。

5）起动线圈接线脱落或线圈损坏，起动继电器损坏。

6）保险操作面板损坏。

7）机油安全开关跳闸。

8）供油不正常。

9）火花塞损坏等。

（2）处理方法

1）检查电源总开关并合上或用纱布打磨开关点，使其接触良好。

2）检查汽液压泵电源是否正常，不正常时应及时排除，再看供油是否正常，若不正常，则更换电液压泵，在无法找到原型号液压泵的情况下，可采用型号相近的国产车用汽液压泵来代替。

3）检查油箱并及时加油。

4）清洗空气滤清器。

5）更换起动线圈和起动继电器，接好连线。

6）更换保险操作面板。

7）检查汽油机曲轴箱内的机油是否太少，如少则加机油并将机油的安全开关复位。

8）更换火花塞。

2. 汽油机只能低速运行

（1）故障原因

1）油门控制线圈不通电或电磁杆卡死。

2）液压泵供油不足或供油管道受阻。

3）汽油机曲轴箱内机油太少，机液压泵供油压力不足。

4）温度控制器调整不当，处于低速运行位置。

（2）处理方法

1）检查油门控制线圈电源，处理电磁杆卡死的故障。

2）清洗、更换汽液压泵和供油管道。

3）添加适量机油，保持正常运行需要的用量，查明机油减少的原因；调整温度控制器，使其处于正常的降温状态。

4）调整调速定位螺钉，使其处于相应速度的位置。

第四节　发展趋势与典型产品资源

一、冷藏保温车的发展趋势

随着人们生活水平的提高，对食品的质量要求越来越高，国家的监管力度越来越大。冷藏、保温运输车的需求越来越大。销量、社会保有量的增长很快（近几年每年增长预计超过20%）。预计发展趋势如下（仅供参考）：

1. 新技术的应用

1）利用吸热技术的冷藏、保温运输车：LNG清洁能源车，利用LNG气化吸热功能来降低箱内温度，达到节能环保的目的。

2）利用太阳能技术的冷藏、保温运输车：将厢体做成太阳能电池板，利用太阳能节约能源。

3）多功能双舱（多舱）冷藏、保温运输车：可以一次运输多种货物，满足客户多品种、小批量的需求。

4）湿式粘结工艺技术的应用。

5）发泡工艺技术的开发与应用。

2. 发展趋势预计（仅供参考）

1）向节能、环保、轻量化厢体、多功能（双舱、多舱）方向发展。

2）向新能源底盘方向发展。

3）向新能源+太阳能、轻量化厢体、多功能（双舱、多舱）方向发展。

4）向清洁能源（LNG）+太阳能、轻量化厢体、多功能（双舱、多舱）方向发展。

二、典型冷藏保温车产品资源

冷藏保温车产品资源很多，本节以福田汽车的部分产品为例，见表13-4，仅供参考。

表 13-4　部分符合国六标准的冷藏保温车产品列表（仅供参考）

序号	产品型号	底盘品牌	整车尺寸/mm	总质量/kg	额定质量/kg	整备质量/kg	车型	车辆类别	备注
1	YJM5030XLC	福田牌	5000/5250×1720/1790×2570/2670	2700	745、920	1825、1650	冷藏车、保温车	A，B，C，D，E，F，G，H	改装厂公告
2	BJ5032XLC5JV5-01	福田牌	5205/5605×1875/1900×2660/2700	3495	1465、1265	1900、2100	冷藏车、保温车	A，B，C，D，E，F，G，H	
3	CXJ5030XLCG6	福田牌	5150/4720/4570×1810×2600/2200	3495	990	2375	冷藏车、保温车	A，B，C，D，E，F，G，H	改装厂公告
4	BJ5030XLC4JV5-01	福田牌	4960/5210/5360×1720/1790×2385/2515/2610	2990	1300	1560	冷藏车、保温车	A，B，C，D，E，F，G，H	
5	BJ5046XLC9JDA-02	福田牌	5995×2550/2600×3400/3600	4495	1090	3210	冷藏车、保温车	A，B，C，D，E，F，G，H	
6	BJ5045XLC9JB5-54	福田牌	5490×1850/1900×2800	4495	1495	2870	冷藏车、保温车	A，B，C，D，E，F，G，H	
7	BJ5164XLCJPFN-01	福田牌	9200/10300/8500/8700×2600×3875/3995	16000	7990、7925	7880	冷藏车、保温车	A，B，C，D，E，F，G，H	
8	BJ5021XLC3JV2-02	福田牌	4730/4960×1720×2540/2610	2250	495	1625	冷藏车、保温车	A，B，C，D，E，F，G，H	
9	BJ5020XLC3JV5-02	福田牌	4960/5210/4960/5210/5360×1720/1790×2385/2515/2610	2185	495	1560	冷藏车、保温车	A，B，C，D，E，F，G，H	
10	XKC5032XLC6B	福田牌	5670/5270×1860×2700	3495	995、1215	23，702，150	冷藏车、保温车	A，B，C，D，E，F，G，H	改装厂公告
11	BJ5184XLCKPFN-01	福田牌	9200/10300/8500/8700×2600×3875/3995	18000	9990、9925	7880	冷藏车、保温车	A，B，C，D，E，F，G，H	
12	XKC5020XLC6B	福田牌	5230/4980×1790/1720×2640	2200	430	1640	冷藏车、保温车	A，B，C，D，E，F，G，H	改装厂公告
13	JSC5032XLCYE26	福田牌	5250/5680×1810/1920×2730	3495	1265、1065	2100、2300	冷藏车、保温车	A，B，C，D，E，F，G，H	改装厂公告
14	BJ5031XLC5JV4-51	福田牌	4720/5070×1800/1780/1765/1740/1720×2455/2490	3495	1615	1750	冷藏车、保温车	A，B，C，D，E，F，G，H	
15	BJ5035XLC5JV5-51	福田牌	5050×1770/1830×2550/2610	3150	995	2025	冷藏车、保温车	A，B，C，D，E，F，G，H	
16	BJ5031XLC4JV3-01	福田牌	4730/4960×1720×2610	2990	1235	1625	冷藏车、保温车	A，B，C，D，E，F，G，H	
17	BJ5030XLC5JV3-51	福田牌	4935×1720×2585	3235	1495	1610	冷藏车、保温车	A，B，C，D，E，F，G，H	

本章小结与启示

通过本章学习，要求掌握冷藏保温运输车的基本结构、基本功能及其工作原理。客户对冷藏车的要求，满足客户要求的性能指标。

了解常见故障及处理方法。

掌握产品组合（2、4、6、8、10、12m³），为向客户推荐产品打下基础。

本章学习测试及问题思考

（一）判断题

1. （ ）冷藏车的车厢分为肉挂车厢、多功能双舱（多舱）厢等。
2. （ ）制冷机组由压缩机、制冷机组外机、制冷机组内机组成。

（二）思考题

1. 制冷机组常见故障有几个？什么故障名称？什么表现？
2. 冷藏车的主要功能有哪些？
3. 冷藏车的主要指标是什么？

第十四章 救护车与医疗废物转运车

学习要点

1. 了解救护车与医疗废物转运车的功能、性能、结构、主要配置、常见故障及处理方法。
2. 了解救护车与医疗废物转运车的分类与产品组合、产品公告。
3. 能够根据客户需求、实际应用场景,结合产品知识,进行产品推荐。
4. 了解救护车与医疗废物转运车的发展趋势,能够跟踪厂家产品开发的进度,及时调整营销产品组合。
5. 能够指导服务站进行救护车与医疗废物转运车的日常保养、常见故障排除。

第一节 救护车

一、相关概念与性能要求

(一) 相关概念

1. 救护车分类

根据汽车行业标准 QC/T 457—2013《救护车》,按产品用途不同,救护车共分为九类:运送型救护车、监护型救护车、智能型救护车、特殊型救护车、传染病防护救护车、救援指挥救护车、救援保障救护车、婴幼儿救护车、诊疗救护车。

医疗机构常用的救护车主要为四类:运送型救护车、监护型救护车、智能型救护车、传染病防护救护车。

2. 各类救护车的定义

按 QC/T 457—2013《救护车》标准,各类救护车的定义如下:

(1) 运送型救护车 装备有基本医疗救护设施,主要用于运送伤病员的救护车。

(2) 监护型救护车 除装备有基本医疗救护设施外,还装有急救、监护等设备设施,可对伤病员进行救治、监护转运的救护车。

(3) 智能型救护车 具有接入公共或专用通信网络,实现实时移动交互式通信及对车载医疗仪器、设备进行数据采集、记录、实时转发的功能,并装备急救智能辅助系统和急救调度计算机辅助管理系统

㊀ 本章由董金惠、汤计强编写。

的救护车。

（4）传染病防护救护车 装备有负压装置和传染病员运送负压隔离舱，用于救治、监护和转运传染病人的救护车。

运送型救护车是最基本的形式。本节仅介绍运送型救护车，其他类型救护车可参考本节内容和相关标准。

（二）客户对救护车的要求

1. 整车要求

1）标识：救护车车身主色为白色，车身应标有统一的医疗急救车标志"生命之星"。车身左、右侧及车后正中应喷符合规定的图案和字样（国外救护车车身上会将救护车英文"AMBULANCE"反过来写，这是为了让前面的汽车驾驶人通过后视镜直接看到单词 AMBULANCE，从而迅速让道）。

2）救护车的外廓尺寸、轴荷及质量限值应符合 GB 1589—2016 的有关规定。

3）救护车的行驶安全要求应符合 GB 7258—2017 的规定。

4）救护车外部照明和灯光信号装置应符合 GB 4785—2007 的规定，救护车安装使用的警报器应符合 GB 8108—2014 的规定，安装使用的警示标志灯具应符合 GB 13954—2016 的规定，警报器和警示灯具应固定可靠。

5）驾驶室、医疗舱等厢体的内饰件应使用阻燃材料，并符合 GB 8410—2006 的要求。

6）救护车在海拔 3500m 以下、气温 -40~45℃ 的环境条件下应能正常工作。

7）所有外露金属件应做防腐、防锈处理。车身涂层应符合 QC/T 484—1999 的规定。

8）救护车的防雨密封性应符合 QC/T 476—2007 的规定。

9）相关救护车应安装符合 GB/T 13594—2003 规定的 1 类防抱死制动系统（ABS）。

10）救护车在驾驶区和医疗舱均应设有适用的随车灭火器，灭火器应分别放置在驾驶室门和医疗舱门附近处，采用专用装置固定，做到取放便捷、安全牢靠。

2. 对医疗舱的要求

1）救护车应用隔板将车厢前后分隔成驾驶室和医疗舱两个区域。

2）救护车驾驶室应设置左右两个车门。医疗舱右侧应设置移动门，后侧应设置对开门或上翻门。

3）驾驶区与医疗舱之间应设置密封的隔板，隔板上应设有观察窗。观察窗玻璃应符合 GB 9656—2003 的规定。观察窗可推拉式开闭，并带有玻璃夹紧器，配有可调节的窗帘。隔板需密封安装。车辆行驶时隔板、观察窗、隔板门不应发出异常噪声。隔板安装位置应不影响车辆维修。

4）医疗舱的两侧壁、顶板等必须与救护车车身结构件牢固连接，并应形成具有良好密封性的整体结构，医疗舱还应有较好的隔热性。

5）医疗舱应装备有放置救护用药品和医疗消耗品的药品柜和储物柜；放置各种医疗器械和救护用仪器设备等医疗救护设施的器械柜且安装牢固。

6）医疗舱内应设有符合使用要求的消毒设施。医疗舱内各块壁板、各种橱柜及其他设施表面应能防水、耐腐、耐磨、耐高温，便于冲洗和消毒，不易变色、变质和吸附异味。

7）医疗舱应铺有整体式阻燃、防滑、防霉、易清洗的铝质或塑胶地板。

8）医疗舱内的座椅及其固定装置应符合 GB 15083—2019 的规定；座椅应装有安全带，其性能应符合 GB 14166 的要求。救护车医疗舱座位数不得少于 3 个。

9）医疗舱固定担架处应设有担架固定装置，担架固定应牢靠。担架固定装置与底盘车身必须直接连接，并且固定点要有足够的强度。

10）医疗舱内除各种固定设施外，还必须留有人员进出和行走的通道，舱内长度不小于 2350mm，急救人员座椅到担架床头部边缘距离不小于 250mm；医疗舱侧面座椅与担架床之间应有不小于 300mm 距离的自由通道；救护车医疗舱净高应符合卫生主管部门的相关要求。

3. 医疗舱的门窗及通风设备等技术要求

1）医疗舱应设有供担架及其搬运人员上下车的后门和可供其他人员上下车的侧移门，其中一个可作为紧急逃生出口。

2）医疗舱门的尺寸要求见表 14-1。

表14-1 医疗舱门的尺寸要求（仅供参考）

侧门	高度	≥800mm
	宽度	≥600mm
后门	高度	≥750mm
	宽度	≥900mm

3）医疗舱门开关应保证门使用的安全性，确保符合以下条件：

① 从医疗舱内不用钥匙可以将门打开和锁上。

② 从舱外需用钥匙将门打开和锁上。

③ 当从舱内将门锁上时，从舱外用钥匙可以把门打开。

4）医疗舱后门打开时，应设有后门限位装置。

5）医疗舱门应设有密封条，关闭时能防尘防水，确保医疗舱的密封性能。

6）医疗舱至少应有2个车窗，分别安装在车厢两侧或一个在一侧、一个在后面。车窗应符合可以向外观察而不能从外面看见里面的要求，以保护病人隐私。

7）医疗舱内各箱、柜的边角均应采用圆角过渡。医疗舱内部表面应没有尖锐的凸起物体。所有医疗设备的挂钩、托架应紧贴舱壁安装，周围有保护设施。箱、柜的表面材料应防水，并方便清洗和消毒。

8）上下医疗舱的踏步高度和深度应符合国家最新发布的城市客车的标准要求。

9）医疗舱应有：

① 良好的隔声性能。

② 防尘、防水密封性能。

③ 一定的隔热性能。

④ 设有具备制冷和采暖功能的空调装置。

⑤ 设有通风换气和排气装置。

⑥ 保持上述装置使用正常可靠，以便医疗舱内能保持适宜的环境条件。

10）医疗舱内的通风换气系统在静止状态下应能确保医疗舱内外换气每小时不少于20次。

11）对具有一氧化氯等气体麻醉系统的救护车，应按有关规定设有室内麻醉气体排气装置。

12）医疗舱内的冷暖空调系统应能与驾驶室分别独立控制。暖气系统在-20℃环境温度条件下开启15min后能使舱内温度达到16℃；冷气系统能在环境温度达到40℃时，开启15min后能使舱内温度达到比环境温度至少低7℃以上。

4. 固定设施的要求

1）救护车医疗救护设备、仪器、药品等的配备，应符合相关要求。

2）在医疗舱内所有的医疗设备、仪器及药品，都应在相应位置固定或放置，并且固定牢固，使用方便。

5. 对电气设备的要求

1）救护车加装的电气系统应与基型车的电气系统分开；各个电气系统应具有独立的过载保护装置，过载保护装置包括熔断器和断路器。救护车应包括4个独立的分系统：

① 汽车底盘的基本电气系统。

② 医疗舱内医疗救护设施的供电系统。

③ 通讯和信息系统用电设备的供电系统。

④ 照明、标志灯和警示装置的供电系统。

2）救护车加装的用电设备宜采用与基型车同样的车用电压（12V或24V）。如采用不同电压的设备，其电源插座不可互换，并应采用一种电压的插头无法插入另一种电压的插座的方法避免混淆或在插座旁设有表示其额定电压的标贴。

3）医疗舱应根据其所有的医疗设备电器数量和用电量设置相应数量和规格的插座，各插座应固定在相关医疗设备电器使用位置附近，方便其使用。每个分电路应设有相应规格的过载保护装置，并有备用装置，以确保医疗救护设备的电器正常使用。

4）所有电线及其电线所用的电线导管应固定牢靠和能抗振动，电线外没有导管保护不能穿过金属板车身的孔，以免电线绝缘层被破坏造成短路和引发事故。

5）救护车的所有电气设备、电气装置和开关、插座、过载保护装置等电器均应采用符合国家有关法规标准、通过3C质量认证的合格产品，并按有关规定对电气设备、仪器仪表和电器线路进行计量标定和定期检查。

6）附加电源及逆变电源要求如下：

① 救护车必须根据附加专用设备电器的用电量及一定余量确定附加电源装置的电容量，装备相应的附加蓄电池。

② 控制装置应能在车辆起动时，附加蓄电池与基型车蓄电池自动连接，以便同时满足基型车电气设备和救护车专用电气设备的用电需求，并使救护车正常起动；当车辆发动机停止工作时，附加蓄电池与基型车蓄电池自动断开。必要时也可使用外接电源。

③ 相关救护车应配备双路独立220V纯正弦逆变电源系统，两电路之间可独立供电，并可智能切换，在其中一路出现故障时另一路可自动切入，输出功率不小于600W，可保证医疗仪器不间断使用的供电需求。

④ 逆变电源系统应设有独立开关、接地漏电保护装置以及过载保护装置。

7）照明、标志灯和警示装置要求如下：

① 医疗舱内的照明要求为：当实施急救时，病人区的照度应不小于300lx，并可下调至150lx，其他区域最小照度为50lx。

② 车后顶部应装置照明灯，以方便运送伤病员的担架上下车。

③ 救护车停驶时，其电源应保证警灯等特种车辆标志灯具和电子警报器等警示装置能正常工作。

6. 对智能型救护车的要求

智能型救护车除了满足上述要求外，还应满足以下要求：

1）满足远程医疗功能需要的视讯、通信设备。

2）满足远程诊断需要功能的医疗仪器采集及远程传送设备。

3）实现远程HS（医院信息管理系统）系统功能及其设备。

4）实现救护现场与救护车内的信息交互功能及其装备。

5）装备有急救智能辅助系统：如对车载医疗设备实施智能化管理、对蓄电池余量轮胎气压及车载自诊断、车载医疗设备氧气余量、多参数监护仪、呼吸机、急救仪自动检测等。

6）急救装备有调度计算机辅助管理系统，利用GIS、GPS、传感技术及计算机技术，实现接受调度后的智能管理。

7）救护车应根据其使用功能的需要，参考智能型救护车的通信、信息和网络系统的装置和要求，选装适用的装备。

7. 对传染病防护救护车的功能及相应设施要求

这种车最大的特点是负压。所谓负压，就是利用技术手段，使车内气压低于外界大气压，所以空气在自由流动时只能由车外流向车内，而且负压还能将车内的空气进行无害化处理后排出，避免更多的人感染，在救治和转运有传染病等特殊疾病的病人时，可以最大限度地降低医务人员交叉感染的概率。

（1）负压系统

1）负压系统的功能应能使医疗舱形成与外界环境相对的大气低压差，并通过排风装置及连接的高效过滤消毒器，阻止医疗舱内的污染空气外泄，又达到通风换气、不污染环境的目的。

2）启动负压装置时，舱内相对压强应在$-30Pa \sim -10Pa$。

3）空气过滤器对粒径$0.3\mu m$微粒气溶胶滤除率应大于99.7%。

4）空气净化系统由进风口、净化排风装置、控制和监测装置组成。净化排风装置由排风风扇和空气过滤、消毒器组成。空气过滤、消毒器应设置在净化排风装置的吸入口。进出风口应基本按照上进下排，前进后出的对角原则布置，控制和监测装置应放在驾驶室或医疗舱，便于进行操作和控制。

（2）传染病员运送负压隔离舱　传染病员运送负压隔离舱主要用于呼吸道传染病员的隔离运送，舱内病员呼出的污染空气经高效空气过滤器净化后排出舱外。外界新鲜空气通过进气口实时补充到舱内，在舱内建立合理的负压，有效防止病原体溢出舱外，并为病员提供相对舒适的环境。

（三）救护车的性能指标

（1）加速性能　车速从0km/h加速至100km/h不大于25s。

（2）制动性能　应安装四轮防抱死制动系统。宜安装车辆电子稳定系统。

（3）正常工作条件　海拔3000m以下，气温在-40~40℃之间。

为了保证病员医疗安全，救护车应保证医疗设备正常工作。

（4）爬坡能力　车辆最大爬坡度不小于30%。

（5）最高车速　最高车速不低于120km/h。

（6）平顺性　车辆平顺性应符合QC/T 474—2011中对高等级轻型客车的要求。

（7）发动机排放　应符合国家现行标准。

二、救护车的基本结构

救护车的基本结构包括底盘系统、车体改装部分、医疗救护车专用设备等，以及传染病防护救护车专用系统。

下面分系统逐一进行介绍。

（一）救护车底盘及上装配置

1. 底盘配置

救护车采用客车底盘改装，依据汽车行业标准QC/T 457—2013《救护车》进行设计，综合考虑用户的实际需求改装而成。

本节以图雅诺底盘救护车和风景底盘救护车为例进行介绍。

（1）图雅诺底盘

1）图雅诺底盘救护车外观及内饰，见图14-1。

图14-1　图雅诺底盘救护车外观及内饰

2）图雅诺底盘救护车经典布置图，见图14-2。

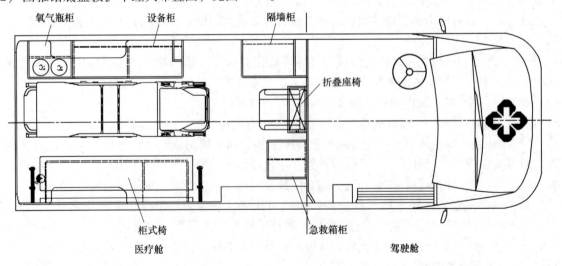

图14-2　图雅诺底盘救护车经典布置图

3）图雅诺（长轴、短轴）底盘参数，参见表14-2。

表 14-2　图雅诺（长轴、短轴）底盘参数（仅供参考）

整车编号	5048XJH00-V1Z002	5048XJH00-V2Z001	5038XJH00-V1Z001	5038XJH00-V2Z001
产品型号	BJ5048XJH-V1	BJ5048XJH-V2	BJ5038XJH-V1	BJ5038XJH-V2
品种	救护车	救护车	救护车	救护车
标准出厂价（含上装）	167750	210150	149350	169250
燃料	柴油	柴油	柴油	柴油
发动机	ISF2.8s5F148	ISF2.8s5F148	4J28TC3	4J28TC3
功率/kW	110	110	81	81
转矩/N·m	330	330	280	280
轴距/mm	2933	3750	2933	3750
外部尺寸/mm	5015×2000×2650	5990×2000×2650	5065×2000×2590	5990×2000×2555
承载人数	3	3	3	3
内饰	半包	全包	半包	半包
驾驶室	中顶	中顶	中顶	中顶
变速器型式	6MT	6MT	6MT	6MT
制动方式	前盘后盘	前盘后盘	前盘后鼓	前盘后鼓
ABS+EBD	√	√	√	√
主安全气囊	×	√	×	×
副安全气囊	×	×	×	×
前雾灯	√	√	×	×
电动门窗	√	√	√	√
电动空调	√	√	√	√
前暖风前空调	√	√	√	√
后暖风后空调	×	√	×	×
倒车雷达	√	√	×	×
基本配置	ABS+EBD/粘贴窗/前暖风前空调/电子可调大灯/前雾灯/针织座椅+头枕/全车三点式安全带/电动门窗+遥控锁/2个扬声器/MP3/倒车雷达/PVC地铺/手动调节不带除霜手动折叠带转向灯后视镜/集成式尾门踏板/PU方向盘/PU换档手柄/电动空调/前门踏步/吸能式转向管柱/有踏步灯/喷漆前格栅/黑灰色防擦条/不可调角度方向盘/PU换档防尘套/正驾驶遮阳板（带票据夹）/车身同色前后保险杆/黑色后视镜/副驾驶遮阳板（带票据夹）/防眩目内后视镜/黑色门扣手/有高位制动灯/3座（正驾驶座+副驾驶双人联体座）/发动机电子防盗/拉杆天线/单压缩机	ABS+EBD/粘贴窗/前后暖风前后空调/电子可调大灯+前雾灯/针织座椅+头枕/全车三点式安全带/电动门窗+遥控锁/6个扬声器/CD/倒车雷达/PVC地铺/电动调节电热除霜手动折叠带转向灯后视镜/单安全气囊/电动外挂侧滑门踏板/0.5kg灭火器/双侧风道/PU方向盘/PU换档手柄/电动空调/前门踏步/吸能式转向管柱/有踏步灯/喷漆前格栅/黑灰色防擦条/不可调角度方向盘/PU换档防尘套/正驾驶遮阳板（带票据夹）/车身同色前后保险杆/黑色后视镜/副驾驶遮阳板（带票据夹）/防眩目内后视镜/黑色门扣手/有高位制动灯/3座/发动机电子防盗/拉杆天线/单压缩机	ABS+EBD/粘贴窗/无彩条/前暖风前空调/电子可调大灯+无前雾灯及日间行车灯/无负离子空气净化器/织绒座椅+头枕/全车三点式安全带/无天窗/电动门窗+中控锁/2个扬声器/无电子导航/MP3/无倒车雷达/PVC地铺/手动调节不带除霜手动折叠不带转向灯后视镜/无安全气囊/无后雨刮+无后喷淋+无后除霜+无后照地镜/外挂式尾门踏板/无侧踏板/无风道及独立出风口/PU方向盘/PU换档手柄/无爆胎应急安全装置/电动空调/无胎压监测器/前门踏步/非吸能式转向管柱/有踏步灯/喷漆前格栅/无顶置行李架/黑灰色防擦条/不可调角度方向盘/PU换档防尘套/正驾驶遮阳板（带票据夹）/车身同色前后保险杆/黑色后视镜/副驾驶遮阳板（带票据夹）/防眩目内后视镜/黑色门扣手/无后照明灯/有高位制动灯/3座（正驾驶座+副驾驶双人联体座）/无前防撞雷达/无发动机电子防盗/拉杆天线/单压缩机	ABS+EBD/粘贴窗/前暖风前空调/电子可调大灯/织绒座椅+头枕/全车三点式安全带/电动门窗+中控锁/2个扬声器/MP3/手动调节不带除霜手动折叠不带转向灯后视镜/PU方向盘/PU换档手柄/电动空调/前门踏步/非吸能式转向管柱/有踏步灯/喷漆前格栅/黑灰色防擦条/不可调角度方向盘/PU换档防尘套/正驾驶遮阳板（带票据夹）/车身同色前后保险杆/黑色后视镜/副驾驶遮阳板（带票据夹）/防眩目内后视镜/黑色门扣手/有高位制动灯/3座/拉杆天线/单压缩机

（2）风景底盘

1）风景底盘救护车外观及内饰，见图14-3。

图14-3 风景底盘救护车外观及内饰

2）风景底盘相关车型经典布局图，见图14-4。

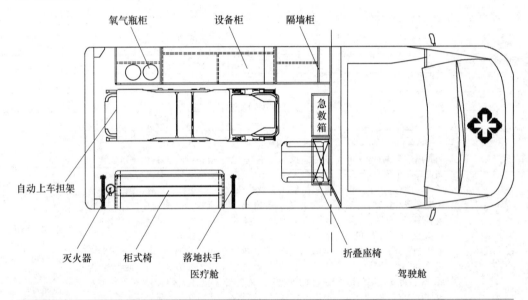

图14-4 风景底盘相关车型经典布局图

3）风景（G7、G9）救护车底盘参数，见表14-3。

表14-3 风景（G7、G9）救护车底盘参数（仅供参考）

整车编号	5039XJH00-V1Z013	5049XJH00-V2Z001	5039XJH00-V2Z001	5039XJH00-C5Z007
产品型号	BJ5039XJH-V1	BJ5049XJH-V2	BJ5039XJH-V2	BJ5039XJH-C5
品种	救护车	救护车	救护车	救护车
标准出厂价（含上装）	129500	150700	102150	111450
燃料	汽油	柴油	汽油	汽油
发动机	4G69S4M	4J28TC3	4Q20M	4Q20M
功率/kW	100	81	95	95

(续)

转矩/N·m	200	280	193	193
轴距	3110	3110	2570	3050
外部尺寸/mm	5380×1920×2480	5380×1920×2505	4840×1695×2435	5320×1695×2435
承载人数	2	2	2	5
内饰	半包	半包	半包	半包
驾驶室	高顶	高顶	高顶	高顶
变速器型式	5MT	6MT	5MT	5MT
制动方式	前盘后鼓	前盘后鼓	前盘后鼓	前盘后鼓
ABS+EBD	√	√	√	√
主安全气囊	×	×	×	×
副安全气囊	×	×	×	×
前雾灯	√	√	×	×
电动门窗	√	√	×	×
电动空调	√	√	√	√
前暖风前空调	√	√	√	√
后暖风后空调	√	×	√	√
倒车雷达	×	×	×	×
基本配置	ABS+EBD/粘贴窗/前后暖风前后空调/电子可调前照灯+前雾灯/针织座椅+头枕/全车三点式安全带/电动门窗+遥控锁/2个扬声器/收音机/PVC地铺/手动调节不带除霜手动折叠不带转向灯后视镜/双安全气囊/后雨刮+后喷淋+后除霜+后照地镜/0.5kg灭火器/PU方向盘/PU换档手柄/电动空调/前门踏步/喷漆前格栅/可调角度方向盘/PU换档防尘套/正驾驶遮阳板（带票据夹）/车身同色前后保险杆/车身同色后视镜/副驾驶遮阳板（带化妆镜）/防眩目内后视镜/车身同色门扣手/有高位制动灯/2座（正副驾驶座）/拉杆天线/单压缩机	ABS+EBD/平推窗/前暖风前空调/电子可调前照灯+前雾灯/针织座椅+头枕/全车三点式安全带/电动门窗+遥控锁/2个扬声器/收音机/PVC地铺/电动调节不带除霜手动折叠不带转向灯后视镜/0.5kg灭火器/PU方向盘/PU换档手柄/电动空调/前门踏步/喷漆前格栅/可调角度方向盘/PU换档防尘套/正驾驶遮阳板（带票据夹）/车身同色前后保险杆/车身同色后视镜/副驾驶遮阳板（带化妆镜）/防眩目内后视镜/车身同色门扣手/有高位制动灯/2座（正副驾驶座）/拉杆天线	ABS+EBD/绿玻粘贴窗/前后暖风前后空调/电子可调前照灯+无前雾灯及日间行车灯/针织座椅+头枕/全车三点式安全带/手动门窗+机械锁/2个扬声器/收音机/PVC地铺/手动调节不带除霜手动折叠不带转向灯后视镜/集成式尾门踏板/0.5kg灭火器/PU方向盘/PU换档手柄/电动空调/前门踏步/有踏步灯/喷漆前格栅/可调角度方向盘/PU换档防尘套/正驾驶遮阳板（带票据夹）/车身同色前后保险杆/车身同色后视镜/副驾驶遮阳板（不带化妆镜及票据夹）/防眩目内后视镜/车身同色门扣手/有高位制动灯/2座（正副驾驶座）/拉杆天线	ABS+EBD/后厢前侧推拉窗+后侧粘贴窗/无彩条/前后暖风前后空调/电子可调前照灯+无前雾灯及日间行车灯/无负离子空气净化器/针织座椅+头枕/全车三点式安全带/无天窗/手动门窗+机械锁/2个扬声器/无电子导航/收音机/无倒车雷达/PVC地铺/手动调节不带除霜手动折叠不带转向灯后视镜/无安全气囊/无后雨刮+无后喷淋+无后除霜+无后照地镜/集成式尾门踏板/无侧踏板/0.5kg灭火器/PU方向盘/PU换档手柄/无爆胎应急安全装置/电动空调/无胎压监测器/前门踏步/无踏步灯/喷漆前格栅/无顶置行李架/无防擦条/可调角度方向盘/PU换档防尘套/正驾驶遮阳板（带票据夹）/车身同色前后保险杆/车身同色后视镜/副驾驶遮阳板（不带化妆镜及票据夹）/防眩目内后视镜/车身同色门扣手/有后门照明灯/有高位制动灯/2座（正副驾驶员座）/无前防撞雷达/无发动机电子防盗/拉杆天线/单压缩机/

2. 上装配置（个性选择）

救护车上装选装配置见表14-4。

表 14-4 救护车上装选装配置（仅供参考）

序号	选装配置名称	数量	序号	选装配置名称	数量
1	车载220V逆变转换电源（功率可选）	1套	12	10L氧气瓶	2件
2	左侧设备架	1套	13	各种担架设备（可选）	1套
3	医疗舱右侧柜式长座椅	1套	14	照明灯	4套
4	玻璃钢内饰	1套	15	中隔墙（含中隔窗）	1套
5	左侧医疗器械柜	1套	16	消毒灯	1套
6	地板	1套	17	换气扇	1套
7	医疗舱空调（含造型）	1套	18	行车扶手	1套
8	医疗舱暖风（含造型）	1套	19	各种警灯（可选）	1套
9	中门踏步花纹铝板加大改制	1套	20	折叠座椅	1套
10	中门电动踏步（加大款）	1套	21	朝前座椅	1套
11	中门推拉玻璃	1套	…	…	…

（二）车体改装部分

医疗救护车改装的总体布局：车辆驾驶室和医疗舱采用隔墙分离的布局模式，隔墙上部开有推拉窗，在提高救护人员舒适性的同时，能够保证医疗舱救护环境独立，不受干扰。

车体改装部分包括如下部分：

1. 车辆外观及标识

救护车的车身外表颜色为白色和红蓝彩条，车身四周医疗急救标识方案可按招标方用户提供的要求制作。车顶前部装有长排警灯（设计参数见图14-5和图14-6），车顶后部配有模具成型的玻璃钢尾翼，尾翼匹配蓝色长方形爆闪灯2个，白色照明灯1个，整体呈流线型设计，外观与基型车身造型融合为一体。车身两侧安装蓝色方形爆闪灯2个，白色照明灯1个，白色照明灯安装在玻璃钢成型的灯台上，增大照明的有效辐射范围。长排警灯，多种可选，方灯大小可选。

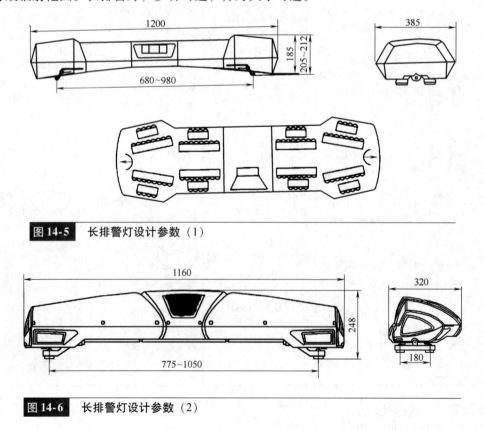

图 14-5 长排警灯设计参数（1）

图 14-6 长排警灯设计参数（2）

2. 车身内饰

医疗舱内饰板采用防火、隔热、隔声及轻质的航空复合压模成型的玻璃钢材料，符合欧洲、中国环保要求以及防火、阻燃标准，强度高、抗老化、易清洗、可消毒、安全性强。

3. 中隔墙

驾驶室与医疗舱之间设置密封的隔墙（图14-7），隔墙上装有便于观察的推拉窗，窗户中心与驾驶员视线平行，采用推拉式钢化玻璃，安全便捷。隔墙采用密封安装，观察窗带有橡胶固定缓冲，确保行驶时无振动、无声响。隔墙安装位置不影响车辆维修时检修口的开启。

4. 车身玻璃与地板

1）车身左侧采用全方位盲窗，粘贴黑色防爆车膜，满足安装橱柜的要求。车身右侧玻璃上粘贴隔热、耐老化的黑色防爆膜，防晒的同时可有效保护医疗舱内的救护隐私。

2）车内地板（图14-8）采用多层复合结构，底层采用防水胶合板找平，中层桉木板，表层PVC地板革，平整、牢固、隔热、耐酸碱、防水、防火、防滑、防静电，满足急救的环境需求。地板施工前先用防水环保胶合板固定找平，然后覆盖桉木板固定，在桉木板上涂抹环保水基胶，待胶液涂抹风干满足要求后，再覆盖PVC防滑、阻燃、防水、抗静电胶地板，最后在地板周围涂抹聚氨酯密封胶进行密封。

图14-7 中隔墙效果图

图14-8 地板材料与效果图

5. 医疗舱柜体与软包

（1）医疗舱柜体 如图14-9所示，医疗舱内部柜体采用PVC发泡板制作，该板材采用进口设备加工，具有良好的使用性能，质轻、防火、阻燃，可耐酸、碱、盐、有机溶剂，有较高的硬度，满足医疗设施、设备存放和固定的强度要求，方便医护人员现场开展急救。

1）医疗舱右侧可选配上掀式柜式椅（上掀式的设计可以充分利用车内空间，内部空间可放置随车工具以及不常用小物件），柜式椅上配有"超纤维皮革"坐垫、靠背，采用聚氨酯发泡模具成型，透气舒适。配置安全带，满足乘坐空间要求。座椅前后设置安全扶手，保证行车中乘坐人员的安全，也可选配超前座椅、折叠座椅模式。

2）吊柜在医疗舱左侧顶部。吊柜主体采用PVC发泡板，柜门采用内嵌复式设计，镶嵌圆弧亚克力窗。在保证美观的同时，方便拿取柜内物品。柜门的锁具、开启五金件采用知名品牌，性能稳定，质量可靠，见图14-10。

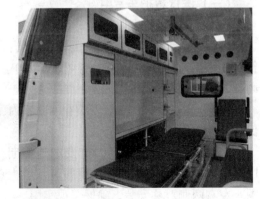

图14-9 医疗舱内部部分柜体效果图

图 14-10　吊柜结构及配件

3）吊柜后尾部下方安装氧气瓶柜，见图 14-9。氧气瓶柜后门侧采用圆弧铝型材立柱，其内可放置两只 10L、15MPA 的供氧器，方便行车中对患者供氧医疗。吊柜中间下部安装设备柜以及氧气终端和电源插座（电源插座采用带盖防水插座保证用电安全）。

4）隔墙处安装可折叠座椅，折叠座椅配有双边扶手以及三点式安全带。座椅下方配置备用蓄电池，壳体防护，便于维修，使用安全。座椅右手边设置急救箱小柜，右手拿取方便、快捷，见图 14-11。

图 14-11　可折叠座椅、备用蓄电池柜、急救箱小柜效果图

（2）医疗舱软包　侧门、后门处设置头部防撞保护，门框上部采用皮革软包包覆，避免相应的安全隐患，见图 14-12。

图 14-12　医疗舱软包

（三）医疗救护车专用设备

1. 警示系统

可配置多种国内知名品牌的警示灯具：车顶前部安装长排警灯，采用蓝色 LED 频闪功能（内含 100W 警报器，置于警灯内部），性能可靠，拆卸方便。

1）分体式警报控制器安装在驾驶室内，方便驾驶员喊话，保证驾驶安全，见图 14-13。

2）外部两侧 LED 爆闪灯及场地照明灯总成：侧面安装 LED 蓝色爆闪灯，LED 白色照明灯，增大照明的有效辐射范围。左右两侧对称安装，确保美观实用。

3）车辆后尾部 LED 蓝色爆闪灯，中间安装白色照明灯。要求性能稳定、质量可靠，见图 14-14。

图 14-13　分体式报警控制器安装位置

图 14-14　爆闪灯和照明灯安装位置

2. 空调换气系统

医疗舱内改装直排式空调、暖风系统，要求冷暖适宜、方便维修。

另配置进口超薄上排风双向换气系统，带防沙尘锁止盖，带 LED 灯光显示。保证车厢换气功能，换气次数＞20 次/h，见图 14-15。

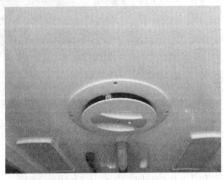

图 14-15　双向换气系统

3. 电源电控系统

1）车内电器设备采用翘板开关集成控制，翘板开关带继电器过载保护功能。

2）车内配有备用蓄电池和逆变充电系统。可 24h 不间断供电，可输出 220V 电压供医疗设备使用。逆变器采用纯正弦波逆变器，确保输出电压稳定，符合相关国家标准，见图 14-16。

3）智能充电控制：确保原车蓄电池的正常充电；备用蓄电池独立工作，避免消耗主蓄电池电能。

4）医疗舱相应的位置安装 12V 及 220V 电源防水、防尘插座。在 220V 电源输出端设置漏电及短路保护器，满足车辆医疗设施设备的供电需求和控制。

5）外接电源采用带防护盖的航空形式外接电源插座，配 10m 长外接移动电缆，见图 14-17。

6）车用紧急起动控制装置：当主蓄电池在低于 12V 无法正常起动时，按住紧急起动开关可以借助备用蓄电池让汽车迅速起动，见图 14-18。

4. 供氧系统

1）安装氧气汇流排系统（两个氧气压力表，一个切换开关，见图 14-19）：方便查看两个压力表的情况，使用切换开关可对两个氧气瓶（组）进行切换。

2）两个减压阀：一个为吸氧用（两输出），另一个为呼吸机用（两输出）。

图 14-16　左侧为逆变器，右侧为充电器

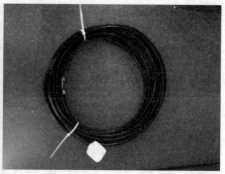

图 14-17　外接电源接口和 10m 移动电缆线

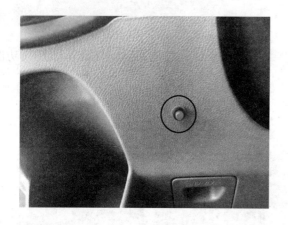

图 14-18　车用紧急起动控制装置

图 14-19　氧气汇流排系统

3）供氧系统医用氧气管路隐藏铺设在车体内，不可见，用耐高压管连接在汇流排上。汇流排减压阀系统具有安全性、可靠性、美观性和可操作性。

4）氧气末端配备供氧快速接入德式氧气终端（图 14-20）接口 2 个，可接入呼吸机等供氧设备，同时配有带刻度显示的供氧湿化瓶，系统配套齐全，使用安全、方便快捷。

5）车载安装 2 个 10L 氧气瓶，公称压力 15MPa。氧气瓶固定装置采用专用固定支架。

5. 杀菌系统

采用 20W 紫外线光波消毒灯（12V 带高压击发器），杀菌有效空间可达 $12m^3$。使用时，只需拨动控制面板上杀菌定时器旋钮开关即可，并具有延时保护功能。停车熄火后，先按下灭菌灯的绿色电源开关，再按下红色启动开关，灭菌灯将在延时 1min 后工作，30min 后自动关闭。消毒灯见图 14-21。

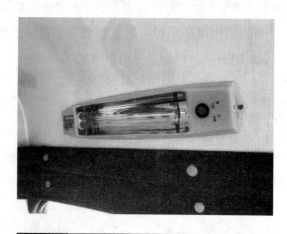

图 14-20　德式氧气终端及供氧湿化瓶

图 14-21　消毒灯

6. 照明输液系统

医疗舱内顶部安装 4 个超亮级 LED 照明灯,确保车内照度不低于 300lx,担架上方安装 2 盏高亮度 LED 输液射灯和滑动输液架,满足医护人员对伤病患者进行输液治疗时的照明要求,见图 14-22。

7. 担架系统

医疗舱内配备铝合金全自动上车担架,配安全带,辅助担架固定台,上车轻便、操作方便;配备铝合金急救铲式担架,配安全带,担架可以在无须抬起或移动病人的情况下,将病人置担架内或从病人体下抽出担架,从而避免了病人因抬起或移动所造成的进一步伤害;另外根据用户需求配置楼梯椅担架等,满足多种场所急救需求。

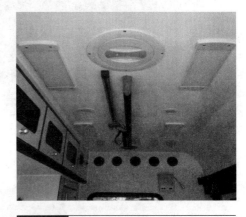

图 14-22　照明输液系统

(1) 自动上车担架

1) 担架由高强度铝合金制成,不需要任何控制把手就能自动上下车;承重大于等于 159kg,毛重小于 50kg,见图 14-23。

2) 上车轮有 2 对,直径分别为 100mm 和 125mm;其中心距地面高度分别为 660mm 和 610mm。

3) PVC 防水海绵床垫,靠背可调节,使病人感觉舒服;加粗的椭圆形腿管,四周均匀分布的辅助上车轮以及铝块大大增加了担架的承重力,仅需一人便轻松完成上车过程。

4) 铝合金材质,可变换高低位,便于上下车。活动架调节角度范围应不小于 0°~70°。

5) 担架折叠后,担架床面距地平面不小于 200mm。

6) 担架应配置两条安全带,安全带的长度不小于 1500mm,宽度不小于 48mm,插扣应能承受载荷 50kg,且便于拆卸。

7) 担架平台:辅助担架上车,铝合金材质,净重小于 20kg。

(2) 铲式担架　铝合金急救铲式担架可放置在担架平台下方,使用方便,见图 14-24。

图 14-23　自动上车担架及担架平台

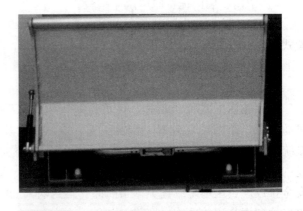

图 14-24　铲式担架

(3) 楼梯担架　楼梯担架采用高强度铝合金进行硬化和表面喷塑,采用折叠式结构,担架配有 4 个轮子,靠背后端设有 2 支或 4 支可折叠把手,担架下端设有 2 支可伸缩抬杆。

楼梯担架可悬挂安装在车后门,见图 14-25。

8. 对讲系统

驾驶舱和医疗舱配备对讲系统,方便医疗舱医护人员和驾驶舱驾驶人员的沟通交流,更好地为伤患提供服务。对讲系统为免提式,方便操作,见图 14-26。

9. 上车、行车安全装置

1) 车顶安装全方位行车扶手,确保车内人员行车中的安全,见图 14-27。

2) 后门处安装上车扶手,见图 14-28。

图 14-25　楼梯担架

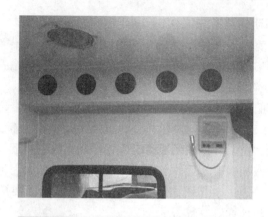

图 14-26　对讲系统

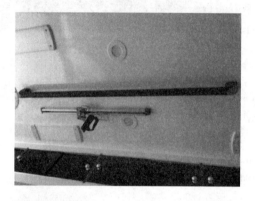

图 14-27　车顶行车扶手

图 14-28　后门上车扶手

10. 上车踏板及灭火器

1）中门、后门配备原厂上车踏板。

2）医疗舱后门右侧配备 2kg 灭火器（图 14-29），采用支架式固定，安装牢固，取用方便。

（四）传染病防护救护车专用系统

1. 负压系统

医疗舱内配置负压系统，该负压系统由进风装置、高效过滤装置、杀菌消毒装置、排风装置、负压显示装置、控制系统组成，符合 WS/T 292—2008 负压系统标准要求，达到了舱内空气净化、负压稳定、气流规则、集中杀菌、高效过滤、安全排放。负压系统放置于担架前部（运送病人的头部），能更好地利用其相关性能，见图 14-30。

图 14-29　灭火器及位置示意图

图 14-30　负压系统及位置示意图

2. 负压隔离舱

传染病人运送负压隔离舱（简称隔离舱），主要由舱体、高效过滤排风装置、支撑杆、适配器组成。舱体由活动舱盖、舱底、水密封拉链、支撑条组成；高效过滤排风装置由高效过滤器、控制机箱组成；支撑杆为铝合金杆，通过卡扣连接组装；适配器用于给电池充电。隔离舱通常固定在担架上，随上车担架系统一起使用，见图 14-31。

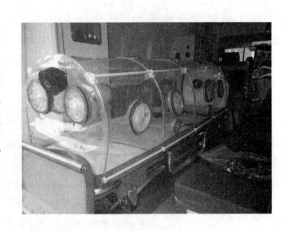

图 14-31　负压隔离舱示意图

三、救护车工作原理与可靠性保证

（一）救护车的工作原理

医疗救护车各系统的工作原理参见《产品说明书》，这里不再详述。本节仅简单说明电气系统。

1. 救护车供电系统

供电系统有两套——直流电（DC12V）、交流电（AC220V）。

2. 电气系统组成

电气系统包括原车蓄电池（主）、备用蓄电池（副）、蓄电池充电器、大电流继电器、纯正弦波逆变器（直流电转交流电）、舱内 LED 照明灯四个（其中一个开门自动开启）、紫外线消毒灯、输液射灯、换气扇、外部爆闪灯、外部照明灯和舱内电源插座（12V 和 220V）。

1）每套直流用电设备都配有熔丝（置于中隔墙配电箱上部），起到短路保护作用。

2）原车蓄电池和备用蓄电池并联时，要加装大电流继电器。

3）电气系统还包括由车钥匙 ACC 档控制的大电流继电器，使主副蓄电池连接。主副蓄电池之间添加蓄电池隔离器，蓄电池隔离器是把两组蓄电池连接在一起，充电时两块蓄电池可以一起充，放电时蓄电池之间分别放电相互不影响，保护主、副蓄电池。汽车行驶的过程中通过原车发电机给主副蓄电池充电，也可以连接外部电源，通过加装的蓄电池充电器来给副蓄电池充电。具有简单、实用、方便、稳定、可靠和节能等优点。

（二）救护车的可靠性保证

救护车的可靠性保证，以正泰希尔生产的"春星"牌救护车为例来进行介绍。

1. 可靠的生产工艺与先进检验标准

（1）生产工艺、工序及加工方法保证

1）隔断安装及高分子内顶的固定，见图 14-32。

① 采用最好的隔声、隔热材料。

② 严格的工艺标准。

③ 必须确保固定时间超过 12h。

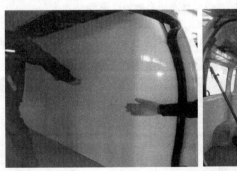 

图 14-32　隔断、高分子内顶的安装及固定

2）铺地板及地板革，见图 14-33。

① 用 12mm 桉木加工木质地板。

② 固定、平整木地板。

③ 铺地板革：固化时间不低于 24h，均匀覆压，确保周边缝隙一致。

图 14-33　铺地板及地板革

3）安装空调、换气扇、照明灯、监控摄像头，见图 14-34。

① 装驻车空调、换气扇，固定可靠，做好防水处理，接线牢固。

② 按图样位置安装照明灯，固定可靠，接线牢固。

③ 按图样位置安装摄像头，固定可靠，接线牢固。

4）逆变器、外接电源接口安装，见图 14-35。

① 逆变器安装：按图样规定，安装在隔墙驾驶室一侧。

② 外接电源接口安装：按图样规定，安装在车身右侧。

（2）先进的检验标准、设备与方法保证

1）淋雨试验，满足标准要求。如图 14-36 所示，将车门窗可靠关闭，降雨强度 5mm/min～7mm/min，方向与铅垂成 45°角，降雨时间 30min，检查厢内、车门、车窗、天窗及其内厢壁无漏水、渗水现象。

图 14-34　安装完成后的空调、换气扇、照明灯、监控摄像头效果图

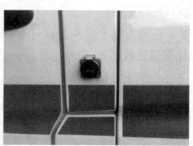

图 14-35　逆变器、外接电源接口安装完成后的效果图

2）侧翻测试，满足标准要求。如图 14-37 所示，依据 GB 7258—2017，对车辆进行侧倾稳定角试验。确保左侧≥35.3°稳定不翻；右侧≥35.3°稳定不翻，完全满足标准≥35°的要求。

（3）道路试验，满足标准的要求

1）路试距离 50km，其中平路 30km，凹凸不平 20km。

2）要求发动机、电器、操纵系统工作正常。

3）50km/h 紧急制动有效，不偏移。

4）各部件无变形、脱落、松动、异响等问题。

5）门、窗、舱门、柜门锁锁止有效，不自开。

6）车辆底盘各部件无松动，管路无渗漏。

第十四章 救护车与医疗废物转运车

图 14-36 淋雨试验

图 14-37 侧翻测试

医疗救护车所有指标都达到标准后，方可出厂。

2. 先进可靠的工艺设备保证

除严格的工艺流程和工艺标准外，先进的设备和工艺装备也是产品可靠性的保证之一。

部分专用设备，参见表14-5。

表14-5 正泰希尔公司生产救护车的部分专用设备（仅供参考）

全自动激光切割机 国外一线品牌全自动激光切割设备，提高产品质量和生产效率。	全自动管材切割下料机 全自动管材切割下料，效率高，精度控制在1mm之内。	半自动转角锯切机 提高生产效率的同时，保证管材角度的切割精度。

精密裁板锯 操作轻便省力，推动行程大，锯切木料快捷精准，提高产品质量和生产效率。	全自动封边机 独有的创新技术封边带厚度0.6~2.0mm之间转换使用不需要调整机器，做到了功能增加、产品品质提升等优势。	滚胶机 进口涂胶设备，保证涂胶均匀，生产效率高。

雕刻机 进口设备，数控编程，精度达到0.01mm，提高了孔、口的切割精度和效率。	液压机 进口设备，热压制板，液压升降，单模时间在1h内，效率高。	铝型材双头切割锯 采用轨道滑块固定，气动夹紧，快速对接，切割精度达到0.1mm，效率高，质量好。

（续）

数显兆欧表	机动车综合性能测试仪	室内空气质量检测仪
绝缘测试，既能保证整车用电安全，又能保障整车电路稳定运行。	检测综合性能，确保车辆出厂性能满足要求。	高精度检测，确保每台车绿色、环保、无污染。

3. 可靠的检测手段

为保证产品质量，制定严格的、高于国家和行业标准的企业"原材料、产品"检测标准。采用先进的检测手段，确保产品的各项指标符合标准的要求。部分检测设备、工具参见图 14-38 ~ 图 14-45。

图 14-38　泡沫水分测试

图 14-39　木材水分测试

图 14-40　表面电阻测试

图 14-41　漆膜划格测试

图 14-42　涂层厚度测试

图 14-43　温度测试

图 14-44　车内空气测试

图 14-45　车内噪声测试

4. 试验方法可靠

1）救护车的定型试验按 QC/T 252 的规定执行。

2）救护车外廓尺寸的测量按 GB/T 12673 的规定执行，轴荷及质量按 GB/T 12674 的规定执行。

3）救护车的最高车速按 GB/T 12544 的规定执行，加速性能按 GB/T 12543 的规定执行，最大爬坡度按 GB/T 12539 的规定执行。

4）目测检验救护车车身外观、标识、特种标志灯具，涂层质量检验按 QC/T 484 的规定执行。

5）救护车的防雨密封性试验按 QC/T 476 的规定执行。

6）驾驶室、医疗舱等厢体的内饰件材料阻燃材料试验按 GB 8410 的规定执行。

7）负压系统的过滤效率、阻力和检漏等性能检测按 GB 13554 规定的方法进行检验；负压值检测是将整个负压系统安装调试完毕后，要将车门窗、换气扇全部关闭后，再打开负压系统 1min 后，观察数显压力表的负压值稳定在 -10～-30Pa 之间为满足标准要求。

5. 可靠的售后服务保证

（1）售后服务组织　应具有完备的服务组织，服务热线、服务体系、服务方案。

（2）"三包"期服务方案（见"三包"手册）

（3）"三包"服务期满后服务方案　在质保期满后，应继续提供终身售后服务的技术支持，仅收取一定的工本费。

1）接到报修通知后 2h 内维修人员赶到现场，并进行连续维修，直到故障完全排除、车辆恢复正常为止。

2）质保期结束后的维保费用，按照当地售后维修站的收费标准执行。

3）各地服务站可以为用户提供救援服务、免工时费走合维护、上门维护修理。

4）应有定期的服务活动：每年 10 月暖风服务月和 3 月空调服务月专项活动，保修期内免费检查、维护和修理，保修期外仅收材料成本费。

5）为应对突发事件，服务站应有成立危机处理小组，厂家的市场服务人员参加。

（4）有完善的配件销售体系和供应网络

1）厂家设有常用备件库。

2）厂家建有自己的经销商网络，并与底盘维修站建立委托服务协议。

3）形成以总部配件中心、配件经销商以及维修站三级网络交叉的供应体系和成熟的物流系统保证达到规定的配件到位速度。

4）配件技术支持：由专业人员制订常用件和易耗件清单，指导日常配件库存储量。全天候 24h 提供配件服务咨询。

5）配件绿色通道：易损件和常用件于车辆交货时到位，非常用备件紧急件采取厂内"配件绿色通道"系统+空运服务满足特殊需求。

四、日常使用保养及常见故障排除

1. 操作与使用注意事项

为保证安全行驶，请认真阅读以下注意事项，有关底盘的使用请详细阅读底盘使用说明书，按要求进行检查、使用和保养。

1）在车辆行驶前，认真检查医疗舱内氧气瓶、担架等设施固定是否牢靠，以免发生意外情况。

2）在车辆行驶前，认真检查救护车四周的警灯开启是否正常。

3）在车辆使用时，应提前检查车内插座是否供电正常。

4）车辆行驶时，必须系好安全带。

5）救护车不使用时，应关闭车上的用电设备，防止蓄电池亏电。

6）医疗舱照明灯使用，翘板开关按压一次后将自动照明/熄灭，不可长时间按压，以免控制继电器长时间接触电流，从而产生过热现象损坏继电器。

7）车顶换气扇不使用时，应将排风口处于关闭状态以免灰尘进入医疗舱。在恶劣天气（沙尘暴或者大雨大风）发生时，应慎用换气扇。

8）使用紫外线消毒灯时，应将车辆停靠在固定地点，在车内无人的时候使用，在车内行驶有人时严禁使用消毒灯。

9）车载电源使用说明：220V 插座正常使用需要开启逆变器电源开关。当逆变器发出"嘀——"长鸣警示音时，说明备用蓄电池电量较低，需要起动车辆或者接通外接供电设备进行供电，10s 后警示音将消失，220V 插座可正常使用。

10）使用氧气湿化瓶时，要检查接口是否牢固，根据使用需要请适量加入清洁水，以保证患者吸入湿润的氧气。适当调节氧气流量，使用后及时清洁氧气湿化瓶。

11）吸引器在不使用时，保持污物桶的清洁。使用后，及时高温消毒及清洗，防止细菌滋生。

2. 车辆的维护与保养

1）底盘的维护保养应按照底盘使用说明书进行。
2）定期检查氧气瓶的压力是否满足使用要求，及时补充氧气。
3）做好医用器材的维护，对医疗柜应注意清洁保养。
4）对于悬挂装置，定时检查螺钉紧固强度，以防止意外坠落。
5）检查车辆配备的灭火器材，过期或失效后应即更换。
6）车辆不使用时，注意定时消毒。

3. 随车文件目录

1）车辆合格证。
2）车辆一致性证书。
3）环保信息随车清单。
4）医疗救护车使用说明书。
5）底盘随车文件（保修保养手册、汽车使用说明书）。
6）随车配件（配套设施附件及说明书、熔丝）。

4. 简易故障自查

1）舱内照明灯不亮、中门灯不亮、输液射灯不亮、长排警灯、爆闪灯不亮、消毒灯不亮。
① 检查开关是否闭合。
② 检查是不是硬件损坏，如灯管破损、熔丝烧坏、继电器故障。
2）换气扇不工作、暖风机不工作、空调不工作、红色应急按钮不工作。
① 检查开关是否闭合。
② 检查是不是硬件损坏，如风机是否完好、熔丝烧坏、继电器故障。
③ 测试是否有电压。
3）舱内无 12VDC/220AC 电源。
① 检查备用蓄电池是否有电，通过检查数码电压显示表数值判断是否欠压（数值低于 9.5V 为欠压）。
② 检查电源插接口是否完好、是否匹配。
③ 无 220AC 电源，检查逆变器开关是否启闭。
④ 检查线路熔丝。

注：用电设备都配有熔丝，根据用电设备故障查看配电箱黄色标贴，更换该用电设备的熔丝（备用熔丝随车配备，可根据颜色选择更换），以便进一步确定故障原因。

⑤ 负压系统要根据说明书要求使用，负压系统过滤器要根据负压开启频率，8~12 个月更换一次。
⑥ 负压隔离舱严格按照使用说明书要求进行维护保养检修。

五、救护车典型产品介绍

因厂家的产品随新材料、新工艺、新需求不断更新升级，表 14-6 的产品资源仅供参考，其中的公告型号及参数以最新公告为准。

表 14-6　部分符合国六标准的救护车产品资源（仅供参考）

序号	整车公告型号	底盘品牌	底盘型号	整车外形尺寸/mm	整车总质量/kg	乘坐人数/人	整备质量/kg
1	ZZT5040XJH-6	V348	JX6581TA-M6	5780×1974×2570/2610/2650/2670	3750	4~9	2550/2650/2730/2800/2910
2	ZZT5041XJH-6	V362	JX6533TB-M6	5341/5425×2032×2505/2537/2577	3510	4~8	2300/2380/2440/2470/2510
3	ZZT5043XJH-6	大通长轴	SH6591A2DB	5700/5785/5910×1998×2550	3800	7~9	2530/2650
4	ZZT5044XJH-6	大通短轴	SH6522A2DB	4950/5035/5160×1998×2525	3550	7、8	2150/2380/2450/2570/2720
5	ZZT5030XJH-6	V362 汽油	JX6533P-M6	5341/5425×2032×2505/2537/2577	3300	4~8	2300/2380/2440/2470/2510
6	ZZT5040XYL-6	大通长轴	SH6591A2DB	5700/5785/5910×1998×2345/2395/2545/2625	3800	3~7	2530/2650/2780/2890
7	ZZT5041XYL-6	图雅诺长轴	BJ6608BDDDA-B6	5990×2000×2415/2465/2575/2640/2690/2800/2920	3550	4~7	2600/2770
8	ZZT5030XYL-6	福田G9	BJ6549B1DXA-E2	5380×1920×2285/2330/2490/2555	3400	3~9	2360/2550/2600

第二节　医疗废物转运车

一、基本概念与结构

1. 基本概念

医疗废物转运车属于第六类危险品运输车。运输的货物为感染性废物，属于国家危废目录6.2类。

（1）医疗废物转运车　又称医疗垃圾运输车、医疗废物运输车、医疗垃圾转运车等，是指装备有整体封闭车厢，车厢内部应采用防水、耐腐蚀、便于消毒和清洗的材料，用于转运医疗废物的厢式专用运输汽车。

（2）负压型医疗废物转运车　是指装备有负压净化装置，能够使车厢内气流具有定向排放、净化消毒功能的医疗废物转运车。

2. 基本结构

医疗废物转运车是一种运输医疗废物的厢式专用汽车（图14-46），是由二类底盘与上装厢体组成。厢体与底盘通过主、副车架之间的U形螺栓连接成整车。根据医疗废物运输的特点以及环保的特殊要求，增加车辆的耐腐蚀性、密封性等安全防护性能。

（1）底盘的结构及要求　底盘应采用危险品专用配置状态；应装备符合GB/T 13594规定的1类防抱死制动装置；应装备缓速器或其他辅助制动装置，前轮应装备盘式制动器；应装备车速限制系统，限速系统应符合GB/T 24545的规定，限速系统设定的最高车速应不超过80km。

图14-46　医疗废物转运车示意图

（2）厢体的结构及要求　厢体采用三明治复合板密闭型结构、厢体强度高，并采用迷宫式密封条，使车厢完全封闭，以达到防止医疗垃圾病菌、毒气扩散的作用。厢体内壁板采用不锈钢板或玻璃钢板等耐腐蚀性材料，车厢底部四周及转角圆滑处理，宜清理死角，并在车厢内配置紫外线消毒灯或喷淋消毒系统，便于清洗、消毒。

二、客户对医疗废物转运车的功能要求

按照医疗废物转运车的功能要求，车辆标准配置如下：

1. 防火功能

排气火花熄灭器：见图14-47，装在排气管尾端，对机动车废气进行冷却，从而熄灭废气内夹带的火花，防止火灾发生。

2. 紫外线消毒功能

紫外线杀菌灯，见图14-48，安装在车厢内顶板中部，紫外线杀菌灯正常工作时辐射出大量的253.7nm紫外线，对微生物具有极强的杀伤力，可以在30～45min内灭杀细菌。

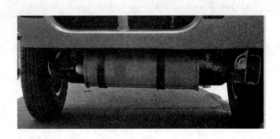

图14-47　排气火花熄灭器

3. 喷淋消毒功能

紫外线消毒和喷淋系统，见图14-48，安装在车厢内顶板中部，通过360°多维布置喷淋器，使消毒液从厢体顶部的不同角度向车厢内各角落进行喷洒，使消毒液均匀地依附在厢壁上，进行全方位的杀菌消毒。

图14-48　紫外线消毒和喷淋系统

4. 固定功能

卧环，撑板，见图14-49，安装在厢板上，用来固定厢内的不锈钢横撑杆，可调整长度的捆绑带通过横撑杆和前板上的不锈钢卧环将专用塑料密封袋、周转箱等牢牢地固定在车厢内，防止周转箱在行车时翻转和泄漏。

5. 报警功能

报警器见图14-50，驾驶室安装有蜂鸣器，开关在厢内后侧，防止操作人员被误关厢内，打开报警开关后，驾驶室内的蜂鸣器同时发出报警声音，警示有人在厢内，请及时开门让操作人员出来。不使用时，可将驾驶室内控制开关关闭。

6. 双层门密封功能

后门采用双层密封结构，见图14-51，采用迷宫式密封条，使车厢处于完全密闭状态，以达到防止医疗垃圾病菌、毒气扩散。

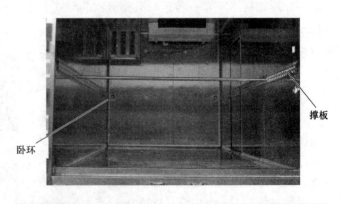

图14-49　卧环、撑板

图 14-50　报警器开关

图 14-51　后门双层门

7. 负压功能（选配）

负压装置，见图 14-52，由外部电控柜、负压柜体、高效风机、紫外线杀菌灯、中效过滤装置、高效过滤装置、进气球阀组成，具有舱内空气净化、负压稳定、气流规则、集中杀菌、高效过滤、安全排放等功能。对粒径 $0.3\mu m$ 的微粒气溶胶滤出率达到 99.96%，使排到厢外的空气保持洁净安全。通过进排风的压力梯度，厢内形成了 $-15\sim-60Pa$ 的相对压差，加上合理的进排风口布置，舱内形成了流向规则、流速稳定的气流。通过定向的气流作用，在舱内流通的空气通过进风口进入杀菌腔内，此时腔内的紫外线光波达到有效杀菌的浓度，对被拦截在腔内及高效过滤装置上的病菌进行强效杀灭，避免在系统关闭时腔内空气回流时，把病菌带回厢内。

负压装置

图 14-52　负压装置

三、医疗废物转运车的工作原理与标准规定

1. 医疗废物转运车的工作原理

根据医疗垃圾的特点设计，采用密闭性运输，后门为双层密闭结构，并采用迷宫式密封条，使车厢完全封闭，以达到防止医疗垃圾病菌毒气的扩散作用。厢体内壁板采用不锈钢板，可用腐蚀性消毒进行消毒，车厢底部四周及转角圆滑处理，宜清理死角，便于消毒。车厢体具有紫外线消毒杀菌功能。紫外线灯正常工作时，辐射出大量的 253.7nm 紫外线，对微生物具有极强的杀伤力，在 30～45min 内杀灭细菌。根据"医疗废物管理条例"规定，医疗废物转运车辆必须采用带有"医疗废物"标识和符合环保要求的专用车辆。通过专用结构的设计，保证危险品处于一个安全的运输状态，确保道路运输的安全。

2. 执行的相关标准、规定

医疗废物转运车由二类底盘和上装厢体组成，车辆应在环境温度 -40~55℃，在四级以上公路行驶。车辆具有的性能指标主要包括以下方面：

1) 车辆的外廓尺寸、轴荷及质量限值应符合 GB 1589—2016 的规定。
2) 车辆的行驶安全要求应符合 GB 7258—2017 的规定。
3) 车辆的外部照明及灯光信号装置的安装要求应符合 GB 4785—2007 的规定。
4) 车辆结构应符合 GB 21668—2008 的相关规定。
5) 总质量大于 3500kg 的车辆侧面，包括油箱外侧均应安装防护装置，防护装置应符合 GB 11567—2017 的规定；车辆的后端应设置防护装置，防护装置应符合 GB 11567—2017 的规定。
6) 车辆前后均应设有拖钩或拖拽装置。
7) 车辆发动机排气管宜置于车厢前端面之前，排气管的布置应能避免加热和点燃货物，距油箱、油管净距离应不小于 200mm，与裸露的电气开关的距离应不小于 100mm；当车辆发动机排气管设置在车厢底板下面时，应在排气管与车厢底板之间加装隔热板。排气管均应安装机动车排气火花熄灭器，其性能应符合 GB 13365—2005 的规定。
8) 底盘车架与车厢应进行等电位联接。
9) 车辆应具有良好的防雨密封性能，在进行防雨密封性试验时，不应有渗漏现象。
10) 车辆应装用子午线轮胎，严禁使用翻新轮胎。
11) 车辆应安装具备记录、存储、显示、打印或输出车辆行驶速度、时间、里程等车辆行驶状态信息的行驶记录仪，其技术要求应符合 GB/T 19056—2012 相关规定。

四、医疗废物转运车的可靠性保证

此处以正泰希尔"春星牌"医疗废物转运车为例介绍。

1. 设计能力保证

整车的设计由一支专业的研发团队进行，建有省级工业设计中心和省级企业技术中心，设有危险品研发部，专门对危险品车辆进行研究，其中研发人员 15 人，具有高级职称的 4 人，由在行业内具有二十多年经验的技术带头人领导研发工作，研发能力有保证。

设计采用 CAD、CAM 和 Solidworks 等设计软件，满足整车的结构设计、电器匹配、有限元分析和稳定性模拟。

2. 供应商保证

1) 零部件选用国内外知名品牌的产品，保证零部件自身质量的可靠性；底盘选用福田、解放、东风、江铃等国内知名品牌的产品，在满足国家标准和法规的资源里进行选型，保证底盘质量的稳定可靠。
2) 上装厢体关键零部件和板材采用知名品牌，质量可靠。

3. 关键零部件检测保证

为产品试制和新技术的成果转化提供可靠的研发设备。化学分析实验室配有可见分光光度计、碳硫分析仪、高速自动引燃炉、分析天平、电子天平等，确保了材料的材质和化学成分的检测保证能力，确保了所用材料性能指标的精确度和准确性。关键零部件实验室配有表面电阻仪、液压试验台、涂层测厚仪、绝缘电阻仪等设备，实现了对关键零部件性能指标的检测，确保了关键性能指标质量的稳定。整车检测试验室配有淋雨试验室、温度自动记录仪、噪声计、空气质量检测仪、五轮仪等检测设备，保证了整车制动性能、密封性能和专用性能的检测，为车辆的安全性能稳定提供了保障。

4. 制造工艺保证

(1) 框架焊接工艺　根据车型、图样尺寸要求，采用工装模具进行框架的焊接，保证焊接板面平整，确保无空鼓、牢固、无虚焊、漏焊等缺陷，底板框架焊接，尺寸误差控制在 2mm 内，见图 14-53。

(2) 制板工艺　根据图样尺寸完成厢板蒙板、骨架、填充材料的下料，见图 14-54。

1) 厢体整体采用木框架结构加固，粘接，先在框架和蒙板上喷粘板胶，要求喷涂均匀，无漏喷；然后将阻燃泡沫板填充到框架中，保证填充全面；再在泡沫板上喷涂粘板胶，保证喷漆均匀、全面；最后把内饰板平铺到泡沫板上，保证板面平直。

2) 压合厢板，厢体压板采用 15m 专业保温板生产设备一体压制成型，采用聚酯热压制板工艺和玻璃纤维加强全木厢体框架结构，使用国际上最为先进的第五代全封闭聚氨酯板块粘接法。厢板热压生产线见图 14-55。

(3) 厢体拼接工艺　厢体拼接工艺的好坏决定厢体强度大小，先把压制好的板，一块一块在大型拼接机器上一体拼接成形，用不锈钢螺钉锁死，四周用胶水封边，放置 24h，拼接成形。厢体拼接见图 14-56。

图 14-53　框架焊接

图 14-54　制板图

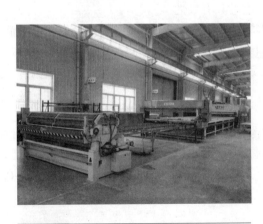

图 14-55　厢板热压生产线

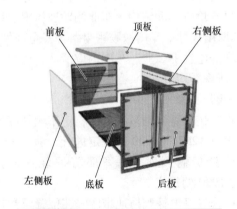

图 14-56　厢体拼接

1) 厢体拼接完成后装配件，包括锁把门扣、厢体四周型材，安装门、厢体内 LED 照明灯等。

2) 整个生产流程，围绕厢体密封性、保温性做更多细节处理。用天然树脂胶密封厢体四周拼接处，保证厢体密封性、保温性和厢体强度。采用恒温恒压正压制板工艺，这种工艺所用的保温材料是聚氨酯保温板，用玻璃纤维加强、不饱和树脂胶黏接。这种制板工艺生产出的厢板表面平整不起泡，保温效果及厢体强度是其他方法无法与之媲美的。

(4) 封胶工艺

1) 清理板缝、铝型材连接缝等封胶部位。

2) 用密封胶对板缝处进行打胶处理，要求胶缝均匀，胶面贴实，封胶全面。

(5) 整车组装（图 14-57）

1）组装完毕的车厢与底盘进行安装固定，要求固定牢固，螺栓紧固力矩符合标准要求。

2）粘贴外观标识，对照公告一致性要求进行外观反光标识、铭牌等的粘贴、固定。

图 14-57　整车组装

5. 试验方法保证

为了保证车辆性能的可靠性，车辆在出厂前都进行定型试验和出厂检验。

(1) 定型试验

对新车型在开发完毕后，委托有资质的检测机构进行定型试验：

1）车辆的行驶安全相关试验按 GB 7258—2017 中的有关规定进行。

2）车辆的外部照明及灯光信号装置的检验按 GB 4785—2007 的规定进行。

3）对车辆侧面、后下部防护装置的强度试验按 GB 11567—2017 的规定进行。

4）目视排气管的安装位置，并用尺子测量排气管与油箱的相对位置。当排气管设置在车厢底板下面时，应检查排气管与车厢底板之间加装隔热板的可靠性和有效性。

5）目测检查车厢结构、车厢侧壁通风窗、缓解货物冲撞的橡胶制品装备、铺设的阻燃导静电胶板，并测量其厚度尺寸、车门橡胶密封条等安全部件。

6）导静电性能试验。车厢内应清洁，用兆欧表测量地板相对拖地带连接处之间的电阻，每 $2m^2$ 测量一点，计算平均值。

(2) 出厂检验

1）将车辆放置到测量平台上，对车辆外廓尺寸测量按 GB/T 12673—2019 的规定进行，轴荷及质量测量按 GB/T 12674—1990 的规定进行，满足车辆公告一致性要求。

2）检验车辆侧面、后下部防护装置的尺寸、焊接质量，是否符合 GB 11567.1—1990、GB 11567.2—1990 的规定。

3）检查导静电橡胶拖地带的安装位置及数量。

4）检查车辆的危险报警系统、感烟火灾探测器、报警蜂鸣器、防盗报警系统、尾部视频监视系统的安装位置，并测试其功能有效性。

5）检查轮胎的规格和干粉灭火器的数量。

6）防雨密封性试验。车厢门正常关闭。降雨强度≥0.12mm/s，应用雨量计测定降雨量，淋雨试验台的人工降雨应能覆盖整个车厢。经 15min 防雨密封性能试验后，擦干车厢外部积水，打开车门检查车厢内各处有无进水和渗漏现象。

7）报警性能试验。打开后门或侧门，查看驾驶室内报警装置是否在 10s 内响起，并用噪声仪测量报警器声级。

8）负压性能测试。关闭车厢门，打开进风阀门，开启负压控制开关，1min 内负值稳定在 15Pa 以上为符合标准状态，可安全使用。

6. 工艺设备、售后服务等保证措施

详见本章第一节相关内容。

五、日常使用与保养

1. 操作与使用注意事项

1）新车在投入使用前应对厢体与底盘的连接和紧固情况进行检查，如有松动，应立即紧固。

行驶前和途中，应经常检查车辆各部件的完好情况，如：厢体与底盘连接是否紧固、门锁铰链是否牢固可靠、灯光信号是否正常。

2）打开厢体双后门或侧门装卸医疗废物时，先要把门锁手柄旋转至锁鼻内，再把双后门或侧门风钩挂在厢体侧面的风钩座上。装货应整齐、平稳，堆放高度不宜过高，满载后车厢顶部应留有一定的空间不装载，以利于内部空气循环，便于消毒和冷藏降温，装货质量不能超过本车型额定载质量，严禁超载。装货完毕，应根据车厢内货物实际情况，利用卧环、安全绳（带）和紧固填充物将货物固定捆扎牢固。卸货时，应保证货物的安全，不能造成二次污染。

3）厢体双后门或侧门在开启状态时，应严禁移动车辆。关闭后门或侧门时，两凸轮机构应锁紧可靠到位。

4）车辆发动机排气管尾端安装有排气火花熄灭器（安全防火罩）。在进入禁火区域时，应将汽车排气管上安全防火罩阀门关闭进行防火；车辆不在禁火区域时，打开阀门不影响车辆排气。

5）专用厢式汽车在行驶时，应注意其稳定性，速度不宜过高，在上下坡和转弯时应减速慢行，停车应平稳、可靠，以防止货物冲击损坏厢臂及引起其他事故。

6）车辆上下火车、轮船时，应以自驶方式上下，必须吊装时应采用专用吊架，以免损坏车辆。

2. 车辆的维修与保养

1）底盘的维修与保养应按照底盘使用说明书进行。

2）整车应定期进行保养，车辆每行驶2000km，应对厢体及底架各部位螺栓进行紧固。检查灯光、电器是否完好。行驶一年，应对厢体及底架各部位进行一次全面的检查，检查车厢及底架有无变形损坏，如有问题应及时向生产厂家提出质量意见反馈，以便得到维修。

3）车辆配备的灭火器材，检查过期或失效后应即更换。

4）车辆不使用时，应把车厢内外表面擦洗干净，存放在防雨、防晒、防潮、有消防设施的专用库房内，并定期对车辆维修保养。

六、典型产品介绍

以正泰希尔春星牌产品资源为例，其医疗废物转运车资源见表14-7。

表14-7　正泰希尔春星牌医疗废物转运车资源（仅供参考）

序号	整车公告型号	底盘品牌	二类底盘型号	整车外形尺寸/mm	货箱内部尺寸/mm	整车总质量/kg	额定载质量/kg	整备质量/kg
1	ZZT5040XYY-6	江铃	JX1042TG26	5998×2070/2120/2170/2220/2280/2320×2790/2920/3050/3150/3250	4120/4020×2100/2000×1650/1750/1900/2000/2100	4495	1325/1220/995/835	2975/3080/3305/3460
2	ZZT5031XYY-6	跃进	SH1033PEGCNZ2	5090×1830/1775×2730	3180×1650×1680	3320	1190/1020	2000/2170
3	ZZT5030XYY-6	时代	BJ1032V5JV5-01	5230×1915/1860×2755	3220×1700×1750	3320	920/1170	2110/2020

本章小结与启示

通过本章学习，要求掌握救护车和医疗废物转运车的基本结构、基本功能及其工作原理。客户对这二种车的要求，满足客户要求的性能指标。

救护车的性能指标：

1. 加速性能　车速从0km/h加速至100km/h不大于25s。
2. 制动性能　应安装四轮防抱死制动系统。宜安装车辆电子稳定系统。
3. 正常工作条件　海拔3000m以下，气温在 -40~40℃之间。为了保证病员医疗安全，救护车应保证医疗设备正常工作。
4. 爬坡能力　车辆最大爬坡度不小于30%。
5. 最高车速　最高车速不低于120km/h。
6. 平顺性　车辆平顺性应符合QC/T 474中对高等级轻型客车的要求。
7. 发动机的排放　应符合国家现行标准。

了解救护车常见故障及处理方法。

掌握产品分类，为向客户推荐产品打下基础。

本章学习测试及问题思考

1. 救护车分几类？常用的有哪几类应该重点关注？
2. 救护车的性能指标有几项？分别是什么？
3. 医疗废物转运车的主要功能有哪些？
4. 医疗废物转运车的性能指标有几项？

第十五章 爆破器材运输车[一]

> **学习要点**
> 1. 了解爆破器材运输车的功能、性能、结构、主要配置、常见故障及处理方法。
> 2. 了解爆破器材运输车的分类与产品组合、产品公告。
> 3. 能够根据客户需求、实际应用场景,结合产品知识,进行产品推荐。
> 4. 了解爆破器材运输车的发展趋势,能够跟踪厂家产品开发的进度,及时调整营销产品组合。
> 5. 能够指导服务站进行爆破器材运输车的日常保养、常见故障排除。

第一节 基本概念与结构组成

一、基本概念

(一)危险货物

1. 定义

危险货物,又称危险品。是指具有爆炸、易燃、毒害、感染、腐蚀、放射性等危险特性,在生产、经营、运输、储存、使用和处置中,容易造成人身伤亡、财产损毁或者环境污染而需要特别防护的物质或物品。

2. 范围

符合 JT/T 617—2018《危险货物道路运输规则》规定。

(二)危险品运输车

1. 定义

危险品运输车是指运输危险货物的营运货车,其车辆安全技术条件应符合 JT/T 1285—2020《危险货物道路运输营运车辆安全技术条件》的规定。

2. 分类

按照运输危险货物的类别进行分类,并符合 GB/T 17350—2009《专用汽车和专用挂车术语、代号和编制方法》,见表 15-1。

[一] 本章由董金惠、孙建华编写。

表 15-1　危险品运输车分类

序号	危险货物分类	车辆名称	序号	危险货物分类	车辆名称
1	第1类 爆炸品	爆破器材运输车	12	第5类 氧化剂和有机过氧化物	氧化性物品厢式运输车
2		爆炸品厢式运输车	13		氧化性物品罐式运输车
3		爆炸品罐式运输车	14	第6类 毒害品和感染性物品	医疗废物转运车
			15		毒害品和感染性物品厢式运输车
4	第2类 压缩气体和液化气体	易燃气体厢式运输车	16		毒害品和感染性物品罐式运输车
5		毒性气体厢式运输车	17	第7类 放射性物品	放射性物品厢式运输车
6		易燃气体罐式运输车	18		放射性物品罐式运输车
7		毒性气体罐式运输车	19	第8类 腐蚀品	腐蚀性物品厢式运输车
8	第3类 易燃液体	易燃液体厢式运输车	20		腐蚀性物品罐式运输车
9		易燃液体罐式运输车	21	第9类 杂类	杂项危险物品厢式运输车
10	第4类 易燃固体、自燃物品和遇湿易燃物品	易燃固体厢式运输车	22		杂项危险物品罐式运输车
11		易燃固体罐式运输车			

（三）爆破器材运输车

1. 定义

爆破器材运输车，又称爆炸物品运输车，是运输第 1 类危险品的车辆。

2. 分类

（1）民用爆炸物品运输车

1）民用爆炸物品运输车：具有防盗、防火、防静电、防撞击、防电火花、隔热保温、通风等功能，可有效抑制引爆、殉爆源的产生，专门运输民用爆炸物品的车辆。

2）民用爆炸物品：在外界作用下（如受热、撞击等）能发生剧烈化学反应，瞬间产生大量气体和热量，使周围压力急剧上升，发生爆炸或剧烈燃烧，对周围环境造成破坏的物品。本书描述的民用爆炸物品是指"GB 6944—2012 危险货物分类"中第 1 类，并在《民用爆炸物品品名表》中列名的民用爆炸物品。

（2）烟花爆竹运输车

1）烟花爆竹运输车：是一种具有防盗、防火、防静电、防撞击、防电火花、隔热保温功能，以及防爆和泄爆等功能，专门运输烟花爆竹的车辆。

2）烟花爆竹：以烟火药为主要原料制成，引燃后通过燃烧或爆炸产生光、声、色、型、烟雾等效果，用于观赏、具有易燃易爆危险的物品。

（3）爆炸物品同载车

1）爆炸物品同载车：安装有抗爆容器，同时运输炸药和雷管的特种爆炸物品运输车。

2）特别说明：

① 抗爆容器：具有一定的抗爆裂、抗殉爆、抗爆炸冲击波、屏蔽电磁波和隔噪声能力的储存雷管的容器。

② 抗爆裂性能：抗爆容器抵抗内装雷管爆炸时产生破裂的能力。

③ 抗殉爆性能：抗爆容器内装雷管爆炸时，抗爆容器防止其邻近其他爆炸物品同时被引爆的能力。

④ 抗冲击波超压性能：抗爆容器内装雷管爆炸时，抗爆容器衰减冲击波超压的能力。

⑤ 抗爆容器屏蔽效能：没有抗爆容器时接收到的信号值与在抗爆容器内接收到的信号值的比值，即发射天线与接收天线存在抗爆容器以后所造成的插入损耗，单位用 dB 表示。

⑥ 抗爆容器防火性能：抗爆容器内装雷管爆炸时，抗爆容器防止火焰向外泄漏的能力。

⑦ 抗爆容器存药量：抗爆容器最大允许存药量（或折合 8 号瞬发工业电雷管的存放数量）。

二、结构组成、工作原理与技术要求

爆破器材运输车是一种运输爆炸物品的厢式专用汽车（见图 15-1），是由二类底盘与上装厢体组

成。厢体与底盘通过主、副车架之间的U形螺栓连接成整车。二类底盘采用危险品专用配置，厢体采用专用防爆结构，满足运输危险品的安全要求。

图 15-1　爆破器材运输车示意图

1. 主要结构组成

爆破器材运输车组成示意图见图15-2。

2. 工作原理

爆破器材运输车是一种运输危险品的专用车辆。它不同于普通的运输类车辆，因其运输介质具有爆炸性或爆炸性隐患，所以要求车辆具备一个安全的运输环境，并要求及时消除危险隐患，以满足安全运输的要求。

爆破器材运输车的工作原理：通过专用结构的设计，使车辆具备防范和消除静电、火花等危险隐患的功能，保证危险品处于一个安全的运输状态，确保道路运输的安全。

按照爆破器材运输车的底盘设计要求，底盘的排气管进行前置，有效隔离了车辆行驶过程中

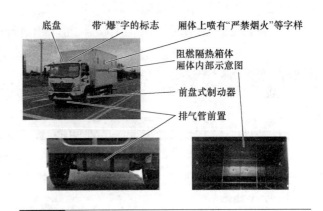

图 15-2　爆破器材运输车组成示意图

排气管的热量不会传递到厢体产生隐患。并且在排气管口处加装了排气火花熄灭器，能有效熄灭排气尾部热量集中产生的火花隐患。解决了底盘行驶过程中的火灾隐患对上装厢体的影响。

按照爆破器材运输车厢体的结构设计要求，厢体的外蒙板材采用冷轧钢板，底板采用钢制型材，保证厢体是一个良导体；厢体的底板与底盘车架通过铜导线连接起来，并在底架上安装导静电拖地带，保证厢体、底盘、大地进行静电接地连接；内饰板材采用铝板，是一种良导体，摩擦、撞击不会产生火花，产生的静电会通过厢体迅速释放；地板内饰铺阻燃导电胶板，为绝缘体。在运输危险品时，因摩擦产生的静电会通过地板的导静电胶板传到厢体，厢体再通过导静电拖地带将静电传导到大地，使厢体始终处于一个安全的无静电集聚的环境中。

3. 结构要求

（1）底盘的结构及要求

1）危险品运输车应加装盘式制动器制动衬片报警系统，单燃油箱的容积应小于等于400L。

2）总质量大于3500kg的危险货物运输货车的转向轮应装备轮胎爆胎应急防护装置。

3）总质量大于等于12000kg的危险货物运输货车的后轴，所有危险货物运输半挂车，以及三轴栏板式、仓栅式半挂车应装备空气悬架。

4）总质量大于等于12000kg的危险货物运输货车还应装备电控制动系统（EBS）。

5）符合 GB 7258—2017 的所有其他要求。

6）底盘应采用危险品专用配置状态：应装备符合 GB/T 13594—2003 规定的1类防抱制动装置；应装备缓速器或其他辅助制动装置，前轮应装备盘式制动器；应装备车速限制系统，限速系统应符合 GB/

T 24545—2019 的规定，限速系统设定的最高车速应不超过 80km。

（2）厢体的结构及要求

1）厢体为金属整体骨架式，外蒙板材采用冷轧钢板，内蒙板材选用撞击不发生火花的阻燃材料铝板，采用全封闭式结构。由顶板、前板、侧板、底板、后门总成、门框、底架（副车架）组成。内、外蒙板材之间夹层填充阻燃隔热材料。货箱内、外蒙板材采用模具冲压成型，外表平整，无磕碰与擦伤痕迹。内、外蒙板材与骨架采用胶粘剂粘接，贴合紧密无空鼓缺陷。

2）货箱侧板外蒙板材平面在 1000mm×1000mm 范围内的平面度公差不大于 2mm。

3）厢体安装铝合金型材立柱、护板及包角等装饰件，采用铝铆接工艺，铆合、压条排列整齐，铆钉疏密合适。

4）货箱内周边采用圆弧铝压条，货箱内侧板、前板设置一定数量的卧环装置，以方便固定货物；货箱前内壁板装有 1m 高的阻燃导静电胶板，能缓解货物对前板的冲撞。

5）货箱地板上铺设 5mm 阻燃导静电胶板，胶板平整，与地板切实紧密，接缝处采用 T 型铝压条压实可靠。

6）厢内顶板上安装感烟火灾探测器，及时对火灾隐患报警。

7）车门启闭灵活，门周边安装三元乙丙橡胶密封条，车门锁止可靠，门框上安装电磁报警开关，门锁装置具有防盗、防撬功能。

8）货箱地板上铺设阻燃导静电胶板，应具有良好的导静电性能，系统电阻为 $5.0\times10^4 \sim 1.0\times10^8 \Omega$。

第二节 主要功能与技术参数

爆破器材运输车是运输爆炸物品的专用车辆，要求车辆具有防火、防静电、隔热、通风、防盗、防腐、固定、安全监控等功能。

按照爆破器材运输车的功能要求，车辆标准配置如下：

1. 防火功能

1）感烟火灾探测器：安装在厢体内部顶板上（见图 15-3），当车厢内发生火灾时，生成的烟雾进入探测器后输出报警信号并传递到驾驶室内的报警装置，在驾驶室内发出蜂鸣报警通知驾驶员，确保及时消除险情。

2）排气火花熄灭器：见图 15-4，装在排气管尾端，对机动车废气进行冷却，从而熄灭废气内夹带的火花，防止火灾的发生。

图 15-3　感烟火灾探测器

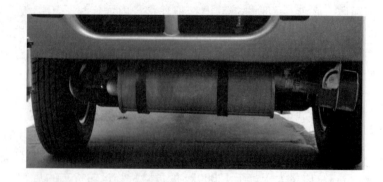

图 15-4　排气火花熄灭器

2. 防静电功能

1）导静电橡胶拖地带，见图 15-5。安装在车辆底板支架上，与底盘连接在一起，能将静电导入大地，使厢体始终处于零电位，防止静电火花的产生，消除危险隐患。

2）内饰材料：内饰采用铝板，见图15-6。

图 15-5　导静电橡胶拖地带外形示意图

图 15-6　内饰效果图

3）内地板：地板铺 5.0mm 的阻燃导静电胶板，能够快速将集聚的静电消除，见图15-5。

3. 隔热功能

填充隔热层：外蒙板材与内蒙板材之间填充阻燃隔热泡沫板，采用胶粘压制工艺，板面平整。

4. 通风功能

外蒙板材通过专用模具一次性压制成型通风百叶窗，具有防雨、通风作用。在侧厢内壁板与通风窗对应处安装通风口，确保厢内空气流通。内外通风口，见图15-7。

5. 防盗功能

电磁开关、防盗报警器见图15-8。在车厢的后门、侧门门框上安装电磁开关，当打开后门或侧门时，开关触碰，探测按钮发出报警信号并传递到驾驶室内的报警装置，在驾驶室内进行蜂鸣报警通知驾驶员，确保及时消除防盗事故。

图 15-7　内外通风口示意图

图 15-8　电磁开关、防盗报警器示意图

6. 固定功能

卧环见图15-9，安装在车厢内部左、右厢板及前板上，根据运输货物的高度来确定安装尺寸，与拉带配合使用捆绑货物，保证运输过程中的牢固、安全。

7. 防腐功能

底板框架采用电泳工艺，外蒙板材采用镀锌钢板喷涂面漆，保证了厢体的防腐性能，见图15-10、图15-11。

8. 安全监控功能

车辆安装具有定位功能的行驶记录仪，能够确保车辆在行驶过程中的安全监管。

9. 抗爆容器的性能要求

1）外观质量。抗爆容器本体不得有严重氧化锈蚀等缺陷。焊接部位经无损探伤检查，应符合"焊接质量应符合 JB 4709 的规定，焊缝均匀，无焊穿，夹渣气孔及假焊等缺陷"的规定。

图 15-9　卧环

图 15-10　底板电泳示意图

图 15-11　厢体喷漆房示意图

2）抗爆裂性能。容器内放置 140 发 8#工业电雷管，引爆后容器本体除泄爆口外，其他部位不得出现爆裂。

3）抗殉爆性能。在抗爆容器内放置 100 发 8#工业电雷管，同时在容器外筒壁上捆绑 100 发 8#工业电雷管，引爆容器内雷管，容器外雷管不得发生殉爆。

4）冲击波超压。在距被引爆的容器侧面 2.5m 外测量，其冲击波超压不得大于 0.02MPa。

5）声波。当容器内 100 发 8#工业电雷管爆炸时，在距爆炸中心 5m 处测量噪声不大于 150dB。

10. 整车技术参数

参见表 15-2。

表 15-2　爆破器材运输车技术参数表（示例）

总质量/kg		2620	罐体容积/m³	
额定载质量/kg		800	外形尺寸/mm	4405/4735×1550/1650×2430
整备质量/kg		1690	货箱尺寸/mm	2680/3050×1405/1505×1500
驾驶室准乘人数/人		2	载质量利用系数	
接近角/离去角/(°)		24/28	前悬/后悬/mm	895/1140/795/1240
轴数		2	轴距/mm	2370/2700
轴荷/kg	1050/1570		最高车速/(km/h)	80
其他	厢体顶部封闭，不可开启。运输介质：黑火药，压缩黑火药，电引爆雷管，爆破炸药，点燃导火索，专用烟火制品。运输介质类别和项别号：1.1D, 1.1D, 1.1B, 1.1D, 1.4G, 1.1G。选装前围，带 OBD，选装新前围及前部灯具，选装保险杠，因选装保险杠引起前悬加长 100。选装新风格保险杠，仅选用前盘制动器和安装 ABS，限速装置的底盘。仅采用装子午线轮胎的底盘。安装带卫星定位装置的行驶记录仪。仅采用 LJ465Q-2AE 发动机。ABS 控制器型号：CM4YL，ABS 控制器生产企业：广州市科密汽车制动技术开发有限公司				

(续)

底盘技术参数			
底盘型号	BJ1030V4JV2-X	底盘名称	载货汽车底盘（二类）
商标名称	福田牌	生产企业	北汽福田汽车股份有限公司
外形尺寸/mm	4005/4105/4435×1475/1505×1705	轮胎数	4
接近角/离去角/(°)	28/28, 24/28	轮胎规格	165R13, 165/70R13, 165R13LT, 165/70R13LT
钢板弹簧片数	-/5, -/6	前轮距/mm	1260
燃料种类	汽油	后轮距/mm	12, 601, 340
排放标准	GB 18352.3—2005 国 IV		
发动机型号	发动机生产企业	排量/mL	功率/kW
LJ465Q-2AE	柳州五菱柳机动力有限公司	1051	45
CF465Q-1AE1	柳州绰丰柳机内燃机有限公司	1051	38.5
LJ465Q-2AE1	柳州五菱柳机动力有限公司	1051	45

第三节 执行标准与质量可靠性保证

一、相关标准法规与性能指标

（一）相关标准与法规

爆破器材运输车是由二类底盘和上装厢体构成，车辆应能在环境温度 $-40\sim55℃$、四级以上公路行驶，执行以下标准与法规：

1）《道路危险货物运输管理规定》。
2）《危险化学品安全管理条例》。
3）《中华人民共和国道路运输条例》。
4）《爆破器材运输车安全技术条件》。
5）《危险货物分类和品名编号》（GB 6944—2012）。
6）《危险货物包装标志》（GB 190—2009）。
7）《危险货物运输包装通用技术条件》（GB 12463—2009）。
8）《道路运输液体危险货物罐式车辆》（GB 18564—2019）。
9）《罐式危险品运输车及半挂车补充安全技术要求》。
10）《常用危险化学品的分类及标志》（GB 13690—2009）。
11）《包装储运图示标志》（GB/T 191—2008）。
12）《爆炸物品运输车》（QC/T 993—2015）。
13）《危险货物道路运输营运车辆安全技术条件》（JT/T 1285—2020）。

（二）性能指标要求

爆破器材运输车的主要性能指标要求如下：

1）车辆的外廓尺寸、轴荷及质量限值应符合 GB 1589—2016 的规定。
2）车辆的行驶安全要求应符合 GB 7258—2017 的规定。
3）车辆的外部照明及灯光信号装置的安装要求应符合 GB 4785—2007 的规定。
4）车辆结构应符合 GB 21668—2008 的相关规定。
5）总质量大于 3500kg 的车辆的侧面，包括油箱外侧均应安装防护装置；车辆的后端应设置防护装置。所有防护装置应符合 GB 11567—2017 的规定。
6）在车辆前后防护装置上，应加装面积不小于 150mm×80mm，厚度不小于 40mm 缓冲物。
7）车辆前后均应设有拖钩或拖拽装置。

8）总质量大于 3000kg 的车辆应采用压燃式发动机。

9）车辆发动机排气管宜置于货箱前端面之前，排气管的布置应能避免加热和点燃货物，距油箱、油管净距离应不小于 200mm，与裸露的电气开关的距离应不小于 100mm；当车辆发动机排气管设置在货箱底板下面时，应在排气管与货箱底板之间加装隔热板。排气管均应安装机动车排气火花熄灭器，其性能应符合 GB 13365—2005 的规定。

10）车辆应安装烟火报警系统，感烟火灾探测器设在货箱内，报警蜂鸣器设在驾驶室内，且感烟火灾探测器应符合 GB 4715—2005 的规定；总质量≥2000kg 的车辆货箱门还应安装防盗报警系统，防盗报警触发装置设在货箱后门和侧门上，报警蜂鸣器应设在驾驶室内，当后门或侧门被打开时，防盗报警器应在 10s 内响起；总质量≥9000kg 的车辆还应安装尾部视频监视系统，视频摄像头应设在货箱后部外面，监视器应设在驾驶室内，摄像头广角≥140°，报警系统的操纵装置应不受底盘电源总开关的控制，报警音响声级≥100dB。

11）车架上应安装导静电橡胶拖地带，导静电橡胶拖地带与车架应等电位连接。导静电橡胶拖地带各项技术指标应符合 JT 230—1995 的规定。车辆设置导静电橡胶拖地带数量见表 15-3。

表 15-3 车辆设置导静电橡胶拖地带数量

序　号	总质量/kg	设置导静电橡胶拖地带数量/条
1	≤2000	≥1
2	>2000	≥2

12）底盘车架与货箱应进行等电位联接。

13）车辆应具有良好的防雨密封性能，在进行防雨密封性试验时，不应有渗漏现象。

14）车辆应装用子午线轮胎，严禁使用翻新轮胎。

15）车辆应安装具备记录、存储、显示、打印或输出车辆行驶速度、时间、里程等车辆行驶状态信息的行驶记录仪，其技术要求应符合 GB/T 19056—2012 相关规定。

16）在车辆明显位置应配备与所装载爆炸物品相适应的干粉灭火器 2 个，且灭火器应固定牢靠、取用方便。

17）运输爆炸品的罐式专用车辆的罐体容积不得超过 20m^3；运输爆炸品的非罐式专用车辆，核定载质量不得超过 10t，但符合国家有关标准的集装箱运输专用车辆除外。

二、质量可靠性保证

以正泰希尔"春星牌"爆破器材运输车为例介绍。

1. 整车设计能力保证（略，见第十四章第二节）

2. 供应商选择保证（略，见第十四章第二节）

3. 建设有符合标准要求的试验室保证（略，见第十四章第二节）

4. 制造工艺保证

（1）内外蒙板板材下料、成形工艺

1）根据图样的尺寸进行内外蒙板板材的下料、折弯、冲孔。

2）采用专用模具冲压成型，保证厢板的一致性。

（2）框架焊接工艺　根据车型、图样尺寸要求，采用工装模具进行焊接框架，保证焊接板面平整，确保无空鼓，牢固、无虚焊、漏焊等缺陷，见图 15-12。

1）底板框架焊接，尺寸误差控制在 2mm 内。

2）厢板框架焊接，尺寸误差控制在 2mm 内。

（3）制板工艺　根据图样尺寸进行厢板蒙板与框架和填充材料的粘接，见图 15-13。

1）铆接外蒙板，保证外蒙板与框架铆接紧密，外蒙板面平直，铆接压实蒙板。

2）粘接，先在框架和蒙板上喷粘板胶，要求喷涂均匀，无漏喷；然后将阻燃泡沫板填充到框架中，保证填充全面；再在泡沫板上喷涂粘板胶，保证喷漆均匀、全面；最后把内饰板平铺到泡沫板上，保证

图 15-12　框架焊接

板面平直。

3）压合厢板，将粘接完的厢板静压放置4h，保证胶固化。

4）铆内饰板，将静压粘合好的厢板沿内饰板间的接缝处进行铆接，铆接间距均匀，无漏铆。

图 15-13　制板图　　　　图 15-14　厢体组装

（4）厢体组装工艺

根据图样要求领用符合要求的底板、厢板、门框、铝型材等相关半成品，见图15-14。

1）将底板在组装线上定置放好。

2）将前厢板沿着底板纵向的中心线放置，并与底板前端面平齐，内外进行焊接，焊接无缺陷。

3）将左右厢板以此沿底板长度方向的边框对齐放置，并与前板靠紧，保证两侧对称，沿边框下部进行内外焊接，焊接无缺陷。

4）将后门框贴紧左右侧厢板安装到位，与厢板焊接起来。

5）将顶板扣到厢板上面，调整周边间隙均匀，与厢板焊接连接，焊接无缺陷。

6）将包边铝型材安装铆接，要求铆接牢固，无铆接缺陷。

（5）铺地板工艺

将底板清理干净，在底板上涂专用胶粘剂，然后将胶板平铺到底板上，辊压平整贴实，见图15-15。

（6）封胶工艺

1）清理板缝、铝型材连接缝等封胶部位。

2）用密封胶将板缝处进行打胶处理，要求胶缝均匀，胶面贴实，封胶全面，见图15-16。

（7）喷漆工艺　将厢体转运到喷漆房中，进行厢体的喷涂，见图15-17。

1）对厢板所有喷漆部分进行前处理，清理掉表面的油污、灰尘，并对焊口处理部位进行刮腻子处理，保证板面无缺陷，表面干净。

图 15-15　铺地板

图 15-16　封胶

2）喷涂：对处理干净的表面按照顺序依次喷涂底漆、中涂、面漆，保证喷涂漆面均匀、无流淌、无橘皮，无漏喷，无雾漆等现象。

（8）整车组装工艺，见图 15-18。

1）喷涂完毕的车厢与底盘进行安装固定，要求固定牢固，螺栓紧固力矩符合标准要求。

2）粘贴外观标识，对照公告一致性要求进行外观反光标识、铭牌等的粘贴、固定。

图 15-17　厢体喷漆

图 15-18　整车组装

5. 严格的出厂检验确保产品的质量可靠

（1）淋雨试验　将车门窗可靠关闭，降雨强度 5~7mm/min，方向与铅垂成 45°角，降雨时间 30min，检查厢内、车门、车窗、天窗及其内厢壁无漏水、渗水的现象，见图 15-19。

（2）侧翻试验　依据 GB 7258—2017《机动车运行安全技术条件》，对车辆进行侧倾稳定角试验。经测试，左侧 35.3°稳定不翻，右侧 35.4°稳定不翻，满足标准≥35°的要求，见图 15-20。

（3）道路试验

1）路试距离 50km，其中平路 30km，凹凸不平 20km，见图 15-21。

图 15-19　淋雨试验

2）发动机、电器、操纵系统工作正常。
3）50km/h 紧急制动有效，不偏移。
4）各部件无变形、脱落、松动、异响等问题。
5）门、窗、舱门、柜门锁锁止有效，不自开。
6）车辆底部各部件无松动，管路无渗漏。

图 15-20　侧翻试验

图 15-21　道路试验

6. 工艺设备、工装、工具齐全确保工艺、检测质量可靠性

生产设备一览表见表 15-4。

表 15-4　生产设备一览表

全自动激光切割机 国外一线品牌全自动激光切割设备，提高产品质量和生产效率。	全自动管材切割下料机 全自动管材切割下料，效率高，精度控制在 1mm 之内。	半自动转角锯切机 提高生产效率的同时，保证管材角度的切割精度。

精密裁板锯 操作轻便省力，推动行程大，锯切木料快捷精准，提高产品质量和生产效率。	全自动封边机 独有的创新技术封边带厚度 0.6~2.0mm 之间转换使用不需要调整机器，做到了功能增加、产品品质提升等优势。	滚胶机 进口涂胶设备，保证涂胶均匀，生产效率高。

(续)

雕刻机 进口设备，数控编程，精度达到0.01mm，提高了孔、口的切割精度和效率。	液压机 进口设备，热压制板，液压升降，单模时间在1h内，效率高。	铝型材双头切割锯 采用轨道滑块固定，气动夹紧，快速对接，切割精度达到0.1mm，效率高，质量好。

数显兆欧表 绝缘测试，既能保证整车用电安全，又能保障整车电路稳定运行。	机动车综合性能测试仪 检测综合性能，确保车辆出厂性能满足要求。	室内空气质量检测仪 高精度检测，确保每台车绿色、环保、无污染。

7. 检测手段完备保证产品出厂质量符合标准

为了保证产品质量，采用以下检测手段，见图15-22～图15-29。

图 15-22　泡沫水分测试仪

图 15-23　木材水分测试仪

图 15-24　表面电阻测试仪

图 15-25　漆膜划格测试仪

图 15-26　涂层厚度测试仪

图 15-27　温度测试仪

图 15-28 车内空气测试仪

图 15-29 车内噪声测试仪

8. 专业的试验方法保证车辆的可靠性

为了保证车辆性能的可靠性，车辆在出厂前都进行定型试验和出厂检验。

（1）定型试验　对新车型在开发完毕后，委托有资质的检测机构进行定型试验。

1）车辆的行驶安全相关试验按 GB 7258—2017 中的有关规定进行。

2）车辆的外部照明及灯光信号装置的检验按 GB 4785—2007 的规定进行。

3）对车辆侧面、后下部防护装置的强度试验按 GB 11567—2017 中汽车及挂车侧面和后下部防护要求。

4）目视排气管的安装位置，并用尺子测量排气管与油箱的相对位置。当排气管设置在车厢底板下面时，应检查排气管与车厢底板之间加装隔热板的可靠性和有效性。

5）目测检查车厢结构、车厢侧壁通风窗、缓解货物冲撞的橡胶制品装备、铺设的阻燃导静电胶板，并测量其厚度尺寸、车门橡胶密封条等安全部件。

6）导静电性能试验　车厢内应清洁，用兆欧表测量车厢地板相对拖地带连接处之间的电阻，每 $2m^2$ 测量一点，计算平均值。

（2）出厂检验

1）将车辆放置到测量平台上，对车辆外廓尺寸测量按 GB/T 12673—2019 的规定进行，轴荷及质量测量按 GB/T 12674—1990 的规定进行，满足车辆公告一致性要求。

2）检验车辆侧面、后下部防护装置的尺寸、焊接质量，是否符合 GB 11567.1—2017、GB 11567.2—2017 的规定。

3）检查导静电橡胶拖地带的安装位置及数量。

4）检查车辆的危险报警系统、感烟火灾探测器、报警蜂鸣器、防盗报警系统、尾部视频监视系统的安装位置，并测试其功能有效性。

5）检查轮胎的规格和干粉灭火器的数量。

6）防雨密封性试验。车厢门正常关闭，降雨强度≥0.12mm/s，应用雨量计测定降雨量，淋雨试验台的人工降雨应能覆盖整个车厢。经 15min 防雨密封性能试验后，擦干车厢外部积水，打开车门，检查车厢内各处有无进水和渗漏现象。

7）报警性能试验。打开后门或侧门，查看驾驶室内报警装置是否在 10s 内响起，并用噪声仪测量报警器声级。

9. 售后服务保障体系

参考救护车一节的相关内容。

第四节　日常使用与维修保养

一、爆破器材运输车的操作与使用注意事项

1）新车在投入使用前应对厢体与底盘的联接和紧固情况进行检查，如有松动，应立即紧固。行驶前和途中，应经常检查车辆各部件的完好情况，如厢体与底盘连接是否紧固、门锁铰链是否牢固可靠、灯光信号是否正常。

2）打开厢体双后门或侧门装卸爆破器材时，先要把门锁手柄旋转至锁鼻内，再把双后门或侧门风钩挂在厢体侧面的风钩座上。装卸时应对物品轻拿轻放，装货应整齐、平稳，堆放高度不宜过高，以不超过厢体内部高度的3/4为宜，装货质量不能超过该车型额定载质量，严禁超载。装货完毕，应根据车厢内货物实际情况，利用卧环、安全绳（带）和紧固填充物将货物固定捆扎牢固。

3）厢体双后门或侧门在开启状态时，应严禁移动车辆。关闭后门或侧门时，两凸轮机构应锁紧可靠到位。

4）为防止运输的爆破器材被盗，在门框附近安装有防盗报警装置，当厢门被打开时，驾驶室内的蜂鸣器同时发出报警声音，不使用时可将驾驶室内控制开关关闭。

厢体内顶板中央位置安装感烟火灾探测器，由底盘电源供电，并始终处于工作状态。在正常工作状态，发光二极管每分钟闪烁一次，当探测到烟雾时，驾驶室内警报器发出警报声通知驾驶员，直到烟雾散去为止。

5）总质量大于等于9000kg车型可选配黑白或彩色监视系统。监视系统的监视器装在驾驶室内，供驾驶员观察车辆后部情况，摄像头装在车厢后门中部上方，可根据视野效果进行适当的角度调整。

6）应经常检查调整导静电拖地带长度，保证拖地带可靠接触地面长度3~5cm，以防止磨损后接地不良。

7）车辆发动机排气管尾端安装有排气火花熄灭器（安全防火罩）。在进入禁火区域时，应将汽车排气管上安全防火罩阀门关闭进行防火；车辆不在禁火区域时，打开阀门不影响车辆排气。

8）运输不同种类爆破器材应严格按爆破器材同车运输表的规定进行物品的装运，见表15-5。

表15-5 危险品同车运输表

危险品名称	雷管类	黑火药	导火线	硝铵类炸药	属A1级单质炸药类	属A2级单质炸药类	射孔弹类	导爆索类
雷管类	○	×	×	×	×	×	×	×
黑火药	×	○	×	×	×	×	×	×
导火索	×	×	○	○	○	○	○	○
硝铵类炸药	×	×	○	○	○	○	○	○
属A1级单质炸药类	×	×	○	○	○	○	○	○
属A2级单质炸药类	×	×	○	○	○	○	○	○
射孔弹类	×	×	○	○	○	○	○	○
导爆索类	×	×	○	○	○	○	○	○

注：1. ○表示可同车运输，×表示不得同车运输。
2. 雷管类包括火雷管、电雷管、导爆管雷管。
3. 硝铵类炸药指以硝酸铵为主要成分的炸药，包括粉状铵梯炸药、铵油炸药、铵松蜡炸药、铵沥蜡炸药、水胶炸药、浆状炸药、多孔粒状铵油炸药、粒状黏性炸药、震源药柱等。
4. 属A1级单质炸药类为黑索金、太安、奥克托金和以上单质炸药为主要成分的混合炸药或炸药柱（块）。
5. 属A2级单质炸药类为梯恩梯和苦味酸及以梯恩梯为主要成分的炸药或炸药柱（块）。
6. 导爆索类包括各种导爆索和以导爆索为主要成分的产品，包括继爆管和爆裂管。

9）同载车中抗爆容器、雷管的装运量应符合抗爆容器的规定，严禁超额运装。雷管的装卸应轻拿轻放，上下层垫海绵，容器盖装上时应旋紧。

10）车厢内应保持清洁，绝不允许有撒落或遗留的火工品、火炸药粉末。

11）车厢内地板使用的是阻燃导静电胶板，当胶板破损后，应及时更换。

12）专用厢式汽车在行驶时应注意其稳定性，速度不宜过高，在上下坡和转弯时应减速慢行，停车应平稳、可靠，以防止货物冲击损坏厢臂及引起其他事故。

13）车辆上下火车、轮船时，应以自驶方式上下，必须吊装时应采用专用吊架，以免损坏车辆。

14）装卸爆破器材时，应严禁明火。车辆运输过程，严禁在火源附近、高温场所或人员稠密区停留。

二、车辆的维修与保养

1）底盘的维修与保养应按照底盘使用说明书进行。

2）整车应定期进行保养，车辆每行驶2000km，应对厢体及底架各部位螺栓进行紧固。检查灯光、电器是否完好。行驶一年，应对厢体及底架各部位进行一次全面的检查，检查车厢及底架有无变形损坏，如有问题应及时向厂家提出质量意见反馈，以便得到维修。

3）防盗报警装置、感烟火灾探测器如不能正常报警，应及时检查线路。感烟火灾探测器每隔6个月需清洁一次，去掉上盖后，用毛刷清扫探测器内灰尘即可，以保持探测器能正常工作。

4）检查导静电拖地带磨损情况，应调整导静电拖地带与地面有效接触长度保持在3~5cm。如全部磨损达不到接地要求时，必须进行更换。

5）车辆配备的灭火器材，检查过期或失效后应即更换。

6）车辆不使用时，应把车厢内外表面擦洗干净，存放在防雨、防晒、防潮、有消防设施的专用库房内，并定期对车辆维修保养。

第五节 发展趋势与典型产品介绍

一、爆破器材运输车的发展方向

1）管理、监控、运营向智能化、自动化发展。
2）车辆向高可靠性方向发展。
3）车辆向货物运输专业化方向发展。
4）车辆向清洁能源、新能源方向发展。

二、典型产品资源介绍

爆破器材运输车的产品资源很多，以下资源仅供参考。

1. 时代品牌产品资源

部分符合国六标准的产品资源见表15-6。

表15-6 部分符合国六标准的产品资源（仅供参考）

序号	产品型号	底盘品牌	整车尺寸/mm	总质量/kg	额定质量/kg	整备质量/kg	发动机型号	底盘型号
1	HCQ5046XFWBJ6	福田牌	5995×2300×3090	4495	520	3780	WP2.3NQ130E61	BJ1046V9JBA-01
2	SZD5040XRYBJ6	福田牌	5995×2280×2930	4495	850	3450	Q28-130E60，Q28-130C60	BJ1043V9JDA-01
3	SZD5040XZWBJ6	福田牌	5995×2280×2930	4495	850	3450	Q28-130E60，Q28-130C60	BJ1043V9JDA-01
4	HCQ5046XRYBJ6	福田牌	5995×2300×3090	4495	520	3780	WP2.3NQ130E61	BJ1046V9JBA-01
5	HCQ5046XRQBJ6	福田牌	5995×2300×3090	4495	520	3780	WP2.3NQ130E61	BJ1046V9JBA-01
6	HCQ5046XQYBJ6	福田牌	5995×2300×3090	4495	520	3780	WP2.3NQ130E61	BJ1046V9JBA-01
7	HCQ5046XZWBJ6	福田牌	5995×2300×3090	4495	520	3780	WP2.3NQ130E61	BJ1046V9JBA-01
8	QW5021XRQ	福田牌	4750×1640，1690×2365	2300	645	1525	DAM15KR，DAM16KR	BJ1021V3JV2-02

(续)

序号	产品型号	底盘品牌	整车尺寸/mm	总质量/kg	额定质量/kg	整备质量/kg	发动机型号	底盘型号
9	JHW5120XQYB6	福田牌	7240/7640×2500/2530×3460	11995	6330	5470	WP4.1NQ190E61	BJ1124VKJFA-01
10	SQH5041XQYB6	福田牌	5995×2140×2900	4495	900, 950	3400, 3350	WP2.3NQ130E61	BJ1046V9JBA-01
11	SZD5040XRQBJ6	福田牌	5995×2280×2930	4495	850	3450	Q28-130E60, Q28-130C60	BJ1043V9JDA-01
12	SZD5040XQYBJ6	福田牌	5995×2280×2930	4495	850	3450	Q28-130E60, Q28-130C60	BJ1043V9JDA-01
13	JHW5040XRQB6	福田牌	5995×2250/2300×2930/3100	4495	690	3610	WP2.3NQ130E61	BJ1046V9JBA-01
14	CLW5180XRQB6	福田牌	8900/8500×2550×3700	18000	11670, 11605	6200	WP4.6NQ220E61, YCS06270-60	BJ1184VKPFN-02
15	JHW5041XQYB6	福田牌	5650×1900/1940×2790	4495	1495	2870	Q23-115E60, Q23-115C60	BJ1045V9JB5-54
16	JHW5041XRQB6	福田牌	5650×1900/1940×2790	4495	1495	2870	Q23-115E60, Q23-115C60	BJ1045V9JB5-54
17	CLW5180XRYB6	福田牌	8900/8500×2550×3700	18000	11670, 11605	6200	WP4.6NQ220E61, YCS06270-60	BJ1184VKPFN-02
18	JHW5041XZWB6	福田牌	5650×1900/1940×2790	4495	1495	2870	Q23-115E60, Q23-115C60	BJ1045V9JB5-54
19	CLW5180XZWB6	福田牌	8900/8500×2550×3700	18000	11670, 11605	6200	WP4.6NQ220E61, YCS06270-60	BJ1184VKPFN-02
20	JHW5040XQYB6	福田牌	5995×2250/2300×2930/3100	4495	690	3610	WP2.3NQ130E61	BJ1046V9JBA-01
21	JHW5040XRYB6	福田牌	5995×2250/2300×2930/3100	4495	690	3610	WP2.3NQ130E61	BJ1046V9JBA-01
22	CLW5180XQYB6	福田牌	8900/8500×2550×3700	18000	11670, 11605	6200	WP4.6NQ220E61, YCS06270-60	BJ1184VKPFN-02
23	JHW5120XRYB6	福田牌	7240/7640×2500/2530×3460	11995	6330	5470	WP4.1NQ190E61	BJ1124VKJFA-01
24	JHW5041XRYB6	福田牌	5650×1900/1940×2790	4495	1495	2870	Q23-115E60, Q23-115C60	BJ1045V9JB5-54
25	CLW5180XFWB6	福田牌	8900/8500×2550×3700	18000	11670, 11605	6200	WP4.6NQ220E61, YCS06270-60	BJ1184VKPFN-02
26	JHW5040XZWB6	福田牌	5995×2250/2300×2930/3100	4495	690	3610	WP2.3NQ130E61	BJ1046V9JBA-01
27	JHW5030XYYB6	福田牌	5040/5190×1870/1920×2690/2740	3495	1100, 1250	2265, 2115	DAM15KL, DAM16KL	BJ1032V5JV5-01
28	JHW5120XRQB6	福田牌	7240/7640×2500/2530×3460	11995	6330	5470	WP4.1NQ190E61	BJ1124VKJFA-01
29	JHW5120XZWB6	福田牌	7240/7640×2500/2530×3460	11995	6330	5470	WP4.1NQ190E61	BJ1124VKJFA-01
30	CLW5180TQPB6	福田牌	8500×2550×2950	18000	11820, 11755	6050	WP4.6NQ220E61, YCS06270-60	BJ1184VKPFN-02
31	ZZT5041XRQ-6	福田牌	5630×2000×2765	4495	1450	2915	Q23-115E60, Q23-115C60	BJ1045V9JB5-54

(续)

序号	产品型号	底盘品牌	整车尺寸/mm	总质量/kg	额定质量/kg	整备质量/kg	发动机型号	底盘型号
32	MTQ5180XRQ	福田牌	8530×2530×3540	18000	11570, 11505	6300	WP4.6NQ220E61, YCS06270-60	BJ1184VKPFN-02
33	BSZ5035XRQC6B	福田牌	5355×1746×2580	3495	1215	2150	DAM15KL	BJ1032V5JV5-01 二类北汽福田汽车股份有限公司
34	BSZ5029TQPC6B	福田牌	4675×1680×1920	2300	810	1360	DAM15KR, DAM16KR	BJ1021V3JV2-02
35	ZZT5043TQP-6	福田牌	5580×2020×2370	4495	1725	2640	Q23-115E60, Q23-115C60	BJ1045V9JB5-54
36	STY5030XRQ	福田牌	5225×1890/1800×2750/2650	3330	1205	1995	DAM15KL, DAM16KL	BJ1032V5JV5-01
37	QW5031TQP	福田牌	5270×1875×2150	3495	1540	1825	DAM15KL, DAM16KL	BJ1032V5JV5-01
38	QW5030XRQ	福田牌	5190×1790/1840/1890/1940×2615/2715	3495	1365	2000	DAM15KL, DAM16KL	BJ1032V5JV5-01

2. 春星牌产品资源

参见表15-7。

表15-7 部分春星牌符合国六标准的危险品运输车（仅供参考）

序号	整车公告型号	底盘品牌	二类底盘型号	整车外形尺寸/mm	货箱内部尺寸/mm	整车总质量/kg	额定载质量/kg	整备质量/kg
1	ZZT5040XQY-6	解放	CA1040P40K61L2BE6A84	5995×2250×2860	4120×2130×1800	4495	825	3475
2	ZZT5043XQY-6	江铃	JX1041TA26	4880×2000×2780	3100×1880×1750	4190	1300	2760
3	ZZT5042XQY-6	江铃	JX1042TG26	5998×2255×2810	4120×2130×1800	4495	1035	3265
4	ZZT5044XQY-6	福田奥铃	BJ1048V9JDA-AB3	5995×2175×2830	4080×2050×1800	4495	960	3340
5	ZZT5181XQY-6	东风天锦	DFH1180EX9	8630/9230×2550×3265	6200/6800×2405×1950	17700	10000 9995	7505 7510
6	ZZT5100XQY-6	福田奥铃	BJ1108VEJEA-AC2	7110×2345×3150	5200×2200×1950	9995	4970	4830
7	ZZT5101XQY-6	福田欧马可	BJ1108VFJEA-FK	7110×2345×3175	5200×2200×1950	9995	4970	4830
8	ZZT5080XQY-6	福田奥铃	BJ1088VFJEA-AB1	5998×2255×2900	4120×2130×1800	8275	4165	3915
9	ZZZT5120XQY-6	福田奥铃	BJ1128VGJEA-FK	7100×2345×3250	5200×2200×1950	11995	6670	5130
10	ZZ55060XQY-6	江铃	JX1062TG26	5998×2255×2830	4120×2130×1800	4495	2535	3265
11	ZZT5030XQY-6	东风日产	ZN1033FCXG	5180×1825/1770×2060	2200×1700×1070	2645	455	2060

本章小结与启示

通过本章学习，要求掌握危险品运输车分类、爆破器材运输车分类，为产品营销打下基础。

通过本章学习，要求掌握爆破器材运输车主要结构组成、工作原理、主要功能、性能指标，为向客户介绍产品打下基础。

本章学习测试及问题思考

1. 危险品运输车分类分几类？解释爆破器材运输车。
2. 爆破器材运输车的功能（包括抗爆容器的性能）共有哪几项？
3. 简述爆破器材运输车的工作原理。
4. 车辆设置导静电橡胶拖地带数量有几条？
5. 爆破器材运输车总质量大于多少 kg 的车辆应采用压燃式发动机？
6. 危险品运输车应加装盘式制动器、盘式制动器制动衬片警告系统、单燃油箱的容积应小于等于多少 L？
7. 爆破器材运输车限速系统设定的最高车速应不超过多少 km/h？

第十六章 汽车起重机[一]

> **学习要点**
> 1. 了解汽车起重机的功能、性能、结构、主要配置、常见故障及处理方法。
> 2. 了解汽车起重机的分类与产品组合、产品公告。
> 3. 能够根据客户需求、实际应用场景，结合产品知识，进行产品推荐。
> 4. 了解汽车起重机的发展趋势，能够跟踪厂家产品开发的进度，及时调整营销产品组合。
> 5. 能够指导服务站进行汽车起重机的日常保养、常见故障排除。

第一节 基本概念与主要性能

一、基本概念

1. 汽车起重机

汽车起重机是指装备有起重设备，具有臂架伸缩、变幅等机构，用于完成起重作业的起重举升专用运输汽车，见图16-1。

汽车起重机是装在普通汽车底盘或特制汽车底盘上的一种起重机，其行驶驾驶室与起重操纵室分开设置。这种起重机的优点是机动性好，转移迅速。缺点是工作时须支腿，不能负荷行驶，也不适合在松软或泥泞的场地上工作。汽车起重机的底盘性能等同于同样整车总重的载货汽车，符合公路车辆的技术要求，因而可在各类公路上通行无阻。此种起重机一般备有上、下车两个操纵室，作业时必需伸出支腿保持稳定。汽车起重机起重量的范围很大，可从5~1600t，底盘的车轴数范围，可从2~10根，是产量最大，使用最广泛的起重机类型。

2. 汽车起重机的分类

汽车起重机的种类很多，其分类方法也各不相同，主要有：

（1）按起重量分类

1）小型汽车起重机（起重量在12t以下）。

2）轻型汽车起重机（起重量在25t以下）。

[一] 本章由孙桂强、王术海编写。

图16-1 汽车起重机外观

3) 中型汽车起重机 (起重量在50t以下)。
4) 重型汽车起重机 (起重量在130t以下)。
5) 超重型汽车起重机 (起重量在130t以上)。

由于客户需求越来越大, 其起重量有提高的趋势, 如已生产出起重量1200t的大型汽车起重机。

(2) 按轴数分类

1) 两轴汽车起重机 (起重量在12t以下)。
2) 三轴汽车起重机 (起重量在25t以下)。
3) 四轴汽车起重机 (起重量在90t以下)。
4) 五轴汽车起重机 (起重量在100t以上)。

(3) 按支腿形式分类

支腿形式示意图见图16-2。

1) 蛙式支腿 (蛙式支腿跨距较小仅适用于较小吨位的起重机)。
2) H型支腿 (H型支腿可实现较大跨距, 对整机的稳定有明显的优越性, 所以国产的液压汽车起重机多采用H型支腿)。
3) X型支腿 (X型支腿容易产生滑移, 也很少采用)。
4) K型支腿。

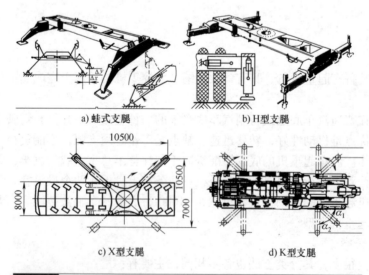

图16-2 支腿形式示意图

(4) 按传动装置的传动方式分类

1) 机械传动。
2) 电传动。

3）液压传动。

（5）按起重装置在水平面可回转范围（即转台的回转范围）分类

1）全回转式汽车起重机（转台可任意旋转360°）。

2）非全回转汽车起重机（转台回转角小于270°）。

（6）按吊臂的结构形式分类

1）折叠式吊臂。

2）伸缩式吊臂。

3）桁架式吊臂。

二、主要性能参数与相关标准法规

（一）主要性能与参数

1. 典型汽车起重机的主要性能与参数值

以最大额定起重量为12000kg的汽车起重机为例，其主要性能与参数参见表16-1。

表16-1　某汽车起重机的主要性能与参数

	性能名称	数　值	备　注
工作性能参数	最大额定总起重量/kg	12000	
	基本臂最大起重力矩/kN·m	360	
	最长主臂最大起重力矩/kN·m	81	
	主臂最大起升高度/m	30	不考虑吊臂变形
工作速度	吊钩升降速度/(m/min)	110	
	起重臂伸出时间/s	45	
	起重臂起臂时间/s	30	
	回转速度/(r/min)	2	
行驶参数	最高行驶速度/(km/h)	99	
	最大爬坡度（%）	20	
	最小转弯直径/m	17	
	最小离地间隙/mm	200	
	尾气排放限值	符合规定	
	百公里油耗/L		
尺寸参数	外形尺寸（长/mm×宽/mm×高/mm）	10150×2450×3670	
	支腿纵向距离/m	5.36	
	支腿横向距离/m	4.87	
	主臂长/m	7.95~30.25	
	主臂仰角/(°)	−80	
	副臂长/m		
质量参数	行驶状态自重（总质量）/kg	16000	
	整车整备质量/kg	15805	
	前轴轴荷/kg	5600	
	中、后桥轴荷/kg	10400	
底盘	型号		
	类别	二类	
	生产企业		
	液压油牌号	L-HS32	

2. 汽车起重机主要外形尺寸参数

以最大额定起重量为12000kg的汽车起重机为例（仅供参考），其主要标注的外形尺寸（单位：mm），见图16-3。

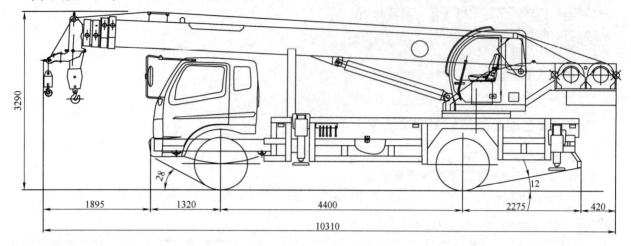

图16-3 起重机主要外形尺寸参数示意图

3. 起重机起重作业方位

以最大额定起重量为12000kg的汽车起重机为例（仅供参考），见图16-4。

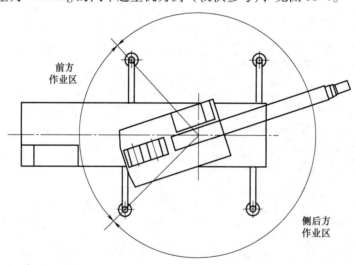

图16-4 起重作业方位图

4. 钢丝绳倍率及规格

以最大额定起重量为12000kg的汽车起重机为例（仅供参考）。

1）钢丝绳倍率：参见表16-2。

表16-2 钢丝绳倍率

臂长/m	7.2~12.67	12.67~18.13	18.13~30.25
倍率	6	4	2

2）钢丝绳规格及长度：

主起升钢丝绳，见标准GB 8918—2006《重要用途钢丝绳》。

副起升钢丝绳，见标准GB 8918—2006《重要用途钢丝绳》。

5. 起升高度特性曲线

以最大额定起重量为12000kg的汽车起重机为例（仅供参考），见图16-5。

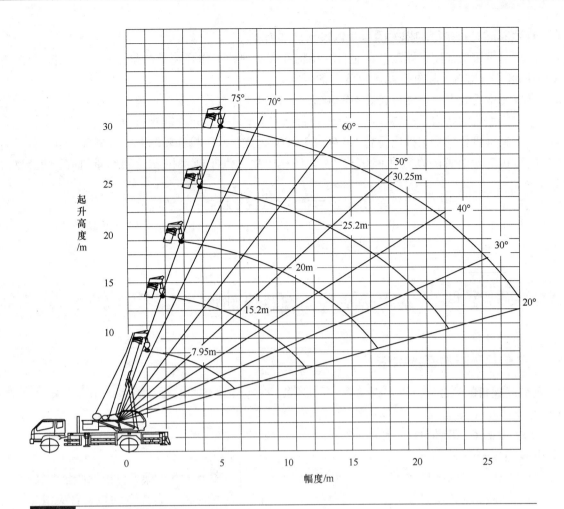

图 16-5 起升高度特性曲线

6. 额定起重量

以最大额定起重量为 12000kg 的汽车起重机为例（仅供参考），见表 16-3。

表 16-3 额定起重量表

工作幅度/m	基本臂（7.95m）		中长臂（13.0m）		中长臂（20.0m）		全伸臂（31.2m）	
	起重量/kg	起升高度/m	起重量/kg	起升高度/m	起重量/kg	起升高度/m	起重量/kg	起升高度/m
3.5	12000	7.9	6100	13.8				
4	11500	7.45	5900	13.6				
4.5	10400	7.05	5500	13.4				
5	9100	6.55	5100	13.2	3300	20.3		
5.5	7200	5.55	4600	12.8	3000	20.1		
6	5300	4.4	4000	12.4	2700	19.85	1950	30.65
7	3800	3.5	3500	11.9	2300	19.3	1800	30.2
8			2900	10.8	1700	18.9	1700	29.5
9			2200	9.7	1500	18.3	1600	28.6
10			1500	8.9	1300	17.7	1500	27.5
11					1100	17	1350	26.4
12					950	16.4	1150	25.8
14					800	14.1	750	23.85
16							550	22.55
18							400	21.1

注：1. 以上作业工况均为支腿全伸，不允许在不打开支腿的情况下吊重。
2. 表中粗线以上的额定总起重量由起重机的结构强度所决定，粗线以下由起重机的稳定性所决定。
3. 表中所列额定起重量为最大允许值，并包括吊钩重量。
4. 表中所指工作幅度值是指吊重后，吊钩中心到回转中心的水平距离。
5. 当实际臂长和工作幅度在两数之间时，应按较大臂长和工作幅度确定起重量。

（二）汽车起重机执行的相关标准（以最新标准为准）

1）汽车起重机的强度、刚度、稳定性、结构件在腐蚀性工作环境下的最小尺寸，抗倾覆稳定性应符合 GB/T 3811—2008《起重机设计规范》的规定。

2）汽车起重机的安全性能应符合 GB 6067.1—2010《起重机械安全规程第 1 部分：总则》的规定。

3）汽车起重机的结构、机构、电气等的设计按 GB 3811—2008《起重机设计规范》的规定进行。

4）汽车起重机整机稳定性应符合 GB 6068—2008《汽车起重机和轮胎起重机试验规范》的规定。

5）起重机安全装置的设置和调试按 JB 8716—1998《汽车起重机和轮胎起重机安全规程》的规定进行。

6）汽车起重机性能指标应符合 JB/T 9738—2015《汽车起重机》的规定。

7）汽车起重机检验方法按 JB/T 51060—2000《汽车起重机和轮胎起重机 产品质量分等》、GB/T 6068—2008《汽车起重机和轮胎起重机试验规范》。

第二节 基本构造与关键总成部件

一、汽车起重机的基本构造

1. 汽车起重机的组成

1）行驶部分（底盘）。

2）作业部分（上装部分）。

2. 上装部分的组成

由起升机构、变幅机构、回转机构、伸缩机构、安全机构和上、下车操纵机构等部分组成。

1）起升机构主要由主臂、副臂、主卷扬减速机、副卷扬减速机、卷扬电动机、臂尖滑轮、主钩、副钩等部件组成。

2）变幅机构主要由变幅液压缸、压力传感器等部件组成。

3）回转机构主要由回转支承、回转减速机、回转电动机等部件组成。

4）伸缩机构主要由伸缩液压缸、同步伸缩装置等部件组成。

5）安全机构主要由过卷保护机构、三圈过放保护机构、力限器、转台锁、平衡阀、液压锁、水平仪等部件组成。

6）上、下车操纵机构主要由上车操纵室、控制台、上车油门控制、拉杆式操纵手柄、下车操纵机构、下车油门控制等部件组成。

二、汽车起重机部分结构

以最大额定起重量为 12000kg 的汽车起重机为例，进行介绍。由于厂家不同，设计差异很大，以下内容仅供参考。请注意，具体产品的功能、性能、工作原理、操作方式以产品使用说明书或厂家的培训手册为准。

1. 底盘

底盘的功能、性能参数、使用与操作、主要部件结构特征和操作等详见底盘使用说明书。

2. 操纵室

操纵室基本采用全钢结构。采用现代流线型风格，全覆盖软化内装饰，四周及顶窗均为钢化玻璃窗，装有刮水器、电脑控制箱等，可在操作室中控制发动机调节油门大小，根据用户要求可安装冷、暖空调。

操纵室装置及仪表见图 16-6。电气控制箱示意图及开关说明见图 16-7。

3. 取力器及液压泵传动装置

1）连接取力器前，必须首先打开液压油箱的截止阀！

2）取力器及液压泵传动装置的作用是将发动机的动力传给液压泵，以得到高压油，经操纵阀分配

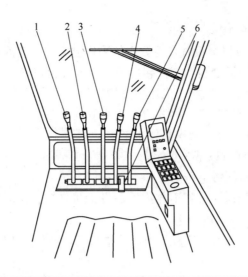

图 16-6　操纵室装置及仪表示意图

1—回转手柄　2—变幅手柄　3—伸缩手柄　4—副卷扬手柄　5—主卷扬手柄　6—加速踏板

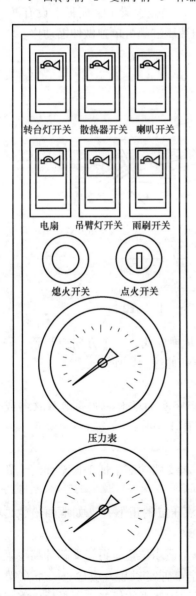

各开关说明：
转台灯开关——当此开关打开时，转台灯亮。
散热器开关——当此开关打开时，液压油散热器开始工作。
喇叭开关——当此开关打开时，喇叭发出响声。
电扇开关——当此开关打开时，操作室后部电风扇开始工作。
刮水器开关——当此开关打开时，刮水器工作。
吊臂灯开关——当此开关打开时，吊臂灯开始工作。
熄火开关——当此开关打开时，发动机熄火。
点火开关——当此开关打开时，发动机点火。

图 16-7　电气控制箱示意图及开关说明

到起重机各工作机构，进行各种动作。

3）取力器的结合与分离通过操纵设置在驾驶室仪表板上方的变速器取力开关来实现。

① 接合时，必须先踩下离合器踏板，再按翘板开关上方（仅供参考，以产品说明书为主）。此时指示灯亮，取力器便接合，松开离合器踏板，液压泵开始工作。

② 分离时，必须先踩下离合器踏板，再按翘板开关下方（仅供参考，以产品说明书为主）。此时，指示灯灭，取力器分离，动力被切断，液压泵停止工作。

4）接合或分离取力器时应注意以下3点：

① 离合器的踩下和松开都应缓慢进行。

② 取力器结合后，驾驶室加速踏板就不允许控制发动机转速，此时可用支腿操纵阀旁边的加速手柄或操纵室里的加速踏板来控制发动机转速。

③ 行驶中，误按翘板开关上方后，应踩下离合器踏板后再回位，否则非常危险。

4. 支腿操纵机构

（1）支腿及操纵机构的组成

1）支腿及操纵机构由支腿操纵阀、液压锁、活动支腿、水平液压缸、垂直液压缸及支腿座组成。

2）支腿操纵阀（图16-8）支架安装在左前活动支腿后面两侧大梁上，面板上设有油门加速手柄、水平支腿和垂直支腿操纵手柄、支腿伸缩手柄等。每个支腿液压缸都可单独做伸缩动作。

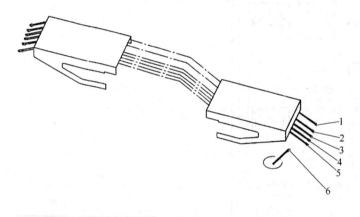

图 16-8 支腿操纵阀示意图

1—支腿伸缩手柄　2—左后支腿操纵手柄　3—右后支腿操纵手柄
4—左前支腿操纵手柄　5—右前支腿操纵手柄　6—油门加速手柄

3）该支腿操纵阀是一种叠加式方向控制阀，由四个单片换向阀，一个方向控制阀，一个液控单向阀和一个溢流阀组成，能方便可靠地实现支腿同步伸缩或单独伸缩的操作。

（2）支腿机构的操作

进行起重作业以前，必须先打开支腿，此时应选择平坦坚实的场地。如遇地基软弱或场地崎岖不平，应将垫木垫在支腿座下，以使起重机保持平稳状态，见图16-9。

操作支腿应按以下步骤进行：

1）把支腿操纵手柄2、3、4、5向内推至适当位置，再将支腿伸缩手柄1扳至伸的位置。这时四个活动支腿在水平液压缸的推动下，分别或同时向外伸展。

2）从位于固定支腿的支架上取下支腿座板安装在垂直液压缸的正下方（如地面松软，则应先在地面铺上支腿垫木）。

3）水平支腿伸到位后，再将操纵杆2、3、4、5向外拉至适当位置，再将支腿伸缩手柄1扳至伸的位置。这时，四个垂直液压缸便一起伸出，当垂直液压缸全部伸足以后，应检查一下车架平面是否水平，如不水平，可单独操纵某一垂直液压缸做伸缩动作，以达到调平的目的，调平后，将操纵手柄放回中位，并用锁定板锁住各手柄。

4）收缩支腿按前述方法的逆过程进行。

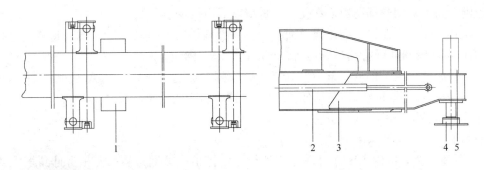

图 16-9　支腿及操纵机构示意图

1—支腿操纵阀　2—水平液压缸　3—活动支腿　4—支腿座　5—垂直液压缸

(3) 注意事项

1) 操作时，应注意周围留有足够的空间，以免碰伤人员或者物品。

2) 起重机作业过程中，严禁操纵各支腿手柄（除油门加速手柄外）。

3) 支腿收放速度可用油门加速手柄调节。

4) 支腿工作时，横向跨距 4.80m，纵向跨距 5.00m。

5) 车架倾斜应小于 1.5°。

6) 必须经常检查水平仪 1 与车架平面的实际水平是否一致，如不一致，可调整水平仪下面的螺母使之吻合。

5. 起升机构

起升机构由液压马达、减速机、制动器、钢丝绳、臂尖滑轮等组成。

(1) 主起升机构的操纵　起升机构分为主、副卷扬两大部分。起重机的主、副卷扬机结构不相同，主、副卷扬的操纵手柄相同，设置在操纵室内，操作方法如下：

1) 起升：把主卷扬操纵手柄往后拉，重物起升。

2) 下降：把主卷扬操纵手柄往前推，重物下降。

3) 停止：把主卷扬操纵手柄挂回中位，重物停止升降。

由于液压系统中设置了平衡阀，不但使升降平稳，而且能使重物停留在任意位置。

主卷扬供主臂工作时使用。当主臂工作时，随着吊臂伸长，起升高度增加，钢丝绳长度可能不够，这时可通过更换钢丝绳倍率来调整。更换倍率时，务必装好高度限位重锤。

(2) 副卷扬起升机构的操纵

1) 松开主副卷扬锁定板。

2) 起升：把副卷扬操纵手柄往后拉，重物提升。

3) 下降：把副卷扬操纵手柄往前推，重物下降。

4) 停止：把副卷扬操纵手柄挂回中位，重物停止升降。

副卷扬供臂尖滑轮工作时使用。

(3) 工作原理　在主起升卷扬机的卷筒轴上固定有常闭式离合器。当离合器液压缸中无压力油时，离合器闭合（蹄面就紧贴在卷筒的制动鼓内圆柱面上）。此时卷筒轴的转动就经离合器传到卷筒上，从而带动卷筒旋转，实现吊钩的动力升降。

在制动鼓的外面装有常闭式带式制动器。它被固定在转台墙板上，制动带在弹簧的作用下，与制动鼓紧密压合，产生足够的制动力矩，从而获得重物的可靠制动。在操纵起升卷扬机构操纵手柄时，压力油在进入起升马达的同时进入制动器液压缸，松开制动器。

副起升卷扬机构由减速机和变量马达组成。

(4) 注意事项

1) 根据起重臂长度，选用合适的钢丝绳倍率。因钢丝绳打卷而导致吊钩旋转时，要将重物放下，把钢丝绳完全解开后方能起吊。

2）卷扬机卷筒上的钢丝绳圈数，在任何吊重情况下不得少于三圈。

3）进行起升作业时，先将载荷吊离地面停留一下，确认无安全隐患后再继续起吊。再起吊载荷尚未离地前，不得用起臂和伸臂将其吊离地面，只能进行起升操作。

4）不可急剧地将操纵手柄从"起升"转换为"下降"或从"下降"转换为"起升"。转换时，应将手柄回中位，确认卷筒停止转动后，再继续进行操作，否则将会损坏机件。

5）起重量包括吊钩和吊具的重量。

6. 变幅机构

（1）工作原理 变幅机构主要通过双作用液压缸的伸出或缩回，从而使吊臂仰角增大或变小，从而达到改变工作幅度的目的。

（2）变幅机构的操纵 变幅机构的操纵手柄设置在操纵室内，操作方法如下。

1）起臂：把操纵手柄往后拉，吊臂就扬起，幅度减小。

2）落臂：把操纵手柄往前推，吊臂就伏倒，幅度增大。

3）停止：把操纵手柄搬回中位，吊臂就停止不动。

由于液压系统中设置了平衡阀，不但使起落平稳，而且能使吊臂停留在任意位置。

（3）注意事项

1）操作时应十分平稳，在起吊重物时，急剧的操作会给起重机带来很大冲击。

2）吊起重物的情况下，如使工作幅度增大，容易引起超载而倾翻，应十分注意避免，操作者必须根据起重特性表规定，限制最大幅度。

3）当主臂空载全伸时，最小仰角不得小于20°（仰角值可从角度指示器上读得）。

4）在起臂操作前，应预先充分下降吊钩。

7. 吊臂及伸缩机构

吊臂及伸缩机构由主臂、伸缩液压缸及伸缩钢丝绳等组成。

（1）主臂及伸缩机构

1）主臂伸缩用钢丝绳的调整，见图16-10。

a）操作伸缩机构，使吊臂伸出2～3m。

b）用调节螺栓1将两侧的回缩钢丝绳拧紧。

注意：当拧紧螺栓1时，回缩钢丝绳不得被转动。

（2）主臂伸缩的操作 主臂为高强度、低合金焊接成的U形箱式结构，共五节。头部有臂尖滑轮，供主臂作业时使用副钩。

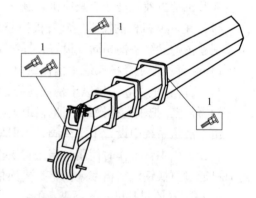

图16-10 吊臂伸缩钢丝绳调整示意图

1）主臂伸缩是通过伸缩液压缸和钢丝绳实现的，二、三、四、五节臂同步伸缩。主臂伸缩工作原理示意图见图16-11。

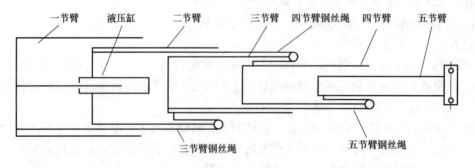

图16-11 主臂伸缩原理示意图

2）伸缩机构的操纵手柄设置在操纵室内，操作方法如下：

① 伸出：把操纵手柄向前推，吊臂伸长。

② 缩回：把操纵手柄向后拉，吊臂缩短。

③ 停止：把操纵手柄挂回中位，吊臂停止伸缩。由于液压系统中设置了平衡阀，不但使伸缩平稳，而且能使吊臂停留在任意位置。

3）注意：

① 吊臂伸缩操作应低速、平稳地进行，严禁带载伸缩。

② 在伸臂操作前，应预先充分下降吊钩。

③ 在伸臂操作前，应检查伸缩臂头部碰块是否与后一节臂靠足，若未靠足，应调整回拉钢丝绳使其靠足。

(3) 臂尖滑轮的操作

1）臂尖滑轮由支架、滑轮轴和轴销组成。行使或不用时，安置在吊臂支架上。

2）需要使用臂尖滑轮起吊重物时，先将臂尖滑轮安装在主臂的头部，将副卷扬钢丝绳绕过臂尖滑轮，装上副吊钩，就可以使用。此时钢丝绳为单倍率，可以快速升降，但应注意，使用臂尖滑轮时，应参照主臂的起升高度特性曲线，最大起重量为 0.5t。

3）不使用臂尖滑轮时，应将其放回原处。

8. 回转机构

(1) 回转机构的操作

由液压马达、行星齿轮减速器、制动器、驱动齿轮及回转支撑等组成。操作方法如下：

1）左转：将左操纵手柄向左偏转，上车向左旋转。

2）右转：将左操纵手柄向右偏转，上车向右旋转。

3）停止：将操纵手柄回中位，回转停止。

(2) 本机构制动器

系常闭式片式制动，当操作回转机构时，液压系统能保证制动器正确启闭。回转运动的速度可通过改变左操纵手柄的角度和调节发动机油门来调节。

(3) 注意事项

1）回转作业操作应平稳地进行，急剧的操作或快速换向是很危险的，必须避免。

2）回转时，后方视野将受到很大影响，因此必须注意附近的人和障碍物，可鸣喇叭以引起周围人的注意，确保作业安全。

3）为了工作安全，用户在最初使用 100h 后，须检查回转支撑螺栓，其拧紧力矩为 900N·m，然后在工作 500h 后，再作上述检查紧固，此后每工作 1000h 再作上述的检查紧固。

9. 液压系统

(1) 工作原理 起重机的起重作业部分由起升机构、变幅机构、伸缩机构、回转机构、支腿部分等组成，全部为液压驱动，其驱动力由汽车的柴油发动机提供。这一动力经取力器取出后，驱动多联齿轮泵，得到高压力油。从液压泵排出的高压力油，再经操纵阀分配，流向液压马达或液压缸，进行各种动作。其功率传递示意图见图 16-12。

由于液压系统采用了复合油路，因此起重机所有动作均可自由组合。

液压系统原理，见图 16-13。

(2) 液压系统的调整 液压系统中，支腿操

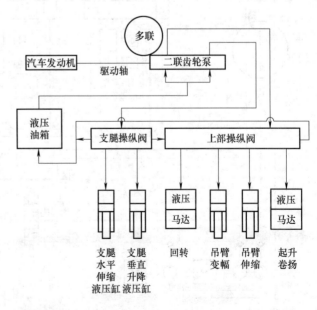

图 16-12 功率传递示意图

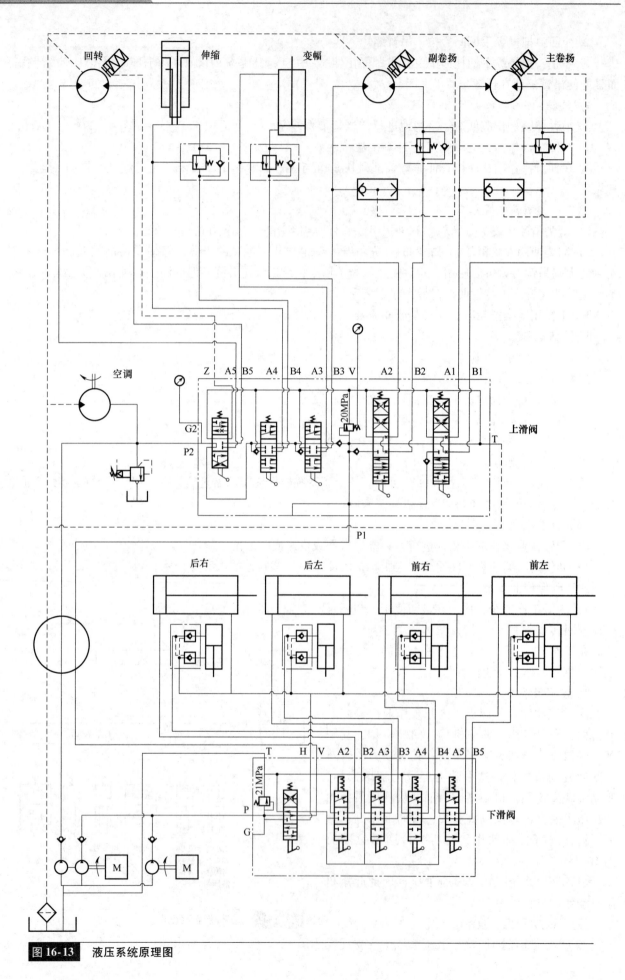

图 16-13　液压系统原理图

纵机构、吊臂的伸缩、变幅、回转、起升卷扬机构均设有流溢阀，以使系统不会过载操作，保证安全作业。其中吊臂伸缩、变幅、起升卷扬机构的流溢阀工作压力设定为 21MPa，在出厂时各溢流阀的工作压力均已调好，一般情况下不应任意变动。当更换溢流阀或确需重新调整时，应由有经验的技师在熟悉本液压系统构造后，按规定的数值进行调整。

调整请按下述方法依次进行：

1）调整伸缩、变幅机构流溢阀。将控制伸缩、变幅机构的流溢阀调整螺钉松开，把变幅机构操纵手柄置于变幅仰角最大位置，并逐渐拧紧流溢阀调整螺钉同时注视伸缩、变幅压力表，待压力升至 21MPa 时，随即锁定调整螺钉。

2）调整卷扬机构溢流阀。先打好支腿，使起重机呈作业状态，把控制卷扬机构的流溢阀调整螺钉松开，将吊臂全缩于起重机尾部，幅度为 3m 处，将卷扬减速机制动器控制油口的油管取下，并将此油管用堵头堵住，扳动卷扬机构操纵手柄，置于"起升"位置，然后逐渐拧紧溢流阀调整螺钉同时注视起升压力表，待压力升至 21MPa 时，随即锁定调整螺钉，再将卷扬减速机制动器的控制油口装好。

(3) 使用注意事项

1）滤油器滤芯在工作 250h 后，应进行检查，必要时进行清洗或更换。

2）液压油箱每隔半个月从底部放油口清除水分或杂质一次，每隔一年（或工作满 2000h）更换全部液压油（在油液未发生变质的情况下，可适当延长换油周期），当起重机在特别恶劣环境下使用时（如冶炼厂、化工厂等），油液的更换周期应相应缩短。

3）液压系统的各种阀，在出厂前压力、流量已经调试完好，切不可随便触动。

4）不可擅自在各液压缸上施焊，严禁利用液压缸作为施焊搭铁导体。

5）各种机件，特别是液压系统各装置，切忌污垢附着，因此作业之后一定要把灰尘、油污清除干净。

10. 电气系统

(1) 概述

起重机电气系统为单线系制，电源为直流 24V，负极搭铁。整车电气分为底盘电气、上装电气和力矩限制器电气三个部分。上装和力矩限制器电气与底盘的电气部分是通过中心回转接头上的滑环连接起来的。

(2) 底盘电气　请详阅车辆底盘使用说明书，本书略。

(3) 上装电气

上装电气主要包括：起动、熄火、照明、风扇、刮水器、喇叭、起升高度限制、操纵杆连锁装置、冷暖空调等，上述装置保证了起重机的安全作业及良好的工作环境。

在遇到紧急情况时，可合上紧急停止开关，使液压系统流溢，上装伸缩、变幅、起升均无动作，起到安全保护作用，但回转动作未被切断。

11. 安全系统

为了确保起重机作业安全可靠，起重机装有较完善的安全装置，以便在意外的情况下，保护机件或提醒操作人员注意，从而起到安全保护的作用。

(1) 液压系统中各溢流阀　可抑制回路中的异常高压，以防止液压泵及马达的损坏，并防止系统处于过载状态。

(2) 吊臂变幅安全装置　当不测事故发生，吊臂变幅液压缸液压回路中的高压油管损坏时，液压回路中的平衡阀即锁闭变幅液压缸下腔的液压油，使吊臂不致下跌，从而确保起重作业的安全性。

(3) 吊臂伸缩安全装置　当不测事故发生，吊臂伸缩液压缸液压回路的高压油管损坏时，液压回路中的平衡阀即锁闭伸缩液压缸上腔的液压油，使吊臂不会自行缩回，从而确保起重作业的安全性。

(4) 高度限位装置（选装）　吊钩起升超过规定的高度后，触碰限位重锤，打开行程开关，电气箱内蜂鸣器发出警告声，同时切断吊钩起升、吊臂伸出、吊臂伏倒等动作的操作，而确保安全。这时只能操纵吊钩下降、吊臂缩回及吊臂仰起等手柄（即向安全方向操作），使限位重锤解除约束，操作即可恢复正常。

在特殊情况下，如仍需做微量的起升操作，可按下电气箱的强制按钮，此时限位的作用便解除，一切操作动作均恢复正常。但此时的操作必须十分谨慎小心，以防发生事故。

（5）支腿锁定装置　当不测事故发生，通往支腿垂直液压缸的高压油管损坏时，支腿液压回路中的双向液压锁能封锁支腿液压缸两腔的压力油，使支腿不致缩回或伸出，从而确保起重作业的安全性。

（6）角度指示器　吊臂角度指示器设置在基本臂的后下方（即操纵室的右侧面），操作者坐在操纵室内便能清楚地观察到，能准确地指示出吊臂的仰角。

（7）起重特性表　设置在操纵室内墙板上，该表列出了各种臂长和各种工作幅度下的额定起重量和起升高度。以便操作时查阅。起重作业时，切不可超过表中规定的数值。

（8）力矩限值器　详见力矩限制器说明书。

12. 选用件

空调设置在操纵室座椅后面（图16-14），可为操纵人员提供舒适的工作环境。

1）组成。空调系统主要由压缩机、电动机、冷凝器、冷凝风扇、贮液器总成、蒸发器、取暖器等组成。

2）制冷操作。按下空调冷风开关；将风量开关调至低速档；待压缩机工作20min后再将风量开关调至适合您的位置即可。关空调时，顺序相反。

3）取暖操作。拨动空调暖风开关，空调为制热状态。

4）注意事项

① 只能在发动机工作时才能使用空调。

② 在发动机怠速工作情况下使用空调可能使蓄电池亏电，此时应将风量调至低速档，并提升怠速。

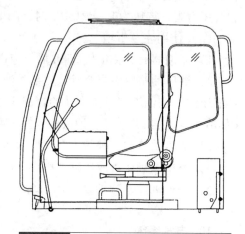

图16-14　空调位置示意图

③ 有关空调详细说明，请仔细阅读空调使用说明书。

第三节　操作规程与维修保养

一、操作规程与注意事项

1. 起重机的使用条件

1）起重机在使用初期全部机构的零件正处于磨合状态，所以新车在最初100h内工作时，工作负荷和工作速度不应过高，最大起重量应不大于4.5t（钢丝绳倍率为8倍时），并且不允许用最高速度工作。

2）起重机工作场地地面应坚实平整，作业地面不得下陷。

3）起重机工作时，风力大于六级时（风速为13.8m/s）应停止工作。

4）起重机必须无故障工作。

2. 操作安全注意事项

1）工作时，起重臂下严禁站人，回转半径内不得站人。

2）不准在有人的上空吊运重物，不准在重物上有人时起吊重物。

3）严禁超载作业，不准斜拉斜吊物品，不准抽吊交错积压物品，严禁起吊埋在地下或冻结在地上的物品。

4）严禁在不使用支腿的情况下进行作业，严禁带载行车，作业前必须打好支腿。

5）严禁带载伸缩。

6）不准使用两台或两台以上起重机起吊同一物体。

7）在任何吊重情况下，起升卷扬筒上的钢丝绳不得少于3圈。

8）不得在有载荷的情况下，调整起升机构制动器。

9）重物在空中做较长时间停留时，驾驶员不得离开操纵室。

10）作业场地附近有架空高压线时，起重臂距高压线的距离应不超过有关部门规定。

11）操作应平稳、缓和，严禁猛拉、猛推操纵杆及急剧的转换操作。

12）操作时应经常注意油压表指示的压力，发现异常，应查明原因，及时排除。

13）当实际载荷达到额定载荷的90%时，力限器发生蜂鸣报警，应引起高度注意。

14）有下列情况之一时，应停止起重机操作：

① 超载或物体重量不清时。

② 重物捆绑、吊挂不牢或不平衡可能产生滑落时。

③ 重物棱角处与钢丝绳之间未加衬垫时。

④ 工作场地昏暗，无法识别起吊重物或指挥信号时。

⑤ 结构或零部件有影响安全工作的缺陷或损伤，如制动器失灵、安全装置出现故障、钢丝绳损伤等。

3. 驾驶员和指挥人员

1）起重机驾驶员和起重指挥人员应持证上岗。

2）驾驶员必须熟悉该机的使用说明书，了解其工作原理、结构性能和安全装置的功能及其调整方法，掌握其操作要领及维修保养技术。

3）驾驶员操作前，应对制动器、吊钩、钢丝绳及安全装置进行检查，发现不正常现象应及时排除。

4）驾驶员操作时必须集中注意力，不得与其他人员闲谈。一般情况下，驾驶员只对指定操作人员的信号作出反应，但是对于停止信号，不管是谁发出的，在任何时候均应服从。不符合操作规程的指令，驾驶员应拒绝执行，有人往起重机上攀登时，必须停车。

5）驾驶员在身体不适或精神不佳时，不应操纵起重机。严禁驾驶员酒后操纵起重机。

4. 起重机操作前的准备及检查

（1）上装部分（作业部分）　开车前应对以下项目进行检查，发现异常应及时排除：

1）各部件的润滑情况，按规定加足润滑油。

2）液压油箱中液压油是否达到规定位置，补充的液压油必须和液压油箱中液压油同牌号。加油时，一定要经过加滤网注入，禁止异物进入液压油箱。

3）液压系统油路各泵、阀、缸、马达等连接处是否有渗漏现象。

4）支腿、变幅、伸缩机构各管路联接是否紧固可靠。

5）齿轮液压泵传动连接部分是否紧固可靠。

6）检查各仪表、指示灯及安全装置是否正常。

7）检查各操纵手柄位置是否正确、灵活、可靠。

8）回转支撑、回转机构、起升卷扬机构等联接螺栓是否紧固可靠。

9）打好支腿、升起吊臂作空载的变幅、伸缩、回转、卷扬等动作的运转，以检查是否异常。

10）卷扬钢丝绳、吊臂伸缩用钢丝绳出现下列情况之一时，应予更换：一股中的断丝数超过10%；直径减小超过名义直径7%；钢丝绳出现扭结；显著地松脱；严重锈蚀等。

11）钢丝绳在试用期间，每月至少润滑两次，润滑前用布擦净，然后涂润滑脂。

（2）底盘部分（行驶部分）

1）开车前应对以下项目进行检查，发现异常应及时排除。

2）检查车辆外形的完好性，检查油、水是否充足，油管、气管、水管各接头处是否有渗漏。

3）检查轮胎气压是否符合要求，轮胎是否损坏。

4）蓄电池接线柱是否牢靠。

5）各种仪表、灯光、信号、刮水器等工作是否正常。

6）转向系统、制动系统各部件是否灵活、安全、可靠。

7）转向轴万向节螺栓、钢板弹簧螺栓、轮毂螺栓等紧固是否可靠，钢板弹簧有无断裂。

8）储气筒内有无积水。

5. 起重机行驶前的准备

1）起重机行驶时，上车操纵室内严禁坐人。

2）将起重臂完全缩回原位，将吊钩等准确安放在规定位置上，整个起重臂置于驾驶室后的吊臂支架上，吊钩用吊环与车架上的小钩联接，然后用压板固定。

3）使回转机构制动器处于制动状态。

4）使起升机构制动器处于制动状态。

5）将支腿完全缩回原位。

6）将取力器开关脱开，锁紧操纵室门。

6. 作业后的检查

1）作业后应对以下项目进行检查，发现异常应及时排除。

2）检查各部位有无漏油、漏气、漏水现象。

3）检查螺母、螺栓有无松动。

4）检查工具和附件的数量是否符合。

5）作业完毕后，进行必要时的清扫工作。

6）记录运转情况和异常症状。

二、汽车起重机的保养与维修

1. 起重机上装的润滑

（1）润滑　工作油和润滑脂要求：不但能保证各机构正常工作，还能延长使用寿命，充分发挥应有的功能。因此，必须按规定的油脂和润滑点按期进行润滑。润滑点及润滑周期如图16-15所示，具体请按照产品保养手册执行。

（2）润滑注意事项

1）应先把注油口、润滑油杯等清扫干净，才能进行注油。

2）对衬套、轴和轴承注入润滑脂时应灌注到能把旧润滑脂挤出外面为止。

2. 定期检查与保养

（1）磨合期的检查与保养　起重作业部分在起重作业达到250h后，应进行如下检查与保养：

1）检查起升、回转等各箱体内齿轮啮合情况，更换润滑油，清洗箱体。

2）放出液压油，清洗液压油箱，更换滤芯，过滤或更换液压油。

3）清洗整机各处灰尘及油污，检查各总成有无漏油、漏水、漏气、漏电现象，并进行调整修复。

4）调整、紧固各部分连接螺栓。

5）调整、校正各安全位置。

（2）存放期超过三个月的起重机　每隔三个月进行一次空运转，每次运转不低于0.5h，并进行清洁保养。存放期超过一年半的起重机，使用前除进行清洁保养外，应更换老化的密封件。

（3）每半年检查一次起重机滑块的磨损情况　必要时应调整或更换。

（4）更换润滑油　根据季节、气温的变化，按规定更换发动机、变速器分动器、转向器和起升机构减速器、回转机构减速器内的润滑油，拆检清洗冷却系统，调整蓄电池电解液密度。

（5）液压油的更换

1）液压油应定期进行取样化验。对正常使用的产品，每三个月取样一次，对工作频繁、环境恶劣的产品，每月取样一次。液压油检测项目及极限指标应符合表16-4的规定。

第十六章 汽车起重机

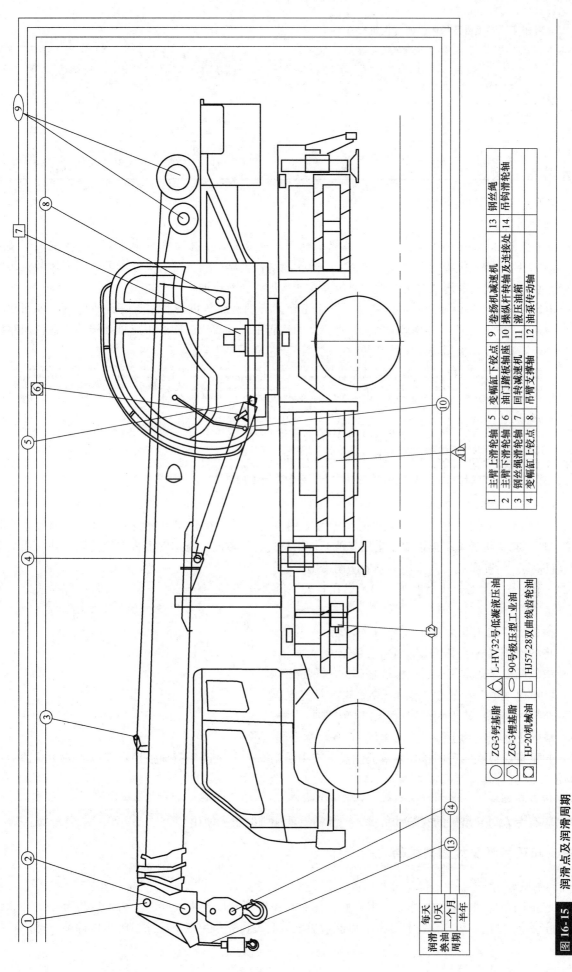

图 16-15 润滑点及润滑周期

表16-4 液压油检测项目及极限指标（仅供参考）

化验项目	液压油理化性质变化极限指标		
	L-HS32	L-HV32	L-HM32
运动黏度（40℃）/(mm^2/s)	±10%	±10%	±(10%~21%)
酸值增加/(mgKOH/g)	0.3	0.3	0.3
水分（%）	0.1	0.1	0.1
闪点变化（开口）/℃	-60	-60	-60
固体颗粒污染等级	20/16	20/16	20/16

2) 不同品种、不同牌号的液压油不得混合使用。

3) 换油步骤：

① 首先更换液压油箱中的液压油。将油箱中的液压油放掉，并拆卸总回油管，严格清洗油箱及滤油器。可先用固体颗粒污染等级不超过18/21的化学清洗剂清洗一遍，待清洗晾干后，用固体颗粒污染等级不超过18/21的新液压油冲洗，然后放出冲洗油再加入新液压油。

② 起动发动机，以低速运转，使液压泵开始工作，分别操纵各机构，靠新液压油将系统各回路的旧油逐一排出，排出的旧油不得流入油箱，直至总回油管中新油流出，即停止液压泵转动。在各回路换油同时，应注意不断向液压油箱中补充新液压油，以防止液压泵吸空。

③ 将总回油管与油箱连接，最后将各元件置工作初始状态，往油箱中补充液压油至规定的液面位置。

4) 用户应根据作业环境温度选择相应牌号的液压油，以利于液压系统工作正常，延长液压元件的使用寿命。

① 环境温度为-10~40℃时，使用L-HV32液压油。

② 环境温度为-40~35℃时，使用L-HS32液压油。

注意：产品出厂时，液压系统中的液压油牌号通常为 **L-HV32**。

3. 运输与停放保养

(1) 运输方式及注意事项　起重机的运输可以用自己的动力在公路上行驶，也可以采用火车及其他运输工具将起重机做长距离运输。当用其他运输工具进行运输时，应用斜木将四轮前后卡住，用绳索将起重机固定，门窗紧锁，并采用必要的防雨措施。

(2) 停放条件及保养注意事项　起重机在较长时间处于不使用状态时（半年以上）应采取以下的保养措施：

1) 擦去机体的灰尘和油垢，保持机体清洁。

2) 将各液压缸各活塞杆全部缩回至最短位置。

3) 将轮胎充足规定气压，用木块垫起，使轮胎离地。

4) 将蓄电池取下存放在干燥通风处，并定期充电。

5) 全部外露加工表面涂以润滑脂，以防锈蚀。

6) 清除钢丝绳上的尘沙，重新涂以ZG-3钙基石墨润滑脂。

7) 起重机应放在库房内，如在露天位置，应用防雨布遮盖，雨季应加强检查，以防漏雨锈蚀，冬季要防冻。

8) 每月起动一次，并空转各机构，观察是否正常。

9) 应有专人对起重机的完好性负责，一旦需要就能随时投入使用。

三、起重机常见故障与排除

1. 应急措施

1) 起重机在得到正确的操作维护保养后，作业时一般不会出现重大问题。为了以防万一，当油路系统出现问题而采用一般方法排除故障又可能造成事故时，可先采用以下应急措施予以卸荷，然后再排除故障。

2）变幅不能下降：将重物落地，拧开进变幅液压缸上腔的油管接头，然后拧松从平衡阀至变幅液压缸下腔的油管接头，让油慢慢溢出，落下吊臂。

2. 常见故障与排除

起重机如在吊重作业过程中出现故障，应进行全面的调查与分析，找出故障的真正原因。采用恰当的方法去消除，现将一般故障的消除方法列于表16-5，以供参考。

表16-5　起重机一般故障的消除方法

序号	故　障	原　　因	消除方法
1	取力器控制失灵	气压不够	提高气压
		气路堵塞或漏气	检修气路
		取力器开关失灵	修理或更换
		气路电磁阀卡死	修理或更换
2	油路漏油	接头松动	拧紧接头
		密封件损坏	更换密封件
		管路破裂	焊补或更新
3	油压升不上	油箱液面过低或吸油管堵塞	加油或检查吸油管
		溢流阀开启压力过低	调整溢流阀
		液压泵供油量不足	加大柴油机转速
		压力管路和回油管路串通或元件泄漏过大	检修油路，特别注意各阀、中心回转接头、马达等处
		液压泵损坏或泄漏过大	检修液压泵
4	油路噪声严重	管路内存有空气	来回动作几次，以排除元件内部气体，检修液压泵、吸油管不能漏气
		油温太低或油太脏	低速转动液压泵，将油加温或换油
		管道及元件没有紧固	紧固
		滤油器堵塞	更换滤芯
		油箱油液不足	加油
5	液压泵发热严重	管路或阀内部堵塞	检修元件、排除故障
		压力过高	调节溢流阀
		环境温度过高	停车冷却
6	支腿收放失灵	双向液压锁失灵	检修双向液压锁
7	吊重时支腿自行缩回	双向液压锁中的单向阀密封性不好	检修双向液压锁中的单向阀
		液压缸内部漏油	修活塞上的密封元件
8	压力表不指示	阻尼孔堵塞	检修
		压力表损坏或进油路堵死	检修
9	吊臂伸缩时压力过高或有振动现象	平衡阀阻尼孔堵死	清洗平衡阀
		固定部分或活动部分摩擦力过大或有异物堵阻	检修或在滑块处涂润滑脂
10	变幅落臂时有振动	缸筒内有空气	空载时多起落几次进行排气补油
		平衡阀阻尼孔堵塞	清洗平衡阀
11	吊重制动停止时重物缓缓下降	制动器摩擦片严重磨损	更换摩擦片
12	油门操纵调速失灵	主动液压缸和液压缸中有空气	从分泵的放气螺钉处排气
13	空载油压过高	整个管路系统有异物堵塞	拧开接头排异物
		滤油器堵塞	调换清洗滤油芯子
14	吊重不能起升	油压过低	检查调整泵及溢流阀
15	不能回转	油压过低	检查调整泵及溢流阀
		双向缓冲阀开启压力过低	调整双向缓冲阀开启压力，检查弹簧是否失效

3. 随车备件清单

随车备件清单见表16-6。表中软管的使用位置，见图16-16。

表16-6 随车备件清单（仅供参考）

序号	代号	名称及规格	数量	使用位置
1	GB 3452.1-92	O形密封圈 11×1.6	40	主副卷扬制动管
2	GB 3452.1-92	O形密封圈 16×1.9	48	下滑阀钢油管
3	GB 3452.1-92	O形密封圈 16×3.1	20	支腿锁—液压缸连接管
4	GB 3452.1-92	O形密封圈 20×1.9	120	钢油管、软油管
5	GB 3452.1-92	O形密封圈 30×3.1	8	上滑阀接头
6	GB 3452.1-92	O形密封圈 35×3	12	伸缩臂油管
7	GB 3452.1-92	O形密封圈 40×5.3	12	液压泵油管
8	JB982-77	组合垫圈 10	32	梭阀、回转制动、上滑阀
9	JB982-77	组合垫圈 14	44	支腿液压锁、支腿软管
10	JB982-77	组合垫圈 16	16	下滑阀
11	JB982-77	组合垫圈 18	92	水平缸软管、主卷扬回油管
12	JB982-77	组合垫圈 22	16	副卷扬马达、变幅液压缸
13	JB982-77	组合垫圈 27	44	上滑阀、单向阀
14	JB982-77	组合垫圈 33	14	上滑阀主、副卷扬回油
15		梭阀 BFST	1	主、副卷扬马达
16		液压锁 S02-K8L	1	支腿
17		平衡阀 H15	1	副卷扬马达
18		油门总、分泵	1套	操纵室油门
19		平衡阀 H20	1	主卷扬马达
20		平衡阀 G20H	1	伸缩臂、变幅液压缸
21		软管 $\phi16\times2000$	1	油箱回油
22		软管 $\phi16\times2500$	1	泵—下滑阀
23		软管 $\phi16\times3000$	1	下滑阀—回转接头
24		软管 $\phi16\times4500$	1	电机泵—下滑阀
25		软管 $\phi10\times3200$	1	支腿
26		软管 $\phi16\times3500$	1	泵—回转接头
27		软管 $\phi16\times800$	1	上滑阀—伸缩臂液压缸
28		软管 $\phi16\times900$	1	上滑阀—伸缩臂液压缸
29		软管 $\phi16\times900$	1	上滑阀—回转马达
30		软管 $\phi16\times1500$	1	上滑阀—主卷扬马达
31		软管 $\phi10\times2500$	1	上滑阀—主卷扬马达
32		软管 $\phi16\times1000$	1	上滑阀—副卷扬马达
33		软管 $\phi16\times1800$	1	上滑阀—变幅液压缸
34		软管 $\phi16\times1800$	1	回转中心接头—上滑阀
35		软管 $\phi16\times1800$	1	回转中心接头—空调
36		软管 $\phi16\times1600$	1	空调—上滑阀
37		软管 $\phi16\times1600$	1	溢流阀—上滑阀回油口
38		软管 $\phi16\times1000$	1	溢流阀—上滑阀高压油口
39		软管 $\phi8\times1600$	1	回转减速机—上滑阀
40		软管 $\phi10\times800$	1	回转马达—上滑阀回油口
41		软管 $\phi8\times1600$	1	上滑阀—压力表

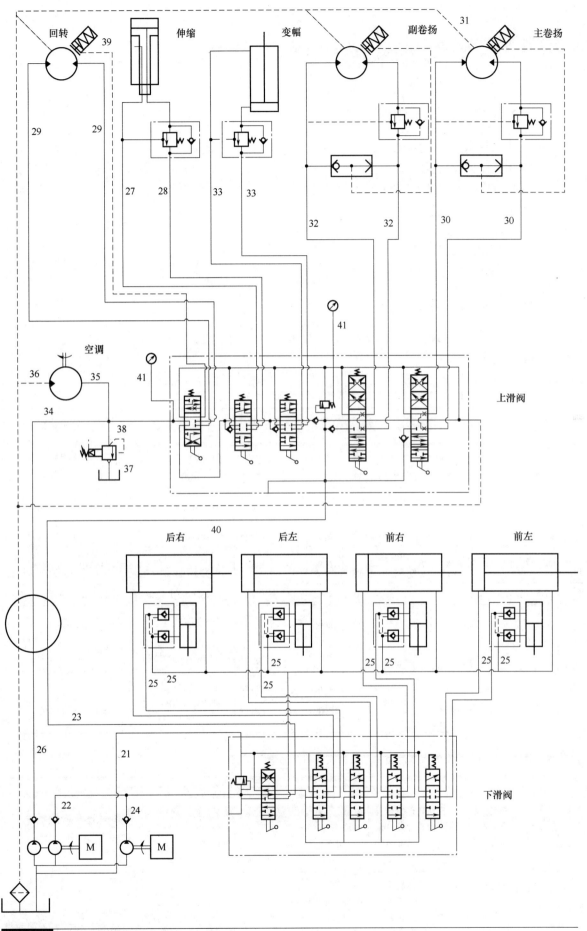

图 16-16 表 16-6 中软管使用位置分布图

第四节 发展趋势与典型产品资源

一、汽车起重机的发展趋势

1）向智能化与数字化方向发展。
2）向多功能方向发展。
3）向高精度定位、防碰撞控制方向发展。
4）向遥控控制方向发展。
5）向增大起重力矩的方向发展。
6）向大吨位发展。
7）高强度材料应用，向轻量化发展。

二、起重机典型产品资源介绍

列举部分产品，见表16-7和表16-8，仅供参考。

1. 产品明细表

表16-7　部分符合国六标准的汽车起重机产品列表（福田牌）

序号	车辆型号	品牌	整车尺寸/mm	总质量/kg	额定质量/kg	整备质量/kg	发动机型号	底盘型号	轴距/mm
1	BJ5096JQZ-FA	福田牌	8900×2080×2990	9100	/	8970	4B2-95C50（国五）	BJ1096VFPBA-FA	3300
2	BJ5143JQZ-FA	福田牌	10100×2450×3390	13580	/	13385	YN38CRE1（国五）	3143DJPDD-FA	3850
3	BJ5144JQZKPDA-03	福田牌	10050，10600×2230×3350	14000	/	13805	WP3NQ160E61（国六）	BJ5144JQZKPDA-03	3900/4200
4	BJ5163JQZ-AB	福田牌	10830×2320×3400	15800	/	15605	YC4S140-50（国五）	BJ3163DJPEG-FA	4400
5	BJ5164JQZHPDD-01	福田牌	10500，10900×2350×3350	16000	/	15805	WP3NQ160E61/WP4.1NQ190E61（国六）	BJ5164JQZHPDD-01	4200/4500
6	BJ5183JQZ-FA	福田牌	11030×2380×3500	17500	/	17305	YC4S160-50（国五）	BJ3183DKPFA-FA	4400
7	BJ5185JQZ-FA	福田牌	11440×2550×3680	18000	/	17870，17805	YC6J200-52（国五）	BJ1185VLPEN-FA	4500
8	BJ5184JQZKPFN-02	福田牌	11440×2550×3680	18000	/	17870，17805	WP4.6NQ220E61（国六）	BJ1184VKPFN-02	4500
9	BJ5184JQZHPFG-01	福田牌	10800，11030×2270×3420	18000	/	17805	WP4.1NQ190E61（国六）	BJ1184VKPFG-01	4500/4800

表16-8　部分符合国六标准的汽车起重机产品列表（雷萨品牌）

序号	产品名称	上装配置	整车公告号	轴距/mm	发动机	优势
1	25t X系列汽车起重机	上装配置：五节U形臂全伸长43m，支腿横向跨距6.4m，副臂长8.3m，最大起重力矩1213kN·m	BJ5341JQZ25国六	4700+1350	WP7.300E61国六，WP9H310E62国六	越野底盘，通过能力强 行业最长五节臂 安全储备系数大，作业可靠
2	55t X系列汽车起重机	上装配置：五节U形臂全伸长48m，支腿横向跨距7.6m，副臂长16m，最大起重力矩2130kN·m	BJ5441JQZ55国六	1450+4350+1350	WP10H375E62国六	行业最大燃油箱500L 行业最长五节臂 安全储备系数大，作业可靠

(续)

序号	产品名称	上装配置	整车公告号	轴距/mm	发动机	优势
3	85t X 系列汽车起重机	上装配置：六节 U 形臂全伸长 63m，支腿横向跨距 8m，副臂长 17.5＋9m，最大起重力矩 3528kN·m	BJ5501JQZ85 国六	1500＋4300＋1350	WP10H375E63 国六	行业最大燃油箱 500L 行业最长六节臂 安全储备系数大，作业可靠
4	25t Q 系列汽车起重机	上装配置：五节 U 形臂全伸长 41.2m，支腿横向跨距 6.2m，副臂长 8.3m，最大起重力矩 1058kN·m	BJ5336JQZ25 国六	4525＋1350	WP7.300E61 国六	行业最大燃油箱 350L 动力与传动优化，燃油消耗低 安全储备系数大，作业可靠
5	55t Q 系列汽车起重机	上装配置：五节 U 形臂全伸长 44.6m，支腿横向跨距 7.1m，副臂长 15.5m，最大起重力矩 2009kN·m	BJ5426JQZ55 国六	1450＋4200＋1350	WP9H336E62 国六	行业最大燃油箱 500L 动力与传动优化，燃油消耗低 安全储备系数大，作业可靠

注：因厂家的产品随新材料、新工艺、新需求不断更新升级，上述参数以最新发布的公告库为准。

2. 产品外形图

部分符合国六标准的汽车起重机产品的外观，见图 16-17。

a) X系列25t产品

c) X系列85t产品

（图中间 b) X系列55t产品）

d) Q系列25t产品

e) Q系列55t产品

f) 8~14t汽车起重机

图 16-17 部分符合国六标准的汽车起重机产品的外观

本章小结与启示

通过本章学习，要求掌握汽车起重机的分类，为产品营销打下基础。

通过本章学习，要求掌握汽车起重机主要性能（名称）为向客户介绍产品打下基础。

本章学习测试及问题思考

（一）判断题

1.（ ）汽车起重机额定起重量与起升高度无关。

2. （　）汽车起重机上装部分由起升机构、变幅机构、回转机构、伸缩机构、安全机构和上、下车操纵机构等部分组成。

（二）思考题

1. 列出液压油检测项目名称及极限指标值。
2. 本章列出的福田牌符合国六标准的汽车起重机产品有哪几个？
3. 本章列出的雷萨牌符合国六标准的汽车起重机产品有几个？产品名称分别叫什么？

第十七章
随车起重运输车[一]

学习要点

1. 了解随车起重运输车的功能、性能、结构、主要配置、常见故障及处理方法。
2. 了解随车起重运输车的分类与产品组合、产品公告。
3. 能够根据客户需求、实际应用场景,结合产品知识,进行产品推荐。
4. 了解随车起重运输车的发展趋势,能够跟踪厂家产品开发的进度,及时调整营销产品组合。
5. 能够指导服务站进行随车起重运输车的日常保养、常见故障排除。

第一节 基本概念与结构原理

一、基本概念

1. 定义

随车起重运输车,是指装备有随车起重机,用于实现货物自行装卸的起重举升专用运输汽车。

2. 优点与应用

(1) 优点

1) 机动性好,转移迅速,集吊装与运输功能于一体,提高资源利用率。
2) 可装载各类抓辅具,如夹木抓斗、吊篮、夹砖夹具、钻具等,以实现多场景作业。

(2) 应用 随车起重运输车,简称随车吊,是一种通过液压举升及伸缩系统来实现货物的升降、回转、吊运的设备。起重机通常装配于载货汽车上,集吊装和运输于一体,多用于车站、仓库、码头、工地、野外救援等场所,可配备不同长度的货箱和不同吨位的吊机。

3. 与汽车起重机的区别

1) 随车起重运输车既可以起重举升,又可以运输;汽车起重机只能起重举升,不能用于货物的运输。
2) 一般情况下,汽车起重机起重举升能力要大于随车起重运输车。

[一] 本章由孙桂强、王术海编写。

二、基本构成、工作原理与分类

1. 随车起重运输车基本构成

一般是由二类汽车底盘，货箱及起重机三大部分组成，见图17-1。

相对于载货汽车，随车起重运输车多了一套取力器和起重机系统。其起重部分和载货部分是两个分别控制、互不干扰的独立单元，所以随车起重运输车不仅能给自身装卸货物，还能独立为其他的载货汽车装卸货物。

2. 随车起重运输车的工作原理

随车起重运输车是通过液压传动原理来实现各种机械动作的。常用的是用汽车动力，通过取力器带动液压泵，连接液压阀来实现工作。

3. 随车起重运输车的分类

（1）按额定起重量分 2t、3.2t、4t、5t、6.3t、8t、10t、12t、16t、20t等。

（2）按臂架形式分 直臂式（图17-2）和折臂式（图17-3）。

图 17-1 随车起重运输车外形及组成示意图

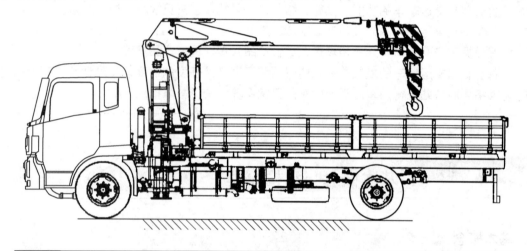

图 17-2 直臂式随车起重运输车外形示意图

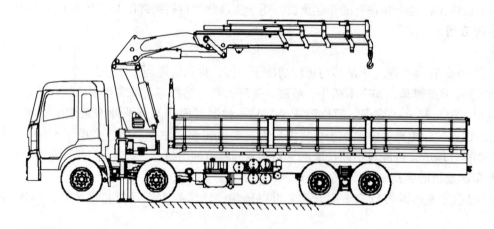

图 17-3 折臂式随车起重运输车外形示意图

（3）按照随车起重运输车底盘的轴数分类

1）二轴随车起重运输车。

2）三轴随车起重运输车。
3）四轴随车起重运输车。
4）半挂牵引随车起重运输车。
（4）按照车型分类
1）整车随车起重运输车。
2）半挂牵引随车起重运输车（半挂随车吊）（图17-4）。
（5）按照起重机安装在车的前部和后部分类
1）前装起重机式随车起重运输车。
2）尾部起重机式随车起重运输车。

图17-4　三轴、四轴、半挂随车起重运输车外观

第二节　基本结构与主要性能指标

一、基本结构

随车起重运输车各部分组成见图17-5。

图17-5　随车起重运输车各部分组成

1. 吊臂

吊臂是起重时把货物提起的主要装置。吊臂通过液压缸进行伸缩，吊钩滑轮自吊臂的顶部悬挂下来。

2. 立柱

立柱是连接吊臂和机架的重要部件。货物左右旋转时主要靠立柱。立柱支撑着吊臂、卷扬机构和变幅液压缸，并由回转系统传动。目前国内直臂吊都能达到330°全旋转。

3. 机架

机架主要是连接和固定立柱及支腿的部件。

4. 支腿

1）随车吊的支腿分前支腿和后支腿。支腿形式同汽车起重机基本一样，主要是以H型支腿为主。

主要作用是吊机作业时保持吊机的平衡，增加吊装能力，保证起重更多的货物不至于翻车。

2）额定起重量 6t 以上的起重机必须配支腿（图 17-6），以增强安全性能。

3）后支腿安装在车辆后桥的后部，与大梁进行连接，进一步提高整车稳定性。它又分为：

① 固定式：固定式液压支腿只能向下伸出，不能向左右伸出，跨距较小，适用于中小吨位吊机。

② 活动式：大吨位吊机选择活动式液压支腿相对安全性高。活动式液压支腿可以水平方向伸出，然后向下顶起，其跨距较大，安全性高，适用于中大吨位吊机。

5. 回转机构

随车起重机的回转形式：主要是齿条回转和回转支承两种回转结构形式。

图 17-6　支腿外形图

（1）齿条回转　是指起重机的液压缸带动齿条运动使立柱旋转。齿条是直线，所以旋转到一定的位置后就不能再往前，因此齿条回转是有范围的，一般用于折臂吊。

（2）回转支承回转　如图 17-7 所示，采用回转支承的形式，保证吊臂能全方位转到合适的位置，并能在任意位置实现制动。

回转系统一般包括液压马达、液压减速器等。其作用是使立柱回转。

6. 卷扬机构

卷扬机构由液压马达驱动，并通过一根钢丝绳将重物提升或降落。

7. 起伏（变幅）液压缸

变幅液压缸是使起重臂向上仰或向下俯动作的执行件。

8. 吊钩滑轮组

通过对其上滑轮的增减，实现卷扬倍率的转换，直接钩吊重物。

图 17-7　回转支承回转

9. 操纵机构

（1）支腿操纵杆　支腿操纵杆用来控制左右支腿液压缸的伸缩动作。

（2）加速器操纵杆　加速器操纵杆用来调整发动机的速度和输出功率，以满足吊重需要。

（3）回转操纵杆　回转操纵杆用来控制回转机构，使立柱和起重臂进行左右回转动作。

（4）变幅操纵杆　变幅操纵杆用来控制变幅液压缸的伸缩动作，实现吊臂的高低控制。

（5）卷扬操纵杆　卷扬操纵杆用来控制卷扬机构（将重物提升或降下）。

（6）伸缩操纵杆　伸缩操纵杆用来控制伸缩液压缸动作，通过伸缩滑轮架对臂架进行伸缩控制。

（7）取力杆（PTO 杆）　用来控制发动机对随车吊的动力输出与切断。

PTO（POWER-TAKE-OFF）：动力输出装置，又称取力器。按其输出动力的转速来分，有单速、双速和三速的。按操纵方式来分，有手动、气动、电动和液动的，都可由驾驶员在驾驶室内进行操纵。

10. 货箱

用于装载、固定货物的装置。

11. 底盘

提供动力与行驶。

12. 其他有别于载货汽车的装置

（1）负荷指示仪　负荷指示仪指示各种起重臂长度和起重臂角度时汽车底盘空载状态下的总额定负荷。

（2）车架基座　基座直接安装在汽车底盘上，支撑着立柱和支腿架。

（3）支腿液压缸　随车吊作业期间，为使车辆稳定，将支腿液压缸伸至地面，提高随车吊的操作稳定性。

（4）警示喇叭　用于起重作业时，警示作业范围内的人员。

（5）钢丝绳　将卷筒的输出转矩传递给吊钩。

（6）过卷报警装置　当吊钩滑轮接近起重臂顶端时，过卷报警装置便自动发出报警信号。这样可防止钢丝绳过卷。

（7）液压系统　由油箱、液压泵、液压缸、多路换向阀、液压锁、平衡阀、溢流阀、顺序阀、减速器、液压马达、回转中心接头及管路等组成。

二、主要性能指标

起重机的主要性能指标包括起重量、工作幅度、起重力矩、起升高度以及工作速度等。

1. 起重量

起重机起吊重物的质量值称为起重量。

（1）额定起重量　所谓额定起重量是指起重机在各种工况下安全作业所容许的起吊重物的最大质量。额定起重量随着幅度的加大而减少。

（2）起重机起重量　包括吊钩的质量。当取物装置为抓斗或电磁吸盘时，包括抓斗和电磁吸盘的质量。

（3）名义起重量吨级（即起重机铭牌上标定的起重量）　通常是以最大额定起重量表示的。最大额定起重量指基本臂处于最小幅度时所起吊重物的最大质量。

应该引起注意的是，有些大吨级起重机，其最大额定起重量往往没有实用意义，因为幅度太小，当支腿跨距较大时，重物在支腿内侧。所以在这种情况下的最大额定起重量只是根据起重机强度确定的最大额定值，它只是表示起重机名义上的起重能力。

（4）起重量　是起重机的主要技术参数。为了适应国民经济各部门的需要，同时考虑到起重机品种发展实现标准化、系列化和通用化，国家对起重机的起重量制定了系列标准。

2. 工作幅度

起重机回转中心轴线至吊钩中心的距离称为幅度或称工作幅度。当某一长度的吊臂处于与水平面成某一夹角时，这个幅度值也就确定了。但当吊臂处于同一夹角时，在吊重状态与在空钩状态时其幅度值是不等的。因此，标定起重机幅度参数时，通常是指在额定起重量下起重机回转中心轴线至吊钩中心的水平距离和幅度，表示起重机不移动时的工作范围，是衡量起重机起重能力的另一个重要参数。

3. 起重力矩

起重机的工作幅度与相应于此幅度下的起重量载荷的乘积称为起重力矩。这是综合起重量与幅度两个因素的参数，能比较全面和确切地反映起重机的起重能力。

4. 起升高度

起升高度是指地面到吊钩钩口中心的距离。当取物装置使用抓斗时，则指地面至抓斗最低点的距离。在标定起重机性能参数时，通常以额定起升高度表示。额定起升高度是指满载时吊钩上升到最高极限位置时自吊钩中心至地面的距离。对于动臂起重机，当吊臂长度一定时，起升高度随幅度的减少而增加。

最大起升高度是根据起重机作业要求（如结构物的高度）和起重机总体设计的合理性来综合考虑的。在轮胎式起重机和塔式起重机基本参数系列标准中，对各种吨位级起重机的起升高度做了相应的规定。

5. 工作速度

起重机的工作速度主要包括卷扬、变幅、回转和行走的速度。对伸缩臂式起重机，还包括吊臂伸缩速度和支腿收放速度。起升速度指起重吊钩升起（或下降）的速度，变幅速度指吊钩自最大幅度到最小幅度时的平均线速度，回转速度指起重机转台每分钟的转数。

第三节 使用、保养与常见故障排除

一、使用注意事项

1）起重设备驾驶员必须经过专业安全培训，并经有关部门考核批准后，获得合格证书，方准单独操作。严禁无证人员动用起重设备。

2）工作前必须检查各操作装置是否正常，钢丝绳是否符合安全规定，制动器、液压装置和安全装置是否齐全和灵敏可靠。严禁机件带病运行。

3）吊臂仰角不得小于30°，起重机在载荷情况下应尽量避免起落吊臂。严禁在吊臂起落稳妥前变换操纵杆。

4）驾驶员与起重工必须密切配合，听从指挥人员的信号指挥。操作前，必须先鸣喇叭，如发现指挥手势不清或错误时，驾驶员有权拒绝执行，工作中，驾驶员对任何人发出的紧急停车信号必须立即停车，待消除不安全因素后方可继续工作。

5）必须遵守一切交通法律和规章制度，严禁酒后开车。驾驶时，不准吸烟、饮食和闲谈。

6）在起吊较重物件时，应先将重物吊离地面10cm左右，检查起重机的稳定性和制动器等是否灵活和有效，在确认正常的情况下方可继续工作。

二、日常保养与一级保养作业内容

1. 保养人员岗位要求

1）设备维护及保养人员应身体健康，并符合本岗位要求。

2）人员应正确穿戴劳动防护用品。

2. 例行检查、保养作业内容

由专业操作人员完成，每日进行。

1）检查轮胎气压和车轮紧固情况，并观察轮胎磨损情况。

2）检查发动机油位、冷却液液位、蓄电池电解液液面高度（蓄电池接头应无松动）是否符合规定要求。

3）检查灯光、喇叭和仪表等工作是否正常。

4）检查离合器踏板和制动踏板的自由行程，检查变速器机构和转向机构的工作情况，必要时予以调整。

5）检查取力器是否漏油、是否有异常声音。

6）检查液压油箱油位、油质是否符合规定要求。

7）检查液压支腿动作是否灵活。

8）检查吊臂伸缩、旋转摆臂、升降操作是否灵活。

9）检查钢丝绳、吊钩是否符合安全生产要求。

10）检查起重臂滑块、底座销、起重液压缸支撑销润滑情况。

11）检查各管路连接及固定密封处是否有漏、渗油现象。

12）做好车辆的清洁卫生工作。

3. 一级保养作业内容

发动机工作150~200h；在完成例保内容的基础上进行，由操作人员完成。

1）检查发动机润滑油、机油滤清器、燃油滤清器、空气滤清器，必要时更换。

2）检查变速器、转向器内润滑油液面，不足时进行添加。

3）疏通底盘各油嘴，加注润滑油。

三、可能故障及排除方法

常见故障的排除方法见表17-1。

表 17-1 常见故障的排除方法

现象		分析原因	处理办法
随车起重机不工作	液压泵不工作	1）取力手柄未推到位	1）将取力手柄推到位
		2）取力箱内齿轮出现破坏	2）检修取力箱
		3）取力箱输出轴与液压泵输入轴之间的传动套出现破坏	3）更换传动套
		4）液压泵烧死	4）更换液压泵
	液压泵工作但无压力油	1）油箱油液不足	1）加足液压油
		2）滤清器堵死	2）清洗滤清器
起重能力下降，明显达不到规定要求	液压系统压力太低	1）系统出现泄漏	1）检查所有的管道与元件并采取措施制止泄漏
		2）溢流阀压力调得过低	2）检查溢流阀调定压力（规定的溢流阀调定压力为 14MPa（2～3t 吊）/17.5MPa（5～8t 吊）。不允许超调。如果溢流阀失去调压作用，应检修溢流阀和更换损坏的零件
		3）液压泵容积效率降低	3）更换液压泵
	变幅液压缸无力	1）变幅液压缸内密封圈损坏造成内泄加大	1）更换损坏的密封件和活塞
		2）变幅液压缸内活塞破坏或变幅液压缸缸筒出现变形，造成内泄大	2）检查缸筒是否变形
	伸缩液压缸无力	同上	同上
	卷扬无力	卷扬柱塞液压马达容积效率降低	更换液压马达
	货物吊起后明显自然下降（超过 2mm/min）。可明显看到变幅活塞杆有被拉出的现象，活动臂和支腿有明显回缩的现象，起重钩有自然下降的现象	1）变幅液压缸、伸缩液压缸，支腿液压缸出现内泄	1）液压缸内泄处理办法见上条
		2）变幅液压缸和伸缩液压缸平衡阀破坏	2）更换或检修平衡阀
		3）支腿处双向液压锁破坏	3）更换或检修双向液压锁
		4）卷扬液压马达容积效率降低，卷扬变速器内摩擦制动片破坏	4）更换摩擦制动片和液压马达

第四节 发展趋势与典型产品资源

一、发展趋势

随着经济的发展，节省人工成本和提高效率的机械就越来越受欢迎，需求量越来越大。随车起重运输车正迎合了这种需求，因此迎来了快速发展期。随车起重运输车的生产厂家也越来越多，产品越来越丰富，竞争也越来越激烈。随车起重运输车未来市场，将存在以下发展趋势：

1）新能源、清洁能源。
2）智能化、数字化。

3) 遥控操纵。

4) 专用化：由装运多种货物、通用类车辆向装载单一货物、专业化方向发展。

5) 配置多种吊具：由单一吊向夹、抓、吊篮、钻等多作业方向发展。

6) 增大动力。

7) 系列化、标准化。

8) 多用途：随车起重运输车 + 洒水车 + 喷药车 + 故障救援车 + ……，利用其液压系统和吊臂实现多种功能。

二、典型产品介绍

1. 产品明细表

以时代品牌为例，其部分符合国六标准的随车起重运输车产品，参见表17-2。

表17-2　时代品牌部分符合国六标准的随车起重运输车产品

序号	车辆型号	品牌	整车尺寸/mm	总质量/kg	额定质量/kg	整备质量/kg	发动机型号	底盘型号	轴距/mm
1	BJ5043JSQ-AA	福田牌	5995×2240×2975/3300	4495	1730	2570	YN38CRE1（国五）	BJ1043V9JEA-GM	3360
2	BJ5143JSQ-FA	福田牌	7325×2390×3350/3530	13580	5635	7750	YC4S140-50/YN38CRE1（国五）	BJ3143DJPDD-FA	3900
3	BJ5144JSQKPDA-03	福田牌	7280/7730×2340/2490×3350/3650	14000	6415/5605	7390/8200	WP3NQ160E61（国六）	BJ5144JQZKPDA-03	3900
4	BJ5164JSQHPDD-01	福田牌	8235×2550×3500/3700	16000	7205	8600	WP4.1NQ190E61（国六）	5164JQZHP-01	4500
5	BJ5185JSQ-FA	福田牌	9000×2520×3660	18000	7060/6995	10810	YC6J180-52（国五）	BJ1185VLPEN-FA	5250
6	BJ5184JSQKPFN-01	福田牌	9000×2550×3680/3850	18000	6820/5720	11050/12150	WP4.6NQ220E61 YCS06270-60（国六）	BJ1184VKPFN-02	5100/5250

2. 产品外形图

部分符合国六标准的随车起重运输车产品外观，见图17-8。

a) 3~7t产品

b) 8t、10t产品

图17-8　部分符合国六标准的随车起重运输车产品外观

本章小结与启示

通过本章学习，要求掌握随车起重运输车的分类，建立产品组合概念，为产品营销打下基础。

通过本章学习，要求掌握随车起重运输车主要性能（名称）和不同产品的性能指标，为向客户介绍产品打下基础。

本章学习测试及问题思考

1. （　　）随车起重运输车额定起重量建立产品组合如下：2t、3.2t、4t、5t、6.3t、8t、10t、12t、16t、20t 等。
2. （　　）随车起重运输车主要性能指标包括：起重量、工作幅度、起重力矩、起升高度以及工作速度。
3. （　　）额定起重量 6t 以上的起重机必须配支腿，以增强安全性能。
4. （　　）按臂架形式，随车起重运输车又可以分为：直臂式和折臂式。

第十八章 部分环卫车与清洗车[一]

> **学习要点**
> 1. 了解各类垃圾车与清洗车的功能、性能、结构、主要配置、常见故障及处理方法。
> 2. 了解垃圾车与清洗车的分类与产品组合、产品公告。
> 3. 能够根据客户需求、实际应用场景，结合产品知识，进行产品推荐。
> 4. 了解垃圾车与清洗车的发展趋势，能够跟踪厂家产品开发的进度，及时调整营销产品组合。
> 5. 能够指导服务站进行垃圾车与清洗车的日常保养、常见故障排除。

第一节 车厢可卸式垃圾车

一、基本概念与结构

（一）定义与特点

1. 定义

车厢可卸式垃圾车（图18-1），又称为勾臂垃圾车（下同），是装备有液力装卸机构，能将专用的车厢拖吊到车上或倾斜一定角度卸下垃圾，并能将车厢卸下，用于运输垃圾的专用自卸运输汽车，主要适用于市政环卫、物业管理、大型厂矿企业等各种场所收集、转运各种垃圾。

主要适用于市政环卫、物业管理、大型厂、矿企业等各种场所收集、转运各种垃圾。

2. 特点

1）车厢可卸式垃圾车采用全液压操作系统。
2）垃圾箱与底盘可彻底分离，具有结构合理、操作简便、使用效率高、密封性能好、倾倒方便等优点。
3）能实现一辆车与多个垃圾箱联合作业，循环运输，充分提高车辆的运输能力。

（二）基本结构

1. 组成

车厢可卸式垃圾车组成示意图见图18-2。

[一] 本章由程新伟、王术海编写。

图 18-1　车厢可卸式垃圾车外形示意图

图 18-2　车厢可卸式垃圾车组成示意图

2. 底盘系统

同自卸车底盘，其特点是变速器带取力器。

二、基本功能与性能参数

1. 基本功能

1）垃圾收集功能：垃圾箱有盖，可以收集垃圾。

2）垃圾箱密封功能：垃圾箱带盖密封式设计，可避免垃圾在收集与运输过程中的二次环境污染问题，还可避免雨水进入、臭气飘散和各种蚊虫滋生等问题。

3）自装卸功能：垃圾箱可以自己装到车上或卸到车下。

4）运输功能：可将垃圾箱运输到垃圾场。

5）自卸功能：在人工干预或自动（打开后门）条件下，可以将垃圾卸下。

6）卸货支撑功能：能在不同的软地、不平地面进行卸货。

2. 主要性能指标

车厢可卸式垃圾车执行标准 QC/T 936—2013《车厢可卸式垃圾车》。

1）垃圾箱装卸时间（s）：80～120s；

2）垃圾箱容积（m^3）。

3）卸货时箱体最大倾斜角度≥45°。

4）其他性能指标见公告和整车技术参数表。

3. 整车技术参数

整车技术参数见表 18-1。

表 18-1 车厢可卸式垃圾车（勾臂垃圾车）技术参数表（仅供参考）

主要技术参数			
产品名称	福田时代车厢可卸式垃圾车	产品号	ZL2ZS4WP026
总质量/kg	4155	罐体容积/m³	
额定载质量/kg	1900	外形尺寸/mm	4635，4885，5085×1720×2080，2190
整备质量/kg	2125	货箱尺寸/mm	××
额定载客人数/人		准拖挂车总质量/kg	
驾驶室准乘人数/人	2	载质量利用系数	
（接近角/离去角）/(°)	18/20	（前悬/后悬）/mm	1100/935
轴数	2	轴距/mm	2600，2850，3050
轴荷/kg	1580/2575	最高车速/(km/h)	90
其他	选装前围及车门覆盖件。侧防护采用冷弯型钢/Q235A，螺栓连接，后防护采用冷弯型钢/Q235A，焊接连接。后防护截面高度尺寸100mm，截面宽度尺寸50mm，下边缘离地高度400mm。采用发动机/油耗值对应为：4B1-82C40/12.7，4A1-68C40/12.6		
底盘技术参数			
底盘型号	BJ1042V9JB4-X1	底盘名称	载货汽车底盘（二类）
商标名称	福田牌	生产企业	北汽福田汽车股份有限公司
外形尺寸/mm	4820，5010，5320，5620×1690，1720×2080，2190	轮胎数	6
（接近角/离去角）/(°)	18/20	轮胎规格	6.00-14 10PR，6.00-15 10PR，185R15LT
钢板弹簧片数	7/5+3	前轮距/mm	1345，1385，1415
燃料种类	柴油	后轮距/mm	1240，1340，1280
排放标准	GB 17691—2018 国四，GB 3847—2018		
发动机型号	发动机生产企业	排量/mL	功率/kW
4B1-82C40	安徽全柴动力股份有限公司	2270	60
4A1-68C40	安徽全柴动力股份有限公司	1809	50

三、上装主要部件工作原理与常见故障排除

（一）上装主要部件及工作原理

1. 上装主要部件

车厢可卸式垃圾车的上装主要部件包括：

（1）挂勾　如采用直接焊接的工艺，使用久了会出现断裂现象；如果采用型材方管整体切割而成，销子固定，且带安全装置，就能有效防止厢体在运输中与挂勾脱离。

（2）支腿　大型勾臂垃圾车可装配滚筒式圆支腿，使得车辆在勾箱体时支撑底盘防止整车侧翻。

（3）勾臂（拉臂）液压缸　双液压缸时可选装平衡阀，使得箱体可平缓落下，避免箱体上落或者下滑时速度过快对整车造成冲击。

（4）勾臂（拉臂）　较大型的勾臂垃圾车可选装伸缩式勾臂：可拉起地下室的勾臂垃圾箱，勾起能力强。

2. 工作原理

（1）垃圾箱的勾装、勾卸　液压缸活塞杆伸出，拉勾向后转动可将垃圾箱卸下，液压缸活塞杆收回，拉臂勾向前转动可实现垃圾箱勾装作业。

（2）垃圾箱的转运　完成垃圾箱勾装作业后，推动锁紧操作手柄至锁紧位置，完成对垃圾箱的锁紧，再进行垃圾箱转运作业。

（3）举升车厢卸料　将车开至垃圾场卸垃圾位置，打开车厢后门，确保拉臂锁紧装置处于锁紧位置，操纵液压系统操作多路阀手柄（或操作电控按钮）驱动液压缸动作，此时垃圾箱、拉臂勾和翻转架一起转动，将车厢举至倾斜角度，卸下垃圾。操作多路阀手柄（或操作电控按钮），举升液压缸回

位，带动车厢回复到原位，实现垃圾自卸功能，降低了工人的劳动强度。

（二）常见问题及解决方案

1. 冷起动时抖动

（1）主要原因　是气缸内燃烧不彻底，致使勾臂垃圾车动力性不足，车辆就发生了抖动。

（2）处理方法　如果是因为个别缸工作不好导致的气门关闭不严，可在3档或4档上高转速多跑一会儿，症状即可消失。如果热车不抖动但换档不顺，则有可能是喷油器喷油量不均匀，需要检测、清洗，那就需要到专业的服务站进行处理。

2. 制动不如以前好用

（1）主要表现　有时我们会遇到制动并非完全失灵，但明显感觉制动时踏板低、软，明显感觉制动力不够。

（2）主要原因　制动片可能已经到了使用寿命，需立即进行维修、更换。

（3）处理方法　①在等红灯时大力踩几脚制动踏板，即可改善现象；②如果改善效果不明显，维修、更换制动片。

3. 油箱损伤

（1）主要原因　磕碰。勾臂垃圾车在使用时，不可避免地在路况较差的地区行驶时，一不小心就有可能发生油箱损坏的现象。

（2）处理方法　如果发现油箱漏油，可将漏油处擦干净，用肥皂或泡泡糖涂在漏油处，暂时起到堵塞的作用。然后到服务站检查维修。

4. 油管破裂

（1）主要原因　老化等。

（2）处理方法　当发现油管漏油后应立即停驶，关闭发动机，同时检查出漏点，然后将漏油处表面擦净，用肥皂或泡泡糖堵在渗漏处，最后用胶布仔细缠紧，到就近的服务站尽快维修。

四、发展趋势与典型产品介绍

（一）车厢可卸式垃圾车的发展趋势

1）向智能化方向发展，垃圾箱的智能化监控、满装警示系统、智能驾驶等。

2）向垃圾分类收集方向发展，能对垃圾进行分类收集、集中运输、分别卸货。

3）向货物运输自卸车方向发展，能运输砖、砂石料等货物，不用卸货，用后换箱，减少场地污染。

4）向新能源方向发展。

5）向多功能方向发展，换装不同的配置，成为垃圾车、洒水车、除雪车等。

（二）典型产品介绍

以福田汽车为底盘的部分符合国六标准的车厢可卸式垃圾车产品为例，参见表18-2。

表18-2　部分符合国六标准的车厢可卸式垃圾车产品

序号	车辆型号	品牌	整车尺寸/mm	总质量/kg	额定质量/kg	整备质量/kg	发动机型号	底盘型号
1	SZD5032ZXXB6	福田牌	4300/4650×1665×1900	3495	1800	1565	DAM15KL，DAM16KL	BJ1031V5JV4-51
2	SZD5031ZXXB6	福田牌	4200×1590×1900	2995	1400	1465	DAM15KR，DAM16KR	BJ1031V4JV3-01
3	SZD5030ZXXB6	福田牌	4680×1620×1900	2995	1400	1465	DAM15KR，DAM16KR	BJ1030V4JV5-01
4	BJ5182ZXXE6-H1	福田牌	7300×2530×3080	18000	10570，10505	7300	WP4.6NQ220E61	BJ1184VKPFN-01
5	YYD5030ZXXB6	福田牌	4570×1600×1890/1865	2995	1615	1250	DAM15KR，DAM16KR	BJ1030V4JV5-01
6	ZZJ5030ZXX	福田牌	4520×1590×1900	2780	1250	1400	DAM15KL，DAM16KL	BJ1031V3JV2-54
7	TSW5030ZXXB6	福田牌	4730/4830×1590×1935	2995	1405	1460	DAM15KR，DAM16KR	BJ1030V4JV5-01
8	SJQ5030ZXXFTE6	福田牌	4600×1600×1960	2995	1385	1480	DAM15KR，DAM16KR	BJ1030V4JV5-01
9	GSK5032ZXXBJ6	福田牌	4650×1665×1975	3495	1810	1555	DAM15KL，DAM16KL	BJ1031V5JV4-51

(续)

序号	车辆型号	品牌	整车尺寸/mm	总质量/kg	额定质量/kg	整备质量/kg	发动机型号	底盘型号
10	NYX5031ZXXB6	福田牌	4450/4300×1680×1900	3495	1785	1580	DAM15KL,DAM16KL	BJ1031V5JV4-51
11	SQH5031ZXXB6	福田牌	4335×1600×1920	2995	1585	1280	DAM15KR,DAM16KR	BJ1030V4JV5-01
12	BZD5125ZXX-FE	福田牌	5960×2425×2755	11995	6055	5745	WP4.1NQ190E61	BJ1124VKJFA-01
13	QHJ5033ZXX	福田牌	4435×1600×1980	2995	1600	1265	DAM15KR,DAM16KR	BJ1030V4JV5-01
14	JYC5040ZXX6BJ	福田牌	4860×1910×2130	4495	2105	2260	Q23-115E60,Q23-115C60	BJ1045V9JB5-54
15	JKL5180ZXXB6	福田牌	7150/7050×2500/2550×3200/3300	18000	10370,10305,10870,10805	7500,7000	WP4.6NQ220E61,YCS06270-60	BJ1184VKPFN-02
16	CLW5030ZXXB6	福田牌	4575/4675×1670×1940	2995	1385	1480	DAM15KR,DAM16KR	BJ1030V4JV5-01
17	BJ5031ZXX3JV2-54	福田牌	4295/4645×1630×1900	2780	1140	1510	DAM15KL,DAM16KL	BJ1031V3JV2-54
18	HDW5047ZXXB6	福田牌	4880/4730×1850×2130	4495	1945,1765	2420,2600	Q23-115E60,Q23-115C60	BJ1045V9JB5-54
19	BJ5035ZXX5JV5-51	福田牌	4500×1660×2060	3495	1615	1750	DAM15KL,DAM16KL	BJ1035V5JV5-51
20	THD5031ZXXB6	福田牌	4690×1600×1980	2995	1505	1360	DAM15KR,DAM16KR	BJ1030V4JV5-01
21	XGH5040ZXXB6	福田牌	4910×1890×2130	4495	1965	2400	Q23-115E60,Q23-115C60	BJ1045V9JB5-54
22	BJ5032ZXXE6-H1	福田牌	4220×1720×1995/1945	3495	1865	1500	DAM15KL,DAM16KL	BJ1031V5JV4-51
23	JHA5044ZXXBJA6	福田牌	4870×1860×2110	4495	1945	2420	Q23-115E60,Q23-115C60	BJ1045V9JB5-54
24	WFA5040ZXXFE6	福田牌	4750×1890×2130	4495	2015	2350	Q23-115C60	BJ1045V9JB5-54
25	HDW5035ZXXB6	福田牌	4435/4680×1600/1630×1900/1965	2995	1475,1385	1390,1480	DAM15KR,DAM16KR	BJ1030V4JV5-01
26	BJ5031ZXX4JV3-01	福田牌	4250×1590×1890	2995	1475	1390	DAM15KR,DAM16KR	BJ1031V4JV3-01
27	CLW5040ZXXB6	福田牌	4860×1910×2140	4495	2115	2250	Q23-115E60,Q23-115C60	BJ1045V9JB5-54
28	BJ5030ZXX4JV5-01	福田牌	4710/4435×1580×1965/1870	2501	996	1375	DAM15KR,DAM16KR	BJ1030V4JV5-01
29	WLW5030ZXXB	福田牌	4250/4600×1700×1900/1950	3495	1675	1690	DAM15KL,DAM16KL	BJ1031V5JV4-51
30	HDW5049ZXXB6	福田牌	4520/4650×1690×2080	4495	2355	2010	Q23-95C60	BJ1045V9JB3-55
31	BSZ5045ZXXC6B	福田牌	4980×1860×2130	4495	1835	2530	Q23-115C60	BJ1045V9JB5-54
32	HCQ5031ZXXB6	福田牌	4100/3900×1600×1850	2995	1500	1365	DAM15KR,DAM16KR	BJ1031V4JV3-01
33	BJ5042ZXXE6-H1	福田牌	4860/4755×1910×2160/2110	4495	2015,1985	2260/2380	Q23-115E60,Q23-115C60	BJ1045V9JB5-54

第二节　压缩式垃圾车

一、基本概念与结构

(一) 定义、分类与特点

1. 定义

压缩式垃圾车（图18-3），是指装备有液压机构和填塞器，用于能将垃圾自行压实装入、转运和卸料的专用自卸运输汽车。

图18-3 压缩式垃圾车外观示意图

2. 分类

按照装入垃圾的方式,分为:

1)前装压缩式垃圾车。
2)侧装压缩式垃圾车。
3)后装压缩式垃圾车。

3. 特点

(1)整车特点 为全密封型,自行压缩、自行倾倒、压缩过程中的污水全部进入污水厢,较为彻底地解决了垃圾运输过程中二次污染的问题。

(2)压缩比高、装载量大 最大破碎压力达12t。最大压缩比可达4:1。

(3)作业自动化 采用自动控制系统,全部填装、排卸作业只需驾驶员一人操作,可设定全自动和半自动两种操作模式,不仅减轻环卫工人的劳动强度,而且大大改善了工作环境。

(4)经济性好 专用设备工作时,控制系统自动控制节气门。

(5)双保险系统 作业系统具有自动控制和手动操纵双重功能,大大地保障和提高了车辆的使用率。

(6)配置灵活 可选配后挂桶翻转机构或垃圾斗翻转机构。

(二)基本结构

1. 上装结构组成

压缩式垃圾车是在载货汽车底盘基础上,加装上装(包括密封式垃圾箱,以及垃圾收集系统、压缩系统、污水收集系统、卸料系统、液压系统、操作系统等装置)后形成的垃圾运输车,并可将装入的垃圾压缩、压碎,使其密度增大,体积缩小,从而提高了垃圾收集和运输的效率。压缩式垃圾车结构示意图见图18-4。

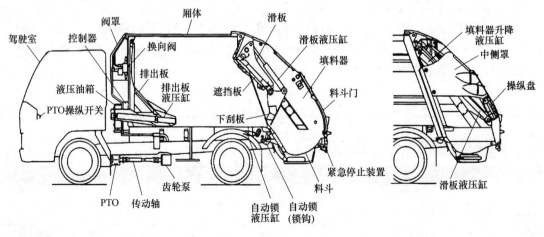

图18-4 压缩式垃圾车结构示意图

2. 底盘的结构组成

同自卸车底盘,其特点是变速器带取力器。

二、基本功能与性能参数

（一）基本功能与辅助功能

1. 基本功能

（1）垃圾收集功能　利用翻桶（斗）机构收集垃圾桶中的垃圾。

（2）污水收、排功能　将垃圾中的污水分离出来，单独收集；在允许排放的位置，集中排放。

（3）装料功能　利用填装器向垃圾箱装料。

（4）垃圾压缩功能　利用滑板将垃圾进行压缩的功能。

（5）卸料功能　利用推出板进行卸料的功能。

2. 辅助功能

包括：箱体密封功能、操作功能、照明功能、监视功能、警示功能、清洗功能（选装）等。

（二）主要作业性能

1. 执行标准

应符合 CJ/T 127—2016《压缩式垃圾车》的规定。

2. 主要性能指标

（1）主要技术参数

1）应符合 GB 1589—2016、GB 7258—2017 的规定。

2）在空载、静态状态下，向左侧和右侧倾斜最大侧倾稳定角应大于或等于 32°。

3）车厢有效容积误差应不超过 ±3%。

（2）行驶性能和其他性能　应符合相关标准规定。

（3）专用机构性能

1）压缩机构：进行一个工作循环的时间应不大于 30s。

2）卸料机构：

① 应将车厢内垃圾卸干净。

② 容积不大于 $12m^3$ 的压缩车卸料时间应不大于 30s。

③ 容积大于 $12m^3$ 的压缩车卸料时间应不大于 45s。

④ 采用举升卸料的，倾斜角不小于 45°，时间不大于 50s。

3）提升机构：

① 运行平稳。

② 卸料干净，垃圾桶没有残留。

③ 一个工作循环时间：660L 以下的桶/箱：不大于 20s；660L 及以上的桶/箱：不大于 40s。

4）密封机构：密封牢固可靠，卸料门在行驶过程中不应发生自开和垃圾、污水遗洒等现象。

5）液压系统：符合相关标准的规定。

3. 可靠性要求

垃圾车应进行型式可靠性试验及专用装置作业可靠性试验（表 18-3）。

表 18-3　专用装置作业可靠性要求（仅供参考）

项　　目		试验次数	平均无故障工作次数	可靠度
专用装置作业可靠性	压缩装置	≥3000	≥1500	≥80%
	卸料装置	≥400	≥200	
	卸料门开启	≥400	≥200	
	提升装置	≥12000	≥5000	

4. 整车技术参数

整车技术参数参见表 18-4。

表18-4 压缩式垃圾车整车技术参数表（模板）

压缩式垃圾车整车参数表（模板）			
品牌	时代	车型编号	6P78BJ4102SO（LB）3t 压缩式垃圾车
车身	D1780B 时代车身	轴距	3360mm
轮胎	7.50-16	动力	130 马力
车速	90km/h		
上装参数	厢体容积：6m³		
	可配垃圾桶：240L		

三、主要配置及工作原理

（一）主要配置简介

1. 车厢和填装器

均为钢板焊接式结构，其中车厢为弧形边板结构，关键部位选用高强度钢板及 NM450 高强度耐磨板制作。该钢材比传统钢材大幅度提高屈服强度，同时又具有良好的耐磨性能、焊接性能和抗冲击性能。

2. 滑板导轨等关键零部件

1）滑板导轨为精加工成形方钢，装配精度高，间隙小。
2）其他关键零部件应全部为机加工件。
3）各部件要求焊接、装配全部采用专用工装，焊接牢固，装配精确。

3. 滑板滑块

滑板滑块应为长方形高强度 MC 尼龙，与导轨接触面积大，工作时磨损小，要求滑板运行平稳，并可承受重载荷。滑块自身具有耐尘、耐水、耐油、耐腐蚀等优良性能。

4. 污水厢

可有效解决污水收集和污水外流的问题，实用性优点突出。
1）厢体采用不锈钢制作。
2）由接水箱、过滤器、集水箱、放水阀等组成。
3）污水厢清理口侧盖。
污水厢清理口侧盖多采用一体式凹心梯形截面胶条密封结构。该结构采用三面接触密封、手轮压紧、模具冲压成形。

5. 翻转机构

可选配后挂桶翻转机构或垃圾斗翻转机构。

6. 填装器（也叫填料器）滑板液压缸

采用外置。工作原理是：

无杆腔进油时滑板提升，使垃圾压缩能力大大加强，压缩率提高。同时液压缸安装在填装器外侧，便于维护保养，见图18-5。

7. 液压系统

采用进口多路阀组，独立双回路供油；可根据系统要求，调定各处压力；内置背压阀，可实现双向压缩，性能稳定可靠。主要特点如下：

1）手电两用控制，电-气-液一体阀，阀体集成电磁阀及气缸，使用稳定可靠，安装维护简单方便。

2）双回路供油，双重压力保护，内置背压阀，可实现双向压缩。

外置滑板液压缸
（全进口密封件）

图18-5 填装器滑板液压缸示意图

3) 关键位置采用氟胶密封，保证了密封的可靠性。
4) 所有液压缸密封件要求密封可靠。

8. 电气系统中的作业循环控制开关

特点如下：
1) 电感式接近开关，无接触感应。
2) IP68 防护等级，保证了使用的可靠性。
3) 要求感应灵敏，抗干扰能力强。

9. 液压油箱

为冲压成形，要求美观坚固。采用吸油滤清器和回油滤清器双重过滤，确保液压油的清洁度。

10. 闪光警告灯

设置在车顶上。便于夜间作业时给周围车辆以警示。

11. 后部监视器

驾驶室内设有后部监视器，为驾驶员提供后视工具。

12. 夜间工作灯

在填装器上设有夜间工作灯，为生产工人夜间作业提供照明，利于安全作业。

13. 液压自锁机构

车厢与填装器的连接和密封采用液压自锁机构，见图 18-6 中左图。

14. 密封胶条

厢体与填装器结合处采用三道成型硅胶密封胶条、U 形环绕密封结构，密封牢固，见图 18-6 中右图的密封胶条。

性能可靠的液压自锁结构　　　　密封可靠的成型密封胶条

图 18-6　自锁机构及密封条示意图

15. 翻桶机构（或翻斗机构）

采用液压双作用双缸翻转，铁桶或塑料桶在翻转过程中被系统锁紧。要求安全平稳力度大，结构合理。

16. 手动-电控操作系统

（1）电控系统　采用 PLC 电控系统。简单点就是一键电控系统，一般在车身尾部左右两侧各有一套，大大方便了操作人员，减少大量工作量，高效便捷。

（2）装载操作系统　为手动-电控两用控制系统，可实现单循环及连续循环压缩作业，并能实现卡料反转功能；手动辅助操作，稳定可靠。

（3）卸料操作系统　卸料操作时，驾驶员无须下车，可在驾驶室内独立完成，并设有填装器自动清理功能。

电控操作系统示意图，见图 18-7。

图 18-7　电控操作系统示意图

(二) 工作原理

压缩式垃圾车工作原理示意图见图 18-8。

1. 填装过程

压缩式垃圾车填装过程见图 18-8 中的①~⑥。

① 为起始位置,当填装料斗装满垃圾后,刮板打开,做好插入松散垃圾的准备。

② 滑板带动刮板一起向下移动,插入垃圾中进行破碎和首次压缩。

③ 刮板向前回转,进一步压实垃圾。

④ 刮板到位后随滑板向上移动。

⑤ 将垃圾压实装填到垃圾箱中,并回到起始位置。

⑥ 在垃圾连续不断地压填过程中,推铲在挤压力的作用下克服背压逐步后退,使垃圾均匀地充满整个垃圾箱。

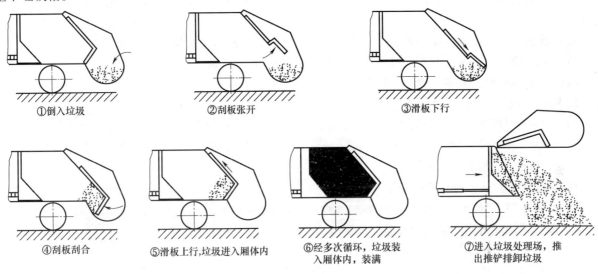

图 18-8 压缩式垃圾车工作原理示意图

2. 垃圾转运与卸料

垃圾卸料,见图 18-8 中⑦。

压缩式垃圾车装满垃圾后垃圾箱完全处于封闭状态,在转运途中不会污染环境。垃圾车在垃圾处理(或填埋)场卸出垃圾时,先举起填装器,敞开垃圾箱后端,原停于垃圾箱前端的推铲向后移动,沿水平方向,把垃圾箱里的垃圾推出。

3. 液压系统的工作原理

压缩式垃圾车的液压系统为开式系统,由一个齿轮泵供油,齿轮泵的动力来自:发动机-变速器-取力器。取力器采用气动离合,通过操纵驾驶室内的电控旋钮开关来完成。在油箱的出油和回油口分别设置了粗、精滤清器,使供给液压系统的工作油保持清洁。由液压泵提供的高压油进入多路换向阀,操纵多路阀,高压油被分配给相应的油路,完成相应的机构作业动作。通过按钮,按作业程序控制电磁阀,由气缸操纵多路阀,完成垃圾压填循环或推挤卸料或倾倒垃圾桶(斗)的垃圾等作业。多路阀内设有溢流阀(安全阀),防止系统过载,多路换向阀的阀芯处于中位时,系统处于卸荷状态。多路阀的各油口附属阀起相应的限载或补油作用。推铲阀的调定压力使滑板液压缸达到一定的作业压力,将垃圾压缩后推铲,液压缸才能回缩。举升油路中液压缸上设置了平衡阀,使填装器下落平稳和能在任何位置长期停留,并保证举升液压缸软管破裂后填装器不会突然落下,保证使用安全。

四、日常保养与常见故障排除

(一) 保养

1. 日保养项目

1) 发动机熄火,取下起动钥匙,将钥匙装在自己衣袋内。

2）将写有"正在维修，请勿起动"字样的标牌挂在方向盘上。

3）用塞块将垃圾车前后轮子塞垫稳固，使垃圾车固定不动。

4）分离取力器，关闭驾驶室内加速开关，将操纵阀手柄置于中位。

5）接合驻车制动器。

6）检查各部位安全、操作说明的胶贴，对缺损和字迹不清的胶贴应及时更换。

7）检查所有灯具和警示装置，包括倒车报警和填装器开启警示喇叭，发现故障及时处理。

8）检查油箱液面高度，检查液压管路漏油情况。检查时油箱下部球阀开关应处于打开位置。

9）清除推铲前后、两侧及液压缸周围残留的垃圾。

10）检查厢体与底盘连接的紧固件、液压缸销和开口销及其他部位紧固件，及时紧固，必要时及时更换，更换应为同规格、同级的备件。

11）每天润滑刮板组件，润滑滑板滑块的上下面，以减少磨损。润滑前，先将滑板置于上位以方便润滑。

12）检查各个液压缸支座是否有金属疲劳产生的裂纹，发现后及时修理或更换。

13）检查推铲、滑板、刮板的操作按钮是否正常灵敏。

14）底盘的日常保养按底盘制造厂驾驶员手册规定进行。

2. 周保养项目

1）每周要对润滑部位加润滑油。

2）填装器合页销轴加注润滑脂。

3）刮板转动曲轴套加注润滑脂。

4）刮板液压缸支座加注润滑脂。

5）推铲滑块，导槽面（厢体纵梁槽钢）涂抹润滑脂或底盘机油。

6）没有采用润滑脂润滑的所有连杆连接点、摩擦部位用底盘机油润滑。

7）所有液压缸销用底盘机油润滑。

8）后框填装器锁臂用优质润滑脂或底盘机油润滑。

9）底盘润滑按底盘制造厂保养手册规定进行。

3. 月保养项目

1）检查所有电路的接头、电线及固定卡，紧固接头。更换损坏的固定架和磨损挤坏的电线。

2）检查所有紧固件磨损和松动情况。

3）检查液压软管和硬管是否有损坏和磨损，必要时更换。

4）检查车厢纵梁和汽车底盘上下连接块的连接状况，及时紧固松动的螺栓，及时更换损坏的紧固件。

所谓保养不是把垃圾车每天用水把表面擦得光亮，而是对垃圾车每个配件的保养，不管是在工作状态还是不在工作状态，都要让压缩式垃圾车处在最佳状态。

（二）常见问题及解决方案

1. 液压系统无压力或压力过低

1）原因：液压泵损坏，内泄严重。

排除方法：检查分析损坏情况，修复或更换。

2）原因：多路阀损坏（包括阀芯严重泄漏，溢流阀调压不正常）。

排除方法：检查分析损坏情况，修复或更换。

3）原因：油路内有大量空气。

排除方法：排气。

4）原因：滤清器被堵塞。

排除方法：清洗或更换滤芯。

5）原因：液压油变质。

排除方法：选择更换液压油。

2. 取力器换不上档

1）原因：车辆气路压力偏低。

排除方法：加大气路气压。

2）原因：取力器控制气路漏气。

排除方法：检修取力器控制气路。

3）原因：取力器变档齿轮损坏。

排除方法：更换齿轮。

4）原因：拨叉或拨叉轴损坏。

排除方法：更换损坏件。

5）原因：花键套损坏。

排除方法：更换花键套。

3. 液压泵不出油或流量不足

1）原因：泵不转动。

排除方法：泵的花键损坏或取力器换不上档。

2）原因：吸油管或吸油滤清器堵塞。

排除方法：分析、检修、清除堵塞。

3）原因：液压油油量太少。

排除方法：加液压油至规定高度。

4）原因：泵的内部元件磨损或损坏。

排除方法：更换或维修。

5）原因：密封件损坏。

排除方法：更换。

4. 齿轮泵噪声大，压力波动大

1）原因：吸油管或吸油滤清器堵塞。

排除方法：分析、检修、清除堵塞。

2）原因：油路内有大量空气。

排除方法：排气。

3）原因：泵的内部元件磨损或损坏。

排除方法：更换或维修。

4）原因：油被污染或乳化。

排除方法：更换液压油。

5. 齿轮泵发热异常

1）原因：油路内有大量空气。

排除方法：排气。

2）原因：液压油油量太少。

排除方法：加液压油至规定高度。

3）原因：系统堵塞。

排除方法：分析、检修、清除堵塞物。

6. 多路阀阀块不复位

1）原因：复位弹簧损坏。

排除方法：更换弹簧。

2）原因：阀芯被异物卡住。

排除方法：清除异物。

7. 多路阀泄漏严重

原因：阀体上的 O 形圈损坏。

排除方法：更换。

8. 多路阀不能调节或稳定系统压力

原因：安全阀调节弹簧失效。

排除方法：更换并重新调压。

9. 某一动作无

1）原因：相关机构故障。

排除方法：检测相关阀块、电气按钮。

2）原因：气路问题。

排除方法：检查气路相关部件。

3）原因：油路故障。

排除方法：检查 PLC 输入输出电路状况，检测是否有断线或元件故障。

10. 推铲回缩过快或过慢

原因：维护阀压力调整不当。

排除方法：重新调压。

11. 工作循环过快或过量

原因：发动机转速调整不当。

排除方法：重新调速。

12. 完全无动作

1）原因：主控面板开关故障。

排除方法：检测操作是否正确，检测相关线路。

2）原因：液压油箱进出油阀门关闭。

排除方法：打开。

3）原因：取力器有输出。

排除方法：检测阀块和齿轮泵。

4）原因：取力器无输出。

排除方法：检测取力器和气路系统。

五、发展趋势与典型产品介绍

（一）压缩式垃圾车的发展趋势

1. 向智能化、自动化方向发展

包括智能驾驶系统、垃圾监测系统、自动翻桶（装料）系统等。

1）在压缩式垃圾车工作过程中，垃圾装载情况是管理者所关心的。垃圾车负载变化及垃圾箱内垃圾是否填满，在一般情况下是很难监测的。通过加载垃圾监测系统，能随时随地检测车辆负载的变化情况及垃圾是否填满，为垃圾车驾驶员和管理者提供参考。

2）配备全自动控制的翻桶机构是压缩式垃圾车发展的新方向。发达国家尤其是西欧及美国的压缩式垃圾车都配备先进的翻桶机构，可方便地实现对大小垃圾桶在不同位置的自动抓取、举升和卸料。

3）智能化液压管理系统：使液压系统实现智能控制，节能、环保、安全。

4）在实现上述自动化的基础上，实现智能驾驶。

2. 向增加除臭灭菌功能方向发展

除臭灭菌技术在压缩式垃圾车上的运用也是发展方向。杜绝细菌传播，减少臭气污染已成为当务之急。一些臭氧除臭除菌技术已在该类产品上成功运用。

3. 向适应垃圾分类方向发展

压缩式垃圾车货箱（纵向）按垃圾桶的宽度划分为几部分，这种结构划分使得压缩式垃圾车可在同一次作业时收集并分隔几种不同类型的垃圾。可通过优化垃圾收集路线，为垃圾分类回收提供更多的便利性。

4. 向新能源方向发展

5. 向大动力方向发展

（二）典型产品介绍

以福田汽车为底盘的部分符合国六标准的压缩式垃圾车产品为例，参见表18-5。

表18-5 部分符合国六标准的压缩式垃圾车产品

序号	车辆型号	品牌	整车尺寸/mm	总质量/kg	额定质量/kg	整备质量/kg	发动机型号	底盘型号
1	BJ5032ZDJE6-H1	福田牌	4370×1720/1780×2005	3495	1665	1700	DAM15KL, DAM16KL	BJ1031V5JV4-51
2	BJ5124ZDJE6-H1	福田牌	6460×2500×2980	11995	4990	6810	WP4.1NQ190E61	BJ1124VKJFA-01
3	LSS5041ZDJF6	福田牌	5350×2100×2450	4495	615	3750	Q23-115E60, Q23-115C60	BJ1045V9JB5-54
4	BJ5182ZDJE6-H1	福田牌	7220/7720×2500/2470×3200/3260/3160	18000	9600/9535/9200/9155/10000/9935	8270, 8650, 7870	WP4.6NQ220E61	BJ1184VKPFN-01
5	QDT5080ZYSA6	福田牌	6470/6770/7130×2150×2570	8280	1585, 1285	6500, 6800	WP3NQ160E61	BJ1084VGJEK-01
6	QDT5180ZYSA6	福田牌	8370/8570/8670/8990×2550×3150	18000	7505/7570/7205/7270	10300, 10600	WP4.6NQ220E61, YCS06270-60	BJ1184VKPFN-02
7	SQT5080ZYSA6	福田牌	6470/6770/7130×2150×2570	8280	1585/1285	6500, 6800	WP3NQ160E61	BJ1084VGJEK-01
8	SQT5180ZYSA6	福田牌	8370/8570/8670×2550×3150	18000	7505, 7570, 7205, 7270	10300, 10600	WP4.6NQ220E61, YCS06270-60	BJ1184VKPFN-02
9	BJ5084ZYSGJEK-01	福田牌	6800×2140×2650	8280	1315	6770	WP3NQ160E61	BJ1084VGJEK-01
10	HNY5080ZYSB6	福田牌	7000/6800×2315/2260×2750/2600	8280	2085	6000	WP3NQ160E61	BJ1086VDJDA-01
11	YD5076ZYSCBJE6	福田牌	5880×2060×2640	7360	2815	4350	Q28-130E60, Q28-130C60	BJ1073VDJDA-01
12	WTY5080ZYSA6	福田牌	6890×2170×2620	8280	2025, 1725	6060, 6360	WP3NQ160E61	BJ1084VGJEK-01
13	JKL5080ZYSB6	福田牌	7020/6820×2350/2260×2750	8280	2025	6060	WP3NQ160E61	BJ1086VDJDA-01
14	BZD5040ZYSH1	福田牌	5600×1950×2230/2170	4495	645	3720	Q23-115E60, Q23-115C60	BJ3045D8JB6-55
15	BJ5122ZYSE6-H1	福田牌	7920/7720×2500×3340/3150	11995	1880, 2100	9920, 9700	WP4.1NQ190E61	BJ1124VKJFA-01
16	BSZ5182ZYSC6B	福田牌	8510×2550×3200	18000	7170	10700	WP4.6NQ220E61	BJ1184VKPFN-01
17	BJ5184ZYSKPFN-01	福田牌	8650×2530/2550×3200	18000	7370/7305	10500	WP4.6NQ220E61, YCS06270-60	BJ1184VKPFN-02
18	BZD5180ZYSH3	福田牌	8495/8420×2550×3130/3230	18000	7990/7925	9880	WP4.6NQ220E61, YCS06270-60	BJ1184VKPFN-02
19	BSQ5080ZYSBJD6	福田牌	6680/6798×2100×2820	8280	1466/1485/1405	6619, 6600, 6680	WP3NQ160E61	BJ1084VGJEK-01
20	BZD5121ZYSH1	福田牌	7615/7410×2385/2370×2880/3245	11995	4110	7690	WP4.1NQ190E61	BJ1124VKJFA-01
21	JHA5044ZYSBJA6	福田牌	5170×2220×2470	4495	930	3435	Q23-115E60, Q23-115C60	BJ1045V9JB5-54

第三节 自装卸式垃圾车

一、基本概念与结构

（一）定义与特点

1. 定义

自装卸式垃圾车（图18-9），又名挂桶垃圾车，是装备有专用装置，用于以本车装置和动力配合集装垃圾的定型容器（如垃圾桶）自行将垃圾装入、转运和倾卸的专用自卸运输汽车。

图18-9 自装卸式垃圾车外形示意图

它是在载货汽车（自卸车为主）底盘上加装上装（密封式垃圾箱、液压系统、提升机构及翻桶机构、操作系统等）部分装置，主要用于环卫市政及大型厂矿企业运载各种垃圾的车辆。

2. 特点

1）一辆车能配几十个垃圾桶，能实现一辆车与多个垃圾桶联合作业。

2）还可以加装其他功能，形成其他多功能挂桶垃圾车，如挂桶压缩式垃圾车、挂桶式泔水垃圾车、挂桶式对接垃圾车等。

3）操作简单。

4）价格比压缩式垃圾车便宜。

5）适合农村地区（面积大、垃圾分散、量少）使用。

3. 分类

自装卸式垃圾车按车厢类型可分为密封式垃圾车和敞开式垃圾车。

敞开式垃圾车由于不适应环保标准的要求，已被逐步淘汰。

（二）基本结构

1. 上装结构与组成

如图18-10所示，主要由车厢、提升机构、液压系统等组成。

2. 底盘组成

同压缩式垃圾车底盘。

二、基本功能与性能参数

1. 基本功能

（1）垃圾收集功能 利用翻桶（斗）机构收集垃圾桶中的垃圾。

（2）污水收、排功能 同压缩式垃圾车（可选装）。

（3）垃圾压缩功能或垃圾集中的功能 利用刮板将垃圾进行压缩的功能（可选装）。

（4）卸料功能 利用推出板进行卸料的功能：

1）举升箱体卸料功能。

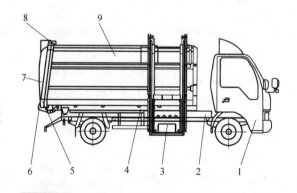

图18-10 自装卸式垃圾车各部分组成示意图

1—汽车底盘 2—操纵手柄 3—提升架 4—副车架
5—倾翻轴 6—锁钩 7—后门 8—后门销轴 9—车厢

2）推板卸料功能（同压缩式垃圾车）。

2. 辅助功能

包括箱体密封功能、操作功能、照明功能、监视功能、警示功能、后门自动开启功能、车辆运营管理与数据传输功能等。

3. 主要作业性能

主要作业性能参见表18-6。

表 18-6　自装卸式垃圾车主要作业性能表

项目	单位	指标
最小离地间隙	mm	—
最大爬坡度	—	≥20%
装卸箱循环时间	s	≤20
卸料循环时间	s	≤30
最小转弯半径	m	14
最低稳定速度	km/h	≤20
平均使用燃油消耗量（限定条件）	L/100km	18
系统工作压力	MPa	16
其他（罐体容积在整车技术参数中）		

4. 整车（底盘）技术参数

整车技术参数参见表18-7。

表 18-7　自装卸式垃圾车整车技术参数表（模板）

主要技术参数			
产品名称	福田时代自装卸式垃圾车	产品号	BJ5086ZZZDJDA-01
总质量/kg	8280	罐体容积/m³	10
额定载质量/kg	2735	外形尺寸/mm	5995×2520×2660
整备质量/kg	5350	货箱尺寸/mm	
额定载客人数/人	2	准拖挂车总质量/kg	
驾驶室准乘人数/人	3	载质量利用系数	—
接近角/离去角/(°)	18/20	前悬/后悬/mm	1135/1500
轴数	2	轴距/mm	3360/3800
轴荷/kg	3000/5280	最高车速/(km/h)	95
其他	自卸方式为后卸，侧面及后下部防护装置所用材料为Q235，连接方式为螺栓连接；后部防护装置的断面尺寸为120mm×60mm，离地高度为450mm，ABS型号为CM4XL-4S/4M，生产厂家为广州瑞立科密汽车电子股份有限公司，WP3NQ160E61对应油耗值为17.5L/100km，选装后部双开启餐厨式造型上装，选装前部标志		
底盘技术参数			
底盘型号	BJ1086VDJDA-01	底盘名称	载货汽车底盘（二类）
商标名称	福田牌	生产企业	北汽福田汽车股份有限公司
外形尺寸/mm	5950，6390×2145，2185，2275，2315×2335，2360	轮胎数	6
接近角/离去角/(°)	22/16	轮胎规格	7.50R16 14PR
钢板弹簧片数	4/9+8，10/9+8	前轮距/mm	1715
燃料种类	柴油	后轮距/mm	1670，1800
排放标准	GB 3847—2018，GB 17691—2018 国六		
发动机型号	发动机生产企业	排量/mL	功率/kW
WP3NQ160E61	潍柴动力股份有限公司	2970	118

三、关键总成原理与常见故障排除

(一) 关键总成的结构及工作原理

1. 主要配置要求简介

1) 上盖、后盖：采用液压开启、关闭形式。为保证有黏性介质的自卸，在垃圾箱内装有刮板装置。采用液压推动，剩灰（渣）率<0.3%。

2) 液压系统：液压系统工作原理主要是通过液压缸运动来完成，主要的组成部分有多路阀、液压油箱、单向阀、电磁阀、限位阀、液压油齿轮泵、压力表及液压缸等。

液压系统要求采用优质的举升液压缸、操作阀、卡套式接头。高压软管和高压钢管安装合理，固定装置应保证固定可靠，保证长时间无任何泄漏。同时要求维修方便、延长使用寿命。

3) 垃圾箱：采用优质钢板，箱底板可加装不锈钢钢板，保证介质自卸时的平滑性，同时箱底可根据地区的季节温度情况加装防冰冻设置，保障车辆的正常运行。

4) 密封垃圾箱内应加装推板，保证其卸料干净。

5) 装料机构组件；挂桶式垃圾收集运输车装料机构为专用挂桶提升翻转机构，由槽钢焊合支架、链条、液压缸等组成。侧开门垃圾车侧门由槽钢、钢板焊接而成，其上安装有门锁及支撑气弹簧。

2. 工作原理

(1) 作业准备　起动车辆，空载运转达到6atm（1atm=101.3kPa），挂上取力器，检查各部件无异常，准备工作完成。

(2) 垃圾装载　将垃圾桶放置在提升机的挂钩处，将提升操作手柄推至升起位置，箱体提升机液压缸和顶端上盖开盖液压缸伸出，使提升机带动垃圾桶向上升起并旋转翻倒垃圾，垃圾进入箱体。松开操作手柄使其回到中位，如图18-11所示。

(3) 卸下垃圾桶　将提升操作手柄推至收回位置，提升机液压缸和顶端上盖开盖液压缸收回，提升机带动垃圾桶向下回落并放置于地面。

(4) 完成一次装载　松开操作手柄使其回到中位。

(5) 集料

1) 利用刮板集料：按操作指示牌的方向推动手柄，使刮板推出，将箱体前端的垃圾推刮到箱体后部，并且在再次装载垃圾前将手柄反向拉回，使刮板收回，手柄回中位，以防止垃圾倒入刮板和箱体前端而被卡住。

图18-11　提升机构及上盖开启工作原理示意图

2) 利用自卸装置集料：将自卸操作手柄推至开启位置，箱体底部自卸液压缸伸出，使箱体绕自卸翻转座旋转举起一定角度，使箱体前端的垃圾因自重而滑到箱体后部，完成后将操作手柄反向拉回或回中位，箱体下落放平松开手柄。

(6) 卸料　将自卸操作手柄推至开启位置，箱体底部自卸液压缸伸出，后门自动开启。箱体绕自卸翻转座旋转举起，垃圾卸出，见图18-12。

(7) 货箱回位、锁紧　垃圾卸载完毕后将自卸操作手柄回位，箱体收回下落锁紧。

图18-12　自动开启的后门结构

(二) 常见问题及解决措施

1. 液压机构无动作

按下列步骤依次检查：

1) 液压油箱内油量是否充足。不足时应加注液压油。

2) 观察油箱到液压泵的进油管是否因老化而产生油管吸瘪现象。如有此现象则应更换进油管。

3）检查液压泵是否失效。装上压力表，拧动调压螺栓，观察表是否达到规定值。
4）如调压螺栓全部拧入后仍达不到规定油压，则是液压泵失效，必须更换液压泵。
5）如液压泵工作正常，则是多路换向阀阀芯堵塞。应拆下阀芯，清除杂质，重新装入后使用。

2. 液压机构有动作但无力

检查液压泵是否失效，系统压力是否达到规定值。

3. 液压机构动作变慢

检查液压泵是否失效，吸油滤清器、回油滤清器滤芯是否堵塞。

四、发展趋势与典型产品介绍

（一）自装卸式垃圾车的发展趋势

1）向压缩式垃圾车发展，成为自装卸压缩式垃圾运输车。
2）向多用方向发展，可运输多种垃圾，例如一辆车可以运输三种垃圾。
3）其他同压缩式垃圾运输车。

（二）典型产品介绍

以福田汽车为底盘的部分符合国六标准的自装卸式垃圾车产品为例，参见表18-8。

表18-8 部分符合国六标准自装卸式垃圾车产品

序号	产品型号	底盘品牌	整车尺寸/mm	总质量/kg	额定质量/kg	整备质量/kg	发动机型号	底盘型号
1	HDW5030ZLJB6	福田牌	4660/4890×1590×1900	2995	990	1680	DAM15KR, DAM16KR	BJ1030V4AV6-01
2	XQY5030ZLJG6	福田牌	4880×1660×1950	2995	1285	1580	DAM15KR, DAM16KR	BJ1030V4JV5-01
3	SQH5031ZLJB6	福田牌	5050×1600×1920	2995	1365	1500	DAM15KR, DAM16KR	BJ1030V4JV5-01
4	HDW5031ZLJB6	福田牌	4650/4750×1650×1950	2995	1315，1215	1550，1650	DAM15KR, DAM16KR	BJ1030V4JV5-01
5	WFA5030ZLJFE6	福田牌	4755×1720×1950	3495	1240	1930	DAM15KL, DAM16KL	BJ1031V4AV4-51
6	SZD5031ZLJB6	福田牌	4470/4670×1650×1950	2995	1000	1865	DAM15KR, DAM16KR	BJ1031V4JV3-01
7	YCJ5031ZLJ1	福田牌	4610×1775×1890	3465	1395	1940	DAM15KL, DAM16KL	BJ1031V5JV4-51
8	JKL5030ZLJB6	福田牌	5050/4700×1740×2100/2000	3495	1555	1810	DAM15KL, DAM16KL	BJ1031V5JV4-51
9	SZD5045ZLJ6B	福田牌	5050×1980×2130	4495	1655	2710	Q23-115E60, Q23-115C60	BJ1045V9JB5-54
10	CLW5030ZZZB6	福田牌	4775/4875×1730×2320	2995	865	2000	DAM15KR, DAM16KR	BJ1030V4JV5-01
11	YYD5030ZZZB6	福田牌	4750×1725×2360	2995	1065	1800	DAM15KR, DAM16KR	BJ1030V4JV5-01
12	WLW5030ZZZB	福田牌	4820/4920×1715×2050	2995	900	1965	DAM15KR, DAM16KR	BJ1030V4JV5-01
13	WLW5031ZZZB	福田牌	4550/4750×1750×1950	2995	815	2050	DAM15KR, DAM16KR	BJ1031V4JV3-01
14	HCQ5032ZZZB6	福田牌	4790/4590×1690×2050	2995	690	2175	DAM15KR, DAM16KR	BJ1031V4JV3-01

(续)

序号	产品型号	底盘品牌	整车尺寸/mm	总质量/kg	额定质量/kg	整备质量/kg	发动机型号	底盘型号
15	SZD5032ZZZB6	福田牌	4600/4950×1850×2150	3495	1200	2165	DAM15KL, DAM16KL	BJ1031V5JV4-51
16	YD5036ZZZBJE6	福田牌	4740/4800×1705×2385	3495	750, 650	2615, 2715	DAM15KL, DAM16KL	BJ1031V5JV4-51
17	TSW5031ZZZB6	福田牌	4500/4850×1926×2135	3495	1479	1886	DAM15KL, DAM16KL	BJ1031V5JV4-51
18	SYB5032ZZZBJ6	福田牌	4590×1665×2100	3495	1245	2120	DAM15KL, DAM16KL	BJ1031V5JV4-51
19	FLM5030ZZZFS6H	福田牌	4745×1720×2230	3495	1095	2270	DAM15KL, DAM16KL	BJ1035V5JV5-51
20	FLM5031ZZZFS6H	福田牌	4915×1730×2260	3495	785	2580	DAM15KL, DAM16KL	BJ1035V5JV5-51
21	ZQZ5032ZZZF6	福田牌	4995×1750×2300/2185	3495	630, 565	2735, 2800	DAM15KL, DAM16KL	BJ1035V5JV5-51
22	FLM5030ZZZFS6	福田牌	4770×1740×2290	3495	1065	2300	DAM15KL, DAM16KL	BJ1035V5JV5-51
23	WFA5040ZZZFE6	福田牌	5280×1960×2490	4495	1115	3250	Q23-115E60, Q23-115C60	BJ1045V9JB5-54
24	AHY5042ZZZBJ1	福田牌	5200×2150×2600	4495	655	3710	Q23-115E60, Q23-115C60	BJ1045V9JB5-54
25	BJ5042ZZZE6-H1	福田牌	5530×2100×2550	4495	565	3800	Q23-115E60, Q23-115C60	BJ1045V9JB5-54
26	WFA5041ZZZFE6	福田牌	4965×1890×2620	4495	1015	3350	Q23-115E60, Q23-115C60	BJ1045V9JB5-54
27	BJ5042ZZZE6-H2	福田牌	5540×1910/1850×2500	4495	615	3750	Q23-115E60, Q23-115C60	BJ1045V9JB5-54
28	SJQ5040ZZZFTE6	福田牌	5170×1875×2380	4495	915	3450	Q23-115E60, Q23-115C60	BJ1045V9JB5-54
29	QTH5045ZZZ	福田牌	5215×2130×2460	4495	935, 815	3430, 3550	Q23-115E60, Q23-115C60	BJ1045V9JB5-54
30	CSC5042ZZZB6	福田牌	5160×1885×2200, 2390	4495	975	3390	Q23-115E60, Q23-115C60	BJ1045V9JB5-54
31	ZTQ5040ZZZBJF28F	福田牌	5350/5200/5150×2410/2360/2216/2130×2740/2690/2590/2480	4495	500	3865	Q23-115E60, Q23-115C60	BJ1045V9JB5-54
32	YZZ5045ZZZB6	福田牌	5020/5045×1850/2050×2300/2400	4495	1045, 715	3320, 3650	Q23-115E60, Q23-115C60	BJ1045V9JB5-54
33	HDW5045ZZZB6	福田牌	5300/4980×2100/1900×2160/2310	4495	1265, 965	3100, 3400	Q23-115E60, Q23-115C60	BJ1045V9JB5-54
34	BJ5045ZZZ9JB5-54	福田牌	5045×2050/2180×2400	4495	745, 1045	3620, 3320	Q23-115E60, Q23-115C60	BJ1045V9JB5-54
35	CLW5040ZZZB6	福田牌	5080×1910×2350	4495	1365	3000	Q23-115E60, Q23-115C60	BJ1045V9JB5-54
36	HDW5049ZZZB6	福田牌	5260×1860×2250	4495	1065	3300	Q23-115E60, Q23-115C60	BJ1045V9JB5-54
37	JYC5040ZZZ6BJDJ	福田牌	5150×1880×2360	4495	985	3380	Q23-115E60, Q23-115C60	BJ1045V9JB5-54

(续)

序号	产品型号	底盘品牌	整车尺寸/mm	总质量/kg	额定质量/kg	整备质量/kg	发动机型号	底盘型号
38	SGW5041ZZZF	福田牌	5450×2000×2350	4495	1265	3100	Q23-115E60,Q23-115C60	BJ1045V9JB5-54
39	BZD5045ZZZ-H3	福田牌	5480×2225×2370	4495	745	3620	Q23-115C60	BJ1045V9JB5-54
40	BJ5072ZZZE6-H1	福田牌	5465×2310×2620	7360	3055	4110	Q28-130E60,Q28-130C60	BJ1073VDJDA-01
41	TSW5080ZZZB6	福田牌	5820×2500×2555	8280	3085	5000	WP3NQ160E61	BJ1086VDJDA-01
42	WTY5080ZZZA6	福田牌	6085/6175×2400×2620	8280	2835	5250	WP3NQ160E61	BJ1086VDJDA-01
43	HNY5080ZZZB6	福田牌	5995×2520×2660	8280	2735	5350	WP3NQ160E61	BJ1086VDJDA-01
44	YHL5080ZZZD6	福田牌	6095×2450×2650	8280	3030	5055	WP3NQ160E61	BJ1086VDJDA-01
45	BJ5086ZZZDJDA-01	福田牌	5995×2520×2660	8280	2735	5350	WP3NQ160E61	BJ1086VDJDA-01
46	BZD5088ZZZ-H2	福田牌	6095×2430×2465	8280	3475	4610	WP3NQ160E61	BJ1086VDJDA-01
47	WTY5040ZZZA6	福田牌	5270/5330×2150/2300×2485/2750	4495	370,225	3995,4140	Q23-115E60,Q23-115C60	BJ3045D8JB6-55
48	TSW5041ZZZB6	福田牌	5200/5255×2290/2330/2530	4495	745	3620	Q23-115E60,Q23-115C60	BJ3045D8JB6-55
49	ZTQ5041ZZZBJF28F	福田牌	5350/5200/5150×2360/2216/2130×2740/2690/2590/2480	4495	315	4050	Q23-115E60,Q23-115C60	BJ3045D8JB6-55
50	HJN5040ZZZ	福田牌	5280×2355×2450	4495	835	3530	Q23-115E60,Q23-115C60	BJ3045D8JB6-55

第四节 餐厨垃圾车

一、基本概念与结构

(一) 定义与特点

1. 定义

餐厨垃圾车是指装备有密封装置和清洗系统等，用于餐厨垃圾的收集和运输的特种结构专用作业汽车，又称餐余垃圾车、厨余垃圾车或泔水车，是垃圾车中的一种。

1) 传统燃料餐厨垃圾车示意图，见图 18-13。
2) 纯电动新能源餐厨垃圾车外观及功能示意图，见图 18-14。

2. 分类

(1) 按照进料方式分类　分为容器进料式餐厨垃圾车、抽吸进料式餐厨垃圾车。
(2) 按照排料方式分类　分为机械排料、气力排料、倾翻排料。

3. 餐厨垃圾车的特点

(1) 一体化构造　垃圾箱和污水箱一体式构造，上层是垃圾箱，下层是污水箱。
(2) 装载能力强　能实现箱内餐厨垃圾油水的初步分离和垃圾减容，并配备有大容量污水箱。
(3) 密封性好　垃圾箱与后门总成之间采用特制加强型橡胶条密封，密封性好，杜绝了二次污染。
(4) 可靠性与安全性强　采用电、液联合控制，并设置了安全保护开关，保证了各机构动作准确、可靠。
(5) 发动机功率输出实现自动控制　非作业时，发动机处于怠速状态；作业时，发动机自动加速，以满足作业功率的要求，避免功率损耗和系统发热，降低油耗，经济性好。

a) 时代底盘的餐厨垃圾车外形示意图

b) 罐体举升状态的餐厨垃圾车外形示意图

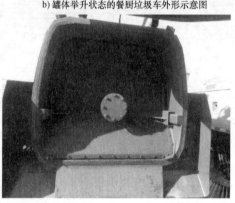
c) 后门开启(余料推出)状态的餐厨垃圾车外形示意图

图 18-13　传统燃料餐厨垃圾车示意图

图 18-14　新能源餐厨垃圾车外观及功能示意图

（6）省人工　作业罐体和作业平台利用底盘承载，任何需要对泔水进行处理的地方，只需一个驾驶员一个作业工人就行，省人工。

（二）基本结构

1. 餐厨垃圾车的组成

餐厨垃圾车的组成，见图 18-15，包括汽车底盘和上装。上装包括垃圾箱体、底架、侧提桶机构（图 18-16）、后门总成、推板总成、液压系统及电控系统等。

2. 上装部分装置的作用机理

上装部分装置的作用机理见图 18-17。

第十八章 部分环卫车与清洗车

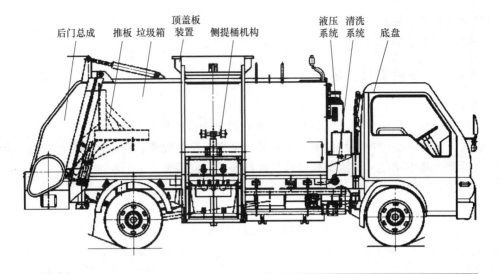

图 18-15　餐厨垃圾车的组成

图 18-16　餐厨垃圾车侧提桶机构示意图

7 罐体内加装推板
罐内推板可将筛板上所剩垃圾推至罐体尾部卸载垃圾，减少了罐内污物卸载残余量。

6 后门液压锁紧
确保罐体后盖密封性，操作方便，防止二次污染

5 罐体液压举升卸料
罐体设计美观，轮廓清晰，运输过程中罐内污物晃动平稳，车辆行驶稳定性强，罐体圆形设计便于污水沉淀和集中排放

4 圆形罐体
圆形罐体的结构设计保证产品的性能最优化，罐体曲面设计提高整体框架钢度的同时增加了产品的美观性

3 拉杆式提升机
拉杆提升机是将垃圾桶中餐厨垃圾倒入垃圾箱中的部件，由油缸驱动通过拉杆装置机构实现倒料和复位。提升机与进料口结合，防止误操作

2 多路阀
多路阀是由多个换向阀为主体的组合阀，用于操纵多个执行元件的运动

1 视污窗口
圆型视污窗结构，方便操作人员观测罐体液位，防止液态垃圾溢出。

图 18-17　餐厨垃圾车上装部分装置的作用机理

3. 底盘部分的结构

同自卸车底盘，变速器带取力器。

二、基本功能与性能参数要求

1. 基本功能

（1）垃圾收集功能　利用翻桶（斗）机构收集垃圾桶中的垃圾。

（2）污水分离、排放功能　将垃圾中的污水分离出来，单独收集；在允许排放的位置，集中排放。

（3）垃圾压缩、集中功能　利用刮板将垃圾进行压缩、向后部集中的功能。

（4）卸料功能　利用推出板进行卸料的功能：

1）举升箱体卸料功能。

2）推板卸料功能（同压缩式垃圾车，将剩余垃圾推出）。

（5）罐体（箱体）清洗功能

2. 辅助功能

包括箱体密封功能、操作功能、照明功能、监视功能、警示功能、后门自动开启功能、车辆运营管理与数据传输功能等。

3. 指标要求

1）整车应符合 QC/T 935—2013《餐厨垃圾车》的要求。

2）应安装清洗装置。

3）外观：

① 无缺陷。

② 焊缝、油漆、镀层应符合相关标准的规定。

4）罐（箱）体：

① 应有液位报警系统或显示装置，防止高位溢料。

② 密封性好。

③ 抽吸进料式餐厨垃圾车罐（箱）体：承载80kPa（绝对压力）压缩空气时，不应漏气；真空度在20kPa（绝对压力）时，不应变形。

5）容器（提升）进料机构的一个工作循环时间不大于45s。

6）抽吸系统：

① 满负荷稳定工作时应无异响。

② 基本参数符合规定，参见表18-9。

表18-9　抽吸系统基本参数

序号	项目	基本参数
1	吸污管直径/mm	≥125
2	有效吸程/m	≥4.5
3	最大真空度（绝对压力）/kPa	≤20
4	最大压排压力（绝对压力）/kPa	≤80
5	抽吸满罐（箱）工作时间/s	≤360

7）排料机构：

① 应将车厢内餐厨垃圾卸干净。

② 机械和气力排料时间应小于300s。

③ 采用举升卸料的，倾斜角不小于45°，时间不大于250s。

8）可靠性要求　进料和卸料机构分别经1000次的循环作业的可靠性试验，可靠性应不低于80%。

4. 整车技术参数

以福田某款餐厨垃圾车为例，主要技术参数参见表18-10。

第十八章 部分环卫车与清洗车

表18-10 餐厨垃圾车主要技术参数表

主要技术参数			
产品名称	福田餐厨垃圾车	产品号	BJ5084TCAE6-H1
总质量/kg	8275	罐体容积/m³	6
额定载质量/kg	2530	外形尺寸/mm	5930×2150×3100
整备质量人数/kg	5550	货箱尺寸/mm	××
额定载客人数/人	××	准拖挂车总质量/kg	××
驾驶室准乘人数/人	3	载质量利用系数	××
接近角/离去角/(°)	21/17	前悬/后悬/mm	1130/1440
轴数	2	轴距/mm	3360
轴荷/kg	3000/5280	最高车速/(km/h)	105
其他	该车专用装置由垃圾箱、垃圾桶提升机构等组成，用于餐厨垃圾收集、转运及卸料作业，侧防护材料为Q235A，后防护由专用装置代替，最大离地高度490mm；ABS控制器型号/生产企业：ABS-E/威伯科汽车控制系统（中国）有限公司		
底盘技术参数			
底盘型号	BJ1088VEJEA-FK	底盘名称	载货汽车底盘（二类）
商标名称	福田牌	生产企业	北汽福田汽车股份有限公司
外形尺寸/mm	5900×2105, 2145×2355	轮胎数	6
接近角/离去角/(°)	20/18	轮胎规格	7.50R16LT 14PR
钢板弹簧片数	9/8+6	前轮距/mm	1705, 1730
燃料种类	柴油	后轮距/mm	1615, 1630, 1715
排放标准	GB 3847—2018，GB 17691—2018 国六		
发动机型号	发动机生产企业	排量/mL	功率/kW
F3.8NS6B156	北京福田康明斯发动机有限公司	3800	115
D30TCIF1	昆明云内动力股份有限公司	2977	125
CY4SK261	东风朝阳朝柴动力有限公司	3865	125
F2.8NS6B156	北京福田康明斯发动机有限公司	2780	115

三、专用配置简介、工作原理与常见故障排除

（一）专用配置简介及工作原理

1. 专用配置简介

1）罐（箱）体餐厨垃圾车一般为圆罐体，有效容积达到90%，罐分上、下两层，下层为固液分离后污水收集箱，污水箱两头高，中间低，低端设有口，以保证污水排放干净。

2）垃圾桶：垃圾装载由垃圾桶完成，垃圾桶具有垃圾桶锁止结构，装卸可靠。垃圾桶与垃圾投入口衔接好，保证装卸中餐厨垃圾不溢撒、不遗漏。

3）垃圾投入口与推板：垃圾投入口与推板之间要有足够距离，推板与罐表面设有密封装置，避免餐厨垃圾投入及分离中溢到推板后方。

4）清洗装置：结构可以参考混凝土搅拌车。可以配有车载清洗装置，加载专用清洗液。

5）蛟龙排料装置（选装）：厢式餐厨垃圾车内部带有液压推头，可将垃圾从罐体前部推压到箱体尾部。箱体尾部选装液压蛟龙，将垃圾旋转挤压排出。

6）罐内加热装置（选装）：选装柴油燃烧机、不锈钢火道，设置高、低温数值进行自动点火、熄火加热；适用于冬季及严寒地带，使罐内厨余垃圾不会因温度过低而凝固。

2. 工作原理

工作原理示意图，见图18-18。

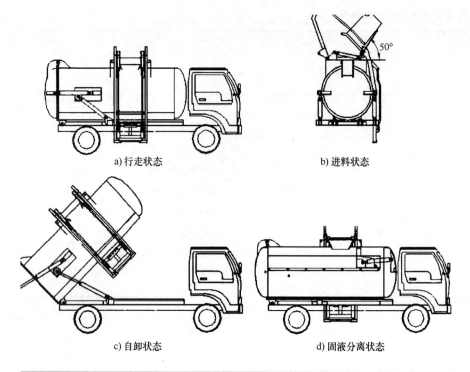

a) 行走状态　　b) 进料状态　　c) 自卸状态　　d) 固液分离状态

图 18-18　工作原理示意图

1）将桶装泔水经提桶机构（输送带）缓缓上输，在车顶部倒入车厢内（车箱可分为箱体和罐体）。

2）被倒入的垃圾经过强有力的推板挤压，固液分离。被分离的液体进入罐体底部的污水箱，固体垃圾被压缩储存在罐体，体积变小。

3）提桶机构回位，完成一次装车。

4）如此反复，待装满后送至餐厨垃圾资源优化处理厂，整个过程实现自动化。

（二）常见故障及处理措施

餐厨垃圾车常见故障及处理措施参见表 18-11。

表 18-11　餐厨垃圾车常见故障及处理措施

序号	常见故障	原因分析	处理措施
1	餐厨垃圾车液压系统无压力或压力过低	液压泵损坏，内泄严重	检查分析损坏情况，修复或更换
		多路阀损坏（包括阀芯严重泄漏，溢流阀调压不正常）	检查分析损坏情况，修复或更换
		油路内有大量空气	排气
		滤清器被堵塞	清洗或更换滤芯
		液压油变质	选择更换液压油
2	餐厨垃圾车齿轮泵噪声大，压力波动大	吸油管或吸油滤清器堵塞	分析、检修，清除堵塞
		油路内有大量空气	排气
		泵的内部元件磨损或损坏	更换或维修
		油被污染或乳化	更换液压油
3	餐厨垃圾车齿轮泵发热异常	油路内有大量空气	排气
		液压油油量太少	加液压油至规定高度
		系统堵塞	分析、检修，清除堵塞
4	餐厨垃圾车多路阀阀芯不复位	复位弹簧损坏	更换弹簧
		阀芯被异物卡住	清除异物

(续)

序号	常见故障	原因分析	处理措施
5	餐厨垃圾车多路阀泄漏严重	阀体上的O形圈损坏	更换
6	餐厨垃圾车多路阀不能调节或稳定系统压力	安全阀调节弹簧失效	更换并重新调压

四、发展趋势与典型产品介绍

(一) 餐厨垃圾车的发展趋势

1) 由餐厨垃圾收集车向垃圾处理车发展。将小型的垃圾收集处理设备安装到车上，收集垃圾后直接处理成为肥料，污水处理成为再生水。

2) 其他发展趋势同压缩式垃圾车。

(二) 典型产品介绍

以福田汽车为底盘的部分符合国六标准的餐厨垃圾车产品为例，产品明细参见表18-12，外观见图18-19。

表18-12 部分符合国六标准的餐厨垃圾车产品

序号	产品型号	底盘品牌	整车尺寸/mm	总质量/kg	额定质量/kg	整备质量/kg	发动机型号	底盘型号
1	TSW5080TCAB6	福田牌	6100×2260/2310/2360×2820	8280	2235	5850	WP3NQ160E61	BJ1084VGJEK-01
2	HJN5080TCA	福田牌	6100×2270×2810	8280	2045	6040	WP3NQ160E61	BJ1084VGJEK-01
3	BZD5081TCAE5	福田牌	6090×2275×2560	8280	2850	5235	WP3NQ160E61	BJ1086VDJDA-01
4	TSW5120TCAB6	福田牌	6680×2400/2450/2500×2850	11995	4800	7000	WP4.1NQ190E61	BJ1124VKJFA-01
5	CLW5121TCA6CF	福田牌	6700/7100×2500×3150	11995	4900	6900	WP4.1NQ190E61	BJ1124VKJFA-01
6	HJN5120TCA	福田牌	6620×2400×2715	11995	4860	6940	WP4.1NQ190E61	BJ1124VKJFA-01

a) 6m³餐厨垃圾车(一)　　b) 6m³餐厨垃圾车(二)　　c) 8m³餐厨垃圾车(三)

图18-19 部分符合国六标准的餐厨垃圾车外观

第五节 吸污车

一、基本概念与结构

(一) 定义与特点

1. 定义

吸污车，见图18-20，是指装备有储运罐、真空泵或其他抽吸装置等设施，用于吸除水坑、阴沟洞、下水道里的污浊物的罐式专用作业汽车。

吸污车又名污水清理车、抽粪车、吸粪车等。其实，吸污车是吸粪车的一种，可以算作吸粪车的升级产品。

a) 整车外观　　　　　　　　b) 后部　　　　　　　　c) 后盖

图 18-20　吸污车外观

2. 主要用途

1) 适用于收集运输粪便、泥浆、原油等液体物质；
2) 特别适合用于下水道内的淤积物的抽吸、装运和排卸，尤其是可吸下水道泥浆、淤泥、石子、砖块等较大物体。

3. 分类

参照标准 QC/T 652—2015《吸污车》，按罐体总容积 V（m^3）分为 5 类：

1) $V \leqslant 3.5$。
2) $3.5 < V \leqslant 5.5$。
3) $5.5 < V \leqslant 8.5$。
4) $8.5 < V \leqslant 15$。
5) $V > 15$。

4. 特点

吸污车的特点是：①自吸自排，真空自吸，液压举升自排；②工作范围广；③液压后开门；④密封好；⑤带有清洗装置。

吸污车与吸粪车具有相同原理，但用途不同。区别在于吸污车罐体为圆形罐，结构更紧密，可以耐更高压力、提供更大的吸力，可用于收集清理运输污水，污泥。

（二）基本结构

1. 底盘

吸污车底盘基本同自卸车底盘。

2. 吸污车上装结构

吸污车上装主要包括四通阀、油水分离器、水气分离器、液压自卸装置、专用真空吸污泵、压力表、吸污导管、自流阀、真空罐体、连通器（视粪窗）、全自动防溢阀、液压套件和清洗装置等，见图 18-21。

二、基本功能与性能参数

1. 基本功能

（1）吸污、装载（污物、污水）功能　利用真空泵进行吸污。
（2）卸料功能　利用排污口（排除污水）和举升罐体（后盖开启）卸料（污物）的功能。
（3）清洗功能（内部、外部）

2. 辅助功能

包括箱体密封功能、操作功能、照明功能、监视功能、警示功能、后门自动开启功能、车辆运营管理与数据传输功能等。

3. 性能要求

1) 整车应符合 QC/T 652—2015《吸污车》要求。

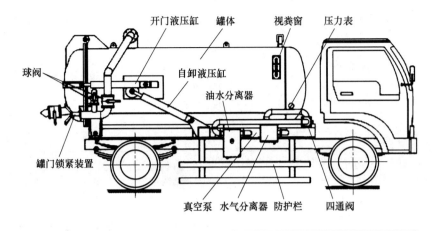

图 18-21 吸污车上装组成示意图

2）主要技术参数，参见表18-13。

表 18-13 吸污车主要技术参数

序号	项目		基本参数				
1	吸污罐总容积 V/m^3		$V \leq 3.5$	$3.5 < V \leq 5.5$	$5.5 < V \leq 8.5$	$8.5 < V \leq 15$	$V \geq 15$
2	抽吸时间/min		≤ 7		≤ 10	≤ 12	≤ 18
3	有效吸程/m		≥ 3	≥ 4.5	≥ 5		
4	系统最大真空度/MPa	旋片等容积式真空泵	≤ -0.079	≤ -0.082	≤ -0.085		
5		其他抽吸装置	≤ -0.070	≤ -0.072	≤ -0.075		
6	卸料角/(°)		≥ 45				

3）可靠性：作业循环不少于1000次，可靠度不低于80%。

4）其他部件：符合标准要求。

4. 整车技术参数

整车技术参数参见表18-14。

表 18-14 吸污车整车技术参数表

整车主要技术参数			
产品名称	福田时代吸污车	产品号	BJ5073GXW-AA
总质量/kg	7360	罐体容积/m³	5
额定载质量/kg	2875	外形尺寸/mm	6350×2080×2395
整备质量/kg	4290	货箱尺寸/mm	—
额定载客人数/人	—	准拖挂车总质量/kg	
驾驶室准乘人数/人	3	载质量利用系数	—
接近角/离去角/(°)	21/16	前悬/后悬/mm	1130/1860
轴数	2	轴距/mm	3360
轴荷/kg	3000/5280	最高车速/(km/h)	95
其他	罐体外形尺寸（罐长×直径）(mm)：3920×1300；侧面及后下部防护装置所用材料为：Q235，连接方式为：螺栓连接，后下部防护装置的截面尺寸为100mm×50mm，离地高度为340mm，ABS系统控制器型号是CM4XL-4S/4M，ABS系统控制器生产企业是广州瑞立科密汽车电子股份有限公司，侧防护和后防护材料均为Q235A，连接方式均为螺栓连接，后下部防护断面尺寸100mm×50mm，后防护离地高度为340mm，选装后视镜，选装前部标志		

(续)

底盘技术参数			
底盘型号	BJ1073VEJEA-B2	底盘名称	载货汽车底盘（二类）
商标名称	福田牌	生产企业	北汽福田汽车股份有限公司
外形尺寸/mm	5895×2010，2060×2335	轮胎数	6
接近角/离去角/(°)	21/16	轮胎规格	7.00R16LT 14PRc
钢板弹簧片数	4/6+7	前轮距/mm	1550，1730
燃料种类	柴油	后轮距/mm	1590
排放标准	GB 17691—2018 国五，GB 3847—2018		
发动机型号	发动机生产企业	排量/mL	功率/kW
4B2-110C55	安徽全柴动力股份有限公司	2545	80
4B2-115C50	安徽全柴动力股份有限公司	2545	85

三、专用配置、工作原理与常见故障排除

（一）专用配置及工作原理

1. 真空泵的结构和工作原理

真空泵的结构和工作原理示意图见图18-22。

工作原理：当偏心转子旋转时，旋片在离心力的作用下紧贴着泵的内壁滑动，吸气室的容积逐渐增大，被抽气体吸入其中，直到旋片转到吸气结束，吸入气体被隔离。旋子继续旋转，被隔离的气体逐渐被压缩，压力增高，当压力超过排气口的压力时，则气体被排除泵外，这样反复循环，就将吸污车罐体里面的空气抽走了，形成真空。

2. 吸污车吸污、排污工作原理

吸污车工作原理见图18-23。

1）放管：将吸污管和吸污头放入污水内。

2）吸污：吸污管浸没于液面下，罐内的空气被真空泵抽吸后，因其得不到补充而越来越稀薄，致使罐内压力形成负压，液态污物即在大气压力使用下，经吸污胶管进入罐体，实现吸污的目的。

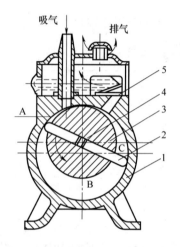

图18-22 真空泵的结构和工作原理示意图

1—泵体 2—旋片 3—转子 4—弹簧 5—排气阀

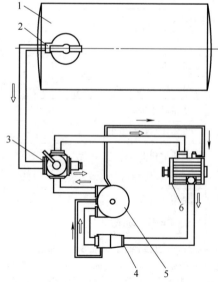

工作原理：通过真空泵，抽出密封罐内空气，产生负气压，吸取淤泥。或向密封罐内输入空气，产生正气压，排出淤泥。

注：⇒ 表示气体流动方向
→ 表示回油路线

图18-23 吸污车工作原理图

1—罐体 2—水气分离器 3—四通阀 4—粗滤器 5—油气分离器 6—真空泵

3) 收管：吸污完成，收回吸污管。
4) 运输。
5) 排污：打开排污口排污水。打开后盖、举升罐体排出污物。
6) 罐体回位。
7) 清洗罐体。
8) 后盖密封。

3. 注意事项

1) 要有足够的吸污真空度。
2) 对真空泵设置二级保护，防止污染物浸入泵体。

(二) 常见问题及解决方案

吸污车常见问题及解决措施，参见表18-15。

表18-15 吸污车常见问题及解决措施

序号	常见故障	原因分析	处理措施	备注
1	吸污车真空表读数过低或者无示值	真空泵转速过低	加大油门	
		真空表管堵塞	清除堵塞物	
		真空表损坏	更换真空表	
		四通球阀未开到位	更换旋片	
2	吸污车孔盖渗漏	左旋螺杆未旋到位	将左旋螺杆拧到位	
		密封垫片损坏失效	更换密封垫片	
		拉杆过长	调节拉杆长度	
3	吸污车取力器响声异常，温升高	零件磨损	拆检、清洗取力器及更换磨损零件	
		润滑油有杂质或量不足	更换润滑油或及时添加润滑油	
4	吸污车真空泵有异响，温升过高	泵腔进入了杂质或产生碎片	拆检清洗真空泵及更换磨损零件	
		轮套磨损	更换轮套	
		润滑油不足，混有杂质	及时添加或更换润滑油	
5	吸污车油箱漏油	连接螺钉松动	拧紧螺栓即可	
		密封垫片损坏	更换密封垫片	
		润滑油量过大	润滑油面位于液体中部，即合适的位置	

四、发展趋势与典型产品介绍

1) 吸污车的发展趋势，同其他垃圾运输车。
2) 典型吸污车产品，以福田汽车为底盘的部分符合国六标准的吸污车产品为例，产品明细见表18-16，产品外观见图18-24，仅供参考。

表18-16 部分符合国六标准产品

序号	产品型号	品牌	整车尺寸/mm	总质量/kg	额定质量/kg	整备质量/kg	发动机型号	底盘型号
1	TSW5160GXWB6	福田牌	7845/8145×2350/2380/2430/2500×3160/3200/3300/3500	16000	7550	8255	WP4.1NQ190E61	BJ1164VKPFA-01
2	SZD5045GXE6B	福田牌	5400×1900×2130	4495	1830	2535	Q23-115E60，Q23-115C60	BJ1045V9JB5-54
3	SGW5073GXEF	福田牌	5990×2050×2450	7360	3515	3650	Q28-130E60，Q28-130C60	BJ1073VDJDA-01

(续)

序号	产品型号	品牌	整车尺寸/mm	总质量/kg	额定质量/kg	整备质量/kg	发动机型号	底盘型号
4	HJN5160GXW	福田牌	7845×2315×3130	16000	7905	7900	WP4.1NQ190E61	BJ1164VKPFA-01
5	SGW5072GXWF	福田牌	5995×2040×2600	7360	3140	4025	Q28-130E60, Q28-130C60	BJ1073VDJDA-01
6	SGW5183GXWF	福田牌	8000×2500×3550	18000	9800, 9735	8070	WP4.6NQ220E61	BJ1184VKPFN-01
7	BJ5073GXEDJDA-01	福田牌	5995×2065×2330	7360	3435	3730	Q28-130E60, Q28-130C60	BJ1073VDJDA-01
8	BZD5083GXW-A5	福田牌	6230×2275×2630	8280	3520	4565	WP3NQ160E61	BJ1086VDJDA-01
9	SGW5048GXEF	福田牌	5050×1850×2150	4495	2195	2170	Q23-95C60	BJ1045V9JB3-55
10	BZD5030GXE-A3	福田牌	4200×1690×1910	3495	1500	1865	DAM15KL, DAM16KL	BJ1031V5JV4-51
11	BZD5128GXWA8	福田牌	6925×2450×3045	11995	5185	6615	WP4.1NQ190E61	BJ1124VKJFA-01
12	CLW5120GXW6CF	福田牌	6950/7350×2500×3200	11995	5550	6250	WP4.1NQ190E61	BJ1124VKJFA-01

a) 2m³吸污车

b) 5m³吸污车

c) 8m³吸污车

图 18-24　部分符合国六标准吸污车外观

第六节　洒水车

一、基本概念与结构

（一）定义与特点

1. 定义

洒水车，见图18-25，是指装备有洒水系统、清洗等装置，主要用于洒水作业的罐式专用作业汽车。洒水车又称为喷洒车、多功能洒水车、园林绿化洒水车、水罐车、运水车。

图 18-25　洒水车外观

2. 适用范围

1）各种路面洒水、冲洗。
2）树木、绿化带、草坪浇水绿化。
3）道路、厂矿企业施工建设与高空建筑工地除尘、冲洗。
4）其他：具有洒水、压尘、高低位喷洒，农药喷洒、护栏冲洗等功能，还具有运水、排水、应急消防等功能。适用范围很广。

3. 洒水车的分类

（1）按类型分类　分为喷洒式、冲洗式、喷洒-冲洗式。
（2）按用途分类　分为绿化洒水车、多功能洒水车、运水洒水车、消防洒水车等。
（3）按容量分类　分为 $<4m^3$ 和 $\geqslant 4m^3$ 两类。

4. 特点

1）使用范围广。
2）可喷、可洒。
3）可自吸，带消防功能。
4）加装洒药盘、药泵，具有喷药功能。
5）具备喷雾功能。

（二）基本结构

1. 洒水车结构简图

洒水车结构简图见图18-26。

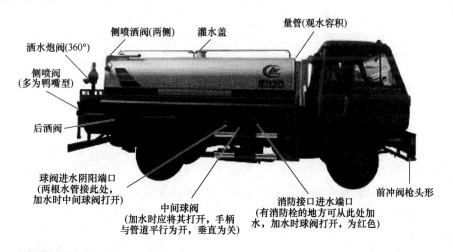

图18-26　洒水车结构简图

2. 洒水车上装部分的组成

由防锈罐体、取力器、传动轴、专用自吸式洒水泵、管网、喷洒出口、工作平台等组成。

3. 可选装的配置

（1）气动球阀　可在驾驶室电控操作喷洒功能。
（2）雾炮机组　大面积空气降尘。
（3）打药机组　小型打药机可以喷药。
（4）高压水枪　冲洗路面泥土、墙面上的小广告。
（5）低水位报警器　提醒罐体内水不够用时及时加水。
（6）万向鸭嘴　冲洗路面。
（7）管道加装过滤网　清除水里的杂质，以免管道堵塞。
（8）箭头灯　提醒安全行驶。
（9）药盘　用于园林喷药。

二、基本功能与性能参数

1. 基本功能
包括吸水功能（利用水泵直接吸水）、加水功能（利用后、上加水口加水）、洒水功能、喷嘴冲洗功能、水柱冲洗功能、喷雾功能、喷药功能、消防功能、浇水功能、排水功能等。

2. 辅助功能
包括防浪功能、操作功能、照明功能、监视功能、警示功能、车辆运营管理与数据传输功能、储水功能等。

3. 主要技术指标
1）整车符合 QC/T 54—2006《洒水车》标准的要求。
2）基本参数符合表 18-17 的要求。

表 18-17 洒水车基本参数（仅供参考）

序号	名称	基本参数 水管有效容积/m³	
		<4	≥4
1	洒水作业速度/(km/h)	≥5	
2	洒水宽度/m	≥8	≥14
3	洒水量/(L/m³)	≥0.2	
4	喷嘴冲洗系统压力/kPa	≥300	
5	水柱冲洗喷枪流量/(L/min)	≥60	≥100
6	喷枪射程/m	>15	>20
7	吸水深度/m	≥4	

3）其他技术要求
① 洒水作业时，喷嘴喷出的水应是均匀的扇面；冲洗作业时，在沥青等路面应能将树叶等杂物冲出离喷嘴4m。
② 可靠性：行驶可靠性试验里程应符合 QC/T 252 标准的规定；首次无故障时间不低于100h，故障间隔时间不低于50h；可靠性不低于94%。
③ 水罐应设防波板；应设置人孔，尺寸不小于500mm。
④ 水路系统、操纵系统应可靠。

4. 整车技术参数
见表 18-18。

表 18-18 洒水车整车主要技术参数表

主要技术参数			
产品名称	福田时代洒水车	产品号	BJ5164GSSKPFA-01
总质量/kg	16000	罐体容积/m³	9.87
额定载质量/kg	9530	外形尺寸/mm	8170×2420×3200
整备质量/kg	6275	罐体尺寸/mm	2200×1400×4800
额定载客人数	/	准拖挂车总质量/kg	
驾驶室准乘人数	3	载质量利用系数	
接近角/离去角/(°)	18/16	前悬/后悬/mm	1260/2410
轴数	2	轴距/mm	4500
轴荷/kg	5500/10500	最高车速/(km/h)	90
其他	专用装置为水泵/水罐/喷枪，主要用于喷洒路面，起除尘和降温作用。装备具有卫星定位功能的行驶记录仪；运输介质：水，侧防护材料为 Q235，连接方式：螺栓连接；后下部防护材料为 Q235，截面尺寸为：120mm×50mm，离地高度为：480mm，连接方式：螺栓连接		

(续)

底盘技术参数			
底盘型号	BJ1164VKPFA-01	底盘名称	载货汽车底盘（二类）
商标名称	福田牌	生产企业	北汽福田汽车股份有限公司
外形尺寸/mm	7935×2300，2330，2380，2430×2590	轮胎数	6
接近角/离去角/(°)	18/16	轮胎规格	9.00R20 16PR，10R22.5 16PR
钢板弹簧片数	8/10+6，10/12+9	前轮距/mm	1740，1760，1780
燃料种类	柴油	后轮距/mm	1724
排放标准	GB 3847—2018，GB 17691—2018 国六		
发动机型号	发动机生产企业	排量/mL	功率/kW
WP4.1NQ190E61	潍柴动力股份有限公司	4408	140

三、专用配置、工作原理与常见故障排除

（一）专用配置及工作原理

1. 专用配置简介

（1）罐体　要求采用椭圆形截面设计，选用优质碳钢制作。罐体内部要求经特殊防腐防锈处理，经久耐用。罐体内部要设有防浪板（图18-27），能有效地减轻行车过程中的水流对罐体的冲击。罐体顶部设置有人孔（含盖）。

（2）管路　要求采用镀锌钢管，具有合理布局，具有耐锈、耐腐蚀、水阻系数低、美观等特点。

（3）后工作台　罐体后部要设有后工作平台，便于工作人员操纵水炮，见图18-28。

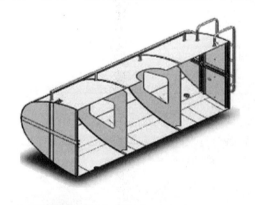

图18-27　罐体三维剖视图

图18-28　后工作台

（4）加水口　罐体加水常用的有以下三种方式，见图18-29。

a) 自吸

b) 罐体后

c) 罐体顶部

图18-29　三种加水方式加水口

1)采用自吸式加水,利用水泵将外部水源吸入罐体内。

2)从罐体后加水口加水,后加水口采用标配的口径为DN65的标准管螺纹接扣,可以直接和消防水带对接。

3)从罐体顶部的入口向罐内加水。

(5)水泵 采用高效双级自吸式离心水泵,压力大。

(6)前喷嘴 前冲洗装置标配三弯喷嘴。

(7)后洒水装置 采用砣状喷嘴(图18-30),方向可以360°调节,以满足不同宽度的道路要求。

(8)水枪 特殊情况亦可用作消防车,喷枪水流可调节呈雾状或射流状两种状态,以满足不同的需求。

(9)工作警示装置 采用警灯+音乐喇叭组合方式。

图18-30 后洒水砣状喷嘴外形图

2. 工作原理

洒水车水路工作原理简图,见图18-31。

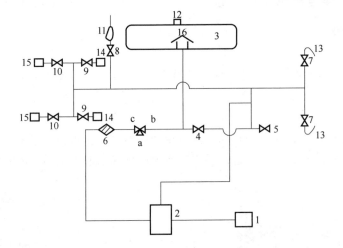

图18-31 洒水车水路工作原理简图

1—取力器 2—水泵 3—水罐 4—连通阀 5—消防球阀 6—过滤网 7—前冲阀
8—洒水炮阀 9—侧喷阀 10—后洒阀 11—洒水炮 12—罐口盖 13—前冲器
14—侧喷莲花头 15—后洒砣 16—防旋板 abc—三通四位阀

(1)加水

1)罐口加水:将车开到预定位置,使水罐口对准自来水管口打开盖、即可加水。

2)野外自采水:通过水泵给罐内供水。其操作程序是:在三通四位阀"a"处接一个胶管通入地面水源使三通球阀a和c口相通,关闭阀7、8、9、10,打开阀4,踏下离合器踏板,打开取力器开关,慢慢松开离合器踏板(千万不可过快,否则将会损坏取力器或变速器),使水泵开始工作,即可向罐内加水,停止工作后开关回位。

(2)洒水 接通三通四位阀的c和b,关闭阀4,根据需要打开阀7、8、9、10,其中,7为前冲阀,用于冲洗路面;8为洒水炮阀(可应急消防,可远距离浇灌花木);9为侧喷阀,可浇灌路边花台花木;10为后洒阀,用于路面洒水。待水罐内盛水洒完后,分割离合器,脱开取力器。

(3)浇灌花木、应急消防 接通三通四位阀的b和c相通,阀4、7、8、9、10关闭,在阀5口接一水龙带,水龙带的另一端接一水枪,利用水的重力,可自流浇灌花木。也可挂上取力器加压应急消防或远距离浇灌花木。

(4)活动泵站 接通三通四位阀的a、c,在a口接上吸水胶管,关闭阀4、7、8、9、10,打开阀5,在5口接出水管,使水泵开始工作,即可将甲地的水抽往乙地,起到活动泵站的作用。

(二)常见问题及解决方案

1. 水抽不上来

(1) 原因分析

1) 管路密封不严。

2) 滤水器入水太浅。

3) 水泵抽真空不好。

4) 引水不足。

(2) 解决措施

1) 检查胶垫,调整密封垫厚度,拧紧接头螺栓。

2) 深置滤水器。

3) 按水泵说明书进行故障排除。

4) 加足引水。

2. 洒水宽度不足

(1) 原因分析

1) 水泵转速达不到额定值。

2) 喷洒角度不对。

3) 管路有堵塞或泄漏现象。

(2) 解决措施

1) 提高发动机转速至水泵转速的额定值。

2) 调整喷洒角度。

3) 排除堵塞或泄漏现象。

3. 水泵噪声或振动

(1) 原因分析

1) 轴承间隙过大。

2) 齿轮间隙过大。

3) 齿轮箱缺油。

(2) 解决措施 参照泵说明书排除。

4. 球阀操纵失灵

(1) 原因分析 气缸故障或阀芯损坏。

(2) 解决措施 检查电、气路有否松动;更换球阀。

5. 水泵不能自吸

(1) 原因分析

1) 泵体内未加储液或储液不足。

2) 吸入管路漏气。

3) 转速太低。

4) 吸程太高或吸入管路被堵塞。

5) 机械密封泄漏量过大。

(2) 排除方法

1) 加足储液。

2) 检查并消除漏气现象。

3) 调整转速。

4) 降低吸程或缩短吸入管路。

5) 修理或更换。

6. 泵轴功率消耗太大

(1) 原因分析

1）流量过大。
2）转速太高。
3）泵轴歪曲或叶轮卡碰。
4）泵内流道堵塞或被卡住。

（2）排除方法

1）减少流量。
2）适当降低转速。
3）校正或更换泵轴。
4）消除堵塞物。

7. 泵噪声振动较大

（1）原因分析

1）底脚不稳。
2）气蚀现象。
3）轴承磨损严重。
4）泵内流道堵塞或被卡住。
5）泵或进口管道内有杂物。
6）泵或动力机两者主轴不同轴。

（2）排除方法

1）加固。
2）调整工况。
3）更换新轴承。
4）校正或更换泵。
5）清除杂物。
6）调整同轴度。

四、发展趋势与典型产品介绍

（一）洒水车的发展趋势

1）向智能化、自动化方向发展。
2）向多用途方向发展。
3）向新能源方向发展。

（二）典型产品介绍

以福田汽车为底盘的部分符合国六标准的洒水车为例，产品明细见表18-19，外观见图18-32。

表18-19 部分符合国六标准洒水车产品（仅供参考）

序号	产品型号	底盘品牌	整车尺寸/mm	总质量/kg	额定质量/kg	整备质量/kg	发动机型号	底盘型号
1	BJ5073GSSDJDA-01	福田牌	5995×2070×2295	7360	3835	3330	Q28-130E60, Q28-130C60	BJ1073VDJDA-01
2	BJ5124GSSKJFA-01	福田牌	7150×2460×2660	11995	6600	5200	WP4.1NQ190E61	BJ1124VKJFA-01
3	YZR5160GSSBJ6	福田牌	7950×2420×3200	16000	9335	6470	WP4.1NQ190E61	BJ1164VKPFA-01
4	BJ5164GSSKPFA-01	福田牌	8170×2420×3200	16000	9530	6275	WP4.1NQ190E61	BJ1164VKPFA-01
5	HLV5180GSSB6	福田牌	8150/8390/8850×2500×3200	18000	11255, 11320	6550	WP4.6NQ220E61	BJ1184VKPFN-01
6	YZR5183GSSBJ6	福田牌	8600×2500×3200	18000	10870, 10805	7000	WP4.6NQ220E61, YCS06270-60	BJ1184VKPFN-02

a) 5m³ 洒水车

b) 8m³ 洒水车

c) 10m³ 洒水车

图 18-32　部分符合国六标准洒水车产品外观

第七节　护栏清洗车

一、基本概念与结构

(一) 定义与特点

1. 定义

护栏清洗车是指装备有液压系统和护栏清洗工作装置，用于公路护栏清洗作业的罐式专用作业车，见图 18-33。

护栏，是指用于隔离往返车道、机动车与非机动车道、车辆道路与人行道路的栏杆。

图 18-33　护栏清洗车外形示意图

2. 适用范围

适用于清洗道路护栏、管道、隔离护栏、壁面、墙体等。

3. 分类

（1）按用途分类

1）专用护栏清洗车：专门用于清洗护栏、管道、隔离护栏、壁面、墙体等。

2）洒水式护栏清洗车：在洒水车的基础上，加装护栏清洗装置。在进行洒水作业的同时，可同时进行护栏清洗作业。

(2) 按水箱容量分类 有 $2m^3$、$3m^3$、$4m^3$、$8m^3$、$10m^3$ 等。

(3) 按照总质量分类 有 4.5t、6t、8t、10t、12t 等。

4. 特点

1) 双刷互动作业设计，清洗效率高，作业速度快（3~5km/h）。

2) 导向辊装置，使清洗刷与护栏板自动保持恒定距离，确保清洗的质量、效率和安全。

3) 高压水流设计，高效节水，1t 水可洗护栏 5~8km。

4) 独特的刷毛设计，清洗不留死角，不划伤漆面。

5) 独立动力源，确保动力稳定性。

（二）基本结构

具体以产品说明书为准。

1. 上装的组成

一般由蓄水箱、动力变速取力装置、高压水泵、液压控制机构、液压油箱、发动机、高压柱塞泵、竖支架、洗擦机构组成，见图 18-34。

图 18-34 护栏清洗车上装组成

2. 洗擦机构的组成

洗擦机构（图 18-35）一般包括两对并列的圆柱形洗擦筒、喷洒器、毛刷、伸缩式套筒垂直液压缸、水平位移液压缸、平衡体、液压马达和液动四轴变速器。

3. 洗擦机构的主要配置简介

1) 高压水冲洗：高压水流设计，高效节水，1t 水可洗护栏 5~8km；采用陶瓷高压喷嘴，出水压力大于 3MPa，喷嘴喷出的水呈扇形，能使护栏表面得到有效的冲洗和润湿。

2) 不需要清洗剂。

3) 清擦系统装有三个高压陶瓷喷嘴、两个刷辊和两个导向辊。

图 18-35 洗擦机构

4) 采用三冲两刷的清洗工艺；洁净度能达到 90%。

5) 刷辊转速的选择：根据护栏清洗车的作业速度（5~8km/h），计算出刷辊的转速在 200r/min 左右。

6) 模糊清刷工艺：采用柔性刷毛，在清刷护栏表面时，对曲形表面能完全接触，避免了护栏清洗时留下死角清洗不彻底，影响护栏的清洗质量。

7) 特制刷毛：刷毛形状为特制四角刷丝，这种刷丝在刷洗护栏表面时，能产生较大摩擦力，清除护栏表面的灰尘和油污效果很好。刷丝强度高，在作业时不会发生断裂。而且也不会发生缠绕和打结现象。

8) 刷辊与护栏的距离恒定：设计安装导向辊，其外端面比刷毛展开时短 100~150mm，保证清洗车作业时,刷毛能对护栏表面进行有效的清洗,而且在清洗过程中,由于导向辊与护栏始终保持接触,使刷毛作用在护栏表面的摩擦力均匀一致,保证了护栏的清洗质量,清洗后的护栏表面的洁净度达到90%。

9)可根据用户需要加装高压水泵、水枪,还可用于冲刷城市各种广告和刷洗城市雕塑等。

二、基本功能与性能参数

(一)基本功能与辅助功能

1. 基本功能

包括洗擦功能、冲洗功能,可以具有洒水车的全部功能。

2. 辅助功能

包括防浪功能、操作功能、照明功能、监视功能、警示功能、车辆运营管理与数据传输功能、储水功能等。

(二)主要性能要求

1. 整车要求

整车应符合 GB/T 25981—2010《护栏清洗车》标准要求。

1)整车技术参数应符合表18-20的要求。

表18-20 整车技术参数表(仅供参考)

序 号	项 目	参 数 值
1	最低作业速度/(km/h)	>4
2	清洗高度范围/mm	120~1400
3	清洗宽度范围(厚度)/mm	0~200
4	清洗作业时,车辆最外侧与护栏中心线的距离/mm	≥500

注:1. 清洗高度:护栏清洗车所能清洗的不同规格护栏的高度范围。
  2. 清洗宽度:护栏清洗车所能清洗的不同规格护栏的厚度范围。
  3. 清洁度:在规定的试验条件下,护栏清洗车作业后,护栏被清除的污染物的质量与未清洗前护栏表面污染物的质量之比,用%表示。
  4. 可靠度:护栏清洗车整车及作业性能稳定程度,用%表示。
  5. 清洗速度:护栏清洗车进行清洗作业且达到规定的清洁度的作业速度范围。

2)护栏清洗车应安装夜间工作照明灯。

3)护栏清洗车在清洗速度范围内作业,清洁度应大于90%。

4)护栏清洗车在试验条件下作业,且达到规定的清洁度,清洗1km护栏耗水量应<200L。

5)护栏清洗车专用装置150h工作试验,可靠度应≥80%,且不准出现严重故障。

2. 安全要求

符合相关标准的规定。

3. 环保要求

符合国家和地方的环保规定。

1)护栏清洗车副发动机(柴油机)的排放应符合 GB 20891—2014 的规定。

2)护栏清洗车自由加速烟度(含主、副发动机)排放限值应符合 GB 3847—2018 的规定。

3)护栏清洗车加速行驶车外噪声应符合 GB 1495—2002 的规定。

4)护栏清洗车驾驶员耳旁噪声应符合 GB 7258—2017 的规定。

5)护栏清洗车作业时车外噪声≤88dB(A)。

6)护栏清洗车副发动机工作中产生的无线电干扰特性应符合 GB/T 18655—2018 和 GB 14023—2011 的规定。

4. 外观

1) 护栏清洗车的油漆涂层应附着牢固,漆膜光滑平整,无流痕、鼓泡、皱皮、裂纹和明显刷痕。
2) 护栏清洗车的所有焊缝应均匀、平直整齐,无漏焊、夹渣、气孔、咬边及焊穿现象。
3) 所有外露金属件及紧固件应进行防腐处理,连接件、紧固件必须连接可靠。油路、气路、水路及电路等管线应夹持牢固,不允许管路与运动部件发生摩擦干涉,同时应与发动机高温零件保持安全距离。

5. 专用装置

(1) 清洗装置技术参数(表18-21)。

表18-21 清洗装置技术参数表(仅供参考)

序 号	项 目	参 数 值
1	装置上下调节距离/mm	≥100
2	装置横向调节距离/mm	≥100
3	垂直方向左、右摆角/(°)	≥±5
4	转场工况清洗机构离地间隙/mm	≥200
5	转场工况装置锁止位移量/mm	0~1
6	内外侧刷洗机构调整距离/mm	≥100

(2) 副发动机

1) 副发动机应安装转速、冷却液温度、油压、电流等显示发动机工作状况的仪表,仪表及副发动机控制装置应方便驾驶员观察和操作。
2) 副发动机应能在规定的工作转速下连续可靠地驱动液压泵及水泵等工作。

(3) 水罐

1) 水罐内应设置隔板,隔板应能承受罐内水的冲击并减小水的晃动。
2) 用普通钢板制造的水罐内外表面均应做防腐处理。
3) 水罐应设置溢流及液位显示装置。
4) 水罐应无渗漏现象。

(4) 液压系统

1) 液压系统的设计安装应符合 GB/T 3766—2015 的规定。
2) 液压系统在额定压力下应无渗漏。
3) 液压系统应安装安全阀等过载保护装置。
4) 液压系统应有液压油散热装置。
5) 清洗装置上安装的动作液压缸应能在任何位置上停留,液压缸杆在任何位置停留 30min,其长度变化应≤5mm。
6) 液压油的固体污染度限值应符合 QC/T 29104—2013 的规定。

(5) 水路系统

1) 水路系统在额定的工作压力下应无渗漏。
2) 水泵进水口应有过滤装置。
3) 水路系统应设置喷水与停止喷水控制阀门。
4) 水路系统最低处应有放水阀门。
5) 喷嘴应通畅,喷水规则均匀。安装位置及数量合理,部分喷嘴喷水方向应可调。

(三) 整车技术参数

以福田时代护栏清洗车为例,整车技术参数参见表18-22。

表 18-22　护栏清洗车整车技术参数表

护栏清洗车型号	WTY5082GQXA6
外形尺寸/mm	6095×2350×2650
底盘型号	BJ1086VDJDA-01
发动机型号	WP3NQ160E61
副发动机型号	SD4WA1-2N
喷水系统	ZMB240
水箱容积/m³	4
刷洗速度/(km/h)	2~6
滚刷高度/mm	300~1600
刷洗宽度/mm	0~260
滚刷转速/(r/min)	400~800
清洗系统	滚刷4个
喷嘴	狭缝式喷嘴

三、工作原理与常见故障及排除方法

1. 工作原理

1) 当护栏清洗车驶入设置有护栏的道路后，要求车辆以一定速度行驶。

2) 启动副发动机，副发动机带动液压油泵。

3) 通过控制水平伸缩油缸将滚刷机构打开；通过控制滚刷升降油缸来调节滚刷机构的高度；通过控制滚刷摆动油缸来使外滚刷进行90°的摆动；将车辆贴近护栏使滚刷能够夹住护栏；通过调节滚刷间距调节油缸来控制外滚刷与护栏间的距离。

4) 调整好位置后，控制高压水泵、低压水泵、水路控制器件动作，使高压喷嘴和低压喷嘴开始喷水；同时，滚刷马达带动滚刷开始转动，护栏清洗车开始清洗护栏作业。

5) 作业到护栏尽头，车辆可以直接驶离护栏；当车辆在护栏中部需要驶离、或者进行转场时，通过控制外滚刷摆动油缸来使外滚刷进行90°的摆动，然后再将车辆驶离护栏。

2. 常见故障及排除方法

护栏清洗车的常见故障现象：滚刷转速过低或不转。

1) 原因一：溢流压力过低。

排除方法：调整或检修电磁溢流阀。

2) 原因二：转速节流阀开度过小。

排除方法：调整转速节流阀开度。

3) 原因三：电磁换向阀卡滞。

排除方法：用手指推动电磁换向阀阀芯往复运动数次，消除卡滞。

4) 原因四：液压马达或液压泵磨损或卡滞，液压马达轴承座内轴承烧坏。

排除方法：检修或更换液压马达、液压泵。

四、发展趋势与典型产品介绍

（一）护栏清洗车的发展趋势

1) 向多功能、多用途方向发展。

2）同洒水车的发展方向基本一致。

（二）典型产品介绍

以福田汽车为底盘的部分符合国六标准的护栏清洗车为例，见表18-23，仅供参考。

表18-23　部分符合国六标准的护栏清洗车产品（仅供参考）

序号	产品型号	底盘品牌	整车尺寸/mm	总质量/kg	额定质量/kg	整备质量/kg	发动机型号	底盘型号
1	TSW5040GQXB6	福田牌	5995×2180/2200×2600	4495	500	3800	Q28-130E60，Q28-130C60	BJ1043V9JDA-01
2	WTY5082GQXA6	福田牌	6095×2350×2650	8280	1935	6150	WP3NQ160E61	BJ1086VDJDA-01

本章小结与启示

通过本章学习，要求了解车厢可卸式垃圾车等环卫车分类、部分国六产品的产品组合，为产品营销打下基础。

通过本章学习，要求掌握车厢可卸式垃圾车等环卫车的主要功能、上装配置、主要性能（名称）和性能指标、工作原理，为向客户介绍产品打下基础。

本章学习测试及问题思考

1. 车厢可卸式垃圾车的基本功能是什么？
2. 车厢可卸式垃圾车的主要性能指标有哪些？按照名称列出。
3. 车厢可卸式垃圾的上装主要配置（或部件）是什么？分别列出其名称。
4. 列出车厢可卸式垃圾车一个故障（或问题）的名称并给出解决方案。
5. 压缩式垃圾车的基本功能是什么？
6. 压缩式垃圾车的主要性能指标有哪些？按照名称列出。
7. 压缩式垃圾车的上装主要配置（或部件）是什么？分别列出其名称。
8. 列出压缩式垃圾车一个故障（或问题）的名称并给出解决方案。
9. 自装卸式垃圾车的基本功能是什么？
10. 自装卸式垃圾车的主要性能指标有哪些？按照名称列出。
11. 自装卸式垃圾车的上装主要配置（或部件）是什么？分别列出其名称。
12. 列出自装卸式垃圾车一个故障（或问题）的名称并给出解决方案。
13. 餐厨垃圾车的基本功能是什么？
14. 餐厨垃圾车的主要性能指标有哪些？按照名称列出。
15. 餐厨垃圾车的上装主要配置（或部件）是什么？分别列出其名称。
16. 列出餐厨垃圾车一个故障（或问题）的名称并给出解决方案。
17. 吸污车的基本功能是什么？
18. 吸污车的主要性能指标有哪些？按照名称列出。
19. 吸污车的上装主要配置（或部件）是什么？分别列出其名称。
20. 列出吸污车一个故障（或问题）的名称并给出解决方案。
21. 洒水车的基本功能是什么？
22. 洒水车的主要性能指标有哪些？按照名称列出。
23. 洒水车的上装主要配置（或部件）是什么？分别列出其名称。

24. 列出洒水车一个故障（或问题）的名称并给出解决方案。
25. 护栏清洗车的基本功能是什么？
26. 护栏清洗车的主要性能指标有哪些？按照名称列出。
27. 护栏清洗车的上装主要配置（或部件）是什么？分别列出其名称。
28. 列出护栏清洗车一个故障（或问题）的名称并给出解决方案。

第十九章 售货车和舞台车[一]

> **学习要点**
> 1. 了解各类售货车和舞台车的功能、性能、结构、主要配置、常见故障及处理方法。
> 2. 了解售货车和舞台车的分类与产品组合、产品公告。
> 3. 能够根据客户需求、实际应用场景,结合产品知识,进行产品推荐。
> 4. 了解售货车和舞台车的发展趋势,能够跟踪厂家产品开发的进度,及时调整营销产品组合。
> 5. 能够指导服务站进行售货车和舞台车的日常保养、常见故障排除。

第一节 售货车

一、基本概念与结构

(一)定义与特点

1. 定义

售货车是装备有售货窗口、货架、货柜等设施,用于流动售货的箱式专用作业汽车。

2. 适用范围

1)流动售卖水果、饮料、副食品、服装、百货、家电等食品及日用商品。可以停放在休闲广场、步行街口、车站、码头、校园、庆典活动现场、体育场馆、旅游景点等场所,还可以开到郊外乡镇赶集。

2)相对固定地点,售卖早餐。

3)相对固定地点,售卖快餐。

3. 分类

(1)根据底盘不同分类

1)整体式流动售货车,见图 19-1。

2)分体式流动售货车,见图 19-2。

(2)根据用途不同分类

1)流动快餐车,见图 19-3。

[一] 本章由程新伟、王术海编写。

图 19-1　整体式流动售货车

图 19-2　分体式流动售货车

图 19-3　流动快餐车

图 19-4　拖挂式流动售货车

2）流动售货车，根据售卖的货物不同，又可以分为：
① 冰淇淋售货车。
② 奶茶售货车。
③ 冷饮售货车。
④ 服装售卖车。
⑤ 小零食售货车等。
(3) 按照有无动力分类
1）自走式流动售货车。
2）拖挂式流动售货车，见图 19-4。
(4) 按照功能分类
1）普通流动售货车。
2）带冷藏、保鲜、空调功能的流动售货车，见图 19-5。

图 19-5　带冷藏、保鲜、空调功能的流动售货车

(5) 按照作业使用动力分类
1）自带动力（带冷藏、保鲜、空调）流动售货车。
2）外接电源（带冷藏、保鲜、空调）流动售货车。

4. 特点

1）流动性强。

2）经济实惠，价格不高。
3）舒适。
4）环保：餐饮车带除尘等环保设施。
5）卫生：销售新鲜食品，带保鲜、冷藏冰柜。
6）安全，晚上不用卸货。
7）操作简便。

二、基本功能与性能参数

（一）基本功能

1. 流动售货车的基本功能

1）行驶功能：不论是自走式，还是拖挂式都具有行驶功能。
2）翼展功能。
3）货物展示（货柜）功能。
4）照明功能。
5）宣传功能（喇叭、电视）。
6）动力提供功能（自带、外接）。
7）安全功能（防盗）。
8）储物功能（包括货柜货物保护功能，在运输过程中货物不会磕碰划伤）。
9）空调、保鲜、冷藏功能。
10）监控功能。
11）购买上车踏步功能。
12）计量功能。
13）收款功能。
14）防风、防雨功能。

2. 快餐车的功能

在售货车功能的基础上，还应有如下基本功能：

1）快餐食品、饮料制作功能。
2）烧烤功能。
3）烹饪功能。
4）环保（除烟尘）功能。
5）提供太阳伞、桌椅功能等。

（二）主要性能及参数

1. 主要性能

不同售货车的性能不一样。主要性能有：

1）载质量。
2）货箱容积。
3）翼展面积等。

2. 整车技术参数

售货车主要技术参数见表19-1。

表19-1 售货车主要技术参数（仅供参考）

售货车主要技术参数			
产品名称	CLW5030XSHB5 型售货车	外形尺寸	4730mm×1780mm×2630mm
底盘型号	BJ1036V5JV5-D1	货箱尺寸	—m
总质量	2550kg	接近/离去角	39°/20°

(续)

售货车主要技术参数			
额定质量	860kg	前悬/后悬	605mm/1055mm
整备质量	1560kg	最高车速	115km/h
排放标准	GB 18352.5—2013 国五		
整车说明	随底盘选装前格栅及雾灯座颜色；车辆颜色可选；文字喷涂位置可变化。该车仅选用轴距为3070mm 的底盘			
底盘参数			
底盘型号	BJ1036V5JV5-D1	燃料种类	汽油
轴数	2	前轮距	1338mm
轴距	3070mm，3170mm	后轮距	1375mm，1405mm，1455mm
驾驶室乘员人数	2	弹簧片数	-/5
轮胎	4	轴荷	700/1850kg
轮胎规格	175R14LT 8PR		
发动机参数			
发动机型号	发动机生产企业	排量/mL	功率/kW
LJ469Q-1AE9	柳州五菱柳机动力有限公司	1249	64
4W12M1	北汽福田汽车股份有限公司	1206	63

三、售货车主要配置

1. 流动售货车的主要配置

1）货箱：具有储物、安全、防护、翼展功能的货箱。

2）货柜：能展示不同型号、多种货物且可安全放置（运输过程中不脱落）的货柜。

3）LED 照明灯，明亮、大方、美观。

4）高音喇叭、电视。

5）两侧外翻带搁物吧台。

6）外接电源。

7）自带220V 电源发动机，可进行发电；140A·h 蓄电池，充放电保护开关。

8）空调（暖风）。

9）保鲜柜/冷藏展柜（选装）。

10）冰箱（选装）。

11）饮料机（选装）。

12）果汁机（选装）。

13）冰激凌机（选装）。

14）制冰机、碎冰机（选装）。

15）WiFi 设备（选装）。

16）视频监控系统（选装）。

17）自动购物踏板（选装）。

18）收款柜（选装）。

19）液压操作系统（选装）：执行车厢打开、踏板伸缩、货柜打开/收缩等。

20）气动操作系统（选装）。

21）消防设施。

22）计量设施。

23）收款设施等。

2. 快餐车还需增加的基本配置

1）炊具。

2）餐具储存、清洗、消毒设施。
3）储水箱及供水设施。
4）污水收集及处理设施。
5）烧烤设施（选装）。
6）桌椅储存设施。
7）除尘、除烟（环保）设施等。

四、发展趋势与典型产品介绍

（一）售货车的主要应用场景

流动售货车不同的工作场景见图19-6。

（1）街区　增加商业中心溢出收入，打造主题餐饮商业街区。
（2）景区　完善景区餐饮配套，打造特色文化旅游街区。
（3）校区　扶持大学生创业，打造校区创业街区。
（4）社区　增加社区便民服务，打造双线的智慧便民服务平台。
（5）赶集　农村用于商贩赶集售货。
（6）其他场合　庙会、运动会等人员聚集的场合。

图19-6　流动售货车不同的工作场景

（二）售货车的发展趋势

1）向专业化方向发展：服装流动售货车、蔬菜流动售货车、肉类食品流动售货车、饮料流动售货车等。
2）向智能化方向发展：无人售货车等。
3）向自动化方向发展：开启、展示、宣传、收款等实现自动化。
4）向多功能方向发展。
5）向新能源方向发展。
6）向代替现在低端的自走式三轮流动售货车、拖挂式售货车方向发展。

（三）典型产品介绍

以福田牌部分符合国六排放标准的流动售货车为例，其产品明细参见表19-2，外观图见图19-7。

第十九章 售货车和舞台车

表19-2 部分国六流动售货车明细表（仅供参考）

序号	产品型号	底盘品牌	整车尺寸/mm	总质量/kg	额定质量/kg	整备质量/kg	发动机型号	底盘型号
1	BJ5030XSH4JV5-01	福田牌	4845/5045/5100/5200×1710/1800/1855×2590/2650	2510	495,665	1885,1715	DAM15KR,DAM16KR	BJ1030V4JV5-01
2	BJ5031XSH5JV4-51	福田牌	5030×1780×2465/2530	2501	749	1622	DAM15KL,DAM16KL	BJ1031V3JV4-52
3	BJ5035XSH3JV3-53	福田牌	5140/5510×1845×2665/2965	2605	745	1730	DAM15KL,DAM16KL	BJ1035V3JV3-53

图19-7 流动售货车外观

第二节 舞台车

一、基本概念与分类

1. 定义

舞台车，见图19-8，是指装备有可伸展的箱体翼板和折叠式的底板，顶板可伸展和升降，液压启动后可拼装成舞台和顶棚，用于巡演时作为临时舞台用的箱式专用作业汽车。

图19-8 流动舞台车外形示意图

2. 适用范围

1) 一般用于产品展示、文艺表演、公司庆典、大型活动等。
2) 此车可以作为流动广告车。

3. 分类

(1) 按照站台厢面数量分类　分为全自动单展、全自动两展、全自动三展。

1）全自动单展，车厢单面全自动展开形成舞台台面，车顶半翻，可安装 LED 广告牌，车厢另一面与车厢一起形成舞台后台。

2）全自动两展，车厢两面展开与车厢一起形成整个舞台台面，车顶升起。

3）全自动三展，车厢三面展开与车厢一起形成整个舞台台面。充分利用车厢侧板，扩大舞台台面。

（2）按照 LED 款式分类

1）内置 LED 显示屏舞台车，一般为双展流动舞台车，舞台顶部升起后，LED 屏幕可以升降。LED 屏幕前为舞台台面，后面可作为舞台后台，供演员换装化妆。

2）外置 LED 显示屏舞台车，一般为单展小舞台车，舞台台面向 LED 屏幕前伸开。后面为舞台后台。

LED 舞台车与 LED 显示屏技术完美结合，分为内置 LED 显示屏和外置 LED 显示屏两种，都是以 LED 显示屏为舞台动态的主体布景，提升演出灯光效果，是未来的主流车型。

4. 特点

在翼展式厢式车的基础上进行的再开发。其功能、性能为满足翼展式厢式车及演出舞台的功能、性能组合。

（1）设计专业性　最大限度地延展舞台台口和舞台净高，顶棚承载能力强，预设了灯架和布景吊杆，专业的舞台工艺设计及工业设计。

（2）运作安全性　率先应用垂直升降专用导向机构，并设置液压支腿，使顶棚升降安全平稳，车厢及舞台面稳定平整，带专业的野外抗风能力设计。

（3）演出适应性　预留灯光、音响、字幕、幕布、电源、布景、吊点等接口，有良好的可扩展性，舞台的地板符合专业演出需要，全部设备无须登高负重既可在 10min 安装就位。

（4）养护经济性　采用液压控制技术，搭台简便，只需配备一名驾驶员和灯光音响师即可，节省时间和人员费用。

（5）使用耐久性　整车及全套机械运作机构均按照专业标准设计制作，能适应各种恶劣环境的行驶和高强度、高密度的使用。

二、主要配置与性能参数

1. 流动舞台车的组成

舞台车是一种方便流动演出、并可展开成为舞台的特种汽车，主要包括底盘和上装两大部分。上装部分由顶板、侧板、底板组成，而外侧板和顶板分别由四个液压缸控制展开即成舞台的台顶，四个液压缸控制展开内侧板成为舞台，见图 19-9。

图 19-9　流动舞台车的上装结构组成

2. 底盘系统总成

同液压翼展式载货汽车底盘。

3. 流动舞台车主要配置简介

见图 19-10 和图 19-11。

1）厢体：整体采用铝型材和冲压件组合骨架，外板为铝合金平板，内饰为防水胶合板，舞台板为专用舞台防滑板。

2）右侧外板：通过液压举升至与舞台平行位置，形成遮阳、挡雨、灯光固定的顶棚及广告的承载面。

3）右侧内板：为两折叠，通过液压翻转后作为舞台。舞台左右加装延展板，前面加装 T 形台。舞台板采用防水、防滑、防火的腹面胶合板。

4）液压系统：用 DC24V 蓄电池，推荐采用上海史德缔流体技术研究所液压缸，意大利进口动力单元。

5）舞台灯光：电源 220V，顶板布置有 DC24V 应急灯。

6）车厢体的顶板：升起后作为舞台顶棚的固定部分。

7）支腿：安装在车架或副车架上的支撑机构，演出时用于支撑舞台车体，形成一个无降沉、无晃动、稳定的基础舞台平面的装置。

8）升降导向架（立柱）：一种与车架或副车架固定连接，在垂直升降过程中可防止顶棚倾斜，在行驶及演出时对整车及舞台起到稳定作用的框架结构。

9）舞台台板滑道：配合活动舞台台板展开、收拢的滑道。

10）舞台台板支撑杆：用于支撑活动舞台台板的机械装置，能够调节高度。

11）灯光杆：布置于顶棚上，用于悬挂灯具的专用结构。

12）景物杆：布置于顶棚上，用于悬挂演出用布景等的专用结构。

13）电控箱：用于放置演出所需的配电设备及调光设备的控制箱。

图 19-10　厢体右侧板展开成为顶棚和舞台

图 19-11　厢体顶板升起后作为舞台顶棚

4. 主要性能指标

1）舞台面积。

2）LED 屏尺寸。

3）音响效果。

4）流动舞台车厢体：整体采用铝型材和冲压件组合骨架，外板为铝合金平板，内饰为防水胶合板，舞台板为专用舞台防滑板。

5）右侧内板（舞台板）：为两折叠，通过液压翻转后作为舞台，舞台左右加装延展板，前面加装 T 型台。舞台板采用防水、防滑、防火的腹面胶合板或桥梁竹夹板。

6）液压系统控制为 DC24V 蓄电池。采用上海史德缔流体技术研究所液压缸，动力单元为意大利进口。

7）舞台灯光电源 220V，顶板布置有 DC24V 应急灯。

以福田流动舞台车为例，其整车主要性能参数见表 19-3，供参考。

表 19-3　舞台车整车主要性能参数

福田流动舞台车技术参数（模板，指标仅供参考，以产品合格证为准）	
基本参数	
整车型号	CLW5041XWTB5
整车尺寸（长×宽×高）	5995mm×2150mm×2950mm
舞台面积	25m²
展开方式说明	单面展开，厢体顶部二分之一可90°自动向上翻起，厢体侧板向外侧平翻形成舞台台面
底盘参数	
底盘型号	BJ1049V8JEA-F1
排放标准	国五
燃油种类	柴油
轴距	3360mm
发动机型号	福田康明斯 ISF2.8s5R117
最大转矩	118N·m
最大功率	87kW
排量	2780mL
轮胎规格	7.00-16 8PR
配置说明	舞台展开方式可做单面展开、双面展开及三面展开。采用高强度专用防滑舞台板，舞台支腿可调节高度，配备爬梯和配电箱。另可配备附加舞台板，扩大舞台面积

三、主要应用场景

主要应用场景，参见图 19-12～图 19-15。

图 19-12　流动舞台政策宣传车

图 19-13　流动舞台产品宣传、销售车

图 19-14　流动舞台户外活动宣传车

图 19-15　流动舞台科普宣传车

1. 做主席台、舞台

1）室外大型会议的主席台、背景台。

2）政策宣传台。

3）流动剧团、歌舞团的舞台。

2. 商品展销

（1）产品推广及销售　产品推广、宣传、销售车。

（2）会议宣传　企业客户座谈会、产品推广会的宣传车。

（3）产品巡展　产品巡展、展示车。

3. 户外活动

（1）巡游展示　商家宣传信息发布巡游，如楼宇开盘、品牌推广等各类公关活动。

（2）户外直播　体育赛事、演唱会、音乐会、汽车电影等娱乐节目现场直播。

（3）庆典仪式　商家开业、剪彩奠基、颁奖典礼、周年庆等各种庆典仪式舞台。

（4）户外婚礼舞台

4. 公共事业

（1）科普知识普及宣传车　用于公共交通安全，消防知识、环保知识等各种科普知识的流动宣传车。

（2）卫生信息发布　用于各种流行传染病防控、妇幼保健、社区卫生等相关知识及精神文明推广的流动宣传车。

（3）教育信息发布　用于招生信息公布、各种学科教育普及，以及考试热点问答流动宣传车。

四、典型产品介绍

以福田牌部分符合国六排放标准的舞台车为例，其产品明细参见表19-4，外观图见图19-16。

表19-4　部分符合国六标准的舞台车产品（仅供参考）

序号	产品型号	底盘品牌	整车尺寸/mm	总质量/kg	额定载质量/kg	整备质量/kg	发动机型号	底盘型号
1	BJ5032XWT5JV5-01	福田牌	5595×1800/1840×2700/2900	2805	685，495	1990，2180	DAM15KL，DAM16KL	BJ1032V5JV5-01
2	BJ5043XWT9JDA-01	福田牌	5995×2055/2240×2980/3230	4495	390	3910，4300	Q28-130E60，Q28-130C60	BJ1043V9JDA-01

图19-16　部分符合国六标准的流动舞台车外形

本章小结与启示

通过本章学习，了解售货车、舞台车的分类、部分国六产品的产品组合，为产品营销打下基础。掌握售货车、舞台车的主要功能、上装配置、主要性能（名称）和性能指标，为向客户介绍产品打下基础。

本章学习测试及问题思考

1. 售货车的基本功能有哪些?
2. 售货车的主要性能指标有哪些?按照名称列出。
3. 售货车的上装主要配置(或部件)有哪些?分别列出其名称。
4. 舞台车的基本功能有哪些?
5. 舞台车的主要性能指标有哪些?按照名称列出。
6. 舞台车的上装主要配置(或部件)有哪些?分别列出其名称。

第三篇
服务营销与客户营销

北京佐卡科技有限公司
经销商的企业管理制度和课
后测试题答案均可在线阅读

第二十章 服务营销[一]

学习要点

1. 掌握服务营销的理念与目标。
2. 了解客户对服务的担忧。
3. 掌握影响客户服务满意度的5个差距。
4. 掌握缩小直至消灭5个差距的方法。

在拥有了客户以后,如何才能留住客户?如何实现客户"零"流失?很多商用车经销商每年都在不停地开发新市场、新行业、新客户,就是留不住,没有回头客(或者很少),这就是因为服务营销没有做好。本章将就如何开展服务营销,如何提升服务营销的水平展开介绍。

第一节 服务营销的思想与方法

一、服务理念与目标

1. 服务的定义

服务就是满足别人期望和需求的行动、过程和结果。针对商用车客户的服务,主要就是考虑如下三方面:

1)行动:行为与动作是否符合流程要素、工艺及工艺标准?是否符合保养、维修手册的要求?

2)过程:所有的过程(接待、信息收集、客户开发、作业、验收、交付、回访等)是否符合制度的规定?客户有没有参与?客户有没有看到?所有的过程是否真实?

3)结果:客户看到的与经销商所宣传的及客户想象的是否一致,客户是否满意?是否为客户尽心尽力地服务了?

2. 服务对象

服务的对象是意向客户、目标客户、客户(客户就是市场—营销学的概念)。

3. 服务行为理念

服务行为的理念是以客户为中心。

[一] 本章由王术海、梁兆文编写。

4. 服务特点

服务的特点是无形性（没有形状）、异质性（每一次服务的质量不一样）、生产与消费同步性、易逝性。

5. 服务目标

服务目标是以客户满意为最高目标。因为，客户满意，实现服务消费，产生服务利润。

6. 服务内容

服务的内容（或服务项目）指经营范围内的客户需求。

二、客户服务理念与目标

1. 客户服务的定义

客户服务指客户需求的，自己能够提供的全面的售前、售中、售后服务。

2. 客户服务对象

客户服务对象包括购买、拥有或者有意向购买自己产品的所有客户，包括意向客户、意向目标客户、目标客户、客户。

3. 客户服务行为理念

客户服务行为理念是以客户为中心。

4. 客户服务特点

客户服务的特点是无形性（没有形状）、异质性（每一次的质量不一样）、生产与消费同步性、易逝性。

5. 客户服务目标

客户服务的目标是通过服务让客户认可品牌，进而购买其产品，实现核心产品的销售。

6. 客户服务内容

（1）技术服务 将厂家的产品技术转化为客户服务的营销技术、保养技术、维修技术、配件技术、使用技术，帮助客户解决车辆购买、运营中存在的技术问题。

（2）建设服务 为客户服务而进行的"有形实据"建设，包括硬件（展厅、厂房、设备、工具等）和软件（制度、工艺、标准、流程、管理与操作软件等）。

（3）管理服务

1）为规范服务行为、确保客户满意而制订的管理制度等。

2）为客户提供的车辆服务、运输管理服务等（如：陕汽提供的客户车辆托管服务、部分经销商提供的运输公司服务等）。

（4）培训服务

1）为满足客户服务而进行的人才培训。

2）为客户提供的驾驶员、配件保管员、维修工等的培训服务。

（5）咨询服务：就客户的问题、疑问提供解决方案及解答的服务。

（6）帮助服务：帮助客户解决困难的服务等（包括金融服务）。

三、关系营销的理论与目标

在客户服务的基础上，以追求建立与客户的长期良好关系为目标，进行关系市场营销。

1. 关系营销的定义

关系市场营销，简称关系营销，是把营销活动看成是一个企业与客户、供应商、分销商、竞争者、政府机构及其他公众等发生互动作用的过程。其核心是建立和发展与这些公众特别是客户的良好关系。

本书对关系营销的定义如下：服务商（包括经销商）为建立和保持与客户长期良好关系为目的的所有营销活动。

2. 关系营销理论的来源

1985年，巴巴拉·本德·杰克逊提出了关系营销的概念，使人们对市场营销理论的研究又迈上了一个新的台阶。关系营销理论一经提出，迅速风靡全球，杰克逊也因此成了美国营销界备受瞩目的人物。科特勒评价说，杰克逊的贡献在于他使我们了解到关系营销将使公司获得较之其在交易营销中所得到的更多。

3. 关系营销的本质特征

1）双向沟通：在关系营销中，沟通应该是双向而非单向的。只有广泛的信息交流和信息共享，才可能使企业赢得各个利益相关者的支持与合作。

2）合作：一般而言，关系有两种基本状态，即对立和合作。只有通过合作才能实现协同，因此合作是"双赢"的基础。

注意： 在关系营销理论下，双方的关系只能是合作，而不是上下级的服从与管理关系。现在有些厂家的营销管理人员对经销商、服务商的态度就像是上下级关系，这是不对的。

3）双赢：即关系营销旨在通过合作增加关系各方的利益，而不是通过损害其中一方或多方的利益来增加其他各方的利益。

4）亲密：关系能否得到稳定和发展，情感因素也起着重要作用。因此，关系营销不只是要实现物质利益的互惠，还必须让参与各方能从关系中获得情感的需求满足。

5）控制：关系营销要求建立专门的部门，用以跟踪客户、分销商、供应商及营销系统中其他参与者的态度，由此了解关系的动态变化，及时采取措施消除关系中的不稳定因素和不利于关系各方利益共同增长因素。

6）信息：掌握有效的信息反馈，有利于企业及时改进产品和服务，更好地满足客户的需求。

4. 关系营销的对象

关系营销的对象是客户（包括所有的利益相关方）。

5. 关系营销的核心

关系营销的核心是以客户为中心，建立忠诚客户。

在关系营销中，获得客户忠诚通过以下三步来实现：发现客户需求→满足客户需求并获取客户满意→维系客户关系，建立忠诚客户群体。

（1）发现客户需求　有学者提出了决定客户全面满意的七个因素及其相互间的关系。这七个因素是欲望、感知绩效、期望、欲望一致、期望一致、属性满意、信息满意。关系营销就是要从决定客户全面满意的七个因素及其相互间的关系入手发现客户需求：

1）要努力使客户的欲望和感知绩效生成"欲望一致"。

2）期望和感知绩效生成"期望一致"。

3）在此基础上生成"属性满意"和"信息满意"，最后达到"全面满意"。

（2）满足客户需求并获取客户满意　从"决定客户全面满意的七个因素及其相互间的关系"中可以看出，期望和欲望与感知绩效的差异程度是满意感的来源。企业应采取以下方法来取得客户满意：①提供满意的产品和服务；②提供附加利益；③提供信息通道。

（3）维系客户关系，建立忠诚客户群体　市场竞争的实质是争夺客户资源，维系原有客户。减少客户的叛离，要比争取新客户更为有效。维系客户关系不仅仅需要维持客户的满意程度，还必须分析客户产生满意感的最终原因，从而有针对性地采取措施来维系客户关系，才能建立忠诚客户群体。

6. 关系营销的方法

关系营销的方法为梯度推进，具体如下。

（1）一级关系营销（频繁市场营销或频率营销）　利用价格对目标客户进行利益吸引，以求通过目标客户的不断消费以建立长期关系。

（2）二级关系营销　在价格吸引的基础上，建立客户组织，如客户俱乐部以及客户协会等。通过有组织的活动（如旅游、读书会、拓展训练、经营经验交流等），增加客户黏性。

（3）三级关系营销　增加结构纽带（如共同建立运输公司，发行会员卡等），既降低客户成本，增加客户收益。通过与客户建立结构性关系，也可以提高客户转向竞争者的机会成本，增加客户脱离竞争者而转向本企业的收益。

7. 关系营销的目的

关系营销的目的是建立影响能力

(1) 明确关系营销的对象

1）同行业竞争对手（的威胁）。

2）潜在进入者（的威胁）。

3）替代品（的威胁）。

4）供应商（的销售政策）。

5）客户（的讨价还价的较量）。

(2) 建立管理模型　营销双方的影响能力可用下列三个作用方程表示：

1) "营销方的作用力"小于"被营销方的作用力"。

2) "营销方的作用力"等于"被营销方的作用力"。

3) "营销方的作用力"大于"被营销方的作用力"。

引起作用力不等的原因是营销双方的能力、在行业内的位置和占有信息量的不对称。

(3) 明确关系营销的最终目的　企业关系营销的最终目的是使本企业在产业内部处于最佳位置，形成"营销方的作用力"大于"被营销方的作用力"，建立能够抗击或改变上述五种关系营销对象间关系的能力，这种能力是指决策的权利和行为的力量。

在市场竞争中，营销作用力强的一方起着主导作用，当双方力量势均力敌时，往往采取谈判方式来影响、改变关系双方作用力的大小，从而使交易得以顺利进行。

(4) 建立影响能力　要想建立强大的营销作用力，就必须建立全面的业务能力，通过服务营销，形成强大服务能力。只有这样才能建立影响能力，在关系营销中处于有利地位。

8. 关系营销和市场营销的区别

在市场营销下，除产品和企业的市场形象之外，企业很难采取其他有效措施与客户保持持久的关系。而在关系营销下，企业与客户保持广泛、密切的关系，价格不再是最主要的竞争手段，竞争者很难破坏企业与客户的关系。

市场营销强调市场占有率，在任何时刻，管理人员都必须花费大量费用，吸引潜在客户购买；关系营销则强调客户忠诚度，保持老客户比吸引新客户更重要。关系营销的最终结果，将为企业带来一种独特的资产：客户口碑传播带来的销售网络。

9. 关系营销的特点

(1) 与客户建立和保持长期的良好关系　关系营销具有：

1) 长期性：交易结束，关系开始，客户是终身的。

2) 互动性：客户是营销者经营活动的参与者或合作伙伴，营销者与客户是互动的关系，双方通过互动来影响对方的行为。有效的关系营销要善于进行客户管理——4C 的管理，即客户营销。

4C 即①客户的需要与欲望、②客户的成本、③客户的便利、④营销者与客户的沟通。

3) 过程性：强调过程性、完整性。从交易开始→关系建立→客户消失，是全过程的管理。因此，关系营销适用于一切耐用品和服务的营销。

4) 价格非敏感性：在价格之上增加了关系"利益"，因此，价格变得不敏感。

(2) 关系营销对客户的价值　稳定感、安全感、保证感。

(3) 关系营销对经销商的价值

1) 稳定的客户群体——不断的服务需求→利益。

2) 稳定的客户群体——口碑传播→带来更多的客户→客户群体的不断扩大。

10. 关系营销的内容

关系营销的内容包括：①提供满意的产品和服务；②提供附加利益；③提供信息通道；以全面满足客户的需求。

11. 关系营销的目标

关系营销的目标是在客户服务、客户满意的基础上，通过与客户建立长期的良好关系，为服务营销打好基础。

四、服务营销理论与目标

1. 市场营销的定义

市场营销是对思想、货物和服务进行构思（产品）、定价、促销和分销的计划和实施的过程，从而产生能满足个人和组织目标的交换。

市场营销强调产品、定价、促销、分销，即我们经常说的 4P。

2. 服务营销理论的来源

1964 年，麦卡锡（McCarthy）提出 4P 营销组合，即产品（Product）、价格（Price）、渠道（Place）和促销（Promotion）。

1981 年，布姆斯（Booms）和比特纳（Bitner）将人员（People）、有形展示（实据）（Physical Evidence）、过程（Process）3 个 P 增加到了原有的 4P 营销组合中，提出了 7P 营销组合，7P 也构成了服务营销的基本框架。

3. 扩展的 3P 定义

1）人员（People）。在营销组合里，人员意指人为元素，扮演着传递与接受服务的角色。换言之，也就是公司的服务人员与客户。在现代营销实践中，公司的服务人员极为关键，他（她）们可以极大地影响客户对服务质量的认知与喜好。尤其是服务业，人员素质参差不齐，服务表现的质量就无法达到一致的要求。人员也包括未购买及已购买服务的客户。营销经理人不仅要处理公司与已购客户之间的互动关系，还得兼顾未购客户的行为与态度。

2）有形展示（实据）（Physical Evidence）。即商品与服务本身的展示，亦即使所促销的东西更加贴近客户。有形展示的重要性在于客户能从中得到可触及的线索，去体验你所提供的服务质量。因此，最好的服务是将无法触及的东西变成有形的服务。

3）服务过程（Process Management）。这里的过程是指客户获得服务前所必经的过程。进一步说，如果客户在获得服务前必须排队等待，那么这项服务传递到客户手中的过程，时间的耗费即为重要的考虑因素。

3. 服务营销（7P）的内容

服务营销的内容见表 20-1。

表 20-1　服务营销的内容

要素	内　　容
产品	质量、水准、品牌、服务项目、保证、售后服务
价格	折扣、付款条件、客户认知价值、质量价格比、差异化
分销	所在地、可及性、分销渠道、分销范围
促销	广告、人员推销、宣传、公关、形象促销、营业推广
人	态度与行为、可靠性、负责、沟通、客户参与
有形实据	环境设计、设备设施
服务过程	员工决断权、活动流程、客户参与度

4. 服务营销的定义

服务市场营销，简称服务营销。是以客户为中心，以关系营销为手段，以客户满意为目的，以建立长期的客户关系和服务关系为目标，通过建立和保持长期的客户关系以赢得口碑，不断地扩大"各自企业"的忠诚客户以提升品牌价值，从而形成自己的核心竞争力。

简单地说，"服务营销"是一种通过关注客户，进而提供服务，最终实现有利于交换的营销手段。作为服务营销的重要环节，"客户关注"工作质量的高低，将决定后续环节的成功与否，影响服务整体方案的效果。设置客户经理岗位，负责"客户关系"工作，是进行服务营销的最重要一步。

5. 服务营销理论的核心

1）揭示了员工的参与对整个营销活动的重要意义。员工是企业组织的主体，每个员工做的每件事都将是客户对企业服务感受的一部分，都将对企业的形象产生一定的影响。应让每个员工都积极主动地参与到企业的经营管理活动中来，真正发挥员工的主人翁地位。

2）企业应关注在为客户提供服务时的全过程，通过互动沟通了解客户在此过程中的感受，使客户成为服务营销过程的参与者，从而及时改进自己的服务来满足客户的期望。企业营销也应重视内部各部门之间分工与合作过程的管理，因为营销是一个由各部门协作、全体员工共同参与的活动，而部门之间的有效分工与合作是营销活动实现的根本保证。

3）揭示了硬件设施的重要性。良好的环境，完善的作业流程，可靠的工艺、设备、工具，更能使客户感到舒心、放心。

6. 服务营销与市场营销的区别

1）4P 与 7P 之间的差别主要体现在 7P 的后三个 P 上。从总体上来看，4P 侧重于对产品的关注，是实物营销的基础；而 7P 则更侧重于对人、过程和有形实据的关注，是服务营销的基础。

2）从营销过程上来讲，4P 注重的是宏观层面上的过程，它从产品的诞生到价格的制订，然后通过营销渠道和促销手段使产品最终到达消费者手中，这样的过程是粗略的，并没有考虑到营销过程中的细节。相比较而言，7P 则是在这些宏观的层面上增加了微观的元素，它开始注重营销过程中的一些细节，因此它比 4P 更加细致，也更加具体。它考虑到了客户在购买时的等待、客户本身的消费知识，以及客户对于消费过程中所接触的人员的要求。

3）4P 更多是从生产企业的角度所提出的；而 7P 则更倾向于考虑客户的一面。站在生产者的一面，往往会忽略一些客户的需求，有时候这种忽略是会产生严重的后果。7P 管理对生产者的营销进行了完善，虽然还不完整，但起码给生产者一个提醒：客户的需求是不容忽视的。

4）从营销对象来讲，4P 组合侧重于对产品的推销；而 7P 组合则侧重于对客户的说服。4P 讲究"推"的营销策略，而 7P 则更加注重"拉"的策略。

5）服务营销是市场营销的升级版。服务营销的内容包含了市场营销的内容，是市场营销的升级。服务营销不仅适合于服务业企业，同样还适合于生产企业的市场营销。而市场营销的理论则更适合于生产企业的市场营销。

6）服务营销是进行客户营销的理论基础。学会了服务营销，再进行客户营销则是"如虎添翼"。

7. 服务营销的对象

服务营销要进行全面的客户管理，服务营销的对象具体包括（但不限于）经销商、服务商、配件商、客户、驾驶员、货主、货物、政府等。

8. 服务营销的行为理念

服务营销的行为理念是以客户为中心。

9. 服务营销的指导思想

服务营销的指导思想是建立全员为客户服务的思想。

10. 服务营销的特点

（1）强调组合管理

1）市场营销：是针对实物的营销管理，适用 4P 管理，即产品、定价、渠道、促销。

2）服务营销：是针对客户的营销管理，适用 7P 管理，即产品、定价、渠道（场地）、推广（促销）、人、过程、有形实据（设备）。

服务营销包含了市场营销，是对市场营销的扩展。商用车服务营销中包含着实物营销，如：精品、配件等。服务营销中的实物营销产品，是附加产品（包括车辆产品为客户提供选车服务）。在服务营销的过程中，客户可以自带实物产品（允许收取服务费，如酒店允许自带酒、水等）。

（2）强调过程管理 消费者在服务过程中的参与性、责任感十分重要。在有形产品的服务中，有些问题是由消费者自身造成的，因此，在服务的过程中让客户参与服务的过程，并让他们了解问题产生的原因和避免的方法十分重要。

（3）强调人的重要性 人，包括服务人员和客户。

（4）强调协调 强调企业内部各部门之间的协调、部门内部各岗位之间的协调、同一岗位不同人员之间的协调，强调一个声音、一个标准。

（5）强调有形实据　包括服务环境、服务工具、服务设备/设施、服务人员、服务信息资料、服务价目表、服务中的其他有形实物。

（6）强调服务质量

1）主观性——客户满意。

2）过程性——客户了解服务的全过程，是全体人员参与的结果：进门指引→接待→服务确认（售前、售中、售后）→服务位置确定→服务者确定→服务资料、设备、工具、材料确定→服务（客户参与）→试验→验收→交付→满意。

11. 服务营销的目标

服务营销的目标是客户满意。具体可通过以下过程实现：消除客户担忧→客户满意→积极性和口碑的建立→服务量不断增加→利润的不断获取→投入不断增加→客户放心→利润越来越好！

12. 服务营销的内容

1）客户需求的内容。

2）经营范围内的客户需求。

13. 服务营销的基础

服务营销的基础是关系营销。

14. 服务营销的方法

服务营销的方法是缩小直至消灭服务差距，见本章第二节。

五、经销商在开展服务营销中存在的问题

1. 客户对服务的担忧

客户对服务的担忧就是客户对经销商、服务商的不信任。

对于商用车经销商，对照服务营销的7P，就会发现商用车经销商（服务商）在为客户服务的过程中存在着以下问题：

（1）实物产品

1）车辆：是否满足所运输货物的要求？是否能挣钱？没有运输方案设计——忧销售能力；没有价格表——忧陷阱。

2）配件：是否为原厂配件——忧质量；没有价格表——忧陷阱。

（2）无形服务产品（包括保养、维修产品等）

1）没有工艺、标准——忧质量。

2）没有设备——忧能力。

3）没有资料（维修手册、配件图册等）——忧水平。

4）没有参与——忧真假。

5）没有告知——忧困惑。

6）没有书面保证——忧纠纷。

2. 服务满意度低

1）没有建立起相应的服务能力，在进行客户服务的过程中不能按照客户的期望进行服务。

2）没有建立起服务标准，或者服务标准与客户的期望差距过大。

客户对服务不满意，就会影响客户满意度。只要客户有不满意，就很难进行关系营销。不能进行关系营销，服务营销就没有了基础，也就谈不上服务营销。

第二节　影响客户满意度的五大差距

商用车客户服务质量的差距，也是商用车客户的痛点，包括如下五点：

1）客户对服务的期望是什么？到底对客户的期望了解多少？
2）是否有完善的服务标准，服务标准是否符合客户的期望？
3）在服务过程中是否按照设定的服务标准执行到位了？
4）按服务标准执行了，客户是否认同？是否与客户进行了有效沟通？
5）在一系列的服务过程过后，客户感知体验是否达到客户期望值？客户是否满意直至忠诚？

这些差距（痛点）就是服务工作与服务质量升级的方向。消灭这些差距，达到客户满意就是服务营销的目标。

一、建立服务质量五大差距模型

服务质量的五大差距模型，参见图20-1，以客户和服务组织之间的关系进行分析：

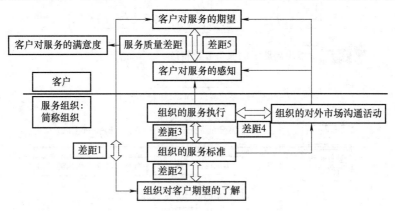

图 20-1　服务质量的五大差距模型

二、服务质量差距与其他四个差距之间的关系

差距1、差距2、差距3、差距4之间相互影响。这4个差距之和构成了差距5。服务质量差距与其他四个差距之间的关系见图20-2。

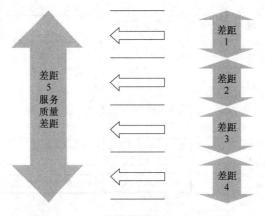

图 20-2　服务质量差距与其他四个差距之间的关系

三、缩小五大差距的服务营销管理

缩小五大差距的服务营销管理方法包括如下五个方面。

1. 缩小差距1的服务营销管理

参见图20-3。

2. 缩小差距2的服务营销管理

参见图20-4。

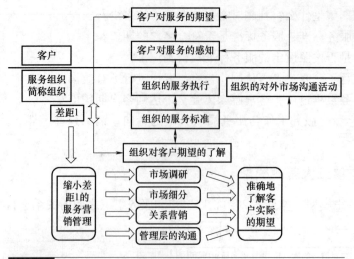

图 20-3　缩小差距 1 的服务营销管理

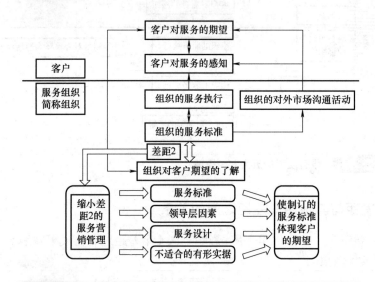

图 20-4　缩小差距 2 的服务营销管理

3. 缩小差距 3 的服务营销管理

参见图 20-5。

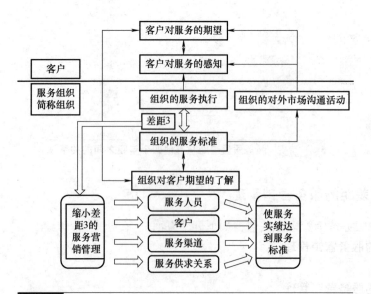

图 20-5　缩小差距 3 的服务营销管理

4. 缩小差距 4 的服务营销管理

参见图 20-6。

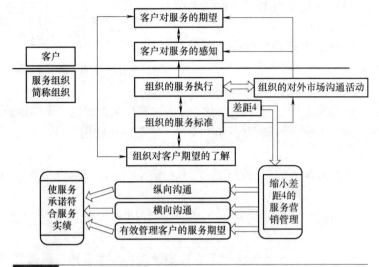

图 20-6 缩小差距 4 的服务营销管理

5. 缩小差距 5 的服务营销管理

参见图 20-7。

当有效地缩小了差距 1、差距 2、差距 3、差距 4 后，差距 5 就自然缩小了。如果彻底消灭了差距 1、差距 2、差距 3、差距 4 后，也就消灭了差距 5。客户满意度就提高了，忠诚客户群体就建立了。

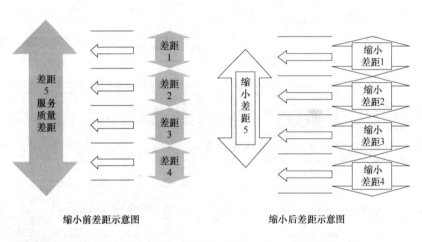

图 20-7 缩小差距 5 的服务营销管理

第三节　缩小差距，提高客户满意度

一、缩小差距 1

要缩小直至消灭差距 1，就必须了解客户对服务的期望。通过了解客户的期望，找到满足客户期望的方法，认真、切实地进行改善，就一定能缩小直至消灭差距 1，具体工作见图 20-8。

1. 通过市场调研了解客户对服务的期望，进行市场细分

以下为客户对商用车九个细分市场的期望：

1）车辆营销市场：客户对服务的期望是能帮助买到最合适的车，提供选车服务。

2）销售服务市场：客户对服务的期望是能代办所有的车辆手续，能交钥匙。

3）保险服务市场：客户对服务的期望是从买保险到事故的处理、提供代步车。

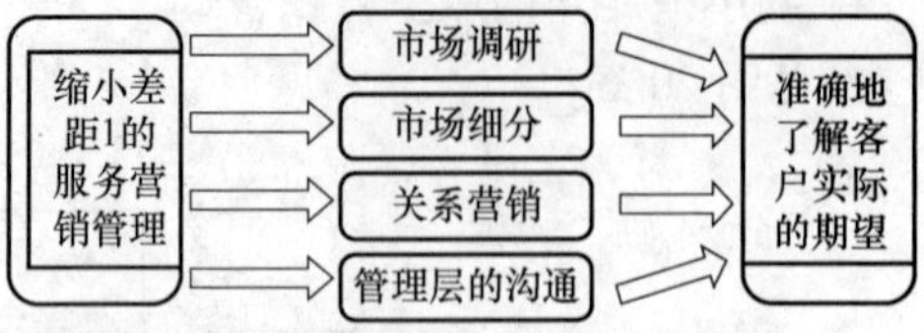

图 20-8 消灭差距 1 需要进行的工作

4）金融服务市场：客户对服务的期望是能提供全方位（车辆购买到车辆运营）的金融服务。只要客户需要，不用客户掏钱就能让车辆运营。

5）车辆保养市场：客户对服务的期望是按时保养，只要正常使用，就没有故障。保养过程中发现故障，及时预警，及早修理。

6）车辆维修市场：客户对服务的期望是有工艺、（诊断）方法、维修手册、质量标准，配件保修期与出厂保修期一样。

7）配件营销市场：客户对服务的期望是有品牌、有质量保证、有对应的维修项目、有"三包"期。

8）物流运输业务市场：客户对服务的期望是有货源管理、货主管理、运营管理、驾驶员管理、车辆管理、核算管理、工资管理、纳税管理、理财管理，能提供全方位的运输业务服务。

9）二手商用车市场：客户对服务的期望是收购价格高、销售快、所有手续能代办；可以进行车辆置换，交旧车提新车，运输业务不受影响。

2. 建立组织，设置岗位，进行关系营销

目标：所有的客户都有专门的服务组织、专职的服务人员。将每一个客户、每一辆车都纳入到组织管理中。车辆保养部的组织建设模型见表 20-2。

表 20-2　车辆保养部组织建设模型（岗位及人员数量设计）

组织	车辆保养部（举例）			
↓	↓			
1 级岗位	部长：×××			
↓	↓			
2 级岗位	计划员：×××			
↓	↓			
3 级岗位	产品经理：×××			
↓	↓			
4 级岗位	商务经理：×××			
↓	↓			
5 级岗位	1 客户经理	2 客户经理	3 客户经理	4 客户经理
↓				
6 级岗位	车辆保养员：人员数量按照工作量配备（一个保养人员负责 50 辆车左右，二人一组负责 100 辆车，4 个工时保养一辆，一天 4 辆。定期保养需要的时间长，需要加班，可以将加班时间固定下来）			
	↓	↓	↓	↓
外聘	信息员 信息员 信息员 信息员	信息员 信息员 信息员 信息员	信息员 信息员 信息员 信息员	信息员 信息员 信息员 信息员
	客户 客户 客户 客户	客户 客户 客户 客户	客户 客户 客户 客户	客户 客户 客户 客户

注：1. 一个客户经理可以管理 9 个信息员。

2. 一个信息员可以管理 20～50 个客户。

1) 设置信息员：不断收集客户的需求、问题、疑问、抱怨。
2) 设置客户经理：负责关系营销，专职进行客户服务，做保姆式管理，消除客户抱怨。
3) 设置产品经理：负责研发产品，满足客户需求，消除客户疑问。
4) 设置商务经理：负责制订销售政策、销售价格，保证客户买到物有所值的商品。

3. 根据客户期望做好产品设计，丰富产品组合满足客户需求

将相关业务进行细化、规范，建立产品（服务）销售明细表，做到表格化管理，消除客户的担忧。

（1）根据客户期望（需求），建立产品明细表 涉及的产品明细表包括：

1) 车辆产品销售明细表。
2) 销售服务产品销售明细表。
3) 保险产品销售明细表。
4) 金融服务产品销售明细表。
5) （车辆）保养产品销售明细表。
6) （车辆）维修产品销售明细表。
7) 配件销售明细表。
8) 运输业务服务产品、项目销售明细表。
9) 二手车评估标准。

示例：客户对销售服务的期望见表20-3，销售服务产品销售明细见表20-4。

表20-3　客户对销售服务的需求（期望）

序号	目标客户属性	客户分类	缴纳购置税	车辆投保	精品安装	行驶证办理	车辆抵押	办理营运证	车辆年审	驾驶员培训	举行车辆交接仪式	送车到家	车辆交接	备注
1	有车再购买客户	个人客户	▼	▼	▼	▼	▼	▼	▼	▼	▼	▼	▼	这些需求都应是调查得来。客户可能有更多的需求，应及时维护
2		个体客户	◆	◆	◆	◆	◆	◆	◆	◆	◆		◆	
3		法人客户			■		■		■	■	■	■	■	
4	有车更新客户	个人客户	▼	▼	▼	▼	▼	▼	▼	▼	▼		▼	
5		个体客户	◆	◆	◆	◆	◆	◆	◆	◆	◆		◆	
6		法人客户			■		■		■	■	■	■	■	
7	新购车客户	个人客户	▼	▼	▼	▼	▼	▼	▼	▼	▼	▼	▼	
8		个体客户	◆	◆	◆	◆	◆	◆	◆	◆	◆	◆	◆	
9		法人客户	■	■	■	■	■	■	■	■	■		■	

表20-4　销售服务产品销售明细表

序号	服务产品名称	服务项目名称	服务项目下的精品名称
1	证照办理	代缴购置税	车辆购置税
2		代办行驶证	车辆检测及行驶证办理、上牌
3		代办车辆抵押	车辆抵押
4		代办营运证	营运证办理
5	附加服务	驾驶员培训	培训教材及教师聘请
6		举行车辆交接仪式	绸子
7			糖果
8			鞭炮
9		送车	加油及过路费
10		车辆年审	车辆年审
11	加装、换装	按照车辆管理部门的要求安装设备	行驶记录仪
12			北斗管理系统
13			贷款管理系统
14		安全行驶设备加装	疲劳驾驶预警
15			道路偏移预警系统（LDW）
16			前向碰撞预警（FCW）
17			电子围栏
18			胎压检测系统（TPMS）
19			称重传感器
20			倒车预警系统
21			360°环视系统
22		精品加装、换装	轮辋/轮胎
23			微波炉
24			电冰箱
25			热水壶
26			车辆监控管理系统（VMS）
27			危化品运输管理系统
28			冷链运输系统
29			渣土运输管理系统
30			环卫系统管理系统
31			专用车管理系统
32			车辆金融销贷管理系统
33			商品车运输管理系统
34			UBI保险系统（保险系统方案）
35			精准油位传感器
36			温度传感器
37			运输管理系统（TMS）

（2）公布产品销售价格表，消除客户的担忧（表20-5、表20-6）

表20-5 销售服务产品（项目）价格表

序号	服务产品名称	服务项目名称	服务项目下的配件名称	项目成本/元	管理费与利润预算				销售价格	
					管理费		利润		含成本的销售价格/元	不含成本的服务价格/（元/辆）
					标准	费用/元	标准	利润/元		
1	证照办理	代缴购置税	车辆购置税	10100	10%	9.00	10%	9	10118.00	108
2		代办行驶证	车辆检测及行驶证办理、上牌	600	10%	9.00	10%	9	618.00	108
3		代办车辆抵押	车辆抵押	200	10%	9.00	10%	9	218.00	108
4		代办营运证	营运证办理	250	10%	9.00	10%	9	268.00	108
5		年审	车辆检测、行驶证审核	390	10%	18.00	110%	18	426.00	216
6	附加服务	驾驶员培训	培训教材及教师聘请	980	10%	72.00	10%	72	1124.00	864
7		举行车辆交接仪式	绸子、糖果、鞭炮	600	10%	9.00	10%	9	618.00	108
8		代驾送车	运输	360	10%	18.00	10%	18	396.00	216
9		车辆交接	车辆、资料、档案等	100	10%	9.00	10%	9	118.00	108
10		按照车辆管理部门的要求安装设备	行驶记录仪	245	10%	4.50	10%	4.5	254.00	54
11			北斗管理系统	245	10%	4.50	10%	4.5	254.00	54
12			贷款管理系统	645	10%	4.50	10%	4.5	654.00	54
13		安全行驶设备加装	疲劳驾驶预警	145	10%	4.50	10%	4.5	154.00	54
14			道路偏移预警（LDW）	145	10%	4.50	10%	4.5	154.00	54
15			前向碰撞预警（FCW）	145	10%	4.50	10%	4.5	154.00	54
16			电子围栏	145	10%	4.50	10%	4.5	154.00	54
17			胎压检测系统（TPMS）	145	10%	4.50	10%	4.5	154.00	54
18			称重传感器	145	10%	4.50	10%	4.5	154.00	54
19			倒车预警系统	145	10%	4.50	10%	4.5	154.00	54
20			360°环视系统	145	10%	4.50	10%	4.5	154.00	54
21	设备加装、换装		轮辋/轮胎	145	10%	4.50	10%	4.5	154.00	54
22			微波炉	145	10%	4.50	10%	4.5	154.00	54
23			电冰箱	145	10%	4.50	10%	4.5	154.00	54
24			热水壶	145	10%	4.50	10%	4.5	154.00	54
25			车辆监控管理系统（VMS）	145	10%	4.50	10%	4.5	154.00	54
26			危化品运输管理系统	145	10%	4.50	10%	4.5	154.00	54
27			冷链运输系统	145	10%	4.50	10%	4.5	154.00	54
28		精品加装、换装	渣土运输管理系统	145	10%	4.50	10%	4.5	154.00	54
29			环卫系统管理系统	145	10%	4.50	10%	4.5	154.00	54
30			专用车管理系统	145	10%	4.50	10%	4.5	154.00	54
31			车辆金融销贷管理系统	145	10%	4.50	10%	4.5	154.00	54
32			商品车运输管理系统	145	10%	4.50	10%	4.5	154.00	54
33			UBI保险系统（保险系统方案）	145	10%	4.50	10%	4.5	154.00	54
34			精准油位传感器	145	10%	4.50	10%	4.5	154.00	54
35			温度传感器	145	10%	4.50	10%	4.5	154.00	54
36			运输管理系统（TMS）	145	10%	4.50	10%	4.5	154.00	54
37		合计		17285	10%	283.50	10%	283.5	17852.00	3402

表 20-6　车辆保险产品明细及服务价格表

序号	产品名称	代理产品明细表	目标客户	目标车辆	产品内容（不含事故处理、代步车，另外表管理）					保险地点	人员提供/人	时间提供/小时	服务价格/(元/车)	备注
					填表	完善保险手续	收取客户保险费	办理保险手续	拿到保险单	将保险单交给客户	车辆上牌地				
1	代理车辆保险	交强险	所有客户	所有车辆	√	√	√	√	√	√	√	1	2	100	
2		机动车损失保险			√	√	√	√	√	√	√				
3		第三者责任保险			√	√	√	√	√	√	√				
4		车上人员责任保险			√	√	√	√	√	√	√				
5		自燃损失险			√	√	√	√	√	√	√				
6		不计免赔率险			√	√	√	√	√	√	√				
7		车上货物责任险			√	√	√	√	√	√	√				
8		玻璃单独破碎险			√	√	√	√	√	√	√				
9		车身划痕损失险			√	√	√	√	√	√	√				
10		全车盗抢保险			√	√	√	√	√	√	√				
11		发动机涉水损失险			√	√	√	√	√	√	√				
12		修理期间费用补偿险			√	√	√	√	√	√	√				
13		新增加设备损失险			√	√	√	√	√	√	√				
14		机动车损失保险无法找到第三方特约险			√	√	√	√	√	√	√				
15		精神损害抚慰金责任险			√	√	√	√	√	√	√				
16		指定修理厂险			√	√	√	√	√	√	√				

4. 设计、公布服务产品的基础资料，满足客户期望，消除客户的疑虑

1）车辆手册——带照片的产品明细表。

2）车辆保养、使用说明书。

3）车辆维修手册。

4）车辆保养、维修项目工艺及工艺标准。

5）车辆保养、维修项目验收标准。

6）车辆保养、维修项目对应配件明细表。

7）配件标准（规格、型号、品牌、价格）手册。

8）车辆"三包"手册。

9）车辆使用说明书。

10）业务禁止表，包括如下三类：

① 金融服务业务：客户黑名单，客户否决项。

② 配件营销业务：转向件、安全件、行驶件不允许销售社会品牌配件。

③ 二手车业务：不允许收购的二手车等。

5. 管理者建立与客户的沟通机制

管理者通过建立与客户的沟通机制，不断了解上述工作与客户期望之间的差距，持续进行改进。

6. 缩小差距 1

（1）找到缩小差距的方法　调查了解客户对服务的期望→建立组织与聘任岗位人员→建立服务标准、服务明细表、价格表→确定谁为客户服务。组织应做到如下工作：

1）服务什么——提供产品明细表。

2）怎么服务——按手册、图册、作业流程、工艺标准进行。

3）哪里能买到产品——提供产品价格表。

4）产品质量如何——执行"三包"政策。

（2）建立目标 通过组织对客户期望的了解→满足客户对服务的期望→缩小差距1→消灭差距1。

（3）明确工作重点

1）市场调研：进行市场细分、业务细分。

2）建立组织、设置岗位：明确谁给客户提供服务，进行关系营销。

3）建立产品明细表：明确能够提供哪些服务。

4）建立产品销售价格表：童叟无欺，消除客户疑虑。

5）公开保养手册、维修手册、维修图册、产品说明书、作业及工艺流程、工艺标准等资料：让客户知道怎么服务，消除客户担忧。

二、缩小差距2

要缩小直至消灭差距2，就要按照业务不同，建立相关的服务管理与作业的制度、流程、标准、工具和模板。按照服务产品、项目将客户服务作业制度化、流程化、标准化。只要这样，就一定能缩小直至消灭差距2，具体工作见图20-9。

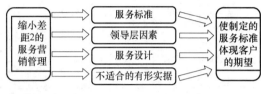

图20-9 消灭差距2需要进行的工作

1. 领导重视

商用车经销商最缺少的就是相关业务管理制度、服务标准，不能对营销服务人员进行规范化、标准化的培训。因此营销服务人员在进行客户服务时，服务质量差距很大，造成客户抱怨。有能力的营销服务人员服务好，客户多，业绩好，能力一般的营销服务人员业绩很差。

一个企业要想建立完善的服务标准，购置齐全的服务设备和工具，必须得有领导重视。

2. 建立管理制度，明确管理标准、流程、模板、工具

以下所列举的制度、流程、模板、表格详见佐卡网站。

（1）选车服务：车辆营销业务管理制度、车辆营销管理流程与表格、自卸车配置推荐选择表等。

（2）销售服务：销售服务业务管理制度、销售服务部业务管理流程与表格等。

（3）车辆保险：车辆保险业务管理制度、车辆保险部业务管理流程及表格等。

（4）金融服务：金融服务业务管理制度、金融服务部客户贷款业务管理流程与表格、金融服务业务作业流程与表格等。

（5）车辆保养：车辆保养业务管理制度、车辆保养部业务管理流程及表格等。

（6）车辆维修：车辆维修业务管理制度、车辆维修部业务管理流程及表格等。

（7）配件营销：配件营销业务管理制度、配件营销部业务管理流程及表格等。

（8）运输业务：运输业务管理制度、运输业务管理流程与表格等。

（9）二手车商用车：二手车业务管理制度、二手车业务部业务管理流程及表格等。

3. 在完善管理制度、标准的前提下，确保硬件设施的到位

就是"7P"中的有形实据，让客户满意。模板见表20-7、表20-8。

表20-7 维修量计划下需要的维修设备、工具、场地、人员表

序号	维修项目				维修项目对应的硬件设施、人员								其他
					设备		工具		场地	人员		车位	
	系统	总成	分总成	部件	零件	名称/编号	数量	名称/编号	数量	名称/编号	面积	工种名称/编号	数量/姓名	场地名称/编号	车位
1	动力系统														
2	离合系统														

（续）

序号	维修项目					维修项目对应的硬件设施、人员								其他
						设备		工具		场地		人员		车位		
	系统	总成	分总成	部件	零件	名称/编号	数量	名称/编号	数量	名称/编号	面积	工种名称/编号	数量/姓名	场地名称/编号	车位	
3	变速系统															
4	传动系统															
5	后桥系统															
6	前桥系统															
7	悬架系统															
8	制动系统															
9	转向系统															
10	驾驶室系统															
11	电器系统															
12	车架系统															
13	货箱系统															
14	液压系统															
15	其他															

表 20-8 混凝土搅拌运输车、泵车保养、维修用工具明细表

序号	设备分级	设备类别	总成分类	工 具 名 称	主要用途	作业工位	采购价/元	星级服务中心 标准	服务站 标准 Y标准（高）
64		保养设备		FPC-100C 精密过滤车（5μm）	对正在运转的设备的润滑油进行过滤。		6500	1	1
65				重型扳手套筒（34.36.41.46.55.65）			68	各1个	各1个
66				开口扳手（50～55mm）			180	2	2
67				单头开口扳手（65mm）			222	2	2
68				氮气充气工具			1209	1	1
69				拉马（大、中、小）			226	1	1
70				大活动扳手（600×65）			109	1	1
71	必备设备	保养、维修工具	商混	榔头（十磅）		底盘车间	100	2	2
72				铜棒（50长300）			40	2	2
73				铜棒（80长300）			160	2	2
74				专用扳手φ14（换活塞用）			100	1	1
75				专用扳手46/50（摆缸处用）			120	1	1
76				专用扳手115（换S阀用）			150	1	1
77				压力表（0～4MPa）			308	2	2
78				压力表（0～40MPa）			436	2	2
79				拆臂架销轴装置			3000	1	1
80				拆油缸平台装置			3000	1	1
81				拆臂架工装			5000	1	1
82				试水弯管			2000	5	5

注：车辆保养/维修用设备、工具明细表，见车辆维修业务管理相关内容。

4. 与客户签订服务协议，消除客户担忧

建立契约精神是做好服务的前提和基础。只有与客户签订服务协议，才能消除客户担忧服务质量出现问题没有办法索赔的问题。（目标）客户购买保养产品协议书（模板）见表20-9。

表20-9　（目标）客户购买保养产品协议书（模板）

序号	协议名称	协议内容					客户经理：
		协议编号		协议分数		协议存档地点	
1	甲方	单位名称		法人姓名		地址	电话
2		联系人姓名		联系人电话		其他	社会信用代码
3	乙方	单位名称		法人/自然人姓名		地址	电话（手机）
		联系人姓名		联系人电话		法人/自然人身份证号码	准备加盟的车辆类型
4	协议内容	乙方购买甲方保养产品事宜					
5	甲方的责任	1）及时更新有关的甲方基本信息 2）及时更新保养产品销售政策 3）及时更新保养产品、政策、价格表 4）执行双方达成的配件销售政策、价格 5）附件1《客户购买保养产品明细表》，附加2《客户购买保养产品执行价格表》，附件3《客户服务人员一览表》					
6	甲方的权力	1）要求乙方付款的权力 2）甲方认为的其他权力					
7	甲方的义务	帮助乙方安排保养计划的义务；提醒保养的义务；乙方认为的其他义务					
8	乙方的责任	及时提供车辆信息的责任；暂停车辆保养，应第一时间通知甲方的责任——防止甲方库存积压；按时安排车辆保养的责任；及时付款的责任；乙方购买保养产品，执行的价格、政策、明细表见附件1、2……甲方认为的其他责任					
9	乙方的权力	乙方保养计划，征得甲方同意，更改计划（订单）的权力 甲方保养存在质量问题，索赔的权力 乙方认为、甲方同意的其他权力					
10	乙方的义务	按照协议约定，配合甲方的义务；及时付款的义务；同等条件下，优先购买甲方产品、项目的义务；遵纪守法的义务；甲方认为的其他义务					
11	定金约定	乙方为执行本协议，付给甲方定金：元；成为甲方的会员客户；乙方在实际购买没有发生时，协议终止。甲方退还乙方定金					
12	协议有效期	本协议自双方签字、盖章后生效。签字日期为生效日期；本协议有效期一年，到期双方没有异议，自动延期					
13	协议争议解决	执行本协议出现异议，双方本着友好协商的方式解决；不能解决，可以向协议签订地点的法院起诉；由法院判决后执行					
14	合同签订地点						
15	协议份数	本协议一式四份，甲乙双方各执贰份					
16	其他约定	1）乙方购买甲方保养产品，在签订本协议后，不再另行签订保养产品购买合同，就可以进行车辆保养 2）乙方车辆保养时，甲方下达保养派工单，保养派工单应由乙方指定人员签字后生效 3）乙方实施现金结算 4）乙方采用延期付款方式时，就付款问题另行签订协议 5）甲方执行的是现金结算价格和政策					
	甲方代表签字	签字日期		甲方盖章		乙方代表签字	签字日期	乙方盖章

5. 缩小差距2

（1）找到缩小差距2的方法

明确客户对服务的期望　建立服务管理制度、标准、流程、表格（工具）、模板，完善硬件设施、设备、工具、工装：

1）建立管理制度、标准。
2）建立管理与作业流程（工艺）、表格（工具、设备）。
3）确定所有服务项目的交付时间。
4）建立交付能力——设备、工具、人员、场地、外出服务车辆。
5）严格交付管理——服务协议与争议解决机制的建立。

（2）目标：了解客户对服务的期望→建立服务标准满足客户期望→缩小差距2→消灭差距2。

（3）工作的核心：制订管理制度，签订服务协议，建立有形实据。

三、缩小差距3

要缩小差距3直至消灭差距3，必须确保供求关系的平衡、服务渠道畅通、客户参与、服务人员的服务能力满足客户需求与人员的固定化。为此，需要做好以下工作，见图20-10。

图20-10　消灭差距3需要进行的工作

1. 只能让服务人员等客户，不能让客户等服务人员

一旦出现客户排队现象，就会出现服务质量降低的问题。特别是对商用车客户而言，时间就是金钱。要努力做到利用客户的空闲时间进行服务，不占用或少占用客户的工作时间（利用客户吃饭时间、装卸货时间、休息时间）才是上策。

2. 确保服务渠道畅通，能够随时解决客户的问题

客户经理要做到随叫随到，随时服务；产品经理随时根据客户需求提供产品服务；保养工、维修工根据客户需要准时提供服务。

3. 客户参与服务的全过程

在进行服务的过程中，让客户看到服务人员是严格按照服务标准、流程进行的服务，没有投机取巧，没有少项、漏项，服务质量达到标准要求；服务过程有安排、有检查、有验收、有签字、有保证。

4. 培训所有岗位人员

培训要使所有岗位人员的技能符合岗位要求，胜任本职工作。企业所有人员讲礼貌、有礼节，让客户进了门就有一种到家的感觉，有温暖感。岗位人员包括：①车辆营销人员；②销售服务人员；③保险销售人员；④金融服务人员；⑤车辆保养人员；⑥车辆维修人员；⑦配件营销人员；⑧运输业务管理人员；⑨二手商用车业务人员；⑩其他人员。

5. VIP服务模式建立

满足客户需求的岗位人员，只要客户满意，就是固定的。建立一对一的服务关系，让客户感觉到对他的重视（VIP服务）。客户需求的服务产品、对应服务关系岗位人员表见表20-10。

表20-10　客户需求的服务产品、对应服务关系岗位人员表（举例）

客户姓名：×××	客户编号：000001	客户档案编号000001	客户需求的服务	职务	姓名	所在部门	所在部门经理	联系电话
			专职服务	客户经理	李1	车辆保养部	王2	1
			设计运输方案与车辆推荐	产品经理	李2	车辆营销部	王3	2
				商务经理	李3	车辆营销部	王4	3
			销售服务	产品经理	李4	销售服务部	王5	4
				商务经理	李5	销售服务部	王6	5

（续）

客户姓名：×××	客户编号：000001	客户档案编号000001	客户需求的服务	职务	姓名	所在部门	所在部门经理	联系电话
			车辆保险	产品经理	李6	车辆保险部	王7	6
				商务经理	李7	车辆保险部	王8	7
			客户贷款	产品经理	李8	金融服务部	王9	8
				商务经理	李9	金融服务部	王10	9
			车辆保养	产品经理	李10	车辆保养部	王11	10
				商务经理	李11	车辆保养部	王12	11
				保养工	李12	车辆保养部	王13	12
			车辆维修	产品经理	李13	车辆维修部	王14	13
				商务经理	李14	车辆维修部	王15	14
				维修工	李15	车辆维修部	王16	15
			车辆配件	产品经理	李16	配件营销部	王17	16
				商务经理	李17	配件营销部	王18	17
			运输业务支持	产品经理	李18	运输公司	王19	18
				商务经理	李19	运输公司	王20	19
			二手车销售	产品经理	李20	二手车业务部	王21	20
				商务经理	李21	二手车业务部	王22	21

注：1. 客户经理为客户的专职服务员。客户需要的所有服务都找客户经理，再由客户经理安排客户需要的其他岗位人员为其服务。
2. 其他业务的产品经理、商务经理（维修工、保养工等），如果客户感觉满意，就应固定。一个客户只对应一个客户经理；一个业务只对应一个产品经理、商务经理等；也就是说，客户的一项业务需求，只会有一个产品经理、商务经理为他服务。

6. 所有人员的收入与客户的消费挂钩

1）客户的每一笔消费，与服务项目下的所有有关人员挂钩。

2）客户消费取得的利润，有关人员有分红权。

3）所有人员与企业签有保密协议。

7. 客户收益与员工收益联系在一起，成为利益共同体

1）要让全体员工知道，自己对客户的服务越好→客户收益越好→客户消费越高→员工收益越高。有了这种意识的员工，才能确保"服务标准"能够执行到位。

2）建立回访与改善机制。对不按服务标准操作、导致客户不满意的员工进行负激励，同时建立服务改善机制。

3）建立考核指标：客户流失率指标。对导致客户流失的员工进行惩戒。客户购买/没有购买回访表见表20-11，客户回访问题、经验总结改善表见表20-12，车辆保养部岗位效率计划表见20-13。

表20-11　客户购买/没有购买回访表

拜访人姓名				拜访时间			拜访地点		
客户基本情况									
客户名称	联系人姓名	地址	电话	客户产品合同签订者	合同名称	合同编号	购买的产品名称	购买的数量	购买的时间
购买的地点	购买的价格	购买的原因	运输货物	行驶道路	载质量	运输方量	购买的方式	还款开始年、月	每月还款金额
贷款银行	顾客名称	顾客地址	其他						

(续)

客户购买/没有购买我公司产品的原因									
产品原因：	品牌	车型	驱动形式	动力	功能	性能	配置	公告	其他
库存原因：	库存产品满足要求		交付快/慢	车辆状态好	车辆推荐好	运输方案		商务洽谈	
	满足	不能满足				好	不好	政策	购买方式
人员原因：	能力	态度	及时性	决策	作业流程	其他			
业务原因：	业务范围齐全	业务不齐全/缺少	业务能力强（产品、品种齐全）	业务能力差（产品、品种不全）	价格好	价格高	价格不实在（太灵活）	其他	
您对哪个业务满意：	车辆销售	销售服务	车辆保险	客户贷款	处理保养	车辆维修	配件销售	运输公司	二手车
您对哪个业务不满意：	车辆销售	销售服务	车辆保险	客户贷款	处理保养	车辆维修	配件销售	运输公司	二手车
购买我公司产品的其他原因									
不购买我公司产品的其他原因									
对我公司的建议									

表 20-12　客户回访问题、经验总结改善表

序号	客户名称	被拜访人姓名	拜访时间	拜访地点	购买客户总结		不购买客户总结		经验推荐	需要改进的项目	工作改进建议	完成部门	责任人	完成时间
					购买我公司产品的原因	建议	不购买我公司产品的原因	建议						
1														
2														
…														

8. 缩小差距 3

（1）找到缩小差距 3 的方法　做到：

1）不让客户排队。
2）培训到位，员工胜任工作。
3）人员固定，建立关系。
4）成为利益共同体。
5）监督机制建设。
6）考核到位。

（2）目标　根据客户需求进行客户服务→员工确保执行服务标准→满足客户对服务的感知→缩小差距 3→消灭差距 3。

（3）重点　人员培训与能力建设、VIP 服务模式建立、考核机制建设。

表 20-13　车辆保养部岗位效率计划表

序号	组织名称	岗位名称	意向客户信息收集数量	按照开发计划，意向客户拜访率	推荐产品客户，产品确认率	确认产品客户，协议达成率	确认协议客户，协议签订率	签订协议客户，车辆保养率	完成保养客户，付款率	保养服务费收入计划完成率	保养台次计划完成率	客户回访率	客户流失率
			每年增加20%	100%	95%	95%	95%	95%	100%	100%	100%	100%	1%
1	车辆保养部	部长	◆	◆							◆		
2		计划员											
3		产品经理			√					√			
4		商务经理				*	*					*	
5		客户经理		¥				¥	¥				¥
6		保养工											
7		信息员											

注：这些指标看效率。

1. 客户拜访率 = 实际拜访的客户数量/开发计划所列客户总数×100%。表示：所有列入开发计划的客户是否都已经拜访过。
2. 拜访客户，推荐产品。产品确认率 = 确认产品的客户数量/实际拜访过的客户数量×100%。表示：所有拜访过的客户是否都进行过保养产品的推荐，产品是否已经确认。
3. 协议达成率 = 协议条款达成一致的客户数量/产品已经确认的客户数量×100%。表示：同客户就产品达成一致的客户是否同客户就协议的条款达成一致。
4. 协议签订率 = 签订协议的客户数量/协议达成一致客户的客户数量×100%。表示：协议达成一致客户签订协议的客户比例。
5. 签订协议客户，车辆保养率 = 实际车辆保养数/签订协议客户车辆总数×100%。表示：应该来保养的车辆是否都来进行了保养。
6. 完成保养客户，付款率 = 付款车辆数/保养车辆总数×100%。表示：应该付款而没有付款的车辆比例。
7. 保养服务费收入计划完成率 = 年度保养服务费实际收入额/计划收入×100%。
8. 客户流失率 = 年内流失客户总数量/年末已有客户数量×100%。看看有多少客户流失。流失率是否小于客户开发成功率。

四、缩小差距 4

差距 4 指的是说的和做的不一致，或者听到的和感觉的不一致，导致客户听着很好，但实际进行客户服务时，服务能力和质量让客户感觉与其所听说的有差距。这个差距是不应该发生的。理论上说，差距 4 应该被消灭而不是缩小。

要缩小差距 4，就要建立传播和客户沟通管理。通过服务人员与客户的横向沟通、领导层与传播管理人员与客户的纵向沟通有效管理客户的期望。主要工作见图 20-11。

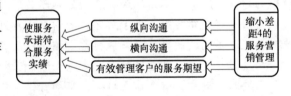

图 20-11　消灭差距 4 需要进行的工作

1. 有效管理客户的期望 1

有效管理客户的期望 1，就是让客户知道自己购买的服务是否物有所值；服务组织及服务人员对客户的服务是否尽心尽力；是否有投机取巧的行为；是否有欺骗行为；是否与竞争者有差距等。

2. 有效管理客户的期望 2

有效管理客户的期望 2，就是要建立产品价格表、服务标准，在进行客户服务前，先让客户明确服务标准与服务价格。就是不要让客户的期望无限高。

3. 建立传播管理

1）管理传播内容：传播内容要与服务标准、指标与已有客户的服务感知一致，切忌采用夸大和不实之词。

2）要向客户明确能做到的、做不到的、没有能力做的项目、内容。记住：不是所有的客户都是目标客户；不是所有的客户要求都能满足。

3）客户口碑是第一传播手段，要"借你口中言，说我心腹事"，当需要进行传播时，一定不要自己说，而要让客户去说。

4）防止过度传播；防止个别营销服务人员为了销售业绩，进行夸大传播和无限承诺。

4. 缩小差距4

（1）找到缩小差距4的方法 做到：

1）建立传播标准。

2）明确传播关系。

3）建立传播方法：客户口碑传播为主。

4）说到做到，做不到的不说。

5）防止个别人员的夸大传播。

6）严防竞争对手的恶意"夸大"传播。

（2）目标 建立服务标准→严格服务执行→确保服务承诺符合服务实际→服务实际符合客户期望→建立客户回访→了解客户评价→建立传播用语→规范对外传播→缩小差距4→消灭差距4。

（3）重点 用服务标准管理客户期望；防止夸大传播和承诺。

五、缩小差距5

1. 差距5产生的原因

差距5 = 差距1 + 差距2 + 差距3 + 差距4。

2. 缩小差距5的方法

通过了解客户期望，建立服务组织，设置客户经理等工作，缩小差距1→建立服务标准等工作缩小差距2→通过全体人员能够确保执行服务标准等工作缩小差距3→通过服务组织对客户的承诺和传播确保能够兑现等工作缩小差距4→通过客户对服务的感知符合客户预期的期望缩小差距5。

3. 通过缩小差距5实现的目标

缩小差距5→客户满意度提高→忠诚客户群体建立→服务营销的目标完成→品牌营销的基础建立→品牌营销开始，其示意图见图20-7。

通过服务营销，留住你的老客户，这会大幅度降低销售费用！

本章小结与启示

本章通过对服务营销基本理念的讲解，阐释服务营销的目的：消除客户担忧→客户满意→积极性和口碑的建立→服务量不断增加→利润的不断获取→投入不断增加→客户放心→利润越来越好！

商用车经销商应努力去了解客户的需求，找到客户的担忧甚至不满意的方面，建立差距模型，找到消灭担忧或不满意的方法，采取措施去缩小或消灭差距，从而提高客户满意度。

只要客户满意，就会保住客户，从而降低营销费用。

只要客户满意，就会建立口碑，市场营销工作就会越来越好。

本章学习测试及问题思考

（一）判断题

（ ）1. 服务营销的行为理念，就是以客户为中心（客户就是市场）。

（ ）2. 营销理论中的4C是指客户的需要与欲望、客户的成本、客户的便利、营销者与客户的沟通。

（二）问答题

1. 服务营销的目标是什么？简述其实现过程。
2. 简述客户对服务的担忧有哪些？
3. 影响客户服务满意度的5个差距是什么？
4. 简述消灭5个差距的方法。

第二十一章 客户营销[一]

> **学习要点**
> 1. 掌握客户细分的方法，找到自己的目标市场。
> 2. 掌握收集客户信息的方法，建立意向客户台账。
> 3. 掌握客户开发与客户拜访的流程及其注意事项。
> 4. 掌握物流运输方案设计的相关知识和方法。
> 5. 了解制订意向客户开发计划的方法和客户交付及服务等方面的知识；建立"以客户为中心的营销模式"。

第一节 客户营销流程与意向客户确定

一、概念

1. 营销

营销是指企业发现或发掘意向客户需求，让意向客户了解该产品进而购买该产品的过程。

（1）营销的主要流程

1) 建立目标市场：进行市场细分、确定意向目标市场，建立市场定位。

2) 确定产品、产品组合。

3) 根据客户欲望、期望、需求，建立产品卖点，进行产品促销，进行客户吸引。

4) 通过服务营销，留住老客户，培养忠诚客户。

5) 订单执行，实现客户的不断循环销售。

（2）本书对营销的定义

营销就是经营销售，就是将客户的单次购买行为变成连续购买行为。

2. 客户

商业服务或产品的采购者，可能是最终的消费者、代理人或供应链内的中间人。传统观念认为，客户和消费者是同一概念，两者可以不加区分，但是对于企业来讲，客户和消费者应该加以区分。

[一] 本章由王术海、梁兆文编写。

1）客户是针对某一特定细分市场而言的，他们的需求较集中。
2）消费者是针对个体而言的，他们的需求较分散。

3. 客户营销不同阶段对客户的划分

（1）意向客户　指我们有意向与其合作的客户。客户不一定有意向，或者说客户并不知道其意向；反之，客户有意向与我们合作而我们不知道的，叫潜在意向客户。

（2）意向目标客户　我们通过拜访、沟通，与客户就购买我们的产品［功能、性能、配置、公告（型号）］、价格、交货期、交货地点、付款方式等达成一致但没有签订协议或合同的客户。

（3）目标客户　买卖双方达成一致，签订了协议或合同，但没有实现购买付款、产品交付的客户。

（4）客户　实现了产品交付的目标客户。

4. 客户营销定义

客户营销就是针对直接客户的营销活动。表面上看，客户营销的过程就是将"意向客户"变成"客户"的过程，但其包含内容非常多。主要包括：信息的收集、客户开发、关系的建立、运输方案设计、针对客户需求的产品设计、定价等一系列工作。

5. 客户营销分类

客户营销可分为经销商客户营销、厂家直接客户营销两类。

（1）经销商客户营销　商用车厂家通过经销商按照营销流程再触达客户的营销活动。主要流程：厂家→经销商→客户。

（2）厂家直接营销　商用车厂家按照营销流程直接针对客户开展的一系列营销活动。主要流程：厂家→客户。

6. 客户营销流程

1）确定车辆的意向客户目标市场→确定能够运输的货物→找到顾客（货主）→找到意向客户→找到意向目标市场。

2）明确市场定位（如高端、中端、低端）→确定意向目标市场→确定意向客户标准→找到意向客户→建立《意向客户明细表》。

3）制订意向客户开发计划→上门拜访→研究、了解需求→设计满足需求方案（物流设计）→确立优势（差异化）→开展公关→将意向客户变成意向目标客户→签订协议（合同），将意向目标客户变成目标客户。

4）收集目标客户购买信息，完成目标客户产品交付，将目标客户变成客户→开展销售服务、产品培训→进行车辆保养、维修、配件服务→客户满意→二手车收购→再购买。

7. 客户营销中的客户开发流程

客户营销中的客户开发流程见图21-1。

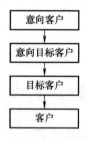

图21-1　客户开发简易流程示意图

8. 客户营销的目的

1）最大限度地满足客户需求。
2）销售经营的产品。
3）了解客户需求，为客户设计最合适的产品并销售给他们。
4）通过客户体验，提升品牌美誉度。

9. 客户营销的最终目标

1）抓住已购产品老客户中有新增车辆需求的客户——保住老客户。

2）抢夺竞品老客户中有新增车辆需求的客户——转化竞品客户。
3）抓住有购买车辆需求的新增客户——抢夺新客户。
4）提高信息成交率：达到30%（信息成交率=销售量/信息量×100%）。

二、客户营销的着手点

1. 从产品入手——建立以"产品为中心的营销模式"

1）我们有没有客户需要的产品？
2）客户知道我们的产品吗？
3）具体分析思考的问题及角度，可参考图21-2。

图21-2 对产品进行分析，需要考虑的问题

2. 从客户入手——建立"以客户为中心的营销模式"

从客户的角度入手，需要分析思考的问题及角度，可参考图21-3。

三、意向客户的确定

1. 意向客户的范围

对商用车经销商来说，意向客户指购买或重复购买商用车的所有自然人、法人，包括行业客户，企、事业单位。购买过或者没有购买过自己产品的客户，都是意向客户。

已经购买过我们产品的客户，我们是否知道该客户下一次是不是还购买我们的产品？只要不知道，他就是一个意向客户：我们想卖给他，他不一定买！

2. 意向客户的确定

以北奔产品的意向客户确定为例，见图21-4。

图 21-3　客户需求分析，需要考虑的问题

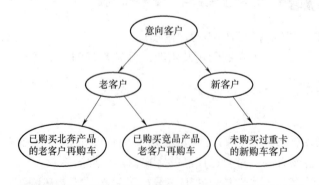

图 21-4　北奔产品的意向客户

第二节 收集意向客户信息的方法

一、确定"意向客户"信息的来源

1. 明确意向客户的信息在哪里

意向客户信息在已有专业运输客户、行业协会、运输公司、企业单位、城市建设、保险公司、矿区及生产企业（货主）等客户存在的地方，见图21-5。

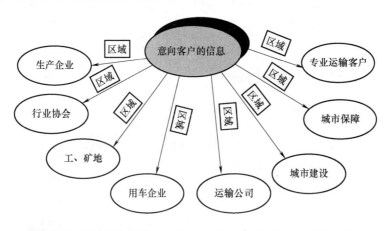

图 21-5 意向客户信息从哪里来

2. 意向客户信息的出处

1）邮电部门公开发行的电话号码本能够查找到相关购车客户（法人运输公司客户、个体运输户等）信息。

2）通过线上信息平台、百度搜索获取的客户信息。

3）行业网站、信息网站、专业网站的相关客户信息。

4）物流行业协会、运输协会。

5）商用车相关的大数据公司。

6）保险公司的车辆保险部门。

二、收集意向客户信息的方法

1. 主动收集意向客户信息的方法

收集意向客户信息可分为：被动收集和主动收集两类，见图21-6。

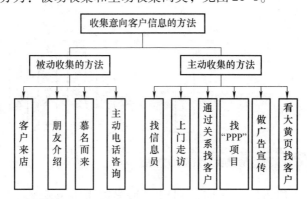

图 21-6 收集意向客户信息的方法

(1) 主动收集意向客户信息的方法一，争取客户资源，见图21-7。

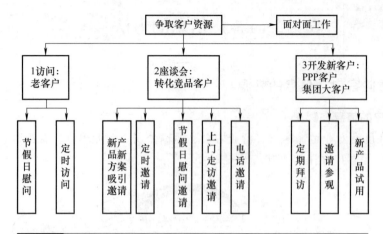

图21-7 争取客户资源的方法

(2) 主动收集意向客户信息的方法二，招引客户资源，见图21-8。

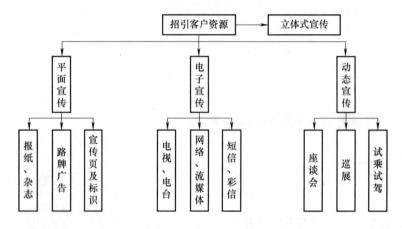

图21-8 招引客户资源的方法

(3) 主动收集意向客户信息的方法三，围追堵截客户资源，见图21-9。

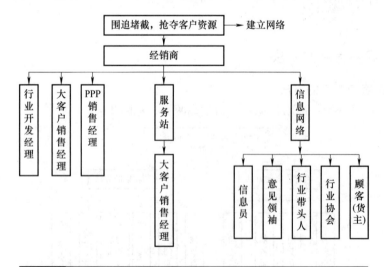

图21-9 围追堵截客户资源的方法

(4) 主动收集意向客户信息的方法四，利用"物流需求方（顾客）"收集意向客户信息，见图21-10。

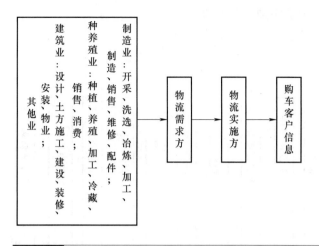

图 21-10　利用物流需求方（货主）收集意向客户信息

注："物流需求方"就是顾客（货主）；"物流实施方"就是意向客户。下同，不再说明。

（5）主动收集意向客户信息的方法五，直接收集意向客户信息

1）针对已经购买过公司产品的意向客户，进行信息收集，见图 21-11。

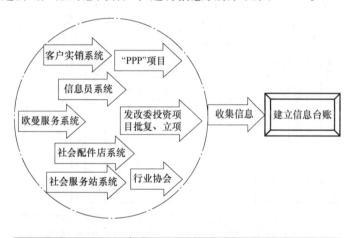

图 21-11　以欧曼品牌为例，老客户信息收集

2）针对没有购买过公司产品的意向客户，进行信息收集，见图 21-12。

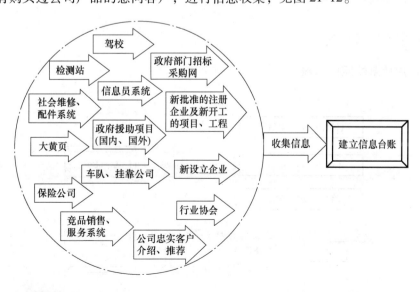

图 21-12　潜在客户的信息收集

2. 利用意向客户收集信息的渠道，收集信息

（1）意向客户寻找产品信息的方法，见图 21-13。

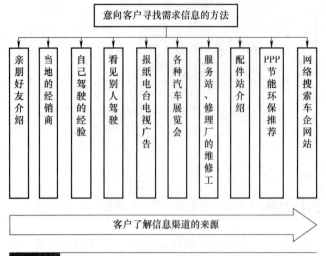

图 21-13　意向客户寻找产品信息的方法

（2）利用意向客户寻找需求信息的渠道收集信息，见图 21-14。

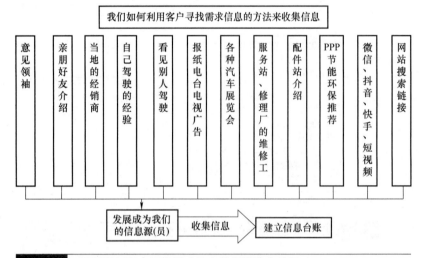

图 21-14　利用意向客户寻找需求信息的渠道收集信息

三、建立意向客户明细表

1. 建立意向客户信息的明细台账

见图 21-15。

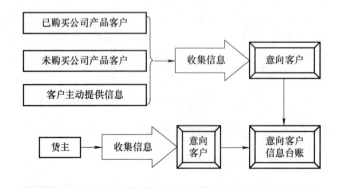

图 21-15　建立意向客户信息的明细台账

2. 建立意向客户信息明细表

根据收集到的意向客户信息，建立《意向客户明细表》，便于日常的信息管理；同时可根据明细表为下一步制订意向客户开发、拜访计划做准备工作。

目前，大部分商用车企业已充分利用信息系统对客户信息进行管理，有实力的经销商也可以开发适合自己的客户信息管理系统，通过信息化系统实现对客户信息的管理。

客户明细表是为方便直接开发意向客户使用。模板见表21-1。

表21-1　意向客户明细表（模板）

序号	省	市	经销商	区域	意向客户单位/个人名称	意向客户情况																意向客户级别：重要/一般/关注	备注
						企业性质①	注册资金	在用车辆数量	法人代表	车辆采购决策者	车辆管理组织情况	车辆管理组织负责人	车辆维修组织情况	车辆维修组织负责人	车辆配件组织情况	车辆配件组织负责人	在用车辆分品牌②的数量	平均使用年限	平均载质量	平均运输距离	平均运输速度	吨公里费用	对车辆的要求	我们能否满足		
1																									
2																									
…																									

注：更详细的客户明细表，见本书第五篇。

① 企业性质：第一方物流客户、第二方物流客户、第三方物流客户、第四方物流客户。

② 品牌：使用车辆的品牌。有不同的品牌时，分行填写。

3. 建立顾客（货主）明细表

顾客明细表是为方便利用顾客渠道开发意向客户使用，模板见表21-2。

表21-2　顾客（货主）明细表

序号	经销商	顾客（货主）信息					物流单位性质			物流情况												顾客类型：重要/关注/一般	备注
		顾客单位/个人名称	企业性质	主要负责人	联系电话	地址	现在的物流运输单位			货物名称	货物性质	包装方式	装卸方式	年运输量	平均月运量	平均日运量	主要运输路线	主要目的地	运输距离	对物流的要求	吨公里支付运费	主要运输车型	车型品牌	每日用车量	有无车可用情况		
							采购物流	销售物流		第1方	第2方	第3方															
1																										
2																										
…																										

注：企业性质指国有企业、外商投资企业、民营企业、私有企业。

物流运输单位性质（就是经销商的意向客户）：是自己运输（第一方），还是需求方运输（第二方），还是第三方运输。

4. 顾客（货主）的重要性

（1）顾客（货主）很重要　它可以直接影响客户车辆的购买。特别说明如下：

① 顾客可能既是货主，也是（物流）客户——第一方（或第二方）物流企业。

② 顾客有自己的物流运输企业，也需要第三方物流运输企业（含个体运输户）的支持。

在这种情况下的企业，有三种情况：

- 大企业，物流需求大，以自己运输为主，第三方物流运输企业补充；
- 大企业，物流需求大，自己运输补充，第三方物流运输企业为主；
- 中小企业，采购和销售物流分别管理：销售采用自己运输，采购委托第三方物流运输企业。

(2) 顾客（货主）的重要性

① 不论是大企业还是中小企业，它们都有自己对物流企业的巨大影响力。例如某一厂家的采购物流人员提出来：一年内，所有向自己的供货方都要使用欧曼车，否则不能进厂门。

② 有些大企业的很多工程都是外包。一些公司为了拿下项目，会听从发包方的一些要求，按照发包方的意见采购设备、车辆、雇用人员。例如，京东、德邦都是采用这种方式。

③ 利用货主做客户（物流企业）的工作，既有理由，又不直接参与购买工作，方便、直接。

- 顾客永远是对的，他们给我们工作、收益。
- 客户的客户就是顾客（货主），顾客总能找出你的毛病，减少付款。
- 顾客（货主）给"你的客户"带来运输业务，"你的客户"才能购买车辆。如果顾客解雇了"你的客户"，他就有可能破产。

(3) 顾客（货主）的利用

- 间接影响购买：最大限度地利用顾客（货主）的有利地位去影响你的客户使之购买你的车辆等产品。
- 直接影响购买：直接建立与顾客（货主）的关系，拿到货源。只有购买我的车辆的客户，才有这些货物的运输资格。
- 一定要记住货主的重要性，在这一点上，几乎所有的经销商都忘记了这一点：买家庭轿车的，家庭成员是顾客；买商用车的，用车（租车）的是顾客。
- 一定要利用好顾客的力量，将我们的产品卖出去。

以上就是进行顾客调查的原因所在。在调查的基础上，要听取顾客的意见，与顾客交朋友，建立友谊；已经用了我们车的，让他们放心；没有使用我们的车进行运输的顾客帮助我们说话，那我们就有机会。

第三节 客户开发前的准备工作

在进行意向客户的开发前，做好准备工作，是开展客户营销的基础。这些准备工作有建立流程、建设组织、进行前期准备、掌握基本知识等。

一、意向客户开发的流程

1. 意向客户开发的流程

1) 与意向客户建立关系：找到意向客户→进行拜访→建立关系→成为朋友。

2) 意向客户开发与营销工作开展的流程，见图21-16。

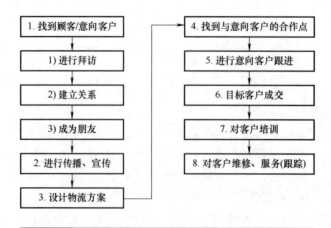

图21-16 与意向客户建立关系并开展工作的流程

2. 成立客户营销组织

成立客户营销组织，是开展客户营销的基本保障。

（1）厂商联合营销组织 以欧曼为例建立厂商联合营销组织，并开展工作，见图21-17。

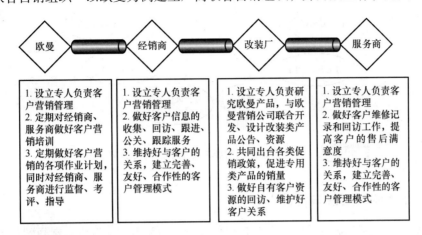

图 21-17 以欧曼为例建立厂商联合营销组织

（2）确定经销商客户营销组织的构成、岗位和职责。

1）针对大客户。开展大客户工作为总经理负责制，其营销组织设置见图21-18。

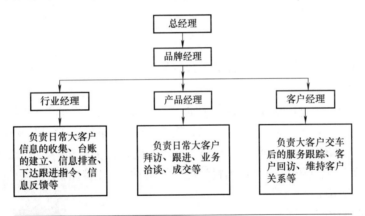

图 21-18 针对大客户的营销组织设置

2）针对一般客户。组织机构可以与大客户机构共享，增加职能设置，见图21-19。

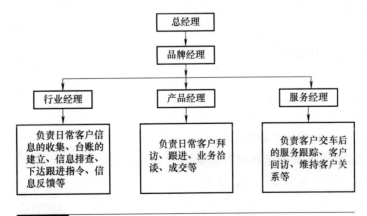

图 21-19 针对一般客户的营销组织职能设置

（3）为客户营销组织准备好资源和工具 客户营销组织在开展工作前必须进行前期准备，不打无把握之仗。具体需要进行的准备工作，见图21-20。

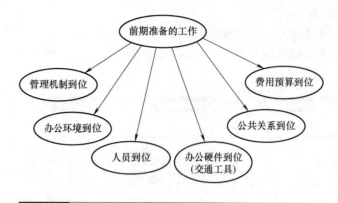

图 21-20　客户营销组织需要准备的资源与工具列表

二、应掌握的"基本知识与技能"

客户营销人员必须具备产品知识的能力、熟知行业分类的能力、掌握目标客户特征的能力和针对不同客户实施不同拜访流程的能力。

1. 掌握产品知识

需掌握的产品知识包括：

1）车辆功能。

2）车辆性能。

3）车辆配置。

4）车辆标准的知识：产品标准、质量标准、公告标准、CCC 标准、环保标准、零部件标准等。

5）车辆公告的知识。

6）产品配置变化的知识：同一产品在不同地形（山区、丘陵、平原）、不同总质量、不同的行驶速度要求、不同的道路、不同的区域（高原/平原、热带/寒带）条件下的配置变化。

7）掌握服务知识：对客户的服务政策、承诺、要求，配件相关政策等。

8）车辆消耗的相关知识（燃料种类、燃料消耗、辅料种类、辅料消耗等）。

2. 掌握行业分类（举例）

需掌握的行业分类包括：

1）农副产品/水产品/林产品运输业。

2）家用电器/小五金运输业。

3）食品/饮料运输业。

4）机械设备/零配件/汽车部件运输业。

5）轿车（或其他车辆）运输业。

6）日用百货运输业。

7）化工产品运输业。

8）矿石运输业。

9）钢材/有色金属材料/及其他原材料运输业。

10）沙/石/水泥/混凝土/及其他建筑材料运输业。

11）玻璃/门窗/水暖/及其他装饰建材运输业。

12）集装箱运输业。

13）粮食运输业。

14）鞭炮/炸药/危险品及特种产品运输业。

15）其他运输业。

详细的行业分类明细表见本书其他章节内容。

3. 掌握意向客户的特征

(1) 意向客户的分类　在实际操作过程中，一般情况下，客户分为 PPP 客户、行业大客户、区域大客户、个体大客户、一般客户共五类客户，见图 21-21。

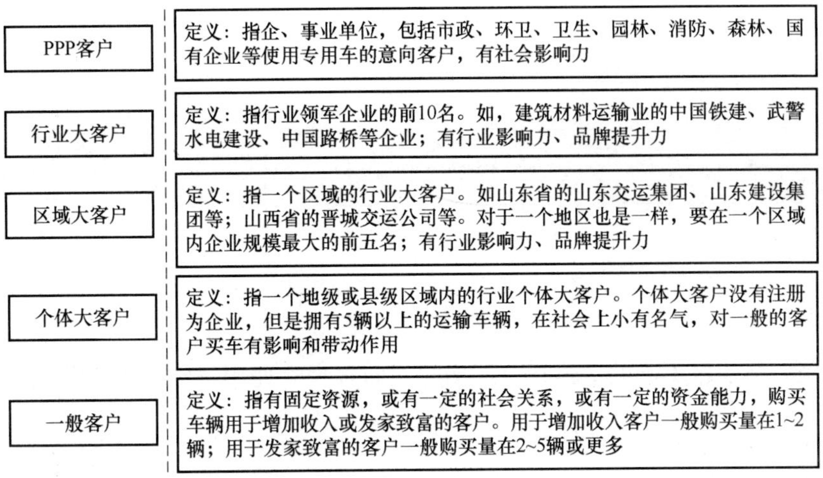

PPP客户	定义：指企、事业单位，包括市政、环卫、卫生、园林、消防、森林、国有企业等使用专用车的意向客户，有社会影响力
行业大客户	定义：指行业领军企业的前10名。如，建筑材料运输业的中国铁建、武警水电建设、中国路桥等企业；有行业影响力、品牌提升力
区域大客户	定义：指一个区域的行业大客户。如山东省的山东交运集团、山东建设集团等；山西省的晋城交运公司等。对于一个地区也是一样，要在一个区域内企业规模最大的前五名；有行业影响力、品牌提升力
个体大客户	定义：指一个地级或县级区域内的行业个体大客户。个体大客户没有注册为企业，但是拥有5辆以上的运输车辆，在社会上小有名气，对一般的客户买车有影响和带动作用
一般客户	定义：指有固定资源，或有一定的社会关系，或有一定的资金能力，购买车辆用于增加收入或发家致富的客户。用于增加收入客户一般购买量在1~2辆；用于发家致富的客户一般购买量在2~5辆或更多

图 21-21　客户分类及其特点

(2) 掌握不同类别的意向客户的诉求（追求）点　掌握意向客户对产品的诉求点（运输什么货物→使用什么车辆），不同的货物运输需要不同的车辆。可通过调查得到在某一区域的不同客户运输同类货物使用车辆的特点，参见表 21-3 ~ 表 21-5（表中数据仅为示例，不具参考意义），在进行物流设计与推荐车辆时就有了参考的依据。

1) 牵引车示例。某地区不同的运输行业、不同的意向客户，使用牵引车进行货物运输的比例，见表 21-3。

表 21-3　某地区使用牵引车运输不同货物的比例

货物类型	一般客户运输比例	行业大客户运输比例
农副产品	8%	8.60%
日用百货	11%	16.80%
食品饮料	4%	15.10%
家用电器小五金等	7%	23.30%
建筑材料	12%	1.30%
装饰材料	7%	0.40%
原材料	21%	17.70%
粮食	5%	—
机械设备/零配件	10%	45.30%
化工产品	6%	9.50%
特种产品	—	5.60%
集装箱	6%	65.50%
其他	4%	13.40%

2) 栏板货车、仓栅车、厢式车示例。某地区不同的运输行业、不同的意向客户，使用栏板货车等进行货物运输的比例，见表 21-4。

表 21-4　某地区使用栏板货车、仓栅车、厢式车运输不同货物的比例

货物类型	一般客户			行业大客户
	栏板货车	仓栅	厢式	栏板货车
农副产品	15%	24%	21%	30.8%
日用百货	13%	17%	19%	15.4%
食品饮料	6%	10%	9%	20.5%

（续）

货物类型	一般客户			行业大客户
	栏板货车	仓栅	厢式	栏板货车
家用电器小五金等	4%	9%	7%	23.1%
建筑材料	14%	9%	7%	10.3%
装饰材料	7%	7%	5%	5.1%
原材料	21%	8%	14%	12.8%
粮食	7%	2%	4%	—
机械设备/零配件	8%	8%	8%	20.5%
化工产品	3%	3%	3%	15.4%
集装箱	—	—	—	5.1%
其他	2%	2%	3%	20.5%

3）自卸车示例。某地区不同的运输行业、不同意向客户，使用自卸车等进行货物运输的比例，见表21-5。

表21-5 某地区使用自卸车运输不同货物的比例

货物类型	一般客户运输比例	行业大客户运输比例
农副产品	—	—
日用百货	—	1.40%
食品饮料	—	7%
家用电器小五金等	—	6.30%
建筑材料	66%	52.80%
装饰材料	3%	1.40%
原材料	28%	28.90%
粮食	—	1.40%
机械设备/零配件	—	4.20%
化工产品	—	0.70%
特种产品	—	16.20%
集装箱	—	4.20%
其他	—	13.40%

4. 掌握车辆分类

掌握按车辆用途进行车辆分类的方法，见图21-22。

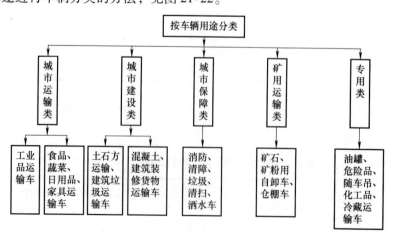

图21-22 按车辆用途分类

5. 掌握意向客户对品牌及产品（功能）的诉求点

意向客户对品牌及产品（功能）的诉求点，见图21-23。

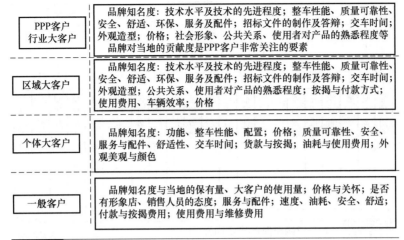

图 21-23 目标客户对品牌及产品的诉求点

6. 掌握意向客户对产品性能的诉求点

意向客户对产品性能的诉求点可归纳为——多、快、好、省、高。见图21-24。

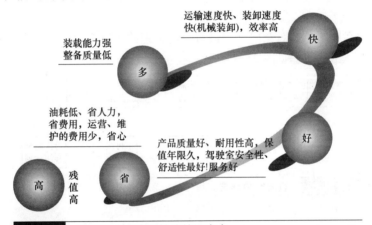

图 21-24 意向客户对产品性能的诉求点

7. 掌握意向客户对产品配置的诉求点

意向客户对产品配置的诉求与推荐，见本书第七章《商用车推荐方法》。

8. 了解、掌握意向客户购买时的决定因素

（1）一般意向客户购车时的决定因素 参见图21-25。

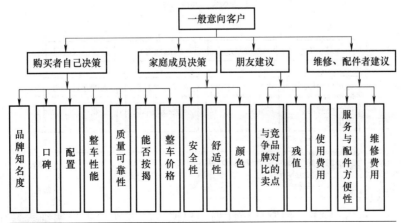

图 21-25 一般意向客户购车时的决定因素

（2）意向大客户购车时的决定因素　参见图 21-26。

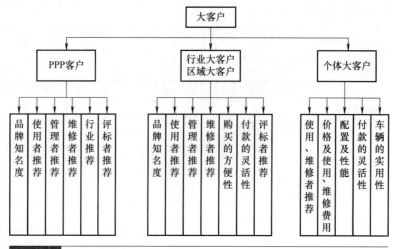

图 21-26　大客户购车时的决定因素

第四节　拜访计划的编制与实施

通过收集到的意向客户信息，对意向客户进行分类管理并通过多次拜访，最终达到与意向客户成为朋友的目的。意向客户拜访的流程见图 21-27。

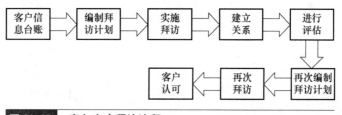

图 21-27　意向客户拜访流程

一、编制意向客户拜访（走访）计划并组织实施

1. 拜访（走访）计划编制的原则

根据企业的性质、规模、购车数量，以及公司的战略规划、购车的时间等要素对客户进行分类管理，参见图 21-28。

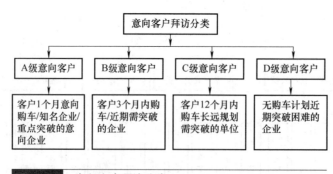

图 21-28　意向客户拜访分类

2. 编制开发、拜访计划

（1）对用车企业（顾客/货主）编制拜访计划　根据《顾客（货主）明细表》中的顾客分类，编制顾客（货主）拜访工作计划表，见表 21-6。

表 21-6　顾客开发拜访计划表

序号	区域	顾客名称	拜访部门：采购、销售、计划	拜访人员：业务主管	您的物资都是如何运输的	他的领导者是谁	对现在的同品牌人员的领导意见	对拜访部门物流部门经理满意	对不同品牌车辆意见	有没有更高的要求	近几年有无增车的整体规划	自己有没有增加运输车辆的计划	对不同品牌车辆的计划	企业性质	主要负责人	联系电话	货物名称	货物性质	包装方式	装卸方式	年运输量	平均月运量	平均日运量	平均车运量	主要运输路线	主要目的地	运输距离	对运输的要求	吨公里支付运费	主要运输车型	车型品牌	每日用车量	意向客户类别	拜访责任者	拜访时间	拜访准备	拜访地点
1			采购		公/铁/水/空																																
2			销售																																		
3			计划																																		
4			仓储																																		
5			其他																																		

注：意向客户类别是指为这个顾客（货主）进行运输的企业是第一方物流运输企业、第二方物流运输企业，还是第三方物流运输的"企业"。

(2) 根据《意向客户明细表》制订物流企业（个人）开发拜访计划

针对运输公司（含个体运输户）制订专项的意向客户开发拜访计划表，见表21-7。

表 21-7　意向客户开发、拜访计划表（以欧曼品牌为例）

序号	省	市	经销商	区域 意向客户单位/个人名称		企业性质	注册资金	在用车辆数量		法人代表			
				被拜访者	访问内容								
					现有车辆的情况	有无性能改进要求	有无配置改进要求	有无质量改进要求	对服务的要求	对配件的要求	在用车辆分品牌的使用情况	平均使用年限	平均载质量	平均运输距离	平均运输速度	吨公里费用	对欧曼的认识	购买使用欧曼的可能性	其他
1				在用车辆驾驶员															工资及时/费用及时/活多干不完
2				车队长															
3				配件组织负责人															
4				车辆维修组织负责人															
5				分管车队副总															
6				分管财务副总															
7				总经理															
8				董事长															
9				其他															
10				拜访责任者	拜访时间			拜访地点			拜访准备				关系介绍人				

3. 实施拜访前应注意事项

实施客户拜访不要有急功近利的思想，想一次拜访就与客户成为朋友、知己，客户就会与自己谈业务（有时可能）是不现实的。

实施拜访时，以下注意事项要充分重视：

1) 明确第一次拜访的目的。

① 第一次拜访是去宣传自己，介绍自己，认识客户，建立关系，与客户成为朋友，而不是去卖产品。需要清晰地让客户了解：

a. 自己是干什么的？

b. 自己卖什么？能为客户带来什么好处？自己能做到什么？

c. 自己是去为客户服务的，如何为客户服务？比如设计物流运输方案。

② 要把自己想知道的问题搞清楚。

a. 该意向客户每一天有多少货源、有多少车辆、平均装载量是多少？几天装一次？

b. 通过对物流需求方和物流实施方的拜访，判断该客户近期物流量增加的可能性从而了解车辆增加的可能性。

c. 了解客户购车程序。

d. 了解企业状况、领导人能力、资信情况、资金情况等，为下一步是否继续公关提供判断依据。

e. 把拜访对象的爱好搞清楚：自己有没有相同的爱好，为以后建立关系，成为朋友建立基础。客户的爱好可能多种多样，要了解清楚。例如：

户外运动（爬山、郊游等）、室内运动（游泳、球类、健身等）、看书（小说、文学、历史、哲学等）。了解客户的爱好，就有了谈话的内容。有时候与客户交流不能只谈业务，换一个话题可能就会"峰回路转"。

2）自己如何才能说服客户：自己的保证能力、后台支援能力、知识能力、服务支撑能力等让客户放心的能力。

3）衣着整洁，举止礼貌，体现出对客户应有的礼貌。

4）第一次拜访客户一定要多听、简明扼要地说。要顺着客户说，一定不要反驳，要努力引导客户向自己要说的方向转移，"是"是常用的口头语。

5）掌握时间，注意提出下一次拜访邀约，留有余地，下次再见。

6）第一次拜访，客户不接待怎么办？

① 客户没有时间——再邀。

② 客户没有购买意向——一个月后再邀。

③ 客户不想与自己打交道——换总经理邀。

④ 客户不想与经销商打交道——找关系邀。

⑤ 如有其他情况，应集思广益想办法，办法总比困难多。

7）顾客（货主）的拜访流程可以参照客户不同人员的拜访流程来进行设计。但是，要注意：顾客对销售是极重要的。如促使顾客表达出："我的货你们一定要用"××"品牌的车来拉才可以，否则不可以。"这就是顾客推动的重要性。

4. 拜访实施

1）建立目标：每一小组每个月拜访的意向客户数量。

2）开始拜访。

3）填好表 21-6、表 21-7。

4）每天总结：找到成功的经验，不断地加以丰富、完善、利用；总结不成功的原因，不断改进。

二、开发、拜访评估与建立关系

1. 拜访评估

在拜访客户的基础上，利用拜访表，以及与客户的实际接触情况进行评估（见表 21-8、表 21-9）。

表 21-8　法人意向客户开发拜访评估表（以欧曼产品为例，仅供参考）

指　标	人　员							合计
	驾驶员	队长	维修人员	设备主管	公司分管领导	公司总经理	董事长	
上门访问	已访问	已访问	已访问	已访问	已访问	已访问	已访问	
对欧曼的评价	好	好	不知道	不知	好	不好		
对竞争品牌的评价	不好	不好	好	好	不好	一般	不知	
可能性对比分析（是否对欧曼有兴趣）	有	有	没有	没有	有	看价格	不管	
影响力权重	0.1	0.1	0.1	0.2	0.2	0.3	增加砝码	1
购买欧曼的倾向权重	0.1	0.1	0	0	0.2	0.1	增加砝码	0.5

表 21-9　自然人意向客户开发拜访评估表

指　标	人　员								
	驾驶员	车主	车主直系亲属	车主其他亲戚	车主朋友	参谋者或"托"	周边的车主	配件店	修理厂	出资方
上门访问										

(续)

指标	人员								
	驾驶员	车主	车主直系亲属	车主其他亲戚	车主朋友	参谋者或"托"	周边的车主	配件店	修理厂	出资方
对欧曼的评价										
对竞争品牌的评价										
可能性对比分析（是否对欧曼有兴趣）										
影响力权重	0.1	0.2	0.1	0.05	0.1	0.2	0.1	0.02	0.03	0.1
购买欧曼的倾向权重	0.1	0	0.1	0	0.1	0.1	0.1	0	0	0.1

要对购买意向建立一个评估系数：0~0.3（含）表示不可能建立合作关系的意向客户；0.7（不含）以上的为能建立可靠关系的意向客户；0.3（不含）~0.7（含）为中间的、可能建立合作关系的意向客户。

1）将不可能合作的意向客户进行搁置，留待以后再开发。
2）将不可能合作的意向客户进行上报，让领导或借助其他渠道开发。例如：
① 利用关系开发。
② 利用协会开发。
③ 利用同事开发。
④ 交给品牌厂家开发。
⑤ 其他开发的方法。
3）将不可能建立合作关系的意向客户进行转化，利用各种条件进行客户吸引：或投其所好以建立关系。
4）对有可能建立合作关系的意向客户进行分类：
① 已用过本品牌产品的意向客户，解决客户在使用过程中遇到的问题，并给予一些礼品赠送（如油品、配件、维修卡、优惠券等），让客户在满意的基础上再给客户惊喜。
② 没有用过本品牌产品的意向客户，要投其所好建立关系。
5）将能建立可靠关系的意向客户进行分类：
① 已用过本品牌产品的意向客户，要解决客户在使用过程中遇到的问题，并赠送一些小礼品（如保养用品、配件、维修优惠卡、优惠券等），让客户在满意的基础上再增加惊喜，确保不被别人挖走。
② 没有用过本品牌产品的意向客户，但是对已用过的品牌极不满意，我们已经通过关系进行了拜访，可以投其所好以建立关系。

2. 对初次拜访结果进行评估

参见表21-10，根据对初次拜访结果进行评估，列出需要巩固的意向客户、需要再开发的意向客户、需要转化的意向客户。

表21-10　客户/顾客初次拜访评估表

序号	经销商名称	意向客户/顾客名称	拜访人姓名	评估人姓名	评分	意向客户/顾客分类	是否需要再次拜访	再拜访人姓名
1								
2								
…								

填表说明：
1. 意向客户的拜访评估与顾客拜访评估都使用此表；一个意向客户和这个客户的顾客（货主，可能有多个）填在一个表里。
2. 通过评估，如果认为需要再次拜访的顾客较多，每一顾客中需要再次拜访的人员（货主，被拜访人）较多，可以根据自己的具体情况，删去一些；或者按照先易后难的原则分别制定计划，进行拜访。
3. 在初次拜访中，有一些需要拜访的人没有拜访，在再次拜访时一并列入。
4. 经销商不同、区域不同、市场不同，需拜访客户也不同，本表仅供参考。
5. 具体的开发、拜访计划表可以继续用原计划表（表21-6、21-7）格式。
6. 再次拜访计划在初次拜访计划的基础上编制。

3. 通过初次拜访评估，制订再拜访计划

（1）意向客户分类　将意向客户分为三类：0.7分以上的，是需要巩固的意向客户类；0.3～0.7分（含）之间的，是需要攻关的意向客户类；0.3分（含）以下的，是需要转化的意向客户类。

（2）制订再次拜访计划　利用表21-10对初次拜访进行评估，找到需要巩固、继续拜访、转化的意向客户名单后，继续利用表21-6、表21-7格式，制订需要再次进行拜访的顾客再次拜访计划表、客户再次拜访计划表。

4. 后续拜访实施

1）找出理由：要进行客户拜访，必须要有理由："看看朋友""介绍新产品""上次去的时候没有给您带资料，我给您送资料，顺便介绍产品""您现在是否想买车了，我们能否谈一谈""我们有了新的促销政策、买车优惠，能否帮助我推荐一下朋友"等。总之，理由一定要充分，否则，客户会拒绝；不同的客户，拜访的理由也应不一样。

2）电话预约，说明理由，征得同意：拜访前要进行电话预约，不要直接拜访，以体现礼貌。

3）资料、物品准备：与客户进行了关系的建立后，就知道了被拜访客户的性格，资料和物品的准备就要有针对性：即根据被拜访客户的性格准备物品。

4）拜访：拜访时一定要准时，可以提前几分钟，但不要迟到。遇到特殊情况不能准时到达时，一定要提前告知对方。见面时要道歉并说明原因，见面时先递上准备好的物品、资料，说明来意。

5）拜访一定要定时，谈完事情后可以聊一些双方爱好等方面的话题，但不要太长。

6）拜访后一定要说明下一次再来拜访，并征得同意。

5. 再拜访后评估

1）每一次的拜访后都要进行评估。

2）如果评估结果低于0.3，就要进行决策，例如是否要采取特殊措施，是降低价格，加大拜访力度，还是放弃。

3）如果评估结果在0.3～0.7之间，继续攻关。

4）如果评估的结果大于0.7，可以进行下一步工作：提供物流设计方案。

6. 与客户建立关系，成为朋友

与客户之间的走动多了，就可能与客户成为朋友。

注意： 如果能邀请客户到自己的公司进行考察、访问，就说明客户有了兴趣；如果能邀请客户到厂家进行参观，就说明客户很有兴趣。

与客户建立了关系，与客户成为朋友之后，就可以进行物流方案的设计与推荐和产品的设计与推荐。

三、不同"意向客户"，不同角色，拜访流程示例

1. 一般意向客户的拜访流程

（1）购买者本人　意向客户本人是购买者，拜访流程见图21-29。

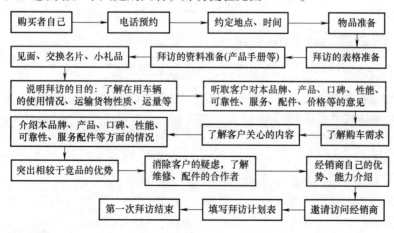

图21-29　购买者本人的拜访流程

（2）购买者家庭成员　如果拜访购买者家人，可参考图21-30的拜访流程。

当购买者有购车意向时，要立即实施拜访。没有购车意向时，可以延时拜访。购买者家庭成员关心的内容：安全、舒适、可靠、省钱、颜色、气派。

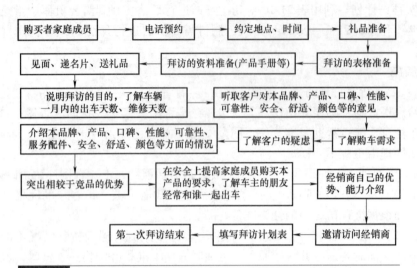

图21-30　购买者家庭成员的拜访流程

（3）购买者的朋友　如果拜访购买者的朋友，可参考图21-31的拜访流程。

当购买者的朋友有购车意向时，要立即实施拜访；没有购车意向时可以延时拜访。请购买过本品牌的朋友提前打招呼，说明奖励政策，拜访效果会更好。

购买者的朋友关心的内容：产品口碑、保证不推荐错误、购车好处。

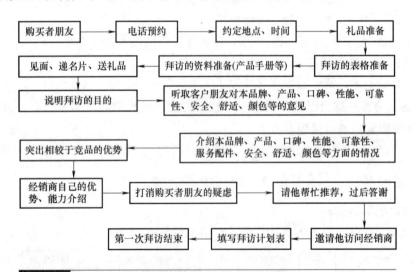

图21-31　购买者的朋友的拜访流程

（4）维修、配件提供者　如果拜访维修、配件提供者，其流程可参考图21-32。当维修、配件提供者有购车意向时，要立即实施拜访；没有购车意向时，可以延时拜访。如请修本品牌车的朋友提前打招呼，说明奖励政策，拜访效果会更好。

维修、配件提供者关心的内容：以后还能不能继续为客户提供维修与配件服务。

2. 意向大客户的拜访流程

（1）驾驶员　拜访驾驶员，其流程参考图21-33。

驾驶员的拜访是必须要做的，大客户十分重视使用者的口碑。拜访驾驶员主要是为了防止负面评价。驾驶员关心的内容：安全、舒适、可靠、速度、油耗、服务、配件。

（2）车队队长　车队队长的拜访流程，参考图21-34。

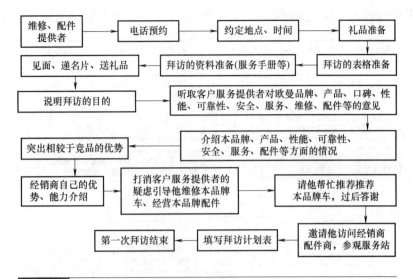

图 21-32　对维修、配件提供者的拜访流程

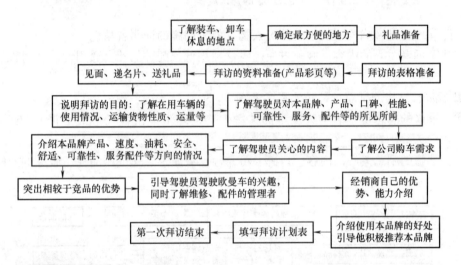

图 21-33　驾驶员的拜访流程

车队队长是影响购买决策的关键人物，其处于品牌推荐者角色。

车队队长关心的内容：口碑、可靠性、速度、油耗、服务、配件、价格等。

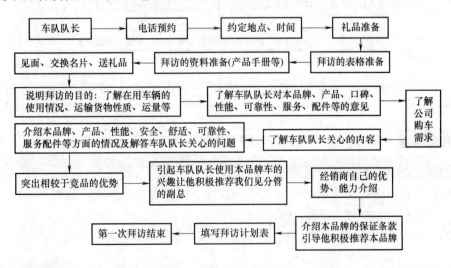

图 21-34　对车队队长的拜访流程

(3) 维修、配件管理者　拜访流程参考图21-35。

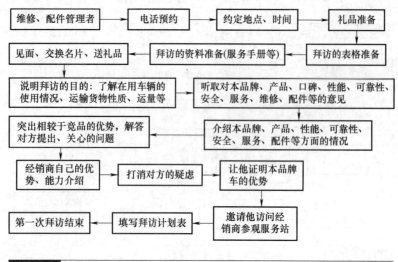

图 21-35　对维修、配件管理者的拜访流程

维修、配件管理者是影响购买决策的关键人物其处于品牌的证明者角色。

维修、配件管理者关心的内容：服务方便，维修费用低；配件的社会通用性、及时性、方便性、价格低。

(4) 分管车队、维修的副总　拜访流程参考图21-36。

分管车队、维修的副总是影响购买决策的关键人物，处于审核者（下面上报）、推荐者（给决策者）的角色

分管车队、维修的副总关心的内容：口碑、可靠性、载质量、速度、油耗、服务的及时性、配件的及时性。

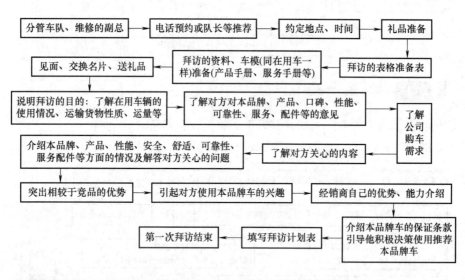

图 21-36　对分管车队、维修的副总的拜访流程

(5) 分管财务的副总　拜访流程参见图21-37。

分管财务的副总是影响购买决策的关键人物，其处于证明者角色，证明购买哪一个车辆品牌更省钱？注意：客户没有购买意向时，不要拜访。

分管财务的副总关心的内容：价格、金融服务、使用费用、维修费用、残值。

(6) 总经理　拜访流程参见图21-38。

总经理在购买决策中是关键人物，处于决策者角色，他考虑的是购买哪一个车辆品牌好？为什么要买你的？你能给我带来什么？为什么你们推荐××品牌？

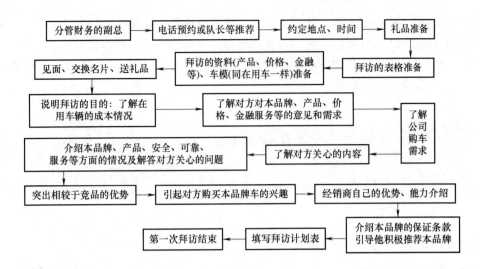

图 21-37　对分管财务的副总的拜访流程

总经理关心的内容：品牌知名度、品牌口碑、产品口碑、效率最高、利益最大、成本最低、职工满意、他的顾客满意、安全、付款最优惠。

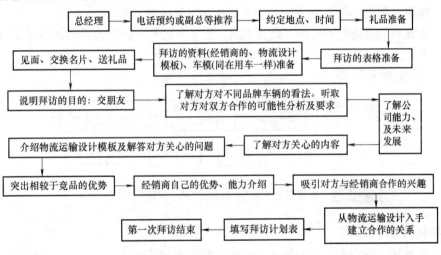

图 21-38　对总经理的拜访流程

（7）董事长　拜访流程参见图 21-39。

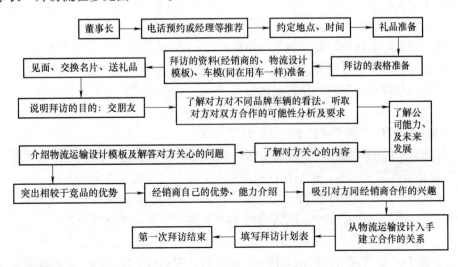

图 21-39　对董事长的拜访流程

董事长在购买决策中是关键人物，处于决策者角色即出钱者。花最少的钱办最大的事是董事长的理念。有时董事长不管业务，有时兼总经理。没有总经理的同意，一般不拜访董事长。

董事长关心的内容：品牌知名度、品牌口碑、产品口碑、效率最高、利益最大、成本最低、职工满意，他的顾客满意、安全、付款最优惠。

第五节 物流运输方案设计

在与意向客户成为朋友以后，就可以进行物流运输方案的设计、推荐车辆产品及其他产品了。下面讲物流运输方案的设计与推荐。

一、设计物流运输方案前的准备工作

1. 物流运输方案的主要内容

与意向客户成为朋友后，通过与意向客户进行充分的工作场景走访和沟通交流，了解掌握意向客户的不同需求，为其提供适合客户需求特点的运输方案。包括运输作业（装、固、运、卸）方案、运输车辆（车辆的功能、性能、配置、公告等）方案、车辆运营数量方案、购买车辆的金融服务方案、车辆服务（保养、维修、配件准备）方案、二手车置换方案等内容。

通过确定运输方案，就确定了车辆、购买方式、服务方式等，可以为意向客户建立差异化的服务优势，有利于推进成交。

主要流程示意图，参见图 21-40。

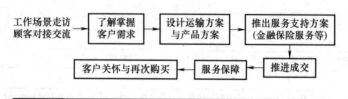

图 21-40　为意向客户提供定制化产品的流程

2. 建立差异化的竞争优势

（1）什么是差异化　客户需要的，别人没有的，我能做到的。

（2）建立差异化竞争优势的目的　差异化优势的建立对营销人员完成销售任务是至关重要的。建立差异竞争优势的目的就是要解决以下问题：

1）客户为什么要买？

2）客户为什么要买我的？

3）我能为客户带来什么样的好处、利益、惊喜？

4）我给客户的好处、利益、惊喜，其他品牌也能提供吗？如果不能提供，为什么？

5）我如何保证这些好处、利益、惊喜到位？

6）如果不到位怎么办？

（3）建立差异化竞争优势的主要内容

1）功能差异化：产品的功能相较于竞品更多。如：搅拌车带泵送功能、带计量功能、带自动监测坍落度功能、带自动清洗罐体功能、带油耗计量功能、带保温（降温）功能等。

2）性能差异化：产品性能指标相较于竞品更多。如：搅拌车有防侧翻装置（侧向稳定杆），侧向稳定性能好；有多档开关，空载省油；采用采埃孚的离合器，可自动调整间隙等。

如欧曼搅拌车以例说明，罐体采用 QSTE420 的钢材，耐磨性能好，使用十年没有问题；配装高强度副车架，保证不断裂；配装潍柴机器动力性好、油耗低；配装法斯特 9 档变速器有低速档，起步更平稳等。

3）可靠性的差异化：如采用国内最好的配置，用了潍柴的发动机、法里奥离合器、法士特变速器、斯太尔后桥、力士乐油泵和马达、采埃孚的减速机等，可靠性高；

4）性价比的差异化：服务期长，降低使用成本；一体化的服务节省服务时间；油耗低，节约运行费用；制造技术（驾驶室、车架等）高、配置高，残值高，物有所值。

5）销售的差异化：

① 销售人员懂产品，能将功能、性能、配置讲明白。

② 销售人员懂运输，能将物流运输设计好：效率最高、投入最少、费用最低、利益最大。

③ 经销商的服务能力强，服务项目多，服务能力强，24小时服务，配件库存保障，客户放心。

6）服务的差异化：

① 一体化的服务。

② 上门服务。

③ 24小时服务。

④ 服务承诺：达不到索赔。

（4）在竞争要素方面 对"竞品同质化要素"要掌握到位，并在对标过程中予以明确。如：

1）金融服务有没有差异化。

2）价格有没有差异化。

（5）当竞争要素相较于竞品处于劣势的要素 同样要掌握到位，要向客户讲明白这是为什么。如：

1）交货期可能要长一些，是因为产能的限制。

2）有一些配置要加价，是因为在报价表中没有，要另外采购等。

（6）服务竞争优势的差异化要重点强调 为什么要通过经销商进行销售、服务？这也是竞争差异化的优势。

1）为了长期的客户服务。

2）为了更及时地满足客户需求。

3）为了让客户放心，当产品质量出现了问题时，你能在当地解决问题，不用找厂家。

4）为了我们放心。当客户出现了问题时，能有人出面解决，不用汽车厂（比如欧曼）操心了。

3. 了解掌握意向客户的不同需求

（1）目的 要建立差异化的竞争优势，必须了解、掌握意向客户的不同需求。

与意向客户建立关系后，要根据客户的具体情况，与客户共同进行客户的工作场景走访，与不同意向客户进行充分的沟通与交流，掌握不同的客户、不同的区域、不同的地形、不同的运输道路、不同的货物对车辆的不同需求。

（2）掌握意向客户对产品的需求心态及关注点 不同的意向客户，需求是不同的。应掌握、了解区域内各类客户不同的需求心态及不同的购车关注点，参见图21-41。

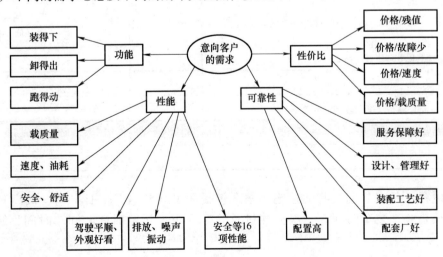

图 21-41 意向客户对产品的需求心态及关注点

① 价格一定、载质量一定、方量越大——性价比越好。
② 价格一定、速度越快——性价比越好。
③ 价格一定、故障越少——性价比越好。
④ 价格一定、残值越高——性价比越好。
⑤ 价格一定、保修期越长——性价比越好。

（3）掌握意向客户对车辆配置的不同需求　运输同一类货物不同的意向客户，由于车辆使用条件不同，客户的需求也是不一样的。

详见第一篇第七章相关内容。

二、定制化物流运输方案设计的方法

为了销售车辆，在了解意向客户需求特点的基础上，针对不同的意向客户推出适合客户的定制化车型，才能把产品销售出去。这就是做运输方案设计的目的。

本节以混凝土搅拌运输车为案例来说明运输方案设计的方法（不表示这是最优方案，只是介绍流程）。

1. 明确设计基础

（1）明确运输的货物　货物的分类、名称、性质、比重、对运输的要求，见表 21-11。

表 21-11　运输的货物分类

行业分类	货物的名称	货物性质	货物的比重	货物对运输的要求
农副产品/水产品/林产品运输业				
家用电器/小五金运输业				
食品/饮料运输业				
机械设备/零配件/汽车部件运输业				
轿车（或其他车辆）运输业				
日用百货运输业				
化工产品运输业				
矿石运输业				
钢材/有色金属材料/及其他原材料运输业				
沙/石/水泥/混凝土/及其他建筑材料运输业	混凝土	液体	$2.4t/m^3$	运输过程不凝固、不离析、不结冰、速度 50km/h 以下，等待卸料不停止发动机工作，急速 600rad/m（油耗低，噪音低）
玻璃/门窗/水暖/及其他装饰建材运输业				
集装箱运输业				
粮食运输业				
鞭炮/炸药/危险品特种产品运输业				
其他运输业				

（2）明确顾客（货主）对货物的运输要求　包括运量（年、月、日平均、最高）、运输距离、运量需求的增长趋势、装车时间、一次搅拌量及装车要求、运输时间、卸车时间、卸车要求，见表 21-12。

表21-12　顾客（货主）对货物的运输要求

运输货物	年/月/日平均运量/m³	年/月/日最高运量/m³	平均运输距离/km	年平均运量增长趋势/（方/年增加）	装车时间/h	一次搅拌量及装车要求	运输时间/h	卸车等待时间/h	卸车时间/h	卸车要求
混凝土	10万/1万/400	20/3/1000	15	5万	0.1	一次2m³/每分钟不低于2m³	0.5	不大于1	0.2	每分钟不低于3m³
…										

（3）明确顾客（货主）对货物装卸的要求　包括装车场地、卸货场地、装货形式、卸货形式等，见表21-13。

表21-13　顾客（货主）对货物装卸的要求

货物名称	装车场地	装货形式及要求	卸车场地	卸货形式及要求	卸货后车辆要求	其他
混凝土	搅拌站，场地平整	机械装货，装料口高度不低于3850mm	建筑工地，沙尘大、道路不平	自动卸货，卸货高度高于1500mm	卸货干净，残留率低于0.8%	卸货后的车辆要带有自清洗功能
…						

（4）明确客户对车辆的要求　包括载质量、使用年限、发动机（功率、油耗）、制动、悬架、车架、轮胎、上装配置的要求，见表21-14。

表21-14　客户对车辆载质量、使用年限、配置等的要求

运输货物	载质量/整备质量/t	使用年限/年	发动机（功率/油耗）	制动	悬架	车架（高度/厚度）/mm	轮胎	上装配置			其他
								液压泵	液压马达	减速机	
混凝土	20（8方）/12	10	潍柴（日野）/[336（350）]/[50L/100km]	前盘式/后鼓式	板簧	300/8+8	1100R20	力士乐90	力士乐80	采富5300	空调/进口方向机
…											

注意：载质量要考虑当地的运输环境情况来定，并要满足当地法规的要求。

（5）为客户推荐运输车辆数量计算方法　根据年运量、运输距离、搅拌站的一次搅拌方量及装车要求确定基本车型：

① 年运输量在10~20万m³之间、运输距离在15km内（运输时间来回0.7h左右）、装卸车时间在0.3h左右、平均每趟等待时间1h（最大）时，推荐的基本车型如下：8×4底盘、潍柴、336马力、8m³混凝土搅拌运输车（将超载不超过5%都计算在内），计算如下：

8m³搅拌车的价格为40.72万元，平均每方的价格为5.09万元（超过8m³就是超载，应注意风险）。

② 按照10万m³的年运量，平均工作10个月，每月1万m³，每天400m³、每一辆车每天工作16h，计算车辆的数量：16÷2=8（趟）（平均2小时一趟）；每趟8m³×8=64m³；400÷64=7辆。按照出车率80%计算，需求为7辆；按照最高3万m³/月计算，最高需求车辆16辆；按照每月平均1.5万m³，每天600m³计算，需求车辆10辆。

③ 按照行业一般的使用效率：1年10000m³（北方）或15000m³（南方）计算，平均10万~20万m³的运输量，需求车辆在7~16辆车之间。

因此，10万~20万m³的站，推荐车辆为12辆，最多不可超过16辆。如果超过16辆，就要进行评估。原因如下：

  a. 如果推荐的车辆数量超过实际需求量，就会造成闲置；客户不满意。
  b. 如果客户认为被骗，就不会付款；已定的车不能付款，造成虚假合同。
  c. 如果是贷款购买的车辆造成闲置，就没有能力按时还款。不能按时归还贷款，就会出现客户贷款风险。

2. 物流运输方案设计

以混凝土搅拌运输车物流运输方案设计为例，参见表 21-15。

表 21-15 混凝土搅拌运输车物流运输方案设计模板

货物的名称	货物的性质/坍落度范围	货物的比重	运输保证	年/月/日平均运量/m³	年/月/日最高运量/m³	平均运输距离/km	年/月/日平均运量增长趋势/m³	装车时间/h	装车保证	运输时间h/运输速度
混凝土	液体/80~230mm	2.4t/m³	运输过程不凝固、不离析，等待卸料不能停止发动机/可以加保温装置	10万/1万/400	20/3/1000	15	5万	0.1	每分钟不低于3m³（3m³以下站均适用）	0.5/小于50km/h
允许卸车等待时间/h	卸车时间/h	卸车保证	装车场地	装货形式	卸车场地	卸货形式	卸车保证	车辆自清洗功能	车型/载质量/整备质量/t	罐体材料/使用年限/年
不大于1	0.2	每分钟不低于3m³	搅拌站，场地平整	自动装料，装料口高度不高于3850mm	建筑工地，沙尘大，道路不平	自动卸货，卸货高度最低1500mm	卸货干净，残留率低于0.8%	500升的水罐清洗系统	8×4车型/20（8方）/12	QSTE420/10
发动机（功率/油耗）	制动	悬架	车架（高度/厚度）	轮胎	其他	上装配置			每辆车每天运输趟数/需用数量/未来每年增加辆	价格
						液压泵	液压马达	减速机		
潍柴/340/45L/100km工作怠速600rad/m	前盘式/后鼓式	板簧：前9后12前板簧三片加强18mm厚	300/8+8	1100R20/带备胎	空调/进口方向机/沙漠空气滤清器	力士乐90	力士乐80	采富5300	8/13/4	45.72（国六报价举例）

注：由于混凝土搅拌运输车既要运输又要搅拌，所以其需要的动力比其他车辆大：总质量×5kW+运输方量×8kW=发动机功率数。

1）物流运输方案设计的注意事项：
① 运输方案设计一定要注意完整性；
② 按照模板仔细制作，不要有漏项。
③ 不清楚的地方一定要调查清楚，不可以用"大概""可能"等字眼。
④ 做好运输方案设计以后，要与客户的驾驶员、车队队长等进行讨论，验证理论上的可行性。

2）方案的优势
① 与其在用的车辆相比，更符合法规，不超载，不怕检查。

② 出勤率更高，故障更少，安全性更好。

3. 服务方案设计

1）服务方案设计的原则。服务方案设计是运输方案设计的一个重要内容，能够体现出与竞品的差异化优势。

2）服务方案设计内容。服务方案设计内容应主要体现："三包"政策方案、服务优惠政策方案、服务承诺方案、配件保障方案、培训方案、金融服务方案、车辆保险方案，以及其他相关内容，具体模板参见表21-16。

表21-16 服务方案设计内容表

服务站名称	服务站地址	站长姓名	站长联系电话	夜班值班电话	经销商服务经理姓名	厂家服务经理电话
×××服务站	房山××路××号	王××	13900000010	010-66666666	赵××	13900000000
服务内容	服务项目	服务时间	福田投诉电话	欧曼投诉电话	××服务部部长姓名	服务部部长电话
车辆保养、车辆维修、配件保障	清洗车辆、检查车辆、保养车辆、维修车辆、配件保障	每日/24小时	1390000××××	010-1111××××	××	1390000××××
"三包"时间	服务优惠	服务保障	配件承诺	培训承诺	金融服务承诺	车辆保险
见"三包"手册	2年内喷油器损坏后可以以旧换新	接电话后1小时到现场	库存专用配件5万元	专人培训2天/免费	首付30%，手续费5%利息5%	代为处理事故，代为索赔，提供代步车等

服务优势说明：例如同××品牌相比，可以提供一体化服务，"三包"期长，上门服务，喷油器以旧换新等。

4. 其他（销售服务、贷款、车辆保险、二手车等）**方案设计**（略）

5. 介绍设计，引起客户购车兴趣

1）推荐设计，引起兴趣：做完运输方案设计后，可以以朋友的身份与有关使用者、维修者、管理者进行讨论，以引起其兴趣，引导其向主管者推荐。

2）对于没有车辆的意向目标客户，可以以运输方案设计引发其兴趣。

第六节 将意向客户变成客户

一、推荐方案与产品

1. 目的

将意向目标客户变成目标客户，成为实现销售的可靠信息。

2. 准备工作

1）做好拜访，与意向客户成为朋友。

2）为意向目标客户着想，做好物流运输方案的设计。

3）为意向目标客户着想，做好资金的设计。

4）为意向目标客户着想，做好服务的设计。

5）为意向目标客户做推荐表。见本书第一篇第九章中关于卖点、优势、平势、劣势的内容。

3. 推荐方案，建立兴趣

1）将准备的书面文件报送设备主管、财务主管、总经理等关键人员。

2）预约时间进行讲解，以引起他们的兴趣。

4. 将意向目标客户变成目标客户

（1）了解疑问，消除疑问

1）只要客户有疑问、疑虑，就不会签订购买协议或合同。

2）只要客户没有了疑虑，就一定会签订购买协议或合同。

（2）每一次与客户交流，就是一次消除客户疑虑的过程。明确到此交流的目的。

1）介绍自己，介绍公司，介绍工厂，介绍产品，介绍产品的工作原理、功能、性能、可靠性、性价比、服务、配件。

2）询问客户还有什么问题？需要我们解释吗？

能解释的解释，不能解释的告诉客户：我不明白，我会请教老师（或技术支持人员）后答复。

① 有些问题（如价格等）是一个范围，不同配置、交货期、服务要求（要求提供易损件不同），价格也不同。

② 有些问题（如金融服务）是与客户的付款条件、担保条件、信用条件等相关联的。这要看到客户提供的材料后才能答复。

（3）消除客户的所有疑虑，是客户营销的第一要务。

（4）有些疑虑是不能只靠说就能消除的，还要辅助以下手段：

1）书面保证（如质量、服务、责任人等）。

2）看到实物（如样车、服务站、配件库存等）。

3）在当地有可靠的客户在使用，并证明是好的、可靠的：老客户现身说法。

（5）客户没有了疑虑，就能确保同你签订购买协议或合同。

二、合同签订（将意向目标客户变成目标客户）

1. 及时签订合作协议或买卖合同

在消除意向目标客户疑虑，与其就运输方案、产品方案、购买方式、服务方案等所有事项达成一致后，及时签订合作协议或买卖合同。将意向目标客户变成目标客户，将意向客户信息变成了实现销售的可靠信息，客户营销的基本工作就完成了。

2. 注意事项

在签订合同的过程中，要注意主体合同与辅助合同，参见图21-42。

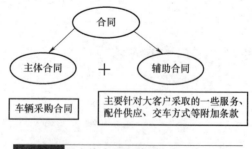

图21-42 主体合同和辅助合同

3. 成交后的传播要求

（1）针对不同的客户，组织不同的交车仪式，增加宣传的效果　根据客户一次采购数量的不同，可以选择在不同的场地进行交车，增加宣传的效果，具体按照《交车仪式方案》执行。图21-43是欧曼品牌的几种交车场地。

（2）在交车中和交车后宣传　利用抖音、视频、微信、稿件等方式进行媒体传播，尤其要注重利用客户的朋友圈进行传播，既满足了客户的虚荣心，又达到了广告传播的效果。可以采用的传播方式，

图 21-43　欧曼品牌的几种交车场地

参见图 21-44。

图 21-44　传播方式

4. 做好服务保障工作

（1）服务保障工作的重要性　在市场营销的诸要素中，服务、配件两个要素是最基础的要素，是口碑传播的基础。没有服务、配件的保障，就不可能产生好的口碑。

（2）服务的分类

1）销售服务：为完成销售而进行的服务叫销售服务。主要包括：车辆的交接（车辆、工具、附件、随车材料等）、驾驶培训、常见故障判断与维修培训、保养培训、上牌、办理保险、办理营运证等。

2）日常保养服务：按照车辆的规定，每行驶一定的里程就要进行的日常检查、维护、保养、更换（滤芯、机油、润滑油等）。

3）故障判断与维修服务：当车辆出现了故障时，进行故障原因判断、维修服务。

4）提供配件的服务：为出了"三包"期的车辆提供一些维修常见故障而需要的易损配件服务。如灯泡、灯罩、熔丝等。

（3）做好服务保障　在明确了服务的分类以后，根据不同的服务需求来做好服务就容易了。

1）分别建立组织：作为经销商、服务商应根据客户的不同需求分别建立组织；包括销售服务、保养服务、故障判断与维修组织、配件销售组织。

2）明确作业目标：确保客户满意。

3）确定工作岗位：每一个组织需要的最少岗位数。如故障判断与维修组织，最少设立 2 个岗位。如果作业量较大，可以再分为发动机与离合器、变速器、前后桥与轮胎、驾驶室、电器等故障判断与维修岗位。

4）选择合适的人选，如果人选不能适应，就要进行培训。

5）交代任务、明确职能职责、工作标准、作业流程、工作顺序、工作表格。

6）对每一个岗位确定工资、福利、激励的标准。

（4）做好服务 需具备的必要条件

1）必要的场地：北方地区要有保温措施，南方地区要有防雨措施，车辆要能停放。

2）必需的工具：故障判断的工具、保养的工具、计量的工具、维修的工具等。

3）必要的设备：保养、故障判断、维修的设备、上装维修的设备（液压、电器、焊接等）。

4）必备的配件：易损件、常用件、保养件等。

（5）做好服务 需必备一些的资料

1）国家标准：车辆的基本参数表、车辆的设计标准、整车标准、零部件标准等相关的标准，明确工作的标准、标准的来源、检查的方法等。

2）厂家车辆基本参数表（有可能与国家的标准一致）、结构图册、配置表、配置参数表、配件明细表、配件通用性表、配件社会通用性表。

3）厂家的服务政策、标准、要求、限制等相关文件。

4）厂家不同车辆之间服务政策、标准、要求、限制的差异化。

5）常见故障、一般故障、疑难故障的故障判断指导手册、维修手册等维修资料。

6）维修的工时标准、配件价格表等。

（6）做好服务工作的原则要求

1）配件必须自己配备，不能依靠别人。

2）经销商必须具备管理服务的能力。客户购买了我们的产品，为客户服务的过程就是把客户培养成产品销售接班人的过程；服务的好坏，直接影响到产品的销售，经销商必须管好。

3）保养有检查、维护、更换、预警四大步骤，项目多，一定不能有漏项，必须按照要求一项一项地认真做。只有这样，才能起到车辆保养的作用。

4）故障的判断、维修最好由自己的人员做。如果短期内不具备能力，可以采用外包、联合请求服务中心派人协助等不同的方式进行。

5. 做好客户关怀，实现再购买

如果我们自己做好了下面的工作：

（1）同客户成为朋友。

（2）为他推荐了最合适的车辆。

（3）给予客户提供感动关怀活动，对待客户就像对待自己的孩子一样，为他们提供无微不至的关怀、服务。

（4）持续不断开展客户关怀活动，每逢节假日、生日、重大活动开展、新产品推出时都会想到你的客户，给他们温暖、关怀、照顾，让客户感动。

（5）将客户发展为意见领袖，共同进行产品的传播。客户满意了，顾客也满意，也会宣传、传播经销商的优点、好处。

1）做好新产品针对老客户的传播与推荐，我们的客户还会再买我们的产品，只要是他需要的。

2）客户一定会介绍他的朋友、亲戚、其他的客户来购买我们的产品。

三、建立客户营销的目标

客户营销的目标需要合理确定，给客户营销人员足够的产品自信、品牌信心，以激发员工士气，提升营销业绩。评价一个产品是否优秀，其市场占有率是一个重要的评价指标，那么客户营销的目标，往往可以用市场占有率及其提升比例来确定，参见表21-17。

表 21-17　客户营销的目标

目标市场	细分市场	占有率
一定要占领没有风险的市场	政府市场	50%
一定要占领风险较小的市场	大客户市场	50%
	多次购买的个人客户市场	50%
	全款购买的个人客户市场	50%
有固定货源的专用车销售市场		50%
自己品牌的老客户在购买市场		80%
服务渠道销售量占全部销售量的比重		50%

本章小结与启示

希望读者通过本章的学习，能够熟练掌握客户营销的流程，并能熟练运用该流程与客户营销的方法，提高客户开发成功率和客户成交率，提升市场占有率。并能够掌握物流设计的流程与方法，为客户推荐最合适的车辆和服务，建立差异化竞争优势，提高企业竞争力。

本章学习测试及问题思考

1. 客户营销的目的是什么？
2. 客户营销的最终目标是什么？
3. 物流运输方案应包含哪些内容？
4. 收集意向客户信息的方法有哪些？
5. 列出意向客户拜访的流程。

第二十二章 PPP 市场营销[一]

学习要点

1. 了解 PPP 市场的重要性。
2. 掌握 PPP 市场营销中的销售推进流程。
3. 掌握 PPP 市场营销的主要工作。

第一节　PPP 市场的重要性

一、PPP 市场的重要性

1. PPP 市场的来源

2015 年 4 月 21 日，中华人民共和国国家发展和改革委员会、中华人民共和国财政部、中华人民共和国住房和城乡建设部、中华人民共和国交通运输部、中华人民共和国水利部、中国人民银行联合发布《基础设施和公用事业特许经营管理办法》，鼓励和引导社会资本参与基础设施和公用事业建设运营，提高公共服务质量和效率，保护特许经营者合法权益。

(1) PPP 的概念　指在公共服务领域，政府采取竞争性方式选择具有投资、运营管理能力的社会资本，双方按照平等协商原则订立合同，由社会资本提供公共服务，政府依据公共服务绩效评价结果向社会资本支付对应的价格。

(2) PPP 市场的概念　由政府和社会资本合作，共同经营基础设施及公共服务领域，以为社会提供产品和服务为出发点所形成的巨大市场。即政府与社会资本合作，是公共基础设施中的一种项目运作模式。

(3) PPP 市场的重要性

1) 推广运用政府和社会资本合作模式，是促进经济转型升级、支持新型城镇化建设的必然要求。

2) 推广运用政府和社会资本合作模式，是加快转变政府职能、提升国家治理能力的一次体制机制

[一] 本章由梁兆文、王术海编写。

变革。

3）推广运用政府和社会资本合作模式，是深化财税体制改革、构建现代财政制度的重要内容；未来在公共服务领域，都会是PPP市场，不会再有单一的政府采购市场。

2. PPP市场的规模与意义

（1）市场规模　2018年9月14日，财政部公布的最新统计数据显示，截至2018年7月底，全国PPP（政府和社会资本合作）综合信息平台项目库累计入库项目7867个，投资额11.8万亿元；已签约落地项目3812个，投资额6.1万亿元；已开工项目1762个，投资额2.5万亿元。PPP市场是一个刚刚形成的巨大市场。

在这个新市场中，如果要想取得决定性胜利，就要建立"以产品为中心的营销模式"。因为强化产品竞争力是最重要的方法之一。

（2）市场意义

1）PPP市场采购的产品，由政府专项资金支持，基本没有风险。

2）获得PPP市场采购订单，就意味着产品质量已经得到政府相关部门认可，这可以起到极大的广告传播效果。

二、PPP市场模式与销售流程

1. PPP市场的模式

（1）建造、运营、移交（BOT）　私营部门被授权在特定的时间内融资、设计、建造和运营基础设施组件（和向用户收费），在期满后转交给公共部门。

（2）民间主动融资（PFI）　PFI是对BOT项目融资的优化，指政府部门根据社会对基础设施的需求，提出需要建设的项目，通过招投标，由获得特许权的私营部门进行公共基础设施项目的建设与运营，并在特许期（通常为30年左右）结束时将所经营的项目完好地、无债务地归还政府，而私营部门则从政府部门或接受服务方收取费用以回收成本的项目融资方式。

（3）建造、拥有、运营、移交（BOOT）　私营部门为设施项目进行融资并负责建设、拥有和经营这些设施，待期限届满，私营部门将该设施及其所有权移交给政府方。

（4）建设、移交、运营（BTO）　私营部门为设施融资并负责其建设，完工后即将设施所有权移交给政府方；随后政府方再授予其经营该设施的长期合同。

（5）重构、运营、移交（ROT）　私营部门负责既有设施的运营管理以及扩建/改建项目的资金筹措、建设及其运营管理，期满将全部设施无偿移交给政府部门。

（6）设计建造（DB）　私营部门设计和建造基础设施，以满足公共部门的规范要求；往往是固定价格。私营部门承担所有风险。

（7）设计、建造、融资及经营（DB-FO）　私营部门设计、融资和建造一个新的基础设施组成部分，以长期租赁的形式运行和维护它。当租约到期时，私营部门将基础设施转交给公共部门。

（8）建造、拥有、运营（BOO）　私营部门负责融资、建立、拥有并永久的经营该基础设施。公共部门根据合作协议，进行监管。

（9）购买、建造及营运（BBO）　一段时间内，公有资产在法律上转移给私营部门。

（10）建造、租赁、营运及移交（BLOT）　私营部门在租用的公共土地上设计、融资和建立一个设施。在土地租赁期内，私营部门营运该设施。当租约到期时，资产转移给公共部门。

（11）只投资　私营部门，通常是一个金融服务公司，投资建立基础设施，并向公共部门收取使用这些资金的利息。

2. PPP模式下的分工

1）私营部门负责承担设计、建设、运营、维护"基础设施与公共服务"的大部分工作，并通过"使用者付费"及必要的"政府付费"获得合理投资回报。

2) 政府部门负责基础设施及公共服务价格和质量监管，以保证公共利益最大化。

3) 政府部门负责建设期间及投入运营后"政府付费"部分的支付。

3. PPP 市场的采购方式

1) 公开招标。

2) 邀请招标。

3) 竞争性会谈。

4) 单一来源采购。

5) 询价。

4. PPP 市场特点分析

1) 政府建有全国 PPP（政府和社会资本合作）综合信息平台项目库。

2) 资金来源的明确：私营部门和政府共同融资。

3) 自有资金不足；需要银行或设备供应商资金支持。

4) 具有较强的公开性及规范性：大部分由政府招标采购网或委托第三方招标单位下发招标公告、公示。

5) 项目的广泛性和复杂性：需求品类多、品种多，资金投入大。

6) 当项目得不到银行支持时，需要贷款期限长的金融产品支持。

7) 采购可持续性：一次中标，后续招标参数按照前期中标产品设置。

8) 还款的不确定性：由于政府参与并部分付费。当政府资金紧张时，还款存在不确定性。

9) 当项目有银行支持时，不需要金融产品支持。

10) 当项目没有银行支持、没有进入 PPP 项目库、没有公示时，应慎重。

5. PPP 市场投标销售流程

(1) PPP 市场招标采购流程示意图　见图 22-1，供参考。

(2) 根据招标采购流程，建立招标销售流程　只要建立了这个流程，其他采购流程下相对应的销售流程建设可参考这个流程建立。

1) 成立投标小组。

2) 进入采购体系：通过政府相关部门招标采购审查，进入其采购体系。

3) 进入政府招标采购网，获取招标信息。

4) 筛选出适合自己投标的信息。

5) 购买标书。

6) 研究标书，制订投标方案。找到关注点，建立差异化优势（包括：产品优势、价格优势、金融优势、服务优势等）。

7) 填写标书。

8) 投标。

9) 组织专家，评标。

10) 中标。

11) 通过资格审查。

12) 组织答辩书，指定答辩人。

13) 评标，通过答辩评审。

14) 收到中标通知书。

15) 签订合同。

16) 组织产品交付。

17) 通过验收。

18) 收款，结束。

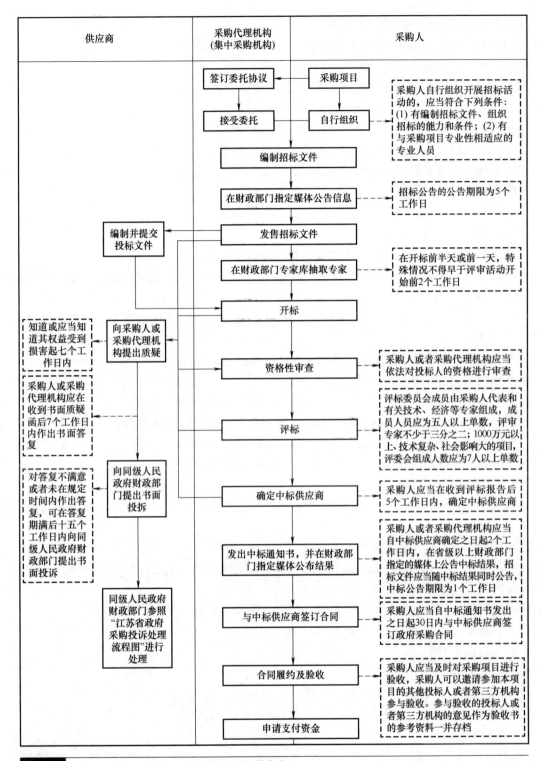

图 22-1 公开招标采购操作流程示意图（仅供参考）

第二节　PPP 市场营销

一、PPP 市场采购决策因素与销售推进流程

1. PPP 市场采购方式

PPP 市场采购方式按以下顺序进行：

(1) 招标采购　按照招标采购程序组织。
(2) 邀请招标采购，但必须符合下列情形之一的货物或服务。
1) 具有特殊性，只能从有限范围的供应商处采购。
2) 采用公开招标方式的费用占政府采购项目总价值的比例过大。
(3) 竞争性谈判，必须符合下列情形之一的货物或服务。
1) 招标后没有供应商投标或没有合格标的或重新招标未能成立。
2) 技术复杂或性质特殊，不能确定详细规格或具体要求。
3) 采用招标时，所需时间不能满足用户紧急需要。
4) 不能事先计算出价格总额。
(4) 单一来源采购，但必须符合下列情形之一的货物或服务。
1) 只能从唯一供应商处采购。
2) 发生了不可预见的紧急情况，不能从其他供应商处采购。
3) 必须保证原有采购项目一致性或服务配套的要求，需要继续从原供应商处添购，且添购资金总额不超过原合同采购金额的10%。
(5) 询价　采购的货物规格、标准统一、现货货源充足且价格变化幅度小的政府采购项目，可以采用询价方式采购。

2. PPP模式下车辆及运输型工程机械的采购会采用的方式
1) 基本采用"招标采购"的方式。
2) 如果自己的产品是"独一无二"的，会采用"单一来源采购"方式。
3) 如果自己的产品是具有特殊性的、只能从有限范围的供应商处采购的，就有可能会被采用"邀请招标"的方式采购。
这就充分地说明了产品的竞争力和产品宣传、传播、推广的作用。

3. PPP市场采购决策因素
(1) 产品是第一因素　自己的产品是不是独一无二、具有特殊性的？是不是项目必需的？这里的"独一无二"可以是：
1) 产品的功能（专用车功能最多）独一无二。
2) 产品的性能（无人驾驶、效率最高、爬坡能力最大等）独一无二。
3) 产品的配置（危险品运输车，安全配置最高）独一无二。
4) 产品的节能（清洁能源、甲醇、乙醇、CNG、LNG等）独一无二。
5) 产品的环保（新能源车、氢能源车等）独一无二。
6) 产品运营成本最低。
7) 服务保障最好，出勤率最高。
8) 产品已经经过使用证明：有证据（书面的、实物的）、有证人。
(2) 产品的宣传、传播、推广深入人心，项目相关人员高度认可。
(3) 项目专家组认可。
(4) 项目财务部门认可。
(5) 车辆使用、维护、保养部门认可。
(6) 项目经理团队认可。

4. PPP市场销售推进流程
(1) "单一采购"与"邀请招标"采购方式下的销售推进流程
图22-2为"单一采购"与"邀请招标"采购方式下的销售推进流程及各环节推进成功比重。从图中可以看出，各个环节工作不到位，都会影响最后成交。
1) 第二环节的"上门拜访及产品推介"中有三个节点缺一不可：
① 上门拜访，收集客户的运输信息。
② 制订物流运输方案，取得客户运输部门的认可。

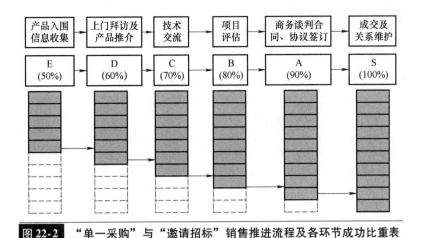

图 22-2 "单一采购"与"邀请招标"销售推进流程及各环节成功比重表

③ 根据运输方案选择产品，进行产品推介。

2）第三环节的"技术交流"中主要是交流物流运输方案中车辆如何才能满足方案的要求？车辆的功能、性能、配置、整备质量、运输载质量、运输量、服务、配件等。

3）第四环节"项目评估"中主要是评估自己的产品能不能满足客户的需求，是否一定要投标？如果现有车辆不能满足需求，新开发又来不及，那么不如放弃投标。绝不能给客户提供不满足其需求的产品！

（2）招标采购方式下，销售推进流程　图 22-3 为招标采购方式下销售推进流程及各环节推进成功比重，认真对待各个环节的工作很重要。

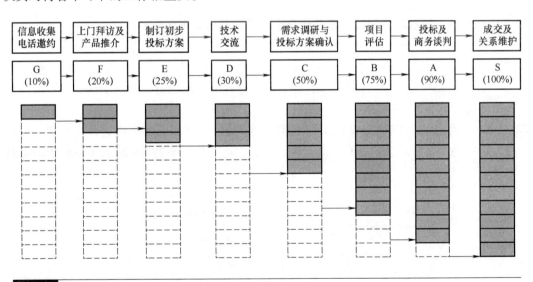

图 22-3　招标采购方式下销售推进流程及各环节成功比重

1）第一环节"信息收集电话邀约"十分重要：提前进行拜访、收集信息，对制订物流运输方案十分重要，否则，从拿到标书到投标的时间很短，根本没有时间进行准备工作。

2）"上门拜访及产品推介"与"单一采购"与"邀请招标"一致。

3）第三环节"制订初步投标方案"中，就是要根据物流运输方案、适合运输方案的产品，制订初步的"投标方案"。

4）第四环节"技术交流"中，与车辆使用方进行交流，听取他们对车辆功能、性能、配置、公告、整备质量、载质量、运输量、服务、配件等的意见。

5）第五环节"需求调研与投标方案确认"就是根据使用方的意见修改初步方案，形成最终的投标方案。

二、PPP 市场营销的主要工作

PPP 市场营销与客户开发，其主要工作如表 22-1 所示。

表 22-1 不同采购模式下 PPP 市场营销与客户开发的主要工作及重要程度表

序号	PPP 市场开发应开展的工作	重要度 邀请招标与单一采购	重要度 招标采购
1	细化目标管理，通过漏斗原理采取五步法进行管理与分析问题	10%	10%
2	整合区域社会资源，建立"三图一网"，搭建市场开发网络	5%	5%
3	强化信息管理，实行分层收集与分级管理，对信息推行首报制	5%	5%
4	制订"一个计划"——项目（客户）开发计划书	10%	10%
5	做好"三个分析"，为"意向客户"提供最佳方案——需求分析（与运输方案）、用户分析、竞争分析	10%	10%
6	抓好"四个决策"——产品、价格、操作主体及服务能力决策	10%	10%
7	持续推进"两个服务"——客户车辆服务及客户服务	10%	10%
8	产品的差异化是成功的第一关键，要会创造"独一无二"	20%	20%
9	领导重视是第二关键：必须调动必要资源，以最大限度满足客户需求	5%	5%
10	宣传、传播、试驾试用、先入为主的策略很重要	15%	15%

注：比重仅供参考，缺一不可。

1. 细化目标管理，通过漏斗原理采取五步法进行营销管理与市场分析

无论是招标采购，还是邀请招标与单一采购，首先是建立营销管理体系，成立专项组织。系统有效地对 PPP 市场进行开发。在通过"全国 PPP（政府和社会资本合作）综合信息平台项目库"收集、筛选信息后，一定要电话邀约客户，上门拜访。调查车辆运行的实际场景，通过座谈得到：客户想得到什么、重视什么、需求什么。

图 22-4 中，电话邀约客户数（7）少于上门拜访客户数（13），说明工作上存在问题。没有邀约不能拜访，因为事倍功半。有了邀约、有了准备再去拜访，就能起到事半功倍的效果。电话邀约客户数必须大于实际拜访客户数。

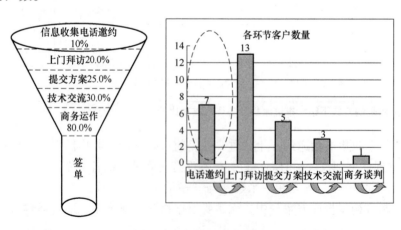

图 22-4 通过漏斗原理采取五步法进行管理与分析示例

2. 整合区域社会资源建立"三图一网"，搭建信息收集网络

建立有效的管理体系及开发组织后，首要工作就是搭建资源平台，构建信息获取网络，具体如下：

（1）资源平台 分为政府资源和社会资源，其内容参见表 22-2。

表 22-2　不同资源的范围

资源类型	资源范围
政府资源	公共部门的合作伙伴
社会资源	PPP 项目相关的行业协会
	行业专家
	第三方招标机构
	私营部门的合作伙伴

(2)"三图一网"　"三图一网"包含：销售指导图（车辆采购/对应销售方式、车辆采购/对应的销售流程、现有车辆情况）、采购组织架构图、采购决策图、客户营销信息网。

"三图一网"具体格式，以福田品牌为例，参见表 22-3 ~ 表 22-5 和图 22-5。

1）PPP 采购指导图，参见表 22-3。

表 22-3　PPP 销售指导图

项目单位，车辆采购方式/销售方式：				
车辆采购流程/销售流程				
车辆销售流程中需要说明的其他问题				
公共部门的合作伙伴：				
对品牌、产品的熟悉程度		地址		邮编
私营部门的合作伙伴情况及对品牌、产品的熟悉程度：				
产品是否入围：				
竞争品牌情况		入围经销单位	有效期限	销售情况
若未入围，说明预计入围时间、入围单位安排及需公司协调事宜				
其他需说明的情况：				

2）PPP 项目采购组织架构图，参见图 22-5。

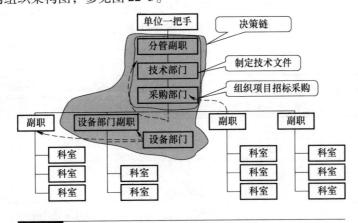

图 22-5　PPP 项目采购组织架构图

3) PPP 项目采购决策图，参见表 22-4。

表 22-4　PPP 项目采购决策图（举例说明）

项目决策人	项目部门	对项目的作用	对品牌的影响力	影响采购的比重
吴**	使用者	影响力	中立者	30%
张**	技术部	技术选型的决策人	中立者	40%
李**	采购部	采购—筛选信息选择合适的厂家	支持者	20%
王**	财务部	影响力	反对者	10%
李*	主管副职领导	最终拍板人	不清楚	0

4) PPP 项目客户营销信息网，参见表 22-5。

表 22-5　PPP 项目客户营销信息网

序号	职位	姓名	性别	年龄	学历	熟悉程度	对采购的影响力	访谈次数	拜访结果及存在问题	下一步工作	联系方式	对品牌、产品的认可程度		与其建立联系的人或单位（区域经理、经销商、其他）
												对品牌、产品的认可	对品牌、产品不认可	
1	**总经理													
2	**副总经理													
3	**技术部长													
4	**采购部长													
5	**生产部长													
6	**生产计划员													
7	**生产调度员													
…	……													

注：项目管理者就相当于顾客（货主），他们在招标采购中没有决策权，但是他们有影响力。或者说，他们有标书制作的影响力。

3. 强化信息管理，实行分层收集与分级管理，对信息推行首报制

（1）信息收集渠道与方式　PPP 市场客户信息来源相对较集中，主要为"全国 PPP（政府和社会资本合作）综合信息平台项目库"、政府采购招标网站挂网公示、第三方代理机构、项目实施方内部消息、行业协会等。

PPP 项目投标销售，离不开厂家的支持与帮助。因此，经销商在得到项目信息后，要第一时间报厂家大客户部或相应的管理组织。PPP 项目客户信息提报表，参见表 22-6。

表 22-6　PPP 项目客户信息提报表

基本信息：			信息编号：			
提报人（单位）			所属品牌		区域	
信息收集人		联系电话		获取信息渠道		
业务类型		信息管理员		联系电话		邮箱
提报人建议操作主体			社会资源			
需求信息						
需求单位名称			采购数量		预计采购时间	
采购方式		客户联系人		联系电话		职务

(续)

需求分析								
需求背景分析	项目单位介绍：							
	购车用途：							
	采购决策链：							
	现有车辆品牌、数量及使用情况：							
参与竞争对手分析	品牌	产品型号	发动机型号（排放要求）	轴距	竞争报价	竞争对手促销政策	配置、促销优劣势分析	
拟选择的品牌	产品型号	发动机型号（排放要求）	轴距	需求数量	标准出厂价	配置加价	项目报价	备注

厂家信息初评						
信息完整性：		建议项目经理：		C类信息是否授权		（营销公司主管副经理）：总经理：
业务类型：		是否信息评审：				
是否立项：		大客户部意见：		销售部门意见：		
信息级别：						
信息管理员：						

(2) 信息分层收集与分级管理

1) 信息分层收集，参见表22-7。

表 22-7 信息分层收集表

信息来源				信息收集责任主体
公众信息来源渠道	网络	招标网	国家级	厂家大客户部
			省级	厂家大区经理及经销商（改装厂）
			地市级	
		财政网	国家级	厂家大客户部
			省级	厂家大区经理及经销商（改装厂）
			地市级	
	报纸		国家级报纸	厂家大客户部
			省级报纸	厂家大区经理及经销商（改装厂）
			地方性一般报纸	
	电视		央视	厂家大客户部
			省级电视台	厂家大区经理及经销商（改装厂）
			地市电视台	
	公开询价		国家级政府或中央及企业公开询价	厂家大客户部
			省级政府或省级企业公开询价	厂家大区经理及经销商（改装厂）
			地方政府或地方企业、个人公开询价	
	新闻发布会		—	

(续)

信息来源			信息收集责任主体
非公众信息来源渠道	政策法规	国家级政策法规	厂家大客户部
		地方政策法规	经销商（改装厂）
	财政（务）预算	国家各部委，中央企业财政预算	厂家大客户部
		省级政府各部门，省级企业财政预算	厂家大区经理及经销商（改装厂）
		地方政府各部门，地方企业财政预算	
	重大工程投资建设项目	国家级	厂家大客户部
		省级	厂家大区经理及经销商（改装厂）
		地方	
	社会关系介绍		经销商（改装厂）/厂家区域组织协助
	老客户关系维护		
	业务走访		
	中间人信息		
	客户上门咨询		

2）信息分级管理：

一级信息：PPP合作方有采购意向（我公司产品有独特性时），其他竞争品牌没法参与，信息运作成功率达到90.0%。

二级信息：PPP合作方有采购意向、尚未发布招标采购信息，各竞争品牌都可参与。我方先入为主，产品经过项目方认可，其产品技术数据作为技术标准进入标书文件或采购条件的信息，信息运作成功率为60.0%左右。

三级信息：

① PPP合作方有采购意向、已发布采购信息，且基本以竞争对手的产品作为技术标准进入标书文件或采购条件的信息，此类信息基本是为我公司产品进入设置技术障碍。

② 所有公众信息均为三级信息。信息运作成功率不到10.0%。

信息分级管理应重点运作一、二级信息。

（3）注意厂家有"信息首报制" 厂家给予最先提报信息的经销商以信息保护。信息授权后，其他经销商不允许进入操作，违者重罚。

为了保证信息"首报"经销商的利益，厂家大都建立了信息首报制度，并给予首报经销商提供保护和政策支持，避免其他经销商中途介入，影响首报经销商的利益。因此，经销商做PPP市场的开发比进行其他市场的开发更有利可图。

所有经销商的经营者，应该引起足够的重视！

不同厂家的大客户业务信息操作授权书举例，参见表22-8。

表22-8 大客户业务信息操作授权书（名称仅为举例）

PPP客户项目操作主题主体授权书（模板）			
单位名称	＊＊销售服务有限公司	项目名称	＊＊项目
授权书编号		需求数量	
授权有效时间		销售车型	
要求事项			
项目基本信息			
流程处理			
流程说明			
授权单位		授权日期	

4. 制订"一个计划"——PPP市场营销计划书

通过制订PPP市场项目开发计划书，并进行动态的管理维护，以保证市场开发的有序开展。主要内容：

1）PPP项目来源及背景分析。

2）PPP项目操作模式及组织确定。

3）PPP项目运作现状及存在的问题分析。

4）PPP项目运作竞争分析。

5）PPP项目运作策略分析及费用预算。

6）PPP项目开发计划。

7）PPP项目进展过程控制、评价及总结。

注：每一个项目都应有一个开发计划书。

5. 做好"三个分析"，为项目客户提供最佳解决方案——需求分析、客户分析、竞争分析

（1）需求分析

1）客户购车用途：如运输危险品或运输水产品等。

2）主要使用环境：主要使用区域的状况（气象、空气质量等）。

3）主要使用条件：路况、装货条件、卸货条件等。

（2）客户分析　客户分析的步骤和目的，参见表22-9。

表22-9　客户分析的步骤和目的

序号	五个步骤	目的
1	分析客户内部的组织架构图	找到合适的人
2	了解客户内部的采购流程及模式	明确客户关心的内容
3	分析客户不同部门的分工	根据分工制订需求信息收集、运输方案介绍、产品推荐的内容
4	明确客户部门话语权	找到关键的购买决策指标
5	推荐差异化的产品，满足决策者要求	产品对标、满足关键决策指标（或决策者满意）

1）客户基本情况分析：企业性质、主营业务、组织机构、采购主管部门、车辆使用部门。

2）采购决策体系分析：采购流程图、决策流程图。

3）采购决策关键指标分析：决策层面关心的指标、操作层面关心的指标、使用层面关心的指标、支持层面关心的指标。

4）建立关系，找到需求，满足需求分析：关系建立情况，关键需求指标掌握的程度，自己的能力是否满足客户需求情况等。

5）客户采购模式：有招标采购、邀请招标采购等。

（3）竞争分析　包含产品分析、价格分析、服务分析、公共关系分析等。具体参见表22-10。

表22-10　竞争分析评估打分

评估指标	权重	自己	A竞争对手	B竞争对手
客户关系	0.1	4	4	4
售后服务	0.15	5	4	4
行业标准	0.1	3	4	3
品牌	0.1	4	5	5
产品功能	0.1	5	5	5
产品性能	0.1	5	5	5
产品配置	0.1	4	3	3
产品价格	0.1	4	3	3
供货能力	0.05	5	3	4
快速解决方案	0.1	5	3	3
总分		44	39	39

6. 抓好"四个决策"——产品、价格、操作主体及开发决策

1）产品决策——确定竞标产品，明确差异化的项目、指标、价值。
2）价格决策——确定竞标价格。
3）操作主体决策——确定投标、答辩责任人，投标书、答辩书的要点与内容。
4）客户需求满足决策与销售促进——根据客户需求，确定满足方法与销售促进。

产品决策分析，参见表22-11。

表22-11 产品决策分析表

项目内容	PPP项目名称	项目单位	需求数量	车辆用途	是否报价
竞争品牌产品分析	品牌	车型	发动机型号	基本配置	预计价格
	预计采取的竞争措施				
我公司产品确定	品牌	车型	公告型号	整车内编	发动机型号
	标准配置：				标准出厂价格（元/台）
	可选配置及加价		本标书确定产品配置		选配加价
	上装材质及标准				上装价格
	差异化措施：				
价格确定	整车标准出厂价格（元/台）	拟投标价	差价	上报厂家专用车部审核（上装）	厂家批准：
厂家政策说明	价格政策： 资金支持政策： 金融服务支持政策： 服务支持政策： 其他政策：		厂家给予的费用支持情况	中标服务费	
				促销费	
				经销商返利	
				其他	
				合计	

7. 持续推进"两个服务"：车辆服务及客户服务是建立客户口碑的关键

（1）车辆服务

1）以经销商的名义给予客户整车保修服务，延保服务等。
2）以经销商的名义给予客户优质VIP服务，如定期上门服务、免费保养、24小时不间断服务、设立VIP客户维修专属通道等。

（2）客户服务 经销商必须做好三个层面的客户服务工作：

1）满足车辆采购部门的服务需求：产品质量承诺等。
2）满足车辆使用部门的服务需求：产品服务承诺等。
3）满足车辆的实际使用者的服务需求：保证车辆功能、性能、出勤率承诺等。

三、PPP市场营销案例

1. PPP项目运作案例分析

（1）项目的基本背景

1）信息获取：

① ××经销商收到信息：××PPP项目需要车辆19辆。
② 首报厂家。厂家批准开发。
③ 项目方以邀请招标采购方式发放邀请函，采购19台轻卡厢式车。接受邀请的分别是福田、金杯、东南三个品牌。

2）竞争情况分析。经销商通过日常客户服务与关系维护及"三图一表"的建立，建立良好的客户关系，并及时了解参加投标的竞争品牌的投标车型配置和投标报价，为产品差异化决策及制订竞争报价方案提供有力依据，最终以差异化产品和合适的价格赢得此次竞标。

(2) 项目运作

1）项目开发计划书。根据竞争分析制订了详细的项目开发计划书，并定期进行调度、更新。

2）操作主体的确定。××经销商拿到标书后，对标书进行详细解读，并及时成立项目组，确定由品牌经理具体负责。信息首报厂家，给予项目运作保护。

3）投标车型选择。根据竞争品牌最有可能投标的产品，决定投标产品。

4）投标分析及价格的确定。通过分析标书技术要求，对本次投标的竞争品牌的投标价格及基础配置分析，例如：××产品在东北区域的品牌知名度比较高，其投标所选车型一定会比我公司产品多EBD配置，价格应在74000元左右。

××产品主要是发动机和内饰等方面比我公司产品有优势，但其价格较高，报价预计不会低于77000元。

我公司产品的报价由于受成本的限定，其价格报价在分析竞争品牌的报价后，由公司最终确定本次投标最终报价73500元，二次报价时如果配置不变的情况下可以报72500元。

5）样车准备。由于本PPP项目单位对我公司时代牌轻卡产品都比较了解和熟悉，因此本次招标就选用了时代轻卡车作为样车。

6）过程控制与协调。PPP项目单位邀请招标文件公布后，××经销商对标书进行了认真研究，并和厂家大客户部就标书进行了讨论，从本次投标的两个竞争品牌来分析，××产品在东北区域的品牌知名度比较高，其投标所选车型比我公司产品多了EBD配置，预计报价74000元；××产品主要是发动机和内饰等方面比我们产品有优势，但其报价77000元较高。通过以上分析，找出主要的竞争品牌××从产品配置和报价来看我公司产品不具备优势，只有通过差异化（试用、服务）争取突破。

厂家通知经销商：申请的政策、费用已经批准。请立即与客户建立联系。进行产品推荐、试驾试用及优质客户关怀等促销活动。初步取得客户认可，最终一举中得此次招标的全部19台车辆。

(3) 中标原因分析

1）及时获得采购信息。与项目单位建立并维持良好的客户关系，才能使得我公司及时获得采购信息和入围资格。

2）根据招标文件要求选择合适的车型，各项投标准备工作到位，保证了我公司产品在各方面做到最好。

3）深入了解竞争品牌情况并做出全面分析，实施有效的投标策略，从而使我方标书具有较大的竞争力。

4）操作主体选择恰当。本次投标主体为经销商，厂家协助投标，给予政策、费用支持，有效地整合了各项资源，发挥了各方的最大优势。

5）建立差异化准确有效。产品推荐、工厂参观、产品试驾试用、优质服务等，促销活动及时有效，对本次中标起到了很大的作用。

6）严格按项目流程操作，本次投标从最初获得信息到标书的分析，在各方面均严格受控，保证了此次中标的成功。

(4) 经验启示

1）信息获取的及时性非常重要。

2）前期的客户关系维护及"三图一网"的建立，是成功入围的关键。

3）细节工作不容忽视：

① 在投标前及时了解参与评标的评委人数，根据人数制作标书，使得在评标过程中每个评委人手一份，避免了因标书短缺使得分不到标书的评委产生反感。

② 因标书页数较多，在投标答辩前的准备工作也十分重要，如提前浏览熟悉标书内容并将各个项目所对应的页数提前用笔记记好，便于在解答问题时提醒评委能够及时找到标书相应的内容，更加直观地了解本品牌产品各项信息，增加评委的好感。

4）过程监控到位。从最初的信息获得到最终中标，××分公司对该项目的各个环节一直牢牢把握。

本章小结与启示

PPP市场的营销活动，是必须运用客户营销、服务营销、关系营销的最典型营销活动。客户开发需要运用客户营销知识；产品交付后需要运用服务营销知识，以不断提高客户满意度；同时还要与客户开展关系营销，以保持良好的客户关系，持续进行产品销售活动。

本章学习测试及问题思考

（一）判断题

（　）1. PPP市场是指由政府和私营企业合作，共同经营基础设施及公共服务领域，以为社会提供产品和服务为出发点所形成的巨大市场。

（　）2. 通过漏斗原理采取的五步法，是指收集信息/电话预约、上门拜访、提交方案、技术交流、商务谈判。

（二）问答题

1. 简述PPP市场的重要性。
2. 简述"单一采购"与"邀请招标"采购方式下的销售推进流程。
3. 招标采购方式下的销售推进流程是怎样的？
4. PPP市场开发计划书应包括哪些内容？

第二十三章 商用车经销商的转型[一]

> **学习要点**
> 1. 了解商用车经销商需要转型的原因。
> 2. 掌握提升经销商四个方面能力的方法。
> 3. 掌握经销商转型效果的竞争力评价方法。

> **本章重点**
> 1）经销商能力建设。
> 2）提升能力，实现转型。

第一节 经销商转型的必要性分析

一、商用车营销渠道的特点

1. 产品销售模式

产品销售模式和客户营销模式是一样的，主要有以下两种：

1）直销：厂家→客户。

优势：费用低。直接面对客户，能得到第一手客户资料。产品直接面对客户需求进行开发、改进。速度快，成功概率高。

缺点：面对量大面广的客户群体时，费用反而高；不能快速满足客户需求，不能熟悉当地的风俗习惯、语言、文化等，客户接受度低。

2）分销：厂家→分销渠道→客户，与直销模式相反。

2. 渠道的作用

（1）不论是在市场营销的 4P 中，还是在服务营销的 7P 中，渠道都是不可缺少 1P，这就不难发现渠道的重要性。

[一] 本章由王术海、赵旭日编写。

(2) 通常情况下，在市场营销活动中需要渠道的主要原因如下：

1) 区域原因：区域不同，地理条件不同，文化不同，语言不同。生产厂家要进行营销推广活动，自己的能力不足以满足客户的需求，需要渠道支撑。

2) 行政区划的原因：不同的政府有不同的法律、法规，不同的政府机构有不同的市场管理方法。企业要想在这个区域进行市场营销活动，首先就要满足这个区域的政府对产品标准的要求、监管的要求等。自己的资源不足以支撑，需要渠道。这也是很多市场厂家以行政区域进行渠道建设的原因。

3) 客户的原因：客户多，客户群体大，区域分散。采用直销的方式，厂家销售部门应对不过来，需要渠道支撑。

4) 客户服务需求的原因：商用车作为生产资料，使用频繁，在使用的过程中需要保养、维修。如果区域大、客户多而且分散，客户服务的频次、成本就会很高。厂家采用直销的方式应对不过来，需要渠道支撑。

3. 渠道定义

美国市场营销学权威菲利普·科特勒："营销渠道是指某种货物或劳务从生产者向消费者移动时，取得这种货物或劳务所有权或帮助转移其所有权的所有企业或个人。"简单地说，营销渠道就是商品和服务从生产者向消费者转移过程的具体通道或路径。

这里所说的营销渠道（简称渠道）就是经销商。

4. 渠道分类

（1）按照在商品转移过程中是否对商品拥有所有权分类

1) 没有所有权：叫销售商，是销售商品的商人（或法人）。特点是：按照厂家的指挥进行产品的销售，通过销售佣金赚取利润。

2) 拥有所有权：叫经销商，是经营销售的商人（或法人）。特点是：对市场有决策权，有产品开发权、定价权。通过销售佣金和产品差价赚取利润。

（2）对商品拥有所有权的经销商，按照是否对区域、市场有无管理权分类

1) 有管理权：称为区域代理商，是代表厂家市场营销部门按照服务营销要素来对整个授权区域、市场进行管理的区域市场营销管理者，其管理范围包括：产品、渠道、价格、促销、人、过程、有形实据等。

2) 没有管理权：称为经销商，按照市场营销要素对市场进行管理。

5. 商用车营销渠道的特征

商用车作为生产资料，它的终点不是消费者，是客户。

（1）起点是生产者，终点是客户（生产消费）。

1) 生产消费是生产资料和劳动力结合的过程，它不仅是保存生产资料使用价值的唯一手段，而且也是增加社会财富、扩大再生产的重要途径。生产消费的形式和水平，反映人们控制和改造自然的能力。

2)《消费者权益保护法》的消费者特指生活消费，不包括生产消费（农民购买使用直接用于农业生产的生产资料除外），生产消费则受其他法律的保护。

（2）参与者是商品流通过程中各种类型的中间商。

（3）前提是商品所有权的转移。

二、经销商现行经营模型分析与转型必要性

目前，商用车经销商的经营模型，参见图23-1。

1. 经销商存在的不足

经销商在组织能力、资源能力、集客能力、为客户的服务能力等方面存在着不足。

商用车经销商只有改变自己的经营策略，才能够跟上时代的步伐或者主机厂的要求，建议经销商在四个方面努力转变自己的经营策略，见表23-1。

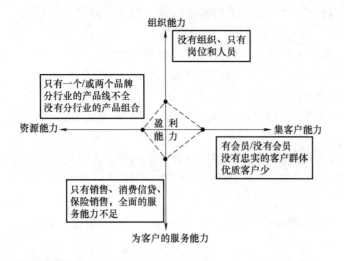

图 23-1 现在经销商的经营模型

表 23-1 经销商的经营现状与未来发展趋势

序号	经销商的经营现状	未来的经销商转变	发展变化
1	以经营品牌为核心（建立品牌4S店，以产品销售为主或市场营销模式为主）	向以"产品+服务"经营为核心（建立产品专营店，以服务营销模式为主）	向以增值服务为中心的服务营销模式转变
2	以厂家品牌为依托进行市场营销活动为主	以建立差异化竞争优势、建立以厂家"产品品牌"+经销商"服务品牌"为依托，进行服务营销活动为主	逐步培育经销商自己的服务品牌
3	以满足客户需求为目标（在现有货源条件下，客户要什么就卖什么）	建立以"客户营销"模式为基础；以满足客户车辆全生命周期的服务需求为目标的经营方针（全面满足客户以车辆为中心的购买需求及车辆运营为中心的服务需求）	车辆全生命周期的服务能力提高
4	以信息不对称和厂家区域保护为利润的主要来源	以提高为客户的服务能力、服务标准、服务频次为标志，以增值服务业务为利润的主要来源	客户增值服务能力提高

2. 转型的必要性

1）随着社会经济发展步入新常态，商用车市场环境也发生巨大变化。面临着市场增速放缓、竞争加剧、客户需求升级、环保法规加严、互联网商业模式变革、产品新能源与智能化等带来的多重挑战。

2）经销商作为面向客户的市场竞争主体，唯有提升服务能力，提高服务水平，才能赢得客户订单，扩大市场份额，保证可持续发展。

3）唯有加速转型，才能在关系营销过程中处于主导地位；在同行业中争取话语权，才能在激烈的市场竞争中立于不败之地。

三、商用车经销商转型的方向

1. 实现转型需加强能力建设

由图 23-1 可以看出，尚需加强以下几方面的能力：

（1）组织建设 需要强化组织建设、组织能力建设、岗位能力建设、个人能力培训。

（2）产品资源建设

1）外部产品资源开发、采购能力：包括车辆产品、保险产品、贷款产品、维修产品等。

2）内部产品研发、设计能力：包括销售服务产品、保养产品、延保产品、运输公司产品、二手车产品等。

3）服务能力建设：根据客户需求，全面为客户服务的能力。

4）集客能力建设：保住老客户，吸引新客户的能力。

2. 未来经销商的经营模式

通过上述经营策略的转变，未来的经销商都要从"纯产品销售模式或市场营销模式（4P）"向以下模式转型：

1）由产品销售模式向市场营销模式转变——以产品为核心竞争力。

2）由市场营销模式向客户营销模式转变——以客户为核心竞争力。

3）由客户营销模式向服务营销模式转变——以产品和客户服务为双核心竞争力。

要想完成这个转变，就必须提高组织能力、资源能力、服务能力、集客能力。下面分别讲解。

3. 经销商转型的方向

1）内部管理转型：提高能力。

2）在提高能力的基础上，进行渠道身份转型：由销售商→经销商→区域代理商。

3）身份转型的基础是要有能力，就是有服务营销的能力，能够按照服务营销的7P要素进行市场管理。

第二节 强化组织能力

一、组织的能力分解

1. 经销商建立组织的范围

按照细分市场（业务）建立组织的原则，组织建设包含战略管理组织、业务管理组织、区域管理组织与行业销售组织等，具体需要根据经销商的经营实力与资源能力进行有选择的建设。

2. 组织的能力分解

组织的能力主要包括：按照市场业务细分建立业务组织数量和组织的竞争力。这两个力的合力就是组织的能力。组织的（盈利）能力分解，见图23-2。

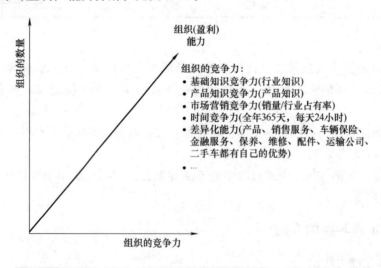

图 23-2 组织的（盈利）能力分解图

3. 部分经销商的组织机构示例

某商用车品牌经销商的组织机构，见图23-3，供参考。

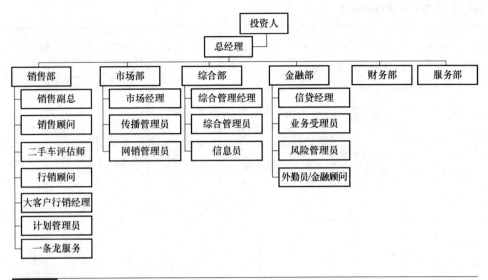

图 23-3 某商用车品牌经销商组织机构

二、组织建设

要想把业务做好，不断进步，做到可持续发展，就必须首先进行组织建设。

1. 企业组织分类

一般企业都将企业组织分为企业管理组织和业务管理组织。企业管理组织的建设和管理在本书其他章节中介绍。

2. 业务管理组织建设

企业的转型主要是业务管理组织的转型。

（1）战略管理组织建设　经销商的战略管理组织有负责业务发展方向的市场管理委员会、负责产品发展方向的产品研发部和负责关键客户营销的大客户营销部，见表23-2。

表 23-2　战略管理组织建设表

序号	组织设置		管理范围	组织数量			备注
	部级组织	科级组织		科级组织数量	部级组织数量	分类组织数量	
1	市场管理委员会		业务（干什么）、方向（怎么干）、组织（谁来干）、目标（干到什么程度）		1	3	由各业务部门的部长和公司总经理层组成
2	产品研发部		产品开发/研究差异化		1		可以由各业务的产品经理组成
3	大客户营销部	快递物流行业营销科	行业大客户的开发、服务	1	1		由各业务部门的部长和产品经理组成，由总经理担任部长
4		冷藏物流行业营销科	行业大客户的开发、服务	1			
5		危险品物流行业营销科	行业大客户的开发、服务	1			
6		…	行业大客户的开发、服务	…			

注：大客户营销是全价值链的营销，包括车辆的提供（或购买、租赁）、销售服务、车辆保险服务、金融服务（全方位）、车辆保养服务、车辆维修服务、配件提供服务、物流运输服务、二手车处置与置换服务、拆解服务等。一个部门是不能完成这项工作的。有些主机厂成立了大客户部，就是基于解决类似问题。
大客户营销必须给出一个全生命周期的物流运输解决方案。陕汽的TCO车辆托管方案可以借鉴（见第五篇第三十八章第五节的相关内容）。

（2）业务管理组织建设　根据业务建立业务管理组织，根据业务量设置岗位和聘请人员。经销商的业务管理组织建设，参见表23-3，在初期可以先设置岗位。

表23-3 经销商的业务管理组织建设表

序号	组织设置		管理范围	组织数量			备注
	部级组织	科级组织		科级组织数量	部级组织数量	分类组织数量	
1	采购管理部/公司	快递物流车辆采购科	渠道开发、采购合同实施、库存管理、采购政策的洽谈与执行、采购资金管理与付款、采购降成本等	1	1	10	在初期可以先设置岗位
2		冷藏车辆采购科		1			
3		金融/保险产品采购科		1			
4		配件采购科		1			
5		…		…			
6	车辆营销部/公司		新区域、新行业、新客户、新产品的开发、传播、销售		1		
7	销售服务部/公司		加装车辆附加设备（如轮胎、液压缓速器、福田智科T-box、冰箱、微波炉、电热水杯等）、代交购置税、办理行驶证、办理营运证等		1		
8	车辆保险部/公司		车辆保险产品的销售与售后服务		1		
9	金融服务部/公司		商用车金融服务的贷前、贷中、贷后管理		1		
10	车辆保养部/公司		车辆的检查、维护、更换、预警等保养业务管理		1		
11	车辆维修部/公司		车辆保修期内修理、保修期外修理、事故车修理业务		1		
12	配件营销部/公司		车辆配件的销售业务		1		
13	运输公司		为一般客户提供物流运输管理及服务业务		1		
14	二手车业务部/公司		二手车信息收集、评估、收购、整备、展示、销售业务		1		

评价：表23-3所示的组织机构，没有按照业务建立组织，销售部有"二手车评估师"，但是二手车业务只有评估师行吗？谁来找客户？谁来收购，谁去销售二手车？实际上还是只有岗位，没有组织。

（3）区域/行业管理（销售）组织建设 根据授权的区域进行组织建设，参见表23-4。组织建设要根据销售量进行，销量少的区域建设组织要慎重。原则上在省辖市建设区域/行业销售组织。在县级区域建设组织要慎重，在初期可以先设置岗位。

表23-4 某经销商的区域/行业销售组织建设表

序号	组织设置		管理范围	组织数量			备注
	部级组织	科级组织		科级组织数量	部级组织数量	分类组织数量	
1	青岛销售服务公司	集装箱运输业营销科	新区域、新行业、中小型新客户、新产品的开发、传播、销售	1	1	区域组织不分类	这是车辆营销部的下属单位。在初期可以先设置岗位
2		危险品运输业营销科		1			
3		城市渣土运输业营销科		1			
4		混凝土运输业营销科		1			
5		…		…			
6	烟台				1		
7	威海				1		
8	潍坊				1		
9	…				…		

三、组织竞争力建设

组织竞争力建设是组织建设的核心。建设组织容易，建设组织竞争力就难了。有些组织看着很好：职能职责明确、岗位设置合理、人员学历高、有素养，就是不能将业务做大、做强，关键原因是没有竞争力。

组织竞争力包括思想道德高尚、作风过硬、专业知识丰富、独立与协作能力强等。

如果一个企业及其下属组织没有竞争力，就预示着没有能力，不可能实现转型。组织能力是企业转型的基础。

1. 战略管理组织竞争力

战略管理组织的竞争力建设，参见表23-5。

表23-5　战略管理组织的竞争力建设与评价

<table>
<tr><td colspan="9" align="center">组织竞争力建设与评价表</td></tr>
<tr><td rowspan="2">序号</td><td colspan="2">组织设置</td><td colspan="6">竞争力内容设计</td></tr>
<tr><td>部级组织</td><td>科级组织</td><td>行业知识</td><td>产品知识</td><td>市场管理与营销知识</td><td>差异化</td><td>作业时间</td><td>独立与协同作战能力</td></tr>
<tr><td>1</td><td>市场管理委员会</td><td></td><td>所有进入的行业：政策、行业标准、产品分类、物流运输管理与车辆要求、生产企业明细及竞争力排名、物流企业排名等</td><td>所有客户需求的产品</td><td>具有客户营销、关系营销、服务营销的相关知识</td><td>产品差异化、服务标准差异化、服务过程标准化、客户参与差异化、硬件设施差异化。客户进店有到家的感觉</td><td>随时满足客户需求</td><td>部门协作高效、岗位衔接无缝 客户不用等待</td></tr>
<tr><td colspan="9" align="center">竞争力评价（优□良□及格□不及格□没有□）</td></tr>
<tr><td>2</td><td>产品研发部</td><td></td><td>所有进入的行业</td><td>按照行业分类的所有产品组合</td><td>全面了解客户的期望和担忧</td><td>建立自己的产品差异化</td><td></td><td>既有前瞻性独立开发产品，也能和客户一起开发产品</td></tr>
<tr><td colspan="9" align="center">竞争力评价（优□良□及格□不及格□没有□）</td></tr>
<tr><td>3</td><td rowspan="4">大客户营销部</td><td>快递物流行业营销科</td><td rowspan="4">行业现状/近几年的发展/行业内的企业排名/行业运输的主要货物排名/主要路线排名/车辆保有量排名/客户排名/客户对经销商的要求/车辆的要求/保险要求/金融要求/维修保养要求/其他</td><td rowspan="4">产品组合（按照载质量*方量）/产品的功能/性能/配置/整备质量/公告/价格/服务政策主销车型/生产厂家/其他</td><td rowspan="4">客户信息/客户现有车辆信息/客户购买信息/客户对现有车辆的满意（不满意）信息/客户对未来购买车辆的要求信息/设计客户的物流运输方案及购买车辆的产品组合/设计保险产品/设计金融产品/设计售后服务产品/设计二手车业务/谈判/合同/交付/服务/客户满意/品牌提升/签订合作协议书。具有客户营销、关系营销能力</td><td rowspan="4">购买差异化（所有客户需求的产品都有），正常情况下确保运输的货物没有任何损失/签订合同后客户直接用车/最优的金融方案——最少的资金占用（不用流动资金）/24小时的服务保障/出勤率达到95%</td><td rowspan="4">为每一个客户设立一个客户经理（成为客户的管家）/保险管家/金融管家/售后服务管家/配件管家/每年365天/每天24小时都可以沟通和服务</td><td rowspan="4">满足客户的文化/品牌/其他需求</td></tr>
<tr><td>4</td><td>冷藏物流行业营销科</td></tr>
<tr><td>5</td><td>轿运车物流行业营销科</td></tr>
<tr><td>6</td><td>危险品物流行业开发科</td></tr>
<tr><td>7</td><td colspan="8" align="center">竞争力评价（优□良□及格□不及格□没有□）</td></tr>
</table>

2. 业务管理组织竞争力

不同业务管理组织，其竞争力建设的内容不同。

（1）采购管理组织竞争力　采购管理部（公司）的组织竞争力设计，参见表23-6。

表23-6　采购管理部（公司）的组织竞争力建设与评价

序号	组织设置		竞争力内容设计					
	部级组织	科级组织	行业知识	产品知识	市场管理与营销知识	作业时间	差异化	独立与协同作战能力
1	采购管理部/公司	快递物流车辆采购科	行业上牌量/主销车型/主要生产厂家/主要品牌/主要产品价格/不同产品价格差异/配置差异/客户口碑/主要厂家销售政策/交货期/付款方式/不同区域的上述情况/其他	行业、产品、公告情况/生产厂家/产品的功能/性能/配置/差异化/其他	采购技巧/自己采购/联合采购/同客户一起采购/买断模式采购/全生命周期服务模式采购/其他	确保交货期、提前交货、交货前验收、确保用户一次性验收通过	一次采购满足客户需求	能根据营销部门的交货时间进行精准采购。既能独立采购，也能协同采购；既能采购也能销售
2		冷藏车辆采购科						
3		配件/精品采购科						
4		金融保险产品采购科						
5		运输公司产品采购科						
6		…						
竞争力评价（优□良□及格□不及格□没有□）								

（2）营销管理组织竞争力　车辆营销部（公司）的组织竞争力建设，参见表23-7。科级组织可根据需要设置。

表23-7　车辆营销部（公司）的组织竞争力建设与评价

组织设置		竞争力内容设计与评价					
部级组织	科级组织	行业知识	产品知识	市场管理与营销知识	作业时间	差异化	独立与协同作战能力
车辆营销部/公司		行业现状/近几年的发展/行业内的企业排名/行业运输的主要货物排名/货主排名/主要路线排名/车辆保有量排名/客户排名/客户对经销商的要求/车辆的要求/保险要求/金融要求/维修、保养要求/物流管理要求/其他	产品组合（按照载质量*方量）/产品的功能/性能/配置/整备质量/公告/价格/服务政策/主销车型公告/生产厂家其他	客户营销/关系营销/服务营销相关知识；客户信息/客户现有车辆信息/客户购买信息/客户现有车辆的满意（不满意）信息/客户对未来购买车辆的要求信息/设计客户的物流运输方案及购买车辆的产品组合/设计保险产品/设计金融产品/设计售后服务产品/设计二手车业务/谈判/合同/交付/服务/客户满意/品牌提升	为每一个客户设立一个客户经理（成为客户的管家）/保险管家/金融管家/售后服务管家/配件管家/每年365天/每天24小时都可以沟通和服务	购买差异化（所有客户需求的产品都有），正常情况下确保运输的货物没有任何损失/签订合同后客户直接用车/最优的金融方案——最少的资金占用（不用流动资金）/24小时的服务保障/出勤率95%	既能独立销售，也能同其他销售组织协同作战，共同满足客户的一切需求
竞争力评价（优□良□及格□不及格□没有□）							

(3) 销售服务、精品营销组织　销售服务部（公司）的组织竞争力建设，参见表23-8。科级组织可根据需要设置。

表23-8　销售服务部（公司）的组织竞争力建设与评价

序号	组织设置		竞争力内容设计与评价					
	部级组织	科级组织	行业知识	产品知识	市场管理与营销知识	作业时间	差异化	独立与协同作战能力
1	销售服务部/公司	销售服务	保险、税务、牌照、营运管理的政策、法规、标准/流程/需要的资料、证件/年审/其他	产品知识/培训知识/交接知识/其他	关系营销知识/服务营销知识；如何在交接过程中带给客户惊喜	客户要求/24小时	做到客户满意	既能独立销售，也能同其他销售组织协同作战，共同满足客户的一切需求
		精品销售与安装	行业特点/用户（驾驶员）需求/确立精品内容：安全类：缓速器等；增加功能类：电冰箱等；提高性能类：轮胎等	产品知识/用途/注意事项/其他	关系营销知识/服务营销知识；针对货主的说服/针对客户（买主）的说服/针对驾驶员的说服	车辆销售的同时	高价格、高服务	既能独立销售，也能同其他销售组织协同作战，共同满足客户的一切需求
竞争力评价（优□良□及格□不及格□没有□）								

(4) 区域营销、行业营销组织　区域营销、行业营销组织的竞争力设计，以某品牌青岛销售服务公司为例，参见表23-9。科级组织可根据需要设置。

表23-9　某品牌青岛销售服务公司的竞争力设计

序号	组织设置		竞争力内容设计与评价					
	部级组织	科级组织	行业知识	产品知识	市场管理与营销知识	作业时间	差异化	综合营销能力
1	青岛销售服务公司	集装箱运输业营销科	同所有业务组织对接	同所有业务组织对接	同所有业务组织对接/公共关系/客户关系/用户关系/其他	同所有业务组织对接	同所有业务组织对接	在专业营销组织的指导下，具有车辆、精品、保险、金融、保养、维修、配件、车队、二手车的综合营销能力
2		危险品运输业营销科						
3		城市渣土运输业营销科						面对的客户少，销售产品多，岗位综合素质要求高
4		混凝土运输业营销科						
5		…						
竞争力评价（优□良□及格□不及格□没有□）								

(5) 其他组织　其他的组织竞争力建设，参见表23-10。科级组织可根据需要设置。

表23-10　其他组织的竞争力建设与评价

序号	组织设置		竞争力内容设计与评价					独立与协同作战能力	备注
	部级组织	科级组织	行业知识	产品知识	市场营销	作业时间	差异化		
1	车辆保险部/公司		法律法规/行业知识/品牌差异化/客户分类/客户需求	产品知识/产品组合/产品价格/销售政策	销售模式/促销方法	随时	价格/交款/其他	既能独立销售，也能同其他销售组织协同作战，共同满足客户的一切需求	

(续)

序号	组织设置		竞争力内容设计与评价						备注
	部级组织	科级组织	行业知识	产品知识	市场营销	作业时间	差异化	独立与协同作战能力	
			竞争力评价（优□良□及格□不及格□没有□）						
2	金融服务部/公司		法律法规/行业知识/品牌差异化/客户分类/客户需求	产品知识/产品组合/产品价格/销售政策	销售模式/促销方法	随时	价格/交款/其他	同上	
			竞争力评价（优□良□及格□不及格□没有□）						
3	车辆保养部/公司		法律法规/行业知识/品牌差异化/客户分类/客户需求	产品知识/产品组合/产品价格/销售政策	销售模式/促销方法	随时	价格/交款/其他	同上	
			竞争力评价（优□良□及格□不及格□没有□）						
4	车辆维修部/公司		法律法规/行业知识/品牌差异化/客户分类/客户需求	产品知识/产品组合/产品价格/销售政策	销售模式/促销方法	随时	价格/交款/其他	同上	
			竞争力评价（优□良□及格□不及格□没有□）						
5	配件营销部/公司		法律法规/行业知识/品牌差异化/客户分类/客户需求	产品知识/产品组合/产品价格/销售政策	销售模式/促销方法	随时	价格/交款/其他	同上	
			竞争力评价（优□良□及格□不及格□没有□）						
6	运输公司		物流运输行业法律法规/行业知识/货物知识/仓储知识/运输知识/客户分类/客户需求	产品知识/产品组合/产品价格/销售政策	销售模式/促销方法	随时	运输产品提供能力/服务能力	同上	
			竞争力评价（优□良□及格□不及格□没有□）						
7	二手车业务部/公司		法律法规/行业知识/品牌差异化/客户分类/客户需求	产品知识/产品组合/产品价格/销售政策	销售模式/促销方法	随时	价格/交款/其他	同上	
			竞争力评价（优□良□及格□不及格□没有□）						

第三节 提高产品资源能力

一个企业、一个业务组织的能力再强，没有好的产品资源也是不可能打败竞争对手的。如何得到好的资源，及时淘汰不适应市场的产品资源，减少资金、场地、人员占用，就是非常重要的。

一个企业、一个业务组织需要的资源包括人力资源、固定资产、产品资源、社会资源、客户资源等。

本节以车辆产品资源能力建设为例进行介绍，见图23-4。经销商的产品资源能力，要从产品资源数量与资源竞争力两个维度进行建设和评价。

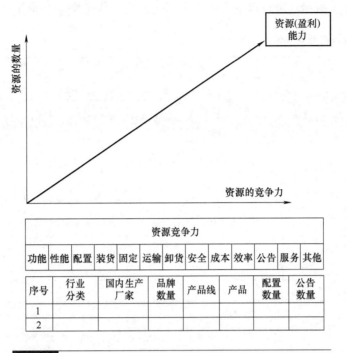

图 23-4 经销商的产品资源能力分解图

还有其他产品资源的能力：精品资源、保险产品资源、贷款产品资源、保养产品资源（"三包"内、"三包"外）、维修产品资源（"三包"内、"三包"外、事故车）、配件产品资源、运输公司产品资源、二手车产品资源等能力建设可以参考，本节不列举。本书其他章节有较为详细介绍。

一、车辆产品资源的数量分析

不同车辆产品资源的数量，参见表23-11。

表 23-11 车辆产品资源的数量

序号	行业/场景分类	国内生产厂家	品牌数量	车型	运量【载质量/t×运载方量/m³】							驱动形式（底盘）	动力等（主要配置）	备注
					2×4	3×6	4×8	5×12	8×16	12×24	16×30	…		
1	冷链			冷藏车										
2	快运			快递车										
3	轿运			轿运车										
4	危险品													
5	绿通													
6	牲畜运输													
7	散杂													
8	铁粉													
9	日用品													
10	建材													
11	混凝土													
12	家具													
13	…													

二、车辆资源竞争力

建立资源竞争力评价指标，进行竞争力评价。不同车辆产品资源的竞争力，参见表23-12。

表23-12 车辆资源的竞争力及其评价

序号	行业分类	产品	资源分类	综合评价	资源竞争力指标及评价													
					动力	货箱尺寸	载质量	功能	性能	配置	装货	固定	运输	卸货	安全	成本	效率	公告	服务	其他
1	冷链	冷藏车	竞品																	
			自己产品																	
			评价																	
2	快运	快递运输车	竞品																	
			自己产品																	
			评价																	

注：1. 效率：指出勤率等；其他：指价格、交货期等。
2. 评价指标："好"表示自己销售的产品有竞争力；"平"表示自己销售的产品同竞品持平；"差"表示自己销售的产品没有竞争力。
3. 综合评价：将评价指标进行综合，看整车竞争力。不同的区域、客户对不同指标的重视程度不同。读者可自己去建立一个权重系数和评分标准以进行综合评价

第四节　狠抓服务能力

经销商服务能力建设的前提，是根据客户的期望进行市场业务细分，根据市场业务细分建设了业务组织以后进行业务能力建设与评价的。如果一个经销商没有进行组织建设，就无从谈服务能力建设。

在市场业务下，具备较为完善的组织的经销商，其服务能力从为客户的服务次数与服务项目竞争力两个维度进行建设与评价，见图23-5。

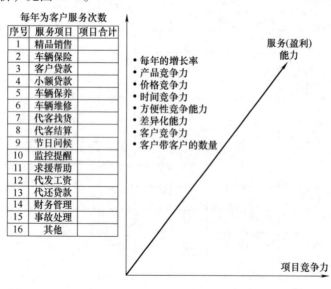

图23-5　经销商资源能力分解图

一、为客户服务次数统计分析

建立为客户服务的次数记录表，参见表23-13。在车辆质量没有差距的情况下（或者说不包括维修次数），为客户服务的次数越多，说明客户越满意，经销商的黏性越大、盈利能力越强。

表23-13　为客户服务次数记录表（模板）

客户编号：　　　　　　　　　　　　　　　车辆编号：

序号	服务能力项目	项目合计	客户姓名	车辆VIN码	服务次数	明细记录（×年×月）												备注
						1	2	3	4	5	6	7	8	9	10	11	12	
1	精品销售																	
2	车辆保险[①]																	
3	客户购车贷款																	
4	小额贷款[②]																	
5	车辆保养																	
6	车辆维修[③]																	
7	运输/代客找货																	
8	代客结算																	
9	节日问候																	
10	驾驶员提醒																	
11	求援帮助																	
12	代发工资																	
13	代还贷款[④]																	
14	财务管理																	
15	事故处理																	
16	年审																	
17	其他																	

注：将所有为客户服务的项目、服务次数都进行记录。每月、每年都发给客户进行评价，提升客户满意度；请客户对不满意项目进行反馈，以找到改进方向。

① 车辆保险：如果每月一交，一年12次。
② 小额贷款：包括：加油贷款、保险贷款、轮胎贷款、维修贷款、高速公路通行费贷款等。
③ 车辆维修是相反的指标：维修次数越多，说明客户越不满意。这是改进的方向。
④ 代还贷款：如果每月一次，一年12次。

二、服务能力竞争力

为客户服务能力竞争力评价指标和评价表，参见表23-14。

表23-14　服务能力竞争力评价表

序号	服务项目	竞争力评价项目及指标													
		服务能力综合评价		产品组合评价		产品评价		价格评价		时间/速度评价		方便性评价		差异化评价	客户接受度评价	客户推荐评价
		标杆	评价（高/平/低）	齐全性	占比（%）	品牌质量/口碑	行业排名	标杆	高/平/低	服务完成时间	快/平/慢	客户平均到达时间	好/平/差	特点 有/平/差	购买主动性 主动推销	老带新客户 有/没有
1	精品销售[①]															
2	车辆保险[②]															

(续)

序号	服务项目	竞争力评价项目及指标											
		服务能力综合评价	产品组合评价		产品评价		价格评价	时间/速度评价		方便性评价	差异化评价	客户接受度评价	客户推荐评价
		标杆评价(高/平/低)	齐全性	占比(%)	品牌、质量、口碑	行业排名	标杆(高/平/低)	服务完成时间	快/平/慢	客户平均到达时间	好/平/差	特点	有/平/差	购买主动性	主动推销	老带新客户	有/没有
3	客户购车贷款③															
4	小额贷款															
5	车辆保养④															
6	车辆维修															
7	代客找货															
8	代客结算															
9	节日问候															
10	驾驶员提醒															
11	求援帮助															
12	代发工资															
13	代还贷款															
14	财务管理															
15	事故处理															
16	年审															
17	其他															

注：项目的多少是服务的宽度。服务的能力大小是服务的深度。作为经销商为自己的客户提供服务，既要有宽度，又要有深度（高度）。
① 精品的产品组合：功能性精品、性能性精品、装饰性精品等。
② 保险产品组合：有通用车辆保险产品、特种车辆保险等。
③ 客户购车贷款产品组合：银行贷款产品、主机厂金融产品等。
④ 保养产品组合：保养产品包括强保、例保、定保。

建立综合评价：将评价指标进行综合，看整个业务的服务竞争力。不同的区域、客户对不同的指标的重视程度不同。建议读者自己去建立一个权重系数和评分标准，进行综合评价。

第五节 死盯集客能力

一个经销商，或一个业务组织，没有集客能力，没有一个庞大的客户资源，是很难做到业务稳定和发展的。经销商的集客能力，要从客户的保有量与客户的竞争力两个维度评估，参见图23-6。

作为经销商，只要有了为客户服务的广度和深度（服务项目和项目服务能力），满足客户需求，达到客户满意，就一定会具有集客的能力。重点是聚集好的、有消费能力的客户。

一、客户保有量统计分析

第一方物流运输公司和第二方物流运输公司以及用货主签订了长期运输合同的独立第三方运输公司都是具有长期稳定货运业务的优秀客户。以客户性质进行客户分类与保有量统计，参见表23-15。

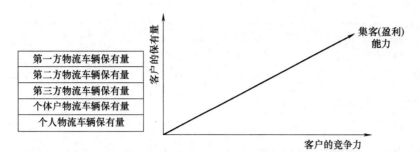

图 23-6 经销商的集客能力分解图

注：1. 这里讲的"第三方物流车辆保有量"就是"为第一方或第二方物流公司进行分包运输的车辆"。不是挂靠车队的车辆。

2. 自己的物流客户量：经销商自己的运输公司保有的客户量。如果自己的运输公司只是一个挂靠公司，则其客户只是按照个人客户进行统计。

第一方、第二方、第三方物流运输公司，如果不具备一般纳税人资格，只能作为个体客户进行统计。

表 23-15 客户分类与保有量

序号	保有量合计	保有量前三年平均增长率%	客户分类及保有量（辆）											
			第一方物流运输企业客户		第二方物流运输企业客户		第三方物流运输企业客户		个体客户		个人客户		其他客户	
			客户名称	数量	客户名称	数量	客户名称	数量	客户名称	数量	客户名称	数量	客户名称	数量
1														
2														
...														

二、客户竞争力

（1）客户竞争力评价　在经销商经营的区域范围内，按照客户在行业的排名进行竞争力评价，参见表 23-16。

表 23-16 根据客户行业排名进行竞争力评价表

序号	客户分类	所辖区域内客户总量	所辖区域内公司客户总量	占比（%）	所辖区域内分行业客户总排名		客户在本公司的排名		总量前30%客户中的占比（%）	竞争力评价（优/良/一般/差）	近三年平均每年增长率（%）
					名称	名次	名称	名次			
1	第一方物流										
2	第二方物流										

(续)

序号	客户分类	所辖区域内客户总量	所辖区域内公司客户总量	占比（%）	所辖区域内分行业客户总排名		客户在本公司的排名		总量前30%客户中的占比（%）	竞争力评价（优/良/一般/差）	近三年平均每年增长率（%）
					名称	名次	名称	名次			
3	第三方物流										
4	个体户										
5	个人客户										
6	其他										

注：可根据客户数量添加行。

（2）客户能力竞争力评价　参见表23-17、表23-18。只看客户在同行业的排名还有些偏颇，不能完全体现出一个客户的实力时，还可以根据客户能力竞争力进行评价。如果一个客户所服务的货主很好、管理水平很高，也说明这是一个优秀的客户，只是现在规模还小一些而已。

表23-17　客户所服务的货主的竞争力评分表

序号	评分项目	评分标准（分值）				实际打分	备注
		4	3	2	1		
1	所在行业	□朝阳产业	□中阳产业	□夕阳产业	□其他（请说明）		
2	在全国行业排名	□1~3名	□4~6名	□7~10名	□10名以下		
3	区域行业分类	□核心行业	□重点行业	□一般行业	□其他		
4	在销售所辖区域内（地级以上的地区）货主所在行业的地位	□1~3名	□4~6名	□7~10名	□10名以下		
5	企业属性	□上市公司（不包括新三板）	□国有企业	□股份制企业	□私有制企业		上市公司、国企：4 股份制、私企：3 个体、个人：2 其他：1
		□个体户（有营业执照）	□个人客户	□其他			
6	货主的银行信誉	□AAA	□AA	□A	□其他（请说明）		
7	货主在供货商中的付款信誉/口碑	□货到付款	□压款基数以上每月付款	□压款基数以上每月付款有拖欠	□压款基数以上付款没有时间		
8	货主的盈利能力	□连续盈利3年以上/利润100万元以上	□连续盈利3年以上/利润100万元以下	□连续盈利3年以上/利润50万元以下	□亏损/持平		
9	是否同物流运输公司签订运输合同	□必须签订运输合同	□可以签订运输合同	□不签订运输合同	□其他（请说明）		
10	每年的运输量（t/t·km）	□100万t/1000万t·km以上	□30万t/300万t·km以上	□10~30万t/300万t·km以下	□10万t/100万t·km以下		
11	是否需要运输发票	□需要	□都可	□不需要	□其他（请说明）		

表 23-18　运输企业/客户的竞争力评分表

序号	评分项目		评分标准（分值）				实际打分	备注
			4	3	2	1		
1	客户的属性		□第一方物流运输企业	□第二方物流运输企业	□第三方物流运输企业	□其他（请说明）		
2	企业属性		□上市公司（不包括新三板）	□国有企业	□股份制企业	□私有制企业		上市、国企：4 股份、私企：3 个体、个人：2 其他：1
			□个体户（有车5辆以上且有营业执照）	□个人客户	□其他			
3	在销售所辖区域内（地级以上的地区）客户所在行业的地位		□1~3名	□4~6名	□7~10名	□其他		
4	客户的规模（拥有车辆的数量）	个人客户	□20辆以上	□5~20辆	□5辆以下	□无		
		企业客户	□201辆以上	□101~200辆	□51~100辆	□50辆以下		
			□近三年每年增加车辆在50辆以上	□近三年每年增加车辆在11~20辆	□近三年每年增加车辆在11~20辆	□近三年每年增加车辆在10辆以下		
5	客户的能力（可以多选）		□有保险代理/自保	□有小额贷款	□有维修/事故车维修	□有配件库存		每项1分
			□有停车场地	□有驾驶员宿舍	□有物流仓库	□有二手车销售		
			□有物流管理组织	□驾驶员是企业员工	□驾驶员承包车辆	□其他（请说明）		
6	客户的盈利能力	个人客户	□连续盈利3年以上/利润50万元以上	□连续盈利3年以上/利润30万元以上	□连续盈利3年以上/利润30万元以下	□亏损/持平		
		企业客户	□连续盈利3年以上/利润100万元以上	□连续盈利3年以上/利润100万元以下	□连续盈利3年以上/利润50万元以下	□亏损/持平		
7	客户在银行的信誉		□AAA	□AA	□A	□其他（请说明）		
8	是否为行业老客户		□行业老客户	□不同行业老客户	□未养过车	□其他（请说明）		
9	是否同货主有运输合同		□有长期合同	□有年度合同	□长期合作无合同	□无合同/其他		
10	是否同驾驶员有工作合同		□有长期合同	□有年度合同	□有考核标准合同	□驾驶员承包/挂靠		
11	每年的运输收入		□1000万元以上	□100~1000万元	□50~100万元	□50万元以下		财务报表或银行流水为准
12	管理制度是否健全		□有组织，制度健全，绩效考核到位	□无组织，有制度，有绩效考核	□无组织，只有绩效考核	□无组织，驾驶员承包/挂靠		
13	是否对车辆进行监控管理		□有监控，有管理	□有监控，无管理	□无监控	□其他（请说明）		
14	是否给货主开具运输发票		□都开	□有需要即开	□不能开	□其他（请说明）		

(3) 客户排名其他方法

1) 个体客户和个人客户可以按照纳税排名、驾驶员的工资排名、营业额排名、车辆的数量排名、车辆的购买价格排名等等。

2) 运输企业排名方法：按照纳税排名、营业额排名、车辆的数量排名、注册资金排名、当地习惯。

3) 可以采用综合排名法。这个方法也可以用于金融服务业务的客户评价。

注： 关于第一方、第二方、第三方、第四方物流运输企业的定义见本书第五篇相关章节的相关定义与解释。

第六节 未来经销商的经营模型

在进行能力建设之后，能力提高了，竞争力提高了，转型也就自然完成了。完成转型之后的经销商，其经营模型参见图23-7。

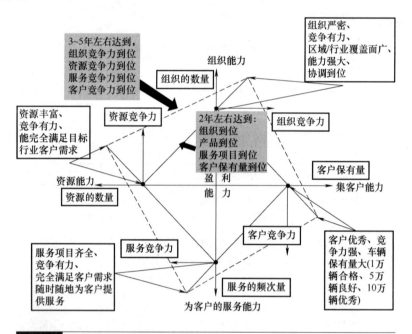

图23-7 未来经销商的经营模型

经销商能力提升了，主机厂认可了，即可实现转型，包括从销售商到经销商；从经销商到区域代理商的转型。

转型是自然，也是必然，必须尽早、主动。转型是一个长期的过程，一般需要3～5年的时间，不要操之过急。

本章小结与启示

1. 通过本章的学习，了解商用车经销商需要转型的主要原因：

1) 随着技术的进步、社会的进步，人们对商用车产品的要求越来越高，新产品不断涌现。新能源产品、智能驾驶产品的到来或将彻底颠覆商用车流通领域目前的生存业态，特别是智能驾驶产品的到来。

2) 客户的要求越来越高，大部分经销商现在的经营状态已经不适应客户的需求，这只会加剧客户的担忧，不转型没有出路。

2. 帮助经销商找到转型的方法。

本章学习测试及问题思考

1. 商用车经销商需要转型的主要原因是什么?
2. 未来经销商的经营模式是怎样的?
3. 经销商一般存在哪些竞争力不足?
4. 评价客户竞争力的方法是什么?

第四篇
经销商的企业管理

北京佐卡科技有限公司
经销商的企业管理制度和课后测试题答案均可在线阅读

第二十四章 商用车经销商的企业管理[一]

学习要点

1. 掌握企业文化建设的内容。
2. 掌握企业文化的功能及管理好企业文化的重要意义。
3. 掌握企业管理五要素及五大职能。
4. 掌握如何建立企业管理目标。
5. 了解管理者应具备的管理能力,为成为优秀管理者打好基础。
6. 掌握组织设置的依据和组织建设的方法。

一个企业,没有企业文化,很难有优秀的企业管理。企业文化与企业管理相辅相成。

在一个企业中,企业文化负责管人;企业管理负责管事。如果不能做到"人人有事干,职能清晰;事事有人干,责任明确",那就是企业文化建设和企业管理工作没有到位。

因此,一个企业必须要有自己的企业文化和企业管理。这也是一个企业的核心竞争力之一。对于竞争对手来说,虽然他可以快速学习你的组织模式、岗位设置和产品,但是你的企业文化却不是一朝一夕可以学会的。

第一节 企业文化管理

一、企业文化的重要性

任何一个企业,没有文化,没有管理,要想在市场经济的大潮中占有一席之地,几乎是不可能的。因此,一个组织、一个企业,必须要有自己的先进文化、先进的管理技术。

(一) 企业文化的概念

企业文化,是在一定的条件下,企业生产经营和管理活动中所创造的具有该企业特色的精神财富和物质形态。它包括企业愿景、文化观念、价值观念、企业精神、道德规范、行为准则、历史传统、企业制度、文化环境、企业产品等。

企业文化上升到品牌管理的高度,就是品牌文化。要想经营好品牌,必须首先经营好品牌文化。其

[一] 本章由王术海、赵旭日编写。

中，价值观是企业文化的核心。

企业品牌文化，是企业在经营活动中形成的经营理念、经营目的、经营方针、价值观念、经营行为、社会责任、经营形象等的总和，是企业个性化的根本体现，它是企业生存、竞争和发展的灵魂。

(二) 企业文化 5 要素

特伦斯·E. 迪尔、艾伦·A. 肯尼迪把企业文化的理论系统概述为 5 个要素，即企业环境、价值观、英雄人物、文化仪式和文化网络。

1. 营造良好的企业环境

（1）创造优良的外部环境　包括创造良好的外部政治环境、经济环境、社会环境、技术（学习、交流）环境。

（2）确保可靠的任务环境　任务环境包括供应商环境、客户环境、竞争对手环境、政府机构环境、战略同盟伙伴环境。

（3）创造良好的内部环境　内部环境又分为有形环境和无形环境。有形环境给力：人力、财力、物力、技术、信息环境保证给力；无形环境良好：人际关系和谐、雇主与雇员关系良好、组织结构合理、组织文化先进。

2. 价值观明确

价值观是企业文化的核心，明确而统一的价值观使企业内成员在判断自己行为时具有统一的标准，并以此来决定自己的行为。

3. 树立英雄人物，打造核心团队

1）树立标杆式英雄人物，可给企业中其他员工提供可供学习的榜样，对企业文化的形成和强化起着极为重要的作用。

2）建立核心团队，是完成任务目标的保证。

4. 文化仪式必不可少

1）在企业内举行丰富多彩表彰、奖励宣传活动。

2）开展各种形式的拓展训练、不同层次的（客户、员工、家属等）交流活动等。

文化宣传可以生动地宣传和体现企业的价值观，使人们通过这些生动活泼的活动来领会企业文化的内涵，使企业文化在"寓教于乐"之中表现出来。

5. 建立企业文化网络

企业文化网络包括客户口碑传播网络、驾驶员口碑传播网络、社会组织传播网络、微信及其他传播网络等。

非正式的信息传递渠道，主要是传播文化信息。它是由某种非正式的组织和人群所组成，它所传递出的信息往往能反映出职工及客户的愿望和心态、感受。一定要重视非正式的信息传递渠道，正确地加以利用、引导。

(三) 企业文化的功能

1. 导向功能

导向功能就是通过企业文化对企业的领导者和职工起引导作用。企业文化的导向功能主要体现在以下两个方面。

（1）经营哲学和价值观念的指导　经营哲学决定了企业经营的思维方式和处理问题的法则，这些方式和法则指导经营者进行正确的决策，指导员工采用科学的方法从事生产经营活动。企业共同的价值观念规定了企业的价值取向，使员工对事物的评判形成共识，有着共同的价值目标，企业的领导和员工为着他们所认定的价值目标去行动（图 24-1）。美国学者托马斯·彼得斯和小罗伯特·沃特曼在《追求卓越》一书中指出"我们研究的所有优秀公司都很清楚他们的主张是什么，并认真建立和形成了公司的价值准则。事实上，一个公司缺乏明确的价值准则或价值观念，我们则怀疑它是否有可能获得经营上的成功。"

（2）企业目标的指引　企业目标代表着企业发展的方向，没有正确的目标就等于迷失了方向。卓越的企业文化建设会从实际出发，以科学的态度去制订企业的发展目标，这种目标一定具有可行性和科学性。企业员工就是在这一目标的指导下从事生产经营活动。

2. 企业文化的约束功能

企业文化的约束功能主要是通过完善管理制度和道德规范来实现。

（1）管理制度的约束　管理制度是企业文化的内容之一。管理制度是企业内部的法规，企业的领导者和企业职工必须遵守和执行管理制度，从而形成约束力。

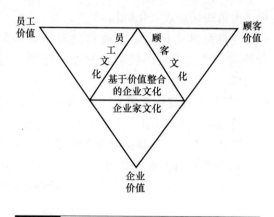

图24-1　企业文化与企业价值

注：图中的顾客就是指本书中客户。

（2）道德规范的约束　道德规范是从伦理关系的角度来约束企业领导者和职工的行为。如果人们违背了道德规范的要求，就会受到舆论的谴责，心理上会感到内疚。例如，同仁堂药店"济世养生、精益求精、童叟无欺、一视同仁"的道德规范约束着同仁堂全体员工必须严格按工艺规程操作，严格质量管理，严格执行纪律。

（四）企业文化的重要性

1. 企业文化的本质与来源

（1）企业文化的本质　企业文化的本质是通过企业制度的严格执行衍生而成。没有完善的企业制度或有制度不能严格地执行，都不可能产生企业文化。

（2）企业文化的来源　企业领导者把"文化变化人"的功能应用于企业，以解决现代企业管理中的问题，就有了企业文化。因此，企业文化的本质就是管人。

2. 对企业文化的认识

企业经营者要深刻认识企业文化的作用和意义。从本企业文化的现实出发，进行深入的调查研究，把握本企业文化各种现象之间的本质联系。依据实践经验，从感性认识到理性认识，不断改进、提高、创新本企业的企业文化，使之成为企业经营的核心理论。

3. 企业经营者要明确企业文化的意义

（1）企业文化能激发员工的使命感　不管是什么企业都有它的责任和使命，企业使命感是全体员工工作的目标和方向，是企业不断发展或前进的动力之源。

（2）企业文化能凝聚员工的归属感　企业文化的作用就是通过企业价值观的提炼和传播，让一群具有不同背景的人共同追求同一个梦想。

（3）企业文化能加强员工的责任感　企业要通过大量的资料和文件宣传员工责任感的重要性，管理人员要给全体员工灌输责任意识、危机意识和团队意识，要让大家清楚地认识企业是全体员工共同的企业。

（4）企业文化能赋予员工的荣誉感　每个人都要在自己的工作岗位、工作领域多做贡献，多出成绩，多追求荣誉感。

（5）企业文化能实现员工的成就感　企业的发展关系到每一位公司员工的发展，企业发展了，员工们就会引以为豪，会更积极努力地进取，荣耀越高，成就感就越大，进取心越明显。

二、企业文化的分类与特征模型

（一）企业文化分类

1. 按类型分类的企业文化

企业文化分为四种类型，即强人文化；拼命干尽情玩文化；攻坚文化；过程文化。

（1）强人文化　这种文化鼓励内部竞争和创新，鼓励冒险。竞争性较强、产品更新快是这种企业文化的特点。

（2）拼命干尽情玩文化　这种文化将工作与娱乐并重，鼓励职工完成风险较小的工作。竞争性不强、产品比较稳定是这种企业文化的特点。

（3）攻坚（赌注型）文化　这种文化具有在周密分析的基础上孤注一掷的特点。一般投资大、见效慢是这种企业文化的特点。

（4）过程文化　这种文化着眼于如何做，基本没有工作的反馈，职工难以衡量他们所做的工作。机关性较强、按部就班就可以完成任务是这种企业文化的特点。

2. 按状态与作风分类的企业文化

（1）有活力的企业文化　特点是重组织，追求革新，有明确的目标，面向外部，上下左右沟通良好，责任心强。

（2）停滞型企业文化　特点是急功近利，无远大目标，带有利己倾向，自我保全，面向内部，行动迟缓，不负责任。

（3）官僚型企业文化　特点是例行公事，官样文章。

3. 按性质分类的企业文化

（1）温室型　这种企业文化对外部环境不感兴趣，缺乏冒险精神，缺乏激励和约束。

（2）拾穗者型　常见于中小型企业。企业战略随环境变动而转移，其组织结构缺乏秩序，职能比较分散。企业价值体系的基础是尊重领导人。

（3）菜园型　此种企业文化力图维护企业在传统市场的统治地位，采用家长式经营，工作人员的激励处于较低水平。

（4）大型种植物型　此种企业文化大企业特有。其特点是能不断适应环境变化，工作人员的主动性、积极性受到激励。

4. 按重视因素分类的企业文化

（1）科层型　这种企业文化常见于垄断的市场中从事经营的企业。企业采取非个性化的管理作风，拥有金字塔式的组织结构，注重对标准、规范和刻板程序的遵循，组织内部缺乏竞争。

（2）职业经理型　这种企业文化以工作为导向，有明确的标准、严格的奖惩制度，组织结构较为灵活性，内部竞争激烈。

（3）技术型　这种企业文化表现为技术专家掌权，家长式作风，着重依赖技术秘诀，职能制组织结构。

（二）企业文化典型分析模型

著名的 5D 企业文化模型见图 24-2。5D 企业文化模型是根据内倾—外倾、感性—理性两个维度将企业文化分为五个类型，分别为金文化、火文化、木文化、水文化、土文化。

5D 企业文化特征量表从主导特征、领导风格、员工管理、组织凝聚、战略重点、成功准则六个方面对企业的文化特征进行分析与测试。

在这六个方面，每类企业文化特征，见表 24-1。经销商可以按照 5D 企业文化模型分析自己企业文化。

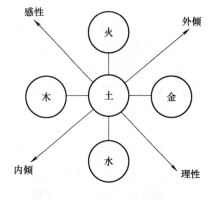

图 24-2　5D 企业文化模型

表 24-1　5D 企业文化特征量表

文化特征	火	金	木	水	土
主导特征	充满活力、激情四射	强调竞争、目标导向	控制严格、层级分明	强调学习、鼓励进步	树立信仰、包容大气
领导风格	开拓创新、感情丰富	精力充沛、自信心强	循序渐进、循规蹈矩	指导培养、条理清晰	包容体谅、鼓励协作
员工管理	鼓励创新、自由开放	提倡竞争、授权管理	无微不至、纪律严明	奖惩分明、教练指导	团队合作、沟通顺畅
组织凝聚	推陈出新、文体活动	自由发挥、公平竞争	共同指标、规章制度	集思广益、自我管理	相互信任、共同信仰
战略重点	获取资源、寻找机遇	参与竞争、外部合作	稳步经营、完善制度	关注发展、重视效率	制订目标、引导思想
成功准则	业绩导向、技术革新	品牌价值、高竞争力	团队合作、员工忠诚	强调效率、长远发展	坚定信念、平衡关系

三、企业文化的建设与应用

（一）企业文化建设的内容

1. 构建企业共同愿景

企业愿景是对企业前景和发展方向的一个高度概括描述。

服务型企业只有努力满足客户需求，确保客户满意，才有未来。然而，只有员工满意，才有客户满意。因此，本书推荐的企业愿景是："追求客户满意，实现员工价值"。此处的员工也包括企业的经营者。

2. 树立企业统一的价值观

企业价值观是指企业在追求经营成功的过程中所奉行的基本信念和目标。

本书推荐的企业价值观有：

1）"成就客户——致力于客户的满意与成功"。

2）"客户利益第一、员工利益第二、经营者利益第三、股东利益第四"。

3）"客户利益最大化"。

4）"激情奉献、乐观向上、携手（客户）同行、创新致远"。

解释：

1）激情奉献：员工不灭的激情、奉献精神是公司开辟未来的源泉。

2）乐观向上：当员工拥有最好的工作态度，还有什么困难能打倒他们呢？态度往往决定一切！

3）携手同行：汇聚集体的力量，共创美好未来！

4）创新致远：创新是企业的立足之本，只有不断创新，才能达到高远的境界和层次。没有最好，只有更好！

企业的经营者要建立企业明确的价值观，引导员工树立正确的价值取向：建立以客户为中心的服务型价值观，防止出现一切"向钱看"的价值观。

3. 建立员工正确的行为规范

员工行为规范是企业在日常经营过程中为员工制订的具有约束力的行为标准，包括行为规则、道德规范及作业标准与制度等。本书推荐的企业员工行为规范（仅供参考，企业可根据实际情况自行制订）：

（1）职业道德 主要包括敬岗爱业、诚实守信、办事公道、奉献社会、保守秘密、不损害公司及他人（含客户）利益等。

（2）仪容仪表规范 主要包括保持头型、不留胡须、化妆淡雅、口气清新、勤修指甲、不掏耳朵、佩戴工牌、服装整洁、鞋面整洁、不卷袖口等。

（3）行为举止规范 主要包括见面礼貌；进门敲门，非请勿入；未经允许，莫带生人；走路靠右，不要拥挤；（中午）未经允许，不得饮酒；不大声喧哗；不勾肩搭背；桌面清洁，不随意摆放；未经允许，不使用他人电脑；下班关灯等。

（4）语言规范 主要包括礼貌用语、语言温和、标准用语、用词恰当等。

4. 遵守企业基本行为准则

（1）企业基本行为准则

1）企业期望职工在商务活动中代表企业履责行权时所应遵循的基本原则。

2）企业期望员工在日常工作中所应遵循的基本原则。

（2）本书推荐的企业基本行为准则：

1）遵守法律法规。

2）客户利益第一。

3）凡事以最高的职业道德标准要求自己。

4）保护环境。

5）致力于为员工打造安全、健康的工作环境。

6）尊重当地风俗习惯、积极履行社会责任。

7）保护员工利益。

8）防止利益冲突，确保所有业务不受员工利益或关系的影响。

5. 严格执行企业管理制度

（1）组织管理制度　详见本书其他章节。

（2）业务管理制度　详见本书其他章节。

6. 建立企业经营理念

企业经营理念是企业的经营"宪法"，包括企业使命、经营理念、行为准则、企业文化、视觉系统、经营方针等内容。

本书推荐的经营理念：

1)"客户满意，是检验我们工作的唯一标准"。

2) 品质（经营的产品追求品质）、服务（全面满足客户的服务需求）、满意（追求客户满意）、价值（体现员工价值）。

7. 明确企业经营目的

不同的企业有不同的经营目的。相同的企业，由于经营范围不同，经营目的可能也不同。本书推荐的商用车经销商三个经营目的：

1) 通过为客户提供其满意的商品或服务，获取利润。

2) 为社会创造财富，促进社会的发展。

3) 占领更广阔的市场，实现企业价值最大化。

8. 建立经营方针

方针就是引导事业前进的方向和目标。有方向，才能有针对性地指导业务发展。

经营方针，是指企业完成经营目标所制订的基本指导思想和行动路线。

公司的经营方针制订以后，应该公示。举例如下：

1) 公司经营方针，见表24-2。

表24-2　公司经营方针

1	人均效益的提高与人均收益提高同步
2	销量同比提高10%以上
3	（万元销售收入）费用同比下降5%以上
4	人均税前利润提高10%
5	流动比率同比提高10%
6	自有资本率提高5%
7	各部门实行独立核算

2) 车辆营销业务经营方针，见表24-3。

表24-3　车辆营销业务经营方针

1	人均收益提高10%
2	总销量提高10%以上，其中：专用车销量同比提高20%以上
3	（万元销售收入）费用同比下降6%以上
4	人均税前利润提高10%
5	客户满意率提高10%以上
6	资金占用下降10%以上
7	客户流失率低于5%
8	实现一个新行业突破，实现销量20辆以上

3) 其他业务的经营方针，如产品采购业务、销售服务业务、车辆保险业务、金融服务业务、车辆保养业务、车辆维修业务、配件营销业务、运输业务、二手商用车业务等都应制订业务经营方针。

9. 明确企业经营行为

企业经营行为是企业为牟取利润而进行的活动。

本书推荐经销商的经营行为是"通过为客户提供其满意的服务和商品而获取利润"。

10. 树立企业的社会形象

（1）企业形象分类

1）社会形象是社会大众对企业的印象和评价。

2）内部形象是企业内部员工对企业的印象和评价。

（2）企业一定要有好的社会形象，其构成要素见表24-4。

表24-4 企业形象的构成要素

形象构成	构成要素
产品形象	质量、款式、包装、商标、服务
组织形象	体制、制度、方针、政策、程序、流程、效率、效益、信用、承诺、服务、保障、规模、实力
人员形象	领导层、管理群、员工
文化形象	历史传统、价值观念、企业精神、英雄人物、群体风格、职业道德、言行规范、公司礼仪
环境形象	企业门面、建筑物、标志物、布局装修、展示系统、环保绿化
社区形象	社区关系、公众舆论

企业形象除了以上构成要素以外，还要注意以下几个方面的问题：

1）内在形象和外在形象都要好。企业内在形象主要指企业目标、企业哲学、企业精神、企业风气等看不见、摸不着的部分，是企业形象的核心部分。企业外在形象则是指企业的名称、商标、广告、厂房、厂歌、产品的外观和包装、典礼仪式、公开活动等看得见、听得到的部分，是内在形象的外在表现。

2）实态和虚态形象都要好。企业实态形象：经营规模、产品和服务质量、市场占有率情况、产值和利润等要好。企业虚态形象：用户、供应商、合作伙伴、内部员工等企业关系者对企业整体的主观印象要好。

3）内部和外部形象都要好，就是员工评价和社会公众评价都要好。

4）正面形象要多，负面形象要少。

5）主导形象要突出，辅助形象不忽视。店面形象、产品形象、客户形象要突出，不能有负面形象；设备形象、人员形象、理念形象、社会责任等辅助形象不忽视，要常抓不懈。

11. 建立企业的社会责任

企业社会责任是指企业在其经营过程中对其利害关系人应负的责任。利害关系人是指所有可以影响或会被企业的决策和行动所影响的个体或群体，包括员工、客户、供应商、社区团体、母公司或附属公司、合作伙伴、投资者和股东。

企业社会责任范围包括企业环境保护、安全生产、社会道德以及公共利益等方面，由经济责任、持续发展责任、法律责任和道德责任等构成。

企业要勇于承担力所能及的社会责任。包括帮助困难客户、扶贫、助学等。这既承担了社会责任，又扩大了影响，树立了好的社会形象，是最好的广告形式。

12. 建立企业道德理念

企业道德理念 指企业依靠社会舆论、传统习惯和内心信念来维持的，以善恶评价为标准的道德原则、道德规范和道德活动的综合。

本书推荐的企业道德理念：

1）客户满意，人脉延伸，良性循环，回报一生。

2）目标明确，坚定不移，天道酬勤，永续经营。

3）开拓、创新，立足市场求发展；优质、高效，用心服务为客户。

企业可以根据自己的经营理念，客户、员工的接受程度，制订符合自己企业的企业道德理念。企业道德理念不仅要说到，更要做到。

（二）企业文化的应用

企业文化由三个层次构成，因此要在三个层次上做好应用。

1. 表面层的物质文化，称为企业的"硬文化"

企业"硬文化"要求如下：

1）店容、店貌整洁、明亮。

2）办公设备及工具、保养、维修设备及工具等所有的设备/工具可靠、适用。

3）产品摆放整齐。

4）产品外观整洁。

5）产品质量可靠。

要强化管理，抓好企业文化的形象应用。

2. 中间层次的制度文化，称为企业的"管理文化"

企业的"管理文化"要求如下：

1）领导体制清晰。

2）人际关系和谐。

3）各项规章制度齐全、有效，具有可操作性。

4）纪律严明、人人平等。

3. 核心层的精神文化，称为"企业软文化"

企业"软文化"要求如下：

1）行为规范清晰。

2）价值观念明确。

3）企业协作意识强。

4）职工素质优良。

5）优良传统保持好。

6）客户想到的要做到，客户没有想到的也要做到（惊喜）。

这是企业文化的核心，被称为企业精神。

第二节 企业管理

一、企业管理的基本概念与重要性

（一）基本概念

1. 企业

一般是指以盈利为目的，运用各种生产要素（土地、劳动力、资本、技术和企业家才能等），向市场提供商品或服务，实行自主经营、自负盈亏、独立核算的法人或其他社会经济组织。

2. 管理

1）管：管的原意为细长而中空之物，其四周被堵塞，中央可通达；使之闭塞为堵，使之通行为疏。管就表示有堵有疏、疏堵结合。管既包含疏通、引导、促进、肯定、打开之意；又包含限制、规避、约束、否定、闭合之意。

2）理：本义为顺玉之纹而剖析；代表事物的道理、发展的规律，包含合理、顺理的意思。

3）管理：管理就是合理地疏与堵的思维与行为，犹如治水，疏堵结合、顺应规律。管理是指一定组织中的管理者，通过计划、组织、领导、协调、控制等职能来协调他人的活动，使别人与自己一起实现既定目标的活动过程，是人类各种组织活动中最普通和最重要的一种活动。

本书认为管理就是对管道的梳理。在企业中，管理就是将所有需要完成的事情进行清理，理顺完成任务的流程，就是"计划、组织、指挥、协调和控制"。

管理是指在特定的环境条件下，以人为中心通过计划、组织、指挥、协调、控制及创新等手段，对组织所拥有的人力、物力、财力、信息等资源进行有效的决策、计划、组织、领导、控制，以期高效地达到既定组织目标的过程。

3. 企业管理

1）企业管理是对企业生产经营活动进行计划、组织、指挥、协调和控制等一系列活动的总称。

2）企业管理是尽可能利用企业的人力、物力、财力、信息等资源，实现（销量）多、（发展）快、（效益）好、（成本、费用）省的企业目标，取得最大的投入产出效率。

4. 本书对企业管理的定义

企业管理，就是在企业文化的引导下对企业业务的管理。通过建立企业管理，从而建立起完善的管理制度和作业标准，作业流程，形成执行力和约束力，以使企业沿着正确的路线和方向完成既定的企业目标。

（二）企业管理的类型

1. 随意、感觉管理型

该类型的企业基本没有规章制度，管理人员的思想和行为，企业的工作程序都呈现极大的随意性，几乎一切都依感觉行事。该类企业人员多数情况文化程度较低，工作效率低下，错误频繁，企业核心竞争力极弱，是企业管理的最低层次。

这类企业如果不能迅速从这一层次提升，将很快被市场淘汰。

2. 一般制度管理型

这类企业已建立大部分规章制度，但缺乏系统性、科学性。工作职责和程序类制度非常缺乏，规章制度中的大部分为纪律性要求，员工对制度执行的自觉性不足，管理层对制度贯彻的监控不力，因而制度执行彻底性严重不足。这类企业人才流动率很大，优秀人才更不愿长期服务。员工工作效率较低，客户满意度不高，企业总体竞争力较弱。

3. 规范化、信息化管理型

企业内各个领域都已建立系统化、规范化的现代企业制度，战略目标明确、组织架构合理、工作流程清晰、分工职责明了。已建立和有效运行现代人力资源管理体系和现代服务管理技术。已采用现代IT技术建立信息流系统，有效支援企业物流和事务流，并有完善和高效的对外接口。这类企业员工工作主动性、积极性处于较高层次，拥有较为齐全的优秀人才，客户和员工满意度较高，竞争力较强，年度销售额一般为正增长。

4. 优秀企业文化导向型

达到这一管理水平层次的企业，除了具备规范化、信息化管理型企业的全部优势之外，还已建立或形成了优秀的企业文化。

优秀企业文化是企业核心竞争力长期处于优势的基础。世界上的"百年老店"无不因其有优秀的企业文化，不论外部世界变化多端，还是内部首席执行官更换，都经久不衰。

先进的产品技术、优秀的管理方法、不可多得的管理人才、高级的生产设备等，竞争对手都可以拥有，即这些都具有"可复制"性，唯有"企业文化"不可复制，不同的企业不可能拥有相同的企业文化。

（三）企业管理的重要性

优秀的企业管理，具有非常重要的作用：

1）可以增强企业的运作效率，提高生产效率。

2）可以让企业有明确的发展方向。

3）可以使每个员工都充分发挥他们的潜能。

4）可以使企业财务清晰，资本结构合理，投融资恰当。

5）可以向客户提供满意的产品和服务。

6）可以更好地树立企业形象，为社会多做实际贡献。

二、企业管理的要素与职能

（一）明确企业管理的五个要素

1. 确定管理者

管理者即行使管理职能的组织或个人。谁来管？谁是管理者，必须要明确。

2. 确定被管理者

管什么？管理的五个方面：

1）组织、岗位、人：这是最基本的要素。

2）设备与工具（物资）：办公设备与工具、保养设备与工具、维修设备与工具、交通设备与工具等。

3）财产：固定财产（资产）、流动财产或资金（采购资金、库存资金、销售资金、费用资金等）、无形财产（资产）等。

4）技术：组织管理技术、财务管理技术、信息管理技术、车辆销售技术、销售服务技术、车辆保险技术、客户贷款技术、车辆保养技术、车辆维修技术、配件销售技术、运输管理技术、二手车（收购、整备、展示、销售）技术等。

5）信息：包括政府信息、行业信息、企业信息、客户信息、顾客（货主）信息、货物信息等。

3. 建立企业目标

1）业务目标：销量、市场占有率。

2）发展目标：增长率。

3）效益目标：利润、资金利润率、人均收入、股东分红。

4）成本目标：成本降低率、费用降低率、费用利润率。

5）组织目标：客户满意率、员工满意率。

4. 明确管理方法

管理主体对管理客体发生作用的途径和方式：

1）行政方法：通报、批评、降级、免职、开除留用、开除等。

2）经济方法：考核罚款、降薪、扣发年终奖金、停止股权激励、赔偿损失等。

3）法律方法：按照相关法律法规执行。

4）教育方法：沟通交流、培训、拓展训练、标杆学习、警示教育等。

5. 确定管理理论

现代企业文化利用"企业文化管理理论"管理企业。

（二）确定企业管理的五大职能

管理的五大基本职能：计划、组织、指挥、监督和调节，计划是最基本职能。

1. 计划

计划即计策与规划。企业根据资源配置、能力和外部（竞争）环境，制订的在未来一定时期内要达到的目标以及实现目标的方案途径。计划有月度计划、季度计划、年度计划等，超过一年的计划一般称为长期计划或规划。

2. 组织

组织即经、纬结合。组织就是指人们为实现计划目标，进行的岗位和人员的集合。

企业按照不同的业务，建立不同的组织。所有的人员都应该在组织内，不能有"独立于所有组织之外的岗位、人员"。经销商组织的建设，在本书"商用车经销商的转型"一章中已有讲述。

3. 指挥

指导和鼓舞。对组织进行指导、安排、调度，确保组织按照既定的路线与目标前进，不能发生方向性的错误，主要包括以下几个方面：

1）明确组织的指挥者，包括企业指挥者、部门组织的指挥者、岗位组织的指挥者。

2）有些临时性的工作，需要建立项目小组组织完成，也要指定指挥者。

3）要明确如何调度？调度什么？什么时候调度？

4）要明确如何指导？指导什么？什么时候指导？不能瞎指挥，乱安排。

4. 监督

管理学的监督是指对组织进行监察和督促，确保组织按照设计的初衷运作，不发生原则性的问题。同时确保组织在规定的时间内完成任务。

也要明确以下问题：谁来监督？监督什么？什么时间监督？在什么地方监督？如何督促？如何整改？

5. 调节

调整与节制。

1）调整：组织在完成规定的任务和目标时，要及时根据外部环境及内部资源到位情况，不断地对目标要求、任务进度、方案途径进行调整，使之符合实际情况。

2）节制：防止单项冒进，或者防止对资源的过度使用而造成浪费。

（三）建议

每年、每季、每月、每周都要定期、定时、定组织地对计划完成情况进行调度、指挥、监督、调节。

三、企业管理的内容

（一）建立《企业管理总则》

企业管理总则，是企业管理的总体要求。企业的所有业务管理制度、部门工作制度、岗位作业制度，都要符合本管理总则的精神和要求。

不同的经销商可以根据自己的特点，制订自己的企业管理总则。本节提供一个范本供参考。

企业管理总则（范本）

第一条　为了加强管理，完善各项工作制度，促进公司发展壮大，提高经济效益，根据国家有关法律、法规及公司章程的规定，特制订本管理细则。

第二条　公司全体员工都必须遵守公司章程，遵守公司的规章制度和各项决定、纪律。

第三条　禁止任何组织、个人利用任何手段侵占或破坏公司财产。

第四条　公司禁止任何所属机构、个人有损害公司的形象、声誉的行为。

第五条　公司禁止任何所属机构、个人为小集体、个人利益而损害公司利益或破坏公司发展。

第六条　公司通过发挥全体员工的积极性、创造性和提高全体员工的技术、管理、经营水平，不断完善公司的经营、管理体系，实行多种形式的责任制，不断壮大公司实力和提高经济效益。

第七条　公司提倡全体员工刻苦学习科学技术文化知识，公司为员工提供学习、深造的条件和机会，努力提高员工的素质和水平，造就一支思想和业务过硬的员工队伍。

第八条　公司鼓励员工发挥才能，多做贡献。对有突出贡献者，公司予以奖励、表彰。

第九条　公司为员工提供平等的竞争环境和晋升机会，鼓励员工积极向上。

第十条　公司倡导员工团结互助，同舟共济，发扬集体合作和集体创造精神。

第十一条　公司鼓励员工积极参与公司的决策和管理，欢迎员工就公司事务及发展提出合理化建议，对做出贡献者公司予以奖励、表彰。

第十二条　公司尊重员工的辛勤劳动，为其创造良好的工作条件，提供应有的待遇，充分发挥其知识，为公司多做贡献。

第十三条　公司为员工提供社会保险等福利保证，并随着经济效益的提高而提高员工各方面的待遇。

第十四条　公司实行"按劳取酬""多劳多得"的分配制度。

第十五条　公司推行岗位责任制，实行考勤、考核制度，要求员工端正工作作风和提高工作效率；反对办事拖拉和不负责任的工作态度。

第十六条　公司提倡厉行节约，反对铺张浪费；降低消耗，增加收入，提高效益。

第十七条　维护公司纪律，对任何人违反公司章程和各项制度的行为，都要予以追究。

第十八条　公司把"客户满意，是检验我们工作的唯一标准"作为公司的经营理念。

（二）明确企业管理内容

1. 建设管理体系

（1）企业文化管理是管"人"　其管理体系：企业愿景→企业价值观→企业员工的道德规范→企业行为准则→企业制度建设→企业经营理念→企业经营目的→企业经营方针→企业经营行为→企业形象→社会责任→企业道德规范，以实现管"人"的管理。

（2）企业管理是管"事"　其管理体系：业务管理→规划管理→计划管理→组织管理→岗位管理→人员管理→职能、职责、任务、权利、义务、作业（管理）要素，以实现管"事"的管理。

2. 建立管理手段

任何一个企业，要想在行业中有立足之地，就必须建立企业的先进管理手段。企业管理的 4 大管理手段如下：

（1）建设组织　根据不同的业务系统建设组织。在组织建设中，商用车经销商将业务分为 14 个系统（组织）。

1）面对客户需求，为客户提供全方位服务的业务系统建设 10 个（含一个采购系统，仅供参考）：

① 采购管理系统→产品采购管理组织。

② 车辆营销系统→车辆营销管理组织。

③ 销售服务系统→车辆销售服务管理组织。

④ 车辆保险系统→车辆保险服务管理组织。

⑤ 金融服务系统→金融服务业务管理组织。

⑥ 车辆保养系统→车辆保养业务管理组织。

⑦ 车辆维修系统→车辆维修业务管理组织。

⑧ 配件营销系统→配件营销业务管理组织。

⑨ 运输业务系统→运输业务管理组织。

⑩ 二手商用车业务系统→二手商用车业务管理组织。

2）将各个业务系统中共有的工作部分提出来，建设 4 个为业务系统服务的辅助系统（仅供参考）：

① 综合管理系统→综合业务管理组织。

② 财务管理系统→财务业务管理组织。

③ 市场管理系统→市场业务管理组织。

④ 品牌管理系统→品牌业务管理组织。

3）本章后续几节主要介绍组织建设、工作制度、工作流程与工具（或模板/表格）；同时，组织建设要注意：

① 没有任何人可以游离于组织之外不受组织的约束。

② 只要有组织，就一定要有岗位；就一定要有规划（目标）、计划、业务管理制度、部门工作制度、岗位作业制度；就一定要有工作流程、作业工具（或模板/表格）。

③ 社会是个庞杂的大系统，千头万绪，怎样管理？管理学家们提出了机构、法、人和信息 4 种管理手段。上文介绍了机构，下面来介绍法、人和信息。

（2）制定政策与制度，建设企业法律体系　法，政策与法律来源于管理目标。在管理活动中，它规定被管理的人哪些应该做，哪些不应该做，是人们的行动准则，要遵守以下几个方面的政策制度：

1）国家、地方的政策、法律，特别是产业政策、产品标准、税收的法律法规。

2）企业章程。

3）企业（文化）管理总则。

4）企业的业务管理制度、部门工作制度、岗位作业制度、工作流程（工艺）、工具（模板/表格）。

注： 一定要在企业的法律体系建设中设置底线，即哪些不允许做！到什么程度就必须停止！！！

(3) 充分调动人的积极性　人，是管理中最活跃的因素。机构是人组成的，管理职权是人行使的，政策与法规是人制定的。发挥人的积极性和创造性是做好管理的重要手段，在用人上要做到：

1) 用人前：用人不疑，疑人不用。要在充分考察、调研的基础上用人。要确保所用之人想干（有干好的决心）、会干（具备相应的岗位知识）、能干（身体健康，无后顾之忧）、敢干（有胆识、有魄力）、带头干（是本企业的标杆或业绩突出者，或有行业从业经验、被社会认可的人）。

2) 用人后：用人要疑、疑人要用。按照企业文化的要求，要对所有的组织、岗位、人员进行"调度、指挥、监督、调节、审计"。在放手用人的同时，不能放弃监督机制。

3) 帮助、培训、支持、鼓励、关心、爱护、防止是用人的基本职能。

① 任何一个人在工作、事业上都会需要帮助，企业对其及时提供力所能及的帮助是非常有必要的。经验不足以支撑未来的工作所需要的知识，只有不断地进行专业化的培训，才是确保所有人胜任工作的基础。

② 当人们遇到困难时，提供必要的支持是必需的。

③ 批评、教育也是关心、爱护的一种形式；不敢批评、纠正当事人的问题，不是关心、爱护，而是一种溺爱。

④ 要建立预防和防止机制，尽量让人"少失误、不犯错误"，是用人的根本。

4) 为所有人提供足够大的发展空间，是发挥人的积极性、创造性的重要手段。

一般岗位人员做得好→成为岗位主管→做得好，成为部门主管→做得好，成为业务主管→做得好，成为分公司主管→做得好→永远有发展的空间。

(4) 充分利用信息进行企业管理　不利用信息，就不知道事物的发展形势，就会造成管理的盲目性。它是管理的重要工具。

1) 建立管理信息的手段，使用管理软件（推荐"佐卡管理软件"）。

2) 建立信息管理的内容，确保信息的系统性、完整性（上面已经讲过）。信息包括：政府信息、行业信息、企业信息、客户信息、顾客（货主）信息、货物信息等。

3) 建立信息共享渠道，让信息流动起来。其中，鼓舞人、激励人的信息由所有人共享；政府、行业信息由决策者共享；客户信息由销售者、服务者共享等。让信息成为决策力、生产力以及企业发展的动力。

4) 企业的管理者只听汇报、只凭只言片语进行决策与管理的时代已经成为过去。在这个互联网的时代，不注重信息管理的企业一定不会有前途。

3. 明确管理对象

事物多种多样，纷繁复杂，千变万化。企业管理管些什么？科学家们提出了五个主要管理对象：人、财、物、时间和信息。

(1) 管理人　人是社会财富的创造者、物的掌管者、时间的利用者和信息的沟通者，是管理对象中的核心和基础。只有管好人，才有可能管好财、物、时间和信息。

1) 所有人，既是管理者，又是被管理者。最基层的一般岗位人员，既要遵守公司的相关管理制度，还被岗位主管管理、监督；同时又是某一项工作的管理者（或者某一种物资的管理者）。而最高层的董事长，既要遵守公司的章程和相关管理制度，还被监事会监督，要遵守股东大会的决议；同时还要管理、监督公司管理层（总经理、副总经理、财务总监等）。

2) 每一个人，必须明确自己被谁管理，应遵守的法律、法规、制度。

3) 每一个人，必须明确自己管理的内容：人、财、物、时间、信息。

(2) 管理资金（财产）　财产，是人类衣、食、住、行及其进行交往的基础。管理者必须考虑运用有限的财力，收获更多的经济效益；每一个经销商、每一个组织、每一个岗位、每一个员工都要有财产管理意识，其占用的财产应计入资金占用成本。

1) 固定资金（财产）：如何用最少的投入，得到最大的产出？厂（店）房投入、场地投入、办公设备投入、交通工具投入能不能最少？能不能不投入（租赁）？如何将有限的资金投入到经营中去？

2) 采购资金（财产）：能不能不占用采购资金？少占用采购资金？产品采购的标准化、周期（计划）化、流程化是减少占用的关键。

3）库存资金（财产）：库存是销售管理的万恶之源！能不能不建立库存？能不能少建立库存？主动客户营销是不建立、少建立库存的关键，将在后面的章节介绍。

4）销售资金（财产）：如何才能没有客户欠款？只有讲信誉、有钱的客户才能没有客户欠款；也只有主动营销下明确客户标准，找到优秀客户进行销售和服务才能避免客户欠款，消灭销售资金。

(3) 管理设备/物　设备/物是人类创造财富的源泉。管理者要充分合理和有效地运用它们，使之为社会系统服务。下面列出部分设备（举例）：

1）办公设备。
2）客户贷款设备（面试设备、入户考察设备、车辆控制设备等）。
3）保养设备/工具。
4）维修设备工具等。

4. 做好时间管理

管理时间，就是在管理速度、效率。一个高效率的管理系统，必须充分考虑如何尽可能利用最短的时间，办更多的事；应进行的时间管理内容如下：

1）工作时间。
2）任何一项工作的开始时间、结束时间。
3）任何一个会议的开始时间、结束时间。
4）在安排、布置、规定任何工作任务时，必须确定开始时间、完成时间。

5. 做好信息管理

只有强化信息管理，及时掌握信息，正确地运用信息，才能使管理立于不败之地。

（三）建立企业管理能力

根据企业管理的五大基本职能：计划、组织、指挥、监督和调节，进行五大能力建设。

(1) 计划管理能力　企业计划、部门计划、岗位计划、人员计划等，将计划落实到人。

(2) 组织管理能力　有强大的组织能力，团队角色设计（图24-3）合理，组织有凝聚力。

(3) 指挥能力
1）能对自己管理的组织、岗位、人员有指导和鼓舞能力。
2）能对自己管理的业务有指导和培训的能力。

(4) 监督能力
1）组织监督能力：清廉、高效、客户满意。
2）业务监督能力：完全满足客户需求。

(5) 调节能力
1）调度能力：调度组织的能力；调度业务的能力。
2）节制能力：控制（人、财、物、时间、信息）资源的能力——消灭浪费。

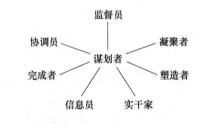

图24-3　团队角色设计

第三节　管理者的能力与职责定位

管理者，是在组织中直接参与和帮助他人工作的人。

管理者，也是具有职位和相应权力的人；是负有一定责任的人。

按照管理者在组织中的层次，可分为基层管理者、中层管理者、高层管理者。

1）基层管理者：直接负责管理作业人员的人，或直接负责某一项具体管理工作的人。
2）中层管理者：介于基层管理者和高层管理者中间的管理者，在管理工作中起承上启下的作用。
3）高层管理者：在组织中居于顶层或接近顶层的人，对本组织负全责。

一、提升管理者能力

真正合格的管理者，一要"管"，二要"理"。

"管"的着力点在于改变人,改变人的态度,改变人的能力;而"理"的着力点在于改变事,改变流程,改变不合理的做法。

如果管理者只"管"不"理",即使"管"的能力再好,以后还会出现同样的问题。而"理"的目的就是不让同样的问题重复出现。

1. 提升管的能力

1)"管"意味着管理者要学会看大局。什么是大局?就是企业的整体、企业的目标,而不仅是部门内部短暂的"和谐"。

2)"管"意味着管理者自己要成为大家的榜样,让大家向自己看齐。

3)"管"意味着和下属打成一片,包括那些你不喜欢的、但人品上没有问题的人。

4)"管"意味着知人善用,能把难管的人用好,而不是简单地把不好管的人开除。

5)"管"意味着要学会授权授压,也意味着帮助下属解决问题。

6)"管"意味着学会激励,学会表扬与批评,尤其是批评的艺术。

7)"管"意味着自己承担部门的责任,而不是简单地把问题看成是下属的责任,自己却高高在上当裁判。

8)"管"更意味着结果导向,解决部门里出现的问题。

明白了这些道理,就意味着部门经理要从改变自己的做法来着手解决自己部门的问题,而不是把两难的决定推给上级。通常,"管"的道理还是比较容易理解的。随着时间的推移,一个管理者会越来越熟练地掌握管人的艺术。

2. 提升理的能力

管理者真正难以做到的是"理",因为很多管理者不知道这也是自己的职责,而是把管理简单地等同于指挥,等同于命令。

"理"是什么?"理"就是梳理,就是总结经验,总结教训,就是想办法从根本上改变一件事情。"理"就是重新定规则,从规则的角度彻底消灭问题。

管理者管理的部门越大,管理的人数越多,就越应该学会"理",学会建立规则和调整规则。这些需要"理"的事情分别是:

1)确定要做的事情和目标。

2)确定组织架构,分而治之。

3)确定具体的岗位。

4)确定绩效和激励机制。

5)确定制度,用制度而不是靠经理的魅力管理。

6)确定流程,用流程而不是靠惩罚来确保做事的质量。

7)充分信任,充分授权,强化监督。

8)推行"无为而治"。老子在《道德经》里论述道:"是以圣人之治,空其心,实其腹,弱其志,强其骨,常使民无知无欲,使夫之者不敢为也。为无为,则无不治。"这句话告诉统治者使治理下的人民能按自然的规律去自我管理,是执政的最高境界。

对管理有了这样的理解,我们就可以回答这个问题了:管10个人和管1000个人有什么区别?

二、明确管理者职责

(一)管理者的责任

管理者要对组织负责,主要有以下三大责任:

1)培养人才的责任:负责人才的招聘、培训、培养;负责考核与评价;负责提拔和使用。

2)组织管理制度(流程、模板、表格/工具)的模范执行者,是组织的标杆;用制度管人是管理者管理水平的根本体现,坚持法制而不是人治是管理者的管理境界。

3)业务管理和业务带头人:带领团队为组织创造业绩的人。

（二）管理者应该干什么

1. 整体控制

任何一个部门或公司的管理者都要明白，部门内的每一个人各司其职，只对自己的绩效负责，唯有管理者对整体负责。

2. 对关键节点的细节把控

找到关键控制节点，进行细节把控。例如，在客户贷款业务中，其关键节点有两个：一是贷前控制客户标准，二是贷后控制客户运营。只要把握这两点，客户的消费信贷风险就可以控制。

3. 如何借助他人来实现自己目标的细节把控

管理者一定要明确：自己的目标要借助他人来实现，要靠团队来实现。

4. 掌握管理之道

管理是一门艺术，"用人要疑，疑人要用""水至清则无鱼，人至察则无徒"。自由是人的天性，员工对于任何管理都有一种本能的对抗。只有恰到好处的管理，才是最好的管理。

第四节 组织建设与组织设置

一、组织建设思路与建立原则

1. 组织建设的重要性

建立组织是开展业务并将此项业务逐步发展起来的保障。一个没有组织，只有岗位和人员来管理一项业务的企业，是不可能将此项业务发展、壮大起来的。

2. 组织建设与组织设置的思路

商用车经销商组织建设的思路是：找到目标客户需求→根据客户需求建立业务能力→根据业务能力建立目标→根据目标建立组织。

3. 建立组织的原则

1）任务目标原则：按照不同的任务、目标建立组织。

2）集中管理的原则：将不同业务部门的相同工作集中起来管理。

3）专业化管理的原则：按照为客户提供服务产品的专业化程度建立组织。

4）精简机构原则：部门、层次、岗位尽量精简；能兼职的尽量兼职；力求流程精简、效率最高、规章制度简单。

二、根据客户需求建立组织能力与目标

1. 商用车客户的需求

1）为购买车辆进行咨询服务的需求：确保客户能够购买到一辆满足货物运输要求、满足货主要求、满足驾驶员要求、满足政府监管部门要求、符合标准的、客户满意的车辆。

2）为购买车辆进行贷款服务的需求。

3）为购买车辆完善手续的需求。

4）为车辆购买保险服务的需求。

5）为购买车辆提供保养服务的需求。

6）为购买车辆提供维修服务的需求。

7）为购买车辆提供配件服务的需求。

8）为购买车辆提供物流运输服务的需求。

9）为客户处置二手车而提供服务的需求。

2. 根据客户需求建立业务能力

1）为客户购买车辆提供服务、咨询的能力。

2) 为客户购买车辆提供金融服务的能力。
3) 为客户购买车辆提供办理各种手续和证件服务（销售服务）的能力。
4) 为客户购买车辆提供保险服务的能力。
5) 为客户购买车辆提供保养服务的能力。
6) 为客户购买车辆提供维修服务的能力。
7) 为客户购买车辆提供配件服务的能力。
8) 为客户购买车辆提供运输服务的能力。
9) 为客户处置二手车而提供服务的能力。

3. 根据能力建立目标

根据能力设置目标，目标的内容见表24-5。

表24-5　经销商组织目标设置表

序号	经销商的业务能力	业务目标			发展目标	效益目标			成本目标		组织目标		其他
		销量	销售收入	市场占有率	销量增长率	业务利润	流动资金利润率	人均收入	成本降低率	费用降低率	费用利润率	客户满意率	员工满意率
1	为客户购买车辆提供服务、咨询的能力												
2	为客户购买车辆提供金融服务的能力												
3	为客户购买车辆提供销售服务的能力												
4	为客户购买车辆提供保险服务的能力												
5	为客户购买车辆提供保养服务的能力												
6	为客户购买车辆提供维修服务的能力												
7	为客户购买车辆提供配件服务的能力												
8	为客户购买车辆提供运输服务的能力												
9	为客户处置二手车而提供服务的能力												

三、建立组织的方法

为客户提供满意的、全方位的一站式服务是所有经销商追求的目标。不同规模的经销商所拥有的资源（货主资源、货物资源、客户资源、人力资源、财务资源、产品资源、设备资源等）不同、获取资源［政府资源（经营范围、土地资源等）、货主资源、货物资源、客户资源、人力资源、资金资源、产品资源等］的能力也不同，并不是所有的经销商都具备为客户提供全方位服务的能力。

在这种情况下，不同的经销商可以有选择地根据自己的能力为自己的客户提供部分服务；同样，这样的经销商也要根据为客户提供服务的能力建立目标，根据目标建立组织。而目前的大部分经销商认为：只为客户提供部分服务没有必要建立目标、建立组织，或者只建立目标而不建立组织，这是错误的。

有能力的经销商，应根据客户需求，完善自己的能力，建立全方位为客户提供全部服务的组织。

没有能力的经销商，可以与社会的其他为客户提供服务的专业服务商（保险服务商、贷款服务商、车辆维修服务商、二手车服务商、运输公司等）联合，从而为客户提供全方位的服务。

1. 根据任务目标原则设置对外业务组织

根据经销商组织目标设置表（表24-5），建立经销商业务组织设置表见表24-6（供参考）。

2. 按照集中管理、专业管理的原则设置组织

按照任务目标原则设置的部门，其主要任务是对外进行市场营销，通过市场营销活动完成公司的任务目标。这些部门通常称为对外业务部门，在公司内部定位为一类部门，是最重要的部门。但是这些部门如果完全独立运作，都需要进行组织内部的企业管理。

（1）企业内部管理　企业内部管理分为品牌（企业）文化管理、企业管理、组织管理、岗位管理、公共关系管理、计划管理、资产（设备）管理、协调管理、会议管理、接待管理、生活管理、安全管理、卫生管理、交通管理、通信管理、信息管理、财务管理、品牌管理、市场（竞争）管理、采购管理等。

表24-6　经销商业务组织设置表

序号	经销商的业务能力	业务目标	发展目标	效益目标	成本目标	组织目标	根据目标设置的组织	说　明
1	建立为客户购买车辆提供服务、咨询的能力						车辆营销部	
2	为客户购买车辆提供贷款的能力						金融服务部	业务量较小时，可以与车辆保险部合并
3	为客户购买车辆提供销售服务的能力						销售服务部	
4	为客户购买车辆提供购买保险服务的能力						车辆保险部	
5	为客户购买车辆提供保养服务的能力						车辆保养部	业务量较小时，可以与车辆维修部合并
6	为客户购买车辆提供维修服务的能力						车辆维修部	
7	为客户购买车辆提供配件服务的能力						配件营销部	
8	为客户购买车辆提供运输服务的能力						运输公司	
9	为客户处置二手车而提供服务的能力						二手车业务部	

（2）内部管理的特点

1）重复、琐碎、繁杂。

2）牵扯的精力大，不见效益。

3）没有不行。

（3）集中管理的优势　把这些所有业务部门都需要的、重复设置的、专业化的管理集中起来进行管理有以下优势：

1）把业务管理部门的管理者从繁杂的内部事务中解脱出来，让他们可以集中精力从事对外市场营销工作。

2）专业化的管理更加高效。

3）减少岗位设置，减少人员。

4）节约成本和费用。

（4）企业内部管理组织的设置　经销商企业内部管理组织设置见表24-7。

表 24-7　经销商企业内部管理组织设置表

内部组织设置	组织主要管理的要素
综合管理部	部门（内部）管理、企业文化管理、企业管理、计划管理、公共关系管理、内部协调管理、接待管理、公司会议管理、生活管理、安全管理、卫生管理、交通管理、（公司）档案管理（不包括客户档案）、公司领导指定的其他管理内容
	组织、岗位、人事管理等
	通信、网络、信息管理等
	资源（分配）管理等
	公司（内部）服务管理等
财务管理部	部门（内部）管理、政府管理、计划（预算）管理、资产管理、（股东）投资管理等
	成本管理、费用管理、价格管理、（流动）资金管理
	收支、核算、利润、税金管理
	现金及服务管理
品牌管理部	品牌管理
	品牌应用管理
市场管理委员会（虚拟组织）	市场管理
	规划与计划管理
	数据收集与市场调研管理
	数据分析与市场调研报告编写
	业务计划管理
采购管理部	部门管理、采购资源管理、采购渠道开发
	采购计划管理
	渠道及采购产品明细表管理
	厂家销售政策、采购政策、采购价格、合同
	采购管理
	库存管理

（5）注意事项

1）市场管理委员会或战略管理委员会是一个由公司董事长或总经理担任主任、由公司部门经理以上管理者参加的虚拟组织。具体人员组成及职能、职责等见"市场管理委员会"一章。

2）同业务组织的设置一样，不是所有的经销商企业都要按照表 24-5 进行内部组织设置。

3）规模较小的企业，可以把组织变成岗位进行岗位设置，在一个部门中设置五个岗位；再小的企业还可以进行岗位兼职：设置综合管理部，综合管理兼品牌管理岗位、财务管理岗位、总经理兼任采购管理岗位。

4）规模适中的企业，可以将综合管理部、品牌管理部合并管理。

5）组织设置的灵活性与管理的要素、内容没有关系，与工作量有关系。不能因为合并组织而减少管理的要素和内容。

本章小结与启示

通过本章的学习，掌握企业文化管理和企业管理的相关基本知识，并将其应用到企业文化管理、企业管理中去，将企业文化管理和企业管理合理分工，让自己成为一名优秀的企业管理者。

本章学习测试及问题思考

（一）判断题

（　）1. 企业文化的本质是管人。

(　　) 2. 企业文化的核心是价值观。
(　　) 3. 企业管理的本质是管事。

(二) 问答题

1. 简述企业文化的概念，包括哪些内容？
2. 企业文化的五要素是什么？
3. 企业文化建设包括哪些内容？
4. 企业文化的功能是什么？
5. 简述企业文化的意义。
6. 企业管理五要素是什么？
7. 企业管理的五大职能是什么？
8. 应建立哪些企业目标？
9. 建立组织的原则是什么？

第二十五章 商用车经销商的组织管理[一]

学习要点

1. 了解组织管理的相关概念及管理方法。
2. 掌握岗位管理和薪酬管理的知识。
3. 了解岗位分析与评价、岗位培训与淘汰的相关知识。

第一节 组织管理与岗位管理

一、组织管理

1. 组织管理的概念

组织管理,就是通过建立组织结构,规定职务或岗位,明确责权关系,以使组织中的成员互相协作配合、共同劳动,有效实现组织目标的过程。

2. 组织管理三要素

1)组织成员之间协作的意愿:组织成员向组织提供劳务和为组织目标的实现作出贡献的意愿。如果组织成员没有这种协作意愿,这个组织将一事无成。要建立利益机制,使愿意协作者得到好处(薪酬)。如果只有付出,没有回报,没有人愿意协作。

2)组织成员要有共同的目标:这是愿意协作的必要前提。协作意愿没有协作目标是不能发展起来的。有了共同目标,就可以统一决策,统一组织内部各个成员的行动。组织中的管理者的主要任务就是克服组织中的自由主义,建立协作意愿。

3)组织成员之间的信息联系:有了目标、有了愿意,没有有效的沟通与联系渠道,就不能保证步调一致。只有步调一致才能得胜利,才能实现组织的目标。

3. 建立组织管理制度

1)组织管理制度。
2)组织工作制度。

[一] 本章由王玉刚、王晓鹏编写。

二、岗位管理

岗位管理是指以企业战略、环境要素、员工素质、企业规模、企业发展、技术因素等六大因素为依据，通过岗位分析、设计、描述、培训、规划、考评、激励与约束等过程控制，实现因岗择人，在人与岗的互动中实现人与岗、人与人之间的最佳配合，以发挥企业中人力资源的作用，谋求劳动效率的提高。

岗位管理是以组织中的岗位为对象，科学地进行岗位设置、岗位分析、岗位描述、岗位监控和岗位评价等一系列活动的管理过程。作为岗位管理者，岗位必须在分析和评价的基础上进行管理，岗位管理较之于岗位分析具有更丰富的内涵和意义。

（一）岗位设计与岗位设置

1. 岗位设计

根据业务流程设计组织流程，根据组织流程设计岗位和岗位作业流程。

2. 岗位设置

（1）岗位设置的重要性　岗位设置是岗位管理的首要工作。

（2）岗位设置的定义　设置岗位并规定各个岗位的职能、职责、任务、权利、义务、工作因素的过程（见各"岗位作业制度"）。

（3）岗位设置的依据

1) 依据所在行业和企业本身的特点。

2) 依据管理与作业流程的特点以及部门的职能。

岗位设置体现了企业的经营管理理念和整体管理水平，反映了企业或部门的人员素质和管理、技术水平等。

3. 岗位设置的原则

因事设岗是岗位设置的基本原则。具体体现在以下方面：

（1）最低数量原则　岗位设置必须保证宁缺毋滥，确保岗位工作量满负荷。在岗位工作量不满负荷时，采用岗位兼职的原则。不养闲人，坚决杜绝因人设岗。

（2）目标任务原则　岗位设置必须保证，每一岗位必须有对应的岗位任务为前提。没有任务的岗位必须兼并或裁撤。

（3）责权相等原则　设置岗位必须坚持责权相等原则。有责无权或有权无责的岗位必须整顿或撤销。有权无责，必滥用机权；有责无权，必难尽其责。

（4）有效配合原则　岗位设置必须保证所有岗位在组织中都能发挥积极作用，每一个岗位与其他岗位之间要实现有效配合，以保证组织目标的实现。不能积极有效地在组织中发挥作用的岗位、阻碍业务流程顺利进行的岗位、不能实行有效配合的岗位有需要进行整顿。

（二）岗位管理和岗位管理制度

1. 岗位管理

（1）人员（招聘）管理　设置岗位后，只是搭起了一个框架，还需要将合适的人员安排到相应的岗位上去，只有这样，才能使岗位发挥应有的作用和功能。

在安排人员到岗位时，必须遵守双向选择和公平公正的原则，选择那些有能力又有兴趣到本岗位任职的合适的人员，力争做到人尽其才、用其所长和职得其人，达到组织整体效益的最优化。选人的方法最好采取内部招聘和外部招聘相结合的方法，如：发布广告法、社会公开招聘法、借助中介法、主管推荐法、查档案法等。选定人员后如果没有把握，最好利用试用期进行培训和考察。

（2）岗位分析　规范性地实施岗位分析，其目的是科学有效地利用和管好各个岗位，使岗位功能得以有效地发挥，以保证各部门职能的实现，最终保证企业目标的实现。企业进行岗位分析的核心是建立所有岗位的《岗位作业制度》或岗位说明书。

本书相关章节有经销商所有岗位的《岗位作业制度》模板可供参考。

（3）岗位评价　在企业的薪酬结构中，岗位薪酬是基础薪酬。不同的岗位薪酬应体现不同岗位的价值，即不同岗位对企业的贡献度。岗位评价正是通过各种比较科学的方法（或指标）评估出企业中各个岗位的相对价值，再根据人力资源市场薪资水平和公司收入的实际情况，决定不同岗位的薪酬等级和薪酬水平。

在进行岗位评价工作时，以下问题需要特别注意：

1）企业进行岗位评价的核心是建立岗位标杆。岗位标杆要征得管理层，特别是第一领导者的同意，这是岗位评价成功的必要条件。

2）差别大的岗位，应成立不同的专家组进行岗位评价。

3）针对不同的岗位，应确保评价标准的一致性，有助于真实地判断岗位的价值，也有助于统一专家组的评价结果。

（4）岗位优化　经过岗位分析与评价，将会发现岗位设置是否科学、是否协调，或岗位人员是否称职的问题。

1）对于不能发挥作用或作用发挥不到位的岗位，必须进行调整和优化。

2）对于性质相同的重复岗位要进行合并，对于遗漏的岗位要重新增设。

3）对于含糊不清的岗位要重新界定和确定其职责和权力。

4）优化岗位还包括理清岗位与岗位之间的关系，以保证岗位之间的协调性。

5）在调整和优化中，也包括对现任岗位人员的优化：

① 对于能力远远超过岗位要求的人员，要采取晋升、调整岗位工作内容等方法，达到人与岗位的匹配。

② 对于不能胜任岗位的人员，要采取培训提高、调整岗位、调整岗位工作内容等方法，达到人与岗位的匹配。

（5）岗位业务监控　企业各级管理人员在日常管理中，需要随时掌握可能存在的各种风险，以便及时做出反应，确保经营管理目标的顺利实现。但如何通过监控海量的信息数据来及时发现日常业务中的异常事件或风险征兆？如何对不合规的异常事件及时应对、快速处理？这些一直都是企业管理的难题。

经销商的岗位业务监控建议采用信息报表监控的方式，主要监控资金与库存、任务（销售量、利润）实际完成进度、费用使用进度。

2. 制定相关岗位管理制度

1）岗位管理制度。

2）岗位作业制度。

第二节　岗位招聘管理

一、岗位招聘分类

1. 干部的聘任管理

1）在一个企业中，干部范围是指企业的中高层管理者，也就是对自己管理的业务有一定决策权的人。

2）聘任干部，对一个企业来说是头等大事，也是十分关键的工作。

2. 员工的招聘管理

有了好的干部，还要有"素质过硬、作风优良、能打胜仗"的员工队伍才能确保业务的发展和竞争的需要。"强将手下无弱兵"，只要有了肯学习的员工，通过培训和锻炼，就一定能成为一名优秀的员工。

员工招聘是指企业为满足自身发展的需要，从外部吸收具有劳动能力的个体的过程。员工招聘对企业的重要性主要体现在两个方面：一是招聘工作直接关系着人力资源的总量和结构；二是招聘从源头上影响到人力资源管理的结果。

肯学习是员工招聘的首要条件。员工的招聘，不一定能招聘到"素质过硬、作风优良、能打胜仗"

的员工，但一定要招聘到"肯学习、能吃苦、有培养潜力"的员工。

二、招聘的目的与原则

1. 招聘的目的

1）为企业找到合适（而不是最好）的人才，同时也是确保员工队伍具有良好素质的基础。

2）留住人才。能招聘到人才的企业，也能留住人才。不能招聘到人才的企业，也留不住人才。

3）提高企业形象。在招聘人才的过程中，企业形象得到的极大的宣传。

2. 招聘的原则

（1）因事择人原则　员工的选聘应以实际工作的需要和岗位的空缺情况为出发点，根据岗位对"任职者的资格要求"选用人员。不是看到一个优秀人才，就想招聘进来，不管有用没用。

（2）公开、公平、公正原则

1）有利于提高企业形象。

2）将招聘工作置于公开监督之下，既能防止以权谋私的现象，又能吸引大量应聘者。

3）所谓"公平、公正"，就是确保招聘制度给予合格应征者平等的获选机会。

（3）竞争择优原则

1）在员工招聘中引入竞争机制，只有1人应聘不能招聘。

2）对应聘者按照思想素质第一、道德品质第二、业务能力第三的原则，优胜劣汰。

（4）其他相关要求　企业在员工招聘中还必须满足以下要求：

1）符合国家有关法律、政策。

2）在招聘中应坚持平等就业。

3）要确保录用人员的质量。

4）要根据企业实际用人需要和岗位作业制度[1]对任职人员的任职资格要求，按照岗位职工招聘、试用、定岗管理制度[1]进行人才招聘。

5）提高招聘效率，降低招聘成本。

三、外部招聘与内部招聘

1. 外部招聘

（1）外部招聘的渠道　外部招聘的渠道大致有人才交流中心和人才招聘会、网上招聘、校园招聘、人才猎取和员工推荐等。

1）人才交流中心和人才招聘会：利用人才交流中心等机构举办的人才招聘会，直接进行人才招聘。招聘会的最大特点是应聘者集中，用人单位的选择余地较大，费用也比较合理，而且还可以起到很好的企业宣传作用。

2）网上招聘：利用招聘网站进行招聘，起到的企业宣传作用更好。招聘广告应该包含组织的基本情况；招聘的职位、数量和基本条件；招聘的范围；薪资与待遇；报名的时间、地点、方式以及所需的材料等内容。

① 优点：信息传播范围广、速度快、成本低、供需双方选择余地大，且不受时间、空间的限制，可以招聘到素质较高的员工。

② 缺点：时间长、筛选困难、广告费用高，难以招聘到高级人才。

3）校园招聘：校园招聘包括在学校举办的毕业生招聘会、招聘张贴、招聘讲座和毕业生分配办公室推荐等。

① 优点：大学生知识水平高、肯学习、有潜力，且大学生思想活跃，可以给组织带来一些新的管理理念和新的技术，有利于组织的长远发展。

② 缺点：大学生缺少实际经验，组织需要用较长的时间对其进行培训；新招聘的大学毕业生无法满足组织即时的用人需要，要经过一段较长的相互适应期；招聘所费时间较多，成本也相对较高；离职率较高。

4）人才猎取：一般认为，"猎头"公司是一种专门为雇主"猎取"高级人才和尖端人才的职业中介机构。干部的招聘一般采用此种方法较多。

5）员工推荐：通过企业员工推荐人选，是组织招聘干部的重要形式。

（2）外部招聘的利弊

1）外部招聘的优点

① 来源广泛，选择空间大。特别是在组织初创和快速发展时期，更需要从外部大量招聘各类员工。

② 可以避免"近亲繁殖"，能给组织带来新鲜空气和活力，有利于组织创新和管理革新。此外，由于他们新近加入组织，与其他人没有历史上的个人恩怨关系，从而在工作中可以很少顾忌复杂的人情网络。

③ 可以要求应聘者有一定的学历和工作经验，因而可节省在培训方面所耗费的时间和费用。

2）外部招聘的缺点

① 难以准确判断他们的实际工作能力。

② 容易造成对内部员工的打击。

③ 费用高。

2. 内部招聘

内部招聘，适用于重要岗位的招聘。通过公开招聘信息，组织内部员工应聘。同时还可以通过内部招聘实现岗位轮换或返聘。

（1）内部招聘的优点

1）选任时间较为充裕，了解全面，能做到用其所长，避其所短。

2）他们对组织情况较为熟悉，了解与适应工作的过程会大大缩短，上任后能很快进入角色。

3）内部提升给每个人带来希望，有利于鼓舞士气，提高工作热情，调动员工的积极性，激发员工的上进心和凝聚力。

（2）内部招聘的缺点

1）容易造成"近亲繁殖"。老员工有老的思维定式，不利于创新，而创新是组织发展的动力。

2）容易在组织内部形成错综复杂的关系网，给公平、合理、科学的管理带来困难。

3）内部备选对象范围狭窄。

四、建立人才招聘流程

1. 用人部门提出申请

由部门经理向人事部门提出所需人数、岗位、要求，并解释理由。

2. 人事部门负责招聘

1）根据递交的需求人员申请单，确定招聘的岗位名称和所需的名额。

2）确定应聘人员的基本要求及资格、条件，如学历、年龄、能力和经验等。

3）核定招聘岗位的基本工资和预算工资。

4）编制计划，报批。

5）批准招聘计划、《岗位作业制度》、招聘广告的内容。

6）确定招聘渠道。

7）发布招聘广告、收集应聘者信息。

8）电话面试，淘汰不合格者。

9）安排笔试题目、时间及场地；笔试，淘汰不合格者。

10）安排面试题目、时间及场地和面试方式。面试，淘汰不合格者。

11）确定最终人员，由申请单位进行笔试、面试，确认录用者。

12）最终确定人员，办理试用期入职手续，合格录用转正及手续。

13）签订合同并存档。

五、制定人才招聘管理制度

制定员工招聘、试用、定岗管理制度，详见佐卡企业网站。

第三节 薪酬管理

一、薪酬管理的目的与策略

（一）薪酬管理相关概念

1. 薪酬

薪酬是员工向所在的组织提供劳务而获得的各种形式的酬劳。狭义的薪酬指货币和可以转化为货币的报酬。广义的薪酬除了包括狭义的薪酬以外，还包括获得的各种非货币形式的满足。

（1）薪酬的组成　由"薪"和"酬"组成。在人力资源管理中，一般将两者融合在一起运用。

1）薪：指薪水，又称薪金、薪资。以货币和实物的形式体现，主要包括各种工资、保险、福利、奖金、提成等，也包括向员工提供的非工作日工资、额外的津贴和其他服务，比如单身公寓、免费工作餐等。

2）酬：报酬、报答、酬谢，是一种着眼于精神层面的激励。主要包括口头表扬、书面表扬、各种荣誉称号、地位（参加会议、参与决策、参与咨询等）、机会（学习、参观、休养等）、提拔到更重要的岗位等。凡是精神层面的激励都是"酬"的范围。

有些企业发给员工的工资不低，福利不错，员工却对企业有诸多不满；而有些企业，工资并不高，工作量也不小，员工很辛苦，但员工却很快乐，为什么呢？究其原因，就在付"酬"上。

（2）薪、酬的关系

1）薪是物质，酬是精神。"酬"也可以变物质；"薪"也可以变精神。这就是辩证法在薪酬管理上的运用。这就像硬币的两面，同时存在、同时考虑才能发挥其最大的作用。

2）薪，主要考虑经济性因素；酬，主要包含非经济性因素，其所包含的内容见图25-1。

3）随着经济的发展，人们对物质的追求欲望越来越低，而对精神层面的追求越来越多。因此，"薪"的重要度在不断下降，"酬"的重要度在不断提高。企业员工层次不同，对"薪"和"酬"的追求也不同：

① 层次越高的员工（高层管理者），对"酬"的追求越高。

② 工资越高的员工，对"酬"的追求越高（由物质到精神）。

③ 层次越低的员工，对"薪"的追求越高。

④ 工资越低的员工，对"薪"的追求越高。

从某种意义上讲，薪酬是组织对员工的贡献，包括员工的态度、行为和业绩等所做出的各种回报。

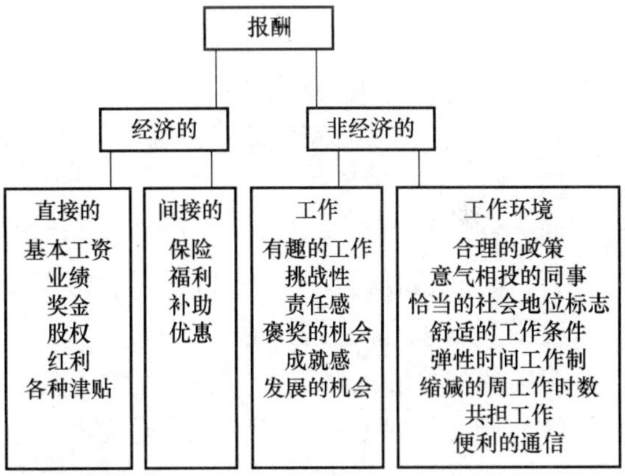

图 25-1　薪酬包含的因素和内容

2. 薪酬管理

薪酬管理是企业整体人力资源管理体系的重要组成部分，包括薪酬体系设计与薪酬日常管理两个方面。

薪酬管理，是在组织发展战略指导下，对员工薪酬支付原则、薪酬策略、薪酬水平、薪酬结构、薪酬构成进行确定、分配和调整的动态管理过程。

（二）薪酬管理的目的

1）保证企业的薪酬在劳动力市场上具有竞争性，吸引优秀人才。

2）对员工的贡献给予相应的回报，激励保留员工。

3）通过薪酬机制，将短、中、长期经济利益结合，促进公司与员工结成利益共同体关系。

4）合理控制人工成本，保证企业产品的竞争力。

薪酬管理的目的见图 25-2。

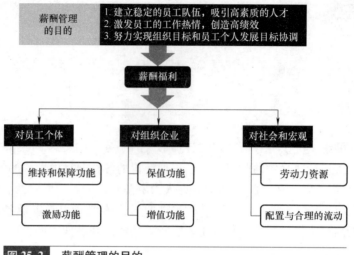

图 25-2 薪酬管理的目的

（三）确定薪酬战略

1. 明确企业战略

经销商的企业战略主要有：低成本战略、差异化竞争战略、全面领先战略等。

低成本战略已经过时；全面领先战略成本太高，不适合大部分经销商；目前阶段宜采用"差异化竞争战略"发展、壮大自己，在发展、壮大的基础上，有能力的经销商可以采用"全面领先战略"。

差异化竞争战略，需要更加优秀的人才。因此，一定要对关键岗位（包括管理岗位和作业岗位）制订"市场领先型薪酬战略"。只有这样才能招聘到优秀的人才，满足企业战略发展的需要。

2. 确定薪酬战略

做好薪酬管理工作的重要基础是要有符合公司整体战略的薪酬战略，通过薪酬战略可以将公司的利益和员工的利益联系起来，让所有薪酬工作政策都有依据。企业只有在有了明确的薪酬战略以后，才能最大限度地发挥薪酬在稳定核心人才和激励员工绩效表现上的作用。推荐的薪酬战略包括：

1）市场领先型薪酬战略：高薪出效率，有利于吸引优秀人才，是优选。

2）跟随型薪酬战略：不落后于竞争对手，可选；但会让员工产生差距感，感觉跟在人家的后面就是不如人家。

3）保守型薪酬战略：无法留住优秀人才，不可选。

（四）明确薪酬管理策略

明确薪酬管理策略，也是用以应对工资上涨的策略。

（1）建立管理意识　劳动力不是无限供给的；劳动力短缺的时代已经到来；"商用车营销"这个行业是很难用机器人替代的；因此，要想留住人才、吸引人才，就一定要有薪酬管理的意识。

（2）重视总体薪酬　企业向员工提供的总体薪酬，包括经济性薪酬和非经济性薪酬两个部分：

1）经济性薪酬包括基本工资、绩效工资、奖金、股权、红利、各种津贴及企业向员工提供的各种福利。

受到支付能力的限制，经济性薪酬的作用是有限的。货币报酬遵循激励作用递减的规律。比方说，增加 10 块钱到员工的工资上，不会产生任何作用。

2）非经济性薪酬包括工作本身、工作环境和组织特征三个部分。

真正正确的做法是把货币报酬当保健因素，把非货币报酬当激励因素。保健因素就是你给我了不多，不给我就骂你的东西；激励因素就是你不给我行，你给我我就会受到激励。货币报酬就是保健因素，表扬就是激励因素。如果把货币报酬当成激励因素，其实是走错了方向。

随着经济的发展，非经济性薪酬的功能越来越重要；学会用总薪酬、而不只是货币报酬来解决问题，是未来一段时间薪酬管理的主要策略之一。

(3) 薪酬是买聪明而不是买辛苦 管理学里有一个很重要的命题：是让员工更加聪明地工作还是更加辛苦地工作？这是管理水平的分水岭。如果让员工选择，毫无疑问，选择聪明而不是辛苦。但是，这不是说不要辛苦，而是要注意薪酬管理的目标。薪酬管理的目标是鼓励员工聪明地工作，而不是鼓励员工辛苦地工作。

用自己的智慧去完成工作任务的员工才是聪明的员工。

聪明工作的两个法宝：一是团队合作，二是员工参与。激励计划的90%应进行团队激励，10%进行个人激励。

通过更多地鼓励聪明地工作以提高员工的绩效，最终间接地节省劳动成本。

薪酬鼓励聪明，而不是鼓励辛苦，这样可以大幅度提高绩效，从而间接节省劳动成本。

(4) 注重绩效工资的比重 工资分为基本工资和绩效工资。不包括分红和股权激励的绩效工资的比重，以多少为宜？建议以30%~70%为宜。

1) 高层管理者岗位，绩效工资的比重以30%~40%为宜。
2) 中层管理者岗位，绩效工资的比重以40%~60%为宜。
3) 下层管理者（或一线操作者）岗位，绩效工资的比重以60%~70%为宜。

注意： 一线操作者中，技能越高的岗位或人员，其绩效工资的比重也会越低。

(5) 适当加班 在工资不断上涨的今天，允许、鼓励员工适当加班，要比增加新员工更降低成本。

总之，上述内容是企业薪酬管理的五大策略。

二、建立薪酬管理体系与制度

1. 建立薪酬（工资）模式

(1) 模式分类

1) 依据岗位或职务进行支付的工资体系称为岗位工资制或职务工资制。
2) 依据技能或能力进行支付的工资体系称为技能工资制或能力工资制。
3) 依据以绩效进行支付的工资体系，如计件工资制、提成工资制、承包制等。
4) 依据岗位（职务）和技能工资进行支付的工资体系称为岗位技能工资制或职务技能工资制。
5) 依据岗位（职务）和绩效工资进行支付的工资体系称为岗位绩效工资制或职务绩效工资制。

薪酬模式及适用对象见表25-1。

表25-1 薪酬模式及适用对象

薪酬模式	以职位为基础	以能力为基础	以业绩为基础
适用对象	高级管理人员 中层管理人员 一般操作人员	研发人员 技术人员及工人 其他靠知识、技能创造价值的员工	销售人员及工人 其他业绩易于衡量的员工
表现形式	基础工资（职位、职务工资）	基础工资（知识、技能、能力工资）	佣金制、计件工资、绩效工资、奖金

(2) 商用车经销商薪酬模式 商用车经销商推荐采用岗位绩效工资制模式。

1) 岗位绩效工资的构成：由岗位工资、绩效工资、和津贴、补贴四部分构成。
2) 绩效工资的构成：销售数量绩效、销售价格绩效、销售利润绩效、销售成本绩效。

2. 薪酬设计原则

薪酬作为分配形式之一，设计时应当遵循按劳分配、效率优先、兼顾公平及可持续发展的原则，见图25-3。

(1) 公平性原则 按照承担的责任大小、需要知识能力的高低以及工作性质要求的不同，在薪资上合理体现不同层次、不同职务、不同岗位在企业中的价值差异。

(2) 竞争性原则 保持企业在行业中薪资福利的竞争

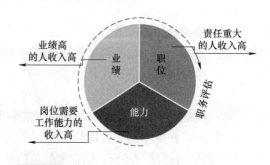

图25-3 薪酬设计原则

性，能够吸引优秀的人才加盟。

（3）绩效优先原则　薪酬必须与企业、团队和个人的绩效完成状况密切相关，不同的绩效考评结果应当在薪酬中准确体现，以实现员工的自我公平，从而最终保证企业整体目标的实现。

（4）激励性原则　薪酬以增强工资的激励性为导向，通过动态工资和奖金等激励性工资单元的设计激发员工工作的积极性；另外，应设计和开放不同薪酬通道，使不同岗位的员工有同等的晋级机会。

（5）可承受性原则　确定薪资的水平必须考虑企业实际的支付能力。

（6）合法性原则　薪酬体系的设计应当在国家和地区相关劳动法律法规允许的范围内进行。

（7）可操作性原则　薪酬管理制度和薪酬结构应当尽量浅显易懂，使员工能够理解设计的初衷，从而按照企业的引导规范自己的行为，达成更好的工作效果。

（8）灵活性原则　企业在不同的发展阶段和外界环境发生变化的情况下，应当及时对薪酬管理体系进行调整，以适应环境的变化和企业发展的要求。

（9）适应性原则　薪酬管理体系应当能够体现企业自身的业务特点以及企业性质、所处区域、行业的特点，并能够满足这些因素的要求。

3. 建立薪酬设计流程

（1）薪酬设计应考虑的因素　在设计薪酬时，应考虑职责大小、职责范围、工作的复杂性等因素。

（2）薪酬设计流程

1）岗位工作重要度分析

① 建立分析指标：设置目的、职能、职责、任务、权利、义务、作业（包括管理）要素、隶属关系、工作条件、工作环境、任职资格等。例如，隶属关系越高，重要度越高。

② 建立标杆。

③ 进行对比分析。

2）岗位价值评估：岗位价值就是岗位的贡献度，即一个岗位对组织的贡献程度大小，而不考虑此岗位在职员工的能力及素质；岗位价值是客观存在的。

岗位价值的高低也是一个相对的概念，只能以一个组织为单位，通过类似互相比较的方式来衡量其各个岗位的相对价值。

① 建立评估指标：管理成果价值、劳动成果价值、客户价值。

② 建立标杆。

③ 进行对比分析。

3）岗位分层次。

4）分层次进行岗位标杆设置。

5）计算层次薪酬总和。

6）确定薪酬水平：领先区域内同行业的工资水平。

7）确定年薪和月薪。

8）设定固定工资、绩效工资。

9）市场业务组织薪酬设计。

10）财务人员薪酬设计。

11）高层人员薪酬设计。

4. 建设薪酬体系

（1）梳理工作岗位　将工作岗位梳理为三层：企业管理层、部门管理层、作业（管理）层。

（2）进行岗位价值评估　对组织贡献、岗位贡献进行价值评估。

（3）岗位分类与分级列等　每一层分三类，每一类分三级。

（4）设定薪酬水平　区域、行业领先薪酬水平设计。

（5）确定薪酬结构　由岗位工资、绩效工资、企业业绩工资、企业工龄工资和各种福利等组成。

1）岗位（固定）工资：以保障员工的基本生活收入为目的，其下限必须大于当地最低工资标准线。

2）绩效工资：分为销售数量绩效、销售价格绩效、销售利润绩效、销售成本绩效。

3）企业业绩工资（作为年度奖金或进行股权激励的依据）：分为超额完成销量业绩工资、超额完成利润业绩工资。（可以）分三年兑现，每年兑现三分之一，其余属于存款，给予一定的利息。

4）企业工龄工资：比重小于工资总额的15%；工龄工资越高，员工队伍越稳定，越容易留住老员工。

5）各种福利：包括各种保险、住房公积金、高温补贴、取暖补贴、学历补贴、职称补贴、外出作业误餐补贴、夜班补贴等。

6）进行薪酬测算：基于各个岗位确定的薪酬水平和各岗位上员工的人数，对薪酬总额进行测算；针对岗位某些员工的薪酬总额和增减水平进行测算，做到既公平又不能出现较大幅度的偏差。

5. 建立薪酬管理制度

制定薪酬管理制度，详见佐卡企业网站。

第四节 岗位评价、培训与员工淘汰管理

一、岗位分析与评价

（一）岗位分析

岗位分析，是在岗位分类的基础上，以标杆为标准，以被分析的岗位为对象，对企业各类岗位的职能、职责、任务、权利、义务、作业（管理）要素、人员素质、设备及工具、岗位资源、工作方法、工作条件、工作环境、任职资格所进行的系统分析与研究，并在此基础上不断修订《岗位作业制度》等人力资源管理文件的过程。

1. 岗位分析的作用

岗位分析的作用见图25-4。

1）有计划地进行人力资源计划　早发现、早淘汰不称职的员工，及早进行计划，保证人力资源需求。

2）招聘合格的人才　通过岗位分析，确定岗位人员要求（工作经验、能力、技能、学历等）。为招聘人员提供依据，从而避免选人用人的盲目性。

3）制订绩效考核标准　通过岗位分析，制订绩效考核标准。人力资源管理中非常重要的一环，就是绩效考核能否达到预期的目标，最关键一点在于考核的指标和标准是否具有客观性和公正性。而要做到这一点，岗位分析必不可少。

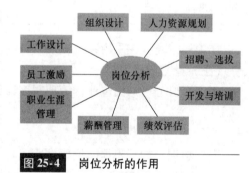

图25-4　岗位分析的作用

4）设计合理的薪酬制度　岗位评价就是用定量与定性相结合的科学方法确定岗位层次、类别、级别的过程。在岗位分析的基础上，依据岗位分析所收集的资料信息，对岗位的相对价值进行分等排序的过程。通过岗位分析和岗位评价，为实现公平报酬打下基础，也使薪酬管理工作能做到客观、公正。

5）明确工作职责，提高工作绩效　通过岗位分析，能够明确工作职责和工作任务，有利于建立规范化、合理化的工作程序和结构。在职责明确的基础上，员工能更合理地运用技能和经验，更聪明地工作，提高工作绩效。

6）为员工培训提供依据　通过岗位分析，明确岗位技能，找到在岗员工差距，为员工培训提供依据。

7）可为员工进行职业生涯设计　企业根据自身状况，整体性、系统性地进行岗位配置，设计岗位层次、类别、级别。根据岗位结构，企业可以为员工准确定位，对他们的职业生涯进行规划，从而帮助他们少走弯路，沿着正确的方向前进。

8）优化岗位配置　通过岗位分析，能够获得岗位工作的全面信息，发现岗位配置的不当之处，找出工作中各种不合理的因素进行改善，使岗位配置、工作流程（工艺）更合理，使人力资源得到最优化的配置。

2. 岗位分析的方法

商用车经销商推荐采用观察法：同一岗位树立标杆，观察其他人与标杆的不同点，进行分析。企业内只有一个岗位、一个人员的时候，通过同行业标杆学习观察的方法，进行分析。相对简单，便于实行。

（二）岗位评价

岗位评价，是在岗位分析的基础上，对企业所设岗位需承担的责任大小、工作强度、难易程度、所需资格条件等进行评价。岗位评价的实质是将工作岗位的劳动价值、岗位人员的贡献与工资报酬有机结合起来，通过对岗位劳动价值的量化比较，确定企业工资等级的过程。

1. 岗位评价的作用

在评价的基础上建立企业合理的工资等级，努力实现组织内部的相对公平分配。

2. 岗位评价的方法

岗位评价的方法见表25-2。

表25-2　岗位评价的方法

方　　法	是否量化	评估的对象	比较的方法	优　　点	缺　　点
岗位排序法	否	对岗位整体进行评价	是在岗位与岗位之间进行比较	简单、操作容易	主观性大、无法准确确定相对价值
岗位分类法	否	对岗位整体进行评估	是将岗位与特定的级别标准进行比较	灵活性高、可以用于大型组织	对岗位等级的划分和界定存在一定的难度、无法确定相对价值
因素比较法	是	对岗位要素进行评估	在岗位与岗位之间进行比较	可以较准确确定相对价值	因素的选择较困难、市场工资随时在变化
要素计点法	是	对岗位要素进行评估	将岗位与特定的级别标准进行比较	可以较准确确定相对价值、适用于多类型岗位	工作量大、费时费力

作为经销商，在采用岗位绩效工资的模式下进行岗位评价的方法，推荐采用岗位排序法。

（三）建立管理制度

制定岗位分析与岗位评价管理制度详见佐卡企业网站。

二、岗位培训管理

岗位培训，就是根据岗位要求所应具备的知识、技能而为在岗员工安排的培训活动。

1. 岗位培训的目的

岗位培训的目的是提高在岗员工的业务知识，服务态度和专业技能，使在岗员工具备符合岗位要求的技能。

2. 岗位培训的特点

1）针对性、实用性强，干什么学什么，缺什么补什么。
2）培训环境与工作环境一致，使员工快速进入角色，真正做到边学习边实践。
3）有标杆，有实例；就地取材，便于学习、快速掌握。
4）培训对象已具备一定理论知识和操作技能，因此员工之间可以相互交流经验和体会。

3. 岗位培训的分类

1）人员不满足岗位要求的培训：在岗职工通过岗位评价，确认职工的技能、知识不满足岗位实际工作的要求，需要进行的培训。
2）新员工培训：新员工进入公司，需要进行全面的培训。
3）全体员工的培训。

4. 建立培训管理制度

制定岗位培训管理制度详见佐卡企业网站。

5. 培训的内容

根据岗位培训管理制度，结合岗位要求进行相关内容的培训。

三、员工淘汰管理

建立员工淘汰管理制度，将不符合、不满足公司要求的员工淘汰出去。

1. 淘汰的流程

1）确认需淘汰者。
2）招聘到合适的人员到岗。
3）进行被淘汰者淘汰。

2. 淘汰管理注意事项

1）建立淘汰条件。
2）将淘汰条件在《劳动合同》中列明。
3）经过岗位评价。
4）确认被淘汰者符合淘汰条件。
5）经过培训，还是不符合公司要求。
6）书面通知本人：为什么淘汰、开始时间、工资、福利发放结束时间。
7）允许员工申诉：接受申诉的单位为员工所在的部门。
8）上诉申诉的部门：公司工会或公司管理委员会。
9）申诉、上诉没有批准继续留用者，淘汰。

本章小结与启示

本章主要讲解组织管理与岗位管理的相关知识。对于企业高、中层管理者，本章内容都应掌握。而作为一般管理者，了解即可。

作为管理者，应掌握组织管理的相关知识，岗位管理怎么管、管什么。作为被管理者，应了解自己在组织中的重要性。组织管理、岗位管理对自己有什么要求，应注意什么。

本章学习测试及问题思考

（一）判断题

（　）1. 组织管理就是通过建立组织结构，规定职务或岗位，明确责权关系，以使组织中的成员互相协作配合、共同劳动，有效实现组织目标的过程。

（　）2. 内部招聘，就是将招聘信息公布给公司内部员工，员工自己可以来参加应聘，包括岗位轮换和返聘等形式。

（二）问答题

1. 什么是岗位分析？
2. 如何进行岗位评价？
3. 内部招聘有哪些优缺点？
4. 岗位绩效工资制模式的工资包括哪几部分？

第二十六章 商用车经销商的综合管理[一]

学习要点

1. 了解综合管理职责、管理内容。
2. 了解综合管理的岗位设置、各岗位职责。

第一节 综合管理的内容与部门岗位设置

根据商用车经销商的组织建设与组织设置的原则,"按照集中管理、专业管理的原则设置组织"的方法,设立综合管理部。

一、综合管理部的管理范围与内容

1. 综合管理部的管理范围

1) 部门(内部)管理、企业文化管理、企业管理、计划管理、政府管理、内部协调管理、接待管理、公司会议管理、生活管理、安全管理、卫生管理、交通管理、(公司)档案管理(不包括客户档案)、公司领导指定的其他管理内容。
2) 组织、岗位、人事管理等。
3) 通信、网络、信息管理等。
4) 资源(分配)管理等。
5) 公司(内部)服务管理等。

2. 管理内容

根据管理的范围,建立管理的内容,见表26-1。

表26-1 综合管理部管理内容表

序号	部门名称	管理范围名称	内容名称	内容说明
1	综合管理部	业务范围管理	业务名称、业务范围、业务内容、业务产品明细表	
2		组织管理	组织设计、组织建设、制度建设、制度管理、组织评价	

[一] 本章由王晓鹏、赵旭日编写。

(续)

序号	部门名称	管理范围名称	内容名称	内容说明
3	综合管理部	岗位管理	岗位设置、制度建设、岗位说明书编制；人员招聘、试用、培训、上岗、评价、淘汰管理	
4		工资、福利管理	制度管理、薪酬管理、工资管理、福利管理、激励管理	
5		企业文化管理	企业愿景、企业价值观、员工行为规范、企业基本行为准则、企业经营理念，企业经营目的、经营方针、经营行为、社会形象、社会责任、企业道德管理	
6		企业管理	确定管理者、确定被管理者、企业目标、管理方法、管理理论	
7		计划管理	规划管理、业务计划管理、财务计划管理、采购计划管理、品牌计划管理	
8		公共关系管理	政府关系、协会关系、竞争对手关系、联合者关系、其他	
9		内部协调管理	上下级协调、同级协调、不同部门协调等	
10		接待管理	费用管理，客人接待、客户接待、媒体接待、内部会餐管理等	
11		会议管理	股东会、董事会、全体员工会、总经理办公会、计划会、财务会、业务分析会	
12		生活管理	餐饮管理、住宿管理、文化管理、娱乐管理、活动管理、卫生管理	
13		资产管理	固定资产管理、办公用品管理、资产维修/更新管理、办公费用定额管理、办公用品发放管理	
14		办公室管理	办公设备、设施、工具管理，位置管理、面积管理、停车场管理	
15		秘书管理	文书管理、文件管理、印章管理	
16		安全保卫	安全管理、保卫管理、消防管理、值班管理	
17		档案管理	制度管理、分类管理、保密管理、销毁管理	
18		卫生管理	外部卫生、内部卫生、办公室卫生、办公桌卫生、个人卫生管理	
19		水电管理	水、电、气、暖管理	
20		交通管理	公务车辆管理、公务车辆维修管理、派车管理；总经理层交通管理	
21		节假日管理	节日管理、假日管理、值班管理、加班管理、工资管理、生活管理	
22		通信管理	手机管理、座机管理、费用管理、发放管理、交接管理、收回管理、报废管理	
23		网络管理	外部网络、内部网络、服务器管理、WiFi 管理、维修管理、费用管理、升级管理	
24		信息（报表）管理	政府信息、行业信息、竞争对手信息、供应商信息、企业［(组织、岗位、人员、任务、完成信息)、(业务、计划、实际、完成率信息)、(采购信息、财务信息)］信息、客户信息、顾客（货主）信息、货物信息	
25		综合管理费用	总经理层费用、综合管理费用、财务管理费用、品牌管理费用、市场管理费用	
26		服务管理	会议服务管理等	
27		其他领导指定的管理工作		

注：业务就是工作中需要处理的事务。

二、综合管理部的岗位设置

建立组织，进行岗位设置与管理，见表 26-2。

表 26-2 综合管理部岗位设置及管理范围表

岗位设置		岗位管理范围
综合管理部	部长	业务范围管理、组织管理、岗位管理、工资管理、福利管理、企业文化管理、企业管理、计划管理、公共关系管理、内部协调管理
	行政管理员	接待管理、会议管理、资产管理、综合费用管理、办公室管理、秘书管理、安全保卫、档案管理、节假日管理、卫生管理
	资源管理员	水电管理、生活管理、交通管理、通信管理、网络管理、信息（报表）管理、服务管理、其他领导指定的管理工作

第二节 建立管理制度

按照综合管理业务的管理范围制定相应的管理制度、岗位职责，规范管理流程，使各项工作有法可依，提高工作效率。

综合管理部负责制定、执行的管理制度，见表26-3。

表26-3 综合管理部负责制定、执行的管理制度汇总表

序号	制度名称	制度编号	制度管理组织
1	综合管理业务管理制度	××管理制度201	综合管理部
2	企业文化管理制度	××管理制度202	综合管理部
3	公共关系管理制度	××管理制度203	综合管理部
4	接待管理制度	××管理制度204	综合管理部
5	会议管理制度	××管理制度205	综合管理部
6	办公用品管理制度	××管理制度206	综合管理部
7	费用管理制度	××管理制度207	综合管理部
8	办公室管理制度	××管理制度208	综合管理部
9	印章管理制度	××管理制度209	综合管理部
10	安全管理制度	××管理制度210	综合管理部
11	档案管理制度	××管理制度211	综合管理部
12	节假日值班管理制度	××管理制度212	综合管理部
13	卫生管理制度	××管理制度213	综合管理部
14	生活管理制度	××管理制度214	综合管理部
15	公务用车管理制度	××管理制度215	综合管理部
16	信息网络及通信管理制度	××管理制度216	综合管理部
17	报表管理制度	××管理制度217	综合管理部
18	综合管理部工作制度	××管理制度218	综合管理部
19	综合管理部部长作业制度	××管理制度219	综合管理部
20	行政管理员岗位作业制度	××管理制度220	综合管理部
21	资源管理员岗位资源制度	××管理制度221	综合管理部
22	计划管理制度	××管理制度222	综合管理部
23	市场管理制度	××管理制度223	市场管理委员会
24	业务管理制度	××管理制度224	市场管理委员会
25	组织管理制度	××组织制度001	综合管理部
26	组织工作制度	××组织制度002	综合管理部
27	岗位管理制度	××组织制度003	综合管理部
28	岗位招聘、试用、定岗管理制度	××组织制度004	综合管理部
29	薪酬管理制度	××组织制度005	综合管理部
30	岗位分析与评价管理制度	××组织制度006	综合管理部
31	岗位培训管理制度	××组织制度007	综合管理部
32	岗位淘汰管理制度	××组织制度008	综合管理部
33	岗位作业制度	××组织制度009	综合管理部
34	经营方针管理制度	××管理制度225	综合管理部

注：所列制度见佐卡公司网站，名称和编号仅供参考。按照管理的内容不同，制度分为三种：
  1. 用于组织管理的制度，叫组织管理制度，简称组织制度；
  2. 用于企业管理的制度，叫企业管理制度，简称管理制度；
  3. 用于业务管理的制度，叫业务管理制度，简称业务制度。

本章小结与启示

企业综合管理，就是把所有业务部门需要管理的一些共性的日常管理内容和项目汇总起来，统一管理，主要目的是节省各业务部门领导的时间和精力，以便集中精力于本职工作，创造更大业绩。

本章学习测试及问题思考

1. 综合管理部的管理范围有哪些？
2. 综合管理部的管理内容有哪些？

第二十七章 商用车经销商的品牌管理[一]

> **学习要点**
> 1. 掌握品牌的客户价值与自我价值，经销商的品牌内涵。
> 2. 了解品牌与商标的区别。
> 3. 了解品牌策略的相关知识，及品牌管理的工具及模板。
> 4. 掌握品牌管理的目标。

在商用车流通、服务领域，商用车经销商、投资者大部分都是利用主机厂（主要是底盘生产厂家，改装车品牌没有得到很好的利用）的品牌进行日常的经营推广活动，以至于在同厂家（品牌）的合作中不是将"某某品牌不做了"，就是被"某某品牌淘汰了"。对"品牌""企业形象""产品""客户（群体）认知"的概念不够重视，没有形成自己的品牌，在市场的海洋中，没有自己的话语权、市场地位。

为此，本章从经销商角度出发，纠正经营者中普遍存在的品牌认知误区，帮助经销商建立新的品牌观念，构筑自己的品牌管理体系，借助主机厂高势能品牌经过持续性的品牌经营，运用品牌"软实力"提高企业竞争力。

第一节 基本理念与品牌策略

一、基本理念

1. 品牌

（1）品牌定义　品牌即营销者的"产品和服务"在消费者心中的印记。品牌的英文单词 Brand 原始意思就是"烙印"，非常形象地表达了这层意思。品牌就是要以"差异化和信任状"抢占客户的心智，形成客户长期的信赖。

（2）品牌的意义　品牌就是让拥有者的商品或服务好卖，并且带来溢价，并让投入产生增值形成品牌资产。它的载体是用于和其他竞争者的产品或服务相区分的名称、术语、象征、标识、设计或者它们的组合。增值的源泉来自于购买者心智中形成的"形象认知和感觉，产品和品质认知，以及通过这些'客户认知'而表现出来的客户忠诚度"。而客户认知由每一个关键时刻（客户惊喜）MOT（Moment of

---

[一] 本章由徐向明编写。

Truth）长期累积而成。

（3）品牌价值 品牌的价值包括客户价值和自我价值两部分。

1）品牌的客户价值：品牌所代表的产品功能、质量和使用价值以及情感价值。是品牌的客户价值要素，也叫品牌的内在三要素。

2）品牌的自我价值：品牌所代表的知名度、美誉度和推荐度。是品牌的自我价值要素，也叫品牌的外在三要素。

3）品牌的客户价值大小取决于内在三要素，品牌的自我价值大小取决于外在三要素。

（4）经销商的品牌内涵建议

1）属性：品牌能表达出所经营产品的属性（就是特点，如商用车的特点就是货物运输，追求收益，要求多、快、好、省、高等），不同的产品有不同的属性，所以就有了业务品牌（如车辆保养业务子品牌、运输公司业务子品牌、二手车业务子品牌等）、产品品牌等。这是品牌最基本的含义。

2）利益：品牌不仅能表达出产品属性（特点），而且还能表达出带给客户的利益。

3）价值：品牌要表达其经营者的价值观。

4）文化：品牌要表达其经营者的品牌（企业）文化。

5）个性：品牌要表达出其经营者的个性。

6）客户：品牌能代表消费者层次（高端、大众）。

2. 品牌的构成

品牌由名称、名词、符号、象征、设计或它们的组合构成。一般包括两个部分：品牌名称和品牌标志。

1）品牌名称是品牌中可以用语言称呼的部分。

2）品牌标志是品牌中易于认出、记忆，但不能用言语称谓的部分——包括符号、图案或明显的色彩或字体。

3. 商标

商标是构成品牌的一个组成部分，它只是品牌的标志和名称，便于消费者记忆识别。

4. 品牌与商标的区别

1）商标是一个法律名词，而品牌是一个经济名词。

2）商标掌握在注册人手中，而品牌植根于消费者心智。

3）商标根据《商标法》登记注册后受到法律的保护。品牌必须保护，一个品牌失去信誉，失去消费者的信任，就会一文不值。

4）商标一经注册成功，即终生拥有。品牌只有终生经营，才能不断增值。

5）商标有价格，但企业一旦倒闭，可能一文不值；品牌有价值，价值无限。品牌经营是"立足当代，功在千秋"的伟大事业。即使企业不再经营原有产品，其品牌价值仍在。

品牌被视为无形资产。当企业作为一个整体进行转让、合并、股份经营、合资合作经营时，品牌的价值可以用现金流折现法估值作价。在企业之间进行合资或者并购的时候，成功的品牌往往可以数倍估值收回前期所有的投入。所以品牌经营的目标除了让产品好卖、卖得贵之外，还要经营品牌资产。所以每一次的品牌经营投入都等同于在给品牌银行存钱，而得到的回报远远大于银行的利息，比如福田汽车与德国戴姆勒奔驰公司进行欧曼重卡项目合资，欧曼品牌的估值就远远超过投入。所以有人说：福田公司的品牌管理非常优秀。

因此，品牌即银行，打磨品牌就是存钱增值。尤其在商用车行业进入同质化竞争时期，经销商更不可忽视品牌和品牌工作的重要性。

二、品牌策略

1. 建立品牌差异化，突出企业形象

1）品牌名称和品牌标志差异化。

2）企业文化差异化。

3)产品差异化:产品的完整性(包括硬件产品、消耗材料、软件产品、服务项目、服务能力)。

4)员工(素质)差异化。

5)企业形象差异化。

6)工作(制度化、流程化、标准化)差异化。

7)客户感知差异化(详见本书第二十章服务营销)。

2. 品牌就是要改变客户认知,抢占客户心智,提升企业价值

品牌不等于名称,也不等于传播。品牌的世界没有真相,只有认知。品牌的核心任务是在目标竞争对手中找准差异化定位,塑造用户认知,抢占用户心智,建立品牌忠诚度高的客户群体。比如:提起车辆"安全",我们想到的就是"沃尔沃";提起"怕上火",我们想到的就是"喝王老吉"。所以说在商场上,品牌战就是心智之战。

3. 商用车经销商要强化品牌意识

俗话说:一流的企业制造标准,二流的企业制造品牌,三流的企业制造产品,四流的企业输出劳务。如果广大经销商不能树立品牌意识,建立品牌经营理念,普遍品牌意识淡薄,在产品同质化大趋势下,就会陷入卖产品、拼价格的恶性竞争旋涡之中。

品牌具有价值,是企业最宝贵的无形资产。成功的品牌可以占据客户心智、左右客户的选择,成为认知优势的载体,最终达到"心智预售"的目的。因此,品牌不仅能够建立客户心智选择的"护城河",更能提高企业的产品溢价和利润空间,实现差异化竞争,降低经营风险。

拓展阅读 **品牌成功案例:福田汽车——商用车行业的品牌传奇**

福田汽车虽然是商用车行业的后起之秀,但通过成功的品牌战略,在短短23年间便创造了从农业机械厂到商用车全系产品、从白手起家到商用车第一、从山东本土走向合资走向国际的品牌传奇。

企业的成长一般遵循从点到线到面的发展模式,福田汽车的品牌成长也跟随企业发展经历了从单一品牌到多品牌的体系建设,以及从单一品牌的品牌生命周期管理模式到多品牌的品牌架构管理模式的转变。

从福田汽车的品牌架构(图27-1)可以看出,福田汽车整车业务实行双品牌战略,包含福田汽车、时代汽车2个伞品牌,伞品牌下各业务单元打造了相对独立的产品品牌,以产品品牌来突出不同业务单元的个性形象。这样的品牌结构既能体现各品牌之间的统一性,又不至于弱化各产品品牌的个性,易于进行品牌之间的区隔和关联。

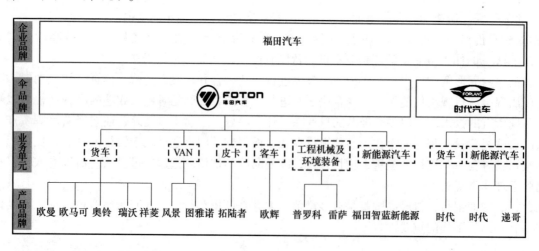

图27-1 福田汽车的品牌架构

从福田汽车的品牌形象塑造来说,根据业务定位不同推行双品牌战略,福田汽车伞品牌通过与戴姆勒、采埃孚、康明斯等百年品牌合作,产品品牌绑定"欧曼"等合资品牌,带动了福田汽车伞品牌,以及

"欧马可"等产品品牌的高端化、国际化，实现了品牌价值的螺旋式上升；另一方面，时代汽车伞品牌定位于中国城乡货运车辆领导者，通过对时代汽车品牌进行再开发，设计了全新的品牌 BIS 系统，与福田汽车品牌相对区隔，进一步夯实时代汽车在城乡货运领域的领导地位。实施双品牌战略，明确各产品品牌定位，解决产品定位与品牌定位脱节情况，通过不断优化产品及品牌组合，提升福田品牌。

根据世界品牌实验室发布的"中国 500 最具价值品牌"排行榜，截至 2019 年 6 月，福田汽车的品牌价值已达 1528.97 亿元，排名第 34 名，连续 15 年位居商用车行业第一。

案例启示：作为商用车经销商，如果同时经营多个产品品牌，应如何建立自己的伞品牌？

1）根据产品组合方法，按照产品线建立伞品牌。每一个产品线品牌独立运作，如：

① 自卸车产品线，××品牌旗下有：

车辆营销

销售服务

车辆保险

金融服务……

② 厢式车产品线，××品牌旗下有：

车辆营销

销售服务

车辆保险

金融服务……

2）是否可以以企业品牌（学习福田：××汽车品牌为经销商的企业品牌）为主品牌，以不同的业务为子品牌。如：

车辆营销：××品牌，产品线 1、2、3

销售服务：××品牌

车辆保险：

金融服务：××品牌

……

4. 经销商的品牌经营策略建议

（1）第一阶段　经销商配合主机厂品牌传播节奏，将产品实际铺向市场，收回货款，凸显品牌效应。这个阶段已经结束。

（2）第二阶段

1）建立自己的品牌管理组织与管理体系，建立自己的品牌。

2）培养员工队伍，建立自己的管理制度、流程、模板、工具。

3）树立自己的企业形象。

4）设计、推广、销售自己的差异化产品。

5）形成以主机厂品牌+经销商品牌的双品牌经营模式。

（3）第三阶段

1）进一步完善自己品牌的内在三要素（产品的功能、质量和使用价值）和外在三要素（知名度、美誉度和推荐度）。

2）进一步完善自己的产品。

3）进一步突出同竞争对手的差异化。

4）形成以经销商品牌+主机厂品牌的双品牌经营模式。

（4）第四阶段

完全经营自己的品牌，完成战略转移。

注意： 不要急功近利！在产品剧增、信息爆炸的时代，经销商如果不能建立自己的品牌，现阶段如果不能与主机厂形成一个声音，赢得消费者心智之战，就无法摆脱"杀敌一千，自损八百"的价格战。

第二节 目标与使命

鉴于商用车流通行业整体缺乏品牌管理、经营意识，尤其在经销商层面，或是对品牌管理存在方向性认知误区，或是传统经销商的营销模式和品牌管理观念亟需更新。因此，在谈具体如何打造品牌之前，先帮助经销商树立正确的品牌管理意识至关重要。

一、经销商的品牌认知误区

1. 误区一：过度强化自有品牌，忽视主机厂品牌

现在，经销商趋向于拥有自有品牌。但是，没有处理好经销商品牌与主机厂品牌之间的主次关系，常常容易过度强化自我、本末倒置、事倍功半。因为：

1）首先，在车辆购买环节，经销商作为厂家与客户之间的桥梁，客户最终购买的是厂家的"产品（品牌的载体）"和经销商的"服务"。而经销商自己的主要产品就是"服务（没有载体）"。因此，在这个环节，经销商应在很长一段时间内首先重点做好厂家品牌在区域的落地推广，再强化经销商品牌认知。

2）在客户购买车辆后，办理车辆手续及运营环节，客户更看重的是经销商的服务。也就是说，在增值业务（销售服务、车辆保险、客户贷款、车辆保养、车辆维修、配件购买、运输管理、二手车处置等）上，经销商应全力打造自己的品牌，同时借用厂家的服务品牌（有能力才会授权）来提升自己的品牌知名度、美誉度和推荐度。

3）厂家品牌是可以长期捆绑起来进行经营的。这是因为，从投入成本上来看，厂家在品牌资金投入和人才方面同单一经销商相比有着无可比拟的优势。只有借力打力才是正道。

2. 误区二：经销商不需要建立品牌管理体系

经销商如果不建立自己的品牌管理体系，成立专门的品牌管理团队，将缺少将主机厂品牌进行区域落地应用的能力，造成品牌与市场的脱节。经销商应该发挥熟悉区域市场和客户资源的优势，充分学习、利用厂家的传播营销物料和话术，并加以区域差异化的转化和补充，将厂家品牌和自己品牌的声音真实地触达用户。另外，发动区域红人、媒体渠道以及员工和客户的力量，进行社交媒体传播。

二、经销商应具备新品牌观

1. 经销商的品牌管理也需要体系化建设

客户的每一次消费体验都包含了一个或者一系列品牌的接触点，而每一个品牌接触点都在传播着品牌信息。因此，作为直接面对客户提供产品和支持的分销终端，经销商也需要建立完整的品牌管理体系，确保店内的每个经营环节、每个内部成员都拥有自己的品牌职责和要求，明确与品牌相关的行为规范，从而使每一个部门、每一个行为、每一种声音，都在为品牌建设加分。

2. 经销商需要与厂家共同给客户讲好一个品牌故事

在信息爆炸的时代，品牌信息更容易被淹没。故事是唯一能让人注意力集中几个小时，且持续让人关注讨论的东西。好的品牌名称，好的品牌故事能够建立一个好的品牌联想。经销商应该充分理解并转化好厂家制定的品牌战略、品牌理念、品牌核心价值、品牌个性等重要内容，确保厂家、经销商、服务站、工作人员、传播者保持同一个声音，共同讲好一个品牌故事，确保品牌故事可以到达消费者，且消费者感知到的品牌形象始终如一。

拓展阅读　　　　　　　　　　福田欧曼的品牌故事

欧曼的品牌故事好就好在它有多种解读角度，既包含了品牌差异点，也包含了好的品牌联想，让鲜明的品牌形象跃然纸上。

1）具有差异化和联想性的品牌定位：欧曼是福田汽车与戴姆勒的合资公司打造的一款欧系重卡。

在中国，汽车市场基本可以分为国产、日系、德系、美系天下，而欧曼属于当时率先把代表着欧洲血统的德系基因重卡引入中国的品牌。欧曼在品牌传播上始终强调"欧洲标准"，直接把欧曼与各种竞品的竞争变成了德系车与日系车、国产车的竞争。同时，通过强调"欧洲标准"，欧曼直接继承了中国消费者对德系汽车的好感和认可，也通过戴姆勒联想到奔驰等豪华品牌，成功塑造了自身欧洲标准的高端重卡品牌形象。

2）具有鲜明的品牌形象：从感性层面来说，欧曼（"AUTO MAN"，汽车人）让我们马上能联想到《变形金刚》中炫酷的汽车功能以及擎天柱等汽车人身上的英雄色彩；从理性层面来说，欧曼的品牌形象就是中国人普遍以欧洲、德系、奔驰为关键词的汽车品牌偏好和认可。

3）具有强有力的品牌支撑：福田汽车与戴姆勒汽车、戴姆勒奔驰、康明斯、采埃孚等全球顶尖汽车制造企业建立了战略合作，将"超级卡车"概念引入中国，将"超级"背后代表的全球顶尖汽车制造价值隐喻其中。

3. 品牌审计（品牌调查）**是品牌进行战略性管理的基础**

经销商应重视并每年定期开展品牌审计工作，测试消费者头脑中认知的品牌形象，从而找到与竞争对手的差异点、优势点以及品牌形象的提升点，检测品牌定位、传播方向与感知形象的契合度，分析品牌形象驱动因素，找寻有效提升品牌偏好的方法等，以此来调整品牌工作的精准度。

以"推荐度（在已有客户总量中，由老客户推荐过来的已有客户占总的已有客户的比例）"作为品牌审计的指标，是简单、准确的审计方法之一。

三、品牌管理的目标和使命

（1）目标　成为区域第一。在未来的市场竞争中，只有第一，没有第二，只有市场占有率达到第一的企业才能够被消费者记住。经销商应该以帮助主机厂品牌成为区域占有率第一的主机厂品牌，把自己打造成区域第一的经销商品牌为目标，成为进入消费者心智中的第一品牌。

（2）使命　建立为目标而奋斗的组织，找到、掌握企业前进的方向、道路、方法（怎么走）、速度。

第三节　品牌管理的系统化

通过前两节的内容，大家已经对经销商如何管理品牌有了基本的认识。本节将从经销商的日常经营实际出发，谈谈具体经销商如何体系化、专业化地打造一个品牌。

一、经销商应善用的四大外部资源

专业营销人才匮乏、营销资金紧缺是经销商的常态。因此，经销商要想做好品牌营销工作，必须善于借助以下外部资源。

1. 借助厂家的人、力、物资源

除厂家对经销商普惠性的品牌支持以外，经销商应积极向厂家展示自身优势和主动性，争取成为厂家的试点单位，获得更多厂家资源。

1）资金支持：厂商每年都会以一定的配比政策，支付给经销商大量的活动、销售和广告费用补贴。

2）人才支持：厂家提供销售、产品、管理和营销等方面的免费培训活动。

3）工具和物料支持：厂家免费提供各种产品宣传手册、品牌定制礼品、POP、海报、宣传视频等。

拓展阅读　案例1　福田汽车微信运营矩阵——经销商微信运营赋能工具

福田汽车微信运营矩阵能够为经销商提供各类内容及创意设计素材，实现粉丝精准管理和推送，帮助经销商分析公众号运营数据。经销商获取关键素材后只需要加入自己的公司名称、品牌名称、地址、咨询电话等自身相关信息即可，可以帮助经销商快速提升自己的品牌知名度。

案例2 面向未来构建智能网联生态

随着福田汽车车联网平台进入后百万时代，福田汽车将继续依托大数据，构建出涵盖人、车、企业、市场的完整智能网联生态。

对于福田汽车自身来说，智能网联生态闭环能够实现用户数据反哺制造，通过对接入车辆的数据分析，福田汽车可以获得用户对于车辆的需求以及车辆长期运营过程中出现的问题，在内部构建出服务广大消费者的质量平台、营销平台、售后平台。

对于运输企业以及上下游产业来说，车联网获取的庞大数据能够赋能合作伙伴，使得上下游企业获取更为精准的用户需求，同时运输企业也可以通过智能网联闭环实现精益化运营，降低运营成本和事故率。

同样，福田汽车面向未来构建的智能网联生态平台也能够为用户赋能，成为无数创业者的孵化平台。其中车联网平台可以为用户提供精准的车辆运维信息，SuperFleet 超级车队管理系统能够为用户提供全方位数字化管车服务，降低车队管理、运营、安全成本。

2. 区域客户及媒体渠道资源

经销商应维护好区域关键意见领袖（KOL）客户和大客户资源，利用明星客户的朋友圈等社交媒体渠道进行品牌口碑传播；通过具有地方影响力的媒体渠道、网络红人，帮助品牌扩大区域影响力，影响潜在客户。

例如福田欧曼百万公里名人堂。通过百万公里用户传递品牌品质可靠，给予货车驾驶员群体肯定，连接用户情感，带动用户口碑传播，见图27-2。

3. 区域行业协会资源

经销商应善用行业协会的权威性和号召力，积极寻求协会背书，来提升客户的认可度和知名度。另外，协会拥有大量潜在大客户资源，通过协会的牵线搭桥往往可以获得大客户订单。

4. 自媒体平台资源

经销商应充分利用微信、微博、快手、抖音、论坛、免费的短视频、直播社交平台等新媒体平台，有效链接保有客户、激活潜在客户，见图27-3。这些新媒体符合群体触媒习惯，聚集了大量活跃的货车用户，能够影响精准人群。

图 27-2　欧曼的品牌传播

图 27-3　品牌的视频传播

二、经销商应确立的三大实施保障

经销商要做好品牌管理，必须在组织、财力、管理制度（流程、模板）上进行实际保障。

1. 成立专门的组织：品牌管理部

1）专门的组织进行品牌管理：包括（但不限于）品牌建立、商标注册、品牌应用、品牌传播、品牌推广等。

2）专门的人才进行品牌建设。如果没有，可以到主机厂进行专门的培训。

3）专门的预算保证品牌的经营。

4）专门的计划确保品牌的落地。

2. 建立内外部传播体系、渠道，保障品牌扩散

（1）建立内部传播渠道，确保品牌在内部落地 建立经销商自媒体账号，利用员工朋友圈等社交平台资源，对经销商及厂商官方信息进行转发扩散。

1）以厂家自媒体平台官方信息为核心，进行应用和转化。

2）同时发动员工的力量，进行短视频拍摄及直播，自制内容。

（2）建立品牌外部传播渠道，确保品牌外部落地

1）建立客户社群，维护关键意见领袖（KOL）用户及地方红人、媒体渠道，扩大品牌背书和传播效果。

2）围绕员工和客户建立内容产出渠道。及时发现客户创作内容并与之形成互动，建立机制激励具有内容创作能力的客户持续产出内容。

3. 一线人员建立以品牌为中心的工作原则

经销商所有面对客户的一线岗位人员，应该建立以品牌为中心的工作原则，初步掌握品牌审计的方法，在年底能够独立完成品牌审计工作。通过分析造成审计结果不好的原因，为未来的品牌管理计划和改进提供全方位的依据。

三、经销商品牌的建立要点

1. 品牌命名是创立品牌的第一步

品牌命名应该从企业战略规划和市场营销的角度出发。作为经销商，在品牌命名时需要重点考虑名称与主机厂品牌、所属行业之间的传承和关联，以及是否融入自身差异化优势或特色等，浓缩地将品牌精神、品牌价值、品牌美好联想呈现出来。例如，福田汽车在泉州的一个经销商叫欧卡汽车销售有限公司，其中"欧卡"就抓住了福田汽车的品牌特点，从汽车派系上与其他经销商区分开来，形成了要买德系车就找"欧卡"的品牌联想。品牌注册生效后才能受法律保护。

2. 商标注册紧随其后

品牌名称确定后，一定要第一时间申请商标注册，获得法律对品牌的保护。商标注册申请材料和流程相对复杂，且商标驳回概率呈逐年上升趋势，经销商委托专业的商标注册公司代为办理成功率更高。或者，经销商可以向主机厂寻求帮助，共同根据适合的命名策略多取几个候选名称，请主机厂的法务首先从法律的角度对所有候选名称进行审查，去掉不合法的名称；再在工商网和商标查询平台进行查询，去掉已被注册、已在同类别注册或不能注册的名称；最后，经销商在用户及员工范围内对剩余名称进行测试，根据测试结果选出比较受欢迎的2~5个名称，进行商标注册申请。

3. 品牌形象需要专业设计和表达

（1）经销商品牌VI 很多经销商以为品牌设计就是画个Logo，大多都是找个街头广告喷绘、名片印刷小作坊随意发挥一下。其实，经销商品牌设计的原则与品牌命名一样，在拥有自身特色和表达的同时，需要在"用色、基因图形、字体等"要素上与商用车流通、运输行业的共性达成一致，传达统一的设计风格和理念，让客户一看就知道是经营商用车的，和物流运输有关联。

经销商寻求主机厂帮助，将品牌VI设计交给主机厂的品牌形象设计公司，还能更好地同主机厂的品牌形象相统一，让人一看就知道是经营这个主机厂品牌的经销商。

（2）经销商品牌 MI 及 BI　MI 就是企业的核心价值和企业主张，反映企业的经营理念和方针。品牌 BI 就是将 MI 内容落实到企业日常经营、员工工作、用户服务中，形成统一的行为规范。

四、经销商品牌的应用

经销商品牌形象设计完成后，需要在实际的落地应用中针对具体情况加以管理和体现，才能真正在用户心中获得统一的品牌印象。但经销商在应用中必须注意不能与主机厂品牌主次不分，本末倒置。

1. 经销商品牌 VI 的落地应用

1）随车配件：印刷在挡泥板、车贴、随车便携工具包、货车脚垫座套等随车配件上。

2）告示贴：贴在厂商提供的礼品袋、资料袋、宣传页、车辆说明书上。

3）品牌礼品：品牌定制的充电宝、保温杯、雨伞等日常用品。

4）办公系统：员工工作服、工牌、标识牌、办公用纸笔、纸杯等。

5）广告媒体：品牌 Logo 添加在厂商提供的户外灯箱、展板、吊旗等终端物料上，以及自媒体平台运营、搜索词条、线上广告、产品海报、视频等数字传播物料上。

2. 经销商品牌 MI 的落地应用

1）员工管理教育：引导员工与企业形成统一价值观，减少日常团队协作成本，让品牌理念指导每一个员工的日常工作。

2）日常组织制度：强调团队共识，引导价值观与企业相同的员工发挥出更强的工作能力，提高团队作战能力。

3）客户沟通：在销售话术、产品推介、用户沟通上正确传达统一的品牌理念。

3. 经销商品牌 BI 的落地应用

1）品牌活动：需要在活动相关的衣、食、住、行、用体现品牌形象。例如，欧曼作为欧洲标准打造的中国高端重卡品牌，所以欧曼的品牌活动不管是活动礼品和场地的选择，还是互动方式、传播物料质量等，各项细节均要符合和体现"欧洲"和"高端"的品牌定位。

2）员工行为：落实到员工的日常工作行为准则、客户接待行为准则上，将 BI 融入每个业务模块、每个业务流程里，成为员工的工作习惯。

五、经销商品牌的传播推广

正如之前所说，经销商在传播推广中要善于借助自媒体平台的力量，用好厂家资源、客户资源、员工资源，建立起自身的传播体系。

1. 建立自己的传播平台

经销商应该在自媒体平台上建立企业账号，参照厂家企业公众号持续进行内容更新，为经销商品牌账号积累内容。

2. 挖掘客户案例

发动员工，做好日常的朋友圈营销。

3. 进行针对性营销活动

经销商可以通过线下的客户活动，或者线下关注公众号领奖品的方式，为经销商品牌账号增加粉丝流量。

4. 将品牌传播转化为销售业绩

经销商可以通过留言互动、荐购有奖等方式，将粉丝流量转化为实际销量，形成业务闭环。

第四节　做好品牌经营，提高企业竞争力

一、重视品牌经营

一个企业，特别是商用车流通、服务企业，在市场竞争中，要想成为第一，没有自己的独到之处

（差异化），没有自己的品牌，没有客户认知，是很难的。为此，建议经销商做到：一要建立品牌意识；二要做好品牌设计；三要成立专门组织；四要加强品牌经营。

其中，加强品牌管理的具体措施如下：

1) 建设企业文化、树立企业形象。
2) 统一职工思想、规范职工行为。
3) 建立管理制度，有效管理品牌。
4) 制订品牌计划、编制专门预算。
5) 改进产品管理，改善客户体验。
6) 建立传播渠道，强化品牌传播。
7) 进行品牌审计，及时发现问题。
8) 不断完善管理，提高品牌口碑。
9) 突出差异传播，深化客户认知。
10) 认知变为推荐，竞争能力上升。
11) 企业业绩提高，实现品牌价值。

二、建立品牌管理制度

1. 品牌管理制度示例

以下为品牌管理制度模板，仅供参考。

××品牌管理制度

1　目的

　　规范品牌经营，提高公司形象；

2　适用范围

　　适用于××科技有限公司。

3　引用标准：无

4　名词术语

5　职能职责

5.1　品牌管理由公司综合管理部负责。综合管理部部长兼品牌总监。下设品牌管理员专职负责品牌的管理与经营。

5.2　本制度由综合管理部负责起草、审定、报批、下发、执行、修改、完善。

6　品牌管理的内容

6.1　建立组织

　　按照公司章程及管理规定要求，建立组织，设置岗位，依据本制度要求开展工作。

　　(1) 组织：品牌管理部。

　　(2) 岗位：部长（可以兼职）、品牌管理员。

6.2　品牌开发

6.2.1　品牌设计

6.2.1.1　品牌命名与品牌设计：见附件。

　　(1) 品牌核心信息（MI：企业理念）：

品牌远景、品牌使命、品牌定位、品牌价值、品牌个性、品牌标语。

　　(2) 视觉识别系统设计（VI）见表27-1。

　　(3) 品牌形象设计（BI）

　　1) 品牌形象设计。

　　2) 员工行为规范设计。

表 27-1 视觉识别系统设计明细表

序号	设计分类			设计内容
1	形象画面创意设计			企业品牌年度传播画面
2				品类品牌/产品品牌年度传播画面
3				重大活动传播主画面
4				一般活动传播主画面
5	公关活动与广告创意设计	标识 LOGO		标识/LOGO 设计
6		户外广告		单立柱
7				楼顶路牌（含异型）
8				候车亭及店内灯箱
9				户外灯箱
10		报刊广告		报纸广告
11				杂志广告
12		线上传播产品		活动主页面
13				活动详情页
14				活动轮播图
15				页面弹窗
16				活动产品图
17		终端传播产品		楼体广告
18				电子屏/横幅广告
19				站牌广告/地铁广告
20				产品彩色单页
21				产品宣传应用折页
22				海报
23				POP 串旗、刀旗、吊旗
24				培训手册（封面封底）
25				背景板
26				手提袋
27				展板（易拉宝）
28				挂画
29				参数牌
30				宣传卡片
31				礼品包装
32		宣传画册设计（含创意策划及文案，含排版）		10P
33				<20P
34				20～40P
35				40～60P
36				60～80P
37				80～100P
38		产品包装设计		整车设计（通用类）
39				整车设计（试乘试驾类）
40				整车设计（赛事类）
41				车头或车厢设计
42				货车类（车头、车厢）、乘用车车贴制作
43				后期张贴
44				运输

6.2.2　设计者确定

自己设计、专业公司设计、购买。

6.2.3　品牌注册：成为商标。

6.2.4　品牌发布

1）品牌理念（示例）：

企业使命：为客户提供最合适的产品

经营思想：客户第一、员工第二、企业第三

行为准则：一切为用户着想

2）品牌行为规范发布。

3）品牌视觉识别手册发布。

4）品牌听觉识别发布。

6.2.5　品牌落地

1）品牌形象落地。

2）行为规范制度培训、制度落地（检查、考核）。

3）物料制作、物料落地。

4）产品品牌落地（将品牌信息落实到产品上）。

6.3　编制品牌经营计划

6.3.1　确定关键指标：

1）产品指标，包括每一个产品的功能指标、质量指标、使用价值、情感价值、知名度、美誉度、推荐度。

2）业务（子品牌）指标，包括每一个业务的功能指标、质量指标、使用价值、情感价值、知名度、美誉度、推荐度。

3）品牌指标，包括品牌的功能指标、质量指标、使用价值、知名度、美誉度、推荐度。

6.3.2　编制品牌经营计划

6.4　建立品牌传播渠道，编制传播信息，进行品牌传播：

1）建立渠道：内部渠道、外部渠道。

2）编制传播信息：主机厂信息、公司信息、员工信息、客户信息。

3）进行传播：包括公司内部传播、公司外部传播（线上、线下、渠道、客户、巡展、座谈会、推广会等）、捆绑传播、单独传播、附加产品传播（在销售的产品上）。

6.5　品牌推广：包括目标客户推广、潜在目标客户推广、捆绑（其他品牌）推广、单独推广。

6.6　品牌价值提升：

提高公司形象，提升品牌价值

提高产品形象，提升品牌价值

提高服务能力，提升品牌价值

改善服务态度，提升品牌价值

强化客户感知，提升品牌价值

品牌价值提升，推荐度增加

推荐度增加，企业业绩提升

企业业绩提升，员工收入增加。

6.7　进行品牌管理

包括用语管理（语言、文字等问候用语，产品推荐用语，产品合同用语等）、服务态度管理、服务能力管理、产品形象（有形产品、无形产品）管理、公司形象管理、客户认知管理、品牌审计管理、企业竞争力管理、企业业绩管理。

6.8　品牌审计，采用推荐度作为审计的指标。

审计方法：以上一年客户推荐度为基础，进行同比。增加说明变好，减少说明变坏。
6.9 管理改进。没有达到品牌经营计划目标，进行进一步的审计：
   1) 为什么客户不推荐？缺少什么？产品问题、职工能力问题、服务态度问题、形象问题、有形实据（硬件设施）问题？继续进行深度审计。
   2) 找到问题，进行改进、提高。
6.10 建立品牌目标。实现品牌营销（奔着公司品牌形象购买车辆及服务，通过品牌及管理输出，成为集团，从而做大做强），成为区域第一。
7 本制度的管理
7.1 由公司董事会或公司管理委员会负责。
7.2 品牌管理业务原则每半年评审一次。
8 附则：见《组织管理制度》相关内容。
9 附件：《品牌管理制度附表》（略）。

2. 行为规范管理制度

见第二十四章相关内容，不再赘述。

3. 品牌管理员作业制度示例

1~4项，目的、适用范围、引用文件、名词术语，本书略。

××品牌管理员作业制度

5 职能职责
   1) 综合管理部负责本制度的制定工作。
   2) 品牌管理部部长负责管理该岗位，聘用岗位人员。
   3) 该岗位直接向品牌管理部和部长汇报工作。
6 岗位职能、职责、任务、权利、义务、作业要素设计
6.1 岗位职能的内容
   包括计划、实施、报告、审计、改善。
   1) 计划：编制《品牌管理工作计划》。
   2) 实施：实施本岗位管理范围内的计划项目。
   3) 报告：向部长报告计划的执行情况。
   4) 审计：定期进行品牌审计。
   5) 改善：不断地改善本岗位工作，提高岗位工作效率，减少失误。
6.2 岗位职责的内容
   1) 执行制度：《品牌管理制度》《行为规范管理制度》。
   2) 负责编制《品牌管理工作计划》（品牌应用计划、传播计划、推广计划、审计计划、费用计划、改善计划）。
   3) 负责执行和组织实施计划，负责检查、报告计划进度。
   4) 负责持续地挖掘品牌传播素材，及品牌传播渠道。
   5) 负责品牌传播、推广管理。
   6) 负责组织品牌审计、品牌要素的完善管理。
6.3 岗位任务的内容
   1) 按时完成计划编制。
   2) 负责品牌传播、推广物料采购计划的下达（由综合管理部负责采购）。
   3) 控制品牌管理计划成本。
   4) 实施品牌管理计划。

5）检查品牌管理计划执行情况，形成品牌计划完成情况报表。

6）分析月度计划完成情况。

7）持续改善、改进品牌管理工作。

8）控制、确保品牌管理计划完成。

9）建立岗位规章制度，及时修订完善。

10）行使好岗位权力。

11）完成上级领导指定的其他重点工作。

6.4 权力的主要内容

1）品牌管理计划的制定与工作权。

2）岗位管理范围内计划完成情况报表、报告权。

3）品牌管理计划实施的检查、考核、审计、改善权。

4）岗位费用报销填报权。

5）公司规定的其他授权。

6.5 义务设计见《岗位作业制度》相关内容。

6.6 确定岗位工作要素

包括品牌设计管理、商标管理、品牌应用管理、计划管理、实施管理、监督管理、检查管理、传播管理、推广管理、审计管理、改善管理、报告管理、权力管理、义务管理、改善管理。

第五节 品牌管理的工具及模板

在品牌管理实际操作层面，本节提供了7个品牌管理的工具及模板，见表27-2。

表中序号1~3为主机厂的品牌管理工具和模板；序号4~7为一般经销商品牌管理常用工具；表中"★"数越多，表示可参考度越高。

表27-2 品牌管理工具及模板列表

序号	主机厂品牌工具及模板	经销商可参考度
1	品牌战略开发手册	一般不需要
2	品牌业务运营手册	一般不需要
3	品牌手册	★★★
4	品牌价值罗盘	★★★★★
5	品牌核心信息表	★★★★★
6	品牌审计模板	★★★★★
7	传播物料清单	★★★★★

1. 品牌战略开发手册

品牌战略开发是品牌经营战略的第一个阶段。品牌开发以累积品牌无形资产为目标，规范品牌开发的阶段、节点、交付物和周期，强调品牌开发和产品开发流程同步吻合，见图27-4。

2. 品牌业务运营手册

品牌运营是品牌经营的第二个重要阶段，见图27-5。品牌经营以建立品牌形象和提升市场销量为目标，规范品牌运营的阶段、节点、交付物和周期，品牌运营强调营销导向。

3. 品牌手册

品牌手册包含品牌MI、VI、BI等，是一个公司在品牌形象上的"宪法"，决定了公司在产品、营销、运营等方方面面的视觉、文案和行为规范。

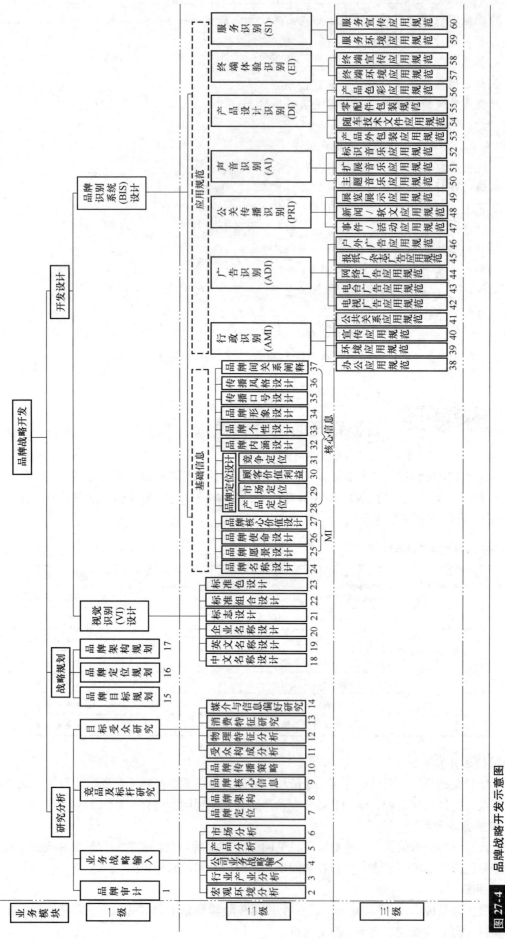

图 27-4 品牌战略开发示意图

第二十七章　商用车经销商的品牌管理

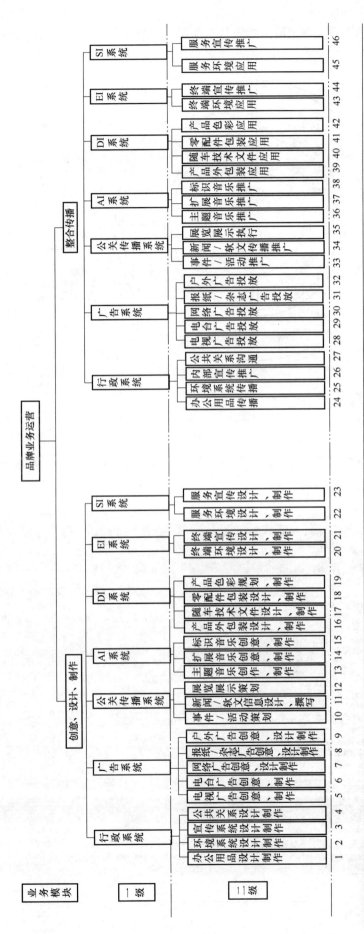

图 27-5　品牌业务运营手册

4. 品牌价值罗盘

运用品牌价值罗盘，能够进一步理清品牌定位与品牌价值之间的关系，深入剖析品牌的核心理念，规范作业流程，见图 27-6。

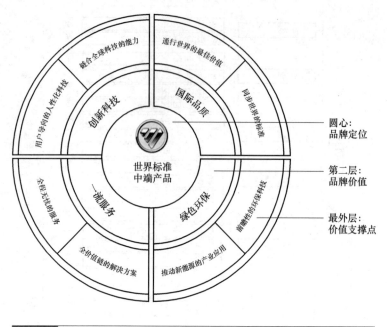

图 27-6 品牌价值罗盘

5. 品牌核心信息表

品牌核心信息表一般涵盖七项内容，包括品牌愿景、品牌使命、品牌定位、品牌价值、品牌个性、品牌口号、品牌架构等，见图 27-7。

品牌愿景 Brand Vision	为用户创造最佳商业价值，打造世界商用车领导品牌 Creating the best business value for customers, building up a world-class leading brand of commercial vehicle
品牌使命 Brand Mission	致力人文科技，驱动现代生活 To strive for better life by the means of human-oriented science and technology
品牌定位 Brand Positioning	世界标准 中端产品 "福田汽车"是通过创新科技、国际品质和绿色环保的产品以及一流的服务，为全球范围内追求高品质、高性价比产品的商用车用户，创造世界标准、中端产品的世界级汽车品牌。 Middle-end products at world standards Foton Motor is a world-class automobile brand setting world standards and providing middle-end products for commercial vehicle users worldwide. A brand in pursuit of high quality and high performance-price ratio based on innovative technology, meeting international quality, environment-friendly products and first-rate service.
品牌价值 Brand Value	创新科技、国际品质、一流服务、绿色环保 Innovative technology, international quality, first-rate service and environmental-friendliness
品牌个性 Brand Personality	创新的、进取的、全球化的、值得信赖的 Innovative, enterprising, global and trustworthy
品牌口号 Brand Slogan	品牌口号：远见卓识 引领未来 年度传播主题：世界品牌 北京创造 Brand slogan: See the future. Lead the future Annual campaign theme: World Brand Beijing Creation
品牌架构 Brand Structure	母子品牌架构，以"福田汽车"为母品牌，旗下各产品品牌为子品牌 Parent and subsidiary brand structure: "Foton Motor" as parent brand and all subordinate product brands as subsidiary brands

图 27-7 品牌核心信息表

6. 品牌审计模板

品牌审计一般以定量调查为主，辅以定性补充调研，运用一定的分析模型及数据加权处理，对品牌健康度、品牌形象、购买促进与阻碍、品牌溢价、品牌价值贡献、品牌传播效果做出比较科学的自我审视。

图 27-8　品牌健康度模型

1）品牌健康度模型见图 27-8。
2）品牌形象评价指标模型见图 27-9。

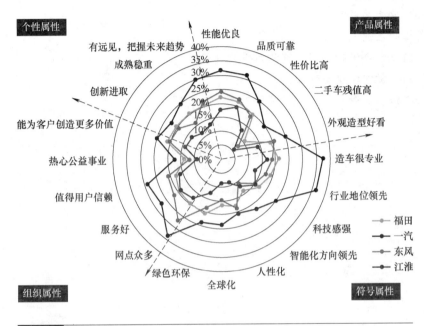

图 27-9　品牌形象评价指标模型

注：取非常同意（5分）比例，下同。

3）品牌溢价模型。品牌溢价能力以本品为基准，计算公式为

品牌溢价能力 =（竞品溢价均值 − 本品溢价均值）/ 本品溢价均值

4）品牌价值贡献度模型。品牌价值贡献计算公式（略）。
5）用户画像模型见图 27-10。

图 27-10　用户画像模型

7. 传播物料清单

传播物料清单是指在线上和终端传播过程中所设计制作、印制出的物品，包括单页、手册、灯箱、车体广告、海报、视频等，见表 27-1。

本章小结与启示

通过本章的学习，消除品牌认知的误区，建立新品牌观念。掌握品牌建设的流程和制度建设的知识，建立组织，设置岗位，编制预算，建立起品牌建设的目标。掌握品牌管理的工具及模板，将品牌建设好，使自己的企业成为知名的企业。

本章学习测试及问题思考

1. 品牌由哪些要素构成？
2. 品牌与商标的区别是什么？
3. 为什么经销商也要进行品牌管理的体系化建设？
4. 品牌管理的目标和使命是什么？
5. 经销商要加强品牌经营，应做好哪些工作？

第二十八章 商用车经销商的财务管理[一]

学习要点

1. 了解财务管理的内容和范围。
2. 掌握哪些"费用"是成本,哪些"费用"是费用。
3. 掌握不同产品的价格计算公式。
4. 熟悉发票管理制度和熟悉利润分配的原则。

第一节 财务管理概述

一、概述

财务管理是组织企业财务活动,处理财务关系的一项经济管理工作,是企业四大管理(人力资源管理、物流管理、信息管理、财务管理)之一。

1. 财务管理的重要性

在企业管理中,大部分的管理都是管"量"的活动过程,而财务管理是管"质"的活动过程,也就是说企业管理的质量如何,只有利用财务管理的方法和手段(指标)才能够反映出来。

2. 财务管理的方法

包括预算(包括规划和预算)与计划管理方法。

(1) 编制财务规划

1) 财务规划就是企业的发展战略与目标以财务指标的形式进行的表述。财务规划必须按照股东会、董事会的要求编制,规划期一般 3~5 年。

2) 财务规划的方法:企业根据对国家政策、外部市场环境的分析和预测,结合企业自身实际状况,在业务规划的基础上设计和制订的企业未来发展的财务战略规划与目标。

3) 财务规划包括的主要内容:包括筹资规划、投资规划、资金规划、利润规划、税务规划等。

(2) 编制年度预算　按照公司规划及业务经营实际情况编制年度预算。商用车经销商的预算模板见《财务管理制度》。

[一] 本章由陈国营编写。

（3）编制月度计划　依据年度预算分解编制月度财务计划，并据此对公司的日常运营进行财务管理与控制。

二、财务管理的内容

1. 组织财务活动

组织财务活动主要包括投资活动、筹资活动、资金营运和利润分配等一系列行为。

1）投资活动：主要反映企业对内外部投资活动的管理，例如股权或购置资产的投资管理活动。

2）筹资活动：主要反映企业为获得资金来源而开展的外部融资或借款活动，例如银行贷款、融资租赁等。

3）资金营运：主要反映企业营运资金收支活动的管理。

4）利润分配：经销商的利润分配基本原则主要包括优先保证流动资金需求，在流动资金需求能够满足的前提下，按照可分配额度进行资金分配；若不能够满足资金需求，则优先保证效益好、风险小的业务资金需求，然后在不亏损前提下保证其他业务的最低资金需求。

2. 协调财务关系

主要协调内外部利益关系。

1）外部关系：企业与政府、企业与投资者、企业与债权人、企业与债务人、企业与供应商、企业与客户等之间的经济利益关系。

2）内部关系：企业与内部各单位、企业与员工之间的财务关系。

三、财务管理的范围

财务管理的范围主要包括以下3个部分：

1. 财务管理

财务管理是基于一定的假设条件，在对历史数据资料和实际业务状况进行分析的基础上，对未来业务发展及规划进行预测和判断，提供面向未来的预测和决策，主要包括预测、决策、预算、计划和控制等，管理的重点是组织、运用和管理资金的活动。

2. 财务核算

财务核算主要是记录过去已发生的经济活动，反映过去发生的结果，主要包括报销、做账、报表与纳税等。这一部分内容广大经销商都比较熟悉。本章不再讲述。

3. 成本收益管理

经销商的成本收益管理，即日常财务管理工作，主要包括以下8个方面的内容：

（1）明细表管理　包括产品采购明细表、采购供应商明细表、产品销售明细表、客户明细表、成本明细表、费用明细表等。具体见各业务采购、销售明细表，本章不做讲解。

（2）政策管理

1）供应商销售政策、促销政策、其他销售支持政策等。

2）经销商采购政策、销售政策、促销政策等。

（3）价格表管理　包括采购价格表、销售价格表等。

（4）成本（可变成本）管理　与销售商品或提供劳务所涉及的成本构成具有强关联关系，且随销量或劳务供给量变化而变化的所有支出计入成本管理，具有变动属性。

商用车经销商的成本管理主要包括采购成本、运输成本、包装成本、采购管理成本、库存成本、销售成本等。

（5）费用（固定成本）管理　与销售商品或提供劳务所涉及的成本构成无强关联关系，且不随销量变化而变化的所有支出计入费用管理，具有固定属性。商用车经销商的费用管理主要包括综合管理费用（公务车费用、招待费用等）、财务管理费用（如利息等）、品牌管理费用、市场管理费用等。

(6) 资金管理　主要包括采购资金、库存资金、应收账款等。

(7) 税务管理　主要包括应缴税费明细表管理、税率管理、发票管理、纳税管理、税务自查自纠等。

(8) 利润管理　主要包括税前利润、税后利润、利润分配管理等。

第二节　成本与费用管理

一、基本概念

1) 成本是指为取得销售商品或提供劳务所支付的商品进价、相关采购支出、劳动力成本等。这些支出与商品购进成本或劳务成本的构成具有强关联关系。

2) 费用是指企业经营过程中发生的各项耗费，一般常说的费用是指与销售商品购进成本无强关联关系所发生的各种支出，例如会议费、公务车使用费、差旅费、业务招待费等。

3) 固定成本是指在一定时期和产销量限度内，不随产销量而变化的费用。在日常管理中把这一部分成本叫作"费用（下同）"。

4) 可变成本是指在产品成本中随产销量增减而成比例地增减的费用。在日常管理中把这一部分成本叫作"成本（下同）"。

5) 总成本：总成本 = 固定成本（费用）+ 可变成本（成本）。

二、销售成本管理

1. 销售总成本

$$销售总成本 = 销售可变成本 + 销售固定费用$$

$$销售可变成本 = 商品购进可变成本 + 销售可变成本$$

$$销售固定费用 = 综合管理费用 + 品牌管理费用 + 市场管理费用 + 财务管理费用$$

2. 销售可变成本的构成

销售成本项目明细表主要包括：

(1) 商品购进可变成本　包括采购成本、包装成本、运输成本、采购资金占用费用、其他采购费用、仓储费用。

(2) 销售可变成本

1) 销售资金占用费用：主要指发给二网未实现销售车辆所形成的资金占用费。

2) 销售政策费用：是指实现车辆销售或售后服务给予客户的销售折扣或折让等。

3) 销售成本：是指销售或售后服务部门等业务部门人员的绩效工资（不包括基本工资）及其他与销售活动直接相关的费用等。

4) 其他。

三、销售费用管理

1. 销售费用的定义

所谓销售费用，其实就是销售总成本中的销售固定成本，是为保障公司日常运营管理正常开展和实施而集中管理的相关支出。

2. 销售费用的分类

按照费用发生的用途，经销商费用可以分为四类：综合管理费用、品牌传播费用、市场管理费用、财务管理费用。

四、建立公司成本、费用项目明细表

销售成本项目明细表见表28-1。

表 28-1　销售成本项目明细表

序号	成本管理部门	成本使用部门	成本名称	成本分类	计量单位	备注
1	财务管理部	车辆营销部及其他业务部门	新行业客户开发费	销售成本	元/万元收入	本部门
2			老行业新客户开发费	销售成本	元/万元收入	本部门
3			客户信息收集费	销售成本	元/万元收入	本部门
4			销售政策	销售成本	元/万元收入	本部门
5			销售费用	销售成本	元/万元收入	本部门
6			资金占用费	销售成本	元/万元收入	本部门
7			客户回访费	销售成本	元/万元收入	本部门
8			二网管理费	销售成本	元/万元收入	本部门
9			客户招待费	销售成本	元/万元收入	本部门
10			大客户开发费	销售成本	元/万元收入	本部门
11			新产品推广费	销售成本	元/万元收入	本部门
12			库存降价损失费	销售成本	元/万元收入	本部门
13			销售差旅费	销售成本	元/万元收入	本部门
14			绩效工资	销售成本	元/万元收入	本部门
15			会议费	销售成本	元/万元收入	本部门
16			公务车使用费	销售成本	元/万元收入	本部门
17			其他	销售成本	元/万元收入	本部门
1		采购管理部	采购成本	采购成本		产品实际采购成本
2			采购政策	采购成本		降低采购成本
3			业务招待费	采购成本	元/万元收入	本部门
4			差旅费	采购成本	元/万元收入	本部门
5			绩效工资	采购成本	元/万元收入	本部门
6			资金占用费	采购成本	元/万元收入	本部门
7			仓储管理费	采购成本	元/万元收入	本部门
8			会议费	采购成本	元/万元收入	本部门
9			市场调研费	采购成本	元/万元收入	本部门
10			公务车使用费	采购成本	元/万元收入	本部门
11			运输费	采购成本	元/万元收入	本部门
12			委改费	采购成本	元/万元收入	本部门
13			包装费	采购成本		本部门
14			其他	采购成本	元/万元收入	本部门

注：1. 对变动费用进行定额化管理。制订变动费用定额，按照采购额、销售收入完成情况提取。
　　2. 采购资金占用包括定金、采购政策未兑付、采购在途、仓储资金占用之和。
　　3. 销售资金占用包括二网占用。只要产品出库未收款就算占用。二网保证金不能冲减资金占用，只能作为预付定金。可以计利息收入。

注意：

1） 表28-2可作为整车终端销售价格制订的基础依据。

2） 也可作为采购管理部内部结算价向销售部门转移整车资产并对其进行考评的依据。

销售费用项目明细表见表28-2。

表 28-2 销售费用项目明细表（仅供参考）

序号	费用管理部门	费用使用部门	费用名称	费用分类	计量单位	备注
1	综合管理部	综合管理部	职工基本工资	公司管理费	元/万元收入	全公司
2			职工福利费	公司管理费	元/万元收入	全公司
3			绩效工资	公司管理费	元/万元收入	综合管理部
4			差旅费	公司管理费	元/万元收入	综合管理部
5			劳动保护费	公司管理费	元/万元收入	全公司
6			水电费	公司管理费	元/万元收入	全公司
7			警卫消防费	公司管理费	元/万元收入	全公司
8			绿化卫生费	公司管理费	元/万元收入	全公司
9			低值易耗品	公司管理费	元/万元收入	全公司
10			固定资产维修费	公司管理费	元/万元收入	全公司
11			办公费	公司管理费	元/万元收入	全公司
12			资料印刷费	公司管理费	元/万元收入	全公司
13			业务招待费	公司管理费	元/万元收入	综合管理部
14			通信费	公司管理费	元/万元收入	全公司
15			邮寄费	公司管理费	元/万元收入	全公司
16			公务车使用费	公司管理费	元/万元收入	全公司
17			取暖降温费	公司管理费	元/万元收入	全公司
18			培训费	公司管理费	元/万元收入	全公司
19			招聘费	公司管理费	元/万元收入	全公司
20			折旧费（包括租赁费）	公司管理费	元/万元收入	全公司
21			生活补助费	公司管理费	元/万元收入	全公司
22			会议费	公司管理费	元/万元收入	全公司
23			公关活动费	公司管理费	元/万元收入	全公司
24		市场管理委员会	调研工资	市场管理费	元/万元收入	本部门
25			差旅费	市场管理费	元/万元收入	本部门
26			公务车使用费	市场管理费	元/万元收入	本部门
27			会议费	市场管理费	元/万元收入	本部门
28			公关活动费	市场管理费	元/万元收入	本部门
29			市场调研费	市场管理费	元/万元收入	本部门
30		财务管理部	业务招待费	财务管理费	元/万元收入	本部门
31			差旅费	财务管理费	元/万元收入	本部门
32			资金占用费	财务管理费	元/万元收入	业务部门以外
33			绩效工资	财务管理费	元/万元收入	本部门
34			会议费	财务管理费	元/万元收入	本部门
35			市场调研费	财务管理费	元/万元收入	本部门
36			审计费	财务管理费	元/万元收入	本部门
37			公务车使用费	财务管理费	元/万元收入	本部门
38			其他	财务管理费	元/万元收入	本部门
39		品牌管理部	绩效工资	品牌管理费	元/万元收入	本部门
40			业务招待费	品牌管理费	元/万元收入	本部门
41			差旅费	品牌管理费	元/万元收入	本部门
42			基本工资及福利费	品牌管理费	元/万元收入	本部门
43			会议费	品牌管理费	元/万元收入	本部门
44			市场调研费	品牌管理费	元/万元收入	本部门
45			品牌传播费	品牌管理费	元/万元收入	本部门
46			公务车使用费	品牌管理费	元/万元收入	本部门
47			其他	品牌管理费	元/万元收入	本部门

注：对固定费用进行变动化管理。制订费用定额，按照销售收入完成情况提取。

五、建立管理方法

1. 可变成本的管理

1）定额管理法：采用万元销售收入定额管理或单台定额管理。
2）计划管理法：按照年度预算、月度计划进行管理。

2. 固定费用的管理

（1）计划管理法　按照年度预算、月度计划进行管理。月度计划可根据相关费用的月度定额标准或月度实施进度计划进行管理。

（2）定额管理法　采用万元销售收入定额管理或单台定额管理，即固定成本变动化管理。考虑的要素如下：

1）经销商要强化费用管理意识，当没有销量支撑的时候，坚持没有收入就没有支出的原则。
2）若某业务未能形成收入，但某项固定费用必须支出时，可采用借支的方式支出，待后续实现收入后按照相应标准计提并冲减借支额度，结余费用额度可根据需要继续使用。
3）若某业务固定费用支出后连续3个月未能形成收入，或者已实现收入按相应标准计提额度根本不能足以冲销借支额度，应立即停止借支行为，暂停该业务继续实施，除非有董事会批准继续支撑。

六、建立管理组织

1）费用管理：由综合管理部负责管理。
2）成本管理：由财务管理部负责管理。

第三节　价格管理

价格是指买卖双方进行产品（商品）交易时，买方所需要付出的代价或付款。价格是以货币为表现形式，为产品（商品）、服务及资产所订立的价值数字。

价格管理是对产品从确定定价方法，进行产品定价、价格执行，到监督执行、价格分析、考核激励，到调整定价方法、重新定价的整个过程的管理。

一、确定定价方法

适合商用车经销商的定价方法主要有：

1. 成本加成定价法

即按产品单位成本加上一定比例的毛利定出销售价。其计算公式为

$$P = c(1 + r)$$

式中　P——商品的单价；
　　　c——商品的单位总成本；
　　　r——商品的加成率，即加价的比例（如5%、10%等）。

1）相对简单的产品（商品），如保险产品、配件产品、运输公司产品、一般保养产品的定价等易采用此定价方法。
2）车辆产品、金融服务产品、定期保养（二保）服务产品、维修产品、二手车产品不易采用此法。

2. 客户细分定价法

即企业把同一种商品或服务按照不同的价格卖给不同的客户。

所有商品都适合采用此法，可以将此法用于制订销售促销政策，如老客户销售政策、大客户销售政策、团购政策等。

3. 产品差别（完整性）定价法

即企业按产品的硬件（不同的功能、性能，配置、公告、加换装）、不同的燃料及消耗、不同的软

件、不同的服务项目、不同的服务能力制订不同的价格。重点推荐此法。

（1）地点差别定价

因为运输成本不同、管理成本不同，企业对处于不同位置或不同地点的产品和服务制订不同的价格，即使每个地点的产品或服务的成本是相同的。

1）微卡、轻卡多采用此种定价。

2）二网多采用此种定价。

3）保养、维修产品多采用此种定价（外出服务加价）。

（2）时间差别定价

即价格随着季节、日期甚至每日不同时间的变化而变化。

1）保养、维修产品多采用此种定价（夜间服务加价）。

2）车辆产品多采用这种定价（旺季加价）。

（3）功能、性能、配置、公告差异化定价法

其他经销商没有销售的、又是客户需要的产品宜采用此法。

1）新产品宜采用此法。

2）专用车产品宜采用此法。

（4）竞争定价法

1）找到标杆或竞争对手，将自己的产品同标杆产品进行对比，找到劣势和优势，按照优势加价、劣势减价的方式进行定价。

2）没有特色的产品易采用此法。

二、确定经销商销售价格构成

按照价格构成四要素进行价格构成的管理。

1）出库成本。

2）销售费用（包括应该分摊的公司费用，如综合管理费、财务管理费、品牌管理费、市场管理费等）。

3）利润（业务利润，不是企业利润）。

4）税金（业务税金，不是公司税金）。

① 公司统一确定所有价格（采购、出库、销售等）均为含税价格。当使用不含税价格时，必须注明。

② 不含税价格用于财务核算。

三、销售价格定价公式

按照业务不同、产品不同，分别制订价格公式。所有的公式提供的是一种思路和方法，仅供参考。

1. 商品车采购、出库价格制订

（1）单台商品车采购价格

1）单台商品车平均采购价格＝底盘采购价格＋运输成本＋包装成本＋改装成本－平均采购政策（底盘平均采购政策＋改装平均采购政策）－厂家临时促销政策。

① 采购政策是指主机厂或改装厂给予经销商相关批量采购及不同付款方法的优惠政策等，主要包括（货款）付款政策、产品促销政策、品牌传播支持政策、建店补偿政策、月度/季度/年度销量返利等。

② 平均采购政策是指在确定了付款政策以后，根据月度"平均销量"应得到的其他政策。

③ 厂家临时促销政策是指在年度政策以外，厂家为了提升销量而发布的、有一定限制（时间、产品、区域、数量等）的降价政策。

2）单台商品车最低采购价格＝底盘采购价格＋运输成本＋包装成本＋改装成本－最大采购政策（底盘最大采购政策＋改装最大采购政策）－厂家临时促销政策。

3）单台商品车最高采购价格＝底盘采购价格＋运输成本＋包装成本＋改装成本－最小采购成本（底盘最小采购政策＋改装最小采购政策）－厂家临时促销政策。

单台采购利润＝单台商品车平均采购价格－单台商品车最低采购价格。

单台采购亏损＝单台商品车平均采购价格－单台商品车最高采购价格。

（2）单件配件产品采购价格

1）单件配件产品平均采购价格＝单件配件采购价格＋单件运输成本＋单件包装成本－单件平均采购政策－厂家临时促销政策。

2）单件配件产品最低采购价格＝单件配件采购价格＋单件运输成本＋单件包装成本－单件最大采购政策－厂家临时促销政策。

3）单件配件产品最高采购价格＝单件配件采购价格＋单件运输成本＋单件包装成本－单件最小采购政策－厂家临时促销政策。

单件配件产品采购利润＝单件平均采购价格－单件最低采购价格。

单件配件产品采购亏损＝单件平均采购价格－单件最高采购价格。

（3）其他无形产品采购价格

这些无形产品包括销售服务产品、保险产品、金融服务产品、强保产品、三包维修产品、运输公司产品等。

1）平均采购价格＝供应商销售价格－平均采购政策。

2）最低采购价格＝供应商销售价格－最大采购政策。

3）最高采购价格＝供应商销售价格－最小采购政策。

采购利润、采购亏损同上。

（4）单台/单件采购商品（车辆、配件及无形产品）出库价格

单台/单件采购商品出库价格（含税）＝（平均采购价格＋平均采购费用＋平均资金占用费用＋平均库存费用）（均为不含税金额）×（1＋增值税率）。

此价格是用于同其他业务部门进行内部结算的价格。

2. 单台商品车销售价格的制订

采用"产品差别定价法"：对所采购的车辆确定产品的完整性和产品的差异化。

单台商品车销售价格（含税）＝（单台商品车出库价格＋单台平均销售费用＋单台平均资金占用费用＋单台其他费用＋单台利润）（均为不含税金额）×（1＋增值税率）。

3. 服务产品销售价格的制订

（1）特色精品销售价格

特色精品包括驾驶员防瞌睡、车辆防碰撞、电子围栏、车辆管理系统等产品。采用"产品差别定价法"对所采购的精品确定产品的完整性和产品的差异化。

单台特色精品销售价格（含税）＝（单台出库价格＋单台平均销售费用＋单台平均资金占用费用＋单台其他费用＋利润（均为不含税金额））×（1＋增值税率）。

（2）一般精品定价

一般精品包括行驶记录仪、北斗管理系统、轮胎等。采用"成本加成定价法"，适用于没有特色的产品销售价格的制订。

单台销售价格（含税）＝单台出库价格（含税）×（1＋加成率）。

加成率可以按照10%进行统一设定。

（3）服务产品销售价格

服务产品（项目）包括代缴车辆购置税，行驶证、营运证办理等。可以采用以下两种方法定价。

1）采用"竞争定价法"。参照竞争对手的价格进行定价。

2）采用工时定价法：就是按照完成一个服务产品交付需要的工时进行定价。

服务产品价格（含税）＝（工时×小时工资额＋工时×工时平均销售费用＋利润）（均不含税）×（1＋增值税率）。

小时工资额可以参照维修工的工时费定额。

4. 保险产品销售价格的制订

保险产品为无形产品。当产品有特色时（如有事故处理代理、代步车等），按照产品差别定价；当没有特色时，按照竞争定价法。

1）采用产品差别定价方法时，价格计算公式为保险产品销售价格（含税）=（平均销售费用+其他+利润）（均不含税）×（1+增值税率）。

2）采用竞争定价法：参照竞争对手的价格进行定价。

5. 客户贷款产品销售价格的制订

客户贷款产品为无形产品。当产品有特色时（如不用客户担保、困难有帮助等），按照产品差别定价；当没有特色时，按照竞争定价法。

1）采用产品差别定价方法时，价格计算公式为客户贷款产品销售价格（含税）=（平均销售费用+其他+利润）（均不含税）×（1+增值税率）。

2）采用竞争定价法：参照竞争对手的价格进行定价。

6. 配件产品销售价格制订

1）采用成本加成法制订配件销售价格：配件销售价格（含税）=出库价格（含税）×（1+加成率）。

注：加成率可以按照10%进行统一设定。

2）推荐采用成本差异定价法：配件销售价格（含税）=（出库价格+平均销售费用+平均资金占用费用+其他+利润）（均不含税）×（1+增值税率）。

注：大件（总成件、采购价格超过1000元/件）可以使用此法。

7. 车辆保养产品、车辆维修产品销售价格的制订

1）采用工时定价法：单台保养/维修产品（品种、项目）工时价格（含税）=（工时×工时费定额+工时×工时平均销售费用+其他+利润）（均不含税）×（1+增值税率）。

2）采用竞争定价法：参照竞争对手的价格进行定价。

8. 运输公司产品销售价格的制订

1）采用竞争定价法：参照竞争对手的价格进行定价。

2）推荐采用产品差别定价法，将自己的产品设计成具有自己特色的差异化产品。计算公式为运输公司产品销售价格（含税）=（采购成本价格+单位销售费用+利润）（均不含税）×（1+增值税率）。

注：采购成本价格=实际采购价格+采购费用+资金占用费用+库存费用。

9. 二手车产品销售价格的制订

1）推荐采用产品差别定价法。将产品设计成具有特色（整备）及延保服务的差异化产品。计算公式：单台二手车产品销售价格=（单台出库价格+单台销售费用+利润）×（1+增值税率）。

2）当产品没有特色时，采用竞争定价法，参照标杆产品进行定价。

10. 办公耗材出库价格

1）按照成本加成法制订出库价格：

2）办公耗材出库价格=采购价格×（1+10%）。不允许超过市场最低零售价。

四、价格管理的责任分工

价格管理的责任分工，参见图28-1所示价格管理流程。

1）财务管理部负责确定定价方法及定价公式。
2）各业务部门负责价格的制订（各业务管理部门商务经理负责）。
3）财务管理部负责价格的复核。
4）公司财务总监负责价格的审定。
5）公司总经理负责价格表的批准。
6）各业务部门负责价格的执行。
7）财务管理部负责价格执行的监督、评价、考核、激励。
8）公司财务总监负责考核、激励的批准。

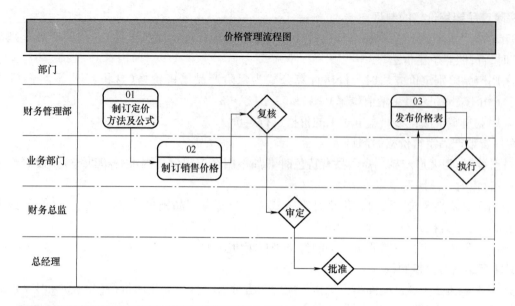

图 28-1　价格管理流程

9）财务管理部负责每月向总经理提交价格评价报告。
10）财务管理部根据公司总经理价格调整意见修订价格表。
11）财务管理部负责完成价格表的报批与发布。

五、建立公司采购、出库、销售价格表

详细内容见本书其他章节业务管理制度的相关内容。

第四节　规划与预算管理

一、财务规划管理

1. 规划周期设置

对于商用车经销商，一次做很长时间的规划不现实，建议以 3 年为一个规划周期较为适宜。

2. 规划的内容

规划的内容不宜过多，以实用为好。建议规划的内容如下：

（1）资金规划

资金规划也叫现金流规划，主要包括：

1）投资资金规划，主要包括土地投资、厂房投资、设备/工具投资规划等。

规划的原则：根据业务规模需求进行投资规划。在现有投资能够满足的情况下，不进行无谓的投资。作为企业一定要牢记"现金为王"的根本原则，同时也应根据业务特性确定规划原则。下面以保养、维修业务为例进行说明。

保养、维修业务要想保持健康良性的发展，必须进行持续不断的投资，这是因为：

① 车辆采用的技术不断更新，新产品的维修需要专用设备和工具。例如：国六标准发动机的检查设备、保养设备、维修设备、维修工具都需要更新；车辆后处理系统维修设备需要进行增补。

② 维修技术不断进步，新工艺、新设备、新工具不断出现，需要不断投入、更新才能跟上时代的步伐。

③ 人力资源费用的不断增加，迫使这些业务必须不断地提高效率以控制费用的增加。也就是要求必须不断地投入以购买效率更高的设备和工具。

④ 人们对工作环境、工作舒适性的追求，迫使一些劳动强度大的工作必须通过先进设备、工具的使用以降低劳动强度、提高劳动效率。

⑤ 不同品牌、型号的发动机、变速器、后桥等，所用的维修设备、工具是不同的。要想不断提高满足客户需求的能力，就要不断进行投资。

2）流动资金规划：根据业务发展的需要进行规划。经销商的流动资金主要包括：

① 采购资金占用。主要包括预付的采购定金、采购在途商品、采购政策未兑付资金、退货资金等占用。

② 库存资金占用。主要包括库存商品车、维修零部件、设备维修备品备件及工具等占用。

③ 销售在途资金占用。

④ 应收账款资金占用等。指赊销未收回的应收款项占用。

3）融资规划是指获得资金来源的规划，主要包括股东投资、银行贷款、主机厂融资、利润补充、其他等。

(2) 利润规划

1）首先进行业务规划。业务规划模板参见业务管理制度相关内容。

2）根据业务规划进行利润规划，见表28-3。

表 28-3 利润规划表（仅供参考）

序号	业务名称	2020年利润规划 本年计划					2021年利润规划				
		指标名称	业务计划	单台利润	利润计划	利润同比增加额	指标名称	业务计划	单台利润	利润计划	利润同比增加额
	合计										
1	综合管理	费用节约									
2	财务管理	费用节约									
3	品牌管理	费用节约									
4	产品采购	费用节约									
5	配件采购	费用节约									
6	车辆营销	销量									
7	销售服务	销量									
8	车辆保险	销量									
9	金融服务	贷款额									
10	车辆保养	销售收入									
11	车辆维修	销售收入									
12	配件营销	销售收入									
13	运输公司	销售收入									
14	二手车	销量									

注：1. 费用节约相当于实现利润。
2. 本表是基于上年费用水平及单台赢利水平直接制订利润目标的业务规划，实质是以利润目标为导向制订年度业务规划的过程。
3. 1~3项是规划相关业务环节通过费用节约实现的利润目标。
4. 4~5项是规划采购环节，应用采购策略增加采购政策额度，所实现的利润目标。
5. 6~14项是规划相关业务，通过单台/万元销售收入赢利标准，所实现的利润目标。

3. 规划的项目

根据公司业务运营所涵盖的内容，规划项目可以根据综合管理、财务管理、品牌管理、市场管理、车辆采购、配件（精品）采购、车辆营销、销售服务、车辆保险、客户贷款、车辆保养、车辆维修、配件销售、运输公司、二手车业务等进行规划。

二、财务预算管理

预算是指企业对于未来一定时期（1年）内的收入和支出的提前计划。预算实质上也是一种计划。

预算管理是企业在"规划"的指导下，对所有业务进行预算设计，并通过对预算执行过程的监控，将实际完成情况与预算目标不断进行对照和分析，从而及时指导经营活动的改善和调整，以帮助管理者更加有效地管理企业并最大限度地实现战略目标。

1. 预算管理的作用

1）监督、指导业务计划的执行，帮助业务管理者和作业者不断提高业务质量，降低成本、费用，提高赢利能力与水平。

2）协调组织的活动，促进合作与交流。管理者要全盘考虑并打通整个价值链之间的相互联系，预算是一个有效的沟通手段，能触及企业的各个角落。

3）有助于业绩评价，通过预算管理建立各项业务指标，有利于管理者对各业务组织进行业绩评价，有利于业务组织积极改善自己的工作。

4）激励员工。通过预算的执行、分析、评价，能够发现优秀的组织与员工。通过对这些组织与员工进行激励，有助于企业管理水平、业务能力的不断提升。

2. 预算管理的重要性

凡事预则立，不预则废。预算是企业进行战略实施和管理控制的主要手段。全面预算管理已经成为现代化企业不可或缺的重要管理模式。它以货币或其他计量形式对企业未来某一特定时期的经营管理活动进行系统而详尽的表述，是用来分配企业财务、实物及人力等资源，以实现企业战略目标的一种系统的管理方法。在可获得的有限资源条件下，通过业务、资金、信息的整合，明确、适度的分权、授权，战略驱动的业绩评价等来实现企业"资源合理配置、作业高度协同、战略有效贯彻、经营持续改善、价值稳步提升"的目标。

3. 预算编制的目的

1）加强计划管理。预算迫使管理层通过制订更详细的计划来实现每个部门、每项业务甚至每个岗位的目标并预计将会出现的问题。

2）业务交流的基础。所有围绕业务的交流以及任务的下达都以预算为基础。

3）协调的基础。公司以预算为标准和基础，协调不同部门的活动，以确保向着共同目标一起努力。例如，采购部门应立足于销售计划来编制预算。

4）资源分配。预算过程就是一个资源分配的过程。

5）建立责任主体。财务部门对预算编制、预算分析、预算调控、预算评价负责。业务部门对预算执行负责。

6）授权。正规的预算应当作为对业务部门负责人发生费用的授权。只要预算中包括费用支出项目，就不需在费用发生之前获得进一步的批准。

7）建立控制系统。通过比较实际结果与预算计划之间的差异，来提供对于实际业绩的控制。背离预算应进行调查，而且应将背离的原因区分为可控和不可控的因素。

8）提供绩效评估手段。预算提供了可以与实际结果相比较的目标，以便评估每一个业务、部门、岗位的绩效。

9）建立激励机制的基础。建立以预算为基础的评价、考核、激励机制，可以激励每一个员工的工作热情和工作积极性。

4. 预算管理的范围

（1）预算的范围　包括岗位预算、部门预算、公司预算。

（2）预算管理的范围　预算管理是企业围绕预算开展的相关管理活动，具体包括预算编制、预算执行、预算分析、预算调控、预算评价、预算考核与激励等。

5. 预算的编制方法

商用车经销商编制预算的方法，推荐采用"零基预算方法"，其全称是"以零为基础编制计划和预算的方法"。它是指在编制成本费用预算时，不考虑过去会计期间所发生费用项目或费用额度，将所有的预算支出都以零为出发点，一切都从实际业务需要和可能出发，逐项审核预算期间内各项费用的内容及支出标准是否合理，在综合平衡的基础上编制预算。

以前会计期间发生的实际成本、费用仅作为参考依据。

6. 财务预算指标设置

1）采购预算指标设置，以车辆产品采购为例，参见表28-4。

表28-4 采购预算指标模板

序号	产品名称	爆炸品运输车	说明
1	计划销量	10.00	
2	库存当量	1.00	
3	现有库存	0.00	
4	采购量	10.00	关注主机厂批量政策，合理规划
5	厂家销售价格/万元	10.00	关注主机厂返利政策，合理规划
6	平均采购返利/万元	0.50	
7	最大采购返利/万元	0.70	
8	最小采购返利/万元	0.40	
9	平均采购价格/万元	9.50	
10	运输成本/万元	0.00	
11	包装成本/万元	0.00	
12	改装成本/万元	0.00	
13	月度平均采购量	1.00	关注改装厂批量政策，合理规划
14	采购定金资金占用/万元	1.00	合理筹划采购资金需求计划，压缩资金占用时间
15	占用时间/月	1.00	
16	采购在途资金占用/万元	9.50	
17	占用时间/月	1.00	
18	采购政策资金占用/万元	0.00	监控采购政策兑现进度，加快变现进度
19	采购资金占用费用/万元	0.10	
20	部门采购费用/万元	0.10	
21	总采购成本/万元	9.70	
22	库存资金占用/万元	9.50	关注库存有效性及存销比的控制管理，压缩库存占用时间，提升库存周转率
23	占用时间/月	1.00	
24	库存资金占用费用/万元	0.10	
25	平均库存费用/（元/辆）	0.10	
26	出库价格/万元	9.90	
27	采购资金占用合计/万元	10.50	
28	单台采购利润/元	0.20	
29	备注		

采购政策对应的是供应商的销售政策。

实际采购成本－平均单台采购成本＝采购利润。

2）销售预算指标设置，参见表28-5。

3）资金预算指标设置。

① 投资资金预算：见表28-6。

② 流动资金预算：见表28-6。

表 28-5　年度车辆销售预算表

序号	部门	业务	产品名称	计划销量/辆	出库价格/万元	单台销售费用/万元	销售资金占用/万元	平均单台销售政策/万元	单台销售利润/万元	单台销售税金/万元	销售单价/万元	月度销量/辆	月度销售收入/万元	年度销量/辆	年度销售收入/万元	收入计划同比	销量计划同比	其他收入	备注
	合计																		
1	车辆营销部	车辆营销	爆炸品运输车	10	9.9	0.2	0	0.3	0.5	0.15	11.05								

表 28-6　××公司××年度现金流计划表　　　　　　　　　　　　　　　　（单位：万元）

序号	项目	1月	2月	3月	4月	5月	6月	7月	8月	9月	10月	11月	12月	合计
1	一、期初可用货币资金													
2	二、现金净增加额													
3	1. 经营活动净现金流													
4	1.1 经营资金收入													
5	1.1.1 销售回款													
6	1.1.2 其他收入													
7	1.2 经营资金流出													
8	1.2.1 商品车采购资金													
9	1.2.2 综合管理费用													
10	1.2.3 销售费用													
…	其中：品牌传播费用													
…	市场管理费用													
44	1.2.8 其他支出													
45	2. 投资活动净现金流													
46	2.1 投资活动现金流入													
47	2.2 投资活动现金流出													
…	其中：固定资产投资													
…	技改技措投资													
…	…													
54	3. 筹资活动净现金流													
55	3.1 筹资活动资金流入													
56	3.1.1 银行贷款													
57	3.1.2 股权融资													
58	3.1.3 厂家融资													
59	…													
60	3.2 筹资活动资金流出													
61	3.1 偿还银行贷款													
62	3.2 贷款利息													
63	…													
64	三、期末可用货币资金													

③ 部门费用预算：详见佐卡公司网站的相关管理制度。
④ 人员费用：详见佐卡公司网站的相关管理制度。
4）资金占用预算：见表28-6。
5）收益预算：见表28-3。
6）税费预算：见本章第七节。

7. 财务预算的构成

(1) 公司预算的构成　预算的基础：业务计划。预算分为二级：年度预算、月度计划。根据经销商业务运营特性及实际需求，财务预算架构主要包括六个部分：

1）采购预算。主要包括采购量、采购价格、采购政策、采购金额、采购成本、期间费用、利润等内容。

2）销售（收益）预算。销售（收益）预算主要包括销量、销售政策、销售价格、收入、成本、降价损失、期间费用、利润等内容。主要反映预算期间内收益目标的预计结果，预算应该按照两个维度输出，一是形成分业务的销售（收益）预算，二是相关预算科目应该分解至相关业务部门并以此界定管理责任。

3）资金预算。资金预算主要包括投资资金、流动资金、筹集资金净额预算。资金预算是监控和确保企业资金链正常流转的关键环节之一。

4）资金占用预算。资金占用预算是根据资金占用要素及业务管理特点，筹划用相对最少的资金占用和财务成本，来最大化地满足市场产品需求，是解决资金流问题的重要措施之一。

5）利润预算。包括采购利润、销售利润（分业务的销售利润、分产品的销售利润、分品种的销售利润）等。为利润管理提供依据。

6）税收预算。主要是根据收益预算合理规划税赋成本的预算，主要包括增值税、企业所得税、印花税、土地税、房产税等。合理筹划税赋成本是降低成本，改善现金流的方法之一。

(2) 分部门的预算　部门预算的基础：部门业务计划。岗位预算的基础是由综合管理部负责管理的岗位（人员）最低费用支出，就是一个岗位（人员）在没有任何业绩的情况下，维持一个人需要的最低费用，参见表28-7。

岗位预算与业绩挂钩的部分费用列在部门预算中，如绩效工资等。

公司各部门，包括综合管理部、财务管理部、品牌管理部、市场管理委员会、产品采购部、车辆营销部、销售服务部、车辆保险部、金融服务部、车辆保养部、车辆维修部、配件营销部、运输公司、二手车业务部都要进行预算。

1）岗位预算。
2）部门预算。

公司预算模板见佐卡公司网站的相关管理制度。

8. 预算编制责任单位

预算编制责任单位为财务管理部。

9. 财务预算（指标设置）原则

1）必要性原则：设置指标能切实提升管理水平，促进效益提高。
2）可行性原则：数据可采集，责任可明确界定，管理可具操作性。
3）经济性原则：充分考虑投入产出比，最大限度降低管理成本。

10. 财务预算（与计划）管理分工

财务预算管理是一项高度协同的管理工程。需要所有部门参与其中，各司其职，客观分析与评估，精心设计和规划，才能保证预算管理目标的可靠性和完整性。预算管理工作分工如下：

(1) 财务部

1）负责经营预算相关管理文件的修订。
2）负责年度财务预算计划草案的汇总、编制、审核、报批。
3）负责月度计划的汇总、编制、审核、报批、下发。

表 28-7 岗位最低（项目）预算表

序号	部门	岗位	姓名	项目	月度标准	年度标准
1				岗位工资费用		
2				公司缴纳的五险一金费用		
3				劳动卫生及劳保（含劳动保险）费用		
4				伙食补助费用		
5				福利三项（职业保护费、高温费、取暖费）费用		
6				节假日发放福利费用		
7				培训费用		
8				会议费用		
9				公司组织的统一活动费用		
10				座机电话费用		
11				手机通信费		
12				网络通信费用		
13				回家补助费用		
14				出差补助费用		
15				增值税		
16				工会经费		
17				其他		
18				费用合计		
19				含税费用合计		

注：1. 此表反映公司对不同员工的最低投入成本，汇总数据则反映公司最低投入人员管理成本。
2. 每一个岗位、每一位人员都要进行预算。月度标准一致的同类人员可以用一个表。
3. 最低预算：维持一个人员需要的最低费用，尚未包括其他未分解的费用，如水电气暖、安全、保卫、消防等。
4. 此表可让员工了解公司对员工月度投入状况，激励每名员工必须挣出自己的最低费用，消灭人员、岗位亏损。

4）负责各业务部门项目性费用计划的会签。
5）负责月度计划执行过程的监督、控制、统计。
6）负责月度计划完成情况的统计分析，并出具考核方案。
7）负责各部门计划员预算管理知识的培训与能力提升。

（2）各业务部门

1）负责本部门年度业务、费用预算计划草案的提报。
2）负责本部门年度预算方案的月度分解。
3）负责本部门月度计划的提报。
4）负责本部门月度调整计划的提报。
5）负责本部门计划项目的组织与实施。
6）负责本部门超支计划项目分析与改进。

11. 经销商预算管理经常存在的问题

1）不进行预算。
2）只有预算编制，没有执行、控制、分析、考核等整个管理过程。
3）虎头蛇尾，开始时振振有词，未到年中就悄无声息。
4）走两个极端：要么定得太高无法执行，要么定得太低没有动力。
5）只停留在财务预算，没有进行分业务、分部门、分岗位的全面预算，导致没有办法执行。
6）没有很好的执行机制，预算的编制和管理过程随意性很大，无法起到应有功效。
7）高层领导对预算管理重视不够，认识不足。
8）没有将预算作为企业经营管理的重要模式来看待和执行，而看作一个财务的局部工作。

9）没有建立起包括组织、流程、方法、工具、数据等8大要素在内的预算管理体系，导致预算最终不能很好地执行。

10）没有调动整个企业所有部门、全员参与和执行，而是简单看作财务部门的事。

三、财务月度计划管理

财务月度计划管理，实质上就是财务月度预算管理，是企业对于未来一定时期（1个月）内的收入和支出的提前计划。

1. 财务月度计划管理的目的

1）通过对年度预算按照月度进行分解并加以控制，从而使财务管理更加具体和明确，可执行性更强。

2）为进行月度业务运营结果评价建立相应的参照标准。

3）其他同预算的目的。

2. 计划编制的依据

1）执行年度预算。以年度预算为依据，进行月度计划的编制。

2）财务月度计划编制依据为同期业务计划指标。

3）滚动计划法。

3. 计划管理的方法

滚动管理法是将上一计划期没有完成的计划累加到下一计划期继续完成。优点是有利于提高相关业务过程控制管理的便利性、时效性，实现应有的精细化管理。

4. 计划内容

（1）公司计划

1）按照年度预算模板编制采购、销售、资金、利润、税收计划。

2）同时还要编制往来对账计划、资产盘点计划、投资计划、综合管理计划、品牌管理计划、市场管理计划、财务管理计划等。

（2）业务（部门）计划

1）流动资金收支计划。

2）资金占用计划。

3）销售（收入）计划：见业务管理制度的业务计划表。

4）费用计划等。

5. 计划模板

见相关管理制度（见佐卡公司网站）。

第五节 资金管理

资金，是指企业经营的本钱。

资金管理，是对企业资金来源和资金使用进行计划、控制、监督、考核等项工作的总称。是财务管理的重要组成部分。

一、资金管理的范围和原则

1. 资金管理的范围

1）从现金流角度，资金管理包括：投资资金管理、流动资金管理、筹资资金管理。

2）从资金占用角度，资金管理包括：存货占用，以及应收、预付款项等资金占用。

2. 资金管理的原则

1）现金为王原则。

2）量入为出原则。

3）高周转率原则。
4）低成本原则。
5）预算及计划管理原则。

二、投资资金管理

投资资金管理一般是指企业为满足长远发展，购置土地、设备及厂房等投资项目所需资金的管理。

1. 管理部门

投资资金的管理部门是财务管理部。

2. 投资资金管理要求

1）投资资金的来源与使用必须符合国家相关法律法规的规定。
2）投资项目规划必须进行项目"经济可行性分析"，并依据投资规划进行资金的筹备及支付管理。
3）以项目贷款方式获得的用于固定资产投资项目的银行贷款，必须按照银行的相关监管要求专项用于涉及投资项目的采购支出、基建支出等，不得擅自调整和挪用，避免对投资项目进度造成影响和阻滞。
4）投资资金的筹备与支付应满足投资项目进度的要求。

三、流动资金管理

流动资金管理是指公司日常经营性活动发生的产品采购、水电气暖费用、人员工资、销售服务等业务的资金收支管理活动。

1. 管理部门

流动资金的管理部门是财务管理部。

2. 流动资金管理要求

1）财务管理部负责流动资金使用的控制与管理，既要保证生产经营需要，又要节约、合理使用资金。
2）产品采购部负责采购资金的控制与管理，在获得最大化采购政策收益的前提下，合理增加采购资金应付款额度规模或延长付款周期，其实质也是获得外部流动资金补充的来源之一。
3）各销售部门按照财务结算纪律的要求负责销售货款的及时清收管理，坚持钱货两清。
4）各销售部门与产品采购部做好业务协同，优化采购周期管理，严格控制库存占用，提升存货周转率，降低库存资金占用。
5）按照管理责任主体建立健全流动资金归口分级管理制度。
6）根据使用和管理相结合的原则，归口管理部门负责所需资金的管理和使用，由财务管理部负责核实与监管。
7）明确各部门及有关人员管理和使用资金的权限，并让资金管理结果的好坏与其经济利益挂钩。

3. 流动资金管理的基本内容

流动资金管理主要包括两方面管理内容：一是流动资金现金流的管理；二是流动资金占用的管理。

（1）流动资金现金流的管理

1）流动资金现金流的规划必须与投资资金及筹集资金的需求统一进行筹划与使用。
2）以流动资金贷款方式获得的银行贷款，必须按照银行的相关监管要求专项用于涉及经营性活动的各项支出，不得擅自调整和挪用。
3）关注资金性质及杠杆的使用和创收增效管理。如在采购业务中，银行承兑汇票敞口的使用及现汇付款折点的管理。
4）定期编制流动资金现金流计划，有计划地控制管理经营性现金流。

（2）流动资金占用的管理

1）定期分析流动资金现金流计划使用完成情况，对计划的控制管理结果进行评价和考核，确保现金流管理目标受控。
2）根据业务特性及运营状况，按照资金使用环节给予核定合理资金占用定额。合理设置资金占用定额不仅明确了相关业务部门资金控制管理的目标，同时也可以实现以最低资金占用成本支持业务的正

常开展,是强化流动资金计划管理的重要手段。资金占用定额的计算方法推荐如下:

① 周转期计算法:
- 建立存货周转天数:在一个会计年度内,产品从采购付款到销售收款周转一次的平均天数(平均占用时间)。
- 平均销售额 = 在一个会计年度内销售额/360(天)。
- 流动资金定额 = 存货周转天数 × 平均销售额。
- 计算配件流动资金宜采用此法。

② 库存当量法:
- 建立库存当量:维持正常销售需要的库存量。
- 建立库存产品明细表、价格表。
- 流动资金定额 = 产品库存量 × 产品采购价格。
- 计算车辆产品资金占用定额宜采用此法。

③ 经验法:
- 根据历年的经验,减去不合理占用,加上业务销售需求增加,确定下一计划期的资金占用定额。
- 定金占用、采购资金占用、采购政策资金占用、销售资金占用等定额宜采用此法。

3)定期编制流动资金占用计划,有计划地控制管理现金流及资金占用。

4)定期分析流动资金占用计划的完成情况,对计划的控制管理结果进行评价和考核,确保流动资金占用管理目标受控。

4. 流动资金管理的目标

流动资金主要是由货币资金、应收/预付账款和存货等环节占用,因此对流动资金管理目标的控制就是对货币资金、应收/预付账款和存货占用目标的控制管理。

1)货币资金的管理目标:货币资金余额存量合理,不存在大额余额现象,自己周转效率高,没有闲置。

2)应收/预付帐款的管理目标:正常销售业务无赊销现象,货款清收及时。涉及开展消费信贷业务的客户欠款纳入客户贷款进行管理。

3)库存的管理目标。库存是指经销商为销售或者耗用(配件等)而储备的产品。建立库存的原因分析如下:

① 为了保证销售的需要。
② 出自价格的考虑,批量采购有政策。
③ 库存管理的目标是用最小的库存满足目标客户需求,记住:"库存是万恶之源"。
- 所有车辆产品的库存管理目标:库存天数小于 10 天。
- 所有配件、精品产品的库存管理目标:库存天数小于 30 天。

4)流动资金管理的目标:以企业盈利为目标,达到企业价值最大化。

四、筹资资金管理

1. 筹资管理制度

(1)编制筹资计划

1)确定筹资渠道,包括股东投资、银行贷款、职工入股、采购供应商授信。

2)编制筹资计划,其内容应包括如下内容:

① 企业资金需求预测。
② 筹资渠道确定及数量安排。
③ 筹资程序及时间安排。
④ 筹资前后企业资金结构及财务状况的变化。
⑤ 筹资对企业未来收益的影响。

(2)建立筹资审批流程

1)筹资申请流程:财务管理部提报筹资规划方案→财务总监审定→总经理批准。

2）筹资计划审批流程：财务管理部编制筹资计划→财务总监审核→总经理向董事会提交议案→董事会审议→股东会批准。

(3) 进行筹资、检查和考核

1) 财务管理部负责按照计划进行筹资。
2) 财务管理部负责定期报告筹资项目完成进度及结果。
3) 筹资项目完成后，由财务总监负责向总经理报告筹资计划完成情况，并提出考核建议。

2. 现金管理制度

(1) 现金的使用范围

1) 职工工资、津贴。
2) 个人劳务报酬。
3) 各种劳保、福利费用以及国家规定的对个人的其他支出。
4) 食堂日常采购。
5) 出差人员必须随身携带的差旅费。
6) 结算起点1000元以下的零星支出。
7) 中国人民银行确定需要支付现金的其他支出。

(2) 库存现金限额

鼓励非现金支付方式处理，库存现金不得超过1万元。

(3) 现金管理其他规定

1) 不得坐支现金，即不得用收入的现金直接支付，如因特殊情况需要坐支的，先报经财务总监审查批准后予以支付。
2) 不准用不符合财务制度的凭证顶替库存现金，即不得"白条顶库"。
3) 不准谎报用途套取现金。
4) 不准用银行账户代其他单位和个人存入或支取现金。
5) 不准用单位收入的现金以个人名义存入储蓄。
6) 所有部门不得"公款私存"，不得设置"小金库"等。

3. 银行存款管理制度

(1) 银行账户管理

1) 财务管理部负责，按照银行账户管理办法的规定开立和使用基本存款账户。
2) 经董事长批准，财务管理部可以开立和使用一般存款账户、临时存款账户和专用存款账户。

(2) 银行结算纪律

根据支付结算办法的有关规定，遵守以下银行的结算纪律：

1) 不得套取银行信用，签发空头支票、印章与预留印鉴不符支票和远期支票以及没有资金保证的票据。
2) 不准无理拒付、任意占用他人资金。
3) 不准违反规定开立和使用账户。
4) 不准签发、取得和转让没有真实交易和债权债务的票据，套取银行和他人资金。

4. 资金使用审批制度

(1) 审批流程

计划内资金使用的审批：业务部门提出申请→财务管理部审查符合计划→财务总监批准。

(2) 支付流程

1) 使用部门提交支付申请表：应注明用款人、款项的用途、本次支取金额、费用预算总额、支付方式（现金或银行结算）等内容，并附有效经济合同或相关证明。
2) 支付审批：财务管理部部长负责审批。
3) 支付复核：财务总监负责支付复核。复核内容如下：
① 资金支付申请的批准程序是否正确。
② 手续及相关单证是否齐备。

③ 金额计算是否准确、支付方式是否妥当等。
4）办理支付：财务管理部出纳会计负责。支付注意事项如下：
① 不得违反相关管理制度的规定。
② 及时登记现金和银行存款出纳簿或日记账册。

5. 资金预算制度
1）预算分类：年度预算、月度计划。
2）建立预算管理：见本章第四节。

第六节 利润管理

利润，是反映企业经营收入扣除成本、费用及税金后获得的盈亏状况。
利润管理，是对利润产生与分配过程的管理。

一、利润管理的目的和作用

1. 利润管理的目的
实现利润最大化，进而实现企业价值最大化。

2. 利润管理的作用
1）利润管理有利于更好地反映企业的经济效益。
2）利润管理为经营管理者制订、修改、完善企业管理制度提供借鉴和参考；同时，也利于明确企业管理的主攻方向，为改进企业绩效考核提供了思路。
3）现在大多数经销商都是以利润结果作为绩效考核的指标，如果建立以利润管理为目标的绩效考核指标体系，则可以强化利润目标获得过程的管控，引导企业的经营管理步入更加良性发展的轨道。
4）利润管理可作为向外界传递有用信息的工具。用利润指标的高低来说明一个企业的经营业绩，相对最直观、简单，容易使人相信。
5）利润管理有利于不断促进企业改变目标战略。完善的利润管理既是一个企业不断走向成熟的标志，也是反映企业综合竞争实力高低的标志，对企业的不断发展壮大起着非常重要的作用。

二、利润管理的内容与方法

利润管理就是从财务管理的视野进行的全面企业管理，就是找到降低成本和费用的路径、方法，找到提高利润的路径和方法，从而建立、完善管理体系（制度、组织、流程、工具），全面提高企业的赢利能力。

1. 利润管理的内容与方法
利润管理的内容与方法见图28-2。
（1）"压"就是压缩成本和费用
1）产品生产厂家：
① 压缩直接材料的成本。
② 压缩制造费用。
③ 压缩三项费用（管理费用、财务费用、销售费用）。
2）经销商：
① 压缩采购成本。
② 压缩采购费用。
③ 压缩采购资金占用费用。
④ 提高采购效率，压缩库存，压缩库存资

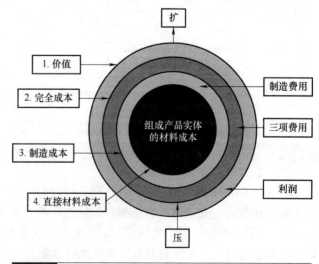

图28-2 利润管理示意图

金占用费用。

⑤ 降低销售费用。

⑥ 降低综合管理费用。

⑦ 降低财务管理费用，提高财务管理能力。

⑧ 提高职工素质，降低人工费用。

⑨ 其他应该降低的费用。

(2) "扩"就是找到提高竞争力、提高利润的方法

1) 产品生产厂家：

① 提高产品的质量，延长产品的寿命→提高产品价格。

② 提高产品的功能、性能、服务项目、服务能力，提高使用价值→提高产品价格。

③ 增加服务项目，提高服务能力，提高市场占有率，提高销量，增加利润。

2) 经销商：

① 采购高端产品（功能、销售、配置），销售高端产品，形成市场垄断→增加利润。

② 采购、销售差异化产品，提高竞争力→增加利润。

③ 开发高端目标客户群体，提高客户质量，销售高附加值产品→增加利润。

④ 强化意向客户开发能力，扩大目标客户群体数量，扩大销量→增加利润总额。

⑤ 增加服务项目、服务能力，提高产品竞争力，扩大销量→提高利润。

⑥ 提高全面为客户的服务能力，扩大销售收入，提高赢利能力；建立销售服务产品、车辆保险产品、客户贷款产品、车辆保养/维修/配件产品、运输公司产品、二手车产品的开发、销售能力。

⑦ 提高品牌管理能力，建立忠实客户群体，降低销售费用→提高利润。

⑧ 提高市场管理水平，发现市场机会，提高市场占用率，增加销量→增加利润。

2. 经销商应如何进行利润管理

经销商进行利润管理的方法见表28-8。

表28-8 （经销商）××业务利润计算表

序号	计算符号	项目	备注
1		销售收入	
2	加	其他业务收入	配套厂、改装厂返利等
3	加	补贴收入	厂家建店补贴、政府补贴等
4	加	非营业收入	厂家的品牌支持、大客户、行销支持政策等
5	减	销售政策	合理应用销售策略
6	减	营业税金及附加	关注争取属地税务优惠政策
7	减	销售成本	采购降成本、物流降成本、销售降成本
8	减	销售费用	控制和压缩费用
9	减	管理费用	控制压缩费用
10	减	财务费用	控制融资成本、贴现成本、资金结构
11	减	减值、跌价准备	控制风险资产管理
12	减	非营业支出	控制非正常支出
13	减	所得税	
14	等于	会计净利润	

(1) 扩大收入，应收尽收

1) 配套厂的销售政策。有些品牌通过和部分配套厂一起开拓市场、进行服务营销活动，帮助配套厂（如发动机厂、变速器厂、后桥厂、货厢厂等）扩大市场份额，可以从这些厂家拿到奖励政策。

2) 专用车改装厂的销售政策。对于有些改装价格较高的专用车，厂家为了扩大销量，也有销售政策。作为经销商，一定要同改装厂建立战略联盟，争取改装厂的最大政策支持。

3) 充分理解、掌握、使用主机厂的商务及促销政策。很多经销商没有充分掌握、理解主机厂的相

关政策，很多政策拿不到。这就是管理不到位，减少了利润。

4）尽量扩大金融、保险等配套产品销售规模，提升自身与合作单位的议价能力，获取最大政策支持。

5）强化相关采购政策兑现进度的管理，降低资金压力，减少资金占用成本。

（2）增加销售收入，提高利润

在这方面需要进行的工作主要有以下内容：

1）设立"客户经理"，全面提高为客户服务的能力和水平，提高客户满意度，留住老客户，不断实现客户的再购买，增加销量。

2）提升品牌的知名度、美誉度、推荐度，实现客户介绍客户，提高市场占有率，提高销量，增加销售收入。

3）销售高附加值的专用车产品、高端精品、保养产品、保险产品等，增加销售收入。

4）强化客户开发与管理能力，扩大"目标客户"群体，提升销量，增加销售收入。

5）强化市场管理，降低市场风险，抓住市场机会，增加销量，增加销售收入。

6）不断提高产品的差异化水平，提高客户满意度，提高价格，增加销售收入。

7）实施产品组合销售（将所有业务产品打包组合销售），增加销售收入，降低销售成本。

8）由客户经理负责终端客户开发，不断增加客户在本公司的销售额。

（3）有效开展企业精益管理、推动全员降成本，努力消除一切浪费

在这方面需要进行的以下工作：

1）降低采购成本。

2）降低库存成本。

3）只为目标客户建立库存，取消降价损失。

4）只销售低风险的客户贷款产品，减少提取减值准备，增加利润。

5）降低销售费用。

6）降低综合管理费用。

7）降低财务费用。

8）实施税收筹划，合理避税，降低税负。

三、利润管理注意事项

利润管理工作有以下注意事项：

1）利润管理要符合国家的法律法规和企业的规章制度。

2）利润管理要有"度"，不可过度。

3）利润管理是全员的管理，不是财务管理部一家的事情。人人都要建立利润管理的意识。要从组织上、制度上保证利润管理的方案及策略得到贯彻执行。

4）对利润管理的方法及工具进行全员培训。

5）要建立监督、检查、考核、激励机制，将利润管理结果与每一个职工的切身利益挂钩。

四、利润分配管理

利润分配，是企业在一定时期（通常为年度）内对所实现的利润总额以及从联营单位分得的利润，按规定在国家与企业、企业与企业、企业与股东等之间的分配。

利润分配，包括税前利润分配、净利润分配。

1. 税前利润分配的步骤与内容

（1）计算总额，初次分配

以企业实现的利润总额加上从联营单位分得的利润，即企业全部所得额。以此为基数，在缴纳所得税和调节税前，按规定对企业的联营者、债权人和企业的免税项目，采取扣减的方法进行初次分配。

所扣除的免税项目主要包括：分给联营企业的利润、归还基建借款和专用借款的利润、归还借款的利润、提取的职工福利基金和奖励基金、弥补以前年度亏损的利润等。

(2) 按照国家规定，缴纳各种税费

以企业应税所得额为基数，按规定的所得税率和调节税率计算应交纳的税额，缴纳各种税费。

(3) 企业留利

应税所得额扣除应纳税额后的余额，即为企业留利，可以进行再次分配。

2. 企业净利润的分配原则

(1) 依法分配原则

国家有关利润分配的法律和法规主要有公司法、外商投资企业法等，企业在利润分配中必须切实执行国家的法律、法规。

(2) 符合企业章程的规定

利润分配在企业内部属于重大事项，企业的章程必须在不违背国家有关规定的前提下，对本企业利润分配的原则、方法、决策程序等内容作出具体而又明确的规定，企业在利润分配中也必须按规定办事。

(3) 资本保全原则

资本保全是责任有限的现代企业制度的基础性原则之一。按照这一原则，要做到以下几点：

1) 利润分配不能分资本金。

2) 先弥补亏损，再分配利润。

3) 没有利润不能分配。

(4) 充分保护债权人利益原则

1) 必须先偿债，再分配利润，否则不能进行利润分配。

2) 在利润分配之后，企业还应保持一定的偿债能力，以免产生财务危机，危及企业生存。特别是有客户贷款业务的经销商，一定要留足减值准备。

(5) 长、短期利益兼顾原则

1) 应留尽留原则：在进行利润分配前，应首先提足公积金、发展基金等。

2) 长期发展需求原则：为确保长期经营需要，首先应满足以下需求：

① 保证现金流需求：不得因为利润分配影响企业现金流。

② 满足投资需求：以客户满意为目标，以满足客户需求为标准。当资源不能满足客户需求时，利润应首先满足投资需求。

③ 满足品牌建设与经营需求：树立品牌形象，占领客户心智，打造忠实客户，提升企业价值。

(6) 多方利益兼顾原则

确定"多方"范围，包括：社会大众、客户、员工、经营者、股东。确定利润分配应符合企业价值观原则。推荐经销商的企业价值观是："客户利益第一、员工利益第二、经营者利益第三、股东利益第四"。

1) 回馈社会大众，参与公益事业，提升企业形象。在本书第二十三章中讲到"企业形象建设"，其中有一项是"社会形象"。打造一个好的社会形象，对于提升企业价值、减少社会成本，提升销量都是有益的。

① 推荐项目：帮助困难家庭（包括自己的客户），参与扶贫工程；帮助家庭困难的儿童（包括自己的客户）；积极参加当地政府、协会组织的各种活动等。

② 可由品牌管理部负责进行此项工作。这项工作利人利己，在参与公益事业付出的同时，也提升了企业形象，提高了企业价值。

2) 回馈客户，制造客户惊喜，打造忠实客户。客户是企业的衣食父母。没有客户，就没有企业生存的基础。因此在进行利润分配时，应该有客户的一份。同时，通过回馈客户，制造客户惊喜，有利于提升品牌的"知名度、美誉度、推荐度"，建设一个忠实客户群体。

① 推荐项目：

◆ 成立客户俱乐部：建立客户帮助基金，帮助急需的客户；推出客户优惠卡，按照一定比例进行客户消费补助。

◆ 节日"老客户、大客户、消费额高的客户"等客户的慰问活动，可大张旗鼓地进行客户走访慰问活动。

◆ 组织客户及其家庭参加体育、旅游、拓展训练、团购等活动,增加客户黏性。
◆ 赞助客户孩子参加学校组织的夏令营、冬令营等各种活动等。

② 此项工作由客户经理负责。

3)奖励员工。

① 目的:

a. 是吸引和留住优秀人才的需要。人才资源优势是企业的核心竞争力要素之一,优秀人才资源争夺战日趋激烈,造成核心管理团队和优秀人才队伍难以稳定,不断更新迭换,导致企业运营管理难以提升至更高层级,难以适应和满足外部市场竞争需求。

b. 激励优秀员工为企业多做贡献。

c. 为全体员工树立标杆。

d. 提高企业凝聚力。

② 奖励原则:

a. 规范管理的原则,制订员工奖励管理制度。

b. 奖励优秀员工的原则。

③ 奖励方法:按照《员工奖励管理制度》的规定进行,举例如下:

a. 奖金奖励。超额完成利润计划的部门,拿出超额部分的20%(举例)作为奖金,奖励给团队。

b. 股份(或股权,下同,不再说明)奖励。超额完成利润计划的部门,拿出超额部分的20%(举例)作为股份奖励给骨干员工(包括:第二层的员工,以及第三层中的计划员、产品经理、商务经理、客户经理、年收入12万元以上的员工。没有完成销量任务的人员不能享受股份奖励)。

员工持股的本质是为了激励员工更稳定、持续、有激情地为公司发展提供服务。奖励标准举例:

部长占40%(部门人员3人以下)、30%(部门人员3人以上)。

其余人员按照以下公式进行奖励:个人奖励股份数(金额)=(部门奖励总额-部长奖励金额)×个人的绩效工资额/受奖励人员绩效工资总额。

其中,部门奖励总额指超额完成利润任务的部门获得股份奖励总额;部长奖励金额指部长应获得奖励的金额;受奖励人员绩效工资总额指所有享受奖励人员按照业绩(包括销量提成和各种奖励)发放的工资之和,不包括基本工资;个人的绩效工资额指个人年度绩效工资总额。

> **案例**

车辆营销部本年利润计划10万元,实际完成15万元,部门享受奖励的岗位有:部长、行业开发员、计划员、产品经理、商务经理、客户经理。由于行业开发员没有完成任务,不享受股份奖励。实际享受股份奖励的岗位人员5人(含部长)。计算每人的股份奖励金额如下:假设,除部长外每人的年绩效工资总额都是5万元,则计划员、产品经理、商务经理、客户经理4人的总绩效工资是20万元;超额利润5万元,按照20%进行股份奖励是1万元。部长占30%是3000元,则其余4人的股份奖励金额为:

个人股份奖励金额=(10000-3000)×50000/200000=7000×0.25=1750(元)。

如果每人的绩效工资不相等,就要分别计算。

c. 进行先进评比,奖励先进员工,对以下人员进行评比:劳动模范、劳动能手、优秀技术员工等;按照评比结果,进行奖励。

d. 员工的其他奖励(福利)活动:孩子考学奖励、五好家庭奖励、参加技术技能比赛奖励等。

e. 各种学习、培训奖励等。

④ 员工奖励注意事项:

a. 员工持股奖励首先应明确员工持股的具体资格条件,制订相应股权激励的实施管理办法。

b. 奖励条件需要区分公司业务部门和管理部门。

c. 制订完善的组织、岗位、薪酬等管理制度,作为员工激励的基础。详见本书第二章。

d. 应建立员工持股管理制度,应明确持股人的权力、股份收回、转让和继承的条件等,例如:

- ◆ 奖励股份（或股权）的分红权以及是否有表决权等。
- ◆ 不退休不可以转让，退休可以转让，以及是否有继承权等。
- ◆ 辞职、被公司辞退、违法而被判刑是否应被收回等。

4）奖励企业经营者、有特殊贡献者。

① 奖励的对象：公司第一层岗位人员，对公司有特殊贡献者（条件由公司自定）。

② 奖励条件：超额完成董事会制订的任务目标。

③ 奖励标准：超额利润的_____%。

④ 奖励方法：略。

5）保护股东利益，实施股东分红。

3. 利润分配顺序

可按照如下顺序分配利润：

1）计算可供分配的利润。
2）提足公积金，包括客户贷款减值预提。
3）制订利润分配方案。
4）报董事会批准。
5）进行利润分配。
6）召开公司总结表彰大会进行，进行总结、表彰。

第七节 税务管理

由财务管理部全权负责税务管理工作，并严格执行依法照章纳税原则。

财务管理部负责并设置税务管理会计岗位（兼职或外聘专业公司），由财务总监负责监督。

一、建立相关管理制度和税费明细表

1. 建立管理制度

税务管理制度包括税务管理制度、发票管理制度、自查管理制度等。

2. 建立企业应缴纳税费明细表

企业应缴纳税费明细表见表28-9。

表28-9 企业应纳税费明细表

序号	税　种	纳税基数	税　率	税额计算公式	应缴税款	法律依据
1	增值税		13%	当月销项税额-（当月进项税+上期留抵进项税）		
2	企业所得税		25%	利润总额×25%		
3	印花税		0.03%	收入×0.03%		
4	房产税		1.20%	自有房产原值的70%×1.2%		
5	土地使用税			按照地方标准		
6	个人所得税		3%~45%	（工资-三险一金-个税免征额）×税率-速算扣除数		
7	车船使用税			按照地方标准		
8	教育费附加		3%	应缴增值税额×3%		
9	城市维护建设税		7%	应缴增值税额×7%		
10	地方教育附加		2%	应缴增值税额×2%		
11	水利基金		0.08%	收入×0.08%		
12	工会经费		0.004%	工资总额×0.004%		
13	工会筹备金		2.50%	工资总额×2.5%		
14	残疾人保障金			按员工人数计算，每年都有不一样的标准		

二、建立管理方法

1. 抓住关键税负

关键税负是增值税和企业所得税。

2. 抓住关键控制点

1）增值税：当月进项税额、当月增值税发票、专用发票进项税取得额→狠抓增值税专用发票的管理。

2）企业所得税：税前扣除（见本章第六节）部分的管理。

3. 进行预算管理

根据历年的实际销售收入、实际纳税额，计算企业历年实际税负、税负变化、税负变化率，预测未来税负率及纳税额。

4. 加强税收政策管理

1）紧密关注国家及属地相关税收政策变化并依法应用和实施，例如增值税率的调整变化及在实际业务中的应用。

2）充分争取国家及属地相关税收优惠及返还政策。

三、建立税收风险自查制度，及时纠正失误

1）自查。每一季度都应进行纳税情况自查，对于不明白、不明确的问题，要及时请教当地税务机关。

2）对于自己发现的问题，立即进行整改。

3）加强同税务机关的沟通，主动邀请帮助。

4）加强学习，不断提高税务管理能力。

四、建立发票管理制度

以下为发票管理制度示例：

××经销商发票管理制度

1　目的：为进一步理顺发票的管理流程，明确发票管理的相关责任，防范财务风险。根据国家税收法规及发票管理制度，制订本制度。

2　适用范围：本企业，包括下设分公司。

3　术语与定义

3.1　发票：是指在购销商品、提供或者接受服务以及从事其他经营活动中，开具、收取的收付款凭证。发票分为两大类：增值税专用发票、增值税普通发票。

3.2　增值税专用发票：销售货物或者提供应税劳务开具的发票，是购买方支付增值税额并可按照增值税有关规定据以抵扣增值税进项税额的凭证。增值税专用发票分三联：发票联、抵扣联和记账联。发票联，作为购买方核算成本和增值税进项税额的记账凭证；抵扣联，作为购买方报送主管税务机关认证和留存备查的凭证；记账联，作为销售方核算收入和增值税销项税额的记账凭证。

3.3　增值税普通发票：销售货物或者提供应税劳务开具的发票，是购买方支付增值税额，但不能抵扣增值税进项税额的凭证。增值税普通发票分五联：记账联、发票联及用作查询的三联发票。

3.4　增值税抵扣发票：本文特指对能抵扣增值税税金发票的统称。分为三类：

　　1）增值税专用发票；

　　2）海关进口增值税专用缴款书；

　　3）能抵扣进项税的国内旅客运输服务凭证（含国内旅客运输增值税专用发票、增值税普通发票、注明旅客信息的机票+燃油附加费、注明旅客信息的火车票、注明旅客信息的公路水路运输客票）等。

3.5 不符合规定的发票：指开具或取得的发票不符合国家税务局规定的发票，包括但不限于：
1) 应经而未经税务机关监制、填开项目不齐全的发票；
2) 未按实际业务开具发票内容的发票；
3) 未使用适用税率开具的发票；
4) 字迹和加盖印章不清楚的发票；
5) 已经税务机关通报作废的发票等。

不符合规定的发票，不得作为财务报销凭证。

3.6 增值税一般纳税人：一般纳税人是指年应征增值税销售额超过财政部规定的小规模纳税人标准的企业和企业性单位。一般纳税人的特点是增值税进项税额可以抵扣销项税额。增值税一般纳税人税率为13%、9%、6%、3%四档，其中3%只适用于简易征收。

3.7 小规模纳税人：小规模纳税人是指年销售额在规定标准以下，并且会计核算不健全，不能按规定报送有关税务资料的增值税纳税人。所称会计核算不健全是指不能正确核算增值税的销项税额、进项税额和应纳税额。小规模纳税人税率为3%一档。

4 引用文件

《中华人民共和国发票管理办法实施细则》（2014年12月27日）；

《关于深化增值税改革有关事项的公告》（国家税务总局公告2019年第14号）。

5 职能职责：各部门的发票管理职责见表28-10。

表28-10 不同部门发票管理的职责

部门名称	发票管理职责
财务管理部	① 负责制订事业部发票的相关管理办法 ② 负责发票的审核、挂账、报销、装订保管工作 ③ 负责发票的购买、开具及登记保管工作 ④ 负责增值税专用发票、海关进口增值税专用缴款书的认证及保管工作
其他各部门	① 负责按真实业务取得发票 ② 负责检查本部门发生业务取得发票的真实性、合法合规性 ③ 负责本部门发生业务发票的审核签批及传递工作

6 管理内容及规定

6.1 发票管理：取得发票指各业务部门特别是产品采购部因公司经营、管理的需要购进产品、接受劳务取得的发票。

6.1.1 取得发票的管理

6.1.1.1 要求必须取得增值税专用发票的业务内容

1) 对外采购，用于销售的各类产品（包括车辆、精品、配件、及运输公司采购用于销售的产品）。
2) 各种宣传活动（包括广告、产品推广会、客户座谈会等）。
3) 各种公司自用物品（包括设备、工具、设备备件、辅料、包装物、办公用品、劳保用品等）。
4) 新建、改建、扩建、维修、修缮、装饰不动产等业务均要求取得增值税专用发票。
5) 培训、劳务派遣、水、电、"三包"费、检测费、差旅费、试制费等业务均要求取得增值税专用发票。
6) 销货方/提供劳务方为小规模纳税人的企业，签订采购合同时，须约定由税务局代开增值税专用发票。
7) 与本单位建立合法用工关系的个人差旅费用发生的可抵扣进项税，注明旅客信息的运输费用凭证。

6.1.1.2 可以不取得增值税专用发票的业务内容

1) 购进物品用于集体福利、个人消费的可取得增值税普通发票。
2) 销货方/提供劳务方为小规模纳税人的企业，经过财务总监、总经理批准的。

3）未签订合同业务发生一次采购金额≥1000元的。要求尽可能取得税务局代开增值税专用发票；如果未能取得增值税专用发票的业务，要求提交书面说明，经部门负责人审核、财务总监批准后方可报销。

6.1.1.3 应取得而未取得增值税抵扣发票的管理

1）对于符合增值税抵扣发票的使用范围而没能取得增值税抵扣发票的，财务管理部有权拒绝报销。

2）由财务管理部负责，给予每一个业务部门每年1万元的应急发票额度。

3）超过额度，应取得而未取得增值税抵扣发票的，按照票面金额的5%扣发部门负责人的工资。

6.1.2 取得发票的票面信息要求

1）所有发票抬头必须为"××公司"，不得使用简称或加后缀。增值税专用发票必须正确填写单位名称、纳税人识别号、地址电话、开户行账号四项信息；增值税普通发票必须正确填写单位名称、纳税人识别号二项信息。

2）对于取得的各类发票要求票面信息必须正确、完整、清晰，并加盖发票专用章。

3）对于增值税专用发票必须取得记账联与抵扣联并加盖发票专用章，如只有发票联没抵扣联，不准报销。

4）国内旅客运输服务凭证，必须是注明旅客信息的机票+燃油附加费、火车票、公路水路运输客票。

6.1.3 取得发票的时间要求

1）采购业务在办理入库的30天（自然天）之内必须取得增值税专用发票并在财务管理部完成挂账手续。

2）日常管理业务在业务发生时取得发票，发票开出的45（自然天）天内到财务管理部完成报销手续。

3）如因特殊原因不能按以上时间节点完成，必须由经办人提报书面说明，经部门负责人审核、财务总监批准后方可办理挂账手续。

6.1.4 取得发票的传递要求

1）对于采购业务集中批量到财务管理部进行审核挂账的发票，经办人员必须按发票号、厂家、金额列清单和财务相关会计逐一进行书面签字交接。

2）对发票抵扣联则由经办会计按发票号列清单和税务会计进行书面签字交接，然后由税务会计进行统一扫描认证，发票认证时间为发票开具后的360天（自然天，非一年）内认证通过。对于不能通过认证的发票，必须通知经办人员把发票退回开具单位，重新开具发票。

6.1.5 取得发票的财务保管要求：每月初按企业档案管理的要求对上月制作的会计凭证、发票抵扣联、国内旅客运输服务的普通发票、飞机票、火车票、公路水路客运票以复印件作为抵扣凭证统一分类归档管理。

6.1.6 取得发票的其他要求：对于采购业务发票必须加强风险管理意识，要求对第一次发生业务往来的单位，必须取得对方的营业执照复印件（如为特种行业还必须取得特种行业许可证复印件）并加盖公章作为合同的附件管理。开发票的单位必须与合同签订单位一致；如对方单位没有开具发票的资质，合同明确要求所属费用发票到属地税务局代开取得增值税专用发票。

6.2 开具发票的管理要求：开具发票指公司对外销售商品、提供劳务开具的发票。

（1）开出发票的依据

销售商品（包括劳务）依据同客户签订的"合同"或"合作协议书"上注明的可开票信息及客户货款开具发票。

（2）开出发票的类别要求：

1）对外销售商品、配件、劳务、转让不动产、无形资产、转让2009年1月1日后购进的固定资产等业务必须开具增值税专用发票。

2）对主机厂开具的三包维修费、强保费、场地租赁费、咨询服务费、以及转让 2009 年 1 月 1 日前（以发票开具日期为准）购进的固定资产等业务开具增值税普通发票。有特别要求时，可开具增值税专用发票。

3）企业无法开具发票时由税务局代开。

（3）开具发票的时间要求

在取得货款（包括支票、汇兑、汇票、信用证等）且对方确认收到产品的当日开具增值税专用发票。

（4）开具发票的票面要求

发票使用人员在开具发票时，必须做到按号码顺序填开，填写项目齐全，内容真实，字迹清楚，并在发票上加盖发票专用章。对于开具的增值税专用发票还必须做到：

1）不得涂改：如填写有误，要另行开具，并在税控系统中将误写的专用发票作废，在同一张纸质发票上注明"作废"字样。

2）票额相符：即票面金额与实际收取的金额相等。

3）各项目内容正确无误。

4）发票联和抵扣联加盖发票专用章。

（5）开具发票的领用管理

1）财务管理部开具的发票统一由销售结算会计建立"发票领用登记"台账。台账应包括如下内容：领票单位（或部门）、发票类型、发票号、金额、领票人、领票日期等。领票人领票时必须填写以上相关信息。

2）对于业务部门替客户领取的发票，由业务部门指定专人建立以上"发票领用登记"台账。

3）财务部销售结算会计开具的发票要求相关部门经办人在发票开具的当天领取，领取的 2 天内交给（或邮寄）客户。

4）如客户对开具的增值税专用发票信息有疑义要求退回的，当月内退回经办人可以直接把发票联、抵扣联退回财务部进行"作废"处理。

① 跨月后在 360（自然日，非一年）天之内退回的，客户未认证发票，退回后财务管理部在税控系统申请红字通知单，通知单申请成功后按通知单号开具红字发票冲回。

② 采购方已认证发票，由采购方申请红字通知单，财务管理部根据通知单号开具红字发票冲回。

6.3　发票的申购、管理要求

1）财务管理部税务会计在发票用完 2 天内根据税务局要求准备购票资料（实名认证购票人身份证原件，税控盘），至税务局领购发票。在领购发票时，核对发票号码、张数，保证发票的安全完整性。

2）空白发票、税控盘必须放入保险柜由销售会计保管。除销售结算会计以外，任何人不得接触空白发票。

3）如空白发票出现丢失，尽快报告主管领导，并向公安机关及主管税务机关报告丢失发票情况，根据要求作进一步补救措施。

4）对于公司购买的发票，不得转让、代开，不得对外提供空白发票，也不得拆本使用。

5）对于公司开具的废票及增值税普通发票第 3~5 联，由销售结算会计在次月初进行整理，装订成册，按企业档案管理的规定要求统一归档管理。

6.4　不同科目税率：见表 28-11。

7　激励考核

7.1　对于取得的增值税抵扣发票如因人为原因超过 360 天，造成进项税额不能抵扣，给公司造成经济损失，按损失额度的 50%~100% 考核责任人。同时，按损失额的 10% 分别考核部门负责人。

7.2　对于开具的增值税专用发票如因人为原因超过 360 天未能转交给客户造成对方拒收发票，按损失额度的 50%~100% 考核责任人。同时，按损失额的 10% 分别考核部门负责人。

表 28-11 不同科目税率表

序号	科目	发票内容	税率（一般纳税人）	税率（小规模）	备注
1	住宿费	员工因公差旅发生的住宿费	6%	3%	名称不全、接待客户住宿、个人福利住宿等不能抵扣
2	签证费	员工因公差旅发生的签证费	6%	3%	
3	会议费	事业部会议期间发生的会务费、场地租赁费、租车费、资料费、住宿费、现场布置费（制作费）、资料印刷费、会议用宣传纪念品等	6%	3%	会议费中的餐饮费、交通车票费不能抵扣
4	咨询费	企业发生的各种咨询费，包括技术、管理、质量等各类咨询支出及诉讼费、律师服务费、诉讼费、法律支持费等费用	6%	3%	与贷款服务相关并向贷方支付的咨询费不能抵扣
5	招聘费	企业招聘人才发生的费用	6%	3%	
6	宣传费	企业发生的广告宣传品、设计及制作费用等	6%	3%	
7	劳务费	企业劳务外包、劳务派遣发生的劳务费	6%	3%	差额纳税税率为5%
8	软件维护费	软件维护费	6%	3%	
9	培训费	员工外出培训的住宿费、培训费等	6%	3%	
10	治安管理警卫消防费	室内保洁、室外保洁、保安服务工资、消防人工费等	6%	3%	
11	安技环保费	污水处理费、垃圾清理费、环境保护费、安全防护费等业务	6%	3%	
12	保险费	房屋建筑物、机器设备、除公务车、服务车以外其他车辆的保险费用	6%	3%	
13	检测费	车辆年检费	6%	3%	
14	仓储费	事业部租赁仓库费用	6%	3%	
15	运输费	用于水路、航运、陆运等运输费（含班车费）	9%	3%	
16	绿化费	公司绿植、厂区苗木养护、植树费等	9%	3%	
17	通讯费	公司发生的固定电话费、移动电话费、邮寄费、网络通信费等	9%	3%	
18	水费、暖气费	用于非福利的水、暖气费、农产品	9%	3%	
19	纳税人购进国内旅客运输服务	能开具增值税专票、电子普通发票的按票面金额抵扣	按票面税率		
		注明旅客身份信息的飞机票+燃油附加费、火车票	9%		
		注明旅客身份信息的公路水路税率	3%		
20	租赁费	无形资产租赁业务（技术等）	6%	3%	
		不动产租赁（房屋、土地租赁）	9%	3%	
		有形动产租赁等业务（车辆、设备等）	13%	3%	
21	材料采购	采购零部件、工具、量具、辅料、油料	13%	3%	
22	电费	用于非福利的电费	13%	3%	
23	办公费	购买的办公用品、资料费、低值易耗品、办公设备耗材、发生的印刷费等	13%	3%	
24	油料消耗	用于公务用车加油、加油IC卡等费用	13%	3%	
25	维修费	车辆修理费、办公设备及设施修理费、物业修理费、计算机类设备修理费、网络改造费、消防器材费、警卫器材费及生产设备修理费等	13%	3%	
26	资产购置	无形资产软件购置	6%	3%	
		房屋建筑物修建等	9%	3%	
		固定资产机器设备、电子设备、模具等购置	13%	3%	

对于销货方/提供劳务方为小规模纳税人的企业：
  1）签订合同的业务，要求必须取得税务局代开的增值税专用发票。
  2）未签订合同的业务，对于金额≥1000元的，要求尽可能取得税务局代开增值税专用发票；若不能取得专用发票，报销时要求提交书面说明，经部门负责人审核、财务总监批准后方可报销。

7.3 对于违规取得的发票,给公司造成直接经济损失,如经办人能向对方单位索取全部损失赔偿的,考核经办人 200 元;如经办人没能向对方单位索取全部损失赔偿的,按损失额度的 10%~50% 考核责任人;给公司造成间接经济及名誉损失的,根据情节轻重按公司相关制度规定给予处理。

7.4 对于不能按 6.1.3 条款规定的时间节点挂账的发票,每迟报一天考核经办人 10 元/张。

8 本文件由财务管理部负责起草与解释。

五、税务风险自查制度

(一)自查事项

1. 增值税

(1) 基本信息表

1) 销项税信息表见表 28-12。

表 28-12 增值税自查 销项税信息表

销售方式	业务部门	产品名称	全款销售	贷款销售	分期付款销售	租赁销售	其他	合计
本月销量								
开票数量								

注:"其他"一栏如果填写数据,请在表后备注说明销售模式及开票时间。

2) 期末库存结构表见表 28-13。

表 28-13 增值税自查 期末库存信息表

项目	业务部门	产品名称	期初库存	期末库存	付款未提库存	无款铺货库存	其他	合计
数量								

注:"其他"一栏如果填写数据,请在表后备注说明库存车性质。

3) 应付账款暂估信息表见表 28-14。

表 28-14 应付账款暂估信息表

项目	期初余额	本期采购额	本期开票金额	期末余额
金额				

(2) 自查关键点

1) 增值税专用发票是否有明确的管理规定?
2) 采购发票是否存在丢失的情形?
3) 增值税进项税发票是否存在超期未抵扣的情形?
4) 出口产品的国内运费进项税是否抵扣?
5) 非应税货物运费是否申报抵扣?
6) 返利是否挂入其他应付款、其他应收款等往来账或冲减营业费用,而未做进项税转出?
7) 向购货方收取的价外费用是否按规定纳税?
8) 发生退货或非正常损失是否按规定做进项税转出?
9) 用于集体福利或职工个人消费的购进货物或劳务进项税是否按规定转出?
10) 处理的废旧物资是否依法缴纳增值税?
11) 视同销售的行为(自产货物用于投资、分配、捐助等),是否按规定计提销项税的情况?
12) 发生销货退回、销售折扣或折让开具红字发票和账务处理是否符合税法规定?
13) 是否存在销售收入长期挂账不转收入的情况?
14) 是否存在以物易物不按规定确认收入,不计提销项税额的情况?
15) 是否存在用货物抵偿债务,不按规定计提销项税额?

16）取得发票，是否存在实际的购销业务，是否有取得虚开增值税进项发票的情况？

2. 企业所得税

1）本月存在视同销售的行为有哪些？金额多少？
2）收到的政府补贴、奖励是否计入应税所得？
3）作为不征税收入管理的政府补助是否符合税法规定（三项要求）？
4）不征税收入是否实行台账管理？
5）是否存在使用不符合税法规定的发票及凭证，列支成本费用？
6）对于提供虚假发票者是否有考核措施？
7）取得的非货币性收入或权益是否计入应税所得额？
8）公益性捐赠是否取得免税凭证？是否超过标准？
9）是否存在"白条"入账的情形？金额多大？
10）是否存在应缴税金未及时缴纳的情形？
11）是否存在将资本性支出一次计入成本费用的情形？
12）是否存在利用往来账户延迟实现应税收入或调整企业利润的情形？

3. 房产税

（1）基本信息表

房产税基本信息表见表28-15。

表28-15 房产税基本信息表

项目	账面房屋建筑物原值（与账面数一致）				税率	应缴房产税	实缴房产税
	应税建筑物	免税建筑物	不需缴纳房产税的建筑物	合计			
金额							

（2）自查关键点

1）与房屋建筑物不可分离的附属设施、配套设施，如电梯、消防设备、中央空调等设施是否计入房产价值？
2）对房产进行改造增加房产价值的，是否及时入账，及时调整计算交纳房产税？
3）出租的房屋建筑物是否按照租金收入缴纳房产税？

（3）注明事项

1）房产税的纳税周期（分别在哪个月份纳税，一次纳税的计税期间）？
2）土地价值是否计入房产价值缴纳房产税
3）未竣工验收但已实际使用的房产是否缴纳房产税
4）应予资本化的利息是否计入房产原值缴纳房产税

4. 土地使用税

（1）基本信息表

土地使用税基本信息表见表28-16。

表28-16 土地使用税基本信息表

土地证号	土地面积	土地等级	税率	应缴税金	实际交纳税金

（2）自查关键点

1）等级调整后，纳税申报是否及时做相应调整？
2）对于没有土地使用权证但账面核算土地的单位，土地使用税是否交纳？
3）检查土地实际面积与土地使用证面积是否存有差异？是否按照土地实际面积缴纳土地使用税？

(3) 注明事项

土地使用税的纳税周期？包括分别在哪个月份纳税以及一次纳税的计税期间。

5. 印花税

(1) 基本信息表

印花税基本信息表见表 28-17。

表 28-17　印花税基本信息表

合同类型	签订数量	合同总金额	税　率	应缴印花税	实际交纳印花税

(2) 自查关键点

1) 购、销合同印花税是否采取核定征收？

2) 采取核定征收是否有属地政策依据或税务局批复？

3) 除自行贴花外，印花税的缴纳周期多长（每月/季度/半年/全年）？是否符合属地征收规定？对于合同等各类应税凭证，是否建立统计、核查制度，保证按时、全额缴纳印花税？

4) 框架性合同未记载金额，是否先按 5 元贴花，实际结算时再按实际发生数贴花？

5) 实收资本或资本公积变动是否按规定贴花？

6. 个人所得税

1) 以各种形式发放给职工的收入没有代扣个税的有哪些？

2) 没有代扣个税的职工收入项目是否有政策依据？请逐项说明。

3) 以报销发票形式向职工支付的各种个人收入有哪些？是否代扣个税？

4) 为职工所有的房产支付的取暖费、物业费是否代扣个税？

5) "礼品费"发票是否代扣个税？本月金额是多少？

6) 外籍员工归国探亲搭乘交通工具且每年不超过 2 次的费用，超过 2 次的是否缴纳个税？

7) 是否存在因解除劳动关系而支付给员工的一次性补偿费（包括用人单位发放的经济补偿金、生活补助费和其他补助费用）？除符合免征个人所得税外，是否按税法规定按照"工资、薪金所得"项目准确计算扣缴个人所得税？

(二) 自查结论

1) 存在的风险及规避建议。

2) 除第一部分所列关键点外，还可能存在的风险（列表）及应采取的对策。

3) 需要公司协调解决的事项列表。

(三) 附则

本制度由财务管理部负责管理解释。

第八节　建立财务管理制度

财务管理制度包括以下内容：

1) 成本与费用管理制度。

2) 价格管理制度。

3) 规划与预算管理制度：公司预算模板和岗位与部门预算模板见佐卡公司网站。

4) 资金管理制度。

5) 利润管理制度。

6）税务管理制度。
7）现金收支管理制度。
8）银行票据管理制度。
9）员工借款管理制度。
10）往来账目核对管理制度。
11）后勤人员差旅费管理制度。
12）市场一线人员差旅费报销标准。
13）发票管理制度。
14）财务管理制度。

本章小结与启示

财务管理是现代企业管理的四大内容之一（人力资源管理、物流管理、财务管理、信息管理），本章强调财务管理的重要性，明确财务管理的范围、内容，讲述成本管理、费用管理、价格管理、预算管理、资金管理、利润管理、税务管理的基础知识，希望经销商能够将这些知识运用到企业管理中，提高企业管理质量。

本章学习测试及问题思考

1. 财务管理的范围有哪些？
2. 企业销售总成本包含哪些方面？
3. 销售可变成本的构成是什么。
4. 企业净利润的分配原则是什么。
5. 简述预算编制的目的。

第二十九章 商用车经销商的市场管理

学习要点

1. 掌握经销商市场定位及找到意向客户的方法。
2. 掌握"主动营销模式"的思路、流程与作业内容。
3. 掌握车辆的需求、客户的需求的寻找方法。
4. 理解产品的五个层次和基本产品的完整性。
5. 掌握使用产品明细表模板的方法,用以指导工作。
6. 了解市场管理的异常管理法,做好竞争管理,建立差异化优势。

第一节 目标市场的确定

麦卡锡《基础营销学》认为,市场是指一群具有相同需求的潜在客户;他们愿意以某种有价值的东西来换取卖主所提供的商品或服务,这样的商品或服务是满足潜在客户需求的方式。

市场是社会分工和商品生产的产物,哪里有社会分工和商品交换,哪里就有市场。决定市场规模和容量的三要素是客户、购买力、购买欲望。

一、目标市场

1. 目标市场

目标市场是指具有共同需要或特征的、企业决定为其服务的购买者群体。

2. 经销商的目标市场

经销商的目标市场,就是经销商业务范围内能够满足的、所有意向客户的集合,也就是"意向(目标)市场"。

意向客户是"潜在客户",在市场营销中应区别对待。

客户细分如下:

1)意向客户:我们有意向与其合作的客户。客户不一定有意向,或者说客户并不知道;反之,客户有意向与我们合作,我们不知道的时候,叫(潜在)意向客户。

---

① 本章由梁兆文、赵旭日编写。

由"意向客户"组成的市场叫"意向（目标）市场"。

2）意向目标客户：我们通过开发、拜访、沟通，同客户就购买我们的产品（功能、性能、配置、公告/型号、价格、交货期、交货地点、付款方式等）达成一致；没有签订协议或合同的客户。

由"意向目标客户"组成的市场叫"意向目标市场"。

3）目标客户：买卖双方达成一致，签订了协议或合同的客户；没有实现付款、交付。

由"目标客户"组成的市场叫"（精准）目标市场"。

4）客户：实现了产品交付的目标客户。

由"客户"组成的市场叫"已有客户市场"。这个市场的管理由"客户经理"负责。具体业务的操作方法见本书第五篇相关内容。

3. 经销商的意向（目标）市场细分

1）车辆营销业务意向（目标）市场。
2）车辆销售服务业务的意向（目标）市场。
3）车辆保险业务的意向（目标）市场。
4）客户金融服务业务的意向（目标）市场。
5）车辆保养业务的意向（目标）市场。
6）车辆维修业务的意向（目标）市场。
7）配件营销业务的意向（目标）市场。
8）运输（公司）业务的意向（目标）市场。
9）二手商用车业务的意向（目标）市场。
10）拆解业务的意向（目标）市场（有待形成）。
11）零部件再制造业务的意向（目标）市场（有待形成）。

4. 车辆的市场和意向（目标）市场

1）车辆的市场：需要运输的（行业的）货物。

① 危险品车辆的市场：GB 6944—2012《危险货物分类及品名编号》和 GB12268—2012《危险货物品名表》列出了所有危险品的名称。这些名称下的所有货物都是危险品运输车的市场。

② 普通车辆的市场：GB/T 4754—2017《行业分类代码》所划分的 97（91 以后为社会组织）个行业。所有这些行业（不包括危险品生产及物流行业）需要运输的货物都是普通车辆的市场。

2）公司所经营的车辆的意向（目标）市场：车辆的市场太大，我们一家做不过来。从中选出我们所销售的车辆能够运输的、货物需要的、货主满意的部分行业及货物作为我们的市场，就是自己经营的车辆的意向（目标）市场。

5. 本公司的市场和目标市场

1）本公司的市场：所有可能购买本公司产品的潜在意向客户和意向客户。

2）本公司的意向（目标）市场：符合本公司购买条件，满足本公司购买产品标准且本公司有能力满足其需求的所有潜在意向客户和意向客户。

本公司的条件、产品、能力不能满足需求的那部分客户不是公司的意向客户；要想使这些客户成为自己的意向客户，必须首先提高自己的能力，使之符合客户的要求。

6. 客户的市场和目标市场

1）客户的市场：客户拥有的车辆所能够运输的货物的所有货主。

2）本公司客户的目标市场：购买本公司车辆的所有客户，其车辆能够满足货物运输要求，客户又能满足货主的要求，货主也满足客户的要求的所有货主。

3）不是所有的货主都是客户的目标市场：不能满足客户要求的货主或经销商销售的车辆不能满足货物运输要求的货主都不是客户的目标市场。

7. 意向市场举例

1）车辆意向市场表：中国国民经济所有行业需要运输的货物。这些行业明细表见本书其他章节。

2）经销商意向市场（客户）表：表 29-1 列出了意向客户明细表示例。

表 29-1　意向客户明细表示例

序 号	企业名称
1	中远海运物流有限公司
2	中国物资储运集团有限公司
3	中铁快运股份有限公司
4	中铁现代物流科技股份有限公司
5	嘉里大通物流有限公司
6	中国外运长航集团有限公司
7	五矿物流集团有限公司
8	北京长久物流股份有限公司
9	天津大田集团有限公司
10	中铁物流集团有限公司
11	中铁物资集团有限公司
12	中国兵工物资集团有限公司
13	中铁联合物流股份有限公司
14	中铁集装箱运输有限责任公司
15	中信信通国际物流有限公司
16	中国物流股份有限公司
17	中都物流有限公司
18	中国通信服务股份有限公司

二、建立主动营销模式

要想留住老客户、抢夺竞争对手的客户，就必须建立主动营销的模式。"先入为主"，就是在客户还没有产生购买欲望时就已经被争取过来了，成为自己的目标客户。当客户要购买时，竞争对手再想去争夺就难了。但是，要建立主动营销模式，就要首先了解主动营销模式的思路与流程。

1. 思路

先准确掌握客户需求，同客户就产品、服务等所有问题达成一致，签订协议，再进行服务。不是客户想要什么就卖什么。

2. 流程

1）按照本章提供的方法，找到意向（目标）市场（客户）。

2）进行客户细分。

3）找准意向客户。

4）制订意向客户开发计划。

5）拜访意向客户，了解意向客户需求。同时了解意向客户对现有在用车辆满意和不满意的方面：

① 功能方面：满意什么、不满意什么。

② 性能方面：满意什么、不满意什么。

③ 配置方面：满意什么、不满意什么。

④ 公告方面：满意什么、不满意什么。

⑤ 保养方面：满意什么、不满意什么。

⑥ 维修方面：满意什么、不满意什么。

⑦ 其他方面。

6）按照意向客户现有运输条件（货物、道路、运量、装卸方式等）进行运输方案设计，向意向客户推荐，并与意向客户达成一致。如果意向客户不满意，修改，直至满意；如果不可能达到意向客户满意，放弃。

7）按照意向客户满意的运输方案，进行车辆产品设计；向意向客户推荐，并与意向客户达成一致。如不满意，修改，直至满意；如果不可能达到客户满意，放弃。

8）按照意向客户满意的车辆产品设计，向客户报价（包括购买政策、价格），并推荐购买方式，同"意向客户"达成一致。如客户不满意，修改，直至客户满意；如果不可能达到客户满意，放弃。

9）到此时，如果意向客户都是满意的，意向客户就成为了意向目标客户。

10）与意向目标客户签订合作协议。明确客户需求什么，什么时间需求，在哪里需求，建立明细表，建立提醒机制，到时自动提醒。或者客户有需求时，报出协议号，就能知道客户需要什么。

11）只要签订了合作协议，意向目标客户就变成目标客户。

12）在确定目标客户需求的前提下，进行产品提供准备：采购并建立库存。

13）根据目标客户需求，为其提供准确的、及时的、周到的、满意的服务。目标客户完成产品购买，成为客户。

14）为每一个客户指定一个客户经理为其提供专门的服务支持，就像银行的 VIP 客户经理。

3. 结果

将客户变成忠实客户，将自己的产品变成品牌，这就是"客户营销"。

本书对所有业务所设计的管理与作业流程都是基于这个模式。

拓展阅读　　　　　　　　　　商用车市场的特点

1）客户较少。商用车营销人员面对的客户通常比消费品营销人员面对的客户要少得多。

2）购买量较大。一个客户一次的购买量和总的购买量大。少数客户购买了大多数或绝大多数的商品。

3）供需双方的关系密切。商用车购买者数量较少，且大客户具有举足轻重的重要性，因此在商用车市场中客户与厂家之间的关系密切；客户总希望厂家能按照自己的要求、规格来提供产品，因此那些能在技术规格、交货条件方面与客户充分合作的厂家更易达成交易。现在购买者越来越希望厂家参加由他们举办的特殊洽谈会，以便熟悉他们的作业条件、作业要求、质量要求、合作条件。

4）衍生需求。生产资料市场（如商用车）需求最终是由消费者对商品的需求衍生出来的。例如，客户需求混凝土搅拌运输车，那是因为消费者需求住房和交通等。如果这些消费品的需求下降，其生产资料市场（如混凝土搅拌运输车）的需求也下降。因此，商用车营销人员必须密切注视最终消费者的购买情况。

5）无弹性需求。许多生产资料商品和劳务的总需求不会因为价格的影响而大起大落。

6）波动需求。生产资料市场的客户对商品和劳务的需求显然要比消费者对消费品和劳务的需求更易产生波动。例如，当消费品市场按10%的速度增长时，生产资料市场的需求可能以30%~200%的速度增长；同样，当消费品市场按10%的速度下降时，生产资料市场的需求可能暴跌。

7）专业化采购。商用车作为生产资料大都是由那些经过专业培训的采购人员购买的。因此，他们有较强的专业信息分析能力，这使他们的采购更趋合理有效。这就要求商用车营销人员必须对自己及竞争对手的产品技术资料了如指掌，并能完备提供。

8）影响采购的人员多。与消费者购买决策相比，生产资料商品的购买决策显然受更多的人员影响。生产资料购买采用招标采购方式的更多，采购招标委员会或采购委员会多由技术专家组成，高级主管也会参与其中。因此，生产资料的营销必须派出训练有素的人员甚至是营销队伍来应付这些高素质的采购者。尽管广告促销和宣传工作在产业促销组合中有着举足轻重的作用，但是，人员促销仍不失为一种主要的促销工具。

9）其他特征：

① 生产资料购买者往往从生产商处直接购买，这是他们的习惯。

② 互惠购买。双方互为供应商。

③ 租赁。生产资料购买者不是直接购买而是租赁所需的设备。重型建筑机械、运输货车、机械产品等越来越多。好处包括：减少资金占用、获得最新产品、达到最好服务、享受税收优惠。

第二节 市场管理的内容与业务范围

一、建立市场管理组织

1）组织名称：市场管理委员会。

2）组织的岗位设置：见《业务管理制度》。

3）岗位人员组成：见《业务管理制度》。

二、确定组织管理范围与内容

1. 如何确定业务范围

商用车经销商的市场有两个：

1）为车辆拥有者服务的市场→服务的目标是"客户"。

2）为车辆服务的市场→服务的目标是"客户的车辆"。

2. 找到意向客户

（1）明确商用车及其用途？

商用车是在设计和技术特征上是用于运送人员和货物的汽车，习惯上把商用车划分为客车和货车两大类，这里所指的商用车就是货车。

1）货车：主要为载运货物而设计和装备的商用车辆。

2）货车的主要用途：运输货物。

（2）建立找到意向客户的途径

找到意向客户的途径是：通过货物→找到货主→找到为货主运输货物的车辆→找到车辆的拥有者→客户—意向（客户）市场。

1）示例：通过市场→找货主→找车辆→找（意向）客户。货物可以分为两大类：生活资料、生产资料。

① 生活资料：当地有多少家商场？他们在卖什么？从哪里来的货源？这些货物都是怎么运输来的？用汽车运输的有多少？都是什么车在运输？

找到以下信息：汽车运输的货物名称、日运量、月运量、年运量、单车运量、运输距离、日均运输趟数、日均需要车辆数（保有量数）→找到车辆的拥有者→客户［意向（客户）市场］。

② 生产资料：

a. 当地有多少家工矿企业？他们都生产什么？他们原料从哪里来？需要多少？汽车运输多少？一车运输多少？距离多远？日运输几趟？日需要多少车？都是什么车？（保有量＋车辆类别）→找到车辆的拥有者→客户［意向（客户）市场］。

b. 当地有多少家工矿企业？他们都生产什么？他们的产品销到哪里？每天销售多少？需要运输吗？汽车运输多少？一车运输多少？距离多远？日运输几趟？日需要多少车？都是什么车？（保有量＋车辆类别）→找到车辆的拥有者→客户［意向（客户）市场］。

c. 当地有没有物流中心？在这些物流中心有多少货物是在此周转的？日周转量多少？用汽车进行周转的货物量（t）有多少？每天有多少车辆在进行货物的周转？都是什么货物？都是什么车？每车装载多少（t/m³）（保有量＋车辆类别）→找到车辆的拥有者→客户［意向（客户）市场］。

③ 找到了客户，就找到了车辆销售的意向市场。详见第三十一章车辆营销业务管理。

2）示例：找到顾客（货主）→找到（意向）客户。

① 商场的进货：这些货物都是谁在安排运输的？谁生产的？运费都是谁在支付？

② 工厂的采购物流和销售物流：这些货物都是谁在安排运输的？谁生产的？运费都是谁在支付？

③ 在当地进行周转的物流：这些货物都是谁在安排运输的？谁生产的？运费都是谁在支付？

④ 通常把运费的支付者作为货主—顾客。

⑤ 找到货物运输时运费的支付者，就找到了顾客。

⑥ 顾客的运费支付给了谁，谁就是（意向）客户。

3. 建立货物、货主、意向客户明细表

货物、货主、意向客户明细表见表 29-2。

表 29-2　意向市场明细表

序号	目标行业分类	目标货物分类	目标货物名称	目标货物年总运量	目标货物运输车辆保有量	目标顾客名称/地址	意向客户	意向客户保有车辆类别	意向客户分类下保有车辆数量	意向客户保有车型数量	意向客户分车型保有车辆数量	意向客户保有车辆名称
1												
2												
3												
4												
5												
6												
7												
8												

注：将每一种货物都列上。

4. 找到车辆的需求

1）要想让车辆运输货物，就必须要进行注册、登记；而在注册登记前，必须为车辆缴纳"车辆购置税"、购买"交强险"、安装必要的（车辆管理、监控、行驶记录）设备、对驾驶员进行培训、和客户进行车辆交接；每年还要对车辆进行年审等。这些服务事项称为"车辆销售服务业务"。

2）在车辆办理齐全手续后，新车（在用车）还要购买商业险。该项服务事项称为"车辆保险业务"。

3）车辆所有的手续齐全后，就需要：

① 确定车辆货源，签订运输合同（交付押金）等。

② 为车辆确定驾驶员、找货、加油、安装高速公路 ETC 卡等。

③ 运输完成后要进行结算、开发票、收款、发放驾驶员的工资、交税等。

以上服务事项称为"运输（公司）业务"。

4）车辆行驶一定的里程后就要进行保养。该服务事项称为"车辆保养业务"。

5）车辆运行过程中难免会出现意外故障，这就需要维修。该服务事项称为"车辆维修业务"。

5. 找到客户的需求

1）客户在购买车辆时，不可能掌握车辆设计、使用、管理方面的所有技术、标准法律、法规。这就需要我们根据客户的运输需求做以下工作：

① 进行物流运输设计。

② 进行成本、费用（运行方式）设计：走什么路线（收费）、速度（油耗）、运行时间（收费标准）等。

③ 进行车辆功能、性能、配置、公告的推荐（选择）。

④ 帮助客户选到最合适的车辆。

⑤ 进行购买方式推荐。

⑥ 进行价格确认等。

以上服务事项称为"车辆营销业务"。

2）客户购买车辆用于货物的运输，需要的资金量较大，会有以下问题：

① 货主可能收取押金/或延期付款。

② 加油需要资金。

③ 走高速公路需要通行费。

④ 更换轮胎需要资金。

⑤ 购买车辆保险需要资金。

⑥ 由于上述项目需要资金，有可能购买车辆的资金不足。

由于上述原因，客户需要购车贷款或流动资金贷款。我们把这些服务事项称为"客户金融服务业务"。

3）由于车辆需要维修，就需要客户购买配件。我们把该项服务事项称为"配件营销业务"。

4）车辆使用一定时间后，车辆的功能、性能就会下降，使用费用（维修费用等）就会上升，出勤率就会下降，就有可能不能满足客户的需求。客户就会置换新车，而需要处置旧车。我们把为客户进行车辆置换服务称为"二手商用车业务"。

6. 找到了需求，找到满足需求的产品，就找到了业务范围

因客户需求而产生的业务范围，包括：

1）车辆营销业务。

2）金融服务业务。

3）配件营销业务。

4）二手商用车业务。

5）销售服务业务。

6）车辆保险业务。

7）车辆运输业务。

8）车辆保养业务。

9）车辆维修业务。

10）采购业务。

7. 确定业务内容

（1）进行能力评估　经销商在确定业务内容时，首先要进行资源能力评估。评估的内容主要如下：

1）人力资源能力评估：业务的成败首先决定于"人"，即人才。任何一个业务都需要组织管理人才、客户开发人才、产品销售人才、商务谈判的人才、客户管理的人才。

2）产品资源能力评估：有没有满足客户需求的产品资源。

3）场地资源能力评估：有没有满足业务需要的场地。

4）设备资源能力评估：有没有满足业务需要的设备。

5）资金资源能力评估：有没有满足业务需要的资金。

6）竞争能力评估：竞争对手是谁？他们的优势是什么？我们与他们竞争，能不能行？

7）政府资源能力评估：这个业务由政府的哪个部门管理和监督？政府能不能批准？我们能不能通过政府相关监管部门的审核？

（2）在能力评估的基础上确定业务范围和内容

具体业务实务，见第五篇各章节内容。

第三节 产品明细表管理

明细表是进行价值链各环节业务管理的基础文件。这在商用车营销实务中尤为重要。找到了客户需求，就可以根据客户需求，建立产品采购明细表和产品销售明细表。

一、基本概念

1. 产品（商品）

产品是指向市场提供的，用以引起注意、获取、使用或者消费，以满足欲望或需要的任何东西。产品又分为有形产品和无形产品。

1）有形产品，又称有形实据，是指看得见、摸得着的产品，就是实物。有形产品是核心产品借以实现的形式，即向市场提供的实体和服务的形象。

2）无形产品，是指看得见，摸不着的产品。在商用车营销领域，无形产品一般包括可以给客户带来附加利益和心理满足感的售后服务、产品质量保证、产品信誉、企业形象等。具体包括经销商品牌、口碑，以及售后服务的故障判定、维修过程、培训等。

2. 产品细分

产品一般可以分为五个层次。在商用车营销领域，这五个层次如下：

1）核心产品：核心产品是指整体产品提供给购买者的用途和利益，具体指购买产品能为客户解决什么问题，带来哪些好处，如解决运输（效率、质量）问题、带来利润。

2）基本产品：即实物产品，或有形产品，包括车辆（包括功能、性能、配置、公告、式样、特征、商标）产品、配件（包括式样、特征、商标品质、包装）产品等，让客户看得见、摸得着。

3）期望产品：它是指客户在购买产品和服务时，我们为客户提供的承诺和服务的总称，包括但不限于车辆"三包"期、服务保证、配件保证、贷款保证、二手车保证、产品说明书、技术培训等；还有书面的协议、合同或保证书，让客户放心。

4）附加产品：它是指超过客户期望的产品。包括赠送（赠送的产品，如销售政策、客户关怀等）老客户交车仪式、免服务费的例保、年审、加油卡、ETC卡、轮胎卡、找货（签订运输合同）、代收运费、代为进行车辆管理等，让客户惊喜。

5）潜在产品：产品在未来可能产生的改进和升级，如车辆管理系统软件升级、保修延保、二手车置换等。

3. 建立产品传播概念

产品传播，是经销商想要注入客户脑中一组"以车辆有形产品为主，用客户的语言来表达的核心产品、有形产品、期望产品、附加产品、潜在产品、在哪里买、找谁买等"的主观意念。

通常，一个完整的产品传播概念由以下四部分组成：

1）客户关注：从客户的角度提出其内心所关注的有关问题。

2）利益承诺：说明产品能为客户带来哪些利益（核心产品）。

3）产品支撑点：解释哪些产品（车辆、保险、贷款、保养、维修等）是从哪些方面（功能、性能、配置等）解决客户所关注的问题的。

4）传播语言：用一句话将上述三点的精髓表达出来。

产品传播概念要求对客户的产品介绍能够足够清楚，对客户有足够的吸引力。

4. 基本产品的完整性

一种产品是由多个部分构成的，不可以只说其一，介绍产品一定要介绍其完整性。一辆完整的"汽车"产品包括：

1）硬件：包括动力系统、离合操纵系统、变速操纵系统、传动系统、驾驶室系统等。

2）消耗材料：包括燃料、冷却液、润滑油、尿素液等。

3）软件：包括发动机控制软件、车辆管理系统软件、驾驶员手册等。

4）服务：包括车辆选择帮助、车辆手续办理、车辆保险、购买贷款、服务站保养、维修服务项目等。

5）服务能力：包括手续办理能力、车辆保险服务能力、客户贷款办理能力、保养能力、维修能力、运输管理能力、二手车置换能力等。

因此，完整的车辆一定是主机厂和经销商联合起来共同完成的。主机厂离开经销商、服务商是不可能交付给客户一辆完整的商用车的。

5. 产品明细表

按照用途不同，产品明细表在经销商层面的分类如下：

1）产品销售明细表：根据客户需求与产品完整性，所建立的可以被客户接受（或购买）的产品要素的组合。包括核心产品、基本产品、期望产品、附加产品和潜在产品。明细表中的要素包括（但不限于）产品的功能、性能、配置（包括软件）、公告型号、销售政策、服务政策、配件政策、销售价格、服务价格等。

各个业务的具体产品销售明细表模板，见第五篇中除采购业务以外的其他各项业务管理制度附件：产品销售明细表。

2）产品采购明细表：将产品销售明细表中能够采购的产品分离出来，编制能够进行采购的明细表，这就是产品采购明细表。产品采购明细表中的产品不是能够直接销售的产品，这些产品是不完整的。因此，产品采购明细表又可以分为：

① 车辆营销业务：产品采购明细表。

② 销售服务业务：产品采购明细表。

③ 配件营销业务：产品采购明细表。

④ 二手车业务：产品收购明细表。

⑤ 车辆保险业务：产品采购明细表。

⑥ 金融服务业务：产品采购明细表。

各种产品采购明细表模板，详见第三十章采购业务管理的相关内容。

6. 产品明细表的用途

（1）销售明细表

1）它是采购部门编制产品采购明细表的依据。

2）它是编制产品销售价格表的依据。

（2）产品采购明细表

1）它是采购部门寻找产品资源的依据。

2）它是洽谈采购合同、进行产品采购的依据。

3）它是主机厂进行产品改进、开发的依据。

二、产品明细表管理

本节以产品销售明细表为例讲解。

根据产品的完整性建立产品销售明细表。因此，产品销售明细表一定是经销商制订的或经销商＋生产厂/产品提供者联合制订的，而不是产品或服务的提供（生产）商制订的。

1. 产品销售明细表分类

详见第五篇各章业务管理制度的产品销售明细表。各类业务的产品销售明细表分类如下：

1）车辆产品销售资源明细表（包括意向顾客（货主）明细表、意向客户明细表等销售资源）。

2) 销售服务产品销售明细表。
3) 车辆保险产品销售明细表。
4) 金融服务产品销售明细表。
5) 车辆保养产品销售明细表。
6) 车辆维修产品销售明细表。
7) 配件销售明细表。
8) 运输业务产品销售明细表。
9) 二手车销售明细表。

2. 产品销售明细表的作用

产品销售明细表的作用如下：
1) 知道自己有多少个产品线、产品、品种、花色可以卖。
2) 知道每一个（种）产品客户所关注的买点。
3) 知道每一个（种）产品能为客户带来哪些利益。
4) 知道每一个（种）产品的支撑点——对应客户买点的"卖点"。
5) 知道每一个（种）产品的"传播语言"。
6) 知道每一个产品是有形产品还是无形产品。
7) 知道每一个产品的功能、性能、配置、公告。
8) 知道每一个产品的耗材。
9) 知道每一个产品的所使用的软件、管理流程、销售流程。
10) 知道每一个产品的服务承诺、服务政策等。

3. 产品销售明细表

（1）通用版产品销售明细表　表29-3是产品销售明细表通用模板，仅展示一部分内容要素。对于不同产品，其硬件产品、软件产品不同，因此表格要素设置应有灵活性，要体现产品特点。

表29-3　产品销售明细表（通用模板）

序号	硬件产品					消耗材料				软件产品			服务项目			服务能力	
	车辆类别	车型	驱动形式	动力	功能	性能	燃料		润滑油		发动机管理	车辆管理	使用说明书	车辆购买	销售服务	车辆保险	保险服务能力	贷款能力
							名称	消耗标准	名称	消耗标准								
1																		
2																		
…																		

（2）某品牌为经销商制作的客车产品销售明细表　表29-4是某品牌为经销商制作的客车产品销售明细表，仅供参考。由于表格要素太多，只能展示部分内容，详细内容见第三十一章车辆营销业务管理的车辆产品销售资源明细表。

表29-4的填表说明如下：
1) 法士特变速器不标注品牌，只标注型号。
2) 没有公告型号的产品属于还没有合适的主机厂车型或没有市场需求。
3) 服务项目是指能为客户提供哪些服务、解决哪些服务问题。
4) 服务能力是指某一服务项目能够服务的深度和广度。如客户贷款能力，时间是几年？首付多少？零首付能做吗？

细化经销商产品销售明细表管理，将大大提升经销商的服务水平和服务质量，提高客户满意度，从而增强经销商的赢利能力。

表 29-4 某品牌为经销商制作的客车产品销售明细表

序号	车辆燃料类型	车辆类别	1. 硬件产品 车辆名称	公告型号	主要功能 载客人数（最多/座位数）	主要功能 行李箱空间/m³	主要性能 最高速度/(km/h)	主要性能 内部空间高度/m	主要配置 发动机	主要配置 品牌	2. 主要消耗材料与消耗定额 燃料类型	3. 软件产品 ××车辆管理系统	4. 服务项目 销售服务	4. 服务项目 车辆保险服务	4. 服务项目 车辆购买贷款服务	4. 服务项目 车辆保养服务	4. 服务项目 车辆维修服务	4. 服务项目 二手车置换服务	5. 服务能力 销售服务	5. 服务能力 车辆保险服务	5. 服务能力 金融服务	5. 服务能力 车辆保养服务	5. 服务能力 车辆维修服务	5. 服务能力 二手车置换服务
1		大客	豪华旅游客车	/	6		>90	2	国六 b	福田牌														
2		大客	长途客车	/	6		>90	2	国六 b	福田牌														
3		大客	农村客车	/	6		>90	2	国六 b	福田牌														
4		大客	越野客车	/	6		>90	2	国六 b	福田牌														
5		大客	城市客车	BJ6123CHEVCA-11			>90	2		福田牌	混联气电													
6	新能源客车	大客	城市客车	BJ6105CHEVCA-17	82/30		>90	2		福田牌	混联气电													
7			城市公交客车	/			>90	2		福田牌														
8			幼儿园校车	/			>90	2		福田牌														
9			小学生校车	/			>90	2		福田牌														
10			中学生校车	/			>90	2		福田牌														
11			工厂班车	/			>90	2		福田牌														
12			豪华旅游客车	/	6		>90	2		福田牌														
13		大客	长途客车	BJ6122U8BTB	56	6	>90	2	国六 b	福田牌														
14		大客	长途客车	BJ6116U7BTB	50	6	>90	2	国六 b	福田牌	NG													
15		中客	长途客车	BJ6906U6ACB-1	40	6	>90	2	国六 b	福田牌	NG													
16			农村客车	/	20	6	>90	2		福田牌	NG													
17			越野客车	/	20	6	>90	2		福田牌														
18	清洁燃料客车		城市客车	/	20	6	>90	2		福田牌														
19			城市公交客车	/			>90	2		福田牌														
20			城市定制公交客车	/			>90	2		福田牌														
21			幼儿园校车	/			>90	2		福田牌														
22			小学生校车	/			>90	2		福田牌														
23			中学生校车	/			>90	2		福田牌														
24			工厂班车	/			>90	2		福田牌														

序号	类别		车型	型号							
25	大客	传统燃料客车	豪华旅游客车	/							
26	大客		长途客车	BJ6132U8BJB	56	6	>90	2	国六b	福田牌	柴油
27	大客		长途客车	BJ6122U8BJB-2	56	6	>90	2	国六b	福田牌	柴油
28	大客		长途客车	BJ6126U8BJB	56	6	>90	2	国六b	福田牌	柴油
29	大客		长途客车	BJ6116U7BJB	50	6	>90	2	国六b	福田牌	柴油
30	中客		长途客车	BJ6906U6AHB-1	40	6	>90	2	国六b	福田牌	柴油
31	中客		长途客车	BJ6816U6AFB-2	34	6	>90	2	国六b	福田牌	
32			农村客车	/			>90	2		福田牌	
33			越野客车	/			>90	2		福田牌	
34			城市客车	/		6	>90	2		福田牌	
35			城市公交客车	/		6	>90	2		福田牌	
36			城市定制公交客车	/			>90	2		福田牌	
37	中客		幼儿园校车	BJ6766S7LBB-1	42		>90	2	国六b	福田牌	柴油
38	轻客		幼儿园校车	BJ6541S2LBB	24		>90	2	国六b	福田牌	柴油
39	大客		小学生校车	BJ6991S8LFB	56		>90	2	国六b	福田牌	柴油
40	大客		小学生校车	BJ6996S8LFB	56		>90	2	国六b	福田牌	柴油
41	大客		小学生校车	BJ6931S8LDB	52		>90	2	国六b	福田牌	柴油
42	中客		小学生校车	BJ6781S7LDB	41		>90	2	国六b	福田牌	柴油
43	中客		小学生校车	BJ6766S7LBB	41		>90	2	国六b	福田牌	柴油
44	大客		中小学生校车	BJ6111S8LFB-1	56		>90	2	国六b	福田牌	柴油
45	大客		中小学生校车	BJ6991S8LFB-1	51		>90	2	国六b	福田牌	柴油
46	大客		中小学生校车	BJ6996S8LFB-1	51		>90	2	国六b	福田牌	柴油
47	大客		中小学生校车	BJ6931S7LDB-1	47		>90	2	国六b	福田牌	柴油
48			工厂班车	/	47		>90	2		福田牌	

第四节 根据产品确定意向（目标）市场

"意向市场"，就是经销商看好这一市场有意进入，而且经销商手里的产品能够满足这一市场的客户需求。但是最终能不能进去、进去以后客户能不能接受、自己能不能站住脚，都未知。因此只能说是"意向（目标）市场"。

客户营销或市场营销，其实就是一个将"意向客户"变成"客户"的过程。因此，能够确定"意向（目标）市场"就是客户营销的第一步，也是客户营销过程中最重要的一步。

在实际的客户营销过程中，往往听到"那个市场我们进去了，又退出来了"的说法。实际上不是"退出来了"，而是没有满足客户需求的产品或服务，那么，这就不是你的"意向（目标）市场"。

一、确定能够采购到的产品（组合）

根据本书有关商用车产品组合的章节中讲明的方法进行产品组合。车辆产品作为有形产品之一，是价值（或价格）最高的，也是客户首先看到、想到的。因此，作为商用车经销商，应该首先确定能够采购到的车辆产品（组合），作为所有业务开展的基础。

1. 车辆产品（组合）

1）根据销售部门的需求，建立确定能够采购到的车辆产品明细表，见表29-5。

表29-5 车辆产品采购明细表（组合）

序号	1. 硬件产品（实物产品）								2. 主要耗材及指标			3. 软件产品		4. 服务政策		5. 厂家服务能力		
	车辆分类	产品品牌	车辆类别	车型	驱动形式	动力	公告号	功能	性能	配置	燃料	消耗指标	辅料	消耗指标	车辆管理软件	产品说明书	服务政策	配件政策	服务承诺	服务站	配件供应	贷款支持
1																						
2																						
…																						

注：将每一辆车的"客户关注点""给客户带来的利益""产品卖点""传播用语"列在下面：
1. 车辆分类：分为两类，普通货物运输车、危险品货物运输车。
2. 产品客户关注点。
3. 能给客户带来的利益。
4. 产品卖点。
5. 传播用语。

表29-5使用说明举例如下：
① 按照分类：例如经销商只能采购到危险货物运输车，不能采购到普通货物运输车。
② 按照品牌：例如只能采购到福田时代品牌，而不能采购到其他品牌。
③ 按照类别：例如经销商只能采购到轻型危险货物运输车，而不能采购到微型、中型、重型货车。
④ 按照车型：例如经销商只能采购到轻型厢式危险货物运输车，而不能采购到罐式、栏板式、冷藏式货车。
⑤ 按照驱动形式：例如经销商只能采购到4×2产品而不能采购到4×4产品、6×2产品。
⑥ 按照动力：例如经销商只能采购到120～180马力（1马力≈0.735千瓦）动力的、4×2驱动、轻型厢式危险货物运输车，而不能采购到其他动力的产品。

综上得出，经销商只能采购到运输二类危险品的、120～180马力动力的、4×2驱动、轻型厢式危险货物运输车（公告：允许运输货物）等。

2）设计产品名称：以上述产品为例，名称如下：
① 时代轻卡4×2/180马力二类危险货物厢式运输车，简称"轻型二类（危险货物）厢式运输车"。
② 时代轻卡4×2/180马力气瓶厢式运输车，简称：轻型气瓶厢式运输车（可以运输各种气瓶）。

3）进行产品编号，便于管理：车辆产品编号为车1、车2等，形成有别于其他品牌的产品。在实际工作中通过给产品编号并进行传播,可起到很好的效果。客户在购买产品时,基本不管什么配置等,就是按照产品编号要产品。如"我买一辆188""我买一辆198"等,其中"188""198"就是产品编号兼产品名称。产品编号可以喷到车上,进行传播;有必要的话可以注册,成为产品标志,防止其他人冒用。

2. 销售服务产品(组合)

1)建立采购明细表,见表29-6。

表29-6 销售服务产品采购明细表

序号	产品名称		产品分类	
	服务产品名称	服务项目名称	实物产品	(无形)服务产品
1	证照办理服务产品	代缴购置税	购置税证	办理服务
2		代办行驶证	行驶证、车牌	办理服务
3		代办车辆抵押	抵押证明	办理服务
4		代办营运证	营运证	办理服务
5	增值服务产品	驾驶员培训	教材	培训服务
6		车辆交接仪式	鞭炮、糖果、红花	办理服务
7		代驾送车	加油(发票)	驾驶服务
8		车辆年审	年审证明	年审服务
9	加换装服务产品	安装设备	行驶记录仪	安装服务
10			北斗管理系统	安装服务
11			贷款管理系统	安装服务
12		设备加装	疲劳驾驶预警	加装服务
13			道路偏移预警(LDW)	加装服务
14			前向碰撞预警(FCW)	加装服务
15			电子围栏	加装服务
16			胎压检测系统(TPMS)	加装服务
17			称重传感器	加装服务
18			倒车预警系统	加装服务
19			360°环视系统	加装服务
20		精品加装、换装	轮辋/轮胎	换装服务
21			微波炉	加装
22			电冰箱	加装
23			热水壶	加装
24			车辆监控管理系统(VMS)	加装
25			危化品运输管理系统	加装
26			冷链运输系统	加装
27			渣土运输管理系统	加装
28			环卫系统管理系统	加装
29			专用车管理系统	加装
30			车辆金融销贷管理系统	加装
31			商品车运输管理系统	加装
32			UBI保险系统(保险系统方案)	加装
33			精准油位传感器	加装
34			温度传感器	加装
35			运输管理系统(TMS)	加装

2) 设计产品名称：证照服务产品、增值服务产品、加换装服务产品等（仅供参考）。

3) 进行产品编号：例如，销服 1、2、3……号。

3. 保险产品（组合）

1) 建立能够采购到的车辆保险产品采购明细表，见表 29-7。

表 29-7　车辆保险产品采购明细表

序号	保险产品的名称	保险产品对应的车辆产品	
		保险产品对应的车辆产品	载质量
1	机动车交通事故责任强制保险	非营业货车	2t 以下
2	机动车损失保险	非营业货车	2~5t
3	第三者责任保险	非营业货车	5~10t
4	车上人员责任保险	非营业货车	10t 以上
5	自燃损失险	营业货车	2t 以下
6	不计免赔率险	营业货车	2~5t
7	车上货物责任险	营业货车	5~10t
8	玻璃单独破碎险	营业货车	10t 以上
9	车身划痕损失险	特种车一	
10	全车盗抢保险	特种车二	
11	发动机涉水损失险	特种车三	
12	修理期间费用补偿险	特种车四	
13	新增加设备损失险		低速汽车
14	机动车损失保险无法找到第三方特约险		摩托车
15	精神损害抚慰金责任险		拖拉机
16	指定修理厂险		

注：每一个保险产品都对应着后面所有的车辆产品。

2) 设计产品名称：车辆保险服务产品。

3) 建立产品编号：例如，保险 1、2、3……号等。

4. 金融服务产品（组合）

1) 建立金融服务产品采购明细表，见表 29-8。

表 29-8　金融服务产品采购明细表

序号	产品			贷款产品配置（部分）						
	品牌名称	产品名称	品种名称	贷款额	贷款余额年利息	还款能力	贷款月数	月度还款额/元	贷款条件	名称编号
1	××品牌	购车贷款	1 首付 0%							
2			2 首付 10%							
3			3 首付 20%							
4			4 首付 30%							
5			5 首付 40%							
6			6 首付 50%							
7			7 首付 60%							
8			8 首付 70%							
9			9 首付 80%							
10			10 首付 90%							
11			11 首付 100%							

(续)

序号	产品			贷款产品配置（部分）							
	品牌名称	产品名称	品种名称	贷款额	贷款余额年利息	还款能力	贷款月数	月度还款额/元	贷款条件	名称编号	
12	××品牌	附加税贷款	首付10%								
13		车辆保险贷款	首付10%								
14		加油贷款	首付10%								
15		高速公路过路费贷款	首付10%								
16		轮胎贷款	首付10%								
17		配件/维修贷款	首付10%								
18		货主运输押金贷款	首付10%								
19		首付贷款	首付10%								
20		停运贷款	首付10%								
21		其他									

注：产品全称为——品牌名称＋产品名称＋品种名称"中国银行购车贷款首付20%产品"。

其他业务产品组合明细表不再一一列举。

2）设计产品名称：略。

3）建立产品编号：略。

二、建立销售产品明细表

有些产品你想卖，不一定买得到，或者买得到不一定卖得出（价格太高或配置太低、功能太少）。

因此，作为销售部门，一定要根据"采购部门能够采购到的、满足客户需求的产品"，编制可以对客户进行宣传、推荐、销售的产品明细表，模板见表29-3。

注意：编制销售明细表不是简单地使用采购明细表，是在采购明细表的基础上，加上自己的服务项目、服务能力。

三、确定意向（目标）市场

1. 建立、确定意向（目标）市场

经销商有不同的产品，就一定会满足不同的客户需求。

1）根据销售产品明细表，在表29-1中找出你的销售产品能够满足需求的那一部分意向客户。

2）建立新的"产品能够满足需求的意向客户明细表"。

3）将不能满足需求的那一部分意向客户继续留在表29-1中。今天不能满足，不能代表明天不能满足，这为继续进行产品、供应商的开发提供了方向。

2. 意向客户明细表的分类管理

1）所有业务的产品和服务都能满足的那一个意向客户群体，就是经销商的"意向目标市场"。所有业务的产品和服务是指：

① 车辆业务：产品和服务。

② 销售服务业务：产品和服务。

③ 车辆保险业务：产品和服务。

④ 金融服务业务：产品和服务。

⑤~⑨略去。

2）只有一个（或一个以上）业务产品能够满足那一个意向客户群体需求的，是那一个（或一个以上）业务部门的"意向目标市场"。

3) 分类：

① 根据经销商的"意向目标市场"，建立"经销商意向客户明细表"。

② 根据业务部门的"意向目标市场"，建立"××部意向客户明细表"。

4) 明细表注意事项：

① 不论是整个经销商的"意向目标市场"，还是一个业务部门的"意向目标市场"，都应该重视，一视同仁。

② "意向目标市场"内的所有意向客户，不论他拥有的车辆多少、消费能力多大，都应该重视，一视同仁。

③ 详细的表格模板见本书其他章节相应业务的作业模板和表格。

第五节 建立市场管理的方法与制度

一、为什么需要进行市场管理

1. 运输方式的变化会导致客户/市场变化

市场是在不断变化的，因此"意向目标市场"也在不断变化。主要表现在以下方面：

1) 新材料、新技术、新工艺、新产品的不断涌现，导致新的货物不断涌现，老的货物不断淘汰。

2) 新的运输模式、方法不断涌现（铁-水联运、管道运输），导致公路物流运输会发生变化。

3) 环保意识、管理要求的加强，导致一部分原先通过公路物流运输的货物转向铁路。

4) 车辆标准的变化，导致公路物流竞争力提高，部分铁路运输的货物可能转向公路。

5) 公-铁联运、公-水联运、公路运输方案的优化（甩挂运输、甩箱运输、甩盘运输等）的变革，导致公路运输效率、竞争力提高，部分货物可能转向公路运输。

2. 物流管理方式的变化会导致客户/市场变化

政府改革、税收改革、运输变革（无车承运人的出现）、收费公路收费方式的变革、车辆保险的改革、安全管理方式的改革都会导致客户发生变化。

1) 第一方物流客户或第二方物流客户会变成第三方物流客户。

2) 第四方物流平台企业的出现会导致个体运输户长期存在。

3. 运输车辆的变化会导致客户/市场变化

产品技术的不断进步，法律的不断完善，治理车辆超载、超限的力度不断加强，会导致超载超限车辆消失，车辆的安全性大幅度提高。依靠第四方物流平台，进行公路运输的从业者会增加，客户会发生变化。

4. 公路运输的模式的变化会导致客户/市场变化

互联网、5G技术的发展，会加速车辆的智能化，有可能第一方、第二方物流又会越来越多，逐步代替第三方物流企业，物流运输市场将重新洗牌。

1) 第一方（生产）物流为主：服务于大企业、大宗货物物流、竞争激烈的行业。

2) 第二方（需求）物流为主：服务于垄断行业、运输不稳定的行业（餐饮、零售、百货等）。

3) 第三方（独立）物流为主：服务于第四方物流平台企业、散货物流、城市物流、农村物流、季节性物流行业。

5. 车辆购买的模式的变化会导致客户/市场变化

由买车到租车的变化将会导致客户/市场变化。

6. 预计中国的物流运输行业未来还会有两次较大的变化

1) 新能源的使用导致的车辆变化、客户变化。

2) 智能驾驶导致的车辆变化、客户变化。

对这些变化进行管理，达到未雨绸缪，是很有必要的。

二、明确市场管理的内容

市场管理的内容如下：

1）货物管理：确保车辆有货物可以运输。

2）货主管理：确保客户有运输合同，车辆有活干。

3）客户管理：确保客户不断在自己的公司消费。

4）驾驶员管理：确保车辆的正常使用、维护、保养，满足客户出勤率的要求。

5）车辆执行标准、法律、法规管理：确保车辆符合国家的产品标准、法律、法规，保证车辆的正常行驶。

6）运输税费管理：确保运输成本满足货主的要求。

7）政府管理部门管理：明确管理的部门、管理法律、管理标准、管理制度；认真遵守。

8）车辆产品变化管理：类别变化、车型变化、驱动形式变化、动力变化（功能、性能、配置变化等），及时调整产品结构，引领客户需求。

9）运输方式竞争管理：及时调整产业方向。

10）已有客户与竞争者客户之间的竞争管理：如何支持自己的客户打败竞争对手。

11）竞争对手的管理：知己知彼，百战不殆。

三、建立市场管理的方法——异常管理法

只对出现的"异常"情况进行管理，在一切（库存、销量、收入、利润等指标）都正常的情况下，不进行管理，只进行关注。

管理的方法是建立管理表，实现有效管理。示例见表29-9。

表29-9　货物异常管理表

序号	货物异常情况										货物管理异常情况			
	目标货物类别列表		目标货物（品类）名称列表		总运量/(t/年)		平均运输距离/km		总运输方量/(方/年)		总运输量/(t·km/年)		国家标准		地方标准	
	以前	现在	以前	现在	以前	现在	以前	现在	以前	现在	以前	现在	旧标准	新标准	旧标准	新标准
1																
2																
…																

详细的表格见《市场管理制度附表》。

四、做好竞争管理，建立差异化优势

1. 明确学习的标杆

标杆的定义是学习的榜样，具体包括以下内容：

1）企业学习的标杆：综合能力、管理能力、业务能力、盈利能力最强的经销商。

2）业务组织学习的标杆：某一项业务最强的经销商。

3）产品标杆：相同产品销量最大的经销商。

4）客户标杆：客户最优秀的经销商。

2. 明确谁是自己的竞争对手

1）企业的竞争对手。

2）业务组织的竞争对手。

3）产品的竞争对手。

4）客户的竞争对手。

5）货主的竞争对手。

3. 做好竞争管理，防止恶性竞争

1）防止相同品牌经销商之间的竞争。
2）防止相同品牌产品之间的竞争。
3）防止同"标杆"进行恶性竞争（自不量力）。
4）防止同非竞争对手进行竞争（鹬蚌相争）。
5）尽量防止同竞争对手进行价格竞争。
6）尽量防止自己的客户之间的竞争。

4. 建立竞争方法，有效利用竞争，打败竞争对手

1）利用客户竞争：支持自己的客户，抢夺竞争对手的客户的货源。
2）利用差异化优势进行竞争。
3）利用主机厂进行竞争。
4）利用竞争对手没有的业务进行竞争。

5. 建立差异化优势，进行有效竞争

商用车经销商，应在以下方面积极努力，建立差异化优势：
1）企业文化建设，建立品牌差异化。
2）企业管理理顺，建立业务能力，形成传播（客户口碑）差异化。
3）强化员工素质培训，建立员工能力差异化。
4）加强硬件（维修设备、工具）、软件建设，建立形象差异化。
5）强化产品采购管理，销售明细表管理，建立产品差异化。
6）强化学习新技术、新工艺、掌握新产品，引领客户需求，建立思想差异化。
7）参与到物流运输行业中，拓宽为客户服务的能力，建立客户体验差异化（没有活找我）。

五、建立市场管理制度

只有建立相关的管理制度，才能有效管理组织，有效管理市场，有效管理业务。下面将市场管理方面的管理制度列出，供参考（这些制度及其附表详见北京佐卡科技有限公司网站，可扫本书前言中的二维码进入）。

1）《业务管理制度》。
2）《市场管理制度》。
3）《市场调研管理制度》。
4）《市场管理委员会工作制度》。
5）《市场管理委员会主任岗位作业制度》。
6）《市场管理委员会计划员岗位作业制度》。
7）《市场管理委员会市场调研员岗位作业制度》。
8）《市场管理委员会报告编写员岗位作业制度》。

本章小结与启示

市场管理是业务管理的基础。希望通过本章的介绍，使读者能够熟练掌握并建立攻防兼备的"主动营销模式"。

明确了两个市场：车辆的市场、客户的市场。

知道了如何满足这两个市场需求，并建立了相应的业务和管理组织。

知道了产品的完整性概念，明确了产品明细表的重要性。把这项基础性工作做好了，就相当于为一线营销战士准备了充足的武器弹药。

知道了如何竞争，如何避免无谓的竞争，就可以以最小的代价取得最快的市场增长率。

本章学习测试及问题思考

（一）判断题

（　　）1. 产品的五个层次是核心产品、基本产品、期望产品、附加产品、潜在产品。

（　　）2. 市场管理的异常管理法，是只对出现的"异常"情况进行管理。在一切（库存、销量、收入、利润等指标）都正常的情况下，不进行管理，只进行关注。

（二）问答题

1. 商用车经销商的对外业务范围有几个？
2. 简述找到车辆的需求的方法。
3. 主动营销模式的思路是什么？
4. 如何建立、确定意向（目标）市场？
5. 如何做好竞争管理，建立差异化优势？

第五篇
经销商商用车营销与衍生业务管理

北京佐卡科技有限公司
经销商的企业管理制度和课后测试题答案均可在线阅读

第三十章 商用车采购业务管理

学习要点

1. 了解采购业务的管理范围、内容、管理要点。
2. 了解采购管理部各岗位的岗位素质要求。
3. 掌握并能熟练编制采购明细表和采购价格表、采购计划表。
4. 掌握并能够执行采购管理流程和管理制度。

第一节 采购业务管理的范围与要点

一、采购业务管理的重要性与管理范围

采购业务管理，是指对采购业务进行计划、实施、调度、控制的管理过程。

1. 采购业务管理的重要性

1）节约成本。

2）提高资金周转率。

3）减少库存，甚至消灭库存。在企业经营管理工作中，"库存是万恶之源"。所有的经营不善，都是源于库存。一个能做到没有库存的经销商才是真正有管理水平的经销商。

4）促进公司创新。主动营销模式就是一个没有库存也能满足目标客户需求，完成销售任务的模式。要对这个模式进行充分的理解，促进公司创新。

2. 采购业务的管理范围

采购业务的管理范围包括采购管理、有形产品的仓储管理、无形产品的仓储管理。

（1）采购管理

1）车辆产品采购管理。

2）精品采购管理。

3）保险产品采购管理。

4）金融服务产品采购管理。

○ 本章由崔士朋、赵旭日编写。

5）保养产品采购管理。
6）维修产品采购管理。
7）配件采购管理。
8）运输公司产品采购管理（可以由运输公司独立采购）。
9）二手车收购管理（推荐由二手车业务部独立收购）。

（2）有形产品的仓储管理
1）车辆产品仓储管理。
2）精品仓储管理。
3）配件仓储管理。
4）二手车仓储管理。

（3）无形产品的仓储管理
1）保险产品的仓储管理。
2）金融服务产品的仓储管理。
3）保养产品的仓储管理。
4）维修产品的仓储管理。

无形产品的仓储管理实际上就是进行额度管理，由采购管理部计划员负责建立额度台账并进行管理即可。

二、采购业务管理的内容

1. 建立采购明细表

1）采购明细表就是能够采购到的产品的列表。其作用是为各业务提供可以满足不同客户需求的产品。它也体现了一个企业的实力。

2）区域不同，相同行业的客户需求也可能不同，采购明细表内的产品不一定在所有区域可面对所有目标客户销售。也就是说，每一个目标客户所需求的产品可能都是不同的。有可能同一群（运输的货物、运量、行驶的道路、装卸方式等运输条件基本一致）"目标客户"需求的产品是一致的。

产品采购应该是面对目标客户的采购，而不是面对意向客户的采购。

3）有些客户可能有需求，但由于不知道有没有这样的产品而没有提出需求。有了采购明细表，就可以根据客户的实际应用场景，为客户推荐最合适的产品。

4）有些客户可能提出了需求，由于销售人员不知道有没有这样的产品而错过了销售机会。有了采购明细表，就不会错过机会。

2. 编制采购计划

（1）已有销售的产品的采购计划　已有销售的产品，根据上一计划期的销售量和下一计划期的增长率，编制下一计划期的销售计划。

$$采购计划 = 销售计划 - 已有库存 + 下一计划期库存当量$$

（2）新产品的采购计划　以车辆新产品采购计划的编制工作为例：按照客户开发计划、已有目标客户数量、目标客户预计购买的数量制订销售计划。当没有目标客户意向购买时，可以制订目标客户试用计划（试用一辆），这时试用计划就是销售计划。采购计划制定方法如下：

$$采购计划 = 销售计划 - 已有库存 + 下一计划期库存当量$$

3. 确定采购供应商

同一产品可能有多家生产厂，按照产品的功能、性能、配置、质量、品牌知名度、公告、政策（包括销售、"三包"服务、配件、二手车置换政策等）、价格、服务能力、交货期、付款条件等进行比较，找到最合适的供应商。

4. 制订采购政策

根据供应商（包括厂家）的销售政策，制订最合适的采购政策，包括付款政策、服务政策、配件政策、交货期政策、运输政策、质量政策、批量政策，置换政策等。

5. 制订采购价格表

1）在制订采购价格表前，应努力做好以下工作，以获取供应商最大的政策支持：

① 与供应商建立战略伙伴关系。

② 与供应商共同研发产品以实现差异化。

③ 建立自己的品牌，开发新技术、利用新材料，实现贴牌生产（Original Equipment Manufacturer, OEM）方式。

④ 联合起来，集中采购。争取供应商的最大销售政策支持，实现采购政策最优化（或者说实现采购成本最低）。

2）编制采购价格表：

① 在确认获取供应商最大政策支持的基础上编制采购价格表。

② 采购价格表是实际"采购的产品"的采购价格表。

③ 采购明细表中的产品不一定都能实现销售，也就不一定采购，也就不一定都要编制采购价格。

6. 签订采购合同

所有能够实现销售的、需要采购的产品必须签订采购合同。采购合同的内容包括但不限于以下内容：合同双方、采购产品名称、功能、主要性能、配置、公告、政策、数量（一次订单最低数量）、订单格式、生产周期、运输周期、运输方式、验收标准及方法、质量索赔方式、付款方式、发货地点、交货地点、运输承运人、运费及结算方式、"三包"服务规定、其他约定。

7. 下达采购订单

在签订采购合同后，不一定一次完成采购，可以分多次进行采购。当进行多次采购时，采购订单就是一种必需的形式，成为合同执行的一种方式。

8. 建立采购过程（流程）管理

明确采购流程，节点和各节点作业要点。强化流程节点的时间管理。确保按时采购。

9. 建立质量管理

建立产品采购入库质量检验标准，明确检验的标准、方法、流程等，把住产品入库质量关，满足客户需求。绝不能因为产品生产质量特别是外观质量、合格证质量、标牌质量、VIN 质量不合格造成客户抱怨。

10. 建立入库管理

建立产品入库管理制度，完善入库流程、手续、记账、对账管理。

11. 建立库存管理

建立产品库存管理制度，建立库存当量，库存时间、库存质量管理。确保产品的完整性、完好性。

12. 建立发票管理

按照发票管理制度（见第四篇财务管理相关内容），严格发票管理。

13. 建立付款管理

按照付款管理制度，严格付款流程，没有合同不能付款（或没有发票不能付款）。

14. 建立政策兑现管理

1）建立采购政策兑现管理制度，确保供应商的所有销售政策都有采购政策相对应。

2）确保所有的采购政策都能按时兑现到账。

15. 建立对账管理

建立对账管理制度，进行对账管理。

三、经销商采购管理要点

1. 信息输入管理

采购部门要及时、准确地输入营销部门的销售信息，这些营销信息是采购部门编制采购计划的基础。

（1）产品销售信息：包括产品的功能、性能、配置、公告、销售政策、价格、服务政策、产品名称、产品编号、产品品牌、生产厂家等。销售信息是采购管理的基础。没有销售就没有采购，采购的所有商品都必须是能够销售的。

（2）客户信息：运输的货物，实际载质量、货箱实际装载体积、行驶道路、路线等。采购管理的核心是一定要了解、掌握客户的需求。

2. 采购渠道是采购质量的保证

不同的生产厂家，其产品质量千差万别，服务质量更是如此。因此，要想确保采购产品的质量，必须要首先选择好生产厂家。采购质量包括商品本身的质量（功能、性能、配置、整备质量、公告等）、时间质量、运输质量、付款质量、价格质量、服务质量、配件质量、二手车置换质量等。

3. 采购保证管理

采购保证管理是确保采购质量的前提。包括客户需求时间确定、资金保证等。

4. 采购政策管理/供应商（或厂家）的销售政策

确定采购政策、确定采购价格是采购管理的要素。要确定好采购政策（付款政策、月度批量政策、季度批量政策、年度批量政策、批量价格政策等），并且采购的产品是满足目标客户需求的、自己有利润。

四、建立仓储管理

仓储管理与采购管理一样，也是现代物流管理的一个重要环节。做好仓储管理工作，对于保证及时供应市场需要的、合理储备的商品，加速周转以降低成本，以及提高企业的经济效益都具有重要作用。因此，仓储管理制度已成为现代公司管理制度中的重要组成部分，它主要包括：

①公司仓库规划管理制度、②库存量管理制度、③物资储存保管制度、④公司商品编号制度、⑤仓库（保管）管理制度、⑥产品领用制度、⑦发货管理制度、⑧退货管理制度、⑨入库管理制度、⑩调货管理制度、⑪出库管理制度、⑫仓库安全管理制度等。

这些管理制度网上都有标准的模板，可下载后结合自己的实际情况进行完善。

第二节 部门职责与采购员岗位素质

一、采购管理部的职责

采购管理部的职责包括：①保证部门的正常经营；②保证销售部门对商品销售数量、质量的需求；③保证库存没有损失；④不断提高采购商品的质量；⑤发展有竞争力的供应商；⑥做好采购管理、仓储管理；⑦执行采购政策、采购价格，确保商品质量、价格有竞争力；⑧协调企业内部各职能部门间合作；⑨以最低的管理费用完成采购计划；⑩完成领导安排的其他工作。

二、采购经理（员）岗位素质要求

1. 采购员应具备的能力

1）基本能力：成本意识与价值分析能力、预测能力、表达能力、良好的人际沟通与协调能力、所采购产品的专业知识。

2）专业采购能力：策划能力（完成采购计划所必须进行的策划工作，如公关活动），选择、推荐供应商的能力，自我管理、自我提高的能力，在不影响企业正常销售的情况下降低采购成本的能力。

2. 采购员应承担的责任

采购计划与需求确认、供应商管理、采购数量控制、采购品质控制、采购价格控制、交货期控制、采购成本控制、采购合同管理、采购记录管理。

3. 执行采购流程

确定采购明细表→确定采购渠道→确定采购政策、价格、生产周期、到货周期采购要素→签订采购合同→制订库存当量→确定库存位置→收集销售计划→生成采购订单→供应商确认→**申请定金并支付**→**供应商发货（生产→入库→发货→到货时间确认）**→进货检收→入库→付款→政策兑现→对账→结账（加粗的部分为采购员执行的流程）。

4. 采购员的基本素质要求

采购是一项相当复杂，而且要求很高的工作。采购员应具备的基本工作能力也相当多样化，包括分析能力、预测能力、表达能力、专业知识水平和良好的品行与形象。

（1）分析能力

1）对供应商的整体分析、判断能力：能够准确分析供应商的生产能力、工艺水平、质量保证能力、资金实力、信誉保障、政策兑现能力等，以避免和无赖供应商打交道。

2）产品质量分析能力：包括配置质量、装配质量、性能质量、功能质量、服务质量等分析，做到"只买好的"。

3）在质量保证满足目标客户需求的前提下，对供应商制造成本进行分析的能力：如果制造成本很低而销售价格很高，说明供应商的生产能力没有发挥出来，这时可以商谈采购政策。通常，采购批量越大，价格越低，因此可采用经销商联合采购，以提高采购数量，降低采购成本。

4）必须具有成本效益分析能力，能够用最低的成本（资金成本、人员成本、采购费用、运输成本等）完成采购。

（2）预测能力　采购员应能依据供应商的种种表现（库存、价格、政策、产量、资金等），判断商品供应是否充裕；通过与供应商的接触，从其态度，揣摩可能商品供应的情况。采购员必须开阔视野，具备察言观色的能力，以对采购的趋势进行预判并采取对策。

（3）表达能力　采购员无论是用语言还是用文字与供应商沟通，都必须能正确、清晰地表达采购的各种条件，例如规格、数量、价格、交货期限、付款方式等，避免语意含混，滋生误解。忙碌的采购工作，要求采购人员既具备"长话短说，言简意赅"的表达能力，以免浪费时间，又能"晓之以理，动之以情"来争取采购条件。

（4）具有一定的专业知识水平　采购员必须具有所采购产品的基础知识。

（5）良好的品行与形象　采购员要有良好的品行，注重形象，采购员的形象代表了企业的形象，采购员的品行与形象会直接影响企业的形象、信誉和利益。

第三节　采购业务管理流程与管理制度

一、采购业务主要工作内容

1. 建立采购组织

1）依据集中管理的原则，设置采购管理部。
2）建立组织的作业岗位与岗位业务管理职责，见表30-1。

表30-1　采购管理部岗位设置及主要职责设计

序号	岗位名称	岗位主要职责	备注
1	部长	部门管理、采购资源管理、采购渠道开发	
2	计划员	采购计划管理	
3	产品经理	渠道及采购产品明细表管理	
4	商务经理	厂家销售政策、采购政策、采购价格、合同、对账管理	
5	采购经理	采购管理、改装管理、包装管理、运输管理	
6	库管员	入库、库存、出库管理	

3）聘任干部和岗位人员。按照"德才兼备"的干部标准和"任人唯贤"的干部路线聘任干部；按照"肯学习、能吃苦、有潜力、能打仗"招聘岗位人员，工作内容包括①聘任干部；②招聘岗位人员；③明确业务内容和相关的业务管理制度；④明确组织工作制度；⑤明确岗位作业制度。

4）建立业务、组织、岗位管理制度。业务管理制度、部门工作制度、岗位作业制度见本节三、采购业务管理规范及管理制度。

5）建立组织管理的流程、模板、表格。见本节三、采购业务管理规范及管理制度。

2. 编制产品采购明细表

1）车辆产品采购明细表，参见表30-2。

2）销售服务产品采购明细表，参见表30-3。

3）车辆保险产品采购明细表，略。

4）客户贷款产品采购明细表，略。

5）二手车业务产品收购明细表等，略。

表30-2　商用客车产品采购明细表

序号	车辆名称	车辆类别				品牌	子品牌	产品					马力	公告载客人数
		大客	中客	轻客	微客			4×2	6×2	6×4	8×4	其他		
1	纯电动城市客车													
2	纯电动客车													
3	燃料电池城市客车													
4	轻型客车													
5	客车													
6	城市客车													
7	豪华客车													
8	越野客车													
9	插电式混合动力城市客车													
10	纯电动低地板城市客车													
11	纯电动低入口城市客车													
12	纯电动双层城市客车													
13	纯电动轻型客车													
…	…													

采购明细表见《产品采购业务管理制度》附件2《采购明细表》。

3. 采购渠道开发管理

（1）建立意向供应商明细表　意向供应商主要包括以下几类：

1）车辆产品意向供应商：根据车辆公告寻找车辆制造商。

2）精品、配件意向供应商：寻找精品、配件制造商、销售商。

3）车辆保险产品意向供应商：寻找车辆保险公司。

4）客户贷款产品意向供应商：寻找贷款的银行、融资租赁公司。

5）其他。包括维修保养、加油（气）站、高速公路、餐饮住宿等供应商。

（2）制订意向供应商拜访计划　见表30-4。

（3）意向供应商拜访　调查、了解意向供应商的基本情况，包括但不限于：产品明细表、质量、销售政策、服务政策、产品价格、客户评价、销量、主销区域、市场占有率等所有采购要素。

（4）进行业务洽谈　提出我们准备采购的产品明细表、产品技术条件（功能、性能、配置、公告、交货方式、使用场景、服务要求、配件要求、支持要求等），并与供应商达成一致。

表 30-3 销售服务产品采购明细表

序号	服务产品名称	服务产品（项目）名称	服务内容	服务项目下的采购产品名称	备注
1	证照办理	代缴购置税		车辆购置税	
2		代办行驶证		车辆检测及行驶证办理、上牌	
3		代办车辆抵押		车辆抵押	
4		代办营运证		营运证办理	
5	附加服务	驾驶员培训		培训教材及教师聘请	
6		举行车辆交接仪式	交车仪式	绸子	
7				糖果	
8				鞭炮	
9		送车	送车及交接	加油及过路费	
10		车辆年审		车辆年审	
11			按照车辆管理部门的要求安装设备	行驶记录仪	
12				北斗管理系统	
13				贷款管理系统	
14			安全行驶设备安装	疲劳驾驶预警	
15				道路偏移预警系统（LDW）	
16				前向碰撞预警（FCW）	
17				电子围栏	
18				胎压检测系统（TPMS）	
19				称重传感器	
20				倒车预警系统	
21		设备安装		360°环视系统	
22			精品	轮辋/轮胎	
23				微波炉	
24				电冰箱	
25				热水壶	
26				车辆监控管理系统（VMS）	
27				危化品运输管理系统	
28				冷链运输系统	
29				渣土运输管理系统	
30				环卫系统管理系统	
31				专用车管理系统	
32				车辆金融销贷管理系统	
33				商品车运输管理系统	
34				UBI保险系统（保险系统方案）	
35				精准油位传感器	
36				温度传感器	
37				运输管理系统（TMS）	

表 30-4　意向供应商拜访计划表

序号	供应商分类	意向供应商基本情况									此供应商推荐者姓名	经营范围	推荐的理由	是否愿意与我们合作	合作的条件	编制意向供应商拜访计划								
		客户单位名称	客户法人姓名	供应商地址				联系电话	联系人	联系人电话						确定开发、拜访人姓名		确定被拜访人			确定拜访时间	确定拜访地点	拜访礼品准备		
				省	市（地区）	县	乡	门牌号									1	2	1	2	3			礼品1	礼品2	礼品3
	合计																									
1	车辆																									
2	配件																									
3	精品																									
4	保险																									
5	贷款																									
6	保养																									
7	维修																									
8	货物																									
9	加油（气）站																									
10	高速公路																									
11	餐饮																									
12	住宿																									

（5）进行商务谈判　在产品达成一致的基础上，进行商务洽谈，包括但不限于：采购总量、一次最低采购数量、采购政策、交货地点、运输方式、采购价格、付款条件、运费支付、发票开具、验收标准、退货管理、包装方式、联合促销方式、争端解决等，并与供应商就上述问题达成一致，将意向供应商变成意向目标供应商。

（6）建立意向目标供应商明细表　见表 30-5，该表要素多，本书仅展示部分要素。

表 30-5　车辆采购意向目标供应商明细表

序号	车辆类别	车型		驱动形式	采购渠道						
					底盘（牵引车）采购渠道						
		车型	车型细分		底盘配置要求	公告号	整备质量	名称	性质	地址	联系人	电话
1	重卡	自卸车	整车自卸车	4×2								
2				4×4								
3				6×2								
4				6×4								
5				8×4								
6			自卸牵引车	6×4								
7			自卸半挂车	3轴								

（7）建立意向目标供应商产品采购明细表　包含产品经理、商务经理所有洽谈并达成一致的内容，建立明细表、档案，并报财务总监审批、总经理批准。

（8）签订战略合作协议书

（9）进行试采购　采购一辆（或一件），进行流程打通、客户检验、确认（如果是非首次合作渠道，此步骤省略）。

（10）编制渠道采购明细表、价格表、采购政策表　向相关业务部门（主要是财务部门）提供《渠道采购明细表》《采购价格表》《采购政策表》。财务及相关业务部门编制销售价格表，进行试销。确认采购产品的质量、功能、性能、价格、服务等相关所有要素。

（11）根据销售计划，编制采购计划表 见表30-6。

表30-6　车辆产品渠道采购计划表

序号	整车、底盘、挂车、改装采购渠道						销售目标						采购计划			
								年度销售计划/辆						年度采购计划		
	名称	销售调度员	调度电话	销售部长	电话	开户银行	账号	法人代表姓名	预计市场年度销量	能够销售的产品组合	建立库存的产品组合	市场占有率目标	年度销量目标	月度平均销量目标	库存当量	现有库存	年度采购计划	年度平均采购计划
合计																		
1																		
2																		
...																		

（12）根据采购计划，签订采购合同

（13）建立采购渠道明细表、采购渠道产品采购明细表、采购政策明细表、采购价格表。

采购价格表模板见本节三《产品采购业务管理制度》附件3：采购价格表。

供应商开发流程见本节三《产品采购业务管理制度》附件4、5、6。

二、产品采购业务流程、节点与作业要点

产品采购业务流程管理节点如下：

1）收集销售合同，编制采购作业计划，生成订单。
2）订单发供应商确认，收取回执确认单。
3）供应商确认，申请定金或一次性付款资金。
4）建立采购调度表，确保按时采购到位，见表30-7。

表30-7　车辆采购　车辆产品渠道采购订单、定金、排产、入库、发车调度表

序号	整车、底盘、挂车采购渠道					采购订单		采购定金/元			生产、入库、发车调度计划							
	名称	销售调度员	调度电话	销售部长	电话	采购数量	订单编号	定金金额	定金编号	付款时间	计划提报时间	生产排产计划时间	入库时间	发车时间	发车公司	发车电话	运输天数	底盘到达改装厂时间	整车、挂车到达公司时间	订单存档/编号/地点
合计																				
1																				
2																				
3																				

5）采购到位，验收、入库，见表30-8。
6）库存管理、记账管理。
7）付款管理、发票管理、对账管理。对账管理表见表30-9。对账还包括付款对账、政策对账、其他对账。
8）建立库存预警管理。

建立采购业务管理流程与管理工具非常重要，这是商用车经销商目前在管理上的短板。车辆产品采

购流程见《产品采购管理制度》附件4中的车辆产品采购管理流程及表格。

表30-8 车辆采购 产品（车辆）验收单（模板）　　　　　　　　　模板编号：

验收单编号：		车辆名称		验收数量		公告号	
生产厂家名称		厂址		运输单位名称		运单号	
采购合同/订单号		定金付款凭证编号		合同订购数量		合同/订单未到数量	
序号	验收内容						备注
1	验收单位						
2	验收人：		验收监督人		验收日期：		验收时间
3	验收单批准人			批准日期			
4	合格证、VIN、是否一致						
5	合同/订单要求的配置和实物是否一致						
6	公告号、公告参数与实物尺寸是否一致						多个项目——列明
7	外观良好，没有磕碰划伤						
8	车辆没有变形						
9	车辆完整，没有缺件						
10	启动，各系统运行良好，没有异常						
11	没有使用过的痕迹						
12	其他需要说明						
13	品牌	子品牌	产品线	产品	品种	车辆名称	名称编号	应存放场地、库区、库位编号

注：1. 此表作为入库凭证。
　　2. 此表作为付款凭证之一。
　　3. 也可以由总经理指定销售单位为验收单位。

表30-9 车辆采购月度、年度采购对账表（模板）

序号	整车、底盘、挂车、改装采购渠道								对账内容									
	名称	合同名称/编号	销售调度员	调度电话	销售部长	电话	开户银行	账号	法人代表姓名	订单对账			定金对账			发车、入库对账		
										份数	数量	差异	原因	份数	金额	差异	原因	数量	相符	差异	原因
合计																		
1																		
2																		
…																		

注：1. 应及时对账。
　　2. 其他对账也很重要。
　　3. 对账反映的问题应制订方案，限期解决。

三、采购业务管理制度

根据客户（包括各业务部门及各业务部门客户）的期望要求，建立相关的业务管理制度，以使所有岗位人员的作业标准化、规范化，提高作业效率，减少失误，满足客户期望，提高客户满意度。

（一）建立业务管理制度，进行表格化管理

建立产品采购业务管理制度，该制度要求建立相应的管理表格。表格化管理将规范管理要素，进行各环节的节点管控，确保各岗位作业质量。该制度相关表格包括：①采购组织设置及管理表，②采购明细表，③采购价格表，④车辆产品采购管理流程及表格，⑤销售服务产品采购流程表，⑥保险产品采购

管理流程及表格。

(二) 建立部门工作制度与各岗位作业制度

部门工作制度与各岗位作业制度包括：①采购管理部工作制度、②采购管理部部长岗位作业制度、③采购管理部计划员岗位作业制度、④采购管理部产品经理岗位作业制度、⑤采购管理部商务经理岗位作业制度、⑥采购管理部采购经理岗位作业制度、⑦采购管理部库管员岗位作业制度。

上述管理制度及作业表，内容较多，详见佐卡公司网站。

本章小结与启示

本章强调了采购管理的重要性，采购员要了解采购管理的范围、内容、管理要点、各岗位的岗位素质要求，并能熟练编制采购明细表和采购价格表、采购计划表，掌握并严格执行采购流程和管理制度。

本章学习测试及问题思考

1. 采购管理部管理的主要内容有哪些？
2. 简述经销商采购管理的要点。
3. 采购管理员应具备的岗位能力有哪些？
4. 采购管理部一般要制订哪些管理制度？

第三十一章 商用车营销业务管理[一]

> **学习要点**
> 1. 掌握服务营销相关概念,熟悉服务营销与销售的区别。
> 2. 了解商用车营销管理部门各岗位的岗位素质要求。
> 3. 掌握营销管理的流程与关键节点。

第一节 销售与服务营销的区别

一、基本概念

1. 营销与服务营销

1)营销是指企业发现或发掘意向客户的需求,开发出其需要的产品,并让意向客户了解该产品,进而购买该产品的全过程。所谓"营销",其实就是经营销售的意思。本书所涉及的营销,不包含有形车辆产品的研发与生产阶段,下同。

2)服务市场营销,简称服务营销,详见本书第二十章《服务营销》。本章及以后各章讲述的所有业务市场营销活动都是按照服务营销的理念来展开的。

2. 销售

销售是指以出售、租赁或其他任何方式向第三方提供产品或服务的行为,包括为促进该行为进行的有关辅助活动,例如广告、促销、展览、服务等。

3. 货物

货物的定义为:凡是经由运输部门或仓储部门承运的一切原料、材料、工农业产品、商品以及其他产品。本书所涉及商用车营销的意向(目标)货物:指本公司所销售的车辆能够运输的货物;有些货物不是经销商所销售的车辆能够运输的,就不是意向(目标)货物。

4. 顾客

顾客是指车辆所运输的货物的拥有者,或者说运费的支付者,即货主。

意向(目标)顾客,是指本公司所销售的车辆能够运输的所有货物的货主。

[一] 本章由王术海、崔士朋编写。

5. 客户

客户是指所有购买了车辆用于运输的企业或自然人，即车主。

客户可细分为意向客户、意向目标客户、目标客户、客户，详见第二十九章《商用车经销商的市场管理》相关的内容。

当经销商完成了由服务营销向品牌营销的过渡后，已有的客户也就成了"忠实客户"。

6. 服务营销

服务营销就是根据服务营销的理念，在确定的市场（区域、行业等）业务（包括所有业务）范围内，通过服务营销活动，找到货物→找到目标货物→找到目标顾客→找到为目标顾客运输货物的意向客户→将意向客户变成意向目标客户→进而成为目标客户→在目标客户需要产品时，通过销售行为，变成已有客户的过程。

二、销售与服务营销的区别

目前，商用车生产厂家的产品销售部门大都改名为"营销公司"。虽然大多数商用车经销商经过了厂家的营销培训，或被要求进行市场营销，但是目前商用车经销商大都只是停留在销售上，真正进行营销的很少。

本书强调"服务营销"。服务营销和销售有本质区别，主要表现在以下几个方面。

1. 包含的内容不同

服务营销是一个系统，而销售只是营销的一部分。

1）服务营销包括市场调研、意向目标市场确定、品牌策划、产品确定、市场推广、意向客户转变、销售、成交、已有客户服务、将已有客户变成忠诚客户等，是产品全生命周期的服务市场管理。

2）服务营销是根据客户的需求，为客户定制化的设计产品或服务，以完全满足客户需求为目标。

3）服务营销是一个主动服务的过程：在客户还没有购买意向时，就要根据客户的实际需求设计产品，把满足客户需求的产品或服务推荐给客户并直至客户满意。只有这样才能把客户变成目标客户。而在目标客户需要产品时，只是完成销售行为。

销售只是对已有产品进行推广以吸引客户，或在客户需要产品时，被动地为其提供自己已有的产品。而在其产品不能满足客户需求时，只能被动地放弃。

2. 思考的角度不同

1）销售主要是以固有产品或服务来吸引、寻找客户，这是一种由内向外的思维方式。

2）服务营销则是以客户需求为导向，并把如何有效开发客户、满足客户需求作为首要任务，这是一种由外而内的思维方式。

3. 结果的诉求不同

（1）销售　是把产品卖好，销售的是已有的产品，把现有的产品卖好。

（2）服务营销　是让产品好卖，是对产品的行销策划、推广。服务营销的目的是让销售更简单甚至不必要，让产品更好卖。

（3）商场如战场

1）销售就像是一只陆军部队，独自攻城略地。

2）服务营销则如一场联合作战。在服务营销中，董事会负责意向目标市场的确定和市场定位；市场管理委员会负责市场调研、业务确定、营销策划；采购管理部负责产品研发、产品准备（产品明细表）、产品采购、产品改进；品牌管理部负责品牌策划、宣传推广，品牌形象树立、客户吸引；车辆营销部、销售服务部负责客户开发、销售推进、占领市场；车辆保险部、金融服务部负责作战协助、促销支持；车辆保养部、车辆维修部、配件营销部、物流公司、二手车业务部负责市场突破、沟通造势、协同作战，给客户带来安全感、满足感。

4. 两者格局的差异

服务营销需要我们以长远的战略眼光确定大的方向和目标，并以切实有效的战术谋划达成中短期目标。服务营销的这些特性会进一步激发、训练经营者长远的商业眼光及把握市场机会的能力。

服务营销是一种以外向内、通过外部环境改造企业内部环境的思维，更能适应市场竞争，因此服务营销不但适合于企业的长远发展，同时也是一种以市场为本的谋利思维。

销售和服务营销的根本差异在于：

1）销售是一种战术思考，以销售力为中心，注重销售的技巧与方法，关心的是现有商品的销售和销售目标的实现。

2）服务营销是一种战略思考，以创造力为中心，注重建立能持续销售的系统，关心的是客户的需求满足和企业的永续经营。

3）从销售到服务营销的跨越，其实就是从战术到战略、眼前到未来、短利到长利、生存到永续的跨越。

第二节　建立营销组织与管理制度

一、建立组织的重要性与岗位设置

1. 建立组织的重要性

车辆营销一定是有严密组织的营销活动。那些没有组织，或者有组织却没有岗位分工的企业，一定是只有销售没有营销的企业。

2. 建立营销组织

依据客户需求建立业务组织的原则，设置车辆营销部。很多经销商习惯于称之为销售部，但是在职能、职责设置上应按营销部的作业岗位与岗位业务管理职责进行，见表31-1。

表31-1　车辆营销部岗位设置及主要职责

序号	岗位名称	岗位主要职责	备注
1	部长（品牌经理）	部门管理、品牌管理、业务管理、大客户开发、风险控制	
2	行业经理	新行业新客户开发、行销管理、客户回访	
3	计划员	计划、费用、工资、激励管理	
4	产品经理	以进入行业客户开发、产品管理、产品推荐、产品交付	
5	商务经理	销售政策、价格管理、商务洽谈、合作协议签订、销售合同签订、定金收取、货款收取、销售发票管理等	
6	客户经理	客户开发、信息收集、客户接待、客户跟踪服务	
7	信息员	信息管理	

3. 聘任干部和岗位人员

参见第三十章《商用车采购业务管理》相关内容，不再赘述。

二、建立车辆营销业务管理制度与作业表

根据客户的期望，建立相关的业务管理制度与作业表，可以使所有岗位人员的作业标准化、规范化，提高作业效率，减少失误；可以相对快速地使新的业务人员进入角色，也能防止个别销售人员离岗导致的客户资源流失；还能使所有市场营销人员通过标准化的作业，努力达到并满足客户的期望，提高客户满意度，这也是车辆营销业务管理的目标。

1. 建立业务管理制度

车辆营销业务管理制度包括业务管理制度、部门工作制度、岗位作业制度，具体有

1）车辆产品营销业务管理制度。相关表格包括①车辆营销部组织管理表，②车辆营销部业务管理流程与表格，③车辆产品销售资源明细表，④危险货物分类及专用运输车选择，⑤车辆类别及载货车，仓栅车，厢式车配置推荐选择表，⑥自卸车配置推荐选择表，⑦车辆产品销售价格表。

2）车辆营销部工作制度。

3）车辆营销部部长岗位作业制度。

4）车辆营销部行业经理岗位作业制度。

5）车辆营销部产品经理岗位作业制度。

6）车辆营销部商务经理岗位作业制度。

7）车辆营销部客户经理岗位作业制度。

8）车辆营销部计划员岗位作业制度。

2. 建立组织管理的流程、模板、表格

见《车辆产品营销业务管理制度》附件 1 车辆营销部组织管理表。

3. 建立产品销售资源明细表

产品销售资源明细表内包括但不限于能够采购到的、市场已经有客户需求、本公司没有销售过、公司鼓励行业经理和产品经理去进行客户开发与营销的产品。

4. 建立产品销售价格表

产品销售价格表包括（但不限于）公司已经销售过、或正在销售的、或已经下达计划要求行业经理和产品经理开发客户并进行市场营销的产品。

第三节　业务管理流程与节点管控

商用车经销商有两类客户：一类是有意向、准备购车的客户（有购买车辆和所有衍生业务的需求）；另一类是已经购车的客户（有所有衍生业务的需求）。客户管理是市场管理的一部分。

发现客户需求、满足客户需求的过程就是客户营销。也就是说，发掘和满足这两类客户的需求，就是商用车经销商的客户营销。

客户营销是服务营销的落地，是针对不同客户实施的服务营销。PPP 市场营销是客户营销的细化。

如何开展客户营销活动，找到并开发成功这两类客户，详见第二十一章《客户营销》。

如何将客户营销的"方法与技巧"落地，建立一套实用的管理流程与作业工具就是关键。

一、客户（开发）管理的流程与节点管控

1. 收集客户信息

按照组织岗位分工，收集客户信息的工作由客户经理、信息员负责。

1）收集不熟悉客户信息：利用互联网、邮政部门发行的电话簿、政府的公开信息（企业注册信息）、行业协会信息、大数据信息等收集货物运输信息→收集货主信息→通过货主收集意向客户信息。不熟悉的客户，可能是你最大的未发现财富。

2）收集熟悉客户信息：大部分商用车的经销商都是经营多年的经销商，在客户营销的过程中经历过太多的失败。这些没有销售成功的客户是你熟悉的、没有到手的财富。

3）收集成交的现实客户信息：已经成交的客户，是你的现实客户，这些客户最有可能再次购买你的产品，是你已经到手的财富。

注意：这些客户在下一次购买时并不一定是你的目标客户，还需要进行开发。广大经销商朋友往往注重竞争对手的客户开发，忽视已有客户的保护，导致已有客户丢失。这应引起足够重视。

4）汇总意向客户信息：将收集的客户信息进行汇总，编制意向客户信息明细表，见表 31-2。

2. 制订客户开发计划

按照组织岗位分工，客户开发工作由行业经理、产品经理负责；行业经理负责新行业客户的开发；产品经理负责已进入行业新客户开发。

（1）所有的客户都需要开发　你不去开发客户，客户是不会自动购买你的产品的，除非你卖的产品是世界独一份。

已有客户也需要开发的理由：货物、货物的包装方式、装卸方式、货主的要求、道路条件、政府监管力度、道路收费方式、驾驶员的要求、车辆新产品的不断涌现、车辆标准的变化等都会带来客户对车辆要求的变化。你不能随着变化进行改变，推荐适合客户要求的车辆，客户就有可能被你的竞争对手开发走了。

表31-2　意向客户信息明细表（部分）

序号	客户基本情况								客户保有车辆情况												
	客户单位名称	客户法人姓名	客户联系人	客户联系人手机号码	客户编号	客户经理	客户地址			单位电话	法人电话	车辆类别	品牌	子品牌	车型	产品	马力	主要配置	车辆名称	购买时间	车辆保有量/辆	车牌号	VIN码	车辆行驶证号	车辆编号	车辆保险提示时间	驾驶员姓名	驾驶员电话	车辆使用年限/年	车辆平均淘汰年限/年	车辆置换提示时间
							省	市、地区	县	乡	门牌号																				
1																															
2																															
...																															

（2）开发计划　分为新行业意向客户开发计划，已进入行业意向客户开发计划。

有些经销商常年只卖一两款车型，就是没有进行新行业意向客户开发的缘故。

有些经销商销量上不去，越卖越少，最后被市场淘汰。究其原因就是不能进行已进入行业意向客户、新行业意向客户的开发。没有新客户，老客户又不断地被竞争对手所抢夺，最后就面临经营困难。

新行业意向客户开发计划表，参见表31-3。

已进入行业意向客户开发计划表，见表31-4。

表31-3　新行业意向客户开发计划表（部分）

准备开发的行业			准备开发的区域				准备开发的意向货主						需要开发的，同货主合作的物流意向客户						
门类	大类	中类	小类	省	市	县	名称	联系人	联系电话	地址			主要经营范围	主要运输的货物		客户单位名称	客户法人姓名	客户联系人	客户联系人手机号码	客户地址			单位电话	法人电话
										市（地区）	县	乡	门牌号		原料...	产品...					省	市（地区）	县	乡	门牌号		
1																											
2																											
...																											

表31-4　已进入行业意向客户开发计划表

意向客户对应产品资源							客户开发计划													
							意向客户						新行业意向客户			开发计划					
车辆类别	品牌	子品牌	车型	产品	马力	车辆名称	名称编号	客户购买过的产品明细	为客户服务的部门	客户经理姓名	客户第一次购买产品的时间	客户累计购买产品的金额	是否为公司新客户	客户熟悉人姓名电话	开发负责人（部长）	开发方案	开发的切入点	要求完成的保养额/元	开发费用计划	完成时间	效果评价	激励	计划编号
1																							
2																							
...																							

3. 根据开发计划，制订客户拜访计划

要进行意向客户开发，就要先进行拜访。拜访要进行准备：人员准备，本企业状况、经营产品资料准备，礼品准备，客户资料准备等。要编制客户拜访计划（厂家的行销要求也是这样的），见表31-5。

表31-5 某类意向客户某种拜访原因时的拜访计划（部分）

拜访原因	开发拜访计划											
	确定拜访人员		资料、礼品准备人	确定拜访的时间	确定拜访的地点	确定被拜访的人员						确定拜访的方式
	行业经理	品牌经理				顾客拜访人员				客户拜访人员		
个人客户变法人客户，原有车辆淘汰						采购部长	采购计划	销售部长	销售计划	总经理	财务总监	车辆采购	…	

4. 制订顾客（货主）拜访计划

根据客户拜访计划，制订顾客（货主）拜访计划。在拜访客户前，先进行货主拜访是必要的。因为只有好的货主，才可能有好的客户。货主信誉不好，客户也很难受，也就很难讲信誉。

顾客（货主）拜访计划必须准备的内容：本公司新产品优势介绍、本公司产品同竞争产品对比、本公司经营新老产品对比、新老产品配件（通用性）、服务对比、顾客货物运输方案模板等。

1）车辆产品对比，参见表31-6，可用于与竞品、与自己新老产品的对比。
2）新老产品配件差异对比，参见表31-7。
3）物流运输方案模板，见第二十一章《客户营销》的相关内容。

表31-6 车辆产品对比表（模板）

品牌		我经营品牌	竞争品牌	我经营品牌优势	我经营品牌劣势	差价（优势为+；劣势为-）
	车型代号					
	公告型号					
	额定载质量/kg					
整车技术参数	外廓尺寸/mm					
	最小转弯半径					
	最高速度					
	整车整备质量/kg					
	最小离地间隙/mm					
	其他功能参数					
车身	形式					
	内饰情况					
	仪表盘					
	地板形式/平地板					
	是否带独立空调、暖风					
	后视镜/带摄像系统					
	生活系统/可加装微波炉、冰箱、热水器					
	卧铺宽度					
	座椅/气囊座椅、前后、角度可调					
	其他配置					

(续)

品　　牌		我经营品牌	竞争品牌	我经营品牌优势	我经营品牌劣势	差价（优势为+；劣势为-）
货箱	风格及形式					
	内部尺寸/mm					
	地板×边板/mm					
	货箱纵梁/mm					
	液压系统配置（举升力、举升角度）					
	带货物保护功能					
	抗冲击功能（横梁、带抗冲击配置）					
	其他配置					
发动机及动力系统	型号	6C320	CA6DL1-31			
	缸径×行程					
	排量/L	8.268	7.7			
	功率/转速/[kW/(r/min)]	235kW	228kW			
	最大转矩（N·m）/转速					
	最低燃油耗/(g/kW·h)					
变速器及变速操纵系统	型号	RT11509C	RT11509C			
	自动档/手动档					
	带同步器/否					
	带液力缓速器/否					
	一档传动比					
	最小传动比					
	最大输入转矩/(N·m)					
	最大输出转矩/(N·m)					
离合器及离合操纵系统	形式	单片干式	单片干式			
	摩擦片尺寸	420	430			
前桥系统	形式及吨位					
	桥管材质					
后桥系统	名称、型号及吨位	奔驰、480、13T	13T			
	输入/输出转矩					
	制动器尺寸					
转向系统	品牌、形式	助力转向	助力转向			
	方向盘直径/mm					
制动系统	制动方式（油刹、气刹、断气刹）					
	制动器形式（盘式、鼓式）					
板簧及悬架系统	材质					
	片数（前/后）	9/9+6	10/9+12			
	片宽及片厚					
车架系统	型式					
	材质					
	截面尺寸/mm					
	承载能力					

(续)

	品牌	我经营品牌	竞争品牌	我经营品牌优势	我经营品牌劣势	差价（优势为+；劣势为-）
轮胎及轮辋系统	规格（前/后）	12.00-20	12.00R20			
	层级及气压（前/后）					
	最大承载质量（前/后）					
	辐板厚度/mm					
电器系统	蓄电池					价格相近
	大灯					
	显示仪表					
其他系统						
配置价差						
	终端价格/元	218000	220800			
	可比价差/元	2800				

表 31-7　新老产品配件差异对比

| 序号 | 系统名称 | 有差异的零件 ||||| 新产品 ||| 老产品 ||| 备注 |
		总成名称	分总成名称	部件名称	零件名称	名称	图号	数量	名称	图号	数量	
1	车身系统											
2	动力系统											
3	离合操纵系统											
…	…											

注：作为老客户，最关心的是配件变化大，不通用，价格高，不好买。这个表可告诉客户变化在什么地方，让客户放心。

5. 顾客开发

进行顾客开发时要了解顾客的基本情况：

（1）原料运输情况

1）需要的原料来源，运输方式，前三年的运量，每年的增长率，未来 3 年的规划。

2）货物（产品）的名称、性质、有没有包装、包装箱尺寸、密度、货物的运动/静止安息角、装货地、卸货地、装货方式、固定方式、卸货方式等。

3）当年的运量、当年每月平均运量、每日平均运量。

4）每车运量（载质量）、每车每日运输趟数，有多少车在运输，都是什么类别、什么车型。

5）如何装载、固定、卸货，有什么运输要求，包括质量要求、时间要求、监控要求等。

6）车辆行驶道路要求。

7）如何管理运输？与客户有无合同、运单？运费如何结算？有没有运输质量保证金？

（2）产品运输情况

1）产品销往的区域、地点、运输方式，前三年的运量，每年的增长率，未来 3 年的规划。

2）其他需了解情况同原料运输情况。

（3）企业情况

1）企业性质：分为外资企业、上市公司、国有企业、股份制企业、私有企业、其他。

2）企业信誉：分为 AAA、AA、A、BBB、BB、B、CCC 等。

3）企业与供应商的关系：是属于关系良好且长期合作还是经常更换供应商。

4）是否拖欠员工工资？是否有奖金？

5）干部是公开招聘还是直接任命？

6）企业所处的行业是传统行业还是新兴行业？

7）企业是绿色环保型企业还是污染环境型企业？
8）企业在全国同行业的地位、本省的地位、本市的地位如何？
9）其他。

顾客开发要根据顾客的基本情况进行打分（秘密进行）→找到好的顾客（货主）→进行开发公关→建立关系→让他们帮助我们开发他的货物承运人→客户。我们只有开发到好的顾客，才有可能找到优秀客户。

6. 进行意向客户拜访

在拜访了货主后，就可以立即拜访为货主运输货物的意向客户，了解意向客户的基本情况、对车辆的要求、对运输的要求。以下内容根据拜访客户的实际情况填写。

（1）意向客户的基本情况

1）企业类型是第一方物流企业、第二方物流企业，还是第三方物流企业。
2）意向客户拥有的顾客（货主）数量。
3）意向客户拥有的车辆类别、品牌、车型、驱动形式、动力、货箱尺寸、车辆数量。
4）意向客户找谁购买车辆？了解意向客户在购买保险、贷款、保养车辆、维修车辆、购买配件、加盟物流公司、二手车交易等方面的情况。
5）承接项目需要什么条件？
6）了解意向客户年收入多少？都是如何结算运费的？拥有的驾驶员有多少？驾驶员的年收入是多少？意向客户都是如何管理驾驶员的（外聘/承包、招工/员工制/考核法）？
7）意向客户年纳税额为多少？利润为多少？
8）客户在同行业中的地位（按照车辆数量）：在全国、本省、本地区的行业排名。

注： 以上只针对法人客户调查。

9）其他。

（2）意向客户的运输情况

1）运输的货物性质、种类、名称、有无包装、包装尺寸、密度、运动/静止安息角等。
2）货物的装、卸及固定方式。
3）每车每次装载量，每趟运输距离，往返是否都有货，返程每次平均装载量，每趟往返需要的时间、每月平均几趟等。
4）每车需要的驾驶员（有些车可能两人，有些车可能一人），如何考核的，有没有安全奖励？有没有监控（瞌睡、注意力、按时休息、换班等）？
5）加油、高速公路通行费都是如何支付的？有没有固定的加油点？有没有先加油后付费的想法？有没有先走（高速）路后付费的想法？
6）有没有购车贷款？利息多少？愿不愿意购买低利息的产品？
7）愿意选择低首付高利息的车辆贷款产品，还是愿意选择更省钱的高首付低利息的车辆贷款产品+（加油贷、过路贷、保险贷）等小额贷款产品？
8）对货主是否满意？哪些方面不满意？有什么想法？
9）其他。

（3）意向客户在用车辆的情况

1）主要功能：装货功能（带尾板、吊车、小推车等；顶部可开启、多开门、货箱可卸式等）、固定功能、卸货功能、运输功能、安全功能、预防功能、管理功能。
2）主要性能：起步速度、最高速度、最大爬坡度、离地间隙；发动机功率、发动机比油耗、车辆公告总质量下的综合油耗；最大装载质量、装载方量；整备质量及误差；外形尺寸及误差。
3）车辆配置：品牌、子品牌、驾驶室系统、动力系统、离合器操纵系统、变速器操纵系统、传动系统、前桥系统、后桥系统、悬架系统、转向系统、制动系统、车架系统、电器系统、货箱系统、车轮系统等。
4）车辆公告。
5）服务政策，如"三包"期服务政策、"三包"期外服务政策。
6）指定服务站。

意向客户对现有车辆不满意的方面包括功能、性能、配置、公告、服务等。再购买车辆的要求，同样包括功能要求、性能要求、配置要求、公告要求、服务要求等。

（4）不同车辆使用年限

1）微卡最短_____年，最长_____年，平均_____年。

2）轻卡最短_____年，最长_____年，平均_____年。

3）中卡最短_____年，最长_____年，平均_____年。

4）重卡最短_____年，最长_____年，平均_____年。

需了解意向客户为什么淘汰更新车辆？

准备更换什么车辆？是同类别、车型、动力的车辆，还是不同类别、车型、动力的车辆？

（5）驾驶员情况　包括对驾驶员驾龄、其对车辆的要求等。

7. 针对意向客户实际运输情况进行物流方案设计

包括采购产品物流方案设计和销售产品物流方案设计。如果意向客户对物流方案不满意，要及时改进方案，直至满意。如不能达到客户满意，则将其继续放在意向客户表中。物流设计模板（详见第二十一章《客户营销》）。

8. 推荐车辆产品

在意向客户对物流方案满意之后，进行车辆产品推荐。业务人员对所推荐车辆产品的信息必须了如指掌，否则无法赢得客户信任。车辆推荐表（表31-8）中的车辆信息应包含但不限于以下信息：

1）车辆类别、品牌、子品牌、车型、驱动形式、动力、车辆名称。

2）车辆公告、公告参数、整备质量。

3）车辆功能。

4）车辆性能：使用燃料、燃料消耗定额等。

5）车辆配置。

6）车辆保养标准、服务标准（包括"三包"期内、"三包"期外）。

7）车辆保养产品明细表、维修产品明细表、配件产品明细表。

8）经销商的服务能力：业务能力→产品能力→时间能力（24小时服务）等。

表31-8为车辆推荐表模板的一部分，原表较大。

表31-8　车辆推荐表（仅展示部分内容）

3. 前后桥及悬架系统								4. 动力系统				
前桥及悬架			后桥及悬架									
型号	悬架形式	板簧片数	后桥型号	传动比	悬架形式	板簧片数	发动机品牌	功率/制动力	转矩	发动机千瓦标定油耗	车辆最高行驶速度

6. 驾驶室系统			7. 轮胎及轮辋系统		8. 制动操纵系统			9. 转向系统		10. 离合操纵系统	
单排/高顶带天窗	排半/高顶带天窗	座椅	轮胎规格/型号	轮辋规格/型号	制动器形式	带有自动制动系统	带有液力缓速器	方向机型号	带有跑偏自动报警/纠正系统	离合器品牌	离合器型号

车辆推荐方法见本书第七章《商用车推荐方法》。

意向客户对推荐车辆不满意，则继续调整推荐或进行产品改进，直至满意。如果始终不能达到意向客户满意，则将意向客户继续放在意向客户表中，继续开发。

9. 产品报价与购买方案推荐

注意：自本项工作开始至12项，为商务经理的工作内容。

在意向客户认可车辆产品后，要向客户报价，报价应该包括（但不限于）：

1）意向客户认可的车辆类别、品牌、子品牌、车型、驱动形式、动力、车辆名称。

2）车辆功能、性能、配置、公告、生产厂家、改装厂家。
3）保养标准、服务标准、保养产品/项目明细表、"三包"维修产品/项目明细表。
4）交货期、交货地点、产品验收标准。
5）随车资料、附件。
6）是否对驾驶员进行培训。
7）付款方式（现金、承兑）。
8）发票要求（发票金额、产品名称等），发票价格。
9）购买方案推荐：全款、贷款、融资租赁、租赁等（向其他业务推荐客户有奖励）。
10）其他服务项目推荐（交税、办证、车辆保险/代步车、车辆保养、车辆维修/代步车、物流公司服务、二手车收购等），向其他业务推荐客户有奖励。
11）客户经理推荐：经领导同意、批准，为客户确定、推荐客户经理。试用期一个月，客户对其满意，确定下来；客户不满意，更换客户经理，直至满意。

商务推荐方案直至客户满意。不能达到客户满意时，将客户继续放在意向客户表中。

意向客户对运输方案满意、产品满意、商务推荐方案满意，在车辆方案、商务推荐方案上签字确认，意向客户就成为了意向目标客户。

10. 利用其他形式进行意向客户的开发

利用品牌传播、产品展示、产品巡展、意向客户座谈会、PPP市场开发、参与政府市场招标等销售方法，进行意向客户的开发。将意向客户变成意向目标客户。

11. 建立意向目标客户明细表

将物流方案满意、车辆方案满意、商务方案满意的客户汇总，建立意向目标客户明细表，见表31-9意向目标客户汇总明细表，表格要素多，本书仅展示一部分。

表31-9 意向目标客户汇总明细表（部分）

意向目标客户基本情况									意向目标客户对应的顾客（货主）情况								
客户单位名称	客户法人姓名	客户联系人	客户联系人手机号码	客户（协议）编号	客户经理	客户地址			单位电话	法人电话	名称	联系人	联系电话	地址			主要经营范围	主要运输的货物
						省	市（地区）	县	乡	门牌号						省	市（地区）	县	乡	门牌号		原料 名称1	原料 名称2	产品 名称3	产品 名称4

12. 意向目标客户成为目标客户，转交客户经理

商务经理与表31-9中的意向目标客户签订合作协议，建立关系，明确为他服务的客户经理及联系方式。签订客户购买车辆产品合作协议书。至此，意向客户开发完成，意向客户成为目标客户。

商务经理建立目标客户明细表及客户（开发）档案，转交客户经理。

13. 客户经理为目标客户进行全方位服务

由客户经理负责对客户进行全方位的服务，
1）目标客户明细表一定要有提醒功能：包括车辆置换提醒、年审提醒等。
2）意向客户开发的流程、表格、模板见车辆营销部业务管理流程与表格。

二、产品交付管理流程、节点管控与客户再开发

1. 客户经理为目标客户提供售前服务

客户经理根据目标客户明细表的提醒功能和客户要求，为目标客户提供售前服务。

1）客户车辆置换时间提醒。客户经理联系目标客户（或客户指定的联系人），确定车辆置换时间；如果客户到期还是不想置换或没有明确置换时间，继续后推一个月设置置换提醒时间。

　　2）客户车辆到期需要置换时，客户经理根据协议、车辆推荐档案、车辆报价档案、购买方案等资料，征求客户意见。同时，通知产品经理核对所有的物流运输方案要素、车辆推荐要素有没有变化。

　　3）如果有了新的道路（指高速公路等）、新车辆产品可以选择，或者有更好的新物流运输方案，产品经理就要负责重新进行物流运输方案设计、车辆推荐。之后，客户经理将新物流运输方案、车辆推荐再次征求客户意见，直至客户满意。然后将客户满意、确认的车辆明细表送达商务经理，通知商务经理按照新的车辆推荐确认表进行报价。

　　4）商务经理将报价报给客户进行确认。如果此时客户对车辆产品不满意或对报价及购买方案不满意，不能达成购买意向，将客户继续放回意向客户表中。

　　5）商务经理汇总客户对车辆产品满意、报价满意、购买方案满意的信息，建立目标客户购买车辆产品明细表。

2. 商务经理与客户签订车辆购买合同

包括：①签订购车合同；②收取定金；③通知客户经理、产品经理、计划员。

3. 计划员制订产品交付计划

4. 产品经理、客户经理准备产品、进行交付

工作内容包括：①准备产品；②收取货款；③开具发票；④交付车辆。

5. 建立交付（车辆）产品客户明细表

6. 进行客户回访

1）成交客户回访：了解为什么能够成交？满意什么？不满意什么？如何改进就会满意？

2）不成交客户回访：了解为什么不能够成交？不满意什么？满意什么？如何改进就会满意？

7. 建立问题改进

客户不满意的项目限期改进。

8. 核算部门成本、费用、价格、利润

计算每一岗位及所有人员的工资、奖励。

9. 兑现工资、奖励，总结、报告部门的工作

10. 客户的再开发

1）由客户经理负责根据客户需求，主动提醒客户，为客户提供标准化的服务。

2）由客户经理负责编制客户消费项目开发计划，针对本公司有能力为客户提供的服务及项目、客户的实际消费能力，制订客户消费项目（加油、过路、轮胎、保养、维修等）开发计划，不断提升客户消费额。

3）客户的再开发，其计划模板、流程、方法与已进入行业客户开发计划、流程一致。本节不再赘述。

11. 产品交付的流程、表格、模板

见《车辆营销业务管理制度》附件：车辆营销部业务管理流程与表格。

本章小结与启示

　　学习掌握本章车辆营销管理的流程、管控要点，在熟练掌握商用车基础知识及营销管理相关知识的基础上，运用主动营销模式开展车辆营销业务，努力将意向客户变成客户，并能不断进行客户的再开发，这将不断提升业务人员的业务能力，提高其营销业绩。

本章学习测试及问题思考

　　1. 销售与服务营销的差异有哪些？

　　2. 客户开发管理的流程是怎样的？

　　3. 车辆营销部一般要制订哪些管理制度？

第三十二章 商用车销售服务业务管理[一]

> **学习要点**
> 1. 掌握售前、售中、售后服务的相关概念与服务原则。
> 2. 了解销售服务部各岗位主要职责。
> 3. 掌握销售服务项目的分类方法。
> 4. 掌握并能够执行销售服务的管理流程和管理制度。

第一节 销售服务项目分类与服务原则

一、商用车销售服务概述

商用车销售服务，通常是指商用车销售全过程的服务，包括商用车售前、售中、售后服务。

1. 经销商为客户提供的销售服务

（1）售前服务　售前服务指在产品销售之前，经销商为客户提供的各种服务，包括但不限于：

1）物流方案设计、产品设计、产品推荐、产品示范、政策介绍、产品报价、购买方案（全款、贷款、融资租赁、租赁、以租代售等）推荐、合作协议签订。

2）车辆购买及二手车置换提醒、买卖合同签订等服务内容。

（2）售中服务　售中服务，是指客户在签订了产品买卖合同以后接收车辆以前，经销商为客户提供的各种服务。包括：

1）销售服务，包括但不限于：代交车辆购置税、各种设备及精品的安装、行驶证及牌照办理、营运证办理、驾驶员培训、交车仪式举行等。经销商一般将年审服务也放在销售服务中。

2）代理车辆保险服务。

3）购车贷款等服务。

（3）售后服务　在车辆交付客户以后，经销商为客户车辆提供的各种服务，包括但不限于：车辆加油服务、ETC服务、保养服务、维修服务、配件服务、运输过程的小额贷款服务、运输（公司）业务服务、二手车处置服务等内容。

[一] 本章由崔士朋、赵旭日编写。

本章仅讲述售中服务中的销售服务部分内容。

2. 经销商提供销售服务的目的

商用车经销商向客户提供销售服务的目的，是为客户提供方便，满足客户的需要，使客户在购买产品的过程中感到简单、周到、能力强，能做到一站式服务。同时也是为了在客户中建立企业的良好口碑，吸引客户购买，增强企业的竞争能力。

3. 经销商提供销售服务的根本宗旨

让客户满意，树立企业形象，促进产品销售。

4. 经销商提供销售服务的意义

1）销售服务是建立差异化营销的前提，是竞争的重要手段。我国的商用车市场，已由卖方市场转向买方市场。产品的同质化越来越大，客户的选择余地越来越大。竞争对手之间围绕着争夺市场和争取客户，不仅激烈地进行着产品竞争、价格竞争、技术竞争、质量竞争等，而且还在各种售前、售中、售后服务中进行竞争。

在竞争当中，同类产品在价格、性能、质量等因素相当的情况下，谁能提高质量更高、项目更多的售前、售中、售后服务，谁就能吸引更多的客户，谁也就能占有更大的市场份额。因此，售前、售中、售后服务是赢得竞争的重要手段，也是占领市场的一个重型武器。任何一个企业要想在竞争中取胜，争取更大的市场份额，都必须采取这一手段，拿起这一武器。

2）销售服务是市场经济发展的客观要求。随着经济的发展，人民生活水平的提高，买方市场的形成，产品概念的范围也越来越广。整体产品的概念，不仅包括产品的实体部分，而且还包括带给客户的附加利益，也就是说，售前、售中、售后服务已成为产品的一个组成部分。现代消费观念使人们不仅希望购买到优质的产品，也希望购买到优质的服务。这些都要求企业在产品销售过程中，牢固树立全心全意为客户服务的指导思想，热情、周到、全面地为客户提供全面的售前、售中、售后服务，想方设法使客户在购买产品时感到满意。

3）销售服务是建立企业信誉的关键环节。在激烈的市场竞争中，一个企业的信誉高低决定着竞争力的强弱。因为，客户总是乐于购买自己信得过的企业的产品。信任往往是客户购买产品的导向。企业要在客户心目中建立良好的信誉，就必须对客户负责，让客户满意；而做到这一点最有效的途径，就是在为客户提供优质产品的同时，向客户提供优质的服务，帮助客户解决各种问题；保证他们能方便地购买到产品，并能及时有效地发挥产品的使用功能。只有这样，企业才能取得客户的信赖，在客户心目中树立良好的信誉（建立品牌形象）。

4）销售服务是促进产品销售的有效措施。企业为客户提供优质的售前、售中、售后服务所产生的效应，就在于客户得到这种服务之后从而乐意购买你的产品。另外，客户当第一次购买你的产品，对售前、售中、售后服务感到满意时，以后如有需求还可能再次光顾；这是因为客户对你有信任感（产生了客户认知，树立了品牌形象）。因此，以客户为中心，为客户提供优质的服务，讲求售前、售中、售后服务的质量，是促进产品销售的有效措施。服务质量与产品本身的质量一样，是影响客户购买的一个重要因素。

二、车辆销售服务项目分类与服务原则

1. 车辆销售服务项目分类

车辆的售前、售中、售后服务项目有很多，需要进行分类，以便管理。

（1）技术性服务项目　技术性服务项目是指为客户提供的具有一定技术知识水平的服务项目。这些服务项目不是普通员工就能做的，需要由专门知识的技术人员负责或者素质较高、经验丰富的员工才能胜任（本书把这些岗位设置为产品经理、商务经理、保养工、维修工等）。这些项目包括但不限于：

1）顾客调查。

2）物流运输方案设计。

3）车辆设计与推荐。

4）产品报价、销售政策推荐、客户购买方案推荐。

5）车载设备及精品的加装与调试。

6）车辆保险产品的推荐、保费计算与代理购买、事故处理与代步车提供。

7）客户贷款产品的推荐、还款计算与贷款办理。

8）驾驶员培训。

9）客户车辆保养方案设计与实施。

10）故障判断与维修方案设计。

11）故障维修。

12）代理客户的运输业务管理。

13）二手车置换、评估与销售等。

(2) 非技术性服务项目　非技术性服务项目是指根据客户需求，为节省客户时间或费用而为客户提供的服务。这些服务项目没有技术含量，一般员工就可以进行。这些项目包括但不限于：

1）客户服务提醒、联系与服务确认（客户经理负责的工作）。

2）代缴车辆购置税。

3）行驶证及牌照办理、营运证办理。

4）送车到门。

5）交车仪式办理与车辆交接。

6）代买加油卡。

7）代交 ETC 费用。

8）代购轮胎、配件等。

(3) 按是否收费分类

1）服务收费包含在产品价格中——售前服务一般采用服务收费包含在产品价格中，不再另行收费。

2）不分项目打包收费——销售服务项目（不包括贷款购车服务）一般采用此项收费方式。

3）分项收费——贷款购车、售后服务（处理保养、维修等）一般采用此种收费方式。

拓展阅读

有很多经销商认为给客户提供服务很难收费，这是因为存在以下情况：

① 服务不到位，或者客户没有感受到服务。例如，为客户推荐车辆时，未按照客户的实际应用场景进行物流设计，进而根据设计方案去设计、推荐车辆，而是客户想买什么就卖什么，不对车辆是否满足客户的运输需求负责。

② 为客户提供的服务与客户的需求相差太远，或者根本不是客户想要的。例如，客户为车辆购买保险产品时，客户想要得到的是购买保险后的服务，如车辆保养检查、事故勘察、事故处理、车辆维修、维修期间的贷款还款、事故理赔等一系列服务。在这种情况下，如果只卖保险产品不管后续服务，那客户就没有得到他想要的服务。

(4) 按销售服务时间分类　可分为长期服务和短期服务两大类。

1）长期服务项目，是指经销商为客户提供的某些服务项目，是从客户购买本企业产品开始，自始至终坚持下去。如对产品实行终身年审服务、保养服务就是一种长期服务。

2）短期服务项目，是指企业为客户提供的某些服务项目局限于一定的时间范围内。如对产品实行保修一年；购买配件产品一月内实行包换等。

鼓励经销商在力所能及的范围内为客户提供长期的服务。客户可以加入经销商的会员组织，享受会员价格。经销商长期为客户提供保养、维修、配件服务，可以了解客户车辆的使用、保养、维修状况，从而为二手车的收购、整备、销售打下良好的基础。

2. 车辆销售服务的基本原则

车辆售前、售中、售后服务的基本原则,就是满足客户的需要,提供高质量的服务和项目。服务质量的高低,是衡量企业在销售产品过程中,对客户服务程度和水平的标准,主要包括服务态度的好坏、服务方式的先进与落后、服务内容的丰富与贫乏和服务范围的大与小等。如果只注意某一方面而忽视其他方面,就不能称之为高质量的服务,也就不能达到让客户满意。

企业在开展售前、售中、售后服务活动中,应坚持如下几个原则:

(1) 热情周到的原则 也就是要以热情周到的态度去做好销售服务。服务态度是构成服务的最重要、最基本的内容,它贯穿于整个售前、售中、售后服务的全过程。企业销售人员服务态度的好坏,直接影响着企业产品的销售和企业的信誉。如果销售人员在为客户提供服务时,不是满腔热情而是横眉冷对,就会给客户造成不良印象,甚至会使客户产生对购买企业产品的抵触情绪。

同时,一个不满意的客户,很可能会带走一群潜在的客户;反之,如果销售人员自始至终以热情周到的态度为客户服务,真心诚意地帮助客户解决问题,就能使客户心情舒畅,同时他们也会向亲朋好友、熟人同事称颂企业所提供的优质服务,为企业进行义务宣传,这在无形之中又促进了企业产品的销售(品牌推荐度)。

(2) 符合客户愿望的原则 企业向客户提供售前、售中、售后服务,必须与客户的实际需要相一致。只有使用客户希望的方法,给予客户需要的帮助,这种售前、售中、售后服务才能得到客户的认可和满意。因此,企业必须从客户的愿望出发,密切结合客户的实际,研究制订为每一客户提供所需服务的具体项目、内容和方法(定制服务),以确保服务项目的有效性和针对性。

(3) 坚持一视同仁的原则 企业在开展售前、售中、售后服务的过程中,对所有客户(无论是老客户,还是新客户;无论大客户,还是小客户;无论地位高者,还是地位低者),都应一视同仁,平等相待,热情服务。如果企业在售前、售中、售后服务方面不能做到一视同仁,怠慢了某一个客户,所得到的回报不仅仅是失去一个客户,而可能是一批客户。

(4) 讲求服务质量的原则 服务质量的高低,与产品竞争力的大小和客户吸引力的大小是密切相关的。在同类产品的市场销售过程中,如果本企业的产品与竞争对手的产品在质量、价格、性能等处于并驾齐驱的状态,如果本企业为客户提供的售前、售中、售后服务,在服务态度上不如竞争对手好,在服务方式上不如竞争对手先进,在服务内容上不如竞争对手丰富,在服务范围上不如竞争对手大;那么,客户就有可能会被竞争对手吸引去,使本企业在市场竞争中陷入被动境地。因此,企业必须高度重视售前、售中、售后服务质量,不断改进服务态度和服务方式,扩展服务内容和服务范围,努力为客户提供高质量的服务,以最大限度地争取客户,使之在市场竞争中占据优势地位。

第二节 建立商用车销售服务组织与管理制度

在第三十一章商用车营销业务管理中已经讲述了车辆的售前服务相关业务内容,本章主要讲如何为客户提供售中服务中的"销售服务"的流程及重要节点管控。

售中服务中的车辆保险服务、客户购买车辆的贷款服务,以及售后服务的项目及方法将在后续章节中讲述。

一、建立组织与岗位设置

1. 建立组织

(1) 建立组织 根据客户需求建立业务组织(名称)的原则,设置销售服务部。

建立组织的重要性和如何建立组织并有效管理参见《车辆营销业务管理》,不再赘述。

(2) 设置岗位 岗位设置及岗位业务管理的主要职责,见表32-1。

表 32-1　销售服务部岗位设置及主要职责

序号	岗位名称	岗位主要职责	备注
1	部长	部门管理、业务管理、客户开发、风险控制	
2	计划员	计划、费用、工资、激励管理	
3	产品经理	客户开发、产品管理、产品推荐、产品交付	
4	商务经理	销售政策、价格管理、商务洽谈、合同签订、服务费收取、客户回访	
5	客户经理	客户开发、信息收集、客户接待、客户跟踪服务	
6	信息员	信息管理	

（3）聘任干部和岗位人员

参见第三十章商用车采购业务管理的相关内容，不再赘述。

二、建立销售服务业务管理制度与作业表

根据客户的期望，建立相关的销售服务业务管理制度及作业表，可以使从业人员的作业标准化、规范化，提高服务效率和质量，满足客户期望，提高客户满意度。

1. 建立业务、组织、岗位管理制度

（1）销售服务业务管理制度　销售服务业务管理制度相关表格包括：①销售服务部组织管理表；②销售服务部业务管理流程与表格；③销售服务产品明细及价格表。

（2）销售服务部工作制度。

（3）销售服务部部长岗位作业制度。

（4）销售服务部计划员岗位作业制度。

（5）销售服务部产品经理岗位作业制度。

（6）销售服务部商务经理岗位作业制度。

（7）销售服务部客户经理岗位作业制度。

2. 建立组织管理的流程、模板、表格

见《销售服务业务管理制度》附件1《销售服务部组织管理表》。

3. 建立销售服务的产品明细表、价格表

（1）明确销售服务的内容（项目）　包括代交车辆购置税、代购买车辆保险、各种设备及精品的安装、行驶证及牌照办理、客户贷款车辆抵押、营运证办理、驾驶员培训、举行交车仪式、送车到家、车辆年审、其他客户需求的服务项目。

根据客户需求，不断地提出产品开发建议，参见第二十九章《商用车经销商的市场管理》。

（2）建立销售服务产品销售明细表　见表32-2，将客户需要的、公司有能力可以做到的服务项目列出来，建立明细表，提供给客户，让他们选择。有些项目可能不是客户需要的，没有客户购买，就可以剔除。可能还有客户需要的服务项目、产品，没有纳入初次建立的明细表，就要及时修改、添加。

表 32-2　销售服务产品、项目的销售明细表（模板）

序号	服务产品分类	服务内容	提供的产品名称		产品说明
			实物产品	（无形）服务产品	
1	证照办理产品	代缴购置税	购置税证	办理服务	
2		代办行驶证	行驶证、车牌	办理服务	
3		代办车辆抵押	抵押证明	办理服务	
4		代办营运证	营运证	办理服务	

(续)

序号	服务产品分类	服务内容	提供的产品名称		产品说明
			实物产品	(无形)服务产品	
5	附加服务产品	驾驶员培训	教材	培训服务	
6		举行车辆交接仪式	鞭炮、糖果、红花	办理服务	
7		送车	加油(发票)	驾驶服务	
8		车辆年审	年审证明	年审服务	
9	加装、换装产品	按照车辆管理部门的要求进行的设备安装	行驶记录仪	安装服务	
10			北斗管理系统	安装服务	
11			贷款管理系统	安装服务	按照贷款机构的要求,只为贷款车辆安装
12		安全行驶设备加装	疲劳驾驶预警	加装服务	
13			道路偏移预警(LDW)	加装服务	
14			前向碰撞预警(FCW)	加装服务	
15			电子围栏	加装服务	
16			胎压检测系统(TPMS)	加装服务	
17			称重传感器	加装服务	
18			倒车预警系统	加装服务	
19			360°环视系统	加装服务	独立环视与盲区解决方案
20		精品销售、安装、换装	轮辋/轮胎	换装服务	
21			微波炉	加装服务	
22			电冰箱	加装服务	
23			热水壶	加装服务	
24			车辆监控管理系统(VMS)	加装服务	
25			危化品运输管理系统	加装服务	
26			冷链运输系统	加装服务	
27			渣土运输管理系统	加装服务	
28			环卫系统管理系统	加装服务	
29			专用车管理系统	加装服务	
30			车辆金融销贷管理系统	加装服务	
31			商品车运输管理系统	加装服务	
32			UBI保险系统(保险系统方案)	加装服务	
33			精准油位传感器	加装服务	
34			温度传感器	加装服务	
35			运输管理系统(TMS)	加装服务	

(3)建立销售服务产品销售价格表 很多经销商有销售服务产品却没有价格表作为商务经理报价的依据。

没有价格表,销售服务人员就可能漫天要价或者免费服务,这既不符合销售服务的基本原则,也极易引发客户抱怨。

表32-3为销售服务产品价格表的一部分,要素较多,本书仅呈现部分要素(服务成本未列出)。

(4)销售明细表、价格表模板见《销售服务业务管理制度》附件3《销售服务产品明细及价格表》。

表 32-3 销售服务产品价格表（仅供参考）

序号	服务分类	销售服务产品（项目）组合		项目成本/元	管理费与利润预算				销售价格	
		服务项目	服务项目下的产品名称		管理费		利润		含成本的销售价格/元	不含成本的销售价格/（元/辆）
					标准	费用/元	标准	利润/元		
1	证照办理	代缴购置税	车辆购置税	10100	10%	9.00	10%	9.00	10118.00	108
2		代办行驶证	车辆检测及行驶证办理、上牌	600	10%	9.00	10%	9.00	618.00	108
3		代办车辆抵押	车辆抵押	200	10%	9.00	10%	9.00	218.00	108
4		代办营运证	营运证办理	250	10%	9.00	10%	9.00	268.00	108
5		年审	车辆检测、行驶证审核	390	10%	18.00	110%	18.00	426.00	216
6		驾驶员培训	培训教材及教师聘请	980	10%	72.00	10%	72.00	1124.00	864
7		举行车辆交接仪式	绸子、糖果、鞭炮	600	10%	9.00	10%	9.00	618.00	108
8		代驾送车	运输	360	10%	18.00	10%	18.00	396.00	216
9		车辆交接	车辆、资料、档案等	100	10%	9.00	10%	9.00	118.00	108
10	附加服务	精品销售、安装、换装	行驶记录仪	245	10%	4.50	10%	4.50	254.00	54
11			北斗管理系统	245	10%	4.50	10%	4.50	254.00	54
12			贷款管理系统	645	10%	4.50	10%	4.50	654.00	54
13			疲劳驾驶预警	145	10%	4.50	10%	4.50	154.00	54
14			道路偏移预警（LDW）	145	10%	4.50	10%	4.50	154.00	54
15			前向碰撞预警（FCW）	145	10%	4.50	10%	4.50	154.00	54
16			电子围栏	145	10%	4.50	10%	4.50	154.00	54
17			胎压检测系统（TPMS）	145	10%	4.50	10%	4.50	154.00	54
18			称重传感器	145	10%	4.50	10%	4.50	154.00	54
19			倒车预警系统	145	10%	4.50	10%	4.50	154.00	54
20			360°环视系统	145	10%	4.50	10%	4.50	154.00	54
21			轮辋/轮胎	145	10%	4.50	10%	4.50	154.00	54
22			微波炉	145	10%	4.50	10%	4.50	154.00	54
23			电冰箱	145	10%	4.50	10%	4.50	154.00	54
24			热水壶	145	10%	4.50	10%	4.50	154.00	54
25			车辆监控管理系统（VMS）	145	10%	4.50	10%	4.50	154.00	54
26			危化品运输管理系统	145	10%	4.50	10%	4.50	154.00	54
27			冷链运输系统	145	10%	4.50	10%	4.50	154.00	54
28			渣土运输管理系统	145	10%	4.50	10%	4.50	154.00	54
29			环卫系统管理系统	145	10%	4.50	10%	4.50	154.00	54
30			专用车管理系统	145	10%	4.50	10%	4.50	154.00	54
31			车辆金融销贷管理系统	145	10%	4.50	10%	4.50	154.00	54
32			商品车运输管理系统	145	10%	4.50	10%	4.50	154.00	54
33			UBI保险系统（保险系统方案）	145	10%	4.50	10%	4.50	154.00	54
34			精准油位传感器	145	10%	4.50	10%	4.50	154.00	54
35			温度传感器	145	10%	4.50	10%	4.50	154.00	54
36			运输管理系统（TMS）	145	10%	4.50	10%	4.50	154.00	54

注：管理费和利润均按服务成本的10%为标准计算。

第三节 业务管理流程与节点管控

一、客户开发的流程与节点管控

客户开发是销售服务流程的关键部分。

(1) 建立意向（目标）市场

1) 新购车客户的意向（目标）市场，有两个意向（目标）市场。分别是：

——本公司车辆营销部开发的新购车目标客户。

——没有此项业务的经销商的新购车目标客户。

2) 已购车客户的意向目标市场，也有两个意向（目标）市场。分别是：

——本公司已购车客户。

——没有此项业务的经销商的已购车。

(2) 收集意向客户信息 在组织岗位分工中，收集客户信息的工作由客户经理、信息员负责。所要收集的信息包括：

1) 购买车辆营销部开发的新购车目标客户（明细表）。

为什么要购买不同组织之间的已有（或目标客户）信息？

① 任何一个公司的业务组织，永远有两个市场：一个是公司内部的市场，不同组织的客户信息都是他们辛勤劳动的成果，不能无偿地使用，只能有偿地购买；另一个是外部市场，需要自己去开发。在内部购买其他组织目标客户的价格，就是在外部市场开发客户的价格。只有这样，才是公平的。

② 不同业务开发客户的成本是不同的，所以作为公司的最高管理者，不能简单地规定不同组织之间的新客户信息进行简单的交换，而应该按照成本价格进行交易。

③ 公司内部的客户信息不能无偿利用是因为客户开发的费用都计入了各业务部门的费用。这就导致了客户开发得越多，费用越高，越没有利润→越没有奖金→没有积极性。

商用车营销部的客户开发成本最高，在公司内部信息的价值最高，所有的其他业务部门都需要。假设商用车营销部的客户开发成本为3000元/辆，如果公司其他八个部门每个部门的信息购买价格是300元/辆，商用车营销部的客户开发费用就可以消化掉80%。

反过来，如果销售服务部的客户信息价格是300元/辆，其他八个部门每个部门的购买价格是37.5元/辆；销售服务部的信息交易成本为"零"。如果某一部门的信息交易成本为"负"值，说明这个部门的客户开发能力弱→客户服务的意识弱→客户满意度低，也说明该部门的业务在客户开发方面存在问题。

公司出费用进行购买的车辆客户信息，如果可以无偿使用，大家可能不珍惜，白白把信息浪费了。

因此，建立部门独立核算体制，建立信息有偿使用制度，是经销商的经营之道。对经销商来说，客户信息就是生产力。

2) 收集其他业务组织开发的新客户（明细表）。

3) 收集其他经销商新购车客户的信息。

4) 收集公司所有业务部门"战败"客户的信息。

5) 建立意向客户信息明细表（参见第三十一章商用车营销业务管理相关表格）。

(3) 制订意向客户开发计划 见表32-4。在组织岗位分工中，客户开发工作由产品经理负责。凡是没有签订销售服务合作协议书的所有客户都需要开发，不论该客户是否购买过公司的销售服务产品。

(4) 制订客户拜访计划 见客户拜访计划表模板（略）。

表 32-4　意向客户开发计划表（节选）

序号	客户开发计划													开发完成需移交的人员		其他
	意向客户信息汇总①				新行业意向客户开发②		开发计划									
	客户购买过的产品明细	为客户服务的部门	客户经理姓名	客户第一次购买产品的时间	客户累计购买产品的金额	是否为公司新客户	客户熟悉人姓名电话	开发负责人(部长)	开发方案	开发的切入点	开发费用计划	完成时间	效果评价	激励	客户经理姓名	产品经理姓名	
合计																	
1																	
2																	
...																	

① 见表 31-2。
② 见表 31-3。

（5）进行意向客户拜访　了解意向客户有关销售服务需求的信息，这些信息包括但不限于：

1）客户有几辆车、车辆类型、品牌、车型、驱动形式、发动机品牌、排量、功率、变速器品牌及型号、后桥型号及传动比等，不同车辆分别列出。

2）客户是否需要销售服务产品销售明细表所列的销售服务项目？

3）您认为我公司的销售服务产品销售明细表所列项目是多了还是少了？

4）您认为我公司的销售服务产品销售明细表所列项目不是客户需要的是哪些？

5）您认为我公司的销售服务产品销售明细表还应增加哪些项目？

6）客户以前购买的销售服务产品都是谁提供的，是购买车辆的经销商/我公司/其他？

7）购买这些产品的价格与我公司的价格表对比，是高/低？

8）自己做这些项目的成本与我公司的价格表价格对比，是高/低？

9）如果项目价格符合您的预期，是否愿意与本公司合作，购买本公司产品？

10）您和其他公司有长期的合作吗？有协议吗？有/无。

11）他们给您什么优惠政策？有（列出）/无。

12）我们能签订一个长期的合作协议书吗？

13）我公司还有车辆保险、车辆运营项目贷款、车辆保养、维修、二手车收购业务，如果价格合适，您愿意购买我公司的这些产品吗？

14）建立客户调查表（略）。

（6）与客户建立关系　就服务项目（内容）、政策、价格等达成一致，将意向客户变成意向目标客户；建立意向目标客户明细表（略）。

（7）签订合作协议书　商务经理负责，签订合作协议书。将意向目标客户变成目标客户。

（8）建立目标客户信息明细表　商务经理负责，所有签订了合作协议书的目标客户建立目标客户信息明细表；标注服务的时间（年、月、日、时）和服务的项目（内容）；到时自动提醒。将目标客户信息明细表交付客户经理。意向客户开发完成。

（9）客户开发的流程见《销售服务业务管理制度》附件 2《销售服务部业务管理流程与表格》。

二、产品交付的流程与节点管控

1）提醒客户。客户经理负责，根据系统"提醒"，联系客户，提醒客户服务时间。

2）服务确认。客户经理负责，与客户就服务时间、服务地点、服务项目、联系人、服务费用、付款方式达成一致；报计划员。

3）制订计划。计划员负责，编制服务计划，安排服务人员（产品经理、商务经理、客户经理等），准备产品。

4）收取服务费。商务经理负责，开具发票。
5）交付产品。产品经理负责，由客户指定的验收人进行验收。
6）建立交付（销售服务）产品客户明细表：客户经理负责。
7）进行客户回访：
① 成交客户回访：为什么能够成交：满意什么？不满意什么？如何改进就会满意？
② 不成交客户回访：为什么不能够成交：不满意什么？满意什么？如何改进就会满意？
8）建立问题改进：将客户不满意的项目限期改进。
9）核算部门成本、费用、价格、利润，计算每一岗位及所有人员工资、奖励。
10）兑现工资、奖励，总结、报告部门的工作。
11）客户的再开发：由客户经理负责，同第三十一章商用车营销业务管理的相关内容。
12）客户开发与产品交付的流程：见《销售服务业务管理制度》附件2《销售服务部业务管理流程与表格》。

三、销售服务精品管理

销售服务精品，是指用于增加车辆产品差异化和提高经销商竞争力的部分产品（配件），可以在车辆出厂前安装，也可以在车辆出厂后先安装再销售，或者在销售车辆时与销售服务的其他产品一同销售。

销售服务精品分为增加车辆功能的精品、用于改善性能的精品。

商用车的销售服务精品主要包括（但不限于）如下类型：

1. 增加功能的精品

1）增加生活功能的精品：微波炉、热水器、电冰箱等。
2）增加装卸功能的精品：后尾板、液压推车等。
3）用于增加行驶安全功能的精品：驾驶员瞌睡报警、跑偏报警、车辆靠近报警、360°环视系统等。
4）增加车辆、货物安全功能的精品：电子围栏等。
5）增加管理功能的精品：不同的车辆管理系统等。

2. 改善性能的精品

1）改善制动性能的精品：缓速器等。
2）改善环境性能的精品：独立空调、独立暖风等。
3）改善油耗、噪声、安全、制动、振动等性能的精品：子午线轮胎等。

本章小结与启示

学习掌握本章车辆销售服务业务管理的流程、管控要点，在熟练掌握商用车基础知识及营销管理相关知识的基础上，运用"主动营销模式"开展车辆销售服务业务，努力将意向客户变成客户，并能不断进行客户的再开发，这将不断提升商用车销售服务人员的业务能力，提高其服务质量与业绩。

本章学习测试及问题思考

（一）判断题

（　）1. 经销商为客户提供服务的根本宗旨是：让客户满意，树立企业形象，促进产品销售。
（　）2. 车辆销售服务，通常是指车辆销售全过程的服务，包括车辆售前、售中、售后服务。

（二）问答题

1. 商用车销售服务的原则是什么？
2. 简述商用车产品交付的流程。
3. 销售服务部一般要制订哪些管理制度？

第三十三章 商用车保险业务管理[一]

学习要点

1. 了解车险业发展的现状及相关知识，建立与同行交流的基础。
2. 熟悉商用车的基本险和附加险产品。
3. 熟悉保费试算公式及影响因素。
4. 掌握车辆保险业务的管理流程和关键节点。

第一节 车险原则与主要险种及保费介绍

一、我国汽车保险业发展现状

汽车保险起源于19世纪中后期。当时，随着汽车在欧洲一些国家的出现与发展，因交通事故而导致的意外伤害和财产损失随之增加。尽管各国都采取了一些管制办法和措施，汽车的使用仍对人们的生命和财产安全构成了严重威胁，因此引起了一些精明的保险人对汽车保险的关注。

1896年11月，由英国的苏格兰雇主保险公司发行的一份保险情报单中，刊载了为庆祝"1896年公路机动车辆法令"的顺利通过，而于11月14日举办伦敦至布赖顿的大规模汽车赛的消息。在这份保险情报中，还刊登了"汽车保险费年率"。

最早开发汽车保险业务的是英国的"法律意外保险有限公司"，1898年该公司率先推出了汽车第三者责任保险，并可附加汽车火险。

到1901年，保险公司提供的汽车保险单，已初步具备了现代综合责任险的条件，保险责任也扩大到了汽车的失窃。

20世纪初期，汽车保险业在欧美得到了迅速发展。1903年，英国创立了"汽车通用保险公司"，该公司逐步发展成为一家大型的专业化汽车保险公司。

1906年，成立于1901年的汽车联盟也建立了自己的"汽车联盟保险公司"。

到1913年，汽车保险已扩大到了20多个国家，汽车保险费率和承保办法也基本实现了标准化。

1927年是汽车保险发展史上的一个重要里程碑。美国马萨诸塞州制订的举世闻名的《强制汽车

[一] 本章由崔士朋、赵旭日编写。

（责任）保险法》的颁布与实施，表明了汽车第三者责任保险开始由自愿保险方式向法定强制保险方式转变。此后，汽车第三者责任法定强制保险很快推广至世界各地。第三者责任法定强制保险的广泛实施，极大地推动了汽车保险的普及和发展。车损险、盗窃险、货运险等业务也随之发展起来。

自20世纪50年代以来，随着欧、美、日等地区和国家汽车制造业的迅速扩张，机动车辆保险也得到了广泛的发展，并成为各国财产保险中最重要的业务险种。到20世纪70年代末期，汽车保险保费已占整个财产险保费的50%以上。

（一）我国汽车保险发展简史

我国汽车保险业起步较晚，这与我国汽车业起步晚有关。

（1）初创时期　新中国成立以后的1950年，创建不久的中国人民保险公司就开办了汽车保险。但是因宣传不够和认识的偏颇，不久就出现对此项保险的争议。有人认为汽车保险以及第三者责任保险对于肇事者予以经济补偿，会导致交通事故的增加，对社会产生负面影响。于是，中国人民保险公司于1955年停止了汽车保险业务，直到70年代中期为了满足各国驻华使领馆等外国人拥有的汽车保险的需要，开始办理以涉外业务为主的汽车保险业务。

（2）发展时期　我国保险业恢复之初的1980年，中国人民保险公司逐步全面恢复中断了近25年之久的汽车保险业务，以适应国内企业和单位对于汽车保险的需要，适应公路交通运输业迅速发展、事故日益频繁的客观需要，但当时汽车保险市场份额仅占财产保险市场份额的2%。

（3）大发展时期　1983年，我国将汽车保险改为机动车辆保险使其具有更广泛的适应性，在此后的近20年过程中，机动车辆保险在我国保险市场，尤其在财产保险市场中始终发挥着重要的作用。到1988年，汽车保险的保费收入超过了20亿元，占财产保险保费收入的37.6%，第一次超过了企业财产险（35.99%）。从此以后，汽车保险一直是财产保险的第一大险种，并保持高增长率，我国的汽车保险业务进入了高速发展的时期。

与此同时，机动车辆保险条款、费率以及管理也日趋完善，尤其是中国保监会的成立，进一步完善了机动车辆保险的条款，加大了对于费率、保险单证以及保险人经营活动的监管力度，加速建设并完善了机动车辆保险中介市场，对全面规范市场，促进机动车辆保险业务的发展起到了积极的作用。

（二）我国车险业的发展现状

据公安部统计，2019年全国新注册登记机动车3214万辆，其中新注册登记汽车2578万辆。截至2019年底，机动车保有量达3.48亿辆，其中汽车保有量达2.6亿辆；机动车驾驶人达4.35亿人，其中汽车驾驶人3.97亿人。

中国汽车保险业务高速发展。虽然起步比发达国家晚，但是中国汽车工业井喷式的快速发展，也使得汽车保险业迅猛发展。目前，我国车险市场的特点是：

① 在近20年的时间里，车险需求爆发式集中出现。
② 车险的供需矛盾突出，产品单一且保障不全面。
③ 车险业务规模大（快速超越了除美国以外的所有发达国家）。
④ 车险行业存在恶性竞争，服务成本居高不下。
⑤ 监管手段与监管技术有待提高。

中国未来汽车的发展会依然强劲，而且潜力巨大。如此大规模的车险市场，让国内外保险机构都想来分"一杯羹"。

近10年，随着车险业务的发展，我国汽车保险市场经营主体也在迅猛增加，2003年仅有10家国内财产保险公司经营车险，至2018年国内财险公司中有67家经营车险。汽车保险中介服务的机构和人员也在不断增加，中介市场主体框架基本形成，专业机构数量稳步增长。至2018年，我国的保险专业中介机构已达2642家，其中专业代理1790家，经纪公司499家，公估机构353家。汽车保险公估、汽车保险专业代理、兼业代理蓬勃发展，事故车咨询、事故车专修、全损车拍卖等行业也应运而生。

我国汽车行业的快速发展，也带来了汽车保险业的繁荣，但是车险规模的扩大与车险经营的潜在风险也与日俱增，车险服务的质量和消费者的满意度令人担忧。

2012年保险监管部门召开"加强和改进车险理赔服务质量"的专题会议，以解决车险理赔难的问题，提高车险理赔服务水平，改善社会形象，提升公众满意度。经过整治，车险服务质量有了很大提升，各家保险公司都开始注重改善服务态度，提高服务技能，提升服务品质。但是，保险行业的恶性竞争仍在继续，行业服务成本逐年增加。2017 年以前，国内车险经营仍处于亏损状态，至 2018 年稍有微利，但是综合赔付率依然居高不下，约为 98.5%。控制赔付率依然是非常重要的课题。理赔服务达标，把好"出口"（理赔）关，保证车险服务质量，还有很长的路要走。

此外，部分中小型保险公司生存压力加大，车险的保费向前 3 名大型保险公司集中，车险市场出现形成寡头垄断的趋势。人保、平保与太保 3 家大型财险公司的市场份额达到 75.19%，排名前 10 名的保险公司市场占有份额高达 85.19%。2018 年财产保险公司保费收入前 10 名排序，见表 33-1。

表 33-1　2018 年财产保险公司保费收入前 10 名

排　名	公司名称	资本结构
1	中国人民财产保险股份有限公司（人保）	中资
2	中国平安财产保险股份有限公司（平保）	中资
3	中国太平洋财产保险股份有限公司（太保）	中资
4	中国人寿财产保险股份有限公司	中资
5	中国大地财产保险股份有限公司	中资
6	中华联合财产保险股份有限公司	中资
7	阳光财产保险灌粉有限公司	中资
8	太平财险有限公司	中资
9	中国出口信用保险公司	中资
10	天安财产保险股份有限公司	中资

二、保险基本概念与原则

保险的本意是稳妥可靠保障，后衍生成一种保障机制，是用来规划人生财务的一种工具，是市场经济条件下风险管理的基本手段，是金融体系和社会保障体系的重要支柱。

保险，是指投保人根据合同约定，向保险人支付保险费，保险人对于合同约定的可能发生的事故因其发生所造成的财产损失承担赔偿保险金责任，或者被保险人死亡、伤残、疾病或者达到合同约定的年龄、期限等条件时承担给付保险金责任的商业保险行为。

从经济角度看，保险是分摊意外事故损失的一种财务安排；从法律角度看，保险是一种合同行为，是一方同意补偿另一方损失的一种合同安排；从社会角度看，保险是社会经济保障制度的重要组成部分，是社会生产和社会生活"精巧的稳定器"；从风险管理角度看，保险是风险管理的一种方法。

1. 保险的分类

保险分类是大类别按照保险保障范围分类，小类别按照保险标的的种类分类。按照保险保障范围分为人身保险、财产保险、责任保险、信用保证保险。按照保险标的的种类可分为如下 28 种：

1）火灾保险是承保陆地上存放在一定地域范围内，基本上处于静止状态下的财产，比如机器、建筑物、各种原材料或产品、家庭生活用具等因火灾引起的损失。

2）海上保险实质上是一种运输保险，它是各类保险业务中发展最早的一种保险，保险人对海上危险引起的保险标的的损失负赔偿责任。

3）货物运输保险是除了海上运输以外的货物运输保险，主要承保内陆、江河、沿海以及航空运输过程中货物所发生的损失。

4）各种运输工具保险主要承保各种运输工具在行驶和停放过程中所发生的损失。主要包括汽车保险、航空保险、船舶保险、铁路车辆保险。

5）工程保险承保各种工程期间一切意外损失和第三者人身伤害与财产损失。

6）灾后利益损失保险指保险人对财产遭受保险事故后可能引起的各种无形利益损失承担保险责任

的保险。

7）盗窃保险承保财物因强盗抢劫或者窃贼偷窃等行为造成的损失。

8）农业保险主要承保各种农作物或经济作物和各类牲畜、家禽等因自然灾害或意外事故造成的损失。

9）责任保险是以被保险人的民事损害赔偿责任作为保险标的的保险。不论企业、团体、家庭或个人，在进行各项生产业务活动或在日常生活中，由于疏忽、过失等行为造成对他人的损害，根据法律或契约对受害人承担的经济赔偿责任，都可以在投保有关责任保险之后，由保险公司负责赔偿。

10）公众责任保险承保被保险人对其他人造成的人身伤亡或财产损失应负的法律赔偿责任。

11）雇主责任保险承保雇主根据法律或者雇佣合同对雇员的人身伤亡应该承担的经济赔偿责任。

12）产品责任保险承保被保险人因制造或销售产品的缺陷导致消费者或使用人等遭受人身伤亡或者其他损失引起的赔偿责任。

13）职业责任保险承保医生、律师、会计师、设计师等自由职业者因工作中的过失而造成他人的人身伤亡和财产损失的赔偿责任。

14）信用保险以订立合同的一方要求保险人承担合同的对方的信用风险为内容的保险。

15）保证保险以义务人为被保证人按照合同规定要求保险人担保对权利人应履行义务的保险。

16）定期死亡保险以被保险人保险期间死亡为给付条件的保险。

17）终身死亡保险以被保险人终身死亡为给付条件的保险。

18）两全保险以被保险人保险期限内死亡或者保险期间届满仍旧生存为给付条件的保险，有储蓄的性质。

19）年金保险以被保险人的生存为给付条件，保证被保险人在固定的期限内，按照一定的时间间隔领取款项的保险。

20）财产保险是以各种物质财产为保险标的的保险，保险人对物质财产或者物质财产利益的损失负赔偿责任。

21）人身保险是以人的身体或者生命作为保险标的的保险，保险人承担被保险人保险期间遭受到人身伤亡，或者保险期满被保险人伤亡或者生存时，给付保险金的责任。人身保险除了包括人寿保险外，还有健康保险和人身意外伤害险。

22）疾病保险又称健康保险，是保险人对被保险人因疾病而支出的医疗费用，或者因疾病而丧失劳动能力，按照保险单的约定给付保险金的保险。

23）人寿保险，简称寿险，是一种以人的生死为保险对象的保险，是被保险人在保险责任期内生存或死亡，由保险人根据契约规定给付保险金的一种保险。

24）分红保险，就是指保险公司在每个会计年度结束后，将上一会计年度该类分红保险的可分配盈余，按一定的比例、以现金红利或增值红利的方式，分配给客户的一种人寿保险。

25）投资连结保险就是保险公司将收进来的资本（保费）除了提供给客户保险额度以外，还会去做基金标的连结让客户可以享受到投资获利。

26）万能人寿保险（又称为万用人寿保险）指的是可以任意支付保险费以及任意调整死亡保险金给付金额的人寿保险。

27）再保险以保险公司经营的风险为保险标的的保险。按照保险费用分，还有一类特殊的保险类别，即免费保险，也叫零险。

28）免费保险是指一种保险公司或保险代理机构免费赠送给客户的保险产品。保险公司或者保险代理机构通过这种方式，使客户增加对保险公司或代理机构的认知，是通过客户对保险产品的免费体验，获得客户信任的方式。

2. 保险的相关概念

（1）保险主体

1）保险主体，就是保险合同的主体，只包括投保人与保险人。被保险人、受益人、保单所有人，除非与投保人是同一人，否则，都不是保险主体。

2）投保人，是指与保险人订立保险合同，并按照保险合同负有支付保险费义务的人。投保人可以是自然人也可以是法人，但必须具有民事行为能力。

3）保险人，保险人又称承保人，是指与投保人订立保险合同，并承担赔偿或者给付保险金责任的保险公司。在中国有股份有限公司和国有独资公司两种形式。保险人是法人，公民个人不能作为保险人。

4）被保险人，是指根据保险合同，其财产利益或人身受保险合同保障，在保险事故发生后，享有保险金请求权的人。投保人往往同时就是被保险人。

5）受益人，是指人身保险合同中由被保险人或者投保人指定的享有保险金请求权的人，投保人、被保险人可以为受益人。如果投保人或被保险人未指定受益人，则他的法定继承人即为受益人。

6）保单所有人，拥有保险利益所有权的人，很多时候是投保人、受益人，也可以是保单受让人。

（2）保险客体 保险客体，即保险合同的客体，并非保险标的本身，而是投保人或被保险人对保险标的可保利益。

可保利益，是投保人或被保险人对保险标的所具有的法律上承认的利益。这主要是因为保险合同保障的不是保险标的本身的安全，而是保险标的受损后投保人或被保险人、收益人的经济利益。保险标的只是可保利益的载体。

（3）保险标的 保险标的即保险对象，人身保险的标的是被保险人的身体和生命，而广义的财产保险是以财产及其有关经济利益和损害赔偿责任为保险标的的保险，其中，财产损失保险的标的是被保险的财产，责任保险的标的是被保险人所要承担的经济赔偿责任，信用保险的标的是被保险人的信用导致的经济损失。

（4）保险费率 保险费率是保险费与保险金额的比例，保险费率又被称为保险价格。通常以每百元或每千元保险金额应缴纳的保险费来表示。

保险人使用保险精算来量化风险。保险人通过数据的编制来估算未来损失（预定损失率），通常采用合理的近似。保险精算使用统计学和概率来拟合并分析风险分布状态，保险人运用这种科学原理并附加一定条件来厘定保险费率。

这些附加条件包括预定投资收益率、保险单预定利率、预定营业费用和税金，人寿保险公司的附加条件还包括预定死亡率。

保险公司所必须支付的预定利率将会拿来与市场上的借款利率相比较。根据比较，许多保险公司并没有在预定利率方面胜出，但是保险公司宁肯将其预定利率控制到比借款的利率还要低。如果不这样，保险公司将不会给所有者的资本以回报，那么他们将借钱给其他地方以获得市场价格的投资回报。

（5）保险利益 保险利益是指投保人对保险标的具有的法律上承认的利益。通常，投保人会因为保险标的的损害或者丧失而遭受经济上的损失，因为保险标的的保全而获得收益。只有当保险利益是法律上认可的，经济上确定的而不是预期的利益时，保险利益才能成立。一般来说，财产保险的保险利益在保险事故发生时存在，这时才能补偿损失；人身保险的保险利益必须在订立保险合同时存在，用来防止道德风险。

以寿险为例，投保人对自身及其配偶具有无限的可保权益。在一些国家地区，投保人与受保人如有血缘关系，也可构成可保权益。另外，债权人对未还清贷款的债务人也具有可保权益。其成立条件是：保险利益必须是合法的利益，保险利益必须是经济上有价的利益，保险利益必须是确定的利益，保险利益必须是具有利害关系的利益。

（6）保险价值 保险价值是保险标的物的实际价值。根据我国《保险法》规定，投保人和保险人约定保险标的保险价值并在合同中载明的，保险标的发生损失时，以约定的保险价值为赔偿计算标准。

投保人和保险人未约定保险标的的保险价值的，保险标的发生损失时，以保险事故发生时保险标的的实际价值为赔偿计算标准。

简单来说，保险价值可由三种方法确定：

1）根据法律和合同法的规定。法律和合同法是确定保险价值的根本依据。

2）根据保险合同和双方当事人约定。有些保险标的物的保险价值难以衡量，比如人寿保险、健康保险，人的身体和寿命无法用金钱来衡量，则其保险价值以双方当事人约定。

3）根据市价变动来确定保险价值。一些保险标的物的保险价值并非一直不变的。大多数标的物也会随着时间延长而折旧，其保险价值呈下降趋势。

（7）保险合同　保险合同是投保人与保险人约定保险权利义务关系的协议。投保人是指与保险人订立保险合同，并按照合同约定负有支付保险费义务的人。保险人是指与投保人订立保险合同，并按照合同约定承担赔偿或者给付保险金责任的保险公司。

3. 赔偿原则

经济补偿功能是保险的立业之基，最能体现保险业的特色和核心竞争力。具体体现为如下两个方面。

一是财产保险的补偿。保险是在特定灾害事故发生时，在保险的有效期和保险合同约定的责任范围以及保险金额内，按其实际损失金额给予补偿。通过补偿使得已经存在的社会财富因灾害事故所致的实际损失在价值上得到补偿，在使用价值上得以恢复，从而使社会再生产过程得以连续进行。这种补偿既包括对被保险人因自然灾害或意外事故造成的经济损失的补偿，也包括对被保险人依法应对第三者承担的经济赔偿责任的经济补偿，还包括对商业信用中违约行为造成经济损失的补偿。

二是人身保险的给付。人身保险的保险数额是由投保人根据被保险人对人身保险的需要程度和投保人的缴费能力，在法律允许的情况下，与被保险人双方协商后确定的。

1）损失补偿。损失补偿原则是保险人必须在保险事故发生导致保险标的遭受损失时根据保险责任的范围对受益人进行补偿。其含义为保险人对约定的保险事故导致的损失进行补偿，受益人不能因保险金的给付获得额外利益。一般来说，财产保险遵循该原则，但是由于人的生命和身体价值难以估计，所以人身保险并不适用该原则，但亦有学者认为健康险的医疗费用亦应遵循，否则有不当得利之嫌。

2）近因原则。近因原则是指判断风险事故与保险标的的损失之间的关系，从而确定保险补偿或给付责任的基本原则。近因是保险标的损害发生的最直接、最有效、最起决定性的原因，而并不是指最近的原因。如果近因属于被保风险，则保险人应赔偿，如果近因属于除外责任或者未保风险，则保险人不负责赔偿。

3）分摊原则。在被保险人重复保险的情况下，保险事故发生，被保险人所得到的赔偿金由保险公司和被保险人共同分担。

4）代位原则。保险人根据合同的规定，对被保险人的事故进行赔偿后，或者在保险标的发生事故造成推定全损后，依法向有责任的第三方进行求偿的利益，获取的被保险人对受损投保标的的所有权。中国的保险法律法规要求，保险人必须以自己的名义行使代位求偿权，被保险人或者投保人有义务协助保险人向侵权人索赔。

4. 保险的特点

1）保险必须有风险存在。建立保险制度的目的是对付特定危险事故的发生，无风险则无保险。为了应用大数原则，有可能受益的风险不在可保范围内，因此商业保险机构一般不承保此类风险。

2）保险必须对危险事故造成的损失给予经济补偿。所谓经济补偿是指这种补偿不是恢复已毁灭的原物，也不是赔偿实物，而是进行货币补偿。因此，意外事故所造成的损失必须是在经济上能计算价值的。在人身保险中，人身本身是无法计算价值的，但人的劳动可以创造价值，人的死亡和伤残会导致劳动力的丧失，从而使个人或者其家庭的收入减少而开支增加，所以人身保险是用经济补偿或给付的办法来弥补这种经济上增加的负担，并非保证人们恢复已失去的劳动力或生命。

3）保险必须有互助共济关系。保险制度是采取将损失分散到众多单位分担的办法，减少遭灾单位的损失。通过保险，投保人共同交纳保险费，建立保险补偿基金，共同取得保障。

4）保险的分担金必须合理。保险的补偿基金是由参加保险的人分担的，为使各人负担公平合理，就必须科学地计算分担金额。

一是具有自愿性，商业保险法律关系的确立，是投保人与保险人根据意思自治原则，在平等互利、协商一致的基础上通过自愿订立保险合同来实现的，而社会保险则是通过法律强制实施的。

二是具有营利性，商业保险是一种商业行为，经营商业保险业务的公司无论采取何种组织形式都是以营利为目的,而社会保险则是以保障社会成员的基本生活需要为目的。

三是从业务范围及赔偿保险金和支付保障金的原则来看,商业保险既包括财产保险又包括人身保险,投入相应多的保险费,在保险价值范围内就可以取得相应多的保险金赔付,体现的是多投多保、少投少保的原则,而社会保险则仅限于人身保险,并不以投入保险费的多少来加以差别保障,体现的是社会基本保障原则。

从经济角度来看,保险是一种损失分摊方法。以多数单位和个人缴纳保费建立保险基金,使少数成员的损失由全体被保险人分担。

从法律意义上说,保险是一种合同行为,即通过签订保险合同,明确双方当事人的权利与义务,被保险人以缴纳保费获取保险合同规定范围内的赔偿,保险人则有收受保费的权利和提供赔偿的义务。

① 保险是一种合同法律关系。
② 保险合同对双方当事人均有约束力。
③ 保险合同中所约定的事故或事件是否发生必须是不确定的,即具有偶然性。
④ 事故的发生是保险合同的另一方当事人即被保险人无法控制的。
⑤ 保险人在保险事故发生后承担给付金钱或其他类似的补偿。
⑥ 保险应通过保险单的形式经营。

保险是一种经济制度,同时也是一种法律关系,保险乃是经济关系与法律关系的统一。

5. 保险的作用与功能

(1) 保险的作用

1) 转移风险。买保险就是把自己的风险转移出去,而接受风险的机构就是保险公司。

2) 均摊损失。转移风险并非事故风险真正地离开了投保人,而是保险人借助众人的财力给遭灾受损的投保人补偿经济损失,为其排忧解难。保险人以收取保费和支付赔款的形式,将少数人的巨额损失分散给众多的被保险人,从而使个人难以承受的巨额损失变成多数人可以承担的损失,这实际上是把损失均摊给有相同风险的投保人。

3) 实施补偿。分摊损失是实施补偿的前提和手段,实施补偿是分摊损失的目的。

4) 抵押贷款和投资收益。保险法中明确规定"现金价值不丧失条款",客户虽然与保险公司签订合同,但客户有权中止这个合同并得到退保金额。保险合同中也规定客户资金紧缺时可申请当时现金价值的90%(根据保险险种来确定,最高为95%)作为贷款且利率远低于银行贷款。如果客户急需资金而又一时筹措不到,客户便可以将保险单抵押在保险公司,从保险公司取得相应数额的贷款。

(2) 保险的功能 保险具有经济补偿、资金融通和社会管理功能,这三大功能是一个有机联系的整体。经济补偿功能是基本的功能,也是保险区别于其他行业的最鲜明的特征。资金融通功能是在经济补偿功能的基础上发展起来的,社会管理功能是保险业发展到一定程度并深入到社会生活诸多层面之后产生的一项重要功能。初期,保险只有经济补偿功能。

1) 资金融通的功能。资金融通的功能是指将形成的保险资金中的闲置部分重新投入到社会再生产过程中。保险人为了使保险经营稳定,必须保证保险资金的增值与保值,这就要求保险人对保险资金进行运用。保险资金的运用不仅有其必要性,而且也是可能的。一方面,由于保险保费收入与赔付支出之间存在时间差;另一方面,保险事故的发生不都是同时的,保险人收取的保险费不可能一次全部赔付出去,也就是保险人收取的保险费与赔付支出之间存在数量差。这些都为保险资金的融通提供了可能。保险资金融通要坚持合法性、流动性、安全性、效益性的原则。

2) 社会管理的功能。社会管理是指对整个社会及其各个环节进行调节和控制的过程,目的在于正常发挥各系统、各部门、各环节的功能,从而实现社会关系和谐、整个社会良性运行和有效管理。

① 社会保障管理:保险作为社会保障体系的有效组成部分,在完善社会保障体系方面发挥着重要作用,一方面,保险通过为没有参与社会保险的人群提供保险保障,扩大社会保障的覆盖面;另一方面,保险通过灵活多样的产品,为社会提供多层次的保障服务。

② 社会风险管理:保险公司具有风险管理的专业知识、大量的风险损失资料,为社会风险管理提供了有力的数据支持。同时,保险公司大力宣传培养投保人的风险防范意识;帮助投保人识别和控制风

险，指导其加强风险管理；进行安全检查，督促投保人及时采取措施消除隐患；提取防灾资金，资助防灾设施的添置和灾害防治的研究。

③ 社会关系管理：通过保险应对灾害损失，不仅可以根据保险合同约定对损失进行合理补充，而且可以提高事故处理效率，减少当事人可能出现的事故纠纷。由于保险介入灾害处理的全过程，参与当社会关系的管理中，改变了社会主体的行为模式，为维护良好的社会关系创造了有利条件。

④ 社会信用管理：保险以最大诚信原则为其经营的基本原则之一，而保险产品实质上是一种以信用为基础的承诺，对保险双方当事人而言，信用至关重要。保险合同履行的过程实际上就为社会信用体系的建立和管理提供了大量重要的信息来源，实现社会信息资源的共享。因为保险经纪公司可以掌握多家保险公司的产品的情况，从而向市场上"贩卖"费率低保障高的保险。但是在中国，保险经纪行业刚刚起步，数量少而且很不规范。

一些保险公司开始尝试将保险条款进行通俗化的改造，以使大多数人看得懂。拥护者认为这是一个好的方向，但是许多业内人士和法律专家认为，这样做会导致保险条款失去法律意义上的严谨性，可能导致歧义，从而引发经济纠纷。

6. 购买渠道

（1）保险代理人　根据数据统计显示，有九成以上的投保者是通过保险代理人来购买保险产品的。一方面直接与保险代理人接触可以比较直观地向其了解保险公司的各类产品特点，而且保险代理人可以根据投保者的个人职业、年龄、家庭构成、收入等因素推荐适合投保人的保险产品。并且通过这一渠道购买的保险产品，一般售后服务都有保障，可以享受到续保提醒、上门理赔等比较人性化的服务。但同时由于保险代理人的收入与销售业绩挂钩，素质较差的代理人通常会故意夸大产品的功能或淡化其中的不利条款，来欺骗消费者进行投保，甚至会有私吞保费的情况发生。综合以上几点，第一次投保的人最好多渠道进行比较，综合考虑各个渠道的优劣利弊。

（2）保险公司代理　目前市场上有许多保险公司已经将保险产品销售委托给专业的保险代理公司。通过这些代理公司，个人消费者可选购财险、车险、意外险、寿险、投资理财险等各类产品，享受其所谓的一站式服务。这种方式的优点是显而易见的，那就是专业保险代理公司的产品较多，选择余地较大，而且不收取任何咨询和服务费用，方便消费者的购买。不过，由于各家保险公司给代理公司的代理费不同，代理公司的业务员在推荐不同保险公司的同类产品时，难免会有所偏颇。消费者需要注意比较。面对种类繁多的产品，消费者也需要有清醒的头脑和主见。

（3）电话投保和网络投保　电话投保和网络投保是新兴的保险销售渠道。最大的特点在于销售价格普遍低于其他渠道，手续也相对简便，但劣势也是非常明显，许多消费者不能很好地接受电话销售的模式，纷纷投诉保险公司的电话骚扰行为，而即使是有耐心听完保险公司电话推销的消费者，也很难在几分钟里全面地了解其推销的保险产品的功能及优缺点，以此做出是否购买的决定，所以电话销售的产品一般都是容易解释的普遍适用型产品，呈现出单一化的特点。

网络销售则更加直观，但是网销渠道销售的保险产品，消费者投诉最多的是网络欺诈行为以及支付手段缺乏两个方面，这在一定程度上也束缚了网络投保产品的发展。

现阶段消费者可以通过电话投保渠道来投保车险。因为其价格明确而且优惠幅度较大，而寿险或是其他财险还是应该选择其他渠道，以便有机会对购买的保险产品多些了解。至于网络投保，则一定要选择保险公司的官方网站或者指定网站，并在购买前拨打保险公司全国统一客服电话查证核实。

（4）银行代理　银行代理保险产品（银保产品）较其他渠道的产品有其特殊性，是因为在功能设计上，银保产品一般着重突出的是投资价值，将可预见的收益等作为卖点。除此之外，受益于银行网点分布广泛、缴费方式也简单省事，消费者可以很便捷地购买银保产品，但是银行代理的银保产品相对较少，主要集中在分红险、万能险和投连险上，且缴费方式多为一笔交清。建议消费者在选择银保产品的时候，不可一味看重其理财功能，忽视其保障功能。另外，不得不提的一点是，选择银保渠道的消费者可能还需承担更大的信用风险，近两年来投诉银保产品的消费者很多，很多保险业务员为了业务量不据实告知消费者是保险产品，混淆视听，给这一投保渠道带去了不良的口碑。

三、车险主要产品介绍

(一)车险产品分类

汽车保险是以汽车、电车、电瓶车、摩托车、拖拉机等机动车辆作为汽车保险标的的一种保险。

汽车保险具体可分商业险和强制险(交强险),见表33-2。其中:商业险为不定值保险,分为基本险和附加险。部分附加险不能独立投保。

表33-2 车辆保险产品分类

序号	车辆保险分类	产品分类	产品名称	备 注
1	强制险	强制险	机动车交通事故责任强制保险	必须购买
2	商业险	基本险	机动车损失保险	建议购买
3			第三者责任保险	建议购买
4			车上人员责任保险	建议购买
5			全车盗抢保险	
6		附加险	玻璃单独破碎险	
7			自燃损失险	
8			车身划痕损失险	
9			新增加设备损失险	
10			发动机涉水损失险	
11			修理期间费用补偿险	建议贷款车辆购买
12			精神损害抚慰金责任险	
13			车上货物责任险	
14			指定修理厂险	
15			不计免赔率险	建议购买
16			机动车损失保险无法找到第三方特约险	

1. 商业险基本险

商业险基本险主要包括机动车损失保险、第三者责任保险、全车盗抢保险、车上人员责任保险。

(1) 机动车损失保险 该险种承保被保险车辆遭受保险范围内的自然灾害或意外事故,造成保险车辆本身损失,保险人依照保险合同的规定给予赔偿的一种保险。

(2) 第三者责任保险 对被保险人或其允许的合格驾驶人员在使用保险车辆过程中发生意外事故,致使第三者遭受人身伤亡或财产损坏,依法应由被保险人支付的金额,由保险公司负责赔偿。

(3) 全车盗抢保险 三种情况下发生的损失可以赔偿。

1)在全车被盗窃、抢劫、抢夺的被保险机动车(含投保的挂车),需经县级以上公安刑侦部门立案侦查,证实满60天未查明下落。

2)被保险机动车全车被盗窃、抢劫、抢夺后,受到损坏或因此造成车上零部件、附属设备丢失需要修复的合理费用。

3)发生保险事故时,被保险人为防止或者减少被保险机动车的损失所支付的必要的、合理的施救费用,由保险人承担,最高不超过保险金额的数额。

(4) 车上人员责任险 指保险车辆发生意外事故(不是行为人出于故意,而是行为人不可预见的以及不可抗拒的,造成了人员伤亡或财产损失的突发事件),导致车上的驾驶员或乘客人员伤亡造成的费用损失,以及为减少损失而支付的必要合理的施救、保护费用,由保险公司承担赔偿责任。

2. 附加险

附加险包括玻璃单独破碎险、车辆停驶损失险、自燃损失险、新增设备损失险、发动机涉水损失险、无过失责任险、代步车费用险、车身划痕损失险、不计免赔率险、车上货物责任险等多种险种。

(二)主要车险产品介绍

特别说明:

1)本章所列的车险产品价格是一种试算价格,仅供从业人员学习、参考用。不能作为产品采购和销售的价格依据,以各个保险公司都有自己的计算公式和价格表为准。

2)我们通常所说的交强险(即机动车交通事故责任强制保险)属于广义的第三者责任险。交强险是强制性险种,机动车必须购买才能够上路行驶、年检、上户,且在发生第三者损失需要理赔时,必须先赔付交强险再赔付其他险种。

下面介绍主要车险产品的用途、保费名称及计算(试算)公式。

1. 交强险

交强险全称:机动车交通事故责任强制保险,是我国首个由国家法律规定实行的强制保险制度。

《机动车交通事故责任强制保险条例》(以下简称《条例》)规定:交强险是由保险公司对被保险机动车发生道路交通事故造成受害人(不包括本车人员和被保险人)的人身伤亡、财产损失,在责任限额内予以赔偿的强制性责任保险。

挂车没有交强险。2012年12月17日,国务院决定对《机动车交通事故责任强制保险条例》作如下修改:增加"挂车不投保机动车交通事故责任强制保险。发生道路交通事故造成人身伤亡、财产损失的,由牵引车投保的保险公司在机动车交通事故责任强制保险责任限额范围内予以赔偿;不足的部分,由牵引车方和挂车方依照法律规定承担赔偿责任。"该决定自2013年3月1日起施行。

1)交强险的基础费率,参见保险产品试算价格表(模板)。

2)交强险保险费的计算办法:

$$交强险最终保险费 = 交强险基础保险费 \times (1 + 与道路交通事故相联系的浮动比率)$$

3)如果驾驶员出现酒驾,则按照以下公式计算:

$$交强险最终保险费 = 交强险基础保险费 \times \left(1 + 与道路交通事故相联系的浮动比率 + 与酒驾相联系的浮动比率\right)$$

浮动比率参见《保险产品推荐明细表(模板)》。

2. 机动车损失保险

机动车损失保险(车损险)是指保险车辆遭受保险责任范围内的自然灾害(不包括地震)或意外事故,造成保险车辆本身损失,保险人依据保险合同的规定给予赔偿。

按照现行的《中国保险行业协会机动车辆商业保险示范条款(2014版)》条款,机动车损失保险基准纯风险保费表,由中国保险行业协会统一制订。

3. 第三者责任保险

第三者责任保险负责保险车辆在使用中发生意外事故造成他人(即第三者)的人身伤亡或财产的直接损毁的赔偿责任。

1)保费的计算:根据被保险机动车车辆使用性质、车辆种类、责任限额直接查询基准纯风险保费。

2)挂车保费的计算:挂车根据实际的使用性质并按照对应吨位货车的30%计算(已在价格表中体现)。

3)第三者责任保险基准保费,参见保险产品试算价格表。

4)如果责任限额为200万元以上,保费的计算如下:

$$基准纯风险保费 = (N-4) \times (A-B) \times (1 - N \times 0.005) + A$$

式中 A——同档次限额为200万元时的基准纯风险保费;

B——同档次限额为150万元时的基准纯风险保费;

N = 限额/50万元,限额必须是50万元的整数倍。

4. 车上人员责任保险

车上人员责任险,即车上座位险,是指车上人员责任保险中的乘客部分,指的是被保险人允许的合格驾驶员在使用保险车辆过程中发生保险事故,致使车内乘客人身伤亡,依法应由被保险人承担的赔偿责任,保险公司会按照保险合同进行赔偿。

1）根据车辆使用性质、车辆种类、驾驶人/乘客查询纯风险费率，参见保险产品试算价格表（表中的乘客保费仅为1人的保费，需要购买几人乘上"投保乘客座位数"即可）。

2）计算公式如下：

① 驾驶人基准纯风险保费 = 每次事故责任限额 × 纯风险费率

② 乘客基准纯风险保费 = 每次事故每人责任限额 × 纯风险费率 × 投保乘客座位数

3）车上人员责任保险基准保费：参见保险产品试算价格表。

5. 全车盗抢保险

全车盗抢保险是指投保车辆在非人为的、非故意的、非违章的情况下发生盗抢，经报案、立案调查后，一定期限内（一般是2个月左右）仍然没有破案的，由保险公司赔付相应的损失。假若车辆经侦查后归还车主，保险公司需赔付车辆在盗抢期间受到的损失。

1）根据车辆使用性质、车辆种类查询基础纯风险保费和纯风险费率，参见保险产品试算价格表。

2）计算公式：基准纯风险保费 = 基础纯风险保费 + 保险金额 × 纯风险费率。

3）挂车根据实际的使用性质并按照对应吨位货车的50%计算。

6. 玻璃单独破碎险

玻璃单独破碎险为车险附加险种，是指被保车辆只有挡风玻璃和车窗玻璃（不包括车灯、车镜玻璃）出现破损的情况，保险公司负责赔偿。进口商用车特别是客车，建议购买。

1）根据车辆使用性质、车辆种类、投保国产/进口玻璃查询纯风险费率，参见保险产品试算价格表。

2）计算公式：基准纯风险保费 = 新车购置价 × 纯风险费率。

7. 自燃损失险

自燃损失险（自燃险）是车损险的一个附加险，只有在投保了车损险之后才可以投保自燃险。在保险期间内，保险车辆在使用过程中，由于本车电路、线路、油路、供油系统、货物自身发生问题、机动车运转摩擦起火引起火灾，造成保险车辆的损失，以及被保险人在发生该保险事故时，为减少保险车辆损失而必须要支出的合理施救费用，保险公司会相应的进行赔偿。

1）根据车辆使用性质、车辆使用年限查找纯风险费率。

2）计算公式：基准纯风险保费 = 保险金额 × 纯风险费率。

3）基准销售价格表，参见保险产品试算价格表。

8. 新增加设备损失险

新增加设备损失险，是车损险的第三大附加险，在现在的汽车生活中有着越来越广泛的应用。它负责赔偿车辆由于发生碰撞等意外事故而造成的车上新增设备的直接损失。当车辆发生碰撞等意外事故造成车上新增设备直接损毁时，保险公司按实际损失赔偿。

保费计算公式：

基准纯风险保费 = 保险金额 × 机动车损失保险基础纯风险保费/机动车损失保险保险金额

其中，机动车损失保险保险金额，为保单上列明的保险金额。

新增设备是指除车辆原有设备以外，被保险人另外加装的设备及设施，如加装制冷设备、货箱、尾板、独立空调、暖风、液力缓速器、电子围栏等设备。

9. 车身划痕损失险

车身划痕损失险（划痕险）属于车损险附加险中的一项，主要是作为车损险的补充，能够为意外原因造成的车身划痕提供有效的保障。划痕险针对的是车身漆面的划痕，若碰撞痕迹明显，且有凹坑，就不属于划痕险而是属于车损险的理赔范围。

根据车辆使用年限、新车购置价、保险金额所属档次，直接查询基准纯风险保费，见表33-3 车身划痕损失险保费查询表。

建议高端车辆购买此保险。

表 33-3　车身划痕损失险保费查询表

	车辆使用年限	保额/元	新车购置价		
			30万元以下	30万~50万元	50万元以上
车身划痕损失险	2年以下	2000	260	380.25	552.5
		5000	370.5	585	715
		10000	494	760.5	975
		20000	741	1157	1462.5
	2年及以上	2000	396.5	585	715
		5000	552.5	877.5	975
		10000	845	1170.00	1300
		20000	1235	1690	1950

10. 发动机涉水损失险

发动机涉水损失险，是专门针对因水淹导致的发动机损失进行赔偿的一个险种。只有购买了涉水损失险的车主，在遇到涉水造成的发动机进水引发故障时，才能得到保险公司的相应理赔。其保费计算公式：

$$基准纯风险保费 = 车损险基准纯风险保费 \times 5.00\%$$

式中，5.00%为费率。

11. 修理期间费用补偿险

购买修理期间费用补偿险后，保险车辆发生车损险范围内的保险事故，造成车身损毁，致使车辆停驶而产生的损失，保险公司按规定进行以下赔偿：

1）部分损失的，保险人在双方约定的修复时间内按保险单约定的日赔偿金额乘以从送修之日起至修复竣工之日止的实际天数计算赔偿。

2）全车损毁的，按保险单约定的赔偿限额计算赔偿。

3）在保险期限内上述赔款累计计算，最高以保险单约定的赔偿天数为限。该保险的最高约定赔偿天数为90天。保费计算公式如下：

$$基准纯风险保费 = 约定的最高赔偿天数 \times 约定的最高日责任限额 \times 6.50\%$$

式中，6.50%为纯风险费率。

修理期间费用补偿险基准保费，参见保险产品试算价格表。

贷款购车的客户都应该购买此项保险。

12. 车上货物责任险

车上货物责任险是指保险车辆在使用过程中发生意外事故，致使保险车辆上所载货物遭受直接损毁，依法应由被保险人承担的经济赔偿责任，以及被保险人为减少车上货物损失而支付的合理的施救、保护费用，由保险人在保险单载明的赔偿限额内计算赔偿的保险。在投保了第三者责任险的基础上方可投保车上货物责任保险。保费计算公式如下：

$$基准纯风险保费 = 责任限额 \times 纯风险费率$$

营业货车和非营业货车纯风险费率不一致，参见保险产品试算价格表。

13. 精神损害抚慰金责任险

精神损害抚慰金责任险是指被保险人或其允许的合法驾驶人在使用保险机动车的过程中，发生投保的基本险约定的保险责任内的事故，造成第三者或车上人员的人身伤亡，受害人据此提出精神损害赔偿请求，保险人依据人民法院判决及保险合同约定，对应由被保险人或保险机动车驾驶人支付的精神损害抚慰金费用，在扣除机动车交通事故责任强制保险应当支付的赔款后，在该保险赔偿限额内负责赔偿。

1）只有在投保了第三者责任保险或车上人员责任保险的基础上方可投保本附加险。在投保人仅投保第三者责任保险的基础上附加本附加险时，保险人只负责赔偿第三者的精神损害抚慰金；在投保人仅投保车上人员责任保险的基础上附加该附加险时，保险人只负责赔偿车上人员的精神损害抚慰金。

2) 该附加险每次事故赔偿限额分为 2 万元和 5 万元两个档次，投保人在投保时可自由选择。该附加险保险期间内累计赔偿限额为 20 万元。在一个保险期间内累计赔款金额与免赔金额之和达到 20 万元时，该附加险责任终止。

3) 精神损害抚慰金是指除死亡补偿费和伤残赔偿金以外的经人民法院判决的精神损害赔偿费用。保费计算公式：

$$基准纯风险保费 = 每次事故责任限额 \times 0.52\%$$

式中，0.52% 为纯风险费率。

14. 不计免赔率险

不计免赔率险作为一种附加险，需要以投保的"主险"为投保前提条件，不可以单独进行投保，其保险责任通常是指"经特别约定，发生意外事故后，按照对应投保的主险条款规定的免赔率计算的、应当由被保险人自行承担的免赔金额部分，保险公司会在责任限额内负责赔偿"。计算公式如下：

$$基准纯风险保费 = 适用本条款的险种基准纯风险保费 \times 费率$$

费率参见保险产品试算价格表。

不计免赔率险费率表适用险种一栏中未列明的险种，不可投保不计免赔率险。

15. 车损险无法找到第三方特约险

保费计算公式：

$$基准纯风险保费 = 车损险基准纯风险保费 \times 费率$$

费率为 2.50%，建议购买此险。

16. 指定修理厂险

投保人在投保时要求车辆在出险后可自主选择具有被保险机动车辆专修资格的修理厂进行修理，并愿意为此选择支付相应的保险费。保费计算公式如下：

$$基准纯风险保费 = 机动车损失保险基准纯风险保费 \times 费率$$

费率为车损险基准纯风险保费的 10% ~ 30%（进口车的是 15% ~ 60%）。

17. 起重、装卸、挖掘车辆损失扩展条款

该条款保险的范围：作业中自身失去重心，造成保险特种车辆的自身损失；或吊升、举升的物体造成保险特种车辆的自身损失。

保费计算公式：

$$基准纯风险保费 = 特种车损失保险基准纯风险保费 \times 10\%$$

费率为 10%；特种车建议购买此险。

18. 特种车辆固定设备、仪器损坏扩展条款

经特别约定保险合同扩展承保保险特种车辆上固定的设备、仪器因超负荷、超电压或感应电及其他电气原因造成的自身损失。保费计算公式：

$$基准纯风险保费 = 特种车损失保险基准纯风险保费 \times 10\%$$

费率为 10%；建议购买此险。

四、全车保费试算与相关名词解释

1. 全车保费试算

全车保费试算公式：全车保费 = 交强险保费 + 商业车险保费

（1）**交强险保费** 直接利用公式进行计算：

交强险最终保险费 = 交强险基础保险费 × (1 + 与道路交通事故相联系的浮动比率 + 与酒驾相联系的浮动比率)

注意： 与酒驾相联系的浮动比率最高为 60%，见保险产品销售明细表。

（2）**商业车险保费** 计算公式：

$$商业车险保费 = 基准保费 \times 费率调整系数$$

式中，基准保费 = 基准纯风险保费之和/(1 - 附加费用率)；
费率调整系数 = 无赔款优待系数 × 交通违法系数 × 自主核保系数 × 自主渠道系数

2. 相关名词解释

（1）附加费用率　是以保险公司经营费用为基础计算的，包括用于保险公司的业务费用支出、手续费支出、营业税、工资支出及合理的经营利润。由保险公司报请中国银保监会批复执行，不得上下浮动。

（2）无赔款优待系数　无赔款优待系数是根据历史赔款记录，按照无赔款优待系数对照表进行费率调整。该系数由中国保险行业协会统一制订颁布，由行业平台自动返回，具体参见保险产品销售明细表。该系数分为北京和厦门专用系数、其他地区系数。

（3）交通违法系数　交通违法系数根据当地监管及保险行业协会规定，按照交通管理部门返回的违法行为据实使用。北京地区最高系数为0.45，具体参见保险产品销售明细表。

（4）自主核保系数　根据各保险公司报请中国银保监会批复的系数，在规定的范围之内调整使用，一般在0.85~1.15之间（也有0.75~1.25之间），三次费改地区浮动区间较大。

（5）自主渠道系数　根据各保险公司报请中国银保监会批复的系数，在规定的范围之内调整使用，一般在0.85~1.15之间（也有0.75~1.25之间），三次费改地区浮动区间较大。

（6）基准纯风险保费　基准纯风险保费是构成保险保费的组成部分，用于支付赔付成本，根据保险标的的损失概率与损失程度确定。

（7）纯风险费率　用于计算基准纯风险保费的费率。

（8）基础纯风险保费　基础纯风险保费是构成基准纯风险保费的组成部分。计算公式如下：

$$基准纯风险保费 = 基础纯风险保费 + 保险金额 × 纯风险费率$$

（9）车辆使用性质

1）非营业车辆：指各级党政机关、社会团体、企事业单位自用的车辆或仅用于个人及家庭生活的各类机动车辆，包括家庭自用汽车、企业非营业客车、党政机关、事业团体非营业客车和非营业货车。

2）营业车辆：指从事社会运输并收取运费的车辆，包括出租、租赁营业客车、城市公交营业客车、公路客运营业客车和营业货车。

3）对于兼有两类使用性质的车辆，按高档费率计费。

（10）车辆种类　费率表中车辆种类的定义与《机动车交通事故责任强制保险》相同。

（11）特种车分类

1）特种车一：油罐车、汽罐车、液罐车。

2）特种车二：专用净水车、特种车一以外的罐式货车，以及用于清障、清扫、清洁、起重、装卸（不含自卸车）、升降、搅拌、挖掘、推土、冷藏、保温等的各种专用机动车。

3）特种车三：装有固定专用仪器设备从事专业工作的监测、消防、运钞、医疗、电视转播等的各种专用机动车。

4）特种车四：集装箱拖头。

（12）其他

1）在费率表中，凡涉及分段的陈述都按照"含起点不含终点"的原则来解释。例如：

"6座以下"的含义为5座、4座、3座、2座、1座，不包含6座。

"6-10座"的含义为6座、7座、8座、9座，不包含10座。

"20座以上"的含义为20座、21座……

"2吨以下"不包含2吨。

"2-5吨"包含2吨，不包含5吨。

"5-10吨"包含5吨，不包含10吨。

"10吨以上"包含10吨。

"10万以下"不包含10万。

"10万-20万"包含10万，不包含20万。

"20万以上"包含20万。

2）特种车、摩托车、拖拉机的计算公式，详见佐卡软件。

第二节 建立业务管理组织与管理制度

一、建立业务管理组织与岗位设置

按照客户需求设置业务原则、公司章程及业务管理制度的规定，建立组织并设置岗位。

（1）根据客户对车辆保险业务需求，设置车辆保险部。

（2）车辆保险部的岗位设置及主要职责，见表33-4。

表33-4　车辆保险部岗位设置及主要职责

序号	岗位名称	岗位主要职责
1	部长	部门管理、业务管理、客户开发、风险控制
2	计划员	计划、费用、工资、激励管理
3	产品经理	客户开发、产品管理、产品推荐、客户事故管理、代步车管理
4	商务经理	销售政策、价格管理、商务洽谈、协议签订、合同签订、保费收取、保单及保险合同交付、客户回访
5	客户经理	客户开发、信息收集、客户接待、客户跟踪服务
6	信息员	信息管理

（3）聘任干部和岗位人员

参见第三十章商用车采购业务管理，不再赘述。

二、建立车辆保险业务管理制度与作业表

根据客户的期望，建立车辆保险业务管理制度及作业表，可以使从业人员的作业标准化、规范化，提高服务效率和质量，满足客户期望，提高客户满意度。

1. 建立业务、组织、岗位管理制度

（1）车辆保险业务管理制度　相关表格包括：

1）车辆保险部组织管理表。

2）车辆保险部业务管理流程及表格。

3）保险产品试算价格表。

4）保险产品销售明细表。

（2）车辆保险部工作制度

（3）车辆保险部部长岗位作业制度

（4）车辆保险部计划员岗位作业制度

（5）车辆保险部产品经理岗位作业制度

（6）车辆保险部商务经理岗位作业制度

（7）车辆保险部客户经理岗位作业制度

2. 建立组织管理的流程、模板、表格

见《车辆保险业务管理制度》相关表格《车辆保险部组织管理表》。

3. 建立车辆保险业务的产品明细表

该项工作由产品经理负责，产品销售明细表见车辆保险业务管理制度中保险产品销售明细表。

4. 建立保险产品试算价格表

该项工作由商务经理负责，如果销售量较少，目标客户相对比较集中，商务经理可以由产品经理兼任。

产品试算价格表见车辆保险业务管理制度中保险产品试算价格表。

第三节 业务管理流程与节点管控

一、客户开发管理的流程与节点管控

1. 建立意向目标市场

2. 收集（购买）意向客户信息

建立意向客户信息明细表。

以上两点，同第三十二章销售服务业务管理中的相关内容。

3. 制订意向客户开发计划

在组织岗位分工中，客户开发工作由产品经理负责，编制意向客户开发计划。

凡是没有签订客户购买保险产品协议的所有客户都需要开发，不论其是否购买过公司保险产品。

4. 制订意向客户拜访计划

建立意向客户拜访计划表模板（略）。

5. 进行意向客户拜访，了解意向客户有关保险产品需求的信息

这些信息包括但不限于：

1）客户有几辆车、车辆类型、品牌、车型、驱动形式、发动机品牌、排量、功率、变速器品牌及型号、后桥名称，不同车辆分别列出。

2）客户是否需要保险产品销售明细表所列的保险产品？

3）您认为我公司的保险产品销售明细表所列产品是多了还是少了？

4）您认为我公司的保险产品销售明细表所列产品不是客户需要的是哪些？

5）您认为我公司的保险产品销售明细表还应增加哪些产品？

6）客户以前购买的保险产品都是谁提供的，是购买车辆的经销商/我公司/其他？

7）购买这些产品的价格与我公司的价格表价格对比，是高/低？

8）如果保险产品价格符合您的预期，是否愿意与本公司合作，购买本公司产品？

9）您和其他公司有长期的合作吗？有协议吗？有/无。

10）他们都是给您什么优惠政策？有（列出）/无。

11）我们能签订一个长期的合作协议书吗？

12）您的保险产品购买模式是：全款购买/贷款购买。

13）我公司还有车辆销售服务产品、车辆运营项目贷款、车辆保养、维修、二手车收购业务，如果价格合适，您愿意购买我公司的这些产品吗？

14）建立客户调查表（略）。

6. 同"意向客户"建立关系

就保险产品、政策、（价格）等达成一致。将"意向客户"变成"意向目标客户"。建立意向目标客户明细表（略）。

7. 商务经理负责，签订客户购买保险产品协议

将意向目标客户变成目标客户。

8. 商务经理负责，所有签订了客户购买保险产品协议的"目标客户"，建立目标客户信息明细表

标注保险产品购买的时间（年、月、日、时）和产品；到时自动提醒。将目标客户信息明细表交付客户经理。

客户开发管理的流程、模板、表格见车辆保险业务管理制度中的车辆保险部业务管理流程及表格。

二、产品交付的流程与节点管控

1）购买提醒：客户经理负责，根据系统"提醒"，联系客户，提醒客户保险到期时间。

2）购买确认：由客户经理负责，与客户就保险产品名称、保险额、购买时间、付款方式达成一致；报产品经理。

3）产品经理负责了解客户车辆营运情况

① 一年内有没有违章、罚款记录。

② 一年内有没有酒驾记录。

③ 自车辆投保之日起，几年内没有发生过交通事故赔款。

4）产品经理负责确定保险公司

① 保险公司确定：如果没有发生过保险赔款，最优方案是不要更换保险公司。

② 确定"无赔款优待系数"：1年、2年、3年、4年、5年、没有保险赔款，对应查优惠系数。

③ 确定"交通违法系数"，如果没有违章、酒驾，系数应为"1"。

5）根据客户购买的保险险种、保额，初步计算保费：这就相当于网上保险代理公司的"保费试算"。可按照保险产品试算价格表模板进行初步计算。

6）与保险公司进行询价、谈判：确定最优惠价格（保费）及保险合同。这相当于网上保险代理公司的"报价比价"。

① 谈判的关键是几个系数：无赔款优待系数、交通违法系数、自主核保系数、自主渠道系数、附加费用率的谈判。其中：交通违法系数、自主核保系数、自主渠道系数应该在客户告知单中列明。

② 询价的关键：是基准纯保险保费、基础纯保险保费、费率。

③ 确定最优惠的价格和条件（免费服务的项目等）。

④ 确定保险公司（正常情况下，客户原来的保险公司价格是最优惠的）。

7）向客户报价。

8）制订计划：客户同意，报计划员编制保险产品交付计划，产品经理准备产品。

9）收取保费：商务经理负责收取客户保费，交付保险公司，保险公司出具保险合同、保单。

10）交付产品：产品经理负责，通知客户签订保险合同。保险公司出具保单、开具发票；产品经理代保险公司向客户交付产品（保单、合同等）及免费服务项目明细表。

11）建立交付（车辆）产品客户明细表 由客户经理负责，见表33-5。

表33-5 车辆保险业务用表 完成购买客户汇总表

序号	客户单位名称	客户投保车辆情况				购买的保险产品								为客户提供服务的岗位人员		其他
		车辆类别	车辆保险提示时间	驾驶员姓名	驾驶员电话	购买保险产品名称								产品经理姓名	商务经理姓名	
						交强险	机动车损失保险	第三者责任保险	车上人员责任保险	自燃损失险	不计免赔率险	车上货物责任险	修理期间费用补偿险	其他			
合计																	
1																	
2																	
…																	

12）客户事故管理：客户车辆发生事故，代理客户进行专业化的处理，在可能的情况下，拖回经销商的服务站进行维修，保证质量和效率。

13）为客户提供代步车服务：见表33-6。

14）进行客户回访

① 成交客户回访：为什么能够成交？满意什么？不满意什么？如何改进就会满意？

② 不成交客户回访：为什么不能够成交？不满意什么？满意什么？如何改进就会满意？

15）建立问题改进：将客户不满意的项目限期改进。

16）核算部门成本、费用、价格、利润，计算每一岗位所有人员的工资、奖励。

17）兑现工资、奖励，总结、报告部门的工作。

18）客户再开发：由客户经理负责。内容同第三十一章商用车营销业务管理的相关内容。

19）产品交付管理的流程、模板、表格：见车辆保险业务管理制度中的车辆保险部业务管理流程及表格。

表33-6　车辆保险业务用表　代步车管理表

序号	客户单位名称	客户投保车辆情况		事故车辆信息记录				为客户提供服务的岗位人员		其他
		车辆编号	车辆保险提示时间	责任界定		保险公司赔付到位时间	事故结案时间	客户经理姓名	产品经理姓名	
				我方责任占比	对方责任占比					
1										
2										
…										

本章小结与启示

学习掌握本章车辆保险业务管理的流程、管控要点，在熟练掌握商用车基础知识及营销管理相关知识的基础上，运用"主动营销模式"开展车辆保险业务，努力将意向客户变成客户，并能不断进行客户的再开发，这将不断提升车险服务从业人员的业务能力，提高其服务质量与营销业绩。

本章学习测试及问题思考

（一）判断题

（　）1. 汽车保险的强制险就是交强险，全称是机动车交通事故责任强制保险。

（　）2. 车险中的商业险分为基本险和附加险两种，其中附加险不能独立投保。

（二）问答题

1. 车辆保险的基本险，一般包括哪些险种？
2. 附加险有哪些？
3. 简单介绍几种主要车险产品。
4. 车辆保险业务管理制度一般有什么？

第三十四章 商用车金融服务业务管理

学习要点

1. 了解商用车金融服务业务产品分类。
2. 了解商用车金融服务产品设计需要考虑的要素。
3. 掌握商用车金融服务业务管理的流程与关键节点。

第一节 金融服务业务概述

一、汽车金融业发展历程与资金来源

1. 汽车金融服务的发展历程

中国汽车金融市场起始于20世纪90年代，先后经历了初创期、爆发期、重塑期、深度发展期四个阶段。

（1）初创期（1993—1998）　北方兵工汽贸于1993年首先提出分期贷款购车概念开始，中国汽车市场出现了金融服务的专项业务，国内的一些理念较先进的经销商或集团开始了汽车分期付款的探索。在这个阶段，国家对汽车金融并没有任何的监管措施和制度。金融服务的资金大部分源于经销商自有，也有经销商联合生产厂家用应收账款的方式开展汽车分期付款业务。由于没有可持续的资金保障，所以在这个阶段的汽车金融服务业务处于一个走走停停的阶段，并没有在全行业被广泛应用。例如，国内某企业与生产厂联合推出的"首付一万八，松花江开回家"等，都是金融服务的雏形代表。

在此阶段，也有部分金融机构参与其中，但由于没有相关的监管措施和管理办法，此业务于1995年被央行叫停。

（2）爆发期（1998—2003）　1998年9月，中国人民银行（简称央行）出台《汽车消费贷款管理办法》标志着汽车消费贷款业务在监管的层面予以认可并实施。为了进一步加强管理办法的落实，又于1999年4月出台了《关于开展个人消费信贷的指导意见》。这两个文件的出台，无疑为中国的汽车消费信贷市场注入了一剂强心针。

在此期间，个人汽车消费贷款以金额小、风险分散为特点，成为银行及各个金融机构备受青睐的业

务。同时保险公司也以保证保险的身份参与其中。但是由于没有相关的法规及标准，业务发展呈现出鱼龙混杂的局面。加之没有相关部门的保障，监管缺失，导致汽车消费贷款业务泛滥增长，出现了最初期的"套路贷""虚假贷"等非法现象。在此期间，银行界蒙受了大量的损失，一定程度上造成了银行业部分系统性风险。

（3）重塑期（2004—2008） 此期间的重要事件有：①2004 年，央行、中国银行业监督管理委员会（简称银监会）下发《汽车贷款管理办法》，首次从监管的角度确定了标准和规范；②2004 年，央行发起设立全国性个人征信系统，并将系统逐步完善；③2004 年初，中国保险监督管理委员会（简称中国保监会）根据《汽车贷款管理办法》下发了《中国保险监督管理委员会关于规范汽车消费贷款保证保险业务有关问题的通知》；④公安部 2004 年 4 月 30 日下发《机动车登记规定》，首次明确了机动车抵押登记业务，将车辆登记物权与抵押权分立开来；⑤中国成立第一家汽车金融公司——上海通用汽车金融有限公司；⑥2004 年 10 月，银监会出台《汽车金融公司管理办法》。

上述标志性的事件，使中国汽车金融行业从无序发展的泛滥期回归了理性，也首次出现除银行、保险公司之外的金融机构参与其中。从监管部门、制度标准、公共平台到司法解释都有了大幅提升，最大限度地保障了参与者的合法权益，也使得汽车消费贷款业务回归了本源。

（4）深度融合与细分发展期（2008 年以后） 2008 年，银监会新一版《汽车贷款管理办法》下发，并于 2017 年 10 月再次修订下发。2018 年 4 月 28 日，中国银行保险监督管理委员会（简称中国银保监会）成立后，重新修订并下发了新版《汽车贷款管理办法》。2008 年 4 月，公安部重新下发《机动车登记规定》并于 2012 年再次修订。2013 年 9 月，商务部会同国家税务总局，下发了《融资租赁企业监督管理办法》。

中国的汽车行业从汽车贷款向汽车金融迈出了跨越性的一步，从过去的银行一家参与到这一阶段形成银行、汽车金融公司、融资租赁公司多种机构参与其中。2016 年，中国人民银行、银监会发布《关于加大对新消费领域金融支持的指导意见》，对非银行金融机构的融资通道进行放宽，也增加了金融借券、同业拆借、ABS⊖等新融资品种，极大地促进了非银行金融机构的发展，形成以银行、汽车金融公司、融资租赁公司、消费金融公司共同参与的多元化市场。汽车金融行业近 10 年来复合增长率达到近 20%，至 2020 年有望突破 2 万亿规模。

汽车金融行业不仅可从参与主体的角度进行细分，也可从客户及需求的角度进行细分，如汽车贷款、以租代购、全租赁、纯租赁、保险、附加、衍生等细分业务逐渐产生并发展。

未来的汽车金融业务，将会因消费者、参与者、行业、场景等诸多方面的不同，派生出越来越多的细分金融产品，以满足不同场景下的细分业务，并且金融业务的发展方向将围绕着商用汽车全生命周期成本进行深度的融合。

2. 汽车金融服务的资金来源

（1）自有资金 汽车金融参与主体利用自有资金以开展的经营业务，主要是指汽车金融公司及融资租赁公司的实收资本，其计价标准与股东预期收益率及参与的业务行业有直接关系。自有资金虽然灵活，但是不具备可循环的条件。

（2）银行个贷资金 参与汽车金融业务的主体为汽车融资租赁公司或者不具备直接面向消费者办理汽车贷款业务的机构，通过消费者担保增信的方式参与汽车金融服务业务。银行个人贷款资金大致分为个人信用贷款、个人抵押贷款、个人投资经营性贷款。各个银行参与业务掌握标准不同，但其经办的业务必须符合监管部门对上述分类的业务的管理规定。

银行个贷资金的本质为银行直接对每一个自然人进行单独授信的业务，参与机构的担保仅作为消费者征信条件，不作为审批标准。银行要对自然人的资信情况进行单独的授信审批，使得该业务存在一定

⊖ ABS 融资模式是以项目所属的资产为支撑的证券化融资方式，即以项目所拥有的资产为基础，以项目资产可以带来的预期收益为保证，通过在资本市场发行债券来募集资金的一种项目融资方式。

的不确定性，同时审批的周期长，受到合规性的影响，业务效率差。银行个贷资金为对单一自然人授信，所以授信规模影响不大，具备可循环利用的条件及可能；同时价格较为低廉，在商用车金融服务领域用户认可度较高，针对效率要求不高的金融服务业务具有较高的竞争力。

2019年10月9日，中国银保监会联合七部委下发了《融资担保公司监督管理补充规定》，对于汽车贷款的担保进行了进一步规范，规定要求：未经监督管理部门批准，汽车经销商、汽车销售服务商等机构不得经营汽车消费贷款担保业务。

商用车属于作业工具或生产资料，2014年税务部门在营改增时已经明确商用汽车作为生产资料可以抵扣企业的进项税额；同时中国汽车流通协会也专门致函中国银保监会，强调商用汽车贷款不属于个人汽车消费贷款范围。

（3）银行或非银行金融机构资金　除银行个人贷款资金之外，具备授信条件的机构还可以利用银行或非银行金融机构对公授信资金开展业务，也包括同业拆借等。但前提是参与机构必须是有对消费者开展业务资质的法律主体。其优点与自有资金相同，但是要根据融资成本确定内部收益率（Internal Rate of Return，IRR）进而参与被动定价，同时要根据监管部门的要求参与汽车金融业务，准入门槛较高。

（4）资本市场资金　随着央行、中国银保监会、中国证监会及相关部门对汽车金融行业相关支持意见的出台，可利用的融资方式进一步增加，如发行金融或企业债券、信托、商业保理等，如果具备一定的循环规模，还可以向证券交易所或银行间交易商协会申请发行资产证券化（Asset Backed Securitization，ABS）或资产支持票据（Asset Backed Medium-term Notes，ABN）进行融资。

3. 汽车金融服务分类

汽车金融服务，分为广义汽车金融服务与狭义汽车金融服务。

（1）广义汽车金融服务　指汽车行业各个环节，包括研发、原材料采购、零部件制造、整车生产、经销商采购、商品车物流、消费者购买、车辆运营（或应用）与服务、二手车处置、报废车回收等所有环节全价值链的深度延伸金融服务。图34-1较好地表述了广义汽车金融服务的概念。

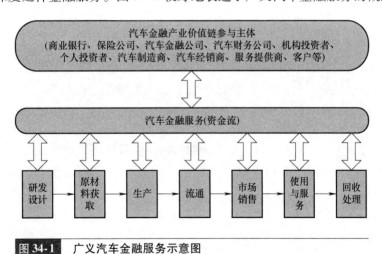

图34-1　广义汽车金融服务示意图

（2）狭义的汽车金融服务　指汽车经销商（或者金融机构，或者金融机构通过经销商）在消费者购买、车辆运营（或应用）与服务、二手车处置等环节为客户提供融资的汽车金融服务产品。其又分为营运类汽车金融服务和消费类汽车金融服务两种。

1）营运类汽车金融服务：俗称商用车金融，是为营运车辆（载货或载客运营）的车主提供的、以融资模式为主的金融服务。

2）消费类汽车金融服务：俗称乘用车金融，是为个人购买家庭自用轿车提供的金融服务。

本章仅讲述营运类商用车金融服务业务，包括客户车辆购买、保险购买（本章仅指车辆保险贷款）、缴纳购置税、车辆运营、二手车处置过程中的商用车金融服务。

二、商用车金融服务业务产品分类

1. 按照金融服务产品提供者分类

(1) 银行汽车贷款产品

1) 缺点：

① 首付高，一般首付款为车价的30%。

② 需要资料多，贷款者条件要求高：需要提供户口本、结婚证、房产证等资料。要有固定住所，稳定的还款能力，个人社会信用良好。

③ 需要担保和抵押，通常还需以房屋作为抵押，并找担保公司担保。

④ 缴纳保证金，需缴纳车价10%左右的保证金。

⑤ 贷款批复时间长、流程复杂，贷款批复时间需要3~7天，有时时间不确定。

⑥ 贷款年限最长为3年。

2) 优点：利率低，银行的车贷利率是依照中国人民银行基准利率适当浮动确定。

(2) 汽车金融公司贷款产品

1) 缺点：

① 利息高，一般为银行贷款利息的一倍以上。

② 需要经销商担保。

2) 优点：

① 首付低，可以低于车价的20%。

② 对贷款者的条件要求一般，只要有固定职业和居所、稳定的收入及还款能力，个人信用良好即可。

③ 不需要客户担保。

④ 放款快，一般一个星期之内就放款。

⑤ 贷款时间长，最长可以4年。

(3) 整车厂财务公司、融资租赁公司融资租赁产品

1) 缺点：

① 利息高，一般为银行贷款利息的一倍以上。

② 需要经销商担保。

2) 优点：

① 首付低，可以为车价0~20%（包含车价+购置税+保险费用）。

② 贷款者条件要求一般，只要有固定职业和居所、稳定的收入及还款能力，个人信用良好即可。

③ 不需要客户担保。

④ 放款快，一般一个星期之内就放款。

⑤ 贷款时间长，最长可以4年。

⑥ 可以做项目贷款（加油贷款、高速公路通行费贷款、维修贷款、购买轮胎贷款）。

⑦ 可以做车辆购置税贷款。

⑧ 可以做车辆保险贷款等。

(4) 独立的融资租赁公司融资租赁产品

1) 直租模式：汽车产权为融资租赁公司所有，租赁期满过户。

2) 售后回租模式：客户将车辆销售给融资租赁公司，再从融资租赁公司租回来使用，租赁期满销售给客户。

① 缺点：

a. 利息高，一般为银行贷款利息的2倍以上。

b. 贷款时间短，一般 2 年。
② 优点：
a. 不需要经销商担保。
b. 不需要客户担保。
c. 首付低，可以为车价的 0～20%（包含：车价+购置税+保险费用）。
d. 贷款者条件要求一般：只要有固定职业和居所、稳定的收入及还款能力，个人信用良好即可。
e. 放款快，一般 2～4 天之内就放款。
f. 可以做项目贷款。
g. 可以做车辆购置税贷款。
h. 可以做车辆保险贷款等。

（5）厂家和经销商联合推出的以租代售/(租赁）产品　经销商成立运输公司。车辆由运输公司（贷款）购买后再租赁给客户。租赁期结束，车辆免费过户给客户。

1）以租代售产品
① 缺点：利息高，需要客户担保。
② 优点：
a. 客户占用资金少，只需要缴纳租赁保证金。
b. 不用缴纳还款保证金。
c. 贷款者条件要求低：只要有稳定的货源（有长期的运输合同）和居所、预期收入稳定、盈利能力良好，个人信用良好即可。
d. 手续简单。
e. 没有贷款时间，随时可以缴纳保证金、签订合同，提车。
f. 车辆不好用，客户可以换车。
g. 租赁到期，客户将车辆买走过户。
h. 租金可以开具增值税发票，客户可以抵扣。

2）租赁产品
① 缺点：利息高，需要客户担保。
② 优点：
a. 租期灵活，可以短租、长租。
b. 客户占用资金少，只需要缴纳租赁保证金。
c. 不用缴纳还款保证金。
d. 贷款者条件要求低，只要有稳定的货源（有长期的运输合同）和居所、预期收入稳定、盈利能力良好，个人信用良好即可。
e. 手续简单。
f. 没有贷款时间要求，随时可以缴纳保证金、签订合同，提车。
g. 车辆不好用，客户可以换车。
h. 租赁到期，客户将车辆买走过户。
i. 租金可以开具增值税发票，客户可以抵扣。

专用运输机械多购买此种金融产品。

2. 按照贷款对象进行金融服务产品分类
（1）个人金融服务产品　贷款人为自然人。法人不可以贷款。
（2）法人金融服务产品　贷款人为法人。

3. 按照贷款的标的物进行金融服务产品分类
（1）购车贷款产品

1）新车购车贷款产品：

① 按照购车发票金额为依据进行的贷款。

② 购车贷款 + 车辆购置税贷款 + 新车保险贷款。

2）二手车购车贷款产品。

(2) 车辆运营、项目贷款产品

1）续保贷款产品。

2）加油贷款产品。

3）ETC 贷款产品。

4）轮胎购买贷款产品。

5）维修贷款产品。

6）运输保证金贷款产品等。

4. 按照还款方式进行的金融服务产品分类

(1) 等额（本息、本金）还款　每次还款的金额相等。

(2) 不等额还款

1）在还款期内，每年可以选择一定的月份，减少还款，其余的月份加大还款，但当年不能欠款。

2）在还款期内，每年可以选择 2～3 个月不还本金，只还利息，其余的月份加大还款，但当年不能欠款。还款开始后的前 3 个月内不允许选择不还款。

(3) 一次性还款　对于项目小额贷款（贷款额原则上不超过 2 万元），可以选择到期一次性还款。

5. 按法律权利进行的金融服务产品分类

在汽车金融业务中，所涉及的法律权利大致有物权、债权、抵押权、实际占有权等。目前，司法部门对上述权利并没有明确的权利顺序，需要根据实际情况及当地的司法环境进行分析判断。参与汽车金融业务的机构与借款人之间所形成的法律关系，以及根据法律诉讼过程中为保护参与机构合法权利时所行使的权利，可做如下分类：

(1) 担保追偿类金融服务产品　指参与机构并不是贷款人身份，而是以为借款人做征信担保的方式参与的业务，那么借款人如不能够按约定偿还贷款人贷款时，参与机构履行了担保义务后，即取得对借款人的债权担保追偿资格。行使这一权利泛指通过银行或其他金融机构的个人业务以机构增信方式参与汽车金融的业务。

(2) 物权类金融服务产品　对于主张物权的金融服务业务，大部分为融资租赁业务。物权又分为登记物权和约定物权。其中，登记物权是将机动车登记在贷款人名下，供借款人使用，表现形式大部分为以租代购等；除登记物权外，还有约定物权。按照最高人民法院的解释，机动车注册登记，仅作为合法上路行驶的依据，并不作为机动车所有权的唯一判定标准，所以出现了约定物权。融资租赁企业开展的融资租赁售后回租业务大部分采取约定物权。需要注意的是，机动车约定物权时，必须在标的物上做明显标识。如办理抵押登记等方式，其目的是用于在法律诉讼过程中对抗善意第三人。

(3) 债权　指贷款人将现金或现金等价物直接出借给借款人所形成的法律关系。贷款人需要满足相关资质要求，并且出借利率不超过相关监管部门的监管要求。一般来讲，约定借贷利率不超过中国人民银行基本利率的 4 倍，否则在法律诉讼过程中可能会被认定为无效合同或对多余部分利息不予以支持的法律风险。

三、商用车金融服务业务的独特性与重要性

1. 充分认识商用车金融服务的独特性

商用车金融服务的独特性分析表见表 34-1。商用车作为生产资料，是生产工具，是挣钱的机器，是还款的源泉，所以，商用车金融服务业务和乘用车消费金融服务业务有本质的区别。

表 34-1 商用车金融服务业务的独特性分析表

序号	项目	乘用车金融服务的特点	商用车金融服务业务的特点
1	贷款人	自然人	自然人、法人
2	标的物	生活资料/消费品	生产资料/挣钱的工具
3	还款来源	贷款人的收入	车辆运输利润
4	还款能力	贷款人家庭收入－家庭支出是否大于还款额	车辆的运输收入－运输支出是否大于还款额
5	风控关注点	工作稳定性	货源稳定性
5	风控关注点	收入稳定性	货主稳定性
5	风控关注点	支出稳定性	收入稳定性
5	风控关注点	财产稳定性	支出稳定性
6	风险	工作不稳定导致收入不稳定	货源不稳定导致运输收入不稳定
6	风险	失业导致的没有收入	大事故导致的客户破产
6	风险	投资失败导致的破产	货源不足导致的收入不稳定
6	风险	其他原因导致的支出增加	经营、管理不善导致的支出增加/收入下降
6	风险		转移资金导致的不能还款
6	风险		恶意欠款
7	风控措施	查征信	查征信
7	风控措施	看银行流水	看运输合同
7	风控措施	看劳动合同	运输收入－运输支出是否大于还款额
7	风控措施	看家庭财产	车辆是否有安全管理系统
7	风控措施		车辆是否有还款管理系统等
8	金融产品	少，只有新车、二手车金融产品	多，有新车、二手车，还有项目贷款
9	放款速度	没有要求	要求快，对利息要求低
10	价格敏感性	高	相对低
11	担保	没有担保或只有客户担保	多要求客户提供担保、经销商为客户担保等

特别强调：贷款者通过贷款的方式取得车辆的所有权或使用权，即取得营运从业资格。其还款能力取决于预期收入能力与还款金额是否匹配。其中包括行业平均盈利水平、运输业务稳定性、运费结算周期、现金流情况、还款时间（月底或月初最好）、还款方式、利息水平等。上述问题在办理业务时就应该进行分析。运营车辆贷款的还款一定是车辆本身的收入来满足还款，而不能通过其他方式筹资还款。

（1）车辆贷款的还款　商用车客户贷款的还款来源，是车辆运营本身产生的现金流入，主要指车辆运营收入的毛利，即运营总收入减去运营成本的差额。其中要考虑运营收入中是否全部为现金收入，应收账款占比及周转期限等因素。如果现金流入不能够支撑还款，就会出现拖欠还款情况。

（2）项目贷款的还款　项目贷款是指加油、ETC、保险、轮胎、维修等成本项目贷款。这部分还款是通过支出运营成本还款。客户办理专项贷款的目的是滞后支出成本，利用货币的时间价值，将现金流投入到扩大运营能力之中，所以项目贷款的还款来源于客户的成本支出。

（3）现有收入与预期收入的关系　现有收入是反映客户是否为行业从业者或与行业联系的紧密程度，利用现有收入情况可以预计客户未来收入的大致情况。在开展金融业务之前，进行意向客户统计时就要明确是否应纳入意向客户管理，应进行客户甄别分类，从而有针对性地对不同客户输出不同的金融服务产品。

2. 商用车金融服务业务的重要性

（1）可以帮助物流运输从业者迅速扩大再生产　我国改革开放40年来，公路运输业的快速发展，使之成为物流行业的支柱，给广大从业者带来了巨大的机遇。抓住机遇，迅速发展壮大自己就成为物流企业和从业者追求的目标。目前，公路运输业中的快递快运运输业，冷藏、冷冻、保鲜运输业，活产品运输业，绿色通道运输业，日用品运输业，食品运输业，医药品运输业，城市配送运输业等细分领域还在继续快速发展，商用车金融服务可帮助这些领域的从业者迅速扩大再生产，应引起广大商用车经销商的密切关注（各地区不一样，仅供参考）。

（2）可以帮助想进入物流运输行业而又缺少资金的企业和自然人实现梦想　随着物流行业的发展，行业改革力度的加大，竞争更加激烈。一些没有竞争意识、管理不善、服务能力差、资金短缺的企业有可能被淘汰；一些早年的从业者由于年龄、货主等原因退出这个行业。这就为有竞争意识、有能力、缺资金的人士提供了机会。商用车金融服务正好能为这些人士实现梦想助一臂之力。

（3）解决物流运输业者的资金需求　物流运输企业或个人大部分没有土地、房屋等固定资产。车辆就是他们的最大资产。而车辆是流动资产，不符合固定资产抵押贷款的条件。这就决定了他们很难从银行或其他金融机构取得流动资金（或固定资产）贷款，而汽车金融服务产品正好满足了他们的需求。

（4）可以促使物流运输业者提高管理水平　合理的金融服务产品匹配可以帮助提高借款者的管理水平和运营能力，促使借款者精打细算，提高运营效率，降低成本和削减费用。

（5）可以促进车辆销售　汽车金融服务上述作用的最直接结果是可以提高整车销量。同一个品牌同一个经销商，有没有汽车金融服务的支持，其销量是大不一样的。

（6）可以直接增加经销商利润　汽车金融服务业务可以促进车辆的销售，销量的增加又可以为广大经销商带来利润的增长。

（7）可以提高客户满意度　汽车金融服务满足了客户的需求，提高了客户的经营能力，客户满意度就会提高。

四、商用车金融服务产品设计

产品卖得不好，是由各方面的原因造成的。其中，产品设计不完整是重要原因之一。因此，在进行商用车金融产品设计时，一定要充分了解商用车金融服务对象的特点和独特性。

（1）产品好不好，交付时间非常关键　商用车金融服务的客户是运输业者。他们知道贷款对他们经营的压力，不到万不得已是不会贷款的，所以他们一旦决定贷款，就一定是有项目的，是急需的，交付时间越短越好。

（2）客户有没有能力还款，车辆非常关键　客户的还款来源是车辆运输产生的利润，所以商用车金融服务有没有风险，与车辆有没有能力满足货物、货主的要求，成本、出勤率是否有竞争力有着密切的关系。

（3）客户是否会产生逾期，货主、驾驶员很关键　货主有没有信誉，驾驶员有没有经验和责任心，直接影响着客户的还款。

（4）客户本身也很重要　客户有没有经营的意识、节约的意识、还款的意识也会影响客户的还款。

因此，金融产品的设计必须包含以上内容要求。表34-2为金融服务产品设计表（模板），供参考。

1）金融产品不同，对应的车辆要求不同。

2）表34-2中金融服务产品对应的车辆产品要求，以及对应货主、驾驶员和客户的要求等，因要素较多，本节略，详见佐卡软件。

3）金融产品对应的目标客户、车辆、货主、驾驶员都明确了，作业规范化了，业务人员就会销售了，金融风险也就降低了。

表 34-2　金融服务（商用车贷款）产品设计表（模板）

序号	××品牌融资租赁公司	产品名称	首付/品种名称	贷款额/元	贷款余额利息/（%/年）	还款能力/元	贷款月数/月	月度还款额/元	贷款条件	贷款条件审查/小时	报卷批准时间/小时	入户核实时间/小时	面签时间/小时	二次报卷到放款时间/小时	一次报卷到放款时间/小时	还款时间（每月×日）	还款保证金/元	名称编号
1	××品牌融资租赁公司	车辆购买贷款	1 首付 0%															
2			2 首付 10%															
3			3 首付 20%															
4			4 首付 30%															
5			5 首付 40%															
6			6 首付 50%															
7			7 首付 60%															
8			8 首付 70%															
9			9 首付 80%															
10			10 首付 90%															
11			11 首付 100%															
12		购置税贷款	1 首付 10%															
13		车辆保险贷款	1 首付 10%															
14		加油贷款	1 首付 10%															
15		高速公路过路费贷款	1 首付 10%															
16		轮胎贷款	1 首付 10%															
17		配件/维修贷款	1 首付 10%															
18		货主运输押金贷款	1 首付 10%															
19		停运贷款	1 首付 10%															
20		其他																

注：1. 首付：车辆全部价款的首付，包括挂车、配件；当贷款包含车辆购置税、新车保险时，一并包括。
　　2. 贷款额：全部贷款的金额。
　　3. 贷款余额利息（%/年）：贷款余额指没有还款的贷款额。已经还款的贷款没有利息。
　　4. 还款能力：要求客户具备的还款能力。实际还款能力是根据客户贷款申请书填写的要素计算出来的，这里要求客户必须具备的能力。
　　5. 贷款月数：等于还款月数，也是还款的次数。
　　6. 月度还款额：每月需要还款的金额。
　　7. 贷款条件：客户贷款需要具备的基本条件，要有贷款申请书、无不良征信记录、已婚、有房产等。
　　8. 征信查询时间：征信查询需要的最长时间。
　　9. 报卷批准时间：贷款机构收到一次报卷、二次报卷资料后，最长批复的时间。
　　10. 入户核实时间，客户提交资料，征信查询合格后，到客户家中进行入户调查、核实的最长间隔时间。
　　11. 面签时间：一次报卷审批合格，到合同签订的最长间隔时间。
　　12. 二次报卷到放款时间：从二次报卷到放款到账时间。
　　13. 合计一次报卷到放款时间：贷款机构承诺一次报卷批准以后，到贷款到账的时间。有些贷款机构，只要一次报卷批准，合同签订后，先行放款，这就大大满足了客户的需求。
　　14. 还款时间：有两个指标，一是放款当月是否还款，二是每月几号还款，最好不要在月中还款，在月初或月底为佳。考虑运费结算的时间，如果能让客户自己确定还款时间最好（还款时间是固定的）。

第二节 建立金融服务组织与管理制度

商用车金融服务的特点决定了商用车金融服务的复杂性。管理不好，其风险肯定要比乘用车金融服务的风险高。但是，只要根据商用车金融服务的特点、专业性，建立起科学、合理的管理组织、制度、流程、模板、工具（表格或软件）加强管控，其风险要远远小于乘用车金融服务的风险。

要管控商用车金融服务的风险，首先要建立金融服务组织。

一、建立金融服务组织与岗位设置

1. 重视组织建设是做好商用车金融服务业务的保证

（1）组织设立的目的

1）满足客户需求。

2）为主营业务服务（为车辆销售、车辆保险、配件/精品销售、车辆保养、车辆维修、运输公司、二手车经营业务服务）。只有银行、独立的融资租赁公司才是以利润为目的。

3）防范、化解金融业务风险。

4）扩大营业额。

5）增加经营利润。

金融服务组织建立的目的，是为销售与服务两大主营业务服务，助力主营业务更好地发展。因此，设计金融产品时最好是将金融产品与主营业务融合在一起，与同业形成差异化的竞争格局。

（2）组织管理的范围　金融服务业务全流程的管理，包括但不限于：

1）贷前管理：包括客户标准建设（建立标准：什么样的客户是目标客户，什么样的不是）、建立意向客户明细表管理、客户开发管理、目标客户管理。

2）贷中管理：包括客户申请管理、客户评价管理、条件查询管理、客户能力管理、收入利润管理、客户贷款管理。

3）贷后监督管理：包括车辆运营监控管理、客户回访管理、优秀客户关怀管理、困难客户保证管理。

4）风险处置管理：包括欠款催收管理、风险评估管理、风险化解管理、风险处置管理。

（3）组织、岗位建设（举例）　不同的银行、贷款机构、经销商，对组织建设的要求不同。这里仅举例供参考，见表34-3金融服务组织建设模板。

表34-3　金融服务组织建设模板

序号	组织名称	岗位名称	岗位主要职责
1	金融服务部	部长	部门管理、业务管理、客户开发、风险控制
2		计划员	计划、费用、工资、激励管理、车辆监控
3		风险控制经理（部长兼）	客户评价与批准管理
4		产品经理	产品管理、产品推荐、业务洽谈管理、入户核实
5		商务经理	产品销售政策、价格管理；商务洽谈管理；客户合同管理；入户核实管理
6		档案及报卷经理（商务经理兼）	组卷、报卷、档案、放款管理
7		客户经理	客户管理、车辆监控
8		催收经理（后风控经理）	逾期客户管理（催收、帮助、和解等）、入户核实
9		法务经理	不良客户管理（财产保全、起诉等管理）；车辆处置管理；入户核实管理
10		信息员（外聘）	客户信息收集管理；不良客户预警管理

销售不同的产品、面对不同的目标客户群体、不同的业务量，岗位设置的数量、职数的配备也不同。当产品单一、客户单一、业务量少时，有些岗位可以不设或兼职。但是，法务经理、风控经理不可

以兼职。

二、建立商用车金融服务业务管理制度与作业表

根据业务需要和金融服务的特点，建立相关的金融业务管理制度与作业表。

1. 建立业务、组织、岗位管理制度

包括业务管理制度、部门工作制度、岗位作业制度：

（1）金融服务业务管理制度

1) 金融服务组织管理表。

2) 金融服务部贷款业务管理流程与表格略。

3) 金融服务业务作业流程与表格略。

4) 贷款产品销售价格表。

5) 贷款产品销售明细表。

6) 车贷客户评定标准表。

7) 项目贷款客户评定标准表。

（2）金融服务部工作制度。

（3）金融服务部部长岗位作业制度。

（4）金融服务部计划员岗位作业制度。

（5）金融服务部风险控制经理岗位作业制度。

（6）金融服务部产品经理岗位作业制度。

（7）金融服务部商务经理岗位作业制度。

（8）金融服务部档案及报卷经理岗位作业制度。

（9）金融服务部客户经理岗位作业制度。

（10）金融服务部催收经理岗位作业制度。

（11）金融服务部法务经理岗位作业制度。

这些制度见佐卡企业网站，找前言中的二维码即可。

2. 建立产品销售明细表、计划表以及客户标准表

（1）产品销售明细表

（2）产品销售价格表

（3）判定符合贷款条件的客户标准表

1) 建立非目标客户判定标准。

2) 建立客户黑名单（不能开展金融服务合作的客户名单）。

3) 建立客户基础情况判定标准表（包括个人客户、法人客户）。

4) 建立客户运输能力评价标准表。

5) 建立客户还款能力计算标准表。

6) 征信查询判定标准表。

7) 入户调查判定标准表。

8) 担保人判定标准表。

9) 加盟（挂靠）的运输公司判定标准表。

以上管理表详细内容见佐卡软件客户贷款业务管理制度及各岗位作业制度。

第三节 业务管理流程与节点管控

商用车金融服务业务管理包括贷前管理、贷中管理、贷后监督管理、风险处置管理等几方面。

一、贷前管理的流程与节点管控

1. 做好客户（开发）管理

1）为什么需要进行客户开发：所有的业务、所有的客户，在销售产品或服务以前，都需要进行开发。

① 搞清楚客户是干什么的？做哪个运输细分市场？

② 运输什么货物？一次装载质量、装载方量是多少？

③ 走什么道路？运输距离是多少？回程运输什么？

④ 用什么样的车最合适？怎样的功能、性能、配置、公告、价格最合适？

⑤ 客户需要什么样的服务？我们能提供什么？

⑥ 如果客户同意与我们合作，我们还需要在哪些方面提高、改善？提高、改善到什么程度客户才能满意？

2）客户开发过程管理

① 客户开发的过程，就是进行客户调查的过程，了解客户需求的过程，找到如何提高自己的服务能力，满足客户需求的过程。

② 客户开发的过程，就是发现客户不足的过程，就是帮助客户提高、改善的过程，就是建立客户关系的过程。

③ 客户开发的过程，就是发现双方是否适合合作的过程。如果发现双方不适合合作，就要及时终止，那样还是朋友（买卖不成朋友在），否则硬要做，就有可能造成双方的不满意。

④ 客户开发管理，就是将意向客户变成意向目标客户，进而变成目标客户的过程。

注意事项：金融服务业务比较特殊，在与意向目标客户达成一致，签订合作协议以后，还不能成为目标客户，只能成为准目标客户，由于还有很多项目（如入户考察）没有进行判定，所以还不能成为目标客户，只能是准目标客户。

3）建立意向目标市场

① 新购车客户的目标市场，有两个意向目标客户市场，分别是：

a. 本公司车辆营销部开发的新购车客户。

b. 没有此项业务的经销商的新购车客户。

② 已购车客户的目标市场，也有两个意向目标客户市场，分别是：

a. 本公司已购车客户目标市场。

b. 没有此项业务的经销商的已购车客户目标市场。

4）收集意向客户信息：在组织岗位分工中，收集客户信息的工作由客户经理、信息员负责：

① 购买车辆营销部开发的新购车目标客户（明细表）。

② 购买其他业务组织开发的新目标客户（明细表）。

③ 开发（购买）其他经销商新购车客户的信息。

④ 收集公司所有业务部门"战败"客户的信息。

⑤ 建立意向客户信息明细表（见第三十一章相关内容）。

5）制订意向客户开发计划：由产品经理负责制订意向客户开发计划。凡是没有签订金融产品服务协议书的所有客户都需要开发，不论是否购买过金融服务产品。

6）制订客户拜访计划：由产品经理负责制订客户拜访计划，建立客户拜访计划表模板（略）。

7）进行客户基础情况调查：由客户经理、信息员负责，进行客户基础情况调查。意向客户基础情况调查评定表见表34-4。通过打分将客户分为优秀、良好、及格、不及格四部分。

① 优秀的客户（大于100分），可以购买全部金融服务产品。

② 良好的客户（大于90分），可以购买：全部小额贷款产品；消费信贷产品中的"标准首付贷款"品种、"20%首付贷款"品种；金融租赁产品中的"有资产抵押的租赁"、"有资产抵押的以租代售"品种。

③ 及格的客户（大于68分），可以购买：小额贷款产品中的"车价的5%贷款"、"车价的10%贷款"品种；消费信贷产品中的"标准首付贷款"品种。

④ 不及格的客户（等于、小于20分），所有的产品都不能卖或者推荐购买不承担风险的金融产品。
调查判定合格以上的客户，进入下一步的开发流程，见表34-4。

表34-4 意向客户基础情况调查评定表（部分内容）

项目/分值	1	2	3	4
年龄在20周岁至55周岁之间的合法公民	20～30岁	51～55岁	31～40岁	41～50岁
身体健康，没有家庭病史	观察本人身体不健康	身体健康+医疗保险	身体健康+医疗保险+没有家庭病史	身体健康+医疗保险+没有家庭病史+职业保险
有B类驾驶证，有2年以上的驾龄	B以上+2～5年	B以上+6～10年	B以上+11～20年	B以上+21年
职业记录良好	有致人死亡事故	有伤人事故	有赔款事故	无任何事故
是否为党员	一般公民	党员	党员+村干部	党员+公务员
是否为社会名流	一般公民	政协委员	人大委员	劳动模范/致富带头人
是否为行业带头人	村行业带头人	乡行业带头人	县行业带头人	地区行业带头人
无不良嗜好	开快车+酗酒+赌博+其他	开快车+赌博	开快车+酗酒	无

8）产品经理负责进行意向客户拜访，了解意向客户有关还款能力等的情况

① 调查了解客户运输能力情况，进行客户运输能力评价。只有当客户的运输能力评分达到及格以上时，再进行下一步的开发工作。

② 进行客户还款能力计算。只有当客户的还款能力达到最低还款能力时，再进行下一步的开发工作。

9）基础情况合格、还款能力合格、运输能力及格的客户，由产品经理负责推荐产品，并同客户就购买的产品达成一致。

10）商务经理负责推荐产品（包括利息等所有产品要素）、服务价格、销售政策，并与客户就产品价格、服务价格、客户能够享受的政策等达成一致，建立《意向目标客户明细表》。

11）商务经理负责与意向目标客户签订合作协议，建立正式的合作关系，将意向目标客户变成准目标客户。

2. 建立"准目标客户"明细表/客户需求贷款产品信息收集记录表

明细表应包含以下要素：

1）客户的基本信息。
2）现有运营车辆的信息。
3）现有贷款未还清信息。
4）客户基础情况评定信息。
5）运输能力评定情况。
6）还款能力评定情况等。

3. 意向客户开发管理的流程、表格、模板

见《金融服务业务管理制度》附件《金融服务部贷款业务管理流程与表格》。

二、贷中管理的流程与关键节点

贷中管理就是贷款产品交付过程的管理，是最重要的作业过程。

1. 金融服务产品分类

金融服务产品可分为购车贷款产品、项目贷款产品两类。

2. 项目贷款产品的贷中管理

（1）项目贷款产品的特点

1）项目贷款产品，贷款额较小（低于5万元）。

2）项目贷款，贷款期限较短（一般低于半年，最长不超过1年）。

3）项目贷款，是助力主营业务的发展而经营的产品（自己不经营的项目，不做项目贷款）。

提醒：做其他一级经销商的二级而经营的项目，也是自己经营的项目。

4）项目贷款产品，不是直接给借款者现金，而是公司给借款者一个信用额度，让其来公司消费或购物。

提醒：所经营的项目、产品要有竞争力，价格应与市场同类产品相当。

（2）项目贷款所要求的客户标准 见表34-5。

表34-5 目标客户判定标准

序号	项目	判定依据	判定标准	备注
1	购买的车辆	装有车辆管理系统	通过	
2	基础情况	评分合格以上	通过	
3	还款能力	还款能力与还款额相等及以上	通过	
4	黑名单	不在黑名单上	通过	
5	金融服务协议书	签订了《客户购买金融服务协议书》	通过	
6	征信查询	银行没有不良记录	通过	

注：1. 这是项目贷款客户评定标准。已经做过贷款的、没有不良记录的优质老客户再做贷款（包括车贷、项目贷款），进行审查时可以参照这个判定标准。

2. 在做客户贷款审查时，这5项合格就通过审查。

（3）客户贷款流程 ①签订服务协议书→②向客户经理提交贷款申请，注明贷款产品、项目名称→③客户经理评定，向产品经理提交评定表→④产品经理审查合格，报风控经理申请批准→⑤风控经理批准→⑥报计划员列入计划→⑦计划员下达计划→⑧商务经理负责同客户签订贷款合同→⑨转产品经理负责准备产品→⑩客户办理借款手续完成，产品经理交付实物：加油卡、ETC卡、轮胎、续保保单/合同、配件提货单/发票（必须在指定的服务站进行保养、维修）等。

（4）完成时间 1天之内。

3. 车辆贷款产品的贷中管理

（1）客户（借款者，下同）提交贷款申请书 只有签订了客户购买金融产品服务协议书的准目标客户，才有资格提交客户贷款申请书。没有签订客户购买金融产品服务协议书的意向客户，需要先签订客户购买金融产品服务协议书，成为准目标客户，才有资格。

新客户要想签订客户购买金融产品服务协议书，必须首先按照金融服务部金融服务部贷款业务管理流程与表格设计的流程走完。

客户购买车辆贷款产品，需要按照实际情况填写申请书（模板略），申请书包括但不限于填写以下信息：借款人基础信息、需要的金融服务产品及相关要求、贷款用途、在用（全款/贷款）车辆信息、运输货源/货主信息、所在运输公司信息、驾驶员信息、所购车辆分类等。

也可以用客户口述、客户经理执笔、客户签字确认的方法填写。

（2）进行客户基础情况调查并打分 由客户经理负责，对客户进行基础情况调查并进行打分，并与原调查情况进行评定分数对比。变差，即否决；变好，即通过，继续按流程作业。

如果签订服务协议前的调查时间与本次申请间隔时间超过1个月，则应再次进行调查。间隔时间30天以内的调查可以由信息员负责，相当于复核。

(3) 产品经理负责进行能力评定

1) 按照授权书填写的内容进行运输能力评定。
2) 与自己调查的评定进行对比。
3) 按照低的评定结果提供产品。
4) 确定贷款产品的首付比例。

(4) 商务经理负责，进行还款能力计算

1) 按照授权书填写的内容进行还款能力计算。
2) 与自己调查的还款能力计算结果进行对比。
3) 将上述两个计算结果进行比较，按照低的计算结果计算贷款产品的贷款期限。
4) 确定贷款产品的首付比例、贷款期限。

(5) 商务经理联系客户，推荐贷款产品

1) 客户同意，继续走流程。
2) 不同意，增加征信措施，重新推荐产品，否则流程终止。

(6) 确定贷款购买的车辆类别、品牌、子品牌、车型、驱动形式、动力

(7) 客户对产品满意，报计划员制订贷款计划

1) 贷款计划发相关岗位评审。需附客户申请书、准备购买的车辆资料、基础情况评定表、运输能力评定表、还款能力计算表，发给部长、风控经理、法务经理、催收经理进行评审。

2) 风控经理负责组织评审。风控经理应给出评分及评价结果所对应的产品名称及主要指标，如首付比例、贷款年限等的结论，见表 34-6。

表 34-6 评审结论表

序号	车型	上照标准	客户基础情况评定		客户运输能力评定		客户还款能力计算			评审结论		
			评分分值	等级	评分分值	等级	还款额/元	还款能力/元	评定	允许最低首付比例	贷款期限/年	贷款产品名称
1	牵引车	上照	100	优秀	130 及以上	Ⅰ级	15000	30000	有能力	不低于 0%	3	
2	载货车		90	良好	110～129	Ⅱ级	15000	20000	有能力	不低于 10%	3	
3	轻卡		68	合格	80～109	Ⅲ级	15000	15000	增加首付	不低于 20%	3	
4	客车		50	不合格	60～79	Ⅳ级	15000	12000	没有能力	不提倡		
5			40	不合格	60 以下	Ⅴ级	15000	10000	没有能力	禁止		
6	自卸车	上照	100	优秀	130 及以上	Ⅰ级	15000	20000	有能力	不低于 10%	3	
7	专用车		90	良好	110～129	Ⅱ级	15000	15000	增加首付	不低于 20%	3	
8			68	合格	80～109	Ⅲ级	15000	12000	没有能力	不低于 30%	3	
9			50	不合格	80 以下	Ⅳ级	15000	10000	没有能力	禁止		
10	矿用运输机械	不上照	90	良好	130 及以上	Ⅰ级	15000	15000	增加首付	不低于 40%	1	
11	工程机械		68	合格	110～129	Ⅱ级	15000	12000	没有能力	不低于 50%	1	
12			50	不合格	110 以下	Ⅲ级	15000	10000	没有能力	禁止		
…		…	…		…					…		

由风控经理评审，若没有异议，则批准计划，继续流程；否则，应提出异议，由相关岗位进行完善，并再次报批。

强调：

1) 建立独立的风险审批人制度，十分重要。
2) 在客户的评价完成之后，是否对业务进行客观的评估，以及对产品经理、商务经理、客户经理的道德风险监督，则成为风险控制的关键。
3) 风控应重点把握以下几点：

① 客户评分、评价、还款能力计算的逻辑复核，将盈利能力与本行业进行对比，是否超出预期等。
② 审核业务人员所推荐的产品是否违反审批的相关原则或管理办法。
③ 客户收入与还款能力匹配，测算产品经理所推荐的金融产品与客户的收入预期是否相匹配，防止因还款周期不匹配而给客户造成持续的现金流负数，进而产生业务风险。

3）下发相关岗位，组织实施计划。风控经理批准后，将计划下发到客户经理、商务经理、风控经理、法务经理、催收经理等相关岗位。各岗位开展下一步的工作，包括但不限于客户资料收集、产品准备、金融机构确定等。

4）报金融机构。由计划员负责将计划、相关资料、风控经理的评审结论，建立档案资料，报金融机构。

（8）客户经理负责，通知客户提供申请资料及授权书　为了对信息真实性的证实，需要客户提供相关佐证，进行进一步的风险评价及审批。所提供资料大致分为：基础身份证明资料、婚姻状况证明资料、从业资格证明资料、从业经验证明资料、收入证明资料、预期收入证明资料等，应针对不同的客户进行不同的分析，例如优秀类客户可适应减少资料的提供，以避免因手续繁琐而失去客户，但所提供资料最低要满足资金提供方的审批要求，同时要求借款人及借款关系人签订查询授权书。

（9）由风控经理负责进行客户信息查询

1）查询重点。
① 客户信息的客观性：通过可利用的各类查询平台，例如央行征信、行业大数据、在用车运营能力查询、公安、法院、身份与联系方式一致性比对等，确定客户申请信息的真实性。
② 是否符合对应金融业务资金提供方的审批标准及监管部门的硬性要求。

2）查询审批意见。
① 审批通过。
② 有条件通过。如果为有条件通过，应给出具体的尽职条件和尽职范围。
③否决。

3）建立查询表（略）。

（10）担保人审核　由客户经理负责，通知客户提供担保人资料，由风控经理审核：审核不通过，否决；审核通过，继续流程。建立担保人信息提报与审查表（略）。

（11）如果客户要挂靠运输公司，应对挂靠运输公司进行审查　由客户经理负责，通知客户提供准备加盟的运输公司资料，由风控经理审核。审核不通过，否决；审核通过，继续流程，建立加盟运输公司信息提报审查表（略）。

（12）通过审核，报金融机构批准　下达同意贷款通知书，其内容应包括（但不限于）：
1）具体产品（车辆贷款、项目贷款）等。
2）明确产品的首付、贷款期限、利率等信息。
3）注明审批通过的标准，包括审批通过或有条件通过的尽职范围（增加担保、抵押等具体信息）。

（13）尽职调查
1）收取定金。通过风险审批的业务，应第一时间与客户取得联系，确认是否能够达到同意贷款通知书的征信条件。确认无误后，应收取客户定金并签订委托贷款协议或居间服务协议，通过协议方式对双方的行为进行约束，避免出现不必要的纠纷和损失。
2）尽职调查必须调查的主要方面：
① 所提供身份资料、联系方式等基础信息的真实性比对。
② 居住、家庭关系人等情况的真实性比对，包括但不限于父母、子女等，并了解社会关系情况。
③ 现有财产，包括但不限于房产、在用车辆等真实性比对。
④ 申请人预期收入情况复核，包括靠挂运输公司、承运公司等情况。
⑤ 担保人调查。
⑥ 其他审批部门要求尽职调查的项目。

注意:

A. 尽职调查:"担保人""运输公司""入户核实"项目中只要有否决项的内容,就是调查不合格。

B. 尽职调查由风控经理组织实施。每次调查,风控经理、催收经理、法务经理、部长岗位中必须有一个岗位人员参加。

C. 尽职调查越严谨、细致,风险越小,催收经理、法务经理的工作量才能越低。如果部门完成公司下达的金融服务计划,同时又没有逾期的客户,公司应将风险准备金的50%奖励给这三个岗位的人。

D. 落实风险前提条件。如果客户申请的贷款为银行贷款产品,应调查客户的"条件"是否符合金融机构及监管部门的审批标准,避免因超过标准不能放款而给客户造成后续影响。

尽职调查工作完成之后,应按照实际情况填写尽职调查报告,签字并交公司入档封存。尽职报告模板应规范,要点要具体,参见表34-7,防止因尽职调查人员水平参差不齐而出现报告缺项问题。

表34-7　尽职调查结论模板

借款人基本情况				
姓名		住址		
身份证号		联系方式		…
借款在用车辆情况				
品牌		车牌号		
型号		…		
借款人在用车使用情况				
承运行业		主要货物		
年行驶里程		…		
…				
…		…		…
考 核 结 论				
结论	□合格□追加合格□不合格		理由:…	签字:

(14)签订法律文书

1)法律文书的类别。法律文书应包括如下类别:

① 主合同,包括但不限于借款合同(或融资租赁合同)、借款借据等。将债权人与债务人的相关权利、义务约定清晰;如果由于债款人自身条件不足而增加担保人的,应将担保条款一并约定清晰。

② 委托扣款协议,约定债务人的还款方式与还款信息,由债务人授权债权人按照主合同之约定扣划还款。

③ 抵押类合同,将涉及车辆到车辆管理部门办事抵押登记业务,其目的用于以后续诉讼过程中对抗善意第三人。

④ 还款计划类合同:为借贷双方公平约定,应将还款期限内的还款计划,公示并由借款人签字。

⑤ 担保类合同,适用于参与金融业务的机构没有从事借款或融资租赁资格,需要通过担保的方式参与汽车金融业务。参与者应与债务人签订相关协议,用于证明担保行为得到了债务人的认可。

⑥ 挂靠类合同适用于车辆并非登记在借款人本人名下,而是由于运营或其他需求,登记在某运输公司或他人名下的情形。挂靠协议的主要内容应约定物权所有,物权法对于动产登记有了相关规定,但是实际司法解释中仅为对抗主义,而非生效或公示主义,所以需要对挂靠车辆的物权归属约定清楚。

⑦ 共同还款类合同,适用于有共同还款或偿债人的业务,应签订该类合同,用于认定为共同债务。一般情况下,配偶为共同还款人,而除配偶之外的家庭成员为共同偿债人。

⑧ 其他资产抵押类合同,适用于由于借款人本人资信能力不足,由于增加资产担保作为征信措施的合同。

⑨ 居间服务协议,此协议用于办理担保类业务时使用。因为在金融机构放款之前,存在着可以因

银行审批政策、监管部门政策变化等诸多因素导致不能放款的风险，如果没有专属协议用于约束借款人与公司的权利与义务，将会产生较大纠纷。本协议是专门约束双方在银行贷款发放之前的权利与义务的法律文书。

⑩ 其他合同，如 GPS、保证金、保险续保等与金融服务业务相关的合同，如果在相关法律文书中没有约定的，应单独签署法律文书加以约定。

2）注意事项

① 必须面签或网上面签。

② 必须安装、使用人脸识别系统进行真实身份识别，防止找代替人面签。在签字的环节必须做到本公司（金融机构）人员亲签及借款人亲签，并留存签字图像或视频。只要是找代替人面签的，作业立即终止，将客户记入"黑名单"。

③ 借款人为自然人的金融业务，虽说《物权法》及其相关司法解释对于夫妻一方单签所产生的不超过一定范围的家庭债务，可以认定为共同债务，但是为了防范司法环境的不同而可以产生的法律风险，需借款人夫妻双方签字并加按指印。

④ 借款人为法人的金融业务，应根据法律文书生效条件约定，加盖有效印件（应比对印件真实性），法定代表人或代表人（授权代表人要求有《法人委托授权书》）签字。

⑤ 如果涉及法人客户对外担保的，应根据提供担保企业的公司章程相关规定，要求担保的企业提供股东会决议，否则担保行为不产生法律效力。

（15）组卷、向金融机构进行一次报卷审批、存档　由档案及报卷经理负责，将相关资料进行整理、组卷，向申请贷款的金融机构进行一次报卷审批，资料建档、存档。报卷内容见表34-8。申请贷款的金融机构审批通过，继续进行流程。

表34-8 报卷内容（部分）

需要贷款的车辆内容		贷款产品的内容		贷款人内容			贷款人配偶内容			担保人内容			加盟运输公司内容			调查考察内容			其他内容
购买合同及编号	车辆信息表	驾驶员姓名、电话	产品配置表	产品资料档案	同意贷款通知书	贷款人基本资料	授权书	查询单	贷款人基本资料	授权书	查询单	担保人资料	担保额	担保内容	担保方式	物流公司资料	工商登记担保书及编号	物流公司的财务报表	评分表	还款能力测算	入户考察	客户初步结论	其他资料

（16）首付等相关车款及费用　由客户经理负责通知客户缴纳首付等相关车款及费用，商务经理收款，交到财务，开具收款收据。

（17）车辆安装相关设备和精品，完善车辆相关手续

1）安装相关设备和精品：包括行驶记录仪、北斗管理系统、安全驾驶系统等。具体明细表见销售服务部的服务产品、项目明细表。

2）完善车辆相关手续：包括但不限于缴纳购置税、车辆保险、办理行驶证、营运证、车辆抵押等。

3）注意事项：

① 办理机动车保险，包括交强险与商业险，并约定第一受益人为金融机构。商业险必须包括"修理期间费用补偿险"，以防止事故发生维修期间，客户因为停运而导致的不能还款。

② 车辆营运手续，包括营运证及其他营运手续。

③ GPS 设备安装，如果车辆出厂前装有 GPS 设备的，要保证 GPS 设备正常，并且可以正常进行车辆监控及其他功能；如果出厂没有装 GPS 设备的，可以安装其他外携设备。目前，GPS 功能应满足定位、轨迹回放、防拆、断电报警、降转矩、锁车、高危区域报警、行驶异常预警等功能。

抵押登记需注意的是，在车辆完成注册登记到车辆办理抵押登记过程中，大部分会出现短暂的失控期。在这期间，如果借款人私自补办登记证书，并将车辆过户给其他第三人的话，那么债权人将丧失对车辆的追索权，所以金融业务的参与者应尽量避免或缩短这一失控期（也就是说，营运证及抵押登记的办理必须由经销商负责，不能由客户自己办理）。

④ 对于上照车辆，按照公安部最新机动车登记管理办法，到车辆注册登记机关办理机动车抵押登记业务，用于法律诉讼过程对抗善意第三人和保证优先受偿权。

⑤ 不上照车辆或机械设备，应到车辆或设备所在地工商部门办理动产备案登记手续，其效力等同于机动车抵押登记。需要注意的是：司法公证并不具备上述效力。

⑥ 专项或小额贷款业务涉及的车辆抵押，车辆应作为专项业务的担保品，按照前述要求办理相关登记工作。

（18）将车辆的相关手续组卷 由档案、报卷经理负责，在车辆手续完善、办理车辆抵押后，将车辆的相关手续组卷。

1）进行二次报卷，同时协调金融机构批准贷款，放款。

2）金融机构收到二次报卷，手续完善的，批准贷款，放款。

（19）车辆交付 在车辆交付过程，应将完成注册登记之后的车辆相关贷款合同，以及保养、行车、运营手续一并交付给客户，要求客户出具确认书。确认书的内容应包括车辆状态确认、车辆手续交接确认、贷款合同交接确认等项目。曾有国内某企业由于空白合同或客户没有合同一事造成群体性事件。应当注意，机动车登记证书和保险合同应交付给客户复印件，便于客户进行后期的年检、营运、事故索赔等业务。

（20）档案管理

1）交接时限。所有法律文书，应及时办理交接给金融服务部门相应组织或岗位，也就是办完一项业务随时交接，统一整理并按照清单汇总，如有遗漏的情况，应及时补充完善。在所有金融步骤完成之后（担保类业务需要银行放款）的一定时间内，必须将档案移交给档案管理部门，统一进行管理。

2）合同规范性。

① 要保证所有的客户资料清晰、规范，相关法律文书所填写内容准确；在相应位置加盖印鉴并签字，如有多页合同，应加盖骑缝章以示完整性。

② 需要注意的是，交给客户的合同与公司存档的合同一定要保证一致性，即使是复印件，也要注意不要出现空白合同。曾经有过案例，某公司客户持未加盖公司印鉴的复印件合同主张法院判令无效合同（公司工作人员将没有加盖公章的合同复印后，将复印件交给客户，公司留存的合同为后期自行补盖公章），上述诉请得到了司法部门的支持。

3）档案完整性。一整套档案应分为客户基础资料部分、法律文书部分、车辆手续部分和银行放款资料部分。因为档案的完整性是金融服务业务风险的最后一道防线，如果不能保证档案的完整性，将直接对法律诉讼造成风险，所以档案管理应设立专属人员，并且保证完整性。

清单可以参照表 34-9 客户档案清单登记表。

表 34-9 客户档案清单登记表

大 类	类 别	资料名称	份 数	备 注
基础资料	借款人	身份证	1	复印件
		…	…	…
	配偶	身份证	1	复印件
		…	…	…
	担保人	身份证明	1	复印件
		…	…	…
	…			

(续)

大　　类	类　　别	资料名称	份　　数	备　　注
法律文书		借款或担保合同	2	原件
		…	…	…
车辆手续		车辆登记证书	1	原件
		行车本	1	复印件
		…	…	…
银行放款手续		借款借据	1	原件
		放款凭证	1	原件
		…	…	…

4）档案保管要求。

① 时效性。指在一般情况下普遍适用的时效，这类时效不是针对某一特殊情况规定的，而是普遍适用的，如我国《民法总则》第一百三十五条规定的："向人民法院请求保护民事权利的诉讼时效期限为 3 年，法律另有规定的除外。"这表明，我国民事诉讼的一般诉讼时效为 3 年。所以一般情况，对于正常的业务已经结清并且无其他纠纷，合同保管期限为自该笔业务完全结束之日起三年。

特殊情况，可以结合合同的生效日期，法律的诉讼时效或具体的欠款情况自行确定档案的保管期限。例如由于客户欠款，已经取得生效的法院判决书（生效的法院判决书没有失效限制），合同就需要一直保管至客户完全履行判决之后。

② 保管与出借。档案的保管应建立完善的保管、出借、审批、归还流程，并设立台账。档案的出借必须履行出借审批手续，严格按照出借审批时限归还档案，防止档案遗失而给公司造成不必要的损失，档案的保管、出借审批、归还督导责任应明确。

（21）建立贷款产品交付客户明细表（略，与意向客户明细表基本一致）。

（22）贷中管理的流程、表格、模板，见《金融服务业务管理制度》附件《金融服务业务作业流程与表格》。

三、贷后管理的流程与关键节点

1. 建立 GPS 运营监控系统

建立 GPS 运营监控系统，对客户车辆（包括其他所有部门的客户车辆）进行管理、监督、监控。管理内容包括但不限于以下方面：

（1）运营管理　装货地点、行驶的路线（是否偏离）、卸货地点、加油情况、行驶里程、运营天数、ETC 使用、油耗、电子围栏报警等。

（2）车辆管理　年审时间提醒、保养时间提醒、故障提醒、故障报警等。

（3）贷款管理　还款时间提醒等。

（4）监控管理　监控的内容包括但不限于以下方面：

① 车辆异常监控：车辆长时间停驶监控（有事故？有故障？驾驶员有问题？没有货源？）。

② 车辆行驶路线异常监控。

③ 行驶里程异常监控。

④ 其他异常监控等。

（5）监督的内容

① 驾驶习惯。

② 安全行驶（是否有危险驾驶情况）。

③ 休息情况（是否有疲劳驾驶）。

④ 违章情况。

每月出具车辆监控、管理报告，报告的内容如上所述。

2. 每日监控

主要是针对 GPS 所反馈的各种信号进行判断，是否出现各类预警情况，如 GPS 断电、长时间停驶、道路大幅偏离等。如果出现预警情况，应第一时间对预警产生的原因进行排查，并确定客户联系方式是否失联，对客户是否存在欠款隐患进行第一时间确认。

3. 每周监控

每周监控的目的是对客户的行驶线路、区域进行统计，分析客户的大致作业环境和范围，以及是否存在行驶异常的情况；通过累计的统计数据比较，对车辆的行驶路线进行有效的掌握，有助于部分失联客户或车辆的后期查找。也可以分析出车辆运营状况是否正常，例如车辆存在停驶情况，应安排专人对客户情况进行了解，防止客户因无运营收入而影响还款。

4. 每月监控

主要通过客户的月度行驶里程、轨迹及客户的还款情况进行分类管理。如果行驶里程明显低于同行业水平，应对客户的运营情况进行研判，分析具体原因，判断是否有不还款的可能性等。同时对欠款客户的 GPS、联系方式等进行重点关注，是否有失联情况存在。

5. 正常客户动态评价

应从正常还款的期数、车辆行驶轨迹是否规律、车辆出勤天数及行驶里程是否与本行业吻合等多个角度判断。

（1）优质客户关怀　连续正常还款三期以上，车辆出勤天数及里程均与本行业车辆吻合，并且行驶线路规律，基本上可以判断出客户的运营业务收入及现金流稳定，还款来源充足。可以将其列为优质客户进行管理，加大对该客户的关注度，并且为客户提供例如保险、加油等专项的金融服务业务，以帮助客户提高运营能力，通过降低收益率的方式，提升优质客户的黏性。

（2）一般客户关注　针对连续三期正常还款，但运营线路不稳定或出勤天数不足客户，应将其作为一般类客户管理，对其进行持续的关注。因为一段时间的连续正常还款不代表其运营收入稳定，应延长评价周期进行综合判定。

（3）不正常客户跟踪　如果客户首期还款就出现欠款或车辆运营情况明显不正常，应加强对该客户的关注，如果排除非客观因素而产生上述结果，则可以将其列为劣质客户。一旦列为劣质客户，首先要考虑的是通过哪种方式降低损失，措施包括但不限于扣车、诉讼、合同解除、增加担保等。

（4）走访周期　客户经理应该最长间隔 2 个月走访客户一次，并进行座谈，了解情况。

6. 如何对风险进行预警及分类

（1）风险预警　所有金融业务产生实质性风险之后，大部分都会出现一些异常的情况。对于风险的预警，就是要对即将或可能出现的风险进行预判，第一时间对可能出现风险的业务进行重点关注，将风险消灭在萌芽状态，最大限度降低公司损失。可以从如下方面入手进行预判。

1）车辆运营是否正常。每周对所有贷款车辆进行监控。查看车辆的运营，应从行驶轨迹的规律性、出勤天数、是否停运等三个方面进行判断。行驶轨迹规律代表着车辆的运输业务稳定，收入可期；出勤天数是运营收入的保障，如果出勤天数低于行业标准，可能会导致运营收入不足；一旦发生停运情况，则应第一时间关注客户的停运情况及原因，进而有针对性地采取下一步措施。

2）电话失联。每周对所有贷款客户进行关怀，检查电话联系是否正常。借款人的电话失联，也可能是产生欠款的一个预警信号，一旦出现失联情况，要通过对共借人、担保人、紧急联系人的联络进行信息修复。如果失联信息修复成功，则无需采取下一步措施；如修复不成功，则要第一时间确定车辆状态，为下一步采取果断措施做准备。

3）设置 GPS 失联报警（即使车辆安装内置贷款管理系统，失联情况较少发生，但仍可能出现）。现阶段商用车大部分所安装的 GPS 具备很强的防拆除能力，一旦发生断电报警的情况，排除维修等情况所产生的断电报警后判断是否为故意拆除，这将作为一个影响潜在风险的重要因素。

4）月还款断供。在发生客户未正常还款情况后，要对客户的运营情况及未正常还款的原因进行综合评价，要对客户的运营能力、运输质量、车辆情况、运输收入现金流情况等影响还款的因素区别对待，以便于有针对性地采取措施。

5) 行业发生变化。当某一特定行业的变化，或者由于政策的变化而影响到某种车型的发展，应引起警觉。例如，轿运车超限运输的限制等对轿运行业的影响；计重收费对长途物流 6×2 车辆的影响；城市渣土车管理对渣土清运行业的影响等。政策将对某个行业或某种车型的发展产生本质上的影响。作为金融服务业务人员，要对行业的变化有着充分的敏感度。

(2) 风险分类　按五级分类标准进行管理。

银行或金融机构将所有贷款分为两类、五级进行分类管理，分别是正常类贷款和不良类贷款，其中正常类贷款包括正常和关注，不良类贷款分为次级、可疑、损失，共五级。

1) 正常：借款人能够履行合同，一直能正常还本付息，不存在任何影响贷款本息及全额偿还的消极因素，银行对借款人按时足额偿还贷款本息有充分把握。贷款损失的概率为 0。

2) 关注：尽管借款人有能力偿还贷款本息，但存在一些可能对偿还产生不利影响的因素，如这些因素继续下去，借款人的偿还能力受到影响，贷款损失的概率不会超过 5%。

3) 次级：借款人的还款能力出现明显问题，完全依靠其正常营业收入无法足额偿还贷款本息，需要通过处分资产或对外融资乃至执行抵押担保来还款付息。贷款损失的概率在 30%~50%。

4) 可疑：借款人无法足额偿还贷款本息，即使执行抵押或担保，也肯定要造成一部分损失，只是因为存在借款人重组、兼并、合并、抵押物处理和未决诉讼等待定因素，损失金额的多少还不能确定，贷款损失的概率在 50%~75% 之间。

5) 损失：指借款人已无偿还本息的可能，无论采取什么措施和履行什么程序，贷款都注定要损失了，或者虽然能收回极少部分，但其价值也是微乎其微。从银行的角度看，也没有意义和必要再将其作为银行资产在账目上保留下来，对于这类贷款在履行了必要的法律程序之后应立即予以注销，其贷款损失的概率在 75%~100%。

可以参照上述分类标准，加上欠款的期数进行分类管理，针对不同类型的客户分部门管理，并采取不同的应对措施。一方面避免由于业务人员的个人因素而放大风险，另一方面避免清收部门的强制措施而损失部分优质客户。

(3) 机动性分类管理　由于机动车的特定属性，机动车抵押贷款不同于普通的抵押类贷款，所以还要对不同的情况加以灵活掌握。应将借款人的联系方式、车辆运营、GPS 等要素引入到五级分类中，建立标准+机动性做动态的五级分类并进行管理，见表 34-10。

表 34-10　风险管理表

分类	正常	关注	次级	可疑	损失	备注
逾期天数	0~7 天	7~30 天	31~60 天	61~90 天	90 天以上	暂时达到期数、未扣车的晋级为"次级"欠款，扣车的为"可疑"
垫款期数	0	1	2	3	4	暂时达到期数、未扣车的晋级为"次级"欠款，扣车的为"可疑"
GPS 状态	正常	正常	离线	离线	离线	确定离线后，直接可以越级，同时把每月越级的业务做统计（是否离线由 GPS 确认）
电话状态	正常	正常	失联	失联	失联	通过借款人、共借人、紧急联系人进行判断
车辆状态	未扣	未扣	未扣	扣押	变现有损失	车辆是否被我公司或我公司指定第三方扣押

(4) 建立逾期客户统计与管理、逾期客户表现分析、逾期客户决策管理

1) 风控经理负责：建立逾期客户管理表，对所有出现逾期的客户进行管理。

2) 催收经理负责：组成由催收经理为组长，客户经理、信息员参加的催收小组进行催收，并根据客户表现，建立逾期客户表现管理表。通过统计、分析客户表现，进行下一步的决策。

3) 法务经理负责：组成由法务经理为组长，催收经理、风控经理、部长参加的逾期客户分析、决

策小组。建立对逾期客户的表现进行分析，做出决策表，随时进行逾期客户分析，并做出决策。

7. 风险化解工作

（1）找问题 当客户出现欠款或风险后，公司首先应分析产生风险的原因，一方面是为下一步开展金融业务提供更多建议，另一方面为化解风险所采取哪种措施提供支持，有助于公司损失最小化。

1）自身的问题。

① 公司的风险控制体系是否存在问题。包括客户的初调、调查是否完善；信息查询覆盖纬度是否完整准确；客户评价是否客观、科学；车辆收入与还款的匹配是否合理等；针对所出现的问题是否需要进行修改和完善；对于风险评价的环节、流程是否存在漏洞，有哪些方面需要加强等。如果存在上述方面问题，应向公司提出书面报告，对相关标准进行完善和修改。

② 公司是否存在从业人员道德风险。目前，除银行或非银行金融机构，对于参与类金融业务的从业人员，还没有对其进行道德评价的体系。而从业人员的道德风险，也是发生风险的一个重要因素。每笔业务，都要逐一进行道德风险排查，防止由于个别人员的道德风险而引发公司一定范围内的系统性风险。

在第四篇第二十五章第四节《岗位评价、培训与员工淘汰管理》中，介绍了定期进行岗位评价的内容。这在经济领域非常重要。

③ 贷款车辆是否存在质量问题，欠款的发生是由于车辆质量问题而导致。

④ 其他由于公司自身的原因而导致客户欠款。

2）客户问题。

① 是否为客户的道德风险。出现道德风险的客户，其目的并非真实购买车辆，而用通过贷款的方式以实现其他目的。在实际的业务过程中，此类客户可视为诈骗类客户。

② 有部分客户的还款意识不强，对于征信逾期还款的记录没有充分认识，导致客户可能会经常或间断性地不按期还款。

③ 商用运营车辆的还款来源于预期运营收入，如果车辆运输收入不能达到预期，还款将无法得到保障，这就对从业者，特别是新从事商用车运输的从业者产生经营上的风险。

3）市场或其他问题。某个行业、行业政策的影响，导致了贷款车辆的收入、成本等发生巨大变化；或者某个行业发生巨大变化。例如，国家对化石能源行业的相关政策变化，直接导致煤炭行业的变化等，进而影响到整个煤炭运输行业。

4）货源问题。

① 客户的货源不足而导致客户的收入不足以支撑正常的还款。

② 货主欠款：客户所从事的运输业务产生大量的应收款，所回笼的现金流不足，无法保障还款等。

5）其他问题为不可预见的问题，例如：

① 驾驶员的违法导致车辆涉案。

② 驾驶员的责任心不强导致车辆发生事故或故障。

③ 标的车辆的不可预见风险等。

注意： 客户问题在金融产品设计中已经进行了强调，即必须要在金融产品设计中明确：金融产品对应的车辆、货主、驾驶员、客户标准，否则出现风险在所难免。

（2）找到解决方案

1）增加征信措施继续履行合同。

① 针对部分有偿还能力，并且有还款意愿的客户，在还清所有拖欠款项的前提下，可以通过增加保证金、其他财产抵押的方式，在降低公司风险的同时，使客户继续履行原合同。

② 如果客户无法支付保证金，也可以用奖励的方式达成协议，即利用老客户带新客户的奖励作为保证金，使公司既不因欠款损失老客户，也用新客户的收入弥补因欠款而造成的部门损失。

2）增加征信措施延期还款，达成延期还款协议。如果客户暂时不能全额偿还拖欠款项，但客户的未来发展可期。公司可以要求客户以提供担保、增加抵押物等方式，对所拖欠款项进行担保。达到条件的，可以与之签订延期还款协议。延期还款协议必须约定延期还款的期限，以及延期还款后如何弥补公司损失和再次出现欠款的措施等。

3）帮助客户提供货源，通过运输还款。如果因为客户的货源不足、导致收入不足而不能及时还款，在客户仍有运营意愿的前提下，公司可以利用自身的客户资源为客户打造一个信息共享平台。例如，公司将货源不足的客户介绍给有运力需求的客户，通过信息共享，利用欠款客户未来的运输收入偿还欠款及未来还款，这样既解决了部分客户的货源不足问题，也解决了部分客户运力不足的问题，同时化解了公司的业务风险。

4）车辆主动交回，达成合同解除协议。对于客户已经丧失了运营能力，要最大限度地与客户达成合同解除协议，达成合同解除协议的前提是客户主动交回车辆并配合公司变现车辆，同时客户要对变现不足以覆盖欠款的债务要承担继续履行的义务。因为只有车辆最快速地变现，公司的损失才能降到最低，同时客户未来承担的预计债务也是最小，否则客户将承担诉讼、逾期变现的大量费用，同时还要承担因延后变现而导致的车辆减值风险。

5）司法诉讼。在上述途径均无法实现的情况下，公司可以通过法律诉讼的方式解决，但法律诉讼的方式化解风险存在着司法资源是否充足、司法程序过长、执行困难等诸多因素。

诉讼过程包括起诉、立案、诉前保全、开庭、审理、判决、执行、评估、拍卖等程序，这仅是一审的程序，还不包括二审、申诉等程序。另外，开庭、执行、评估、拍卖均需要送达给被告人，如果被告人拒收或无法接收，只能进行公告送达，这将延长法院诉讼时间。

(3) 关于逾期客户决策、帮助、化解、诉讼解决风险的管理

1）法务经理负责：建立决策执行表，明确决策执行人，限期完成任务。

2）法务经理负责：建立逾期客户执行处理顺序、处理方法及项目、内容表，用于指导执行人在执行任务过程中应采取的措施和注意事项，防止出现违法行为，引起法律纠纷。

3）法务经理负责：建立逾期客户收回车辆处置表，按照标准的流程进行车辆的处置，包括

① 首先由运输公司收购、进行租赁。

② 其次是交给二手车业务部进行整备，以租代售，或由其负责处置。

③ 最后是直接拍卖。

8. 正常还款客户，还款结束管理

由客户经理负责

①建立优质客户明细表；②解除抵押；③退还保证金；④感谢客户。

9. 建立不良客户明细表，加强控制

由法务经理负责：

①建立客户黄名单（有逾期，没损失）；②建立客户红名单（有损失，合同解除客户）；③建立客户黑名单（有损失，诉讼客户；合同解除客户，损失较大）。

10. 客户贷款业务流程结束，进行总结、评价

部长负责计划期结束时，考核、奖励有关岗位、人员；总结经验、教训。

11. 贷后管理的流程、表格、模板

见《金融服务业务管理制度》附件《金融服务部贷款业务管理流程与表格》。

12. 商用车金融服务涉及、需要掌握的相关法律、规定

1）《中华人民共和国物权法》。

2）《中华人民共和国婚姻法》。

3）《中华人民共和国合同法》。

4）《中华人民共和国担保法》。

5）2015年《最高人民法院关于人民法院办理执行异议和复议案件若干问题的规定》。

6）《最高人民法院关于适用〈中华人民共和国婚姻法〉若干问题的解释（一）》【法释〔2001〕30号】。

7）《最高人民法院关于适用〈中华人民共和国婚姻法〉若干问题的解释（二）》【法释〔2003〕

19号】。2017年最高人民法院就本解释24条发布补充规定，2018年最高人民法院进一步就夫妻债务纠纷出台司法解释。

  8)《汽车消费贷款管理办法》。
  9)《关于开展个人消费信贷的指导意见》。
  10)《汽车贷款管理办法》。
  11)《汽车金融公司管理办法》。

本章小结与启示

  本章主要介绍了商用车金融服务产品的分类及不同产品的优缺点，希望为金融从业者进行产品设计、建立差异化产品优势打下良好基础。

  本章将乘用车与商用车金融服务的差异进行了比较，从业者应充分认识商用车金融服务的特点，在进行产品设计和营销过程中有针对性地进行产品推广和客户营销活动。

  商用车金融服务的管理流程较长，商用车金融服务管理的关键取决于其组织建设和从业者的职业道德，因此要求从业者具有较高的素养和职业道德。

  商用车风险控制中，对困难客户的帮助非常重要，这可以大幅度降低风险。

本章学习测试及问题思考

1. 按金融服务产品提供者不同分类，金融服务有哪些？
2. 客户小额贷款流程是什么？
3. 车辆贷款中相关的法律文书包括哪些？
4. 金融服务部一般要制订哪些管理制度？

第三十五章 商用车保养业务管理[一]

学习要点

1. 了解车辆保养的重要性。
2. 掌握车辆保养的内容。
3. 掌握车辆保养业务的管理流程和主要节点。

第一节 基本概念与基本内容

一、车辆保养的重要性与国家相关规定

（一）车辆保养的重要性

1）车辆保养可以保证车辆性能始终处于良好状态，可以随时出车，不用担心车辆的技术状态问题。

2）车辆保养可以有效提高车辆的效率，降低油耗及其零件和轮胎的消耗。譬如，经常保养发动机使其油耗不会增加，更加省油。

3）车辆保养可以增加行车安全。保养的作用就是避免行车途中突然发生故障，从而保证人身安全。

4）车辆保养可以避免车辆发生小故障的风险，从而降低发生大故障的概率。

① 车辆保养时的整车检查，可以及时发现车辆存在的问题或者故障隐患。

② 车辆维护时可以及时排除"问题"或者"故障隐患"。如四漏问题、螺栓松动问题、早期磨损问题等。

③ 通过消除这些问题或隐患，可以大幅度降低车辆发生故障的概率，消除大故障。从而降低维修费用，提高车辆出勤率，实现"以养代修"的目的。

5）车辆保养可以减少噪声和对环境的污染。保养汽车，会对其排气净化系统等进行保养，有效减少污染物的排放。

6）车辆保养可以保持车辆外观整洁，防止不应有的损伤，主动查询隐患并及时排除。

7）车辆保养是按照国家的《道路运输车辆技术管理规定》进行的。

（二）国家有关管理规定

《道路运输车辆技术管理规定》（中华人民共和国交通运输部令 2016 年第 1 号），对车辆维护与修

[一] 本章由崔士朋、赵旭日编写。

理有专门的规定，摘要如下：

第三章　技术管理的一般要求

第十四条　道路运输经营者应当建立车辆技术档案制度，实行一车一档。档案内容应当主要包括：车辆基本信息，车辆技术等级评定、客车类型等级评定或者年度类型等级评定复核、车辆维护和修理（含《机动车维修竣工出厂合格证》）、车辆主要零部件更换、车辆变更、行驶里程、对车辆造成损伤的交通事故等记录。档案内容应当准确、详实。

车辆所有权转移、转籍时，车辆技术档案应当随车移交。

道路运输经营者应当运用信息化技术做好道路运输车辆技术档案管理工作。

第四章　车辆维护与修理

第十五条　道路运输经营者应当建立车辆维护制度。

车辆维护分为日常维护、一级维护和二级维护。日常维护由驾驶员实施，一级维护和二级维护由道路运输经营者组织实施，并做好记录。

第十六条　道路运输经营者应当依据国家有关标准和车辆维修手册、使用说明书等，结合车辆类别、车辆运行状况、行驶里程、道路条件、使用年限等因素，自行确定车辆维护周期，确保车辆正常维护。

车辆维护作业项目应当按照国家关于汽车维护的技术规范要求确定。

道路运输经营者可以对自有车辆进行二级维护作业，保证投入运营的车辆符合技术管理要求，无需进行二级维护竣工质量检测。

道路运输经营者不具备二级维护作业能力的，可以委托二类以上机动车维修经营者进行二级维护作业。机动车维修经营者完成二级维护作业后，应当向委托方出具二级维护出厂合格证。

按照上述规定，车辆保养必须做好保养记录、建立档案。例保（一级维护）、定保（二级维护）的检验单、合格证必须随车携带（复印件），以备查（道路交通管理部门、车辆年审部门）。

二、车辆保养的分类与相关名词解释

1. 车辆保养的定义

车辆保养，是以下四项技术工作的统称：

1）检查：进行全车检查。

2）维护：进行全车维护（包括：清洁、紧固、润滑、调整等）。

3）更换和加注：就是按照保养手册维修手册等的要求，对需要更换的所有油品、滤芯等易损件、安全件进行定期的更换；对不需要更换的冷却液、液压油等易耗液体进行补加。

4）预警：对在全车检查中发现的存在问题的部件、零件进行警示。警示的内容包括：零部件名称、存在的问题、预计还能行驶的里程，继续使用过程中应注意的事项、建议处理方案等。

以上四项技术工作的具体项目明细见车辆保养业务管理制度中的保养产品明细表。

2. 车辆保养的分类

车辆保养通常分为日常保养、新车强制保养（简称"强保"）、例行保养（简称"例保"，也叫一级维护）、定期保养（简称"定保"，也叫二级维护）、停驶保养（停驶前进行的保养）、封存保养（封存前进行的保养）等。

1）日常保养：即出车前检查、途中检查和回场后的保养。主要是维护车辆清洁，确保行车安全。

2）新车强制保养：即新车、大修车使用初期，各零部件磨合后及时进行的保养。

3）例行保养：即根据车辆生产厂家保养手册、维修手册等的保养规定，在行驶一定里程（一般1~3万km）后所进行的周期性保养。也就是车辆的一级维护。

一级维护是由专业维修企业负责执行，作业内容除日常维护作业外，以清洁、润滑、紧固为主，并检查有关制动、操纵等安全部件。一级维护应按照交通运输部《道路运输车辆技术管理规定》的规定执行。

注意：使用的保养用品及配件的规格、型号、质量要求不同，保养间隔里程也不一样。

4）定期保养：即根据车辆生产厂家保养手册、维修手册等的保养规定，在行驶了较长里程后（一般进行了 2～3 个例保后，或 5～10 万 km 左右）所进行的周期性保养，就是对车辆的二级维护。

二级维护是由专业维修企业负责执行，作业内容除一级维护作业外，以检查、调整为主，并拆检轮胎，进行轮胎换位和制动系统的维护。二级维护前应进行检测诊断和技术评定，根据结果，确定附加作业或小修项目，结合二级维护一并进行。

各级保养（维护）的周期，依车辆生产企业的规定和运行条件以及保养用品的质量而定。

二级维护应按照交通运输部《道路运输车辆技术管理规定》的规定执行。

5）停驶保养：即对停驶车辆的定期保养。军车、季节性使用的专用车多有此项保养。

6）封存保养：即车辆封存前的保养。军车、季节性使用的专用车、工程机械等多有此保养。

三、车辆保养的内容

（一）车辆保养的主要内容

1）检查。进行全车检查：

① 检查是否有"四漏"：漏油、漏液、漏气、漏电。

② 检查所有的紧固件是否牢固。

③ 检查轮胎是否正常。

④ 检查转向系统是否正常。

⑤ 检查车辆的工作性能和局部工作状态，如制动距离和制动蹄片的磨损量、发动机功率和气缸压力、油路和电路技术状况是否符合规定等。

2）清扫。汽车内外表面的打扫、清洗和擦拭，以及各种滤清器滤垢、燃烧室积炭和冷却系水垢的清除等。

3）润滑。向各润滑点加注或填充润滑脂，以及加添或更换发动机、变速器、转向器、主传动器等的润滑油。

4）紧固。主要是紧固各螺纹连接件的螺栓、螺母。

5）调整。根据检查作业结果，把汽车总成或零件调整到符合规定的技术状态。

（二）车辆的日常保养

日常保养，即日常维护，是出车前、行车中、收车后的作业，由驾驶员负责执行，作业中心内容是清洁、补给和安全检视，是保持车辆正常工作状况的经常性、必需的工作。

车辆日常保养非常重要。对日常保养稍有大意，不仅会给车辆造成无谓的损伤，而且会危及行车安全。如润滑油缺乏会引起的"拉缸、烧瓦"，车辆某一部分功能失常会引发交通事故等；反之，如果日常工作做得仔细认真，不仅能使车辆保持常新，同时可掌握车辆各部分的技术状况，避免机械事故和交通事故。

由于日常保养是由驾驶员负责执行，又非常重要，所以在这里做重点介绍。

其实，日常保养工作很简单，归纳起来就是清洁、紧固、检查、补充。

1. 清洁

空气中含有大量灰尘、泥沙和酸性物质，不仅容易被泄漏的燃油黏附，在高温烘烤下容易形成坚硬的油泥层，使机件的散热性能变差，而且容易被车身静电吸引而侵蚀油漆面，使其过早褪色。

（1）清洁空气滤清器　空气滤清器（简称空滤）过脏会阻碍新鲜空气进入气缸，导致混合气过浓、燃烧不完全、功率下降、排放超标。现代空气滤清器一般都采用纸质滤芯，清洁时注意：不用水或油洗，应采用轻拍法和吹洗法。轻拍法即轻轻拍打滤芯端面，使灰尘脱落。吹洗法即用压缩空气从滤芯内部往外吹。空气压力：不应超过 0.3N/Pa（仅供参考）。

（2）清洁机油滤清器　机油滤清器（简称机滤）堵塞，会阻碍机油的流动，使发动机润滑不良、磨损加大甚至"烧瓦"等。为此，应定期清洗或更换。汽油机通常每行驶 8000km 更换一次，若气候干热，应缩短为 5000km 更换一次（仅供参考）。

（3）清洁蓄电池　一般都采用免维护蓄电池，首先清洁蓄电池顶部，避免极柱间因电解液或其他杂质而造成短路；其次清洁蓄电池接线柱，防止接头产生氧化物而导致接触不良。通气孔应畅通，以免蓄电池内压力或温度过高而发生爆裂。

2. 紧固

车辆清洗干净后，就要对各连接处进行紧固。由于车辆行驶过程中的振动、颠簸、摇摆等原因，必然造成连接件松动、磨损，因此，在日常保养中要及时紧固。连接件的日常紧固工作直接关系到行车安全，特别是转向、制动、传动等重要部件，切不可掉以轻心。

1）对各橡胶管的接头进行紧固，防止跑、冒、滴、漏。

2）紧固各线路及用电设备的连接件，防止断路、短路、搭铁等情况影响用电设备的正常工作。

3）对主要运动部件的连接件进行检查、紧固。如气泵传动带，转向系统及制动系统、传动系统连接件以及轮胎螺栓等。

3. 检查

连接件紧固后，应检查各种油液的液面高度和品质，因各种油液在高温下都会逐渐损耗与氧化，导致液面降低和性能变差。

（1）蓄电池液面高度　用一个直径为5~6mm的试管，从加液口垂直向下至与滤网接触后，用大拇指封闭住试管的上端，提起管，测其液柱的高度（即为蓄电池液面高度），标准应10~15mm（仅供参考）。

（2）机油液面的高度　冷车时取出机油尺，擦净后，插入油底壳底部，抽出后观察其高度，应在上下标线之间。热车时应熄火，待机油全部流入油底壳后再进行测量。

（3）冷却液液面的高度　冷车时，膨胀水箱中的冷却液液面高度应在标线之间。热车时，液面高度应略高于上标。

（4）制动液、转向液液面高度　旋下螺栓，直接观察液面是否在规定标线范围内。

（5）油液的品质　无论是何种油液，均可采用下列方法检查：

1）外观法：查看取出的油液样品，若比较透明，表明污染不严重；若呈雾状，则油液中渗有水；若呈灰色，可能是被铅或其他磨料污染；若呈黑色，则是被高温废气所污染。

2）扩散法：将取出的油液样品滴一滴于滤纸上，若扩散很宽且油滴区与扩散区无明显的区别，表明油液的洁净性良好；反之则为油液洁净性变差。

4. 补充

（1）油液的补充　检查时若发现油液有明显的缺少，应查找是否泄漏，若有应予以排除，并及时补足同等级别的油液。

（2）油液的更换　若油液变质或超过更换周期，应及时更换。

1）汽油机通常每行驶8000~10000km或半年需要更换一次机油；轻型货车通常每行驶2~4万km或每2年更换一次制动液；使用1~2年更换一次冷却液；每使用一年或行驶10000km更换一次液压油（仅供参考，以保养手册为准）。

2）高端柴油机通常每行驶3~10万km需要更换一次机油。油液的型号不同，参数不同，质量不同。制动液、转向助力液、离合助力液、冷却液等的更换按照产品说明书以上仅供参考，请以保养手册为准。

第二节　建立保养业务组织与管理制度

以客户为中心，做好车辆保养服务工作，才能让客户"买得放心，用着省心"。如何帮助用户真正实现"以养代修"，降低客户的使用成本，将使经销商在保养产品与客户服务上实现创新和差异化经营，提高了竞争力。

一、建立组织与岗位设置

按照客户需求设置业务原则、公司章程及业务管理制度的规定，建立组织并设置岗位。

1）根据客户对车辆保养业务需求，设置车辆保养部。

2）车辆保养部的作业岗位与岗位主要职责，见表35-1。

表35-1 车辆保养部岗位设置及主要职责设计

序号	岗 位 名 称	岗位主要职责
1	部长	部门管理、业务管理、客户开发、风险控制
2	计划员	计划、派工、费用、工资、激励管理
3	产品经理	客户开发、产品管理、业务洽谈、质量管理
4	商务经理	政策、价格管理、商务洽谈、合同签订、客户回访
5	客户经理	客户开发、信息收集、客户接待、服务费/货款结算
6	车辆保养员	车辆检查、维护、更换、加注、补加、预警、保养派工单交回
7	信息员	信息收集

3）聘任干部和岗位人员。参见第三十章采购业务管理的相关内容，不再赘述。
4）建立业务、组织、岗位管理制度。业务管理制度、部门工作制度、岗位作业制度见下文。
5）建立组织管理的流程、模板、表格。见车辆保养业务管理制度中的车辆保养部组织管理表。

二、建立保养业务管理制度与作业表

1. 建立业务、组织、岗位管理制度

车辆保养业务管理制度，主要包括：

（1）车辆保养业务管理制度

1）车辆保养部组织管理表。
2）车辆保养部业务管理流程及表格。
3）保养产品明细表。
4）保养产品价格表。
5）车辆保养派工单。
6）客户购买保养产品合同书。
7）车辆检查、维护后发现问题需要维修预警单。

（2）车辆保养部工作制度。
（3）车辆保养部部长岗位作业制度。
（4）车辆保养部计划员岗位作业制度。
（5）车辆保养部产品经理岗位作业制度。
（6）车辆保养部商务经理岗位作业制度。
（7）车辆保养部客户经理岗位作业制度。
（8）车辆保养部车辆保养工岗位作业制度。

2. 建立车辆保养产品、项目明细表

本章内容不包括日常保养的内容，下同。

（1）保养产品明细表

1）车辆（新车）强制保养。
2）车辆例行保养（一级维护）。
3）车辆定期保养（二级维护）。

注意： 车辆停驶保养、车辆封存保养一般按照车辆使用单位的要求进行。如果没有要求，就按照"车辆定期保养"的要求进行车辆的保养，不再单独介绍。

（2）保养品种（系统）明细表　保养的品种按照车辆组成的系统进行命名，有：动力系统保养（含后处理分系统）、离合操纵系统保养、变速操纵系统保养、传动系统保养、转向系统保养、制动系统保养、悬架系统保养、前桥系统保养、后桥系统保养、电器系统保养、驾驶室系统保养、货箱系统保养（含举升液压分系统）、浮动桥系统保养、轮胎与轮辋系统保养、车架及其他系统保养等。

（3）保养的内容　保养的内容有检查、维护与紧固、更换与补加、故障预警。

（4）保养的项目　根据车辆保养的产品、品种（系统）、内容不同，建立项目明细表：

1）强保检查项目明细表。

2）例保检查项目明细表。

3）定保检查项目明细表。

4）强保维护（紧固）项目明细表。

5）例保维护（紧固）项目明细表。

6）定保维护（紧固）项目明细表。

7）强保更换与补加项目明细表。

8）例保更换与补加项目明细表。

9）定保更换与补加项目明细表。

由于表格内容太多，本书仅展示一个表格模板，参见表35-2。

注意： 表格中的内容包含了不同的配置（如柴油发动机、汽油发动机、LNG发动机以及不同的后桥、浮桥）、不同的车型（如自卸车、牵引车）等。实际在使用此表时，应根据具体的车辆从中确定保养的项目和内容。

所有保养产品、品种（系统）、内容、项目明细表内容，详见车辆保养业务管理制度保养产品明细表。参见表35-2，仅展示部分内容，详见佐卡公司网站。

表35-2　商用车强保检查项目及作业内容明细表（模板）

序号	品种（系统）名称	检查项目名称	作业内容
1	1 整车	资料	检查保修手册、购车发票（或发票复印件）
2		里程	检查购车日期，行驶里程是否在规定范围之内
3	2 动力系统	检查空气滤清器	检查空气滤清器清洁度
4		急速	检查发动机急速；起动发动机，倾听发动机在急速、中速和高速运转时有无杂音异响
5		连接件、插接件	检查发动机各部位连接螺栓及各连接管路管夹及连接件
6		限速装置	检查限速装置
7		进、排气门	检查进、排气门间隙，需要时调整
8		传动带	检查发动机各种传动带的张紧度，需要时调整
9		冷却液	检查冷却液品质、液位
10		燃油-水分离器	检查燃油-水分离器排放是否正常
11		检查"三漏"	机油、柴油、冷却液是否泄漏
12		曲轴箱呼吸管	曲轴箱呼吸管是否堵塞
13		进气管	检查进气管有无磨损点、管路损坏、卡箍松动或管路破裂、腐蚀
14		冷却风扇	冷却风扇有无裂纹、铆钉松动、叶片弯曲或松动，安装是否牢固
15		空-空中冷器管路	空-空中冷器管路：检查空-空中冷器管路有无泄漏、孔洞、裂纹或连接松动。如有必要，拧紧软管卡箍
16		空-空中冷器	空-空中冷器：检查空-空中冷器中有无污垢和碎屑堵塞叶片。检查有无裂纹、孔洞或其他损害
17		检查增压器	检查增压器
18		检查空气压缩机	检查空气压缩机锁紧螺栓、螺母和制动系统是否泄漏，空气压缩机排气管、压缩机传动带
19		检查散热器、中冷器	检查散热器、膨胀水箱、百叶窗、水泵、节温器工作正常。散热器、中冷器链接支架安装有无松动

(续)

序号	品种（系统）名称	检查项目名称	作业内容
20	2 动力系统	检查供油系统	检查供油系统
21		检查燃油蒸发控制装置	检查燃油蒸发控制装置
22		检查故障码	国四以上发动机需检查发动机当前故障和历史故障
23		后处理系统	国四以上发动机需检查后处理系统，补充添加车用尿素
24		检查天然气发动机气瓶与支架	检查天然气发动机气瓶与支架、燃气管路与支架固定是否牢固，天然气气管接头是否漏气
25		检查燃气表压力	检查燃气表压力是否正常，CNG 车辆燃气压力需高于 3MPa，LNG 车辆燃气压力需高于 7bar
26		检查火花塞	检查火花塞电极燃烧情况，清理电极头部杂质，并调整间隙
27		检查高压线	检查高压线表面及接头端内外面是否清洁
28		检查电子节气门	检查、清洁电子节气门
29		检查电磁阀	检查、清洁电磁阀
30		检查化油器	检查化油器及连动机构
31		检查发动机支架	检查支架、链接螺栓
32		看说明书，有无要求的漏项	发动机使用说明书中列明的其他定保检查内容
33	3 离合系统	离合器踏板自由行程	检查离合器踏板自由行程，分离轴承间隙
34		离合器分离	检查离合器分离是否彻底，结合是否平稳且不打滑
35		离合器液压油	检查离合器液压油（制动液）液位，离合助力器行程
36		离合器执行器行程	检查离合器执行器行程
37	4 变速操纵系统	检查变速器	检查变速器油面
38		变速器通气孔	检查和清洗变速器通气孔
39		操纵机构	检查操纵机构是否失灵或损坏
40		检查变速器拨叉轴	检查变速器拨叉轴
41		变速器固定螺栓	检查变速器固定螺栓
42	5 传动系统	检查防尘罩	检查防尘罩有无裂纹、损坏，卡箍是否可靠，支架有无松动
43		检查传动轴万向节工作状况	检查万向节有无松旷、卡滞、异响
44		检查传动轴承支架	传动轴承支架有无松动
45		检查中间轴承间隙	中间轴承间隙是否符合规定
46	6 转向系统	固定螺栓	检查所有固定螺栓
47		检查转向管路	检查转向管路橡胶管和接头有无老化或渗漏
48		检查是否漏油	检查转向管路及接头是否漏油
49		检查转向横拉杆、直拉杆	检查转向横拉杆、直拉杆，直拉杆臂与转向臂各接头的连接和紧固情况
50		检查转向油罐油面高度	检查转向油罐油面高度
51		检查方向盘	检查方向盘的转动量和游隙
52	7 制动系统	检查蹄片	检查、调整前、中、后桥制动蹄片间隙
53		检查气压	检查全车制动气压是否达到规定值
54		检查行车、驻车状态气密性	检查行车、驻车状态气密性是否正常
55		检查储气筒	储气筒放水
56		检查 ABS	检查 ABS 和 ASR 系统是否工作正常
57		检查制动管路	检查制动管路橡胶管和接头有无老化、裂纹和软管易擦伤的部位是否破损
58		检查制动阀	检查、紧固制动阀和管路接头
59		检查液压制动管路	检查液压制动管路内是否有气

(续)

序号	品种（系统）名称	检查项目名称	作业内容
60	7 制动系统	检查制动踏板	检查制动踏板自由行程
61		检查行车制动、驻车制动	检查行车制动、驻车制动和辅助制动效能（试车时进行）
62	8 悬架系统	U形螺栓、卡子	满载情况下检查各U形螺栓、卡子
63		推力杆螺栓	检查推力杆链接螺栓
64		检查稳定杆	检查稳定杆组件连接螺栓
65		检查全车钢板弹簧	检查全车钢板弹簧销及衬套
66		钢板弹簧挡板间隙	检查钢板弹簧挡板间隙
67		平衡轴固定螺栓	检查平衡轴固定螺栓的紧固情况
68		检查板簧与车架导向板	检查板簧与车架导向板间隙、更换过度磨损的导向板
69		检查外露连接螺栓	检查外露连接螺栓紧固情况
70		检查高度阀（空气悬架车型）	检查高度阀工作情况（空气悬架车型）
71		检查空气悬架气囊的（空气悬架车型）	检查空气悬架气囊的工作情况（空气悬架车型）
72		检查减振器	检查减振器工作情况
73	9 前桥系统	检查前轮前束	检查前轮前束
74		检查双前桥同步工况	检查双前桥同步工况
75		检查轮毂轴承间隙	检查轮毂轴承间隙
76		检查摩擦片磨损情况，检查制动底板紧固情况	检查摩擦片磨损情况，检查制动底板紧固情况
77		检查制动间隙	检查制动间隙
78		检查前驱动桥通气孔	检查全驱车的前驱动桥通气孔是否畅通
79		检查前轴	检查前轴（工字梁）有无弯曲、断裂现象
80	10 后桥系统	检查驱动桥通气孔并清洗	检查驱动桥通气孔并清洗
81		检查反向调整力矩（配自调臂车型）	检查反向调整力矩（配自调臂车型）
82		检查主减速器和轮边减速器油面	检查主减速器和轮边减速器油面
83		检查轮毂轴承间隙	检查调整轮毂轴承间隙
84		检查摩擦片磨损情况	检查摩擦片磨损情况
85		检查制动底板的紧固情况	检查制动底板的紧固情况
86		检查制动间隙	检查制动间隙
87	11 电器系统	检查各部线束	检查各部线束是否有刮磨现象，干涉现象；确定线束远离热源、尖锐物
88		检查各线束用电器插接件	检查各线束、用电器插接件连接情况
89		检查蓄电池	检查蓄电池电解液的液面高度和比重以及蓄电池各单元的电压
90		检查蓄电池的固定	检查蓄电池的固定、电缆接头的紧固
91		检查蓄电池、发电机、起动机、电源总开关电源线、搭铁线紧固情况	检查蓄电池、发电机、起动机、电源总开关电源线、搭铁线紧固情况
92		检查灯光	检查各灯光工作是否正常：包括小灯，远近光灯，前后雾灯，左右转向灯，危险警告指示灯，制动灯，倒车灯及蜂鸣器，示廓灯，标志灯，踏步灯，室内灯，后照灯，车速灯等
93		检查继电器、熔丝、灯光、仪表、开关、传感器、电磁阀、闪光器、收放机、线束及其他电器是否工作正常	检查继电器、熔丝、灯光、仪表、开关、传感器、电磁阀、闪光器、收放机、线束及其他电器件是否工作正常
94		发动机电控系统自检	发动机电控系统自检
95		检查内外循环过滤网	检查或更换内外循环过滤网，补加制冷剂

(续)

序号	品种(系统)名称	检查项目名称	作 业 内 容
96	11 电器系统	检查暖风、空调	检查暖风(包括独立热源)、空调(包括独立空调)是否正常工作
97		检查电源插座	检查电源插座工作是否正常
98		检查车载蓝牙	检查车载蓝牙工作是否正常
99	12 驾驶室系统	检查刮水器的动作	检查刮水器的动作
100		检查发动机散热器罩	检查发动机散热器罩
101		检查前面罩	检查前面罩开启、驾驶室(电动或手动)翻转、锁紧机构是否工作正常
102		检查车门操纵机构	检查车门操纵机构、车窗升降、(电动或手动)天窗开启是否工作正常
103		检查驾驶室翻转机构	检查翻转机构螺栓、液压锁、驾驶室上锁体涂润滑脂
104		检查座椅工作是否正常	检查座椅调整装置、安全带工作是否正常。座椅调节机构滑槽内加锂基润滑油
105		检查车身悬置气囊	检查车身悬置气囊、高度调节、减振器是否工作正常
106		检查车身悬置前、后气囊管路	检查车身悬置前、后气囊气管路是否畅通
107		检查方向盘	检查方向盘及转向传动机构是否工作正常
108		检查导流罩	检查、紧固导流罩、导流板安装螺栓,导流板可正常调节
109		检查卧铺	检查卧铺的各部位螺栓、螺母是否松动,气弹簧工作是否正常
110		检查卧铺	检查卧铺是否能正常使用
111	13 货箱举升系统	检查渗漏	检查液压缸、泵、阀各管路接头,排除渗漏
112		检查固定螺栓	检查付车架U形螺栓、连接螺栓、缸、泵、阀固定螺栓
113		检查润滑脂加注点	检查各润滑脂加注点
114	14 浮动桥	转向主销和制动调整臂及凸轮轴	检查转向主销和制动调整臂及凸轮轴
115		检查前束	检查和调整前束
116		检查转向阻尼减振器	检查转向阻尼减振器工作是否正常
117		检查浮桥升降	检查浮桥升降是否正常及转动随动性
118		轮毂轴承	检查轮毂轴承
119		检查转向横拉杆	检查转向横拉杆及卡箍、润滑各球头
120	15 轮胎与轮辋	检查车轮螺栓	检查车轮螺栓、车轮螺母
121		检查轮胎气压	检查轮胎气压
122		检查轮胎摩擦	检查轮胎与钢板弹簧、车厢、挡泥板或其他部分有无摩擦碰挂现象
123		轮胎磨损	检查轮胎磨损是否均匀
124	16 车架及其他系统	检查车架各标准件	检查车架各标准件是否松动
125		检查各部位"三漏"情况	检查各部位漏油、漏气、漏水情况
126		检查牵引座润滑脂状况	检查牵引座润滑脂状况
127		检查鞍座牵引钩	检查鞍座牵引钩的状况,必要时更换
128		检查鞍座上橡胶衬套	检查鞍座上橡胶衬套的状况,必要时更换
129		检查鞍座楔块	检查鞍座楔块的状况,必要时更换
130		检查鞍座固定螺栓	检查鞍座固定螺栓的紧固状况
131		检查鞍座上拉杆弹簧	检查鞍座上拉杆弹簧、回转弹簧及小拉簧的状况
132		牵引车备胎	检查牵引车备胎安装螺母是否松动
133		工程车备胎	检查工程车备胎升降器
134		检查燃油箱	检查燃油箱的固定情况

注:根据客户要求,可以选择只做某品种(系统)保养,如发动机保养、后桥保养、变速器保养等。

3. 制订车辆保养产品、品种（系统）、内容、项目价格表

同上述保养产品、项目明细表相对应，建立价格表：

1）强保检查项目价格表（一般由厂家定价）。
2）例保检查项目价格表。
3）定保检查项目价格表。
4）强保维护（紧固）项目价格表。
5）例保维护（紧固）项目价格表。
6）定保维护（紧固）项目价格表。
7）强保更换与补加项目价格表。
8）例保更换与补加项目价格表。
9）定保更换与补加项目价格表。

所有保养产品、品种（系统）、项目价格表内容见车辆保养业务管理制度中的保养产品价格表。

第三节 保养业务管理流程与节点管控

一、客户开发管理的流程、节点与作业要点

1. 建立意向目标市场

（1）新购车客户的意向目标市场　有两个，分别是：
1）本公司车辆营销部开发的新购车客户。
2）没有此项业务的经销商的新购车客户。

（2）已购车客户的意向目标市场　也有两个，分别是：
1）本公司已购车客户和其他业务组织已有客户。
2）没有此项业务的经销商的已购车客户。

2. 收集意向客户信息

注：在组织岗位分工中，收集客户信息的工作由客户经理、信息员负责。
1）收集以上4类意向客户信息。
2）收集公司所有业务部门"战败"客户的信息。
3）建立车辆保养业务，意向客户信息明细表。

3. 制订意向客户开发计划

产品经理负责制订客户开发计划。凡是没有签订客户购买保养产品协议的所有客户都需要开发。不论是已经购买过你的保养产品的"意向客户（不知道下一次是否还购买你的产品）"，还是没有购买过你的保养产品的"意向客户"。

4. 制订客户拜访计划

产品经理负责制订客户拜访计划，建立客户拜访计划表模板（略）。

5. 进行意向客户拜访

由产品经理负责，进行意向客户拜访，了解意向客户有关车辆保养产品需求的信息。这些信息包括但不限于：

1）客户有几辆车？车辆类型？品牌？车型？驱动形式？发动机品牌？排量？功率？变速器品牌、型号？后桥名称？不同车辆分别列出。
2）客户是否需要保养产品销售明细表所列的保养产品？是/否。
3）您认为我公司的保养产品销售明细表所列产品是多了/少了？
4）您认为我公司的保养产品销售明细表所列产品不是客户需要的是哪些？
5）您认为我公司的保养产品销售明细表还应增加哪些产品？
6）客户以前购买的保养产品都是谁提供的？购买车辆的经销商/自己/其他。

7）购买这些产品的价格与我公司的价格表价格对比是高/低？

8）如果保养产品价格符合您的预期，是否愿意与本公司合作，购买本公司产品？

9）您和其他公司有长期的合作吗？有协议吗？有/无。

10）他们都是给您什么优惠政策？有（列出）/无。

11）我们能签订一个长期的合作协议书吗？

12）您的保养产品的购买模式是全款购买/贷款购买？

13）我公司还有车辆年审服务产品、车辆运营项目贷款、车辆保险、车辆维修、二手车收购业务，如果价格合适，您愿意购买我公司的这些产品吗？

14）建立客户调查表（略）。

6. 与意向客户建立关系

由产品经理负责，通过拜访，与意向客户建立关系。

推荐产品，并就客户同意购买保养产品事宜达成一致；将客户购买保养产品明细表转交商务经理、客户经理、存档。

这个明细表就是根据意向客户的车辆需求定制的，具体如下：

1）包含车辆信息：车辆类别、品牌、子品牌、配置（所有系统名称、规格、型号、图号等）、燃料种类等。

2）包含保养产品信息：需要的保养产品、保养品种（系统）、保养内容、保养项目。

3）包含保养用配件信息：见表35-3。

表35-3　车辆保养　强保更换、加注、补加项目配件明细表

序号	强保系统名称	强保总成名称	补注、更换的配件（零件）名称	规格、型号	配件图号	配件编号
1	发动机及动力系统	发动机总成	更换机油			
2			更换机油滤芯			
3			补加冷却液			
4			更换机油散热器滤芯			
5		燃油系统总成	更换燃油滤芯			
6			更换水寒宝			
7		空气压缩机	更换压缩机传动带			
8		排气系统总成	更换滤芯			
9			补加尿素液			
10		冷却系统	补加防冻液			
11	离合操纵系统	离合器液罐	补加离合助力液			
12	变速操纵系统		补加变速器润滑油			
13			补加分动器润滑油			
14	后桥系统	后桥	补加中桥、后桥润滑油			
15	前桥系统	前桥	前驱动桥补加润滑油			
16	转向系统	转向助力器	更换转向液压油	D6/D3		
17			更换转向油罐的油滤器			
18	电器系统	蓄电池	补注电解液			
19	驾驶室系统	翻转系统	补加航空液压油	Q/SY YM0024-2000		
20	液压系统	货箱举升系统	补加液压油			

7. 将意向客户变成意向目标客户

由商务经理负责，根据客户购买保养产品明细表，就保养产品销售政策、销售价格等向客户进行说明，并与客户达成一致，将意向客户变成意向目标客户，建立意向目标客户明细表。

8. 签订客户购买保养产品协议

由商务经理负责,与意向目标客户签订客户购买保养产品协议。将意向目标客户变成目标客户。

9. 建立目标客户信息明细表

由商务经理负责,将所有已签订客户购买保养产品协议的目标客户,建立目标客户信息明细表。

该明细表必须标注客户购买保养产品的时间(年、月、日、时)、地点和产品名称,以便"到时自动提醒",提醒时间设置应在保养到期前3~5天。

将目标客户信息明细表交给客户经理。

以上流程、表格、模板见车辆保养业务管理制度中的车辆保养部业务管理流程及表格。

二、产品交付(销售)管理的流程、节点与作业要点

1)提醒客户:客户经理负责,根据系统提醒,联系客户,提醒客户保养时间。

2)服务确认:客户经理负责,与客户就保养车辆、时间、地点、联系人、保养产品、付款方式、保养工时等达成一致;报计划员。

3)制订计划:计划员负责,编制保养产品交付计划,安排产品经理准备产品(配件等)。

4)交付产品:保养工负责,进行车辆保养,交付产品。

5)验收确认:客户或客户指定的人员进行验收,确认保养完成。在车辆保养派工单上签字确认,模板见表35-4。

表35-4 车辆保养 强保检查项目派工单

1. 用户信息	1.1. 用户名称/开户银行/账号/税号	1.2. 地址	1.3. 电话	1.4. 驾驶员姓名	1.5. 驾驶员电话	客户合同编号	保养价格
2. 车辆信息	2.1. 车牌号	2.2. VIN	2.3. 车辆类别	2.4. 品牌	2.5 车型	2.6 车辆编号	
3. 计划信息	3.1. 计划编号	3.2. 配件单编号	3.3. 配件领用人姓名	3.4. 保养价格	3.5. 发票编号	3.6. 客户签字确认	
4. 作业信息	4.1. 客户经理签字	4.2. 保养地点	4.3. 保养开始时间	4.4. 保养完成时间	4.5. 行驶里程	4.6 保养名称	

序号	强保检查项目及作业内容、工时标准										
	需要检查的产品(系统)名称	检查项目名称	作业内容	检查工艺流程	检查工艺标准	使用设备名称/编号	使用工具名称/编号	检查用辅助材料	工时标准/小时	工时费标准/(元/小时)	强保检查工时费/元	保养工姓名	保养验收人
合计								2	50	100		
检查完成需要在维护时的事项				保养工签字		产品经理验收签字	客户/驾驶员确认签字		客户签字			
实施保养单位名称/服务站编号/修理厂编号	服务站站长/服务经理		保养单位地址		保养单位电话		保养单位开户银行		保养单位账号		保养单位税号	

注:1. 派工单必须按照与客户签订的合同执行。
2. 派工单一式四联:留底、客户、保养工、产品经理各一联。
3. 保养工一联用于记录工时,开具发票。
4. 客户一联用于提车。
5. 如果厂家免费强保,发票用于厂家收款。

> **注意：** 保养作业派工单模板见车辆保养业务管理制度中的车辆保养派工单。

6）收取保养服务费（含配件费）：客户经理负责，收取保养服务费，开具发票。

7）客户经理负责建立交付（保养）产品客户明细表。

8）客户经理负责进行客户回访：

① 成交客户回访：为什么能够成交？满意什么？不满意什么？如何改进就会满意？

② 不成交客户回访：为什么不能够成交？不满意什么？满意什么？如何改进就会满意？

回访非常重要，有些经销商业务越做越少，就是不知道自己有没有问题、问题出在哪里、怎么改进、谁负责改进？

9）部长负责，建立问题改进：对客户不满意的项目进行限期改进。

10）计划员负责核算部门成本、费用、价格、利润。计算每一岗位所有人员的工资、奖励。

11）计划员负责总结兑现工资、奖励，总结、报告部门的工作。

12）客户的再开发：客户经理负责。与其他业务中客户再开发相同，不再赘述。

以上流程、表格、模板见车辆保养业务管理制度中的车辆保养部业务管理流程及表格。

本章小结与启示

本章介绍了车辆保养的重要性、车辆保养的内容、保养业务管理流程等，希望商用车经销商严格执行车辆保养业务的管理流程和管理制度，为客户提供更好的服务。

本章学习测试及问题思考

1. 简述车辆保养的重要性。
2. 车辆保养的主要内容有哪些？
3. 车辆保养部相关管理制度有哪些？

第三十六章 商用车维修业务管理[一]

学习要点
1. 掌握维修产品分类，建立维修产品组合。
2. 掌握维修管理流程。
3. 了解维修流程。
4. 掌握维修业务的管理流程关键节点。

第一节 维修业务分类与管理流程

一、维修业务概述

1. 修理的定义

维修，是为保持或恢复产品原有形状、结构、功能等而进行的所有技术和管理活动的组合。其中的管理活动包含监督活动。

维修分为保养与修理两部分工作。其中保养是预防性维修，详见本书第三十五章。

本章中的"车辆维修"="车辆修理"，是指车辆随机发生的、恢复性维修，是恢复车辆原有的形状、结构或功能等的技术和管理活动。

本章中的车辆，包括但不限于汽车，还包括运输型工程机械、农用运输车、专用车、场地作业车等。

2. 车辆修理的分类

车辆修理，是为消除故障和故障隐患，恢复车辆总成规定的技术状况或工作能力，对损伤的零部件和总成进行修复或更换作业的总称。

车辆修理的目的是补偿和恢复有形磨损，延长车辆的使用寿命。

车辆修理包括：故障诊断、拆卸、清洗、鉴定、修理、更换、装配、磨合、调试、涂装等基本作业，并严格执行有关修理工艺规范、修理质量检查评定标准等国家和行业标准。

按照付款方式分为：保修期内（"三包"期内）维修、保修期外（"三包"期外）维修、事故车维修三类。

[一] 本章由崔士朋、王玉刚编写。

(1) 保修期内（"三包"期内）维修

1) 车辆保修期：是指车辆生产厂商向消费者卖出商品时承诺的，对该商品因质量问题而出现故障时提供免费修理及保养的时间段。

2) 保修期内维修是指车辆在保修期内因质量问题而发生故障时，由生产厂支付维修费的维修（项目）。主要包括总成修理、小修。

(2) 保修期外（"三包"期外）维修 车辆某一零件或总成在超出了保修期发生故障时，由客户（车主）支付维修费的维修（项目）。主要包括小修。

(3) 事故车维修 车辆在运行过程中发生交通事故，由保险公司支付维修费的维修（项目）。主要包括总成修理、小修。

二、车辆修理的管理流程

1. 标准修理管理流程

1) 客户电话预约、描述车辆故障或故障现象，并实时创建修理委托单。
2) 根据修理委托单，编制修理项目计划、配件使用计划。
3) 根据修理项目和汽车配件报价。计算总的修理价格，形成修理报价单给客户。
4) 检查所需的配件是否有库存，没有库存的要紧急采购。
5) 给客户报价，经客户确认同意后，打印修理委托单并请客户签名，必要时需支付定金。
6) 预约车辆进厂，凭修理委托单由客户经理按照计划直接引领车辆进入修理车间安排检测、修理。
7) 如果车辆没有预约，从第一步开始走流程。
8) 车间按修理项目计划进行派工，打印修理派工单给修理工。修理工开始实施修理项目。
9) 根据配件使用计划开领料单，并打印出来，领料人员向仓库领取配件，签名可取走。
10) 根据修理进度，车间进行一定的调度。
11) 修理完工后，进行修理检测。经质量检验员检验合格后，检验员在修理派工单、修理结算单上签字确认，并签发质检单。
12) 财务人员根据修理结算单，确认领用配件和修理项目后，计算实际修理收费金额。
13) 打印修理结算单，经客户确认，可开具发票，并记录发票信息。
14) 财务开具出门证（可以利用发票代替出门证）。
15) 车主凭出厂证经门卫确认后出门。

2. 简化的修理管理流程

1) 客户接待。
2) 车辆检验，故障鉴定。
3) 确定维修项目。
4) 双方签订维修合同。
5) 计划员下达修理派工单。
6) 车辆修理（流程见下面"3. 修理作业流程"）。
7) 成车验收竣工，签发出厂合格证。
8) 客户结算。
9) 建立车辆档案、存档。
10) 交车。

3. 修理作业流程

1) 确定车辆。
2) 故障诊断。
3) 车辆进入维修工位。
4) 确定维修工、设备、工具。
5) 接收修理派工单。

6）确定车辆故障。
7）确定故障件。
8）故障件拆卸。
9）维修部位清洗、旧件清洗。
10）故障鉴定。
11）开出配件领用单。
12）配件领用。
13）配件更换。
14）装配恢复车辆完好状态（包括磨合、调试、涂装等）。
15）维修质量检验合格。
16）车辆开出维修工位。
17）旧件回收。
18）派工单交计划员，计算工时、工资，开具结算单、发票等。
19）汽车钥匙交计划员。
20）清理场地，回收保养工具、设备。
21）修理结束。

第二节 建立维修业务组织与管理制度

汽车故障一般分为两类：非行驶部分故障和行驶部分（动力系统、离合操纵系统、变速操纵系统、传动系统、前/后桥系统、悬架系统、车轮系统等）故障。

一旦出现行驶部分故障，车辆停在路上，不仅影响货物及时交付甚至出现违约，还会对驾驶员的生活和安全造成麻烦。

因此，为客户制订每一辆车的维修预案（在什么路线、地点、时间，发生什么故障，由哪个修理厂负责修理，配件如何准备），管控好修理作业质量尤为重要。这就要求经销商要建立一支优秀的维修队伍，并建立严格的管理制度保障。

一、建立组织与岗位设置

按照客户需求设置业务原则、公司章程及业务管理制度的规定，建立组织并设置岗位。
1）根据客户对车辆维修业务的需求，设置车辆维修部。
2）设置作业岗位，明确岗位业务管理职责，见表36-1。

表36-1 车辆维修部岗位设置及主要职责

序号	岗位名称	岗位主要职责
1	部长	部门管理、业务管理、客户开发、风险控制
2	计划员	计划、派工、费用、工资、激励管理
3	产品经理	客户开发、产品管理、业务洽谈、故障鉴定、质量检验
4	商务经理	政策、价格管理、商务洽谈、合同签订、客户回访
5	客户经理	客户开发、信息收集、客户接待、维修费与货款结算
6	车辆维修工	接车、验车、故障判断、故障确定、配件领取、车辆维修、试车、维修派工单交回
7	信息员	信息收集

3）聘任干部和岗位人员。参见第三十章商用车采购业务管理相关内容。

二、建立车辆维修业务管理制度

根据客户的期望,建立相关的业务管理制度,可以使所有岗位人员,特别是车辆维修人员的作业标准化、规范化,提高作业效率,减少无效劳动,满足客户期望,提高客户满意度。

1. 车辆维修业务管理制度

(1) 车辆维修业务管理制度

1) 车辆维修部组织管理表。

2) 车辆维修部业务管理流程及表格。

3) 维修产品明细表。

4) 维修产品价格表。

5) 修理厂设备、工具推荐表。

(2) 车辆维修部工作制度略。

(3) 车辆维修部部长岗位作业制度略。

(4) 车辆维修部计划员岗位作业制度略。

(5) 车辆维修部产品经理岗位作业制度略。

(6) 车辆维修部商务经理岗位作业制度略。

(7) 车辆维修部客户经理岗位作业制度略。

(8) 车辆维修部车辆维修工岗位作业制度略。

2. 建立车辆(维修项目)明细表

(1) 维修产品明细表 能够维修的品牌、产品(车型),详见第六章商用车经销商产品组合。

1) 保修期内维修项目 [品牌、车型、系统、总成、(分总成、部件)、零件] 明细表。

2) 保修期外维修项目 [品牌、车型、系统、总成、(分总成、部件)、零件] 明细表。

3) 事故车维修项目 [品牌、车型、系统、总成、(分总成、部件)、零件] 明细表(与保修期外维修项目一致,下同)。

(2) 维修系统明细表 不分品牌、车型,只从系统维修开始进行的维修项目分类:动力系统维修、离合操纵系统维修、变速操纵系统维修、传动系统维修、转向系统维修、制动系统维修、悬架系统维修、前桥系统维修、后桥系统维修、电气系统维修、驾驶室系统维修、货箱/上装系统维修、浮动桥系统维修、轮胎与轮辋系统维修、车架及其他系统维修等。

(3) 维修总成明细表(举例)

1) 动力系统:包括发动机总成、进气总成、增压器总成、冷却系统总成、燃油系统总成、尾气处理系统总成、电气控制系统总成等。

2) 离合操纵系统:包括离合器总成、操纵系统总成等。

3) 变速操纵系统:包括变速器总成、操纵系统总成等。

(4) 建立车辆维修项目明细表 维修项目,本书专指需要修理的零件/部件/分总成/总成/系统的名称。根据车辆故障,建立车辆维修项目明细表,见表36-2。

表36-2 车辆维修项目明细表(部分,仅供参考)

序号	维修项目信息				维修项目对应的配件信息				备注
	维修系统名称	维修总成名称	维修项目名称	维修项目编号	配件(零件)名称	配件图号	规格型号	配件编号	
1	动力系统	进气总成	维修高位进气管带支架总成	10000001	高位进气管带支架总成				
2	动力系统	进气总成	维修A型蜗杆传动式软管环箍	10000002	A型蜗杆传动式软管环箍				
3	动力系统	进气总成	维修连接软管	10000003	连接软管				

(续)

序号	维修项目信息			维修项目编号	维修项目对应的配件信息				备注
	维修系统名称	维修总成名称	维修项目名称		配件（零件）名称	配件图号	规格型号	配件编号	
4	动力系统	进气总成	维修沙漠滤高位进气管总成	10000004	沙漠滤高位进气管总成				
5	动力系统	进气总成	维修滤芯总成	10000005	滤芯总成				
6	动力系统	进气总成	维修端盖	10000006	端盖				
7	动力系统	进气总成	维修（沙漠滤）	10000007	空气滤清器支架（沙漠滤）				
8	动力系统	进气总成	维修空气滤清器出气软管	10000008	空气滤清器出气软管				

（5）维修产品明细表　见车辆维修业务管理制度中的维修产品明细表。

3．制订车辆维修产品价格表

与明细表相对应，建立价格表：

1）"三包"期内维修产品价格表（一般厂家定价）。

2）"三包"期外维修产品价格表（一般按照市场价格定价，要具有竞争力）。

3）事故车维修产品价格表同"三包"期外维修产品价格表一致。

4）维修产品价格表见车辆维修业务管理制度中的维修产品价格表。

第三节　业务管理流程与节点管控

一、客户开发管理的流程与节点管控

1．建立目标市场

（1）新购车客户的意向目标市场　有两个意向目标客户市场，分别是：

1）本公司车辆营销部开发的新购车客户。

2）没有此项业务的经销商的新购车客户。

（2）已购车客户的意向目标市场　有两个意向目标客户市场，分别是：

1）本公司已购车客户目标市场。

2）没有此项业务的经销商的已购车客户意向目标市场。

2．收集客户信息

在组织岗位分工中，收集意向客户信息的工作由客户经理、信息员负责。

1）收集车辆营销部开发的新购车客户（明细表）。

2）收集其他业务组织开发的新目标客户（明细表）。

3）收集其他经销商新购车客户的信息。

4）收集公司所有业务部门"战败"客户的信息。

5）建立意向客户信息明细表（见第三十一章相关内容）。

3．制订客户开发计划

由产品经理负责制订客户开发计划。凡是没有签订客户购买维修产品合同书的所有客户都需要开发，不论客户是否已经购买过维修产品。

4．制订客户拜访计划

由产品经理负责制订客户拜访计划，建立客户拜访计划表模板。

5. 进行意向客户拜访，了解其需求信息

由产品经理负责，进行意向客户拜访，了解意向客户有关车辆维修需求的信息。这些信息包括但不限于：

1）客户有几辆车？车辆类型？品牌？车型？驱动形式？发动机品牌？排量？功率？变速器品牌、型号？后桥名称？行驶路线、装车地点、卸车地点、休息地点、吃饭地点？不同车辆分别列出。

2）客户是否需要维修产品明细表所列的维修产品？是/否。

3）您认为我公司的维修产品明细表所列产品是多了/少了。

4）您认为我公司的维修产品明细表所列产品不是客户需要的是哪些？

5）您认为我公司的维修产品明细表还应增加哪些产品？

6）客户以前购买的维修产品都是谁提供的？购买车辆的经销商/本公司/其他。

7）购买这些产品的价格同我公司的价格表价格对比，是高/低？

8）如果维修产品价格符合您的预期，是否愿意同本公司合作，购买本公司产品？

9）您和其他公司有长期的合作吗？有协议吗？有/无。

10）他们给您什么优惠政策？有（列出）/无。

11）我们能签订一个长期的合同吗？

12）您的维修产品的购买模式是全款购买/贷款购买？

13）我公司还有车辆年审服务产品、车辆运营项目贷款、车辆保险、车辆保养、运输公司、二手车收购业务，如果价格合适，您愿意购买我公司的这些产品吗？

14）建立客户调查表。

6. 编制维修产品明细表、维修方案、配件明细表

由产品经理负责，根据拜访收集的信息，针对拜访的意向客户需求，编制针对客户需求的：维修产品明细表、维修方案。

1）意向客户的车辆不同，配置不同，维修产品明细表、维修方案不同。

2）维修方案包括：当客户车辆出现故障时，谁负责收集信息，谁负责维修，在哪里维修，使用的工具、设备，维修的地点，使用的配件品牌、价格，结算方式等。

7. 与意向客户建立关系

由产品经理负责，通过拜访，与意向客户建立关系。推荐为其制订的维修产品明细表、维修方案，并就客户同意购买维修产品事宜达成一致；将客户购买维修产品明细表转交商务经理、客户经理存档。

8. 建立意向目标客户明细表

1）由商务经理负责，根据客户购买维修产品明细表、维修方案，就维修产品销售政策、价格等向客户进行说明，并与客户达成一致，向客户提供维修产品价格表。

2）将意向客户变成意向目标客户。

3）建立意向目标客户明细表（略）。

9. 与意向目标客户签订客户购买维修产品合同书

由商务经理负责，同意向目标客户签订客户购买维修产品合同书（略），将意向目标客户变成目标客户。

10. 建立目标客户明细与维修信息收集记录表

由商务经理负责，将所有签订了客户购买维修产品合同书的目标客户进行汇总，建立目标客户明细与维修信息收集记录表。

明细表必须"标注"客户经常购买的维修产品、经常行驶的路线、地点等。

将目标客户明细与维修信息收集记录表交给客户经理。

11. 客户开发的流程、模板、表格

见车辆维修业务管理中的车辆维修部业务管理流程及表格。

二、(维修) 产品交付管理的流程与节点管控

1. 与客户和驾驶员建立关系

由客户经理负责,根据目标客户明细与维修信息收集记录表,与客户和驾驶员建立关系:

1) 随时收集客户/驾驶员的问题、疑问,解答这些问题、疑问。

2) 随时收集车辆故障信息,满足客户需求。

2. 产品交付管理(流程)

(1) 收集客户维修信息　由客户经理负责,接听驾驶员电话,接收客户车辆维修信息。确认客户编号(合同编号)、车辆信息、故障信息等。

(2) 信息确认　由产品经理负责,与驾驶员确认车辆故障或故障现象,并判定是否可以继续行驶。依此确定维修地点、时间、维修项目(初步)、联系人、维修工等,同驾驶员/车主达成一致,并实时创建修理委托单,报计划员。

(3) 制订计划　由计划员负责,编制客户车辆维修计划:

1) 上传厂家服务部门("三包"期内)。

2) 下达维修派工单,车间主任安排:确认工位/外出车辆、维修工。

3) 外出维修,开出配件领用单,交付商务经理负责,领用配件,交付维修工。

(4) 车辆维修

1) 维修工接收车辆。

2) 车辆检验,确认维修车辆。

3) 确定维修项目。

4) 确认修理委托单。

5) 确认维修派工单。

6) 车辆修理:

① 车辆进入维修工位。

② 故障诊断、确定车辆故障。

③ 确定设备、工具。

④ 确定故障件。

⑤ 故障件拆卸。

⑥ 维修部位清洗、旧件清洗。

⑦ 故障鉴定。

⑧ 配件领用单开出。

⑨ 配件领用(进厂维修,配件在故障鉴定后领用)。

⑩ 配件更换。

⑪ 装配恢复车辆完好状态(包括:磨合、调试、涂装等)。

⑫ 维修质量检验合格。

⑬ 旧件回收。

⑭ 车辆开出维修工位。

⑮ 派工单交计划员,计算工时、工资,开具结算单等。

⑯ 汽车钥匙交计划员。

⑰ 清理场地、回收工具、保养设备。

⑱ 修理结束。

(5) 验收确认　客户或客户指定的人员进行验收,确认维修完成。在修理委托单上签字确认。车辆交付。

(6) 商务经理负责　收取维修服务费(含配件费)。

1) "三包"期内维修：
① 客户签字，维修单交付计划员，上传厂家服务部。
② 旧件回收、入库，建立标签、维修单等档案。
③ 开具发票，定期索赔。
④ 开具出门证，客户车辆出厂。
2) "三包"期外维修：收取客户维修服务费，开具发票，开具出门证，客户车辆出厂。
3) 事故车维修：保险公司确认、客户签字。开具发票，开具出门证，客户车辆出厂。保险公司付款结算。

（7）客户经理负责建表　建立交付（维修）产品客户明细表。
（8）客户经理负责回访　进行客户回访
1) 成交客户回访：为什么能够成交？满意什么？不满意什么？如何改进就会满意？
2) 不成交客户回访：为什么不能够成交？不满意什么？满意什么？如何改进就会满意？
（9）部长负责，建立问题改进　将客户不满意的项目限期改进。
（10）计划员负责核算　核算部门成本、费用、价格、利润。计算每一岗位所有人员的工资、奖励。
（11）计划员负责总结　兑现工资、奖励，总结、报告部门的工作。

3. 客户再开发
由客户经理负责，进行客户再开发，不再赘述。

4. 产品交付管理的流程、表格、模板
见车辆维修业务管理中的车辆维修部业务管理流程及表格。

第四节　"三包"期内维修业务注意事项

一、维修实施前注意事项

1. 相关人员的培训，掌握必要的知识、作业流程
进行"三包"期内维修，在维修前，必须接受厂家对信息员、索赔员、故障鉴定员的培训。

2. 规范提报"三包"期内维修信息
必须按照厂家的"三包"期维修规定，提报维修信息，同时还要注意以下事项：
1) 在接收到客户信息确定车辆故障后，维修前必须根据厂家的要求提报维修信息。
2) 维修作业完成后，服务站必须及时提报信息，标注维修时间应符合厂家的要求。不得隔日提报。
3) 服务站提报信息必须准确，并对提报信息的真实性负责。
4) 必填项：车型、客户姓名、客户电话、购车日期、行驶里程、故障原因、新旧件图号、责任厂家、新件防伪编码、旧件批次号、外出时间、外出里程、外出故障地。
5) 维修作业完成后，服务站收集故障件并拍照，将照片注明索赔单号存档备查。

3. 注意主机厂的信息审核与考评
厂家的服务部门联合供应商技术支援人员，每日会对服务站提报信息进行核查，对于信息提报不完整，责任判定不清等不合格信息，将按照相关规定进行考核。对费用异常服务站，供应商或主机厂会随时派技术人员现场督察。对提报信息严重失实、不规范的服务站，按虚假信息考核，并实施专项技术审批监控，应切实注意。

4. 严格旧件入库、验收、标注、退回管理
（1）服务站旧件回收注意事项
1) 服务站在车辆维修完毕后，必须第一时间在旧件上悬挂旧件条码标签。同时，旧件实物本身明显处必须用油性记号笔填写旧件条码号。避免因一次性整理旧件时出现同类产品混淆现象。
2) 服务站要有单独的旧件库房，旧件悬挂条码后入库分类保管，不得与其他物品混放，不得露天

摆放。

3）必须按照主机厂的时间要求返回旧件。

4）服务站旧件返回区域旧件库，如需通过第三方物流时，旧件包装必须坚固。如丢失或损坏，服务站负责追回，相关责任由服务站自行承担。

（2）关注主机厂旧件库验收　对没有及时入库、验收的旧件要及时查明原因，补齐资料。

（3）规避异常关注　当出现某月维修量异常时，要及时联系主机厂说明情况或进行专题报告。规避主机厂的异常关注。

5. 注意主机厂的维修信息真实性核查，随时沟通非常重要

1）维修业务中，难免会出现故障判断失误、维修失误的现象。当出现问题时，一定要及时向主机厂服务管理部门进行汇报，说明情况，取得谅解，避免被扣服务费。

2）维修业务中，难免会出现关联维修的情况，如在维修故障件的同时，将新件一并更换了（如零件维修变成了总成维修）。这种情况有可能是没有零件，只有总成；也有可能是客户要求。对这些都需要说明情况，取得主机厂服务管理部门的谅解。防止出现被核查时认定为虚报信息和不能索赔的情况。

二、车辆保修期内的维修注意事项

对于车辆保修期内的维修，不同的厂家有不同的要求。在进行车辆的保修维修前，故障鉴定员、信息员、维修工应仔细阅读、学习厂家的有关"三包"维修管理制度、要求、作业流程、维修流程、故障判断方法、维修手册、维修项目价格表、索赔流程的文件；同时，应特别注意掌握以下知识：

1）保修的内容：必须清楚哪些零部件在保修的范围内，哪些不在范围内。

2）保修的前提：是否按时进行强保。

3）保修条件：车辆符合什么条件才能保修。

4）不保修的条件：为什么不予保修？不予保修的内容很多，最好予以公示。

5）保修注意事项：防止被厂家考核扣服务费。

三、保修细则与索赔相关知识

1. 注意保修细则

发动机、变速器、后桥等厂家有自己的服务站，有自己独立的保修细则。

汽车生产厂有整车的保修细则，整车的保修细则内包含了发动机、变速器、后桥的保修细则。

如果某厂同时是上述这两种类型厂家的服务站，两个厂家保修细则不一致时，原则上以汽车生产厂的整车保修细则为准。因为客户买的是车，不是买的发动机、变速器、后桥。

特别注意按哪一个保修细则维修，就向哪一家索赔！以前出现过按照汽车生产厂的保修细则维修，向发动机厂家索赔的事情。

2. 旧件库建设

必须按照厂家不同，分别建设旧件库的原则，防止混淆。

3. 旧件管理

必须按照厂家的旧件管理制度进行旧件管理；维修单、旧件标签、旧件必须一致。

4. 旧件的运输

确保旧件在运输过程中标签、维修单、旧件不被损坏。

5. 关注索赔

1）流程进度：旧件是否退回。

2）是否经过旧件的生产厂验收。

3）验收有没有异议。

4）主机厂是否已经审批通过。

5）主机厂财务是否已经记账。

本章小结与启示

本章介绍了车辆维修分类和流程，提供了作业表模板，希望读者能够对比查找问题，严格执行车辆维修业务的管理流程和管理制度，提高工作能力与质量，为客户提供更好的服务，从而提高业绩。

本章学习测试及问题思考

1. 简化的修理管理流程是怎样的？
2. 简述索赔的相关注意事项。
3. 应如何管理旧件？
4. 车辆维修部相关管理制度有哪些？

第三十七章 商用车配件营销业务管理[一]

> **学习要点**
> 1. 了解配件、配件管理的重要性。
> 2. 掌握配件管理的流程。
> 3. 掌握配件编号、仓储管理的方法。
> 4. 掌握配件营销业务的管理流程和节点。

第一节 配件营销业务概述

一、车辆配件相关概念与分类

1. 车辆配件及相关概念

（1）车辆配件 包括装配车辆用的零部件，也包括车辆保养和修理所需的零部件。本章仅指后者。

1）保养配件，指保养时需要定期更换的"配件、加注的油品和补加的化学品"。例如：各种添加剂、润滑脂、清洗用品等。

其中的油品和化学品，主要是指机油、变速器专用润滑油、后桥专用润滑油、制动液、转向助力液、冷却液、液压油、润滑脂等。

2）维修配件，指在修理时"损坏后重新安装上的零件、部件、分总成、总成、系统"的统称。

$$车辆配件 = 保养配件 + 维修配件$$

（2）车辆 本章所指车辆，是所有的商用车，包括载货汽车及低速载货汽车、三轮汽车、矿山用轮式专用（运输）机械等。

2. 车辆配件的分类

（1）按照用途分类

1）保养配件。

2）维修配件：

① 保修期内维修配件。

[一] 本章由王玉刚、崔士朋编写。

② 保修期外维修配件。

③ 事故车配件。

(2) 按照使用性质分类

1) 消耗配件（保养件、轮胎等定期更换的配件）。如：滤芯、传动带、制动蹄片等。

2) 易损件（非保修配件、因磨损经常更换的配件、保修期在三个月以内的配件）。如：离合器摩擦片、灯罩、灯泡、刮水器片等。

3) 维修件（正常情况下不易损坏的配件、保修期超过三个月到一年的配件）。如：制动鼓、发电机、起动机、水泵、空压机等。

4) 基础件（正常情况下不可能损坏的配件、保修期超过一年的配件）。如：发动机壳体、曲轴、变速器壳体、后桥壳体、车架、驾驶室壳体等。

5) 事故件（没有事故不可能损坏的配件）。如：驾驶室、车门、车架等。

(3) 按照来源分类

1) 原厂配件：使用车辆生产企业的商标、包装、标识、配件图号（编码），由车辆生产企业配件销售服务部门销售或提供的配件。特点是市场认可度高、质量好、价格高。

2) 配套厂配件：有配套标识、配套厂编号，使用配套厂的商标、标识、图号（编码），由车辆配套企业配件销售服务部门销售或提供的配件。特点是市场认可度不高、质量好、价格比原厂配件低10%左右。

注意： 配套厂没有商标的配件不能采购。

3) 品牌配件：由专门的配件生产企业生产、销售的配件。这些企业没有给车辆生产企业配套，专门服务于车辆后市场。他们用自己的商标、包装、标识、图号进行销售。其特点是：市场认可度高、质量稳定、价格比原厂配件低20%～30%。

4) 下线件：装配检验不合格的件，但是功能、性能合格。主要是指车身覆盖件等。

5) 拆车件：报废车辆（主要是事故车）拆解下来的配件。主要用于二手车整备用。

注意： 拆车件必须有原厂标识、质量可用、价格低。没有标识的不能用。

6) 副厂件：不是正规厂家的配件，其特点是：没有商标、标识、图号（编码），质量差、价格低。不能用，有风险。

注意： 对于假冒伪劣配件，必须坚决打击！

(4) 按照重要度分类

1) 重要件：凡是影响行驶功能、安全功能的配件均为重要件。重要件原则只能采用原厂配件。

2) 一般件：凡是不影响行驶功能、安全功能的配件均为一般件。一般件可以采用原厂配件、配套厂配件、品牌配件、下线件。

(5) 按照通用性分类

1) 标准件：按照国家标准、行业标准制造的配件。如螺栓、螺母、密封圈、轮胎、轮辋等。

2) 通用件：相同车辆类别下，两个以上不同品牌的车辆都装配的配件。如发动机、变速器、前桥、后桥、悬架、转向机、油箱、蓄电池等。

3) 品牌通用件：相同品牌下，不同车型都装配的配件。如驾驶室、电气系统、管理系统等。

4) 车型专用件：相同品牌，车型不同，配件不同。如福田时代品牌栏板货车专用件、自卸车专用件、危险品运输车专用件、厢式车专用件等。主要是驾驶室系统、传动系统、车架系统等。

5) 相同车型下，不同驱动形式车辆专用件。如福田时代品牌自卸车车型专用件：6×2驱动专用件；6×4驱动专用件；8×4驱动专用件等。主要是前桥系统、后桥系统、悬架系统、制动系统、转向系统等。

6) 相同驱动形式下，不同动力产品专用件。如福田时代品牌自卸车车型、4×2驱动、120马力产品专用件、140马力产品专用件、160马力产品专用件等。主要是动力系统、变速操纵系统等。

二、配件管理的重要性与管理流程

1. 配件的重要性

1）配件是维修、保养的基础，没有配件业务，就没有保养、维修业务。

2）配件是车辆安全运行、行驶的保证。没有可靠的配件质量，车辆就不可能做到安全行驶，安全生产就无从谈起。

3）关乎人民生命、财产的安全。由于配件质量引起的车辆事故不在少数，车辆一旦发生事故，一定会带来财产或生命的损失，所以，在车辆维修过程中一定要使用质量可靠的配件。

4）关乎运输效率：没有可靠的配件质量保证，就会经常发生故障。有故障就需要维修，维修就要停驶。只要停驶多，就没有了运输效率。

5）关乎货物安全。有些货物有保质期或运输时间限制，超过了合理的运输时间，货物就会有损失甚至损坏。如运输活鲜品（活鱼等）的车如果出现故障，长时间没有充氧，鲜活货物就会死亡，损失巨大；同样，冷藏品、保鲜品等运输车也是如此。

6）关乎车主从业安全。如果在车辆修理的过程中使用了质量不好的配件→车辆故障就会频发→效率就降低→运输时间就不能保证→货主就不满意→运输合同就没有→失业。

2. 配件管理的重要性

1）没有配件销售业务，就没有"保养"与"维修"业务的基础。其后果是：造成售后服务业务不好或没有，进而不能满足客户需求→客户不满意→客户越来越少→企业经营越来越困难。

2）关乎维修量、销量。不知道有些配件是不同品牌之间通用的，就会浪费配件资源，就不可能把销量做大；维修量也上不去。

3）关乎配件经营者的资金效率。销量上不去，资金周转率就下降，资金效率就低。

4）不知道配件分类重要性，就没有竞争力。

① 有些重要件，一定要原厂配件。安全、效率非常重要。看似价格高，实际维修间隔里程长了，出勤率高了，运输效率高了，运输成本低了，实际维修价格低了。反之，采购了质量不好的配件，看似价格低了，但没有竞争力。

② 一般件，可以用品牌配件。有些一般件不影响运输效率，如果一定要原厂配件，价格高了，维修成本高了，没有竞争力。现在很多生产厂家都采用双品牌来经营配件，就是这个原因。

5）关乎经营成本。不知道哪些是通用件，哪些是专用件，采购一大批。专用件的用量少，一旦形成积压，就会造成损失，增加经营成本。

6）关乎经营效率。

3. 配件管理流程

车辆社会保有量→保有车辆故障表现统计→故障原因统计→需要配件统计→故障平均间隔里程统计→（年、月）车辆运输里程统计→故障发生次数统计→月度维修量统计→配件采购周期确定→库存当量确定→采购量确定→采购渠道确定→采购管理→入库管理→库存管理→销售管理→出库管理等。

第二节 做好配件仓储管理

配件仓储管理的目标，就是便于管理：便于存放、领用、记账、对账、报表。

一、建立库、区、位、架、层、格管理模式

1. 建立仓储库房

1）新件库。

2）旧件库。旧件库主要是用于保存索赔的凭证，又分为保修旧件库和事故车旧件库。与新件库相对应，下同。

2. 建立配件类别库

1）新件库。如果种类多，可以细分为 A1 微卡库、A2 轻卡库、A3 中卡库、A4 重卡库。
2）旧件库（同上）。

3. 建立产品配件库

1）保养配件库：A11、A21、A31、A41。
2）保修配件库：A12、A22、A32、A42（保修配件一定是厂家提供的）。
3）非保修配件库（包括事故车配件）：A13、A23、A33、A43。
对应旧件库。

注意： 保修旧件库一定要按照厂家的要求进行管理。

4. 在产品库房内，分"系统"配件建立存放"区"

1）动力系统配件存放区。
2）离合操纵系统配件存放区。
3）变速操纵系统配件存放区。
4）传动系统配件存放区。
5）转向系统配件存放区。
6）制动系统配件存放区。
7）悬架系统配件存放区。
8）前桥系统配件存放区。
9）后桥系统配件存放区。
10）电气系统配件存放区。
11）驾驶室系统配件存放区。
12）货箱系统配件存放区。
13）浮动桥系统配件存放区。
14）轮胎与轮辋系统配件存放区。
15）车架及其他系统配件存放区。

5. 在系统存放区内，分"总成"建立配件存放"位置"

当没有总成时，可以直接按零件建立架口。举例说明：

（1）动力系统存放区，分"总成"建立存放位置

1）发动机总成配件存放位置。
2）进气总成配件存放位置。
3）增压总成配件存放位置。
4）冷却总成配件存放位置。
5）供油总成配件存放位置。
6）电子电器总成配件放位置。
7）后处理总成配件存放位置。
8）其他总成配件存放位置。

（2）变速操纵系统存放区，分"总成"建立存放位置

1）变速器总成配件存放位置。
2）变速操纵总成配件存放位置。

6. 在总成配件存放位置，分"分总成"建立配件存放架口

当没有分总成时，可以直接按零件建立架口。举例说明：

（1）发动机总成配件存放位置，按照"分总成"建立架口

1）油底壳分总成配件存放位置。
2）缸盖分总成配件存放位置。

3）起动系统分总成配件存放位置。
4）发电系统分总成配件存放位置。
5）燃油系统分总成配件存放位置。
6）四配套分总成配件存放位置。
7）曲轴分总成配件存放位置。
8）气泵系统分总成等配件存放位置。

（2）变速器总成　包括副变速器分总成、主变速器分总成、分动器分总成等。

7. 在分总成配件存放架口，分层建立分部件的配件存放层

当没有部件分类时，可以直接按零件建立架口。举例说明：

（1）油底壳分总成　包括油底壳、机油泵、机油滤芯、机油、密封圈、螺栓、垫圈。
（2）主变速器分总成　包括变速器壳体、一轴总成、二轴总成等。

8. 在部件存放层，建立分零件的配件存放格

每格存放一种零件。

二、建立配件编码

按照库、区、位、架、层、格管理模式，建立配件编号（编码）如下：

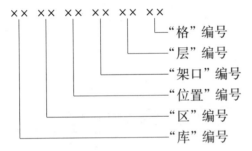

三、按照维修项目进行配件库存管理

1）按照维修项目建立对应的配件库存管理：与保养产品/项目、维修产品/项目相对应，按照维修项目建立配件库存。
2）按照维修项目编号建立配件编号。
3）没有维修项目就不能有配件库存。

这种配件管理方法，仅能满足本企业保养、维修业务的需求，不能对外销售配件。

第三节　建立配件营销组织与管理制度

配件是售后服务（特别是保养、维修业务）的基础。没有配件，经销商就无法开展保养业务、维修业务。而车辆没有保养、维修的及时性、方便性、可靠性，也就谈不上出勤率和安全生产。因此，规范配件营销业务管理很重要。

一、建立组织与岗位设置

建立业务管理组织

（1）组织
配件营销部
（2）建立组织的业务管理与作业岗位　包括部长、计划员、产品经理、商务经理、客户经理、配件销售员、信息员（外聘）。
（3）聘任干部和岗位人员　详见第三十章相关内容，不再赘述。

(4) 组织管理的流程、表格、模板　见配件营销业务管理制度中的配件营销部组织管理表。

二、建立配件营销业务管理制度与作业表

1. 建立业务、组织及岗位管理制度

(1) 配件营销业务管理制度

1) 配件营销部组织管理表。

2) 配件营销部业务管理流程及表格。

3) 配件销售明细表。

4) 配件销售价格表。

(2) 配件营销部工作制度。

(3) 配件营销部部长岗位作业制度。

(4) 配件营销部计划员岗位作业制度。

(5) 配件营销部产品经理岗位作业制度。

(6) 配件营销部商务经理岗位作业制度。

(7) 配件营销部客户经理岗位作业制度。

(8) 配件营销部配件销售员岗位作业制度。

2. 建立配件销售明细表

1) 保养配件销售明细表，参见表37-1。

2) 维修配件销售明细表（略）。

表37-1　保养配件销售明细表（更换、加注、补加项目配件信息）

序号	强保的系统名称	强保总成名称	补注、更换的配件（零件）名称	技术要求	规格型号	配件图号	配件编号
	合计						
1	发动机及动力系统	发动机总成	更换机油	1) 规格性能指标符合规定 2) 液面高度符合规定			
2			更换机油滤芯	规格、型号符合要求			
3			补加冷却液	规格、型号符合要求			
4			更换机油散热器滤芯	1) 规格性能指标符合规定 2) 液面高度符合规定			
5		燃油系统总成	更换燃油滤芯	规格、型号符合要求			
6			更换水寒宝	规格、型号符合要求			
7		空气压缩机	更换压缩机传动带	规格、型号符合要求			
8		排气系统总成	更换滤芯	规格、型号符合要求			
9			补加尿素液	1) 规格性能指标符合规定 2) 液面高度符合规定			
10		冷却系统	补加防冻液	1) 规格性能指标符合规定 2) 液面高度符合规定			
11	离合器系统	离合器液罐	补加离合器液	1) 规格性能指标符合规定 2) 液面高度符合规定			
12	变速器系统		补加变速器润滑油	1) 规格性能指标符合规定 2) 液面高度符合规定			
13			补加分动器润滑油	1) 规格性能指标符合规定 2) 液面高度符合规定			
14	后桥系统	后桥	补加中桥、后桥润滑油	1) 规格性能指标符合规定 2) 液面高度符合规定			
15	前桥系统	前桥	前驱动桥补加润滑油	1) 规格性能指标符合规定 2) 液面高度符合规定			

(续)

序号	强保的系统名称	强保总成名称	补注、更换的配件（零件）名称	技术要求	规格型号	配件图号	配件编号
16	转向系统	转向助力器	更换转向液压油	1）规格性能指标符合规定 2）液面高度符合规定	D6/D3		
17			更换转向油壶的滤清器	规格、型号符合要求			
18	电气系统	蓄电池	补注电解液	1）规格性能指标符合规定 2）液面高度符合规定			
19	驾驶室系统	翻转系统	补加航空液压油	1）规格性能指标符合规定 2）液面高度符合规定	Q/SY YM0024-2000		
20	液压系统	货厢举升系统	补加液压油	1）规格性能指标符合规定 2）液面高度符合规定			

3）配件销售明细表模板见配件营销业务管理制度中配件销售明细表。

3. 制订配件销售价格表

1）强保配件销售价格表，一般由厂家定价。
2）例保配件销售价格表，一般按照市场价格定价，要具有竞争力。
3）定保配件销售价格表，一般按照市场价格定价，要具有竞争力。
4）保修期内维修配件销售价格表，一般由厂家定价。
5）维修配件销售价格表，一般按照市场价格定价，要具有竞争力。
6）配件销售价格表模板见配件营销业务管理制度中的配件销售价格表。

第四节 配件业务管理流程与节点管控

一、客户开发管理的流程与节点管控

1. 建立目标市场

1）新购车客户的目标市场，有两个意向目标客户市场，分别是：
① 本公司车辆营销部开发的新购车客户。
② 没有此项业务的经销商的新购车客户。
2）已购车客户的目标市场，也有两个意向目标客户市场，分别是：
① 本公司已购车客户目标市场。
② 没有此项业务的经销商的已购车客户目标市场。

2. 收集客户信息

在组织岗位分工中，收集客户信息的工作由客户经理、信息员负责。
1）收集车辆营销部开发的新购车目标客户（明细表）。
2）收集其他业务组织开发的新目标客户（明细表）。
3）收集其他经销商新购车客户的信息。
4）收集公司所有业务部门"战败"客户的信息。
5）建立意向客户信息明细表，参见第三十一章相关内容。

3. 制订意向客户开发计划

由产品经理负责，制订意向客户开发计划。凡是没有签订客户购买配件产品协议书的所有客户都需要开发，不论是否是已经购买过本公司的配件产品的客户。

4. 制订意向客户拜访计划

由产品经理负责，制订意向客户拜访计划，建立意向客户拜访计划表。

5. 进行意向客户拜访，了解需求信息

由产品经理负责，进行意向客户拜访，了解意向客户有关车辆配件产品需求的信息。这些信息包括但不限于如下内容：

1）客户有几辆车？了解车辆类型、品牌、车型、驱动形式、发动机品牌、排量、功率、变速器品牌、型号、后桥名称，以及行驶路线、装车地点、卸车地点、休息地点、吃饭地点等。不同车辆分别列出。

2）客户是否需要配件销售明细表所列的配件产品？是/否。

3）您认为本公司的配件销售明细表所列产品是多了/少了？

4）您认为本公司的配件销售明细表所列产品不是客户需要的是哪些？

5）您认为本公司的配件销售明细表还应增加哪些产品？

6）客户以前购买的配件产品都是谁提供的？购买车辆的经销商/本公司/其他。

7）购买这些配件的价格与本公司的价格对比，是高/低？

8）如果本公司配件价格符合您的预期，是否愿意同本公司合作，购买本公司产品？

9）您和其他公司有长期的合作吗？有协议吗？有/无。

10）他们给您什么优惠政策？有（列出）/无。

11）我们能签订一个长期的合同或协议吗？

12）您的配件产品的购买模式是全款购买/贷款购买？

13）本公司还有车辆年审服务产品、车辆运营项目贷款、车辆保险、车辆保养、车辆维修、运输公司、二手车收购业务，如果价格合适，您愿意购买本公司的这些产品吗？

14）建立客户调查表，略。

6. 编制配件销售明细表、维修方案

由产品经理负责，根据拜访收集的信息，针对每一个客户编制配件销售明细表、维修方案。

7. 通过拜访，与意向客户建立关系

由产品经理负责，通过拜访，与意向客户建立关系。推荐维修方案、配件销售明细表，并就客户同意购买配件产品事宜达成一致；将客户购买配件销售明细表转交商务经理、客户经理存档。

8. 建立意向目标客户明细表

由商务经理负责，根据客户购买配件销售明细表、维修方案，就配件销售政策、价格等向客户进行说明，并与客户达成一致。向客户提供配件销售价格表，每一个客户提供一份有针对性的价格表。在所有业务中，对每一个客户执行的都是针对该客户的价格表。因为客户车辆不同、数量不同、购买的配件不同。

将意向客户变成意向目标客户。建立意向目标客户明细表（略）。

9. 与意向目标客户签订客户购买配件产品合同

由商务经理负责，与意向目标客户签订客户购买配件产品合同（略），将意向目标客户变成目标客户。

10. 建立目标客户明细表/目标客户需求配件信息收集表

1）由商务经理负责，对所有签订了客户购买配件产品协议书的目标客户，建立目标客户明细表/目标客户需求配件信息收集表。

2）将目标客户明细表/目标客户需求配件信息收集表交给客户经理。

11. 客户开发的流程、模板、表格

见配件营销业务管理制度中的配件营销部业务管理流程及表格。

二、配件销售管理的流程与节点管控

1. 客户经理与客户（包括配件销售店）和驾驶员建立关系

客户经理同客户和驾驶员建立关系，有问题找客户经理。

1）随时收集客户/驾驶员的问题、疑问，解答这些问题、疑问。

2）随时收集配件需求信息，满足客户需求。

2. 配件销售管理

（1）收集客户配件需求信息 由客户经理负责，接听客户电话，接收客户配件需求信息。确认客户编号（合同编号）、维修车辆信息、配件信息等。

（2）信息确认　产品经理负责，与客户配件采购人员确认客户配件需求信息，接收配件订单。就配件订单有疑问的部分进行明确，确认订单准确无误，报计划员。

（3）制订配件发货计划　计划员负责，编制客户配件发货计划：

1）转采购部库管员，确认配件库存。

2）发货计划下达给配件销售员，进行配件的领取、包装。

3）安排发运：安排运输公司，清点配件（或包装箱），确认发货地点、时间、路线等。

4）配件装车、运输。

（4）配件验收确认　客户或客户指定的人员进行验收，确认配件符合采购订单。在配件验收单上签字确认。运输驾驶员带回配件验收单。

（5）客户经理负责收集配件发货资料、开具发票

1）驾驶员交付配件验收单给客户经理。

2）客户经理交付验收单给计划员。

3）计划员整理订单、计划、发货单、领料单、运输单、验收单等资料，形成开具发票依据。

4）财务根据客户的配件销售价格表、销售政策，核算价格。

5）商务经理进行价格审核，确保无误。

6）财务开具发票。

（6）由客户经理负责收款、发货资料存档

1）货款收取。

2）货款交付财务部。

3）配件发货资料存档。

（7）客户经理负责建表　建立购买配件产品客户明细表。

（8）客户经理负责回访　进行客户回访：

1）成交客户回访：为什么能够成交：满意什么？不满意什么？如何改进就会满意？

2）不成交客户回访：为什么不能够成交：不满意什么？满意什么？如何改进就会满意？

（9）部长负责，建立问题改进　将客户不满意的项目限期改进。

（10）计划员负责核算　核算部门成本、费用、价格、利润；计算岗位人员工资、奖励。

（11）计划员负责总结　兑现工资、奖励；总结、报告部门的工作。

3. 客户的再开发

由客户经理负责，进行客户的再开发，内容同其他业务相关内容。

4. 配件营销管理的流程、模板、表格

见配件营销业务管理制度中的配件营销部业务管理流程及表格。

本章小结与启示

希望读者能够熟练掌握配件分类的方法，并进行配件管理，降低配件管理成本，提高竞争力。

配件的仓储管理非常重要，可以大幅度降低仓储费用，提高资金周转率。

配件营销业务管理的流程、节点与车辆营销业务基本相同，只是配件销售更为复杂。

本章学习测试及问题思考

1. 配件管理的重要性有哪些？

2. 简述配件管理流程。

3. 按照维修项目建立配件库存管理的方法是怎样的？

4. 配件营销部相关管理制度有哪些？

第三十八章 物流运输业务管理[一]

学习要点

1. 了解物流运输常用分类方法。
2. 掌握物流运输企业的分类方法。
3. 掌握物流运输业务管理的流程、主要节点与作业内容。
4. 了解运输公司业务的发展趋势——托管服务。

第一节 物流运输业务相关概念与分类

一、物流运输业务相关概念

1. 物流

按 GB/T 18354—2006《物流术语》的定义，物流是指物品从供应地向接收地的实体流动过程，是根据实际需要，将运输、储存、装卸、搬运、包装、流通加工、配送、信息处理等基本功能实施有机结合。

这个定义强调了物流的八个方面：

1）运输：用设备和工具，将物品从一地点向另一地点运送的物流活动。其中包括集货、分配、搬运、中转、装入、卸下、分散等一系列操作。

2）储存：储存是指保护、管理、储藏物品。在配送活动中，储存有暂存（有时间限制）和储备两种形态。

3）装卸：装载与卸运。装到运输工具上和从运输工具上卸下。如：装卸货物。所谓装卸是指随物品运输和保管而附带发生的作业．（是物流作业中的一项职能）。

4）搬运：搬起、运动，搬运移送。在物流作业中，有二次搬运：A 装货搬运：包括拆垛、放置取出等；B 卸货搬运：包括堆垛、分拣配货等。

5）包装：中国国家标准 GB/T 4122.1—2008 中规定，包装的定义是："为在流通过程中保护产品、方便贮运、促进销售，按一定技术方法而采用的容器、材料及辅助物等的总体名称。也指为了达到上述

[一] 本章由崔士朋、赵旭日编写。

目的而采用容器、材料和辅助物的过程中施加一定技术方法等的操作活动。"即：包装：既指包装物（包装箱等容器和辅助材料），也指对货物的包装活动。

6）流通加工：流通加工是指物品在生产地到使用地的过程中，根据需要施加包装、切割、计量、分拣、刷标志、拴标签、组装等简单作业的总称。

7）配送：按用户定货要求，在配送中心或其他物流节点进行货物配备，并以最合理方式送交用户的过程。

8）信息处理：信息处理就是对信息进行接收、存储、转化、传送和发布等作业的总称。

而按美国物流管理协会对物流的定义，"物流是为满足消费者需求而进行的对原材料、中间库存、最终产品及相关信息从起始地到消费地的有效流动与存储的计划、实施与控制的过程"。该定义具体突出了物流的四个关键组成部分：**实质流动、实质存储、信息流动和管理协调**。

2. 物流管理

物流管理，是为了以最低的物流成本达到用户所满意的服务水平而对物流活动进行的计划、组织、协调与控制。

3. 物流服务

物流服务，是从接收客户订单开始到将商品送到客户手中为止所发生的所有服务活动。可使交易的产品或服务实现增值。其本质是更好地满足客户需求，即保证客户需要的商品在客户要求的时间内准时送达，且服务能达到客户所要求的水平等。

4. 物流运输工具的特点

物流运输按照运输工具的不同，可分为：陆路运输、航空运输、铁路运输、水路运输、管道运输等。航空运输、铁路运输、水路运输、管道运输等都是公路运输方式的竞争者，各有优势。

1）铁路运输：运量大，速度快，运费较低，受自然因素影响小，连续性好。但铁路造价高，占地广，短途运输成本高。主要用于大宗、笨重、需长途运输的货物。

2）陆路运输：机动灵活，周转速度快，装卸方便，对各种自然条件适应性强。但运量小，耗能多，成本高，运费较高。主要用于：短程、量小、时间要求高、需门到门运输的货物。

3）水路运输：运量大，投资少，成本低。但速度慢，灵活性和连续性差，受航道水文状况和气象等自然条件影响大。主要用于大宗、远程、时间要求不高的货物。

4）航空运输：速度快，效率高，是最快捷的现代化运输方式。主要用于附加值高、运量小、运费要求低，且设备投资大，技术要求严格、急需、贵重、数量不大的货物。

5）管道运输：损耗小，连续性强，平稳安全，管理方便，运量很大。但设备投资大，灵活性差。主要用于大量、流体货物。

二、陆路物流运输，按物流系统性质分类

陆路物流运输，即车辆物流运输。按物流系统性质可分为：社会物流、行业物流、企业物流。

1. 社会物流

社会物流指超越一家一户的、以一个社会为范畴面向社会为目的的物流。

2. 行业物流

行业物流是行业内部经济活动所发生的物流活动。同一行业的不同企业，虽然在产品市场上是竞争对手，但在物流领域内却常常可相互协作，共同促进行业物流的发展，实现所有参与企业的共赢。行业物流按照运输的货物不同，又分为（举例）：

（1）鲜活农产品运输绿色通道物流　最初于1995年组织实施，2010年12月1日起，绿色通道扩大到全国所有收费公路，而且减免品种进一步增加，主要包括新鲜蔬菜、水果、鲜活水产品，活的畜禽，新鲜的肉、蛋、奶等。

运输的优惠政策、管理方式、运输的货物范围见下文：

关于进一步优化鲜活农产品运输"绿色通道"政策的通知

交公路发〔2019〕99号

各省、自治区、直辖市交通运输厅（局、委）、发展改革委、财政厅（局）：

为贯彻《国务院办公厅关于印发深化收费公路制度改革取消高速公路省界收费站实施方案的通知》（国办发〔2019〕23号），确保取消全国高速公路省界收费站顺利实施，实现不停车快捷收费，提高鲜活农产品运输车辆通行效率，减少拥堵，便利群众，现就优化鲜活农产品运输"绿色通道"政策有关事项通知如下：

一、严格免收车辆通行费范围

整车合法装载运输全国统一的《鲜活农产品品种目录》内的产品的车辆，免收车辆通行费。本通知规定的"整车合法装载运输"是指车货总重和外廓尺寸均未超过国家规定的最大限值，且所载鲜活农产品应占车辆核定载质量或者车厢容积的80%以上、没有与非鲜活农产品混装等行为。

二、优化鲜活农产品运输车辆通行服务

（一）鲜活农产品运输车辆通过安装ETC车载装置，在高速公路出、入口使用ETC专用通道，实现不停车快捷通行。

（二）鲜活农产品运输车辆驶出高速公路出口收费站后，在指定位置申请查验。经查验符合政策规定的，免收车辆通行费；未申请查验的，按规定收取车辆通行费；经查验属于混装、假冒等不符合政策规定的，按规定处理。出口收费站外广场暂不具备查验条件的，可继续在收费车道内实施查验。

（三）建立全国统一的鲜活农产品运输"绿色通道"预约服务制度。鲜活农产品运输车辆通过网络或客服电话系统提前预约通行。

（四）建立鲜活农产品运输信用体系。对一年内混装不符合规定品种（或物品）超过3次或者经查验属于假冒的鲜活农产品运输车辆，记入"黑名单"，在一年内不得享受任何车辆通行费减免政策，并将有关失信记录纳入全国信用信息共享平台，并对外公开；对信用记录良好的车辆，逐步降低查验频次。

三、保障措施

（一）加强领导，落实责任。省级交通运输、发展改革、财政等主管部门要在省级人民政府统一领导下，严格按照《收费公路管理条例》和本通知要求，制订实施方案，明确责任分工，共同抓好实施工作。

（二）认真清理，全面规范。严格按照全国统一的《鲜活农产品品种目录》，清理规范本地区享受"绿色通道"政策的鲜活农产品品种目录，确保鲜活农产品运输"绿色通道"政策在全国范围的一致性和规范性。除法律、行政法规和国务院另有规定外，各地不得在路面环节增加针对鲜活农产品运输车辆的检查和验证，影响鲜活农产品车辆通行效率。

（三）及时评估，完善措施。深入评估政策实施效果及影响，不断完善配套措施，妥善解决出现的问题；对因优化政策造成收费公路经营单位合法收益损失的，应按照相关法律法规的规定，制订具体方案，予以补偿。

（四）加强宣传，正面引导。通过政府网站、新闻媒体等多种渠道，加强政策宣传解读，使社会公众及时、全面了解优化"绿色通道"政策的必要性、重要性和具体内容，为促进政策顺利实施营造良好的环境。

交通运输部 国家发展改革委 财政部
2019年7月18日

鲜活农产品运输绿色通道的鲜活农产品品种目录，见表38-1。

表38-1　鲜活农产品品种目录

类　　别		常见品种示例
新鲜蔬菜	白菜类	大白菜、普通白菜（油菜、小青菜）、菜薹
	甘蓝类	菜花、芥蓝、西兰花、结球甘蓝
	根菜类	萝卜、胡萝卜、芜菁
	绿叶菜类	芹菜、菠菜、莴笋、生菜、空心菜、香菜、茼蒿、茴香、苋菜、木耳菜
	葱蒜类	洋葱、大葱、香葱、蒜苗、蒜苔、韭菜、大蒜、生姜
	茄果类	茄子、青椒、辣椒、西红柿
	豆类	扁豆、荚豆、豇豆、豌豆、四季豆、毛豆、蚕豆、豆芽、豌豆苗、四棱豆
	瓜类	黄瓜、丝瓜、冬瓜、西葫芦、苦瓜、南瓜、佛手瓜、蛇瓜、节瓜、瓠瓜
	水生蔬菜	莲藕、荸荠、水芹、茭白
	新鲜食用菌	平菇、原菇、金针菇、滑菇、蘑菇、木耳（不含干木耳）
	多年生和杂类蔬菜	竹笋、芦笋、金针菜（黄花菜）、香椿
新鲜水果	仁果类	苹果、梨、海棠、山楂
	核果类	桃、李、杏、杨梅、樱桃
	浆果类	葡萄、提子、草莓、猕猴桃、石榴、桑葚
	柑橘类	橙、桔、柑、柚、柠檬
	热带及亚热带水果	香蕉、菠萝、龙眼、荔枝、橄榄、枇杷、椰子、芒果、杨桃、木瓜、火龙果、番石榴、莲雾
	什果类	枣、柿子、无花果
	瓜果类	西瓜、甜瓜、哈密瓜、香瓜、伊丽莎白瓜、华莱士瓜
鲜活水产品（仅指活的、新鲜的）		鱼类、虾类、贝类、蟹类
	其他水产品	海带、紫菜、海蜇、海参
活的畜禽	家畜	猪、牛、羊、马、驴（骡）
	家禽	鸡、鸭、鹅、家兔、食用蛙类
	其他	蜜蜂（转地放蜂）
新鲜的肉、蛋、奶		新鲜的鸡蛋、鸭蛋、鹅蛋、鹌鹑蛋、新鲜的家畜肉和家禽肉、新鲜奶

（2）危险品物流　危险品运输物流是特种运输物流的一种，是指专门组织或技术人员对非常规物品使用特殊车辆进行的运输物流。只有经过国家相关职能部门严格审核，并且拥有能保证安全运输危险货物的相应设施设备的企业，才有资格进行危险品运输。

危险品分为九类。不同的危险品使用不同的车辆进行物流运输，见表38-2（仅供参考）。

表38-2　危险品分类及对应的运输车推荐（仅供参考）

危险货物分类	车辆名称
第1类　爆炸品	固体爆炸品运输车
	液体爆炸品运输车
	气体爆炸品运输车
	混合态爆炸品运输车
	烟花爆竹运输车
第2类　压缩气体和液化气体	易燃气体运输车
	不燃气体运输车
	有毒气体运输车
第3类　易燃液体	易燃液体运输车

(续)

危险货物分类	车辆名称
第4类 易燃固体、自燃物品和遇湿易燃物品	易燃固体运输车
	自燃固体运输车
	遇湿易燃固体运输车
第5类 氧化剂和有机过氧化物	氧化剂运输车
	过氧化物运输车
第6类 毒害品和感染性物品	毒害物品运输车
	感染性物品运输车
第7类 放射性物品	放射性物品运输车
第8类 腐蚀品	酸性腐蚀品运输车
	碱性腐蚀品运输车
	其他腐蚀品运输车
第9类 杂类	固体废物运输车
	液体废物运输车
	气体废物运输车

(3) 冷链物流　冷链物流一般指冷藏冷冻类食品（或医疗用品）在生产、贮藏运输、销售，到消费前的各个环节中始终处于规定的低温环境下，以保证食品（或医疗用品）质量，减少食品（或医疗用品）损耗的一项系统工程，见图38-1。

冷链物流的适用范围包括：

1）初级农产品：蔬菜、水果；肉、禽、蛋；水产品、花卉产品等。

2）加工食品：速冻食品、禽、肉、水产等包装熟食、冰淇淋和奶制品，巧克力等。

3）快餐原料。

4）特殊商品：药品、疫苗等防疫、医疗用品。

图38-1　农产品冷链物流货运体系

(4) 快递快运物流，又称速递或快运　是指物流企业（含货运代理）通过自身的独立网络或以联营合作（即联网）的方式，将用户委托的文件或包裹，快捷而安全地从发件人送达收件人的门到门（手递手）的新型运输方式。

(5) 物流行业分类　根据GB/T 4754—2017《国民经济行业分类标准》，对应进行物流行业分类，见表38-3《物流行业分类》。表38-3仅供参考，有些行业的名称可能不符合习惯。

这是一种物流行业分类的新尝试。这种分类方法，是基于将需要运输的货物和运输车辆进行一一的对应匹配，便于进行车辆产品的开发和市场营销。

表38-3 物流行业分类（仅供参考）

序号	物流行业分类			类别名称	物流行业名称
	门类	大类	中类		
1	A			农、林、牧、渔业	农、林、牧、渔业运输业
2		1		农业	农业运输业
3			11	谷物种植	谷物种植运输业
4			12	豆类、油料和薯类种植	豆类、油料和薯类种植运输业
5			13	棉、麻、糖、烟草种植	棉、麻、糖、烟草种植运输业
6			14	蔬菜、食用菌及园艺作物种植	蔬菜、食用菌及园艺作物种植运输业
7			15	水果种植	水果种植运输业
8			16	坚果、含油果、香料和饮料作物种植	坚果、含油果、香料和饮料作物种植运输业
9			17	中药材种植	中药材种植运输业
10			18	草种植及割草	草种植及割草运输业
11			19	其他农业	其他农业运输业
12		2		林业	林业运输业
13			21	林木育种和育苗	林木育种和育苗运输业
14			22	造林和更新	造林和更新运输业
15			23	森林经营、管护和改培	森林经营、管护和改培运输业
16			24	木材和竹材采运	木材和竹材采运运输业
17			25	林产品采集	林产品采集运输业
18		3		畜牧业	畜牧业运输业
19			31	牲畜饲养	牲畜饲养运输业
20			32	家禽饲养	家禽饲养运输业
21			33	狩猎和捕捉动物	狩猎和捕捉动物运输业
22			39	其他畜牧业	其他畜牧业运输业
23		4		渔业	渔业运输业
24			41	水产养殖	水产养殖运输业
25			42	水产捕捞	水产捕捞运输业
26		5		农、林、牧、渔专业及辅助性活动	农、林、牧、渔专业及辅助性活动运输业
27			51	农业专业及辅助性活动	农业专业及辅助性活动运输业
28			52	林业专业及辅助性活动	林业专业及辅助性活动运输业
29			53	畜牧专业及辅助性活动	畜牧专业及辅助性活动运输业
30			54	渔业专业及辅助性活动	渔业专业及辅助性活动运输业
31	B	6		采矿业	采矿业运输业
32				煤炭开采和洗选业	煤炭开采和洗选业运输业
33		7		石油和天然气开采业	石油和天然气开采业运输业
34			71	石油开采	石油开采运输业
35			72	天然气开采	天然气开采运输业
36		8		黑色金属矿采选业	黑色金属矿采选业运输业
37		9		有色金属矿采选业	有色金属矿采选业运输业
38		10		非金属矿采选业	非金属矿采选业运输业
39			101	土砂石开采	土砂石开采运输业
40			102	化学矿开采	化学矿开采运输业
41			103	采盐	采盐运输业
42			109	石棉及其他非金属矿采选	石棉及其他非金属矿采选运输业

(续)

序号	物流行业分类			类别名称	物流行业名称
	门类	大类	中类		
43	B	11		开采专业及辅助性活动	开采专业及辅助性活动运输业
44			111	煤炭开采和洗选专业及辅助性活动	煤炭开采和洗选专业及辅助性活动运输业
45			112	石油和天然气开采专业及辅助性活动	石油和天然气开采专业及辅助性活动运输业
46			119	其他开采专业及辅助性活动	其他开采专业及辅助性活动运输业
47		12		其他采矿业	其他采矿业运输业
48	C			制造业	制造业运输业
49		13		农副食品加工业	农副食品加工业运输业
50			131	谷物磨制	谷物磨制运输业
51			132	饲料加工	饲料加工运输业
52			133	植物油加工	植物油加工运输业
53			134	制糖业	制糖业运输业
54			135	屠宰及肉类加工	屠宰及肉类加工运输业
55			136	水产品加工	水产品加工运输业
56			137	蔬菜、菌类、水果和坚果加工	蔬菜、菌类、水果和坚果加工运输业
57			139	其他农副食品加工	其他农副食品加工运输业
58		14		食品制造业	食品制造业运输业
59			141	焙烤食品制造	焙烤食品制造运输业
60			142	糖果、巧克力及蜜饯制造	糖果、巧克力及蜜饯制造运输业
61			143	方便食品制造	方便食品制造运输业
62			144	乳制品制造	乳制品制造运输业
63			145	罐头食品制造	罐头食品制造运输业
64			146	调味品、发酵制品制造	调味品、发酵制品制造运输业
65			149	其他食品制造	其他食品制造运输业
66		15		酒、饮料和精制茶制造业	酒、饮料和精制茶制造业运输业
67			153	精制茶加工	精制茶加工运输业
68		16		烟草制品业	烟草制品业运输业
69			161	烟叶复烤	烟叶复烤运输业
70			162	卷烟制造	卷烟制造运输业
71		17		纺织业	纺织业运输业
72		18		纺织服装、服饰业	纺织服装、服饰业运输业
73			183	服饰制造	服饰制造运输业
74		19		皮革、毛皮、羽毛及其制品和制鞋业	皮革、毛皮、羽毛及其制品和制鞋业运输业
75			194	羽毛（绒）加工及制品制造	羽毛（绒）加工及制品制造运输业
76			195	制鞋业	制鞋业运输业
77		20		木材加工和木、竹、藤、棕、草制品业	木材加工和木、竹、藤、棕、草制品业运输业
78			201	木材加工	木材加工运输业
79			202	人造板制造	人造板制造运输业
80			203	木质制品制造	木质制品制造运输业
81			204	竹、藤、棕、草等制品制造	竹、藤、棕、草等制品制造运输业
82		21		家具制造业	家具制造业运输业

(续)

序号	物流行业分类 门类	物流行业分类 大类	物流行业分类 中类	类别名称	物流行业名称
83	C	22		造纸和纸制品业	造纸和纸制品业运输业
84			221	纸浆制造	纸浆制造运输业
85			222	造纸	造纸运输业
86			223	纸制品制造	纸制品制造运输业
87		23	231	印刷	印刷运输业
88		24		文教、工美、体育和娱乐用品制造业	文教、工美、体育和娱乐用品制造业运输业
89			241	文教办公用品制造	文教办公用品制造运输业
90			242	乐器制造	乐器制造运输业
91			243	工艺美术及礼仪用品制造	工艺美术及礼仪用品制造运输业
92			244	体育用品制造	体育用品制造运输业
93			245	玩具制造	玩具制造运输业
94			246	游艺器材及娱乐用品制造	游艺器材及娱乐用品制造运输业
95		25		石油、煤炭及其他燃料加工业	石油、煤炭及其他燃料加工业运输业
96			251	精炼石油产品制造	精炼石油产品制造运输业
97			252	煤炭加工	煤炭加工运输业
98			253	核燃料加工	核燃料加工运输业
99			254	生物质燃料加工	生物质燃料加工运输业
100		26		化学原料和化学制品制造业	化学原料和化学制品制造业运输业
101			261	基础化学原料制造	基础化学原料制造运输业
102			262	肥料制造	肥料制造运输业
103			263	农药制造	农药制造运输业
104			264	涂料、油墨、颜料及类似产品制造	涂料、油墨、颜料及类似产品制造运输业
105			265	合成材料制造	合成材料制造运输业
106			266	专用化学产品制造	专用化学产品制造运输业
107			267	炸药、火工及焰火产品制造	炸药、火工及焰火产品制造运输业
108			268	日用化学产品制造	日用化学产品制造运输业
109		27		医药制造业	医药制造业运输业
110			271	化学药品原料药制造	化学药品原料药制造运输业
111			272	化学药品制剂制造	化学药品制剂制造运输业
112			273	中药饮片加工	中药饮片加工运输业
113			274	中成药生产	中成药生产运输业
114			275	兽用药品制造	兽用药品制造运输业
115			276	生物药品制品制造	生物药品制品制造运输业
116			277	卫生材料及医药用品制造	卫生材料及医药用品制造
			278	药用辅料及包装材料	药用辅料及包装材料运输业
117		28		化学纤维制造业	化学纤维制造业运输业
118			281	纤维素纤维原料及纤维制造	纤维素纤维原料及纤维制造运输业
119			282	合成纤维制造	合成纤维制造运输业
120			283	生物基材料制造	生物基材料制造运输业
121		29		橡胶和塑料制品业	橡胶和塑料制品业运输业
122			291	橡胶制品业	橡胶制品业运输业
123			292	塑料制品业	塑料制品业运输业

(续)

序号	物流行业分类			类别名称	物流行业名称
	门类	大类	中类		
124	C	30		非金属矿物制品业	非金属矿物制品业运输业
125			301	水泥、石灰和石膏制造	水泥、石灰和石膏制造运输业
126			302	石膏、水泥制品及类似制品制造	石膏、水泥制品及类似制品制造运输业
127			303	砖瓦、石材等建筑材料制造	砖瓦、石材等建筑材料制造运输业
128			304	玻璃制造	玻璃制造运输业
129			305	玻璃制品制造	玻璃制品制造运输业
130			306	玻璃纤维和玻璃纤维增强塑料制品制造	玻璃纤维和玻璃纤维增强塑料制品制造运输业
131			307	陶瓷制品制造	陶瓷制品制造运输业
132			308	耐火材料制品制造	耐火材料制品制造运输业
133			309	石墨及其他非金属矿物制品制造	石墨及其他非金属矿物制品制造运输业
134		31		黑色金属冶炼和压延加工业	黑色金属冶炼和压延加工业运输业
135		32		有色金属冶炼和压延加工业	有色金属冶炼和压延加工业运输业
136		33		金属制品业	金属制品业运输业
137			331	结构性金属制品制造	结构性金属制品制造运输业
138			332	金属工具制造	金属工具制造运输业
139			333	集装箱及金属包装容器制造	集装箱及金属包装容器制造运输业
140			334	金属丝绳及其制品制造	金属丝绳及其制品制造运输业
141			335	建筑、安全用金属制品制造	建筑、安全用金属制品制造运输业
142				建筑、家具用金属配件制造	建筑、家具用金属配件制造运输业
143				建筑装饰及水暖管道零件制造	建筑装饰及水暖管道零件制造运输业
144				安全、消防用金属制品制造	安全、消防用金属制品制造运输业
145				其他建筑、安全用金属制品制造	其他建筑、安全用金属制品制造运输业
146			336	金属表面处理及热处理加工	金属表面处理及热处理加工运输业
147			337	搪瓷制品制造	搪瓷制品制造运输业
148			338	金属制日用品制造	金属制日用品制造运输业
149			339	铸造及其他金属制品制造	铸造及其他金属制品制造运输业
150		34		通用设备制造业	通用设备制造业运输业
151			341	锅炉及原动设备制造	锅炉及原动设备制造运输业
152			342	金属加工机械制造	金属加工机械制造运输业
153			343	物料搬运设备制造	物料搬运设备制造运输业
154			344	泵、阀门、压缩机及类似机械制造	泵、阀门、压缩机及类似机械制造运输业
155			345	轴承、齿轮和传动部件制造	轴承、齿轮和传动部件制造运输业
156			346	烘炉、风机、包装等设备制造	烘炉、风机、包装等设备制造运输业
157			347	文化、办公用机械制造	文化、办公用机械制造运输业
158			348	通用零部件制造	通用零部件制造运输业
159			349	其他通用设备制造业	其他通用设备制造业运输业
160		35		专用设备制造业	专用设备制造业运输业
161			351	采矿、冶金、建筑专用设备制造	采矿、冶金、建筑专用设备制造运输业
162			352	化工、木材、非金属加工专用设备制造	化工、木材、非金属加工专用设备制造运输业
163			353	食品、饮料、烟草及饲料生产专用设备制造	食品、饮料、烟草及饲料生产专用设备制造运输业
164			354	印刷、制药、日化及日用品生产专用设备制造	印刷、制药、日化及日用品生产专用设备制造运输业
165			355	纺织、服装和皮革加工专用设备制造	纺织、服装和皮革加工专用设备制造运输业

(续)

序号	物流行业分类			类别名称	物流行业名称
	门类	大类	中类		
166			356	电子和电工机械专用设备制造	电子和电工机械专用设备制造运输业
167			357	农、林、牧、渔专用机械制造	农、林、牧、渔专用机械制造运输业
168				拖拉机制造	拖拉机制造运输业
169				机械化农业及园艺机具制造	机械化农业及园艺机具制造运输业
170				营林及木竹采伐机械制造	营林及木竹采伐机械制造运输业
171		35		畜牧机械制造	畜牧机械制造运输业
172				渔业机械制造	渔业机械制造运输业
173				农林牧渔机械配件制造	农林牧渔机械配件制造运输业
174				棉花加工机械制造	棉花加工机械制造运输业
175				其他农、林、牧、渔业机械制造	其他农、林、牧、渔业机械制造运输业
176			358	医疗仪器设备及器械制造	医疗仪器设备及器械制造运输业
177			359	环保、邮政、社会公共服务及其他专用设备制造	环保、邮政、社会公共服务及其他专用设备制造运输业
178				汽车制造业	汽车制造业运输业
179			361	汽车整车制造	汽车整车制造运输业
180		36	362	汽车用发动机制造	汽车用发动机制造运输业
181			366	汽车车身、挂车制造	汽车车身、挂车制造运输业
182			367	汽车零部件及配件制造	汽车零部件及配件制造运输业
183			375	摩托车制造	摩托车制造运输业
184			376	自行车和残疾人座车制造	自行车和残疾人座车制造运输业
185		37	377	助动车制造	助动车制造运输业
186	C		378	非公路休闲车及零配件制造	非公路休闲车及零配件制造运输业
187			379	潜水救捞及其他未列明运输设备制造	潜水救捞及其他未列明运输设备制造运输业
188				电气机械和器材制造业	电气机械和器材制造业运输业
189			381	电机制造	电机制造运输业
190			382	输配电及控制设备制造	输配电及控制设备制造运输业
191			383	电线、电缆、光缆及电工器材制造	电线、电缆、光缆及电工器材制造运输业
192		38	384	电池制造	电池制造运输业
193			385	家用电力器具制造	家用电力器具制造运输业
194			386	非电力家用器具制造	非电力家用器具制造运输业
195			387	照明器具制造	照明器具制造运输业
196			389	其他电气机械及器材制造	其他电气机械及器材制造运输业
197				计算机、通信和其他电子设备制造业	计算机、通信和其他电子设备制造业运输业
198			391	计算机制造	计算机制造运输业
199			392	通信设备制造	通信设备制造运输业
200			393	广播电视设备制造	广播电视设备制造运输业
201			394	雷达及配套设备制造	雷达及配套设备制造运输业
202		39	395	非专业视听设备制造	非专业视听设备制造运输业
203			396	智能消费设备制造	智能消费设备制造运输业
204			397	电子器件制造	电子器件制造运输业
205			398	电子元件及电子专用材料制造	电子元件及电子专用材料制造运输业
206			399	其他电子设备制造	其他电子设备制造运输业

(续)

序号	物流行业分类			类别名称	物流行业名称
	门类	大类	中类		
207	C	40		仪器仪表制造业	仪器仪表制造业运输业
208			401	通用仪器仪表制造	通用仪器仪表制造运输业
209			402	专用仪器仪表制造	专用仪器仪表制造运输业
210			403	钟表与计时仪器制造	钟表与计时仪器制造运输业
211			404	光学仪器制造	光学仪器制造运输业
212			405	衡器制造	衡器制造运输业
213			409	其他仪器仪表制造业	其他仪器仪表制造业运输业
214		41		其他制造业	其他制造业运输业
215			411	日用杂品制造	日用杂品制造运输业
216			412	核辐射加工	核辐射加工运输业
217			419	其他未列明制造业	其他未列明制造业运输业
218		42		废弃资源综合利用业	废弃资源综合利用业 运输业
219			421	金属废料和碎屑加工处理	金属废料和碎屑加工处理运输业
220			422	非金属废料和碎屑加工处理	非金属废料和碎屑加工处理运输业
221		43		金属制品、机械和设备修理业	金属制品、机械和设备修理业运输业
222			431	金属制品修理	金属制品修理运输业
223			432	通用设备修理	通用设备修理运输业
224			433	专用设备修理	专用设备修理运输业
225			434	铁路、船舶、航空航天等运输设备修理	铁路、船舶、航空航天等运输设备修理运输业
226			435	电气设备修理	电气设备修理运输业
227			436	仪器仪表修理	仪器仪表修理运输业
228			439	其他机械和设备修理业	其他机械和设备修理业运输业
229	D			电力、热力、燃气及水生产和供应业	电力、热力、燃气及水生产和供应业运输业
230		44		电力、热力生产和供应业	电力、热力生产和供应业运输业
231			441	电力生产	电力生产运输业
232				火力发电	火力发电运输业
233				风力发电	风力发电运输业
234				太阳能发电	太阳能发电运输业
235				生物质能发电	生物质能发电运输业
236			442	电力供应	电力供应运输业
237			443	热力生产和供应	热力生产和供应运输业
238		45		燃气生产和供应业	燃气生产和供应业 运输业
239			451	燃气生产和供应业	燃气生产和供应业运输业
240			452	生物质燃气生产和供应业	生物质燃气生产和供应业运输业
241		46		水的生产和供应业	水的生产和供应业 运输业
242			461	自来水生产和供应	自来水生产和供应运输业
243			462	污水处理及其再生利用	污水处理及其再生利用运输业
244			463	海水淡化处理	海水淡化处理运输业
245			469	其他水的处理、利用与分配	其他水的处理、利用与分配运输业
246	E			建筑业	建筑业运输业
247		47		房屋建筑业	房屋建筑业运输业
248			471	住宅房屋建筑	住宅房屋建筑运输业

(续)

序号	物流行业分类			类别名称	物流行业名称
	门类	大类	中类		
249	E	48		土木工程建筑业	土木工程建筑业运输业
250			481	铁路、道路、隧道和桥梁工程建筑	铁路、道路、隧道和桥梁工程建筑运输业
251			482	水利和水运工程建筑	水利和水运工程建筑运输业
252			483	海洋工程建筑	海洋工程建筑运输业
253			484	工矿工程建筑	工矿工程建筑运输业
254			485	架线和管道工程建筑	架线和管道工程建筑运输业
255			486	节能环保工程施工	节能环保工程施工运输业
256			487	电力工程施工	电力工程施工运输业
257			489	其他土木工程建筑	其他土木工程建筑运输业
258		49		建筑安装业	建筑安装业运输业
259			491	电气安装	电气安装运输业
260			492	管道和设备安装	管道和设备安装运输业
261			499	其他建筑安装业	其他建筑安装业运输业
262		50		建筑装饰、装修和其他建筑业	建筑装饰、装修和其他建筑业运输业
263			501	建筑装饰和装修业	建筑装饰和装修业运输业
264			502	建筑物拆除和场地准备活动	建筑物拆除和场地准备活动运输业
265			503	提供施工设备服务	提供施工设备服务运输业
266			509	其他未列明建筑业	其他未列明建筑业运输业
267	F			批发和零售业	批发和零售业运输业
268		51		批发业	批发业运输业
269			511	农、林、牧、渔产品批发	农、林、牧、渔产品批发运输业
270			512	食品、饮料及烟草制品批发	食品、饮料及烟草制品批发运输业
271			513	纺织、服装及家庭用品批发	纺织、服装及家庭用品批发运输业
272			514	文化、体育用品及器材批发	文化、体育用品及器材批发运输业
273			515	医药及医疗器材批发	医药及医疗器材批发运输业
274			516	矿产品、建材及化工产品批发	矿产品、建材及化工产品批发运输业
275			517	机械设备、五金产品及电子产品批发	机械设备、五金产品及电子产品批发运输业
276			518	贸易经纪与代理	贸易经纪与代理运输业
277			519	其他批发业	其他批发业运输业
278		52		零售业	零售业运输业
279			521	综合零售	综合零售运输业
280				百货零售	百货零售运输业
281				超级市场零售	超级市场零售运输业
282				便利店零售	便利店零售运输业
283				其他综合零售	其他综合零售运输业
284			522	食品、饮料及烟草制品专门零售	食品、饮料及烟草制品专门零售运输业
285			523	纺织、服装及日用品专门零售	纺织、服装及日用品专门零售运输业
286			524	文化、体育用品及器材专门零售	文化、体育用品及器材专门零售运输业
287			525	医药及医疗器材专门零售	医药及医疗器材专门零售运输业
288			526	汽车、摩托车、零配件和燃料及其他动力销售	汽车、摩托车、零配件和燃料及其他动力销售运输业
289			527	家用电器及电子产品专门零售	家用电器及电子产品专门零售运输业
290			528	五金、家具及室内装饰材料专门零售	五金、家具及室内装饰材料专门零售运输业
291			529	货摊、无店铺及其他零售业	货摊、无店铺及其他零售业运输业

(续)

序号	物流行业分类			类别名称	物流行业名称
	门类	大类	中类		
292	G			交通运输、仓储和邮政业	交通运输、仓储和邮政业运输业
293		54		道路运输业	道路运输业
294				公共自行车服务	公共自行车服务运输业
295				普通货物道路运输	普通货物运输业
296				冷藏车道路运输	冷藏车运输业
297				集装箱道路运输	集装箱道路运输业
298				大型货物道路运输	大型货物道路运输业
299				危险货物道路运输	危险货物道路运输业
300				邮件包裹道路运输	邮件包裹道路运输业
301				城市配送	城市配送运输业
302				搬家运输	搬家运输运输业
303				其他道路货物运输	其他道路货物运输业
304				公路管理与养护	公路管理与养护运输业
305				其他道路运输辅助活动	其他道路运输辅助活动运输业
306				机场	机场运输业
307		57		管道运输业	管道运输业
308		58	581	多式联运	多式联运运输业
309		60		邮政业	邮政业运输业
310			602	快递服务	快递服务运输业
311			609	其他寄递服务	其他寄递服务运输业
312	H			住宿和餐饮业	住宿和餐饮业运输业
313		61		住宿业	住宿业运输业
314			611	旅游饭店	旅游饭店运输业
315			612	一般旅馆	一般旅馆运输业
316		62		餐饮业	餐饮业运输业
317		66		货币金融服务	货币金融服务运输业
318		74	747	地质勘查	地质勘查运输业
319		78		公共设施管理业	公共设施管理业运输业
320			781	市政设施管理	市政设施管理运输业
321			782	环境卫生管理	环境卫生管理运输业
322			783	城乡市容管理	城乡市容管理运输业
323			784	绿化管理	绿化管理运输业
324			785	城市公园管理	城市公园管理运输业
325			786	游览景区管理	游览景区管理运输业
326		80		居民服务业	居民服务业运输业
327			807	婚姻服务	婚姻服务运输业
328			808	殡葬服务	殡葬服务运输业
329			809	其他居民服务业	其他居民服务业运输业
330		81	811	汽车、摩托车等修理与维护	汽车、摩托车等修理与维护运输业
331			812	计算机和办公设备维修	计算机和办公设备维修运输业
332			813	家用电器修理	家用电器修理运输业
333				家具和相关物品修理	家具和相关物品修理运输业

(续)

序号	物流行业分类			类别名称	物流行业名称
	门类	大类	中类		
334	H	82	821	清洁服务	清洁服务运输业
335				急救中心（站）服务	急救中心（站）服务运输业
336				采供血机构服务	采供血机构服务运输业
337				健康体检服务	健康体检服务运输业
338	R			文化、体育和娱乐业	文化、体育和娱乐业运输业
339		86		新闻和出版业	新闻和出版业运输业
340		89		体育	体育用品运输业

注：1. 不同运输业所用车辆有可能是一致的，但车辆的名称不一样。
2. 此表的目的是希望引起车辆设计、制造者的兴趣，开发出更适合行业货物运输需求的车辆。满足客户需求。
3. 这个运输行业分类，不一定符合物流运输行业的习惯，但是可以方便车辆的开发管理及车辆产品的营销管理。

3. 企业物流

企业物流是指在企业生产经营过程中，物品从原材料供应，经过生产加工，到产成品和销售，以及伴随生产消费过程中所产生的废弃物的回收及再利用的完整循环活动。企业物流又分为供应物流、销售物流、生产物流、回收物流、废弃物物流。

1）供应物流：为生产企业提供原材料、零部件或其他物品时，物品在提供者与需求者之间的实体流动。在《车辆营销业务管理》一章中讲到的"为客户进行物流运输方案设计"的模板就是供应（采购）物流运输与销售物流运输。

2）生产物流：生产过程中，原材料、在制品、半成品、产成品等在企业内部的实体流动。

3）销售物流：生产企业、流通企业出售商品时，物品在供方与需方之间的实体流动。

4）回收物流：不合格物品的返修、退货以及周转使用的包装容器从需方返回到供方所形成的物品实体流动。

5）废弃物物流：将经济活动中失去原有使用价值的物品，根据实际需要进行收集、分类、加工、包装、搬运、储存等，并分送到专门处理场所时所形成的物品实体流动。

另外，如果按照物流活动的空间分类，还可以分为地区物流、国内物流、国际物流，具体内容较多，在此省略。

三、车辆物流运输，按运输距离分类

商用车主要用于以公路运输为主的陆路运输。在陆路运输方式的基础上按照距离、方法进一步细分，以利于更好地进行物流方案设计。具体细分如下。

1. 长途运输

长途运输，是指运输时间大于1天，运输距离大于1000km，当天不能往返的运输。适用于长途运输的车辆：中型、重型载货车（专用车有轻型车）。

（1）甩挂运输 用牵引车拖带挂车至目的地，将挂车甩下后，换上新的挂车运往另一个目的地的运输方式。

中置轴挂车指可以摔下挂车后，主车继续运输货物前往下一个目的地。

（2）甩箱运输 甩箱运输即为把装载满货物的集装箱运达目的地后，将集装箱卸下。再拖带其他装满货物的集装箱返回原地，或者驶向新的地点。这种一辆带有动力的主车及挂车，连续装载N个以上集装箱的运输方式被称为甩箱运输。

一辆挂车运输几个集装箱，一边甩箱、一边装箱，实行定线、定时、定点门到门运输的方式。

（3）甩盘运输 在一个集装箱内，装几个托盘，到达一个地点，卸下一个或几个托盘；再装上最多相等数量、尺寸、载质量的托盘返回原地，或者驶向新的地点。这种一辆主车（及挂车），连续装载N个以上托盘的运输方式被称为甩盘运输。

1）一种用于不规则货物运输的灵活、快捷、安全的运输方式。在《商用车推荐方法》一章中有介绍。

2）托盘包装：以托盘为承载物，将包装件或产品堆码在托盘上，通过捆扎、裹包或胶粘等方法加以固定，形成一个搬运单元，以便用机械设备搬运。

2. 中途运输

中途运输，是指当天能够往返的运输。适用于长途运输的轻型、中型、重型车辆等都适用于中途运输。

3. 短途运输

短途运输，是指一天可以运输多趟的运输。微型、轻型、中型、重型车辆，其中包括新能源车、清洁能源车、专用车、自卸车等车型，都适用于短途运输。

4. 城市配送运输

城市配送运输，是指服务于城区以及市近郊的货物配送运输活动。新能源的微型、轻型车将越来越多地用于城市配送运输。

配送，是指在经济合理区域范围内，根据用户要求，对物品进行拣选、加工、包装、分割、组配等作业，并按时送达指定地点的物流活动。

5. 场（厂）内运输

场内运输，指企业内部直接为生产过程服务的运输活动。大的工厂（如：水泥厂、冶炼厂、钢铁厂等）、港口、矿山（特别是露天矿等）等企业，由于内部运输距离较长，运输原料、半成品、成品较多，使用的车辆很多，是商用车的一个重要的市场。场内运输车型比较复杂，定制化车辆较多，特点是不用上牌、低速，注重功能性，对性能指标的要求不高。从车型上看，自卸车、平板车多用于场（厂）内运输。

低速、转向灵活、转弯半径小、低货台、装卸方便、专用化是这类车的特点。

四、按照从事的主业不同将运输企业分类

运输企业，是指包括对物资的装卸、运输、仓储、搬运、信息传递等一系列过程进行管理与作业的企业。进行运输企业分类，便于更好地找准市场营销的方向和目标。

1. 运输型物流企业

这是以运输为主业的物流企业。运输型物流企业应同时符合以下要求：

1）以从事货物运输业务为主，包括货物快递服务或运输代理服务，具备一定规模。
2）可以提供门到门运输、门到站运输、站到门运输、站到站运输服务和其他物流服务。
3）企业自有一定数量的运输设备、车辆。
4）具备网络化信息服务功能，应用信息系统可对运输货场、车辆进行状态查询、监控。

2. 仓储型物流企业

这是以仓储为主业的物流企业。仓储型物流企业应同时符合以下要求：

1）以从事仓储业务为主，为客户提供货物储存、保管、中转等仓储服务，具备一定规模。
2）企业能为客户提供配送服务以及商品经销、流通加工等其他服务。
3）企业自有一定规模的仓储设施、设备，自有或租用必要的货运车辆。
4）具备网络化信息服务功能，应用信息系统可对货物、车辆进行状态查询、监控。

3. 综合服务型物流企业

这是以提供物流服务为主业的企业。它也是多数经销商建立物流企业的奋斗目标。

综合服务型物流企业应同时符合以下要求：

1）从事多种物流服务业务，可以为客户提供运输、货运代理、仓储、配送等多种物流服务，具备一定规模。
2）根据客户的需求，为客户制订整合物流资源的运作方案，为客户提供契约性的综合物流服务。
3）按照业务要求，企业自有或租用必要的运输设备、仓储设施及设备。

4）企业具有一定运营范围的货物集散、分拨网络。

5）企业配置专门的机构和人员，建立完备的客户服务体系，能及时、有效地提供客户服务。

6）具备网络化信息服务功能，应用信息系统可对物流服务全过程进行状态查询和监控。

五、按照运营方不同将运输企业分类

1. 第一方物流运输企业

它是指由卖方、生产者或者供应方成立或运营的物流运输企业。就是货源的生产者成立或运营的物流运输企业。

优点：货源稳定、倒闭的可能性小，风险低。

缺点：投资大、效率低，成本高，很难和第三方物流竞争。

这类企业未来发展方向：

1）大量化，即对于大需求量的用户尽量采用大型运输工具、大批量运输、快速直接方式。这样可减少车次、减少费用。

2）联合配送化，即对小需求用户，采用联合配送的方法进行配送。

3）短路化，即无论对什么用户的运输，总是选择最短路径运输，以节省费用。

4）科技化，即尽量采用先进的运输工具、装卸搬运手段、通信方式等，以提高运输效率、节省时间、降低成本、提高效益。

5）成为第三方独立物流运输企业。

注意： 根据这类企业的发展方向，找到合作的途径，实施有效合作。

2. 第二方物流运输企业

这是由物资需求者自己成立或运营的物流运输企业。

它的优点、缺点、发展方向基本同第一方物流运输企业。

3. 第三方物流运输企业

它是指由供方与需方以外的物流优势企业提供物流服务的物流运输企业。

所有经销商成立的物流运输企业都属于"第三方物流运输企业"。

1）目前，越来越多的供方和需方将物流分包给第三方物流运输企业的原因如下：

① 降低作业成本。

② 致力于核心业务。

③ 减少投资，利用 3PLs⊖ 的先进技术。

④ 重新整合供应链。

⑤ 拓展国际业务。

⑥ 公司虚拟化的需要。

2）第三方物流企业具有以下优点：

① 可以使企业专心致志地从事自己所熟悉的业务，将资源配置在核心事业上。

② 灵活运用新技术，实现以信息换库存，降低成本。

③ 减少固定资产投资，加速资本周转。

④ 提供灵活多样的顾客（货主）服务，为顾客（货主）创造更多的价值。

3）第三方物流运输企业的缺点：

① 货主不能直接控制物流职能，不能保证供货的及时性和准确性，不能保证为客户（货物的需求方）服务的质量。

② 3PLs 设计的方案通常都是针对不同的顾客（货主）量身定制的，不具有广泛适用性。

③ 现在，顾客（货主）需要包括电子采购、订单处理能力、虚拟库存管理等。顾客（货主）发现 3PLs 提供商缺乏当前所需要的综合技能、集成技术、战略和全球扩张能力。

⊖ 3PLs 的意思是"第三方物流运输企业"。3PLs 企业提供的物流服务一般包括运输、仓储管理、配送等。

4）发展方向：第三方物流运输企业正在克服上述缺点，不断发展壮大之中。希望广大经销商积极学习相关的物流运输知识，提高物流运输企业的管理能力，发展物流运输企业，加入到3PLs企业中。

4. 第四方物流运输企业

它是指一个供应链的集成。它对公司内部和具有互补性的物流服务供应商所拥有的不同资源、能力和技术进行整合和管理，提供一整套供应链解决方案。现在的无车承运人应该就是第四方物流运输企业。

第三方物流运输企业和第四方物流运输企业合作，将成为未来的趋势。

第二节 经销商经营物流运输业务规划

一、经销商经营物流运输业务的必要性

作为商用车经销商，其服务产品、项目越多，客户越满意，客户就更愿意掏钱，那么经销商盈利的机会就更大；反之，就会越做越差。

目前，市场上的商用车挂靠公司，不能为客户提供全方位的服务，没有凝聚力，不可能加入（或加盟）到第三方或第四方物流运输企业中，一定会被淘汰。

而商用车经销商具有充分的资源优势，具备经营物流运输业务（企业）的条件：

1）商用车技术的发展特别是新能源和智能驾驶技术的发展，会导致物流运输企业由购车转向租车。没有物流运输业务（企业），就很难发展租车业务。

2）第四方物流运输企业的发展会导致物流运输企业由租车转向购买物流运输服务。没有物流运输业务（企业），就不可能提供这种服务。

3）随着商用车和其他运输设备与工具技术的发展，加之物流管理技术、物流服务技术的不断进步。物流运输企业的整合是大势所趋。而商用车购买方式还是以"贷款"或融资租赁方式为主。如果要尽量规避风险，成立运输公司（企业）是最佳方式之一。

4）是整合中小运输企业、特别是个人客户的有效手段。有些小型企业或个体运输户，由于经济规模所限，很难和大中型企业进行竞争。只有进行联合（合并）、重组。

5）是留住客户的最佳方式。

6）精准为客户服务的最好途径。客户加入了你的运输业务（企业），你就可以精准掌握客户的服务需要和需要的时间、服务提供的方式。从而精准的为每一个客户提供其满意的服务。

7）提高盈利能力的最佳模式。通过成立运输业务（企业），就能够为客户提供其需求的所有服务。包括但不限于：购车、销售服务、车辆保险服务、金融服务、保养服务、维修服务、配件服务、物流服务、加油服务、过路服务、年审服务、二手车服务等。

8）成立经销商联合体，共同发展，做大做强的最佳抓手。不同区域的经销商经营的运输业务，联合起来，互相提供货源和车辆信息。利用自有车辆（自己的车、自己的服务）成本低的优势，参与市场竞争，必将成为市场竞争的最有力的要素之一。

事情都是一分为二的，当你将业务下沉，成为运输业务的一员，你也就成为了你的客户的竞争对手。

现在有些经销商成立的挂靠公司，这不是做运输业务，也不是发展方向，必须转型。

拓展阅读 2018年中国公路货运行业占比逐年稳步提升 快递市场将保持快速增长

2018年我国货物运输量为514.6亿吨，同比增长7.1%，其中公路运输完成货运量395.9亿吨，占比达77%，占比自2013年稳步提升。公路、铁路和水运货运增速近年稳定在6%附近，公路运输将长期作为我国货运的主要方式。同时公路运输货运量增速大于合计货运量增速，公路货运运输将迎来更大市场空间。

公路货运按照货物的重量和运输组织方式分出了快递、零担、整车运输三种主要形式。单票 0~30kg 按照快递运输方式承运，单票 30~3000kg 按照零担运输方式承运，单票 3000~10000kg 按照整车运输方式承运。

根据数据统计，2017 年我国公路货运市场规模 5.4 万亿元，2018 年将达到 6 万亿元，从细分市场来看，2018 年我国快递市场规模 6000 亿元，整车市场规模 4.0 万亿元，零担市场规模 1.4 万亿元，为快递市场规模的 2.3 倍。公路货运细分市场中，以快递、快运、配送等细分市场仍将保持较快增长速度，见表 38-4。

表 38-4　快递、零担、整车形式对比表

结构	含义	单票规模/(kg/票)	服务对象	特点
快递	通过铁路、公运、水运、空运等交通工具，对客户的小件包裹进行快速投递的货运方式。	0~30	C 端客户为主，货主众多	运量小、运费高、效率高、平均毛利率高、门到门、高时效
零担	将若干件符合体积、重量、包装规格的货物组合拼装成整车，对每件货物分别按照重量和体积计算运费的货物运输。	30~3000	B 端客户为主，货主众多	毛利率低、品种繁杂、量小批多、到站点分散的货物、站到站、较弱时效性
整车	按照整车货物办理承托手续、组织运送和计费的货物运输方式。	3000~10000	B 端客户为主，货主单一	货物一般较大宗，货源构成、流量、流向、装卸地点比较稳定、门到门、弱时效

注：资料来源于国家统计局。

二、运输公司规划方案

1. 做好商用车经销商的运输公司规划是开展业务的前提和条件

规划应根据当地的资源优势、结合自身的能力进行。

2. 规划方法

表 38-5 是根据目标货主进行的规划（由于表格太大，只是规划表的一部分，仅供参考），还可以按目标行业、货物、货主、运量进行规划。

3. 运输方案设计

在确定了货物之后，做好运输方案就是做好运输业务的基础。详见本书第二十一章《客户营销》案例，这里不赘述。

4. 运输业务规划的模板

见运输业务管理制度中的运输业务规划与产品明细表。

表 38-5　经销商物流运输规划表（部分，仅供参考）

序号	经销商名称	运输公司名称	规划的运输行业	规划的货主名称	规划的企业物流名称	运输的货物	规划的运输方式	规划的运输方法	设计的最佳运输方案	运输方案用车辆	其中：车辆营销部销售的车辆	其他经销商销售的车辆
1	***有限公司	A 公司	冷链运输业	C 公司	供应物流	C1	长途运输	整车运输	方案 1	车辆 1		
2						C2	中途运输	整车运输	方案 2	车辆 2		
3						C3	短途运输	整车运输	方案 3	车辆 3		
4					生产物流	C4	厂内运输	整车运输	方案 4	车辆 4		
5					销售物流	C5	长途运输	整车运输	方案 5	车辆 5		
6						C6	中途运输	整车运输	方案 6	车辆 6		
7						C7	短途运输	整车运输	方案 7	车辆 7		
8					回收物流	C8	短途运输	整车运输	方案 8	车辆 8		
9					废弃物物流	C9	短途运输	整车运输	方案 9	车辆 9		

(续)

序号	经销商名称	运输公司名称	规划的运输行业	规划的货主名称	规划的企业物流名称	运输的货物	规划的运输方式	规划的运输方法	设计的最佳运输方案	运输方案用车辆	其中：车辆营销部销售的车辆	其他经销商销售的车辆
10	***有限公司	A公司	冷链运输业	D公司	供应物流	D1	长途运输	整车运输	方案10	车辆10		
11						D2	中途运输	整车运输	方案11	车辆11		
12						D3	短途运输	整车运输	方案12	车辆12		
13					生产物流	D4	厂内运输	整车运输	方案13	车辆13		
14					销售物流	D5	长途运输	整车运输	方案14	车辆14		
15						D6	中途运输	整车运输	方案15	车辆15		
16						D7	短途运输	整车运输	方案16	车辆16		
17					回收物流	D8	短途运输	整车运输	方案17	车辆17		
18					废弃物物流	D9	短途运输	整车运输	方案18	车辆18		
19		B公司	快递快运运输业	E公司（第四方物流公司）	城市到城市的运输	E1	长途运输	整车运输	方案19	车辆19		
20						E2		甩挂运输	方案20	车辆20		
21						E3		甩箱运输	方案21	车辆21		
22						E4		甩盘运输	方案22	车辆22		
23				F公司（第四方物流公司）	城市到城市的运输	F1	长途运输	整车运输	方案23	车辆23		
24						F2		甩挂运输	方案24	车辆24		
25						F3		甩箱运输	方案25	车辆25		
26						F4		甩盘运输	方案26	车辆26		

第三节 建立运输业务组织与管理制度

要做好运输业务，必须建立规范的制度、流程、模板、表格。

一、建立组织与岗位设置

1）独立注册运输公司。

2）分行业建立运输车队，便于管理、调度、指挥、监控。运输公司下面可以按照路线、货物、货主、加盟的客户（驾驶员）等要素，建立几个车队，如：冷链物流运输车队、快递物流运输车队、煤炭物流运输车队、其他运输车队等。

3）建立组织的业务管理与作业岗位，见表38-6。

表38-6 运输公司岗位管理表

序号	岗位名称	岗位主要职责	备注
1	经理	公司全面管理、主抓客户开发与入队管理	兼车队队长
2	计划员	计划管理、统计管理、岗位协调与调度管理、驾驶员管理	兼车队队长
3	销售经理	产品开发、产品管理、产品销售管理、货款结算管理、收款收据管理、对账管理	
4	采购经理	采购渠道管理、采购政策、采购价格、采购合同管理、产品采购管理、采购货款结算管理、发票管理、对账管理	
5	客户经理	客户开发、加盟、服务、信息管理、驾驶员服务管理、解除合同管理、二手车处置管理	
6	货运产品经理	货主开发、合同签订、运输安排、收入管理、发票管理、对账管理	
7	运营与监控管理员	车辆档案、车辆运营与监控管理	由金融服务部相应岗位兼职
8	财务核算员	收支、核算、利润、税金管理	

4) 聘任干部和岗位人员。参见第三十章商用车采购业务管理的相关内容。

二、建立业务、组织、岗位管理制度

根据客户（驾驶员）的期望，建立相关的业务管理制度，可以使所有岗位人员、特别是客户经理、采购经理、销售经理的作业标准化、规范化。提高作业效率，减少无效劳动，满足客户期望，提高客户满意度。

1. 建立运输业务管理制度

运输业务管理制度，主要包括：

（1）运输业务管理制度

1）运输业务组织管理表。

2）运输业务管理流程与表格。

3）运输业务规划与产品明细表。

4）运输业务产品采购与销售价格表。

（2）运输公司工作制度。

（3）运输公司经理岗位作业制度。

（4）计划员岗位作业制度。

（5）销售经理岗位作业制度。

（6）采购经理岗位作业制度。

（7）客户经理岗位作业制度。

（8）货运产品经理岗位作业制度。

（9）运营监控员岗位作业制度。

（10）财务核算员岗位作业制度。

（11）运输公司财务（成本）管理与核算管理制度。

2. 建立产品采购、销售明细表

1）运输业务产品采购明细表。

2）运输业务产品销售明细表。

3）明细表模板，参见表38-7（仅给出了部分表格）。

4）产品采购、销售明细表模板见运输业务管理制度中运输业务规划与产品明细表。

表38-7　运输业务服务产品/项目销售明细表（仅为部分表格）

服务产品、项目名称			运输公司服务产品对应的车辆产品							
产品名称	项目名称	名称编号	车辆类别	品牌	子品牌	车型	驱动形式	动力	车辆名称	车辆名称编号
代理车辆购买产品	帮助选择车辆									
	（代）购买车辆									
	（帮助）接收车辆									
销售服务产品	缴纳购置税									
	办理上牌									
	办理抵押									
	办理车辆登记证									
	办理车辆行驶证									
	办理车辆运营证									
	安装设备									
	培训驾驶员									

注：明细表中的同其他业务产品重合的产品，是采购其他部门的产品进行销售的。

3. 制订运输业务服务产品采购、销售、服务价格表

1) 建立服务产品、项目采购价格表，见表38-8。按照货比三家原则，货主由驾驶员推荐进行开发、采购。

表38-8 运输业务服务产品/项目采购价格表（部分）

序号	服务产品/项目名称		路线				东线采购地点				
	产品名称	项目名称	东线	南线	西线	北线	地点（加油商、休息商、维修商名称）				
							供应商名称	标准采购价格	采购政策		
									大客户政策	月度批量政策	年度批量政策
1	加油产品	柴油									
2		LNG									
3		汽油									
4		其他									
5	维修产品	三包内维修									
6		三包外维修									
7		事故车维修									
8	轮胎更换	购买轮胎									
9		旧胎收购									
10		补胎									
11	找货	业务洽谈（找货）									
12		（代）合同签订									
13		（代）收取运费									
14		（代）开具发票									
15	休息	住宿									
16		餐饮									

注：1. 不同路线的服务产品、服务项目是一致的。
2. 不同路线的产品、项目，由于采购供应商的不同，采购价格、政策会有所不同。
3. 当价格、政策相差较大时，应根据不同的路线、分别制订采购价格、政策表。
4. 当价格、政策相差不大时，应努力谈成最低的、相同的价格、政策；这样便于制订销售价格表。

2) 建立服务产品、项目销售价格表，一般按照市场价格定价，要具有竞争力。
3) 建立服务产品、项目服务价格表，一般按照市场价格定价，要具有竞争力。
4) 采购、销售价格表模板见运输业务管理制度中的运输业务产品采购与销售价格表。

三、运输业务财务（成本）管理与核算管理制度

本节举例示范，仅供参考。

1. 固定成本折旧核算流程

固定资产成本管理计算公式为：

车辆发票价格 + 购置税 + 上牌费用 + 办证费用 + 采购费用（采购人工费用、资金费用、招投标费用、采购其他费用）= 车辆采购成本。假设某牵引车采购成本为40万元，

按照牵引车车辆设计说明书设定车辆使用年限和运行里程，分别为80万km，四年；

按照现行市场残值设计车辆残值。假设该牵引车行驶80万km后的残值为5万元；则

该牵引车每年的固定折旧成本为 $(40-5)/4=8.75$ 万元/车·年

该牵引车每月的固定折旧成本为 $(40-5)/4=8.75/12=7292$ 元/车·月

该牵引车每车每公里的固定折旧成本为 $(40-5)/80=0.4375$ 万元/车·万km $=0.4375$ 元/车·km

假设该牵引车车载质量为34t，则每t·km的固定折旧成本为：0.4375 元/km/34t $=0.013$ 元/t·km

注意： 也可以按照发票价格计入折旧成本，将其他计入费用。

2. 变动成本的核算流程

（1）燃油成本 按照车辆说明书核定车辆油耗定额，假设该车油耗为35L/100km（车辆油耗也可以根据经验核定）；上一年度平均油价核定采购价格为5元/L，则每公里燃油成本为

$$35 \times 5/100 = 1.75 \text{ 元/车·km}$$

若每车一次运输34t，则每吨公里的成本为

$$1.75/34 = 0.052 \text{ 元/t·km}$$

每年油耗费用为：$1.75 \times 20 = 35$ 万元/车·年

每月油耗费用为：$35/12 = 2.9167$ 万元/车·月

（2）保险成本 按照要求购买保险，要求三者险为100万元以上。按照保费为3万元/车·年，则当每年运输公里数为20万km，每车运输载质量34t时每车每公里保险成本为：$3/20 = 0.15$ 元/车·km

每吨每公里保险成本为：$3/20/34 = 0.0044$ 元/t·km

每月每车保险成本为：$3/12 = 0.25$ 万元/车·月

（3）高速公路通行费 假设牵引车总质量为49t，载质量为34t，不超载时，高速公路通行费为0.04元/t·km，含整备质量（见"高速公路计重收费条例"）；则：

1）每车公里高速公路通行费为 $49 \times 0.04 = 1.96$ 元/车·km

2）载质量每吨公里高速公路通行费为 $1.96/34 = 0.058$ 元/t·km

3）按照50%的行驶里程为高速公路使用计算，假设该车每月行驶1万km，则：

每月高速公路通行费：$1.96 \times 10000 = 19600$ 元/车·月

每年高速公路通行费：$19600 \times 12 = 235200$ 元/车·年

每车公里公路通行费：$23.52/20 = 1.176$ 元/车·km

平均载质量每吨公里：$23.52/(20 \times 34) = 0.035$ 元/t·km

（4）驾驶员工资 该牵引车驾驶员按2人设计，每人工资为6000元/月，则：

1）每月工资支出：6000 元/月 $\times 2 = 12000$ 元/车·月

2）每年工资支出：$12000 \times 12 = 144000$ 元/车·年

3）每吨公里工资支出：$144000/20 \times 34 = 0.021$ 元/t·km

4）每车公里工资支出：$144000/20 = 0.72$ 元/车·km

（5）过桥过路费（含罚款） 假设该牵引车每月每车支出过桥过路费（含罚款）为1000元/月·车，则：

1）每年每车过桥过路费支出：$1000 \times 12 = 12000$ 元/车·年

2）每吨公里过桥过路费支出：$12000/20 \times 34 = 0.00176$ 元/t·km

3）每车公里过桥过路费支出：$0.00176 \times 34 = 0.06$ 元/车·km

（6）贷款还款成本（利润） 如果该牵引车为贷款购买，假设贷款30万元，贷款期限为两年，采取等额（本息）还款方式，则：

每月还款：$30/24 = 1.25$ 万元/车·月

假设贷款利息为年息6.175%，则需要还息1.8525万元（约计）

每月每车还息：$1.8525/24 = 772$ 元/车·月

合计还本息：$12500 + 772 = 13272$ 元/车·月

每吨公里还本息支出：$1.3272 \times 12/(20 \times 34) = 0.024$ 元/t·km

每车公里本息支出：$0.024 \times 34 = 0.8$ 元/车·km

每车公里利息支出：$772 \times 12/200000 = 0.04632$ 元/车·km

(7) 车辆维修费 假设该牵引车每月保养费支出为1000元/车·月,每月修理费支出为500元/车·月,则:

1) 每月每车维修费支出: 1500元/车·月
2) 每年每车维修费支出: 1500×12=18000元/车·年
3) 每车公里维修费支出: 1.8/20=0.09元/车·km
4) 每吨公里维修费支出: 1.8/(20×34)=0.002647元/t·km

(8) 轮胎费 以正新轮胎为标准,每条轮胎正常使用里程为15万km,价格为1500元/条(仅供参考),以6×4牵引车22条轮胎为例,则:

1) 每次更换全车轮胎的价格为: 1500×22=33000元
2) 每万公里轮胎费支出: 33000/15=2200元/万km
3) 每年每车轮胎费支出: 2200×20=44000元/车·年
4) 每月每车轮胎费支出: 44000/12=3667元/车·月
5) 每车公里轮胎费支出: 4.4/20=0.22元/车·km
6) 每吨公里轮胎费支出: 4.4/(20×34)=0.0065元/t·km

(9) 车辆管理费 包括年审费、事故超额赔偿费、管理费、承包人贷款逾期追缴费及其他支出。

假设每月每车车辆管理费支出为1000元/月·车,则:

1) 每年每车车辆管理费支出: 1000×12=12000元/车·年
2) 每车公里车辆管理费支出: 1.2/20=0.06元/车·km
3) 每吨公里车辆管理费支出: 12000/20×34=0.0015元/t·km

(10) 车辆运营成本合计

1) 包含所有成本的运营成本:

固定成本+变动成本(燃油成本+保险成本+高速公路通行费+驾驶员工资、福利费+过桥过路费+还款成本费+车辆维修费+轮胎费+车辆管理费)=总运营成本

每吨公里运营成本: 0.013元+(0.052元+0.0044元+0.035元+0.021元+0.00176元+0.024元+0.0026元+0.0065元+0.00176元)=0.162元/t·km

每车公里运营成本: 0.16×34=5.5元/车·km

2) 不包括固定成本的运营成本:即变动成本:

每吨公里运营成本: 0.162-0.013=0.149元/t·km

每车公里运营成本: 0.149×34=5.066元/车·km

3) 不包括消费贷款的运营成本:

每吨公里运营成本: 0.162-0.024=0.138元/t·km

每车公里运营成本: 0.138×34=4.692元/车·km

注:年运输里程20万km,总质量49t,每车运量34t(按GB1589—2016给出的标准),以上的计算都是以此为基础。空驶油耗含在载重油耗内,不单独计算。如果空驶里程过大,应单独计算空驶的费用。

3. 找货流程与结算流程

1) 找工商局企业信息→企业地址→找销售部门(采购部门)→找运输主管→找到货源→签合同(代办运输)→确定车辆→运输→收取运费收入→财务找到对应车辆→财务记账→开出运费发票→结算→对账。

2) 老驾驶员有货源→找到货主→签合同(代办运输)→确定车辆→运输→收取运费收入→财务找到对应车辆→财务记账→开出运费发票→结算→对账。

4. 日常消耗采购与结算流程

确定采购用料(油料、轮胎、维修配件、保养、维修、保险)→确定运输路线→确定运输车辆→确定使用量→招标→签合同→支付定金→采购(采购卡支付)→供应商开具发票结算→对账。

5. 建立车辆台账

（1）建立车辆固定资产台账　根据车辆 VIN，建立车辆台账。

（2）台账内容　车辆档案号/VIN/牌照号/营运证号/购买发票号/附加税证号/合格证号/购买日期/使用日期/运输货物名称/运输路线/驾驶员姓名/驾驶证号/投资人姓名/投资人姓名/住址/投资金额/车主姓名/车辆管理人/其他。

6. 记账管理与利润核算

1）根据固定资产台账→建立固定资产折旧费用台账。

2）根据车辆的油耗定额，行驶里程，建立每一车辆的油耗台账（也可根据车辆的实际油耗）。

3）根据车辆的实际保险费用支出，建立保险费用台账。

4）根据车辆的实际工资福利费用支出，建立工资福利费用台账。

5）根据车辆的实际过桥过路费用支出，建立实际过桥过路费用台账。

6）根据车辆的实际贷款还款费用支出，建立还款费用台账。

还可以将贷款还款成本 – 固定资产折旧成本后计入此台账以防重复计算；贷款期限为四年时，还款成本为折旧加贷款利息，还款压力最低。

7）根据车辆的实际车辆维修费用支出，建立维修费用台账。

8）根据车辆的实际车辆轮胎使用费用支出，建立轮胎费用台账。

9）根据车辆的实际车辆管理费用支出，建立管理费用台账。

车辆的实际费用成本可能同定额（或标准或预算）有差异，当实际成本比定额好时，增加利润，应激励相关人员；当实际成本比定额差时，减少利润，应负激励相关人员。

10）利润核算

① 全款购买车辆的核算：

$$利润（税前）= 运费收入 – 运输成本$$

② 贷款购买车辆的核算：

$$利润（税前）= 运费收入 – 运输成本（不含贷款还款费用）$$

当折旧费用不够还款时，用车辆的利润还款。

车辆的利润应该在运输收入的 6% 左右。

7. 运输公司的财务管理与核算原则

由于运输业务的特殊性，每一辆车的油耗、维修费用、轮胎损耗都不一样，因此必须做到以下几点：

1）每一个货主的运输业务必须要独立核算。

2）每一个合同下的运输业务必须单独核算，独立考核。

3）每一辆车的运输收入、成本、利润都要单独核算，独立考核。

4）同一货主，运输的货物不同，路线不同，都应单独核算成本与利润。

四、运输业务应遵守的国家相关规定

1）《中华人民共和国道路运输条例》。

2）《道路货物运输及站场管理规定》。

3）《道路危险货物运输管理规定》。

4）《道路运输车辆技术管理规定》。

5）《机动车维修管理规定》。

6）《道路运输车辆动态监督管理办法》。

7）《机动车驾驶员培训管理规定》。

8）《中华人民共和国道路运输条例》。

9）《道路运输从业人员管理规定》。

10）《道路危险货物运输管理规定》。

第四节 物流运输业务管理流程与节点管控

一、客户开发管理的流程、主要节点与作业内容

1. 建立客户、驾驶员标准

1）建立满足规划要求的、可以加盟的驾驶员（运输业务的客户就是驾驶员）标准。
2）建立不满足规划要求的、禁止加盟的驾驶员标准。
标准要求要明确，指标要具体。

2. 建立意向客户范围

有两个意向客户范围，分别是：
1）本公司所有部门：不是一般纳税人资格的目标客户（指个人或个体运输户，也是驾驶员。或者说，运输公司的客户就是驾驶员。下同）。
2）没有此项业务的经销商：不是一般纳税人资格的目标客户。

3. 收集意向客户信息

在组织岗位分工中，收集客户信息的工作由客户经理、信息员负责。
1）收集车辆营销部开发的新购车目标客户（明细表）。
2）收集其他业务组织开发的新目标客户（明细表）。
3）收集其他经销商新购车客户的信息。
4）收集公司所有业务部门"战败"客户的信息。
5）建立意向客户明细表。
6）通过驾驶员，收集意向供应商信息，建立意向供应商明细表。

4. 制订意向客户/供应商开发计划

由产品经理/采购经理负责，制订意向客户/供应商开发计划。
1）凡是没有签订客户加盟运输公司协议书的、不是一般纳税人资格的所有客户都可以开发。
2）凡是在规划地点的意向供应商都应进行开发。

5. 制订意向客户/供应商拜访计划

产品经理/采购经理负责，制订意向客户/供应商拜访计划。
1）意向客户拜访计划。
2）意向供应商拜访计划。

6. 进行意向客户/供应商拜访，了解需求信息

1）由产品经理负责，进行意向客户拜访，了解意向客户有关车辆产品及服务需求的信息。这些信息包括但不限于表38-9所列内容，仅供参考。
2）采购经理负责，进行意向供应商拜访、调查。

7. 通过拜访，与意向客户/供应商建立关系

由销售经理/采购经理负责，通过拜访，同意向客户/供应商建立关系。
1）向客户推荐服务产品明细表，并就客户同意加盟运输公司事宜达成一致；将意向客户拜访、调查表转交计划员、客户经理、存档。
2）向供应商推荐运输公司车辆明细表，并就供应商同意合作事宜达成一致；将意向供应商拜访、调查表转交计划员、客户经理存档。

8. 建立意向目标供应商明细表

由产品经理/采购经理负责：
1）向供应商就采购产品、政策、付款、质量等进行询价，并同供应商达成一致：提供产品销售政策、价格表；将意向供应商变成意向目标供应商。

表 38-9 运输公司根据拜访计划，进行客户拜访（调查）及产品和价格推荐表

		1. 拜访前信息准备						
拜访表编号：	拜访的部门名称	拜访人姓名	拜访时间	拜访地点	拜访计划编号		其他	备注
	确定被拜访人	职务	职务	职务	职务	职务	职务	
		姓名	姓名	姓名	姓名	姓名	姓名	

2. 拜访前礼品、资料准备													
礼品1			礼品2			礼品3			礼品4			备注	其他	
名称	数量	送给人姓名	名称	数量	送给人姓名	名称	数量	送给人姓名	名称	数量	送给人姓名		

产品资料	年审价格表		保险价格表		贷款价格表		保养、维修价格表		轮胎、配件价格表		企业资料		其他
名称	数量	名称	数量	名称	数量	名称	数量	名称	数量	名称	数量	名称	数量

加油价格表	高速公路价格表		车辆价格表		挂车价格表		其他					备注
名称	数量	名称	数量	名称	数量	名称	数量				

序号	3. 调查、确认的内容												
	3.1 客户基本信息												
3.1	客户姓名	客户手机电话	客户地址				货主单位名称	货物名称	此客户熟悉人姓名	此客户熟悉人电话	客户联系人姓名	客户联系人电话	备注
			省	市（地区）	县	乡	门牌号						

	3.2 客户在用车辆信息											
3.2	车辆类别	品牌	子品牌	产品线	产品	品种	主要配置	车辆名称	数量	购买/注册时间	车牌号	登记证号	VIN	备注
	营运证号	购置税号	行驶证号	车辆已使用年限（年）	燃料类型	驾驶员1姓名	电话	驾驶员2姓名	电话	执行的排放标准	是否准备销售/置换	准备销售的时间	准备置换的车辆、品牌	其他
											是/否			

	3.3 车辆运营情况												
3.3	运输行业细分	运输货物名称	车辆运输实际载质量/公告总质量	车辆运输实际载方量/公告方量	车辆行驶主要道路	年平均行驶里程（公里）	合作的保险公司名称	轮胎合作单位名称	加油的石油公司名称	保养单位名称	维修单位名称	车辆最长使用年限	车辆平均淘汰年限（年）	备注

(续)

	3.4 客户车辆的运输情况												
3.4	行驶的方向				行驶的道路名称			货主是否需要运输发票		是否已经加盟车队		已加盟车队提供的服务项目	备注
	东	南	西	北	1	2	3	是	否	是	否	货源 开发票	
	经销商运输业务：提供的服务项目（续）					是否需要加盟物流公司		客户加盟物流公司的条件					
	加油卡	过路卡	保养维修卡	保险卡	其他	是	否	有货源	能开发票	能办加油卡	能办过路卡	能办保养维修卡	能办保险卡	其他
	4. 公司产品、项目、价格推荐												
4	车辆提供（或购车）服务	销售服务	车辆保险（代为处理事故）	车辆贷款（包括小额贷款）	车辆保养	车辆维修	配件代买	轮胎代买	代理加油（气）	代理ETC	代为找货（签订合同、收款、开发票）	代为核算	驾驶员服务产品	休息服务产品
	对产品满意吗？		对项目满意吗？		对政策满意吗？		对价格（收费）满意吗？		对推荐的保险公司满意吗		对推荐的加油站满意吗		对推荐的修理厂没有吗
	满意	不满意	满意	不满意	满意	不满意	满意	不满意	满意	不满意	满意	不满意	满意	不满意
	5. 客户提出合作、加盟的条件												
5														
	6. 双方洽谈，达成一致的内容												
6	驾驶员1身份证号码		驾驶员2身份证号码		驾驶员3身份证号码									
7	驾驶员代表签字：			日期		客户经理签字			日期		产品经理签字		日期	

注：1. 按车辆计算，一辆车一个信息表。
  2. 必要时，应对驾驶员按照贷款客户标准进行征信、犯罪记录、事故记录进行查询。保证符合要求。
  3. 调查详细才好，一定不要让不适的驾驶员加盟进来。

2）建立意向目标供应商明细表。

9. 与意向目标供应商签订采购合同

由采购经理负责：

1）与意向目标供应商签订采购合同。

2）安装采购、付款结算的设备，打通客户（驾驶员）购买（采购）作业流程。对于驾驶员来说，就是"购买"；对于运输公司来说，就是"采购"。

3）进行试购买（采购），检查流程合理性。

4）制订销售价格表。

5）制卡，交付销售经理（客户经理）。进行销售、培训。

6）将意向目标供应商变成目标供应商。

10. 建立完成准备的供应商明细表

1）由采购经理负责，完成供应商采购准备，建立完成准备的供应商明细表。

2）制订、报批、公布销售政策、销售价格表。

11. 与目标客户签订加盟协议书

1）向意向客户就产品销售政策、价格等进行说明，并与客户达成一致；向客户提供服务产品价格表；将意向客户变成意向目标客户。

2）与意向目标客户签订客户加盟运输公司协议书（略），将意向目标客户变成目标客户。

3）客户经理负责，建立目标客户明细表。

12. 目标供应商、目标客户开发完成

客户开发的流程、模板、表格见运输业务管理制度中的《运输公司业务管理流程与表格》。

二、产品销售管理的流程、主要节点与作业内容

1. 建立目标客户加盟信息收集/汇总表

由客户经理负责，将所有签订了客户加盟运输公司协议书的目标客户信息汇集，建立目标客户加盟信息收集/汇总表。

2. 收集整理客户购买运输公司产品的信息

由客户经理负责，将收集到的客户购买信息进行整理、汇总。

3. 签订产品购买合同

1）由销售经理负责就信息进行确认。

2）合同准备，确认客户合同条款、附件（产品价格表）。

3）由销售经理负责就加盟客户（驾驶员）购买运输业务产品事宜，根据产品分别签订购买合同，见表38-10。

表38-10 运输业务相关产品销售合同

序 号	购 买 合 同
1	运输公司加盟合同
2	车辆购买代理合同（或车辆使用协议）
3	购买销售服务产品合同
4	购买保险产品合同
5	购买小额贷款产品合同
6	购买驾驶员服务产品合同
7	购买加油产品合同
8	购买ETC产品合同
9	购买保养维修产品合同
10	购买找货产品合同
11	购买财务核算产品合同
12	购买运输公司车辆大事故保险产品合同（对于驾驶员承包制的运输公司需要）
13	二手车买卖合同（对于驾驶员承包制的运输公司需要）

注：免费产品不用签订合同，在加盟合同中注明即可。

4. 客户（驾驶员）按照合同付款（交付保证金）

由客户经理负责，收款，开具收据，建立客户付款明细表，交付计划员。

5. 计划员负责，编制客户产品交付计划

由计划员负责，编制客户产品交付计划，确定交付的时间、地点、数量等。

6. 产品交付管理

由客户经理负责协调，由产品经理负责向加盟客户（或驾驶员）交付产品，内容如下

1）车辆交付：交付实物。

2）销售服务产品交付：交付相关的手续、证件、合同等。

3）保险产品交付：保单、合同。
4）贷款产品交付：手续等。
5）车队产品交付，包括加油（卡）、ETC（卡）、运输合同、休息（卡）、轮胎（卡）、保养（卡）、维修（卡）、核算账本等产品的交付。

7. 建立客户购买产品明细表
由客户经理负责，建立客户购买产品明细表。

8. 建立车辆档案
由客户经理负责，建立车辆档案。

9. 进行车辆日常监控
交车辆档案给金融服务部车辆监控员，负责进行车辆日常监控。

10. 采购成本结算、核算
由采购经理负责，按照车辆明细表，由供应商每月结算一次费用、成本，按照车辆名称、车牌号开具发票。

11. 运费结算
由货运产品经理负责，每月至少进行一次运费结算。按照车辆名称、号牌开具发票，收取运费，进行核算（收入、成本、费用、工资、代缴贷款等）。

12. 财务核算
由财务核算员负责。每月按照车辆明细表，对每一辆进行财务核算（收入、成本、费用、利润、税收等）。

13. 进行车辆销售收入统计、确认
由销售经理负责。每月按照车辆、驾驶员进行销售收入（或者是驾驶员购买金额）统计，进行驾驶员确认。

14. 进行公司销售收入统计、财务确认
由销售经理负责。每月进行运输业务（公司、车队、车辆）销售收入统计，并经财务确认。

15. 进行运输业务财务核算
由财务核算员负责，每月进行运输业务（公司、车队、车辆）财务核算。

16. 进行计划完成情况统计
由计划员负责，进行月度、年度计划、工资、费用完成情况核算、报表。

17. 建立运输公司保有车辆明细表
驾驶员申请退出，符合条件，审查无误，可以按照加盟协议退出。
1）计划员负责：每月退出车辆进行统计，建立退出驾驶员和车辆汇总表。
2）计划员负责：每月建立运输公司保有车辆明细表。

18. 建立安全运营车辆奖励统计表
由计划员/车辆监控员负责，每月建立安全运营车辆奖励统计表，奖励驾驶员。

19. 进行驾驶员回访
由客户经理负责，进行客户回访。
1）加盟驾驶员户回访：为什么加盟？满意什么？不满意什么？如何改进就会满意？
2）不加盟驾驶员回访：为什么不加盟？不满意什么？满意什么？如何改进就会满意？

三、健全管理机制与管理流程

1. 建立问题改进机制
由公司经理负责，建立问题改进机制，对客户不满意的项目进行限期改进。

2. 核算部门成本、费用、价格、利润
由计划员/财务核算员负责。
1）核算部门成本、费用、价格、利润。

2）计算每一岗位所有人员的工资、奖励。

3）上报批准。

3. 兑现工资、奖励，进行总结

由计划员负责，兑现批准后的工资、奖励，并进行总结、报告部门的工作。

4. 货运经理负责，建立运输作业管理流程：提高单车运输效率

1）建立管理流程：确定运输货物→确定运输路线→确定货运量→确定运输方案→确定车辆→确定车辆数量→招聘驾驶员→购买车辆→培训驾驶员→交付车辆→交付运输方案→车辆运营→运营监控→车辆收入核算→车辆成本、费用核算→车辆核算→财务核算→安全奖励→车辆处置。

2）进行运输管理与统计分析，帮助驾驶员提高运输效率。

3）进行对比分析，帮助驾驶员节约费用，降低成本，提高管理水平。

第五节 商用车托管服务管理探索

对于商用车来说，车辆的高出勤率就代表着高收益，但是由于商用车工作环境的特殊性和电子技术的普遍应用，其车辆的日常维护保养越来越专业。如果一个中小型商用车队没有专业的管理团队，就很容易因车辆维护保养不善而影响收益，而中小型车队自己建立这样一支专业管理团队并不现实。因此，商用车市场呼唤更专业、更周到、更高效、更经济的服务保障模式，车辆托管服务模式就应运而生了。

本节介绍陕汽 TCO 托管服务方案，为存在上述问题的个体或中小型车队及商用车经销商提供参考。

陕汽 TCO 托管服务与其整车销售进行有效融合，为客户提供整体解决方案，制订专属全生命周期维护保养计划书、提供主动预防式维修（易耗损件周期性更换）、保证车辆维保零延误、车辆零抛锚，定制化的服务模式和专业性的服务团队，保证了服务的时效性，提高了车辆出勤率，为客户创造了最大价值，也促进了陕汽车辆的销售和市场占有率的提高，真正实现共赢。

案例 陕汽 TCO 托管服务

1. 陕汽 TCO 托管服务商标设计思路

黄色重型货车造型代表陕汽重卡；蓝色的手型代表陕汽对车辆的专业呵护和关爱；三个字母 TCO 的官方解释是总成本的概念，在这里代表陕汽是基于关注客户运营全过程，关注产品全生命周期而推出的托管服务，其目的是让客户付出最低的支出，带来最大的收益，更好地控制运营总成本，见图 38-2。

呵护\保养\托管

图 38-2 陕汽 TCO 托管服务商标设计思路

2. TCO 托管服务是什么

（1）托管服务理念 TCO 托管服务是一种客户按照运营里程和时间承担一定费用的有偿服务模式。客户承担一定的费用，客户车辆的后期维护保养将全部由专业的售后团队执行。

例如，TCO 托管服务协议执行的标准是 0.1 元/km，如果车辆当月运营里程为 1 万 km，那么当月客户只需付出 1000 元，其车辆在这个月内所有的维修和保养均由陕汽承担。

（2）托管服务内容 对于签署 TCO 托管服务的车辆，总部服务工程师会依据车辆的运营情况和工况量身定做全生命周期维护保养计划书，见表 38-11。

表 38-11 陕汽某款托管服务计划书

TCO托管车辆全生命周期维护保养计划书

客户单位：天津正威　　　　　　　　　　　　　　　　编号 18-0002

车型	SX4258GV384TLW		发动机型号	WP12NG380E50		协议编号	TG20180625XF0005		数量	74
保养次数	维护保养里程（万km）	TCO维护类					TCO保养类			
		A级维护（安全）	B级维护（常规）	C级维护（清洗）	D级维护（专项）	E级维护（监测）	发动机保养		底盘保养	车桥保养
0	0.5	强制保养								
1	2		●							
2	3.5						●			
3	5	●								
4	6.5						●		●	●
5	8		●							
6	9.5						●			
7	11	●								
8	12.5			●	●		●		●	●
9	14		●			●				

其主要服务内容包含定期维护保养、易耗损件更换、保修期的定制、主动预防检查四方面。

1）定期维护保养。其内容较常规保养更为全面，如制动系统空气干燥筒的更换、后处理系统的清洗等，详见表38-12。

表 38-12 定期保养零部件

系统	配件名称	系统	配件名称
发动机	机油	桥	桥齿轮油
	机油滤芯		前轮保养
	燃油精滤	转向	转向油罐滤芯
	燃油粗滤		转向液压油
	除水滤芯	制动	空气干燥筒
	空滤滤芯总成	后处理	尿素泵滤芯
	气门间隙调整		进液管接头
变速器	变速器齿轮油		尿素箱清洗

2）易耗损件更换。在规定的时间及里程对车辆进行主动检查和检测，当判断易、耗损件性能不符合要求时，及时进行更换处理，易损零部件有40余种，参见表38-13。

表 38-13 易损耗零部件

序号	配件名称	序号	配件名称
1	发动机传动带	9	离合器盖总成
2	发电机	10	分离轴承
3	起动机	11	M3000刮水器片
4	发动机右后悬置	12	刮水器电动机
5	发动机左后悬置	13	免维护蓄电池
6	离合器分泵	14	压缩机总成
7	离合器总泵	15	空调传动带
8	离合器片	16	行车继动阀

(续)

序 号	配件名称	序 号	配件名称
17	驻车继动阀	31	翻转轴内径衬套
18	驻车制动阀	32	制动鼓
19	制动主缸	33	摩擦片
20	空气处理单元	34	制动盘
21	挂车制动阀	35	摩擦块
22	电磁阀	36	左组合尾灯（LED）
23	膜片弹簧制动气室	37	右组合尾灯（LED）
24	不锈钢金属软管	38	右前组合灯（昼行灯）
25	电源总开关	39	左前组合灯（昼行灯）
26	组合开关（菜单控制）	40	减振器总成（前）
27	组合开关（灯光、刮水器）	41	暖风机进风口滤网
28	组合开关（排气制动）	42	限位块
29	排气蝶阀	43	橡胶缓冲块（悬置）
30	挠性软管	44	膜片弹簧制动气室

易损件，是指车辆相关运动部件、橡胶件和含橡胶制品的零部件，在车辆运行到一定里程时，应主动进行性能检测。

耗损件，是指针对正常使用过程中磨损的零部件进行定期检查和测量，当发现耗损到更换标准时应进行更换。

3）保修期的定制。对于签署TCO托管服务的车辆，其协议期就是整车的保修期，如客户签署的协议为5年或120万km，那么车辆上所有零部件的保修期均是5年或120万km，如灯泡原有保修期是3个月，签署协议后其保修期就是5年或120万km。参见表38-14。

签署TCO托管服务协议的车辆，在协议期间车辆的保养、维护、维修和所有零部件的更换（不包括交通事故、人为原因导致）和轮胎的正常更换均由陕汽承担。

表38-14 零部件延保示例（以5年或120万km为例）

所属系统	类别	总成及零部件	正常保修期/月	保修期（托管）
发动机及相关件	基础件	连杆；气缸盖；气缸体；曲轴；曲轴箱；凸轮轴	36	5年或120万km
	重要件	飞轮；活塞；机油泵；ECU；缸套；风扇离合器；共轨管等	24	5年或120万km
	一般件	膨胀水箱；油箱总成；散热器；中冷器等	12	5年或120万km
	电器件	起动机；各类传感器；发电机；辅助制动线束总成等	12	5年或120万km
	损耗件	传动带；护风圈；发动机后悬置软垫总成；发动机前支撑等	6	5年或120万km
变速器及顶关件	基础件	变速器壳体；离合器壳体；取力器壳体；上盖壳体	24	5年或120万km
	重要件	一轴；二轴；中间轴；倒档中间轴；主箱齿轮等	18	5年或120万km
	一般件	变速器各种阀类；气管；接头；油封；线束；轴承等	12	5年或120万km
中、后桥	基础件	中、后桥壳；轴承座；主减速壳；过桥箱盖；过桥箱壳体	24	5年或120万km
	重要件	锥齿轮；圆柱齿轮；行星齿轮；半轴齿轮；行星架等	18	5年或120万km
	一般件	调整垫；贯通轴卡环；回位弹簧；螺母；凸缘；油封等	12	5年或120万km

4）主动预防检查。针对TCO托管车辆，陕汽会在车辆运营全生命周期内不同时间段均有不同等级的主动预防检查项目，像A级安全类维护项目，主要是针对车辆的行驶安保部位，E级检测项目，主要是针对车辆耗损件的损耗情况进行检测。

在车辆的装货间隙或等待时间及时进行车辆主动安全检查，可提前发现问题并解决。

(3) 服务保障模式

1）全生命周期维护计划书。

2）专属客户服务经理对接。

3）定点专属保障+沿线保障。

4）专属配件投放及总成储备。

5）呼叫中心专线+托管保障小组。

针对TCO托管车辆的服务保障，陕汽搭建一套完善的保障体系，在客户车辆的聚集地设置实力较强的定点保障服务站，按5%的比例进行车辆易损件、耗损件的储备和总成件的预投，并配备专属的客户经理进行车辆维护的对接和全生命周期维护计划书的落地实施，在总部设置呼叫专线和保障小组24小时服务。

3. 服务增值体现

对于经销商来说，客户黏性的增加和客户满意度的提升，将使竞品无法轻易介入，而TCO托管服务与整车销售有效融合后，也可为客户提供整体解决方案，丰富了营销手段，促进车辆销售的提升和市场占有率的提高。

专属全生命周期维护保养计划书、主动预防式维修（易耗损件周期性更换）、定制化的服务模式和专业性的服务团队，保证了服务的时效性，提高了车辆出勤率。通过TCO托管服务预约式服务模式保证车辆维保零延误、主动式预防模式确保车辆零抛锚，以此来提高车辆出勤率，为客户创造最大价值，实现双方共赢。

4. TCO托管服务运营情况

（1）销售数量　截至2019年，陕汽TCO托管服务签约车辆995辆，全生命周期托管车辆涉及785辆、延保车辆涉及210辆。

（2）推广情况

1）在产品开发方面，目前已完成牵引车、载货车、智能渣土车和水泥搅拌车等主销车型的TCO托管服务产品的开发，并完成相应车辆的TCO托管服务的运营。

2）在业务保障方面，在不改变目前报单模式的情况下，DMS系统完全支持TCO托管车辆的识别和服务报单。

3）在产品推广方面，完成陕汽TCO托管服务产品手册的发布和宣传彩页的印制及下发。

5. 营销模式创新

现代服务业商业模式创新在纵向上要把产业链做大做长，打造全产业链的服务业平台，横向上要做宽做厚，建立更多的战略联盟，打造集成式服务平台，通过平台来提升客户、商家的共同价值。

TCO托管服务未来的发展，将是现阶段产品营销模式的创新。TCO托管服务产品蕴含内容将不断完善轮胎、加气、加油、配件商城、ETC、电子商务的发展，打造致力于服务广大客户的物流和供应链电子商务系统的数据物流大平台。陕汽还将与金融和保险进行深度合作，推出产品与服务结合的金融产品，将TCO托管服务进行普及化，持续为客户创造非凡价值和客户体验，最终目标是成为客户整体解决方案的运力提供商！

本章小结与启示

本章对物流运输业务进行了详细分类。随着社会分工越来越细，货主对产品质量的要求越来越高，对运输质量的要求也会越来越高。这就要求车辆必须满足细分市场的要求。

商用车就是用来运输货物的，因此所有商用车的从业人员必须掌握物流运输行业的相关知识，提高物流运输管理的效率和质量。

本章学习测试及问题思考

1. 简述物流运输按照运输工具的不同分类及特点。
2. 车辆物流运输，按运输距离如何分类？
3. 举例说明什么是商用车托管服务？
4. 运输业务相关管理制度有哪些？

第三十九章 二手商用车业务管理[一]

学习要点

1. 了解二手商用车的由来及做好二手商用车业务的意义。
2. 掌握关键评估方法：综合成新率法和重置成本法。
3. 掌握二手车整备工作的重要性和二手车销售的技巧。
4. 掌握二手车业务管理的流程、主要节点与作业内容。

第一节 二手商用车市场分析

一、基本概念与分类

1. 二手商用车基本概念

（1）二手车定义 2005年10月1日，由商务部、公安部、工商总局、税务总局联合发布的《二手车流通管理办法》正式实施，此办法总则第二条，对二手车的定义为："二手车是指办理完注册登记手续到达到国家制度报废标准之前进行交易并转移所有权的汽车（包括三轮汽车、低速载货汽车，即原农用车）、挂车和摩托车"。

（2）本章所讲的"二手商用车"的定义 "按照国家及政府主管机关的要求，办理完成车辆注册手续，运行一定的时间及里程，还没有达到国家规定的强制报废标准，由于各种原因需要交易的、手续齐全的、按照落户地环保标准可以办理手续的车辆，这里面强调了三点：

1）有原因。
2）手续齐全。
3）符合落户地环保标准。

2. 二手商用车分类

二手商用车分为：微型货车、轻型货车、中型货车、重型货车、（半）挂车（含清洁能源汽车，不包括新能源汽车，下同）二手车。

[一] 本章由崔士朋、赵旭日编写。

二、二手商用车的主要来源

二手车的来源，就是二手车产生的原因。商用车作为生产资料，产生二手车的原因很多，与乘用车有很大的区别：有车辆更新换代快的原因、车货匹配的原因、政府调整产业政策导致货源不足的原因、运输公司经营不善的原因、高速公路通行的原因等。下面从两个方面进行探讨。

1. 从车辆本身看二手商用车生产的原因

（1）部分功能不能满足需求（装、固、运、卸、安、防、管）

1）由于货主的装卸方式发生变化，车辆原有的功能不再适应。如：原来是用叉车装卸，现在要用吊车装卸，厢式车、仓栅车的开门方式不适应等。

2）由于政府对环保的要求发生了变化，车辆原有的功能不再适应。如：原来城市渣土运输车没有要求带有防护（防风、防飘撒、防漏）功能，现在的环保要求必须带有防护功能，原有的自卸车不适应。

3）动力、速度等性能下降，行驶功能不能满足需求。原有的区域、运输路线是一般的国道、省道，没有高速公路，现在有了高速公路，动力、速度、不再适应现有的道路状况。

4）有些冷藏厢式车由于时间长、密封件老化，有些自卸车、仓栅车由于使用时间长、货箱变形等，密封性能下降；这些车出现了跑、冒、滴、漏现象，密封功能不能满足货主及监管部门的要求。

5）原有车辆功能减少。新技术、新工艺、新方法、新产品的不断涌现，使新车的功能不断完善和增加（特别是专用车，原先只有一个作业功能，现在有两个以上了，效率明显提高，作业成本下降），原有车辆的效率下降，失去了竞争力，密封功能不能满足车主和货主对车辆效率的要求。

（2）性能不能满足车主、驾驶员的要求　随着运输条件的变化，有些车辆的性能不能满足车主的要求，这些性能主要是动力性能、油耗、速度、出勤率（故障率增加，维修成本提高，性能下降）、安全性能、装载性能和舒适性能等。

（3）配置不能满足需求　随着道路条件、环境条件（治理超载）、收费条件（高速公路按轴数收费）的变化，原有车辆的配置（整备质量、后桥、货箱等）不适应。

（4）车辆不符合标准的要求　随着新标准（GB 1589—2016、GB 7258—2017 等）的实施，原有车辆不符合新标准的要求，存在安全隐患（特别是危险品运输车），已不能满足货主的要求。

（5）车辆不符合当地政府（环保）法律法规的要求　随着政府对大气污染治理力度的加强，有些环境污染较重的城市开始提前淘汰高污染的车辆（如符合国三排放标准，不符合当地排放标准的车辆）。

（6）不符合当地政府管理规定的要求　随着国家对安全管理的加强，一些短途运输车辆由于超载而破坏道路和桥梁的问题暴露出来，这些车辆主要是城市建设用车辆、工厂用原材料短途运输车辆和矿山短途运输车辆等，一些地方政府开始规定车辆的总质量、货箱尺寸等，原有的车辆不符合当地政府的新规定。

（7）车主不是一般纳税人，不能开具运输增值税发票　有些车主（个人客户、个体客户、挂靠在非一般纳税人车队的客户）不是一般纳税人，车辆的增值税不能抵扣，也不能对货主开具运输专用发票，不能满足货主的要求，这些运输业者需要更换车辆，注册一般纳税人的法人公司，或者加盟有一般纳税人资格的法人运输公司。

（8）其他原因　出过重大交通事故、家庭原因导致不能继续经营等，车辆需要出售。

2. 从车辆使用端看二手商用车生产的原因

1）运输的货物发生了变化，车辆不能满足货物（目标市场）的要求。

2）货主的要求（时间、质量）提高了，车辆不能满足货主（顾客）要求。

3）车辆不能满足车主（客户）的要求（油耗、维修成本、出勤率）。

4）车辆不能满足驾驶员（用户）的要求（舒适、方便、省力）。

5）车辆不能满足政府监管的要求。

6）车辆不能满足车队的管理（监控、安全）要求。

7）车主管理不善导致车辆不能继续运营。

8）流动资金不足导致车辆不能继续运营。

9) 原经营主体退出运输行业，导致车辆停驶。
10) 债务纠纷导致车辆被拍卖。
11) 找不到驾驶员导致不能继续运营。
12) 其他原因导致车辆不能继续运营。
每一辆二手车，来历必须明确，否则不可收购。

3. 分析二手车产生的原因，有两个目的

1) 从车辆本身看二手车产生的原因，以确定是否符合二手车定义，确定收购价格。
2) 从车辆使用情况看二手车产生的原因，以确定其未来销售方向（销售的区域、行业/运输货物、客户）、是否需要整备、确定销售模式（销售、融资租赁、出租）、制订销售价格。

三、做好二手商用车业务的意义

1. 市场的需要

1) 大量在用车需要更新：随着技术的进步，产品更新换代的步伐在不断加快，新车的效率更高，安全性、舒适性更好，自动驾驶技术更加可靠，驾驶员更省力、舒心，随着劳动力的短缺，一些性能不佳的车辆找不到驾驶员的现象、驾驶员要求更高工资的现象十分普遍，因此一些长途运输车辆的更新速度越来越快。
2) 不论从车辆端还是使用端看，随着社会的进步、产业转型、政府"放、管、服"改革力度的加大，车辆更新换代的速度都在加快。
3) 在全国各地出现了自发形成或政府引导＋市场作用形成的二手（商用）车市场，如：江西高安、山东梁山、河北石家庄、内蒙古包头等二手车市场，交易量快速提高。
4) 还有一些老客户、老驾驶员随着年龄的增长，体力跟不上了，转行也困难，买一辆更便宜的二手车继续干老本行还是十分可行的。
5) 有些运输公司手里有一些货源，但不是很稳定（有季节性、时效性，时间不确定等），用新车运输成本高，不划算，二手车很合适。

2. 竞争的需要

(1) 厂家竞争的需要　二手车客户是新车业务的最主要客户源。

1) 随着物流运输市场的规范、产业升级、国家物流基础设施的不断完善，物流运输从业者的数量在不断下降或保持稳定，新进入者越来越少，厂家要想提高销量，就要争夺其他品牌厂家的客户，这些客户新增车辆需求越来越少，等量置换越来越多，所以没有二手车业务，就很难开发、争取老客户。
2) 没有二手车业务，保不住老客户，如果自己没有二手车业务，厂家没有二手车业务支撑，自己的客户就很有可能被其他品牌经销商抢去了。

(2) 经销商竞争的需要　经销商要想保住老客户，开发新客户，就需要有二手车业务。

3. 提高经营能力和盈利水平的需要

二手车市场还是一个相对不成熟的市场，目前大多数经营者还是以个体经营户为主，成规模的经销商较少，这些从业者的资金实力、客户数量、诚信度都有欠缺，也就是说，竞争力不足，他们的利润来源还主要是依靠信息不对称（卖家找不到买家）挣钱，这就为广大经销商朋友开展二手车业务留下了足够大的空间。

没有二手车业务，想不断提高新车销量就越来越困难了，这是提高经营能力的需要。新车、车辆保险、客户贷款等传统的经营业务竞争越来越激烈，盈利水平越来越低，运输业务和二手车业务就成为现在经销商增加盈利的蓝海。

4. 二手车业务可以给其他业务带来收益

1) 整备是维修业务的主要来源之一，开展二手车业务，车辆多数需要整备（恢复其原有的功能、性能）。同时，二手车使用年限相对较长，因此维修量比新车也要多。
2) 二手车也需要精品、保险、金融服务、保养、维修、配件等其他服务的支撑，也就为这些业务带来新的源泉，可以大大增加这些业务的客户量。

5. 二手车本身具有优势的需要

（1）经济实惠　二手车一般都不是现在车市最新的车型，一般要落后两年以上，同一品牌同一车型的二手车，与新车相比，功能、性能相差不大，价格只有新车的60%左右甚至更多，还省去了车辆购置税等费用。

（2）折价率低　任何一辆汽车，只要在车管所登记落户后，不管你用还是不用，或者你用多还是用少，它每一年的价值都在不断下降，一般来说，一年后最低要贬值20%，两年后最低要贬值35%，三年后最低贬值达50%。

购买的二手车，在折价时的折价率大大低于新车，其使用的折旧费用更少，因此相对成本更低。

（3）出勤率要求低　二手车由于价格低、折旧少，因此使用成本低，同等条件下，新车的出勤率达到80%（每月25天）以上才有利润，而二手车可能只要60%的出勤率就有利润，这也是很多老客户、年龄大的客户、已经还清贷款的客户，即使车龄较长（超过4年）也不愿意更新的原因。

（4）维修方便、成本低　新上市的车一旦出现故障，一般会出现跑了很多地方却买不到零配件的情况，但如果买二手车，就不再用为买汽车配件难而担心，因为二手车一般都是两年以前的车型，针对该车型的维修、保养等配件已经非常丰富，车主一般都不用再为买不到配件而四处奔波。同时，维修、保养技术已经被大多数修理厂和驾驶员掌握，维修成本也低。

第二节　建立二手商用车业务组织与管理制度

做好二手商用车的经营管理，应建立规范的业务管理组织与制度、建立健全管理机制与管理流程。

一、建立二手车业务组织与岗位设置

（1）建立组织　根据客户需求建立业务、根据第二十九章有关业务管理制度的规定，设置：二手车业务部。

（2）设置业务管理与作业岗位（见表39-1）

表39-1　二手车业务部岗位设置

序号	岗位主要职责	岗 位 名 称
1	部门管理、客户开发管理	部长
2	计划管理	计划员
3	客户信息收集管理	（收购）信息员
4		（收购）客户经理
5	产品设计、产品确认、客户拜访	（收购）产品经理
6	收购协议管理、车辆评估管理、车辆收购管理	（收购）商务经理/车辆评估师
7	库存管理	车辆/档案保管员
8	整备管理、产品管理、客户拜访、产品推荐	（销售）产品经理
9	商务洽谈、合同签订、车辆交付	（销售）商务经理
10	客户管理	（销售）客户经理
11	客户信息管理	（销售）信息员
12	延保管理	延保经理

注：当业务量较小时，
1. 收购和销售产品经理、商务经理、客户经理可以兼职。
2. 部长可以兼任商务经理或产品经理。
3. 计划员客户兼任商务经理或产品经理。
4. 商务经理或产品经理可以兼任客户经理、计划员等。

二、建立二手车业务管理制度与作业表

根据客户的期望,建立二手商用车相关的业务管理制度,可以使所有岗位人员的作业标准化、规范化,提高作业效率,减少无效劳动,满足客户期望,提高客户满意度。

1. 制度名称列表

二手车业务管理制度,主要包括:

(1) 二手车业务管理制度

1) 二手车业务部组织管理表。

2) 二手车业务部业务管理流程及表格。

3) 二手车过户资料(手续)明细表。

(2) 二手车业务部工作制度

(3) 二手车业务部部长作业制度

(4) 二手车业务部计划员作业制度

(5) 二手车业务部销售产品经理作业制度

(6) 二手车业务部销售商务经理作业制度

(7) 二手车业务部销售客户经理作业制度

(8) 二手车业务部收购产品经理作业制度

(9) 二手车业务部收购商务经理作业制度

(10) 二手车业务部收购客户经理作业制度

(11) 车辆与档案保管员岗位作业制度

2. 聘任干部和岗位人员

参见第三十章商用车采购业务管理的相关内容,不再赘述。

组织管理的流程、模板、表格及管理要点见二手车业务管理制度中的二手车业务部组织管理表。

3. 建立二手商用车收购标准

建立收购标准,防止"买得进来,卖不出去"。

(1) 允许收购标准 按照行业、运输货物,品牌、车型、驱动形式、动力、产品,建立允许收购的二手车明细表。允许收购的车辆明细表,见表39-2。

表39-2 允许收购的车辆明细表

序号	车辆类别	品牌	子品牌	车型	驱动形式	动力	主要配置	车辆名称	燃料类型	执行的排放标准	整备质量	公告载质量	已经使用年限	最长允许使用年限
合计														
1														
2														
…														

(2) 不允许收购标准 按照行业、运输货物,按照品牌、车型、驱动形式、动力,产品建立不允许收购的产品明细表。

4. 确定二手车收购评估方法

(1) 评估方法

1) 重置成本法——主要的评估方法。

2) 综合成新率法——辅助评估方法。

(2) 建立合作的数据平台 利用中国汽车流通协会商用车专业委员会牵头建设的二手商用车鉴定评估的大数据平台,作为主要的数据平台。

(3) 建立评估标准 利用中国汽车流通协会商用车专业委员会依据《二手商用车鉴定评估技术规

范 载货车》团体标准 T/CADA 5011—2018，开发的评估软件作为评估工具。

（4）聘任评估师　由经过中国汽车流通协会商用车专业委员会培训合格，并颁发证书的专业评估师进行评估。第三方评估机构为辅助评估师。

第三节　二手商用车业务重要节点解读

一、二手商用车鉴别，严谨与专业是前提

1. 鉴别二手商用车，剔除非二手车

1）不符合标准、法规的车辆（含非法改装的），经过整备也不能符合的车辆不是二手车。

2）不符合货物要求（含没有合适的运输货物）、货主要求，且经过改装也达不到要求的车辆不能成为二手车。

3）手续不齐全的车不能成为二手车。

4）假手续（套牌等）的车不能成为二手车。

5）被抵押、扣押的车不能成为二手车。

6）不能过户的车不能成为完全可交易二手车（只能部分交易—使用权）。

7）发生交通事故没有处理完毕的车不能成为二手车。

8）有违法记录没有处理完毕的车不能成为二手车。

9）没有完税手续的车不能成为二手车。

10）超过2年没有年审的车，如果不能重新年审，就不能行驶，不能成为二手车。

11）其他原因不能成为二手车（手续不相符：车辆的实际 VIN、发动机、合格证与车辆手续不符等）。

2. 鉴别二手车，需进行查询验证

（1）车辆真实性查询　到车辆管理机关查询 VIN、合格证、牌照、抵押或扣押、违法记录等。

（2）完税手续查询　到税务机关查验纳税证明的真实性。

（3）营业手续查询　到交通管理部门查验营运证的真实性。

（4）事故未处理查询　到保险公司等机构查验事故处理档案或其他文件。

3. 进行必要的测量和检查

（1）测量　对照公告所列的项目、指标进行测量外形尺寸、货箱尺寸、整备质量等。

（2）检查　对照产品公告、照片、使用说明书，进行必要的检查、对照。

1）加换装灯具、油箱、轮胎等。

2）减装 ABS、尾气处理器等。

3）改装货箱（与照片不符）等。

（3）车辆环保标准查询　跨区域销售车辆时，要注意车辆是否符合当地的环保标准，是否能够过户，所有车辆必须以能够过户为前提。

（4）挂靠车辆一定要查询挂靠车队，是否可以过户，有些挂靠车队不让过户或收取高额过户费。

4. 二手车也分冷门、热门品牌和车型

（1）热门品牌　相同车辆类别、相同车型、相同驱动形式、相同动力的车辆，主流品牌（市场占有率前5名的品牌）就是热门品牌。热门品牌客户认可度高，销售快，价格相对好。

（2）热门车型　所有品牌，相同车辆类别，销量前五的车型就是热门车型，销售快，价格相对好。

（3）冷门车型　所有品牌，相同车辆类别，销量后五名的车型就是冷门车型。冷门车型客户接受度低，销售相对困难。冷门车型的收购价格更便宜，利润可能更好，如果销售能力强，经营冷门车型也是不错的选择；冷门车型更适合采用以租代售或租赁的销售模式进行销售，这样客户购买更放心，销

利润更高。

5. 使用工况不同，车况差异大

二手商用车原来运输的货物、载质量、整备质量、行驶的道路不同，二手车的状况差异很大。

（1）车辆按照总质量分类　由于运输货物（高密度货物、低密度货物）的不同，可分为超载车辆、满载车辆、不满载车辆（车辆运输状态总质量＞公告允许总质量的70%，＜100%）、轻载车辆（车辆运输状态总质量＜公告允许总质量的70%）。

（2）超载车辆　其明显的特征是其整备质量（尤其货箱/半挂车的整备质量明显大于非超载车辆），这些车辆由于超载导致运动部件非正常磨损，车辆状态相对较差，因此在相同条件下，在经营这类车辆时要注意减价。

（3）不满载车辆和轻载车辆　主要是指车辆在不满载、轻载状态下车辆磨损减少，整车状态要好于满载车辆和超载车辆，因此在相同条件下，在经营这类车辆时要注意适当加价。

二、二手商用车的评估方法

1. 档案是否齐全，是评估的重要依据

1）按照交通运输部《道路运输车辆技术管理规定》要求：车辆的保养、维修、更换的配件都应有记录和档案，并且要求随着车辆的转移进行移交。道路运输经营者应当建立车辆技术档案制度，实行一车一档。档案内容应当主要包括：车辆基本信息，车辆技术等级评定、客车类型等级评定或者年度类型等级评定复核、车辆维护和修理（含《机动车维修竣工出厂合格证》）、车辆主要零部件更换、车辆变更、行驶里程、对车辆造成损伤的交通事故等记录。档案内容应当准确、详实。车辆所有权转移、转籍时，车辆技术档案应当随车移交。

2）档案齐全的车辆，客户买得放心，也愿意出高价。

2. 评估方法很关键

车辆的评估方法有很多种，采用不同的评估方法评估出来的价格差异很大，这也是客户不满意的原因所在，采用合理的评估方法对提高客户满意度十分重要。

针对不同的车辆，建议采用不同的评估方法相对较为合理，下面做一个推荐，仅供参考，只要卖家感觉合理就好：

（1）现行市价法　中国汽车流通协会团体标准 T/CADA 5011—2018《二手商用车鉴定评估技术规范 载货车》给出的"现行市价法的运用方法"如下：

1）评估价值参照为相同车型、配置和相同技术状况鉴定检测分值的车辆近期的交易价格；

2）如无参照，可从本区域近期的交易记录中调取相同车型、相近分值，或从相邻区域的成交记录中调取相同车型、相近分值的成交价格，并结合车辆技术状况鉴定分值加以修正。

（2）重置成本法（以中重型车为例进行介绍）　中国汽车流通协会团体标准 T/CADA 5011—2018《二手商用车鉴定评估技术规范 载货车》给出的"重置成本法的运用方法"如下：

重置成本法计算车辆价值：

1）当无任何参照体时使用重置成本法。车辆评估价值为

$$W = (R - Cv) yt\gamma \tag{39-1}$$

式中　W——车辆评估价值；

R——更新重置成本，更新重置成本为在评估基准日购置相同型号、相同配置的新车的成本；

Cv（Component evaluation value）——实体性减值检查，包括更换零部件或恢复功能必须花费的材料费和工时费等；

y——年限成新率；

t——技术鉴定成新率；

γ——调整系数，根据评估车辆区域、品牌、使用工况等差异情况适当调整评估价值；

2）年限成新率计算方法

采用双倍余额递减折旧法 + 平均年限折旧法，即：车辆投入使用的最初 1~2 年采用双倍余额递减折旧法，其他年份采用平均年限折旧法。双倍余额递减折旧法见式（39-2）和（39-3）：

$$y_n = (1 - 2/N)^n \tag{39-2}$$

$$y_{nm} = y_{n-1} - (y_{n-1} - y_m) m/12 \tag{39-3}$$

式中 N——车辆使用年限，按 10 年计算折旧；

y_n——第 n 年末的年限成新率，自卸车、水泥搅拌车第 1 年（$n=1$）按双倍余额递减法，剩余 9 年按平均年限折旧法。其他中、重型载货车前 2 年（$n=2$）按双倍余额递减法，剩余 8 年按平均年限折旧法。

y_{nm}——第 n 年的第 m 月的成新率，n 取值第 1~2 年，m 取值第 1~12 月。

区域不同，车型不同，经销商可以自己设定。如：自卸车、水泥搅拌车前 2 年按照双倍余额递减法；其他车型按照第 1 年按照双倍余额递减法；轻型车、微型车所有车型按照第 1 年按照双倍余额递减法，剩余 9 年按平均年限折旧法等。

如何设计年限成新率的关键是客户的满意度。如果客户不满意，就不会出售。

平均年限折旧法的计算见式（39-4）和（39-5）：

$$y_n = y_2 - [(y_2 - C)/N - n + 1] \tag{39-4}$$

$$y_{nm} = y_{n-1} - [(y_{n-1} - y_n) m/12] \tag{39-5}$$

式中 C——车辆净残值率，取值 5%；

y_n——第 n 年末的年限成新率，自卸车、水泥搅拌车 n 取值第 2~10 年，其他中、重型载货车 n 取值第 3~10 年；

y_{nm}——第 n 年的第 m 月的成新率，m 取值第 1~12 月。

表 39-3 和表 39-4 为中型、重型载货汽车使用年限内的成新率速查表。

表 39-3 中型、重型载货汽车使用年限内的成新率速查表（除自卸车、水泥搅拌车）

评估年	1 年	2 年	3 年	4 年	5 年	6 年	7 年	8 年	9 年	10 年
年限成新率	80.0%	64.0%	56.6%	49.3%	41.9%	34.5%	27.1%	19.8%	12.4%	5.0%
1 月	98.3%	78.7%	63.4%	56.0%	48.6%	41.3%	33.9%	26.5%	19.1%	11.8%
2 月	96.7%	77.3%	62.8%	55.4%	48.0%	40.6%	33.3%	25.9%	18.5%	11.1%
3 月	95.0%	76.0%	62.2%	54.8%	47.4%	40.0%	32.7%	25.3%	17.9%	10.5%
4 月	93.3%	74.7%	61.5%	54.2%	46.8%	39.4%	32.0%	24.7%	17.3%	9.9%
5 月	91.7%	73.3%	60.9%	53.6%	46.2%	38.8%	31.4%	24.1%	16.7%	9.3%
6 月	90.0%	72.0%	60.3%	52.9%	45.6%	38.2%	30.8%	23.4%	16.1%	8.7%
7 月	88.3%	70.7%	59.7%	52.3%	44.9%	37.6%	30.2%	22.8%	15.4%	8.1%
8 月	86.7%	69.3%	59.1%	51.7%	44.3%	37.0%	29.6%	22.2%	14.8%	7.5%
9 月	85.0%	68.0%	58.5%	51.1%	43.7%	36.3%	29.0%	21.6%	14.2%	6.8%
10 月	83.3%	66.7%	57.9%	50.5%	43.1%	35.7%	28.4%	21.0%	13.6%	6.2%
11 月	81.7%	65.3%	57.2%	49.9%	42.5%	35.1%	27.7%	20.4%	13.0%	5.6%
12 月	80.0%	64.0%	56.6%	49.3%	41.9%	34.5%	27.1%	19.8%	12.4%	5.0%

表 39-4 自卸车、水泥搅拌车使用年限内的成新率速查表

评估年	1 年	2 年	3 年	4 年	5 年	6 年	7 年	8 年	9 年	10 年
年限成新率	80.0%	71.7%	63.3%	55.0%	46.7%	38.3%	30.0%	21.7	13.0%	5.0%
1 月	98.3%	79.3%	71.0%	62.6%	54.3%	46.0%	37.6%	29.3%	21.0%	12.6%
2 月	96.7%	78.6%	70.3%	61.9%	53.6%	45.3%	36.9%	28.6%	20.3%	11.9%
3 月	95.0%	77.9%	69.6%	61.3%	52.9%	44.6%	36.3%	27.9%	19.6%	11.3%
4 月	93.3%	77.2%	68.9%	60.6%	52.2%	43.9%	35.6%	27.2%	18.9%	10.6%
5 月	91.7%	76.5%	68.2%	59.9%	51.5%	43.2%	34.9%	26.5%	18.2%	9.9%

（续）

评估年	1年	2年	3年	4年	5年	6年	7年	8年	9年	10年
6月	90.0%	75.8%	67.5%	59.2%	50.8%	42.5%	34.2%	25.8%	17.5%	9.2%
7月	88.3%	75.1%	66.8%	58.5%	50.1%	41.8%	33.5%	25.1%	16.8%	8.5%
8月	86.7%	74.4%	66.1%	57.8%	49.4%	41.1%	32.8%	24.4%	16.1%	7.8%
9月	85.0%	73.8%	65.4%	57.1%	48.8%	40.4%	32.1%	23.8%	15.4%	7.1%
10月	83.3%	73.1%	64.7%	56.4%	48.1%	39.7%	31.4%	23.1%	14.7%	6.4%
11月	81.7%	72.4%	64.0%	55.7%	47.4%	39.0%	30.7%	22.4%	14.0%	5.7%
12月	80.0%	71.7%	63.3%	55.0%	46.7%	38.3%	30.0%	21.7%	13.3%	5.0%

3）技术成新率计算方法

见式（39-6）：

$$t = X/100 \quad\quad\quad\quad (39-6)$$

式中 t——技术成新率；

X——车辆技术状况鉴定总分值（具体评分方法见标准及其附件）。

鉴定总分值（X）= $\sum$评价项目分值，见表39-5。

表39-5 辅助评价分数表

评价等级	评价项目				
	驾驶室外观与内饰	发动机	底盘	起动与路试	上装
优	25	20	20	35	
良	20	16	16	28	
中	15	12	12	21	
下	10	8	8	14	
差	5	4	4	7	

表39-3中的上装分数，见表39-6上装的评分分数设置表。

表39-6 不同车型上装分数设置表

车辆结构类型	评价项目	
	上装最高分数	除上装外其他项目分数合计
牵引车没有上装	0	100
普通货车、厢式货车、仓栅式货车、封闭货车、平板货车、车辆运输车，上装与驾驶室外观合并评估，上装最高占5分	0	100
自卸车	15~20	100
罐式货车	20~25	100
其他特殊结构、特殊配置车辆参照执行	根据具体配置设置比例	100

4）二手商用车的鉴定评估 推荐使用中国汽车流通协会团体标准T/CADA 5011—2018《二手商用车鉴定评估技术规范 载货车》。以上的3个评估方法，来自于这个标准。

（3）综合分析法 综合分析法是以使用年限法为基础，综合考虑车辆的实际技术状况、维护保养情况、原车制造质量、工作条件及工作性质等多种因素对旧机动车价值的影响，以系数调整成新率的一种方法。

成新率 =（规定使用年限 - 已使用年限）÷ 规定使用年限 × 综合调整系数 × 100%

综合调整系数可参考表39-7中推荐的数据，用加权平均的方法确定。

表39-7 综合调整系数表（仅供参考）

影响因素	因素分级	调整系数	权重（%）
技术状况	好	1	30
	较好	0.9	
	一般	0.8	
	较差	0.7	
	差	0.7	
维护	好	1	25
	较好	0.9	
	一般	0.8	
	较差	0.7	
制造质量	进口车	1	20
	国产名牌车	0.9	
	进口非名牌	0.8	
	国产非名牌	0.7	
工作性质	非营运	1	15
	公务、商务（皮卡）	0.7	
	营运	0.5	
工作条件	较好	1	10
	一般	0.8	
	较差	0.6	

二手商用车技术状况分级及成新率参考表（经验，仅供参考），见表39-8。

表39-8 二手商用车技术状况分级及成新率参考表（经验，仅供参考）

车况等级	新旧情况	有形损耗（%）	技术状况描述	成新率（%）
1	9成新车	5~10	使用1年左右，行驶里程一般在5万~10万km，在用状态很好，车辆没有缺陷，没有修理和买卖的经历，能够按汽车设计要求正常使用	90~95
2	较新车	11~35	使用2年左右，行驶里程15万~30万km左右，没有经过大修，在用状态较好，故障率低，可随时出车使用	65~89
3	车况良好	36~50	使用3~4年左右，在用状态良好。但需要进行某些修理或更换一些易损部件，可随时出车，但动力性能下降，油耗增加	50~64
4	车况一般	35~49	使用5~6年左右，在用状态一般。部分总成到了大修理年限。可能出现烧机油现象。动力性能下降，油耗增加、维修费用上市，环保有可能不达标	35~49
5	车况较差	16~34	使用7~8年左右，在用状态较差，车辆经过大修。动力性、经济性、工作可靠性都有所降低；漆面晦暗，锈蚀严重，有多处明显的机械缺陷，可能存在不容易修复的问题，需要较多的维修换件，可靠性较差，使用成本增加，但车辆符合《机动车安全技术条件》，在用状态较差	5~15
6	待报废车	86~100	基本达到或已达到使用年限，通过《机动车安全技术条件》检查，能使用但不能正常使用，动力性、经济性、可靠性下降，燃料费、维修费、大修费用增长速度快，车辆效益与支出基本持平甚至下降，排放污染和噪声污染达到极限	<5
7	报废车	100	使用年限已达到报废期，只有基本材料的回收价值	0

《机动车强制报废标准规定》第五条规定，各类机动车使用年限分别如下：

1）小、微型出租客运汽车使用8年，中型出租客运汽车使用10年，大型出租客运汽车使用12年。

2）租赁载客汽车使用15年。

3）小型教练载客汽车使用10年，中型教练载客汽车使用12年，大型教练载客汽车使用15年。

4）公交客运汽车使用13年。

5）其他小、微型营运载客汽车使用10年，大、中型营运载客汽车使用15年。

6）专用校车使用15年。

7）大、中型非营运载客汽车（大型轿车除外）使用20年。

8）三轮汽车、装用单缸发动机的低速货车使用9年，其他载货汽车（包括半挂牵引车和全挂牵引车）使用15年。

9）有载货功能的专项作业车使用15年，无载货功能的专项作业车使用30年。

10）全挂车、危险品运输半挂车使用10年，集装箱半挂车20年，其他半挂车使用15年。

11）正三轮摩托车使用12年，其他摩托车使用13年。

使用综合分析法鉴定评估时要考虑的因素有：车辆的实际运行时间、实际技术状况；车辆使用强度、使用条件、使用和维护保养情况；车辆的制造质量；车辆的大修、重大事故经历；车辆外观质量等。

综合分析法较为详细地考虑了影响二手车价值的各种因素，并用一个综合调整系数指标来调整车辆成新率，评估值准确度较高，因而适用于具有中等价值的二手车评估。这是旧机动车鉴定评估最常用的方法之一。

（4）部件鉴定法 部件鉴定法（也称技术鉴定法）是对二手车评估时，按其组成部分对整车的重要性和价值量的大小来加权评分，最后确定成新率的一种方法。基本步骤为：

1）将车辆分成若干个主要部分，根据各部分制造成本占车辆制造成本的比重，按一定百分比确定权重。

2）以全新车辆各部分的功能为标准，若某部分功能与全新车辆对应部分的功能相同，则该部分的成新率为100%；若某部分的功能完全丧失，则该部分的成新率为0。

3）根据若干部分的技术状况给出各部分的成新率，分别与各部分的权重相乘，即得某部分的权分成新率。

4）将各部分的权分成新率相加，即得到被评估车辆的成新率。

在实际评估时，应根据车辆各部分价值量占整车价值的比重，调整各部分的权重，机动车各总成部件价值权重表见表39-9。

部件鉴定法费时费力，车辆各组成部分权重难以掌握，但评估值更接近客观实际，可信度高。它既考虑了车辆的有形损耗，也考虑了车辆由于维修或换件等追加投资使车辆价值发生的变化。这种方法一般用于价值较高的车辆的价格评估。

表39-9 机动车各总成部件价值权重表

序号	部件名称	权重（%）		
		乘用车	客车	货车
1	发动机及离合器总成	25	28	25
2	变速器及传动轴总成	12	10	15
3	前桥及转向器前悬架总成	9	10	15
4	后桥及后悬架总成	9	10	15
5	制动系统	6	5	5
6	车架总成	0	5	6
7	车身总成	28	22	9
8	电器设备及仪表	7	6	5
9	轮胎	4	4	5

(5) 行驶里程法　车辆规定行驶里程是指按照《机动车强制报废标准规定》规定的行驶里程。此方法与使用年限法相似，在按照行驶里程法计算成新率时，一定要结合旧机动车本身的车况，判断里程表的记录与实际的旧机动车的物理损耗是否相符，防止由于人为变更里程表所造成的误差。

《机动车强制报废标准规定》第七条规定，关于行驶里程的限制

国家对达到一定行驶里程的机动车引导报废。

达到下列行驶里程的机动车，其所有人可以将机动车交售给报废机动车回收拆解企业，由报废机动车回收拆解企业按规定进行登记、拆解、销毁等处理，并将报废的机动车登记证书、号牌、行驶证交公安机关交通管理部门注销：

（一）小、微型出租客运汽车行驶60万千米，中型出租客运汽车行驶50万千米，大型出租客运汽车行驶60万千米。

（二）租赁载客汽车行驶60万千米。

（三）小型和中型教练载客汽车行驶50万千米，大型教练载客汽车行驶60万千米。

（四）公交客运汽车行驶40万千米。

（五）其他小、微型营运载客汽车行驶60万千米，中型营运载客汽车行驶50万千米，大型营运载客汽车行驶80万千米。

（六）专用校车行驶40万千米。

（七）小、微型非营运载客汽车和大型非营运轿车行驶60万千米，中型非营运载客汽车行驶50万千米，大型非营运载客汽车行驶60万千米。

（八）微型载货汽车行驶50万千米，中、轻型载货汽车行驶60万千米，重型载货汽车（包括半挂牵引车和全挂牵引车）行驶70万千米，危险品运输载货汽车行驶40万千米，装用多缸发动机的低速货车行驶30万千米。

（九）专项作业车、轮式专用机械车行驶50万千米。

（十）正三轮摩托车行驶10万千米，其他摩托车行驶12万千米。

我国各类汽车年平均行驶里程，见表39-10。按照该里程判定使用年限，根据使用年限判定成新率。

由于里程表容易被人为变更，因此在实际应用中，较少采用此方法。

表39-10　我国各类汽车年平均行驶里程

汽车类别	年平均行驶里程/万千米
家庭用车	1~3
行政、商务用车	2~5
出租汽车	10~15
租赁客车、货车	5~8
微型、轻型货车	3~5
中型货车	6~10
重型货车	10~20
旅游客车	6~10
中、低档长途客运车	8~12
高档长途客运车	15~25

注：由于车辆的质量提高，实际的报废里程已经远远超出了报废标准的规定。建议按照发动机的TOP10寿命作为报废里程进行计算。

(6) 整车观测法　整车观测法主要是通过评估人员的现场观察和技术检测，对被评估车辆的技术状况进行鉴定、分级，以确定成新率的一种方法。

运用整车观测法应观察、检测或搜集的技术指标主要包括：

1) 车辆的现时技术状态。

2）车辆的使用时间及行驶里程。
3）车辆的主要故障经历及大修情况。
4）车辆的外观和完整性等。

现在有一些二手车收购商多用此法。

(7) 综合成新率法　前面介绍的使用年限法、行驶里程法和部件鉴定法（也称技术鉴定法）三种方法计算的成新率分别称为使用年限成新率、行驶里程成新率和现场查勘成新率。这三个成新率的计算只考虑了二手车的一个因素，因而就它们各自所反映的机动车的新旧程度而言，是不完全也是不完整的。

采用综合成新率来反映二手车的新旧程度，即将使用年限成新率、行驶里程成新率和现场查勘成新率分别赋予不同的权重，计算三者的加权平均成新率，这样，就可以尽量减小使用单一因素计算成新率给评估结果所带来的误差，因而是一种较为科学的方法。

其数学计算公式如下：

$$综合成新率 N = N_1 \times 40\% + N_2 \times 60\% \tag{39-7}$$

式中　N_1——机动车理论成新率，$N_1 = \eta_1 \times 50\% + \eta_2 \times 50\%$；

η_1——机动车使用年限成新率，$\eta_1 = $（机动车规定使用年限 - 已使用年限）÷ 机动车规定使用年限 × 100%；

η_2——机动车行驶里程成新率，$\eta_2 = $（机动车规定行驶里程 - 已行驶里程）÷ 机动车规定行驶里程 × 100%；

N_2——机动车现场查勘成新率，N_2 由评估人员根据现场查勘情况确定。

综合成新率法和重置成本法，是相对比较合理的方法。

(8) 利用第三方评估　买卖双方就价格问题无法达成一致时，利用第三方专业评估机构来进行评估，这样双方更容易接受其评估价格。中国汽车流通协会商用车专业委员会正在牵头建设一个二手商用车鉴定评估的大数据平台。

三、二手商用车整备，提高性能与质量

《二手车流通管理办法》第十五条规定："二手车经销企业销售二手车时应当向买方提供质量保证及售后服务承诺，并在经营场所予以明示。"为确保二手车的质量，应该对二手车整备。

1. 二手车整备的目的

1）满足政府（标准、法规）、货主、货物的要求。
2）满足客户求新要求和驾驶员的要求。
3）缩短销售、停驶时间。
4）提高销售利润。

2. 整备的分类（名称）

1）整车和牵引车底盘部分的整备——再制造。
2）上装和半挂车的整备——整备改装；
3）满足驾驶员要求和客户求新要求的以驾驶室为主的外观整备——一般整备。

3. 整备的内容

(1) 再制造　恢复性能即根据客户需要，主要是恢复安全（制动、转向）性能、动力性能、变速操纵性能、离合操纵性能、传动效率等。

当性能下降较大（如：动力下降30%）时，不能满足基本要求的车辆应进行再制造（以用再制造的总成换下原来性能不佳的总成为主，大修为辅）。主要总成是发动机、离合器、变速器、后桥、转向器等。

(2) 整备改装　增加功能或改善原有的功能指标。

1）装货功能、货物固定功能、卸货功能、安全功能、预防功能、管理功能等。
2）对货箱或半挂车进行整备改装、降低自重。

（3）一般整备　改善外观及增加舒适性（根据客户需要）。主要针对驾驶室及附件（座椅、空调、暖风、增加Wi-Fi、电视等），主要目的是增加驾驶员的满意度和客户的美誉度。

四、二手商用车销售，重在技巧与模式

1. 出口是最好的二手车销售方式

2019年4月29日，商务部会同公安部、海关总署三部门联合下发的《关于支持在条件成熟地区开展二手车出口业务的通知》要求，开展二手车出口业务的地方要加强组织领导，建立部门协调专项工作机制，结合本地实际细化完善实施方案，严格甄选出口企业，强化监管，优化服务；要制订二手车出口检测规范，由第三方检测机构出具检测报告，确保出口产品质量与安全；二手车出口企业要做好海外售后服务保障，树立和维护中国二手车出口的海外形象和信誉。

2019年5月，商务部、公安部、海关总署共同举行二手车出口专题会议，正式启动二手车出口工作。首批开展二手车出口业务的地区为北京、天津、上海、浙江（台州）、山东（济宁、青岛）、广东、四川（成都）、陕西（西安）、厦门10个省/市。

有条件的主机厂、经销商联合起来，组成联合体，做好二手车出口，是最好的方式。

2. 掌握二手车销售的技巧

根据二手车产生的原因，找到销售的方向（往哪儿销）、销售的区域（销到哪儿去）、行业/货物（运输什么合适）、客户（谁能买）。

（1）车辆不能满足政府管理（环保、超载）的要求（车型主要是自卸车）时

1）车辆整备，出口到环保标准低的国家。

2）车辆整备，销售到没有特殊环保要求的地区。

3）车辆整备，沙石料及渣土运输车不改变用途，销售到其他区域、建筑运输业、砂石料及渣土运输客户。

4）车辆整备改装，渣土运输车整备后改变用途，销售到其他区域、成为矿山剥离车。销售给矿山剥离运输业、矿山剥离及开采的客户。

5）车辆整备，渣土运输车改变用途，销售到其他区域、成为道路建设车。销售给道路及桥梁建设运输业、建筑基土及砂石料运输的客户。

（2）运输的货物发生了变化，车辆不能满足货物（目标市场）的要求，运输市场发生了变化时

1）车辆整备改装，在原有区域、原有行业，找到运输相似货物的客户进行销售。

如：运输土、沙等没有冲击的货物的车辆变成运输石头等有冲击的货物的车辆，需要加强底板、边板，加装抗冲击角钢等。

2）车辆整备，在原有区域、原有行业，卖给继续运输原来相同货物的客户。

3）车辆整备改装，在原有区域，找新的行业、新的客户进行销售。

如：车辆在原有公告尺寸与外形不变的情况下，对内部改装，改变用途如：仓栅式运输车改成牲畜运输车。

4）车辆整备再制造，在原有区域、原有的行业、继续销售给原来的客户。

如：牵引式半挂运输车更换半挂车，继续销售给原来的客户；或将牵引式半挂运输车更换牵引车，继续销售给原来的客户。

（3）货主的要求（时间、质量）提高了，车辆不能满足货主（顾客）的要求时　主要是部分功能不能满足需求（装、固、运、卸、安、防、管）了。

1）车辆整备改装，增加功能满足需求，继续卖给原来的客户；

如：北京的渣土运输车：没有预防（防风、防雨、防飘撒、防漏等）、管理（车队管理、政府监督管理）功能在整备改装后继续使用。

2）车辆整备，改变销售区域，在新区域、原有行业、找到新客户；或卖到不需要这些功能的区域。

如：北京的渣土运输车卖到西部城市。

3）车辆整备，销售区域不变，行业不变，卖给不需要这些功能的客户。

如：运输新鲜蔬菜的车辆由于货主要求运输过程防止腐烂、要保鲜，原有仓栅车没有这个功能，将车辆卖给运输土豆的车主，车辆就满足货主的要求了。

4）车辆整备，改变销售区域，改变销售的行业，找新客户，卖到不需要这些功能行业。

如：北京的渣土运输车卖到道路、桥梁建设业，矿山剥离、开采业，水利及电站建设业等。

（4）车辆不能满足客户（车主）的要求时　主要是指动力、速度、油耗、维修成本、出勤率方面的要求。

1）车辆整备，卖给买不起新车的新客户。

2）车辆整备，在原有区域，原有行业。卖给有养车经验的、有维修能力、运输量不足、运输时间要求不高的老客户。

3）车辆整备，改变销售区域，行业不变。卖到其他区域的上述二类客户。

（5）车辆不能满足驾驶员（用户）（舒适、方便、省力）的要求时　主要是指部分功能如货物固定、防盗抢等不能满足，部分性能如空调、暖风、座椅舒适性、驾驶室密封性能、音响性能等不能满足。

将车辆整备，卖给买不起新车的新客户、有养车经验的老客户。

（6）车辆不能满足车队的管理（监控、安全）要求时　将车辆整备再制造，提高性能，增加功能，满足车队的管理要求，继续卖给原来的客户（他们对车辆状况最熟悉）。

（7）车辆由于车主管理不善或流动资金不足导致车辆不能继续运营、原经营主体退出运输行业，导致车辆停驶而成为二手车时　将车辆整备，销售区域不变，行业不变。带着运输合同（包括货主、驾驶员）卖给有经营能力的客户。

（8）车辆由于债务纠纷导致车辆被拍卖：找不到驾驶员导致不能继续运营、其他原因导致车辆不能继续运营而成为二手车时　与上述 7 种原因、技巧对比，找到合适的解决办法。

3. 建立销售模式（销售、融资租赁、出租）

（1）出租（或以租代售）模式　对于使用年限很短（2 年以内）、功能齐全、性能良好、不需要整备，销售区域、行业不用变化就能销售的车辆宜采用此模式。

（2）融资租赁模式　对于使用年限较短（4 年以内）、功能齐全、性能良好（或通过整备达到），销售区域、行业不用变化，在规定保养状态下继续使用 1 年以上的车辆，宜采用此模式。

（3）全款销售模式　对于使用年限较长（4 年以上）、功能不全、性能一般、较差（通过整备达到安全标准），销售区域需要变化、行业需要变化的车辆宜采用此模式。

4. 确定销售价格

（1）出租（或以租代售）模式下　销售价格可以相对较高（利润很好）。因为客户付款较少，不用有处置二手车的担忧。

（2）在融资租赁模式下　销售价格可以相对高一些（利润较好），因为需要经销商担保。

（3）在全款销售模式下　快速销售十分重要，价格要有灵活性。

5. 销量、形成规模、形成市场很重要

二手车销售，由于车队挂靠的原因、经销商没有普遍经营的原因、政府没有全面放开的原因等等，在全国还没有形成有规模的集中交易市场，这也为我们开展二手车经营业务留下了空间，为此，建议经销商在经营二手车业务时，注意以下 4 点：

（1）从保有量方面分析

1）保有量大的车型要做好，要人气、要量、摊费用。

2）保有量小的要做稳，确保销售，要利润。

（2）从品牌、车型方面分析

1）保有量大的品牌、车型要做好，要人气、要量、摊费用。

2）保有量小的品牌、车型要做稳，利用信息不对称确保销售利润。

（3）从维修方便性方面分析

1）维修方便的品牌、车型要做好，要人气、要量、摊费用。

2）维修不方便的品牌、车型要做稳，通过租赁等方式保证客户维修需求，吸引客户，要利润。

(4) 从销售区域方面分析

1）当地能销售的品牌、车型要做好，要人气、要量、摊费用。

2）跨区域、跨行业销售的车型要做稳，利用信息不对称，要利润。

6. 联合起来成为集团是未来做好二手商用车业务的关键

(1) 联合模式1　当地不同的经销商联合起来，形成市场、规模效应，争取政府支持。

联合的方式：客户信息收集商＋车辆信息查询商＋收购商＋整备商＋销售商＋延保商＋金融服务商＋担保商。

(2) 联合模式2　在品牌厂家的参与下，建立跨区域的联合体，在厂家的金额政策、服务政策、整备延保政策支持下，形成规模。建立竞争力。

联合的方式：主机厂＋客户信息收集商＋车辆信息查询商＋收购商＋整备商＋当地销售商＋承运商＋跨区/跨行业经销商＋延保商＋金融服务商＋担保商。

(3) 联合模式3　在厂家的支持下，线上、线下经销商联合起来，形成网上市场，形成规模，扩大销量，进而提升新车销量。

联合的方式：主机厂＋客户信息收集商＋车辆信息查询商＋收购商＋（整备商）＋拍卖商/担保商。

五、重视二手车的整备、延保、保养、维修

1. 关注二手车的保养、维修、配件销售是服务站的最重要的工作之一

我们很多品牌的社会服务站，车辆出了保修期，客户就没有了，导致服务站经营不下去，或者4S店用其他利润来补贴服务站的亏损，这都是很严重的问题。导致问题发生的根源，是没有关注出保车辆，特别是形成二手车转手后的保养、维修。

所有的二手车，几乎都需要整备，抓住这个市场，不小于事故车维修市场；客户不认可整备的原因，是没有延保，如果自己整备的二手车，清楚车况，提供延保，客户肯定购买！如果只整备，不延保，客户还认为你把质量好的配件换下来了，怎么会买你的车？

年限越长，车辆的故障越多，维修量越大，同时，这些客户对是否是厂家的装车件没有太多的需求，利用社会品牌配件，利润会较好。

2. 在整备的基础上，全面进行车辆检查和定保服务

明确保证车辆的功能、性能，在销售前进行检测线检查，让客户买的明白。

3. 在整备的基础上，对关键部件进行延保，彻底消除客户顾虑非常重要

延保的部件包括但不限于发动机机体、曲轴、离合器壳体、变速器壳体、主车架、后桥壳体、驾驶室壳体、前桥轴管、轮辋等。

延保的时间：使用期限3年内的车辆可以延保1年；5年内的车辆可以延保6个月（仅供参考）。

4. 二手车的其他相关管理法规

见《二手车流通管理办法》和中国汽车流通协会团体标准 T/CADA 5011—2018《二手商用车鉴定评估技术规范 载货车》。

第四节　二手商用车业务管理流程与节点管控

一、商用二手车收购业务管理流程与节点管控

二手商用车业务正常情况下能够做到6、2、2（收购10辆车，6辆有利润、2辆保本、2辆亏损）就合格了。为什么还有销售亏损的情况，就是对车辆的使用情况、实际状况不了解导致的，所以要做好二手商用车业务，收购最关键。很多经销商，不敢做二手车的原因，就是不会收购。下面介绍二手商用车收购业务的流程、主要节点与作业内容。

1. 建立意向客户明细表

（1）建立意向客户范围

1）本公司车辆营销部、车辆保养部、车辆维修部等所有业务部门，符合车辆收购标准的已有客户。

2）其他经销商销售的、符合车辆收购标准的客户。

3）不符合车辆收购标准，但二手车销售后，购买本公司销售的新车的客户（申请厂家支持政策或由厂家帮助销售）。这类客户，由车辆营销部申请，公司批准。这类客户不在明细表中，是车辆营销部的目标客户。

（2）建立意向客户明细表 在组织岗位分工中，收集意向客户信息的工作由客户经理、信息员负责。

1）收集意向客户信息：

① 收集车辆营销部的客户信息（明细表）。

② 收集其他业务组织客户信息（明细表）。

③ 收集其他经销商已购车客户的信息。

④ 收集公司所有业务部门"战败"客户的信息。

2）建立意向客户明细表。

2. 制订收购计划

由计划员负责，根据二手车销售计划，制订收购计划。

3. 制订意向客户开发计划

由收购产品经理负责，根据收购计划，制订意向客户开发计划。

4. 进行意向客户拜访、调查，填写调查表

由收购产品经理负责，按照意向客户开发计划，进行客户拜访、调查，填写调查表。

5. 编制意向客户调查、信息确认汇总表

由收购客户经理负责，将调查表进行汇总，编制意向客户调查、信息确认汇总表。

6. 与意向客户达成一致

由收购商务经理负责，向意向客户介绍推荐收购政策、评估标准，并同"意向客户"达成一致。将意向客户变成意向目标客户。

7. 与意向目标客户签订二手车收购协议

由收购商务经理负责，与意向目标客户签订二手车收购协议：同等条件下客户优先将二手车卖给我们；在不卖给我们时，应提前10天以上通知客户经理。

将意向目标客户变成目标客户。

8. 建立《二手车业务"目标客户"明细表》

由收购客户经理负责，建立二手车业务目标客户明细表，明确收购的车辆，客户预计处置时间，建立到时自动提醒。

这个明细表非常重要，一定具备按照约定收购时间提前3~6个月"提醒"的功能。

9. 按照提醒及时联系客户

由收购客户经理负责，按照提醒，客户经理及时联系客户，确认客户处置时间、车辆。

10. 收集客户车辆手续、资料、以及信息查询授权书

由收购客户经理负责，收集客户车辆手续、资料、以及信息查询授权书，建立资料、信息收集明细表，以防止客户经理出现遗漏。部分内容见表39-11。

11. 编制车辆查询计划

计划员负责，编制车辆查询计划。

12. 编制符合收购标准的客户、车辆明细表

由收购产品经理负责，进行车辆查询，编制符合收购标准的客户、车辆明细表。

13. 与客户、第三方车辆评估机构签订车辆评估协议

由收购商务经理负责，同客户（或第三方车辆评估机构）签订车辆评估协议。

表 39-11　二手车收购，需要客户提供的资料及信息明细表（部分内容）

信息名称			具体信息
客户基本情况	客户单位名称		
	客户法人姓名		
	客户地址	省	
		市（地区）	
		县	
		乡	
		门牌号	
	单位电话		
	法人电话		
客户准备销售的车辆情况	车辆类别		
	品牌		
	子品牌		
	车型		
	驱动形式		
	动力		
	主要配置	发动机品牌/编号	
		变速器品牌、挡位数	
		前桥型号	
		后桥品牌、型号	
		转向器品牌、型号	
		货箱品牌、尺寸（长×宽×高）	
		挂车品牌、尺寸（长×宽×高）	
		整车尺寸（长×宽×高）	
		整备质量	
	车辆名称		
	燃料类型		
	车辆数量		
	购买/注册时间		
	车牌号		
	登记证号		
	VIN		
	营运证号		
	购置税号		
	行驶证号		
	执行的排放标准		
	车辆已经使用年限/年		
	车辆最长使用年限		
	同类车辆平均淘汰年限/年		

(续)

信息名称		具体信息
车辆运营情况	运输行业细分	
	运输货物名称	
	车辆运输实际载质量/公告总质量	
	车辆运输实际载方量/公告方量	
	车辆行驶主要道路	
	年平均行驶里程/km	
	合作的保险公司名称	
	轮胎合作单位名称	
	加油的石油公司名称	
	保养单位名称	
	维修单位名称	
客户、车辆的其他情况	驾驶员信息	驾驶员1姓名	
		电话	
		驾驶员2姓名	
		电话	
	车辆分类	汽车	
		专用机械	
	车辆性质	营运	
		非营运	
	客户性质	第1方物流客户	
		第2方物流客户	
		第3方物流客户	
	车辆手续	物流公司手续	
		个人手续	
	驾驶员管理方式	员工	
		承包	
	事故车辆维修状况	换过驾驶室	
		没有换过驾驶室	
	车辆使用状况	在用	
		停驶	
	车辆手续	齐全	
		不齐全	
	车辆是否加盟了运输公司	是/名称	
		联系人姓名、电话	
		否	
	加盟运输公司的车辆，是否能够过户	可以过户	
		有条件过户	
		不可以过户	

14. 与客户确认价格

由收购商务经理负责，将评估报告（或第三方评估报告）报给客户，客户确认价格。

如果客户不能确认价格，可以由客户自己找评估机构进行评估。或者商务经理直接同客户商谈一个价格。达成价格一致。

15. 签订收购合同

由收购商务经理负责，签订收购合同。

16. 制订收购计划

由计划员负责，制订收购计划，明确收购/交接责任人。

17. 完成车辆交接、收购

由产品经理/商务经理负责，完成车辆交接、付款、收购。

18. 建立库存档案，编制二手车库存明细表

车辆收购完成，由收购产品经理负责，建立库存档案，编制二手车库存明细表，转交销售产品经理。

收购工作流程结束。

收购流程、模板、表格及作业要点见本章第二节二手车业务管理制度中的二手车业务部业务管理流程及表格。

二、二手车整备管理要点

二手车的整备管理由延保经理负责。

1）销售产品经理负责编制《需要整备的项目明细表》模板见《维修项目明细表》。

2）延保经理负责，编制车辆整备计划、确定整备价格、整备负责单位（由车辆维修部负责）。车辆整备，必须包括定保的所有项目内容。

3）整备流程按照维修流程进行。

4）车辆整备完成，由延保经理验收，合格入库，入库的记账价格按照整备后的成本价记账（收购价格＋整备价格）。

5）车辆整备完成，由整备部门出具延保单；延保单必须注明："按照原三包手册规定，所有在保修范围内的零部件，保修期一个月；其中发动机机体、曲轴、离合器壳体、变速器壳体、主车架、后桥壳体、主减速器总成、驾驶室壳体、前桥轴管、轮辋的保修期为半年。"

6）车辆整备完成，出具车辆定保检验单。

7）车辆整备完成，进行车辆检测线检测，出具检测合格报告（车辆检测合格报告＋尾气检测合格报告）。

8）整备及延保管理要点见二手车业务管理制度中的二手车业务部业务管理流程及表格。

三、二手车销售管理的流程与节点管控

1. 二手车销售管理

1）销售产品经理负责，建立车辆销售明细表。

2）销售商务经理负责，编制车辆销售价格表。

3）销售产品经理负责，按照销售技巧、二手车产生的原因，建立二手车销售方向表、二手车销售的目标区域及对应的意向客户表。

4）销售产品经理负责，按照可能购买的意向客户分类，在公司所有的客户中选择，建立意向客户明细表。

一辆车，最少需要找3个意向客户，有2个可能成为意向目标客户，只有1个会成为目标客户。

5）销售产品经理负责，建立二手车优势传播表。

6）销售产品经理负责，针对意向客户进行传播。

7）销售产品经理负责，针对意向客户制订传播、巡展计划，开展展示、巡展、传播。意向客户有

意购买的要进行记录，建立意向目标客户明细表。

8）销售产品经理负责，召开意向目标客户座谈会。

9）销售客户经理负责，收集意向目标客户购买意向并汇总，建立意向目标客户明细表；

10）销售客户经理负责，再次进行信息确认。信息不能确认时，进行客户拜访。

11）销售客户经理负责，意向目标客户确认或通过拜访确认：购买产品、价格、购买方式、购买时间等。建立意向目标客户购买产品、价格、购买方式确认汇总表。

12）销售商务经理负责，与意向目标客户签订买卖合同，将意向目标客户变为目标客户。建立目标客户签订销售合同汇总表。

13）由销售客户经理负责，进行产品交付、收款、协助办理车辆手续等；建立已经购买二手车产品客户明细表。

14）延保车辆，由延保经理负责，发放车辆延保手册。

15）由销售客户经理负责，进行客户回访。

① 购买客户回访：为什么购买？满意什么？不满意什么？如何改进就会满意？

② 没有购买客户回访：为什么不购买？不满意什么？满意什么？如何改进就会满意？

16）由部长负责，建立问题改进，将客户不满意的项目限期改进。

17）由计划员负责，核算部门成本、费用、价格、利润。计算岗位、人员工资、奖励。

18）由计划员负责，兑现工资、奖励。总结、报告部门的工作。

2. 二手车客户再开发

由客户经理负责，进行客户的再开发，详见第三十一章相关内容。

本章小结与启示

本章从二手商用车的来源、做好二手车业务的意义入手，介绍了要做好二手车业务必须要注意的事项、主要的评估方法、二手商用车销售技巧及其销售模式，为二手车从业者做好二手车业务建立了业务基础。

本章建立了二手车业务管理的流程、管理标准和模板、工具，以提高二手车业务管理的效率和质量。

本章学习测试及问题思考

1. 做好二手商用车的重要意义是什么？
2. 如何用综合成新率法计算二手商用车价格？
3. 做好二手车业务必须要注意的事项有哪些？
4. 二手商用车不能满足政府管理（环保、超载）的要求（车型主要是自卸车）时，其销售技巧有哪些？
5. 运输公司相关管理制度有哪些？

  北京合力英诺科技发展有限公司创立于2010年，专注于卡车服务市场研究及卡车运营维保产品的定制研发和集成供应，同时提供卡车后市场服务的业务咨询及商业车队运营保养解决方案/产品供应链一体化服务，与国内/国际多家知名企业和行业专家联手，为国内多家主流卡车制造企业及其维修保养服务体系提供服务产品集成供应和营销协同服务。

  2019年，启动卡车"朗道联邦"项目，致力于创建专业/高效的卡车服务联盟，为商业车辆提供降本增效解决方案及服务实施。

我们期盼牵手： 卡车服务平台/卡车维修站/商业车队/服务工程师

我们寻觅伙伴： "朗道服务联邦"加盟商及区域服务经理

服务咨询热线： 010-67723779　13911336401　18611261611

- 卡车维修保养管理软件
- 卡车服务产品定制研发/集成供应
- 卡车运营保养方案/服务实施
- 卡车服务产品供应链一体化服务
- 产品经理/服务经理培训及营销协同服务

北京合力英诺科技发展有限公司

http://www.hlyn99.com

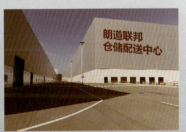

做徐工 赚大钱
耀眼明星徐工重卡面向全国招商

拨打财富热线 0516-83189037

滚滚财源,轻松搞定!

更高的盈利

■ **产品优势**
行业更齐全的品系、版本、马力覆盖
销售机会更大
行业更安全的驾驶室+更强的底盘
+更先进、更主流的动力链

■ **价格优势** 同级产品,价格低于竞品;

■ **政策优势** 整体返利高于竞品;

■ **金融优势** 利息低于主要竞品;

■ **授信优势** 无需垫资,节约成本。

更强的支持

■ **市场维护** 经销区域、品系分明,严格区域保护;

■ **广告支持** 提供促销活动和广告资金支持;

■ **建店支持** 统一店面风格,提供店面建设资金支持;

■ **培训支持** 提供产品、销售、维修、管理等培训支持;

■ **金融支持** 提供灵活丰富的低息金融支持;

■ **展车支持** 提供充分的展车支持。

徐工重卡现已拥有全国服务网点1200余家,整机、备件经销商280余家。

世界品牌500强
2019年徐工代表中国汽车工业入选世界品牌500强

世界徐工 徐工重卡　　　　　　　　　　　　　　　　　　　　**国际汉风** HANVAN

01 全球研发 徐工在本土及欧洲、北美、南美、印度拥有5大研发中心,20多个专业产品技术中心,并建成世界领先的实验室和实验场。
徐工研究院　北美研发中心　欧洲研发中心　南美研发中心　印度研发中心

02 全球并购 徐工先后收购德国施维英、德国FT公司、荷兰AMCA等多家国际标杆企业。

03 全球制造 徐工在国内拥有二十多个制造基地的同时,在海外拥有5大制造基地,10大海外KD工厂,3000多名外籍员工。
● 5大海外制造基地　● 10大海外KD工厂　● 3000多名外籍员工

04 全球营销 徐工产品遍布全球183个国家,在全球拥有40个海外代表处,500余家代理商,出口规模持续领跑行业。
● 40个海外代表处　● 500余家代理商　● 183个国家覆盖

领跑行业
徐工及其前身连续10次引领中国重卡行业技术变革。

1991年	2001年	2016年	2016年	2018年	2018年	2018年	2018年	2019年	2020年
南京东风领创"六平柴"	春兰重卡领创"轿车化"卡车	中国领创"五轴全地形自卸车"	引领"智能化"牵引车开发	领创国大扭矩纯电动自卸车	领创L3级智能矿卡	领创能量循环利用纯电动矿卡	领创E300纯电动车出口先河	领创轮毂驱动纯电动牵引车	徐工氢能源重卡面世

世界新高
过去,徐工创造过一系列世界新高,但这已成为历史;未来,徐工将继续加快刷新世界新高度。

领创长续航鞍座电动牵引车　领创长续航大扭矩电动自卸车　领创全油气悬架五轴自卸车　领创"底盘上装一体化"随车吊　混凝土机械鼻祖徐工施维英　销量领先的非公路自卸车　领创拖挂式汽车起重机

领创超大吨位运梁车　领创超大吨位矿用自卸车　领创超大吨位电驱动铰接式自卸车　领创超大吨位全地面汽车起重机XCA5000　领创超大吨位履带式起重机XGC88000　领创步履式山地挖掘机　领创抢险救援机器人